Premessa alla seconda edizione

Per questa seconda edizione del presente volume sono stato a lungo tentato di adottare un titolo del tutto distinto dal precedente. L'ordinamento del mercato finanziario vigente nel 1986 (anno di pubblicazione della prima edizione) è stato infatti interamente riscritto negli anni successivi e il T.U. del 1993 ha codificato questo nuovo e diverso ordinamento; ed anche il libro è stato riscritto quasi integralmente.

Ma alla fine ho preferito la soluzione qui adottata. Mi è sembrato presuntuoso ed avventato tentare una trattazione sistematica del nuovo diritto a poche settimane dalla sua codificazione. Tale riflessione sarà possibile solo dopo che l'esperienza, giuridica ed economica, avrà consentito di mettere sufficientemente in chiaro il «vero» diritto contenuto nelle nuove norme.

D'altro canto, mi sono qui preoccupato di indicare il cammino che ha portato progressivamente all'abbandono del vecchio e all'adozione del nuovo. Il che giustifica lo stretto collegamento di questo volume con quello del 1986.

Presentazione

1. *L'ordinamento bancario* costituisce la prima parte di un *Manuale di diritto bancario* che dovrebbe essere completato da un secondo volume dedicato ai «contratti bancari».

Le poche parole di introduzione che sto per scrivere costituiscono pertanto la presentazione del manuale nel suo insieme e tendono, soprattutto, a mettere in luce i legami fra questo volume e quello che al medesimo dovrà far seguito per offrire un quadro più completo del diritto bancario italiano.

2. Anzitutto qualche rapida riflessione su quest'ultima nozione. Non v'è dubbio: il tempo in cui si discuteva delle peculiarità di alcuni «rami» specializzati del diritto e della loro autonomia scientifica sembra, ormai definitivamente, passato.

Pur essendo innegabile che il diritto bancario si è alimentato soprattutto di leggi speciali e che sotto molti profili può costituire un sistema normativo dotato di particolari caratteristiche, non ci lasceremo, pertanto, prendere dalla tentazione di ragionare attorno alle sue peculiarità e tanto meno alla sua autonomia scientifica.

Ciò nonostante, riteniamo opportuna qualche considerazione che contribuisca ad individuare il nucleo del diritto bancario e a precisare, per quanto possibile, le ragioni che collegano fra di loro le discipline che abitualmente vi si ricomprendono.

Così sembra utile, anche se abbastanza ovvio, ricordare che il diritto bancario può definirsi, sia pure in termini in qualche misura tautologici, come il complesso delle norme che disciplinano l'attività bancaria, o, meglio ancora, l'attività delle banche, rinviando per quest'ultimo termine all'accezione corrente in un certo periodo storico. Aver considerato come nucleo costante del diritto bancario la disciplina dell'attività bancaria consente di ricomporre unitariamente sia le norme (di diritto pubblico) che regolano e organizzano la condotta dello Stato in relazione all'attività bancaria sia quelle (di diritto privato) che disciplinano l'esercizio dell'impresa bancaria sia, infine, le regole dettate per le operazioni bancarie e per l'uso di particolari strumenti operativi, come alcuni tipi di titoli di credito.

D'altro canto, l'aver ancorato l'oggetto del diritto bancario al contenuto, sotto il profilo economico, dell'attività delle banche, impone di essere consapevoli del carattere storicamente condizionato dello stesso. È noto, infatti, che nel corso dei secoli l'attività bancaria ha assunto contenuti radicalmente diversi[1]; contenuti che molto difficilmente potrebbero essere ricondotti integralmente, ad esempio, alla definizione oggi normalmente adottata sulla base dell'art. 1 della legge bancaria secondo la quale è attività bancaria quella che si materializza, ad un tempo, nella raccolta del risparmio fra il pubblico e nell'esercizio del credito.

Anzi, questa nozione non è neppure più in grado di esaurire i contenuti dell'attività che oggi svolgono le banche.

3. Ciò non toglie che il nucleo caratterizzante dell'attività bancaria sia ancora la raccolta del risparmio e l'erogazione del credito e che tale nucleo condizioni in misura pressoché esclusiva la disciplina adottata per gli enti creditizi[2].

E tale disciplina, nel nostro ordinamento, può essere organizzata attorno a due momenti ordinatori tra loro ben distinti, anche se funzionalmente e strutturalmente collegati.

Un primo momento è costituito da un apparato della pubblica amministrazione al quale è demandata l'alta vigilanza sull'attività bancaria ed un secondo momento è costituito da una pluralità di operatori economici, pubblici e privati, che svolgono in concreto tale attività secondo il modello imprenditoriale.

Si tratta, evidentemente, di un modello non necessario, essendo, ad esempio, ipotizzabili e storicamente rinvenibili sistemi nei quali l'attività bancaria è affidata integralmente ad un apparato pubblico che la esercita secondo modelli burocratici come, all'opposto, sono immaginabili sistemi nei quali la stessa attività è esercitata secondo un modello imprenditoriale completamente abbandonato alle regole del mercato.

Con riferimento al nostro ordinamento è necessario tener presenti entrambi i momenti se si vuol offrire un'immagine fedele del modello organizzativo adottato. Questo modello dovrà, dunque, essere colloca-

[1] Senza alcuna pretesa di completezza si possono ricordare, fra le pubblicazioni più recenti che mettono in luce alcuni significativi mutamenti nel contenuto che l'attività bancaria ha subito nell'età moderna AA.VV., *L'alba della banca. Le origini del sistema bancario tra medioevo ed età moderna*, Bari, Dedalo, 1982 e, per una cronaca particolarmente vivace del passaggio dalla Alta Banca alla banca moderna verificatosi alla metà del XIX secolo, I. Bouvier, *I Rothschild*, Roma, Editori Riuniti, 1984, pp. 91 ss.

[2] E sotto questo profilo potremmo constatare che la disciplina delle operazioni di impiego, anche quando non sono attività di concessione del credito, sono disciplinate in modo tale da garantire un'adeguata tutela agli interessi coinvolti nell'esercizio dell'attività di intermediazione realizzata attraverso la prima.

to sia nel sistema dell'amministrazione pubblica dell'economia sia nell'ambito delle discipline dettate per l'esercizio imprenditoriale delle attività economiche. Sotto questo profilo, quindi, adotterebbe un approccio unilaterale (di matrice per così dire privatistica o commercialistica) chi riducesse la disciplina dell'attività bancaria nello schema dell'impresa a statuto speciale, così come sarebbe riduttiva l'impostazione (di probabile matrice pubblicistica) di chi pretendesse di ricondurre la disciplina dell'attività bancaria all'apparato pubblico previsto per la sua organizzazione.

In realtà apparato di vigilanza e insieme delle imprese costituiscono momenti essenziali del modello adottato per l'organizzazione dell'attività bancaria e, per di più, momenti reciprocamente condizionantisi: nel senso che l'adozione del modello imprenditoriale per l'esercizio dell'attività influenza le modalità organizzative ed operative dell'apparato di vigilanza, così come la presenza e l'attività di quest'ultimo incidono sull'organizzazione imprenditoriale e sulla sua concreta realizzazione. Non solo, ma la fattiva presenza dell'Organo di Vigilanza favorisce una serie di collegamenti e coordinamenti tra le imprese, capaci di far sì che queste ultime, per alcuni profili, vengano considerate non più entità autonome ma momenti di un sistema di imprese; come si sottolinea spesso discorrendo, appunto, di sistema bancario. Non mancheranno infatti di rilevare i momenti organizzativi nei quali questo sistema si esprime (senza con questo accedere a quelle teorie che, partendo da questa constatazione, hanno creduto di poter ravvisare nell'ordinamento delle imprese bancarie un'ipotesi di ordinamento sezionale) e i profili lungo i quali la pubblica autorità prende in considerazione non tanto le singole imprese in quanto tali, ma il sistema delle banche nel loro insieme.

Queste rapidissime osservazioni sul modello organizzativo dell'attività bancaria consentono di rilevare che lo stesso non può non condizionare in modo penetrante anche la disciplina delle operazioni bancarie, ossia il contenuto dei contratti attraverso i quali si realizzano sia la raccolta del risparmio sia l'erogazione del credito. Le caratteristiche del modello organizzativo adottato impongono anzitutto forti limitazioni all'autonomia contrattuale, non potendosi evidentemente ammettere che quest'ultima produca effetti in contrasto con gli interessi protetti attraverso la disciplina speciale imposta alle imprese bancarie e, comunque, dettata per l'organizzazione dell'attività bancaria.

Ciò non significa, come pur si è detto, che in questo settore non trovi applicazione il principio dell'autonomia privata, ma comporta esclusivamente forti limitazioni all'ambito di applicazione dell'autonomia stessa.

In secondo luogo la disciplina dell'imprenditore bancario e, soprattutto, la sua specializzazione nell'esercizio di alcuni momenti soltanto dell'attività bancaria incidono anche sui contenuti delle operazioni (e quindi dei contratti) sia di raccolta sia di impiego, realizzando così uno stretto collegamento tra disciplina dell'ente che svolge l'attività e «forma tecnica» (contenuto) dei rapporti contrattuali. Infine, l'emergere di collegamenti «sistematici» tra le imprese bancarie e il loro operare come sistema comportano la valorizzazione di strumenti normativi elaborati dalla «categoria» e che contribuiscono a determinare le caratteristiche dei rapporti contrattuali sia sul versante della provvista sia su quello dell'impiego.

La connessione tra disciplina dell'attività e disciplina delle singole operazioni emerge infine in termini evidenti anche a proposito di alcuni titoli di credito detti appunto bancari: basti qui ricordare, ad esempio, che la disciplina degli assegni bancari e degli assegni circolari non avrebbe un'adeguata spiegazione se gli stessi non venissero considerati come strumenti di pagamento che utilizzano disponibilità bancarie.

Le considerazioni fin qui svolte e dirette a sottolineare il carattere composito (apparato pubblico-imprese) dell'organizzazione adottata per l'attività bancaria e le connessioni tra tale modello, le operazioni bancarie e gli strumenti utilizzati (titoli) per la loro realizzazione rendono superfluo sottolineare la profonda compenetrazione che nell'ambito del sistema bancario si determina tra diritto pubblico e diritto privato (ammesso che questa distinzione abbia ancora qualche rilevanza), e, ancor prima, impongono di considerare la disciplina degli enti creditizi e quella delle operazioni bancarie come momenti di un modello organizzativo unitario.

Di queste considerazioni, che ho cercato di tener presente nelle pagine che seguono, dovrò soprattutto tener conto nello scrivere il volume dedicato ai «contratti bancari».

Profilo storico della legislazione bancaria italiana

Capitolo 1

1. Premessa

a) Ho appena sottolineato che l'ordinamento del sistema bancario italiano è oggi strutturato secondo un modello che partecipa sia del diritto dell'organizzazione pubblica sia del diritto delle imprese e che tale modello rende necessario un approccio interdisciplinare pubblico-privato nello studio delle relative discipline. È opportuno, tuttavia, chiarire, anche se si tratta di considerazione abbastanza ovvia, che il «diritto delle banche» ebbe in precedenti momenti della storia istituzionale italiana contenuti profondamente diversi da quelli attuali e la diversità dei contenuti si rifletteva decisamente anche sul metodo adottato nella relativa analisi.

Anche sotto questo profilo sembra, dunque, opportuno ripercorrere, sia pure a grandi linee, le tappe fondamentali della legislazione bancaria: senza pretendere con ciò neppure di abbozzare una storia delle banche in Italia, ma solo per sottolineare che la conoscenza dei profili economici della storia delle banche è di estrema importanza per un'esatta comprensione dell'ordinamento bancario vigente.

D'altro canto, è ormai una constatazione corrente nella letteratura giuridica ed economica quella secondo la quale i sistemi bancari, più di altri settori economici, hanno assunto caratteri profondamente condizionati dalle vicende complessive delle economie nelle quali si sono collocati, con la conseguente conformazione del loro ordinamento giuridico.

Non v'ha dubbio, ad esempio, che la storia del diritto societario nell'ambito dei sistemi capitalistici sia molto meno differenziata di quella del diritto delle banche.

Il che si spiega sia con il carattere settoriale dell'ordinamento in questione sia con la collocazione strategica dell'attività bancaria nella storia economica dei vari paesi. E, in questa prospettiva, si deve, anzi, ricordare che secondo un'accreditata opinione il sistema bancario avrebbe svolto un ruolo determinante nel processo di industrializzazione dei paesi che, come l'Italia, si sono avviati sul sentiero dello sviluppo industriale in condizioni di relativa «arretratezza» nei confronti dell'Inghilterra[1]. E tale circostanza ha favorito la presenza del momento pubblicistico dell'ordinamento, presenza non altrettanto evidente nei paesi nei quali le banche non assumono un ruolo così importante per lo sviluppo della economia.

b) Nella storia della legislazione bancaria italiana possono essere separati, con l'inevitabile grado di approssimazione insita in ogni tentativo di distinguere nel flusso continuo delle vicende economiche e giuridiche, quattro periodi che presentano tratti sufficientemente differenziati.

Il primo periodo può farsi cominciare con l'unità d'Italia e terminare nel 1926, anno in cui venne dettata la prima legge generale per l'attività bancaria.

Un secondo periodo può essere individuato negli anni che vanno dalla prima legge bancaria (1926) alla legge bancaria del 1936-38: sono gli anni che vedono le vicende economiche della grande crisi e l'avvio del sistema bancario verso l'assetto che verrà organicamente formalizzato in quest'ultima legge bancaria.

Un terzo periodo ricomprende i cinquant'anni che vanno dall'entrata in vigore della legge bancaria alla metà degli anni ottanta: è il periodo nel quale l'ordinamento bancario trova nella legge bancaria del 1936-38 i propri cardini fondamentali e il cui punto terminale può ravvisarsi nel D.P.R. 27 giugno 1985, n. 350, che dà attuazione nel nostro paese alla prima direttiva comunitaria in materia bancaria.

Da quest'ultimo momento prende avvio un intenso processo di rinnovamento dell'ordinamento bancario e, più in generale, del mercato finanziario, attraverso una ricca produzione legislativa e amministrativa che dà vita, nei primissimi anni novanta, ad un «nuovo ordinamento bancario» i cui principi fondamentali sono radicalmente diversi da quelli della legge bancaria.

È un ordinamento che postula una crescente compenetrazione del mercato bancario e degli altri segmenti (mobiliare ed assicurativo) del mercato finanziario, che esclude una qualsiasi funzionalizzazione dell'impresa bancaria e che sconta una irreversibile integrazione del mercato bancario nazionale nel mercato europeo, fondata sul principio, re-

[1] La tesi è stata compiutamente formulata da A. Gerschenkron, *Il problema storico dell'arretratezza*, Torino, Einaudi, 1971, pp. 83 ss., ma si veda A. Confalonieri, *Banca e industria in Italia 1894-1906*, vol. III, *L'esperienza della Banca Commerciale Italiana*, Milano, Banca Commerciale Italiana, 1976, pp. 459 ss. e ancor prima R. Romeo, *Breve storia della grande industria in Italia*, Bologna, Cappelli, 1967, pp. 24 ss.; si veda anche, di quest'ultimo autore, *Risorgimento e capitalismo*, Bari, Laterza, 1974[4], pp. 85 ss. e con riferimento all'opinione dello stesso ancora A. Gerschenkron, *La continuità storica. Teoria e storia economica*, Torino, Einaudi, 1976, pp. 104 ss. Sul tema P. Ciocca, *Introduzione* a R. Cameron, *Le banche e lo sviluppo del sistema industriale*, Bologna, Il Mulino, 1975, pp. XXIV ss. e A.M. Biscaini Cotula e P. Ciocca, *La struttura finanziaria, aspetti quantitativi di lungo periodo (1870-1970)*, in *Capitale industriale e capitale finanziario. Il caso italiano*, a cura di F. Vicarelli, Bologna, Il Mulino, 1979, pp. 61 ss.

cepito nel nostro ordinamento con il D.Lgt. 14 dicembre 1992, n. 481, del mutuo riconoscimento delle «licenze bancarie»[2].

Il «Testo unico delle leggi in materia bancaria e creditizia» che il Governo ha emanato con il D.Lgt. 1° settembre 1993, n. 385, rappresenta la consacrazione formale del nuovo ordinamento, quello oggi vigente.

Se si vuol fantasticare sul momento in cui anche questo nuovo ordinamento dovrà sicuramente considerarsi superato, quel momento può essere rintracciato nella attuazione della Unione monetaria europea che, sconvolgendo l'attuale ordinamento monetario, non potrà non incidere profondamente anche su quello bancario.

2. Dall'unità alla legge bancaria del 1926

2.1. L'assenza di uno statuto speciale per le imprese bancarie

Il primo periodo, come si accennava, comprende gli anni che vanno dal 1865 al 1926, anno in cui il R.D.L. 7 settembre 1926, n. 1511 ed il R.D.L. 6 novembre 1926, n. 1830 introducono nel nostro ordinamento la prima legge bancaria.

Questo periodo si caratterizza, anzitutto, in termini negativi, ossia per la mancanza di una disciplina speciale per l'attività bancaria in quanto tale. Si suol esprimere questo stesso concetto dicendo che nel periodo in esame l'impresa bancaria è sottoposta al diritto comune, applicabile a tutti gli imprenditori. E, in effetti, le uniche norme «generali» sono quelle dettate dagli artt. 3 e 177 del Codice di Commercio del 1882. L'art. 3, n. 11, qualificava, come atti di commercio le «operazioni di banca» e, quindi, in forza dell'art. 8 dello stesso Codice, venivano considerati «commercianti» coloro che esercitavano tali operazioni per professione abituale[3].

L'art. 177 imponeva poi alle società che avevano per «principale oggetto» «l'esercizio del credito» l'obbligo di depositare presso il Tribunale di Commercio una situazione mensile «esposta secondo il modello stabilito con decreto dell'autorità governativa». Tale obbligo, era particolarmente rilevante, sotto il profilo della progressiva affermazione di uno statuto dell'impresa bancaria fondato anche su di un grado di trasparenza superiore a quella di diritto comune, in considerazione del fatto che il Codice di Commercio del 1882 non imponeva un'articola-

[2] Lucide e preoccupate riflessioni sul nuovo ordinamento in G. Cottino, *Diritto Commerciale*, vol. II, tomo I, Padova, CEDAM, 1992, pp. 42 ss.

[3] Sulla nozione di operazioni di banca e sulla possibilità di considerarle atti di commercio solo quando fossero poste in essere da un banchiere o, di contro, a prescindere dal fatto che una delle parti avesse tale qualità, si veda, nel primo senso, A. Arcangeli, *La natura commerciale delle operazioni di banca*, in «Riv. dir. comm.», 1904, I, pp. 23 ss. e, nel secondo, I. La Lumia, *Materia bancaria e diritto bancario*, in «Riv. dir. comm.», 1921, I, pp. 121 ss. Sulle difficoltà interpretative sollevate dalla espressione «esercizio del credito» v. F. Vella, *L'esercizio del credito*, Milano, Giuffrè, 1990, I, pp. 11 ss.

zione minima delle poste di bilancio delle società. Lo stesso non era, tuttavia, capace da solo di differenziare in modo significativo la disciplina delle imprese bancarie da quella dettata per le altre imprese[4].

In particolare non era previsto alcun controllo pubblico sull'attività bancaria in quanto tale[5], ossia, esercitata senza l'emissione di biglietti di banca; emissione sottoposta invece, come meglio vedremo, ad un penetrante controllo.

2.2. La disciplina di alcune attività bancarie «specializzate»

L'aver constatato che la disciplina dell'impresa bancaria nel periodo in esame era una disciplina di diritto comune non significa, tuttavia, disconoscere, come spesso sembra invece avvenire, che in quello stesso periodo vi fossero importantissimi settori dell'attività bancaria sottoposti a controllo pubblico e che le imprese bancarie si andassero differenziando sulla base dei criteri operativi adottati o dei rispettivi ordinamenti statutari, prefigurando così quel pluralismo e quelle specializzazioni che verranno poi recepiti dalla legge bancaria del 1936-38 e che, sia pur con molte attenuazioni, hanno caratterizzato il nostro ordinamento fino all'entrata in vigore del D.Lgt. 481/1992. Chi affermasse, insomma, che l'attività bancaria era, in quel periodo, sottratta ad ogni controllo pubblico e che la stessa veniva svolta secondo modelli organizzativi indifferenziati offrirebbe un'immagine non rispettosa della realtà bancaria di quegli anni.

Un primo elemento che concorre ad increspare l'ordinamento di diritto comune è costituito dalla presenza di una serie di strutture creditizie «specializzate», che continuano ancora oggi ad avere una grande importanza e che proprio in quel periodo vengono sottoposte a discipline speciali.

In quegli anni, infatti, nascono e si sviluppano gli istituti di credito fondiario (legge 14 giugno 1866, n. 2983 e T.U. 16 luglio 1905, n. 646), le banche e gli istituti di credito agrario (legge 21 giugno 1869, n. 5160; legge 23 giugno 1887, n. 4276; T.U. 9 aprile 1922, n. 932), il Consorzio di credito per le opere pubbliche (R.D.L. 2 settembre 1919, n. 1627)

[4] Le ragioni di questa disciplina speciale per le società bancarie venivano lucidamente indicate nella memoria presentata dal Ministro di Agricoltura Industria e Commercio Finali nel corso dei Lavori preparatori del Codice di Commercio del 1882. Tale disciplina veniva giustificata con l'abrogazione dell'autorizzazione alla costituzione delle società per azioni e degli «istituti di credito», rilevandosi che «la più estesa pubblicità che s'impone alla società di credito è giustificata dalle più frequenti e notevoli variazioni che suol subire la loro condizione» e che tale pubblicità consentiva di conoscere «le condizioni così mutevoli del mercato monetario, le quali hanno pure influenza notevolissima sulla produzione o sulla ricchezza nazionale».

[5] Non si deve tuttavia dimenticare che, almeno per il periodo 1866-1869, le aziende di credito, sia pure per ragioni strettamente connesse alla necessità di controllo monetario, vennero sottoposte al controllo del Sindacato governativo sulle società commerciali e sugli istituti di credito (sul quale si veda *infra* nota 13).

e l'Istituto di credito per le imprese di pubblica utilità (R.D.L. 20 maggio 1924, n. 731).

Non è il caso, in questa sede, di scendere ad un esame analitico delle varie forme di credito «specializzato» appena ricordate e delle modalità organizzative adottate per la loro erogazione[6]; allo scopo di delineare il quadro complessivo del sistema normativo dettato per l'attività bancaria in quel periodo è sufficiente, infatti, mettere in evidenza i contenuti salienti della specialità dei relativi ordinamenti, che sottraevano alle norme di diritto comune alcuni importanti settori dell'attività creditizia.

La ragione politica della loro creazione sta proprio nella constatazione che la disciplina di diritto comune non era in grado di conciliare l'interesse dei risparmiatori con l'interesse di coloro che cercavano finanziamenti, soprattutto quando questi ultimi fossero a durata protratta.

Il diritto speciale che viene introdotto cerca di conciliare l'interesse dei potenziali offerenti di fondi con quello dei richiedenti, sospendendo le regole di diritto comune e introducendo norme organizzatorie capaci di ridurre il rischio per i risparmiatori e, quindi, di eliminare tale componente dai tassi di remunerazione dagli stessi pretesi. Si muovono in questa ottica i provvedimenti, comuni a tutte le strutture che vengono create in quel periodo, diretti a delimitare rigidamente l'oggetto dell'attività creditizia, sia per quanto concerne la provvista (da effettuarsi attraverso la emissione di titoli riconducibili al tipo del titolo obbligazionario), sia per quanto concerne il settore, o quanto meno le modalità, di erogazione e l'ambito territoriale nel quale possono essere effettuati gli impieghi. Si perseguono così la liquidità e la stabilità degli enti creditizi; a tal fine, si attribuiscono loro anche privilegi, sia di ordine sostanziale sia di ordine processuale, che incidono sulla *par condicio creditorum*, garantendo una tutela particolarmente intensa alle loro ragioni di credito.

Queste iniziative, che vedono il concorso massiccio di enti finanziari pubblici, assumono per lo più la forma dell'ente pubblico imprenditore, sottoposto a forte controllo dell'autorità governativa; controllo che si esplica nell'autorizzazione ad esercitare l'attività e nella vigilanza sulla gestione, spingendosi, per altro, solo raramente a valutazioni che condizionino nel merito le singole scelte aziendali. Nell'ambito di queste strutture specializzate e controllate può ricomprendersi anche il Consorzio per sovvenzioni sui valori industriali (R.D. 20 dicembre 1914, n. 1375)[7], che rappresenta, ad un tempo, la prima struttura spe-

[6] Come è noto un ruolo importante nella scelta del modello organizzativo ebbe per alcuni di questi enti (CREDIOP, ICIPU, Istituto di credito navale) Alberto Beneduce; sul punto si veda, da ultimo, S. Cassese, *Gli «statuti» degli enti Beneduce*, in «Storia cont.», 1984, pp. 941 ss. e già prima gli studi di F. Bonelli, tra i quali si veda soprattutto, *Alberto Beneduce*, in *I protagonisti dell'intervento pubblico in Italia*, a cura di A. Mortara, Milano, Angeli, 1984, pp. 329 ss.

[7] Sul Consorzio si veda E. Cianci, *Nascita dello Stato imprenditore in Italia*, Milano, Mursia, 1977, pp. 43 ss.; P. Grifone, *Il capitale finanziario in Italia*, Torino, Einaudi, 1971, pp. 24 ss., e F. Capriglione, *I consorzi bancari e la legge sulla ristrutturazione fi-*

cializzata per il credito all'industria e uno strumento di salvataggio per le imprese in crisi, basato sulla possibilità di trasferire sulla collettività, attraverso il finanziamento della banca di emissione, il relativo onere. Ed anche su questa struttura insisteva un controllo pubblico.

Il senso delle osservazioni svolte fino a questo punto è abbastanza preciso: anche nel periodo 1865-1926 alcuni importanti settori di attività bancaria erano sottoposti ad uno statuto speciale caratterizzato da una forte venatura pubblicistica.

2.3. Le banche di emissione

Una seconda indicazione in questo stesso senso si evince dalla disciplina speciale che nel periodo in esame viene introdotta per la emissione dei biglietti di banca.

Come è noto, e come meglio verificheremo in seguito, nell'ordinamento oggi vigente l'unica struttura bancaria che può emettere biglietti di banca è la Banca d'Italia, e quest'ultima, inoltre, concede credito solo alle banche e non anche ai privati. Si è così realizzata, a partire dal 1936, una netta separazione tra attività bancaria e attività di emissione di biglietti di banca. Ben diversa era la situazione che sotto questo profilo esisteva nel periodo in esame. Le banche di emissione, infatti, erano normali imprese bancarie che, sorte negli Stati preunitari soprattutto per finanziare le attività commerciali, avevano ottenuto dall'autorità governativa il potere di emettere biglietti di banca, ossia titoli bancari al portatore che incorporavano il diritto a ricevere la quantità di moneta legale (metallica) sugli stessi indicata e che svolgevano la funzione di moneta fiduciaria nel sistema dei pagamenti. Tali banche, in quanto emittenti moneta, erano sottoposte, già negli Stati preunitari, a penetranti controlli pubblici.

Lo Stato unitario aveva o ereditato o legittimato una pluralità di istituti di emissione (Banca Nazionale[8], Banca Nazionale Toscana, Banca Toscana di credito, alle quali si aggiunsero, nel 1870, la Banca Romana e, già nel 1866, il Banco di Napoli ed il Banco di Sicilia, che prima non avevano natura di banche di emissione) che, accanto all'esercizio della normale attività bancaria, avevano anche, per concessione amministrativa, il potere di emettere biglietti di banca. Tale potere era stato da sempre sottoposto a controllo pubblico. E la necessità di consentire tale controllo appariva tanto più evidente in considerazione del fatto che lo Stato italiano, per far fronte alle esigenze del bilancio pubblico e fors'anche per garantire maggiore libertà alla Banca Nazionale in alcuni salvataggi nei quali si era impegnata, fin dal primo maggio

nanziaria delle imprese, Milano, Giuffrè, 1979, pp. 13 ss. Si vedano anche le relazioni di A. Confalonieri e di P. Gnes, in *Bonaldo Stringher e i problemi del finanziamento all'industria in Italia*, Udine, Cassa di Risparmio di Udine e Pordenone, 1985, pp. 28 ss.

[8] Sulla quale v. ora L. Conte, *La Banca Nazionale. Formulazione e attività di una banca di emissione*, Napoli, ESI, 1990.

1866 (R.D. n. 2873), quale corrispettivo di un cospicuo finanziamento ricevuto, sancì il corso forzoso dei biglietti di banca della Banca Nazionale, estendendo poi anche alle altre banche di emissione l'esonero dall'obbligo di convertire tali biglietti in moneta legale (metallica). (Si ricordi che il corso forzoso rimase in vigore per tutto il periodo in esame ad esclusione degli anni 1883-1892).

L'introduzione del corso forzoso liberò gli istituti di emissione dal vincolo obiettivo che il loro potere di emettere biglietti incontrava nel diritto dei portatori dei medesimi, in regime di convertibilità, di ricevere una corrispondente quantità di moneta legale: l'assenza di un controllo sulla emissione di biglietti non convertibili avrebbe potuto tradursi in un attentato all'ordine pubblico economico incidendo tale attività direttamente sulla quantità e sulla credibilità della moneta bancaria, avente carattere di moneta non più solo fiduciaria ma anche legale.

D'altro canto, la commistione tra attività bancaria e attività di emissione costituiva una forte tentazione a superare nell'esercizio di quest'ultima i limiti che al relativo potere ponevano gli atti di concessione amministrativa e a procurarsi con la semplice emissione di moneta cartacea i mezzi necessari per esercitare l'attività di finanziamento dell'economia.

Di qui la necessità di imporre alle banche di emissione un controllo pubblico sull'intera attività bancaria (e non solo sulla parte connessa alla emissione) per consentire il rispetto dei vincoli imposti al potere di emettere biglietti di banca e assicurare, con la solvibilità della banca, la fiducia nei mezzi di pagamento (biglietti) dalla stessa emessi. Contemporaneamente appariva evidente la necessità di semplificare il sistema dell'emissione che, affidato com'era ad una pluralità di banche, presentava momenti di incertezza che pregiudicavano fortemente la fluidità dei traffici. L'unificazione, tuttavia, era contrastata da un considerevole schieramento di giuristi e di economisti che, proprio facendo perno sulla natura di imprese bancarie di questi istituti, assumevano che la unificazione sarebbe stata contraria ai principi liberisti ai quali doveva ispirarsi la disciplina delle attività d'impresa[9]. Naturalmente contrarie all'unificazione erano anche le banche di emissione più deboli, destinate a vedersi private, in caso di unificazione, della facoltà di emissione a favore delle maggiori.

La volontà di giungere alla unificazione del servizio di emissione, più volte tradotta in disegni di legge e in convenzioni (in ispecie tra la Banca Nazionale e quella Nazionale Toscana) faticò pertanto ad affermarsi: e un decisivo passo verso l'unificazione poté compiersi, con la costituzione nel 1893 della Banca d'Italia, solo come conseguenza del crollo bancario del 1892 (che travolse appunto alcuni di quegli istituti)[10].

Senza voler qui ripercorrere nei dettagli la storia degli istituti di

[9] Sul dibattito che nella dottrina economica si sviluppò su questi temi si veda A. Cardini, *Stato liberale e protezionismo in Italia (1890-1900)*, Bologna, Il Mulino, 1981, pp. 153 ss.

[10] Sul punto, anche per una apprezzabile raccolta delle fonti, si vedano E. Vitale, *La*

emissione[11], riteniamo, tuttavia, utile sottolineare che nel periodo in esame, caratterizzato appunto da una pluralità di banche di emissione in concorrenza tra loro, i più significativi provvedimenti si risolvono in una serie di controlli sulla gestione; controlli che coinvolgono l'intera attività di questa categoria di banche[12]. E se si pensa che, proprio in vir-

riforma degli istituti di emissione e gli «scandali bancari» in Italia, 1892-1896, 3 voll., Roma, Camera dei deputati, 1972.

[11] Sulla quale si veda G. Di Nardi, *Le banche di emissione in Italia nel secolo XIX*, Torino, UTET, 1953; nonché R. De Mattia (a cura di), *Gli istituti di emissione in Italia. I tentativi di unificazione 1843-1892*, Laterza, Bari, 1990; G. Negri (a cura di), *Giolitti e la nascita della Banca d'Italia nel 1893*, Laterza, Bari, 1990; F. Spinelli-M. Fratianni, *Storia monetaria d'Italia, L'evoluzione del sistema monetario e bancario*, Milano, Mondadori, 1991, pp. 137 ss.

[12] Questi i più importanti momenti della legislazione sulle banche di emissione e di circolazione. La legge 30 aprile 1874, n. 1920, che rappresenta la prima legge organica in tema di emissione, introduce limiti alla concorrenza tra le varie banche di emissione attraverso un sistema di regole dalle quali emerge la volontà di sottrarre la emissione di biglietti alle norme di diritto comune. Quella legge, in particolare, riuniva in consorzio le sei banche di emissione, rendendo solidalmente responsabili tutti i consorziati nei confronti dei portatori dei biglietti emessi dal consorzio per conto dello Stato e imponeva un limite comune per tutti gli istituti alle quantità di biglietti che potevano essere messi in circolazione, limite correlato all'ammontare del patrimonio e delle riserve auree (il triplo). Imponeva inoltre l'obbligo, a ciascuno degli istituti, della «riscontrata», ossia della conversione in biglietti di uno qualunque degli altri istituti dei propri biglietti, fissando così un punto di verifica della entità dei biglietti messi in circolazione da ciascun istituto. La stessa legge dettava inoltre una specie di statuto tipo per varie banche di emissione, imponendo limiti anche per quanto concerne le operazioni attive e, in particolare, subordinando gli impieghi in partecipazioni azionarie e immobili all'autorizzazione governativa; rafforzava infine il sistema di vigilanza e, pur escludendo esplicitamente che la stessa potesse spingersi fino a determinare la distribuzione degli impieghi (si veda G. Di Nardi, *op. cit.*, p. 220), stabiliva che la vigilanza del Ministero delle Finanze venisse esercitata (in conformità con il regolamento dettato con D. 21 giugno 1875, n. 2372) a mezzo di commissari che partecipavano alle riunioni degli organi degli enti bancari e avevano un potere di ispezione su tutta l'attività delle banche ed il potere-dovere di trasmettere al Ministero non solo la documentazione relativa ai biglietti, ma anche i bilanci e in genere le situazioni relative alle banche nel loro complesso. Tale vigilanza fu successivamente resa anche più penetrante (ma a quanto pare non esercitata) con D. 29 gennaio 1880 che poté accertare consistenti deviazioni dalle regole alle quali avrebbero dovuto uniformarsi le banche di emissione sia nella provvista sia negli impieghi. Nella stessa logica si colloca la legge 7 aprile 1881, n. 133 (legge Magliani) che, dopo una serie di progetti non tradotti in norme, poneva fine al corso forzoso, scioglieva il consorzio fra gli istituti di emissione e addossava allo Stato in proprio l'onere di rimborsare tutti i biglietti emessi per suo conto. Questa legge, pur reintroducendo il vincolo economico della convertibilità, non allentò la vigilanza sugli istituti ma, anzi, sotto il profilo ad esempio del controllo sulle riserve metalliche la rafforzò pretendendone una particolare composizione. È bene precisare, tuttavia, che la convertibilità si scontrò con le difficoltà obiettive delle banche di far fronte alle richieste di conversione, aggravate dal loro coinvolgimento (con le conseguenti immobilizzazioni) nel finanziamento nelle attività produttive del periodo e portò a pesanti sconfinamenti nella entità delle emissioni. Si consentì allora una più facile emissione, attraverso una revisione, verso l'alto, del relativo limite (il quadruplo) (con legge 30 giugno 1891, n. 314) e delle riserve metalliche e si allentò l'onere per i vari istituti della riscontrata (R.D. 30 agosto 1891, n. 505). Tali misure, per altro, non furono in grado di consentire la conversione alle banche; queste di fatto sospesero il rimborso dei biglietti, nonostante un provvedimento governativo (legge 10 agosto 1893) consentisse alle stesse di riscuotere l'aggio che ormai

tù del loro potere di emettere biglietti di banca, questa categoria di imprese bancarie aveva rapidamente acquisito una posizione di particolare rilevanza nell'ambito del settore creditizio, operando anche come «banche di risconto» per le altre imprese bancarie, sembra plausibile ritenere che un settore importante dell'attività bancaria era sottratto alla disciplina di diritto comune e sottoposto a controllo pubblico, anche se quest'ultimo era istituzionalmente diretto a garantire un uso corretto del potere di stampare carta moneta[13].

2.4. I controlli sulle Casse di risparmio

Come si può notare, dunque, sia l'attività bancaria specializzata (ci sia consentita per ora questa terminologia generica), sia l'attività banca-

costantemente esisteva nel periodo a favore delle monete metalliche. La legge 10 agosto 1893, n. 449 sul riordinamento degli istituti di emissione, prendeva atto di questa situazione di dissesto nella quale si trovava, in misura più o meno grave, la maggior parte degli istituti, liquidandone uno (la Banca Romana), ed autorizzando la fusione di tre di esse (la Banca Nazionale e i due istituti toscani) per la costituzione della Banca d'Italia. La facoltà di emettere biglietti di banca veniva così riservata a quest'ultima e ai due banchi meridionali, semplificando il servizio di emissione. Veniva di fatto abrogata la convertibilità attraverso la proroga del corso legale dei biglietti, convertibili solo in biglietti di Stato, a loro volta non commutabili in moneta metallica. Inoltre, ed è ciò che alla fin fine più interessa in questa sede, vennero imposti ai tre istituti di emissione vincoli molto rigidi, per quanto concerne gli impieghi, ancora consentiti anche con privati, allo scopo di impedire quelli immobilizzanti e più aleatori. Il controllo sulla attività bancaria degli istituti di emissione venne ribadita nelle norme raccolte dal T.U. 28 aprile 1910, n. 204, che prevedeva limiti precisi all'attività di impiego di tali istituti e consolidava la vigilanza che il Ministero per il Tesoro esercitava sugli stessi. Anche sotto questo profilo resta, dunque, accertato che un importante settore dell'attività bancaria (quella esercitata dalle banche di emissione con i privati) era sottoposta a controllo pubblico, ancora prima della legge bancaria del 1926.

[13] È bene anche aggiungere che nel periodo 1866-1869, durante il quale operò il Sindacato governativo di controllo sulle società commerciali e sugli istituti di credito, il controllo connesso ad esigenze di politica monetaria non si limitò alle banche di emissione ma si estese anche alle cosiddette banche di circolazione, ossia a quelle banche che, pur non essendo concessionarie del servizio di emissione, emettevano biglietti al portatore capaci di adempiere funzioni monetarie, alle banche cioè che creavano moneta fiduciaria sia pure priva dei caratteri di moneta legale. Questo regime introdotto con RR.DD. 1° maggio 1866, n. 2873, 1° maggio 1866, n. 2872 e 27 maggio 1866, n. 2966 e soppresso con R.D. 5 settembre 1868, n. 5256, attribuiva penetranti poteri di controllo anche su queste banche di emissione «di fatto»; nell'ambito di tali poteri era ricompreso anche quello di sospendere le deliberazioni che l'autorità governativa avesse ritenuto in contrasto con gli interessi dello Stato. Sul punto si veda F. Belli e A. Scialoja, *Vocazioni interventiste, miti ed ideologie e liberismo all'interno dell'unificazione nazionale; il controllo delle società commerciali e degli istituti di credito nell'esperienza del sindacato governativo (1866-1869)*, introduzione a C. De Cesare, *Il sindacato governativo. Le società commerciali nel Regno d'Italia*, Bologna, A. Forni, 1978², pp. 10 ss. In qualche modo va collocato nella prospettiva il R.D. 7 ottobre 1923, n. 2283 con il quale si introduceva il controllo del Ministero delle Finanze sulle imprese che fossero state autorizzate ad emettere assegni circolari, ossia titoli che potevano essere considerati alla stregua di surrogati della moneta, in considerazione della fiducia della quale necessariamente godono presso il pubblico.

ria delle banche di emissione, erano sottoposte a controlli pubblici già nel periodo in esame. Ma tali controlli non erano neppure gli unici che insistessero sull'attività bancaria.

Sotto questo profilo, va in particolare ricordato che la legge 15 luglio 1888, n. 5546, determinò il distacco delle Casse di risparmio dalle pubbliche amministrazioni che le avevano costituite (Casse fondazioni) e dettò una loro disciplina generale (estesa, quindi, anche alle Casse associazioni) come enti creditizi, ossia come enti che non si limitavano a raccogliere e custodire il risparmio ma che erogavano anche il credito. E le Casse di risparmio, pur non rivestendo allora l'importanza che dovevano poi assumere, costituivano già un importante momento dell'attività bancaria, soprattutto per quanto concerne il trasferimento di fondi verso la pubblica amministrazione e verso l'agricoltura. Orbene, come è noto e come vedremo ancora in seguito, sulla costituzione e sull'attività delle Casse di risparmio esisteva un penetrante controllo pubblico[14].

2.5. Le discipline statutarie e i diversi modelli operativi

Ma se la fisionomia dell'ordinamento bancario del periodo risulterebbe non esattamente disegnata trascurando la serie di discipline legislative speciali previste per alcuni importanti settori di tale attività, lo stesso dovrebbe dirsi se si trascurasse di rilevare che nell'ambito del diritto comune, sulla base dell'autonomia statutaria privata, si vennero delineando in quel medesimo periodo alcuni particolari tipi di imprese bancarie i cui caratteri si sarebbero poi trasfusi in statuti legislativi speciali, che per lungo tempo hanno disciplinato quelle categorie di imprese bancarie.

Questo discorso vale ad esempio per le Casse rurali (oggi Banche di credito cooperativo) e le Banche popolari[15]. Entrambe organizzate secondo il modello della società cooperativa, le Casse per lo più a responsabilità illimitata e le Banche popolari per lo più a responsabilità limitata; le prime di matrice cattolica ed inserite nel mondo cooperativistico, le seconde di matrice laica e non organicamente collegate all'associazionismo cooperativo; le prime con un'operatività prevalentemente rivolta al settore agricolo, le seconde proiettate più verso i settori commerciali e piccolo industriali. Queste due categorie di banche avevano acquisito, già prima del 1926, una tipicità organizzativa ed operativa che le differenziava profondamente dalle altre imprese bancarie ed in particolare dalla massa delle aziende di credito cosiddette ordinarie.

Ma anche queste ultime, nel periodo in esame, mutarono profondamente i modelli operativi adottati, soprattutto quelle che finanziaro-

[14] Si veda fin d'ora, per un quadro dello sviluppo della legislazione sulle Casse di risparmio, M. Clarich, *Le Casse di Risparmio*, Bologna, Il Mulino, 1984, pp. 33 ss.

[15] Si veda fin d'ora per uno sguardo d'assieme su quella stagione della cooperazione di credito G. Tamagnini, *Le Casse rurali (princìpi-storia-legislazione)*, Roma, edizione de «La Rivista della cooperazione», 1952.

no con maggior intensità le imprese industriali; e la molteplicità dei modelli operativi consente appunto di considerare ulteriormente diversificato il panorama delle imprese bancarie, che pur si muovono nell'ambito del diritto comune, e individua un'altra strada lungo la quale si andava realizzando quella specializzazione delle istituzioni creditizie che la legge bancaria del 1936 doveva limitarsi a registrare.

Il modello al quale si attennero le banche italiane nei loro rapporti di finanziamento dell'attività industriale negli anni successivi all'unificazione fu quello del credito mobiliare, importato, con una consistente parte dei mezzi finanziari, dall'esperienza francese.

Questo modello, al quale si uniformarono le due più importanti banche (diverse dagli istituti di emissione) che finanziarono le attività industriali e commerciali del primo trentennio successivo all'unificazione, ossia la Banca generale e la Società generale di credito mobiliare, si caratterizzava, sotto il profilo della raccolta, per il fatto di far appello al pubblico risparmio attraverso titoli di partecipazione alla società bancaria e, per quanto concerne gli impieghi, perché concorreva al finanziamento delle imprese sia attraverso la concessione di crediti a breve e a lungo termine sia attraverso la sottoscrizione di obbligazioni e l'acquisto di partecipazioni sociali[16].

Queste imprese bancarie sottratte ad ogni controllo pubblico si lasciarono coinvolgere nelle attività speculative che caratterizzarono (soprattutto nel settore edilizio) i primi decenni successivi all'unificazione e subirono violentemente gli effetti della crisi economica che colpì il nostro paese alla fine degli anni ottanta.

Esse tentarono di far fronte ai problemi di liquidità raccogliendo depositi, anche a vista, ma così operando resero ancora più precario il loro equilibrio finanziario[17]. Nonostante i massicci rifinanziamenti da parte degli istituti di emissione, esse non resistettero ai riflessi finanziari della crisi economica e si determinò un vero e proprio crollo di questo settore del sistema bancario (1892), crollo che coinvolse gli istituti di emissione e che determinò con il riordino di questi ultimi (1893) anche la nascita di un nuovo modello di banca[18].

È di quegli anni, infatti, l'adozione del modello della banca mista, introdotto in Italia sull'esempio tedesco, anche per diretta iniziativa dei capitali di quel paese; capitali che stavano prendendo, sia pure in misura contenuta, il posto di quelli francesi, in coincidenza con la svolta filogermanica impressa da Crispi alla nostra politica estera[19]. Con i margini

[16] Si vedano sul punto A. Confalonieri, *Il credito industriale*, Milano, Giuffrè, 1960, pp. 18 ss., e G. Luzzatto, *L'economia italiana dal 1861 al 1894*, Torino, Einaudi, 1968, pp. 38 ss.

[17] Si veda M. Pantaleoni, *La caduta della società generale di credito mobiliare italiano*, in «Giornale degli economisti», 1895; lo scritto è stato più volte ristampato, da ultimo nella Collana del centro «A. Beneduce», Milano, Giuffrè, 1977, con un saggio introduttivo di G. Di Nardi.

[18] Si veda per tutti A. Confalonieri, *Banca e industria in Italia, 1894-1906*, Milano, Banca Commerciale Italiana, 1974, vol. I.

[19] Da ultimo P. Hertner, *Il capitale tedesco in Italia dall'unità alla prima guerra mon-*

di approssimazione inevitabili nelle semplificazioni del genere, si può dire che le banche miste si caratterizzarono, nei confronti delle banche di credito mobiliare, per il fatto di raccogliere risparmio non tanto attraverso la emissione di titoli di partecipazione, quanto piuttosto attraverso lo strumento del deposito (a vista e vincolato), procedendo così sulla strada imboccata, in situazioni peraltro patologiche, dalle banche di credito mobiliare. Sotto il profilo degli impieghi, invece, esse non manifestarono sostanziali diversità con queste ultime: in entrambi i casi gli impieghi erano indifferenziati sia per quanto concerne la scadenza, sia per quanto riguarda le forme. Anche per le banche miste, in particolare, alle erogazioni di credito continuò ad affiancarsi l'assunzione di partecipazioni. Sotto il profilo degli impieghi le banche miste si differenziavano invece dalle banche cosiddette commerciali o di credito ordinario; queste ultime, infatti, si limitavano ad effettuare finanziamenti a breve termine, ispirandosi così al modello inglese; modello che, peraltro, non trovò significativo spazio nell'esperienza italiana di quel periodo. Le banche miste, inoltre, si caratterizzavano per un forte intreccio fra banca e industria, in quanto le industrie finirono per detenere il controllo delle banche, a loro volta detentrici di fortissime interessenze nelle prime.

Il modello della banca mista venne adottato dalle maggiori banche italiane che, sorte appunto dalle ceneri della crisi del 1892-1893 (Banca Commerciale, Credito Italiano, Banco di Roma), accompagnarono e finanziarono in gran parte lo sviluppo dell'industria italiana fino alla crisi degli anni trenta[20].

2.6. Verso uno statuto speciale dell'impresa bancaria

Il fatto che esistessero, per una parte anche importante delle attività bancarie, precisi controlli pubblici non toglie, ovviamente, che in linea di principio le imprese bancarie potessero liberamente essere costituite ed altrettanto liberamente esercitate. Questa libertà aveva portato nei periodi di maggior espansione economica alla creazione di un numero di imprese assolutamente sproporzionato alle dimensioni sia della economia reale sia del mercato finanziario, con l'avvio di ini-

diale, Banche miste e sviluppo economico italiano, Bologna, Il Mulino, 1984, pp. 61 ss., il quale sottolinea che la influenza germanica era dovuta più all'importazione di modelli operativi che all'entità dei capitali (così già F. Nitti, *Il capitale straniero in Italia*, Bari, Laterza, 1915, p. 48). Sulla nascita della banca mista e sui rapporti banca e impresa nel periodo a cavallo della fine del secolo è sufficiente ricordare qui il contributo di A. Confalonieri, *Banca e industria in Italia, 1894-1906*, cit., vol. III.

[20] Sulla storia della Banca Commerciale italiana, si veda A. Confalonieri, *Banca e industria*, cit., soprattutto voll. II e III; per quella del Banco di Roma, si veda L. De Rosa, *Storia del Banco di Roma*, Roma, Banco di Roma, 1982-1983, voll. I e II; e G. De Rosa, *Storia del Banco di Roma*, Roma, Banco di Roma, 1984, vol. III, nonché, per la crisi che questa Banca attraversò all'inizio degli anni venti, A. De Stefani, *Baraonda bancaria*, Milano, Edizioni del Borghese, 1960, pp. 57 ss.

ziative di carattere prevalentemente speculativo e, comunque, prive di qualche solidità.

I crolli bancari, pertanto, si moltiplicarono non solo per la stretta connessione che si era creata tra banca e impresa, ma anche per la irrazionalità delle strutture del mercato bancario, sovraffollato da imprese non dotate degli strumenti patrimoniali necessari per reggerne il confronto. Si poneva, quindi, un problema di semplificazione del mercato bancario e di stabilità delle imprese bancarie non risolvibile attraverso le norme di diritto comune dettate dal Codice di Commercio. Le crisi concentrate e violente degli operatori bancari (e sotto questo profilo furono particolarmente meditati e sofferti il crollo generalizzato del 1892-1893, quello della Società bancaria italiana del 1907[21] e quello della Banca italiana di sconto del 1921[22]) diedero vita ad un vero e proprio movimento per uno statuto speciale dell'impresa bancaria, movimento che si sviluppò già a partire dal 1894 e che sfociò poi nei «provvedimenti per la tutela del risparmio» del 1926 (assunti in un contesto che vede anche l'unificazione degli istituti di emissione).

Questo movimento trovò un esplicito riconoscimento, ancora prima di questi ultimi provvedimenti, nel R.D. 8 febbraio 1924, n. 136, che dettò un regime speciale per il concordato preventivo delle imprese bancarie, sottraendo, in una logica che troverà ulteriori e più significative espressioni legislative, ai creditori il potere di impedire con il loro dissenso l'omologazione della proposta di concordato e rimettendo interamente al Tribunale il potere di decidere della convenienza del concordato medesimo «a tutela del credito pubblico», anche in deroga alle norme di diritto comune[23].

L'insieme dei progetti che proponevano uno statuto speciale per le imprese bancarie[24] è stato spesso sottovalutato ritenendosi che gli stessi non avessero la minima consapevolezza degli interessi che avrebbero poi trovato una tutela nella legge bancaria del 1936-38.

È diffuso, infatti, il convincimento che quelle proposte si limitassero, in un'ottica squisitamente privatistica, a prevedere strumenti di tutela per i depositanti, considerati come creditori degni di particolare protezione.

In realtà, pur non mancando di accennare alla necessità di assicura-

[21] Sul quale si veda F. Bonelli, *La crisi del 1907. Una tappa dello sviluppo industriale in Italia*, Torino, Fondazione Luigi Einaudi, 1971, pp. 93 ss.

[22] Sul quale si vedano le pagine di P. Sraffa, *La crisi bancaria in Italia*, ristampate in *Saggi*, Bologna, Il Mulino, 1986, pp. 217-238, i numerosi interventi sulla stampa di L. Einaudi ora in L. Einaudi, *Cronache economiche e politiche di un trentennio*, Torino, Einaudi, 1965, vol. VI, pp. 488 ss., 540 ss., 552 ss., 597 ss. e l'opinione di A. Sraffa, su *I problemi giuridici del concordato della Sconto, ibidem*, pp. 602 ss.

[23] Si veda L. Bolaffio, *Il concordato preventivo delle grandi banche e la nuova legge fallimentare*, in «Riv. dir. e proc. civ.», 1931, II, pp. 28 ss.

[24] Un'analisi puntuale dei progetti è in G. Miraulo, *Ordinamento bancario e tutela del risparmio*, Roma, Tipografia delle Mantellate, 1927, pp. 33 ss. e in A. De Gregorio, *Il problema della tutela dei depositi bancari*, in «Arch. giur. F. Serafini», XI (1926), pp. 195 ss., nonché più recentemente, in G. Ruta, *Il sistema della legislazione bancaria*, Roma, Bancaria, 1975^2, pp. 70 ss.

re protezione al «piccolo risparmiatore», quei progetti, nel momento in cui affermavano l'esigenza di tutela dei depositanti, si preoccupavano della stessa non tanto in relazione alla causa del credito protetto quanto per evitare che i risparmiatori fossero scoraggiati dal fare affluire i risparmi alle imprese bancarie e, loro tramite, alle attività produttive. La nuova legislazione in materia bancaria era considerata ormai una «improrogabile necessità nell'interesse non solo dei risparmiatori, ma anche in quello generale del credito e dell'economia nazionale»[25]. Era, insomma evidente anche allora che tutela dei depositanti e tutela del risparmio tendenzialmente coincidono nel senso che entrambi si riconducono alla solvibilità dell'impresa bancaria e che quest'ultima deve essere perseguita nell'interesse dello sviluppo dell'economia reale. In quei progetti, anzi, era ben presente anche la consapevolezza che i problemi della liquidità si pongono in termini diversi a seconda delle scadenze dei debiti contratti dall'impresa bancaria nella raccolta del risparmio e la loro attenzione era rivolta, soprattutto, ai risparmi a vista[26] e a breve, che, in situazioni di panico, potevano compromettere la liquidità dell'impresa. Questa attenzione si esprimeva, ad esempio, nel proposito di distinguere all'interno dell'azienda bancaria una sezione autonoma concernente i depositi a vista o nella predisposizione di strumenti di tutela limitati a questi ultimi per contenere il panico dei risparmiatori e la corsa al ritiro dei medesimi.

Sembra chiaro che, nel momento in cui si distingue tra risparmio e risparmio e ci si preoccupa di introdurre particolari tutele per quello che può creare più intensi pericoli alla liquidità dell'impresa, l'interesse tutelato non è tanto quello dei risparmiatori in quanto tali, ma quello generale che resta coinvolto dall'attività delle imprese bancarie come intermediari finanziari.

Gli strumenti che vengono via via ipotizzati per il conseguimento degli obiettivi di razionalizzazione del mercato e di tutela del risparmio sono, come si accennava, molto vari e, per alcune ipotesi, anticipatori. Così si prevedeva di subordinare l'esercizio dell'attività bancaria all'autorizzazione ministeriale, di riconoscere un privilegio a favore dei depositanti, senza dotare tale privilegio di contenuti tali da esonerare il risparmiatore da una oculata scelta della banca depositaria, l'imposizione di un rapporto minimo di «sicurezza» tra fondi propri e passività e di un limite alla concentrazione degli impieghi, l'adozione di strumenti selettivi di garanzia dei depositi e l'organizzazione di funzioni di controllo e di vigilanza, da attribuire o ad organi governativi o alla Banca d'Italia (coordinati con alcune facoltà di sorveglianza affidate all'eventuale istituto per l'assicurazione dei depositi), tali da consentire un'adeguata conoscenza dell'attività delle imprese bancarie ed il rispet-

[25] Così A. Scialoja, nella parte della relazione al progetto di Codice di Commercio Vivante del 1922 (Milano, Hoepli, 1922, p. 292) dedicata alle «norme speciali per le banche di deposito».

[26] Si veda il passo della relazione di A. Scialoja ricordata alla nota precedente.

to delle regole di condotta per le stesse previste, con il conseguente potere di espulsione dal mercato dell'impresa «ribelle»[27].

3. Dalla legge bancaria del 1926 alla legge bancaria del 1936-1938

3.1. I provvedimenti monetari e di tutela del risparmio del 1926

Il 1926 rappresenta una data particolarmente importante nella storia dell'ordinamento bancario e più in generale del sistema finanziario e monetario italiano. Il R.D.L. 6 maggio 1926, n. 812, unificava l'emissione dei biglietti di banca riconoscendo la relativa facoltà alla sola Banca d'Italia, alla quale venivano trasferite riserve e passività per biglietti del Banco di Napoli e del Banco di Sicilia; e questi, pur rimanendo banche pubbliche, perdevano quindi, la natura di istituti di emissione. All'unificazione del servizio di emissione dei biglietti di banca, nell'ambito di un unico disegno economico, si aggiungevano «i provvedimenti per la tutela del risparmio» (R.D.L. 7 settembre 1926, n. 1511, e 6 novembre 1926, n. 1830 convertiti rispettivamente con legge 23 giugno 1927, n. 1107 e 23 giugno 1927, n. 1108) che dettavano la prima legge generale per le imprese bancarie allo scopo di realizzare quel risanamento bancario[28] che costituiva il necessario complemento del risanamento monetario, perseguito con l'unificazione degli istituti di emissione.

Questi due ordini di interventi vanno a loro volta collocati nel contesto politico-economico del momento: il risanamento monetario, imposto dalla finanza internazionale (soprattutto americana) alla quale l'Italia stava ricorrendo[29], fu un mezzo utilizzato dal regime per conseguire, con una politica di tutela del valore del metro monetario, il consenso dei ceti medi del paese e per riaffermare (come avvenne in modo esplicito nel famoso discorso tenuto da Mussolini a Pesaro nell'estate del 1926) la politica di prestigio internazionale voluta anche sul piano finanziario. I provvedimenti di unificazione monetaria e di risanamento bancario sfoceranno, infatti, dopo pochissimo tempo nella dichiarazione di convertibilità della lira (R.D. 21 dicembre 1927, n. 2325) a «quota novanta»; convertibilità che non avrebbe potuto essere neppure prospettata in assenza dei provvedimenti appena ricordati[30].

[27] Si veda A. De Gregorio, *op. cit.*, pp. 211 ss.

[28] Si veda sul punto A. De Gregorio, *La legislazione italiana sulla tutela del credito*, in «Riv. dir. comm.», 1929, I, p. 30.

[29] Si veda G.G. Migone, *Gli Stati Uniti e il fascismo. Alle origini dell'egemonia americana in Italia*, Milano, Feltrinelli, 1980, pp. 99 ss.

[30] Sugli indirizzi accennati nel testo ogni rinvio bibliografico è necessariamente lacunoso e probabilmente superfluo; si ricordano, comunque, J.S. Cohen, *La rivalutazione della lira del 1927, uno studio sulla politica economica fascista*, in *Lo sviluppo economico italiano 1860-1940*, a cura di G. Toniolo, Bari, Laterza, 1978², pp. 313 ss.; P. Ciocca, *L'economia italiana nel contesto internazionale*, in *L'economia italiana nel periodo fascista*, a cura di P. Ciocca e G. Toniolo, Bologna, Il Mulino, 1976, pp. 19 ss. e M. Marconi, *La politica monetaria del fascismo*, Bologna, Il Mulino, 1982, pp. 37 ss.

Il che rimane vero anche se la convertibilità durò ben poco: fino al 1931.

In questa stessa prospettiva va collocato anche il R.D.L. 6 novembre 1926, n. 1832, che soppresse la Sezione autonoma del Consorzio sovvenzioni su valori industriali (che era all'epoca titolare di una serie di partecipazioni industriali acquisite nei salvataggi operati negli anni precedenti), la cui provvista incideva direttamente sulla quantità di moneta, essendo sostanzialmente assicurata dalla emissione di biglietti di banca, e costituì l'Istituto di liquidazioni.

Tale Istituto, ente pubblico dotato di un sia pur limitato patrimonio autonomo, avrebbe dovuto procedere alla liquidazione delle partecipazioni acquisite sotto la propria responsabilità e senza coinvolgere direttamente la banca di emissione, sulla quale in concreto continuò tuttavia a pesare l'onere del finanziamento[31].

Abbiamo già notato che i provvedimenti monetari e i provvedimenti bancari del 1926 vanno esaminati congiuntamente: questo collegamento va colto sia nel senso che il riordino bancario fu considerato indispensabile per il risanamento monetario sia nel senso che la unificazione, nella Banca d'Italia, del potere di emissione favorì la creazione di una struttura di vertice alla quale affidare la vigilanza bancaria senza far ricorso ad una articolazione burocratica. Il che consentì, tra l'altro, di superare le perplessità che avevano incontrato i progetti che intendevano attribuire tale potere ad un organo burocratico, giudicato troppo soggetto alla mutevole influenza dell'attività governativa[32].

3.2. La legge bancaria del 1926

L'attenzione della nuova disciplina è rivolta soprattutto alle società ed agli altri enti esercenti il credito che «raccolgono depositi» (art. 1 del R.D.L. 1511/1926) (ad eccezione del Banco di Napoli e del Banco di Sicilia sottoposti a norme particolari e soggetti alla vigilanza del Ministero delle Finanze).

Rimanevano fuori dell'ambito «naturale» della legge gli intermediari bancari, che, pur raccogliendo risparmio non ricorrevano al deposito ma allo strumento tecnico del prestito obbligazionario a medio e lungo termine, anche se il successivo regolamento si preoccupava di estendere alcune delle norme dettate per le «banche di deposito» anche agli istituti di credito già disciplinati (istituti di credito agrario, istituti di credito fondiario: per i quali per altro rimanevano in vigore le rispettive norme speciali).

Nel disporre questa estensione, tuttavia, si aveva cura di escludere le norme che trovavano la propria ragion d'essere nelle caratteristiche

[31] Si veda in proposito S. Jafrate, *La gestione degli enti di smobilizzo che precedettero la costituzione dell'Iri*, in *Banca e industria fra le due guerre*, vol. II, *Le riforme istituzionali e il pensiero giuridico*, Bologna, Il Mulino, 1981, pp. 65 ss.

[32] Si veda, su tali perplessità, G. Miraulo, *op. cit.*, p. 83.

(depositi per lo più a vista o a breve) delle passività delle banche di deposito. Si andava delineando, quindi, la distinzione tra «aziende di credito» (e la relativa espressione è introdotta dall'art. 1 del regolamento del 1926) e istituti di credito, poi recepita dalla legge bancaria del 1936-38 e fondata sulla lunghezza delle operazioni di provvista.

Non solo, ma la legge del 1926, nel momento in cui conserva in vigore gli ordinamenti esistenti per le Casse di risparmio e introduce un regime particolare, in alcuni momenti (ad esempio, capitale minimo e vincoli di bilancio) più favorevole e in altri (ad esempio, formazione delle riserve) più rigoroso, di quello previsto in genere per le aziende di credito, per alcune categorie di tali aziende (ossia per le Casse rurali e, sia pure in misura minore, per le Banche popolari) recepisce e favorisce quelle forme di pluralismo bancario che si stavano realizzando sulla base dell'autonomia statutaria.

Il sistema introdotto dai provvedimenti del 1926 consta, dunque, di una disciplina comune alle aziende e agli istituti di credito e di alcuni gruppi di norme, specificamente dettate per ciascuna di queste due categorie di imprese, a loro volta, poi, disciplinate al loro interno in modo non del tutto uniforme.

Si introduce una struttura di vertice, di natura politica (Ministro per le Finanze e, sia pure in posizione sub-valente, il Ministro per l'Economia nazionale), alla quale è affidato il potere di autorizzare l'ingresso sul mercato sia di nuove aziende sia di nuovi istituti, l'apertura di nuove «filiali» (quando se ne riconoscano «l'utilità e la convenienza»), le operazioni di fusione fra aziende e, in caso di violazione delle norme alle quali queste ultime avrebbero dovuto adeguarsi, la revoca dell'autorizzazione medesima (da parte del Ministro per le Finanze presso il cui dicastero veniva istituito un albo nel quale andavano iscritte sia le aziende sia gli istituti di credito)[33].

All'istituto di emissione, insieme a funzioni istruttorie e consultive del Ministro, veniva attribuita la vigilanza sia sulle aziende sia sugli istituti con il diritto di ricevere le situazioni periodiche ed i bilanci delle imprese bancarie ed il potere di svolgere «di tempo in tempo» ispezioni sulle stesse, allo scopo di assicurare l'osservanza del nuovo statuto speciale previsto per l'attività bancaria.

Come si accennava gli «statuti» rispettivamente dettati per le aziende e per gli istituti sono parzialmente diversi.

Per le prime viene richiesto un capitale minimo (correlato all'ambito territoriale dell'attività) e viene imposto il rispetto di vincoli obiettivi sia per quanto concerne la formazione delle riserve (da alimentarsi con

[33] Secondo l'opinione dei commentatori della nuova disciplina, anche le modificazioni statutarie, ogni qualvolta «eliminino o modifichino quegli elementi in base ai quali sia stata concessa l'autorizzazione governativa», avrebbero dovuto essere approvate dal Ministro (A. De Gregorio, *La legislazione italiana*, cit., p. 31). In ogni caso si chiarisce che i provvedimenti dell'autorità governativa sono sindacabili dall'autorità giudiziaria, sia ordinaria sia amministrativa, soltanto per quanto concerne la loro legittimità e non anche, sotto il profilo del merito (G. Miraulo, *op. cit.*, pp. 127 ss.).

almeno un decimo degli utili fino al raggiungimento del 40% del capitale)[34] sia per quanto attiene al rapporto minimo consentito tra patrimonio e depositi (stabilendo che il primo non può essere inferiore ad un ventesimo dei secondi, comunque costituiti). Si dispone inoltre che «le aziende di credito, le quali abbiano una somma di depositi superiore a venti volte l'ammontare del patrimonio, debbono investire l'eccedenza in titoli dello Stato o garantiti dallo Stato, da depositarsi presso l'Istituto di emissione o versarla in conto corrente fruttifero presso l'Istituto medesimo, entro il termine di sei mesi dalla constatata eccedenza».

Viene così introdotto nel nostro ordinamento l'istituto della riserva obbligatoria con lo scopo di favorire la liquidità e la stabilità delle aziende di credito (vedremo poi che le riserve obbligatorie sono diventate, oggi, soprattutto uno strumento di politica monetaria)[35].

Queste norme non vengono estese alle imprese bancarie che, pur raccogliendo risparmio, non lo fanno attraverso depositi, ma attraverso la emissione di obbligazioni e questo esonero costituisce, per quanto concerne il controllo sulla gestione, l'avvio di una differenziazione tra aziende ed istituti che, nonostante qualche appannamento, si articolerà anche successivamente in termini analoghi a quelli fissati nel provvedimento in esame. Comuni, invece, alle aziende ed agli istituti sono le norme che si preoccupano di impedire la concentrazione dei rischi: alle une, come agli altri, viene imposto il limite di fido, ossia nessuna azienda e nessun istituto può concedere ad «uno stesso obbligato» affidamenti per un ammontare superiore ad un quinto del patrimonio dell'ente creditizio, salva la facoltà dell'istituto di emissione di consentire eventuali deroghe.

Questo il contenuto essenziale della prima legge bancaria introdotta nel nostro sistema. Abbiamo già chiarito quali fossero gli obiettivi che quella legge perseguiva: non tanto la tutela di una particolare categoria di risparmiatori (i depositanti) quanto un generale risanamento del mercato bancario, nel convincimento che quest'ultimo lasciato completamente a se stesso avrebbe generato fenomeni di sovrappopolazione e determinato un numero di crisi bancarie incompatibile con la tutela del risparmio e con il finanziamento dello sviluppo economico da parte degli intermediari bancari[36]. Sotto questo profilo sono significativi

[34] La formazione di riserve venne favorita anche sotto il profilo fiscale, con norme che almeno in parte sono state conservate, sia pure con importanti modificazioni, anche nei sistemi fiscali successivi: si veda sul punto R. Weigmann, *Le riserve statutarie*, in «Giur. comm.», 1984, II, pp. 17 ss.

[35] Sulle riserve obbligatorie si veda fin da ora, M. Del Sarto, *La disciplina delle riserve obbligatorie delle aziende di credito in Italia*, Torino, Giappichelli, 1975, pp. 7 ss.

[36] E la letteratura dell'epoca ha perfetta consapevolezza dei limiti che il modello concorrenziale incontra nel settore bancario. Così si scrive (A. De Gregorio, *La disciplina*, cit., pp. 29 ss.) che il controllo all'ingresso sul mercato delle aziende di credito ha lo scopo di «impedire il moltiplicarsi di queste ed in ispecie la loro eccessiva concorrenza in uno stesso territorio. Certo questa concorrenza ha anche il suo lato buono, poiché affina ed intensifica la propaganda per il risparmio e perché tende a rendere meno onerose le condizioni dei prestiti concessi dalle banche, ed in genere delle loro operazioni attive, e dei servizi da esse resi ai clienti. Ma l'esperienza ha dimostrato che prevalgono

i poteri discrezionali concessi all'autorità governativa e ancor più la effettiva semplificazione che in quegli anni si realizzò nel mercato bancario[37]. Anche la struttura adottata sembra particolarmente felice, fondata com'è su di un meditato ed articolato sistema di collaborazione tra l'autorità governativa e l'istituto di emissione. E del resto è la struttura che, sia pure con significative modificazioni, ha retto anche successivamente il nostro sistema di controllo sulle imprese bancarie.

Il controllo pubblico, ancorché discrezionale, non sembra, tuttavia, possa essere utilizzato per una strumentalizzazione delle imprese bancarie agli obiettivi di politica economica del Governo, che non si risolvano nella stabilità e funzionalità dei mercati bancari[38]. Questa conclusione trova fondamento nella tipicità dei vincoli che possono essere imposti alle aziende ed agli istituti: vincoli tutti diretti a garantire la liquidità delle aziende e/o ad impedire una concentrazione dei rischi; vincoli in linea di principio già definiti anche per quanto concerne la loro determinazione quantitativa, con una ridotta discrezionalità, per di più concessa solo all'organo tecnico di controllo e non all'organo politico. Tutto ciò conferma che scopo dei controlli è soltanto la realizzazione di un mercato bancario che sia possibilmente solido e funzionale.

Si può, dunque, condividere l'opinione che attribuisce alla legge del 1926 una funzione non di governo ma di polizia del credito[39], solo se si ha ben presente che la legge del 1926, pur non «funzionalizzando» le imprese bancarie, non si limitava neppure ad una «privatistica» tutela dei crediti dei depositanti[40], ma costituiva un «intervento moderatore e regolatore del mercato bancario». In altri termini la legge del 1926 era attenta a quelle che oggi si definiscono le «esigenze economiche» del

per le banche raccoglitrici di depositi gli inconvenienti di una concorrenza sviluppatasi in modo malsano e qualche volta scorretto. Si è, infatti, spesso dovuto deplorare la caccia di depositi, condotta in ispecie con l'arma dell'elevazione dell'interesse corrisposto ai depositanti. Si sono raggiunti in Italia interessi di depositi e di conti correnti o di conti vincolati così alti da apparire enormemente sproporzionati con quelli che sono usuali nei grandi paesi a largo sviluppo bancario. E le conseguenze di queste malsane deviazioni sono gli impieghi del denaro raccolto in operazioni apparentemente più redditizie, ma meno sicure e meno facilmente liquidabili, nonché il rincaro del denaro dato in prestito dalle banche anche per le sane operazioni commerciali».

[37] Si rinvia alle informazioni fornite da N. Tridente, *La concentrazione bancaria dalla guerra europea ai giorni nostri*, Bari, Cacucci, 1955^2, pp. 85 ss. e G. Lanzarone, *Il sistema bancario italiano*, Torino, Einaudi, 1948, pp. 32 ss.

[38] La dottrina giuridica non aveva dubbi nell'escludere che la legge del 1926 legittimasse interventi di merito sulle scelte di gestione e ancora prima su quelle relative alla loro organizzazione non esplicitamente previste dalla legge: quest'ultima veniva considerata legge «eccezionale» nei confronti del diritto comune delle imprese (A. Scialoja, *La tutela del risparmio e la vigilanza sulle società bancarie*, in «Foro it.», 1933, I, c. 1556) e come tale non suscettibile di applicazione analogica o di interpretazione estensiva.

[39] Sulla «filosofia» della legge del 1926, e sui rapporti di continuità e di cesura tra questa ultima e la legge del 1936, anche per un quadro del dibattito sul punto, F. Belli, *Le leggi bancarie del 1926 e del 1936-1938*, in *Banca e industria fra le due guerre*, cit., vol. II, pp. 203 ss.

[40] E tanto meno dei così detti «piccoli depositanti» (si veda infatti A. De Gregorio, *La legislazione*, cit., pp. 19).

mercato, individuate allora nell'interesse alla stabilità delle imprese bancarie e alla razionalizzazione del relativo mercato e considerate indispensabili per consentire all'attività bancaria di svolgere la propria funzione al servizio dello sviluppo economico[41].

A fronte della considerevole discrezionalità riconosciuta all'autorità governativa nell'assumere i provvedimenti attinenti alla struttura del mercato stava una limitata discrezionalità dell'organo tecnico di vigilanza sulla gestione, vincolata al rispetto dei coefficienti di bilancio appena ricordati. E in proposito si può forse rilevare che alla diversificazione della legge del 1926, sotto il profilo della discrezionalità, tra controlli sul mercato (discrezionali) e controlli sull'impresa (vincolati), si sostituì, nella legge bancaria del 1936, un sistema caratterizzato da grande discrezionalità per quanto concerne entrambi i momenti della vigilanza bancaria mentre l'ordinamento, d'origine comunitaria, oggi vigente esclude sia una vigilanza strutturale sul mercato sia una vigilanza funzionalizzante sulle imprese.

3.3. Gli altri interventi legislativi. I testi unici sulle Casse di risparmio e sulle Casse rurali; la legge sul credito agrario; la Banca Nazionale del Lavoro; lo sviluppo dei crediti speciali

L'opera di riordino del mercato bancario e di tutela del risparmio, decisamente perseguita con i provvedimenti del 1926, continua in quegli anni attraverso il completamento e la sistemazione organica delle norme dettate per le Casse di risparmio e per i Monti di pietà di prima categoria esplicitamente conservate in vigore dalla riforma del 1926.

[41] Ed anzi, talvolta la legge in esame viene intesa come uno strumento di governo del credito visto che ad avviso di un'autorevole dottrina del tempo «la decisione del Governo nei vari casi in cui è richiesto il suo intervento, implica essenzialmente un giudizio tecnico su la convenienza, dal punto di vista della politica economica del nostro Paese, di concedere o di rifiutare l'autorizzazione che gli è richiesta» (A. De Gregorio, *La legislazione*, cit., p. 32), ribadendosi anche che «il Governo deve giudicare dell'opportunità di concedere il riconoscimento alle nuove aziende di credito con una valutazione insindacabile dei vari elementi economici, tecnici, politici dai quali esse risultano». Ed è proprio sulla base della disciplina introdotta dai provvedimenti del 1926 che, più in generale, la dottrina constata che nel regime dell'impresa bancaria «penetrano e con tendenza sempre più forte elementi e princìpi pubblici che formano ormai della materia bancaria... una caratteristica parte del diritto commerciale, posta nel mezzo fra il diritto pubblico e il privato», aggiungendosi che «compito della scienza giuridica era quello di procedere alla integrazione e alla saldatura fra questi suoi due rami concorrenti nella disciplina dello stesso ordine di fenomeni economici e di rapporti sociali, se si vuol studiare il diritto come vive ora nella realtà e non come riposa nel codice di commercio» (P. Greco, *Le operazioni di banca e l'impresa bancaria*, in «Banca borsa e tit. di cred.», 1934, I, p. 19). Più in generale ma con frequenti richiami al diritto bancario T. Ascarelli, *La funzione del diritto speciale e le trasformazioni del diritto commerciale*, in «Riv. dir. comm.», 1934, I, pp. 1 ss. Non sembra, pertanto, accettabile l'opinione (A. Cantaro e D. La Rocca, *La cultura giuridica sulla riforma bancaria (1925-1940)*, in *Banca e industria fra le due guerre*, cit., vol. I, pp. 279 ss.) secondo la quale i giuristi degli anni venti si muovevano nell'ambito di logiche estranee a quella fatta propria dalla legge del 1926.

Così il R.D.L. 10 febbraio 1927, n. 269, introduce norme che favoriscono, e in alcuni casi impongono, la fusione fra le aziende della categoria e sottolinea la funzione di coordinamento e di garanzia mutualistica delle Federazioni fra le Casse attribuendo alle stesse carattere anche coattivo.

Il successivo T.U. introdotto con R.D. 25 aprile 1929, n. 967 ed il relativo regolamento (R.D. 5 febbraio 1931, n. 225) danno vita ad un corpo normativo che completa, come si accennava, l'opera avviata dalla legge del 1926, affinando anzi alcuni istituti che verranno poi applicati a tutte le imprese bancarie dalla legge bancaria del 1936.

Non meno significativa è la disciplina speciale, fortemente limitativa dell'autonomia imprenditoriale, che la legge 6 giugno 1932, n. 656 impone alle Casse rurali, concepite quasi esclusivamente come organi periferici di erogazione del credito agrario. Ed è ancora in quegli anni (R.D.L. 29 luglio 1927, n. 1509, convertito con legge 5 luglio 1928, n. 1760 e D.M. 23 gennaio 1928) che viene dettato l'ordinamento fondamentale di questo tipo di credito speciale.

È in questo periodo, infine, che sulla struttura dell'Istituto di credito per la cooperazione si sviluppa la Banca Nazionale del Lavoro, destinata a diventare e a rimanere per lungo tempo la maggior azienda di credito italiana[42].

L'Istituto di credito alla cooperazione era stato costituito nel 1913 da una serie di enti finanziari di natura pubblica sotto forma di ente di solo credito, non essendo autorizzato a raccogliere risparmio. All'inizio degli anni venti, a seguito delle peripezie che attraversavano tutte le istituzioni legate al movimento cooperativo, l'Istituto sembrava destinato alla progressiva emarginazione. Ma dal 1925 in poi, sotto la guida di Arturo Osio, lo stesso riesce a conquistarsi, nel seno di un regime che va alla ricerca di proprie istituzioni economiche, la gestione della massima parte dei servizi finanziari pubblici e, quindi, anche la facoltà di raccogliere depositi; dapprima solo nell'ambito del sistema cooperativo poi senza limitazione alcuna. Nel 1929, con la nuova denominazione di Banca Nazionale del Lavoro e con il riconoscimento della sua natura di ente creditizio pubblico, viene anche formalmente canonizzata la nuova realtà di questa struttura. La Banca Nazionale del Lavoro, anzi, che non conosce l'intreccio banca-impresa nel quale erano coinvolte le grandi banche miste (Credito Italiano, Banca Commerciale e Banco di Roma) e che era cresciuta all'ombra e al servizio dello Stato, affronta in condizioni di favore e ormai da grande banca la crisi, andando incontro a vicende di segno esattamente opposto a quelle vissute da gran parte del restante sistema bancario e in particolare dalle banche miste. Essa può così potenziarsi, anche incorporando un numero impressionante di altre imprese bancarie, continuando, per di più, ad essere l'istituto al

[42] Sulle vicende della Banca Nazionale del Lavoro si veda per tutti V. Castronovo, *Storia di una banca. La Banca Nazionale del Lavoro e lo sviluppo economico italiano, (1913-1983)*, Torino, Einaudi, 1983 e A. Scialoja, voce *Arturo Osio*, in *I protagonisti dell'intervento pubblico in Italia*, a cura di A. Mortara, Milano, Angeli, 1984, pp. 357 ss.

quale vengono affidate le operazioni creditizie di più stretta matrice pubblica, come i crediti speciali (credito edilizio, credito alberghiero e credito cinematografico) per la cui erogazione si creano apposite sezioni speciali. E tutto ciò, come si accennava, nel periodo che va dal 1926 al 1936, ma con una tendenza che continuerà anche successivamente. Si noti, ed è questo in fondo l'aspetto che sotto il profilo formale potrebbe rivestire maggiore interesse in questa sede, che l'ordinamento della Banca Nazionale del Lavoro consta sia delle norme generali dettate dalla legge del 1926 sia delle norme speciali che prevedevano sulla banca un controllo pubblico del Ministro delle Finanze. Si dà così vita ad un ordinamento singolare che si aggiunge a quello degli altri istituti di credito di natura pubblica che operano nel mercato bancario italiano, anche in posizione di rilievo (Banco di Napoli, Banco di Sicilia, S. Paolo di Torino), contribuendo ad accentuare il pluralismo del nostro sistema creditizio.

3.4. La crisi della banca mista; la costituzione dell'IMI e dell'IRI

Ma, come è ben noto, tra le vicende che si verificarono nel periodo in esame grande rilievo, anche sotto il profilo istituzionale, ebbero quelle che coinvolsero le banche ordinarie e, in particolare, le maggiori banche miste che avevano finanziato lo sviluppo industriale italiano e che vennero travolte dalla grande crisi degli anni trenta: da questa crisi esse uscirono, ancor prima della legge bancaria, ritrovandosi in proprietà dello Stato (attraverso l'IRI) e con una struttura operativa profondamente modificata. Ma il punto merita qualche approfondimento, anche perché la legge bancaria del 1936 è in larga misura condizionata da quella vicenda storica, alla quale intese dare una risposta o, quanto meno, offrire un quadro organico nel quale inserire la soluzione che alla stessa banche miste, Banca d'Italia e Governo avevano già dato in via convenzionale.

Non possiamo certo tentare qui una descrizione, sia pure sommaria, della grande crisi che colpì su scala mondiale il sistema capitalistico alla fine degli anni venti, né analizzare i riflessi che quella crisi ebbe nel nostro paese, nel quale la politica deflazionistica perseguita negli anni precedenti, se contribuì a procrastinare (al 1932) il momento più acuto della stessa, probabilmente ne accentuò gli effetti[43]. Qui è necessario,

[43] I contributi degli storici dell'economia dedicati ai riflessi che la grande crisi ebbe sulle istituzioni finanziarie, e bancarie in particolare, sono stati anche nei tempi recenti numerosi. Si ricordano qui, senza alcuna pretesa di completezza, G. Toniolo, *L'economia dell'Italia fascista*, Bari, Laterza, 1980, soprattutto, pp. 133 ss.; G. Toniolo (a cura di), *Industria e banca nella grande crisi 1929-1934*, Milano, Etas Libri, 1978, pp. 239 ss.; G. Mori, *Il capitalismo industriale in Italia*, Roma, Editori Riuniti, 1977, pp. 251 ss.; P. Ciocca e G. Toniolo (a cura di), *L'economia italiana nel periodo fascista*, Bologna, Il Mulino, 1976; M. Marconi, *La politica monetaria del fascismo*, Bologna, Il Mulino, 1982; E. Cianci, *Nascita dello stato imprenditore in Italia*, cit., pp. 86 ss.; P. Grifone, *Il capitale finanziario in Italia*, cit.; P. Saraceno, *L'istituto per la ricostruzione industriale*,

invece, chiarire quale fosse la struttura di quella parte del sistema bancario più esposta nei confronti del sistema delle imprese e quali conseguenze ebbe su quella struttura la crisi economica generale.

Abbiamo già ricordato che la banca mista aveva effettuato ogni genere di operazioni finanziarie a favore dell'industria ed era entrata in possesso di consistenti pacchetti azionari delle società operative, mentre le industrie erano protese ad effettuare scalate alle maggiori imprese bancarie. A prescindere da altre ed intuibili ragioni, le imprese cercavano attraverso la conquista delle banche più facili accessi alle risorse finanziarie raccolte presso il pubblico, mentre le banche utilizzavano il risparmio raccolto per operazioni di controllo delle imprese, trovandosi sempre più spesso costrette a sostenere i titoli delle società alle quali avevano erogato imponenti finanziamenti e delle quali detenevano il controllo. Questo coinvolgimento profondo era, per di più, non diversificato, avendo ognuna delle grandi banche rapporti privilegiati con un particolare settore, quando non con un numero ristrettissimo di grandi imprese. La crisi che la nostra industria incontrò nella necessaria riconversione postbellica e poi l'approfondirsi anche nel nostro paese della crisi economica mondiale esasperarono questa realtà spingendo le banche, ormai vere e proprie holding di controllo delle industrie, a bruciare i depositi per sostenere le industrie alle cui vicende si erano irreversibilmente legate[44]. La resistenza delle tre banche di maggior rilievo alla fine crollò e si rese così indispensabile il loro salvataggio da parte dello Stato. Ed è appunto dalle modalità e dalle linee seguite nell'effettuare questo salvataggio che escono disegnate, in un'opera che, pertanto, è anche di riforma delle istituzioni, alcune delle strutture più significative del successivo ordinamento del sistema bancario italiano.

Il modello adottato è del tutto simile per le tre banche miste e segue anche lo stesso iter formale e temporale[45]. Il salvataggio avviene attraverso una serie di «convenzioni» tra le banche interessate, il Governo e la Banca d'Italia; convenzioni che, mantenute riservate quando non segrete, si realizzano nel periodo 1931-1934.

La prima tappa dell'intera operazione fu realizzata nel 1931 e portò al trasferimento delle partecipazioni industriali dalle banche (Banca Commerciale e Credito Italiano) a società finanziarie, con la conseguen-

IRI, vol. III, *Origini, ordinamento e attività svolta*, Torino, UTET, 1956; F. Vicarelli (a cura di), *Capitale industriale e capitale finanziario nel caso italiano*, Bologna, Il Mulino, 1979.

[44] Per tutti P. Saraceno, *Salvataggi bancari e riforme negli anni 1922-1936*, in *Banca e industria fra le due guerre*, cit., vol. II, pp. 15 ss.

[45] La ricostruzione delle vicende ricordate nel testo è stata effettuata in termini sempre più compiuti in un numero crescente di contributi. Si vedano in proposito le opere ricordate alla nota 43 cui *adde* G. Rodano, *Il credito all'economia, Raffaele Mattioli alla Banca commerciale italiana*, Milano-Napoli, Ricciardi, 1983, pp. 3 ss., e L. Villari, *Il capitalismo italiano del novecento*, Bari, Laterza, 1972, pp. 313 ss., nonché V. Santoro, *Separazione di gestioni tra credito a breve e lungo termine, Profili storici della formazione del principio*, in M. Porzio (a cura di), *La legge bancaria, Note e documenti sulla sua «storia segreta»*, Bologna, Il Mulino, 1981, pp. 31 ss.

te separazione, quindi, sul piano formale, tra azienda di credito vera e propria e attività di partecipazione; trasferimento che rendeva l'azienda creditrice nei confronti della finanziaria per il corrispettivo delle partecipazioni alla stessa cedute.

Le finanziarie, a loro volta, dovevano trasferire le partecipazioni così acquisite all'Istituto di liquidazioni, ente pubblico del quale abbiamo segnalato la nascita e la successione alla Sezione autonoma del Consorzio per sovvenzioni sui valori industriali. Tale istituto, pur essendo dotato, come si è ricordato, di una propria autonomia giuridica e di maggiori mezzi patrimoniali (possedeva un fondo di dotazione conferito dallo Stato) era sostanzialmente finanziato dalla banca d'emissione. Il modello operativo adottato finiva per rovesciare sulla collettività il costo dell'acquisizione delle partecipazioni suddette e consentiva di far giungere, attraverso le finanziarie, alle banche il flusso di denaro fresco necessario per ristabilire la loro liquidità e la loro stabilità.

Accanto al trasferimento in mano pubblica delle suddette partecipazioni, con la conseguente ricreazione della liquidità delle banche, le convenzioni prevedevano, tuttavia, anche il modello al quale queste ultime avrebbero dovuto uniformarsi; più esattamente esse si impegnavano a non assumere più partecipazioni o, meglio ancora, a svolgere esclusivamente operazioni di credito commerciale.

Le banche miste cessavano di essere banche holding (anche se continuavano a controllare le finanziarie) e costringevano la propria attività nell'ambito del modello del credito ordinario, normalmente di breve periodo, anche se il divieto di concedere crediti di durata protratta non emergeva in termini così chiari come quelli relativi al divieto di detenere partecipazioni di controllo nelle imprese industriali.

Si comincia così, nel 1931, a tagliare, almeno sul piano formale, il legame che univa banca e industria; legame che, di fatto, viene completamente reciso soltanto nel 1934. La separazione realizzata dalle convenzioni del 1931, per altro, pose subito il problema del finanziamento a medio e lungo termine alle imprese industriali; finanziamento ormai precluso alle banche miste che lo avevano effettuato fino a quel momento.

Una prima risposta a tale problema si ebbe già nello stesso 1931 con la creazione dell'Istituto mobiliare italiano (IMI — R.D.L. 13 novembre 1931, n. 1398). Questo Istituto, destinato a diventare il più importante ente di finanziamento alle industrie, nasceva secondo il modello già adottato dagli altri istituti speciali che l'esperienza italiana ormai conosceva. La sua costituzione vide il concorso delle strutture finanziarie pubbliche che avevano dato vita alle precedenti iniziative (Cassa depositi e prestiti, Istituti di assicurazione, Banche pubbliche e Casse di risparmio) e per la sua organizzazione si accolse la formula dell'ente imprenditore, che raccoglie i mezzi necessari per esercitare le proprie operazioni attive attraverso l'emissione di obbligazioni, essendo allo stesso vietata la raccolta di depositi.

L'oggetto dell'IMI era limitato alla concessione di finanziamenti di durata protratta, con il limite massimo di dieci anni, e all'assunzione di partecipazioni industriali.

Lo Stato creava così una struttura imprenditoriale (e non burocratica), che perseguiva l'interesse pubblico insito nell'erogazione di finanziamenti alle imprese[46], operando secondo logiche imprenditoriali che precludevano la possibilità che la stessa si trasformasse in uno strumento di salvataggio. Questo atteggiamento, che si tradusse spesso in una condotta imprenditoriale particolarmente timida, contribuì a mettere in luce che l'IMI non sarebbe stato in grado di far fronte alle esigenze di finanziamento a durata protratta dell'industria italiana, anche perché il termine decennale imposto ai finanziamenti rappresentava un forte limite in questa direzione[47].

Quest'ultimo problema si incrociava con quello ancora aperto per la sistemazione delle partecipazioni delle banche miste. Altre partecipazioni erano state trasferite dalle banche alle finanziarie e all'Istituto di liquidazioni, ma l'operazione, compiuta nel momento più acuto della crisi italiana, stava creando forti difficoltà alla stessa Banca d'Italia. Essa vedeva infatti aumentare l'entità dei propri crediti verso l'Istituto di liquidazioni, con una conseguente immobilizzazione del proprio attivo, senza che l'opera di liquidazione da parte di quest'ultimo desse qualche risultato sotto il profilo dello smobilizzo e, quindi, del rimborso di quanto ricevuto dalla stessa Banca d'Italia. Queste esigenze (delle banche miste e dell'istituto di emissione), in larga misura coincidenti, portarono alla creazione (R.D.L. 23 gennaio 1933 n. 5) dell'Istituto per la ricostruzione industriale (IRI), nato appunto con due sezioni distinte: l'una, la Sezione finanziamenti, che poteva erogare crediti di durata anche ventennale, integrando così le competenze dell'IMI; l'altra, la Sezione smobilizzi industriali, che succedeva all'Istituto di liquidazioni nelle posizioni creditorie e debitorie e nelle partecipazioni azionarie[48]. La struttura dell'IRI ripete le forme organizzative già adottate negli altri istituti speciali via via esaminati: la costituzione è promossa dal medesimo gruppo di strutture finanziarie pubbliche, il modello non è quello burocratico ma quello imprenditoriale, la provvista viene garantita esclusivamente attraverso la emissione di obbligazioni, con divieto di raccogliere depositi. In ogni caso, attraverso l'eliminazione dell'Istituto di liquidazioni, si pose fine ad un sistema di finanziamenti imperniato sulla emissione di moneta da parte della Banca d'Italia e si optò decisamente per il finanziamento operato direttamente sul mercato. La banca di emissione fu così liberata dal gravoso compito di organo necessario dei salvataggi che in precedenza aveva dovuto svolgere: venne, in altri termini, reciso ogni legame tra banca di emissione e sistema delle imprese, escludendosi in via definitiva la possibilità di coinvolgere la pri-

[46] Sul punto S. Cassese, *La preparazione della riforma bancaria del 1936 in Italia*, in «Storia cont.», 1974, pp. 3 ss.

[47] Cfr. sul punto F. Cesarini, *Alle origini del credito industriale: la gestione dell'IMI dalla costituzione ai provvedimenti per l'autarchia (1931-1938)*, in *Banca e industria fra le due guerre*, vol. II, cit., pp. 81 ss.

[48] Sulla costituzione dell'IRI si veda per tutti P. Saraceno, *Origini, ordinamento e attività svolta*, cit., pp. 5 ss.

ma nelle vicende dei salvataggi industriali. E sotto questo profilo si può veramente dire che al salvataggio delle imprese bancarie si è accompagnata una riforma che tutelò la Banca d'Italia e la sua funzione di istituto di emissione.

Ma anche questi interventi non furono sufficienti per risolvere il problema degli immobilizzi delle banche miste: apparve evidente che senza una definitiva eliminazione delle partecipazioni azionarie ancora esistenti nei portafogli bancari il salvataggio parziale fino ad allora realizzato rischiava di rivelarsi inutile.

E nel marzo del 1934 con tre convenzioni pressoché contemporanee e di analogo tenore vengono trasferite alla Sezione smobilizzi dell'IRI tutte le partecipazioni ancora nei portafogli bancari delle tre maggiori banche miste o delle loro finanziarie (comprese le partecipazioni capaci di reddito), nonché tutti i debiti a durata protratta che le stesse banche avevano contratto, dietro trasferimento all'IRI medesimo dei pacchetti azionari di controllo delle banche miste. Queste entrarono così nell'area pubblica senza per questo acquistare la natura di ente pubblico, dal momento che conservarono la propria struttura societaria con il semplice trasferimento del pacchetto azionario di controllo all'IRI. Per effetto di questa operazione l'IRI si trovò ad essere proprietario di oltre il 40% del capitale azionario italiano, risultando così la più grande holding del paese. Le tre banche miste, come si accennava, non solo passavano sotto il controllo di un azionista pubblico, ma dismettevano ogni partecipazione cessando di essere banche holding e rimanendo esclusivamente banche ordinarie, mentre nel settore del credito all'industria operavano due strutture, l'IMI e l'IRI (Sezione finanziamenti), specializzate nel credito a durata protratta, separate dalle strutture che erogavano credito a breve e deputate ad adempiere la funzione prima attribuita alla banca mista.

Ciò non significa, ovviamente, che la realtà bancaria di quegli anni conoscesse una separazione netta e generalizzata tra credito a breve e credito a medio e lungo termine: non v'ha dubbio che in quest'ultimo settore fosse venuta costituendosi una serie abbastanza consistente di enti specializzati, ma è anche vero che una notevole parte delle istituzioni creditizie (Casse di risparmio, Istituti di credito di diritto pubblico) operavano sia sul breve sia sul medio e lungo termine[49].

È bene a questo punto dare conto anche di un'ulteriore vicenda che incise profondamente sulla struttura del sistema finanziario che si andava realizzando in quel periodo.

Come si accennava, l'IRI era stato concepito, per quanto concerne la Sezione smobilizzi, come un organismo provvisorio deputato a ricollocare sul mercato le partecipazioni acquisite. Ben presto, tuttavia, ci si rese conto che non esisteva un capitale privato capace di rilevare le partecipazioni industriali dalle mani dell'IRI e, d'altro canto, non mancaro-

[49] Si veda per tutti A. Pin, *Credito a breve, a medio e a lungo termine nel sistema bancario italiano*, in *La banca nell'odierna realtà italiana*, a cura di R. Camaiti, Roma, EPR, 1979, vol. III, p. 211.

no le tentazioni di conservare in mano pubblica un sistema imprenditoriale che poteva costituire uno strumento di politica economica di grande importanza. Si passò, così, ad una concezione dell'IRI come struttura permanente di gestione o di comando di un sistema di partecipazioni da considerarsi stabilmente pubbliche e, anzi, ci si propose di liberare l'IRI, destinato a questa nuova funzione, da compiti di finanziamenti delle imprese.

Nel 1937, infatti, venne eliminata la Sezione finanziamenti con l'attribuzione (già avvenuta nel 1936) all'IMI di una sfera operativa estesa fino ai finanziamenti di durata ventennale e la Sezione smobilizzi sparì, come tale, per lasciare il posto ad una indifferenziata struttura destinata non più a smobilizzare ma a gestire le partecipazioni acquisite attraverso il salvataggio delle banche miste. Si realizzò così una netta distinzione fra l'IMI, che divenne il più importante ente di finanziamento industriale a durata protratta, e l'IRI, che assunse il ruolo di ente pubblico di gestione delle partecipazioni statali. Si portò in tal modo a compimento un processo che, come si accennava, era stato avviato nel 1921 con l'assunzione di partecipazioni industriali da parte della Sezione autonoma del Consorzio per sovvenzioni su valori industriali e si era poi sviluppato attraverso l'Istituto di liquidazione e la Sezione smobilizzi dell'IRI.

3.5. I rapporti Banca d'Italia-Tesoro e il mercato dei cambi

Il panorama degli avvenimenti rilevanti per comprendere adeguatamente le scelte effettuate dalla legislazione bancaria del 1936-38 sarebbe sicuramente incompleto se non si desse conto di due ordini di interventi normativi che, pur essendo stati realizzati con riferimento specifico alla moneta, incidono anche sull'ordinamento del credito.

Il primo complesso di norme concerne i rapporti tra Tesoro e Banca d'Italia e, più esattamente, i finanziamenti della seconda nei confronti del primo. Il R.D.L. 21 dicembre 1927, n. 2325, e i provvedimenti di attuazione (R.D. 17 giugno 1928, n. 1377, e R.D. 26 febbraio 1928, n. 252) soppressero la facoltà del Tesoro di chiedere alla Banca d'Italia somministrazioni straordinarie e posero limiti precisi alle eventuali anticipazioni temporanee che la Banca doveva effettuare per esigenze transitorie di cassa. Tali provvedimenti, che si inserivano nell'opera di risanamento monetario avviata dal regime alla metà degli anni venti, accentuavano l'autonomia della Banca d'Italia nei confronti del Tesoro, rendendo la stessa più libera nella politica di tutela del valore del metro monetario. Nell'ambito della politica di autarchia e di sostanziale avvio ad una economia di guerra della seconda metà degli anni trenta, tale autonomia era destinata, tuttavia, ad essere «temporaneamente sospesa» con il R.D.L. 21 luglio 1935, n. 1293, e sostanzialmente soppressa con il D.M. 31 dicembre 1936 che consentiva al Tesoro libero accesso alle anticipazioni della banca d'emissione «sia pure per esigenze dello Stato di carattere straordinario ed eccezionale»[50].

Oscillazioni di segno sostanzialmente analogo subisce la legislazione sul regime dei cambi adottata nel periodo in esame[51]. In proposito basterà ricordare che con D.Lgt. 11 dicembre 1917, n. 1956 era stato costituito l'Istituto nazionale per i cambi con l'estero (INCE), al quale era riservato il monopolio del commercio delle valute. La disposizione rientrava nella «legislazione di guerra», ma esprimeva anche il diffuso convincimento che il mercato dei cambi avrebbe dovuto essere, comunque, sottoposto ad adeguata vigilanza pubblica allo scopo di controllare la componente estera della base monetaria. All'Istituto nazionale nel 1927 venne riconosciuta la natura giuridica di ente pubblico sottoposto al controllo del Ministero delle Finanze, ma di fatto lo stesso visse in un rapporto di sostanziale identificazione sia organizzativa sia funzionale con la Banca d'Italia, costituendo, come è ovvio, uno strumento indispensabile per l'espletamento delle funzioni affidate a quest'ultima.

Al monopolio di guerra fu sostituito, nel 1919 (D.Lgt. 13 maggio 1919, n. 696) un oligopolio amministrativo nell'ambito del quale il commercio delle valute era riservato ad alcuni istituti autorizzati e sottoposti al controllo dell'INCE e i vari provvedimenti che si succedettero nel corso degli anni venti (dal D.L. 10 giugno 1921, n. 737, al R.D.L. 12 marzo 1930, n. 125, che accentuò la libertà del settore) garantirono, sia pure nei limiti appena accennati, una sostanziale libertà sul mercato dei cambi.

In coincidenza (e a partire dal D.L. 29 settembre 1931, n. 1207) con la grande crisi vennero, tuttavia, introdotti nuovi vincoli a tale mercato; vincoli che sfociarono nel 1934 (DD.MM. 8 dicembre 1934, nn. 1942 e 1943) nell'obbligo di cessione della valuta a favore dell'INCE. Questo continuò ad operare nei fatti come articolazione della Banca d'Italia fino al 1935, anno in cui si avviò la creazione di una struttura politico-burocratica (Sovraintendenza allo scambio delle valute: R.D.L. 20 marzo 1935, n. 634, alle dipendenze della Presidenza del Consiglio, poi sostituita da un apposito Ministero per gli scambi e le valute introdotto nel 1937: R.D. 20 novembre 1937, n. 1928) che prese il posto della Banca d'Italia nello svolgimento del controllo di vertice sul mercato dei cambi ed in particolare sull'attività dell'INCE. Si assisteva anche in questo settore ad una più diretta assunzione da parte del Governo dei poteri di controllo e di indirizzo, con un'emarginazione, almeno appa-

[50] Si vedano sul punto V. Mezzacapo, *Evoluzione normativa della disciplina della banca centrale in Italia*, in «Impresa, ambiente e pubblica amministrazione», 1975, pp. 488 ss. e F. Vella, *La legge sulla anticipazione straordinaria: l'autonomia della Banca d'Italia tra Tesoro e Parlamento*, in «Banca impresa società», 1984, pp. 323 ss.

[51] Per un'analisi accurata della legislazione valutaria degli anni venti e trenta si rinvia a F.P. Pugliese, *La normazione valutaria italiana*, in *Il sistema valutario italiano*, a cura di F. Capriglione e V. Mezzacapo, Milano, Giuffrè, 1981, vol. I, pp. 65 ss.; V. Mezzacapo, *Evoluzione normativa*, cit., pp. 517 ss. e F. Belli, *Alle origini del controllo dei cambi: appunti sulla legislazione valutaria degli anni venti e trenta*, in «Economia e credito», 1984, pp. 718 ss.

rente, della Banca d'Italia. È un mutamento istituzionale che troveremo riprodotto, proprio in quello stesso periodo, per l'ordinamento creditizio.

4. Dalla legge bancaria ai primi anni ottanta

4.1. Gli anni 1936-1939

Con R.D.L. 12 marzo 1936, n. 375, vennero dettate «disposizioni per la difesa del risparmio e per la disciplina della funzione creditizia». Il decreto fu convertito, con rilevanti modificazioni, con legge 7 marzo 1938, n. 141. Nel corso dei lavori parlamentari, e recependo le modificazioni nel frattempo apportate al decreto n. 375/1936, il Governo emanò un nuovo decreto legge (17 luglio 1937, n. 1400) convertito con legge 7 aprile 1938, n. 636[52].

Il complesso di queste disposizioni, al di là di qualche difficoltà di coordinamento formale[53], ha dato vita ad un corpo organico di norme comunemente noto come *legge bancaria*; ed è appunto questa «legge» che, insieme ad alcuni provvedimenti legislativi intervenuti a partire dal 1985, ha costituito la struttura portante dell'ordinamento bancario italiano fino alla emanazione del T.U. della legge sul credito emanato con il D.Lgt. 385/1993. Noi daremo in seguito una descrizione più analitica dei vari momenti dell'ordinamento bancario; per lo schizzo storiografico che stiamo delineando basteranno pochi cenni: quelli indispensabili per individuare il ruolo che la legge bancaria ha avuto nell'ordinamento giuridico del credito e per dar conto delle norme che successivamente hanno integrato e modificato la disciplina dettata da quella legge.

In verità non è semplice fissare in poche battute le linee fondamentali della legge bancaria e la filosofia di politica creditizia alla quale si ispirava.

In proposito, soprattutto in anni recenti, si è sviluppato un ampio dibattito[54] che se, da un lato, ha consentito di mettere in evidenza alcu-

[52] Sull'iter di questi provvedimenti legislativi si veda S. Cassese, *La preparazione della riforma bancaria*, cit., pp. 32 ss.

[53] Su tali difficoltà si veda G. Ruta, *Il sistema della legislazione bancaria*, cit., pp. 82 ss.

[54] La letteratura sul punto è ormai sterminata. Si vedano comunque M.S. Giannini, *Osservazioni sulla disciplina della funzione creditizia*, in *Scritti giuridici in onore di Santi Romano*, Padova, CEDAM, 1939, vol. II, pp. 707 ss.; dello stesso autore, *Istituti di credito e servizi di interesse pubblico*, in «Moneta e credito», 1949, pp. 106 ss.; M. Nigro, *Profili pubblicistici del credito*, Milano, Giuffrè, 1969, pp. 87 ss.; G. Ferri, *Considerazioni preliminari sull'impresa bancaria*, in «Banca, borsa e tit. cred.», 1969, pp. 321 ss.; dello stesso autore, *Imprenditorialità degli enti creditizi, un discorso interrotto*, in «Bancaria», 1982, pp. 130 ss.; dello stesso autore, *La validità attuale della legge bancaria*, in «Riv. dir. comm.», 1974, I, pp. 129 ss.; P. Vitale, *Pubblico e privato nell'ordinamento bancario*, Milano, Giuffrè, 1977; M. Porzio, *Il governo del credito*, Napoli, Liguori, 1976, pp. 23 ss.; S. Cassese, *La divisione del lavoro bancario. Distribuzione funzionale e territoriale del credito dal 1936 ad oggi*, in «Economia italiana», 1983, pp. 375 ss.

ni momenti molto importanti della storia «segreta» di questa legge[55], dall'altro non ha eliminato le contrapposte letture che della stessa si continuano ad offrire. Ed in verità, la legge bancaria presenta un dettato normativo suscettibile di diverse letture, influenzate, come è inevitabile, dalle «inclinazioni» dell'interprete.

Indispensabile è, comunque, per chi voglia tentare una ricostruzione del nucleo essenziale della legge bancaria tener conto della realtà politica ed economica del paese in quel periodo, nonché della struttura e della fisionomia che il sistema bancario era venuto assumendo in quegli anni.

Così, sotto il primo profilo, non si può dimenticare che il regime stava avviandosi verso un modello di organizzazione dell'economia fortemente accentrato e che tale modello comportava la piena disponibilità da parte delle autorità governative della leva del credito. D'altro canto, i tentativi di costruzione dello Stato corporativo implicavano una nozione di impresa conforme a quella accolta dalla Carta del lavoro, ossia il ripudio della teoria dell'impresa-diritto e l'adozione della concezione dell'impresa come impresa-funzione, sottoposta al potere di indirizzo dell'autorità governativa, concezione, ovviamente, da applicarsi anche alle imprese bancarie[56].

Questi orientamenti si inserivano inoltre nella tendenza che si andava concretizzando in molti paesi, come risposta alla grande crisi, ad accentuare l'intervento dello Stato nell'economia e ad imporre vincoli e controlli sull'attività bancaria[57]. Le spinte verso la «pubblicizzazione» del settore, infine, trovavano in Italia un riscontro nella realtà che aveva visto crescere, come abbiamo notato nelle pagine che precedono, l'importanza delle banche pubbliche o, comunque, sotto il controllo pubblico. Il che rimaneva vero anche se questa maggiore importanza delle banche pubbliche nell'ambito del sistema bancario non rispondeva ad un disegno unitario e, soprattutto, non implicava l'abbandono del modello imprenditoriale.

All'interno del sistema bancario, come pure abbiamo segnalato, si

[55] Si vedano soprattutto S. Cassese, *La preparazione della riforma bancaria*, cit., pp. 20 ss., e i saggi contenuti in *La legge bancaria. Note e documenti sulla sua «storia segreta»*, cit.

[56] Su questi aspetti per i profili che qui interessano, si vedano le opere indicate alla nota 45, in particolare P. Grifone, *op. cit.*, pp. 168 ss.; G. Toniolo, *L'economia dell'Italia fascista*, cit., pp. 269 ss.; S. La Francesca, *La politica economica del fascismo*, Bari, Laterza, 1972, p. 73, ma soprattutto S. Cassese, *La preparazione della riforma bancaria*, cit., pp. 3 ss. Sul pensiero degli economisti e delle «riviste di regime» sulla riforma della legge bancaria, si vedano i contributi di P. Barucci, *Il contributo degli economisti italiani (1921-1936)*, e P. Bini, *Il dibattito attraverso le riviste di regime*, entrambi in *Banca e industria fra le due guerre*, cit., vol. I, rispettivamente alle pp. 220 ss. e 263 ss.

[57] Sul punto F. Merusi, *I tratti peculiari dell'ordinamento creditizio italiano nella comparazione con le leggi bancarie degli anni trenta* e S. Ortino, *La legislazione bancaria degli anni trenta negli Stati Uniti e in Svizzera, Germania e Belgio*, entrambi in *Banca e industria fra le due guerre*, cit., vol. II, rispettivamente pp. 336 ss. e 349 ss., nonché G. Vignocchi, *Il servizio del credito nell'ordinamento pubblicistico italiano*, Milano, Giuffrè, 1968, pp. 9 ss.

era determinata, inoltre, una separazione piuttosto netta tra banca e industria e si erano venute consolidando le caratteristiche giuridiche ed operative delle varie categorie di banche, concretando così un presupposto facilmente utilizzabile per introdurre una divisione del lavoro bancario, a sua volta funzionale ad un disegno di controllo-governo pubblico del settore[58]. Questi sono alcuni tratti della realtà economica e politica dai quali non poterono certamente prescindere gli artefici della legge bancaria. Il che non significa sottovalutare la circostanza, più volte posta in luce, che le linee essenziali della legge bancaria furono elaborate all'interno dell'IRI da un gruppo di lavoro, guidato da Alberto Beneduce e Donato Menichella, preoccupato più dell'efficienza del sistema che della sua manovrabilità da parte dell'Autorità di governo per fini immediati di politica economica.

Tenendo anche conto di questi dati di fatto, vediamo, dunque, quali sono i momenti essenziali della legge bancaria e quali elementi di novità nei confronti della precedente legge del 1926 essa introdusse nel nostro ordinamento.

Come si è accennato in precedenza, la legge del 1926 aveva abbozzato un ordinamento generale, applicabile come tale sia alle aziende di credito, sia agli istituti che, soprattutto, per impulso della finanza pubblica, erano sorti per l'esercizio di crediti speciali. Essa, tuttavia, non aveva eliminato la frantumazione del potere di controllo, che rimaneva attribuito ad una pluralità di Ministri (delle Finanze, dell'Agricoltura e Foreste, delle Corporazioni e dell'Economia nazionale) e alla Banca d'Italia. Un primo obiettivo sicuramente perseguito e realizzato fu appunto quello di creare un'unica struttura pubblica, alla quale affidare la «difesa del risparmio e la disciplina della funzione creditizia». Non solo, ma come avremo modo di constatare in termini analitici, a tale struttura furono riconosciuti poteri di controllo anche su una parte di risparmio non bancario, sottoponendo alla sua autorizzazione la emissione di valori mobiliari destinati alla quotazione nelle Borse valori.

Tale struttura di vertice era costituita da un Comitato di Ministri, presieduto dal Capo del Governo e composto dai Ministri «economici» (Finanza, Agricoltura, Economia nazionale), alle cui «dipendenze» veniva posto un «organo» statale, denominato «Ispettorato per la difesa del risparmio e per l'esercizio del credito», a capo del quale era il Governatore della Banca d'Italia. Quest'ultimo, nella veste di Capo dell'Ispettorato, partecipava alle riunioni del Comitato dei Ministri. Per le direttive di carattere generale il Comitato dei Ministri avrebbe dovuto inoltre «sentire» il Comitato corporativo centrale.

Pur rinviando ogni più approfondita descrizione ed ogni valutazione di queste strutture, è comunque possibile, già in questa sede, notare che l'organizzazione introdotta dalla legge bancaria si differenzia abbastanza nettamente da quella prevista dalla legge del 1926.

Il controllo-governo sul sistema delle imprese bancarie non è più

[58] Sul punto S. Cassese, *La divisione del lavoro bancario*, cit., pp. 380 ss.

attribuito al binomio Ministro delle Finanze-Banca d'Italia, ma ad un organo burocratico alle dipendenze di un organo politico. Alla Banca centrale, cui pure viene riconosciuta natura di ente pubblico e vietato di operare se non con banche, è sottratta la funzione di vigilanza sulle imprese bancarie, funzione che viene assegnata ad un organo della pubblica amministrazione. In realtà, è bene aggiungere subito, la presenza del Governatore a capo dell'Ispettorato e, soprattutto, la mancanza di una adeguata struttura operativa di quest'ultimo, fecero sì che nei fatti la vigilanza sul sistema bancario rimanesse affidata alla Banca d'Italia; questa la esercitò attraverso i propri uffici periferici, che operavano appunto come strumenti dell'Ispettorato.

Un secondo momento di estrema importanza nell'organizzazione del settore del credito fissato dalla legge bancaria e, in linea di principio, conservato anche nei provvedimenti legislativi successivi fino al D.Lgt. 481/1992, è rappresentato dalla distinzione tra enti «raccoglitori di risparmio a breve termine» ed enti che raccolgono risparmio a medio e lungo termine, ossia tra aziende ed istituti di credito. La distinzione, al di là delle incertezze che solleva e sulle quali torneremo, introduceva nel nostro sistema un principio di specializzazione delle imprese bancarie fondato sulla durata delle operazioni di raccolta. La diversa durata di queste ultime ha importanti riflessi anche in ordine alla lunghezza delle operazioni di impiego e, soprattutto, comporta una diversa disciplina generale per le due categorie di imprese, specialmente per quanto concerne la intensità della vigilanza sulla gestione. Questa tendenziale specializzazione recepita dalla legge bancaria era, ovviamente, il frutto della consapevolezza, acquisita attraverso le vicende della banca mista, dell'opportunità di impedire che le imprese bancarie che raccoglievano risparmio a vista o a breve effettuassero, oltre certi limiti, operazioni di impiego che comportassero immobilizzazioni incompatibili con le caratteristiche della provvista. Ma, come si accennava, questo tipo di specializzazione non va sopravvalutato, essendo consentito, anche alle aziende di credito, erogare credito a durata protratta ed assumere partecipazioni, sia pure nei limiti previsti dalle autorità di controllo.

Quest'ultima osservazione ci consente di affrontare un terzo aspetto della legge bancaria che merita di essere ricordato già in questa sede: il problema dei poteri degli organi pubblici di settore nei confronti delle aziende e degli istituti di credito.

Sul tema, ovviamente, torneremo in seguito in modo più approfondito; qui si vuol solo sottolineare che la legge bancaria attribuisce agli organi pubblici di settore una serie molto ampia di poteri senza una precisa indicazione dei limiti che tali poteri incontrano, non specificando neppure i fini per il cui conseguimento gli stessi possono essere esercitati. Gli organi di vigilanza, soprattutto per quanto concerne le aziende di credito, hanno il potere di regolare l'ingresso delle imprese sul mercato, di controllare la loro struttura e la loro espansione territoriale, di fissare limiti molto penetranti alla loro gestione e l'esercizio dei relativi poteri si caratterizza per una forte discrezionalità. Con la legge bancaria del 1936 il mercato del credito ha assunto le caratteristiche di un oligopolio amministrato, nell'ambito del quale la concorrenza fra le imprese può essere ridotta ad un ruolo marginale.

Sotto questo profilo si può, dunque, dire che a differenza della legge del 1926, che consentiva un controllo sulle imprese diretto ad assicurarne un grado di liquidità e di stabilità complessivamente ritenuto indispensabile per il funzionamento del sistema bancario, la legge bancaria del 1936 consente al potere esecutivo anche interventi diretti al raggiungimento di scopi di politica economica ulteriori attraverso interventi selettivi sulle scelte di impresa. Conclusione questa che, come vedremo, non può più essere accettata sulla base del diritto oggi vigente, in quanto, almeno in linea di principio, incompatibile con la Costituzione repubblicana e con tutti i provvedimenti legislativi più recenti, a partire dal T.U. delle leggi in materia creditizia (approvato con D.Lgt. 385/1993).

Questo, in estrema sintesi, il significato che la legge bancaria ha avuto nella storia della legislazione bancaria italiana: ha creato un apparato pubblico di governo del settore, capace di regolare la struttura del mercato e la gestione delle imprese attraverso l'attribuzione ai suddetti organi di ampi poteri; non solo di controllo ma anche di governo, caratterizzati come tali da una fortissima discrezionalità.

È bene, tuttavia, aggiungere subito che la introduzione di questa disciplina generale non solo non elimina la presenza di una pluralità di categorie di aziende ed istituti di credito, che la legge bancaria trova e conserva, ma non ostacola neppure l'accentuarsi del fenomeno: in altri termini la legge bancaria non sopprime né ostacola quel particolare modo di essere del sistema creditizio che va sotto il nome di pluralismo e/o di specializzazione bancari. Così sono conservati in vigore, sia pure nei limiti della compatibilità con il nuovo ordinamento generale, le discipline speciali dettate per gli Istituti di credito di diritto pubblico, per le Casse di risparmio e i Monti di credito su pegno, per le Casse rurali ed artigiane, nonché gli ordinamenti dei vari istituti di credito speciale che preesistevano alla legge bancaria. Anzi, proprio in quello stesso periodo viene dettato un nuovo testo unico per le Casse rurali ed artigiane (R.D. 26 agosto 1937, n. 1706), vengono introdotti nel nostro ordinamento nuovi strumenti di credito speciale (per lo più sotto forma di sezioni speciali della Banca Nazionale del Lavoro) e vengono dettate nuove discipline speciali (R.D.L. 24 febbraio 1938, n. 204; legge 10 maggio 1938, n. 745; R.D. 25 maggio 1939, n. 1279; legge 14 dicembre 1939, n. 192r) per le Casse di risparmio e per i Monti di credito su pegno. Queste ultime norme, sia detto per inciso, riconducono all'autorità centrale di governo del credito la nomina dei vertici amministrativi delle Casse e dei Monti e accentuano il fenomeno di concentrazione che già era stato in precedenza sollecitato quando non imposto.

Le brevi osservazioni svolte nelle pagine precedenti dovrebbero aver dato, quanto meno, un'idea dell'ordinamento bancario monetario e valutario italiano alle soglie della seconda guerra mondiale. Siamo in presenza di un ordinamento caratterizzato da una forte venatura dirigistica: il Tesoro può accedere discrezionalmente alle anticipazioni straordinarie della Banca d'Italia, il sistema dei cambi è sottoposto ad un regime di monopolio controllato da una struttura politico-amministrativa e un'analoga struttura ha il potere di governare il sistema bancario, sistema la cui componente pubblica ha assunto, sia pure in assenza di un disegno organico, una grande importanza sia nel settore delle aziende sia in quello degli istituti di credito.

4.2. Le riforme dell'immediato dopoguerra (1945-1952)

Il crollo del regime fascista non ha portato allo stravolgimento della legge bancaria del '36 ma, purtuttavia, ha inciso in modo notevole sulla struttura dell'apparato pubblico dalla stessa disegnato. Così il R.D. 9 agosto 1943, n. 721, soppresse il Comitato corporativo centrale, privando la struttura di governo del settore del collegamento originariamente stabilito con un organo che avrebbe dovuto indicare le direttive di politica economica generale alle quali attenersi nell'esercizio della difesa del risparmio e nella disciplina della funzione creditizia.

Con il D.L.Lgt. 12 settembre 1944, n. 226, fu soppresso l'Ispettorato per la difesa del risparmio e per l'esercizio del credito e le relative «facoltà e attribuzioni» passarono al Ministro per il Tesoro, insieme con le facoltà e le attribuzioni in precedenza riservate al Comitato dei Ministri, al Capo del Governo e al Capo dell'Ispettorato. La vigilanza sulle aziende di credito, tuttavia, venne delegata *ex lege* alla Banca d'Italia, salva la facoltà del Ministro di «disporre nei casi in cui lo ritenesse opportuno, dirette ispezioni avvalendosi del personale proprio».

Ma anche il sistema delineato nel 1944 ebbe breve durata: il D.L. C.P.S. 17 luglio 1947, n. 691, istituiva un «Comitato interministeriale per il credito ed il risparmio», presieduto dal Ministro per il Tesoro, al quale veniva attribuita «l'alta vigilanza in materia di tutela del risparmio, in materia di esercizio della funzione creditizia e in materia valutaria», mentre le funzioni dell'Ispettorato venivano assegnate alla Banca d'Italia, la quale, pertanto, in forza di quel provvedimento, iniziò ad esercitare l'attività di vigilanza non in quanto delegata del Ministro per il Tesoro, ma come titolare della relativa funzione.

Negli stessi anni la disciplina dettata dalla legge bancaria subì una seconda, anche se meno importante, integrazione-modificazione ad opera del D.L. C.P.S. 23 agosto 1946, n. 370, che estese agli istituti di credito, di nuova costituzione, le norme dettate dalla legge bancaria per le aziende di credito, rendendo così estremamente problematica la distinzione tra aziende ed istituti di credito, abbastanza netta nella legge bancaria e successivamente ribadita dalla legge 10 febbraio 1981, n. 23, che ha abrogato il provvedimento del 1946 e sulla quale avremo modo di ritornare.

Si è molto discusso[59] sul significato delle modificazioni apportate

[59] Si veda per ora, S. Merlini, *Struttura del Governo e intervento pubblico nell'econo-*

all'apparato di vertice del settore e appena ricordate; anche noi torneremo sul tema in termini più analitici. In particolare si è sottolineato che le modifiche introdotte realizzavano una tendenziale «privatizzazione» del controllo bancario, sottraendolo ad un organo politico-amministrativo e demandandolo ad un ente (la Banca centrale) che dovrebbe essere considerato, alla fin fine, espressione dello stesso sistema bancario.

Senza prendere posizione, a questo punto, su tale problema sembra, tuttavia, utile segnalare che la concreta utilizzazione che le autorità di governo del settore fecero dei poteri che la legge bancaria loro attribuiva fu quasi esclusivamente diretta a favorire la liquidità e la stabilità del sistema bancario e non anche a conformarne la condotta alle scelte della politica economica.

D'altro canto, l'indirizzo liberista che venne impresso alla politica economica di quel periodo trovava un naturale riflesso in una politica creditizia ispirata ad analoghi principi[60].

In sintonia con questa interpretazione «liberista» della legge bancaria si muovono alcune importanti modificazioni che negli stessi anni intervengono nei rapporti tra Banca d'Italia e Tesoro e, sia pure con minor evidenza, nell'organizzazione del mercato dei cambi.

Il D.Lgs. 7 maggio 1948, n. 544 pose un limite alla facoltà del Tesoro di ottenere anticipazioni straordinarie dalla Banca d'Italia, precisando che tali anticipazioni avrebbero potuto essere concesse solo se debitamente autorizzate dal Parlamento.

Per quanto concerne il mercato dei cambi, pur conservandosi, nella sostanza, un regime di monopolio pubblico, vengono eliminate le strutture politico-burocratiche della seconda metà degli anni trenta, e viene introdotto un modello organizzativo che presenta strette analogie e precisi coordinamenti con quello adottato per il sistema creditizio.

L'alta vigilanza del settore viene, infatti, attribuita al Comitato interministeriale per il credito ed il risparmio, mentre le funzioni di controllo e di «contraente necessario» nel commercio delle valute vengono affidate all'Ufficio italiano dei cambi (D.Lgs.Lgt. 17 maggio 1945, n. 331), ente dotato di personalità giuridica ma istituzionalmente collegato alla Banca d'Italia e sottoposto alla vigilanza del Ministro per il Tesoro[61].

Accanto a queste riforme, che ridisegnano, almeno in parte e formalmente, l'apparato di controllo sull'attività creditizia e sulla funzione

mia, Firenze, La Nuova Italia, 1979, pp. 141 ss. e F. Belli, *Modificazioni e sviluppi della legislazione bancaria*, in *La legislazione economica italiana dalla fine della guerra al primo programma economico*, a cura di F. Merusi, Milano, Angeli, 1974, pp. 642 ss.

60 Sulla politica creditizia del dopoguerra si veda P. Baffi, *Memoria sull'azione di Einaudi, 1945-1948*, in *Studi sulla moneta*, Milano, Giuffrè, 1965, pp. 177 ss.; M. De Cecco, *Note sugli sviluppi della struttura finanziaria del dopoguerra*, in *Saggi di politica monetaria*, Milano, Giuffrè, 1968, pp. 35 ss.; A. Graziani (a cura di), *L'economia italiana dal 1945 ad oggi*, Bologna, Il Mulino, 1979, pp. 160 ss.; P. Saraceno, *Intervista sulla ricostruzione 1943-53*, a cura di L. Villari, Bari, Laterza, 1977, pp. 75 ss.

61 Si veda per ora F.P. Pugliese, *La normazione valutaria italiana*, cit., pp. 78 ss. e cap. III, parr. 2 e 4.

valutaria, nello stesso periodo si realizza un importante incremento delle strutture destinate ad esercitare il credito a medio e lungo termine. Nel settore del credito a durata protratta, infatti, accanto alle iniziative che trovano il proprio fondamento ultimo in scelte di autonomia privata (la costituzione di Mediobanca, Centrobanca, Efibanca, ecc.), si assiste alla emanazione di provvedimenti legislativi che creano una complessa struttura di credito a medio e lungo termine, soprattutto a favore dell'industria, della cooperazione e dell'artigianato. Come meglio si vedrà in seguito, è, infatti, in questo periodo che vengono costituite le Sezioni speciali degli Istituti di credito pubblico, il sistema dei mediocrediti regionali, gli istituti per il finanziamento delle imprese meridionali e la Cassa per il credito all'artigianato.

È bene aggiungere, già in questa sede, che questa articolata organizzazione per il finanziamento a medio e lungo termine delle imprese è importante non solo perché dà vita ad un complesso apparato specializzato nell'esercizio di questo tipo di credito, ma anche perché rappresenterà, negli anni successivi, il luogo nel quale verranno realmente «governati» gli incentivi finanziari alle imprese.

Anche questi temi torneranno in termini analitici, ma è bene fin d'ora segnalare che l'esercizio di tale funzione, tipicamente amministrativa, ha finito con il rendere incerta la fisionomia di questo scomparto del sistema creditizio, collocandolo ambiguamente al limite tra l'attività bancaria e la funzione amministrativa e contribuendo così ad intrecci tra banca e attività amministrativa che si conserveranno molto stretti fino alla metà degli anni ottanta e che solo successivamente verranno decisamente allentati.

4.3. Dagli anni cinquanta agli anni settanta

L'ordinamento creditizio consolidatosi negli anni della ricostruzione del paese (1945-1952) rimane sostanzialmente immutato per un lungo periodo.

L'entrata in vigore della nuova Carta costituzionale, alla luce della quale andava riletta la stessa legge bancaria, non ha rilevanza operativa immediata, ed anche la realizzazione dell'ordinamento regionale, se si escludono le norme dettate per le Regioni a statuto speciale, non determina modificazioni nell'ordinamento creditizio, se non indirettamente (attraverso il trasferimento alle regioni dei poteri di gestione degli incentivi per i settori dell'agricoltura e dell'artigianato) e soltanto a seguito dei provvedimenti adottati nella seconda metà degli anni settanta (D.P.R. 24 luglio 1977, n. 616).

L'unica modificazione legislativa di qualche rilevanza sistematica, ma di poco significato operativo[62], che l'ordinamento generale dell'ordinamento bancario conosce nel periodo che va dalla seconda metà de-

[62] Si veda sul punto F. Merusi, *Commentario alla costituzione*, a cura di G. Branca, Bologna-Roma, Zanichelli, Foro it., 1980, *sub* art. 47, p. 174.

gli anni cinquanta alla seconda metà degli anni settanta è quella dettata dal D.P.R. 30 marzo 1968, n. 626. Questo provvedimento, infatti, nel quadro di un riordino generale dei Comitati interministeriali diretto a creare un più stretto collegamento fra gli stessi e gli organi della programmazione economica, stabilisce che, nell'esercizio delle proprie attribuzioni, il Comitato interministeriale per il credito ed il risparmio deve attenersi «alle direttive generali del Comitato interministeriale per la programmazione economica per la ripartizione globale dei flussi monetari tra le varie destinazioni, in conformità alle linee di sviluppo fissate dal programma economico nazionale». Il sostanziale fallimento della programmazione avviata in quel periodo, come si accennava, ha privato di rilevanza pratica siffatta disposizione, che avrebbe dovuto coordinare le scelte macroeconomiche del Comitato interministeriale di settore con quelle dell'organo al quale veniva attribuito il compito di fissare le linee della programmazione nazionale e che, invece, lasciò intatta la sostanziale preminenza sul settore creditizio del Ministro per il Tesoro e della Banca d'Italia.

Questo «immobilismo» dell'ordinamento bancario italiano ha trovato, fino alla seconda metà degli anni settanta, una giustificazione sufficiente e rassicurante nella condizione di quasi monopolio amministrativamente protetto nella quale operava il sistema bancario italiano e, più in generale, nelle caratteristiche del sistema finanziario del nostro paese.

L'intermediazione finanziaria era, infatti, affidata, pressoché integralmente, al sistema bancario che, in forme più o meno articolate (la doppia intermediazione), si incaricava di convogliare il risparmio dalle famiglie alle imprese e alla Pubblica Amministrazione, in un contesto che vedeva sempre più ridotti a valori insignificanti i rapporti diretti tra settori in avanzo e settori in disavanzo realizzati nell'ambito del mercato mobiliare e, quindi, accresciuto il volume dei fondi intermediati dal sistema bancario stesso[63].

Le imprese bancarie che detenevano perciò il monopolio della intermediazione, operavano, per di più, in un mercato bancario fortemente segmentato, dove la distinzione per categorie giuridiche conservava una notevole rilevanza, e che veniva protetto nei confronti dell'esterno dal blocco delle autorizzazioni all'ingresso imposto dalle autorità creditizie.

Questo stato di cose, che consentiva di neutralizzare anche la concorrenza delle imprese bancarie di altri paesi, finiva per offrire alle imprese bancarie esistenti una protezione rassicurante che ne favoriva la stabilità, ma che le sottraeva allo stimolo della concorrenza, con pregiudizio pertanto di una più efficiente allocazione delle risorse finanziarie.

La proiezione di tale realtà sul piano della cultura giuridica e più in

[63] Si veda sul sistema finanziario italiano di quel periodo, per tutti, F. Cesarini, *Struttura finanziaria, sistema creditizio e allocazione delle risorse in Italia*, Bologna, Il Mulino, 1976, pp. 67 ss.; M. Onado, *Il sistema finanziario italiano*, Bologna, Il Mulino, 1980, *passim*.

generale della concezione del sistema bancario, era puntuale: l'attività bancaria faticava ad acquisire le caratteristiche dell'attività imprenditoriale; la banca veniva pensata più come una istituzione, quasi incaricata di una funzione sociale, piuttosto che come un imprenditore che si muova sul mercato secondo la logica del profitto.

È il periodo in cui l'ordinamento del settore bancario viene per lo più considerato un ordinamento sezionale che persegue, nell'insieme, gli obiettivi fissati dagli organi di vertice e nell'ambito del quale i singoli enti creditizi si collocano come imprese-funzione, che le autorità di governo possono manovrare con atti amministrativi per conseguire gli obiettivi fissati al settore nel suo insieme.

Il punto di arrivo di queste concezioni è la qualificazione, più volte operata dalla nostra giurisprudenza, in quegli anni, dell'attività bancaria come servizio pubblico in senso oggettivo.

Quelle realtà e queste concezioni si traducevano in puntuali scelte amministrative delle autorità di controllo: l'ingresso sul mercato, come si è già accennato, veniva sottoposto al loro potere discrezionale e di fatto quest'ultimo fu esercitato in modo da impedire la costituzione di nuovi enti.

Anche l'espansione territoriale degli enti creditizi era rimessa al giudizio, del tutto discrezionale e per di più non trasparente, delle stesse autorità. Ed il controllo sull'assunzione di partecipazioni da parte delle banche era affidato alle decisioni assunte caso per caso dall'organo di controllo.

Le situazioni di crisi, infine, venivano per lo più risolte all'interno del sistema, attraverso moduli operativi che ne evitavano spesso la formalizzazione e che, in ogni caso, garantivano protezione assoluta ai depositanti, scaricando sulla collettività gli oneri dei salvataggi bancari non sopportati dal sistema.

Inoltre una serie di discipline di settore, che trovavano nella vocazione tradizionale delle varie categorie di enti il proprio alimento, conservavano, nella mancanza di stimoli per l'ampliamento della propria operatività, una forte specializzazione delle aziende e degli istituti di credito; specializzazione che accentuava la segmentazione del mercato e, perciò stesso, comprimeva il grado di concorrenzialità dello stesso.

È bene aggiungere subito che una siffatta concezione dell'attività bancaria, degli enti creditizi e del sistema bancario era in qualche misura giustificata dalla «doppiezza» della legge bancaria, che attribuiva alle autorità creditizie poteri di conformazione dell'attività bancaria senza fissare i fini che avrebbero dovuto giustificare il loro esercizio.

In questo «spazio vuoto di fini» le autorità creditizie erano legittimate a calare gli scopi ritenuti più opportuni, anche se una rilettura condotta alla luce della riserva di legge, fissata, a tutela dell'iniziativa economica, dall'art. 41, 3° comma, della Carta costituzionale, avrebbe dovuto far dubitare della sopravvivenza dell'anima funzionalizzante della legge bancaria.

Di questa realtà economico-istituzionale era parte coerente anche il sistema degli istituti di credito speciale, deputati soprattutto al finanziamento agevolato delle imprese e fortemente assorbiti nell'apparato pubblico di gestione politico-amministrativa degli incentivi finanziari e, quindi, della politica industriale, anche nei suoi momenti più strettamente congiunturali. Realtà, quest'ultima, che spingeva talvolta la dottrina giuridica a considerare gli istituti di credito speciale alla stregua di imprese-funzione anche quando tale qualificazione veniva negata alle aziende di credito.

Anche l'assetto istituzionale dei rapporti fra Banca centrale e Tesoro era coerente con il quadro appena descritto: non solo il Tesoro aveva, come ha tuttora, il potere legislativamente riconosciuto di ricorrere per il proprio fabbisogno al finanziamento consentito dal conto corrente di tesoreria esistente presso la Banca centrale, ma quest'ultima aveva assunto l'impegno di sottoscrivere i titoli del debito pubblico che non trovassero collocazione sul mercato.

Infine, un forte controllo sul movimento dei capitali nei rapporti con l'estero contribuiva ad isolare il mercato italiano dagli altri mercati finanziari.

5. La formazione del nuovo ordinamento bancario

5.1. Le modificazioni del mercato finanziario dei primi anni ottanta e le esigenze di riforma dell'ordinamento

Questa realtà fattuale e istituzionale si modifica, con ritmi via via più intensi, nel corso degli anni ottanta fino a determinare per il sistema bancario dei primi anni novanta una fisionomia profondamente diversa da quella precedente.

Le modificazioni hanno interessato in primo luogo la realtà dell'intermediazione bancaria e si sono poi, come è naturale, tradotte in modificazioni dell'assetto istituzionale. Sul piano dei fatti l'elemento nuovo, di grande peso, che ha sollecitato una pronta revisione degli assetti istituzionali, è rappresentato dalla comparsa massiccia di nuovi prodotti finanziari e di nuovi intermediari finanziari che mettono in pericolo la situazione di rendita nella quale aveva vissuto il sistema bancario e lo spingono a migliorare la propria efficienza e a muoversi secondo le logiche del mercato e dell'impresa.

Nello stesso senso opera la preoccupazione per la concorrenza alla quale inevitabilmente le banche italiane sarebbero state esposte da parte dei sistemi creditizi degli altri paesi della Comunità economica europea sulla base del mutuo riconoscimento delle licenze bancarie imposto dalle direttive comunitarie a far tempo dal 1° gennaio 1993.

Una prima sollecitazione al sistema bancario a muoversi secondo criteri di maggior efficienza viene dall'interno dello stesso sistema bancario: la necessità, per ciascun ente creditizio, di fornire ai risparmiatori e alle imprese l'intera gamma dei prodotti finanziari e il progressivo arricchimento di quest'ultima hanno fatto sì che tutte le aziende di credito ampliassero il proprio ambito operativo, riducendo progressivamente le differenze fra le attività da ciascuna di esse esercitate, con una sostanziale eliminazione della segmentazione del mercato derivante da una divisione di fatto del lavoro bancario.

Appariva così evidente, tra l'altro, che la distinzione delle aziende nelle varie categorie giuridiche previste dall'art. 5 della legge bancaria non corrispondeva più ad una diversità effettiva sul piano operativo. È il fenomeno che va sotto il nome di «despecializzazione bancaria».

Anche nell'ambito degli istituti di credito, nei limiti delle segmentazioni imposte dalle varie leggi speciali, si veniva realizzando un analogo processo di «despecializzazione» che, pur non pregiudicando la specificità delle competenze, attenuava la distanza tra istituto ed istituto, consentendo zone di concorrenza più ampie di quelle originariamente possibili. Ancora la stessa separazione tra aziende ed istituti vedeva, sotto il profilo degli impieghi, ulteriormente ridotta la propria importanza dall'accresciuta presenza delle aziende nel settore del medio termine e da una tendenza, in parte alimentata dai controlli amministrativi imposti alle aziende, degli istituti ad operare a ridosso del breve termine.

Il progressivo accentuarsi della despecializzazione sollecita la rimozione dei vincoli giuridici che limitano l'ambito operativo degli enti creditizi e che impediscono le operazioni di concentrazione fra alcune categorie di essi.

Una seconda e, forse più importante, sollecitazione al sistema bancario verso moduli organizzativi più attenti all'efficienza viene dalla nascita di nuovi intermediari, diversi da quelli bancari, che offrono, in un periodo di forte inflazione, ai risparmiatori forme di investimento del risparmio non esposte al rischio della svalutazione monetaria e mettono a disposizione delle imprese i finanziamenti che, per ragioni connesse a vincoli imposti dalle esigenze della politica monetaria, le banche non sono in grado di garantire.

Si diffondono così titoli atipici e forme di intermediazione cosiddetta parabancaria (leasing, factoring) oggettivamente concorrenziali con quelli delle banche, che determinano una profonda contrazione dell'attività bancaria tradizionale: è il fenomeno noto come disintermediazione bancaria.

Gli enti creditizi sono sollecitati ad entrare anche in questo nuovo mercato e quindi sentono la necessità di rimuovere gli ostacoli di ordine legislativo ed amministrativo che vi si frappongono.

L'esigenza di uscire dal settore della operatività tradizionale, per entrare in nuovi settori del mercato finanziario, si presenta particolarmente accentuata con riferimento all'attività di mercato mobiliare.

Risparmiatori ed imprese, infatti, riscoprono nei primi anni ottanta l'utilità degli investimenti e dei finanziamenti realizzati nell'ambito del mercato mobiliare e gli enti creditizi, che svolgevano già in questo mercato un importante ruolo di negoziatori, estendono la loro attività anche alle gestioni dei patrimoni in valori mobiliari; la relativa raccolta («raccolta indiretta») assume una importanza crescente nell'ambito delle operazioni di provvista.

Il rapido sviluppo delle attività di intermediazione finanziaria non bancaria e di intermediazione mobiliare mette in evidenza la mancanza di una regolamentazione di questi settori adeguata alla importanza che gli stessi vanno acquisendo e sollecita interventi legislativi che assicurino il rispetto delle regole del gioco ritenute indispensabili per l'esistenza stessa di tali forme di intermediazione, anche a tutela degli enti creditizi che le svolgono.

In questa prospettiva appare evidente la necessità di ridisegnare i confini fra attività bancaria, da un lato, e attività finanziaria non bancaria e attività di intermediazione mobiliare, dall'altro; così come appare chiaro che la disciplina di queste due attività, nella sostanza inesistente nel nostro paese, deve essere coordinata con quella dell'attività bancaria, tenendo conto, appunto, della forte erosione, nella realtà, delle barriere che tradizionalmente le separavano da quest'ultima.

Tendenze simili si andavano manifestando anche sul tradizionale confine esistente fra il settore bancario e quello assicurativo: i rapporti fra questi due segmenti del mercato finanziario, si facevano più stretti attraverso la creazione di prodotti misti, l'utilizzazione delle stesse reti per la distribuzione dei rispettivi servizi nonché attraverso reciproche partecipazioni proprietarie.

Una situazione analoga si determinava, infine, nei rapporti fra mercato mobiliare e mercato assicurativo, attraverso una più significativa presenza delle imprese di assicurazioni sul mercato mobiliare e nella raccolta del risparmio.

Sotto il profilo dell'ordinamento bancario queste tendenze sollecitavano a verificare se l'attività bancaria presentasse ancora caratteri peculiari capaci di giustificare uno statuto speciale nei confronti degli altri intermediari finanziari e, per l'ipotesi del tutto plausibile che la risposta al quesito fosse positiva, si rendeva indispensabile la previsione di una disciplina di vigilanza che consentisse alle banche di prendere parte a siffatti gruppi finanziari senza mettere in pericolo gli interessi connessi alla loro attività tipica.

I fenomeni appena descritti rendevano evidente, nell'insieme, la necessità per gli enti creditizi di muoversi sia nell'ambito del settore bancario sia nell'ambito dei settori del mercato mobiliare e di quello assicurativo esclusivamente sulla base della logica d'impresa, in un rapporto di concorrenza con gli altri enti creditizi ed altresì con gli altri operatori del mercato finanziario. Il che imponeva di rimuovere tutti gli ostacoli normativi che ostacolassero tale libertà d'impresa; senza per questo indulgere verso scelte di politica legislativa che, in nome di una concezione distorta del ruolo del mercato e dell'efficienza, eliminassero gli strumenti di controllo che la peculiarità dell'attività bancaria imponeva ed anzi introducendo le forme di vigilanza rese necessarie dalle nuove realtà con le quali le banche venivano chiamate a misurarsi.

L'esigenza di predisporre un ordinamento capace di consentire agli enti creditizi di muoversi seguendo logiche di mercato era poi accentuata dalla prospettiva comunitaria: il diritto al mutuo riconoscimento avrebbe eliminato ogni forma di protezione burocratica nei confronti della concorrenza degli enti creditizi degli altri paesi della Comunità;

enti creditizi che già operavano senza i limiti e le protezioni che caratterizzavano il nostro sistema bancario.

D'altro canto, il processo di liberalizzazione valutaria, compiutosi nel corso nel 1990, abbatteva una delle più consistenti forme di protezionismo del nostro mercato finanziario, favorendo, perciò stesso, l'integrazione del mercato bancario italiano nel mercato europeo ed accentuando, quindi, il grado di concorrenzialità del medesimo.

5.2. La progressiva realizzazione del nuovo ordinamento

Quella sommariamente descritta è la realtà nella quale vanno rintracciate le ragioni che hanno portato, alla fine degli anni ottanta, ad un ordinamento del sistema bancario profondamente diverso da quello precedente, ad un «nuovo ordinamento bancario». E naturalmente quando si parla di ordinamento bancario non ci si riferisce soltanto ai provvedimenti legislativi, ma anche a quelli amministrativi emanati dalle autorità creditizie esercitando gli amplissimi poteri loro attribuiti dalla legge bancaria del 1936-38. Queste in sintesi le tappe della sua formazione.

5.2.1. *L'accesso all'esercizio dell'attività bancaria e l'articolazione territoriale degli enti creditizi*. Il momento di svolta verso il nuovo ordinamento bancario può essere individuato, ovviamente scontando qualche arbitrarietà, nell'emanazione del D.P.R. 27 giugno 1985, n. 350, che dava concreta attuazione nel nostro ordinamento (con un ritardo significativo della forza riformatrice del provvedimento) alla prima direttiva comunitaria in materia creditizia (la direttiva 77/780 del 12 dicembre 1977).

La scelta più innovativa contenuta in quel provvedimento è rappresentata dal riconoscimento del diritto all'ingresso sul mercato bancario a favore di qualunque soggetto che presenti le «qualità» oggettive richieste dalla legge per poter esercitare la relativa attività. Viene così spogliato di ogni discrezionalità il potere di controllo sull'accesso all'esercizio dell'attività bancaria attribuito alle autorità di vigilanza sul settore: queste non possono, nell'esercizio di tale potere di controllo, tener conto delle «esigenze economiche del mercato», ma debbono limitarsi ad accertare se il soggetto che intende esercitare l'attività bancaria presenti le caratteristiche tipologiche, patrimoniali e di professionalità-onorabilità che la legge richiede, in un'ottica di mera polizia del settore e non anche di governo dello stesso.

Il blocco delle autorizzazioni che nella sostanza aveva caratterizzato il sistema bancario dal 1962 era caduto: anche se la concreta attuazione della nuova disciplina fu ulteriormente rinviata fino al dicembre 1989.

Quella disciplina avrebbe dovuto, coerentemente con le scelte effettuate in materia di costituzione di nuovi enti, porre fine anche al potere, delle autorità creditizie, di controllare discrezionalmente lo sviluppo territoriale degli enti creditizi.

Il provvedimento legislativo del 1985 conserva invece un potere autorizzatorio discrezionale sulla apertura di nuove succursali bancarie: potere che è stato abrogato solo con l'attuazione della direttiva comunitaria 89/646 del 15 dicembre 1989 (seconda direttiva bancaria), ossia con il D.Lgt. 14 dicembre 1992, n. 481.

Ma sul punto furono le autorità di vigilanza che modificarono la disciplina amministrativa delle succursali, esercitando quindi il proprio potere in una logica completamente diversa da quella seguita in precedenza. Esse abbandonarono ben presto la politica del caso per caso, prima introducendo «piani sportelli» che limitavano la discrezionalità del relativo potere autorizzatorio e, quindi, a partire dal marzo 1990, lasciando nella sostanziale autonomia degli enti creditizi sia l'apertura sia il trasferimento delle succursali bancarie.

Di notevole significato sistematico fu anche la modificazione, apportata dall'art. 11 del D.P.R. 350/1985, al dettato normativo dell'art. 34 della legge bancaria: veniva esclusa la possibilità per le autorità di vigilanza di «chiudere» una filiale bancaria per realizzare «una migliore distribuzione territoriale delle aziende di credito»; possibilità contemplata dal testo originario del predetto art. 34, e considerata spesso come sintomo significativo del potere delle autorità creditizie di «disporre» della esistenza dell'ente per «esigenze economiche del mercato».

Infine si precisava, sottolineando una conclusione in verità già imposta dalla legge bancaria, che neppure la revoca dell'autorizzazione ad esercitare il credito poteva avvenire per siffatte «esigenze».

Era difficile in presenza di norme, come quelle introdotte dal D.P.R. 350/1985, che riconoscevano anche per il mercato bancario l'esistenza di un diritto (di iniziativa economica) per l'accesso all'attività e per l'articolazione organizzativa della relativa impresa, tener ferme le concezioni prima prevalenti in materia di enti creditizi e di attività bancaria. L'esercizio dell'attività bancaria era esercizio di un diritto, non adempimento di una funzione.

Trovavano così puntuale conferma legislativa le tesi che avevano sostenuto l'applicazione all'attività bancaria dei principi che discendono dall'art. 41 della Costituzione e in particolare dal riconoscimento della libertà di iniziativa economica e della «riserva di legge» a favore della stessa; tesi che avevano già riscosso il consenso delle autorità di vigilanza.

Il punto di emersione più significativo di questo mutamento di indirizzo «culturale» può forse rintracciarsi nell'abbandono da parte della Suprema Corte del convincimento che l'attività bancaria presenti i caratteri del servizio pubblico in senso oggettivo.

5.2.2. *Il nuovo stile della vigilanza sull'esercizio dell'attività bancaria*. Dopo il 1985 l'indirizzo che nega all'attività bancaria le caratteristiche dell'impresa-funzione non sembra più seriamente contrastabile: il che ha un immediato riflesso anche sui poteri che le autorità di controllo hanno sull'esercizio dell'attività bancaria.

Esse possono fissare limiti esterni alla libertà di impresa, ma non possono imporre scelte di impresa; in ogni caso non possono piegare tali decisioni per renderle coattivamente funzionali alle scelte di politica economica di volta in volta adottate dalle autorità di governo.

Sotto quest'ultimo profilo non intervengono mutamenti legislativi, ma muta lo «stile» della vigilanza, nei termini già segnalati per le succursali. Non più provvedimenti assunti caso per caso e senza alcuna trasparenza, ma norme di vigilanza generali, preventivamente emanate e di contenuto tendenzialmente oggettivo, nel rispetto delle quali gli enti creditizi sono assolutamente liberi nelle proprie scelte imprenditoriali.

In particolare si va delineando un sistema di vigilanza fondato su parametri oggettivi (coefficienti) diretti a garantire le condizioni di solidità patrimoniale, di liquidità e di diversificazione degli impieghi ritenute necessarie per assicurare sufficiente liquidità e stabilità agli enti creditizi.

La introduzione di tali coefficienti nel sistema della vigilanza sugli enti creditizi è opera di provvedimenti amministrativi delle autorità creditizie: solo l'attuazione della direttiva comunitaria in materia bancaria ha reso legislativamente doveroso questo «nuovo stile» di vigilanza.

5.2.3. *La riforma della banca pubblica: da ente pubblico economico a società per azioni a controllo pubblico*. L'accettazione della logica d'impresa imponeva, come si è detto, maggiore libertà operativa ma comportava anche maggiori rischi per gli enti creditizi. Di qui la tendenza, fortemente sostenuta dalle autorità creditizie, da un lato, a liberare le banche dai vincoli legislativi ed amministrativi incompatibili con una gestione efficiente dell'impresa, ma, dall'altro, a far sì che le stesse si dotassero di strutture organizzative adeguate e soprattutto capaci di consentire loro l'acquisizione dei fondi propri necessari per far fronte ai maggiori rischi ai quali le stesse erano esposte; fondi propri che venivano, coerentemente, assunti a base dei coefficienti ai quali — come si è visto — veniva attribuito un peso decisivo nello svolgimento dell'attività di vigilanza.

In questa prospettiva va collocata la riforma, prima amministrativa e poi legislativa, degli enti creditizi pubblici; riforma di grande importanza se si tiene conto che la stessa coinvolgeva la maggior parte del sistema bancario.

La forma prevalente nell'ambito del sistema delle banche pubbliche (almeno per quanto concerne le aziende di credito) era quella dell'ente pubblico imprenditore a struttura di fondazione. Questo modello organizzativo mostrava evidenti limiti strutturali nel momento in cui le banche pubbliche si apprestavano ad operare nell'ambito di un mercato concorrenziale, che postulava efficienza di gestione e capacità di raccogliere in misura crescente capitale di rischio nell'ambito del risparmio diffuso.

L'organizzazione interna tipica degli enti a struttura di fondazione non consentiva alcuna separazione, pur opportuna per l'efficienza dell'impresa, fra organi di gestione ed organi di controllo e, per definizione, tali enti non potevano incrementare i fondi se non attraverso l'autofinanziamento.

Facendo leva sull'autonomia statutaria degli enti le autorità di vigilanza a partire dall'inizio degli anni ottanta, avevano sollecitato gli enti creditizi pubblici a realizzare, attraverso atti amministrativi, una riforma dei rispettivi statuti che consentisse una maggiore dialettica interna fra gli organi, attraverso la separazione fra organo di gestione ed organo di controllo ed indirizzo e che permettesse alle stesse di raccogliere capitale di rischio, attraverso il collocamento presso il pubblico di quote di partecipazione o di risparmio.

La riforma così introdotta ebbe un significato operativo piuttosto consistente ma, soprattutto, mise in luce la necessità di procedere oltre sulla strada intrapresa, per consentire a tutte le banche pubbliche di adottare la forma della società per azioni. Questo obiettivo è stato realizzato dalla legge 30 luglio 1990, n. 218, e dal D.Lgt. 20 novembre 1990, n. 356, che permettono, appunto, a tutti gli enti creditizi pubblici di adottare la forma della società per azioni e, quindi, di eliminare la condizione di inferiorità istituzionale nella quale gli stessi si trovavano per essere costretti nella forma dell'ente pubblico imprenditore, per di più di natura non corporativa ma fondazionale.

Anche se costituisce un forte limite alla capacità di queste «nuove» società bancarie di raccogliere risparmio di rischio il fatto che la maggioranza delle azioni ordinarie delle stesse possa passare in mani private solo con il consenso (o quanto meno le direttive) del Consiglio dei Ministri.

Ma la legge di riforma della banca pubblica affronta e risolve alcuni degli altri più importanti problemi che la nuova realtà finanziaria poneva. Anzitutto con riferimento agli istituti di credito di medio termine. Abbiamo già ricordato la forte segmentazione che ha da sempre caratterizzato il settore degli istituti di credito e il forte inserimento degli stessi nella gestione politico-amministrativa degli incentivi finanziari, nonché i riflessi che entrambe queste circostanze determinavano sulla libertà operativa e, anche per questa ragione, sull'efficienza delle loro gestioni.

Vicende proprie della finanza pubblica ed in particolare la drastica riduzione degli incentivi pubblici connessi ai finanziamenti bancari avevano già eliminato, di fatto, la connessione fra gli istituti di credito e la pubblica amministrazione, sospingendo quindi gli istituti a muoversi come imprese sul mercato del credito. Restava, per altro, il forte limite che le varie leggi di settore ponevano alla loro libertà d'impresa.

L'art. 18 del D.Lgt. 20 novembre 1990, n. 356, consentì agli istituti di credito di natura pubblica, di abbandonare la monosettorialità nella quale la massima parte di essi era costretta, permettendo loro di estendere, sia pure in coincidenza con la «trasformazione» in società per azioni, la propria operatività a tutto l'ambito del credito a medio e lungo termine (e, come vedremo, questa possibilità non incontrerà più limiti legislativi dopo l'attuazione della seconda direttiva bancaria). Si potevano così creare società bancarie plurisettoriali di medio-lungo termine dotate della libertà operativa indispensabile per una gestione efficiente.

La riforma della banca pubblica, ed in particolare la «trasformazione» di questa in società per azioni, ha eliminato altresì alcuni importanti ostacoli che l'ordinamento frapponeva in precedenza ai processi di concentrazione (che si realizzano attraverso trasferimenti aziendali o fusioni) e quindi alla libera circolazione dei fattori produttivi. La impossibilità, per la banca pubblica, di essere assorbita da enti che pubblici non fossero, consentiva soltanto le concentrazioni a favore dell'area pubblica, escludendo il passaggio di enti creditizi dal settore pubblico a quello privato. La trasformazione della banca pubblica in società per azioni ha reso possibile anche questo secondo passaggio, pur subordinandolo al consenso delle autorità di governo.

5.2.4. *La disciplina dei rapporti banca-industria*. Le modificazioni subite dall'ordinamento bancario nella seconda metà degli anni ottanta, e sopra rapidamente tratteggiate, mettono in evidenza le «nuove libertà» consentite agli enti creditizi; ma, come si accennava, le stesse non vanno pensate come adesione ad un indirizzo di politica legislativa che considera il mercato capace, da solo, di assicurare l'organizzazione ottimale del sistema bancario. Quell'opera di «liberazione» è stata accompagnata da una non meno importante opera di «nuova regolamentazione» dell'attività degli enti creditizi.

In questa prospettiva devono collocarsi le norme dettate dal Titolo V della legge 10 ottobre 1990, n. 287, sulle partecipazioni negli enti creditizi, e quelle sulla disciplina del gruppo bancario, dettate dal Titolo VII del D.Lgt. 20 novembre 1990, n. 356 (in attuazione dell'art. 5 della legge 20 luglio 1990, n. 218).

Nonostante fosse nata sulle ceneri della banca mista, la legge bancaria non vietava né il controllo delle industrie sulle banche né quello delle banche sulle industrie, sottoponendo per altro la seconda alla eventuale autorizzazione delle autorità di vigilanza.

La rilevanza pratica del primo problema, ossia di eventuali partecipazioni di controllo delle industrie negli enti creditizi, veniva fortemente ridimensionata, nella realtà, dal fatto che una parte molto significativa delle imprese bancarie era organizzata in forma di ente pubblico a struttura di fondazione; struttura che, per definizione, precludeva all'industria l'acquisizione di partecipazioni. Il problema ha assunto una nuova importanza in connessione con la «trasformazione» delle banche pubbliche in società per azioni: questa rende possibile, nei limiti consentiti dalle norme sul controllo pubblico, l'assunzione di un ruolo rilevante nell'ambito della proprietà delle aziende di credito, da parte delle industrie, con i possibili conflitti di interesse che a tale situazione si possono accompagnare e con i pericoli che gli stessi possono determinare per una gestione «sana e prudente» dell'ente creditizio.

L'art. 27, 6° comma, della legge 287/1990 ha disciplinato i rapporti banca-industria, sotto il profilo della proprietà bancaria, stabilendo che «i soggetti diversi dagli enti creditizi e dagli enti o società finanziari, ...

non possono essere autorizzati ad acquisire o sottoscrivere, ... azioni o quote di un ente creditizio che comportino una partecipazione superiore al 15% del capitale dello stesso o l'assunzione del controllo su di esso» (norma, come vedremo, riscritta ma senza alterarne il significato di politica creditizia dal D.Lgt. 14 dicembre 1992, n. 481 e dal T.U. delle leggi in materia creditizia del 1993). Per quanto concerne il profilo della partecipazione delle industrie nelle banche il nostro ordinamento esclude dunque la possibilità di adottare il modello della banca mista, rimanendo invece subordinata all'autorizzazione delle autorità creditizie l'adozione di tale modello per quanto concerne la partecipazione delle banche nelle industrie.

5.2.5. *La disciplina della vigilanza sui gruppi bancari*. Costituisce tassello importante della «nuova regolamentazione» del mercato creditizio la disciplina del gruppo bancario, introdotta dal D.Lgt. 20 novembre 1990, n. 356.

Come si è già accennato, gli enti creditizi italiani, a cominciare dagli anni ottanta, entrano in modo massiccio nel settore della finanza non bancaria e di mercato mobiliare acquisendo partecipazioni di controllo nelle società che svolgono tali attività. Essi assumono il controllo di società di leasing, di factoring, di gestione dei fondi comuni, di fiduciarie, di commissionarie, di società finanziare di partecipazione, di società finanziarie di gestione e negoziazione di valori mobiliari.

Si afferma così, nella prassi, il modello del gruppo bancario polifunzionale, al cui sviluppo contribuisce anche, se non soprattutto, l'indirizzo delle autorità creditizie, tendenzialmente contrarie in quel momento al modello della banca universale, ossia contrarie a consentire che le predette attività venissero esercitate dagli enti creditizi anche quando tale esercizio non fosse precluso dalla legge bancaria o dalle leggi che lo riservavano a soggetti specificamente autorizzati.

Il formarsi di gruppi bancari polifunzionali, che vedono al vertice un ente creditizio, pone l'esigenza di introdurre una qualche forma di controllo sulle società partecipate (che sfuggono alla vigilanza bancaria e che, per lo più, sono sottratte a qualsiasi altro tipo di vigilanza) allo scopo di impedire che la crisi di queste ultime ponga in pericolo la stabilità dello stesso ente creditizio.

Una prima risposta a tale problema viene dalla legge 17 aprile 1986, n. 114, che, in attuazione della direttiva comunitaria 83/850 del 13 giugno 1983, consente alle autorità di controllo degli enti creditizi di conoscere le situazioni economiche e finanziarie delle società controllate, consolidandosi tali situazioni in capo all'ente creditizio di controllo.

Ma un sistema organico di vigilanza sul gruppo bancario viene introdotto, come si ricordava, dal D.Lgt. 20 novembre 1990, n. 356, che non solo estende la vigilanza consolidata ai gruppi che vedono l'ente creditizio in posizione di controllato, e non più solo di controllante, ma prevede una disciplina della società capogruppo non ente creditizio e, soprattutto, attribuisce alla capogruppo, ente creditizio o società finanziaria, il potere di coordinamento e di direzione delle controllate allo scopo di tutelare «l'interesse alla stabilità del gruppo».

Lo stesso decreto, inoltre, prevede una esplicita disciplina della crisi del gruppo e, pur nel rispetto dell'autonomia patrimoniale delle singole società, appresta strumenti di gestione della crisi capaci di tener conto dei riflessi che l'insolvenza o la cattiva amministrazione di un soggetto componente il gruppo possono determinare sull'intero gruppo bancario.

5.2.6. *Gli enti creditizi e la legge di tutela della concorrenza*. Grande rilievo assume poi nella formazione del nuovo ordinamento bancario la sottoposizione degli enti creditizi alle regole generali dettate per la tutela della concorrenza dalla legge 10 ottobre 1990, n. 287; il che rimane vero anche se il compito di garantirne l'osservanza viene attribuito alle autorità creditizie anziché all'autorità garante competente per gli altri settori economici.

La estensione della legislazione antitrust al mercato bancario dimostra, se mai ve ne fosse stato bisogno, la compatibilità fra un sistema di controlli sugli enti che operano in quel mercato e la tutela della concorrenzialità di quest'ultimo. E questa conclusione non è contraddetta dal fatto che con riferimento al mercato bancario la tutela della concorrenza e del mercato non venga attribuita all'autorità garante ma alle autorità creditizie. Queste ultime, che recuperano così un controllo sulla struttura del mercato sottratto loro dalle direttive comunitarie, dovranno garantire la tutela della concorrenza del mercato bancario negli stessi termini nei quali la medesima è tutelata negli altri mercati. In questa nuova prospettiva dovranno essere ripensate anche le norme della legislazione bancaria che tradiscono una forte diffidenza nei confronti della concorrenza.

Norme che certamente sopravvivono e che continuano a costituire strumenti di tutela della stabilità bancaria ma che dovranno fare i conti con il fatto che la concorrenza è diventata un bene oggetto di tutela diretta ed esplicita anche nel mercato bancario.

5.3. Il nuovo ordinamento bancario e le riforme del mercato finanziario

Abbiamo più volte ricordato la fragilità dei confini che, purtuttavia, continuano a separare il mercato bancario dagli altri segmenti del mercato finanziario (attività finanziaria non bancaria, intermediazione mobiliare, attività assicurativa), così come abbiamo fatto menzione dei collegamenti sempre più stretti che si sono venuti realizzando fra gli enti creditizi e gli intermediari che operano negli altri settori finanziari e della crescente importanza di questi ultimi. È, perciò, evidente che una valutazione compiuta del nuovo ordinamento bancario deve tener conto delle discipline dettate per gli altri settori del mercato finanziario e delle riforme che le stesse hanno subito, nello stesso periodo in cui si andava formando il nuovo ordinamento bancario, in termini di sostanziale coerenza con quest'ultimo.

5.3.1. *La disciplina dell'attività finanziaria non bancaria*. Il settore della intermediazione finanziaria non bancaria (società di leasing, società di factoring, finanziarie) era privo di una qualsiasi disciplina di vigilanza, il che determinava la creazione di una «zona di pericolo» in sé e per il sistema bancario che vi partecipava in misura crescente.

La disciplina sul gruppo bancario ha affrontato quest'ultimo risvolto, ma non ha eliminato il fatto che gli intermediari operanti in quel settore rimanessero sottratti ad una disciplina autonoma di vigilanza, nonostante l'unanime convincimento che anche quel segmento della intermediazione finanziaria avrebbe dovuto essere sottoposto a vigilanza prudenziale.

Per un lungo periodo si era ipotizzato di dettare tanti statuti speciali dei singoli intermediari quante erano le diverse attività che la pratica poneva via via in evidenza.

Questo indirizzo non aveva dato alcun esito, se non per il factoring, per il quale la legge 21 febbraio 1991, n. 52, aveva, nell'ambito di una regolamentazione attenta soprattutto alla disciplina del rapporto, introdotto una qualche forma di vigilanza sulle società che esercitano tale attività.

Il problema è stato invece affrontato e risolto, in termini generali, anche se con una disciplina dai contorni non sempre chiari e dopo una serie di convulsioni che hanno caratterizzato le precedenti formulazioni della stessa, dal D.L. 3 maggio 1991, n. 143, e dalla relativa legge di conversione 5 luglio 1991, n. 197. Questa nuova disciplina attribuisce alla Banca d'Italia una vigilanza prudenziale sulle società che hanno per oggetto prevalente le seguenti attività: «concessioni di finanziamenti sotto qualsiasi forma, compresa la locazione finanziaria; assunzione di partecipazioni; intermediazione in cambi; servizi di incasso, pagamento e trasferimento di fondi anche mediante emissioni e gestione di carte di credito», sempreché tali attività vengano esercitate «nei confronti del pubblico».

Si è così colmata una evidente lacuna del nostro ordinamento; attraverso l'introduzione di una disciplina generale delle attività di intermediazione finanziaria ed individuando un'altra categoria di intermediari che si aggiungono a quelli bancari, a quelli assicurativi e a quelli di mercato mobiliare. Si è altresì eliminata una disparità di trattamento che di fatto si era venuta creando dopo l'introduzione della vigilanza sui gruppi bancari fra intermediari finanziari controllati dalle banche, e quindi sottoposti alla vigilanza bancaria, e intermediari finanziari di matrice non bancaria, sottratti ad ogni controllo.

Disparità di trattamento che, pur trovando una sufficiente giustificazione nella tutela degli interessi tipicamente bancari, finiva per creare un'artificiosa distorsione pregiudizievole per un efficiente svolgimento di questo tipo di intermediazione, contravvenendo alla regola secondo la quale l'applicazione di una disciplina ad una certa attività deve prescindere dal soggetto che la esercita. La materia è stata in qualche misura ripensata nell'ambito del T.U. delle norme in materia bancaria finanziaria approvate con D.Lgt. 385/1993.

5.3.2. *Gli enti creditizi nel nuovo ordinamento del mercato mobiliare*. Uno sviluppo analogo ha subito la disciplina dell'ordinamento dell'intermediazione in valori mobiliari; settore che, ovviamente, ha una rilevanza nell'ambito del mercato finanziario ben maggiore di quella delle attività finanziarie non bancarie e nel quale le banche hanno riversato una parte di grande rilievo della loro attività.

Si può dire con sicurezza che fino alla entrata in vigore della legge 2 gennaio 1991, n. 1, l'Italia non conosceva un ordinamento del mercato mobiliare dotato dei necessari caratteri di generalità ed organicità e che la disciplina fino ad allora vigente era profondamente contraddittoria.

Questa infatti non prevedeva alcuna «riserva» per le attività di intermediazione mobiliare in quanto tali, il che consentiva l'esercizio di molte delle predette attività in assenza di un benché minimo controllo, con gravi pericoli per l'esistenza stessa di questo tipo di intermediazione. Le norme allora vigenti costringevano, tuttavia, entro rigide limitazioni le attività dei pochi intermediari regolamentati (come gli agenti di cambio), impedendo così la nascita di operatori polifunzionali, ad un tempo affidabili ed efficienti. Anche la disciplina delle operazioni era lasciata quasi integralmente all'autonomia privata, e solo in parte tale lacuna poteva essere colmata dai provvedimenti amministrativi delle autorità di vigilanza (emblematiche sotto questo profilo le gestioni patrimoniali).

In tale contesto le banche avevano operato, negli spazi loro non preclusi dalla legge (come le contrattazioni nella Borsa valori), sulla base della capacità generale riconosciuta dal nostro ordinamento a tutte le persone giuridiche e dei provvedimenti autorizzativi delle autorità di vigilanza.

E non era mancato neppure chi aveva creduto di affermare che alcune delle attività di intermediazione mobiliare più significative (come le gestioni patrimoniali) fossero loro precluse.

La legge 1/1991 ha sottoposto a riserva le attività di intermediazione mobiliare, analiticamente individuate, stabilendo che le stesse possano essere esercitate (alla fine di un previsto periodo transitorio) soltanto da una speciale categoria di operatori (le società di intermediazione mobiliare) e dagli enti creditizi ed imponendo per l'esercizio delle predette attività da parte degli enti creditizi le medesime regole previste per l'ipotesi in cui quelle attività vengano esercitate dalle società di intermediazione mobiliare.

La medesima legge ha, tuttavia, precluso agli enti creditizi la negoziazione dei valori mobiliari quotati in Borsa e negoziati al mercato ristretto ad esclusione dei titoli di Stato o garantiti dallo Stato (art. 16, 1° comma) allo scopo di favorire la concentrazione in Borsa delle relative negoziazioni, concentrazione imposta dalla stessa legge.

Nonostante quest'ultima limitazione, destinata a cadere con l'attuazione della direttiva comunitaria 22 del 10 maggio 1993 sui servizi di investimento mobiliare, la nuova disciplina del mercato mobiliare riconosce dunque, in modo esplicito, agli enti creditizi la possibilità di assumere il ruolo di intermediari di mercato mobiliare, con la conseguente giustapposizione dei relativi statuti.

È necessario anche ricordare che gli enti creditizi possono assumere il controllo di società di intermediazione mobiliare, mentre rimane preclusa per queste ultime l'acquisizione di una partecipazione di controllo in un ente creditizio.

5.3.3. *Banche e assicurazioni*. Sul versante del confine fra banche ed assicurazioni le maggiori novità riguardano i rapporti di partecipazione reciproca. Tali rapporti erano rimasti sottratti ad ogni disciplina legislativa fino alla fine degli anni ottanta (fors'anche perché di limitata rilevanza) ed erano rimessi, perciò, all'autonomia privata e al potere delle autorità amministrative.

Le leggi 10 ottobre 1991, n. 287, e 9 gennaio 1991, n. 20, hanno fissato i limiti dei rapporti di partecipazione fra banche ed assicurazione.

Sulla base di quelle norme le assicurazioni possono assumere il controllo di enti creditizi, dal momento che le stesse, nonostante qualche difficoltà interpretativa, possono essere ricomprese fra gli «enti finanziari» che, ai sensi dell'art. 27 della legge 287/1990 possono, appunto, assumere il controllo di enti creditizi.

Questa conclusione non è preclusa dalla disciplina dettata dall'art. 4 della legge 20/1991, a mente della quale le assicurazioni possono assumere il controllo soltanto di società che esercitino «attività connesse» con quelle assicurative, essendo, per altro, rimesso all'ISVAP il giudizio sull'esistenza del rapporto di connessione.

L'ordinamento consente anche che un ente creditizio assuma il controllo di una società di assicurazione: la disciplina delle partecipazioni nelle assicurazioni non prevede, infatti, alcun vincolo qualitativo e l'assunzione di una partecipazione di controllo in un'assicurazione rientra fra le partecipazioni assumibili da parte di un ente creditizio.

5.3.4. *Banche e mercato finanziario: il coordinamento fra le autorità di vigilanza*. Sotto il profilo dei rapporti con gli altri settori del mercato finanziario qualche problema può sorgere con riferimento al coordinamento fra le autorità di controllo.

Ma questo coordinamento deve essere cercato sulla base delle regole legislative che disciplinano i rapporti fra le autorità e facendo affidamento sulla capacità di queste ultime di esercitare con la dovuta prudenza le proprie funzioni.

Una cosa è certa. Non si può prendere a pretesto il problema del coordinamento fra le autorità di controllo (Banca d'Italia, CONSOB, ISVAP) per sottrarre la vigilanza alle agenzie indipendenti e trasferirlo all'autorità politica.

Sarebbe un salto all'indietro di decenni; sarebbe la contraddizione e la negazione del cammino che l'ordinamento italiano del mercato finanziario ha compiuto in questi anni e che ne fanno un ordinamento moderno e capace di reggere il confronto comunitario.

6. L'attuazione della seconda direttiva comunitaria

6.1. L'attuazione della seconda direttiva e il Testo Unico in materia creditizia

Il nuovo ordinamento bancario ha trovato nei decreti legislativi 14 dicembre 1992, n. 481, e 1° settembre 1993, n. 385, la propria compiuta e sistematica attuazione.

Entrambi i decreti sono stati emanati dal Governo nell'esercizio delle deleghe contenute nell'art. 25 della legge 19 febbraio 1992, n. 142, e sono fra di loro legati da un esplicito vincolo di consequenzialità. Nel senso che quest'ultima norma, dopo aver delegato il Governo a dare attuazione alla seconda direttiva comunitaria in materia bancaria (direttiva 15 dicembre 1989, n. 646), fissando i relativi principi, ha conferito allo stesso Governo la delega ad emanare «un testo unico delle disposizioni adottate [nell'esercizio della predetta delega] coordinate con le altre disposizioni vigenti nella stessa materia, apportando le modifiche necessarie a tal fine».

Il legislatore aveva, dunque, previsto che l'attuazione della seconda direttiva bancaria avrebbe profondamente inciso sull'ordinamento esistente, rendendo indispensabile un coordinamento delle nuove norme con le precedenti nell'ambito di un testo unico delle leggi in materia.

E così è effettivamente stato. Anche perché, a dire il vero, le modificazioni subite dal nostro ordinamento bancario, già prima dell'attuazione della seconda direttiva, rendevano indispensabile un coordinamento delle varie norme e superflua l'ipotesi di scrivere una nuova legge bancaria, di fatto già scritta, sia pure attraverso una pluralità di provvedimenti.

6.2. I contenuti essenziali della seconda direttiva bancaria

I principi fondamentali della seconda direttiva comunitaria in materia bancaria possono essere così individuati. *a)* Gli enti creditizi, definibili come tali ai sensi della direttiva medesima, possono esercitare negli altri paesi membri della Comunità, sia attraverso lo stabilimento di una succursale sia mediante prestazione di servizi direttamente dal paese d'origine, tutte le attività che gli stessi sono autorizzati ad esercitare in quest'ultimo paese, purché si tratti di attività ricomprese nell'ambito di quelle indicate nell'elenco allegato alla direttiva. *b)* La vigilanza prudenziale sulle succursali degli enti creditizi stabilite nei paesi ospitanti e sulle attività esercitate direttamente dal paese d'origine è affidata all'autorità di controllo di quest'ultimo paese, rimanendo alle autorità del paese ospitante soltanto la vigilanza «sulla liquidità della succursale», nonché la possibilità di assumere «le misure di attuazione della sua politica monetaria».

La direttiva ha in questo modo adottato, per il sistema bancario, il principio del mutuo riconoscimento posto a fondamento della libertà di circolazione delle merci e dei servizi nell'ambito del mercato comunitario dall'Atto Unico del 1985.

Il riconoscimento della equivalenza delle «licenze bancarie» rilasciate nei vari paesi della Comunità è, tuttavia, subordinato alla avvenuta armonizzazione minima delle condizioni relative all'accesso all'attività bancaria e all'esercizio della stessa.

E i contenuti dell'armonizzazione minima sono dettati dalla stessa direttiva 89/646 e da una serie di specifiche direttive in tema di fondi propri degli enti creditizi, di vigilanza consolidata sugli stessi, di conti annuali e conti consolidati, di grandi fidi, di sistemi di garanzia dei depositi.

Per cogliere compiutamente il significato che l'introduzione del principio del mutuo riconoscimento ha determinato nel nostro ordinamento bancario è necessario tener presente che l'attuazione dello stesso determina la concorrenza fra i diversi ordinamenti bancari, con inevitabili pregiudizi per gli enti creditizi costretti dal proprio ordinamento nazionale in una condizione di inferiorità istituzionale nei confronti degli enti che possono operare secondo regole giuridiche più consone con le esigenze di una gestione efficiente.

Di qui la necessità che, nel dare attuazione alla direttiva, gli ordinamenti nazionali, nel rispetto delle regole di armonizzazione minima, modifichino le regole che possono intralciare l'efficienza della gestione degli enti creditizi nazionali.

La necessità di far convergere l'ordinamento nazionale verso il punto di massima efficienza compatibile con i principi della armonizzazione minima era particolarmente forte per il nostro ordinamento bancario, caratterizzato ancora da un grado di specializzazione legislativamente imposta che ne limitava fortemente la libertà operativa e le possibilità di concentrazione; e ciò mentre negli altri più importanti paesi della Comunità l'ordinamento consentiva agli enti creditizi di operare come banca universale e di procedere alle necessarie concentrazioni senza vincoli imposti dalla specializzazione degli stessi.

A queste esigenze del nostro ordinamento bancario ha inteso far fronte il D.Lgt. 14 dicembre 1992, n. 481, attuativo appunto della seconda direttiva comunitaria.

6.3. Il decreto legislativo 14 dicembre 1992, n. 481

Il decreto 481/1992 si è preoccupato, anzitutto, di consentire la più ampia operatività agli enti creditizi, riconoscendo così piena cittadinanza nel nostro ordinamento, accanto al modello del gruppo polifunzionale, anche a quello della banca universale.

Tale risultato è stato realizzato non attraverso un ampliamento delle definizioni di attività bancaria e di ente creditizio, ma prevedendo, da un lato, che gli enti creditizi possano esercitare, oltre all'attività bancaria, tutte le attività ammesse al mutuo riconoscimento ossia, *lato sensu*, tutte le attività finanziarie e privando, dall'altro, della dignità legislativa la distinzione fra aziende ed istituti di credito, fondata sulla lunghezza delle operazioni di provvista, distinzione sulla quale faceva perno la legge bancaria del 1936-38.

Quando si tenga presente che la legge 1/1991, come abbiamo già ricordato, riconosceva agli enti creditizi la possibilità di svolgere pressoché tutte le attività di intermediazione mobiliare, si può concludere che nel nostro ordinamento un ente creditizio oltre all'attività bancaria tipica, nella totalità delle sue articolazioni, può esercitare tutte le attività finanziarie ad esclusione di quelle assicurative e di quelle riservate alle società di gestione dei fondi comuni di investimento (previste dalla legge 23 marzo 1983, n. 77, per quanto concerne i fondi mobiliari aperti e dalla legge 14 agosto 1993, n. 344 per quanto concerne i fondi mobiliari chiusi) e alle società di investimento a capitale variabile (disciplinate dal D.Lgt. 25 gennaio 1992, n. 84).

Sono state poi abbattute le segmentazioni connesse all'esercizio dei crediti speciali e dei crediti agevolati; proseguendo sulla strada già segnata dall'art. 18 del D.Lgt. 356/1990, se ne consente l'esercizio da parte di tutti gli enti creditizi, purché lo stesso sia previsto nei relativi statuti.

Nella stessa prospettiva è stata fortemente compressa la rilevanza della distinzione degli enti creditizi secondo la loro natura giuridica, attraverso la eliminazione di alcune specifiche categorie (banche di interesse nazionale, istituti di credito di diritto pubblico), l'annacquamento delle caratteristiche specializzanti di altre (le Casse rurali ed artigiane ridisegnate come Casse di credito cooperativo) e, comunque, con l'abbattimento di gran parte delle barriere che si frapponevano alle fusioni fra enti appartenenti a categorie giuridiche diverse (trasformabilità delle Banche popolari in società per azioni bancarie).

Sotto il profilo della operatività degli enti creditizi il decreto adotta così una soluzione del tutto coerente con le scelte della direttiva comunitaria e convergente con quelle adottate nella maggior parte degli ordinamenti comunitari: consente agli enti creditizi di organizzarsi sia nella forma della banca universale sia in quella della banca specializzata e del gruppo polifunzionale, mettendoli nella condizione di poter scegliere, di volta in volta, il modello organizzativo che appaia più conveniente.

Rimane invece la preclusione per la banca mista, con riferimento per altro al solo controllo dell'impresa sulla banca, essendo quello della banca sull'impresa rimesso all'autorizzazione della Banca d'Italia.

Di notevole importanza sono anche le norme del decreto che disciplinano la vigilanza sugli enti creditizi, anche se la maggior parte di esse si limita a codificare indirizzi che si erano andati già consolidando nella prassi dell'attività di vigilanza degli anni precedenti.

Viene, per altro, eliminato ogni appiglio normativo per tesi che volessero attribuire agli organi di controllo il potere di funzionalizzare l'attività bancaria; non c'è più spazio per la doppiezza che caratterizzava la legge bancaria. La vigilanza bancaria persegue un solo obiettivo: la «sana e prudente» gestione dell'impresa (secondo una terminologia che il decreto riprende alla lettera dalla direttiva comunitaria). È la codificazione di un convincimento ormai radicato nella letteratura e nella prassi dell'organo di vigilanza e che si aggiunge alla eliminazione, già operata dal D.P.R. 350/1985, di ogni potere sulla determinazione della struttura del mercato da parte dell'autorità di controllo.

La vigilanza sul settore bancario è ormai una vigilanza dal punto di vista degli oggetti e dei fini ben delimitata: si esercita solo sull'impresa e non anche sul mercato e persegue la stabilità e l'efficienza dell'ente e non anche l'adeguamento coatto delle sue scelte d'impresa alle decisioni di politica economica del potere politico.

Definiti negli oggetti e nei fini, i poteri di vigilanza sono stati, tuttavia, affidati per la concreta articolazione alle decisioni delle autorità creditizie; in precedenza tali poteri erano più analiticamente individuati dalla legge, che non definiva, per altro, le finalità che avrebbero potuto perseguirsi attraverso il loro esercizio.

Accanto ad una «legificazione» dei fini vi è stato dunque una «delegificazione» dei mezzi, giustificata dalla necessità di assicurare, a questi ultimi, una flessibilità che la norma legislativa non consente.

La Banca d'Italia vede dunque ampliato il proprio potere normativo, ma lo stesso potrà essere esercitato solo allo scopo di garantire una sana e prudente gestione degli enti creditizi e, secondo «criteri e principi» previamente resi pubblici (art. 7) e attraverso provvedimenti motivati, pubblicati e ricorribili avanti l'autorità giudiziaria.

7. Il Testo Unico delle norme in materia creditizia e finanziaria

7.1. Il ruolo del Testo Unico e l'ordinamento del mercato finanziario

Con D.Lgt. 1° settembre 1993, n. 385, è stato emanato dal Governo, nell'esercizio della delega allo stesso conferita dalla legge 142/1992 già ricordata, il T.U. delle norme in materia creditizia e finanziaria. Del suo contenuto daremo conto analiticamente nei capitoli che seguono, dal momento che lo stesso, se si escludono alcune specifiche materie (ad es.: i bilanci degli enti bancari e finanziari) per le quali sono state conservate in vita leggi separate, esaurisce quasi completamente l'ordinamento dell'attività bancaria.

In questa sede ci limiteremo a poche osservazioni di carattere generale dirette a sottolineare il ruolo che il T.U. è chiamato a svolgere nella costruzione del nuovo ordinamento bancario e a porre in evidenza alcune innovazioni che lo stesso introduce nell'ordinamento che doveva considerarsi vigente dopo l'entrata in vigore del D.Lgt. 481/1992.

Per quanto concerne il ruolo del T.U. è bene tener presente che larga parte dello stesso si limita a riunire nell'ambito di un solo testo normativo le disposizioni dettate dalle discipline più recenti, come appunto quelle introdotte dal D.Lgt. 481/1992 appena ricordato, quelle dettate dal D.Lgt. 356/1990 in tema di vigilanza sui gruppi bancari, quelle previste dalla legge 287/1990 a proposito dei rapporti industria-banche, e ancora le norme sulla trasparenza delle operazioni bancarie dettate dalla legge 154/1992 e quelle sul credito al consumo previste dalla legge 142/1992.

In tutte queste materie il T.U. procede ad un lavoro di «riscrittura» delle norme dirette ad eliminare le contraddizioni e le incertezze normative sollevate dalla legislazione bancaria più recente e dovute essenzialmente al fatto che quelle norme erano state emanate non nel quadro di un ripensamento globale dell'ordinamento di settore, ma per disciplinare o ridisciplinare alcuni particolari momenti dello stesso.

Ma, ovviamente, il T.U. non si è limitato a questo lavoro, pur indispensabile, di revisione sistematizzante delle norme vigenti in materia bancaria.

Il T.U. ha, da un lato, reso più evidenti alcuni principi generali che già potevano ricavarsi dall'ordinamento vigente, fissando così in modo sicuro alcuni cardini del nuovo ordinamento bancario e, dall'altro, ha cercato di estendere il proprio intervento al di là del sistema bancario in senso proprio, allo scopo di introdurre elementi di coerenza in uno spazio il più possibile ampio dell'intero ordinamento del mercato finanziario. Sotto quest'ultimo profilo infatti il T.U.: *a*) detta una disciplina dei «soggetti operanti nel settore finanziario» (titolo V, artt. 106-114) che riprende le norme della legge 197/1992 coordinandole sistematicamente con quelle dettate per gli enti creditizi; *b*) introduce una norma di principio in materia di servizi di pagamenti (art. 129) stabilendo che la Banca d'Italia «promuove il regolare funzionamento dei sistemi di pagamento»; *c*) detta una disciplina per l'emissione dei valori mobiliari, allo scopo di assicurare stabilità ai mercati mobiliari (cfr. art. 129), senza modificare, per altro, l'ordinamento di quest'ultimi.

Nonostante queste apprezzabili estensioni dell'opera di razionalizzazione, il T.U. non doveva e non poteva (per evidenti limiti imposti dalla legge di delega) ricondurre ad unità l'ordinamento del mercato finanziario. Quest'ultimo rimane ancora caratterizzato da una pluralità di corpi normativi non sempre perfettamente coordinati fra di loro: così, accanto alle norme del T.U. rimangono ad es.: quelle dettate per il mercato mobiliare, quelle previste per le imprese di assicurazione e per gli intermediari che svolgono la propria attività nel settore della previdenza integrativa (D.Lgt. 21 aprile 1993, n. 124), quelle che disciplinano il mercato dei titoli di Stato e quelle che regolano la funzione monetaria (disciplina della Banca d'Italia e delle sue funzioni come Banca centrale).

7.2. Gli «interventi» del Testo Unico

Come si accennava, il T.U. ha inciso sull'ordinamento vigente in molteplici direzioni.

a) Anzitutto mettendo in evidenza principi che non erano esplicitamente enunciati nell'ordinamento vigente, anche se potevano essere ricavati in via interpretativa dallo stesso. Qui basti ricordare l'intervento relativo alle «finalità» che possono essere perseguite dalle autorità creditizie. Già dal D.Lgt. 481/1992 era consentito ricavare il convincimento che queste ultime potessero esercitare i poteri loro attribuiti soltanto allo scopo di favorire una «sana e prudente gestione» degli enti creditizi, ma nessuna norma stabiliva esplicitamente tale principio. Il T.U. è intervenuto sul punto chiarendo che «le autorità creditizie esercitano i poteri di vigilanza a esse attribuiti ... avendo riguardo alla sana e prudente gestione dei soggetti vigilati, alla stabilità complessiva e all'efficienza e alla competitività del sistema finanziario» (art. 5, 1° comma).

La norma dovrebbe fugare ogni residua incertezza, tra l'altro, sul fatto che le autorità creditizie non sono libere nella determinazione dei fini che possono perseguire, trovando nella legge un limite preciso per la loro attività: il che dovrebbe anche escludere che le stesse possano essere considerate alla stregua di organi di natura politica (anziché amministrativa).

b) Con riferimento alle autorità creditizie va segnalato anche il forte collegamento che il T.U. ha instaurato fra i poteri delle medesime e l'ordinamento comunitario: esse debbono esercitare i poteri loro attribuiti «in armonia con le disposizioni comunitarie»; possono, nell'esercizio dei poteri normativi loro attribuiti, recepire le direttive della Comunità nei limiti, per altro, di quanto previsto dall'art. 4 della legge 9 marzo 1989, n. 86; debbono attuare i regolamenti e le decisioni della Comunità europea; nonché provvedere in merito alle raccomandazioni in materia creditizia e finanziaria (art. 6).

Come appare evidente il T.U. ha instaurato un rapporto diretto fra la Comunità e le autorità creditizie attribuendo integralmente a queste ultime precise responsabilità nell'adeguamento del nostro ordinamento interno alle direttive, regolamenti, decisioni e raccomandazioni della Comunità.

c) Importanti sono anche le modificazioni introdotte nella disciplina degli enti che svolgono l'attività bancaria, a cominciare dalla espressione usata per la loro individuazione. Nella legge bancaria tali enti venivano definiti aziende di credito (e a questa espressione si era aggiunta poi quella di istituti di credito), sulla scia dell'ordinamento comunitario il D.Lgt. 481/1992 li aveva indistintamente definiti «enti creditizi», ora il T.U. (cfr. art. 10, 1° comma lett. b) impone di chiamarli «banche», con una evidente concessione al linguaggio «comune».

Ma a questa novità linguistica si accompagnano interventi di ben maggiore rilevanza. Viene portata a compimento l'opera di despecializzazione istituzionale già ampiamente realizzata dal D.Lgt. 481/1992. Così vengono abrogati il T.U. del 1929 sulle Casse di risparmio e le Banche del monte, il T.U. del 1937 sulle Casse rurali e artigiane, il D.Lgt. del 1948 sulle Banche popolari e vengono poi abrogate tutte le norme che riservavano agli Istituti di credito speciale particolari statuti soggettivi. La disciplina legislativa delle banche va ora ricercata esclusivamente nel T.U.; sono venute meno le discipline di settore che avevano caratterizzato il nostro ordinamento nel vigore della legge bancaria.

d) Rilevanti sono anche le novità introdotte con riferimento alla disciplina delle operazioni di credito.

È stata anzitutto eliminata la massima parte dei numerosissimi crediti speciali che caratterizzavano il nostro ordinamento e la cui presenza determinava altrettante segmentazioni del mercato del credito, per lo più senza un'adeguata giustificazione. Le uniche forme di credito speciale sopravvissute sono il credito fondiario e alle opere pubbliche (artt. 38-42), il credito agrario e peschereccio (artt. 43-45) e il credito su pegno (art. 48).

La specialità del loro ordinamento è stata, per altro, drasticamente ridimensionata, limitandosi alla conservazione di alcune norme di favore, soprattutto in tema di esonero dall'azione revocatoria e di disciplina del processo esecutivo, individuale e concorsuale.

Si tratta, a dire il vero, di deroghe alle norme di diritto comune che, originariamente introdotte in considerazione delle caratteristiche delle operazioni di provvista alle quali ricorrevano gli enti erogatori, faticano oggi a trovare un'adeguata giustificazione.

Un secondo ed importante intervento del T.U. in tema di disciplina delle operazioni concerne le garanzie mobiliari che possono essere assunte a garanzia dei finanziamenti bancari.

Come è noto, il nostro ordinamento di diritto comune non conosce il pegno senza spossessamento e non prevede forme di costituzione in garanzia di crediti di massa, e queste insufficienze del nostro ordinamento rendono estremamente difficile la costituzione di cause di prelazione sui beni inseriti nel processo produttivo e sui crediti d'impresa. E proprio per colmare almeno in parte tali lacune, molte discipline di crediti speciali avevano previsto la possibilità di costituire privilegi (agrario, industriale) sui beni strumentali e sui prodotti d'impresa.

Il T.U. ha provveduto alla razionalizzazione ed estensione delle discipline esistenti stabilendo (art. 46) che «la concessione di finanziamenti a medio e lungo termine da parte di banche alle imprese, può essere garantita da privilegio speciale sui beni mobili non iscritti nei pubblici registri» e che il privilegio può avere ad oggetto impianti, beni strumentali, materie prime, scorte, prodotti finiti, nonché «i crediti, anche futuri, derivanti dalla vendita di tali beni». E creando così un nuovo tipo di credito speciale.

Contemporaneamente ha abrogato, come è naturale, le disposizioni che prevedono la costituzione di privilegi speciali a garanzia di particolari tipi di finanziamenti. L'innovazione appare di notevole importanza, in quanto anticipa un'auspicabile riforma del diritto comune delle garanzie mobiliari e, comunque, evita che gli enti creditizi italiani si trovino in condizioni di inferiorità nei confronti degli enti creditizi stranieri, i cui ordinamenti generali non presentino le carenze dell'ordinamento italiano in tema di garanzie mobiliari.

Le autorità creditizie

Capitolo 2

1. Gli organismi pubblici preposti al settore bancario. La loro qualificazione nell'ordinamento formale e in quello materiale

Nell'ordinamento italiano, come accade del resto nella massima parte degli ordinamenti giuridici moderni, la struttura politico-amministrativa manifesta nei confronti dell'attività bancaria un interesse specifico, non esauribile nell'interesse che la stessa ha verso le attività imprenditoriali in genere.

Questa specificità dell'interesse statale si traduce nella predisposizione di speciali strutture, per la cura dell'interesse pubblico inerente all'attività bancaria, ulteriori nei confronti di quelle generalmente previste per la cura degli interessi pubblici inerenti all'esercizio delle attività d'impresa. Analogamente, sotto il profilo dell'impresa, quell'interesse si traduce nella specialità dello statuto predisposto per l'esercizio dell'attività.

Statuto speciale dell'impresa e strutture speciali dell'organizzazione politico-amministrativa costituiscono due momenti funzionalmente collegati e che nell'insieme concorrono a determinare l'ordinamento dell'attività bancaria.

In questo capitolo ci occuperemo delle strutture politico-amministrative del settore. Nell'ambito di tali strutture non ricomprenderemo quelle che, pur avendo un ruolo di qualche rilievo nella cura degli interessi pubblici inerenti all'attività bancaria, non sono state specificamente previste per tale settore: così non vi ricomprenderemo il Presidente della Repubblica e il Parlamento, che pur sono titolari di poteri inerenti all'attività bancaria; non vi ricomprenderemo neppure il Comitato interministeriale per la programmazione economica, che, almeno sulla base dell'ordinamento «formale», svolge funzioni di indirizzo di notevole rilievo per l'esercizio delle competenze politico-amministrative tipiche dell'organizzazione pubblica del settore[1].

[1] Sulle competenze in materia bancaria di questi organi v. G. Sangiorgio, *L'organizzazione politico-amministrativa del settore creditizio. Quaderni di ricerca giuridica della consulenza legale*, n. 27, Banca d'Italia, Roma, marzo 1992, pp. 10 ss.

Considereremo organi politico-amministrativi del settore soltanto il Comitato interministeriale per il credito ed il risparmio (CICR), il Ministro per il Tesoro e la Banca d'Italia, in conformità, del resto, con quanto prevede il T.U. che attribuisce (art. 1, 1° comma, lett. a) soltanto ad essi la definizione di «autorità creditizie».

Pur non rientrando specificamente nell'ambito delle strutture preposte (alla cura degli interessi inerenti) all'attività bancaria, dovremo invece occuparci abbastanza diffusamente degli organi politico-amministrativi ai quali sono attribuite la funzione monetaria e la funzione valutaria. E questa scelta si giustifica non solo e non tanto per la parziale coincidenza delle strutture, quanto perché le connessioni fra attività bancaria, funzione monetaria e funzione valutaria, fra banca, moneta e valuta, sono così forti che i rispettivi ordinamenti possono essere esaustivamente compresi solo nell'ambito di un quadro che tenga conto delle suddette connessioni. Un cenno dovrà farsi anche all'ordinamento degli altri intermediari finanziari e mobiliari sotto il profilo dell'organizzazione politico-amministrativa preposta agli stessi, dal momento che la disciplina pubblicistica del settore bancario si colloca all'interno di quella prevista in generale per i mercati finanziari e, in particolare, per l'attività e per l'organizzazione degli intermediari finanziari, come è dimostrato anche dal fatto che il T.U. dedica un intero titolo, il V, ai «soggetti operanti nel settore finanziario».

Abbiamo genericamente qualificato politico-amministrative le strutture pubbliche alle quali viene affidata la cura del settore; in realtà dovremo cercare di distinguere le strutture politiche da quelle amministrative, separando le funzioni corrispondenti anche per poter individuare quali atti debbano definirsi politici e quali amministrativi.

Tali distinzioni non hanno una mera, e pur sempre utile, rilevanza classificatoria, ma sono dense di significato giuridico sia per quanto concerne il regime degli atti sia per quanto riguarda i rapporti fra i vari segmenti che compongono il complesso organizzativo in esame. Questi, ad esempio, si atteggiano diversamente a seconda che vengano considerati come rapporti tra «organi» politici (o comunque tra «uffici» di natura politica) o, piuttosto, tra organi amministrativi o, ancora, come relazioni tra organi politici, da un lato, e organi amministrativi, dall'altro.

Tutta questa problematica va naturalmente collocata nel nostro sistema costituzionale, anche allo scopo di accertare quali tra i momenti dell'organizzazione di settore assurgano alla «dignità» di organi costituzionali.

La separazione dei momenti politici da quelli amministrativi dell'organizzazione in esame, pur essendo di notevole rilevanza, è per altro di grande difficoltà. E le ragioni di tale difficoltà vanno cercate sia nella incertezza del dato positivo, sia nell'ambiguità dei criteri che l'ordinamento e la letteratura utilizzano per separare il momento politico dal momento amministrativo[2] sia, infine, nella notevole discrasia che, al-

[2] La letteratura in proposito è sterminata. Qui si indicano soltanto alcuni dei con-

meno secondo i più, si sarebbe determinata tra i poteri che l'ordinamento «formale» attribuisce alle varie strutture e quelli che di fatto esse hanno finito materialmente per attribuirsi o ai quali hanno di fatto rinunciato. Così è annotazione corrente quella secondo la quale l'ordinamento formale avrebbe riservato al Comitato interministeriale per il credito ed il risparmio una posizione di supremazia nell'ambito dell'organizzazione politico-amministrativa dell'attività bancaria anche nei confronti del Ministro per il Tesoro e della Banca d'Italia, mentre l'ordinamento materiale avrebbe finito con l'attribuire una posizione preminente al Ministro per il Tesoro e al Governatore della Banca d'Italia, riconoscendo anche a quest'ultimo una funzione sostanzialmente politica, che si porrebbe accanto a quella del Ministro in un rapporto, per altro, non facilmente qualificabile[3]. E non v'è dubbio che all'alterazione del disegno formale per il settore del credito abbiano contribuito anche le connessioni, alle quali prima si accennava, tra quest'ultimo settore e quelli monetario e valutario, finendo per rafforzare le posizioni di quei soggetti (come il Governatore della Banca d'Italia e il Ministro per il Tesoro) che si trovano ad esercitare importanti funzioni anche in questi settori.

Sarebbe opportuno a questo punto fornire una sorta di glossario alla stregua del quale separare ciò che è politico da ciò che è amministrativo e chiarire quali contenuti noi attribuiamo a ciascuno dei due concetti. Una siffatta precisazione, in verità non semplice, conferirebbe certamente univocità al discorso, ma finirebbe per non dar conto del complesso e variegato panorama delle opinioni che su questo tema, anche con riferimento alla struttura pubblica del credito, si sono venute sviluppando. E, d'altronde, una impostazione come quella ipotizzata postula l'adozione di una particolare concezione dei rapporti tra politico ed amministrativo che non rientra fra gli obiettivi qui presi in considerazione[4].

tributi più significativi: P. Barile, voce *Atto di governo (e atto politico)*, in *Enc. dir.*, IV, Milano, Giuffrè, 1959, pp. 220 ss.; E. Cheli, *Atto politico e funzioni di indirizzo politico*, Milano, Giuffrè, 1961, pp. 4 ss.; V. Crisafulli, *Per una teoria giuridica dell'indirizzo politico*, in «Studi urbinati», 1938-40, pp. 74 ss.; G. Cugurra, *L'attività di alta amministrazione*, Padova, CEDAM, 1973, pp. 97 ss.; T. Martines, voce *Indirizzo politico*, in *Enc. dir.*, XXI, Milano, Giuffrè, 1971, pp. 114 ss.; G. Mortati, *Istituzioni di diritto pubblico*, Padova, CEDAM, 1976, vol. II, pp. 641 ss.; A. Sandulli, *Governo e pubblica amministrazione*, in «Riv. dir. pubbl.», 1966, pp. 737 ss.

[3] Si vedano per tutti F. Merusi, *Per uno studio sui poteri della Banca centrale nel governo della moneta*, in «Riv. trim. dir. pubbl.», 1972, pp. 1425 ss.; Id., *La posizione costituzionale della Banca centrale in Italia*, *ibidem*, 1981, pp. 1081 ss.; Id., *Commentario alla Costituzione*, a cura di G. Branca, Bologna-Roma, Zanichelli, Ed. Foro it., 1980, *sub* art. 47, pp. 166 ss.; S. Ortino, *Banca d'Italia e Costituzione*, Pisa, Pacini, 1979, pp. 111 ss.; G. Puccini, *L'autonomia della Banca d'Italia, profili costituzionali*, Milano, Giuffrè, 1978, pp. 4 ss. Per la distinzione tra costituzione formale e costituzione materiale, v. per tutti G. Mortati, *Istituzioni*, cit., pp. 30 ss.

[4] Con riferimento alla materia creditizia sottolinea l'estrema incertezza della distinzione tra attività politica e attività amministrativa G. Puccini, *op. cit.*, pp. 4 ss. In questo settore tale incertezza è resa anche più acuta dal grande rilievo che assumono i profili «tecnici» delle decisioni assunte: si vedano sul punto P. Vitale, *Pubblico e privato nell'ordinamento bancario*, Milano, Giuffrè, 1977, pp. 125 ss. e G. Puccini, *op. cit.*, p. 15.

Preferiamo perciò non adottare una nozione specifica delle categorie («politico» e «amministrativo») utilizzate e mettere in luce, con riferimento alle varie strutture che danno vita al complesso organizzativo in esame, la varietà delle conclusioni e la rilevanza che in proposito assume la scelta dell'una o dell'altra concezione in ordine alle predette categorie.

2. Il Comitato interministeriale per il credito e il risparmio

2.1. La struttura e il funzionamento del Comitato

Il Comitato interministeriale per il credito ed il risparmio fu istituito, come si è già ricordato, con il D.L. C.P.S. 17 luglio 1947, n. 691, ed è composto, attualmente, ai sensi dell'art. 2, 1° comma del T.U., dal Ministro per il Tesoro, che lo presiede, e dai Ministri per le Politiche comunitarie, per i Lavori pubblici, per l'Industria, il Commercio e l'Artigianato, per il Commercio con l'estero e dal Ministro del Bilancio e della Programmazione economica, nonché dal Ministro per il Coordinamento delle politiche agricole, alimentari e forestali[5]. Alle riunioni del Comitato partecipa altresì il Governatore della Banca d'Italia, con funzioni consultive; e tale partecipazione, per di più necessaria[6], è considerata unanimemente di grande rilevanza nella determinazione delle decisioni del Comitato, nonostante la stessa non comporti il diritto di concorrere, con un voto, alla formazione delle deliberazioni di quest'ultimo.

Al Ministro per il Tesoro compete, in virtù della funzione presidenziale, anche il potere di convocazione delle riunioni del Comitato e di proposta delle deliberazioni del medesimo, fermo restando il concorrente potere di proposta della Banca d'Italia previsto dell'art. 4, 1° comma del T.U., e sul quale torneremo fra un attimo. Il Ministro per il Tesoro, inoltre, «può invitare altri ministri a intervenire a singole riunioni» (cfr. art. 2, 2° comma del T.U.)[7].

Le funzioni di segretario del Comitato sono svolte dal Direttore Generale del Tesoro (cfr. art. 2, 4° comma del T.U.).

Prima del T.U. nessuna norma stabiliva quale fosse il quorum strutturale (o costitutivo) necessario perché il collegio potesse dirsi validamente costituito. Tenendo presente che ogni componente il Comitato doveva considerarsi portatore di un interesse essenziale al perseguimen-

[5] Sulla composizione del CICR prima del T.U. cfr. G. Sangiorgio, *op. ult. cit.*, pp. 16 ss.

[6] Sottolinea il significato di questa obbligatorietà G. Treves, *I comitati interministeriali*, in *Atti giuridici in onore della Cedam*, vol. II, Padova, CEDAM, 1953, p. 225, rilevando che la stessa finisce per collocare il CICR in una posizione di organo non interparlamentare, ossia, riconducibile a quella dei Comitati di soli Ministri.

[7] L'art. 1 del D.L. 1948, n. 10, prevedeva invece che fosse «In facoltà del Presidente del Consiglio dei Ministri di designare un Ministro senza portafoglio a far parte del Comitato».

to degli interessi generali che hanno giustificato la istituzione del Comitato stesso, sembrava dovesse optarsi per la tesi che vedeva in quest'ultimo un collegio reale che, come tale, poteva validamente deliberare solo con la presenza di tutti i membri allo stesso assegnati[8]; era, per altro, invalsa la prassi che identificava il quorum costitutivo nella maggioranza assoluta di questi ultimi[9]. E questa soluzione è stata esplicitamente codificata dal T.U. (cfr. art. 2, 3° comma). Per quanto concerne invece il quorum funzionale (deliberativo) si era in precedenza ritenuto che trovasse applicazione il principio generale secondo il quale le deliberazioni dei collegi amministrativi vengono assunte con il consenso della maggioranza assoluta dei partecipanti[10] e tale soluzione è ora accolta dal T.U. a mente del quale (cfr. art. 2, 2° comma) il CICR «delibera con il voto favorevole della maggioranza dei presenti».

Queste regole organizzative fissate dalla legge rappresentano altrettanti vincoli al potere di autoorganizzazione del Comitato; potere esplicitamente riconosciuto dal T.U. là dove (cfr. art. 2, 4° comma) prevede che il Comitato determini «le norme concernenti la propria organizzazione e il proprio funzionamento».

Costituiscono ulteriori limiti a tale potere anche alcune delle norme che disciplinano i rapporti fra Comitato e Banca d'Italia e più esattamente: *a*) l'attribuzione a quest'ultima del potere di proposta per la massima parte dei provvedimenti che il CICR è chiamato ad assumere in materia creditizia e finanziaria (cfr. art. 4, 1° comma del T.U.) e *b*) la necessità che il CICR si avvalga della Banca d'Italia per l'esercizio delle proprie funzioni; necessità che esclude, come già nel vigore dell'ordinamento previgente (cfr. art. 2 del D.L. C.P.S. 591/1947) che il Comitato possa assumere iniziative nei confronti delle banche e degli altri intermediari finanziari senza «passare» attraverso un provvedimento della Banca d'Italia[11].

Prima dell'entrata in vigore del D.Lgt. 481/1992 e del T.U. le deliberazioni del CICR non erano assistite da alcuna forma di pubblicazione e questa circostanza assumeva rilevanza nel momento in cui si dovevano qualificare i provvedimenti del Comitato alla stregua di modelli rigidi che prevedevano tra i propri momenti costitutivi la pubblicazione. Il T.U., con disposizione che accentua la pubblicità degli atti già prevista dal D.Lgt. 481/1992, stabilisce che la Banca d'Italia pubblichi un Bollettino «contenente i provvedimenti di carattere generale emanati dalle autorità creditizie nonché altri provvedimenti rilevanti relativi ai sog-

[8] Sul punto L. Galateria, *Gli organi collegiali amministrativi*, vol. II, Milano, Giuffrè, 1975, pp. 45 ss.

[9] Ritenevano che fosse sufficiente la maggioranza assoluta dei membri del Comitato A. Trequattrini, *Il Comitato interministeriale per il credito e il risparmio*, in «Banca impr. soc.», 1986, p. 241; T. e G. Sangiorgio, *op. ult. cit.*, p. 21. Per prassi analoghe adottate in altri Comitati, come il CIPE, si veda E. Picozza, *Profili giuridici del Comitato interministeriale per la programmazione economica (CIPE), con particolare riferimento all'attività*, in «Riv. trim. dir. pubbl.», 1976, p. 290.

[10] Sul punto L. Galateria, *op. cit.*, pp. 122 ss. e A. Trequattrini, *op. cit.*, p. 241.

[11] Così, fra i molti, S. Ortino, *Banca d'Italia*, cit., p. 293.

getti sottoposti a vigilanza». In particolare impone che le delibere del CICR e i provvedimenti di carattere generale del Ministro per il Tesoro siano pubblicati sulla «Gazzetta ufficiale» e che sulla stessa vengano pubblicati anche i provvedimenti della Banca d'Italia, «quando le disposizioni in essi contenute sono destinate anche a soggetti diversi da quelli sottoposti a vigilanza» (cfr. art. 8, 2° comma).

La pubblicazione sul Bollettino non pare, tuttavia, avere gli effetti tipicamente connessi con la pubblicità legale, ossia la presunzione assoluta di conoscenza da parte dei terzi[12].

2.2. Le funzioni di alta vigilanza del Comitato

L'art. 1 del D.L. C.P.S. n. 691/1947 attribuiva al Comitato interministeriale per il credito ed il risparmio «l'alta vigilanza in materia di tutela del risparmio, in materia di esercizio della funzione creditizia e in materia valutaria». Lo stesso art. 1, nel suo secondo comma, aggiungeva che «quanto alle competenze, alle facoltà e alle funzioni del comitato trovano applicazione le norme della legge bancaria», ossia, e più precisamente, almeno secondo la lettura corrente in dottrina, le norme dettate per il Comitato dei Ministri, previsto dall'art. 13, della stessa legge bancaria[13]. Questo richiamo aveva portato spesso a ritenere che il CICR occupasse le stesse posizioni strutturali ed esercitasse le stesse funzioni attribuite dalla legge bancaria al Comitato dei Ministri[14], il che non sembra del tutto esatto.

Già sul piano strutturale questa coincidenza era solo parziale, dal momento che mentre il Comitato dei Ministri era presieduto dal Capo del Governo, il Comitato interministeriale era ed è presieduto dal Ministro per il Tesoro; il che ha, presumibilmente, inciso sulle funzioni del Comitato e sulla imputazione della responsabilità politica delle sue decisioni. In secondo luogo, mentre l'art. 13 si limitava a stabilire, genericamente, che il Comitato doveva «fissare le direttive per l'azione» dell'Ispettorato, il decreto del 1947 qualificava come «attività» di «alta vigilanza» quella di competenza del Comitato interministeriale e, nonostante le incertezze che si incontrano nel definire quest'ultima attività[15],

[12] Ma vedi G. Sangiorgio, *op. cit.*, p. 22.

[13] Come abbiamo già ricordato questa norma stabiliva anche che «per le direttive di carattere generale il Comitato dei Ministri sentirà il Comitato corporativo centrale al fine di adeguare le esigenze per lo sviluppo dell'economia nella nazione e della vita dello Stato alla formazione del risparmio e alla possibilità di credito del paese». Sul significato della norma si vedano M. Porzio, *Il governo del credito*, Napoli, Liguori, 1976, p. 25; S. Cassese, *La preparazione della riforma bancaria del 1936 in Italia*, in «St. cont.», 1974, p. 11; e F. Merusi, *Commentario alla Costituzione*, cit., p. 171.

[14] Si tratta di affermazione comune. Si vedano per tutti F. Merusi, *Le direttive governative nei confronti degli enti di gestione*, Milano, Giuffrè, 1977, p. 112; V. Bachelet, *L'attività di coordinamento nell'amministrazione pubblica dell'economia*, Milano, Giuffrè, 1957, pp. 50 ss.

[15] Si veda, anche per i riferimenti bibliografici, L. Arcidiacono, *La vigilanza nel diritto pubblico (aspetti problematici e profili ricostruttivi)*, Padova, CEDAM, 1984.

non v'è dubbio che la qualificazione così introdotta finisse con l'escludere dalle funzioni del Comitato interministeriale quelle che, pur ricomprese nelle competenze del Comitato originario, non fossero riconducibili alla nozione di «alta vigilanza».

In altri termini, la specificazione del provvedimento del 1947 potrebbe aver limitato le funzioni del Comitato ad attività amministrative, sia pure di alta amministrazione; il che troverebbe conferma nel fatto che, come si è appena ricordato, a presiederlo non era più l'organo di vertice dell'apparato politico-amministrativo dello Stato, ma il responsabile di un solo settore dello stesso (il Ministro per il Tesoro).

Se sotto i profili fin qui esaminati le funzioni del Comitato sembrano uscire ridimensionate dalla riforma del 1947 attraverso un contenimento qualitativo che ha probabilmente trasformato una funzione politico-amministrativa in una funzione soltanto amministrativa, per quanto concerne la loro estensione tali funzioni sembrano essere state ampliate.

La legge bancaria non ricomprendeva, infatti, tra le competenze del Comitato la materia valutaria esplicitamente menzionata nel provvedimento del 1947.

Quest'ultimo, dunque, attribuiva al Comitato l'alta vigilanza sia sulla funzione creditizia[16] sia sulla funzione valutaria; non ricomprendeva, invece, tra le competenze del Comitato la vigilanza sulla funzione monetaria. Invero la dottrina, pur avendo raramente affrontato il problema, aveva ritenuto talvolta[17] di poter estendere l'alta vigilanza del Comitato anche alla funzione monetaria, ma la conclusione non era accettabile. Si poteva riconoscere che il Comitato nell'esercitare l'alta vigilanza sulla funzione creditizia e sulla funzione valutaria dovesse tener conto delle esigenze della politica monetaria, ma non si poteva dire che l'organo di vertice della relativa struttura potesse essere rintracciato nel Comitato interministeriale e che, pertanto, allo stesso o ai suoi componenti potesse imputarsi la relativa responsabilità politica.

È necessario, invece, sottolineare che, sulla base dei riscontri normativi specificamente attributivi di competenza e del riferimento contenuto nello stesso provvedimento del 1947 che affidava al Comitato l'alta vigilanza in materia di tutela del risparmio, le funzioni del Comitato stesso si estendevano potenzialmente anche alle attività di intermediazione finanziaria diverse da quella bancaria e, più in generale, alla tutela del risparmio raccolto fra il pubblico, attraverso la emissione di valori mobiliari e, quindi, in definitiva al mercato dei valori mobiliari.

[16] La funzione di alta vigilanza del Comitato sugli enti creditizi è stata esplicitamente ribadita anche da numerose norme specifiche successivamente emanate in materia: si vedano, fra le tante, art. 27 della legge 10 ottobre 1990, n. 287; artt. 3, 25, 30 del D.Lgt. 20 novembre 1990, n. 356; artt. 8 ss. della legge 10 febbraio 1981, n. 23; art. 1 della legge 17 aprile 1986, n. 114; art. 25 della legge 6 giugno 1991, n. 175; art. 22 del D.L. 14 dicembre 1992, n. 481.

[17] Così ad es., V. Mezzacapo, *Evoluzione normativa nella disciplina della Banca Centrale in Italia*, in «Impresa, Ambiente e Pubblica Amministrazione», 1975, p. 517.

Questo ordine di idee è stato recepito dal T.U. del 1993. Quest'ultimo ha anzitutto stabilito (art. 2, 1° c.) che il CICR «ha l'alta vigilanza in materia di credito e di tutela del risparmio» e, pur abrogando l'art. 1 del D.L. C.P.S. 691/1947, ha tenuto ferme (art. 161, 1° c.) le «competenze valutarie» che quest'ultima norma attribuiva al Comitato. Così statuendo il T.U. ha ribadito che l'attività del Comitato è un'attività di «alta vigilanza» e, quindi essenzialmente amministrativa, ha confermato che le materie sottoposte a tale «alta vigilanza» sono sia quelle attinenti al credito e alla tutela del risparmio sia quella valutaria.

In particolare il T.U. ha confermato la competenza del CICR anche nelle materie relative alla tutela del risparmio non bancario, come avremo modo di accertare analizzando la disciplina che a quest'ultimo lo stesso ha dedicato. Non ha attribuito infine al CICR alcuna competenza in materia monetaria, coerentemente del resto con le conclusioni cui si sarebbe dovuti pervenire anche sulla base del D.L. C.P.S. n. 691/1947.

2.3. La natura amministrativa del Comitato e la responsabilità politica dei suoi componenti

Prima dell'emanazione del T.U. erano emerse notevoli incertezze sulla «natura» (politica o amministrativa) delle funzioni attribuite al Comitato interministeriale[18] e sulla collocazione di quest'ultimo nel sistema politico-amministrativo del settore; in particolare era incerta la qualificazione dei rapporti esistenti, da un lato, con il Comitato interministeriale per la programmazione economica e, dall'altro, con la Banca d'Italia ed il Governatore della stessa.

L'emanazione del T.U. dovrebbe consentire di ridurre, se non di eliminare, quelle incertezze dal momento che le nuove norme offrono argomenti di notevole rilevanza a favore della tesi che sosteneva e sostiene la natura amministrativa del CICR. Ma non si può escludere che le stesse permangano. Anche perché la diversità delle opinioni in proposito era determinata non solo dalla difficoltà di individuare con esattezza il contenuto della funzione e la collocazione sistematica del CICR sul piano della costituzione formale, ma anche se non soprattutto dal fatto che nella costituzione materiale il ruolo svolto dal Comitato e le relazioni tra lo stesso, il CIPE, la Banca d'Italia ed il Governatore hanno assun-

[18] Ritenevano che il Comitato interministeriale avesse natura e funzioni politiche, fra gli altri S. Merlini, *Struttura del Governo e intervento pubblico nell'economia*, Firenze, La Nuova Italia, 1979, p. 102; F. Merusi, *Le direttive*, cit., pp. 108 ss.; G. Quadri, *Diritto pubblico dell'economia*, Padova, CEDAM, 1980, pp. 333 ss.; e più recentemente A. Mattioni, *Comitati interministeriali*, in *Enciclopedia giuridica Treccani*, 1988, vol. IV, p. 17;. G. Visentini, *Credito e risparmio*, in *Enciclopedia giuridica Treccani*, vol. X, p. 8; e F. Tortorelli, *Intervento pubblico e attività economica*, Padova, CEDAM, 1992, p. 187. Lo consideravano invece organo amministrativo M.S. Giannini, *Istituti di credito e servizi d'interesse pubblico*, in «Moneta e credito», 1949, p. 115; M. Nigro, *Profili pubblicistici del credito*, Milano, Giuffrè, 1972², p. 97; e G. Molle, *La banca nell'ordinamento giuridico italiano*, 1987², p. 276.

to contenuti non facilmente riconducibili al modello organizzativo formale. E questo stato di fatto persiste.

Ma, a dire il vero, le ragioni di siffatta incertezza erano e sono in larga misura addebitabili anche alle difformità delle opinioni che si sono venute delineando, più in generale, sul ruolo che nel nostro sistema costituzionale possono assumere ed hanno effettivamente assunto i Comitati interministeriali previsti dal nostro ordinamento positivo[19].

Anzi molto spesso le opinioni espresse sulla natura politica o amministrativa del Comitato in esame sono state enunciate facendo un'applicazione acritica di principi formulati in generale a proposito dei Comitati di ministri, senza un'adeguata considerazione delle peculiarità che il Comitato per il credito ed il risparmio presenta sia per la sua struttura sia per le sue funzioni.

Ed è proprio tenendo conto di queste peculiarità che, al di là della divergenza di opinioni che, in generale, sussiste in ordine alla collocazione dei Comitati interministeriali nel nostro ordinamento costituzionale, riteniamo che le funzioni attribuite al Comitato interministeriale per il credito e il risparmio avessero già sulla base dell'ordinamento previgente e abbiano a maggior ragione dopo l'emanazione del T.U., natura amministrativa e non politica.

Alla qualificazione del Comitato come organo politico si oppongono in primo luogo considerazioni attinenti alla sua collocazione nell'organizzazione politico-amministrativa del settore. Anzitutto il Comitato non è libero nella determinazione dei propri fini, così come dovrebbero essere gli organi che istituzionalmente concorrono alla formazione dell'indirizzo politico[20].

A norma, infatti, del D.P.R. 30 marzo 1968, n. 626 il CICR deve attenersi, nell'esercizio delle attribuzioni previste dalla legge bancaria, «alle direttive generali del CIPE per la ripartizione globale dei flussi monetari tra le varie destinazioni in conformità alle linee di sviluppo fissate dal programma economico nazionale». La norma è stata ritenuta[21] priva

[19] Per la dottrina italiana in tema di Comitati interministeriali si vedano almeno V. Bachelet, *L'attività di coordinamento nell'amministrazione pubblica dell'economia*, cit., pp. 28 ss.; Id., voce *Comitati interministeriali*, in *Enc. dir.*, VII, Milano, Giuffrè, 1960, pp. 763 ss.; G. Treves, *I comitati interministeriali*, cit., pp. 219 ss.; G. Quadri, *Gabinetto economico e indirizzo politico economico*, Milano, Giuffrè, 1970, p. 5; Id., *Coordinamento per comitati e decisione amministrativa*, in *L'Amministrazione delle società complesse*, a cura di G. Amato e G. Marongiu, Bologna, Il Mulino, 1982, pp. 167 ss.; P. Ciriello, *Ordinamento del governo e comitati interministeriali*, Napoli, Jovene, 1981, *passim*; e Rizza, *I Comitati interministeriali: l'esperienza francese e quella inglese, le prospettive di riforma, Costituzione e struttura di governo, La riforma dei Ministeri*, a cura di E. Spagna Musso, Padova, CEDAM, 1988, I, pp. 215 ss.

[20] La dottrina è abbastanza concorde nel ritenere che caratteristica dell'attività politica sia la libertà dei fini, si veda A. Sandulli, *Governo e pubblica amministrazione*, cit., p. 742; E. Cheli, *Atto politico*, cit., p. 111; V. Crisafulli, *Per una teoria giuridica dell'indirizzo politico*, cit., p. 82; C. Lavagna, *Contributi alla determinazione dei rapporti fra Capo del Governo e Ministri*, Roma, 1942, p. 61; G. Guarino, *Il Presidente della Repubblica italiana*, in «Riv. trim. dir. pubbl.», 1951, p. 931.

[21] F. Merusi, *Commentario alla Costituzione*, cit., p. 173.

di senso rilevandosi che non compete al CICR la ripartizione globale dei flussi monetari[22], ma a ben vedere essa non incorre in un simile errore dal momento che, sul punto, si limita a ribadire la competenza del CIPE, riconoscendo poi nelle scelte di quest'ultimo un vincolo che il CICR incontra nell'esercizio dei poteri allo stesso attribuiti. La norma ha, dunque, un senso e finisce con l'imporre al CICR un vincolo che trova la propria fonte non nel dettato costituzionale ma nelle direttive (eventualmente politiche) di un altro organo. Sembra, dunque, che il CICR non goda di quel grado di «sovranità» nella determinazione dei propri fini che è tipico degli organismi di natura politica.

In secondo luogo l'opinione che ravvisa nel Comitato interministeriale un organo politico deve fare i conti con la norma costituzionale (art. 95) che delinea la struttura di governo, articolandola nel Consiglio dei Ministri e nel suo Presidente nonché nei Ministri in quanto tali.

Qualora si ritenesse, infatti, in conformità con una tesi che riscuote numerosi consensi, che l'indicazione costituzionale degli organi di Governo è tassativa, non si potrebbe giudicare costituzionalmente legittima la presenza di Comitati interministeriali con funzioni di responsabilità politica se non nelle ipotesi in cui i Comitati stessi si presentino come mere articolazioni di Governo[23]. E le condizioni che vengono, a tal fine, considerate necessarie sono l'attribuzione della Presidenza del Comitato al Presidente del Consiglio dei Ministri e la conseguente e necessaria possibilità per il Consiglio medesimo di dare direttive al Comitato, di avocarne le competenze[24] e di dirimere i conflitti che sorgessero fra i suoi componenti. Queste condizioni non sussistono nel caso in esame: il Comitato è presieduto da un Ministro e non dal Presidente del Consiglio, le competenze del Comitato sono legislativamente fissate e le relative funzioni non potrebbero essere avocate dal Consiglio[25], il quale, inoltre, non potrebbe né dare direttive, almeno sul piano formale, né sarebbe competente a dirimere eventuali conflitti che sorgessero all'interno del Comitato[26]. Sulla base di questi dati normativi sembra difficile sostenere che per le scelte del Comitato siano responsabili politicamente il Consiglio dei Ministri o i membri che non partecipano al Comitato. Ma se così è, sembra veramente dubbia la conformità al dettato costituzionale dell'ordinamento del CICR quando lo stesso venga considerato come organo politico, dotato di una struttura «autonoma» e di una competenza riservata[27]. E i dubbi non mi pare che potrebbero essere fa-

[22] *Contra*, tuttavia, G. Quadri, *Diritto pubblico*, cit., p. 337.

[23] F. Cuocolo, *Il governo nel vigente ordinamento italiano*, Milano, Giuffrè, 1959, pp. 116 ss.; F. Merusi, *Le direttive*, cit., pp. 88 ss.

[24] Sul punto F. Merusi, *Le direttive*, cit., pp. 102 ss.

[25] Cfr. sul punto V. Bachelet, voce *Comitati interministeriali*, cit., p. 770.

[26] Il che non impedisce, ovviamente, che il Presidente del Consiglio o il Consiglio dei Ministri tentino di risolvere l'eventuale contrasto tra i Ministri componenti il Comitato così come possono cercare di risolvere un qualsiasi conflitto tra Ministri (si veda sul punto V. Bachelet, *Comitati interministeriali*, cit., p. 701).

[27] Sul punto si vedano F. Merusi, *Le direttive*, cit., pp. 108 ss. e p. 125; e G.U. Rescigno, *Corso di diritto pubblico*, Bologna, Zanichelli, 1979, p. 408.

cilmente eliminati neanche quando si ritenesse, con una parte della dottrina costituzionalista, che la legge può creare organi di governo politicamente responsabili diversi da quelli previsti dalla Carta costituzionale. Anche questa dottrina, infatti, si preoccupa della riconducibilità, sia pure indiretta, delle competenze e delle responsabilità agli organi di governo costituzionalmente previsti e non sembra proprio che nel caso in esame questa possibilità esista[28].

Come si può notare, forniscono argomenti di indubbia consistenza contro la qualificazione del CICR come organo di indirizzo politico: *a*) la sua struttura; *b*) la originarietà delle sue competenze; *c*) la sua subordinazione alle direttive di un altro organo politico; *d*) la difficoltà di ammettere una responsabilità politica originaria di un organo che non si inserisce facilmente nel sistema di governo disegnato dalla Carta costituzionale.

Ma, a mio avviso, esiste un'ulteriore ragione che, in qualche misura, riassume e dà un senso a quelle appena indicate e che si può addurre contro la natura politica del Comitato in esame; una ragione che già poteva essere addotta prima dell'emanazione del T.U. che trova nelle norme di quest'ultimo un ulteriore e più saldo fondamento. Il Comitato, infatti, incontrava allora e incontra oggi un limite invalicabile alla propria libertà nella determinazione dei fini perseguiti nel diritto alla libertà d'impresa garantito alle banche dall'art. 41, 1° comma, della Carta costituzionale. So bene che non viene normalmente considerato incompatibile con la natura politica di un potere o di un organo il fatto che lo stesso incontri i vincoli fissati dalla Carta costituzionale o dalla legge. Ma nel caso di specie la Carta costituzionale e la legge erano e sono le uniche fonti che possono stabilire i fini perseguibili dal CICR.

E già alla stregua dell'ordinamento previgente, quest'ultimo poteva perseguire solo liquidità e stabilità del sistema bancario ritenute necessarie per consentire uno svolgimento adeguato delle funzioni di intermediazione e di gestione del sistema dei pagamenti[29] allo stesso attribuite. In altri termini già sulla base dell'ordinamento vigente prima del T.U. il CICR non godeva, quindi, di alcuna libertà nella determinazione del fine ultimo della propria attività.

Questa conclusione deve essere tenuta ancor più ferma dopo l'emanazione del T.U. il cui art. 5 stabilisce che «le autorità creditizie esercitano i poteri di vigilanza a esse attribuiti dalla presente legge, avendo riguardo alla sana e prudente gestione dei soggetti vigilati, alla stabilità complessiva e all'efficienza e alla competitività del sistema finanziario nonché all'osservanza delle disposizioni in materia creditizia».

La legge fissa dunque i fini che il CICR, come le altre autorità creditizie, deve perseguire, non godendo in proposito di alcuna libertà. Il Comitato trova già determinati questi fini e deve far uso della propria

[28] Si vedano G. Quadri, *Diritto pubblico*, cit., pp. 175 ss.; e P. Ciriello, *Ordinamento*, cit., pp. 106 ss.

[29] Si veda *infra* cap. III.

discrezionalità per individuare gli strumenti tecnici più idonei per il loro perseguimento. La sua attività è caratterizzata da un'amplissima discrezionalità, caratteristica del resto delle attività normalmente considerate di alta amministrazione, ma non dalla libertà tipica degli organi politici[30].

La natura amministrativa delle funzioni del Comitato potrebbe a questo punto essere adeguatamente giustificata anche argomentando esclusivamente dall'impossibilità di optare per la qualificazione alternativa. Ma credo si possano addurre anche ulteriori argomenti. Tra questi assume particolare rilievo il fatto che il D.L. C.P.S. 691/1947 non si limitò a creare un organo per determinare l'indirizzo al quale debbono attenersi strutture amministrative già competenti ad assumere i provvedimenti che si intendono «indirizzare». Quel provvedimento legislativo, nel momento in cui istituì il Comitato, creò anche nuove funzioni amministrative, che non rientravano nella competenza di alcuno dei Ministri che vennero chiamati a far parte del Comitato. E proprio la presenza o l'assenza di una concorrenza di competenze tra Comitato e altre strutture amministrative è uno dei tratti scriminanti per stabilire la natura politica (nel primo caso) o amministrativa (nel secondo caso) di un Comitato interministeriale[31].

D'altro canto, non si oppone a questa conclusione il fatto che il Comitato non abbia il potere di revoca nei confronti del titolare dell'organo (il Governatore) al quale vengono indirizzate le direttive, dal momento che la mancanza di tale potere non impedisce quel rapporto di fiducia che consente alla direttiva amministrativa di indirizzare la condotta del suo destinatario[32].

L'aver ritenuto che il Comitato interministeriale per il credito ed il risparmio non ha natura politica e, quindi, non è centro autonomo di responsabilità politica[33], non consente, tuttavia, di condividere la tesi, prospettata in alternativa a quella appena criticata, secondo la quale i Ministri parteciperebbero al Comitato come «uffici amministrativi» e non come organi costituzionali[34]. Non si vede, infatti quale ostacolo

[30] Non si pretende qui di stabilire i caratteri propri dell'alta amministrazione, concetto in verità oggetto di forti critiche da parte di alcuni autori (si veda G. Quadri, *Diritto pubblico*, cit., pp. 181 ss.), essendo sufficiente precisare che la stessa è considerata una species dell'attività amministrativa, anche se con caratteri che l'avvicinano all'attività politica (si veda G. Cugurra, *op. cit.*, pp. 97 ss.).

[31] Sul punto F. Merusi, *Le direttive*, cit., p. 97.

[32] Considera invece decisivo per negare la natura amministrativa ed affermare quella politica delle direttive del CICR il fatto che quest'ultimo non abbia il potere di revocare il Governatore, S. Merlini, *op. cit.*, p. 199. Nel senso che tale potere non sarebbe necessario per ritenere esistente un rapporto di direzione V. Ottaviano, *Considerazioni sugli enti strumentali*, Padova, CEDAM, 1959, p. 107.

[33] Ritiene invece che il Comitato in quanto tale sia il punto di riferimento unitario della responsabilità politica per le decisioni assunte G. Quadri, *Diritto pubblico*, cit., pp. 337 ss. Sulla nozione di responsabilità politica ci sia consentito di limitare le indicazioni bibliografiche a G.U. Rescigno, *La responsabilità politica nel nostro ordinamento*, Milano, Giuffrè, 1967, pp. 196 ss. e P. Ciriello, *Ordinamento*, cit., pp. 55 ss.

[34] Così M.S. Giannini, *Istituti di credito*, cit., p. 115. Qualora si accettasse questa

sussista ad ammettere che i Ministri partecipino al Comitato nella loro qualità di organi costituzionali e che, quindi, si sia in presenza di un organo di organi, anche quando si ritenga che le relative competenze sono di carattere amministrativo[35]. Né sembra necessario dedurre da quella conclusione che il Ministro per il Tesoro è l'unico responsabile delle scelte effettuate dal Comitato e che, quindi, egli porta la responsabilità di decisioni che in larga misura sfuggono al suo potere[36].

In realtà ogni Ministro che partecipa al Comitato risponde personalmente ed individualmente sul piano politico, davanti al Parlamento, per gli atteggiamenti che egli ha assunto, sia pure nell'ambito di un Comitato amministrativo[37]. Certo, la responsabilità del Ministro per il Tesoro sarà più evidente dal momento che allo stesso compete il potere di convocare il Comitato, di presiederne le adunanze, di proporre le decisioni da assumere[38]. Egli poi ha il potere di adottare in via d'urgenza, *ex* art. 3, 2° comma T.U., tutte le decisioni che rientrano nella competenza del Comitato e, quindi, risponde non solo per gli atti emanati sulla base di questa norma, ma anche per non aver assunto i provvedimenti di urgenza che avrebbe potuto assumere.

opinione si dovrebbe anche ammettere che i Ministri possono «farsi rappresentare» alle riunioni del Comitato da sottosegretari e da alti funzionari dei rispettivi Ministeri (si veda F. Merusi, *Le direttive*, cit., p. 98). Contro quest'ultima possibilità v. G. Sangiorgio, *op. ult. cit.*, p. 21.

[35] Scrive infatti con chiarezza A. Sandulli, *Governo e pubblica amministrazione*, cit., p. 740: «La responsabilità in sede politica sussiste dunque, oltre che per gli atti politici, anche per quelli amministrativi». Ma si veda *contra* G. Quadri, *Diritto pubblico*, cit., p. 339.

[36] Così invece M.S. Giannini, *Istituti di credito*, cit., p. 115 e M. Nigro, *Profili*, cit., p. 93; M. Porzio, *La disciplina giuridica dell'esercizio del credito*, Napoli, Liguori, 1991, p. 182; nonché M. Spinelli-G. Gentile, *Diritto bancario*, Padova, CEDAM, 1991^2, p. 148.

[37] Nello stesso senso, anche se con argomentazioni in parte diverse, V. Bachelet, *L'attività di coordinamento*, cit., pp. 158 ss.; G. Treves, *I comitati*, cit., p. 231. La conclusione qui preferita non consente, tuttavia, di ammettere che i Ministri membri del Comitato possano dimettersi dal Comitato e rimanere Ministri (come ipotizzato da P. Ciriello, *op. cit.*, p. 63), essendo la responsabilità politica dei Ministri indivisibile e prescindendo la stessa dalla sede nella quale è stato assunto il comportamento del quale si è chiamati a rispondere. La conclusione qui adottata può esporsi alla censura di chi ritiene che la responsabilità individuale del Ministro non sia più concretamente configurabile (P. Ciriello, *op. cit.*, p. 62), ma si tratta di una considerazione che non può certo cancellare l'istituto della responsabilità personale dei Ministri sancito dalla Carta costituzionale ed impedire di ricondurre a questo parametro anche la responsabilità che i Ministri assumono per la condotta tenuta in seno ai Comitati interministeriali. D'altro canto, anche quando si ritenga che nel nostro sistema non vi sia più spazio per la responsabilità politica individuale dei Ministri, e che tale conclusione valga anche per la responsabilità che agli stessi può derivare dalla partecipazione ai Comitati e che in ogni caso tale responsabilità si traduca in responsabilità del Governo, non si potrebbe farne discendere il potere del Consiglio dei Ministri di avocare a sé le competenze del Comitato, così come non si potrebbe argomentare dalla necessaria estensione delle responsabilità per gli atti del Ministro al Governo, la conclusione che quest'ultimo può avocare a sé le competenze del Ministro stesso.

[38] Sulla posizione preminente che tali funzioni finiscono per attribuire di fatto al Ministro per il Tesoro e in genere al Presidente del Comitato, V. Bachelet, *Comitati*, cit., p. 771; e G. Treves, *I comitati*, cit., pp. 225.

Egli non risponde invece, in via esclusiva, delle decisioni del Comitato: delle stesse saranno politicamente responsabili i Ministri che hanno concorso alla formazione delle relative deliberazioni.

Da questa conclusione, supposta degna di essere condivisa, si possono trarre alcuni corollari di un certo interesse. Anzitutto si deve prendere atto che la collocazione costituzionale del Comitato dei Ministri previsto dall'art. 13 della l.b. è diversa da quella oggi attribuita al Comitato interministeriale per il credito ed il risparmio: il primo era un organo politico, il secondo è un organo amministrativo[39]. Inoltre deve considerarsi solo parzialmente giustificata l'opinione corrente secondo la quale si sarebbe verificata, a proposito del CICR, una profonda frattura tra l'ordinamento formale e quello materiale, nel senso che il Comitato riconosciuto come organo politico nel primo si sarebbe «ridotto» ad organo amministrativo nel secondo[40]. In realtà il Comitato è organo amministrativo anche nell'ordinamento formale e, pertanto, il preteso «scarto» tra ordinamento formale e ordinamento sostanziale deve considerarsi piuttosto il frutto di una non corretta interpretazione del primo[41], nonché del convincimento che lo stesso sovraintenda non solo all'attività creditizia ma anche alla funzione monetaria[42].

Il che non toglie, ovviamente, che possa rilevarsi il mancato esercizio (o la mancanza di autonomia nell'esercizio) di alcuni poteri, sia pure amministrativi, che la legge attribuisce al Comitato medesimo[43].

L'aver ritenuto che il Comitato interministeriale è organo amministrativo e che si esprime attraverso provvedimenti amministrativi e non politici, consente anche di individuare con sufficiente esattezza il regi-

[39] È singolare che talvolta la dottrina, dopo aver messo nella giusta luce le diversità di struttura e di collocazione del CICR nei confronti del Comitato dei Ministri e aver suggestivamente ipotizzato che il primo sia stato voluto in chiave antiprogrammatoria allo scopo di rafforzare il Ministro per il Tesoro, ritenga sufficiente il fatto che al Comitato interministeriale vengano attribuite le stesse «competenze, facoltà e funzioni» del Comitato dei Ministri per concludere che la collocazione costituzionale del primo è identica a quella originariamente attribuita al secondo (S. Merlini, *op. cit.*, pp. 156-157).

[40] Così F. Merusi, *Coordinamento per comitati e decisione amministrativa*, in *L'amministrazione della società complessa*, cit., pp. 168 ss.

[41] L'aver considerato il CICR organo amministrativo consente di risolvere senza difficoltà il problema della direttiva CIPE sulla distribuzione dei flussi monetari capace di vincolare il CICR; tale rapporto, mentre non trova facile sistemazione quando si ipotizza che la natura di entrambi i Comitati sia politica, non sapendosi come giustificare la presenza di un vincolo-obiettivo nei confronti di un organo politico, riesce di facile comprensione quando lo si consideri invece come rapporto di direzione (parziale) tra un organo politico ed uno amministrativo.

[42] La letteratura (cfr., ad esempio, G. Puccini, *op. cit.*, pp. 24 ss.) nel manifestare la propria «delusione» nei confronti del CICR sembra aver presente una competenza del medesimo estesa anche alla materia monetaria e dalla constatata assenza del Comitato dal governo della moneta trae argomento per ritenere che il medesimo abbia abdicato ai propri poteri. Ma come abbiamo già ricordato al CICR non compete l'alta vigilanza sulla funzione monetaria.

[43] Si vedano F. Belli e A. Majo, *Dieci anni di attività del CICR: un tentativo di classificazione*, in *L'ordinamento del credito fra due crisi*, a cura di P. Vitale, Bologna, Il Mulino, 1977, pp. 79 ss.

me delle impugnazioni che possono essere spiegate nei confronti di questi ultimi, eliminando in particolare alcuni limiti che, sotto questo profilo, incontra la stessa possibilità concettuale di impugnare un atto politico, sia pure non di governo[44].

Più esattamente le decisioni del Comitato che incidono su situazioni soggettive riconosciute dall'ordinamento come diritti soggettivi e interessi legittimi potranno essere immediatamente tutelate (ai sensi dell'art. 113 Cost.) davanti all'autorità giudiziaria ordinaria o amministrativa, mentre le direttive, pur non potendo essere impugnate direttamente, in quanto incapaci come tali di pregiudicare alcun interesse, se illegittime, potranno giustificare la impugnabilità del provvedimento assunto in loro ossequio[45].

Queste conclusioni non potrebbero essere altrettanto facilmente formulate nell'ipotesi in cui si ritenesse che certi atti, come appunto le direttive, presentano i caratteri dell'atto politico. In questo caso, infatti, pur rimanendo tutelate le posizioni soggettive, le direttive non potrebbero essere sindacate sotto il profilo dei fini, dal momento che le direttive politiche sono, per definizione, libere nella determinazione degli scopi perseguiti[46].

Le attività del Comitato, pur essendo tutte riconducibili alla funzione amministrativa, si esprimono attraverso una serie molto articolata di atti.

In particolare rientrano nella competenza del Comitato sia atti amministrativi in senso stretto sia provvedimenti amministrativi. I primi sono rappresentati soprattutto da pareri.

È necessario, tuttavia, rilevare in proposito che mentre la legge bancaria attribuiva al Comitato una importante funzione consultiva (cfr. artt. 27, 47, 57 e 67 l.b.)[47] ed un indirizzo analogo era seguito dalle discipline speciali previste in materia di enti creditizi pubblici[48], tale

[44] Sulla distinzione si veda P. Barile, *Atto di governo*, cit., pp. 224 ss.

[45] L'impugnativa dovrebbe essere rivolta nei confronti del provvedimento assunto sulla base della direttiva ritenuta illegittima (si veda, a proposito delle direttive del CIPE, Cons. Stato, Sez. VI, 19 aprile 1974, n. 144; e Sez. VI, 7 giugno 1974, n. 206, in «Cons. Stato», 1974, I, pp. 617 ss e 967 ss.; e E. Picozza, *Rilievi intorno all'impugnabilità delle deliberazioni del Comitato interministeriale per la programmazione economica*, in «Foro amm.», 1976, II, pp. 1059 ss.).

[46] Così G. Quadri, *Gabinetto economico*, cit., pp. 95 ss. È anche necessario aggiungere, tuttavia, che la dottrina rileva unanime (si veda G. Cugurra, *op. cit.*, p. 349; P. Barile, *Atto di governo*, cit., pp. 224 ss.) che la categoria degli atti sottratti al sindacato giurisdizionale si è venuta talmente restringendo nel nostro ordinamento che da gran tempo il Consiglio di Stato non accoglie più l'eccezione di politicità dell'atto, ai sensi dell'art. 31 del T.U. sul Consiglio di Stato, approvato con R.D. 26 giugno 1924, n. 1054.

[47] Era sorto anzi il dubbio che l'attività del Comitato dovesse essere esclusivamente consultiva in quanto l'art. 6 del D.L. C.P.S. 691/1947, sembrava prevedere una generale funzione consultiva del Comitato per tutti i provvedimenti che il Ministro per il Tesoro poteva assumere ai sensi del primo comma dell'art. 14 l.b. e per i quali, appunto, era richiesto il parere del Comitato (così V. Bachelet, *L'attività*, cit., pp. 50 ss.; e G. De Gennaro, *La competenza autorizzativa in materia di sportelli bancari*, in «Banca borsa e tit. di cred.», 1963, I, pp. 465 ss.).

[48] Vedi in proposito G. Sangiorgio, *op. cit.*, p. 28.

funzione risulta sostanzialmente eliminata[49] nell'ordinamento vigente sia per la «scomparsa» della massima parte delle banche pubbliche, sia perché il T.U. non pretende più il parere del Comitato in tutta una serie di ipotesi nelle quali lo stesso era richiesto dall'ordinamento precedente (così ad es.: per quanto concerne i provvedimenti di amministrazione straordinaria e di liquidazione coatta).

I provvedimenti amministrativi hanno essenzialmente contenuto normativo. Numerosissime norme del T.U. attribuiscono infatti al CICR il potere di stabilire le regole alle quali sia la Banca d'Italia, nell'esercizio delle funzioni di vigilanza, sia gli operatori del settore debbono attenersi. Si tratta, pertanto, di provvedimenti di carattere generale sulla cui natura possono per altro sorgere gli stessi dubbi che erano sorti in passato con riferimento agli atti normativi generali del CICR[50] ossia se gli stessi debbano considerarsi provvedimenti amministrativi generali o, come sembra preferibile, regolamenti in senso proprio.

Nell'ordinamento previgente il Comitato assumeva anche provvedimenti ablativi (cfr. art. 34 l.b.) o sanzionatori[51] (cfr. art. 90 l.b.). Il T.U. ha privato il Comitato delle relative funzioni, trasferendole alla Banca d'Italia e al Ministro per il Tesoro. Gli sono state conservate invece funzioni di «giustizia amministrativa», già attribuitegli dall'art. 19 della legge bancaria, là dove si è prevista la competenza del Comitato a conoscere del reclamo avverso i provvedimenti assunti dalla Banca d'Italia nell'esercizio dei poteri di vigilanza (cfr. art. 9, 1° comma del T.U.).

Ma il T.U. ha apportato un'altra ed anche più significativa modificazione nelle funzioni e quindi nella tipologia dei provvedimenti del CI-

[49] L'art. 3 del D.Lgt. 356/90 prevede che i progetti di ristrutturazione delle banche pubbliche vengano approvati con decreto del Ministro per il Tesoro «sentito il Comitato interministeriale per il credito e il risparmio». Ma si tratta di norma la cui operatività è sostanzialmente esaurita.

[50] Il problema si era posto in relazione alla facoltà riconosciuta al Comitato dall'art. 36 della l.b. di «disciplinare l'emissione degli assegni circolari previsti dagli artt. 9, 10 e 11 del R.D.L. 7 ottobre 1923, n. 2283, con particolare riguardo alle garanzie da prestarsi dagli istituti emittenti». Alla deliberazione assunta in proposito dal Comitato interministeriale, mentre era unanimemente negata natura di atto avente forza di legge, era stata per lo più riconosciuta natura di regolamento (G. Treves, *op. cit.*, p. 226; G. Guarino, *Emissione di assegni circolari e cauzioni. Poteri del Comitato interministeriale per il credito e il risparmio*, in «Banca borsa e tit. di cred.», 1956, II, pp. 4 ss.; Corte Costituzionale, 21 novembre 1959, n. 56, p. 1077 e Cass. SS.UU., 21 ottobre 1961, n. 2318, in «Banca borsa e tit. di cred.», 1961, II, p. 511, con nota di L. Bianchi D'Espinosa), anche se tale delibera non era assunta nelle forme proprie dei regolamenti (decreto del Presidente della Repubblica) e non era sottoposta alla relativa pubblicità ed al controllo della Corte dei Conti. Ed è proprio facendo perno su questi elementi che una parte della dottrina aveva respinto questa qualificazione, assumendo che gli stessi sono meri atti amministrativi generali (G. Sangiorgio, *Osservazioni sulla natura giuridica delle deliberazioni del comitato interministeriale per il credito ed il risparmio*, in «Foro amm.», 1962, II, p. 157; G. Pratis, *Emissione di assegni circolari a mezzo di corrispondenti e poteri del Comitato interministeriale per il credito e il risparmio*, in «Banca borsa e tit. di cred.», 1959, II, p. 405.

[51] Sul punto M. Condemi, *Le sanzioni amministrative bancarie e la giurisprudenza della Corte d'Appello di Roma, Quaderni di ricerca giuridica della consulenza legale*, n. 22, Banca d'Italia, Roma, 1991.

CR; modificazione sulla quale torneremo quando esamineremo i rapporti fra Comitato e Banca d'Italia, ma che è opportuno ricordare anche in questa sede.

Sulla base dell'art. 13 della legge bancaria («Il Comitato dei Ministri ... fissa le direttive per l'azione da svolgere dall'Ispettorato») e dell'art. 2, 2° comma del D.L. C.P.S. n. 691/1947, («Le facoltà e le attribuzioni riconosciute al Capo dell'Ispettorato ... sono conferite al Governatore della Banca d'Italia, il quale le esercita secondo le direttive fissate dal Comitato interministeriale») si era riconosciuto al Comitato un generale potere direttivo nei confronti della Banca d'Italia nell'esercizio delle funzioni di vigilanza.

Quelle norme sono state abrogate e il T.U. non contiene alcun indizio dal quale si possa ricavare un generale potere del Comitato di impartire alla Banca d'Italia direttive per l'esercizio dell'attività di vigilanza. Il sistema accolto dal T.U. appare dunque imperniato su un potere normativo-regolamentare del CICR, al quale deve attenersi anche la Banca d'Italia, sulle materie per le quali tale potere regolamentare viene legislativamente previsto, ma sull'assenza di un generale e generico potere direttivo del Comitato nei confronti della stessa Banca d'Italia. Se così è nella tipologia dei provvedimenti del CICR la direttiva cesserà di avere l'importanza che aveva avuto in passato.

2.4. Le funzioni di vigilanza in materia di risparmio non bancario

Le competenze appena illustrate attengono alla funzione di vigilanza creditizia. Alle stesse debbono aggiungersi quelle in materia di tutela del risparmio non bancario.

Come si è già accennato, l'art. 1 del D.L. C.P.S. n. 691/1947 riconosceva esplicitamente al CICR l'alta vigilanza sul risparmio indipendentemente dal fatto che lo stesso affluisse ad intermediari bancari o ad intermediari finanziari non bancari, intermediari mobiliari o assicurativi o venisse direttamente raccolto da prenditori finali sul mercato[52]. E in un primo momento venne riconosciuto al CICR un ruolo di qualche rilievo sul segmento non bancario del mercato finanziario.

Così l'art. 11 della legge 23 marzo 1983, n. 77, nel dettare una prima disciplina generale del mercato mobiliare, aveva previsto un potere di direttiva del CICR sui flussi finanziari connessi alla emissione di valori mobiliari atipici, ribadendo in tal modo l'alta vigilanza del Comitato anche sul risparmio non bancario.

E, analogamente, la legge 3 maggio 1955, n. 428, aveva previsto il parere del CICR come presupposto del provvedimento di autorizzazione, da parte del Ministro per il Tesoro, per la costituzione di società per azioni con capitale superiore a cinque miliardi, nonché per gli aumenti

[52] Cfr. sul punto R. Costi, *La banca e i nuovi intermediari finanziari*, in «Giur. comm.», 1984, I, pp. 404 ss.; A. Trequattrini, *Il Comitato*, cit., pp. 253 ss. e G. Sangiorgio, *L'organizzazione*, cit., p. 23.

di capitale e per l'emissione di prestiti obbligazionari superiori allo stesso ammontare. Ma successivamente la legge 4 giugno 1985, n. 281, modificando quest'ultima disposizione, ha espulso il Comitato dal relativo controllo, stabilendo (art. 21) che «la costituzione di società per azioni e in accomandita per azioni con capitale superiore a dieci miliardi è soggetta, al solo fine di assicurare la stabilità del mercato dei valori mobiliari, all'autorizzazione del Ministro per il Tesoro, sentita la Banca d'Italia».

Ma la sottrazione al CICR di funzioni in materia di risparmio non bancario era venuta emergendo con tutta evidenza soprattutto nelle più recenti discipline degli intermediari finanziari non bancari (legge 21 febbraio 1991, n. 52 sul factoring, decreto legge 3 maggio 1991, n. 143 convertito con legge 5 luglio 1991, n. 197, sugli intermediari finanziaria) e del mercato mobiliare (legge 2 gennaio 1991, n. 1; legge 17 maggio 1991, n. 157 sull'insider trading) che non attribuiscono allo stesso alcuna competenza (e naturalmente è stata da sempre esclusa una competenza del CICR in materia di risparmio assicurativo).

Una indicazione di segno opposto, tuttavia, poteva essere colta già nell'art. 3 del D.Lgt. 14 dicembre 1992, n. 481, che attribuiva al CICR una serie di poteri in ordine alla raccolta di fondi con obbligo di rimborso da parte di soggetti diversi dagli enti creditizi. E questa tendenza risulta sicuramente rafforzata nel T.U.

Questo infatti non solo riconferma (art. 11, 3° comma) la competenza del CICR nel definire le norme secondarie che debbono disciplinare la raccolta del risparmio con obbligo di restituzione, ma attribuisce competenza normativa al medesimo in materia di soggetti finanziari non bancari (fra i quali vengono ricomprese anche le società di factoring), rovesciando l'indirizzo accolto nelle leggi 52/1992 e 197/1992 appena ricordate. Inoltre, abrogate le disposizioni dell'art. 11 della legge 77/83 e l'art. 21 della legge 281/1985, pure ricordata, ha introdotto una disciplina generale in materia di emissione di valori mobiliari (cfr. art. 129 del T.U.) che prevede il potere regolamentare del CICR.

Se si prescinde da quest'ultimo profilo, si deve, per altro, prendere atto che il CICR resta privo di competenze in materia di mercato mobiliare e assicurativo (e quindi sul risparmio che agli stessi affluisce), mentre vede riconosciuta, dal T.U., una generale competenza normativa in materia di attività finanziaria non bancaria.

3. Il Ministro per il Tesoro

3.1. Le funzioni del Ministro per il Tesoro e il sistema creditizio

Il Ministro per il Tesoro ha un ruolo di grande rilievo nell'ambito del mercato finanziario e tale ruolo va ben al di là delle funzioni che lo stesso svolge in materia bancaria. Su quest'ultima, tuttavia, deve essere concentrata l'attenzione in questa sede, anche se non si potrà non far cenno alle competenze che lo stesso Ministro ha in materia monetaria, di finanza non bancaria e di intermediazione mobiliare.

Abbiamo già ricordato che il Ministro per il Tesoro convoca e presiede il Comitato per il credito e il risparmio, propone i partiti di deliberazione non riservati alla Banca d'Italia (cfr. art. 4, 1° comma T.U.), assumendo responsabilità politica per i comportamenti tenuti nell'espletamento di tali funzioni. Abbiamo pure ricordato che il Ministro per il Tesoro, ai sensi dell'art. 3, 2° comma del T.U., può adottare, in caso di urgenza, tutti i provvedimenti che rientrano nelle competenze del Comitato, avendo il solo obbligo di portare a conoscenza di quest'ultimo tali provvedimenti alla prima riunione successiva (da convocarsi entro trenta giorni) senza per altro che ciò comporti ed importi ratifica da parte dello stesso[53]. I rapporti tra Comitato e Ministro per il Tesoro non sono riducibili in alcun modo ad un rapporto di direzione, né del primo nei confronti del secondo, né del secondo nei confronti del primo[54]. Il Ministro per il Tesoro assume, per altro, una naturale posizione di preminenza nell'ambito del Comitato.

Le funzioni del Ministro per il Tesoro nell'ambito del settore non si limitano, tuttavia, ai rapporti e alle competenze condivise con il CICR. Il T.U. attribuisce infatti al Ministro per il Tesoro importanti funzioni, normative ed amministrative proprie, in materia creditizia. Così egli determina, con propri regolamenti, i requisiti di onorabilità dei soci e di professionalità degli esponenti aziendali delle banche (artt. 25 e 26); decreta l'apertura dei procedimenti di amministrazione straordinaria (cfr. art. 70) e di liquidazione coatta (cfr. art. 80) delle banche; ha il potere di ampliare il novero legislativo dei soggetti destinatari delle norme sulla trasparenza delle operazioni (cfr. art. 115); provvede ad applicare le sanzioni amministrative previste per gli esponenti aziendali delle banche (cfr. art. 145) e ancora prende parte al concerto per la nomina e la revoca del Direttorio della Banca d'Italia (cfr. art. 19 dello Statuto).

Egli conserva, inoltre, anche dopo la loro «trasformazione» in società per azioni, ampi poteri nell'ambito del settore pubblico del credito.

Il D.Lgt. 356/1990 gli attribuiva, anzi, il potere di nomina dei vertici delle fondazioni che detengono il controllo delle relative società bancarie conferitarie (cfr. art. 11); potere caduto per effetto dell'abrogazione referendaria (referendum 5 aprile 1993) della legge 24 febbraio 1938, n. 204; su quelle fondazioni per altro egli conserva un generale potere di vigilanza (cfr. art. 14 del D.Lgt. 356/1990). Infine al Ministro per il Tesoro competono i poteri connessi con la partecipazione massiccia che il Tesoro dello Stato ha nel capitale di rischio di molti ed importanti enti creditizi (dalla Banca Nazionale del Lavoro all'IMI) e comunque in enti

[53] Hanno ritenuto che la «presa d'atto» del Comitato sui provvedimenti assunti dal Ministro per il Tesoro in via d'urgenza abbia natura di ratifica Cons. Stato, Sez. IV, 16 marzo 1966, n. 146, in «Banca borsa e tit. di cred.», 1966, II, p. 151, con nota critica sul punto di P. Battaglia e Cons. Stato, 31 maggio 1984, n. 409 in «Rass. Cons. Stato», 1984, I, p. 520.

[54] Sul punto S. Merlini, *op. cit.*, p. 127.

che controllano importanti enti creditizi (come il Credito Italiano e la Banca Commerciale Italiana).

Il processo di privatizzazione concretamente avviato sulla base del D.L. 11 luglio 1992, n. 333, ha coinvolto e potrà coinvolgere anche il sistema creditizio ed anzi la dismissione delle partecipazioni bancarie direttamente o indirettamente detenute dal Tesoro rientra fra le operazioni di privatizzazione che per prime dovrebbero trovare attuazione (almeno secondo impegnativi programmi degli organi di Governo).

Ma, come si accennava, il ruolo del Ministro per il Tesoro nel sistema bancario non si può determinare esattamente se non si fa riferimento alle funzioni che allo stesso competono in materia monetaria, valutaria e, più in generale, sul mercato finanziario.

3.2. Le funzioni di politica monetaria

Come titolare della Tesoreria dello Stato, il Ministro per il Tesoro è in grado di manovrare, attraverso le scelte effettuate in ordine alle riscossioni e ai pagamenti, i flussi finanziari del «denaro pubblico»; e questi rappresentano una componente di grande importanza dei flussi monetari complessivi[55].

Il Tesoro, inoltre, per far fronte alle proprie esigenze finanziarie emette titoli che vengono collocati presso il pubblico. Attraverso tali emissioni il Ministro per il Tesoro non solo incide sulla liquidità complessiva del sistema (incrementandola attraverso i rimborsi e comprimendola attraverso le nuove emissioni, sempreché non vengano assorbite dalla Banca d'Italia perché in tal caso anche la emissione darebbe luogo ad un incremento della quantità di moneta in circolazione) ma influenza in misura determinante il sistema dei tassi del mercato monetario e finanziario (e quindi indirettamente quelli bancari) attraverso la determinazione dei tassi corrisposti ai sottoscrittori dei titoli. Le «operazioni» che il Tesoro compie sia sul mercato monetario sia su quello finanziario consentono di considerarlo alla stregua di un importante (se non il più importante) intermediario finanziario[56].

[55] Sul punto per la letteratura giuridica F. Zaccaria, *Tesoro, Cassa depositi e prestiti*, in *Dizionario amministrativo*, a cura di G. Guarino, Milano, Giuffrè, 1978, pp. 585 ss.; e V. Allegretti, *Il governo della finanza pubblica*, Padova, CEDAM, 1971, pp. 133 ss., e per quella economica M.T. Salvemini, *La politica di tesoreria*, Milano, Giuffrè, 1969, pp. 69 ss. Anche per i profili indicati nel testo merita attenzione l'introduzione del sistema della tesoreria unica per tutti gli enti pubblici (legge 29 ottobre 1984, n. 729 e D.M. 26 luglio 1985).

[56] Per la letteratura economica sul punto si vedano quanto meno G. Salvemini, *Il finanziamento del tesoro*, in *La politica monetaria in Italia*, a cura di F. Cotula, Bologna, Il Mulino, 1989, II, pp. 249 ss.; E. Monti e M. Onado, *Il mercato monetario e finanziario in Italia*, Bologna, Il Mulino, 1982, pp. 57 ss.; e M. Onado, *Economia dei sistemi finanziari*, Bologna, Il Mulino, 1992, pp. 101 ss. È bene in proposito ricordare che, come precisiamo appresso nel testo, recentemente è stato eliminato «l'obbligo» della Banca d'Italia di sottoscrivere i buoni ordinari non collocati sul mercato, realizzando il cosiddetto divorzio fra Tesoro e Banca d'Italia.

Il Tesoro incide sulla liquidità del sistema anche attraverso le scelte nei propri rapporti di anticipazione che effettua con la Banca centrale, nella misura in cui decida, nei limiti consentiti dalla legge, di conservare una posizione più o meno accentuatamente passiva (ma sul punto torneremo più ampiamente discorrendo della Banca d'Italia)[57].

Per lungo tempo il Ministro per il Tesoro ha influito anche sulla politica di rifinanziamento delle banche presso la Banca d'Italia, dal momento che allo stesso era attribuito il potere (art. 25 del R.D. 11 giugno 1936, n. 1067: Statuto della Banca d'Italia) di determinare, sia pure su proposta di quest'ultima, la misura del tasso ufficiale di sconto. Tale potere è stato sottratto al Ministro per il Tesoro dall'art. 1 della legge 7 febbraio 1992, n. 82, a norma del quale «le variazioni alla ragione normale dello sconto e alla misura dell'interesse sulle anticipazioni in conto corrente e a scadenza fissa presso la Banca d'Italia sono disposte, in relazione alle esigenze di controllo della liquidità del mercato, dal Governatore della Banca d'Italia, con proprio provvedimento da pubblicarsi sulla Gazzetta Ufficiale»[58].

Si è così accentuata l'autonomia della Banca centrale nelle scelte di politica monetaria.

Al Ministro per il Tesoro compete poi, in forza del R.D. 28 aprile 1910, n. 204, che riordinò la disciplina degli istituti di emissione, la vigilanza sull'attività (di emissione) della Banca d'Italia[59].

Tale vigilanza non implica un potere di indirizzo politico e/o amministrativo sulla attività svolta dalla Banca d'Italia in materia monetaria, riducendosi piuttosto ad un controllo sulla legittimità della emissione dei biglietti, sul presupposto che la stessa sia commisurata all'ammontare delle riserve metalliche e in divise. Ma, come è noto e come avremo modo i ricordare discorrendo della Banca d'Italia, la emissione dei biglietti non è più ancorata, almeno formalmente, alla quantità di riserve detenute dall'Istituto di emissione; il che comporta un sostanziale ridimensionamento della rilevanza, sulla funzione monetaria, del controllo previsto dal T.U. del 1910.

A siffatto controllo, tuttavia, può essere attribuito un ruolo più importante se si tiene presente che lo stesso è destinato a tutelare l'equili-

[57] Cfr. D.Lgt. 7 maggio 1948, n. 544, sul quale *infra* nel testo.

[58] Il provvedimento riprodotto nel testo recepisce un ordine di idee che si era venuto consolidando anche in coincidenza con la completa autonomia della quale avrebbe dovuto godere la politica monetaria nella prospettiva della unione monetaria europea: cfr. per questa prospettiva R. Costi, *Unione monetaria europea e ordinamenti nazionali della moneta, del credito e del sistema dei pagamenti*, in «Banca impresa società», 1990, pp. 70 ss.

[59] Si veda art. 114 del T.U. 28 aprile 1910, n. 204. La vigilanza prevista da questa norma ha come punto di riferimento specifico l'attività di emissione della carta moneta ma, in realtà, si estende, sia pure nell'ambito di un controllo che pare sostanzialmente di legittimità, a tutta l'attività della Banca. Tale vigilanza si realizza soprattutto attraverso un'intensa attività ispettiva e trova una significativa espressione anche nella partecipazione all'assemblea e al Consiglio superiore della Banca di un funzionario incaricato dal Ministro, con il potere di sospendere l'esecuzione delle deliberazioni di tali organi, quando le ritenga contrarie alle leggi, ai regolamenti e agli statuti.

brio finanziario e patrimoniale della Banca anche nell'interesse generale. E tale equilibrio dovrebbe oggi essere garantito tenendo conto del fatto che i biglietti emessi costituiscono altrettanti debiti della Banca centrale e che gli stessi debbono essere adeguatamente coperti dalle poste dell'attivo. In altri termini il controllo previsto dal T.U. del 1910, nel momento in cui persegue l'equilibrio economico della Banca d'Italia come impresa, finisce per consentire interventi diretti ad evitare emissioni che compromettano il valore del metro monetario.

Come si può notare in materia monetaria il Ministro per il Tesoro svolge di fatto un ruolo di grande importanza e spesso determinante per le scelte di politica monetaria nel loro complesso. Egli assume, quindi, la responsabilità politica per le relative scelte, uniformandosi nelle proprie decisioni all'indirizzo elaborato nell'insieme dal Consiglio dei Ministri. Di questa ovvia constatazione si deve tener conto quando si cerchi di stabilire quali siano gli organi politici preposti alla funzione monetaria e quale sia la collocazione che con riferimento a tale funzione viene riservata alla Banca d'Italia.

3.3. Le funzioni in materia valutaria

Il Ministro per il Tesoro ha competenza anche in materia valutaria; competenza che per altro normalmente divide (nella forma del concerto) con il Ministro per il Commercio con l'estero[60]. Tra le competenze esclusive del Ministro per il Tesoro basterà qui ricordare la vigilanza sull'Ufficio italiano cambi.

Abbiamo già ricordato che l'art. 1 del D.L. C.P.S. n. 691/1947, attribuiva al CICR l'alta vigilanza «in materia valutaria» e che il T.U. ha fatto salve le «competenze valutarie» del Comitato. La relativa responsabilità politica spetta, tuttavia, al Ministro per il Tesoro che la condivide con il Ministro del Commercio con l'estero.

È necessario, tuttavia, ricordare subito che, con la liberalizzazione nella circolazione dei capitali introdotta nel nostro ordinamento in attuazione della direttiva comunitaria 24 giugno 1988, n. 361, tutto l'apparato predisposto per il controllo politico amministrativo sui momenti valutari, pur non essendo stato formalmente abbattuto, è stato svuotato di ogni apprezzabile funzione. Il che ovviamente vale anche per il Ministro per il Tesoro al quale rimane, tuttavia, il potere sia di provvedere all'applicazione delle clausole di salvaguardia CEE (art. 14 del D.P.R. 29 settembre 1987, n. 454) sia la possibilità di disporre «per esigenze di politica economica o monetaria, la temporanea sospensione della quotazione contro lire di una o più valute» (art. 18 D.P.R. 31 marzo 1988, n. 148).

[60] Per un esame dei poteri di questi due Ministri in materia valutaria si veda O. Roselli, *Il governo della valuta*, in «Riv. trim. dir. pubbl.», 1982, p. 1129.

3.4. Le funzioni in materia di intermediazione finanziaria e di mercato mobiliare

Il Ministro per il Tesoro svolge funzioni di organo di vertice anche in materia di intermediazione finanziaria non bancaria e di mercato mobiliare, anche se non è facile cogliere un disegno preciso nelle varie disposizioni che ne individuano le relative competenze.

Così al Ministro per il Tesoro sono attribuite importanti funzioni nell'ambito dell'ordinamento degli intermediari finanziari non bancari dettate dal T.U. (cfr. artt. 106 ss.): egli determina i requisiti di onorabilità dei soci e di professionalità degli esponenti aziendali, cura la tenuta del relativo elenco generale e provvede alla cancellazione degli intermediari dallo stesso.

Anche nell'ambito dell'apparato politico-amministrativo preposto al mercato mobiliare il Ministro per il Tesoro ricopre un ruolo di rilievo; molte delle funzioni allo stesso originariamente attribuite sono state, per altro, trasferite alla CONSOB (cfr. D.P.R. 31 marzo 1975, n. 138): a quest'ultima, inoltre, sono state assegnate le funzioni di vigilanza sui mercati mobiliari previste dalla legislazione più recente (legge 2 gennaio 1991, n. 1, sull'intermediazione mobiliare; legge 17 maggio 1991, n. 157, sull'attività di *insider trading*) con una notevole riduzione dei poteri del Ministro per il Tesoro[61].

Ciò non toglie che a quest'ultimo siano state conservate importanti funzioni, come la istituzione e la soppressione della Borsa valori (art. 5 del D.P.R. 138/1975), l'autorizzazione alla istituzione dei fondi comuni di investimento mobiliare, i provvedimenti relativi alla crisi delle loro società di gestione (artt. 1 e 8 della legge 23 marzo 1983, n. 77) e i provvedimenti di sospensione e cancellazione dal relativo albo delle società di intermediazione mobiliare (art. 13 della legge 2 gennaio 1991, n. 1).

Al Ministro per il Tesoro è poi riservato il potere di assumere «i provvedimenti che ritenga di adottare nei riguardi del mercato nazionale dei valori mobiliari per finalità di politica economica» (art. 7 del D.P.R. 138/1975). Allo stesso deve essere indirizzata la relazione annuale della CONSOB nella quale viene illustrata l'attività svolta dalla Commissione e vengono indicate le «questioni in corso» e «gli indirizzi e le linee programmatiche che lo stesso intende seguire» (art. 1, legge 7 giu-

[61] Per l'analisi delle competenze del Ministro per il Tesoro in materia finanziaria, v. P. Possenti, *Le competenze del Ministero per il Tesoro sul mercato finanziario*, in *Le attività finanziarie. I controlli*, a cura di G. Minervini, Bologna, Il Mulino, 1990, pp. 63 ss. Sul trasferimento di poteri dal Ministro per il Tesoro alla CONSOB operato dalla legge 7 giugno 1974, n. 216, così come riformata dalla legge 4 giugno 1985, n. 281, si vedano B. Libonati, *La «quarta» Consob*, in «Riv. soc.», 1985, pp. 433 ss. e P.G. Jaeger, *La legge 281 e i nuovi poteri della Consob*, in «Giur. com.», 1985, I, pp. 944 ss.; M. Cera, *La Consob*, Milano, Giuffrè, 1984, p. 25; N. Marzona, *L'amministrazione pubblica del mercato mobiliare*, Padova, CEDAM, 1988, pp. 17 ss. e, soprattutto, G. Minervini, *La Consob. Lezioni di diritto del mercato finanziario*, Napoli, Liguori, 1989, pp. 51 ss.; nonché i contributi contenuti in *Trattato delle società per azioni*, diretto da G.E. Colombo e G.B. Portale, vol. X, tomi 1° e 2°, *Società per azioni e mercato mobiliare*, Torino, UTET, 1993.

gno 1974, n. 216, così come modificato dalla legge 4 giugno 1985, n. 281).

Adempimento, quest'ultimo, che, pur non implicando alcun potere di direttiva del Ministro sulla CONSOB (che conserva la propria natura di amministrazione indipendente), indica tuttavia, nel primo il punto di riferimento della responsabilità politica dell'amministrazione del settore.

4. La Banca d'Italia

4.1. Premessa

Le funzioni della Banca d'Italia nel nostro sistema finanziario e monetario sono ben lungi dall'esaurirsi nei compiti che alla stessa vengono affidati nell'ambito dell'organizzazione politico-amministrativa preposta all'esercizio dell'attività bancaria.

In questa sede, per altro, noi dovremmo occuparci esclusivamente di questi ultimi. Tuttavia, la stretta connessione che di fatto sussiste tra le varie funzioni attribuite alla Banca d'Italia ed in particolare il collegamento che normalmente si instaura fra le funzioni di vigilanza sul sistema bancario e quelle che alla Banca medesima vengono attribuite in materia monetaria e valutaria e di finanza non bancaria consigliano una trattazione congiunta delle varie funzioni, almeno nella misura necessaria per offrire un quadro complessivo dello status giuridico della Banca d'Italia nel nostro ordinamento. È necessario, per altro, non confondere i diversi ruoli, soprattutto perché nell'ambito degli stessi la Banca d'Italia assume posizioni non riconducibili ad uno stesso modello.

Il che non è sempre posto nella dovuta evidenza dalla dottrina. Spesso, infatti, dopo aver individuato esattamente la posizione della Banca, nell'ambito di una delle sue molte funzioni, si finisce per estendere le conclusioni raggiunte anche a funzioni per le quali le stesse non sono giustificate. In particolare, è frequente la tentazione di considerare generalmente valide per la qualificazione dello status della Banca nel suo complesso le conclusioni che invece si giustificano solo per la funzione monetaria, ma non anche, ad esempio, per la funzione di vigilanza sull'attività bancaria[62]. E la necessità di un esame analitico delle varie

[62] L'equivoco indicato nel testo assume varie forme. Così si afferma che «gli strumenti utilizzati dalla Banca centrale non sono quelli previsti dalla legge del 1936, ma sono rappresentati da nuove tecniche di intervento» (così G. Guarino, in *La disciplina pubblicistica del credito*, a cura di M. Nigro e S. Martin-Retortillo, Padova, CEDAM, 1970, p. 482), il che è vero se si fa riferimento all'attività della Banca d'Italia in materia di moneta, ma non lo è più se si ha riguardo all'attività di vigilanza che trova nella legislazione bancaria il proprio supporto costante. Ancora si ritiene che gli strumenti di intervento monetario abbiano finito per reagire su quelli di vigilanza determinando una sostanziale atrofizzazione di questi ultimi (F. Merusi, *Commentario*, cit., p. 165), e si tratta anche questa volta di affermazione corretta se si intende dire che gli strumenti di vigilanza bancaria sono stati utilizzati anche per finalità monetaria, mentre non lo è più se si pretende di affermare che gli strumenti della vigilanza non sono stati utilizzati an-

funzioni appare anche più evidente quando si pensi che la stessa distribuzione delle competenze fra gli organi della banca è in qualche misura legata alla natura delle funzioni svolte: così ad esempio il Consiglio superiore della Banca, mentre non ha competenze per quanto concerne la funzione di vigilanza non sembra escluso, in linea di principio, dalle deliberazioni concernenti la funzione monetaria (sia pure entro i limiti che individueremo). Cercheremo pertanto di analizzare, anzitutto, le varie funzioni della Banca d'Italia e solo dopo siffatta analisi tenteremo una valutazione di sintesi del ruolo che la stessa ha assunto nel nostro ordinamento.

4.2. La funzione di vigilanza sulle banche

4.2.1. *La titolarità della funzione di vigilanza bancaria e i rapporti fra Banca d'Italia e Governatore*. L'attribuzione alla Banca d'Italia della funzione di vigilanza sulle banche trovava, fino all'emanazione del T.U. in materia creditizia, il proprio esaustivo fondamento nelle norme dettate dal D.L. C.P.S. n. 691/1947. Questo provvedimento, infatti, dopo aver attribuito al CICR «l'alta vigilanza in materia di tutela del risparmio, in materia di esercizio della funzione creditizia e in materia valutaria», stabiliva che «le funzioni del cessato Ispettorato per la difesa del risparmio e l'esercizio del credito» fossero devolute alla Banca d'Italia (cfr. artt. 1 e 2 del decreto).

Dalle disposizioni appena riprodotte emergeva con evidenza che la Banca d'Italia era riconosciuta titolare originario e non delegato (dal Comitato interministeriale) delle funzioni di vigilanza sulle banche.

Il T.U., che ha abrogato quelle disposizioni del provvedimento del 1947, non contiene una puntuale ed esplicita norma di attribuzione della vigilanza bancaria alla Banca d'Italia, ma nel dettare la concreta disciplina dell'attività di vigilanza affida in modo univoco la titolarità del relativo potere in via esclusiva alla Banca d'Italia, alla quale si riserva in materia anche il potere di proposta nei confronti del CICR. Non solo, ma il T.U. priva, in linea di principio, il CICR del potere di concreta direttiva sull'attività di vigilanza della Banca d'Italia, sottolineando la esclusiva titolarità in capo a quest'ultima del relativo potere, naturalmente nei limiti delle regole fissate dalla legge e dal CICR medesimo.

Questa conclusione non può essere tenuta ferma per le ipotesi (previste dall'art. 2, 4° comma del T.U.) in cui il CICR «si avvale» della Banca d'Italia per l'esercizio delle proprie funzioni; si tratta in questo caso di atti che rientrano nei poteri del Comitato e che, pure realizzandosi

che per garantire la liquidità e la stabilità del sistema bancario. Talvolta si fa perno sull'attività di Banca centrale e organo della funzione valutaria per sottolineare la rilevanza che nel nostro sistema ha la Banca d'Italia e poi si scopre con meraviglia che tali poteri non trovano fondamento nell'ordinamento della vigilanza bancaria, disciplinata dalla legislazione bancaria, quasi dimenticando che si tratta di ordinamenti diversi anche se connessi (G. Puccini, *op. cit.*, p. 80).

necessariamente attraverso provvedimenti della Banca d'Italia, sono interamente determinati, nel loro contenuto, dal Comitato stesso.

Ma se si escludono queste ipotesi, nelle quali il ruolo della Banca d'Italia è solo formale ed esecutivo, tutte le attività di vigilanza sulle banche rientrano nella titolarità originaria ed esclusiva della stessa Banca d'Italia. Questa conclusione consente anche di rimuovere le incertezze che, soprattutto alla stregua del tenore letterale di alcune norme del provvedimento del 1947, erano sorte in ordine al rapporto che si instaura fra Governatore e Banca d'Italia per quanto concerne la titolarità e l'esercizio della funzione di vigilanza.

L'art. 2 del decreto 691/1947, dopo aver devoluto, come si è appena ricordato, le funzioni di vigilanza dell'Ispettorato alla Banca d'Italia, precisava che «le facoltà e le attribuzioni riconosciute al Capo dell'Ispettorato sono conferite al Governatore della Banca d'Italia, il quale le esercita secondo le direttive fissate dal Comitato interministeriale».

Quella norma, contrariamente a quanto è stato talvolta sostenuto[63], non attribuiva al Governatore le funzioni di vigilanza dell'Ispettorato ma, più semplicemente, gli conferiva le attribuzioni proprie del Capo di quest'ultimo; titolare delle funzioni dell'Ispettorato diveniva esclusivamente la Banca d'Italia, mentre nel Governatore si individuava l'organo di quest'ultima incaricato di esercitare le relative funzioni e di assumere con propri provvedimenti le conseguenti decisioni. In altri termini, il provvedimento del 1947 non si limitava ad individuare nella Banca d'Italia il titolare della funzione di vigilanza bancaria, ma determinava anche l'organo di quest'ultima competente ad assumere i necessari provvedimenti formali.

Come abbiamo ricordato, quelle norme sono state abrogate dal T.U. e, quindi, la relativa problematica potrebbe considerarsi del tutto superata. Il che è vero, ma solo in parte. L'art. 5 del D.L. C.P.S. n. 691/1947 interveniva nella disciplina dei rapporti fra Banca d'Italia ed i suoi organi in tema di vigilanza stabilendo che «il Consiglio Superiore della Banca d'Italia non ha ingerenza nella materia devoluta dall'art. 1 al Comitato interministeriale»; ossia quella norma escludeva la competenza di un organo della Banca (il Consiglio Superiore) in materia «di tutela del risparmio e di esercizio del credito» e quindi sull'attività di vigilanza della Banca stessa.

E questa disposizione, tuttora in vigore non essendo stata abrogata dal T.U., riconferma che l'organo della Banca competente ad assumere i provvedimenti di vigilanza resta esclusivamente il Governatore. Gli atti compiuti e i provvedimenti assunti da quest'ultimo dovranno, per altro, essere imputati all'ente, con le eventuali conseguenze che sulla base dei principi generali possono derivarne anche in termini di responsabilità[64].

[63] Cfr. F. Trimarchi, *Il Governatore della Banca d'Italia*, in «Banca borsa e tit. di cred.», 1970, I, pp. 22 ss.

[64] La giurisprudenza ha, tuttavia, negato che si possa esperire azione di risarcimento danni nei confronti della Banca d'Italia per non avere la stessa adeguatamente eserci-

Queste condizioni debbono essere apparse del tutto pacifiche anche al legislatore che nella produzione normativa più recente attribuisce genericamente funzioni di vigilanza sugli enti creditizi alla Banca d'Italia e non al suo Governatore. E sotto questo profilo appare estremamente significativo il fatto che il T.U., pur ridisciplinando l'organizzazione delle autorità creditizie, non abbia ritenuto di attribuire alcun ruolo autonomo al Governatore, anche se quest'ultimo resta l'unico organo della Banca competente ad assumere i relativi provvedimenti.

L'immedesimazione del Governatore con la Banca d'Italia nell'esercizio delle funzioni di vigilanza non impedisce che lo stesso, nell'ambito dell'ordinamento bancario, risulti titolare di un ufficio che non si esaurisce nell'esercizio delle funzioni della Banca, ricomprendendone altre che esercita «in proprio» e non come organo della Banca stessa. Così non possono essere considerate funzioni anche della Banca la partecipazione al Comitato interministeriale o agli altri Comitati di Ministri o la presidenza di altri enti come l'UIC o, come è stato in passato, di istituti di credito (come l'IMI).

4.2.2. *I rapporti fra Banca d'Italia e Comitato in materia di vigilanza bancaria. a*) I rapporti fra la Banca d'Italia e il Comitato interministeriale in materia di vigilanza bancaria venivano qualificati, prima del T.U., in termini di rapporti di direzione[65]. Alla Banca d'Italia veniva riconosciuto il potere di dettare le regole di vigilanza ma la stessa doveva attenersi nel formularle alle direttive del Comitato. E a quest'ultimo veniva riconosciuto un potere di direttiva anche per le materie nelle quali veniva codificato un potere primario alla Banca d'Italia, ossia il CICR aveva un potere generale di direzione nella determinazione delle regole che la Banca d'Italia avrebbe potuto imporre alle imprese bancarie.

tato i propri poteri di controllo sulle imprese bancarie (si veda App. Genova, 15 gennaio 1958, in «Banca borsa e tit. di cred.», 1958, II, p. 52, con nota di P. Pallini; e Trib. Roma, 30 aprile, in «Banca borsa e tit. di cred.», 1964, II, p. 106) sul presupposto che si tratterebbe di atto amministrativo omissivo non sindacabile dal giudice ordinario e comunque facendo perno sulla natura di norme di organizzazione delle disposizioni relative alla funzione di vigilanza; norme che non tutelerebbero direttamente né l'impresa bancaria in quanto tale né i partecipanti alla stessa né i suoi creditori (depositanti), con la conseguente necessità di affermare il difetto di giurisdizione dell'autorità giudiziaria a conoscere della relativa domanda risarcitoria (Cass. SS.UU. 29 marzo 1989, n. 1531 in «Giur. It.», 1990, I, 1, c. 440, con nota di F. Vella e in «Banca borsa e tit. cred.», 1990, II, p. 977, con note di N. Marzona) ammettendosi invece tali azioni in caso di atto illecito dell'organo di vigilanza (Cass. 25 marzo 1988, n. 2579, in «Foro It.», 1988, III, c. 3335). Sul punto v. anche A.M. Princigalli, *La responsabilità civile degli organi di vigilanza bancaria*, Bari, Cacucci, 1992, *passim*; e G. Vignocchi, *Sulla responsabilità dello Stato e della pubblica amministrazione per l'esercizio del controllo sugli enti bancario-creditizi*, in *Scritti in onore di M.S. Giannini*, Milano, Giuffrè, 1988, vol. III, pp. 991 ss.

[65] Per la nozione di direttiva si rinvia a S. D'Albergo, voce *Direttiva*, in *Enc. dir.*, Milano, Giuffrè, 1964, vol. XII, pp. 602 ss.; F. Merusi, *Le direttive*, cit., pp. 137 ss.; F.A. Roversi-Monaco, *Gli enti di gestione*, Milano, Giuffrè, 1967, pp. 66 ss., M. Clarich, *La nozione di direttiva: i problemi ricostruttivi e tendenze recenti*, in «Foro Amm.», 1984, p. 551.

La dottrina era pressoché unanime nell'escludere che il predetto rapporto potesse configurarsi come un rapporto di gerarchia[66]. In particolare si sottolineava che il Comitato non poteva, come invece accade nel rapporto di gerarchia[67], avocare a sé competenze della Banca o sostituirsi alla stessa nel loro esercizio o dare ordini alla medesima[68] E questa conclusione, lungi dall'essere smentita, era confermata dalla possibilità, prevista dall'art. 19 l.b., per gli interessati di proporre reclamo avanti al Comitato nei confronti dei provvedimenti assunti dalla Banca d'Italia nell'esercizio delle «funzioni discrezionali» di vigilanza alla stessa attribuite. Quella norma infatti prevedeva una sanzione giuridica a presidio delle direttive del Comitato che sarebbero del tutto superflue nell'ambito di un rapporto gerarchico[69].

Come si è già accennato illustrando la disciplina del Comitato, questa sistemazione dei rapporti fra Comitato e Banca d'Italia è stata modificata dalle norme del Testo Unico. Naturalmente non per quanto concerne la inesistenza di un rapporto gerarchico fra Comitato e Banca; continuano infatti a sussistere tutte le ragioni che avevano portato, in precedenza, ad escludere che la Banca d'Italia fosse gerarchicamente subordinata al Comitato interministeriale. Ciò che deve escludersi è che fra Comitato e Banca d'Italia permanga un rapporto di direzione generalizzata. Nessuna norma del T.U. riconosce al Comitato un siffatto potere. Il che, ovviamente, non significa che venga meno il rapporto di sovraordinazione fra Comitato e Banca d'Italia, ma soltanto che nelle ipotesi in cui non sia stata esplicitamente prevista dalla legge una siffatta sovraordinazione non esiste e la Banca d'Italia rimane titolare esclusivo del relativo potere normativo.

In molte ipotesi si prevede, infatti, che la Banca d'Italia eserciti i poteri di vigilanza «in conformità delle deliberazioni del CICR»: in tutti

[66] Escludono che tra Comitato e Banca d'Italia esista un rapporto di gerarchia, tra gli altri V. Bachelet, *Comitato*, cit., p. 775; M. Nigro, *Profili*, cit., p. 90; F. Trimarchi, *Il Governatore*, cit., p. 17. Sembra si debba escludere, se non altro per la impossibilità di dare allo stesso un contenuto preciso, che tra Comitato e Banca d'Italia in funzione di vigilanza esista un rapporto di gerarchia impropria (così invece G. Vignocchi, *Il servizio del credito nell'ordinamento pubblicistico italiano*, Milano, Giuffrè, 1968, p. 116). D'altro canto, è bene precisare che sulla Banca d'Italia non sembra neppure insistere un potere di controllo del Comitato e che la vigilanza sulla stessa del Ministro del Tesoro, pur finendo con l'estendersi a tutta l'attività, trova la propria fonte delimitatrice nel T.U. del 1910, che riconosce tale potere con riferimento puntuale alla sola attività di emissione dei biglietti di banca; il che non sempre è posto nella dovuta luce dalla dottrina (cfr. S. Merlini, *op. cit.*, p. 99).

[67] Si veda per tutti A. Sandulli, *Manuale di diritto amministrativo*, Napoli, Jovene, 1982[13], vol. I, pp. 216 ss.

[68] Riteneva che il CICR potesse anche dare ordini alla Banca d'Italia V. Bachelet, *L'attività*, cit., p. 180.

[69] L'art. 19 l.b. offriva un ulteriore argomento contro la ricostruzione del rapporto CICR-Banca d'Italia in termini di rapporto gerarchico nel momento in cui precisava che soggetti al reclamo erano i «provvedimenti presi dal Governatore della Banca d'Italia nell'esercizio delle funzioni discrezionali di controllo» essendo tale discrezionalità incompatibile con l'essenza del rapporto gerarchico. Tale discrezionalità non è ribadita dall'art. 7, 4° comma del D.Lgt. 14 dicembre 1992, n. 481.

questi casi, nei quali il Comitato esercita un potere regolamentare, la Banca d'Italia non può svolgere le relative funzioni se manca la deliberazione del Comitato e, soprattutto, deve esercitarle in conformità con quest'ultima.

Ma, al di fuori di queste esplicite previsioni non è dato constatare alcuna sovraordinazione del Comitato alla Banca d'Italia. E anche nella prima serie di casi il rapporto, pur recependo molta parte del rapporto di direzione, non sembra pienamente riconducibile ai contenuti tipici del medesimo, rievocando piuttosto un rapporto fra organi normativi di rango diverso.

Il rapporto, sotto questo profilo, potrebbe apparire anche più stringente di quello di direzione, anche se il processo di formazione delle deliberazioni del Comitato sul punto smentisce, nella sostanza, una siffatta impressione. L'art. 4 del T.U. stabilisce, infatti, che le deliberazioni del Comitato in materia di «Banche» (titolo II), e di «Vigilanza» (titolo III) possono essere assunte solo su proposta della stessa Banca d'Italia, la quale, pertanto, finisce per «condividere» a priori le regole alle quali dovrà attenersi nell'emanare le proprie disposizioni.

b) Il rapporto di sovraordinazione appena descritto si instaura, dunque, tra un organo amministrativo dell'apparato statale (il Comitato) e un ente pubblico (la Banca d'Italia) al quale vengono attribuite funzioni pubbliche, ma che, per ciò stesso, non assume la natura di organo statale[70]. Tale era certamente l'Ispettorato per la tutela del risparmio e l'esercizio del credito. Ma la stessa natura non poteva essere attribuita alla Banca d'Italia neppure sulla base del provvedimento del 1947. Quest'ultimo infatti non attribuì alla Banca d'Italia la titolarità di quell'organo, limitandosi a trasferirle le funzioni che allo stesso erano state originariamente affidate.

E la stessa conclusione deve ovviamente essere confermata sulla base dell'ordinamento introdotto dal T.U. Si è dunque in presenza di una magistratura indipendente, ossia di un ente pubblico titolare di una funzione pubblica (di vigilanza sulle imprese bancarie), ma non anche di un organo statale, con la conseguenza che gli effetti patrimoniali che dovessero derivare dalle scelte effettuate dalla Banca d'Italia non possono essere imputate allo Stato, così come normalmente avviene nelle ipotesi in cui un ente pubblico sia titolare di un organo statale.

Incerta rimane, invece, la possibilità di ricomprendere, per quanto riguarda tale funzione, la Banca d'Italia fra gli enti strumentali[71].

[70] Considerano la Banca d'Italia titolare di un organo statale, sulla scia di M.S. Giannini, *Sulla natura giuridica e sulle attribuzioni della Banca d'Italia*, in «Banca borsa e tit. cred.», 1949, II, pp. 357 ss.; V. Bachelet, *L'attività di coordinamento*, cit., p. 178; G. Ferri, voce *Banca d'Italia*, in *Enc. dir.*, Milano, Giuffrè, 1957, V, p. 7; *contra* G. Treves, *I comitati*, cit., p. 226; G. De Gennaro, *op. cit.*, p. 493; M. Nigro, *Profili*, cit., p. 91 s.; F. Trimarchi, *Il Governatore*, cit., p. 18; V. Mezzacapo, *Evoluzione*, cit., p. 515; A. Loizzo, *Banca d'Italia e Parlamento. Aspetti problematici*, in «Riv. trim. di scienza politica e dell'amministrazione», 1971, p. 80.

[71] Sul punto si veda M.S. Giannini, *Aspetti giuridici della liquidità bancaria*, in *Atti del primo convegno internazionale del credito*, Roma, Associazione bancaria italiana,

Le considerazioni svolte escludono in radice che, per quanto concerne l'attività di vigilanza, la Banca d'Italia possa essere considerata un organo politico; dotato, come tale, di potere di indirizzo politico. L'attività della Banca infatti è vincolata dalle deliberazioni del Comitato, nelle ipotesi in cui la stessa deve muoversi all'interno delle determinazioni di quest'ultimo e incontra il limite teleologico fissato in generale per le autorità creditizie dall'art. 5 del T.U., nelle ipotesi nelle quali può agire sulla base di un potere esclusivamente proprio: in entrambe le ipotesi la Banca d'Italia non gode, nella determinazione delle proprie scelte, della libertà che caratterizza gli organi politici. Il che non impedisce, ovviamente, di considerare, in ipotesi, politiche altre attività (come quella svolta in materia monetaria), pure attribuite alla Banca d'Italia.

Le conclusioni fin qui raggiunte potrebbero essere disattese rilevando che le stesse sono formulate sulla base dell'ordinamento formale e che non valgono più se valutate alla stregua dell'ordinamento materiale, nel quale anche le direttive emanate dal CICR per la vigilanza sarebbero frutto della volontà e delle scelte formulate dalla Banca d'Italia e imposte al CICR, soprattutto attraverso l'influenza esercitata dal Governatore. E, a dire il vero, un siffatto ragionamento non può considerarsi privo di qualche riscontro nella realtà; anzi, lo stesso potrebbe trovare un sostegno nell'ordinamento formale là dove si prevede il potere di proposta della Banca d'Italia (cfr. art. 4, 1° comma del T.U.).

Tale ragionamento, peraltro, andrebbe valutato tenendo presente che, non essendo di natura politica l'attività svolta dal CICR, la stessa non potrebbe diventarlo quando, anziché essere svolta dall'organo al quale è istituzionalmente attribuita, fosse, almeno in parte, esercitata da altro ente. In ogni caso, il fatto che la Banca d'Italia fornisca gli elementi di giudizio e le possibili soluzioni per le decisioni del Comitato non esclude che quest'ultimo possa svolgere quell'attività di valutazione critica che consente la formulazione delle proprie decisioni, a meno di non voler negare un qualsiasi ruolo agli organi deliberativi che operano sulla base di elementi di giudizio che provengano dai soggetti destinatari delle relative deliberazioni.

4.2.3. *I provvedimenti di vigilanza della Banca d'Italia*. A norma dell'art. 4, 1° comma del T.U. la Banca d'Italia nell'esercizio delle sue funzioni di vigilanza «emana regolamenti, nei casi previsti dalla legge, impartisce istruzioni e adotta i provvedimenti di carattere particolare di sua competenza».

I provvedimenti di carattere generale (nell'ambito dei quali dovranno ricomprendersi sia i regolamenti sia le istruzioni) debbono essere pubblicati sul Bollettino della Vigilanza, previsto dall'art. 8 del T.U.,

1954, vol. IV, pp. 150 ss. Considerano la Banca d'Italia ente strumentale dello Stato A. Sandulli, *Manuale*, cit., p. 485, e G. Quadri, *Diritto pubblico*, cit., p. 341; V. Ottaviano, *Considerazioni*, cit., p. 68; *contra* S. Merlini, *op. cit.*, p. 199.

nonché sulla Gazzetta Ufficiale quando contengano disposizioni destinate a soggetti diversi dai destinatari dell'attività di vigilanza: ossia le banche, i gruppi bancari e gli intermediari finanziari (cfr. art. 5, 2° comma del T.U.).

La disciplina dei provvedimenti della Banca d'Italia, così introdotta dal T.U., si differenzia nei confronti di quella precedente soprattutto perché riconosce alla Banca d'Italia, sia pure limitatamente ai casi previsti dalla legge, il potere di emanare regolamenti, ossia norme secondarie la cui violazione incide anche sulla validità degli atti compiuti con terzi.

Di natura invece esclusivamente amministrativa sono le istruzioni che la Banca d'Italia impartisce ai destinatari dell'attività di vigilanza anche quando per il loro contenuto generale ed astratto assumano le caratteristiche del provvedimento plurimo o generale[72]. La loro violazione non incide pertanto sui rapporti con i terzi, anche se potrebbe essere decisiva per qualificare come colposa, ai fini della disciplina della responsabilità, la condotta della banca.

Il che non toglie, ovviamente, che le istruzioni della vigilanza vincolino quest'ultima ed anzi il loro contenuto ha normalmente le caratteristiche dell'ordine o del divieto (e non di direttiva)[73], rimanendo, pertanto, esclusa qualsiasi autonomia del destinatario. La violazione delle istruzioni da parte delle aziende può determinare oltre all'applicazione di sanzioni amministrative a carico sia dell'impresa sia dei suoi gestori, almeno nei casi più gravi, lo scioglimento degli organi amministrativi e la disposizione dell'amministrazione straordinaria; ma oltre a queste sanzioni l'autorità di vigilanza può utilizzare altri strumenti anche informali, per ricondurre l'attività dell'impresa nell'ambito delle regole fissate dalle proprie istruzioni.

La Banca d'Italia adotta, poi, oltre a questi provvedimenti generali, anche tutti «i provvedimenti di carattere particolare di sua competenza» (art. 4, 1° comma). Non è evidentemente possibile in questa sede un'esposizione analitica degli stessi e, d'altro canto, la loro analisi verrà svolta nei capitoli dedicati alla disciplina dei singoli momenti della vigilanza. Qui basterà ricordare che gli stessi possono assumere la forma di provvedimenti autorizzativi, ablativi, di accertamento e di organizzazione dei destinatari.

Merita invece ricordare ancora che, a norma dell'art. 9 del T.U., contro i provvedimenti adottati dalla Banca d'Italia nell'esercizio delle funzioni di vigilanza, è ammesso reclamo al CICR, da parte di chi vi ab-

[72] Considera le istruzioni espressione di potere regolamentare G. Sangiorgio, *L'organizzazione*, cit., p. 22.

[73] Mette in luce che le istruzioni della Banca d'Italia possano assumere anche il contenuto della direttiva V. Bachelet, *L'attività*, cit., p. 183. Tali dovrebbero essere ad esempio le direttive che la Banca d'Italia dà ai commissari liquidatori ai sensi dell'art. 71 l.b. o la indicazione dei «provvedimenti ritenuti utili» che la Banca d'Italia può sottoporre alle aziende di credito ai sensi dell'art. 35 lett. a) l.b., nonché ai sensi dell'art. 22, 2° comma, lett. B del D.Lgt. 481/1992.

bia interesse, nel termine di trenta giorni dalla comunicazione o dalla pubblicazione[74]. Il reclamo viene deciso dal CICR «previa consultazione delle associazioni di categoria dei soggetti sottoposti a vigilanza, nel caso in cui la decisione comporti la risoluzione di questioni di interesse generale per la categoria» dei destinatari predetti.

La norma fa così applicazione, in verità particolarmente enfatizzata e in qualche misura distorta, del principio sancito dall'art. 3 della legge 7 aprile 1990, n. 241, sul procedimento amministrativo: principio secondo il quale i portatori di interessi diffusi costituiti in associazione o comitati, cui possa derivare un pregiudizio dal provvedimento, hanno facoltà di intervenire nel procedimento.

L'art. 19 l.b. che costituisce l'immediato precedente della norma in esame, aveva cura di precisare che il reclamo non aveva efficacia sospensiva del provvedimento impugnato; sul punto la norma del T.U. tace, ma i principi generali in tema di efficacia dei provvedimenti amministrativi sono sufficienti per giungere alla stessa conclusione. L'art. 9, 1° comma del T.U. dichiara applicabili al ricorso avanti al CICR le norme dettate dal D.P.R. 24 novembre 1971, n. 1199, per il ricorso gerarchico; la sospensione dell'esecuzione del provvedimento della Banca d'Italia potrebbe pertanto essere disposta (cfr. art. 3) anche dal CICR «per gravi motivi».

4.2.4. *Banca centrale e vigilanza bancaria*. È stato oggetto di frequenti riflessioni il fatto che la vigilanza sulle imprese bancarie sia stata attribuita dalla legge bancaria (e mantenuta nel nuovo ordinamento) alla Banca centrale e non ad un organo della burocrazia statale[75]. In particolare si è sottolineato che tale attribuzione ha avuto un peso decisivo nel trasformare il modello originario di «governo» del credito previsto dalla legge bancaria in un sistema di controllo-vigilanza di contenuto

[74] Dalla prevista ricorribilità al Comitato si desume che il provvedimento della Banca d'Italia non è un provvedimento definitivo. Dalla non definitività dell'atto doveva farsi discendere, prima della riforma della giustizia amministrativa realizzata dalla legge 6 dicembre 1971, n. 1034, che ha consentito il ricorso giurisdizionale anche nei confronti dei provvedimenti non amministrativi, l'impossibilità di impugnazione del medesimo avanti l'autorità giudiziaria (Cons. Stato, Sez. VI, 22 ottobre 1965, n. 665, in «Banca borsa e tit. di cred.», 1966, II, p. 327). A quest'ultima si poteva invece ricorrere contro il provvedimento assunto dal comitato ai sensi del medesimo art. 19 (*contra* P. Pallini, *La disciplina giuridica delle aziende di credito*, Milano, Giuffrè, 1955, pp. 45 ss.). La non definitività del provvedimento della Banca d'Italia non è contraddetta dal principio secondo il quale gli atti degli enti pubblici non soggetti a controllo sono definitivi, poiché nel caso di specie la Banca non opera nel proprio interesse ma come titolare di funzioni dello Stato, seppure limitatamente alle funzioni di vigilanza. Si vedano in proposito Cons. Stato 4 febbraio 1948, Sez. IV, in «Banca borsa e tit. di cred.», 1949, II, p. 357, con nota di M.S. Giannini; A. Santagata, *Banca d'Italia ed apparato burocratico dello Stato. Profili dell'autonomia*, in «Foro amm.», 1976, p. 558.

[75] Si vedano ad esempio, F. Belli, *«Controllo-Governo» del credito: indagine sull'evoluzione dell'ordinamento*, in *L'ordinamento del credito fra due crisi (1929-1973)*, a cura di P. Vitale, Bologna, Il Mulino, 1977, pp. 41 ss.; F. Merusi, *Commentario*, cit., pp. 163 ss.; M. Nigro, *Profili pubblicisti*, cit., pp. 90 ss.; P. Vitale, *Pubblico e privato*, cit., pp. 142 ss.

prevalentemente quantitativo, insensibile alla esigenza di distribuzione («selettiva») dei finanziamenti, in conformità con le scelte degli organi pubblici preposti alla programmazione del sistema economico nel suo complesso. Si è anche rilevato che la Banca d'Italia è l'ente esponenziale del sistema bancario, interprete come tale degli interessi delle imprese bancarie e non degli interessi generali connessi all'attività bancaria, interessi generali che meglio avrebbero potuto essere protetti da un organo statale.

Nello stesso senso, anche se in termini meno crudi, si è aggiunto che la Banca d'Italia, essendo naturalmente omogenea alle altre imprese bancarie, può valutare meglio di una struttura burocratica le esigenze, i problemi, le tendenze del sistema bancario. Non v'è dubbio che vi sia del vero in queste affermazioni; le stesse, tra l'altro, si inseriscono coerentemente nella modificazione che la struttura e le funzioni del Comitato interministeriale originariamente previsto dalla legge bancaria hanno subito attraverso la riforma del 1947; recepita, sotto questo profilo, anche dal T.U. del 1993.

Non bisogna, tuttavia, dimenticare che di fatto, per quanto concerne l'organo di vigilanza, il sistema non ha subito radicali modificazioni per effetto di quella riforma. E non solo perché nel sistema previsto dal testo originario della legge bancaria il Capo dell'Ispettorato era pur sempre il Governatore della Banca d'Italia, ma anche, e soprattutto, perché l'Ispettorato non era stato dotato di alcuna struttura autonoma ed aveva operato esclusivamente attraverso le strutture, centrali e periferiche, della Banca d'Italia[76].

D'altro canto, la scelta del nostro ordinamento riflette un indirizzo comune alla maggior parte dei sistemi economici. E tale indirizzo trova il proprio fondamento in considerazioni di per sé abbastanza evidenti. La solvibilità e la liquidità delle imprese bancarie sono in definitiva affidate agli interventi della banca centrale ed è perciò sembrato naturale affidare alla stessa il potere di vigilare sulla loro attività. Inoltre, l'attività della maggior parte degli enti creditizi incide sulla quantità di moneta circolante nel sistema ed è perciò apparso altrettanto naturale attribuire la relativa vigilanza all'ente preposto alla funzione monetaria[77].

Ancora, il sistema bancario rappresenta la parte più importante del sistema dei pagamenti nell'ambito del quale svolge un ruolo essenziale la banca centrale, come prestatore di ultima istanza, capace di far fronte ai rischi finanziari insiti nel circuito dei pagamenti; essa non può per-

[76] Il Comitato dei Ministri già nella sua prima riunione (28 marzo 1936) precisò che l'Ispettorato avrebbe esercitato la propria attività di vigilanza per mezzo dell'istituto di emissione (si veda sul punto V. Mezzacapo, *Evoluzione*, cit., p. 500).

[77] Il rilievo è comune nella letteratura economica: si veda per tutti P. Ciocca, *Introduzione*, in *La moneta e l'economia. Il ruolo delle banche centrali*, a cura di P. Ciocca, Bologna, il Mulino, 1984, p. 47. Sottolinea la rilevanza che tale connessione ha anche per quanto concerne il controllo sovranazionale delle attività creditizie F. D'Onofrio, *Banca d'Italia e costituzione economica; la prospettiva della crisi dello stato nazionale*, in «Banca borsa e tit. di cred.», 1979, I, p. 424.

tanto rinunciare a svolgere funzioni di vigilanza sugli enti creditizi dei quali è chiamata a garantire la solvibilità.

L'attribuzione della vigilanza sugli enti creditizi alla Banca d'Italia anziché ad organo della burocrazia statale gerarchicamente subordinato all'esecutivo ha segnato, nel nostro ordinamento, l'avvio di un modello organizzativo della vigilanza sul mercato finanziario che ha poi trovato ulteriori realizzazioni nella creazione della CONSOB, dell'ISVAP e ancor più recentemente dell'Autorità garante della concorrenza e del mercato (legge 10 ottobre 1990, n. 287).

Il nostro ordinamento del mercato finanziario affida la vigilanza sul mercato finanziario ad «amministrazioni indipendenti» e «agenzie pubbliche», ben note in altri ordinamenti[78], che non si fanno portatrici dell'interesse immediato del Governo dal quale sono, in misura diversa, indipendenti ed hanno come obiettivo quello di garantire il rispetto delle regole, fissate in parte dalla legge ed in parte da quelle stesse autorità, considerate indispensabili per il corretto svolgimento dell'attività di intermediazione finanziaria.

È un modello, come è facile notare, radicalmente diverso da quello almeno in astratto accolto dalla legge bancaria del 1936-38 che, attribuendo la vigilanza ad un organo burocratico alle dipendenze del potere politico, facilitava una gestione politica del mercato finanziario.

4.2.5. *Banca d'Italia e tutela della concorrenza nel mercato bancario.* La legge 10 ottobre 1990, n. 287, pur sottoponendo anche il mercato bancario alle norme dirette a tutelare la concorrenza, ha sottratto il compito di garantirne il rispetto, in quel mercato, all'Autorità garante per attribuirlo alla Banca d'Italia (art. 20), in ciò allontanandosi sia dalle scelte comunitarie sia da quelle adottate negli altri paesi membri della Comunità. Spetta, dunque, alla Banca d'Italia valutare gli effetti restrittivi che sulla concorrenzialità del mercato bancario possono determinare le intese fra enti creditizi, gli abusi delle posizioni dominanti nelle quali i medesimi si trovino e le relative concentrazioni.

I provvedimenti dovranno essere assunti dalla Banca d'Italia, «sentito il parere dell'Autorità garante» (art. 20, 3° comma legge 287/1990). Si verifica qui un punto di contatto fra competenze della Banca d'Italia e competenze di un'altra «amministrazione indipendente», ponendo problemi di coordinamento delicati ma non insolubili[79] e, comunque, non delegabili all'autorità politica senza compromettere l'indipendenza delle agenzie coinvolte.

[78] Si vedano in proposito, per ampi riferimenti comparatistici, A. Massera, *«Autonomia» e «indipendenza» nell'amministrazione dello Stato*, in *Studi in onore di M.S. Giannini*, Milano, Giuffrè, 1948, III, p. 449; C. Franchini, *Le autorità amministrative indipendenti*, in «Riv. Trim. Dir. Pubbl.», 1988, p. 551; N. Longobardi, *Le «amministrazioni indipendenti». Profili introduttivi*, in *Scritti per Mario Nigro*, Milano, Giuffrè, 1991, II, pp. 175 ss.

[79] V. anche per ulteriori riferimenti, M. Siri, *L'applicazione delle regole di concorrenza nel settore bancario, finanziario e assicurativo*, in «Banca impresa e soc.», 1993, pp. 391 ss.

Problematica che ritroveremo anche a proposito dei rapporti fra Banca d'Italia e CONSOB con riferimento al mercato mobiliare.

4.3. La Banca d'Italia e la funzione monetaria

4.3.1. *La Banca d'Italia come banca di emissione*. La Banca d'Italia, ancora prima di essere titolare della funzione di vigilanza sulle imprese bancarie, è Banca centrale[80]. Essa infatti: *a*) è l'unica banca di emissione; *b*) è banca delle banche e *c*), con le precisazioni che vedremo, opera come «banca dello Stato».

Abbiamo già ricordato che, a partire dal 1926, la Banca d'Italia ha avuto, in via esclusiva, il potere, attribuito originariamente da una concessione dello Stato, di emettere carta moneta. Abbiamo anche fatto cenno ai limiti naturali che tale potere di emissione incontrava in regime di convertibilità e alla vigilanza che su tale attività competeva e compete al Ministro per il Tesoro[81], ai sensi del T.U. del 1910 sugli istituti di emissione.

Abbiamo, infine, sottolineato che con il crollo del sistema di *gold standard* e la generale inconvertibilità delle monete il potere di emissione non è più vincolato, almeno in termini rigidi, alla entità delle riserve[82].

Dobbiamo aggiungere che la concessione governativa sulla quale si fondava il potere di emissione della Banca, scaduta nel 1950, non è più stata rinnovata e la Banca perciò non è più concessionaria di un potere statale, ma titolare originaria del potere di emissione[83].

[80] Sulla nozione di banca centrale, si vedano, per la dottrina economica, almeno G. Dell'Amore, *Le funzioni delle banche centrali*, Milano, Giuffrè, 1968, pp. 30 ss.; A. Confalonieri, *La banca centrale e il controllo del credito*, Milano, Vita e Pensiero, 1964[7], pp. 11 ss.; E. Montanaro, *La Banca centrale e il governo della liquidità*, Milano, Giuffrè, 1969, pp. 15 ss.; R.S. Sayers, di *La banca centrale*, Milano, Etas Libri, 1967, pp. 19 ss.; C. Goodhart, *L'evoluzione delle banche centrali*, Bari, Laterza, 1991 e i saggi raccolti in *L'autonomia delle banche centrali*, a cura di D. Masciandaro e S. Ristuccia, Milano, Edizioni di Comunità, 1988 e in *La moneta e l'economia*, cit.; e, per la letteratura giuridica, V. Mezzacapo, *Evoluzione*, cit., pp. 476 ss.; F. Merusi, *La posizione costituzionale*, cit., pp. 1082 ss.; F. Capriglione, *Intervento pubblico*, cit., pp. 99 ss. e P. Vitale, *Pubblico e privato*, cit., pp. 132 ss.

[81] Il T.U. del 1910 (art. 110) prevede anche la istituzione di una Commissione parlamentare di vigilanza con funzioni consultive per il Ministro per il Tesoro che la presiede. Per una possibile rivalutazione delle sue funzioni si vedano le osservazioni di F. Garella, *op. cit.*, p. 792.

[82] Le riserve della Banca centrale rappresentano, oggi, soprattutto uno strumento per far fronte ai più gravi squilibri della bilancia dei pagamenti (si veda sul punto, fra i giuristi, V. Mezzacapo, *Evoluzione*, cit., p. 498).

[83] Sul punto G. Ruta, voce *Emissione (istituti di)* in *Enc. dir.*, XIV, Milano, Giuffrè, 1965, pp. 857 s. La fonte di tale potere viene generalmente rintracciata nella legge bancaria del 1936 il cui Titolo III definisce la Banca d'Italia l'Istituto di emissione e nello Statuto della banca approvato con R.D. 11 giugno 1936, n. 1067 (si veda in proposito V. Mezzacapo, *Evoluzione*, cit., pp. 500 s.). La fabbricazione dei biglietti deve tuttavia essere autorizzata con decreto del Ministro per il Tesoro su richiesta dell'Istituto di emissione ed ogni biglietto reca l'impronta del «contrassegno di Stato» (v. artt. 1 e 3 del

Questi mutamenti nel sistema monetario e nel regime giuridico dell'emissione mettono in evidenza la discrezionalità di cui godono in generale le banche centrali nell'ambito dei sistemi caratterizzati dalla cosiddetta moneta «manovrata», nei quali cioè la quantità di moneta viene determinata in relazione alle scelte di politica monetaria ed economica complessivamente adottate.

La Banca d'Italia, tuttavia, nella determinazione della liquidità del sistema deve rispettare alcuni vincoli che, pur non esprimendosi più in termini rigidi come quelli che imponeva un rapporto predeterminato tra biglietti e riserve, non sono per questo sforniti di forza coercitiva. I biglietti rappresentano un debito nei confronti dei portatori degli stessi; pertanto, la Banca incontra nella loro emissione un limite preciso nell'equilibrio del proprio bilancio. È abbastanza evidente, infatti, che la Banca d'Italia non potrebbe credibilmente emettere biglietti in misura tale da compromettere il suo equilibrio economico e patrimoniale. Il vincolo di bilancio rappresenta, dunque, un limite insito nella natura d'impresa della Banca stessa[84].

Un secondo limite alla emissione di biglietti si desume dal fine di «tutela del pubblico credito» che, a norma dell'art. 20 della legge bancaria conservato in vigore dal T.U. del 1993 insieme alle altre norme del Titolo III, l'istituto di emissione deve perseguire: tutela del pubblico credito significa tutela del valore del metro monetario, indispensabile appunto perché la moneta possa adempiere alle proprie funzioni. E questa stessa norma costituisce il fondamento non solo dell'obbligo di non emettere biglietti in misura tale da pregiudicare il pubblico credito, ma anche del dovere di emettere biglietti nella misura necessaria per una piena realizzazione delle funzioni che la moneta svolge nel sistema economico.

Un ulteriore vincolo alla emissione di biglietti deriva dalla Carta costituzionale. L'art. 47, nel momento in cui dichiara costituzionalmente doverosa la protezione del risparmio, impone anche la tutela del valore del metro monetario e tale valore verrebbe compromesso dalla emissione di biglietti in misura tale da determinare fenomeni di carattere fortemente inflazionistico. Ciò non significa attribuire alla Banca d'Italia la responsabilità politica corrispondente, non significa cioè attribuire alla Banca d'Italia il potere di determinare gli indirizzi di politica economica e di politica monetaria ritenuti più opportuni per conseguire quell'obiettivo[85]; significa soltanto porre un limite alla sua facoltà di emettere

D.P.R. 9 ottobre 1981, n. 811, «in modo che né lo Stato né l'Istituto possano formare un biglietto completo» (art. 4 del T.U. 28 aprile 1910, n. 204). Sul punto v. G. Sangiorgio, *op. ult. cit.*, p. 50.

[84] Si vedano sul punto E. Montanaro, *La Banca centrale*, cit., pp. 57 ss.; C.A. Ciampi, *Funzioni della Banca centrale nell'economia di oggi*, in *La moneta*, a cura di P. Ciocca, cit., pp. 85 ss. e le osservazioni di G. Puccini, *op. cit.*, pp. 51 s.

[85] Dalla mancata indicazione, nell'art. 47 Cost., del soggetto chiamato dalla Carta costituzionale a tutelare il metro monetario e dall'attribuzione del relativo compito alla «Repubblica» F. Merusi, *Commentario*, cit., p. 181, ricava la conclusione che la stessa norma consente di imputare la responsabilità politica della tutela della moneta anche ad

carta moneta. Quella norma, infatti, è, almeno per la parte che qui interessa, sicuramente capace di creare obblighi a carico dei soggetti che possono incidere con la propria condotta sul valore del metro monetario e, quindi, anche a carico della Banca d'Italia, che può influenzare l'integrità del valore della moneta emettendo biglietti.

Sembra, dunque, di poter affermare che la Banca d'Italia incontra limiti abbastanza precisi nella emissione di biglietti: in particolare la stessa deve emettere i biglietti necessari perché la moneta possa adempiere le proprie funzioni, così come vengono determinate dall'andamento dell'economia, ma non può emetterne in misura tale da pregiudicare il valore del metro monetario.

Si tratta, ovviamente, di limiti abbastanza elastici ma che sono, purtuttavia, sufficienti per negare che l'attività di emissione di biglietti della Banca d'Italia sia libera nei fini. Questa considerazione dovrebbe consentire di escludere che la Banca d'Italia, per la sua attività di emissione, sia ente dotato di potere politico, un ente di indirizzo politico al quale possa, quindi, essere imputata la responsabilità politica per le scelte che la stessa effettua nella emissione dei biglietti. In realtà, in assenza di norme precise che impongano un particolare comportamento, i vincoli alla Banca derivano dalla Costituzione da un lato (nel fissare il limite massimo dei biglietti) e dagli organi preposti alla politica economica[86] e dai fatti economici dall'altro (nel fissare la quantità minima di biglietti necessari per consentire che la moneta adempia alle proprie funzioni). Dal che discende che la Banca d'Italia, pur godendo di ampia autonomia nella emissione, non può assumere un atteggiamento che vanifichi le scelte degli organi politici senza violare i limiti che l'ordinamento pone alla sua discrezionalità nella emissione della carta moneta.

4.3.2. *La Banca d'Italia come operatore del mercato monetario*. Abbiamo così ricavato dal vincolo di bilancio, dalla necessità di tutelare il pubblico credito e dalla norma costituzionale (art. 47) alcuni principi giuridici che vincolano l'attività di emissione della Banca d'Italia. Questi stessi limiti non possono non vincolare anche l'attività della Banca centrale nel compimento delle operazioni sul mercato aperto. Queste operazioni, infatti, hanno come effetto quello di aumentare o diminuire la liquidità del sistema a seconda che si risolvano nell'acquisto o nella vendita di titoli. Nel decidere se ed in quale misura intervenire sul mercato monetario attraverso operazioni di questo tipo, la Banca dovrà ap-

istituzioni (e in particolare alla Banca d'Italia) diverse da quelle inserite nel circuito Governo-Parlamento. Non sembra che questa tesi possa essere condivisa. L'art. 47 si limita a stabilire la doverosità della tutela del valore della moneta; la individuazione degli organi responsabili politicamente di tale tutela non subisce per ciò stesso alcuna deviazione dai principi generali in tema di responsabilità politica ed è sulla base di questi principi che nel testo viene addossata al Ministro per il Tesoro ed al Governo nel suo insieme la predetta responsabilità.

[86] Si veda G. Di Nardi, voce *Banca d'Italia*, in *Noviss. dig. it.*, *App.*, Torino, UTET, 1980, pp. 692 ss.

punto tener presenti i fini che alla stessa sono stati fissati: immettere nel sistema la quantità di moneta necessaria per il suo finanziamento ed evitare, nello stesso tempo, che un eccesso di liquidità possa pregiudicarne il valore[87].

4.3.3. *Banca d'Italia e Tesoro*. Questi vincoli trovano una specificazione e in qualche misura un'alterazione nei rapporti che la Banca centrale intrattiene con il Tesoro.

In connessione con il servizio di Tesoreria che la Banca d'Italia svolge per il Tesoro[88], quest'ultimo intrattiene con la Banca stessa un conto corrente (di tesoreria), la cui disciplina è stata profondamente modificata dalla legge 26 novembre 1993, n. 483. In precedenza il Tesoro poteva indebitarsi sul conto corrente (anticipazione ordinaria) fino ad un ammontare non superiore al 14% delle spese correnti e di quelle in conto capitale risultanti dalle previsioni iniziali e dalle successive variazioni del bilancio preventivo dello Stato per l'esercizio in corso (art. 2, D.Lgt. 7 maggio 1948, n. 544, così come modificato dalla legge 13 dicembre 1964, n. 1333). Nell'ipotesi in cui il Tesoro avesse avuto necessità di anticipazioni straordinarie le stesse avrebbero potuto avvenire solo se autorizzate da un apposito provvedimento legislativo che doveva determinarne anche l'importo[89].

Questa disposizione sottraeva alla Banca d'Italia la valutazione della quantità di biglietti che potevano essere emessi «per conto del Tesoro», rimettendola entro determinati limiti al potere esecutivo, ma stabiliva anche un vincolo per quest'ultimo nel momento in cui pretendeva per le anticipazioni straordinarie un provvedimento legislativo. Essa, pertanto, mentre ribadiva la supremazia degli organi politici e legislativi sulla Banca d'Italia nella determinazione della quantità di moneta emessa per lo Stato, non trascurava di riconoscere alla Banca l'autonomia necessaria per consentirle di adempiere le proprie funzioni di organo di regolazione di una parte almeno della quantità di moneta in circolazione.

La legge 483/1993 ha rafforzato l'autonomia della Banca d'Italia, stabilendo che la stessa «non può concedere anticipazioni di alcun tipo al Tesoro» (cfr. art. 1) (precludendo così, almeno in linea di principio, anche quelle straordinarie) ed escludendo che il Tesoro possa inde-

[87] Sulle operazioni di mercato aperto si veda, per una prima indicazione, B. Bianchi, *Le operazioni di mercato aperto*, in *La politica monetaria*, a cura di F. Cotula, Bologna, Il Mulino, 1989, vol. II, pp. 981 ss.

[88] Tale servizio fu affidato alla Banca d'Italia già con la convenzione dell'ottobre 1894, approvata con R.D. 10 dicembre 1894, n. 533, convertito con la legge 8 agosto 1895, n. 436; la stessa è stata successivamente prorogata ed è tuttora in vigore (cfr. A. Bennati, *Manuale di contabilità dello Stato*, Napoli, Jovene, 1983, p. 565).

[89] Si veda la legge 24 gennaio 1983, n. 10. Per un esame dei problemi giuridici sollevati dal provvedimento si veda F. Vella, *La legge sulla anticipazione straordinaria: l'autonomia della Banca d'Italia tra Tesoro e Parlamento*, in «Banca impr. e soc.», 1984, pp. 123 ss.

bitarsi sistematicamente sul conto corrente: gli eventuali squilibri transitori debbono essere «coperti» con titoli emessi dallo Stato[90].

Il delicato equilibrio fra Banca centrale e Tesoro ha avuto modo di esprimersi, in verità entro schemi non così precisi come quelli appena ricordati, anche con riferimento al collocamento dei titoli del debito pubblico. In proposito i rapporti fra Tesoro e Banca d'Italia hanno subito notevoli variazioni. Per un lungo tratto di tempo il Tesoro ha potuto contare, sulla base di accordi non sempre formalizzati ma in ogni caso considerati impegnativi, sulla Banca centrale come sottoscrittore (residuale) dei titoli non collocati presso altri sottoscrittori. Questo modello vedeva, dunque, la Banca centrale in posizione di subordinazione in ordine a questo canale di creazione della moneta, accentuando perciò stesso la preminenza del Tesoro. Questa linea è stata abbandonata, a far tempo dal 1981, data a partire dalla quale la Banca d'Italia ha fatto presente di non sentirsi più obbligata a sottoscrivere i titoli che non trovano collocazione presso il pubblico. In tal modo si è rafforzata l'autonomia della Banca centrale, comprimendosi nello stesso tempo la capacità del Tesoro di influenzare la quantità di moneta in circolazione[91].

Come si può notare, dunque, anche con riferimento ai rapporti Banca d'Italia-Tesoro, sembra esclusa una sovranità della Banca nella determinazione della quantità di moneta che può essere creata «per conto» del Tesoro, anzi sembra accentuata la supremazia degli organi politici (esecutivo e Parlamento), anche se non vengono trascurati i momenti di autonomia della Banca stessa; momenti che trovano nella necessità di tutelare il valore del metro monetario la propria giustificazione ultima e che dovrebbero essere decisamente enfatizzati con l'attuazione dell'Unione monetaria europea, nell'ambito della quale non dovrebbe più essere consentito il finanziamento monetario del debito pubblico.

4.3.4. *La Banca d'Italia come banca delle banche*. Come si è più volte ricordato dal 1936 la Banca d'Italia è anche banca delle banche almeno in un duplice significato: essa non concede finanziamenti a soggetti diversi dalle imprese bancarie[92] e costituisce nei loro confronti il prestatore di ultima istanza, ossia l'ente al quale le aziende e gli istituti di cre-

[90] Sulla necessità di riformare la disciplina del conto corrente di Tesoreria in modo da impedire che lo stesso venga utilizzato per il finanziamento del debito pubblico v. Ministero per il Tesoro, *Rapporto del Comitato scientifico consultivo sul debito pubblico*, Roma, 1989, pp. 25 ss. Per le conseguenze che sul punto dovrebbe determinare l'attuazione dell'Unione monetaria europea, v. R. Costi, *Unione monetaria*, cit., pp. 69 ss.

[91] Sul «divorzio» così attuato fra Tesoro e Banca d'Italia si veda F. Monti e M. Onado, *Il mercato monetario e finanziario in Italia*, cit., pp. 57 ss.

[92] In verità l'art. 23 l.b. mentre al 1° comma stabilisce che «a partire dal 1° luglio 1936, le operazioni di risconto potranno essere fatte solamente nei confronti delle aziende di credito, sia di diritto pubblico che di diritto privato, sottoposte al controllo della Banca d'Italia», al 3° comma precisa che «le operazioni di anticipazione su titoli continueranno ad essere compiute in conformità delle leggi vigenti anche nei confronti dei privati». Considera tuttavia desuete tali operazioni, G. Sangiorgio, *op. cit.*, p. 49.

dito possono ricorrere sia per la propria provvista ordinaria sia per le proprie esigenze di finanziamento straordinario[93].

La Banca centrale finanzia le imprese bancarie attraverso due canali: le anticipazioni su titoli[94] e lo sconto dei crediti che esse vantano nei confronti della propria clientela. Queste operazioni hanno ad un tempo una valenza monetaria ed una valenza «creditizia». Esse, infatti, nella misura in cui aumentano la liquidità dell'impresa bancaria, ne incrementano la capacità di creare moneta bancaria e quindi concorrono ad accentuare la liquidità del sistema. Ma le stesse hanno anche una valenza bancaria, costituendo una forma di provvista delle imprese, il che è soprattutto vero in presenza di tensioni di liquidità della banca finanziata.

Dopo la legge 7 febbraio 1992, n. 82, che ha rimesso integralmente alla Banca d'Italia la determinazione del tasso ufficiale di sconto, l'autonomia di quest'ultima, per quanto concerne le operazioni di rifinanziamento, è piena: essa determina il tasso che può pretendere dalle banche ammesse al credito di ultima istanza ed è altresì libera di concedere o rifiutare il finanziamento richiesto dalle imprese bancarie, contribuendo così a determinarne il grado di liquidità[95].

4.3.5. *Gli strumenti di controllo creditizio di rilevanza monetaria (rinvio)*. È necessario far cenno in questa sede anche alla «manovra delle riserve obbligatorie», anche se della relativa disciplina ci occuperemo analiticamente in seguito[96]. Attraverso l'obbligo di versare in contanti una parte, variamente parametrata, della massa fiduciaria, presso la Banca d'Italia, viene compressa la capacità delle aziende di creare moneta bancaria; compressione modificabile appunto attraverso una diversa disciplina del suddetto obbligo. E discorsi analoghi possono essere fatti per alcune ipotesi di investimenti obbligatori in titoli (vincolo di portafoglio) e per l'imposizione di massimali all'erogazione del credito: ma anche su questi punti torneremo in seguito[97].

4.3.6. *Qualche riflessione sull'ordinamento monetario italiano*. A conclusione di questo breve cenno sulle funzioni monetarie della Banca

[93] Le anticipazioni possono essere ottenute per un periodo non superiore a 4 mesi e soltanto a fronte di particolari categorie di titoli, definiti appunto «stanziabili» fra questi titoli di Stato o garantiti dallo Stato, quelli pagabili in oro e quelli emessi da Stati esteri.

[94] Sulla opportunità di riformare l'attuale disciplina del credito di ultima istanza, v. P. Ciocca, *Banca Finanza Mercato*, Torino, Einaudi, 1991, pp. 147 ss.

[95] È osservazione corrente, tuttavia, che la manovra del tasso ufficiale di sconto ha una incidenza effettiva piuttosto limitata sulla liquidità, non essendo il ricorso al finanziamento della Banca centrale una forma di provvista largamente usata dalle banche (si vedano per tutti A. Confalonieri, *La banca centrale*, cit., pp. 100 ss., nonché R. De Mattia e A. Finocchiaro, *La Banca d'Italia e i problemi del governo della moneta*, Roma, Banca d'Italia, 1977, pp. 185 ss.). Le variazioni del tasso di sconto rappresentano piuttosto un «segnale» che le autorità politico-amministrative del settore danno sulla politica creditizia e monetaria, più o meno restrittiva, che intendono adottare.

[96] Si veda *infra*.

[97] Si veda *infra*.

d'Italia risultano possibili alcune riflessioni generali sull'assetto di vertice dell'ordinamento monetario italiano. Sembra, anzitutto, opportuno ricordare che l'organo di alta vigilanza sull'attività bancaria non esercita analoga vigilanza sulla funzione monetaria, anche se, potendo dettare disposizioni in ordine ad alcuni strumenti che incidono (riserve obbligatorie e massimale sull'erogazione dei crediti) sulla capacità delle banche di creare moneta bancaria, può assumere decisioni di rilevanza monetaria. In materia monetaria varie attribuzioni competono, invece, al Ministro per il Tesoro (vigilanza sulla banca di emissione, indebitamento del Tesoro, politica dei tassi sui titoli del debito pubblico) e al Parlamento (anticipazioni straordinarie). La Banca d'Italia gode in proposito di notevole autonomia[98] ma la sua attività non è libera: essa incontra due vincoli tecnicamente precisi anche se di non facile determinazione: deve fornire la quantità di moneta necessaria al sistema e tutelare il valore del metro monetario[99]. E questi vincoli non sussistono solo per l'attività di natura amministrativa, come la manovra delle riserve obbligatorie, ma anche per quella di diritto privato[100].

Anche con riferimento alle funzioni monetarie sembra, dunque, necessario escludere che la Banca d'Italia assurga ad organo politico.

L'organo politicamente responsabile per tale funzione deve essere individuato non solo nel Ministro per il Tesoro ma anche e, forse con maggiore esattezza, nell'organo al quale deve essere imputata la politica economica nel suo complesso, dal momento che le linee di tale politica costituiscono un vincolo alla discrezionalità della Banca d'Italia in materia monetaria. In definitiva, la responsabilità della politica monetaria non va attribuita né alla Banca d'Italia né al suo Governatore né al solo Ministro per il Tesoro, ma a quest'ultimo e al Governo nel suo insieme. Naturalmente questo quadro risulterebbe profondamente modificato nell'ipotesi in cui venisse creata una Banca centrale europea alla quale fosse rimessa la determinazione della politica monetaria della Comunità.

4.3.7. *Banca d'Italia e sistema dei pagamenti*. Pur trattandosi di una funzione autonoma nei confronti di quella monetaria (intesa come funzione attenta alla quantità di moneta) è opportuno far qui cenno al ruolo che la Banca d'Italia svolge nell'ambito del sistema dei pagamenti.

Tale sistema, facendo affidamento soprattutto su strumenti di pa-

[98] Sull'autonomia della Banca d'Italia si vedano tra i contributi più recenti, i saggi contenuti in *L'autonomia delle banche centrali*, cit., nonché P. De Vecchis, *Banca d'Italia*, cit., p. 157; G. Nardozzi, *Teorie della moneta e interpretazioni costituzionali*, in «Amministrare», 1986, pp. 107 ss.; Angiolini, *Posizione e dinamica della Banca centrale*, ivi, 1986, pp. 73 ss., S. Ortino, *Banca d'Italia*, in *Enciclopedia* Treccani, 1988, p. 4.

[99] Per una riflessione sull'autonomia della banca in una prospettiva comunitaria A. Jozzo e D. Velo, *L'autonomia della banca centrale in Italia e in Europa*, in «Moneta e credito», 1981, pp. 191 ss., e R. Costi, *L'unione monetaria*, cit., pp. 65 ss.

[100] Il fatto che la Banca d'Italia con riferimento alla sua attività monetaria, operi sul mercato attraverso negozi di diritto privato e in posizione di relativa autonomia, consente sicuramente di ritenere che la stessa sia titolare d'impresa.

gamento diversi dalla moneta legale, porta inevitabilmente in sé il rischio connesso con la conversione dei primi nella seconda e richiede un insieme di regole che da un lato limitino l'accesso al sistema stesso e, dall'altro, prevedano interventi, soprattutto da parte dei banchieri centrali, diretti ad evitare che crisi di liquidità degli operatori inseriti nel sistema interrompano il circuito dei pagamenti[101].

L'organizzazione del sistema dei pagamenti nel nostro paese[102] prevede una sufficiente articolazione solo per quanto concerne i pagamenti interbancari, che a loro volta fanno perno sulle stanze di compensazione, disciplinate già dall'art. 136 del T.U. 28 aprile 1910, n. 204, il cui esercizio venne affidato in via esclusiva alla Banca d'Italia fin dal 1926 (cfr. art. 18 R.D.L. 6 maggio 1926, n. 812).

Il sistema delle stanze di compensazione è fondato sul principio della «compensazione» multipla delle posizioni debitorie e creditorie dei soggetti ammessi (banche, agenti di cambio, società commissionarie di borsa, società di intermediazione mobiliare) alle stanze di compensazione esistenti presso tutte le filiali della Banca d'Italia (D. Ministro per il Tesoro 6 giugno 1989); quest'ultima svolge altresì funzioni di controllo su tutti coloro che operano presso la stanza[103].

I risultati delle compensazioni così realizzate rifluiscono sui conti che i partecipanti alle stanze hanno presso la Banca centrale, la quale può pertanto procedere al rifinanziamento degli operatori che versino in situazioni di temporanea illiquidità.

Come si è a suo tempo ricordato, il T.U. (art. 146) attribuisce alla Banca d'Italia il compito di «promuovere il regolare funzionamento dei sistemi di pagamento» e «a tal fine può emanare disposizioni volte ad assicurare sistemi di compensazione e di pagamento efficienti e affidabili». La norma consente alla Banca d'Italia di introdurre una disciplina generale, sia pure di natura amministrativa, di tale sistema.

4.4. La Banca d'Italia e la funzione valutaria

Abbiamo più volte sottolineato le strette connessioni che esistono tra moneta, credito e valuta, anche sotto il profilo della tutela del risparmio, attraverso la difesa del valore metro monetario.

[101] Sul punto, T. Padoa Schioppa, *La moneta e sistema dei pagamenti*, Bologna, Il Mulino, 1992, pp. 15 ss.

[102] Sul sistema dei pagamenti in Italia, v. Banca d'Italia, *Libro bianco sul sistema dei pagamenti in Italia*, Roma, 1987 e, per un'analisi comparata dei sistemi adottati nei più importanti paesi, Banca d'Italia, *Sistemi di pagamento in undici paesi industrializzati*, Roma, Banca d'Italia, 1990. Sul ruolo dell'Amministrazione Postale nei sistema dei pagamenti v. Amministrazione delle Poste e delle Telecomunicazioni-Banca d'Italia, *Il Bancoposta in Italia e nei principali paesi europei*, Roma, 1991. E, per quanto concerne l'ordinamento degli operatori v. R. Costi, *Servizi di pagamento: il controllo sugli enti produttori*, in «Banca borsa e tit. di cred.», 1993, I, pp. 129 ss.

[103] Le stanze di compensazione procedono anche alla liquidazione dei titoli (cfr. Banca d'Italia, *Le procedure di liquidazione dei titoli*, Roma, Banca d'Italia, 1991).

In particolare è intuitivo che tale difesa si rivelerebbe del tutto parziale se fosse limitata ai rapporti interni al sistema economico e non si preoccupasse anche del valore della moneta nei rapporti esterni, cercando di influire sui flussi monetari determinati dai rapporti con gli altri sistemi economici.

La evidente connessione, appena ricordata, tra tutela del risparmio e controllo del valore della moneta nazionale nei confronti delle valute estere rende ragione dell'attribuzione alla Banca d'Italia, cui sono affidate istituzionalmente la vigilanza sul risparmio e la funzione di regolatrice della circolazione monetaria, di poteri anche in materia valutaria.

Si tratta ovviamente di un'attribuzione non necessaria essendo ben possibile una dissociazione tra vigilanza bancaria e controllo valutario, e, del resto, il nostro ordinamento ha conosciuto un siffatto modello organizzativo negli anni trenta. Sembra, tuttavia, essere convincimento diffuso quello secondo il quale l'attribuzione congiunta delle funzioni valutarie, monetarie e di vigilanza bancaria o quanto meno uno stretto collegamento anche organizzativo fra le stesse consenta una difesa più efficiente del valore della moneta.

Fino al maggio del 1990 lo strumento adottato per il controllo della componente estera della base monetaria era costituito dal «monopolio» dei cambi, o meglio dalla riserva a favore dell'Ufficio italiano cambi del «commercio delle divise e di qualsiasi altro mezzo che potesse servire per pagamenti all'estero, in tutte le possibili forme» (art. 2 D.L. Lgt. 17 maggio 1945, n. 331).

L'Ufficio italiano cambi era il contraente necessario nella vendita e nell'acquisto di strumenti di pagamento sull'estero[104] ed aveva il potere di controllare in tal modo le operazioni che comportano afflussi o deflussi di moneta nazionale. Questa funzione di cambiavalute necessario non esauriva per altro le competenze dell'Ufficio italiano cambi. A quest'ultimo poteva essere infatti delegata la emanazione delle autorizzazioni in materia valutaria di competenza del Ministro per il Tesoro e del Ministro per il Commercio con l'estero ed era proprio attraverso le «circolari» emanate dall'Ufficio italiano cambi che prendeva corpo gran parte della disciplina valutaria (art. 13 del D.L. 6 giugno 1956, n. 476). Allo stesso ufficio competeva poi il potere di vigilanza e di controllo «per la regolare osservanza» di tutte le disposizioni in materia con ampi poteri di informazione e di ispezione nei confronti dei destinatari delle medesime (art. 1 del R.D.L. 12 maggio 1938, n. 794)[105].

[104] In realtà si è ritenuto che con i provvedimenti del 1955 e 1956 sia caduto il monopolio dei cambi con il riconoscimento anche alla Banca d'Italia e alle banche agenti della possibilità di commercio sia pure amministrato delle valute (si vedano V. Mezzacapo, *La Banca d'Italia e le banche «autorizzate a fungere da sue agenzie»*, in *Il sistema valutario*, a cura di F. Capriglione e V. Mezzacapo, Milano, Giuffrè, 1981, vol. I, p. 218, e G. Castelli Avolio, *La giurisdizione della Corte dei Conti*, in «L'impresa», 1984, pp. 756 ss.).

[105] Facendo riferimento al carattere prevalente delle funzioni autorizzative e di controllo la giurisprudenza aveva ritenuto che l'UIC non potesse considerarsi, ai fini della

L'Ufficio italiano cambi era dunque punto di riferimento formale di larga parte delle funzioni connesse con il controllo della valuta.

Il che non impediva alla Banca d'Italia di concorrere a determinare in concreto i contenuti delle decisioni di tale Ufficio, ricomponendo così, in larga parte, le funzioni di vigilanza creditizia e di controllo monetario e valutario. Tale ricomposizione era assicurata anzitutto dalla connessione strutturale esistente tra Banca d'Italia e Ufficio italiano cambi, sia sotto il profilo patrimoniale (il fondo di dotazione fu conferito dalla Banca d'Italia e alla stessa andrebbe restituito in caso di liquidazione), sia sotto il profilo organizzativo (è presieduto di diritto dal Governatore della Banca d'Italia). Inoltre l'Ufficio effettuava le operazioni di sua competenza a mezzo della Banca d'Italia e delle banche da questa autorizzate a fungere da sue agenzie (art. 2 del D.L. Lgt. 17 maggio 1945, n. 331) e questa delega concerneva non solo l'attività di cambiavalute ma anche quelle di autorizzazione e di ispezione[106].

L'ordinamento valutario è stato profondamente modificato dall'attuazione, nel nostro paese, della direttiva comunitaria 88/361 del 24 giugno 1988 che imponeva agli Stati membri di sopprimere le restrizioni ai movimenti di capitali effettuati fra le persone residenti nei paesi della comunità.

La legge 26 settembre 1986, n. 529, il T.U. delle norme di legge in materia valutaria approvato con D.P.R. 31 marzo 1988, n. 148, il decreto del Ministro per il Commercio con l'estero e del Ministro per il Tesoro 27 aprile 1990, nonché una successiva comunicazione (2 maggio 1990) dell'Ufficio italiano cambi, hanno eliminato ogni restrizione ai movimenti di capitali fra le persone residenti in Italia e quelle residenti in altri Stati della Comunità ed hanno cancellato l'obbligo dei residenti di cedere le divise estere all'Ufficio italiano cambi, facendo così perdere a quest'ultimo il carattere di contraente necessario nelle operazioni di acquisto e di vendita di valuta.

In particolare, è stato affermato il principio secondo il quale debbono considerarsi consentiti tutti i movimenti di capitale per i quali le autorità valutarie non introducano limitazioni.

E tali limiti, in conformità con quanto previsto dagli artt. 108 e 109 del Trattato di Roma, così come modificato dall'Atto Unico europeo del 1985, ratificato dall'Italia con legge 23 dicembre 1986, n. 209, possono essere introdotti con decreto del Ministro per il Commercio estero e del Ministro per il Tesoro, sentita in alcune ipotesi la Banca d'Italia, soltanto se consentiti dalle cosiddette «clausole di salvaguardia CEE», ossia «in caso di difficoltà, di minaccia grave di

competenza a conoscere delle controversie di lavoro, un ente economico (cfr. Cass. 11 novembre 1975, n. 3783, in «Banca borsa e tit. di cred.», 1976, II, p. 431).

[106] Sulle banche agenti nell'ambito di quel sistema si vedano V. Mezzacapo, *La Banca d'Italia*, cit., pp. 237 ss., e G. Visentini, *La funzione valutaria*, in *Tratt. di dir. comm. e di dir. pubbl. dell'econ.*, diretto da F. Galgano, Padova, CEDAM, 1983, vol. VI, pp. 377 ss.

difficoltà o di crisi improvvisa della bilancia dei pagamenti» (cfr. artt. 13 e 14 del D.P.R. 31 marzo 1988, n. 148).

Ma la liberalizzazione è stata realizzata soprattutto attraverso il già ricordato D.M. 27 aprile 1990 e la successiva comunicazione UIC del maggio 1990.

La tecnica legislativa così adottata ha fatto sì che l'apparato strutturale previgente non venisse formalmente smantellato, pur risultando lo stesso svuotato di ogni funzione. In particolare l'UIC è stato ridotto ad ente che persegue «finalità conoscitive e statistiche in materia di rapporti economici e finanziari con l'estero» (cfr. art. 21 del D.P.R. 31 marzo 1988, n. 148).

Una situazione analoga si è verificata per quanto concerne le posizioni in valuta delle banche. L'art. 4, 3° comma del T.U. in materia valutaria subordina la possibilità delle banche (banche agenti) di compiere operazioni valutarie e in cambi alla autorizzazione della Banca d'Italia e quest'ultima potrebbe quindi utilizzare questo potere autorizzatorio per incidere sulla entità e sulle modalità dell'indebitamento bancario nei confronti dell'estero e perseguire così, come in passato, finalità di tutela del valore esterno della moneta[107].

Ma in realtà l'intervenuta liberalizzazione dei capitali esclude una siffatta utilizzazione di quel potere, mentre può immaginarsene una eventuale riconversione in funzione di vigilanza bancaria, sulle banche autorizzate ad operazioni in valuta in considerazione del particolare rischio che tali operazioni possono presentare; d'altro canto tali banche, pur continuando a definirsi banche agenti, hanno cessato di essere il tramite necessario delle operazioni in valuta, hanno perduto ogni compito di controllo valutario ed operano ormai in nome e per conto proprio (art. 4, 3° comma del T.U.) e non come «agenti» dell'Ufficio italiano cambi, come in precedenza.

Sembra, dunque, ovvio constatare che la eliminazione di un sistema di controlli amministrativi sulla circolazione dei capitali ha privato la Banca d'Italia di alcuni strumenti importanti per la tutela del valore della moneta nei confronti delle valute estere.

Ciò non implica ovviamente l'assenza della Banca d'Italia su questo fronte. In particolare essa può, come Banca centrale, compiere sul mercato le operazioni di acquisto o di vendita di divise estere contro lire che ritiene indispensabili per contrastare i movimenti speculativi che potrebbero pregiudicare il valore esterno della moneta.

Né può essere trascurata l'opera che nella stessa direzione essa può svolgere nella determinazione dei contenuti e nella esecuzione dei molteplici accordi monetari di carattere internazionale che la vedono presente unitamente al Ministro per il Tesoro[108].

[107] Così V. Mezzacapo, *La Banca d'Italia*, cit., p. 182, e F. Capriglione, *Monopolio dei cambi e centri raccolta valute*, in «Banca borsa e tit. di cred.», 1979, I, pp. 456 ss.

[108] Sulla Banca d'Italia come momento di collegamento tra l'economia nazionale e quella internazionale, per i profili giuridici, si veda F. D'Onofrio, *Banca d'Italia e costituzione economica*, cit., pp. 391 ss.

La Banca d'Italia conserva un ruolo importante nell'espletamento della funzione valutaria anche dopo lo smantellamento delle barriere valutarie, ma la sua posizione non può essere considerata di natura politica. Conclusione quest'ultima che non solo trova conferma nelle considerazioni svolte a proposito della funzione monetaria (nei rapporti interni) ma anche nella disciplina specifica del settore, che vede nei Ministri per il Tesoro e per il Commercio con l'estero gli organi cui va imputata la responsabilità della politica valutaria.

4.5. Banca d'Italia, mercati mobiliari e intermediari finanziari non bancari

Già la legge bancaria, nell'ambito di un disegno che intendeva probabilmente individuare un centro unico di controllo di tutte le transazioni di massa che coinvolgessero il risparmio[109] aveva esteso il potere dell'Ispettorato al di là del risparmio bancario.

A norma, infatti, dell'art. 2 l.b. erano soggetti alla autorizzazione dell'Ispettorato (e successivamente della Banca d'Italia) le emissioni di «azioni, obbligazioni, di buoni di cassa, di valori mobiliari di ogni natura, quando siano destinate alla quotazione di borsa» (cfr. anche art. 45, 2° comma l.b.).

Il controllo così attribuito alla Banca d'Italia sulle emissioni di valori mobiliari destinati ai mercati ufficiali, aveva soprattutto lo scopo di consentire un intervento della stessa sui flussi finanziari esterni al sistema bancario.

Questo tipo di controllo aveva trovata poi una conferma ed una estensione generalizzata nella legge 23 marzo 1983, n. 77, il cui art. 11 prevedeva «ai soli fini del controllo dei flussi finanziari», un controllo della Banca d'Italia su tutte le emissioni di valori mobiliari per quantità superiori ad una soglia minima anche quando le stesse non fossero destinate ai mercati ufficiali[110].

Questi controlli sono stati ridisciplinati dal T.U. del 1993 che ha abrogato sia le norme della legge bancaria (artt. 2 e 45, 2° comma) e della legge 77/83 (art. 11) appena ricordate sia l'art. 21 della legge 281/1985 che subordinava all'autorizzazione del Ministro per il Tesoro, sentita la Banca d'Italia, la costituzione delle società per azioni, gli aumenti di capitale delle stesse e la emissione di obbligazioni di importi superiori a dieci miliardi di lire «al solo fine di assicurare la stabilità del mercato dei valori mobiliari». L'art. 129 del T.U. unifica le due discipline, concentrando in capo alla sola Banca d'Italia il controllo sulla emissione dei valori mobiliari e precisando che lo scopo del controllo è, in tutte le ipotesi, solo quello di assicurare la stabilità dei mercati mobilia-

[109] Cfr. i saggi pubblicati in *La legge bancaria. Note e documenti sulla sua «storia segreta»*, a cura di M. Porzio, Bologna, Il Mulino, 1981.

[110] Accanto al controllo della Banca d'Italia come individuato nel testo sta quello della CONSOB (legge 7 giugno 1974, n. 216) alla quale è in generale rimesso il controllo della trasparenza dei mercati mobiliari sia ufficiali sia non ufficiali.

ri. La norma prevede l'obbligo di comunicare l'emissione quando la medesima superi la soglia fissata dalla Banca d'Italia, e attribuisce a quest'ultima il potere di imporre il differimento dell'operazione quando lo richiedano ragioni connesse con la stabilità del mercato mobiliare. In definitiva sembra essere stato espunto ogni intento di controllo sui flussi finanziari, conservandosi per altro un potere diretto a favorire la stabilità dei mercati.

Ma le competenze della Banca d'Italia in materia di risparmio non bancario hanno trovato recentemente una forte espansione soprattutto sotto il profilo dei controlli di stabilità sugli intermediari, sia quelli finanziari (non bancari) sia quelli di mercato mobiliare.

Per quanto concerne i primi il T.U. del 1993 riprendendo ed unificando le disposizioni dettate dalla legge 21 febbraio 1991, n. 52, sulle società di factoring e dalla legge 5 luglio 1991, n. 197, sulle società finanziarie (non bancarie) ha previsto una disciplina generale degli intermediari finanziari, sulla quale torneremo più ampiamente in seguito, nell'ambito della quale viene previsto un controllo prudenziale della Banca d'Italia su alcune categorie di essi.

Un processo analogo si è avuto per quanto concerne gli intermediari di mercato mobiliare. Già la legge 23 marzo 1983, n. 77, attribuiva alla Banca d'Italia importanti funzioni di vigilanza sulle società di gestione dei fondi comuni mobiliari aperti e analoghe funzioni sono state attribuite alla stessa Banca d'Italia dalle più recenti leggi sulle società di investimento a capitale variabile (SICAV) (D.Lgt. 25 gennaio 1993, n. 84)[111] e sui fondi mobiliari chiusi (legge 14 agosto 1993, n. 344).

Ma tali funzioni hanno ricevuto una più generale codificazione nella legge di riforma del mercato mobiliare (legge 2 gennaio 1991, n. 1). Nel disciplinare le società di intermediazione mobiliare, ossia dell'intermediario al quale è riservato (insieme alle banche) l'esercizio professionale di tutte le attività di intermediazione mobiliare, la legge 1/1991 ha ritenuto necessario prevedere, accanto ai controlli di trasparenza e di correttezza, anche controlli prudenziali diretti a garantire la stabilità delle predette società. E mentre i primi sotto stati affidati alla CONSOB (anche per quanto riguardo le banche) i secondi sono stati attribuiti alla Banca d'Italia[112].

4.6. La struttura della Banca d'Italia

4.6.1. *La Banca d'Italia come ente pubblico e come impresa*. Abbiamo già ricordato che la Banca d'Italia per espresso disposto normativo (art. 20 l.b.) è un ente pubblico; la stessa, peraltro, pur svolgendo attività d'impresa non viene considerata un ente pubblico economico, rite-

[111] R. Lener, *Le società di investimento a capitale variabile*, in *Trattato delle società per azioni*, cit., pp. 139 ss.

[112] Sul punto v. M. Cera, *Le società di intermediazione mobiliare*, in *Trattato delle società per azioni*, cit., pp. 39 ss.

nendosi che le funzioni pubbliche, non d'impresa, ad essa assegnate abbiano una incidenza preponderante nella configurazione giuridica dell'ente e, comunque, costringano in una posizione non significativa sotto questo profilo l'attività d'impresa[113].

Si può convenire sulla preponderanza delle funzioni pubbliche e quindi sulla negazione della qualità di ente pubblico economico alla Banca d'Italia, ma non si può trascurare la dimensione imprenditoriale della Banca medesima. Abbiamo già avuto modo di notare, infatti, che importanti momenti della sua attività, soprattutto ma non soltanto, come Banca centrale sono costituiti da operazioni di impresa, che si esprimono attraverso contratti di diritto privato, e, d'altro canto, abbiamo rilevato che l'equilibrio finanziario e patrimoniale della Banca è un vincolo alla sua attività sia di diritto privato sia di diritto amministrativo.

Questa connotazione imprenditoriale è posta in tutta evidenza dallo statuto stesso della Banca d'Italia, là dove si precisa che questa «esercita funzioni bancarie, può emettere titoli al portatore e, quale unico istituto di emissione, emette biglietti nei limiti e con le norme stabilite dalla legge».

Più esattamente, la Banca d'Italia adempie alla propria funzione ora con atti amministrativi ora con negozi di diritto privato, dando vita, in questo secondo caso, ad una attività di impresa che consente l'adempimento della funzione pubblica solo se viene esercitata nel rispetto del principio di economicità della gestione.

E di questa duplice anima vi è traccia evidente nella struttura organizzativa della Banca stessa.

4.6.2. *L'organizzazione della Banca d'Italia*. *a*) La Banca d'Italia (il cui Statuto, tranne qualche modificazione marginale, è ancora quello approvato con R.D. 11 giugno 1936, n. 1067) è un ente associativo, con il capitale diviso in quote nominative. Queste, «ai fini della tutela del pubblico credito e della continuità di indirizzo» dell'ente, possono appartenere soltanto alle società bancarie, sottoposte a controllo pubblico, risultanti dalla «trasformazione» delle Casse di risparmio e degli Istituti di credito di diritto pubblico, realizzate ai sensi del D.Lgt. 356/1990, alle società bancarie che potevano qualificarsi banche di interesse nazionale ai sensi dell'art. 25 l.b., abrogato dall'art. 49 del D.Lgt. 481/1992, a Istituti di previdenza e Istituti di assicurazione e la loro circolazione è sottoposta al gradimento del Consiglio superiore della Banca. Pur essendo così delimitata, sotto il profilo soggettivo, la partecipazione alla Banca d'Italia non è per gli istituti partecipanti un *munus*

[113] Dalla conclusione indicata nel testo la giurisprudenza (Cass. SS.UU. 21 ottobre 1952, n. 3042, in «Foro it.», 1953, 1, c. 1594 e Cons. Stato, Sez. VI, gennaio 1956, n. 44, in «Foro Amm.», 1956, 1, 3, 171 e Trib. Napoli, 17 novembre 1966, in «Banca borsa e tit. di cred.», 1966, II, p. 593 con nota di G. Ruta, Cass. SS.UU. 21 marzo 1970, n. 745 in Giust. Civ., 1970, 1, p. 831) ha tratto il convincimento che le controversie relative al rapporto di impiego dei dipendenti della Banca d'Italia debbano essere sottoposte alla giurisdizione del Consiglio di Stato e non alla giurisdizione ordinaria.

pubblico: si prevede infatti la possibilità, ed entro certi limiti la doverosità, della attribuzione a questi ultimi di parte degli utili di esercizio[114].

La Banca d'Italia ha una struttura territorialmente articolata: accanto all'amministrazione centrale esistono infatti 14 sedi periferiche, presso le quali viene nominato un Consiglio di reggenza con compiti di amministrazione della sede stessa, e succursali o agenzie nei capoluoghi di provincia nei quali non ha sedi.

b) Gli organi della Banca sono (art. 5 dello Statuto): l'Assemblea generale dei partecipanti; il Consiglio superiore e il Comitato del Consiglio superiore; il Direttorio, costituito dal Governatore, dal Direttore generale e da due Vicedirettori generali, e il Governatore[115].

Nello stabilire la ripartizione delle competenze fra i vari organi della Banca è necessario tener presente che, come si è già ricordato, l'art. 5 (tuttora in vigore) del D.L. C.P.S. 17 luglio 1947, n. 691, ha stabilito che il Consiglio superiore «non ha ingerenza nella materia devoluta dall'art. 1 (dello stesso provvedimento) al Comitato interministeriale per il credito ed il risparmio». Da questa norma si desume l'attribuzione in via esclusiva all'ufficio del Governatore delle funzioni che alla Banca d'Italia competono in materia di tutela del risparmio e di esercizio del credito e in materia valutaria.

Abbiamo già messo in evidenza che non era e non è compresa tra le materie sottoposte all'alta vigilanza del Comitato quella monetaria e non sembra pertanto possa affermarsi che in questa materia valga la «esclusione» del Consiglio superiore sancita dalla disciplina del 1947. Conforta questa conclusione il fatto che le competenze monetarie erano già istituzionalmente attribuite alla Banca prima di quest'ultimo provvedimento e non esistono indizi di una volontà di modificare la distribuzione delle competenze in precedenza fissate dallo statuto anche in una materia non presa in considerazione dal provvedimento medesimo. È necessario poi tener presente che le operazioni di natura monetaria coinvolgono quasi sempre la responsabilità patrimoniale dell'ente, traducendosi in contratti di diritto privato, e sembrerebbe ragionevole non escludere a priori una qualche ingerenza sulla stessa degli organi naturalmente preposti alla gestione dell'attività imprenditoriale della Banca d'Italia.

Ferma questa premessa la distribuzione delle competenze tra gli organi avviene secondo i seguenti criteri.

All'Assemblea generale dei partecipanti, che deve riunirsi entro il 31 maggio di ogni anno, compete l'approvazione del bilancio della Banca e la nomina dei sindaci; i partecipanti tuttavia si riuniscono in assem-

[114] A norma, infatti, dell'art. 54 dello statuto gli utili netti, dedotta una parte da assegnare a riserva non superiore al 20%, «sono assegnati ai partecipanti, per la distribuzione di un dividendo fino ad una somma pari al 6% del capitale». Ed ulteriori attribuzioni possono essere effettuate sul residuo con l'approvazione del Ministro per il Tesoro. L'utile residuo è devoluto allo Stato.

[115] Sull'organizzazione della Banca d'Italia v. P. De Vecchis, voce *Banca d'Italia*, in *Digesto discipline pubblicistiche*, vol. III, Torino, UTET, 1987, pp. 151 ss.

blea presso le sedi periferiche della Banca per la nomina dei 13 membri del Consiglio superiore «in ragione di uno per ciascuna sede».

Il Consiglio superiore, del quale è membro anche il Governatore che lo presiede e alle cui riunioni prendono parte anche gli altri componenti del Direttorio, ha l'amministrazione generale della Banca e, tra l'altro, delibera la creazione e l'emissione dei biglietti, determina le norme e le condizioni per le operazioni della Banca, assume le decisioni necessarie per l'organizzazione della stessa, nomina il Comitato e soprattutto «nomina e revoca il Governatore, il direttore generale e i vicedirettori generali»; queste ultime delibere, tuttavia, «debbono essere approvate con decreto del Presidente della Repubblica promosso dal Presidente del Consiglio dei Ministri di concerto con il Ministro per il Tesoro, sentito il Consiglio dei Ministri» (art. 19 Statuto).

Il Consiglio superiore delibera inoltre «su tutte le altre materie che, non essendo esplicitamente demandate all'assemblea generale dei partecipanti, il Governatore ritenga di sottoporgli». Come si può notare non esiste alcun divieto di ingerenza del Consiglio superiore per quanto concerne importanti operazioni di rilevanza monetaria, come le operazioni a mercato aperto o il rifinanziamento delle aziende di credito o la stessa emissione di biglietti di banca, anzi esistono indizi di una competenza del Consiglio in questa materia o, quanto meno, la legittimità di una devoluzione della stessa al Consiglio da parte del Governatore. A differenza ovviamente di quanto avviene per le materie sottratte all'ingerenza del Consiglio superiore dal D.L. C.P.S. 691/1947.

Il Comitato, composto dal Governatore e da quattro membri nominati annualmente dal Consiglio superiore, ha funzioni sia consultive sia di amministrazione attiva, demandategli o dal Consiglio superiore o dal Governatore, naturalmente nelle materie non sottratte all'ingerenza del primo[116].

Il Governatore, il Direttore e i due vicedirettori generali danno vita al Direttorio, cui compete la direzione dell'Istituto nell'ambito delle linee fissate dal Consiglio superiore, dal Comitato e dal Governatore.

Ma come è risaputo l'organo di vertice dell'ordinamento della Banca è il Governatore. Allo stesso spettano peraltro, non solo competenze riservate nell'ambito della Banca ma anche funzioni proprie, non riconducibili all'attività della Banca. Delle funzioni, a diverso titolo così attribuite al Governatore ci occuperemo, pertanto, unitariamente appresso.

5. Il Governatore della Banca d'Italia

Come abbiamo avuto già occasione di ricordare, il Governatore viene nominato e revocato dal Consiglio superiore della Banca d'Italia,

[116] Lo Statuto prevede anche organi di controllo interno: i sindaci, che svolgono funzioni di controllo presso l'Amministrazione centrale, e i censori, che svolgono funzioni di controllo, di diverso contenuto, presso le sedi e le succursali e hanno l'obbligo di riferire i risultati della propria attività ai primi.

ma sia la nomina sia la revoca «debbono essere approvate con decreto del Presidente della Repubblica promosso dal Presidente del Consiglio di concerto con il Ministro per il Tesoro, sentito il Consiglio dei Ministri».

La disciplina della nomina riflette abbastanza bene i rapporti esistenti tra Banca d'Italia e Governo: essa infatti sottolinea l'autonomia della Banca e nello stesso tempo mette in evidenza la necessaria esistenza di un rapporto fiduciario tra la Banca ed il Governo. La prassi, d'altro canto, ha esaltato la prima facendo cadere quasi sempre la nomina del Governatore su personalità provenienti dall'interno della Banca stessa.

La disciplina della revoca sancisce la stabilità e l'indipendenza del Governatore pretendendo una convergenza di volontà della Banca[117] e del Governo; stabilità che trova ulteriore fondamento nella durata illimitata della carica.

Come ho già rilevato, i poteri del Governatore possono essere distinti in due gruppi: quelli che allo stesso competono come organo della Banca, e che pertanto si esprimono in atti e provvedimenti a questa imputabili, e quelli che lo stesso esercita «personalmente», ossia che non si traducono in atti e provvedimenti della Banca.

Nell'ambito della prima categoria di poteri si dovranno ulteriormente distinguere quelli per i quali la legge esclude una qualsiasi ingerenza degli altri organi della Banca e quelli per i quali la legge consente tale ingerenza, anche se poi di fatto la stessa viene esclusa dallo Statuto o comunque dall'ordinamento interno stabilito dagli organi della Banca. Tra i poteri «esclusivi» rientrano tutte le competenze in materia di tutela del risparmio, di esercizio del credito e in materia valutaria e, sembra, anche le decisioni relative alle operazioni in titoli di Stato e in divise estere, nonché la variazione del tasso ufficiale di sconto. Tra i secondi rientrano quelli attinenti alle altre operazioni bancarie della Banca e alla sua organizzazione. Al Governatore, comunque, sono rimessi (art. 25 Statuto) il potere di compiere tutti gli atti non specificamente attribuiti alla competenza degli altri organi e la rappresentanza della Banca in tutti gli atti, contratti e giudizi nei confronti di terzi.

Se la disciplina della revoca sottolinea la stabilità e l'autonomia del Governatore nei confronti del potere esecutivo, la distribuzione delle competenze interne mette in evidenza non solo la preminenza del Governatore nella determinazione delle scelte più importanti dell'attività della Banca, ma anche l'autonomia della quale il Governatore gode nei confronti dei partecipanti e degli altri organi della Banca.

Ma, come si accennava, al Governatore sono attribuite funzioni che non sono riconducibili alla capacità della Banca e che lo stesso esercita

[117] La stabilità del Governatore risulterebbe ulteriormente accentuata se si ritenesse (così V. Bachelet, *L'attività*, cit., p. 181) che il Consiglio superiore della Banca non avendo ingerenza nella materia di cui all'art. 1 del D.L. C.P.S. 691/1947 non potrebbe neppure deliberare la revoca del Governatore per ragioni connesse a condotte assunte da quest'ultimo in tali materie.

in proprio, ossia non come organo di quest'ultima. Così a norma dell'art. 2, 1° comma del T.U., il Governatore della Banca d'Italia partecipa alle sedute del Comitato interministeriale per il credito ed il risparmio; a norma dell'art. 4 del D.L.Lgt. 17 maggio 1945, n. 331 è Presidente dell'Ufficio italiano cambi del quale ha altresì «l'alta direzione»; a norma dell'art. 16 della legge 27 febbraio 1967, n. 48, può essere invitato a partecipare alle riunioni del Comitato interministeriale per la programmazione economica. Inoltre, sulla base di accordi internazionali prende parte ad organismi creditizi sovranazionali di grande rilievo come il Fondo monetario internazionale, la Banca internazionale per la ricostruzione e lo sviluppo, la Banca dei regolamenti internazionali e il Comitato dei Governatori della CEE[118].

L'insieme di questi poteri consente certamente al Governatore di assumere una posizione di grande rilievo nell'ambito delle funzioni creditizia, monetaria e valutaria, di avere una conoscenza compiuta della politica economica e di far pervenire ai relativi organi le proprie valutazioni. Queste trovano nella relazione annuale all'assemblea dei partecipanti abituale ed autorevole espressione[119].

Una parte della dottrina ha ritenuto anzi che, quanto meno nella costituzione materiale, il Governatore abbia assunto il ruolo di organo politico, avendo acquisito il potere di incidere profondamente sull'indirizzo di politica economica del Governo[120]. Questa conclusione non sembra condivisibile: noi abbiamo già rilevato che la Banca d'Italia in quanto tale non svolge attività di indirizzo politico e non assume pertanto responsabilità politica ed è quindi necessario anche escludere che la qualifica di organo politico possa derivare al Governatore dall'esercizio dei poteri che esercita come organo della medesima.

D'altro canto, non sembra che gli ulteriori poteri che allo stesso competono possano modificare questa conclusione soprattutto perché o si tratta di organismi sicuramente non politici (come l'UIC) o che comunque non abbiamo giudicato tali (come il CICR) o dei quali in ogni caso non concorre a determinare la volontà (come il CIPE). Il che non toglie ovviamente che le valutazioni del Governatore, proprio perché provengono da un organo tecnico-amministrativo di grande prestigio, possano essere tenute in particolare considerazione dagli organi di governo.

[118] Né possono essere trascurati i collegamenti che si sono venuti instaurando tra i Governatori delle Banche centrali, come le consultazioni di Basilea fra i Governatori dei paesi facenti parte del «Gruppo dei dieci» che costituiscono momenti di grande rilievo nel governo multinazionale delle monete (si veda sul punto. F. D'Onofrio, *op. cit.*, p. 420).

[119] Sul rilievo politico della Relazione del Governatore si veda A. Loizzo, *op. cit.*, pp. 81 ss.

[120] Così F. Merusi, *Commentario*, cit., pp. 116 ss. Lo considera un Ministro-tecnico F. Trimarchi, *op. cit.*, p. 25 (sul punto v. anche M. Porzio, *La disciplina*, cit., p. 198), pur escludendo che lo stesso assuma responsabilità politica per le proprie decisioni; ma si tratta di una definizione di carattere più sociologico che giuridico.

6. La competenza delle Regioni in materia bancaria

6.1. Considerazioni generali

Nei paragrafi precedenti abbiamo descritto l'organizzazione politico-amministrativa preposta dallo Stato all'attività bancaria e abbiamo altresì notato che tale organizzazione si esprime attraverso una molteplicità di atti amministrativi che costituiscono una fra le più importanti fonti dell'ordinamento bancario nazionale.

Il quadro deve essere ora completato individuando il ruolo che, sia sotto il profilo dell'organizzazione pubblica del settore sia sotto quello delle fonti, il nostro sistema costituzionale riserva alla potestà legislativa e all'attività amministrativa delle Regioni.

Sul punto la dottrina giuridica è unanime nel constatare che il nostro costituente, mentre ha precluso ogni ingerenza in materia bancaria alle Regioni a statuto ordinario, ha consentito tale ingerenza, sia sul piano legislativo sia su quello amministrativo, alle Regioni a statuto speciale. E si tratta di constatazione sicuramente fondata. Essa, tuttavia, non esime dal chiedersi perché il costituente abbia negato ogni potere sul sistema bancario alle Regioni a statuto ordinario, nello stesso momento in cui attribuiva importanti potestà alle Regioni dotate di autonomia speciale.

Una considerazione unitaria, troppo spesso assente negli scrittori, delle due diverse soluzioni adottate dovrebbe aiutare, da un lato, a mettere più chiaramente in luce le ragioni che hanno giustificato la sottrazione dell'intera materia del credito alle competenze delle Regioni ordinarie e, dall'altro, a delimitare meglio le competenze riconosciute alle Regioni a statuto differenziato.

Sarà così possibile verificare se la diversità delle soluzioni, per lo più non adeguatamente spiegata, possa ricondursi a scelte di politica creditizia e monetaria dotate di sufficiente coerenza.

6.2. Credito e Regioni a statuto ordinario

L'art. 117 Cost., 1° comma, indica, con elenco tassativo, le «materie» per le quali le Regioni possono emanare norme legislative, sia pure nei limiti dei principi fondamentali stabiliti dalle leggi dello Stato e sempreché le norme stesse non siano in contrasto con l'interesse nazionale e con quello delle altre Regioni (competenza legislativa concorrente)[121] e non ricomprende fra tali materie «la raccolta del risparmio e l'esercizio del credito». Con ciò stesso la Carta costituzionale non solo nega alle Regioni competenza legislativa in materia bancaria, ma esclude anche che la legge ordinaria possa attribuire loro siffatta potestà, restando riservata e consentita la relativa attribuzione ad eventuali (ma

[121] Sulla nozione di competenza legislativa concorrente si veda per tutti L. Paladin, *Diritto regionale*, Padova, CEDAM, 1992^5, pp. 67 ss.

improbabili) future leggi costituzionali (art. 117, 2° comma). La mancata attribuzione di potestà legislativa preclude anche l'attribuzione originaria alle Regioni di funzioni amministrative in tale materia, dal momento che tale attribuzione concerne esclusivamente funzioni amministrative afferenti le materie per le quali le Regioni hanno anche competenza legislativa (art. 118, 1° comma). Il che non avrebbe impedito, tuttavia, allo Stato di delegare con legge ordinaria alle Regioni funzioni amministrative anche in materia bancaria, essendo tale possibilità contemplata dalla stessa Carta costituzionale (art. 118, 2° comma); ma, come vedremo, il legislatore nazionale non ha ritenuto opportuna una siffatta delega.

La esclusione di una qualsiasi competenza legislativa in materia creditizia delle Regioni a statuto ordinario fu decisa nel corso dei lavori costituenti senza sostanziali contrasti.

In verità il progetto di costituzione predisposto dalla Commissione per la Costituzione prevedeva (art. 4) l'attribuzione alle Regioni ordinarie di una competenza legislativa concorrente in materia di «disciplina del credito, dell'assicurazione e del risparmio», ma la Seconda Commissione dell'Assemblea decise unanime di escludere siffatta competenza, ipotizzandosi esclusivamente l'attribuzione di una competenza legislativa meramente attuativa delle leggi statali.

Il Comitato di coordinamento, chiamato a redigere il testo del progetto da sottoporre all'assemblea, preferì non indicare le materie per le quali avrebbe potuto attribuirsi alle Regioni tale potestà legislativa di attuazione (oggi genericamente prevista dal 3° comma dell'art. 117), includendo alcune di esse fra quelle rimesse alla competenza legislativa concorrente ed eliminando ogni menzione delle altre; fra queste ultime rimase anche la materia del risparmio e del credito. E l'Assemblea costituente fece propria la esclusione così prevista senza discussione alcuna[122].

Le ragioni che giustificarono la scelta operata dal Costituente emersero con sufficiente chiarezza nel corso dei lavori della sottocommissione che esaminò ed eliminò, come abbiamo appena ricordato, la norma del progetto nella quale si prevedeva la competenza legislativa delle Regioni ordinarie. Si tratta di ragioni diverse, ma sulle quali convennero sia le forze di ispirazione cattolica (Vanoni) sia quelle di tradizione liberale (Einaudi) sia quelle di orientamento marxista (Terracini)[123].

In quella sede, per escludere la competenza legislativa delle Regioni ordinarie in materia bancaria, si fece perno su due ordini di argomenti, fra loro abbastanza diversi e che la dottrina non tiene adeguatamente distinti, stemperandoli in formule omnicomprensive e generiche.

[122] Sul punto N. Saitta, *La disciplina del credito e del risparmio nelle regioni*, Milano, Giuffrè, 1974, pp. 4 ss.

[123] I relativi interventi si ebbero nelle riunioni del 19 e del 22 novembre 1946, in seno alla seconda commissione (cfr. Camera dei deputati-Segretariato generale, *La Costituzione della Repubblica nei lavori preparatori della Assemblea costituente*, vol. VII, Roma, 1971, rispettivamente alle pp. 1346 e 1382-1383).

Si sottolinearono, anzitutto le ragioni connesse con il carattere necessariamente unitario della politica monetaria: nella misura in cui la raccolta del risparmio e l'esercizio del credito incidono sulla funzione monetaria era impensabile una competenza legislativa regionale di carattere esclusivo o anche concorrente, mentre non poteva escludersi per tali ragioni una eventuale competenza regolamentare esecutiva delle leggi nazionali[124].

Ma non furono soltanto di ordine monetario, come spesso si ritiene, le preoccupazioni dei costituenti. Essi vollero anche escludere che le Regioni potessero porre vincoli alla libera circolazione del risparmio nell'intero territorio nazionale «perché il risparmio deve essere investito là dove è più utile e più domandato, dove migliori sono le condizioni per l'investimento»[125].

Si tratta di preoccupazioni connesse con la struttura del mercato bancario, che non coincidono con le esigenze della funzione monetaria e che consentono un grado di compromissione non immaginabile per i profili inerenti alla funzione monetaria.

Non sembra, quindi, fondata l'opinione corrente secondo la quale la Costituzione avrebbe negato alle Regioni potestà legislativa solo per garantire l'unitarietà della funzione monetaria[126]. Se questa fosse stata l'unica ragione presente ai costituenti, coerenza avrebbe voluto che venisse negata ogni potestà legislativa anche alle Regioni ad autonomia rafforzata, perché nessuna istanza autonomistica potrebbe compromettere la funzione monetaria, considerata di interesse nazionale, necessariamente unitario. In realtà, come sono state riconosciute competenze legislative, sia pure non esclusive, alle Regioni a statuto speciale senza per questo intaccare la unitarietà della funzione monetaria, così avreb-

[124] Questo profilo fu posto particolarmente in rilievo da Einaudi (Camera dei deputati, *op. cit.*, p. 1382) secondo il quale: «Poiché la politica del credito non può essere fatta se non secondo determinati criteri generali» ... non è «possibile stabilire una legislazione di carattere regionale su tale materia». Egli precisava che «non sarebbe pensabile la coesistenza di diversi tassi di sconto nelle varie Regioni», ma aggiungeva anche «di non aver tuttavia difficoltà a trasferire questa materia nell'articolo 4 *bis*», ossia nella norma che prevedeva una competenza regolamentare meramente esecutiva.

[125] In questo senso, soprattutto l'intervento di Vanoni (Camera dei deputati, *op. cit.*, p. 1346) che sottolineò «la gravità dell'errore in cui cadono coloro che, specie nelle province meridionali, vorrebbero, attraverso una legislazione particolare, evitare l'esodo del risparmio verso zone dell'Italia settentrionale, perché il risparmio deve essere investito là dove è più utile e più domandato, dove migliori sono le condizioni per l'investimento», aggiungendo, per altro: «si potrà se mai auspicare che lo Stato operi in modo da creare anche nelle province meridionali occasioni di impiego utile e sicuro del risparmio, sì da determinare una corrente inversa degli investimenti» (riunione del 19 novembre 1946). E negli stessi termini si espresse il Presidente della Commissione Terracini (Camera dei deputati, *op. cit.*, pp. 1382) facendo «presente che, come condizione essenziale per lo sviluppo dell'economia basata sull'iniziativa di carattere privato è la massima mobilità del credito e del denaro, così per lo sviluppo dell'economia sottoposto a norme di carattere nazionale è necessario che lo Stato possa disporre delle possibilità finanziarie di tutto il paese e quindi, essenzialmente, del credito e del risparmio».

[126] Così N. Saitta, *op. cit.*, p. 14; A. Crosetti, *Regioni ed esercizio del credito*, Torino, La Cartostampa, 1975, p. 63.

bero potuto attribuirsi potestà legislative, concorrenti o attuative, alle Regioni a statuto ordinario senza compromettere le scelte di politica monetaria.

Le ragioni della scelta costituzionale vanno oltre le motivazioni di ordine esclusivamente monetario: esse hanno inteso garantire in linea di principio la unitarietà del mercato finanziario e la unicità dell'apparato di controllo e di alta vigilanza sull'attività bancaria, consentendo su alcuni momenti, sia dell'organizzazione pubblica sia dell'organizzazione dell'attività e dei soggetti che la esercitano, alcuni spazi alle Regioni dotate di autonomia rafforzata. Ed è su questo terreno, quello della organizzazione dell'apparato pubblico e degli operatori bancari, che sono state possibili alcune soluzioni compromissorie che sul terreno monetario non sarebbero state realizzabili.

In sintesi, le ragioni che giustificano la esclusione di ogni competenza legislativa in materia bancaria delle Regioni a statuto ordinario, non vanno cercate tanto ed esclusivamente sul piano della necessaria unitarietà della politica monetaria quanto, e prevalentemente, nella volontà di garantire unicità di disciplina sia dell'apparato politico-amministrativo preposto all'attività bancaria sia delle condizioni nelle quali esercitano la propria attività gli operatori bancari. In altre parole è una scelta dettata da ragioni prevalentemente «bancarie» e non «monetarie»; il che si afferma essendo ben consapevoli delle connessioni credito-moneta.

Naturalmente la scelta centralista così effettuata dalla Carta costituzionale non poteva non incidere, ed in effetti ha inciso, negativamente sulla possibilità per le Regioni di sviluppare organiche scelte programmatorie nei settori pur rimessi alla loro competenza istituzionale: il che è apparso evidente soprattutto con riferimento all'agricoltura e all'artigianato.

E non sono mancati da parte delle Regioni i tentativi di recuperare competenze in materia creditizia, sia pure limitatamente alle materie per le quali hanno sicura potestà legislativa, fondati sul carattere «strumentale» del credito. In particolare si è assunto che la Costituzione, nel momento in cui ha attribuito alle Regioni il «governo» di alcuni settori (ad esempio agricoltura), ha implicitamente riconosciuto loro potestà legislativa anche su settori strumentali al suddetto governo (ad esempio credito agrario), ma la Corte Costituzionale ha respinto siffatto criterio di individuazione delle materie di competenza regionale ritenendo che le stesse vadano determinate sulla base di un criterio meramente oggettivo [127].

La mancanza di competenza legislativa e di funzioni amministrative non ha, tuttavia, impedito alle Regioni a statuto ordinario di intervenire sul finanziamento delle imprese appartenenti ai settori economici rimessi alla loro competenza (ed in particolare agricoltura e artigianato)

[127] La Corte ha avuto occasione di affermare questo principio con riferimento al credito nella sentenza 6-24 luglio 1972, n. 142, in «Giur. cost.», 1972, pp. 1432 ss.

attraverso strumenti di incentivazione finanziaria. Questi strumenti, il cui esame analitico esula dai limiti di questo capitolo, sono stati soprattutto di due tipi, privatistico l'uno, pubblicistico l'altro.

Le Regioni hanno influito sui flussi dei finanziamenti bancari sia partecipando alla costituzione e allo sviluppo di strutture mutualistiche e consortili (cooperative di garanzia, consorzi fidi) aventi lo scopo di fornire garanzie al sistema bancario[128] sia erogando incentivi finanziari diretti agli imprenditori nelle più diverse forme (contributi in conto interessi, prestazioni di garanzia), ma comunque agevolanti l'accesso al credito bancario.

Ed anzi, lo Stato ha trasferito alle Regioni le funzioni amministrative «concernenti ogni tipo di intervento per agevolare l'accesso al credito nei limiti massimi stabiliti in base alla legge dello Stato, nonché la disciplina dei rapporti con gli istituti, la determinazione dei criteri dell'ammissibilità al credito agevolato ed i controlli sulla sua effettiva destinazione», limitatamente, come è ovvio, ai settori che rientrano nella loro competenza normativa (art. 109, 1° comma D.P.R. 24 luglio 1977, n. 616)[129]. Anche in occasione di tale trasferimento, tuttavia, il legislatore ha sentito il bisogno di precisare che «resta ferma la competenza degli organi statali relativa all'ordinamento creditizio, agli istituti che esercitano il credito, alla determinazione dei tassi massimi praticabili dagli istituti» e di stabilire norme di coordinamento e di indirizzo per «la determinazione dei tassi minimi di interesse agevolati a carico dei beneficiari» (art. 109, 3° comma), allo scopo, appunto, di evitare che facilitazioni giudicate eccessive possano provocare distorsioni abnormi sul mercato creditizio.

6.3. La competenza delle Regioni a statuto speciale

6.3.1. *La natura e i limiti della competenza legislativa*. Tutte le cinque Regioni a statuto speciale (Sicilia, Sardegna, Trentino Alto Adige,

[128] Sul punto si vedano V. Buonocore, *Rilevanza giuridico-legislativa dell'organizzazione territoriale di un sistema creditizio a base nazionale*, in «Giur. comm.», 1979, I, pp. 14 ss., e R. Costi, *Intervento pubblico e iniziativa imprenditoriale nell'organizzazione dei consorzi fidi*, in *Legislazione economica*, a cura di F. Vassalli e G. Visentini, II, 1979, pp. 739 ss.

[129] Si veda, della letteratura formatasi sul punto, quanto meno F. Levi, *Regioni e agevolazioni creditizie*, in «Le Regioni», 1979, pp. 311 ss.; G. Puccini, voce *Credito*, in *Guida per le autonomie locali*, Roma, 1978, pp. 194 ss.; *Problemi attuali: regioni e credito nel decreto di attuazione della legge 3/82*, in «Economia pubblica», 1977, pp. 529 ss.; F. Favara, *Profili giuspubblicistici del credito agevolato*, in «Le Regioni», 1983, pp. 630 ss.; D. Sorace, *Le competenze regionali in materia di agevolazioni creditizie*, ivi, 1983, pp. 402 ss., e soprattutto, F. Bassanini, in *I nuovi poteri delle regioni e degli enti locali, Commenti al decreto di attuazione della legge 3/82*, a cura di A. Barbera e F. Bassanini, Bologna, Il Mulino, 1978, pp. 577 ss. Sul potere di coordinamento e di indirizzo del Governo e sui limiti che lo stesso incontra v. la decisione della Corte Costituzionale n. 150 del 29 luglio 1982, in «Giur. Cost.», 1983, I, p. 1302, e i commenti alla stessa di F. Gabriele, in «Giur. Cost.», 1983, I, pp. 620 ss. e di M. Pedetta, ivi, pp. 672 ss.

Friuli Venezia Giulia e Valle d'Aosta) hanno competenza legislativa in materia di credito e risparmio; tali competenze, tuttavia, che trovano negli statuti regionali e nelle relative norme di attuazione la propria fonte normativa, variano profondamente da regione a regione. Il che, ovviamente, può anche non sorprendere, tenendo conto che le istanze autonomistiche e la necessità di modificare l'ordinamento nazionale in funzione di particolari interessi regionali non si sono presentate in tutte le Regioni con la stessa intensità.

Così può trovare una facile spiegazione il fatto che le competenze legislative in materia di credito della Sicilia e anche del Trentino Alto Adige siano più intense di quelle attribuite alla Sardegna e al Friuli Venezia Giulia, nonché di quelle riconosciute alla Valle d'Aosta. Il tentativo di delineare un quadro organico ed unitario delle competenze legislative delle regioni ad autonomia differenziata in materia di credito è, dunque, non solo di difficile realizzazione, ma anche privo di una sufficiente giustificazione.

Qualche tendenza più generale e qualche uniformità possono, tuttavia, essere rintracciate nelle discipline previste per le varie Regioni; anche se la loro individuazione è resa particolarmente difficile dalla incertezza della terminologia usata dal legislatore nella formulazione delle norme e dalla scarsa consapevolezza dei principi del nostro ordinamento creditizio che sembra accompagnare le relative previsioni normative.

a) Certamente uniformi sono i vincoli che la potestà legislativa delle Regioni ad autonomia rafforzata incontra in materia di credito. Alcuni di questi vincoli sono stati analiticamente individuati nel T.U. del 1993 (cfr. art. 159), ma gli stessi discendono ancor prima, ed in termini più generali, dalla natura della competenza legislativa attribuita alle Regioni.

Tale competenza, mai esclusiva, è per lo più concorrente con quella dello stato (es.: Sicilia, Sardegna, Trentino Alto Adige, Friuli Venezia Giulia) quando non meramente attuativa (Valle d'Aosta). I vari statuti, infatti, con formule sostanzialmente equivalenti, stabiliscono che le Regioni possono esercitare la propria potestà legislativa non solo «in armonia con la Costituzione e i principi dell'ordinamento giuridico dello Stato e con il rispetto degli obblighi internazionali e degli interessi nazionali, nonché delle norme fondamentali delle riforme economico-sociali della Repubblica» (art. 5 Stat. Sardegna; art. 4 Stat. Trentino Alto Adige; art. 4 Stat. Friuli Venezia Giulia), ma anche nei limiti dei «principi stabiliti dalle leggi dello Stato» nella materia del credito e del risparmio.

E come è noto, in assenza di una legislazione di principi fornita dalle cosiddette leggi cornici, sia la legislazione ordinaria[130] sia la giurispru-

[130] A norma infatti dell'art. 17 della legge 16 maggio 1970, n. 281, la competenza legislativa regionale si svolge «nei limiti dei principi fondamentali quali risultano da leggi che espressamente li stabiliscono per le singole materie o quali si desumono dalle leggi vigenti».

denza della Corte Costituzionale[131] hanno chiarito che debbono considerarsi «principi stabiliti dalle leggi dello Stato» nella materia rimessa alla competenza concorrente della Regione, quelli ricavabili dalla legislazione nazionale di settore. Per il settore bancario deve, dunque, ritenersi che la legislazione concorrente delle Regioni a statuto speciale debba rispettare le norme dettate dal T.U. e dalle discipline speciali previste per le varie categorie di imprese bancarie che quest'ultimo abbia lasciato in vita.

Ai vincoli che alla potestà legislativa delle Regioni ad autonomia speciale derivano dalla natura di competenza concorrente debbono poi aggiungersi quelli che trovano la propria fonte nell'indirizzo adottato dalla Corte Costituzionale nel definire i limiti degli «interessi nazionali», che comunque la Regione deve rispettare. La Corte ha trasformato quel limite da vincolo di merito rimesso al giudizio del Parlamento in presupposto di legittimità della legislazione regionale e ha ritenuto che non appartengano alla competenza regionale quelle submaterie che, pur rientrando nelle materie singolarmente attribuite a tale competenza, coinvolgano un interesse nazionale o anche sopraregionale, riducendo di fatto le competenze della Regione agli oggetti di interesse esclusivamente regionale[132].

E in questa prospettiva si è andato consolidando l'indirizzo secondo il quale «la disciplina della raccolta e dell'esercizio del credito» rientra fra le submaterie che coinvolgono interessi nazionali e come tali sono riservate alla legislazione nazionale mentre «l'ordinamento» degli enti di credito (a carattere regionale) viene attribuito alla competenza legislativa (concorrente) delle Regioni. Naturalmente si tratta di una distinzione che, pur essendo utilizzata anche dagli statuti regionali e dalle norme di attuazione presenta notevoli gradi di incertezza.

In linea di massima, si può dire che rientrano nell'«ordinamento» dell'ente, la definizione delle regole di organizzazione dello stesso (statuto), le modificazioni statutarie, lo scioglimento, la fusione e la trasformazione dell'ente[133] e forse, almeno secondo una recente pronuncia della Corte Costituzionale, peraltro estremamente incerta[134], la sua istitu-

[131] Cfr. sentenza 4 marzo 1971, n. 39, in «Giur. Cost.», 1971, p. 182.

[132] Sul punto L. Paladin, *op. cit.*, pp. 104 ss.

[133] Sul punto C. Mortati, *Limiti del potere della Regione Trentino Alto Adige nell'ordinamento degli enti di credito*, in «Giur. cost.», 1956, pp. 1009 ss.; S. Mazzarella, *I poteri amministrativi siciliani per il credito ed il risparmio fra teoria e prassi (1952-1980)*, in *La disciplina ed il controllo del credito nella regione Siciliana*, a cura di G. Restuccia, Milano, Giuffrè, 1982, pp. 125 ss.; C. Cocevar, *op. cit.*, pp. 217 ss.

[134] Cfr. Corte Costituzionale, sentenza 2-4 maggio 1984, n. 135, in «Le Regioni», 1984, p. 975, con nota di D. Sorace; ma in senso contrario si era pronunciata la stessa Corte, a proposito della Regione Friuli Venezia Giulia, nella sentenza 12-15 dicembre 1967, n. 137, in «Giur. cost.», 1968, p. 1642. La Corte ha ritenuto invece che non rientrino nell'ordinamento dell'ente i provvedimenti di amministrazione straordinaria e di liquidazione coatta amministrativa (sentenza 9 luglio 1956, n. 16, in «Giur. it.», 1956, I, 1, c. 838) e quelli in materia di sportelli (sentenza 12-15 dicembre 1967, n. 137, in «Giur. cost.», 1968, 1642).

zione. In una parola, ma consapevoli dell'approssimatività della formula, si può dire che l'«ordinamento» tendenzialmente coincide con la disciplina del soggetto.

La nozione invece di «disciplina della raccolta del risparmio e dell'esercizio del credito» finisce per comprendere tutto quanto non rientri nell'ordinamento (e nella istituzione) dell'ente e può, ma con la dovuta prudenza, essere considerata coestensiva con la disciplina dell'impresa.

Con tutte le precauzioni fin qui avanzate, si può forse ritenere che, almeno in linea di principio, lo Stato si riserva la disciplina dell'attività dell'impresa, mentre alla competenza regionale viene attribuita la potestà di disciplinare, limitatamente agli enti a carattere regionale e con i vincoli propri della potestà legislativa concorrente, la struttura, l'organizzazione e le vicende proprie del soggetto.

b) Un secondo limite alla competenza legislativa delle Regioni discende dalla individuazione degli enti creditizi in ordine ai quali si può esercitare la loro potestà legislativa. Gli statuti o le norme di attuazione hanno, infatti, normalmente (ma fa eccezione la Regione Sicilia), cura di precisare che la Regione emana norme legislative esclusivamente con riferimento agli enti creditizi a carattere (locale o) regionale, per lo più senza precisare, per altro, quali enti debbano definirsi «a carattere regionale».

E in proposito, soprattutto con riferimento alle Regioni Sardegna e Friuli Venezia Giulia, si era formato un singolare indirizzo[135] avallato anche dalla Corte Costituzionale[136], secondo il quale dovrebbero considerarsi a carattere regionale gli enti specializzati nel finanziamento dei settori merceologici rimessi al governo della Regione. Tale indirizzo prendeva spunto dal fatto che gli statuti riconoscono competenza legislativa regionale su alcune categorie di enti nominativamente elencati (Casse di risparmio, Casse rurali, Enti di credito agrario e fondiario) e, nel convincimento che gli stessi fossero enti di credito specializzati, riteneva che tali dovessero essere anche gli operatori bancari genericamente qualificati «a carattere regionale», concludendo che questi potessero essere solo quelli specializzati nel finanziamento dei settori merceologici rimessi al governo della Regione.

La tesi sembra, in realtà, priva di qualsiasi fondamento, sia perché non è vero che gli enti menzionati individualmente siano specializzati nel finanziamento di particolari settori economici (ad esempio Casse di risparmio), sia perché la stessa è smentita palesemente dalla lettera delle

[135] F. Cossiga, *Osservazioni sulla competenza della Regione sarda in materia di credito*, in «Banca e cred. agr.», 1952, pp. 24 ss.; G. Guarino, *Competenza della Regione sarda in materia di credito*, in «Banca e cred. agr.», 1955, p. 20; A. Crosetti, *op. cit.*, pp. 34 ss.; C. Cocevar, *L'ordinamento regionale del credito nel Friuli Venezia Giulia*, in «Economia e credito», 1974, pp. 920 ss.; V. Buscema e R. Fusco, *La regione Friuli Venezia Giulia*, Milano, Giuffrè, 1982, pp. 124 ss.

[136] Cfr. Corte Costituzionale, 14 luglio 1958, n. 50, in «Giur. Cost.», 1958, p. 586; Corte Costituzionale, 24 novembre 1958, n. 58, in «Giur. Cost.», 1958, p. 875.

norme statutarie che ancorano la categoria di tali enti ad un criterio territoriale («a carattere regionale») e non merceologico.

La definizione di ente a carattere regionale è stata esplicitata, successivamente al formarsi dell'indirizzo appena criticato, dalle nuove norme di attuazione dettate nel 1977 per il Trentino Alto Adige, il cui art. 2 precisa che «sono considerati a carattere regionale tutti gli enti e gli istituti e tutte le aziende di credito che abbiano sede legale e sportelli esclusivamente nel territorio regionale».

E, a dire il vero, questa conclusione avrebbe dovuto imporsi anche a prescindere da quest'ultimo intervento legislativo e può, comunque, essere affermata anche per gli altri statuti regionali che utilizzano la nozione di ente a carattere regionale, discendendo la stessa in modo piano dal tenore delle norme e dalla consapevolezza del ruolo che nella disciplina dell'impresa bancaria ha l'articolazione territoriale (gli sportelli) dell'attività.

Ed è altrettanto chiaro che tale articolazione non va identificata, come pure si è fatto in passato, con l'ambito territoriale di operatività[137], potendo ben affermarsi il carattere regionale anche quando, sulla base delle norme di vigilanza, sia consentito impiegare al di fuori del territorio regionale il risparmio raccolto.

Né si potrebbe respingere questa conclusione, che identifica l'ente a carattere regionale con quello che ha una articolazione di impresa limitata alla Regione, rilevando, come pure si era fatto erroneamente in passato, che la stessa priverebbe di significato la relativa nozione, essendo il territorio regionale limite connaturato alla competenza legislativa regionale, perché, a tacer d'altro, tale obiezione è respinta proprio dalle nuove norme di attuazione dettate per il Trentino Alto Adige che, appunto, accolgono tale criterio.

Anzi, è proprio sulla nozione di ente a carattere regionale così come qui individuata che si dovrà far perno per comprendere le ragioni che hanno spinto gli statuti a riconoscere nominativamente la competenza legislativa regionale su alcune categorie di imprese bancarie e per stabilire un limite intrinseco a tale competenza.

Con tutta probabilità, infatti, gli statuti hanno previsto esplicitamente la competenza legislativa delle Regioni sulle Casse di risparmio, sulle Casse rurali, sugli Enti di credito agrario e fondiario in considerazione del fatto che tali enti hanno (o avevano), per lo più, un'articolazione regionale (quando non «locale») e coerentemente dovrà ritenersi che tale competenza venga meno quando la loro articolazione territoriale superi il limite del territorio regionale.

c) Un ulteriore vincolo alla potestà normativa delle Regioni, limitata come si è visto all'ordinamento delle banche regionali, è stato posto dall'attuazione della prima direttiva comunitaria in materia bancaria[138].

[137] Cfr. M.S. Giannini, *Sede nominale e sede reale di istituti di credito di diritto pubblico*, in «Banca borsa e tit. cred.», 1953, II, pp. 96 ss.

[138] Sul punto F. Mazzini, *Il declino dei poteri delle regioni a statuto speciale in materia creditizia nella prospettiva del completamento del mercato interno europeo*, in «Le re-

L'art. 14 del D.Lgt. 27 giugno 1985, n. 350, prevedeva infatti che «le Regioni a statuto speciale alle quali sono riconosciuti, in base alle norme di attuazione dei rispettivi statuti, poteri in materia di autorizzazione all'esercizio dell'attività degli enti creditizi nel territorio regionale» provvedessero ad emanare, entro 180 giorni dall'entrata in vigore del decreto medesimo, «norme di recepimento della direttiva del Consiglio delle comunità europee del 12 dicembre 1977, n. 780, nei limiti dei principi fondamentali risultanti dalla legge 5 marzo 1985, n. 74 e delle norme previste dal decreto stesso».

Da queste norme discende che, per quanto concerne la «istituzione» di nuovi enti creditizi, le Regioni vedono ridotta l'autonomia della quale disponevano, in verità in misura molto limitata, per la determinazione dei criteri da adottarsi nell'assumere i relativi provvedimenti[139].

In particolare, esse dovevano rispettare le norme fissate dal suddetto decreto in ordine alla professionalità e alla onorabilità degli esponenti bancari e soprattutto non hanno più potuto tener conto delle esigenze del mercato nel deliberare sulle istanze di autorizzazione ad esercitare il credito loro sottoposte. E si tratta, come è ben noto, di un principio al quale debbono prestare ossequio anche gli organi statali: si garantisce così una uniformità almeno sul punto, fra ordinamento centrale e ordinamenti regionali speciali, dovuta non più all'indirizzo preferito dagli organi politico-amministrativi centrali (CICR), ma all'ossequio a norme legislative che si impongono in modo uniforme sia agli organi centrali sia a quelli regionali.

d) L'art. 159 del T.U. del 1993 ha fissato alcuni principi che con-

gioni», 1991, pp. 964 ss.; G. Carriero, *Regioni a statuto speciale e direttive comunitarie in materia creditizia*, in «Banca borsa e tit. cred.», 1987, I, pp. 484 ss. Un segno del declino delle competenze delle Regioni a statuto speciale è rinvenibile anche nella esclusione delle competenze regionali dai progetti di fusione, conferimenti e trasformazione delle banche pubbliche, disciplinato dalla legge 30 luglio 1990, n. 218: a norma dell'art. 3, 4° comma del D.Lgt. 20 novembre 1990, n. 356, le competenze delle Regioni a statuto speciale su tali operazioni vengono così definite: «I progetti ai quali partecipino enti ... aventi sede nelle Regioni a statuto speciale sono, prima dell'approvazione, trasmessi dal Ministro per il Tesoro alle Regioni stesse, che devono esprimere il proprio parere entro trenta giorni dalla richiesta. Decorso tale termine si prescinde dal parere».

[139] La norma ha come destinatari ovviamente le Regioni a statuto speciale che hanno competenza in materia di «istituzione» di enti creditizi (a carattere regionale). Restano pertanto escluse la Regione Friuli Venezia-Giulia che non ha, come vedremo fra poco (cfr. *infra*, par. 6.3.5), competenza in materia di istituzione di enti creditizi e la Regione Sardegna, che pur avrebbe competenze sul punto, per la mancanza della legge di attuazione dello statuto regionale (cfr. *infra*, par. 6.3.4). Hanno emanato norme di recepimento della direttiva comunitaria la Regione Valle d'Aosta (legge regionale 8 maggio 1986, n. 22; sulla quale v. F. Mazzini, *La legge valdostana di recepimento della direttiva CEE*, in «Dir. banca merc. fin.», 1987, III, pp. 95 ss.); la Regione Trentino Alto Adige (legge regionale 22 marzo 1987, n. 1) e la Regione Sicilia con legge regionale 22 ottobre 1987, dichiarata parzialmente incostituzionale dalla Corte Costituzionale (con sentenza 29 dicembre 1988, n. 1141, in «Banca borsa e tit. cred.», 1989, II, p. 261, con nota di F. Capriglione e, in «Le Regioni», 1990, p. 731, con nota di M. Clarich; e in proposito v. anche G. Carriero, *La travagliata attuazione della direttiva comunitaria n. 780/77 in materia creditizia nella Regione siciliana*, in «Banca borsa e tit. cred.», 1988, I, pp. 429 ss.) e quindi con legge regionale 16 gennaio 1989, n. 1.

corrono a definire in termini più puntuali i vincoli e l'ambito della competenza legislativa regionale definita sulla base delle regole fin qui individuate.

Si chiarisce, anzitutto, che «le valutazioni di vigilanza sono riservate alla Banca d'Italia». La norma codifica l'indirizzo, ormai consolidato, secondo il quale la potestà regionale non può riguardare l'esercizio dell'attività bancaria in quanto tale, trattandosi di submateria di interesse nazionale, e pertanto non può concernere neppure la vigilanza sulla stessa.

Il T.U. impone poi il parere vincolante, espresso «a fini di vigilanza» della Banca d'Italia per i provvedimenti in tema di costituzione, trasformazione, fusione, scissione e modificazioni statutarie delle banche di competenza delle Regioni.

La norma, nella consapevolezza che i provvedimenti in tema di ordinamento delle banche (regionali) possono avere forti ripercussioni sulla gestione dell'impresa, impone il parere vincolante della Banca d'Italia come condizione per le eventuali decisioni che in proposito fossero affidate al potere regionale. Si chiarisce, per altro, che il parere deve essere espresso, a fini di vigilanza, e quindi esclusivamente mirato a verificare se il provvedimento regionale sia compatibile con la sana e prudente gestione dell'impresa bancaria.

Infine, il T.U. prevede che le disposizioni nazionali dettate per disciplinare alcune materie (attuazione del principio di mutuo riconoscimento, requisiti di onorabilità e professionalità degli esponenti aziendali, finanziamenti agevolati e gestioni dei fondi pubblici) costituiscano altrettante «disposizioni di principio non derogabili» dalla potestà legislativa ed amministrativa regionale. Si tratta di un limite che avrebbe dovuto probabilmente discendere già dai principi che regolano la competenza regionale concorrente, ma la cui esplicita codificazione rende di tutta evidenza.

6.3.2. *Le competenze della Regione Sicilia*. *a*) Alla Regione Sicilia sono state attribuite in materia creditizia potestà legislative e funzioni amministrative[140] più ampie di quelle riconosciute alle altre Regioni e, d'altro canto, abbiamo già avuto modo di segnalare la particolarità della sua posizione nel momento in cui abbiamo cercato di delineare alcuni principi generali della disciplina del credito nell'ambito delle Regioni a statuto speciale. La diversità di tale posizione, tuttavia, si è venuta nel

[140] Sulla competenza della Regione Sicilia in materia di credito si vedano almeno G. Trapani, *La competenza normativa della Regione Siciliana in materia di credito e risparmio*, in «Nuova riv. dir. comm.», 1953, pp. 64 ss.; N. Saitta, *La disciplina del credito e del risparmio nelle regioni*, Milano, Giuffrè, 1974, pp. 33 ss.; A. Maisano, *Le attribuzioni della regione siciliana in materia di credito e risparmio*, in *La disciplina ed il controllo*, cit., pp. 66; S. Mazzarella, *I poteri amministrativi*, cit., pp. 95 ss.; e i contributi contenuti in *Credito e regioni a statuto speciale - Il caso siciliano*, a cura di F. Belli, Milano, Giuffrè, 1986; e in *Problemi e prospettive del credito nella Regione siciliana*, a cura di A. Maisano e S. Mazzarella, Milano, Giuffrè, 1986.

tempo affievolendo sia perché la disciplina relativa alla Regione Sicilia ha introdotto notevoli limitazioni alle attribuzioni originarie sia perché i poteri concessi ad altre Regioni (come il Trentino Alto Adige in occasione delle norme di attuazione del 1977) sono venuti accrescendosi.

b) Lo statuto della Regione Sicilia, approvato (con R.D. Lgt. 15 maggio 1946, n. 455, convertito con legge costituzionale 26 febbraio 1948, n. 2) ancor prima che fosse promulgata la Carta costituzionale, stabiliva (art. 17) che «entro i limiti dei principi ed interessi generali cui si informa la legislazione dello Stato, l'assemblea regionale può, al fine di soddisfare alle condizioni particolari e agli interessi propri della Regione, emanare leggi, anche relative all'organizzazione dei servizi» sopra le seguenti materie concernenti la Regione...: «*e*) disciplina del credito, delle assicurazioni e del risparmio». Ed il successivo art. 20 attribuiva le relative funzioni esecutive e amministrative al Presidente e agli assessori regionali. Come si può notare lo statuto riconosceva alla Regione, sia pure nelle forme della competenza concorrente, una potestà legislativa non soltanto su alcune «submaterie» creditizie ma sull'intero sistema bancario, adottando una soluzione profondamente diversa da quella che verrà poi accolta dagli altri statuti speciali.

Tale competenza, tuttavia, è stata fortemente ridimensionata dalle norme di attuazione dettate con D.P.R. 27 giugno 1952, n. 1133. Queste, dopo aver attribuito agli organi della Regione una serie specifica di funzioni amministrative, comunque più ampie di quelle riconosciute alle altre Regioni a statuto speciale, hanno poi chiarito (art. 10) che per le materie, per le quali non erano state assegnate alla Regione funzioni amministrative, «si applicano le disposizioni dello Stato in materia di difesa del risparmio e di disciplina della funzione creditizia», aggiungendosi che nelle stesse «sono competenti gli organi previsti da dette disposizioni».

Le norme di attuazione, così disponendo, applicavano alla Sicilia un indirizzo generalmente accolto per le Regioni a statuto speciale in materia creditizia, e secondo il quale soltanto alcune submaterie vengono rimesse alla competenza legislativa regionale. Questa, per la Regione Sicilia, risulta pertanto determinata sulla base delle norme di attuazione e limitata alle materie dalle stesse indicate.

c) Le norme di attuazione più volte ricordate attribuiscono alla Regione una serie di funzioni amministrative, prevedono una specifica organizzazione amministrativa per il loro esercizio e stabiliscono, altresì, un sistema di raccordi che consentono, sulle materie riconosciute di competenza regionale, l'intervento delle autorità creditizie centrali.

L'apparato amministrativo regionale preposto all'attività bancaria riproduce il modello previsto dall'ordinamento nazionale del settore.

È stato infatti istituito un «Comitato regionale per il credito ed il risparmio», presieduto dal Presidente della Regione e composto dagli assessori regionali preposti alle materie economiche, al quale, per le materie di competenza regionale, sono demandate le funzioni che nell'ordinamento statuale esercita il Comitato interministeriale per il credito ed il risparmio, mentre le funzioni proprie, sempre sulle stesse materie, del

Ministro per il Tesoro e del Governatore della Banca d'Italia sono affidate all'Assessore per il bilancio e le finanze (cfr. legge regionale 10 aprile 1978, n. 2, art. 7).

Sono stati altresì istituiti, presso tale Assessorato, un Ispettorato per il credito ed il risparmio ed un ufficio per la tenuta dell'Albo regionale delle aziende e degli istituti di credito che operino esclusivamente nella Regione o che abbiano in essa la sede centrale[141].

Le funzioni amministrative affidate a tale apparato riguardano: *a*) l'ordinamento, l'autorizzazione alla costituzione e alla fusione, al trasferimento, alla sostituzione e alla chiusura, nonché i provvedimenti di amministrazione straordinaria e di liquidazione coatta amministrativa, degli istituti e aziende di credito operanti esclusivamente nel territorio regionale, ossia con articolazione limitata al territorio della Regione anche se con operatività ultraregionale; *b*) l'autorizzazione all'apertura, al trasferimento, alla sostituzione e alla chiusura nel territorio regionale di sportelli di istituti e di aziende di credito aventi sede centrale in Sicilia ma filiali anche fuori del territorio regionale; *c*) la richiesta di autorizzazione all'apertura, al trasferimento, alla sostituzione e alla chiusura nel territorio della Regione di sportelli bancari di istituti e aziende di credito aventi la sede centrale fuori dalla regione siciliana.

Come si può notare le funzioni amministrative regionali, pur essendo focalizzate sull'ordinamento dei soggetti, finiscono per incidere sia sulla struttura del mercato creditizio regionale sia sull'attività e lo sviluppo dell'impresa bancaria, soprattutto attraverso i poteri attribuiti alla Regione in ordine all'ingresso sul mercato di nuovi soggetti e all'apertura di nuovi sportelli. Ciò non toglie, tuttavia, che tutti i poteri più strettamente connessi all'esercizio dell'attività, ed in particolare ai controlli sulla gestione vengano conservati alle autorità statali. Ed anche per le materie riconosciute di competenza regionale vengono previsti, come si è ricordato, strumenti che consentono l'intervento dei poteri centrali. Così per l'ordinamento degli istituti e delle aziende operanti esclusivamente nel territorio regionale, gli schemi di provvedimento predisposti dalla Regione debbono essere inviati alla Banca d'Italia e da questa comunicati al Ministro per il Tesoro e possono essere sottoposti al parere vincolante del Comitato interministeriale per il credito ed il risparmio[142] quando appaiono «non conformi ai principi ed agli interessi cui si ispira la legislazione dello Stato»; allo stesso procedimento sono sottoposti anche gli schemi di autorizzazione alla costituzione, alla fusione, al trasferimento e alla chiusura di enti regionali, quando riguardino istituti o aziende di credito destinati ad operare in più province o

[141] Sulle vicende normative e di fatto che hanno caratterizzato l'organizzazione regionale siciliana per il credito si veda S. Mazzarella, *op. cit.*, pp. 101 ss.

[142] Alle riunioni del Comitato interministeriale chiamate ad esprimere tali pareri partecipano con voto deliberativo due rappresentanti della Regione. Sul punto S. Mazzarella, *Deliberazioni del Comitato interministeriale per il credito ed il risparmio ai sensi dell'art. 3 d.p.r. 27 giugno 1952, n. 1133, prese in assenza dei rappresentanti regionali*, in «Banca borsa e tit. cred.», 1977, I, pp. 218 ss.

con un capitale superiore al limite fissato dal CICR ovvero quando si riferiscano a località nelle quali siano insediati istituti o aziende di credito operanti anche fuori del territorio regionale e ancora tutti i provvedimenti relativi all'apertura, al trasferimento e alla chiusura di sportelli degli enti di credito aventi sede centrale in Sicilia ma operanti anche al di fuori del territorio regionale. In queste materie rimangono, pertanto, attribuite alla esclusiva competenza amministrativa regionale solo la costituzione, la fusione e l'apertura di sportelli degli enti operanti nell'ambito di una sola provincia, e sempre che si tratti di località nelle quali non siano insediati enti creditizi con operatività estesa al di fuori del territorio regionale.

Per quanto poi concerne l'apertura, il trasferimento e la chiusura, nel territorio regionale, di sportelli bancari di istituti aventi la propria sede al di fuori della Regione, l'intervento della Regione si esprime attraverso il potere di respingere («veto») la relativa istanza impedendone la trasmissione alla Banca d'Italia alla quale per altro viene riservato il provvedimento definitivo nell'ipotesi di una valutazione positiva da parte della Regione. Anche a proposito dell'amministrazione straordinaria e della liquidazione coatta amministrativa degli enti bancari si riproduce sia pure in forme diverse il «concorso» delle autorità centrali e di quelle regionali: i relativi provvedimenti sono di competenza dell'autorità regionale (anziché del Ministro per il Tesoro) ma vengono assunti su proposta della Banca d'Italia, alla quale compete anche la nomina degli organi di entrambe le procedure e la direzione sull'attività dei medesimi.

L'approvazione degli statuti degli Istituti di credito di diritto pubblico e delle Banche di interesse nazionale (qualificazioni, per altro, cancellate dal D.Lgt. 481/1992) aventi la sede centrale in Sicilia, viene conservata al Ministro per il Tesoro che vi provvede, tuttavia, sentito il Comitato interministeriale per il credito ed il risparmio, di intesa con il Presidente della Regione Siciliana[143]. Così come con provvedimento del Ministro per il Tesoro, assunto d'intesa con il Presidente della Regione, sono emanati gli statuti regolanti l'attività, l'amministrazione e la gestione delle sezioni speciali degli Istituti di credito di diritto pubblico e delle Banche di interesse nazionale qualora tali sezioni operino esclusivamente nell'ambito della Regione.

Attraverso questa serie variegata di strumenti (pareri, veti, intese), l'ordinamento cerca di conciliare la cura degli interessi peculiari alla Regione con l'esigenza di conservare quella uniformità di disciplina del sistema creditizio che la Carta costituzionale ha inteso adottare e che potrebbe altrimenti risultare incrinata dalla intensità delle funzioni amministrative riconosciute alla Regione[144].

[143] Sul punto A. Santagata, *In tema di collaborazione fra Stato e talune regioni autonome nel settore del credito*, in «Banca borsa e tit. cred.», 1977, I, pp. 300 ss.

[144] Numerosi sono stati i conflitti di attribuzione fra Stato e Regione Siciliana in materia di credito sottoposti alla Corte Costituzionale: si vedano in proposito le sentenze 28 dicembre 1962, n. 127, in «Giur. Cost.», 1962, I, 1546; 15 dicembre 1967, n. 145, in

6.3.3. *Le competenze della Regione Trentino Alto Adige*. *a*) Lo statuto della Regione Trentino Alto Adige prevedeva già nella formulazione originaria (legge 26 febbraio 1948, n. 5), rimasta inalterata nelle successive modificazioni (il testo vigente è stato approvato con D.P.R. 31 agosto 1972, n. 670), che la Regione potesse emanare, nei limiti della competenza legislativa concorrente, norme legislative in materia di «ordinamento degli enti di credito fondiario e di credito agrario, delle Casse di risparmio e delle Casse rurali, nonché delle aziende di credito a carattere regionale» (art. 5, punto 3).

L'ampiezza di tale competenza legislativa era pertanto in larga misura affidata all'interpretazione, più o meno lata, che si fosse preferita dei concetti di «ordinamento» e di «azienda di credito a carattere regionale»; concetti che ricorrono anche negli statuti delle Regioni Sardegna e Friuli Venezia Giulia e sui quali abbiamo già espresso il nostro convincimento.

Le norme di attuazione dettate con D.P.R. 26 marzo 1977, n. 234, hanno, tuttavia, dato una soluzione legislativa ai suddetti problemi ed in particolare hanno attribuito al concetto di ordinamento un contenuto che ha finito per ampliare notevolmente le competenze che alla Regione Trentino Alto Adige sembravano essere riconosciute dalla norma statutaria[145]. In verità le norme di attuazione hanno adottato questa ampia nozione di ordinamento con riferimento alle funzioni amministrative, ma sembra naturale ammettere che analoga estensione debba ritenersi avvenuta per le competenze legislative, in funzione del parallelismo che tra i due tipi di competenza normalmente sussiste.

Anche per l'altro concetto, quello di enti a carattere regionale, le norme di attuazione hanno accolto una nozione che ha attribuito alla Regione maggiori competenze, respingendo la tesi, già da noi in precedenza ricordata e criticata, che voleva restringere tale categoria agli enti specializzati nel finanziamento dei settori economici di competenza regionale e stabilendo che debbono considerarsi a carattere regionale «tutti gli istituti e tutte le aziende di credito che abbiano la sede legale e sportelli esclusivamente nel territorio regionale».

Sembra, dunque, corretto il convincimento che le norme di attuazione, per il Trentino Alto Adige, abbiano finito per dare una interpretazione estensiva del dettato statutario: esse si sono perciò mosse in direzione opposta a quella seguita dalle norme di attuazione dello statuto siciliano, la cui amplissima formulazione è risultata notevolmente ridimensionata, come abbiamo già potuto constatare.

b) Le norme di attuazione hanno in particolare stabilito che rientrano nella competenza della Regione, con riferimento agli enti aventi carattere regionale, fra gli altri, i provvedimenti riguardanti (art. 3) l'i-

«Foro it.», 1968, I; 1 e 29 dicembre 1988, n. 1141, in «Banca borsa e tit. cred.», 1989, II, II, p. 261.

[145] Sul punto S. Mazzarella, *Le norme di attuazione dello statuto del Trentino Alto Adige in materia di ordinamento degli enti di credito regionali*, in «Banca borsa e tit. cred.», 1978, I, pp. 452 ss.

stituzione e l'autorizzazione alla costituzione e alla fusione; l'autorizzazione all'inizio delle operazioni; l'autorizzazione alle Casse rurali ed artigiane ad operare fuori dei limiti territoriali purché nell'ambito regionale; l'approvazione delle modifiche statutarie[146]; la convocazione delle assemblee dei soci e degli enti partecipanti, nonché dei consigli di amministrazione per trattare questioni attinenti alle materie di competenza regionale; l'amministrazione straordinaria, nonché la revoca dell'autorizzazione e la messa in liquidazione coatta dell'azienda o dell'istituto.

È bene, tuttavia, precisare che l'ampiezza delle funzioni regionali risulta in misura notevole ridimensionata dal fatto che per alcune di queste funzioni si prevede un intervento particolarmente penetrante da parte delle autorità creditizie centrali.

Così la costituzione e la fusione degli enti non possono essere autorizzate se non dopo aver sentito il Ministro per il Tesoro[147], il cui parere è altresì necessario per procedere alle modificazioni statutarie di tali enti; ed anche i provvedimenti di amministrazione straordinaria e di messa in liquidazione dell'ente possono essere assunti solo su proposta vincolante della Banca d'Italia e comunque sentito il Ministro per il Tesoro se i provvedimenti sono giustificati dalla violazione di disposizioni regionali.

Non v'è dubbio, tuttavia, che nonostante il carattere piuttosto incisivo delle competenze regionali relativamente all'ordinamento dei soggetti, la disciplina dell'impresa resti saldamente nelle mani delle autorità creditizie nazionali, come del resto si preoccupano di confermare le stesse norme di attuazione quando stabiliscono che «resta ferma la competenza degli organi dello Stato e della Banca d'Italia per tutto quanto riguarda la disciplina della raccolta del risparmio, dell'esercizio del credito, nonché il relativo controllo e vigilanza sugli enti ed aziende di credito, ivi compresa l'emanazione dei provvedimenti di carattere generale adottati per tutto il territorio dello Stato dal Comitato interministeriale e dalla Banca d'Italia» (art. 1, 3° comma).

Costituisce deroga a questa riserva della disciplina dell'impresa alle autorità centrali la norma che rimette alla Regione le attribuzioni «relative alla partecipazione delle aziende di credito a carattere regionale ad istituti di carattere nazionale anche sotto forma di depositi di disponibilità liquide, di investimenti in titoli, nonché di partecipazione ai fondi di garanzia degli istituti stessi» (art. 1, 2° comma): questa norma infatti non solo incide sulla attività d'impresa, ma può costituire uno strumento che impedisce particolari impieghi del risparmio al di fuori dell'ambito territoriale.

[146] Ha affermato la costituzionalità della relativa competenza regionale la Corte Costituzionale nella sentenza 4 maggio 1984, n. 135, in «Le Regioni», 1984, p. 274, con nota di D. Sorace.

[147] Considera vincolanti tali pareri S. Mazzarella, *Deliberazioni* cit., p. 465, argomentando dal fatto che dagli stessi può prescindersi solo quando non siano intervenuti tempestivamente; dal che per altro non sembra ricavarsi il carattere vincolante degli stessi nell'ipotesi in cui pervengano tempestivamente.

Influisce inoltre sull'attività degli operatori bancari il potere, che lo statuto regionale (art. 11) sottrae alla Regione per attribuirlo alle Province, di «autorizzare l'apertura ed il trasferimento di sportelli bancari di aziende di credito a carattere locale provinciale e regionale»; potere da esercitare peraltro «sentito il Ministro per il Tesoro».

A quest'ultimo, invece, è riservata «l'autorizzazione all'apertura e al trasferimento degli sportelli bancari delle altre aziende di credito», ma in tal caso deve essere «sentito il parere della Provincia interessata».

6.3.4. *Le competenze della Regione Sardegna*. La competenza della Regione Sardegna in materia di credito è riconosciuta, con formula sostanzialmente analoga a quella adottata dallo statuto del Trentino Alto Adige, dallo Statuto regionale, approvato con legge 26 febbraio 1948, n. 3, a norma del quale la Regione «in armonia con la Costituzione e i principi dell'ordinamento giuridico dello Stato e col rispetto degli obblighi internazionali e degli interessi nazionali, nonché delle norme fondamentali delle riforme economico-sociali» e «nei limiti dei principi stabiliti dalle leggi dello Stato», ha competenza legislativa (concorrente) in materia di «istituzione ed ordinamento degli enti di credito fondiario ed agrario, della Casse di Risparmio, delle Casse rurali, dei Monti frumentari e di pegno e delle altre aziende di credito di carattere regionale; relative autorizzazioni» (art. 4, lett. b).

Per la Sardegna, tuttavia, a differenza di quanto è avvenuto per il Trentino Alto Adige, la formula statutaria non ha potuto ricevere contenuti eventualmente più ampi attraverso la emanazione di norme di attuazione. Queste, infatti, non sono mai state emanate; il che se non impedisce, come ha chiarito la Corte Costituzionale[148], l'esercizio della potestà legislativa, lo rende estremamente difficile e soprattutto incerto. Ed è stato appunto con riferimento allo statuto sardo che si sono avute le prime e restrittive pronunce della Corte in ordine alla definizione dei concetti di «ordinamento» e di «ente a carattere regionale»[149] e le relative incertezze interpretative non possono considerarsi del tutto fugate dal fatto che tali concetti hanno ricevuto una individuazione legislativa nelle norme dettate per il Trentino Alto Adige, non essendo certa l'ammissibilità di un procedimento analogico in proposito. Non v'è dubbio, tuttavia, che queste ultime norme offrano un indizio importante per stabilire, anche per lo Statuto sardo, cosa debba intendersi per ordinamento e per ente a carattere regionale. Le competenze sarde, comunque, non potranno andare oltre la istituzione degli enti di credito, a nostro avviso di qualunque categoria, purché a carattere regionale e il loro ordinamento, nei limiti già indicati per quanto concerne quest'ultimo punto, e comunque con esclusione di

[148] Cfr. Corte Cost., sentenza 24 novembre 1958, n. 58, in «Giur. Cost.», 1958, p. 875.

[149] Si vedano *supra* le citazioni contenute nelle note 135 e 136.

ogni competenza in materia di «disciplina della raccolta del risparmio e di esercizio del credito», ossia di disciplina dell'impresa bancaria.

Naturalmente a tali competenze legislative corrispondono le relative funzioni amministrative: così competono alla Regione le autorizzazioni alla costituzione degli enti creditizi e quelle relative alla disciplina (ordinamento) dell'ente; autorizzazioni, tuttavia, che potranno essere concesse nei limiti fissati non solo dalle leggi dello Stato ma anche dagli atti di indirizzo e coordinamento del governo, espressi attraverso le direttive del Comitato interministeriale per il credito ed il risparmio.

6.3.5. *Le competenze della Regione Friuli Venezia Giulia*. Più limitate di quelle riconosciute alle Regioni a statuto speciale delle quali ci siamo fin qui occupati sono le competenze legislative ed amministrative della Regione Friuli Venezia Giulia.

In realtà lo statuto (legge 31 gennaio 1963, n. 1) non detta in proposito norme molto dissimili da quelle adottate ad es. per il Trentino Alto Adige. Lo stesso stabilisce (artt. 4 e 5, punto 8), infatti, che la Regione, «in armonia con la Costituzione, con i principi generali dell'ordinamento giuridico dello Stato, con le norme fondamentali delle riforme economico-sociali e con gli obblighi internazionali dello Stato, nonché nel rispetto degli interessi nazionali e di quelli delle altre Regioni» e dei principi fondamentali stabiliti dalle leggi dello Stato in materia creditizia, ha potestà legislativa (concorrente) sull'«ordinamento delle Casse di risparmio e delle Casse rurali» e degli «enti aventi carattere locale o regionale per finanziamenti delle attività economiche nella Regione».

Ma di questo dettato le norme di attuazione hanno dato una interpretazione molto più limitativa di quella accolta per il Trentino Alto Adige; la Corte Costituzionale, dal canto suo, ha escluso che nella nozione di ordinamento rientri anche la istituzione degli enti di credito[150], mentre una opinione rassegnata ha continuato a ritenere, in verità senza ragione, che gli enti nei confronti dei quali la Regione ha competenza siano esclusivamente le Casse di risparmio, le Casse rurali e certi fantomatici enti di credito specializzati nel finanziamento di attività riservate al governo della Regione e sempreché tali enti non abbiano succursali al di fuori del territorio regionale[151]. In realtà qualche maggior competenza potrebbe riconoscersi se si accogliesse, come sembra possibile, una nozione di ente regionale ancorata all'articolazione territoriale dell'ente creditizio e se trovasse applicazione anche per il Friuli quel più recente e già ricordato indirizzo della Corte Costituzionale, che sembra ricomprendere nel concetto di «ordinamento» anche la istituzione degli enti creditizi.

Ma anche sotto altri profili le competenze amministrative della Re-

[150] Cfr. Corte Costituzionale 15 dicembre 1967, n. 137, in «Giur. Cost.», 1967, p. 1642.

[151] Cfr. C. Cocevar, *op. cit.*, pp. 902 ss. e V. Buscema e R. Fusco, *La Regione Friuli Venezia Giulia*, cit., pp. 124 ss. Cfr. Corte Costituzionale 29 dicembre 1988, n. 1147, in «Banca borsa tit. cred.», 1989, II, p. 398, con nota di N. Marzona.

gione risultano abbastanza circoscritte. Le norme di attuazione (D.P.R. 30 ottobre 1969, n. 871), infatti, dopo aver precisato che «le attribuzioni degli organi dello Stato e della Banca d'Italia in materia di ordinamento della Casse di risparmio, delle Casse rurali e degli altri enti «regionali e locali» indicati nello statuto sono esercitate dall'amministrazione regionale, stabiliscono che i relativi provvedimenti debbono essere previamente sottoposti al parere del Ministro per il Tesoro, statuendo infine che può prescindersi da tale parere, che non sembra per questa sola ragione doversi considerare vincolante, quando esso non sia pervenuto all'amministrazione regionale nel termine di due mesi dalla richiesta e sia rimasto senza effetto un ulteriore invito ad esprimerlo nei successivi trenta giorni (art. 3, 2° comma).

Le norme di attuazione sottraggono poi alla competenza regionale i provvedimenti di amministrazione straordinaria e liquidazione coatta conservati agli organi centrali, prevedendosi esclusivamente la necessità di sentire in proposito il parere, ovviamente non vincolante, dell'Amministrazione regionale, nonché quelli relativi agli istituti di medio credito regionale istituiti con legge nazionale, che, pur concernendo istituti la cui operatività è istituzionalmente legata al territorio regionale, sono rimessi sia per l'approvazione degli statuti che per la nomina del Presidente, alla competenza del Ministro per il Tesoro sia pure di intesa con il Presidente della Regione (art. 1, 3° comma).

6.3.6. *Le competenze della Regione Valle d'Aosta*. Ancora più restrittive delle competenze regionali sono le soluzioni adottate dallo Statuto (legge 26 febbraio 1948, n. 4) della Regione Valle d'Aosta: statuto nel quale si prevede che «la Regione ha la potestà di emanare norme legislative di integrazione e di attuazione delle leggi della Repubblica per adattarle alle condizioni regionali» in materia di «istituzione di enti di credito di carattere locale» (art. 3, lett. b).

Una competenza legislativa, dunque, non concorrente come quella riconosciuta alle altre Regioni a statuto speciale, ma meramente integrativa ed attuativa[152] e, per di più, limitata alla «istituzione» degli enti di credito, naturalmente di carattere locale. E se per quanto concerne la individuazione degli enti si può ritenere che possano considerarsi locali anche gli enti aventi una articolazione estesa all'intera Regione, considerando perciò l'espressione usata nello statuto in esame («enti a carattere locale») equivalente a quella utilizzata negli statuti in precedenza esaminati («enti a carattere regionale»), non v'è dubbio che, non prevedendosi una competenza regionale per quanto concerne l'«ordinamento» di tali enti, debbano considerarsi esclusi dalla competenza legislativa regionale tutte le materie che, sia pure tra le molte incertezze già rilevate, vengono ricondotte a questo concetto.

Le norme di attuazione (legge 16 maggio 1978, n. 196), nel disciplinare le funzioni amministrative attribuite alla Regione in materia di cre-

[152] P. Barbagallo, *La Regione Valle d'Aosta*, Milano, Giuffrè, 1984², pp. 21 ss.

dito, confermano tale indirizzo, limitando, sia pure con qualche piccola apertura su altri oggetti, le suddette funzioni alla «istituzione» degli «enti di credito di carattere esclusivamente locale»[153].

Non solo, ma anche per quanto concerne la «istituzione» di tali enti, è dubbio che rientri nella competenza regionale l'approvazione dello statuto originario, potendosi, da un lato, sostenere che tale potere è implicito nella facoltà di istituire l'ente, ma potendosi, dall'altro, rilevare che tale approvazione rientra nei poteri di «ordinamento» riservati alle autorità centrali.

In ogni caso gli enti regionali non possono «operare fuori del territorio regionale senza apposita autorizzazione dello Stato», in ordine alla quale deve però essere sentito il parere della Regione (art. 26).

Uniche e limitate aperture nei confronti del potere regionale contenute nelle norme di attuazione sono: la necessità che i provvedimenti di amministrazione straordinaria e liquidazione coatta, comunque riservati allo Stato, vengano assunti «di intesa con la Regione» (art. 24) e la necessaria partecipazione a «ciascun organo collegiale degli enti di credito locali di almeno un rappresentante designato dalla Regione».

[153] Oggi sottoposta alle norme dettate dalla legge regionale 8 maggio 1986 n. 22 emanata, come già ricordato, in attuazione della direttiva comunitaria 77/780.

Le banche e il mercato finanziario

Capitolo 3

1. Mercato finanziario e attività bancaria

Abbiamo già ricordato come il processo di innovazione finanziaria, che ha caratterizzato nell'ultimo decennio e ancora caratterizza i mercati finanziari evoluti, abbia reso più incerti i confini che tradizionalmente consentivano di individuare e tener distinti, nell'ambito del mercato finanziario, le operazioni, gli intermediari ed i controlli, rispettivamente, tipici dell'attività bancaria, del mercato dei titoli e dell'attività assicurativa[1].

Si suole sottolineare questo fenomeno dicendo che non si può parlare di un mercato bancario, distinto da un mercato dei titoli e da un mercato assicurativo; che sono state in larga misura abbattute le frontiere che tenevano distinti questi mercati; che non è più possibile «per fini di regolamentazione» riferirsi «ai mercati finanziari usando il plurale».

Ed anzi ci si chiede se sussistano ancora «specificità» dell'attività bancaria capaci di giustificare una disciplina diversa da quella dettata per altri intermediari finanziari e quali siano le modificazioni che, sul piano della disciplina, l'eventuale mutamento della collocazione di tale attività nell'ambito del mercato finanziario rende indispensabili.

Le recenti vicende del mercato finanziario che assumono particolare rilevanza nella discussione sulla specificità dell'attività bancaria, possono, con qualche approssimazione, essere individuate *a*) nell'espansione o, quanto meno, nella tendenza ad espandersi, dell'attività degli enti creditizi, al di là dell'attività di prestito, nel settore dei titoli, mediante l'acquisizione delle passività emesse dalle imprese e la prestazione di servizi di negoziazione, gestione e consulenza in valori mobiliari; *b*) nella nascita di nuovi intermediari che hanno sottratto alle

[1] Sul punto per tutti v. T. Padoa-Schioppa, *Sistema finanziario e regolamentazione*, in Banca d'Italia, «Bollettino economico», n. 11, ottobre 1988, pp. 41 ss.

banche una parte del risparmio, che alle stesse affluiva sotto forma di depositi, facendolo poi affluire alle imprese sulla base di rapporti di finanziamento analoghi a quelli di prestito (leasing, factoring) o acquisendo sul mercato mobiliare le passività emesse dalle imprese medesime; *c*) nell'emissione da parte di questi nuovi intermediari di passività utilizzabili come mezzi di pagamento; vicenda, quest'ultima, tuttavia, che si è verificata soprattutto negli Stati Uniti e nel Regno Unito e che non ha avuto significativa rilevanza nel nostro mercato finanziario.

I primi due fenomeni hanno messo in evidenza una notevole sovrapposizione, per quanto concerne gli impieghi, fra l'attività degli intermediari creditizi e quella degli investitori istituzionali e questa coincidenza, almeno parziale, fra le attività spinge a ritenere che anche le relative discipline debbano uniformarsi. Questa tendenza verso una sostanziale uniformità di disciplina fra intermediari bancari e investitori istituzionali in valori mobiliari è apparsa anche più significativa quando ha cominciato ad affermarsi il convincimento, oggi quasi pacificamente accolto, secondo il quale anche per questi intermediari finanziari, come per gli enti creditizi, non è possibile limitare il controllo alla completezza e alla veridicità delle informazioni (controllo di trasparenza), ma è necessario prevedere un controllo prudenziale capace di favorirne la stabilità.

E questa tendenza alla uniformità dei controlli previsti, rispettivamente per gli intermediari bancari e per quelli non bancari, ha assunto caratteri anche più evidenti quando i controlli delle autorità creditizie sono diventati, da diretti e discrezionali, indiretti ed oggettivi, allo scopo di ridurne al massimo la incidenza (negativa) sull'efficienza del sistema bancario.

La emissione di passività aventi le caratteristiche e la funzione di strumenti di pagamento da parte degli intermediari non bancari (fenomeno che non ha tuttavia rilevanza nel nostro sistema) ha incrinato il convincimento che individua la caratteristica delle banche nel fatto che le loro passività soltanto hanno funzione monetaria e che, per questa ragione, il sistema bancario non solo sarebbe il canale pressoché esclusivo attraverso il quale vengono perseguiti gli obiettivi (intermedi) della politica monetaria, ma abbisognerebbe anche di particolari controlli di stabilità per consentire l'accettazione della moneta bancaria.

Di fronte alle difficoltà crescenti che si incontrano nell'individuare la tipicità dell'attività bancaria nei confronti di quella esercitata da altri enti finanziari non si è esitato ad affermare la necessità di eliminare la specificità della disciplina bancaria, anche se poi da queste affermazioni sono state tratte conseguenze radicalmente diverse.

Da un lato, constatato che gli intermediari bancari e quelli non bancari svolgono attività in larga misura sovrapponibili e sottolineata la elasticità delle formule che individuano le operazioni di raccolta e di impiego degli enti creditizi, si è proposto di estendere anche agli intermediari non bancari la disciplina prevista per le banche, pur ammettendosi l'opportunità di introdurre differenziazioni che tengano conto delle caratteristiche delle varie attività[2].

Corollario inevitabile di questa impostazione è la negazione di uno spazio operativo e normativo ai cosiddetti intermediari non bancari e la estensione a questi ultimi dello statuto tipico delle imprese bancarie.

A questa impostazione, che potremmo definire «panbancaria», può contrapporsi l'opinione di coloro secondo i quali saranno inevitabili, in un futuro non lontanissimo, la scomparsa dell'attività bancaria come oggi esistente, con l'eliminazione delle più rigide discipline ancora vigenti per le banche, e, con l'imposizione, a tutti gli intermediari finanziari, dei più limitati controlli prudenziali previsti per gli investitori istituzionali.

L'eliminazione della specificità dell'attività bancaria sarebbe la conseguenza dell'avvento di una società senza moneta, nella quale, pertanto, risulterebbe eliminata anche la moneta bancaria, e dove i pagamenti avverrebbero tutti sulla base di un sistema di compensazione generalizzata, consentita dall'avvento degli strumenti informatici e telematici.

Le banche perderebbero così ogni specificità connessa con il fatto che le loro passività sono mezzi di scambio; le stesse cesserebbero altresì di essere veicolo di trasmissione della politica monetaria.

Dunque, l'alternativa sembrerebbe porsi fra un sistema finanziario nel quale gli intermediari finanziari sono tutti e solo banche e un sistema finanziario senza banche.

Si tratta di prospettive che, almeno sulla base degli ordinamenti vigenti e delle riforme ipotizzabili in un orizzonte temporale ragionevole, non possono essere condivise.

Sembra infatti che esistano ancora la possibilità e la necessità di cogliere alcune specificità dell'attività bancaria e di giustificare in modo abbastanza piano le peculiarità della relativa disciplina nell'ambito di quelle dettate per l'attività di intermediazione finanziaria.

Per la dimostrazione di quest'ultimo assunto sembra necessario, preliminarmente, individuare la nozione di attività bancaria accolta dall'ordinamento, e accertare così quale porzione della intermediazione finanziaria venga sottoposta alla disciplina speciale per la stessa vigente.

2. La nozione di attività bancaria

«La raccolta di risparmio tra il pubblico e l'esercizio del credito costituiscono l'attività bancaria»; «è raccolta del risparmio l'acquisizione di fondi, con obbligo di rimborso, sia sotto forma di depositi sia sotto altra forma». Così gli artt. 10, 1° comma, e 11, 1° comma del T.U. del 1993 definiscono la nozione di attività bancaria, codificando un convin-

[2] Cfr. M. Porzio, *Il concetto d'attività bancaria*, in *L'attività parabancaria*, a cura di G. Restuccia, Milano, Giuffrè, 1987, pp. 21 ss.

cimento ormai radicato nella dottrina e nella prassi delle autorità di vigilanza.

A dire il vero, la legge bancaria del 1936-38 non offriva una «definizione» di attività bancaria o di banca ed anzi non utilizzava neppure siffatte espressioni, pur dettando, come sappiamo, uno statuto speciale per gli operatori bancari di grande rilevanza normativa[3].

Neppure il Codice civile del 1942, pur sottoponendo all'obbligo dell'iscrizione nel registro delle imprese gli imprenditori che esercitano «un'attività bancaria» (art. 2195, n. 4) e pur individuando in «una banca» una delle parti normalmente o necessariamente presente nei «contratti bancari» (artt. 1834 ss.), aveva avuto cura di precisare cosa dovesse intendersi per attività bancaria (e banca) e, lungi pertanto dal risolvere il problema lasciato aperto dalla legge speciale, aveva finito per crearne di nuovi; essendo incerto se quelle nozioni assumessero contenuti identici o diversi nel diritto comune e nella legge speciale.

La mancata definizione di tali concetti, tuttavia, non aveva impedito il formarsi di una opinione abbastanza consolidata tra i giuristi.

Questi avevano rinvenuto nella legge bancaria, e più esattamente nel dettato dell'art. 1, elementi sufficienti per definire l'attività bancaria e avevano per lo più sostenuto che la nozione così ricavata dalla legge speciale era stata implicitamente recepita anche dal Codice civile.

La maggior parte degli scrittori infatti riteneva che per attività bancaria dovesse intendersi anche al fine di rendere applicabili le relative norme del Codice civile, «la raccolta del risparmio fra il pubblico sotto ogni forma», congiunta con «l'esercizio del credito»[4], escludendone la

[3] Come è noto il termine di significato più generale adottato dalla legge bancaria è quello di «azienda di credito». Di questo termine per altro si fanno nella stessa legge bancaria due usi abbastanza distinti; uno, generico e poco consueto, capace di ricomprendere tutte le imprese bancarie (quindi anche gli istituti di credito) (si veda sul punto G. Cammarano, *L'impresa bancaria*, in AA.VV., *L'impresa*, Milano, Giuffrè, 1985, pp. 126 ss.) ed uno specifico e corrente, già adottato dalla legge bancaria del 1926, che restringe la categoria delle aziende di credito alle imprese di cui all'art. 5 l.b., ossia alle imprese che raccolgono risparmio a vista o a breve termine.

[4] Più esattamente la dottrina era unanime nel ritenere che la nozione di banca implicitamente adottata dalla legge bancaria presupponesse l'esercizio congiunto della raccolta del risparmio e dell'esercizio del credito (si veda per tutti W. Bigiavi, *Il fallimento Giuffrè*, in «Giur. it.», 1959, I, 2, c. 354 ss.; V. Buonocore, *Postilla in tema di attività bancaria*, in «Giur. comm.», 1976, II, p. 817; G. Cottino, *Manuale di diritto commerciale*, vol. II, Padova, CEDAM, 1978, p. 55; A. Crespi, *Legge bancaria e attività bancaria*, in «Foro pad.», 1961, I, c. 494; G. Minervini, *Banca, attività bancaria, contratti bancari*, in «Banca borsa e tit. cred.», 1962, I, pp. 315 ss.; M. Nigro, *Profili pubblicistici del credito*, Milano, Giuffrè, 1972, p. 40; P. Vitale, *Attività di intermediazione nella circolazione del bene «denaro»*, in «Riv. dir. comm.», 1963, II, pp. 65 ss.) e tale opinione, che riscuoteva il consenso della giurisprudenza (Cass., 8 aprile 1965, n. 611, in «Banca borsa e tit. cred.», 1965, II, p. 337) aveva trovato conforto anche nelle conclusioni della Commissione di inchiesta parlamentare sull'Anonima banchieri (in «Riv. it. dir. e proc. pen.», 1959, p. 102) nella cui relazione si leggeva: «I due momenti, raccolta del risparmio ed esercizio del credito sono inscindibili: la presenza di uno soltanto non vale a configurare l'azienda di credito quale è prevista e tutelata dalla legge bancaria». La conclusione appena ricordata trova nei lavori preparatori della legge bancaria sicuro riscontro: la Relazione della Giunta generale del bilancio per la conversione in legge del

presenza ogni qualvolta alla raccolta del risparmio non si fosse aggiunto l'esercizio del credito o quest'ultimo non fosse accompagnato dalla raccolta del risparmio. Tale opinione aveva trovato poi nell'art. 1 del D.P.R. 350/1985 una decisiva conferma, dal momento che questa norma, sicuramente destinata a disciplinare l'attività bancaria, definiva, sia pure implicitamente, quest'ultima, come «attività di raccolta del risparmio fra il pubblico sotto ogni forma e di esercizio del credito». Essa ribadiva così che nel nostro sistema giuridico non si potevano dire esistenti una banca ed un'attività bancaria se non quando fossero congiuntamente presenti la raccolta del risparmio fra il pubblico e l'esercizio del credito. E questo convincimento è stato codificato dalle norme del T.U. sopra riprodotte.

La nozione di attività bancaria così accolta nel nostro ordinamento coincide con quella adottata dalle direttive comunitarie di armonizzazione degli ordinamenti nazionali anche in vista dell'esercizio del diritto al mutuo riconoscimento. Le direttive comunitarie, per altro, si preoccupano di definire non tanto l'attività bancaria quanto gli enti creditizi[5].

Più esattamente, la direttiva 780/1977 definiva «ente creditizio» «un'impresa la cui attività consiste nel ricevere depositi o altri fondi

R.D.L. 12 marzo 1936, n. 375 chiarisce che «le due attività [di raccolta e di esercizio del credito] debbono necessariamente concorrere perché la legge [bancaria] possa trovare applicazione». La stessa è stata esplicitamente accolta anche dalle Autorità creditizie (si veda la Relazione del Governatore all'assemblea dei partecipanti del 31 maggio 1986, *Considerazioni finali*, p. 28). La dottrina era pressoché unanime, nel ritenere poi che la nozione di attività bancaria delineata dalla legge speciale fosse stata presupposta dal Codice civile sia nel dettare le norme sui contratti bancari sia indicando l'attività bancaria fra quelle il cui esercizio comporta l'obbligo della registrazione (art. 2195, n. 4). Non mancava, tuttavia, chi affermava che la nozione di attività bancaria prevista da quest'ultima norma potesse essere integrata anche dalla mera attività di raccolta del risparmio (G. Fanelli, *Il caso Giuffrè ed il concetto di impresa bancaria di cui all'art. 2195, n. 4 cod. civ.*, in «Riv. dir. comm.», 1961, II, p. 225; A. Formiggini, *Attività bancaria illecita*, in «Riv. dir. civ.», 1960, II, pp. 255 s., e Trib. Bologna, 10 marzo 1961, in «Riv. dir. comm.», 1961, II, p. 221); conclusione quest'ultima che non trovava per altro adeguato fondamento nel dato positivo. Si è anche ritenuto che, ferma restando la coincidenza delle nozioni rispettivamente fissata dalla legge bancaria e presupposta dall'art. 2195, n. 4 (e che integrerebbe il concetto di banca in senso stretto) il nostro ordinamento avrebbe conosciuto anche una nozione di banca in senso lato ad integrare la quale sarebbe stato sufficiente il sistematico ricorso al pubblico risparmio senza l'esercizio del credito (così App. Bologna, 12 giugno 1962, in «Riv. dir. comm.», 1963, II, p. 65, con nota di P. Vitale e Cass., 8 aprile 1965, n. 611, in «Banca borsa e tit. cred.», 1965, II, p. 337); attività che avrebbe dovuto essere ricondotta alla categoria della intermediazione nella circolazione dei beni prevista dall'art. 2195, n. 2 (sul punto si veda B. Libonati, *Legge bancaria e «banca di fatto»*, in «Riv. dir. comm.», 1965, II, pp. 67 ss.), ma si tratta di una tesi che introduce un concetto di banca in senso lato, sconosciuto in realtà all'ordinamento giuridico, non necessario per rendere applicabile lo statuto dell'imprenditore commerciale e non sufficiente per consentire l'applicazione dello statuto speciale dettato per le imprese bancarie.

[5] Sul punto v. per tutti P. De Vecchis, *Spunti per una rinnovata riflessione sulla nozione di banca*, in «Banca borsa e tit. cred.» 1992, I, pp. 762 ss.; A.F. Panzera, *Sistema bancario italiano e ordinamento comunitario* Milano, Giuffrè, 1991, pp. 36 ss.; F. Belli-R. Bertelli, *Banca nel diritto comunitario*, in *Digesto discip. pubblicistiche*, II, Torino, UTET, 1987, pp. 179 ss.

rimborsabili e nel concedere crediti per proprio conto», e tale definizione è stata tenuta ferma anche nelle direttive successive, compresa la seconda direttiva «generale» 89/646 nella quale viene sancito appunto il principio del mutuo riconoscimento.

Il T.U. non definisce l'ente creditizio, anzi abbandona, come sappiamo, questa espressione per quella di banca, ma individua la nozione di attività bancaria e quindi precisa che l'esercizio della stessa è riservato alle banche (cfr. art. 10, 2° comma); la cui nozione pertanto coincide con quella comunitaria di ente creditizio.

La nozione di attività bancaria (e di banca) adottata dall'ordinamento italiano è invece molto più restrittiva di quelle utilizzate dai principali paesi della Comunità per sottoporre determinate attività o enti alla disciplina e ai controlli bancari tipici[6]. Anche se, come vedremo, la rilevanza pratica di questa diversa ampiezza della nozione di attività bancaria e di banca risulta fortemente ridotta a causa del fatto che le banche italiane possono svolgere, dopo l'entrata in vigore del T.U., quasi tutte le attività che gli ordinamenti di altri paesi considerano bancarie o il cui esercizio comporta comunque la qualificazione dell'ente come ente creditizio.

La letteratura giuridica precedente l'entrata in vigore del D.Lgt. 481/1992 e del T.U., dopo aver raggiunto l'esatto convincimento che la nozione di attività bancaria pretende un collegamento funzionale tra la raccolta del risparmio fra il pubblico e l'erogazione del credito, non si era quasi mai preoccupata di individuare con sufficiente precisione i contenuti di questi due momenti nei quali tale attività si articola.

Più esattamente la letteratura ha oscillato tra due interpretazioni di segno in qualche misura opposto ma del pari insoddisfacenti. Da un lato[7], si era ritenuto che l'attività di raccolta del risparmio e di esercizio

[6] Cfr. R. Costi, *Banca e attività bancaria nelle direttive comunitarie*, in «Banca impresa e soc.», 1989, pp. 335 ss.

[7] Così F. Messineo, *Caratteri giuridici comuni, concetto e classificazione dei contratti bancari*, in «Banca borsa e tit. cred.», 1960, I, p. 321; Id., *Ancora sul concetto di contratto bancario*, in «Banca borsa e tit. cred.», 1962, I, p. 481 e Id., *Terzo contributo alla definizione del contratto bancario*, in *Operazioni di borsa e di banca*, Milano, Giuffrè, 1966^3, pp. 585 ss. È doveroso, tuttavia, ricordare che l'attenzione di Messineo era soprattutto rivolta ad individuare il concetto di banca accolto dal Codice civile e non anche quello fatto proprio dalla legge speciale. Sul tema dei rapporti fra impresa bancaria e contratti bancari, in questa sede non specificamente preso in esame, si veda G. Minervini, *Banca, attività bancaria, contratti bancari*, cit, I, pp. 313 ss.; Id., *Impresa bancaria e contratti bancari*, in «Banca borsa e tit. cred.», 1966, I, pp. 261 ss.; B. Libonati, *Contratto bancario e attività bancaria*, in *Annali della Facoltà giuridica di Camerino*, Milano, Giuffrè, 1965, pp. 27 ss. e N. Salanitro, *Le banche e i contratti bancari*, in *Trattato di diritto civile*, diretto da F. Vassalli, Torino, UTET, 1983, pp. 27 ss. Come è noto la problematica dei rapporti fra impresa bancaria e contratti bancari viene di solito affrontata, nello studio dei contratti bancari, per stabilire se la disciplina dettata per questi ultimi presupponga come elemento essenziale la presenza di una banca come parte del rapporto. Di questo profilo come si accennava non ci si occupa; qui interessa solo appurare, studiandosi l'impresa bancaria, se quest'ultima possa sussistere anche quando non sia stato stipulato alcuno dei contratti definiti dal codice «bancari». E la risposta, come si vedrà fra un attimo, è decisamente positiva.

del credito, per dar vita ad un'attività bancaria, dovesse necessariamente esprimersi nella conclusione sistematica di contratti che il codice civile definisce bancari: ma una simile impostazione era sicuramente inaccettabile in quanto considerava non bancarie una serie di operazioni che sicuramente si traducevano in «esercizio del credito», ed anzi, per effetto di questa arbitraria limitazione, finiva per escludere dal novero delle imprese bancarie l'intera categoria degli istituti di credito che impiegavano il risparmio raccolto, soprattutto, anche se non esclusivamente, attraverso la stipulazione di contratti (di mutuo) non ricompresi tra quelli che il codice civile definisce bancari.

D'altro lato, ci si era accontentati di formule molto generiche, considerate, per altro, capaci di tradurre sul piano giuridico la nozione economica dell'attività bancaria, come quelle che identificavano l'attività bancaria nella «intermediazione nel credito» o nell'attività di «intermediazione nella circolazione del bene danaro»[8].

Al fondo di quest'ultima tesi, molto diffusa, sta il convincimento, esplicito o implicito, che l'attività delle banche consista e si esaurisca nel trasferimento, a proprio rischio, dei «fondi» accumulati da operatori con un saldo finanziario positivo agli operatori con un saldo finanziario negativo e che tale trasferimento abbia ad oggetto un particolare bene: il danaro[9].

E questo convincimento ha spinto, tra l'altro, la dottrina commercialistica, che ha cercato di qualificare l'attività bancaria nell'ambito delle varie categorie di imprese commerciali descritte dal Codice civile

[8] Le formule indicate nel testo sono ricorrenti nella letteratura giuridica, si vedano, per tutti, A. Arcangeli, *La natura commerciale delle operazioni di banca*, in «Riv. dir. comm.», 1904, I, pp. 23 ss.; P. Greco, *Le operazioni di banca e l'impresa bancaria*, in «Banca borsa e tit. cred.», 1934, I, p. 17, che scriveva: «Si tratta dunque di una vera e propria impresa commerciale, non industriale, di un'impresa organizzata al solo scopo di compiere atti di interposizione e non processi di trasformazione economica oggettiva. Per cui l'essenza della commercialità è già saldamente riposta nella natura delle singole operazioni, indipendentemente dalla cosiddetta forma ad impresa che può assumere l'organismo che le compie: non diversamente da quanto accade per le operazioni del commercio di compravendita dove dal dettagliante al grossista, dal venditore ambulante al grande emporio, sia pure con profonde differenze di proporzioni, di metodi, di tecnica l'atto interpositivo rimane sostanzialmente della stessa natura»; W. Bigiavi, *Imprese di finanziamento, come surrogati del «socio tiranno-imprenditore occulto»*, in «Giur. it.», 1967, IV, c. 57 ss., e F. Galgano, *L'imprenditore commerciale*, in *Trattato di diritto commerciale e di diritto pubblico dell'economia*, vol. II, *L'impresa*, Padova, CEDAM, 1978, p. 75, nota 11.

[9] Tale convincimento, oltre che su di una non esatta percezione dell'attività bancaria (si veda sul punto T. Bianchi, *Le banche di deposito*, Torino, UTET, 1975², pp. 2 ss.), trova il proprio fondamento storico-istituzionale nella concezione dell'impresa formatasi nel vigore del codice di commercio del 1882. Nel vigore di quel codice infatti la commercialità dell'impresa veniva per lo più affermata riconducendo la stessa ad un atto di intermediazione, di scambio. Diventava perciò naturale mettere in luce che la nozione di banca, come commerciante, era legata alla possibilità di ricondurre la stessa ad un'attività di intermediazione nella circolazione del credito o forse più concretamente del denaro (sul punto A. Arcangeli, *La natura*, cit., pp. 23 ss.). È, pur tuttavia, vero che già in quel sistema la dottrina rivendicava la commercialità dell'attività bancaria in quanto tale, a prescindere dal suo essere organizzata ad impresa.

(art. 2195), a ricomprendere l'attività bancaria fra quelle di intermediazione nella circolazione dei beni (art. 2195, n. 2)[10] anziché, come pare più corretto, tra quelle di «produzione di servizi» (art. 2195, n. 1).

Questa impostazione finisce con l'ancorarsi ad una visione dell'attività bancaria del tutto parziale perché non tien conto della «trasformazione» che il risparmio (sul piano economico) subisce ad opera degli intermediari bancari, trascura completamente di mettere in evidenza che una parte molto importante delle imprese bancarie svolge anche una funzione monetaria creando moneta «bancaria» e, ancora, non è in grado di dare conto di importanti momenti dell'attività bancaria (come i crediti di firma).

La stessa, inoltre non sembra consapevole delle difficoltà che si incontrano quando si cerchi di ricondurre il denaro, in un sistema nel quale la moneta non è più ancorata ad alcun momento della realtà fenomenica e si esaurisce in una convenzione diretta a misurare il potere di acquisto, nel novero dei beni suscettibili di circolazione e, quindi, normalmente oggetto dell'attività di intermediazione[11].

La necessità di individuare con maggior precisione i contenuti dell'attività bancaria è apparsa, tuttavia, urgente solo a seguito del processo di innovazione finanziaria del quale abbiamo già fatto cenno. I «prodotti» bancari, infatti, hanno assunto forme sempre più sofisticate ed integrate con i servizi bancari, riducendo drasticamente la capacità rappresentativa della realtà di una concezione dell'attività bancaria focalizzata sulla circolazione del bene danaro; inoltre nel mercato finanziario sono sorti nuovi intermediari finanziari che svolgono attività per molti aspetti simili a quella bancaria ed escluse per lungo tempo — quanto meno per decisione delle autorità creditizie — dall'attività delle banche (attività di leasing, di factoring) che «pretendono» di essere distinte da quest'ultima.

Di fronte a questa nuova realtà economica il legislatore avrebbe po-

[10] Così W. Bigiavi, *Imprese di finanziamento*, cit., c. 57; A. Dalmartello, *I contratti delle imprese commerciali*, Padova, CEDAM, 1962^3, p. 38; F. Galgano, *L'imprenditore commerciale*, cit., p. 77, ad avviso del quale la nozione di servizi dovrebbe essere ristretta alle prestazioni di fare e, risolvendosi l'attività bancaria in prestazioni di dare o consegnare, questa stessa non potrebbe essere ricompresa fra i servizi, dovendosi invece farla rientrare fra le attività di intermediazione. In realtà non è vero che l'attività bancaria si esprima solo attraverso prestazioni di dare e di consegnare così come non sembra possa condividersi l'opinione che ogni qualvolta l'attività di impresa si traduca, nei rapporti con i destinatari dei propri prodotti, in prestazioni di dare o consegnare si sia in presenza di un'attività di intermediazione; alla stregua di una siffatta concezione anche l'attività industriale dovrebbe essere considerata di intermediazione. Si tratta in ogni caso di una classificazione priva di rilevanza normativa, essendo evidente che la diversa qualificazione, in termini generali dell'attività bancaria come attività di produzione di servizi o di intermediazione non incide sulla sua commercialità, del resto esplicitamente consacrata dall'art. 2195, n. 4.

[11] Sul punto B. Inzitari, *La moneta*, in *Trattato di diritto commerciale e di diritto pubblico dell'economia*, vol. VI, *Moneta e valuta*, Padova, CEDAM, 1983, pp. 24 ss., anche con riferimento alla difficoltà di ricondurre le obbligazioni pecuniarie alla categoria delle obbligazioni aventi ad oggetto prestazioni di dare.

tuto muoversi lungo due diverse prospettive. Avrebbe potuto procedere ad un ampliamento della nozione di attività bancaria, ricomprendendo a pieno titolo, nell'ambito della stessa sia le nuove attività che vengono esercitate dalle banche e che non possono essere ricondotte alla «circolazione del bene danaro» sia le nuove forme di intermediazione. Ed è questa la strada imboccata ad esempio dal legislatore francese che con la riforma del 1984 ha adottato una nozione di «operazioni di banca» capace di ricomprendere sia la massima parte dei servizi finanziari svolti di fatto dalle banche sia molte delle nuove forme di intermediazione finanziaria[12].

Ma avrebbe potuto anche conservare una nozione di attività bancaria piuttosto limitata, preferendo sottoporre le nuove forme di intermediazione finanziaria a specifiche discipline, diverse da quella bancaria, o lasciare le relative attività alla regolamentazione di diritto comune, ma consentendo, nello stesso tempo, agli enti creditizi di operare anche in questo settore del mercato finanziario, nel rispetto delle regole tipicamente proprie di ciascuna delle predette attività di intermediazione. Il legislatore italiano ha adottato questo secondo modello nel momento in cui ha deciso (art. 10, 1° comma del T.U.) che soltanto «la raccolta di risparmio tra il pubblico e l'esercizio del credito costituiscono l'attività bancaria». E una siffatta scelta rende più urgente la necessità, anche al fine di stabilire l'applicabilità di eventuali discipline speciali, di individuare la nozione di attività bancaria in termini quanto meno capaci di distinguerla dalle altre attività di intermediazione che nell'ambito del primo modello vengono ricondotte alla nozione di attività bancaria e sottoposte in linea di principio ad un'unica disciplina. E, come emerge dalla norma dell'art. 10, 1° comma del T.U. già più volte ricordato gli elementi costitutivi dell'attività bancaria sono: *a*) «la raccolta di risparmio tra il pubblico» e *b*) «l'esercizio del credito».

3. La raccolta del risparmio fra il pubblico

Già l'art. 1 della legge bancaria indicava fra gli elementi costitutivi dell'attività bancaria la «raccolta del risparmio fra il pubblico sotto ogni forma». Questa previsione, se non adeguatamente specificata e chiarita avrebbe potuto adattarsi alle operazioni di provvista di molti degli intermediari finanziari di massa e, quindi, rivelarsi incapace come tale di distinguere, nell'ambito di tali intermediari, quelli bancari. Per rendersi conto di questo assunto basta rilevare che sulla base del tenore letterale della norma non si sarebbe potuto escludere che rientrasse nella raccol-

[12] La legge 24 gennaio 1984, n. 46, considera operazioni di banca, per quanto concerne gli impieghi, non solo gli atti con i quali si mette o si promette di mettere a disposizione di altri dei fondi ma anche gli atti con i quali si assume un impegno di firma (art. 3, 1° comma) ed assimila alle medesime anche le operazioni di leasing (art. 3, 2° comma) (sul punto si veda M. Jeantin, *La nuova legge bancaria francese*, in «Banca impresa soc.», 1984, pp. 299 ss.).

ta del risparmio fra il pubblico («sotto ogni forma») l'appello al pubblico risparmio realizzato attraverso l'emissione in massa di titoli di rischio (azioni, titoli di partecipazione) anziché di debito.

La dottrina, tuttavia, era già giunta al convincimento che nella nozione di raccolta del risparmio «sotto ogni forma», al fine di individuare l'attività bancaria, dovessero ricomprendersi, in realtà, soltanto le forme di raccolta di danaro che rendono la banca debitrice della relativa restituzione e, di riflesso, il «risparmiatore» titolare di un diritto alla restituzione delle somme versate, quando non anche al pagamento di un corrispettivo per il godimento concesso all'ente che tale risparmio raccoglie; con esclusione, quindi, della raccolta di mezzi monetari realizzata attraverso l'emissione di titoli di rischio.

Si riconosceva, peraltro, che quella conclusione non trovava un supporto esplicito nella legge bancaria. La stessa veniva giustificata soprattutto rilevando che la raccolta del risparmio da parte degli enti creditizi disciplinati dalla legge bancaria si realizzava, in fatto, attraverso contratti di credito e che già la legge del 1926 esplicitamente indicava come propri destinatari gli enti che raccoglievano «depositi», formula quest'ultima che si caratterizzava appunto per il suo richiamo ai contratti di credito.

Quella conclusione ha trovato un riscontro preciso nella direttiva comunitaria 12 dicembre 1977, n. 780.

Questa chiariva (nel 5° considerando) che, sotto il profilo della provvista, l'attività bancaria consiste nel «raccogliere fondi rimborsabili presso il pubblico sia sotto forma di depositi che sotto altre forme, quali l'emissione continua di obbligazioni e di altri titoli comparabili» e, nel definire l'ente creditizio sotto il profilo della raccolta, individuava il contenuto di quest'ultima «nel ricevere depositi o altri fondi rimborsabili dal pubblico» (art. 1).

La direttiva 89/646 confermava tale indirizzo adottando anche sul punto, la stessa definizione accolta dalla direttiva 77/780 e, per quanto concerne il nostro ordinamento, il D.Lgt. 481/1992, attuativo appunto di quest'ultima direttiva, ha poi fornito ora una base testuale definitiva al convincimento dominante, stabilendo (art. 3, 1° comma) che, al fine della definizione di attività bancaria, «è raccolta del risparmio l'acquisizione di fondi, con obbligo di rimborso, sia sotto forma di depositi sia sotto altra forma». E il T.U., nell'art. 11, 1° c. sopra riprodotto, ha accolto la stessa soluzione. Resta dunque fermo che non ogni raccolta di mezzi monetari (risparmio) fra il pubblico è sufficiente per integrare uno dei due elementi costitutivi dell'attività bancaria, potendosi considerare tale soltanto quella realizzata attraverso negozi che diano al risparmiatore quanto meno il diritto alla restituzione di una quantità di mezzi monetari pari a quella dal medesimo «consegnata».

Naturalmente la raccolta potrà realizzarsi attraverso negozi diversi da quelli qualificati come contratti bancari dal Codice civile e dal deposito in particolare ad esempio attraverso l'emissione di obbligazioni o di altri titoli di debito.

Non potrà, invece, considerarsi tale quella che, nella prassi bancaria, si suol definire raccolta «indiretta», ossia le somme di denaro che i risparmiatori affidano in gestione alla banca rimanendo, per altro, esposti al rischio connesso al relativo investimento.

La raccolta del risparmio, anche quando sia accompagnata dall'obbligo di rimborso, non concorre ad integrare la fattispecie attività bancaria se non si realizza «tra il pubblico» (art. 10, 1° comma del T.U. e già l'art. 2, 1° comma D.Lgt. 481/1992)[13].

Nello stabilire quando la raccolta possa dirsi avvenuta tra il pubblico è necessario tener conto delle disposizioni dettate dall'art. 11 del T.U., che regola in generale tale tipo di raccolta, indipendentemente dal fatto che la stessa si accompagni all'esercizio del credito. Più esattamente questa norma, dopo aver stabilito che «la raccolta del risparmio tra il pubblico è vietata ai soggetti diversi dalle banche» (2° comma), *a*) introduce una serie di limitazioni a tale divieto, precisando che alcuni tipi di raccolta, nei limiti e nel rispetto dei criteri fissati dal CICR, non costituiscono raccolta del risparmio fra il pubblico e *b*) stabilisce che il divieto predetto non si applica a particolari categorie di soggetti anche quando la raccolta assuma caratteri che consentirebbero di considerarla effettuata tra il pubblico.

Nella ricostruzione della fattispecie attività bancaria assumono rilevanza, sotto il profilo della «pubblicità» della raccolta, non tanto gli esoneri dal divieto da ultimo ricordati, quanto le limitazioni all'applicazione dello stesso.

La nozione di raccolta fra il pubblico sembra debba essere la stessa nell'ambito della norma che definisce l'attività bancaria (art. 10, 1° comma) e nell'ambito della norma che stabilisce la riserva di tale tipo di raccolta a favore delle banche (art. 11, 2° comma) e quindi la raccolta

[13] Anche la legge bancaria (art. 1) richiedeva, perché potesse dirsi esistente un'attività bancaria, che la raccolta avvenisse «fra il pubblico». In proposito l'Ispettorato per la difesa del risparmio e per l'esercizio del credito (cfr. ABI, *La legge bancaria*, Roma, Bancaria, 1978, p. 26, nota 1) aveva precisato che «la raccolta di disponibilità monetaria di clienti e fornitori da parte di aziende industriali, commerciali e finanziarie dev'essere considerata raccolta del risparmio tra il pubblico e quindi non consentita alle aziende stesse. L'accennata caratteristica non si riscontra invece nei conti correnti costituiti presso aziende di carattere industriale, commerciale o finanziario, da amministratori, soci, personale dipendente, aziende associate, collegate o similari». Sul punto v. A. Spena, *La raccolta del risparmio fra il pubblico e la posizione dell'impresa bancaria nell'ordinamento creditizio* (a proposito della sentenza n. 2579 del 1988 delle Sezioni Unite della Cassazione) in «Diritto banc. e merc. fin.», 1991, I, p. 344. La legislazione più recente in materia finanziaria ha fatto frequentemente ricorso a formule analoghe per individuare fattispecie in presenza delle quali trovano applicazione o regole di trasparenza (cfr. artt. 18 ss. della legge 7 giugno 1974, n. 216, sulla sollecitazione al pubblico risparmio) o riserve di attività (art. 2, 1° comma della legge 2 gennaio 1991, n. 1, che riserva alle società di intermediazione mobiliare e agli enti creditizi l'esercizio professionale «nei confronti del pubblico» delle attività di intermediazione mobiliare) o norme di vigilanza (art. 6, 2° comma del decreto 3 maggio 1991, n. 143, convertito con legge 5 luglio 1991, n. 197, che sottopone a particolare disciplina gli intermediari finanziari che «esercitano la propria attività nei confronti del pubblico...»). Sul punto v. S. Cotterli, *La disciplina degli intermediari finanziari nella legge n. 197 del 5 luglio 1991*, in «Banca impresa soc.», 1992, pp. 271 ss.

che, a norma del 3° comma dell'art. 11, non rientra nel divieto non concorre neppure a costituire la fattispecie attività bancaria.

E a norma del già ricordato 3° comma dell'art. 11, non costituisce raccolta tra il pubblico, nei limiti fissati dal CICR «anche con riguardo all'attività e alla forma giuridica dei soggetti», quella effettuata *a*) «presso soci e dipendenti»[14]; *b*) «presso società controllanti, controllate o collegate, ai sensi dell'art. 2359 del Codice civile e presso controllate da una stessa controllante».

Questa circoscrizione del divieto offre un primo elemento normativo utile per stabilire, in generale, cosa si intenda per raccolta tra il pubblico, anche se la sua rilevanza definitiva è rimessa alla determinazione del CICR. Quest'ultimo, nello stabilire i limiti e i criteri che consentono di non considerare alcuni tipi di raccolta come effettuati tra il pubblico, dovrà, da un lato, necessariamente tener conto degli interessi che impongono tale divieto ma, dall'altro, dovrà anche considerare le esigenze che ne sollecitano il contenimento, nonché le ragioni che comportano l'applicazione della disciplina dettata per gli enti creditizi quando ad una siffatta raccolta si accompagni l'esercizio del credito. Ed è su questi interessi, in definitiva, che si deve fondare la qualificazione della raccolta come «pubblica» o «privata».

Più in generale, l'applicazione della disciplina prevista per le imprese bancarie e l'imposizione della riserva a favore degli enti creditizi hanno ragion d'essere soltanto in presenza di un raccolta diffusa presso un numero potenzialmente elevato di soggetti; ossia di una raccolta che avvenga attraverso forme di contrattazione standardizzate, significative di una rilevanza anche quantitativa della raccolta medesima, e che per le loro caratteristiche impersonali mettano in luce il bisogno di protezione dei risparmiatori. Solo in presenza di tali circostanze la raccolta del risparmio con obbligo di restituzione, quando si accompagni all'esercizio del credito, giustifica l'applicazione dello statuto dell'impresa bancaria.

Tenuto conto di queste esigenze, dovrà considerarsi avvenuta pres-

[14] Un ruolo particolarmente importante hanno i prestiti che i soci effettuano a favore delle società cooperative alle quali partecipano (si veda da ultimo art. 10 della legge 31 gennaio 1992, n. 59). In occasione del parere formulato sulla norma poi recepita dall'art. 3 del decreto legislativo 481/1992 la Commissione finanziaria della Camera invitava inoltre il Governo ad applicare la norma di cui all'art. 3, 3° comma, lettera a), nella parte in cui contempla la possibilità di raccolta del risparmio presso propri soci, conservando l'istituto del prestito da soci, nelle forme e nelle modalità previste dalle norme vigenti, per le cooperative non finanziarie regolate dal decreto legislativo del Capo provvisorio dello Stato 14 dicembre 1947, n. 1577. L'introduzione di ulteriori strumenti di tutela dei soci che concedono il prestito potrà avvenire attraverso l'imposizione di un rapporto massimo fra l'ammontare dei prestiti e i fondi propri delle cooperative, in coerenza con l'importanza e le caratteristiche assunte dal prestito da soci per lo sviluppo e la gestione dell'impresa cooperativa, e in riferimento alla specificità degli scopi dell'oggetto sociale. Sul punto v. R. Costi, in *Cooperative e gruppi di società*, a cura di G. Schiano di Pepe e R. Genco, Milano, Egea, 1992, p. 248, e S. Cotterli, *Prestiti da soci e raccolta del risparmio fra il pubblico*, in «Giur. comm.», 1993, II, pp. 249 ss.

so il pubblico anche la raccolta che si effettui esclusivamente presso i componenti di una «comunità» predeterminata quando, per la «potenziale vastità ed estensione»[15] di questa, tale raccolta assuma dimensioni e caratteristiche standardizzate e di massa tali da escludere che la stessa possa definirsi «privata».

4. L'esercizio del credito

Il T.U., come già il D.Lgt. 481/1992, mentre ha definito con sufficiente precisione cosa debba intendersi per raccolta del risparmio al fine di individuare la fattispecie attività bancaria, non ha introdotto alcuna indicazione utile per rimuovere le incertezze che l'art. 1 della legge bancaria suscitava in ordine alla definizione dell'altro elemento costitutivo di tale attività, ossia l'esercizio del credito[16].

L'espressione «esercizio del credito», adottata da entrambe le norme, se interpretata secondo il suo tenore letterale, dovrebbe ricomprendere infatti le sole operazioni a seguito delle quali la banca risulti creditrice di una somma di danaro nei confronti del prenditore di credito, tenuto alla restituzione delle somme ricevute; a prescindere, ovviamente, dal fatto che tali operazioni rientrino fra i contratti definiti bancari dal Codice civile, ricomprendendosi fra le stesse anche i contratti di mutuo e la sottoscrizione di titoli di debito (obbligazioni, ed altri titoli di debito)[17].

Ma la dottrina formatasi nel vigore della legge bancaria constatava che una siffatta nozione di esercizio del credito era ben lungi dal ricomprendere l'intera gamma delle attività svolte dalle banche.

Essa cercava allora di estendere, sulla base di considerazioni sulle quali torneremo fra un momento, tale nozione quanto meno fino a ricomprendervi la prestazione di garanzie a favore di terzi (crediti di firma), utilizzando, poi, per le altre attività, categorie ambigue, come quella delle attività «connesse e strumentali» a quella bancaria o quella dei «servizi bancari» o delle operazioni «accessorie»[18].

[15] Così esplicitamente Cass. SS.UU. 25 marzo 1988, n. 2579, in «Banca borsa tit. cred.» con nota di F. Cirillo; sul punto A. Spena, *La raccolta*, cit., p. 346, nonché A. Nuzzo, *Raccolta del risparmio fra il pubblico*, in «Banca borsa tit. cred.», 1987, II, p. 385, e R. Ricci, *La raccolta del risparmio tra il pubblico ai sensi delle legge bancaria*, in «Nuova Giur. Civile Comm.», 1985, II, pp. 146 s. e successivamente, in giurisprudenza, nello stesso senso App. Ancona, 18 dicembre 1991 (dec.), in «Banca borsa e tit. di cred.», 1992, II, p. 660 con nota di L. Donato, e in «Giur. comm.», 1993, II, p. 249 con nota di S. Cotterli.

[16] Sul punto v. F. Vella, *L'esercizio del credito*, Milano, Giuffrè, 1990, pp. 47 ss.

[17] In questo senso con particolare chiarezza già A. Arcangeli, *La natura*, cit., p. 187, e successivamente, G. Molle, *Il «caso Giuffrè» e la legge bancaria*, in «Banca borsa e tit. cred.», 1960, I, p. 407; A. Caltabiano, *Aspetti civilistici degli strumenti alternativi di risparmio e di investimento*, in *Leasing ed investimento del risparmio*, a cura di R. Ruozi, Milano, Giuffrè, 1982, pp. 89 ss.; A. Crespi, *Attività bancaria e raccolta di risparmio non autorizzato*, in «Banca borsa e tit. cred.», 1960, I, p. 497.

[18] Per una prima descrizione dei «servizi bancari» si veda A. Carretta, *La gestione*

A questa categoria infatti venivano ricondotte, con forzature più o meno evidenti, le operazioni su titoli per conto della clientela, la gestione del sistema dei pagamenti per conto della stessa, la prestazione di servizi di consulenza finanziaria e l'amministrazione fiduciaria dei patrimoni dei clienti, i depositi di titoli a custodia e in amministrazione, oltre al tradizionale servizio delle cassette di sicurezza.

Una parte della dottrina, tuttavia, ammetteva, senza incertezze, che gli enti creditizi esercitavano altre attività oltre a quella bancaria, rinunciando così a ricondurre tutte le attività esercitate dalle banche alla nozione di esercizio del credito e sottolineando che le banche erano in realtà titolari di una pluralità di imprese, quella bancaria e quelle finanziarie di volta in volta consentite dall'organo di vigilanza[19].

Il fondamento giuridico di questa conclusione veniva rintracciato nella capacità generale degli enti creditizi; capacità che, per altro, poteva essere limitata, oltre che dalle disposizioni statutarie, dai vincoli posti dall'autorità di controllo. E, come vedremo, è proprio questa la strada sulla quale si è posto, sulla scia delle direttive comunitarie, l'ordinamento italiano con il T.U. del 1993.

Resta comunque il fatto, al quale abbiamo già accennato, che neppure il T.U., pur utilizzando l'espressione esercizio del credito, sia per individuare la nozione di attività bancaria sia per definire altre regole (cfr. art. 35 a proposito delle Banche di credito cooperativo), non fornisce di quest'ultima una definizione esplicita.

Qualche elemento di giudizio in verità di scarsa rilevanza può essere desunto dalla lettura congiunta degli artt. 1, 2° comma e 10, 3° comma del T.U. La prima di queste norme elenca le «attività ammesse al beneficio del mutuo riconoscimento», riproducendo pressoché alla lettera l'elenco che delle stesse attività fornisce la seconda direttiva, ma non indica alcuna di esse con l'espressione esercizio del credito. La seconda precisa che «le banche esercitano, oltre all'attività bancaria, ogni altra attività finanziaria» e non v'è dubbio che debbano almeno considerarsi tali tutte quelle ammesse al beneficio del mutuo riconoscimento»; il T.U. postula così che fra quelle elencate nell'art. 1, 2° comma, esistano attività che non rientrano in alcuna delle due attività costitutive dell'attività bancaria e in particolare nell'ambito dell'esercizio del credito. Queste due disposizioni non consentono, tuttavia, di precisare quali fra le attività elencate nell'art. 1 rientrino nella nozione di esercizio del credito e quali non vi rientrino; problema che deve, pertanto, essere affrontato facendo perno sulle caratteristiche di quest'ultima attività e sulla presenza o assenza di tali caratteristiche nelle altre attività elencate nell'art. 1, 2° comma. In realtà il problema si pone, in concreto, soltanto per un numero molto limitato di queste ultime.

Così è certo che debbano essere ricondotte alla nozione di esercizio

dei servizi bancari, Milano, Giuffrè, 1981, pp. 31 ss., e nella letteratura giuridica F. Belli, *I servizi bancari*, in *Trattato di diritto privato*, diretto da P. Rescigno, vol. XII, Torino, UTET, 1985, pp. 941 ss.

[19] V. R. Costi, *Mercato finanziario e attività bancaria*, cit., pp. 334 ss.

del credito le «operazioni di prestito» (compresi in particolare il credito al consumo, il credito con garanzia ipotecaria, il factoring, le cessioni di credito pro soluto e pro solvendo, il credito commerciale incluso il forfaiting) indicate al n. 2 dell'elenco. Come è altrettanto certo che non vi rientrano né le operazioni (elencate dal n. 7 al n. 14) di intermediazione mobiliare, di consulenza, di gestione di patrimoni, di informazione e di custodia, né, in quanto tali, i servizi di pagamento e l'emissione e gestione di mezzi di pagamento (elencati ai nn. 4 e 5).

Potrebbe sorgere qualche dubbio soltanto in ordine ad altri due tipi di attività: quella di «leasing finanziario» e quelle di «rilascio di garanzie o impegni di firma» (indicate rispettivamente ai nn. 3 e 6 dell'elenco).

Nel risolvere queste incertezze è necessario tener presente che, anche alla stregua delle indagini più recenti[20], la nozione di esercizio del credito dovrebbe essere svincolata dalle caratteristiche tipiche dei contratti di prestito (che comportano il trasferimento di una somma di danaro all'affidato con l'obbligo di restituzione da parte di quest'ultimo) e ricomprendere tutti i negozi che perseguano uno scopo analogo ossia un accrescimento patrimoniale temporaneo dell'accreditato accompagnato da un obbligo di restituzione di quest'ultimo verso l'accreditante. In questa prospettiva non assumono particolare rilevanza i tratti morfologici del negozio, essendo invece decisivo lo scopo oggettivamente realizzato dallo stesso.

E non v'è dubbio che anche il rilascio di garanzie o di impegni di firma e la stipulazione di contratti di leasing finanziario consentano un accrescimento patrimoniale temporaneo del soggetto a favore del quale vengano posti in essere, così come è certo che a carico dell'accreditato sorga l'obbligo di restituzione o di quanto ricevuto o di quanto sborsato a favore di terzi dall'ente accreditante (crediti di firma). Sembra quindi ragionevole concludere che costituiscono esercizio del credito, oltre alle operazioni di prestito, anche quelle di leasing finanziario e di rilascio di garanzie ed impegni[21]. Con la conseguenza che dovrà ritenersi realizzata l'attività bancaria quando, alla raccolta fra il pubblico di risparmio con obbligo di restituzione, si accompagni anche una soltanto delle predette attività (prestiti, garanzie e impegni e leasing finanziario) di esercizio del credito.

[20] Cfr. E.M. Leo, *L'essenza del credito e il leasing finanziario*, in *Le operazioni bancarie*, a cura di G.B. Portale, II, Milano, Giuffrè, 1978, pp. 831 ss.; R. Clarizia, *La causa di finanziamento*, in «Banca borsa e tit. cred.», 1982, I, pp. 580 ss.; A. Munari, *Il leasing finanziario nella teoria del credito di scopo*, Milano, Giuffrè, 1989, pp. 122 ss., e, particolarmente, F. Vella, *L'esercizio del credito*, cit., pp. 47 ss.

[21] Sulla nozione di impegni A.P. Soda, *La prudential regulation con riferimento alle operazioni fuori bilancio*, in «Banche e banchieri», 1987, pp. 821 ss.

5. Operatività delle banche e attività bancaria

a) Nelle pagine che precedono già si sono intravvisti i rapporti che, nell'ordinamento vigente, intercorrono fra banche, attività bancaria e «altre» attività finanziarie. Un esame analitico di questi rapporti verrà condotto in sede di descrizione della disciplina alla quale le banche sono sottoposte quando svolgono anche altre attività finanziarie[22].

Qualche ulteriore precisazione è, tuttavia, necessaria anche in questa sede, di definizione delle nozioni di attività bancaria e di banca.

L'art. 10 del T.U., dopo aver chiarito al 1° comma, che «la raccolta di risparmio fra il pubblico e l'esercizio del credito costituiscono l'attività bancaria», stabilisce, nel 2° comma, che «l'esercizio dell'attività bancaria è riservato alle banche». Il T.U. stabilisce così un legame biunivoco fra banca e attività bancaria, nel senso che non esiste banca che non eserciti attività bancaria, così come non è consentito l'esercizio di attività bancaria da parte di enti diversi dalle banche.

Affinché un ente possa definirsi banca ed essere quindi sottoposto alla relativa disciplina è dunque necessario e sufficiente che eserciti (o sia autorizzato ad esercitare)[23] l'attività bancaria. E nell'esercizio di quest'ultima attività va rintracciata, pertanto, la ragione che giustifica l'applicazione dello statuto speciale previsto per le banche.

Ma, come si è già accennato, queste ultime possono esercitare «oltre all'attività bancaria, ogni altra attività finanziaria, secondo la disciplina propria di ciascuna di esse, nonché attività connesse o strumentali», ferme restando «le riserve di attività previste dalla legge» (cfr. art. 10, 3° comma del T.U.).

b) Per «altre» attività finanziarie (tale dovendosi considerare anche l'attività bancaria) si intendono essenzialmente le «attività ammesse al beneficio del mutuo riconoscimento» ed individuate dall'art. 1, 2° comma, del T.U.

In questo senso depone, anzitutto, la direttiva comunitaria 89/646 che definisce appunto «finanziarie» tutte le attività per le quali gli enti creditizi possono avvalersi del principio del mutuo riconoscimento ed individuate, in termini coincidenti con quelli del T.U., dall'allegato alla medesima direttiva. E sollecita questa conclusione anche la presenza nel nostro ordinamento di altre disposizioni (cfr. art. 27 del D.Lgt. 20 novembre 1990, n. 356) che accolgono la stessa definizione.

Ma le attività ammesse al mutuo riconoscimento non esauriscono le attività «finanziarie», come è reso evidente dalla lettera della norma che ha consapevolmente modificato la disposizione dell'art. 5, 1° comma del D.Lgt. 481, secondo la quale le banche, oltre all'attività bancaria, avrebbero potuto, appunto, esercitare «una o più delle altre attività ammesse al beneficio del mutuo riconoscimento».

D'altro canto, la possibilità di consentire alle banche italiane di

[22] Il profilo assume particolare rilevanza per le attività di intermediazione mobiliare.

[23] Il riferimento è, come è ovvio, alla problematica connessa con la disciplina da applicarsi alla banca di fatto.

esercitare anche attività ulteriori nei confronti di quelle ammesse a quest'ultimo beneficio discende dalla necessità di evitare che le stesse si trovino in condizioni di inferiorità nei confronti delle banche straniere, le quali svolgono spesso attività anche diverse da quelle che godono del mutuo riconoscimento.

Ed anzi, il fatto che le altre attività che possono essere esercitate dalle banche italiane debbano essere necessariamente «finanziarie» potrebbe determinare qualche disparità di trattamento con banche straniere che potessero svolgere anche attività «non finanziarie».

Ma, sotto questo profilo, l'elasticità della qualificazione «finanziaria» e l'esplicita previsione che le banche possano esercitare anche attività «connesse e strumentali» alle medesime rende questo pericolo estremamente marginale. Lo stesso poi risulta ulteriormente ridimensionato quando si tenga presente che, a norma dell'art. 17 del T.U., «la Banca d'Italia, in conformità delle deliberazioni del CICR, disciplina l'esercizio di attività non ammesse al mutuo riconoscimento comunque effettuato da parte di banche comunitarie nel territorio della Repubblica»[24].

c) Dunque le banche possono esercitare oltre all'attività bancaria tutte le altre attività finanziarie. Qualche precisazione in proposito sembra tuttavia opportuna. L'art. 56, 1° comma, del T.U. (come già l'art. 21 del D.Lgt. 481/1992) prevede che la Banca d'Italia eserciti un controllo sulle modificazioni degli statuti delle banche; controllo diretto ad «accertare» che le modificazioni «non contrastino con una sana e prudente gestione» delle stesse. Ed è ovvio che ad un controllo analogo debbano essere sottoposti anche gli statuti adottati in sede di costituzione dell'ente, così come è ovvio che quel controllo dovrà riguardare anche la clausola statutaria che individua l'attività che la banca intende esercitare.

Sembra allora inevitabile concludere che la Banca d'Italia potrà precludere ad una banca l'esercizio di una qualsiasi attività finanziaria diversa dall'attività bancaria, quando la stessa confligga con la sana e prudente gestione dell'ente. Sotto questo profilo si può dunque dire che non esiste un «diritto» delle banche ad esercitare tutte le attività finanziarie, o quanto meno l'esercizio di tale diritto è subordinato all'accertamento, da parte della Banca d'Italia, della sua compatibilità con la sana e prudente gestione della banca medesima[25].

E, come avremo modo di verificare in seguito, un discorso analogo può essere fatto anche con riferimento alle varie articolazioni della stes-

[24] Sui problemi che sollevava in proposito il testo del D.Lgt. 481/1992 e che il T.U. ha risolto cfr. R. Costi, *L'impresa bancaria dopo l'attuazione della seconda direttiva*, in «Banca impresa soc.», 1993, pp. 42 ss.

[25] L'art. 5, 1° comma del D.Lgt. 481/1992 stabiliva che le banche potevano esercitare «le altre attività» quando lo «statuto lo consente». L'inciso è stato eliminato nella preoccupazione che lo stesso attribuisse alla Banca d'Italia il potere di imporre alle banche il catalogo delle attività consentite. Sul punto v. R. Costi, *L'impresa bancaria*, cit., p. 43.

sa attività bancaria, sia sul piano della raccolta sia sul piano dell'esercizio del credito.

La possibilità per le banche di esercitare «le altre attività» finanziarie incontra poi, come si è accennato, i limiti posti al loro svolgimento dalle specifiche discipline eventualmente esistenti per tali attività; specifiche discipline alle quali le banche dovranno attenersi anche per quanto concerne le modalità di esercizio ed il contenuto dei controlli previsti. Il T.U. recepisce così il principio, seguito, almeno tendenzialmente, dal nostro ordinamento, secondo il quale la disciplina prevista per una determinata attività deve trovare applicazione indipendentemente dal soggetto che la eserciti.

Il che può comportare che una banca sia sottoposta a discipline diverse a seconda delle diverse attività esercitate. Nel qual caso è anche più facile affermare che l'ente è titolare di una pluralità di imprese. Anche se l'attività che giustifica la specificità del suo statuto è pur sempre quella bancaria, come dimostra il fatto che tale statuto trova applicazione anche quando la banca non eserciti attività diverse da quest'ultima.

d) Accanto all'attività bancaria e a quella finanziaria le banche svolgono spesso attività tipiche della pubblica amministrazione. Così esse effettuano servizi di esattoria e di tesoreria per la pubblica amministrazione, esercitano funzioni di istruttoria e di controllo nella gestione degli incentivi pubblici alle imprese.

Queste attività non solo non possono considerarsi essenzialmente bancarie; ma non valgono neppure a qualificare l'attività dell'ente in quanto tale. In particolare non si può trarre argomento dalla loro presenza per considerare l'attività bancaria come momento di una funzione, di un servizio pubblico. La loro capacità di qualificare l'attività dell'impresa bancaria deve essere limitata al fascio dei rapporti che all'esercizio di quella funzione o di quel servizio pubblico appartengono[26].

6. Gli enti finanziari non bancari

Come si è avuto modo di ricordare, molte delle attività finanziare, diverse da quella bancaria, che le banche possono esercitare sono sottoposte a discipline speciali.

Queste discipline regolano talvolta anche le singole operazioni nella quali tali attività si estrinsecano, ma in ogni caso introducono uno statuto speciale per gli intermediari che possono esercitarle, eventualmente in concorrenza con le banche.

Si potrebbe anzi essere tentati di ricostruire una fattispecie unitaria di ente finanziario, capace di ricomprendere tutti gli enti finanziari di-

[26] Evidenti suggestioni connesse con l'esercizio di queste funzioni da parte delle banche sono rinvenibili nella decisione della Suprema Corte che aveva definito l'attività bancaria in quanto tale pubblico servizio in senso oggettivo (cfr. Cass. SS.UU., pen., 10 ottobre 1981, in «Foro it.», 1981, II, c. 553, con nota di F. Capriglione).

versi da quelli creditizi[27]. Uno spunto in questo senso viene offerto dalla direttiva comunitaria 89/646, là dove precisa (art. 1, n. 6) che per ente finanziario deve intendersi «un'impresa diversa da un ente creditizio la cui attività principale consiste nell'assunzione di partecipazioni o nell'esercizio di una o più delle attività di cui ai punti da 2 a 12 dell'elenco allegato» alla direttiva stessa.

In realtà in quella direttiva la nozione di ente finanziario serve per individuare l'ambito nel quale opera il diritto al mutuo riconoscimento degli enti creditizi e non è accompagnata da una disciplina generale valida per l'esercizio delle relative attività. E anche con riferimento al nostro ordinamento non è possibile costruire uno statuto generale degli enti finanziari, anche se le loro discipline specifiche presentano sicuramente alcuni principi comuni[28].

Non svolgeremo in questa sede un esame analitico di tutti gli statuti degli intermediari finanziari non bancari; ci limiteremo a cogliere i tratti della loro disciplina che più di altri consentono di distinguerli dalle banche. Tenuto presente, tuttavia, che il Titolo V del T.U. è interamente dedicato ad una particolare categoria di essi, genericamente definiti «intermediari finanziari» dedicheremo alla loro disciplina un'attenzione maggiore.

Distingueremo così gli intermediari di mercato mobiliare e gli intermediari finanziari, ben sapendo per altro che gli stessi non esauriscono l'insieme degli intermediari che operano sul mercato finanziario e che l'espressione intermediari finanziari viene qui utilizzata nel significato imposto dal T.U.

6.1. Gli intermediari di mercato mobiliare

Nell'ambito degli operatori specializzati ai quali è riservata l'attività di mercato mobiliare (avente cioè ad oggetto i valori mobiliari) meritano particolare attenzione le società di intermediazione mobiliare (SIM) disciplinate dalla legge 2 gennaio 1991, n. 1, le società di gestione dei fondi comuni di investimento mobiliare aperti disciplinate dalla legge 23 marzo 1983, n. 77, e dei fondi mobiliari chiusi, disciplinate dalla legge 14 agosto 1993, n. 344, nonché le società di investimento a capitale

[27] Sugli intermediari finanziari non bancari per tutti v. R. Costi, *Verso un diritto comune degli intermediari finanziari non bancari*, in *L'attività parabancaria*, cit., 1987, pp. 3 ss.; R. Costi, *Intermediari finanziari non bancari e mercato mobiliare*, in «Politica del diritto», 1988, p. 505; A. Nigro, *Intermediari finanziari: problemi e prospettive*, in «Banca borsa tit. di cred.», 1988, I, pp. 489 ss.; G. Visentini, *Intermediari, attività e mercati finanziari: problemi di regolamentazione legislativa*, in «Politica del diritto», 1987, pp. 469 ss.; A. Fazio, *Controllo dell'attività bancaria e dell'intermediazione finanziaria*, in Banca d'Italia, «Bollettino economico», 7, 1986, pp. 93 ss.; C. Conigliani, *L'innovazione finanziaria in Italia, problemi di inquadramento e vigilanza*, in Banca d'Italia, «Temi di discussione», luglio 1986, pp. 11 ss.

[28] Sul punto R. Costi, *Osservazioni in tema di disciplina degli intermediari finanziari*, in *Il mercato dei valori mobiliari*, a cura di V. Afferni, Milano, Giuffrè, 1991, pp. 173 ss.

variabile che trovano la propria regolamentazione nel D.Lgt. 25 gennaio 1992, n. 84.

Alle società di intermediazione mobiliare è riservato «l'esercizio professionale nei confronti del pubblico» delle attività di intermediazione mobiliare, ossia *a*) la negoziazione per conto proprio o per conto terzi, ovvero sia per conto proprio che per conto terzi, di valori mobiliari; *b*) il collocamento e distribuzione di valori mobiliari con o senza preventiva sottoscrizione o acquisto a fermo, ovvero assunzione di garanzia nei confronti dell'emittente; *c*) la gestione di patrimoni, mediante operazioni aventi ad oggetto valori mobiliari; *d*) la raccolta di ordini di acquisto o vendita di valori mobiliari; *e*) la consulenza in materia di valori mobiliari; *f*) la sollecitazione del pubblico risparmio effettuata mediante attività anche di carattere promozionale, svolta in luogo diverso da quello adibito a sede legale o amministrativa principale dell'emittente, del proponente l'investimento o del soggetto che procede al collocamento.

Alle società di intermediazione mobiliare è inibita la raccolta fra il pubblico di risparmio con obbligo di rimborso e «ogni attività di intermediazione nei pagamenti».

Oltre alle attività di intermediazione mobiliare esse possono soltanto svolgere «le attività di custodia ed amministrazione di valori mobiliari, di finanziamento dei contratti di borsa, di negoziazione per conto terzi di valute», nonché quelle connesse e strumentali a ciascuna delle attività di intermediazione mobiliare[29].

Le società di gestione dei fondi comuni hanno «per oggetto esclusivo la gestione di fondi comuni di investimento collettivo in valori mobiliari di tipo aperto» (art. 1 della legge 23 marzo 1983, n. 77) o chiuso (legge 14 agosto 1993, n. 344); esse possono, tuttavia, «assumere l'incarico di gestire il patrimonio di società di investimento a capitale variabile».

Le società di investimento a capitale variabile hanno «per oggetto esclusivo l'investimento collettivo in valori mobiliari del patrimonio raccolto mediante l'offerta al pubblico in via continuativa di proprie azioni» (art. 1, 1° comma del D.Lgt. 25 gennaio 1992, n. 84).

I rapporti, per quanto concerne l'esercizio delle attività, fra banche ed intermediari mobiliari si pongono nel nostro ordinamento in termini non identici: le banche infatti possono esercitare tutte le attività consentite alle Società di intermediazione mobiliare, ad esclusione della negoziazione dei valori mobiliari quotati alla borsa valori che non siano titoli di Stato o garantiti dallo Stato (cfr. art. 16, 1° comma della legge 1/1991), mentre non possono svolgere le attività riservate alle società di

[29] È evidentemente impossibile ogni richiamo bibliografico. Si vedano, per tutti, i contributi contenuti in *Trattato di diritto delle società*, a cura di G.E. Colombo e G.B. Portale, vol. X, *Società per azioni e mercato mobiliare*, Torino, UTET, 1993. Sull'oggetto delle società di intermediazione così come disciplinato dai regolamenti della Banca d'Italia approvato il 2 luglio 1991, v. R. Costi, *Prime note esegetiche in tema di società di intermediazione mobiliare*, in «Diritto banc. e merc. fin.», 1992, I, pp. 149 ss.

gestione dei fondi comuni, aperti o chiusi, e alle società di investimento a capitale variabile (cfr. art. 10, 3° comma del T.U.).

6.2. Gli «intermediari finanziari»

Il T.U. dedica il proprio Titolo V ai «soggetti operanti nel settore finanziario», definiti anche «intermediari finanziari», delineando, per gli stessi, uno statuto che risulta dalla rimeditazione delle norme dettate per alcune attività finanziarie dalla legge 5 luglio 1991, n. 197, già ricordata[30]. Nel contempo il T.U. ha abrogato lo statuto speciale che la legge 21 febbraio 1991, n. 52, aveva previsto per le società di factoring[31], riconducendo anche queste ultime nell'ambito degli «intermediari finanziari», nei limiti per altro in cui le caratteristiche economiche di questi ultimi lo consentono.

Il T.U., come già la legge 197/1991, assume come punto di riferimento della disciplina, le «attività di assunzione di partecipazioni, di concessione di finanziamenti sotto qualsiasi forma, di prestazione di servizi di pagamento e di intermediazione in cambi» (art. 106, 1° comma) dettando discipline differenziate a seconda delle modalità di svolgimento delle medesime.

Più esattamente la disciplina muta a seconda che l'attività *a*) sia esercitata nei confronti del pubblico o *b*) non sia esercitata nei confronti del pubblico.

a) L'esercizio nei confronti del pubblico delle predette attività è riservato «a intermediari finanziari iscritti in un apposito elenco tenuto dal Ministro per il Tesoro, che si avvale dell'UIC» (Elenco generale).

L'iscrizione nell'elenco è subordinata alle seguenti condizioni: *a*) forma giuridica di società per azioni, di società in accomandita per azioni, società a responsabilità limitata o di società cooperative; *b*) oggetto sociale limitato allo svolgimento di attività finanziarie; *c*) capitale sociale versato non inferiore a cinque volte il capitale minimo previsto per la costituzione delle società per azioni; *d*) possesso da parte dei soci con una partecipazione rilevante e degli esponenti aziendali dei requisiti stabiliti (a norma dei successivi artt. 108 e 109) dal Ministro per il Tesoro, con proprio regolamento.

L'iscrizione dell'intermediario nell'Elenco generale non comporta, in quanto tale, la sottoposizione ad alcuna vigilanza prudenziale da parte del Ministro per il Tesoro (e per esso dell'UIC); determina, per altro, l'applicazione sia delle norme sulla «trasparenza delle condizioni contrattuali» (dettate dal Titolo VI del T.U.) sia di quelle dettate dal D.Lgt.

[30] Sulla legge 197/1991 v. Circolare 26 giugno 1992, n. 1 del Ministro per il Tesoro e, in dottrina, S. Cotterli, *La disciplina*, cit., pp. 271 ss., e G.B. Portale, *Normative antiriciclaggio e finanziarie di gruppo*, in «Riv. società», 1992, pp. 715 ss.

[31] Sulle società di factoring v. per tutti, e da ultimi, G. Tucci, *Factoring*, in «Contratto e impresa», 1992, pp. 1387 ss., e F. Maimeri, *Factoring e attività bancaria*, in «Riv. it. leas.», 1993, pp. 7 ss.

27 gennaio 1992, n. 87 (così come modificate dall'art. 157 del T.U.) in tema di bilancio. Inoltre sorge a carico degli esponenti aziendali l'obbligo di comunicare all'UIC le informazioni necessarie per accertare la permanenza delle condizioni per l'iscrizione nell'Elenco generale e a carico dei soci l'obbligo di fornire le informazioni necessarie per accertare i requisiti di onorabilità (in mancanza dei quali resta sospeso il diritto di voto).

b) Gli intermediari finanziari che svolgano la propria attività professionalmente nei confronti del pubblico e come tali iscritti nell'Elenco generale debbono altresì iscriversi nell'Elenco speciale tenuto dalla Banca d'Italia quando ricorrano i presupposti che il Ministro per il Tesoro, in conformità delle deliberazioni del CICR, determina sulla base di «criteri oggettivi, riferibili all'attività svolta, alla dimensione e al rapporto tra indebitamento e patrimonio» (art. 107, 1° comma T.U.).

L'iscrizione nell'Elenco speciale, che non comporta l'esonero dagli obblighi connessi con l'iscrizione nell'Elenco generale (ma vedi art. 107, 5° comma) determina la sottoposizione dell'intermediario alla vigilanza prudenziale della Banca d'Italia; questa infatti detta, in conformità delle deliberazioni del CICR, «disposizioni aventi ad oggetto l'adeguatezza patrimoniale e il contenimento del rischio» e, con riferimento a determinati tipi di attività (es.: servizi di pagamento), anche «disposizioni volte ad assicurarne il regolare esercizio» (art. 107, 2° comma; cfr. D.M. 27 agosto 1993).

c) L'esercizio delle predette attività non nei confronti del pubblico viene preso in considerazione quando lo stesso sia «prevalente» nell'ambito delle attività di un soggetto: in tal caso lo stesso deve iscriversi in una «apposita sezione» dell'Elenco generale; iscrizione subordinata soltanto a requisiti di onorabilità (e non anche di professionalità) degli esponenti aziendali, oltreché dei soci.

L'iscrizione, ovviamente, non comporta l'applicazione di alcuna norma di vigilanza prudenziale, mentre sembra determinare l'applicazione sia delle norme sulla trasparenza delle condizioni contrattuali sia di quelle sui bilanci degli enti bancari e finanziari.

d) Come si accennava, il T.U. ha attratto nell'ambito della disciplina degli intermediari finanziari anche le società di factoring, abrogando l'art. 2 della legge 52/1991 che aveva istituito, con il relativo Albo, anche il potere della Banca d'Italia di vigilare «sul corretto svolgimento» della loro attività anche «al fine di impedire l'impiego di denaro, beni o utilità di provenienza illecita». Le società di factoring potranno e dovranno iscriversi nell'Elenco generale ed, eventualmente, in quello speciale soltanto se svolgono, o quanto meno, contemplano nell'oggetto sociale, l'esercizio di un'attività di finanziamento (e quindi di anticipo dei crediti o comunque di finanziamento collegato alla cessione degli stessi), non rientrando invece in alcuna delle ipotesi previste dal T.U. quando si limitino ad un'attività di gestione e di incasso dei crediti alla scadenza.

Nel primo caso le stesse, invece, dovrebbero considerarsi intermediari che svolgono attività di concessione di finanziamenti e come tali destinatarie delle disposizioni del T.U. È necessario anche tener presente che queste ultime ricomprendono nel proprio ambito di applicazione anche le società di factoring che non hanno per oggetto l'acquisto di crediti d'impresa e che quindi non possono avvalersi delle disposizioni della legge 52/1991, dettate appunto esclusivamente per la cessione dei crediti d'impresa.

D'altro canto, di queste norme non potrà neppure avvalersi la società di factoring che, pur avendo come oggetto l'acquisto di crediti d'impresa, non svolge funzioni di finanziamento, dal momento che la stessa non potrebbe iscriversi, come abbiamo appena ricordato, nell'Elenco degli intermediari finanziari, ai quali soltanto l'art. 1 della legge 52/1991, così come riscritto dall'art. 156, 2° comma del T.U., consente, d'altra parte, di avvalersi delle disposizioni «speciali» previste dalla medesima legge 52/1991 per l'acquisto dei crediti d'impresa.

In definitiva nell'Elenco generale degli intermediari finanziari debbono iscriversi tutte e sole le società di factoring che concedono finanziamenti, mentre delle norme della legge 52/1991 possono avvalersi solo le società di factoring che concedono finanziamenti sui crediti d'impresa[32].

7. La raccolta non bancaria del risparmio

Abbiamo già constatato che, a norma dell'art. 11, 2° comma del T.U., la raccolta del risparmio con obbligo di restituzione quando assuma carattere «pubblico» (ossia venga effettuato presso il pubblico) è vietata «ai soggetti diversi dalle banche»; abbiamo anche rilevato che il legislatore non considera effettuata tra il pubblico la raccolta del risparmio di debito nelle ipotesi disciplinate dal 3° comma del medesimo art. 11, concorrendo così a definire la fattispecie oggetto del divieto.

Il medesimo art. 11 introduce poi alcune ipotesi di esonero dal divieto, ossia ipotesi nelle quali la raccolta del risparmio deve considerarsi effettuata fra il pubblico e, purtuttavia, i soggetti che la esercitano sono dispensati dal predetto divieto.

Il 4° comma del predetto art. 11 stabilisce infatti che «il divieto del 2° comma non si applica:

a) agli Stati comunitari, agli organismi internazionali ai quali aderiscono uno o più Stati comunitari, agli enti pubblici territoriali ai quali la raccolta del risparmio è consentita in base agli ordinamenti nazionali degli Stati comunitari;

b) agli Stati extracomunitari e ai soggetti esteri abilitati da speciali disposizioni del diritto italiano;

c) alle società per azioni e in accomandita per azioni per la raccolta

[32] Su questi problemi v., più ampiamente, R. Costi, *Il factoring nella prospettiva del T.U. sul credito*, in *Il factoring tra regolamentazione e mercato*, Atti del Convegno Assifact, 1° luglio 1993.

effettuata, nei limiti previsti dal Codice civile, mediante l'emissione di obbligazioni;

d) alle società e agli enti con titoli negoziati in un mercato regolamentato per la raccolta effettuata mediante titoli anche obbligazionari, nei limiti stabiliti dal CICR avendo riguardo anche all'attività dell'emittente a fini di tutela della riserva dell'attività bancaria stabilita dall'art. 10. Le disposizioni del CICR possono derogare ai limiti previsti dal 1° comma dell'art. 2410 del Codice civile. Il CICR, su proposta formulata dalla Banca d'Italia sentita la CONSOB, individua le caratteristiche, anche di durata e di taglio, dei titoli mediante i quali la raccolta può essere effettuata;

e) alle imprese per la raccolta effettuata, tramite banche ed enti sottoposti a forme di vigilanza prudenziale che esercitano attività assicurativa o finanziaria, nel rispetto dei limiti e dei criteri stabiliti dal CICR anche con riguardo all'attività svolta dall'emittente;

f) agli enti sottoposti a forme di vigilanza prudenziale che svolgono attività assicurativa o finanziaria, per la raccolta ad essi specificamente consentita da disposizioni di legge»[33]. Il successivo quinto comma precisa che «nei casi previsti dal 4° comma, lettere *c*), *d*), *e*) e *f*) sono comunque precluse la raccolta di fondi a vista e ogni forma di raccolta collegata all'emissione o alla gestione di mezzi di pagamento».

È in queste disposizioni che va cercata la disciplina della raccolta di fondi rimborsabili presso il pubblico da parte di soggetti diversi dalle banche: esse individuano in termini esaustivi tutte le ipotesi in cui un soggetto, che non sia — appunto — una banca, può raccogliere fondi rimborsabili presso il pubblico senza incorrere nel divieto di cui al 2° comma del medesimo art. 11.

Le prime due ipotesi (quelle indicate sub *a*) e sub *b*) riguardano essenzialmente gli strumenti del debito pubblico e l'esonero dal divieto può trovare una sufficiente giustificazione, da un lato, nella solvibilità dello Stato o degli altri organismi pubblici, nazionali e sovranazionali, e nella probabile coincidenza, sul piano monetario, fra gli effetti connessi con la raccolta effettuata da questi enti e le decisioni degli organi responsabili della politica monetaria. Ma entrambe le motivazioni potrebbero essere considerate opinabili; anche se servono a rendere meno evidente la condizione di privilegio che gli Stati e gli organismi pubblici agli stessi collegati si sono riservati nella raccolta del risparmio.

La non sottoposizione, prevista sub *c*), al divieto della raccolta ef-

[33] La norma riproduce a sua volta una puntuale previsione della seconda direttiva comunitaria in materia bancaria (art. 3), direttiva che, dopo aver imposto agli stati membri di vietare la raccolta «a titolo professionale», di fondi rimborsabili fra il pubblico a soggetti diversi dagli enti creditizi, precisa che «il divieto non si applica né alla raccolta di depositi o altri fondi rimborsabili da parte di uno Stato membro, di autorità regionali o locali di uno Stato membro o di organizzazioni pubbliche internazionali di cui siano membri uno o più Stati membri, né ai casi espressamente previsti da una legislazione nazionale o comunitaria, purché tali attività siano soggette a regolamentazione e a controlli diretti a proteggere depositanti e investitori e applicabili a questi casi».

fettuata dalle società per azioni e in accomandita per azioni attraverso la emissione di obbligazioni, nei limiti previsti dal Codice civile trova la propria giustificazione nel fatto che le norme del nostro ordinamento societario impongono alla raccolta obbligazionaria vincoli capaci di assicurare una adeguata protezione a coloro che investono il loro risparmio in queste categorie di titoli.

Non avrebbe, pertanto, avuto alcuna ragione d'essere una norma che avesse vietato la possibilità, alle imprese di utilizzare questa forma di finanziamento e, ai risparmiatori, di ricomprendere le relative attività nei propri portafogli finanziari.

D'altro canto, il controllo da parte della Banca d'Italia sulle emissioni di valori mobiliari per importi superiori alla soglia prevista dall'art. 129 del T.U., garantisce la tutela degli interessi macroeconomici ritenuti rilevanti (la stabilità del mercato mobiliare) perché tali emissioni non hanno una rilevanza monetaria non determinando un incremento dei mezzi di pagamento in circolazione.

Di notevole rilievo l'esonero previsto sub *d*); qui si stabilisce che le società sottoposte ai controlli previsti per i soggetti che abbiano i propri titoli negoziati in un mercato regolamentato possono raccogliere presso il pubblico fondi rimborsabili, nei limiti e con gli strumenti determinati dal CICR; nella determinazione dei limiti quantitativi entro i quali tale tipo di raccolta potrà essere effettuata il CICR dovrà aver «riguardo anche all'attività dell'emittente a fini di tutela della riserva dell'attività bancaria», stabilita dall'art. 10, 2° comma del T.U.

In altri termini, sarà necessario evitare che la facoltà di raccogliere fondi con obbligo di restituzione finisca, in considerazione dell'attività dell'ente, con il dar vita ad impresa avente le caratteristiche dell'attività bancaria. Tale facoltà sarà pertanto contenuta in limiti più ristretti quando l'attività dell'ente sia di natura finanziaria.

Le «caratteristiche anche di durata e di taglio» dei titoli attraverso i quali viene effettuata la raccolta dovrebbero essere tali da concentrare quest'ultima nell'ambito dei soggetti capaci di valutare il rischio che un siffatto tipo di investimento comporta, con l'imposizione di limiti di durata tali da non rendere particolarmente difficile tale valutazione.

Dovrebbe trattarsi, in altri termini, di titoli (es.: commercial paper) destinati a diffondersi nell'ambito degli operatori economici professionali (mercato all'ingrosso) e non anche presso la generalità dei risparmiatori. Entro questi limiti il CICR potrà consentire la emissione di obbligazioni anche oltre le soglie stabilite dal diritto societario.

L'esonero dal divieto previsto sub *e*) trova, nella sostanza, la propria giustificazione nelle ragioni che lo consentono nei casi previsti sub *d*), differendone soprattutto perché la raccolta presso il pubblico viene effettuata, sia pure per conto di imprese, da banche e comunque da enti finanziari e assicurativi sottoposti a vigilanza prudenziale e la cui presenza dovrebbe contenere la pericolosità della raccolta, essendo questi enti tenuti ad una valutazione approfondita del merito di credito delle imprese per le quali svolgono la raccolta del risparmio.

A norma del 5° comma, sopra riprodotto, dello stesso art. 11, nelle ipotesi in cui viene consentito alle imprese di raccogliere risparmio con obbligo di restituzione fra il pubblico, la emissione dei relativi «titoli» incontra un limite invalicabile nelle esigenze proprie della politica monetaria e comunque del sistema dei pagamenti. La necessità di conservare, da parte delle autorità monetarie, un controllo stringente sulla quantità di moneta circolante nel sistema economico e di garantire un adeguato controllo prudenziale sugli enti che prestano servizi di pagamento ha portato il legislatore ad escludere che la raccolta da parte di società, sottoposte soltanto alla vigilanza connessa alla quotazione dei titoli in un mercato regolamentato, possa essere a vista e comunque ad escludere che i crediti nei loro confronti possano essere utilizzati come mezzi di pagamento nei rapporti con i terzi.

Nei limiti così fissati la possibilità prevista dalla disposizione in esame consente alle imprese di diversificare ed innovare le forme di finanziamento della propria attività, senza pregiudicare gli interessi tutelati attraverso la riserva della raccolta di fondi rimborsabili a favore delle banche[34].

8. Sulla specificità dell'attività bancaria

Dalla disciplina illustrata nei paragrafi precedenti emerge dunque: *a*) che vi è attività bancaria solo quando alla raccolta fra il pubblico di risparmio con obbligo di rimborso si accompagni l'esercizio del credito; *b*) che l'ordinamento riserva alle banche la raccolta di tale tipo di risparmio consentendo soltanto alcune limitatissime eccezioni a tale riserva; *c*) che anche in queste ipotesi eccezionali nessun altro intermediario, che non sia ente creditizio, può comunque emettere passività che possano essere usate come mezzi di pagamento (moneta fiduciaria).

E queste caratteristiche sembrano in grado di giustificare la specificità dell'attività bancaria e quindi la specialità della disciplina prevista per le banche nei confronti di quelle dettate per gli altri intermediari finanziari.

Naturalmente di tale specialità potremo render compiutamente conto soltanto dopo un'analisi più approfondita delle relative discipline. Ma già da ora possiamo rintracciarla nella maggiore intensità dei controlli di stabilità che insistono sulle banche, nei confronti di quelli previsti per gli altri intermediari, e nella soggezione delle prime agli strumenti che le autorità di vigilanza possono utilizzare per la realizzazione di obiettivi, non più di stabilità dell'ente, ma di politica monetaria.

Le ragioni di queste peculiarità della disciplina prevista per l'attività bancaria vanno, anzitutto, ricercate nelle caratteristiche della raccolta delle banche. Queste infatti, nel momento in cui si obbligano a resti-

[34] Sul punto v. anche Ministero per il Tesoro, *Per un'ipotesi di legge delega*, Roma, Poligrafico dello Stato, 1991, pp. 41 ss.

tuire al risparmiatore le somme dallo stesso ricevute, si assumono integralmente il rischio dell'investimento, consentendo al risparmiatore d'effettuare un investimento che altrimenti non avrebbe potuto compiere se non dopo aver acquisito direttamente le informazioni necessarie. In altri termini, la banca, nel momento in cui riconosce al risparmiatore il diritto alla restituzione, offre un servizio assicurativo contro il rischio della insolvenza del prenditore finale di credito. E si può dire che, proprio allo scopo di consentire agli intermediari creditizi, di adempiere questa funzione di assicurazione nei confronti dei risparmiatori, l'ordinamento prevede, per la loro stabilità, una tutela più intensa di quella prevista per gli intermediari finanziari che non si assumono questa funzione assicurativa, lasciando il rischio dell'investimento a carico del risparmiatore (come i fondi comuni di investimento).

Il controllo prudenziale sugli intermediari che non svolgono la predetta funzione assicurativa, in quanto non assumono l'obbligo di restituire quanto ricevuto indipendentemente dall'andamento degli impieghi, può avere contenuti meno intensi di quelli previsti per gli intermediari che assolvono tale funzione.

E la necessità di questa tutela più intensa si fa più stringente in considerazione del fatto che la banca impiega, o può, comunque, impiegare, il risparmio raccolto, anziché in titoli negoziabili sul mercato, in prestiti che non godono di altrettante possibilità di essere sostituiti con nuove forme di impiego.

Sotto quest'ultimo profilo la ragione della speciale tutela prevista per le banche non sta tanto nella funzione assicurativa connessa alla natura delle passività dell'ente quanto nelle caratteristiche degli impieghi e nel loro limitato grado di negoziabilità, con la conseguenza che, anche in presenza di quella funzione, la tutela potrebbe essere meno intensa se esistessero vincoli sugli impieghi che limitassero la possibilità di investire in prestiti non negoziabili.

In definitiva, sembra possibile affermare che l'attività bancaria è caratterizzata nel suo insieme dalla funzione assicurativa svolta nei confronti del risparmiatore e dalla non negoziabilità degli impieghi; ed entrambe le caratteristiche impongono di affrontare il problema della stabilità in termini più rigorosi di quelli nei quali lo stesso problema si pone per gli intermediari che tale rischio non assumono o i cui impieghi presentano una negoziabilità più intensa.

E queste conclusioni trovano una ulteriore conferma, giustificando anzi una disciplina ancora più preoccupata della stabilità dell'ente, quando si tenga presente che solo le passività delle banche possono essere utilizzate, almeno nel nostro ordinamento, come moneta. La necessità di mantenere ferma la fiducia di tutti gli operatori economici nella solvibilità e stabilità del debitore le cui passività vengono usate nei pagamenti, impone di garantire la solvibilità delle banche in termini più rigorosi di quelli che è necessario adottare per altri intermediari.

La crisi di una grande banca può mettere in pericolo l'intero sistema di pagamenti. Di qui la particolare vigilanza imposta sugli impieghi degli intermediari bancari e la predisposizione di strumenti, di rifinanziamento presso il prestatore d'ultima istanza e di garanzia dei depositi, che assicurino la solvibilità dei soggetti le cui passività sono mezzi di pagamento.

Ancora, il fatto che le passività delle banche costituiscano mezzi di pagamento comporta l'applicazione dei controlli di politica monetaria diretti a contenere la capacità di creare moneta bancaria; controlli che non hanno ragione di insistere sugli intermediari finanziari non monetari.

Possiamo ora riprendere il quesito che ci eravamo posti nel primo paragrafo di questo capitolo e chiederci se il processo di innovazione finanziario al quale abbiamo fatto cenno in quella sede abbia privato di ogni giustificazione la specificità della disciplina dettata per gli enti creditizi e se, pertanto, si renda necessario o estendere la stessa disciplina anche agli altri intermediari o, all'opposto, eliminare tali specificità conservando alle imprese bancarie soltanto il controllo prudenziale genericamente previsto o prevedibile per gli altri intermediari finanziari. A tali quesiti sembra possibile dare una risposta sostanzialmente negativa.

Non pare, anzitutto, che le peculiarità riconosciute all'attività bancaria siano poste in discussione dall'ampliamento dell'attività delle banche ad altre attività finanziarie e segnatamente alle operazioni in titoli. Questo allargamento dell'ambito operativo degli enti creditizi pone problemi di disciplina di queste attività ulteriori, anche con riferimento ai contenuti e all'attribuzione dei poteri di controllo. Ma il fatto che gli enti creditizi esercitino anche attività non bancarie non elimina ovviamente le peculiarità dell'attività bancaria e non priva quindi di giustificazione la specificità della relativa disciplina.

Neppure la presenza di nuovi intermediari che svolgano sul lato degli impieghi le stesse attività delle banche cancella la circostanza che soltanto queste ultime raccolgono la relativa provvista attraverso contratti che attribuiscono ai risparmiatori il diritto alla restituzione di quanto prestato.

La ragionevolezza del sistema vigente potrebbe essere posta in discussione se si accertasse che altri soggetti, diversi dalle banche, emettono passività aventi natura di mezzo di pagamento ma in tal caso non resterebbe che estendere la disciplina degli enti creditizi anche a questi altri soggetti.

È bene anche aggiungere che il sistema finanziario italiano non conosce intermediari finanziari, diversi dalle banche, che emettano passività di massa utilizzabili come mezzi di pagamento.

Tutto ciò non esclude che in futuro si possa realizzare una netta separazione fra intermediazione finanziaria e sistema dei pagamenti e che, sotto questo profilo, possa effettivamente venir meno la specificità delle banche. Ma si tratta di una prospettiva che non può essere discussa in questa sede e che in ogni caso non sembra in grado, nell'immediato futuro, di imporre conclusioni diverse da quelle appena ricordate.

Questa riaffermata diversità delle banche, non impedisce, tuttavia, di chiedersi se sia prospettabile una fattispecie di impresa finanziaria cui applicare una disciplina generale, nell'ambito della quale la disciplina dell'impresa bancaria assumerebbe carattere di specialità, come quelle previste per gli intermediari in valori mobiliari e per le imprese di assicurazione. Tale disciplina generale, in quanto tale, dovrebbe trovare applicazione, se non disapplicata dalle norme speciali, anche per le imprese sottoposte a discipline speciali e in ogni caso esaurirebbe la regolamentazione delle imprese di intermediazione che non fossero riconducibili a nessuna di queste sottocategorie tipizzate. Sembra lecito dubitare fortemente delle possibilità di delineare una siffatta fattispecie e di individuare norme di carattere generale applicabili ad un tempo alle banche, agli intermediari mobiliari e alle imprese di assicurazione[35].

Anche i tentativi avviati in questa direzione non sono andati oltre una generica affermazione di principio. In realtà è ben possibile stabilire principi generali, validi per tutti gli intermediari finanziari, sui quali costruire gli istituti giuridici del mercato finanziario ed è anche possibile individuare regole applicabili a tutte e tre le categorie di intermediari, ma sembra difficile andare oltre, per costruire la fattispecie «impresa finanziaria». Tale impresa dovrebbe rappresentare una specie nominata nell'ambito della definizione dell'art. 2082 Cod. civ. Si dovrebbe in altri termini introdurre una nozione di imprenditore finanziario, definito come colui che esercita professionalmente un'attività economica organizzata al fine della produzione o dello scambio di servizi finanziari, ricomprendendo fra questi ultimi non solo quelli bancari ed assicurativi, ma anche ogni altro servizio qualificabile come finanziario.

Ma si tratta di problemi prevalentemente classificatori sui quali non è forse indispensabile insistere.

9. Il «carattere d'impresa» dell'attività bancaria

La letteratura giuridica italiana non ha mai messo in dubbio che l'esercizio dell'attività bancaria debba qualificarsi come impresa e che in particolare debba considerarsi imprenditore commerciale chi esercita tale attività. E l'art. 2195 Cod. civ., nel momento in cui dichiara soggetti all'obbligo dell'iscrizione nel registro delle imprese gli imprenditori che esercitano «un'attività bancaria», elimina ogni possibile perplessità in proposito.

D'altro canto, la letteratura, la giurisprudenza e la legislazione in materia di enti pubblici economici hanno definitivamente chiarito la perfetta compatibilità tra la natura pubblica dell'ente e il «carattere» imprenditoriale dell'attività dallo stesso esercitata. Ed anzi, proprio per la necessità di ricondurre nell'ambito dei principi generali dell'impresa l'esperienza degli enti pubblici imprenditori, si è ormai consolidata l'opinione che non costituisca elemento essenziale del concetto di impresa

[35] Per questa prospettiva, v. S. Cassese, *Morfologia della disciplina degli intermediari finanziari*, in *Tendenze nuove della intermediazione finanziaria*, Milano, Egea, 1991, pp. 119 ss.

il perseguimento di uno scopo di lucro, essendo sufficiente, a tal fine, l'astratta economicità della gestione. Si è così potuto pervenire ad una nozione d'impresa definita di diritto comune, in quanto capace di ricomprendere sia le imprese esercitate dagli enti privati (con scopo di lucro, mutualistico o altruistico) sia quelle esercitate dagli enti pubblici.

Ciò nonostante l'art. 1, 1° comma del D.P.R. 27 giugno 1985, n. 350, aveva sentito il bisogno di affermare, con una norma-manifesto «introduttiva» della disciplina sull'autorizzazione all'esercizio dell'attività bancaria imposta dalla prima direttiva comunitaria, che tale attività «ha carattere d'impresa, indipendentemente dalla natura pubblica o privata degli enti che la esercitano». Quella norma aveva probabilmente lo scopo di contrastare l'indirizzo giurisprudenziale, allora molto seguito, secondo il quale l'attività bancaria costituiva un pubblico servizio in senso oggettivo (a prescindere dalla natura privata o pubblica dell'ente) anche agli effetti della disciplina penale[36].

In realtà, quella norma non sarebbe stata sufficiente per escludere tale qualificazione, essendo infatti indubitabile che un pubblico servizio possa essere svolto anche adottando criteri di economicità nella gestione e, quindi, che un'attività imprenditoriale possa essere considerata suscettibile di tale qualificazione.

La stessa non sarebbe stata neppure in grado di escludere che l'attività bancaria esercitata dagli enti pubblici venisse sottoposta, con provvedimento legislativo, ad una disciplina diversa da quella prevista per gli enti privati; per il rispetto della norma in esame sarebbe stato sufficiente che l'eventuale disciplina speciale non contraddicesse gli elementi essenziali della nozione di impresa.

Quell'affermazione di principio, tuttavia, nel clima culturale di quel momento non era del tutto irrilevante: essa imponeva, in assenza di una diversa disciplina, di considerare l'attività bancaria alla stregua di una attività d'impresa e, inoltre, di ritenere applicabili anche alle imprese degli enti pubblici le stesse norme dettate per le imprese bancarie esercitate da enti privati. Conclusioni che, a dire il vero, avrebbero potuto essere raggiunte sulla base dell'ordinamento vigente anche in assenza di quell'enunciato; tuttavia, nei confronti delle stesse, erano state avanzate perplessità oltre che dalla giurisprudenza anche da una parte della dottrina e quella norma tendeva a fugare tali perplessità.

Il D.Lgt. 481/1992 nell'abrogare il D.P.R. 350/1992 (cfr. art. 49, 1° comma) aveva cancellato dall'ordinamento anche l'affermazione di principio in questione. Ma non per questo si sarebbe potuto dubitare del carattere di impresa dell'attività bancaria, essendo sufficiente per fondare tale conclusione la riconducibilità dell'esercizio professionale dell'attività bancaria alla fattispecie impresa descritta dall'art. 2082 Cod. civ. Ma il T.U. non ha avuto sufficiente fiducia nella forza dei

[36] Come è emerso del resto nel corso dei lavori preparatori: si veda infatti il dibattito svoltosi alle Commissioni Giustizia e Finanza e Tesoro riunite, alla seduta del 18 luglio 1984, Senato della Repubblica, IX Legislatura, Atti parlamentari Giunte e Commissioni, atto n. 189, pp. 3 ss.

principi e ha sentito il bisogno, su suggerimento del Parlamento, di riaffermare che l'attività bancaria «ha carattere d'impresa» (art. 10, 1° comma). Si dovrà pertanto ritenere che, in assenza di una diversa disciplina incompatibile, trovi applicazione anche per le imprese bancarie lo statuto generalmente valido sia sotto il profilo civilistico sia sotto quello costituzionale, per tutte le imprese e che alle imprese bancarie esercitate da enti pubblici si applichino, in assenza di una diversa volontà del legislatore, le stesse norme dettate per le imprese bancarie esercitate dagli enti privati.

10. La disciplina costituzionale dell'impresa bancaria

Nell'individuare la disciplina costituzionale dell'impresa bancaria è necessario anzitutto sottolineare che quest'ultima costituisce sicuramente espressione di iniziativa economica ed integra la nozione di attività economica prevista dall'art. 41 della Carta costituzionale nelle sue diverse statuizioni[37].

In assenza, pertanto, di una norma costituzionale che imponga un diverso regime, si deve ritenere che anche l'impresa bancaria goda delle garanzie costituzionali previste per ogni altra attività economica.

Essa, quindi, è, in linea di principio, libera nella determinazione dei fini da raggiungere e dei modi nei quali esprimersi e solo la legge può determinare i programmi e i controlli opportuni perché la stessa possa essere indirizzata e coordinata a fini sociali[38]. Di tali garanzie l'impresa bancaria sarebbe, tuttavia, stata spogliata, ad avviso di una consistente parte della dottrina[39], dalla stessa Carta costituzionale. L'art. 47, nel momento in cui ha considerato costituzionalmente doverosi la tutela del risparmio e la disciplina, il coordinamento ed il controllo del credi-

[37] Sul significato che le espressioni «iniziativa economica» ed «attività economica» assumono nell'art. 41 Cost. si veda per tutti A. Baldassarre, voce *Iniziativa economica privata*, in *Enc. dir.*, XXI, Milano, Giuffrè, 1971, pp. 582 ss.

[38] Sulla riserva di legge di cui al 3° comma dell'art. 41, si vedano per tutti P. De Carli, *Costituzione e attività economiche*, Padova, CEDAM, 1978, pp. 28 ss., e M.S. Giannini, *Diritto pubblico dell'economia*, Bologna, Il Mulino, 1985, pp. 180 ss. e, più recentemente, D. Sorace, *Il governo dell'economia*, in G. Amato-A. Barbera, *Manuale di diritto pubblico*, Bologna, Il Mulino, 1991^3, pp. 794 ss.; nonché, anche per i riferimenti giurisprudenziali, E. Crisafulli-L. Paladin, *Commentario breve alla costituzione*, Padova, CEDAM, 1990, pp. 287 ss.

[39] A. Predieri, *Pianificazione e costituzione*, Milano, Comunità, 1963, p. 353; M. Nigro, *Profili*, cit., pp. 22 ss. Il significato della riserva di legge, pure riaffermata, viene vanificato anche da V. Spagnuolo Vigorita, *Principi costituzionali sulla disciplina del credito*, in «Rass. di dir. pubbl.», 1962, I, pp. 348 ss. dal momento che lo stesso ritiene consentita dalla legge bancaria la funzionalizzazione dell'impresa agli scopi di pubblico interesse di volta in volta stabiliti dall'autorità di settore. Escludendo che gli stessi possano ridursi alla tutela del risparmio previsto dall'art. 47 o a quelli fissati da altre norme di legge, questo autore, infatti, finisce per negare che i fini «sociali» debbano essere fissati dalla legge come invece pretende l'art. 41, 3° comma (si veda infatti A. Patroni Griffi, *La concorrenza nel sistema bancario*, Napoli, Jovene, 1979, p. 64, nota 15). In questa prospettiva v. G. Cottino, *Manuale*, cit., vol. II, Tomo 1°, p. 53.

to, avrebbe sottratto l'impresa bancaria alle garanzie della riserva (relativa) di legge stabilita dall'art. 41, consentendone il controllo e l'indirizzo anche attraverso provvedimenti amministrativi. La tesi è, a nostro avviso, insostenibile.

Essa è, anzitutto, inficiata da un evidente vizio logico: il fatto che la Costituzione consideri doveroso il controllo di un'attività economica non implica in alcun modo che le relative limitazioni possano essere introdotte al di fuori delle garanzie previste dall'art. 41 della Carta costituzionale. In altri termini, il constatare che l'art. 47 rende doveroso il controllo del credito non dice ancora nulla in ordine alla fonte autorizzata a disciplinare tale controllo e quest'ultimo problema, in assenza di una diversa disciplina costituzionale, dovrà essere affrontato e risolto secondo i principi generali, fissati appunto, dal 3° comma dell'art. 41 Cost. Ma dall'art. 47 non si può trarre alcun elemento per individuare la fonte dei vincoli imponibili all'impresa bancaria anche per una seconda ragione. L'art. 47 prende in considerazione i fenomeni del risparmio e del credito a livello macroeconomico (e non microeconomico) e non disciplina le imprese che raccolgono il risparmio ed erogano il credito[40].

Le due norme, quella dell'art. 41 e quella dell'art. 47, si collocano su due piani distinti e, pertanto, non si possono neppure porre, nei reciproci rapporti, come regola ed eccezione.

Si potrà poi discutere[41], come si è fatto, se le due parti nelle quali si articola il 1° comma dell'art. 47 siano fra loro funzionalmente legate e se, in particolare, la norma costituzionale imponga il controllo del credito solo in funzione della tutela del risparmio o se invece la doverosità del controllo sul credito sia indipendente dalla tutela del risparmio e, quindi, sussista anche in vista del raggiungimento di altri interessi[42].

La diversità di opinioni su quest'ultimo punto non ha particolare rilevanza per il problema che qui interessa, concernendo la stessa i fini perseguiti con il controllo e non anche l'individuazione della fonte che tale controllo può imporre. Resta, dunque, confermato che l'art. 47, sotto quest'ultimo profilo, è muto e che anche per l'impresa bancaria trova applicazione la riserva di legge prevista dall'art. 41 della Carta costituzionale[43].

[40] F. Merusi, *Commentario della Costituzione*, a cura di G. Branca, Bologna-Roma, Zanichelli, Foro it., 1980, *sub* art. 17, p. 157.

[41] Sul punto si vedano S. Ortino, *Banca d'Italia e costituzione*, Pisa, Pacini, 1979, pp. 173 ss.; G. Ferri, *Imprenditorialità degli enti creditizi: un discorso interrotto*, in «Bancaria», 1982, p. 133, e M. Porzio, *Legislazione*, cit., p. 53, nonché D. Sorace, *Il governo*, cit., p. 798.

[42] Si veda sul punto F. Bonifacio, *Prospettive di riforma dell'ordinamento bancario*, in «Giur. it.», 1982, IV, c. 87, e S. Stammati, *Pluralismi e oggettivismi della Costituzione*, in *Il sistema creditizio nella prospettiva del mercato unico europeo*, a cura di M.T. Cirenei e G.D. De Martin, Milano, Giuffrè, 1990, pp. 311 ss.

[43] Così anche G. Minervini, *Impresa bancaria e Costituzione*, in «Banca borsa e tit. cred.» 1988, I, pp. 662 ss. La riserva di legge concerne tutti i provvedimenti che limitano l'impresa bancaria indipendentemente dal fatto che gli stessi siano di breve o di medio e lungo periodo, che abbiano un effetto anticongiunturale o strutturale (questa distinzione è in S. Ortino, *Banca d'Italia*, cit., pp. 176 ss. che limita la riserva di legge ai se-

11. Legge bancaria e tutela costituzionale del risparmio

Il convincimento che anche all'attività bancaria si applichi il principio della riserva di legge fissato dall'art. 41, 3° comma della Carta costituzionale, assumeva grande importanza nella ricostruzione dello statuto della relativa impresa disegnato dalla legge bancaria del 1936-38 (mentre ne assume forse una minore dopo l'entrata in vigore del T.U. del 1993). Di tale statuto la dottrina forniva letture molto diverse fra loro e che si traducevano ovviamente in altrettante concezioni o teorie dell'impresa bancaria.

Tali letture possono raccogliersi attorno a due posizioni chiaramente definite. Una di queste, minoritaria, riteneva che la legge bancaria consentisse di imporre alle aziende di credito solo i vincoli che fossero espressione di regole tecniche dirette alla tutela del risparmio[44]; l'altra, che riscuoteva la maggior parte dei consensi, affermava che alle imprese bancarie potevano essere imposte con atti amministrativi anche scelte aziendali capaci di realizzare una selezione nell'esercizio del credito, allo scopo di far sì che quest'ultimo venisse erogato in conformità con le scelte di politica economica espresse dalle autorità di governo[45]. A nostro avviso la seconda delle due tesi trovava adeguato fondamento nella legge bancaria del 1936-38.

Indubbiamente è vero, che gli strumenti attribuiti dalla legge bancaria alle autorità del settore potevano trovare una sufficiente giustificazione nell'ambito di una politica creditizia esclusivamente preoccupata di favorire la stabilità e l'efficienza degli operatori bancari e di garantire il controllo della moneta bancaria. Ma non si poteva ricavare, da questa constatazione, il convincimento che tali strumenti non potessero essere utilizzati anche per imporre un controllo selettivo del credito[46]. Chi

condi), anche se normalmente i primi e non i secondi troveranno nell'art. 47 e in esigenze di tutela del valore della moneta la propria giustificazione di ordine costituzionale.

[44] Si vedano G. Ferri, *Considerazioni preliminari sull'impresa bancaria*, in «Banca borsa e tit. cred.», 1969, I, pp. 321 ss.; Id., *La validità attuale della legge bancaria*, in «Riv. dir. comm.», 1974, I, pp. 129 ss.; e, ancora *Imprenditorialità degli enti creditizi: un discorso interrotto*, cit., p. 130; e G. Molle, *La banca impresa pubblica?*, in «Banca borsa e tit. cred.», 1981, II, p. 385. Tutela del «risparmio» e tutela dei risparmiatori vengono spesso tenute artificiosamente distinte, mentre le stesse coincidono, o, quanto meno, sono legate da un rapporto «biunivoco»: si veda infatti, G. Cammarano, in *La tutela del risparmio bancario*, a cura dell'Ente per gli studi monetari bancari e finanziari Luigi Einaudi, Bologna, Il Mulino, 1979, p. 42.

[45] Si vedano per tutti M.S. Giannini, *Osservazioni sulla disciplina della funzione creditizia*, in *Scritti giuridici in onore di Santi Romano*, vol. II, Padova, CEDAM, 1939, pp. 707 ss.; Id., *Istituti di crediti e servizi d'interesse pubblico*, in «Moneta e cred.», 1949, pp. 106 ss.; M. Nigro, *Profili pubblicistici del credito*, Milano, Giuffrè, 1972, pp. 87 ss.; G. Vignocchi, *Il servizio del credito nell'ordinamento pubblicistico italiano*, Milano, Giuffrè, 1968, pp. 170 ss.; M. Porzio, *Il governo del credito*, Napoli, Liguori, 1976, pp. 23 ss.; P. Vitale, *Pubblico e privato nell'ordinamento bancario*, Milano, Giuffrè, 1977, pp. 126 ss.; F. Capriglione, *Intervento pubblico e ordinamento del credito*, Milano, Giuffrè, 1978, pp. 22 ss.

[46] Così invece G. Ferri, *Imprenditorialità*, cit., nonché F. Piga, *Pubblico servizio e attività d'impresa nel settore bancario*, in «Bancaria», 1982, p. 140.

pretendeva di ragionare in questo modo, avrebbe dovuto dimostrare che quegli stessi strumenti erano incompatibili con uno statuto dell'impresa bancaria che consentisse anche il controllo amministrativo dell'attività di erogazione del credito. E una simile dimostrazione non fu mai neppure tentata.

D'altro canto, le enunciazioni di principio, che accompagnarono il dettato positivo[47], la composizione dell'apparato di governo del settore, la polivalenza degli strumenti di vigilanza, convincevano della bontà della tesi, del resto diffusissima presso la nostra dottrina, secondo la quale la legge bancaria aveva in sé due anime, fra loro non incompatibili, che consentivano di considerarla uno strumento neutro, nel senso che la stessa poteva essere utilizzata sia per la tutela del risparmio e per il controllo della moneta sia per il governo selettivo del credito. E questa conclusione, mentre trovava le necessarie premesse in autorevoli teoriche giuridiche del tempo[48] e nelle concezioni dell'impresa[49] e del credito sostenute dall'ideologia corporativa[50], non era affatto smentita dalle ricostruzioni della storia «interna» della legge bancaria[51], mentre era ulteriormente avvalorata dal giudizio che della stessa avevano dato la letteratura giuridica[52] e quella economica dell'epoca[53].

[47] Ci si riferisce all'affermazione, dettata nell'art. 1 della legge bancaria, secondo la quale, «la raccolta del risparmio fra il pubblico sotto ogni forma e l'esercizio del credito sono funzioni di interesse pubblico». Sul significato di questa espressione si sono affaticate dottrina e giurisprudenza. Sembra da escludere che la stessa sia stata usata, impropriamente, come sinonimo di pubblico servizio, come afferma la Suprema Corte (SS.UU. pen., 10 ottobre 1981, in «Foro it.», 1981, II, c. 553, con nota di F. Capriglione), non esistendo alcun indizio a sostegno di una simile interpretazione, contraddetta comunque dalla formulazione letterale della norma. Risulta invece plausibile che quell'espressione riproducesse la concezione corporativa dell'impresa recepita nella Carta del lavoro (così G. Ferri, *La validità*, cit., p. 132). Il che, peraltro, non consente di ritenere che tale espressione sia «priva di valore normativo» (così invece F. Piga, *op. cit.*, p. 142), dal momento che offre argomenti ad una concezione dell'impresa come impresa-funzione.

[48] Il riferimento è soprattutto a S. Romano, *Corso di diritto amministrativo*, Padova, CEDAM, 1973^3, p. 142.

[49] La Carta del lavoro, dichiarazione VII, stabiliva che «l'organizzazione privata della produzione essendo una funzione di interesse nazionale, l'organizzatore dell'impresa è responsabile dell'indirizzo della produzione di fronte allo Stato».

[50] Si veda P. Bini, *Il dibattito attraverso le «riviste di regime»*, in *Banca e industria fra le due guerre*, vol. I, *L'economia ed il pensiero economico*, Bologna, Il Mulino, 1981, pp. 245 ss.

[51] S. Cassese, *La preparazione della riforma bancaria del 1936 in Italia*, in «Storia cont.», 1974, p. 29, sottolinea il carattere dirigistico delle soluzioni adottate dalla legge bancaria; si veda anche M. Porzio, *La legge bancaria; un tentativo di intervento globale sul mercato del credito*, in *La legge bancaria. Note e documenti sulla sua «storia segreta»*, a cura di M. Porzio, Bologna, Il Mulino, 1981, p. 14.

[52] M.S. Giannini, *Osservazioni*, cit., pp. 713 ss., e F. Ferrara, *Le banche e le operazioni di banca*, in *Scritti minori*, vol. III, Milano, Giuffrè, 1977, pp. 296 ss.; P. Greco, *La nuova disciplina bancaria*, in «Riv. dir. comm.», 1936, I, p. 426. Per ulteriori riferimenti si veda A. Cantaro e D. La Rocca, *La cultura giuridica sulla riforma bancaria*, in *Banca e industria fra le due guerre*, vol. II, Bologna, Il Mulino, 1981, pp. 271 ss.

[53] La si veda richiamata in S. Cassese, *La preparazione della riforma bancaria*, cit., p. 32.

Sembra dunque si possa concludere che il modello di impresa bancaria fatto proprio dalla dottrina prevalente trovava adeguato fondamento nella legge bancaria.

Era, tuttavia, necessario chiedersi se questa conclusione dovesse essere tenuta ferma anche alla luce delle norme costituzionali sull'impresa (art. 41) e sul credito ed il risparmio (art. 47) sopra ricordate o se, invece, il dettato costituzionale non imponesse una lettura della legge bancaria diversa da quella adottata dalla dottrina dominante. Il quesito non era evidentemente sconosciuto alla letteratura giuridica. Questa, tuttavia, si era per lo più preoccupata di appurare se i fini individuati dalla Costituzione con riferimento al credito e al risparmio fossero perseguibili attraverso gli strumenti previsti dalla legge bancaria e la risposta a tale quesito era stata costantemente positiva, proprio in virtù della constatata elasticità del modello adottato da quella legge.

Non ci si era invece chiesti se il dettato costituzionale non impedisse di utilizzare quegli strumenti in direzioni precluse dall'esistenza di beni costituzionalmente protetti. In particolare, e tenendo presente che anche l'impresa bancaria è tutelata dalla riserva di legge prevista dall'art. 41 della Costituzione, era necessario chiedersi se la legge bancaria fosse rispettosa dei vincoli che in forza di tale norma costituzionale il legislatore incontra quando limita l'attività economica. Tale verifica andava, anzitutto, condotta sotto il profilo dei fini, dal momento che la Costituzione non consente limitazioni che non trovino la propria ragion d'essere in fini sociali legislativamente considerati capaci come tali di comprimere la libertà di iniziativa economica.

Ma la ricerca e l'individuazione di fini sociali nella legge bancaria era destinata ad andare delusa; come si è più volte ricordato, infatti, tale legge prevedeva un complesso di strumenti di controllo sull'impresa bancaria essenzialmente neutri, ossia capaci di essere impiegati per conseguire fini tra di loro radicalmente diversi.

Dalla legge bancaria, pertanto, non potevano essere ricavati neppure indirettamente i fini sociali capaci di giustificare la limitazione della libertà imprenditoriale degli operatori bancari. Tali fini andavano ricercati in altri provvedimenti legislativi che legittimassero, sotto il profilo teleologico, l'utilizzazione degli strumenti previsti dalla legge bancaria.

Ed è in questa prospettiva che assumeva decisiva rilevanza l'art. 47 della Carta costituzionale nel momento in cui individuava nella tutela del risparmio il fine sociale che necessariamente presuppone e giustifica il controllo dell'impresa bancaria.

Tale norma rendeva conforme al regime costituzionale delle attività economiche l'utilizzazione degli strumenti di controllo sull'impresa bancaria previsti dalla legge bancaria solo per incoraggiare e tutelare il risparmio. Non si rintracciavano, invece, nel nostro ordinamento altre norme, aventi forza di legge e, quindi, rispettose della indicazione che, sotto il profilo delle fonti, detta l'art. 41, 3° comma, che consentissero di individuare fini sociali esplicitamente considerati capaci di giustificare un ulteriore e diverso controllo sulle imprese bancarie in generale[54]. Ciò non significa, ovviamente, che tali norme non fossero e non siano ipotizzabili e che le stesse non siano consentite dalla Costituzione. In particolare si deve riconoscere che sarebbe sicuramente conforme con il dettato costituzionale una norma di legge, nella quale venissero fissati i fini sociali che giustificano un intervento nella erogazione del credito allo scopo di renderla omogenea a scelte di politica economica dalla stessa legge fissate. Una norma generale siffatta, tuttavia, nel nostro ordinamento positivo non esiste. Da questa constatazione era necessario far discendere una conseguenza molto importante per la individuazione dello statuto giuridico dell'impresa bancaria; gli strumenti di controllo previsti dalla legge bancaria dopo l'entrata in vigore della Carta costituzionale non potevano essere utilizzati per fini diversi dalla tutela del risparmio[55].

Appariva così evidente la profonda modificazione che lo statuto dell'impresa bancaria disegnato dai provvedimenti del 1936-38 aveva subito per effetto delle norme costituzionali. Tale modificazione, come si è cercato di chiarire, non era tanto da ricollegarsi all'art. 47 della Costituzione, quanto all'art. 41, 3° comma, che ha predisposto a favore della libertà di iniziativa economica la garanzia di non subire limitazioni non fondate su di un provvedimento legislativo che individui i fini sociali capaci di giustificarle.

E l'unico fine legislativamente considerato capace di porre vincoli alla impresa bancaria era la tutela del risparmio; tutela che comportava, ovviamente, non solo la legittimità degli interventi diretti a garantire la stabilità e la efficienza del sistema bancario, ma anche quelli che

[54] Non si sarebbe potuto opinare diversamente sulla base dell'art. 1 del D.P.R. 30 marzo 1968, n. 62, a norma del quale ai fini dell'esercizio delle attribuzioni previste dalla legge 7 marzo 1938, n. 141 e successive modificazioni, il CICR «si attiene alle direttive generali del CIPE per la ripartizione globale dei flussi monetari fra le varie destinazioni, in conformità alle linee di sviluppo fissate dal programma economico nazionale». Infatti, anche prescindendo dalla critiche che sono state mosse all'impostazione ed alla formulazione di quella norma e indipendentemente dal fatto che la stessa «non ha avuto seguito pratico» (così F. Merusi, *Commentario*, cit., p. 174), la stessa si limita ad individuare un criterio per l'esercizio dei poteri che ha il CICR e non attribuisce a quest'ultimo nuovi poteri; gli stessi vengono, comunque, fissati a livello macroeconomico e non comportano una funzionalizzazione delle imprese bancarie. Depongono, invece, nel senso indicato nel testo lo «svuotamento» dei poteri del CICR e l'assunzione di un ruolo assorbente nella determinazione della politica monetaria e creditizia da parte della Banca d'Italia (in questo senso, F. Merusi, *La posizione costituzionale della Banca centrale in Italia*, in «Riv. trim. di dir. pubbl.», 1982, pp. 1082 ss.) a prescindere dalla coincidenza tra la situazione di fatto e quella formale (si veda in proposito S. Ortino, *op. cit.*, p. 309, e G. Puccini, *op. cit.*, pp. 7 ss.).

[55] Non così G. Oppo, *Libertà di iniziativa e attività bancaria*, in «Riv. dir. civ.», 1990, I, p. 482, né M. Porzio, *La disciplina giuridica dell'esercizio del credito*, cit., p. 61, ad avviso del quale le autorità creditizie avrebbero potuto esercitare i poteri loro attribuiti dalla legge bancaria «per raggiungere uno o più di quegli scopi che la Costituzione indica», risultando così rispettato il «principio di legalità»; ma sul punto v. S. Fortunato, *Credito e ordinamento costituzionale*, in «Banca borsa e tit. cred.», 1990, I, pp. 585 ss.

hanno per obiettivo la stabilità del metro monetario, sia nei rapporti interni sia nei rapporti con le altre monete.

Ed è opportuno aggiungere che le autorità creditizie, se si esclude qualche intervento di dubbia legittimità, con il quale avevano cercato di imporre una selezione del credito attraverso atti amministrativi[56], si erano costantemente attenute all'interpretazione della legge bancaria qui preferita e non a quella pur considerata legittima dalla dottrina dominante. I provvedimenti che le stesse avevano adottato, soprattutto a partire dai primi anni ottanta[57] muovevano in primo luogo dal convincimento che l'attività bancaria dovesse essere esercitata secondo il criterio dell'efficienza nella gestione, indipendentemente dallo scopo che l'ente creditizio in quanto tale debba perseguire. Il mercato da solo non viene, tuttavia, considerato in grado di garantire la miglior combinazione di efficienza e stabilità e, pertanto, le autorità di governo del credito ritengono di dover intervenire per favorire il raggiungimento di questi obiettivi. Esse controllano, inoltre, la funzione monetaria delle aziende di credito, ma pensano che tali controlli debbano essere quanto più possibile neutrali, per quanto concerne la destinazione degli impieghi e fondati su criteri tendenzialmente oggettivi e prevedibili. In ogni caso, sembrano escludere interventi selettivi del credito; anche perché esprimono il convincimento che il sistema più efficiente per far affluire i finanziamenti alle imprese capaci sia quello che si affida alla selezione operata dalle imprese bancarie.

Questo modello dell'impresa bancaria, che fa perno sui concetti di imprenditorialità, efficienza, mercato ed oggettività dei controlli di vigilanza, trova, evidentemente, il suo fondamento ultimo in teoriche più generali sulla funzione delle istituzioni creditizie nell'ambito del sistema economico. La sua proposizione, tuttavia, avanzata con particolare vigore soprattutto a partire dagli anni ottanta era motivata anche da una serie di circostanze contingenti che rendevano necessari comportamenti più efficienti da parte del sistema bancario e che già abbiamo ricordato.

Ma si tratta di profili di ordine politico ed economico che qui non interessano. L'unico punto che preme mettere in luce in questa sede è che il modello adottato dalle autorità creditizie e appena descritto era coerente con l'ordinamento bancario allora vigente rivisitato alla luce del dettato costituzionale. Nel senso che si sarebbe dovuto dubitare della legittimità di interventi amministrativi limitativi della libertà d'impresa degli enti creditizi non giustificati dalla necessità di assicurare li-

[56] Rappresentato soprattutto dai provvedimenti del 1973, in tema di vincolo di portafoglio e di massimali del credito, sui quali si veda M. Porzio, *Una svolta nella politica creditizia*, in «Rass. econom.», 1973, pp. 1317 ss., e M. Onado, *I nodi finanziari della crisi italiana*, in «Pol. ed econom.», 1976, nn. 2-3, p. 20.

[57] Per una prima valutazione complessiva di tali provvedimenti con riferimento alla concezione dell'impresa bancaria che gli stessi sottintendono, si veda R. Costi, *Lo statuto dell'impresa bancaria e le recenti vicende del sistema creditizio*, in «Banca impresa soc.», 1983, pp. 3 ss.

quidità e stabilità al sistema bancario e di tutelare il valore del metro monetario. E questo modello valeva anche per le imprese bancarie pubbliche dal momento che lo statuto costituzionale dell'impresa, fissato dall'art. 41, 1° e 3° comma della Carta costituzionale, trova applicazione, in linea di principio, anche per le imprese bancarie esercitate dagli enti pubblici.

12. Nuovo ordinamento bancario e Costituzione

La irreversibilità delle conclusioni faticosamente raggiunte dalla dottrina sulla base di un rilettura «costituzionale» della legge bancaria del 1936-38 e condivise dalla prassi delle autorità di vigilanza è oggi assicurata dalle norme introdotte nel nostro ordinamento dal D.Lgt. 481/1992 e quindi dal T.U. del 1993; norme che garantiscono, altresì, la piena conformità della disciplina dell'impresa bancaria allo statuto costituzionale dell'impresa dettato dall'art. 41 della Carta costituzionale. Questa disciplina ha, da un lato, confermato che il controllo sulle banche non può perseguire obiettivi di carattere, per così dire, macroeconomico; non può, in altri termini, ispirarsi al soddisfacimento delle «esigenze economiche del mercato»; non è un controllo sulla struttura del mercato, ma esclusivamente un controllo, di carattere microeconomico, avente come punto di riferimento il singolo ente creditizio. E sotto questo profilo il T.U. non fa che ribadire quanto già aveva statuito, sulla scia delle direttive comunitarie, il D.P.R. 350/1985.

Ma quest'ultimo provvedimento non precisava il contenuto del controllo microeconomico e lasciava quindi spazio alle divergenze che sul punto caratterizzavano la letteratura giuridica e quella economica, essendo compatibile la mancanza di un controllo sulla struttura del mercato con la presenza di un potere di incidere sulle scelta d'impresa per adeguarle ai più diversi obiettivi di politica creditizia.

Ed è proprio su quest'ultimo punto che il D.Lgt. 481/1992 prima ed il T.U. poi hanno fatto chiarezza, anche se in termini parzialmente diversi.

Più esattamente il primo non conteneva alcuna norma che fissasse in via generale gli scopi che le autorità di vigilanza possono perseguire, ma aveva per altro cura di individuare il contenuto dei poteri che quelle autorità avevano nei confronti degli enti creditizi e di stabilire, per i più significativi di essi, che lo scopo per il cui conseguimento tali poteri potevano essere esercitati era soltanto la «sana e prudente gestione dell'ente» (cfr. artt. 9, 17, 21 e 25); un obiettivo nella sostanza coincidente con la stabilità dell'ente creditizio e, quindi, con la tutela del risparmio.

Il T.U., pur mantenendo fermo il vincolo finalistico fissato dal D.Lgt. 481/1992 per i più significativi poteri delle autorità di vigilanza, ha individuato in una norma generale e di principio le finalità che le stesse possono perseguire stabilendo che «le autorità creditizie esercitano i poteri di vigilanza a esse attribuiti dal presente decreto legislativo, avendo riguardo alla sana e prudente gestione dei soggetti vigilati, alla stabilità complessiva, all'efficienza e alla competitività del sistema finanziario».

Ossia l'unico interesse che, almeno a partire dagli anni ottanta, una parte della dottrina considerava capace di giustificare eventuali limitazioni alla libertà d'impresa garantita dall'art. 41 della Carta costituzionale.

La nuova disciplina ha eliminato definitivamente la «doppiezza», sotto il profilo dei fini, insita nella legge bancaria del 1936-38 ed ha fissato legislativamente gli scopi che le autorità creditizie possono perseguire, dotando così l'attività bancaria di uno statuto del tutto rispettoso della riserva di legge fissata dall'art. 41 Cost. Inoltre ha individuato questi fini nella tutela del risparmio, considerata costituzionalmente doverosa dall'art. 47 della Carta costituzionale; tutela del risparmio perseguita attraverso la sana e prudente gestione degli enti creditizi.

Non solo, ma la nuova disciplina ha individuato anche le modalità di esercizio di tali poteri. Come avremo modo di verificare attraverso un esame puntuale delle singole disposizioni, le autorità creditizie non possono sostituire le proprie scelte alle scelte delle imprese, neppure per garantire una sana e prudente gestione delle stesse. Esse operano ponendo vincoli e divieti all'esercizio dei poteri d'impresa, ma non possono mai determinare autoritariamente il contenuto di tali scelte.

13. Lo statuto dell'impresa bancaria e la teoria generale dell'impresa

I risultati cui siamo pervenuti nel paragrafo precedente consentono anche di valutare lo statuto speciale dettato per l'impresa bancaria alla stregua delle teorie generali sull'impresa. In particolare, consentono di verificare se l'impresa bancaria debba essere considerata come l'espressione di un diritto (impresa-diritto) o come l'esercizio di una funzione (impresa-funzione). Naturalmente ha senso porsi questa alternativa solo se la stessa ha qualche rilevanza normativa. Tale rilevanza può ravvisarsi nel fatto che l'impresa-diritto è caratterizzata dalla indifferenza degli interessi perseguiti dall'imprenditore e, quindi, dalla libertà nella determinazione delle scelte imprenditoriali, mentre l'impresa-funzione persegue interessi che, almeno in parte, sono estranei all'imprenditore e, normalmente, di carattere generale, con la conseguenza che le scelte di quest'ultimo non sono libere ma discrezionali e come tali sindacabili (nel merito) per consentire il controllo della loro conformità all'interesse generale.

E se si tiene fermo questo quadro teorico[58], si deve ritenere che l'impresa bancaria nel nostro ordinamento sia una impresa-diritto, dal momento che i vincoli che l'ordinamento consente sono, *de iure condi-*

[58] Si veda S. Romano, *Frammenti di un dizionario giuridico*, Milano, Giuffrè, 1947, p. 180.

to, solo vincoli esterni che non determinano positivamente l'interesse perseguito dall'imprenditore e non consentono di comprimerne la libertà oltre le soglie fissate a garanzia degli interessi generali che l'ordinamento tutela. Ciò non toglie, ovviamente, che, ricorrendo i presupposti fissati dall'art. 41, 3° comma, anche l'attività bancaria, come ogni altra attività economica, possa essere «funzionalizzata» al raggiungimento di interessi pubblici.

La dottrina secondo la quale l'impresa bancaria sarebbe un'impresa-funzione[59] riflette correttamente lo statuto dell'impresa bancaria descritta dalla legge bancaria. Essa, tuttavia, avrebbe dovuto essere respinta già alla luce dell'ordinamento costituzionale che, in linea di principio[60], ravvisa nell'esercizio dell'attività d'impresa l'espressione di un diritto, in mancanza di norme positive che considerino l'attività bancaria alla stregua di una funzione. La possibilità di considerare l'impresa bancaria un'impresa-funzione, comunque, è stata definitivamente preclusa dal T.U. nel momento in cui ha consentito alle autorità creditizie soltanto la possibilità di porre vincoli esterni all'esercizio dell'attività bancaria e per di più al solo scopo di assicurare una gestione sana e prudente degli enti creditizi e, quindi, un'adeguata tutela del risparmio «rimborsabile».

Per le stesse ragioni non si può accogliere la tesi che vede nell'ordinamento del credito un ordinamento sezionale[61]; teoria quest'ultima, è bene chiarirlo, che postula un preciso contenuto per lo statuto giuridico dell'impresa bancaria. Ciò che, infatti, giustifica la riduzione ad unità di un complesso di norme organizzative e, quindi, l'esistenza di un ordinamento sezionale è la presenza di un interesse pubblico che l'ordinamento nel suo complesso deve perseguire attraverso la concreta attività dei soggetti ammessi nell'ordinamento medesimo e che operano sotto il controllo-vigilanza di un organo pubblico che determina in positivo la conformità delle loro scelte all'interesse generale[62]. Da queste premesse discende che l'attività di questi ultimi non è libera, né per quanto concerne i fini né per quanto riguarda i modi di esercizio. In altre parole, affermare che l'ordinamento del credito è un ordinamento sezionale non significa, come molto spesso si ritiene[63], adottare una espressione, con valore essenzialmente descrittivo

[59] Così M.S. Giannini, *Problemi della banca come impresa*, in «Banca borsa e tit. cred.», 1981, I, p. 391.

[60] Così per tutti G. Minervini, *Contro la «funzionalizzazione» dell'impresa privata*, in «Riv. dir. civ.», 1958, I, pp. 626 ss.; G. Santini, *Le teorie dell'impresa*, in «Riv. dir. civ.», 1970, I, p. 405; e F. Galgano, *La libertà di iniziativa economica privata nel sistema delle libertà costituzionali*, in *Trattato di dir. comm.*, cit., vol. I, 1977, pp. 511 ss.

[61] Cfr. M.S. Giannini, *Istituti*, cit., pp. 117 ss. Accoglie da ultimo la tesi che ravvisa nell'ordinamento del credito un ordinamento sezionale A. Di Amato, *Attività bancaria privata e pubblico servizio*, in «Giust. civ.», 1981, I, p. 2833.

[62] Si veda M.S. Giannini, *Istituti*, cit., pp. 112 ss.

[63] Così ad es. G. Ferri, *Imprenditorialità*, cit., p. 133.

e neutra nei confronti dello statuto dell'impresa bancaria, ma comporta la qualificazione di quest'ultima come impresa-funzione[64].

E le ragioni, di diritto positivo, che impediscono di considerare l'impresa bancaria come una ipotesi di impresa-funzione precludono anche la possibilità di qualificare l'ordinamento delle imprese bancarie come un ordinamento sezionale[65].

L'aver escluso che l'impresa bancaria, in linea di principio, possa essere considerata un'impresa-funzione è altresì sufficiente per negare che la stessa possa essere considerata alla stregua di un pubblico servizio in senso oggettivo, anche ai sensi della legge penale[66].

Come abbiamo ricordato in precedenza non è sufficiente per escludere tale qualificazione assumere che l'attività bancaria è attività di impresa, essendo quest'ultima qualificazione astrattamente compatibile con il dovere di perseguire un interesse generale e quindi con l'espletamento di un pubblico servizio. Ma quando si affermi, come noi abbiamo affermato che, in linea di principio, l'impresa bancaria è un'impresa-diritto, che il suo esercizio è libero e non discrezionale, che l'interesse perseguito dalle autorità di vigilanza si esaurisce nella sana e prudente gestione dell'attività bancaria, rimanendo esclusa la possibilità di imporre alla stessa fini ulteriori, la possibilità di qualificare tale attività come pubblico servizio è logicamente inammissibile[67]. Il che non toglie, ovviamente, che alcune delle attività svolte dagli enti creditizi, e diverse dall'attività bancaria in quanto tale, possano assumere le caratteristiche del pubblico servizio o della pubblica funzione. Basti in proposito ricordare le funzioni svolte dalle banche in materia di incentivi finanziari. Ma si tratta di attività diverse da quella bancaria

[64] Ma sul punto v. E. Sticchi Damiani, *Banca e diritto d'impresa: premesse per uno studio sull'evoluzione del sistema*, in *Scritti in onore di M. S. Giannini*, Milano, Giuffrè, vol. III, p. 880 e, soprattutto, M.S. Giannini, *Gli ordinamenti sezionali rivisitati*, in «Dir. econ.», 1991, pp. 7 ss.

[65] Indipendentemente, quindi, dalle riserve che tale concezione solleva sia sul piano teorico generale sia su quello costituzionale: si veda in proposito M. Nigro, *Profili*, cit., p. 110, e F. Merusi, voce *Servizio pubblico*, in *Noviss. dig. it.*, vol. XVII, Torino, UTET, 1970, p. 218.

[66] In questo senso, invece, Cass. SS.UU., 10 ottobre 1981, cit.; nonché Cass. Pen., 27 gennaio 1984 e 28 settembre 1984, rispettivamente in «Giust. Pen.», 1986, II, p. 632, e in «Giur. It.», 1985, II, p. 312, e 24 marzo 1988 in «Banca borsa e tit. cred.» 1988, II, p. 408. Ma si veda *contra* Cass. SS.UU. 2 marzo 1982, n. 1282, in «Foro It.», 1982, I, c. 1596; TAR Basilicata 24 maggio 1985, n. 92, in «Rass. Giur. energia elettrica», 1985, p. 783 e in «Banca borsa tit. cred.», 1986, II, p. 79 con nota di P. De Vecchis, e App. Bologna, 14 luglio 1986 in «Foro it.», 1987, II, c. 76 con nota di Mele, e Cass. Pen. SS.UU. 23 maggio 1987 in «Foro It.», 1987, II, c. 482 con nota di Giacalone; Cass. SS.UU. Pen. 28 febbraio 1989, in «Dir. pen. econ.», 1989, p. 909, e 7 luglio 1989, n. 9863 in «Banca borsa e tit. cred.», 1989, II, p. 548. Per un esame dei contrasti giurisprudenziali sul punto nonché per la vastissima letteratura giuridica formatasi in proposito, v. P. D'Agostino, *I reati bancari*, cit., pp. 56 ss.

[67] Si può invece affermare che probabilmente ordinamento sezionale e impresa-servizio pubblico in senso oggettivo sono nozioni coestensive (si veda, infatti, U. Pototschnig, *I pubblici servizi*, Padova, CEDAM, 1974, p. 457).

che non sono in grado di trasmettere a quest'ultima le proprie qualificazioni e le proprie discipline.

14. Specializzazione, despecializzazione e pluralismo del sistema bancario

Le considerazioni svolte nei paragrafi precedenti hanno avuto come oggetto l'attività bancaria assunta nel suo significato complessivo ed indifferenziato capace di comprendere ogni attività di raccolta del risparmio, con obbligo di restituzione, fra il pubblico e di contemporaneo esercizio del credito.

Esse non tengono conto del fatto che molteplici sono le forme di raccolta del risparmio così come molteplici possono essere le forme di esercizio del credito. E, in particolare, non ci si è chiesti se la disciplina delle imprese bancarie muti con il mutare del tipo di raccolta o del tipo di impieghi (ad es.: in correlazione con la rispettiva durata).

Con riferimento, poi, agli enti creditizi si è completamente trascurato il fatto che l'attività bancaria viene esercitata da enti con strutture e funzioni diverse (pubblici e privati, lucrativi e mutualistici) e non ci si è chiesti se la disciplina dell'impresa bancaria muti con le caratteristiche dell'ente che la esercita. In proposito è anzitutto necessaria qualche precisazione di ordine terminologico.

Nella letteratura si rintraccia, infatti, una varietà d'espressioni non sempre controllata e, talvolta, si ha la sensazione che le incomprensioni, così come le coincidenze di opinioni, siano almeno in parte determinate da un mancato chiarimento sui termini impiegati nel dibattito.

Così si parla di «specializzazione» del sistema bancario, di specializzazione funzionale, settoriale, territoriale e istituzionale, nonché di specializzazione geografica e produttiva e ancora di «pluralismo» dei soggetti, di pluralismo operativo e di pluralismo strutturale.

La sostanziale equivocità del termine «specializzazione» viene poi accentuata dal fatto che l'ordinamento conosce un gran numero di crediti cosiddetti speciali e che esistono strutture specializzate nella loro erogazione e anche sotto questo profilo la terminologia è equivoca non risultando quasi mai chiarito quale rapporto esista tra specializzazione creditizia e crediti speciali e, ancor prima, tra specializzazione creditizia ed enti che erogano crediti speciali[68].

Anche del pluralismo vengono offerte nozioni non sempre coinci-

[68] Si veda, per un riscontro, la varietà terminologica utilizzata nei saggi contenuti in P. Mottura (a cura di), *Il pluralismo nel sistema bancario italiano*, Milano, Angeli, 1978, e le considerazioni di P. Mottura, *ibidem*, pp. 227 ss., nonché M. Monti e T. Padoa Schioppa, *Per un riesame del sistema creditizio italiano*, in *La struttura del sistema creditizio italiano*, a cura di G. Carli, Bologna, Il Mulino, 1978; C. Pace, *Conclusioni: il fondamento della specializzazione creditizia*, in *Origini e identità del credito speciale*, a cura di C. Pace e G. Morelli, Milano, Angeli, 1984, pp. 395 ss.; A. Bertoni, *Il concetto di «specializzazione» dell'attività creditizia nel pensiero di Giordano Dell'Amore*, in AA.VV., *Evoluzione dell'attività bancaria*, Milano, Giuffrè, 1983, pp. 171 ss.

denti. Dello stesso, con riferimento alla struttura dei soggetti del sistema bancario, vengono infatti date, e spesso non adeguatamente separate, almeno due nozioni profondamente diverse fra loro.

Talvolta si fa riferimento al pluralismo come alla semplice pluralità di soggetti che esercitano l'attività bancaria, ossia come ad uno strumento utile per garantire un adeguato grado di concorrenza nel mercato, per lo più con sottintesa attenzione alle unità operative di più limitate dimensioni, che in un processo di concentrazione non frenata potrebbero uscire dal mercato. In questa accezione il pluralismo non comporta alcun riferimento alle caratteristiche strutturali e funzionali dei soggetti che operano sul mercato, ma esprime esclusivamente la necessità di conservare una struttura di mercato sufficientemente articolata.

Esiste, tuttavia, un'altra accezione di pluralismo, attenta non solo e non tanto al grado di concentrazione del mercato quanto alle caratteristiche strutturali e funzionali degli enti, un'accezione che, in altri termini, mette in evidenza quella che gli economisti indicano talvolta come «funzione-obiettivo»[69] e che il giurista individua nella struttura e nella funzione dell'ente o, nelle ipotesi in cui questo nasca da un contratto, nella causa e nel contenuto del contratto.

Noi riserveremo l'espressione «specializzazione» alle differenziazioni che attengono all'attività, utilizzando il concetto di «pluralismo» per individuare le differenze strutturali e funzionali relative ai soggetti che quell'attività esercitano, non senza ricordare, tuttavia, che molto spesso il fenomeno che definiamo pluralismo viene identificato con l'espressione «specializzazione istituzionale» contrapposta a «specializzazione operativa», intesa appunto nel senso in cui utilizziamo il termine «specializzazione».

Potremmo così avere specializzazione senza pluralismo, essendo ben evidente che lo stesso tipo di ente (ad esempio società per azioni) può essere «costretto» a produrre (in forza di legge o di provvedimento) esclusivamente particolari servizi finanziari o a limitare la produzione a favore di determinati settori economici. Così come può verificarsi che enti creditizi aventi natura diversa esercitino la stessa attività bancaria, realizzando una situazione di pluralismo non accompagnata dalla specializzazione dell'attività.

È bene, tuttavia, aggiungere subito che tra il profilo oggettivo (dell'attività) e quello soggettivo (degli enti operatori) esistono frequenti connessioni: così può verificarsi che la natura dell'attività si rifletta sulla disciplina del soggetto (basti pensare, e torneremo su questo punto, alla distinzione degli enti creditizi in aziende ed istituti fissata dalla legge bancaria del 1936-38), così come la natura del soggetto può riflettersi sulla disciplina dell'attività (si pensi alla necessità per le Banche di credito cooperativo di operare prevalentemente con i soci a causa della loro funzione mutualistica).

[69] Cfr. R. Ruozi, *Il pluralismo nel sistema bancario: riflessioni e dubbi*, in *Il pluralismo*, cit., pp. 18 ss.

Ciò non significa che sia erronea la distinzione che abbiamo posto tra specializzazione e pluralismo, ma soltanto che tra il contenuto della specializzazione e le caratteristiche del pluralismo possono determinarsi connessioni e momenti di reciproca influenza.

Ancora una precisazione: quando parliamo di specializzazione delle imprese bancarie e del pluralismo degli enti creditizi prendiamo in considerazione esclusivamente quelle ipotesi di specializzazione e di pluralismo che emergono dall'ordinamento legislativo ed amministrativo e non anche le differenziazioni che si realizzino in fatto, sulla base di scelte imprenditoriali o di regole statutarie che ciascun ente può liberamente adottare. Rilevano, in altri termini, la specializzazione imposta ed il pluralismo esplicitamente consentito agli enti creditizi, da una norma legislativa o da un provvedimento delle autorità di controllo e non anche quelli realizzati sulla base di libere scelte imprenditoriali.

Dobbiamo dunque verificare quale sia l'intensità della specializzazione imposta dal nostro ordinamento bancario e quale sia il grado di pluralismo che lo stesso prevede. In proposito è necessario tener nettamente distinto l'ordinamento precedente da quello successivo all'entrata in vigore del D.Lgt. 481/1992 e del T.U. del 1993: questi provvedimenti infatti hanno drasticamente ridotto sia la specializzazione imposta dall'ordinamento precedente sia il grado di pluralismo (o specializzazione istituzionale) che lo stesso prevedeva.

15. La specializzazione delle imprese bancarie nell'ordinamento della legge bancaria

L'ordinamento uscito dalla legge bancaria del 1936-38 e dalle molteplici discipline di settore che l'avevano preceduto e che lo seguirono, imponeva una forte specializzazione delle imprese bancarie, dettando discipline nettamente differenziate in funzione di tale specializzazione. E proprio facendo riferimento a questa segmentazione legislativamente imposta si era potuto scrivere che «le imprese bancarie hanno tutte un oggetto specifico e limitato, nell'ambito dell'attività bancaria», aggiungendo che «esse non esercitano, cioè, l'attività bancaria in generale e indiscriminatamente, ma ne esercitano solo una frazione»[70]. In termini sostanzialmente analoghi si precisava che la legge bancaria del 1936-38 aveva seguito il principio della «divisione del lavoro bancario», finendo con lo stabilire una specializzazione dell'attività che trovava riscontro anche nelle categorie giuridiche adottate o presupposte dalla legge bancaria per la disciplina degli enti creditizi, in un'ottica che guardava con grande diffidenza alla concorrenza fra banche[71].

[70] Così M. Nigro, *Profili*, cit., pp. 48 s.

[71] Così S. Cassese, *La «divisione del lavoro bancario». Distribuzione funzionale e territoriale del credito dal 1936 ad oggi*, in «Econ. it.», 1983, p. 375, e le osservazioni di C. Dematté, *Deregolamentazioni o ridisegno dell'attività bancaria*, in «Banca notizie», 1984, n. 2, pp. 5 ss.

15.1. La distinzione fra aziende e istituti di credito

L'ipotesi di specializzazione di maggior rilievo nell'ambito dell'ordinamento vigente prima del D.Lgt. 481/1992 era quella che dava fondamento alla tradizionale distinzione degli enti creditizi in aziende di credito e istituti di credito. Una distinzione che ha contribuito a disegnare la fisionomia reale del sistema bancario italiano e che non potrà non conservare rilevanza pratica anche sul suo futuro assetto; e ciò anche se, come vedremo, la stessa è stata eliminata dal D.Lgt. 481/1992 e poi dal T.U. del 1993 che non distingue più aziende ed istituti e conosce una sola ed indifferenziata categoria di operatori bancari: le banche.

Era la stessa legge bancaria ad attribuire grande rilievo a tale distinzione, disciplinando in due titoli separati e con norme profondamente diverse gli enti «raccoglitori del risparmio a breve termine» (titolo V) e la «raccolta del risparmio a medio e lungo termine» (titolo VI); essendo indiscusso che i primi coincidevano con le aziende di credito e che le imprese bancarie che raccoglievano oltre il breve termine venivano convenzionalmente indicate con l'espressione «istituti di credito»[72].

È ben vero che la stessa legge, avendo come obiettivo la tutela del risparmio a vista o a breve, si preoccupava soprattutto di disciplinare le aziende di credito, ma la stessa non trascurò, per questo, di dettare una disciplina generale per gli istituti. Anche se, indubbiamente, la presenza di discipline di specie per tutti gli istituti che di fatto operavano raccolta a medio e lungo termine contribuì a rendere meno urgente la previsione di una siffatta disciplina.

Questa, tuttavia, fu disegnata nelle sue grandi linee: *a*) gli istituti di credito non potevano raccogliere risparmio ed erogare credito se non autorizzati dall'organo di vigilanza (artt. 1 e 2); *b*) l'aumento del loro capitale o la emissione di obbligazioni dovevano essere autorizzati dall'organo di vigilanza (art. 44); *c*) l'organo di vigilanza aveva un potere di ispezione e di informazione illimitato sugli istituti (art. 42).

La diversità di disciplina fra aziende ed istituti, sicuramente esistente nella legge bancaria, viene pressoché eliminata dalle norme dettate dalla legge 10 giugno 1940, n. 933 che estese agli istituti la disciplina dell'amministrazione straordinaria e, soprattutto, dal D.Lgt. C.P.S. 23 agosto 1946, n. 370, che dichiarò applicabili a tutti gli enti o istituti che raccoglievano risparmio a medio e lungo termine (ad esclusione di quelli previsti dall'art. 41) le norme dettate per le aziende di credito.

Al di là delle disparità di disciplina che determinò tra gli istituti di credito, questo provvedimento finì per affievolire, se non per cancellare ogni differenza legislativa tra lo statuto delle aziende di credito e quello

[72] La distinzione fra raccolta a breve, a medio e a lungo termine è rimessa alla determinazione delle autorità creditizie. Con deliberazione 28 gennaio 1963 (in «Boll. della Banca d'It. Vigilanza sulle aziende di credito», n. 3, p. 9) il Comitato interministeriale per il credito ed il risparmio ha stabilito che costituisce raccolta a breve termine quella con vincolo inferiore a 18 mesi; raccolta a medio termine quella con vincolo di diritto ricompreso fra i 18 e i 60 mesi e a lungo termine quella con vincolo superiore a 60 mesi.

degli istituti e consentì inoltre alle autorità di vigilanza di utilizzare nei confronti degli istituti tutte le leve delle quali disponevano nei confronti delle aziende di credito, anche se ovviamente, la profonda diversità delle attività rispettivamente esercitate dalle due categorie di enti ha indotto le autorità stesse a delineare discipline in qualche misura differenti per le aziende e per gli istituti.

Il regime di equiparazione fra aziende ed istituti realizzato dal provvedimento del 1946 fu radicalmente modificato dall'art. 14 della legge 10 febbraio 1981, n. 23, a norma del quale «agli istituti o enti che hanno per oggetto la raccolta del risparmio a medio o lungo termine si applicano le disposizioni dei titoli V, VI, VII e VIII del R.D.L. 12 marzo 1936, n. 375, convertito con legge 7 marzo 1937, n. 141, e successive modificazioni e integrazioni, ad eccezione di quelle contenute negli artt. 32, 33 e 35».

Per rendersi conto della importanza di un siffatto esonero degli istituti dalla soggezione alle norme appena ricordate, basta sottolineare che nelle stesse trovavano la propria giustificazione legislativa la disciplina delle riserve obbligatorie, del vincolo di portafoglio, dei massimali all'erogazione del credito, delle partecipazioni bancarie e degli investimenti in immobili. E proprio facendo perno su quelle disposizioni l'autorità di vigilanza aveva imposto agli istituti di credito numerosi vincoli analoghi a quelli previsti per le aziende.

La legge del 1981 privò l'organo di vigilanza di molti dei relativi poteri, rendendo perciò meno penetrante il controllo sulle operazioni attive degli istituti di credito. Anzi, se si prescinde dagli obblighi diretti a garantire la trasparenza della gestione, gli unici vincoli che l'autorità di vigilanza avrebbe potuto continuare ad imporre sulle operazioni attive degli istituti di credito, erano quelli che trovavano la propria giustificazione nella necessità riconosciuta dalla stessa legge del 1981 di limitare la concentrazione dei rischi.

In definitiva questo provvedimento legislativo rappresentava una sorta di ritorno alla logica della legge bancaria, ossia ad un regime che differenziava profondamente il modello di vigilanza rispettivamente applicabile alle aziende ed agli istituti di credito.

In particolare questa differenziazione faceva perno sulla diversa intensità dei poteri che le autorità creditizie avevano in relazione alle operazioni attive delle due categorie di enti creditizi: poteri molto penetranti con riferimento alle aziende di credito, molto limitati per quanto concerne gli istituti di credito.

La riacquistata rilevanza normativa della distinzione fra aziende ed istituti spinse la dottrina a ricostruire gli elementi delle due fattispecie e a ricercare le ragioni di quella differenza di disciplina.

La caratteristica scriminante fra aziende ed istituti venne colta sotto il profilo delle operazioni di raccolta, sostenendosi che mentre le aziende potevano raccogliere sia a breve sia a medio e lungo termine, gli istituti potevano raccogliere solo a medio e lungo termine, essendo loro preclusa la raccolta del risparmio a vista o a breve.

Apparivano invece non adeguatamente giustificate le tesi, per altro molto diffuse, che fondavano la distinzione fra aziende ed istituti sulla diversità delle operazioni di impiego.

Così si era sostenuto che mentre le aziende di credito erogavano credito a breve termine gli istituti avrebbero erogato credito a medio e lungo termine[73].

La tesi rifletteva certamente il principio di economia bancaria (in verità sottoposto a gravissime critiche), secondo il quale le scadenze del passivo e dell'attivo dovrebbero coincidere e riceveva conforto dalla vicenda storica che ha preceduto l'introduzione della legge bancaria. La stessa non trovava, tuttavia, un adeguato fondamento nella legislazione vigente.

Questa, infatti, non impediva alle aziende di erogare crediti oltre il breve termine e non poneva, in linea di principio e fatte salve disposizioni specifiche, limitazioni temporali alle operazioni di impiego degli istituti di credito.

Ancora si era cercato di cogliere differenze tra le operazioni attive delle aziende e quelle degli istituti facendo perno sulla constatazione che gli istituti di credito potevano, per lo più, compiere operazioni di impiego solo nei confronti di particolari soggetti caratterizzati o per il settore di operatività o per predeterminate qualità soggettive. Sulla base di questa premessa si era concluso che le operazioni degli istituti di credito erano operazioni di credito speciale, mentre quelle delle aziende di credito erano operazioni di credito ordinario[74].

Tale convincimento era radicato in termini così penetranti che la stessa autorità di vigilanza non faceva più riferimento agli «istituti di credito» ma agli «istituti di credito speciale». Questa impostazione, nonostante i consensi ricevuti e la sua canonizzazione da parte delle autorità creditizie, suscitava notevoli perplessità sia sotto il profilo della sua correttezza e della sua capacità esplicativa della disciplina prevista per gli istituti di credito sia per la prospettiva di politica creditizia nella quale, sia pure indirettamente, collocava questo settore delle imprese bancarie.

Essa era, anzitutto, smentita dall'ordinamento, dal momento che erano molteplici le ipotesi di operazioni di credito speciale poste in essere dalle aziende di credito.

E in ogni caso il criterio della specialità era incapace di indicare in positivo la caratteristica unificante delle operazioni degli istituti, cogliendo la specialità del credito erogato esclusivamente in negativo, come disapplicazione delle norme di diritto comune. Quella tesi coglieva

[73] Si vedano fra i molti, già A. Renzi, voce *Aziende di credito*, in *Enc. banc.*, Milano, Sperling & Kupfer, 1942, p. 151; G. Ferri, *La validità*, cit., p. 136; G. Cardinali, *L'evoluzione della banca italiana dalla riforma del 1936*, in «Il Risparmio», 1973, p. 413; F. Giorgianni, *I crediti disponibili*, Milano, Giuffrè, 1974, p. 182.

[74] Così da prima, M.S. Giannini, *Rilievi sugli istituti di credito medio a medie e piccole imprese industriali*, in «Banca, borsa e tit. cred.», 1954, I, pp. 850 ss. Sulla scia di M.S. Giannini, fra gli altri, M. Nigro, *Profili*, cit., p. 28, e U. Allegretti, *Il governo della finanza pubblica*, cit., p. 270.

certamente un aspetto della vicenda degli istituti di credito di notevole rilievo: il fatto che la erogazione dei crediti speciali era stata affidata per lo più agli istituti di credito. Tale circostanza, tuttavia, non comportava che il *proprium* di questa categoria d'imprenditori consistesse nella specialità delle operazioni attive.

La specialità delle operazioni non era in grado infatti di chiarire perché agli istituti non si applicassero, a differenza di quanto accadeva per le aziende, gli artt. 32, 33 e 35 della legge bancaria.

Quella tesi era poi definitivamente smentita dal fatto che l'ordinamento positivo prevedeva istituti di credito (Centrobanca S.p.A., Efibanca S.p.A., Mediobanca S.p.A., Imi) i cui impieghi non potevano essere ricondotti ad alcun tipo di specializzazione che non fosse quella della limitazione delle erogazioni al medio termine.

Per questo gruppo di istituti la qualificazione «speciale» non poteva giustificarsi facendo riferimento ad ipotetiche specializzazioni per settori, potendo essi operare nei confronti di tutti i settori produttivi, o per categorie di imprese, potendo erogare finanziamenti a tutti gli imprenditori indipendentemente ad esempio dalla loro dimensione, o per le caratteristiche tecniche delle operazioni, perché avrebbero potuto erogare credito in qualunque forma tecnica. Questa tesi, inoltre, facendo perno sulla distinzione tra credito ordinario e credito speciale, e partendo dall'esatta constatazione che la specialità trova per lo più la propria fonte in interventi che i pubblici poteri hanno operato nel settore creditizio per specifiche finalità di interesse generale, finiva per porre in secondo piano il momento imprenditoriale, che pur caratterizzava gli istituti, in un'ottica che vedeva questi ultimi soprattutto come strutture pubbliche al servizio della politica economica.

La distinzione andava dunque cercata esclusivamente nelle operazioni di provvista e soprattutto nel fatto che soltanto le aziende potevano raccogliere a vista e a breve.

E questa differenza delle operazioni di provvista era in grado di giustificare le differenze di disciplina. Soltanto le passività delle aziende di credito erano mezzi di pagamento e quindi soltanto le aziende di credito erano intermediari bancari monetari. Gli interventi di vigilanza aventi una valenza monetaria non avrebbero trovato alcuna giustificazione nei confronti degli istituti.

Ancora: la ripetibilità a vista o a breve delle passività delle aziende poneva il problema della liquidità e della stabilità delle stesse in termini più pressanti di quelli nei quali i medesimi problemi si ponessero per gli istituti.

Di qui il carattere più penetrante della vigilanza prevista per le aziende nei confronti di quella imposta agli istituti[75].

[75] Su tutti questi problemi v. anche per ulteriori indicazioni bibliografiche, R. Costi, *Sulla distinzione fra aziende ed istituti di credito*, in «Giur. comm.», 1983, I, pp. 745 ss.

15.2. Le altre principali forme di specializzazione

Quella posta a fondamento della distinzione fra aziende ed istituti era, a ben vedere, l'unica specializzazione che la legge bancaria conoscesse, anche se, ovviamente, ne consentiva altre e più esattamente tutte quelle che l'autorità creditizia avesse voluto introdurre per garantire il massimo di efficienza, di stabilità e di liquidità al sistema della intermediazione creditizia.

Tra le specializzazioni di origine amministrativa rientrava quella che limitava entro un ambito territoriale predeterminato le operazioni di impiego delle imprese bancarie.

Tale specializzazione non trovava esplicita statuizione nella legge bancaria: era comune, infatti, il convincimento che, di per sé, l'autorizzazione ad esercitare l'attività bancaria consentisse tale esercizio sull'intero territorio nazionale, così come era convincimento comune che le autorità creditizie, allo scopo di regolare la concorrenza fra le varie imprese bancarie, potessero porre limiti territoriali alle operazioni di impiego.

Talvolta, tuttavia, la specializzazione territoriale era determinata dalla stessa legge, sia nell'ambito delle aziende di credito sia e soprattutto nell'ambito degli istituti di credito.

Le ragioni che giustificavano questa specializzazione territoriale legislativamente imposta, non erano facilmente individuabili e comunque sembravano non rispondere ad un'unica ratio.

Così, in alcune ipotesi (soprattutto per le aziende di credito), la stessa si giustificava con la necessità di commisurare l'ambito territoriale dell'attività alla dimensione e, quindi, alla capacità operativa dell'azienda medesima. Altre volte, invece, rispondeva piuttosto alla volontà di prestabilire una serie di strutture alle quali, quasi burocraticamente, affidare il compito di distribuire a determinate categorie i finanziamenti, in modo da garantire, ad un tempo, la capillarità del servizio ed un suo coordinamento con l'articolazione politico-amministrativa del paese (si pensi agli istituti regionali di credito agrario e a quelli di Mediocredito).

Un ulteriore tipo di specializzazione dell'attività, rinvenibile anche tra le aziende di credito (si pensi alle Casse rurali ed artigiane nei confronti, appunto, dell'agricoltura e dell'artigianato), ma soprattutto diffusa nell'ambito degli istituti di credito, era quella concernente il settore o i settori ai quali dovevano prevalentemente o esclusivamente, essere indirizzati i finanziamenti di alcune categorie di enti creditizi. Questa specializzazione aveva nella legge la propria «protezione» e trovava il proprio fondamento nella volontà, legislativamente espressa, di non affidare al mercato l'entità e la qualità dei flussi finanziari destinati a determinati settori produttivi (o a determinate categorie di aziende), costringendo alcuni enti creditizi ad operare esclusivamente o prevalentemente a favore di predeterminate categorie di destinatari.

15.3. Il processo di despecializzazione

A partire dagli anni settanta il nostro ordinamento bancario ha subito un profondo processo di despecializzazione, ponendo così in crisi il principio di specializzazione che, sia in forza delle norme legislative sia in forza di quelle amministrative, lo aveva caratterizzato nel periodo precedente.

Naturalmente era rimasta ben ferma la norma della legge bancaria che imponeva la specializzazione nella raccolta fra aziende ed istituti ed in particolare che precludeva a questi ultimi di raccogliere risparmio a vista e a breve ma si erano moltiplicati gli interventi delle aziende nella provvista degli istituti[76] e soprattutto si era accentuata la presenza delle aziende di credito negli impieghi a medio termine, determinandosi così una zona nella quale la separazione tra le due categorie di imprese bancarie risultava fortemente incrinata, per la tendenziale omogeneità dei prodotti e l'accentuata concorrenza tra le due categorie di operatori che ne derivava[77].

Importanti fenomeni di despecializzazione erano poi intervenuti nell'ambito sia delle aziende di credito sia degli istituti di credito e le aspirazioni ad accentuare il relativo processo si erano particolarmente diffuse nel sistema bancario ed incontravano, entro certi limiti, la comprensione delle autorità creditizie.

Nell'ambito delle aziende di credito la despecializzazione si realizzò soprattutto attraverso tre canali: l'arricchimento della gamma dei servizi finanziari, la diversa disciplina della competenza territoriale e la partecipazione al capitale dei nuovi intermediari finanziari.

La domanda, proveniente sia dal lato della raccolta sia dal lato degli impieghi, di nuovi e più sofisticati prodotti finanziari spinse, di fatto, le imprese bancarie, a prescindere dalla qualificazione giuridica del soggetto e dalla funzione-obiettivo dello stesso, ad arricchire la gamma dei propri prodotti. Questa tendenza si espresse, sotto il profilo giuridico, nella modificazione o nell'eliminazione dei vincoli operativi che leggi, atti amministrativi e statuti avevano in precedenza posto all'attività bancaria. L'accresciuta libertà operativa e la tendenziale uniformità degli impieghi che ne seguì, ponevano problemi di equiparazione tra le varie categorie di aziende di credito anche sotto il profilo dei controlli monetari, non giustificandosi trattamenti differenziati per attività bancarie che, per quanto concerne la loro capacità di incidere sulla funzione monetaria, si presentavano su posizioni sostanzialmente simili, quando non identiche[78].

[76] Per il profilo in esame si veda C. Conigliani e T. Padoa Schioppa, *op. cit.*, pp. 235 ss. e R. Ruozi, *Le aziende di credito oggi: problemi e prospettive*, in *Gli impieghi e la raccolta delle banche*, a cura di P. Mottura, Milano, Giuffrè, 1980, pp. 645 ss.

[77] Cfr. M.L. Di Battista, *L'evoluzione degli impieghi degli istituti di credito mobiliare (1976-1981)*, in «Banca impr. soc.», 1983, pp. 199 ss. e S. De Angeli, *Le banche e il credito a medio termine*, Bologna, Il Mulino, 1983, pp. 11 ss.

[78] Il problema concerneva soprattutto l'esonero delle Casse rurali ed artigiane dal versamento in contanti delle riserve obbligatorie.

Una seconda strada lungo la quale ha camminato la despecializzazione è stata quella dell'articolazione delle aziende e della loro competenza territoriale.

La politica adottata dalle autorità creditizie nell'autorizzare l'apertura di nuovi sportelli consentì di intaccare abbastanza profondamente le riserve territoriali che in precedenza venivano riconosciute o a determinate categorie di imprese o, più semplicemente, alle imprese già operanti in una certa piazza. Alcuni provvedimenti delle stesse autorità che ancoravano la competenza territoriale delle aziende di credito alla massa dei mezzi fiduciari amministrativi finirono poi per eliminare per la massima parte delle aziende ogni limite all'ambito territoriale della loro attività.

Non minor importanza assumeva in questa prospettiva la partecipazione delle aziende di credito ai cosiddetti nuovi intermediari finanziari e comunque alle strutture che, pur non esercitando attività di intermediazione finanziaria, svolgevano attività strumentali o connesse con l'attività bancaria.

Le autorità creditizie infatti dettarono in materia di partecipazioni bancarie una disciplina tendenzialmente simile per tutte le aziende di credito, consentendo così una loro sostanziale equiparazione in questo settore.

Ma come si accennava importanti fenomeni di despecializzazione erano intervenuti anche nell'ambito degli istituti di credito. Anche in questo settore il processo di despecializzazione ha percorso una molteplicità di strade.

Tra queste possiamo qui ricordare quella costituita dall'ampliamento dell'oggetto sociale degli istituti realizzato direttamente dalla legge, come è accaduto per il Consorzio di credito per le opere pubbliche, a seguito dell'incorporazione dell'Istituto di credito per le imprese di pubblica utilità, e per gli istituti di mediocredito, autorizzati ad operare anche con le imprese artigiane. Lo stesso risultato è stato talvolta raggiunto attraverso un'estensione delle capacità operative previste dalle leggi di incentivazione creditizia anche alle operazioni non assistite da incentivi finanziari; estensione realizzata attraverso provvedimenti degli organi di vertice del sistema creditizio.

Una seconda via battuta per conseguire lo stesso obiettivo passò attraverso l'ampliamento dell'ambito territoriale, realizzato preferendo un'interpretazione abbastanza elastica dei limiti territoriali fissati direttamente o indirettamente dalla legge (un'estensione del genere appena indicato si ebbe, ad esempio, a favore degli istituti regionali di mediocredito per le operazioni realizzate al di fuori della regione nella quale avevano sede).

Né possono considerarsi privi di rilevanza nello stesso settore i provvedimenti assunti in ordine alla provvista degli istituti di credito sia per quanto concerne la possibilità per tutte le categorie di emettere obbligazioni (superando così discriminazioni prima esistenti: ad es. per gli istituti regionali di credito agrario) sia per quanto attiene alla possibilità di emettere certificati di deposito, concessa a tutti gli istituti di credito in un regime tendenzialmente uniforme[79].

Non v'è dubbio dunque che il sistema bancario italiano avesse conosciuto già nella prima metà degli anni ottanta un forte processo di despecializzazione: un processo che si era risolto nell'ampliamento della operatività di una serie di enti creditizi che in precedenza vedevano limitata la propria attività ad una frazione piuttosto ristretta dell'attività bancaria, con inevitabili segmentazioni del mercato bancario a sua volta limitative della concorrenzialità dello stesso e quindi della sua efficienza.

Ma proprio in nome della concorrenzialità del settore e dell'opportunità di adeguare l'operatività delle banche italiane a quella delle banche degli altri paesi della Comunità si prospettava la necessità di abbattere le forme di specializzazione che la legge imponeva, soprattutto con riferimento alla distinzione fra aziende ed istituti e, in particolare, alle segmentazioni esistenti nell'ambito degli istituti di credito cosiddetti speciali.

Quest'ultimo problema fu in larga misura risolto, con la legge 218/1990 e con il D.Lgt. 20 novembre 1990, n. 356, in coincidenza con la riforma delle banche pubbliche, per gli istituti di credito di natura pubblica (che rappresentavano per altro la massima parte degli istituti cosiddetti speciali). E la despecializzazione fu realizzata sotto due profili. Si stabilì anzitutto che le società bancarie risultanti dalla «trasformazione» degli istituti di credito pubblici ed aventi per oggetto la raccolta del risparmio a medio e lungo termine avrebbero potuto esercitare «oltre a quelle originarie, le altre attività a medio e lungo termine previste dagli statuti» (art. 18, 1° comma del D.Lgt. 356/1990).

La norma, dunque, abbatteva tutte le forme di specializzazione imposte dalle molteplici leggi speciali che limitavano l'operatività di certe categorie di istituti (di credito agrario, di credito fondiario, di credito sportivo, ecc.) ad uno specifico settore economico, consentendo la creazione di istituti capaci di operare su tutto l'arco delle operazioni a medio e lungo termine.

Non solo, ma la stessa norma precisava, più in generale, che «nei confronti delle società per azioni aventi per oggetto la raccolta del risparmio a medio e lungo termine, non trovano applicazione le norme di legge che limitano la competenza territoriale».

Veniva così abbattuto il limite della competenza territoriale per tutti gli istituti di credito (e non solo per quelli che derivavano dalla ristrutturazione delle banche pubbliche).

La esplicita eliminazione delle limitazioni territoriali si collocava nell'ambito di un provvedimento che, nel momento in cui consentiva la «trasformazione» degli enti creditizi pubblici in società per azioni, precisava, da un lato, che a tali società non avrebbero dovuto applicarsi «le

[79] Cfr. Decreto 23 dicembre 1981 del Ministero per il Tesoro. Per una descrizione delle forme di provvista degli istituti v. C. Papa, *Istituti di credito speciale: le vie della provvista alla luce della normativa più recente*, in «Il Risparmio», 1984, pp. 91 ss.

norme che disciplinano l'organizzazione degli enti originari» e chiariva, dall'altro, che «tali società potevano continuare ad esercitare le attività degli enti originari in conformità della relativa disciplina» (art. 17 del D.Lgt. 356/1990). In altri termini venivano abrogate le norme relative all'organizzazione dell'ente ma conservate in vita quelle afferenti l'attività. Le limitazioni relative alla competenza territoriale sono state dunque assimilate, sotto il profilo della disciplina, alle prime, ma il fatto che si sia ritenuta necessaria una specifica disposizione consente di pensare che il legislatore le ritenesse essenzialmente riconducibili alla disciplina dell'attività.

Né si può dire che il processo di forte despecializzazione appena descritto avesse creato una discrasia fra realtà e ordinamento bancario tale da imporre un intervento del legislatore diretto a superarla attraverso o la rispecializzazione degli enti creditizi o l'abbandono del principio di specializzazione che la legge bancaria avrebbe fissato[80].

In realtà la legge bancaria prevedeva, come abbiamo potuto constatare, una sola forma di specializzazione (quella fra aziende ed istituti) ed anche la legge 10 febbraio 1981, n. 23, che poteva essere considerata la nuova legge generale sugli istituti, non introduceva alcuna forma di specializzazione operativa per la loro attività. La massima parte delle specializzazioni perdutesi nel corso degli anni settanta e ottanta trovava la propria fonte nelle leggi speciali che disciplinavano singole categorie di enti creditizi.

Certo, una notevole parte di questa disciplina speciale già era in vigore nel momento in cui venne dettata la legge bancaria, così come era già stata convenzionalmente delimitata, sia pure in modo molto meno rigido di quanto spesso si afferma, l'operatività delle tre maggiori banche miste; altrettanto certo è che di questa disciplina e di questa realtà coloro che procedettero all'elaborazione della legge bancaria tennero conto.

Ma non sembra corretto affermare che quelle «realtà» giuridiche e fattuali erano state recepite nell'ordinamento generale, diventandone parte integrante, in termini tali da ritenere che il mutamento cui fossero andati, per avventura, incontro sul piano anche normativo quelle discipline speciali, avrebbe comportato uno stravolgimento del nostro ordinamento generale.

Così può anche essere vero che quelle discipline speciali, frutto di stratificazioni non sorrette da un disegno generale, presentavano caratteristiche tali da configurare una sostanziale «divisione del lavoro» bancario tra gli operatori creditizi esistenti, anche per quanto concerne l'ambito territoriale della loro attività, e che, quindi, alle varie categorie di aziende di credito allora esistenti, finiva per essere naturalmente attribuita una specializzazione territoriale; ed è probabilmente giusto ag-

[80] Così invece A. Nigro, *Pluralismo istituzionale e pluralismo funzionale delle imprese bancarie nelle prospettive di riforma*, in *Credito e moneta*, a cura di C.M. Mazzoni e A. Nigro, Milano, Giuffrè, 1982, pp. 185 ss.

giungere che le varie categorie di aziende, in considerazione delle caratteristiche economiche del loro naturale e normale ambito di azione, finivano per ricevere anche una tendenziale specializzazione funzionale, una specie di predeterminazione a produrre certi servizi finanziari e non altri in relazione alle rispettive tradizioni e alla domanda tipica della loro zona operativa[81].

Ma di tutto ciò non v'è traccia significativa nella legge bancaria. Questa non pone alcuna correlazione tra natura giuridica dell'azienda di credito e sua specializzazione funzionale o territoriale, se si escludono forse (ma si tratta di una sola ipotesi che non può essere trasformata in regola), le Banche di interesse nazionale, dove si può rintracciare una connessione tra qualificazione giuridica e dimensione.

Ed anche per quanto concerne l'unica specializzazione fissata dalla legge bancaria (quella tra aziende ed istituti) la stessa non è collegata in alcun modo alla natura giuridica del soggetto ma alle caratteristiche dell'attività di raccolta o di impiego. La disciplina che sul punto avevano dettato le convenzioni stipulate con le tre maggiori banche miste non ebbe bisogno di tradursi nella legge bancaria in un regime altrettanto rigido, dal momento che l'obiettivo perseguito con quelle convenzioni in termini analitici (impedire l'immobilizzazione dei depositi a vista o a breve ed il coinvolgimento della banca nella gestione delle imprese) veniva dalla legge bancaria perseguito attribuendo all'organo di vigilanza il potere di impedire particolari tipi di impieghi.

Non si può, dunque, dire che l'ordinamento generale della legge bancaria abbia fissato un principio di specializzazione funzionale e territoriale per le categorie giuridiche di aziende di credito. La legge bancaria del 1936 ha preso atto (art. 5) che esistevano varie categorie di aziende di credito, al di là delle molteplici differenze che le stesse potevano presentare, e le ha sottoposte all'ordinamento fissato dalla stessa; ordinamento che, per definizione, prescindeva da quelle differenze specializzanti dovendo essere di applicazione comune[82].

Ma se tutto questo è vero e se in particolare è vero che l'ordinamento generale bancario non fissava alcun principio di specializzazione (se si esclude quello che distingue aziende ed istituti), né funzionale, né territoriale, né settoriale, sembra coerente affermare che il processo di despecializzazione se aveva modificato le discipline speciali vigenti per le varie categorie di aziende e di istituti di credito, non aveva intaccato alcuna delle linee portanti della legge bancaria.

[81] Su questo profilo si veda S. Cassese, *La «divisione del lavoro bancario»*, cit., pp. 375 ss.

[82] Non sembra perciò corretto affermare che «la riforma del 1936 creò un sistema bancario pluralistico, con una serie di disposizioni coordinate, rivolte a garantire la coesistenza in un unico ordinamento, di sei categorie di aziende di credito» (F. Parrillo, *Valore e ruolo della legge bancaria nel sistema creditizio italiano*, in *Il sistema bancario italiano e l'evoluzione della sua disciplina e delle sue strutture*, Bologna, Compositori, s.a., p. 34.

16. L'«eliminazione» degli istituti di credito e la codificazione della banca universale

La despecializzazione completa degli enti creditizi è stata realizzata, nel nostro ordinamento, soltanto con il D.Lgt. 481/1992 e, successivamente, recepita dal T.U. del 1993. Il primo provvedimento ha cancellato l'unica forma di specializzazione che conosceva la legge bancaria, ossia quella fra aziende ed istituti, ed ha posto le premesse per la eliminazione delle specializzazioni che caratterizzavano gli ordinamenti di settore, sia per quanto riguarda le aziende (Casse rurali e artigiane) sia per quanto concerne gli istituti, soprattutto con riferimento a quella parte di essi che avrebbe potuto legittimamente definirsi «di credito speciale» perché abilitati soltanto ad erogare particolari categorie di crediti speciali. Non si può invece dire che il predetto decreto abbia segnato «l'ingresso della banca universale nell'ordinamento italiano».

Questo modello infatti, se lo si caratterizza per l'assenza di vincoli temporali sia per quanto concerne la raccolta sia per quanto riguarda gli impieghi, poteva trovare attuazione anche sulla base della legge bancaria. Come abbiamo già constatato, infatti, le aziende di credito non incontravano nella legge bancaria alcun vincolo nella determinazione della lunghezza temporale delle proprie operazioni: esse potevano raccogliere sia a vista sia a breve e lungo termine e avrebbero potuto esercitare il credito, ancora senza vincoli temporali[83].

Le aziende erano enti creditizi despecializzati; specializzati, invece, per quanto concerne la raccolta, erano gli istituti di credito. Non solo, ma, come abbiamo pure sottolineato, nessuna norma impediva alle aziende di credito di svolgere attività finanziarie diverse dall'esercizio del credito e di assumere partecipazioni anche di controllo nelle imprese non finanziarie. Il contenimento dell'attività delle aziende era il frutto di scelte dell'autorità amministrativa dirette, da un lato, a limitare i rischi connessi con ampliamenti non sufficientemente «consapevoli» dell'attività delle aziende e, dall'altro, ad evitare una pressione concorrenziale nei confronti degli istituti che avrebbe potuto rivelarsi pericolosa per la loro stessa sopravvivenza.

La eliminazione della distinzione fra aziende ed istituti ha in realtà significato, per il nostro ordinamento primario, l'eliminazione della categoria degli istituti, dal momento che, almeno secondo la disciplina legislativa, si può constatare una coincidenza di operatività fra le aziende di credito e le banche.

D'altro canto, la eliminazione degli istituti di credito non discendeva da una incompatibilità fra la loro disciplina e le norme della seconda direttiva comunitaria. Questa non imponeva agli ordinamenti nazionali il modello della banca universale, limitandosi a consentirne l'adozione, e conseguentemente non escludeva affatto che gli ordinamenti dei paesi

[83] Cfr. sul punto R. Costi, *Mercato finanziario e attività bancaria*, in «Banca borsa e tit. cred.», 1989, I, p. 336 e R. Masera, *Intermediari, mercati e finanza d'impresa*, Bari, Laterza, 1991, pp. 45 ss.

membri prevedessero categorie di enti specializzati, come gli istituti di credito.

Tale eliminazione è apparsa, tuttavia, opportuna in sede di attuazione della predetta direttiva per evitare che gli istituti, a causa della loro limitata operatività, si trovassero in una condizione di inferiorità istituzionale, nell'ambito del Mercato comunitario, nei confronti di enti creditizi che, pur operando prevalentemente nel medio e lungo termine avrebbero potuto godere di un'operatività più ampia.

Certo è che la eliminazione della categoria degli istituti contribuisce a disperdere ogni dubbio sull'ammissibilità della banca universale nel nostro ordinamento vigente. Dubbio che, a dire il vero, non avrebbe più comunque ragion d'essere dal momento che le banche sono autorizzate a svolgere l'attività bancaria in ogni sua forma e non anche una «frazione» di essa e, per di più, alle stesse è consentito, come abbiamo visto, l'esercizio delle altre attività finanziarie tipicamente svolte dalle banche universali.

È bene, tuttavia, precisare che questo «diritto alla banca universale», da parte degli enti creditizi, può essere sottoposto a non trascurabili limiti di vigilanza.

Valuteremo analiticamente più innanzi il contenuto degli stessi. Qui basti ricordare che le autorità creditizie hanno il potere di valutare, in sede di costituzione dell'ente o di modificazione del suo statuto, se le previsioni statutarie siano compatibili con una sana e prudente gestione dell'ente; ed inoltre, indipendentemente dal potere di controllo sugli statuti, esse possono, nell'esercizio della vigilanza regolamentare, subordinare l'esercizio di determinate attività al rispetto di vincoli da osservarsi, appunto, per assicurare che la gestione dell'ente sia «sana e prudente».

17. La despecializzazione delle Casse rurali e artigiane e degli Istituti di credito «speciali»

La possibilità per gli enti creditizi di despecializzare la propria attività è stata perseguita dal D.Lgt. 481/1992 anche attraverso le norme introdotte con riferimento a particolari categorie di enti creditizi e all'insieme dei cosiddetti crediti speciali.

a) Così è stata eliminata l'unica specializzazione «settoriale» che caratterizzava in precedenza le aziende di credito, quella relativa alle Casse rurali ed artigiane. Queste, come vedremo in seguito, dovevano preferibilmente operare con soci, i quali — a loro volta — dovevano essere prevalentemente agricoltori e artigiani.

L'operatività delle Casse era dunque prevalentemente rivolta al finanziamento dell'agricoltura e dell'artigianato. L'art. 42 del D.Lgt. 481/1992, pur ribadendo che «le casse esercitano il credito prevalentemente a favore dei soci», non richiedeva più che questi ultimi fossero in prevalenza agricoltori o artigiani, limitandosi a pretendere che risiedessero od operassero «nel territorio di competenza della Cassa».

Coerentemente modificava la denominazione di questa categoria di enti in Casse di credito cooperativo, (per diventare Banche di credito cooperativo nel T.U.) prive di una specializzazione settoriale, anche se ancora caratterizzate da una specializzazione territoriale che ne sanciva i caratteri di banca locale.

E queste norme sono state tenute ferme, come vedremo, anche dal T.U. del 1993, che ha provveduto, tra l'altro, ad abrogare il T.U. sulle Casse rurali e artigiane del 1937.

b) Radicale è stata anche la despecializzazione nell'ambito dei crediti speciali; despecializzazione già avviata, come si è notato, dall'art. 18 del D.Lgt. 356/1990 per gli istituti derivanti dalla «trasformazione» delle banche pubbliche, proseguita dal D.Lgt. 481/1992 e completata dal T.U. del 1993.

L'art. 6 del D.Lgt. 481/1992 stabiliva che «gli enti creditizi possono esercitare, quando lo statuto lo consente, le attività di finanziamento, disciplinate da leggi riguardanti settori, categorie di istituti o singoli istituti di credito».

La norma permetteva, dunque, a tutti gli enti creditizi di esercitare i cosiddetti crediti speciali, ossia i crediti sottoposti ad una disciplina diversa da quella di diritto comune, cancellando tutte le segmentazioni imposte, per quanto concerne i soggetti e la loro operatività, dalle relative leggi speciali. Il T.U. ha ritenuto superflua la riproduzione della norma, dal momento che lo stesso risultato è assicurato, da un lato, dal riconoscimento del principio della banca universale e, dall'altro, dalla eliminazione di una qualsiasi norma che sottoponga a riserva le poche ipotesi di crediti speciali conservati in vita dal medesimo T.U. Nessun ente, quindi, ha più il monopolio di un particolare tipo di finanziamento e tutte le banche possono estendere la propria attività all'esercizio della totalità dei crediti speciali, naturalmente nei limiti consentiti dalle norme di vigilanza sopra richiamate.

Ma il T.U., come vedremo, è andato oltre sulla strada della specializzazione: sia il D.Lgt. 356/1990 sia il D.Lgt. 481/1992 avevano lasciato intatte le discipline delle attività di credito speciale; avevano ampliato l'operatività degli enti a tutti i crediti speciali ma non avevano minimamente eliminato le segmentazioni derivanti dalla disciplina delle operazioni. Il T.U. è intervenuto drasticamente su questo capitolo dell'ordinamento creditizio, smantellando gran parte delle discipline dei crediti speciali.

Il D.Lgt. 481/1992 e il T.U. del 1993 hanno eliminato infine un'ulteriore segmentazione del mercato bancario che caratterizzava soprattutto il settore dei crediti speciali: quella concernente i finanziamenti assistiti da agevolazioni pubbliche. Molto spesso le leggi di agevolazione riservavano l'erogazione dei relativi finanziamenti a particolari enti o categorie di enti (es.: istituti di credito agrario).

L'art. 6, 3° comma del D.Lgt. 481/1992 stabiliva che tutti gli enti creditizi potessero erogare finanziamenti agevolati, sulla base di convenzioni dagli stessi stipulati con l'Amministrazione pubblica che dispone l'agevolazione, purché tali finanziamenti «rientrassero tra le attività che gli enti stessi possono svolgere in via ordinaria». Questa disposizione è stata recepita dal T.U. (cfr. art. 47, 1° comma) ed oggi, pertanto, non esiste più alcun monopolio, neppure nella gestione dei crediti agevolati.

18. Il pluralismo bancario

Abbiamo convenzionalmente stabilito di definire pluralistico un sistema bancario il cui ordinamento prevede che l'attività bancaria venga esercitata da enti che perseguono interessi diversi, che hanno «funzioni-obiettivo», natura giuridica e struttura diverse, e ciò indipendentemente dalle eventuali specializzazioni delle loro operatività.

E il nostro ordinamento bancario è stato fortemente pluralistico fino all'entrata in vigore del D.Lgt. 481/1992, anche se la tipologia degli enti creditizi aveva subito un forte contenimento già con l'attuazione della legge 30 luglio 1990, n. 218.

Del pluralismo che caratterizzava il nostro sistema bancario una spia più che eloquente era contenuta già nell'art. 5 della legge bancaria nella quale si elencavano le varie categorie giuridiche di aziende di credito (Istituti di credito di diritto pubblico, Banche di interesse nazionale, Banche popolari, Casse rurali e artigiane, Casse di risparmio, Monti di credito su pegno). Ma dello stesso si poteva poi avere un quadro esaustivo solo tenendo presente la miriade di statuti soggettivi che caratterizzavano gli istituti di credito.

A dire il vero, la legge bancaria del 1936-38 non aveva dato eccessivo rilievo alle caratteristiche dei soggetti che svolgevano attività bancaria, dal momento che dettava per quest'ultima una disciplina uniforme, che prescindeva cioè dalla natura e dalle funzioni dell'ente creditizio. E lo stesso deve dirsi della legge 10 febbraio 1981, n. 23, che ridisegnava la disciplina generale degli istituti di credito, prescindendo dalla natura e più in generale dalla disciplina dei soggetti.

Ma la complessa storia della legislazione bancaria e le successive stratificazioni che la contraddistinsero e sulle quali ci siamo già in parte intrattenuti in precedenza, avevano finito per disegnare una pluralità di statuti soggettivi degli enti creditizi e le leggi generali, ossia la legge bancaria e la legge 23/1981, avevano preso atto di tali statuti, codificandone l'esistenza senza sostanziali modificazioni.

Anche il processo di despecializzazione sopra descritto e che ha caratterizzato a partire dagli anni settanta il nostro sistema bancario, pur avendo ridotto notevolmente le differenze operative delle varie categorie di enti creditizi, aveva lasciato sostanzialmente intatte le caratteristiche soggettive degli stessi, privandole per altro di un qualche significato concreto.

Come si è accennato, soltanto l'attuazione della legge 218/1990, che consentiva la «trasformazione» degli enti creditizi pubblici in società per azioni, e il D.Lgt. 481/1992 hanno comportato una drastica riduzione dei tipi di enti creditizi consentiti nel nostro ordinamento, riducendo questi ultimi o al modello della società per azioni o a quello della società cooperativa a responsabilità limitata (cfr. art. 9, 1° comma lett. *a*) del D.Lgt. 481/1992). E nello stesso senso, recependo integralmente le scelte compiute da quest'ultimo provvedimento, si è mosso il T.U. del 1993.

Per un'adeguata comprensione dell'ordinamento vigente e delle articolazioni che lo stesso ancora presenta, con riferimento alle caratteristiche dei soggetti che svolgono attività bancarie, crediamo sia, tuttavia, indispensabile dar conto della situazione preesistente queste più recenti riforme. Nel farlo seguiremo questo criterio: ci occuperemo qui delle categorie di enti che sono state formalmente cancellate dall'ordinamento vigente (Istituti di credito di diritto pubblico, Banche di interesse nazionale) o che hanno visto tutti i soggetti appartenenti alle stesse mutare forma (ossia le Casse di risparmio, gli Istituti e le Sezioni di credito speciale pubblici, che si sono nella loro totalità «trasformati» in società per azioni), mentre ci occuperemo delle categorie giuridiche sopravvissute, sia pure con profonde modificazioni (ossia le Banche popolari e le Casse rurali e artigiane, divenute Banche di credito cooperativo) nella parte che illustrerà le categorie di banche che l'attuale ordinamento ancora contempla e disciplina.

19. Le «banche pubbliche» nel sistema della legge bancaria

Il sistema bancario italiano presentava, fino all'attuazione della legge 218/1990, un gran numero di enti pubblici creditizi, sia nell'ambito delle aziende sia fra gli istituti di credito; anzi la maggior parte di quel sistema era costituito da enti creditizi pubblici, ossia da enti creditizi che avevano la natura di enti pubblici imprenditori.

E la dottrina aveva creduto di poter ricomprendere in una considerazione unitaria tutti questi enti costruendo così una teoria unitaria delle «banche pubbliche», senza tener conto delle peculiarità che avevano contrassegnato la storia di quelle imprese pubbliche e, quindi, la loro disciplina. La stessa dottrina, poi, costruiva una siffatta teoria unitaria degli enti creditizi pubblici recependo in termini sostanzialmente acritici le conclusioni alle quali la letteratura giuridica era pervenuta a proposito degli enti di gestione delle partecipazioni statali, in particolare per quanto concerne il carattere «neutro» della loro attività con riferimento all'interesse pubblico che necessariamente doveva caratterizzare quegli enti, come tutti gli enti pubblici.

Più esattamente, la letteratura giuridica aveva sottolineato che il collegamento fra attività dell'ente di gestione e l'interesse pubblico era affidato alle direttive dell'autorità di governo che poteva pertanto incidere sulle scelte dell'ente pubblico imprenditore, proprio per indirizzarne l'attività al perseguimento dell'interesse pubblico; con due conseguenze, più o meno esplicitamente formulate. Anzitutto sulla capacità dell'ente pubblico. Pur non negando validità alla tesi che riconosce all'ente pubblico capacità generale, come all'ente privato, si era diffuso il convincimento che gli enti di gestione non godessero, in fatto di capacità, di una posizione identica a quella degli enti privati. Inoltre rimaneva condizionata anche la collocazione dell'impresa pubblica nell'ambito della teoria generale dell'impresa, nel senso che tutte le imprese pubbliche venivano considerate imprese-funzioni e non imprese-diritto, dal momento che le stesse avrebbero potuto essere piegate con atti amministrativi al perseguimento dell'interesse pubblico.

Questo modello veniva acriticamente applicato alla generalità degli enti creditizi pubblici.

Si era così affermato che la pubblicizzazione soggettiva del sistema bancario era funzionale alla realizzazione di un piano consapevole diretto ad assicurare allo Stato il potere di manovra complessiva del settore; che il Comitato interministeriale e la Banca d'Italia godevano «di maggior libertà nei confronti degli enti pubblici creditizi»; che gli enti pubblici creditizi erano stati costituiti «per l'attuazione degli indirizzi e la realizzazione della politica economica governativa»; che le banche pubbliche dovevano essere «strumenti di una politica economica incentrata su programmi di sviluppo» e che, in definitiva, mentre l'impresa privata «non può essere manovrata come strumento dell'azione pubblica», l'ente pubblico creditizio invece è chiamato ad assolvere, esso per primo, ogni funzione strumentale della politica creditizia del governo»[84]. Le imprese bancarie pubbliche sarebbero state, dunque, necessariamente imprese-funzione che le autorità creditizie avrebbero potuto e dovuto manovrare per consentire il perseguimento di interessi pubblici; possibilità di manovra che le stesse autorità non avrebbero avuto nei confronti degli enti creditizi privati.

A questo orientamento si era opposto che gli enti creditizi pubblici erano «enti pubblici anomali, nel senso che non hanno fini pubblici»[85]; tesi che per altro non poteva essere condivisa in quanto postulava la esistenza di enti pubblici che non perseguissero fini pubblici. In realtà la necessità di rintracciare un fine pubblico che giustificasse la natura pubblica degli enti creditizi non portava necessariamente alle conclusioni condivise dalla dottrina dominante. L'interesse pubblico può infatti consistere anche nell'esercizio dell'attività in quanto tale, soprattutto quando l'ente pubblico sia un ente monosettoriale (a differenza degli enti di gestione), e l'interesse pubblico all'attività non contraddice in alcun modo il carattere di economicità che deve caratterizzare la gestione dell'ente pubblico imprenditore.

[84] Si vedano, in questo ordine di idee, M. Nigro, *Profili*, cit., pp. 50 ss.; G. Vignocchi, *Il servizio del credito*, cit., p. 146; M. Porzio, *Banche pubbliche - banche private*, in «Banca borsa e tit. cred.», 1981, I, p. 311; A. Predieri, *Le regioni e le leve del potere economico: credito e imprese pubbliche*, in AA.VV. *Il governo democratico dell'economia*, Bari, De Donato, 1976, p. 127; A. Maisano, *Le attribuzioni della Regione siciliana in materia di credito e risparmio*, in *La disciplina ed il controllo del credito nella regione siciliana*, a cura di G. Restuccia, Milano, Giuffrè, 1982, pp. 78 ss. e V. Mezzacapo, *Enti pubblici nell'ordinamento creditizio*, Milano, Ciriec, 1966, p. 71.

[85] S. Cassese, *Miti e realtà delle banche pubbliche*, in «Banca borsa e tit. cred.», 1982, I, p. 103.

Il perseguimento di un fine pubblico non postulava, dunque, né la capacità speciale dell'ente pubblico né la funzionalizzazione della relativa impresa, dal momento che quel fine avrebbe potuto essere raggiunto anche senza particolari direttive da parte del potere pubblico. In assenza, dunque, di diverse disposizioni legislative, gli enti creditizi pubblici godevano della stessa capacità degli enti creditizi privati e le imprese pubbliche creditizie erano protette dalla riserva di legge di cui all'art. 41, 3° comma della Carta costituzionale come le imprese private. E sulla base di queste premesse era agevole anche concludere che, in presenza di una disciplina bancaria generale, che non distingueva fra enti creditizi pubblici ed enti creditizi privati sotto il profilo della disciplina di vigilanza, le autorità creditizie potevano esercitare nei confronti dei primi soltanto i poteri che avrebbero potuto esercitare nei confronti dei secondi.

La perfetta equiparazione, sotto il profilo dei controlli bancari, fra enti creditizi pubblici ed enti creditizi privati affermata così in linea di principio, non escludeva evidentemente che esistessero enti pubblici creditizi nei confronti dei quali le autorità creditizie, in forza di specifiche previsioni legislative, potessero esercitare più penetranti poteri, anche di indirizzo operativo e quindi di sostanziale funzionalizzazione. Trovava così conferma anche sotto questo profilo e con riferimento all'ordinamento bancario il principio della atipicità degli enti pubblici; principio che precludeva appunto ogni indebita generalizzazione aprioristica in tema di «banche pubbliche».

Gli enti pubblici creditizi che hanno caratterizzato il nostro ordinamento creditizio fino alla attuazione della legge 218/1990 sono stati *a*) gli Istituti di credito di diritto pubblico; *b*) le Casse di risparmio e le Banche del monte; *c*) gli Istituti di credito e le Sezioni di credito speciale di natura pubblica. Delle stesse ci occuperemo nei paragrafi che seguono.

19.1. Gli Istituti di credito di diritto pubblico

a) L'art. 5 l.b. apriva l'elenco dei vari tipi di aziende di credito indicando gli «Istituti di credito di diritto pubblico» e l'art. 25, 1° comma della stessa legge precisava: «Sono confermati Istituti di credito di diritto pubblico il Banco di Napoli, il Banco di Sicilia, la Banca Nazionale del Lavoro e l'Istituto Bancario S. Paolo di Torino, e viene dichiarato Istituto di credito di diritto pubblico il Monte dei Paschi di Siena». Agli Istituti di credito di diritto pubblico indicati dalla legge bancaria doveva aggiungersi il Banco di Sardegna costituito con D.L.Lgt. 28 dicembre 1944, n. 417, e dichiarato dallo stesso provvedimento (art. 15) «Istituto di credito di diritto pubblico».

La pubblicità degli Istituti di credito di diritto pubblico (se si esclude il Monte dei Paschi di Siena) preesisteva, dunque, alla legge bancaria ed era il frutto di storie molto diverse fra di loro e che noi abbiamo almeno in parte ricostruito nelle pagine dedicate alle vicende della legislazione bancaria italiana[86]. Ed il riconoscimento del carattere pubblico di quegli Istituti era in qualche misura necessitato, non essendo facilmente immaginabile una scelta diversa da quella adottata dal legislatore del 1936.

Non si può, dunque, affermare che la qualificazione di ente pubblico di questi istituti, recepita dall'art. 25 della legge bancaria, rientrasse nell'ambito di un progetto di pubblicizzazione soggettiva del settore. E l'assenza di un siffatto disegno di pubblicizzazione era confermata dalla inesistenza di una disciplina organica per questa «categoria» di enti. L'unica norma di carattere generale era quella dell'art. 27, 1° comma l.b., in forza del quale gli statuti degli Istituti di credito di diritto pubblico dovevano essere approvati con decreto del Ministro per il Tesoro, sentito il Comitato interministeriale per il credito ed il risparmio. La disciplina della struttura e, almeno entro certi limiti, degli scopi degli Istituti era pertanto affidata alla loro autonomia statutaria[87]. D'altro canto, l'art. 27, appena ricordato, nel momento in cui limitava il potere del Ministro per il Tesoro alla «approvazione» degli statuti e delle relative modificazioni, escludeva che lo stesso potesse imporre regole organizzative diverse da quelle formulate e proposte dall'ente.

L'autonomia statutaria degli Istituti incontrava, tuttavia, alcuni limiti: essi non avrebbero potuto deliberare il proprio scioglimento, né dismettere l'attività bancaria o eliminare il carattere pubblico della proprietà senza pregiudicare la loro stessa natura pubblica e quindi senza violare il disposto dell'art. 25 l.b. Ma nel rispetto di tali vincoli essi avrebbero potuto adottare le formule organizzative ritenute più idonee per l'esercizio della propria attività. Ed in effetti la diversità profonda delle storie di ognuno di questi Istituti, proprio grazie all'autonomia organizzativa degli enti medesimi, ha trovato puntuale espressione nella diversità delle relative discipline statutarie[88].

Ogni tentativo pertanto di individuare regole comuni si presentava, perciò, non solo artificioso, ma anche privo di significativa rilevanza giuridica, non potendosi neppure ipotizzare l'applicazione analogica di regole statutarie dall'uno all'altro Istituto.

b) Il che non ha impedito, tuttavia, al legislatore di adottare scelte

[86] Si veda *supra*, cap. I, per qualche cenno sulla storia degli Istituti di credito di diritto pubblico e per le relative indicazioni bibliografiche si veda per il Banco di Napoli, R. Capobianco, voce *Banco di Napoli*, in *Enc. del diritto*, Milano, Giuffrè, 1953, vol. V, pp. 16 ss. e voce *Banco di Napoli*, in *Noviss. dig. it., App.*, Torino, UTET, 1980, p. 705; per il Banco di Sicilia, S. Mazzarella, voce *Banco di Sicilia*, in *Noviss. dig. it., App.*, Torino, UTET, 1980, p. 707; per il Monte dei Paschi, M. Bonaduce, *Dell'autonomia normativa degli istituti di credito di diritto pubblico*, Milano, ICEB, 1984, pp. 65 ss.

[87] Si vedano F. Merusi, *Trasformazioni della banca pubblica*, Bologna, Il Mulino, 1985, p. 58 e A. Palmieri, *I poteri del Ministro del Tesoro in tema di approvazione degli statuti delle banche*, in «Banca borsa e tit. cred.», 1982, I, pp. 939 ss.

[88] Sottolinea la eterogeneità degli Istituti di credito di diritto pubblico sotto il profilo economico A. Ferrari, *Gli Istituti di credito di diritto pubblico*, in AA.VV., *Il sistema bancario italiano e l'evoluzione della sua disciplina e delle sue strutture*, Bologna, Editrice Compositori, s.a., pp. 95 ss.

che coinvolgevano una pluralità di essi. Come è avvenuto per la riforma degli statuti del Banco di Napoli, del Banco di Sicilia e del Banco di Sardegna. L'art. 2 della legge 10 febbraio 1981, n. 23, nel prevedere stanziamenti destinati ad incrementare i fondi di dotazione dei tre Banchi meridionali, stabilì anche che il Ministro per il Tesoro avrebbe dovuto dettare direttive «per armonizzare e rendere più razionali gli statuti degli stessi». Sulla base di questa norma il Ministro per il Tesoro, con D.M. 27 luglio 1981 precisò che le modifiche statutarie avrebbero dovuto: 1) «rendere la gestione più aderente ai criteri di mercato determinando l'oggetto dell'attività dell'ente con esclusivo riferimento all'art. 1 della legge bancaria; [...] 3) prevedere che l'adeguamento dei fondi propri possa avvenire mediante integrazione degli attuali apporti pubblici secondo modi che conservino all'ente la sua collocazione nel settore pubblico; [...] 5) assicurare una più razionale distribuzione dei poteri [...] distinguendo gli organi di indirizzo generale, di sorveglianza e di gestione».

Tali direttive mettevano in luce che i Banchi meridionali erano considerati essenzialmente enti che esercitano imprese bancarie e ciò soprattutto attraverso l'eliminazione dall'oggetto degli stessi di ogni riferimento ad altre attività di carattere «sociale» delle quali ancora rimaneva traccia negli statuti; sottolineavano la necessità che tali Banchi potessero far ricorso al capitale di rischio «esterno», pur conservando all'ente «la sua collocazione nel settore pubblico», eliminando così la condizione di «inferiorità» nella quale gli stessi si trovavano per dover fare affidamento per i fondi propri o all'autofinanziamento o ai conferimenti del Tesoro dello Stato; tendevano infine ad eliminare la coincidenza fra organi di gestione ed organi di indirizzo e controllo (di merito) tipica degli istituti a struttura di fondazione, introducendo una maggior dialettica fra gli organi degli stessi[89].

Gli statuti riformati sulla base di quelle direttive prevedevano infatti l'emissione, in misura inferiore al fondo di dotazione pubblico, di quote di partecipazione, che attribuivano il potere di concorrere alla nomina di una parte dei componenti il Consiglio di amministrazione, e di quote di risparmio, che attribuivano particolari privilegi patrimoniali, ma non anche poteri amministrativi (sul modello delle azioni di risparmio).

Nella stessa direzione indicata dalle autorità creditizie per i Banchi meridionali si mosse anche la Banca Nazionale del Lavoro[90], facilitata per altro nella realizzazione di quegli stessi obiettivi dalla natura asso-

[89] Questi principi sono ampiamente illustrati in *Ordinamento degli enti pubblici creditizi: analisi e prospettive*, in Banca d'Italia, *Bollettino*, 1981, pp. 427 ss.; si vedano anche S. Cassese, *Il riordino delle banche pubbliche*, in «Banca impr. soc.», 1984, pp. 85 ss.; R. Costi, *Riflessioni in tema di enti creditizi pubblici*, in «Bancaria», 1983, pp. 581 ss.; F. Merusi, *Trasformazioni della banca pubblica*, cit., pp. 47 ss.; G. Minervini, *Una rivoluzione silenziosa per la banca pubblica*, in «Mezzogiorno d'Europa», 1982, pp. 414 ss.

[90] Cfr D.M. 7 aprile 1981, in «G.U.» 15 aprile 1981, n. 104.

ciativa della propria struttura. Analoghe riforme non furono invece realizzate dal Monte dei Paschi e dall'Istituto Bancario S. Paolo di Torino, che conservarono pertanto integra la loro natura di fondazioni; natura in qualche misura messa in discussione nei Banchi meridionali dal momento che i portatori di quote di partecipazione non venivano soltanto «consociati» al rischio d'impresa, ma assumevano anche poteri di gestione, sia pure in posizione di minoranza e secondo lo schema della rappresentanza istituzionale di interessi e non di capitali. Il modello dell'ente pubblico imprenditore a struttura di fondazione che ancora formalmente caratterizzava questi enti creditizi, lasciava trasparire le caratteristiche dell'ente associativo a controllo pubblico, cercando di conciliare i vantaggi che il modello societario presenta, sotto il profilo della gestione imprenditoriale, con la conservazione del controllo dell'ente al potere pubblico.

c) Soprattutto in coincidenza con l'ingresso «dei privati», sia pure in posizione di minoranza istituzionale, nei Banchi meridionali e nella Banca Nazionale del Lavoro, si accese in dottrina il dibattito sul «contenuto della pubblicità» negli Istituti di credito di diritto pubblico. Apparve anzitutto chiaro in proposito che nessuna norma legislativa o statutaria ricollegava alla pubblicità dell'ente la possibilità per le autorità creditizie di imporre agli Istituti direttive più «intense» e funzionalizzanti di quelle che le stesse avrebbero potuto assumere nei confronti della generalità delle aziende di credito.

Tenuto conto del fatto che tutti gli statuti di questa categoria di enti creditizi pubblici prevedevano che una parte dei proventi dell'attività fosse destinata a scopi notoriamente pubblici, si era spesso ritenuto che il collegamento fra attività creditizie ed interesse pubblico andasse rintracciato nella destinazione dei proventi a scopi pubblici (beneficienza, assistenza, pubblica utilità)[91]. Ma una siffatta tesi non poteva essere accettata perché faceva perno su di un elemento secondario nell'ambito degli interessi coinvolti dall'attività degli Istituti e come tale incapace di giustificarne la pubblicità. In ogni caso, la destinazione degli utili di gestione a scopi pubblici non avrebbe potuto attribuire il potere di incidere sulle modalità di gestione dell'impresa. Il relativo potere di indirizzo, o comunque il vincolo pubblico all'autonomia statutaria, in tale prospettiva, avrebbe potuto condizionare esclusivamente la devoluzione dell'utile, e non anche la sua produzione.

Si tentò anche di rintracciare nella disciplina delle operazioni di impiego, e più esattamente in vincoli all'erogazione del credito, la ragione della pubblicità di quegli Istituti, ma con scarsi risultati.

Le indicazioni in proposito contenute nei loro statuti, infatti, quando non si limitavano a determinare l'ambito territoriale dell'attività di

[91] Così M.S. Giannini, *Istituto di credito e esercizi di interesse pubblico*, in «Moneta e credito», 1949, p. 114; G. Zanobini, *Corso di diritto amministrativo*, Milano, Giuffrè, 1953, vol. V, p. 410; M. Bonaduce, *Dell'autonomia*, cit., p. 34 e R. Roffi, *Contributo allo studio degli istituti di credito di diritto pubblico di cui all'art. 25, 1° comma della legge bancaria*, in «Dir. dell'economia», 1968, pp. 284 ss.

erogazione, si risolvevano in direttive talmente generiche da non poter essere considerate capaci di stabilire un vincolo tra attività bancaria e interesse pubblico[92].

D'altra parte, come abbiamo più volte ricordato, l'attribuzione della natura pubblica a questi enti creditizi non era il frutto di una scelta politica cronologicamente collocabile e globalmente determinata. Era piuttosto il risultato di una serie di storie in larga misura rinvenute nella realtà dalla legge bancaria e delle quali quest'ultima aveva preso atto senza una specifica reinterpretazione. La ricognizione degli Istituti di diritto pubblico operata dalla legge bancaria aveva in effetti solo un significato negativo: ossia essa accertava che questi Istituti non erano di proprietà dei privati. E fu questo in fondo il significato tenuto presente dalla Commissione per la Costituente nel momento in cui affrontò il problema della nazionalizzazione o della riprivatizzazione delle banche di interesse nazionale. Ossia si sottolineò che la pubblicità di questi enti escludeva che i privati potessero assumerne il controllo[93].

In altri termini, il fine pubblico che giustificava la natura pubblica di questi Istituti doveva probabilmente essere rintracciato nell'intento di sottrarre la loro gestione ai privati.

E questa mancata riconsegna non aveva la propria ragion d'essere nella volontà di direzione o manovra pubblica di quelle imprese, ma nel convincimento che la presenza di banche non private favorisse il pluralismo e la stabilità del sistema bancario. E sotto quest'ultimo profilo ebbe un ruolo non secondario la consapevolezza degli inconvenienti connessi con il connubio banca-impresa.

Tra l'altro, l'aver ravvisato l'unico contenuto della pubblicità degli istituti di credito di diritto pubblico nella conservazione alla mano pubblica del potere di controllo sull'attività bancaria esercitata, consentì anche di escludere che le riforme dagli stessi attuate e dirette a consen-

[92] Infatti: *a*) mancava ogni indicazione in tal senso negli statuti dell'Istituto Bancario S. Paolo di Torino e del Banco di Sardegna; *b*) lo statuto della BNL si limitava a precisare che «la Banca ha per oggetto la raccolta dei depositi e l'esercizio del credito in tutte le forme consentite dalla legge, con particolare riguardo alle attività di carattere economico-sociale» (art. 3): annotazione che non sembra in grado di individuare positivamente un collegamento tra interesse pubblico e attività creditizie per la sua evidente genericità, a meno di non voler sostenere che esista un potere di direttiva capace di specificare di volta in volta questo collegamento; *c*) lo statuto del Banco di Sicilia prevede che il Banco esercitasse «il credito» al fine «di assistere e sviluppare le attività produttive e le risorse economiche nazionali con particolare riguardo per quella della Regione Siciliana» (art. 2) e quello del Banco di Napoli si limitava a precisare che l'istituto nell'esercitare la propria attività doveva avere «particolare riguardo allo sviluppo del Mezzogiorno»; *d*) la previsione contenuta nello statuto del Monte dei Paschi era in parte generica («operazioni creditizie atte a potenziare ai fini dell'economia generale della Nazione, le attività produttive dei luoghi nei quali svolga la propria azione») e in parte («con speciale riguardo all'agricoltura») diretta ad individuare un settore di destinazione e non anche una modalità di gestione.

[93] Cfr. Ministero per la Costituente, *Rapporto della Commissione economica*, vol. IV, *Credito e Assicurazione*, I, *Relazione*, Roma, Istituto Poligrafico dello Stato, 1946, pp. 342 ss.

tire l'ingresso dei «privati» contrastassero con il contenuto della loro pubblicità, dal momento che tali riforme non compromettevano il controllo pubblico sull'impresa bancaria.

d) La natura pubblica di questi enti lungi dal comportare un potere di direttiva più intenso di quello che le autorità creditizie avevano nei confronti delle aziende di credito private, portò anzi alla eliminazione di alcuni vincoli che invece esistevano per gli enti il cui controllo avrebbe potuto essere acquisito dai privati.

In questa prospettiva assumeva particolare importanza il fatto che tutti gli Istituti di credito di diritto pubblico, sia pure in misura diversa, fossero «dotati» di «sezioni speciali», ossia di organismi autorizzati ad operare come istituti di credito a medio e lungo termine, sia nella raccolta del risparmio sia nell'esercizio del credito.

Le sezioni erano talvolta dotate di personalità giuridica e talvolta erano caratterizzate esclusivamente da un'autonomia contabile ed organizzativa[94].

In entrambi i casi, tuttavia, esse «appartenevano» integralmente, sul piano economico, all'Istituto, dal quale mutuavano fondi di dotazione, strutture organizzative, organi di gestione e al quale trasferivano i proventi della propria attività. Si realizzava così una simbiosi funzionale tra l'Istituto, come azienda di credito, e la Sezione, come istituto di credito, al di là delle fragili distinzioni formali che pur venivano costantemente poste fra i due organismi[95].

Gli Istituti di credito di diritto pubblico godevano, così, di una condizione di indubbio privilegio, dal momento che finivano per cumulare in se stessi, sul piano sostanziale, le caratteristiche sia dell'azienda sia dell'istituto di credito, e quindi potevano operare come banca universale, almeno con riferimento ai settori nei quali si estendeva la competenza delle sezioni.

e) Sulla base delle norme dettate dalla legge 218/1990 e dal D.Lgt. 356/1990 tutti gli Istituti di credito di diritto pubblico (ad esclusione del Monte dei Paschi di Siena) hanno provveduto alla propria «trasformazione» in società per azioni, secondo le modalità previste dalla medesima disciplina.

Ne sono sorte pertanto società bancarie ed anzi gruppi bancari il cui controllo è nelle mani delle corrispondenti «Fondazioni», pure risultanti dal predetto processo di «trasformazione», per quanto concerne i Banchi meridionali e il San Paolo di Torino (aventi strutture di Fondazione) e nelle mani del Tesoro, per quanto concerne la Banca Nazionale del Lavoro (che aveva struttura associativa). Ma sul procedimento di trasformazione e sulla condizione giuridica sia delle predette società bancarie sia degli Enti conferenti è necessario rinviare all'analisi che delle relative norme condurremo più innanzi.

[94] Sul punto G. Oppo, *Sulla autonomia delle Sezioni di Credito speciale*, in «Banca borsa e tit. cred.», 1979, I, pp. 1 ss.

[95] Cfr. G. Forestieri, *Gli istituti di credito di diritto pubblico*, Milano, Angeli, 1977, pp. 47 ss.

Qui basti ricordare che, se si esclude il Monte dei Paschi, gli Istituti di credito, a seguito delle predette trasformazioni, in quanto tali, non esistono più. Non possono infatti essere considerati Istituti di credito di diritto pubblico né l'Ente conferente che non è un ente creditizio, pur essendo ancora un ente pubblico, né la società bancaria che deriva dalla medesima «trasformazione», che, pur essendo un ente creditizio, non è un ente pubblico imprenditore, ma una società per azioni a controllo pubblico.

Le predette trasformazioni, pur avendo in concreto portato alla «eliminazione» della massima parte degli Istituti di credito di diritto pubblico non avevano tuttavia cancellato la relativa categoria della quale almeno un Istituto (il Monte dei Paschi) continuava a far parte.

Così non fu più dopo l'entrata in vigore del D.Lgt. 481/1992. Quest'ultimo provvedimento infatti ha abrogato sia l'art. 5 l.b., che contemplava la categoria degli Istituti di credito di diritto pubblico, sia l'art. 25 l.b., che individuava i soggetti appartenenti alla stessa, sia l'art. 27 l.b., che conteneva l'unica norma di carattere generale prevista per tale categoria di aziende di credito. In altri termini il D.Lgt. 481/1992 ha cancellato dal nostro ordinamento la categoria degli Istituti di credito di diritto pubblico[96].

19.2. Le Casse di risparmio e le Banche del Monte

a) Anche per le Casse di risparmio e le Banche del Monte, come per gli Istituti di credito di diritto pubblico, la legge 218/1990 ha segnato l'avvio di una rapida e generalizzata «trasfigurazione».

Le Casse e i Monti, secondo le regole fissate dal D.Lgt. 356/1990, hanno dismesso l'esercizio dell'attività bancaria conferendo la propria azienda ad una società per azioni, della quale hanno assunto il controllo modificando, contemporaneamente, il proprio oggetto, i propri scopi, e la propria struttura.

Al posto delle Casse e dei Monti stanno oggi le Fondazioni (o Enti conferenti) e le società per azioni bancarie, previste dalle predette norme.

In altri termini oggi non esistono più enti creditizi pubblici che possano definirsi Casse di Risparmio o Banche del Monte e, probabilmente, dopo il D.Lgt. 481/1991, solo una legge avrebbe potuto far nascere una nuova Cassa di Risparmio.

Quest'ultimo provvedimento non aveva, per altro, formalmente abrogato la relativa categoria, come aveva fatto per quella degli Istituti

[96] Con la conseguenza, tra l'altro, che tale non può più considerarsi neppure il Monte dei Paschi di Siena: quest'ultimo, con tutta probabilità, potrà ancora essere definito un ente creditizio pubblico (e come tale ad es.: destinatario delle norme dettate dalla legge 218/1990), ma non potrà più essere considerato un Istituto di credito di diritto pubblico (e quindi non potrà essere considerato destinatario delle norme che presuppongono tale qualità, a cominciare dall'art. 27 l.b.).

di credito di diritto pubblico e non poteva neppure dirsi abrogata la disciplina che per la stessa prevedeva l'ordinamento.

Anche a questo «adempimento formale» ha provveduto il T.U. del 1993, abrogando il T.U. del 1929 sulle Casse di risparmio e sui Monti di pietà di prima categoria.

Ciò nonostante presteremo particolare attenzione alle vicende alle quali è andato incontro l'ordinamento di questa categoria di enti creditizi, data l'importanza che lo stesso ha avuto nella formazione dell'ordinamento bancario e soprattutto perché la disciplina delle Fondazioni e delle società bancarie sorte sul tronco delle Casse e delle Banche del Monte risulterebbe in gran parte incomprensibile, se non venisse esattamente percepita come punto di arrivo della evoluzione normativa realizzatasi sul piano statutario ed amministrativo e in ogni caso come risposta ai problemi che la realtà di quel settore e le insufficienze del loro ordinamento andavano ponendo da tempo.

b) Le Casse di risparmio ricevettero la prima disciplina organica con la legge 15 luglio 1888, n. 5546 e tale disciplina, arricchita nel corso degli anni venti (R.D.L. 10 febbraio 1927, n. 269), venne trasfusa, insieme con quella nel frattempo dettata per i Monti di pietà di prima categoria (L. 4 maggio 1898, n. 169 e R.D. 14 giugno 1923, n. 1396), nel «Testo unico delle leggi sulle Casse di risparmio e sui Monti di pietà di prima categoria» approvato con R.D. 25 aprile 1929, n. 967.

E se si escludono alcune limitate, anche se rilevanti, modificazioni introdotte da norme successive (come il R.D.L. 24 febbraio 1938, n. 204 sulla nomina dei vertici amministrativi e la L. 26 maggio 1966, n. 371 sulla destinazione degli utili), le Casse di risparmio e i Monti di prima categoria hanno trovato «fino alla fine» in quel T.U. e nel relativo regolamento di esecuzione (R.D. 5 febbraio 1931, n. 225) la loro disciplina «speciale». Da più parti e da gran tempo era stata sottolineata, tuttavia, la necessità di una riforma radicale dell'ordinamento delle Casse e dei Monti e numerosi erano stati i progetti sottoposti al vaglio del Parlamento[97], anche se molto diverso era il futuro che di volta in volta veniva immaginato per queste categorie di aziende. Ma nessuna di quelle riforme vide la luce.

A dire il vero, tuttavia, la responsabilità del ritardo nella revisione dell'ordinamento di questo settore non poteva essere interamente addebitata al Parlamento. Il T.U. del 1929 riconosceva infatti amplissimi spazi all'autonomia statutaria di queste categorie di enti creditizi e una consapevole politica di riforma degli statuti avrebbe potuto consentire l'adozione di regole organizzative ed operative capaci di soddisfare almeno in parte le esigenze che venivano espresse nei progetti di riforma legislativa. Ma anche lo strumento dell'autonomia statutaria rimase per lungo tempo inutilizzato.

Soltanto nel corso degli anni ottanta, in considerazione dei pericoli

[97] Per un quadro delle iniziative di riforma legislativa delle Casse si veda M. Clarich, *Le Casse di Risparmio*, Bologna, Il Mulino, 1984, pp. 131 ss.

che si profilavano per la stabilità del settore a causa della crescente concorrenzialità dei mercati finanziari, le Casse e i Monti, anche su pressanti indicazioni delle autorità creditizie, hanno provveduto a riformare il loro ordinamento statutario allo scopo di favorire condotte imprenditoriali più efficienti. E quelle riforme statutarie hanno sicuramente preparato la revisione dell'ordinamento legislativo realizzata dalla legge 218/1990.

Pur avendo fin qui considerato unitariamente le Casse di risparmio e i Monti di credito su pegno, condurremo analisi separate delle rispettive discipline. Queste, pur essendo nella massima parte contenute nello stesso T.U. del 1929 e nel relativo regolamento, non sono, infatti, perfettamente sovrapponibili.

19.2.1. *Le Casse di risparmio*. *a*) Le Casse di risparmio si svilupparono, nel nostro come in altri paesi europei, soprattutto a partire dalla seconda metà del secolo scorso. Le ragioni palesi di tale sviluppo vengono abitualmente rintracciate nella volontà delle classi dirigenti di incoraggiare e tutelare il piccolo risparmio delle classi più povere. Esse tendevano in ogni caso a mitigare alcune delle forme più acute di ingiustizia sociale, rimuovendo altrettante cause di instabilità e, ad un tempo, facevano affluire nuovi fondi a favore dello Stato e degli altri enti pubblici nei cui titoli veniva per lo più impiegato il risparmio raccolto[98].

Iniziative in questa direzione vennero assunte sia da gruppi di cittadini appartenenti alle classi privilegiate, che diedero così vita alle Casse associazioni, sia da enti pubblici e opere pie, che costituirono Casse fondazioni.

Ma indipendentemente dall'origine, e quindi dalla struttura adottata, le Casse si presentavano in quel primo periodo non come istituzioni «creditizie» ma come istituzioni di pubblico interesse, chiamate a tutelare, in un'ottica previdenziale, il risparmio delle classi meno abbienti, anche se la loro attività era un'attività economica che consentiva una remunerazione, sia pure contenuta, del risparmio raccolto. Questa ambivalenza determinò profonde incertezze sulla qualificazione giuridica delle Casse, soprattutto ai fini del loro controllo. Così da prima, sottolineando il loro carattere di istituzione pubblica di beneficenza, furono sottoposte al controllo del Ministero dell'Interno; poi tale controllo venne trasferito al Ministro dell'Agricoltura Industria e Commercio, al quale era stata demandata la vigilanza generale sulle società e gli istituti di credito, mettendo in evidenza il carattere economico della loro attività; infine, quando il controllo generale sulle società per azioni e gli istituti venne eliminato, si finì per distinguere fra le Casse opere pie affidate alla vigilanza del Ministero dell'Interno e le Casse con prevalenti caratteri creditizi che furono liberate da qualsiasi controllo[99].

[98] La letteratura sull'origine e lo sviluppo delle Casse di risparmio è sterminata: si veda per tutti P. Mariotti, voce *Casse di risparmio*, in *Dig. it.*, VII, 1, Torino, UTET, 1927, pp. 13 ss.

[99] Cfr. sul punto G. Ingrosso, voce *Casse di risparmio*, in *Nuovo Dig. it.*, II, Torino,

L'ambiguità reale delle Casse nel corso degli ultimi decenni del secolo scorso andò accentuandosi, anche in considerazione della crescente quantità del risparmio raccolto e della provenienza dello stesso. La raccolta si era infatti venuta estendendo anche a larghi strati del ceto medio che richiedevano alle Casse una maggiore remunerazione, imponendo impieghi più rischiosi[100]. Risultava così compresso il profilo dell'ente di beneficenza e previdenza e si rendeva più urgente un controllo generalizzato su tutte le Casse, al di là della incerta distinzione fra Casse opere pie e Casse istituti creditizi.

La legge 15 luglio 1888, n. 5546, «portante il riordinamento delle Casse di risparmio», dettò infatti una disciplina unitaria che, pur tenendo conto delle due anime che in esse convivevano, valse a sottrarre le Casse sia alla disciplina esistente per le opere pie sia a quella (inesistente) degli istituti creditizi.

E tenendo appunto conto del fatto che le Casse erano ormai anche istituti creditizi, la legge del 1888 rappresentò, come abbiamo già ricordato, una delle prime e certamente la più organica disciplina speciale di un ente di credito, contribuendo così a delineare istituti (come l'amministrazione straordinaria e la liquidazione coatta) che le leggi bancarie del 1926 e 1936-38 estesero a tutte le altre aziende di credito.

La legge del 1888 si propose anzitutto di assicurare l'autonomia delle Casse fondazioni dagli enti morali che le avevano create e delle Casse associazioni dagli interessi patrimoniali dei cittadini che le avevano costituite. Tale risultato venne ottenuto, attribuendo loro la personalità giuridica e, soprattutto, sancendo, per le Casse fondazioni, la completa indipendenza sul piano patrimoniale dagli enti fondatori, ai quali era per di più preclusa ogni ingerenza diretta nella gestione[101], e privando, nelle Casse associazioni, i «soci» che le avevano costituite di ogni diritto sul patrimonio della Cassa e sui risultati economici della sua attività.

Realizzata così la «separazione» delle Casse nei confronti dei propri fondatori, la legge del 1888 si preoccupò di fissare alcune regole che, da un lato, ne garantissero la solidità patrimoniale e che, dall'altro, fossero in grado di reprimere gli eventuali abusi commessi nella loro amministrazione e, comunque, di risolvere le situazioni di crisi nelle quali le Casse fossero venute a trovarsi. Così si stabilì (art. 3, 1° comma) che

UTET, 1937, pp. 965 ss. Per un quadro di queste vicende e delle oscillanti opinioni del Consiglio di Stato sulla «natura» delle Casse di risparmio, si veda S. Mazzarella, *Appunti a proposito dei controlli esercitati sulle Casse di risparmio prima della L. 15 luglio 1888, n. 5546*, in «Riv. dir. comm.», 1971, I, pp. 211 ss.

[100] Cfr. M. Pantaleoni, *Le Casse di risparmio e gli Istituti bancari*, in M. Pantaleoni, *Studi storici di economia*, Bologna, Zanichelli, 1936, pp. 511 ss.

[101] Stabiliva infatti l'art. 4 di quella legge, poi trasfusa nel T.U. del 1929, che «Le Casse di risparmio fondate da istituzioni di beneficenza o da altri corpi morali o col loro concorso debbono costituirsi con patrimonio separato e amministrazione distinta da quelli dell'Istituto fondatore», aggiungendo che «in nessun caso l'amministrazione delle Casse di risparmio può essere assunta dalle giunte comunali o dalle deputazioni provinciali o dai componenti le medesime».

queste non potessero costituirsi se non con un fondo di dotazione minimo, legislativamente fissato, e si impose (art. 17) inoltre che almeno nove decimi degli utili fossero destinati a riserva fino a che il patrimonio non avesse raggiunto almeno un decimo del risparmio raccolto.

Per quanto attiene al controllo e alla disciplina della crisi, la legge (art. 23) affidò definitivamente al Ministro dell'Agricoltura Industria e Commercio le funzioni di vigilanza, attribuendo allo stesso (artt. 24 ss.) il potere di sciogliere gli organi di gestione e di sostituirli con un commissario governativo nonché di ordinarne lo scioglimento e la liquidazione in caso di gravi perdite.

La legge del 1888 infine introdusse norme relative alla gestione dell'attività, prendendo atto dei contenuti che nel frattempo la stessa era venuta acquisendo. Così per la raccolta si previde (art. 14) esplicitamente la possibilità che la stessa avvenisse oltre che nella forma del deposito a risparmio, tradizionalmente in uso presso le Casse, anche in quella del deposito in conto corrente, che la prassi bancaria aveva ormai recepito, mentre per quanto concerne gli impieghi non si imposero alle Casse particolari tipi di investimento, richiedendosi soltanto che gli stessi fossero esclusivamente quelli indicati nello statuto (art. 16).

Il legislatore del 1888 prendeva così atto della realtà bancaria delle Casse di risparmio e, pur non potendosi rintracciare in questa realtà le ragioni di interesse generale che giustificano la relativa disciplina e in particolare la previsione del controllo pubblico, si finiva per dettare uno statuto speciale per un ente considerato anche creditizio.

In altri termini la disciplina delle Casse di risparmio era, ad un tempo, disciplina di un ente con finalità non lucrative, di interesse generale, e di un istituto di credito che svolgeva attività non molto dissimili dalle altre istituzioni creditizie.

Nei decenni successivi, tuttavia, la realtà bancaria prese decisamente il sopravvento, anche grazie alle cautele e ai controlli ai quali erano sottoposte le Casse. La maggior sicurezza che queste offrivano ai risparmiatori finì per privilegiarle nella raccolta del risparmio e accrescerne l'importanza ed il numero nell'ambito di un sistema bancario privo di una disciplina generale, inserendole definitivamente nel novero delle aziende di credito.

Di questa realtà prende infatti atto la legge bancaria del 1926, che, pur facendo salve le disposizioni speciali, compresa l'attribuzione della vigilanza al Ministro dell'Agricoltura (e non al Ministro delle Finanze al quale veniva affidato il controllo sulle altre aziende di credito), stabilisce (art. 2 del R.D.L. 6 novembre 1926, n. 1830) che una larga parte delle norme dettate per queste ultime trovino applicazione anche per le Casse di risparmio. In altri termini emerge con chiarezza il convincimento che le Casse di risparmio sono aziende di credito e che alle stesse deve essere, in linea di principio, applicato lo statuto dettato per queste ultime.

E negli anni venti anche per le Casse si pongono, almeno in parte, i problemi che assillano l'intero sistema creditizio, anche se i tradizionali impieghi (mutui ipotecari, finanziamenti ad enti pubblici, acquisto di titoli pubblici), mai abbandonati, le rendono meno esposte alle vicende che caratterizzano in quel periodo il connubio banca-impresa e che porteranno al crollo delle banche miste e alla riforma dell'ordinamento bancario.

In particolare il settore vide un fenomeno accentuato di sovraffollamento che rischiava di comprometterne la stabilità. Ad una esigenza di semplificazione del mercato, del resto perseguita per l'intero sistema bancario, rispondono infatti sia il R.D.L. 21 ottobre 1923, n. 2413, abrogato dalla legge bancaria[102], che impediva alle Casse di aprire sedi in comuni nei quali esistessero già altre Casse di risparmio o loro dipendenze, sia e soprattutto il R.D.L. 10 febbraio 1927, n. 269, che prevedeva forme di concentrazione necessaria e coattiva fra le Casse minori e la costituzione obbligatoria di Federazioni di Casse con funzioni di coordinamento nei confronti delle aziende federate.

Il processo di progressiva sovrapposizione dello statuto speciale delle Casse di risparmio e di quello generalmente dettato per le aziende di credito prosegue con la legge bancaria del 1936-38 che, pur conservando in vita i momenti più importanti dello statuto dettato dal T.U. del 1929, dichiara applicabili alle Casse tutte le norme dettate per le altre aziende di credito, le sottopone (art. 40, 2° comma lett. a) al controllo delle autorità creditizie (sottraendole alla vigilanza del Ministero dell'Agricoltura) e abroga (art. 40 ult. comma) tutte le norme speciali, già sommariamente ricordate e nel frattempo raccolte nel T.U. del 1929, che fossero risultate incompatibili con il nuovo statuto generale delle aziende di credito.

Tutto ciò non ha impedito che, anche dopo la legge bancaria, la categoria delle Casse di risparmio fosse retta da una disciplina abbastanza diversa da quella generalmente applicabile alle altre aziende di credito: e tale diversità trovava fondamento non solo nelle norme di legge, ma anche nei provvedimenti delle autorità di vigilanza e nelle norme statutarie.

A cominciare dalla fine degli anni cinquanta[103], anche a seguito dell'intensa e progressiva despecializzazione dell'attività delle Casse, le autorità creditizie hanno decisamente ridimensionato le «discriminazioni», di origine amministrativa fra le Casse e le altre aziende di credito. Il che, ovviamente, ha contribuito a mettere in rilievo la natura di imprese bancarie delle Casse di risparmio e a collocare definitivamente in una posizione marginale le esigenze di pubblica assistenza e previdenza che ne avevano giustificato l'origine. E nella stessa direzione era orientato lo

[102] Sul punto Cons. Stato, sez. VI, 13 luglio 1965, n. 537, in «Banca borsa e tit. cred.», 1965, II, p. 470 con nota di E. Favara e Cons. Stato, Sez. VI, 21 gennaio 1966, n. 51, in «Cons. Stato», 1966, I, 105, nonché S. Mazzarella, *Sulla legittimità del divieto di coesistenza di Casse e Monti in rapporto agli artt. 41 e 3 Cost.*, in «Giur. it.», 1967, IV, c. 29 ss.

[103] Il provvedimento più significativo e al quale si può ricollegare l'avvio di questo nuovo indirizzo è probabilmente quello che sottopone anche le Casse di risparmio all'obbligo della riserva obbligatoria.

statuto-tipo che il Comitato interministeriale per il credito ed il risparmio aveva approvato nel 1966 e sul quale si appiattì per lungo tempo la massima parte degli statuti delle Casse.

b) Ma vediamo più da vicino la disciplina dettata dal T.U. del 1929 rispettivamente per l'organizzazione dell'ente, per l'esercizio dell'attività e per la destinazione degli utili.

b1) Recependo la loro diversa origine il T.U. individua due tipi di Casse, ormai convenzionalmente definiti Casse fondazioni e Casse associazioni, le prime «fondate da corpi morali o col loro concorso», le seconde «istituite da associazioni di persone» (cfr. art. 2 del R.D. 25 aprile 1929, n. 967).

Nelle prime l'organizzazione dell'ente si esaurisce nella previsione di un collegio di sindaci e del consiglio di amministrazione, mentre nelle seconde accanto a questi due organi è prevista anche l'assemblea dei soci (o associati). Ma questa differenza non deve essere enfatizzata e soprattutto non consente alcuna analogia fra le Casse associazioni e gli enti a struttura corporativa nei quali i soci sono titolari di una quota del patrimonio sociale. La qualità di «socio» delle Casse associazioni, infatti, personale ed intrasmissibile, non attribuisce alcun diritto sul patrimonio e sugli utili dell'ente e viene acquisita, anche senza effettuare alcun conferimento o comunque attraverso conferimenti del tutto simbolici, secondo le modalità indicate nello statuto.

Così, secondo le norme dello statuto-tipo del 1966 si diventava soci delle Casse associazioni per nomina dell'assemblea, su proposta del consiglio di amministrazione o di almeno un quarto dei soci, e i soci dovevano essere scelti «fra cittadini italiani di piena capacità civile di indiscussa probità e onorabilità annoverabili tra le persone più rappresentative nelle varie categorie economiche e professionali».

È evidente dunque che si tratta di un ufficio[104], e non di una situazione contrattuale, di rilevanza patrimoniale, così come appare chiaro il carattere chiuso, fondato sulla cooptazione, del procedimento statutariamente preferito per la relativa attribuzione. Ma sebbene le critiche a questa prassi statutaria fossero generali, la stessa è stata solo in parte modificata con l'art. 14 del D.Lgt. 356/1990[105].

La presenza dell'assemblea nelle Casse associazioni poteva, tuttavia, favorire almeno una parvenza di dialettica fra gli organi, dal momento che alla stessa competevano la nomina dei componenti il consiglio di amministrazione diversi dal presidente e dal vicepresidente di nomina governativa e l'approvazione del bilancio. Ma anche questa parvenza di dialettica scompariva nelle Casse fondazioni dove l'unico organo «attivo» era il consiglio di amministrazione, al quale competevano ad es., in un intrico difficilmente giustificabile, sia la gestione dell'ente sia l'approvazione del relativo bilancio d'esercizio.

[104] Così Cass. SS.UU., 22 luglio 1977, n. 3264, in «Giust. civ.», 1977, I, p. 1269 e nello stesso senso già A. Senin, voce *Cassa di risparmio*, in *Encicl. diritto*, Milano, Giuffrè, 1960, vol. V, p. 431.

[105] Per un quadro delle stesse si veda M. Clarich, *Le Casse*, cit., pp. 212 ss.

Come abbiamo appena accennato la nomina del presidente e del vicepresidente delle Casse di risparmio non competeva né ai fondatori, nelle Casse fondazioni, né all'assemblea dei soci, nelle Casse associazioni, ma era devoluta al Ministro per il Tesoro, «che vi provvede, con propri decreti», su proposta del Governatore della Banca d'Italia, sentito il Comitato per il credito ed il risparmio.

Questa norma non era prevista dal T.U. del 1929 e fu introdotta dal R.D.L. 24 febbraio 1938, n. 204. Al di là delle vicende che in concreto possono averla occasionata[106], la stessa costituiva una delle tante espressioni della politica accentratrice che il fascismo perseguì, soprattutto nella seconda metà degli anni trenta. La norma ha costituito il canale utilizzato dai partiti di governo per l'occupazione politica del settore, creando anche deleterie situazioni di stallo nella nomina dei vertici delle Casse in considerazione della difficoltà di raggiungere accordi soddisfacenti per tutti nella spartizione delle cariche. La stessa è stata abrogata con il referendum tenuto il 5 aprile 1993.

Merita, infine, di essere ricordato che a norma dell'art. 5 dello stesso R.D.L. 24 febbraio 1938, n. 204 «i Direttori delle Casse di risparmio debbono essere scelti fra i funzionari di detti istituti o di altre aziende di credito, oppure di pubbliche amministrazioni» e che «le nomine devono riportare il preventivo benestare» della Banca d'Italia. Al di là degli scopi perseguiti occasionalmente, quella disposizione sottolinea l'importanza che nell'organizzazione di questa categoria di aziende viene attribuita a tale ufficio; importanza confermata dalla prassi statutaria che ricomprendeva costantemente tra gli «organi della Cassa» anche il direttore generale e che ha avuto un notevole peso anche nella organizzazione delle società bancarie nate a seguito della legge 218/1990.

b2) La legge bancaria, nel momento in cui annoverava le Casse di risparmio fra le aziende di credito, presupponeva che la loro attività fosse quella tipica di queste categorie di enti creditizi (raccolta del risparmio a vista o a breve sotto ogni forma ed esercizio del credito) e, coerentemente, stabiliva che le stesse fossero sottoposte in linea di principio, a tutte le regole di vigilanza previste per le aziende di credito. Qualche peculiarità tuttavia esisteva.

Così, per quanto concerne le operazioni di raccolta oltre il breve termine, le Casse di risparmio per esplicita autorizzazione dell'autorità di vigilanza «potevano raccogliere risparmio a medio termine attraverso l'emissione di buoni fruttiferi o con l'accensione di conto di deposito nei limiti in cui, secondo i rispettivi statuti [le stesse] sono facoltizzate a porre in essere operazioni di impiego oltre il breve termine». Esse sfuggivano pertanto ai limiti molto più rigidi imposti dalle stesse autorità alle altre aziende per la raccolta oltre il breve termine.

Quando si tenga poi presente che le norme statutarie, permettevano alle Casse impieghi oltre il breve termine, in misura estremamente

[106] In proposito si veda l'intervento di B. Andreatta, in ACRI, *Efficienza e pluralità di dimensioni nelle Casse di risparmio e nelle Banche del Monte*, Roma, ACRI, 1984, pp. 134 s.

rilevante, sembra possibile concludere che le stesse, per quanto concerne la raccolta, finivano per collocarsi in una posizione che cumulava in sé le caratteristiche dell'azienda e dell'istituto di credito.

Anche la disciplina degli impieghi delle Casse di risparmio presentava diverse specificità.

Anzitutto con riferimento alle modalità operative. L'art. 3 del T.U. stabiliva infatti che lo statuto della Cassa doveva indicare «i modi di impiego dei capitali» e l'art. 18 del relativo regolamento aggiungeva che «nessun impiego potrà essere consentito dal Consiglio di amministrazione che non si trovi indicato nello statuto». La norma, che risale ad un previsione già contenuta nella prima legge organica (art. 16 della legge 15 luglio 1888, n. 5546), ha costituito un forte ostacolo alla libertà operativa delle Casse fino alle riforme statutarie degli anni ottanta, anche perché della stessa lo statuto-tipo del 1966 aveva dato (artt. 48 ss.) una interpretazione particolarmente puntigliosa attraverso una elencazione minuta delle operazioni consentite.

Le Casse godevano, invece, di una condizione di notevole favore sul piano delle possibilità di impiego oltre il breve termine. La legge bancaria (art. 99) le ricomprendeva fra le aziende alle quali era riservata, almeno in linea di principio, la concessione di mutui ai Comuni e alle Province.

Inoltre, l'art. 32 del T.U. riconosceva esplicitamente all'autonomia statutaria il potere di consentire *a*) l'erogazione «di mutui o conti correnti con ipoteca» e *b*) «impieghi o mutui a corpi morali», richiedendo soltanto che lo statuto ne determinasse «la proporzione massima con l'ammontare complessivo dell'attività».

D'altro canto, il potere delle autorità creditizie di limitare l'operatività delle aziende oltre il breve termine trovava il proprio fondamento legislativo nell'art. 32 l.b. e tale norma, ai sensi dell'ultimo comma dello stesso art. 32, non si applicava alle Casse di risparmio nella misura in cui contrastasse con le disposizioni statutarie delle medesime.

E, in effetti, le autorità creditizie consentivano, appunto, alle Casse di risparmio di «effettuare operazioni di impiego con scadenza superiore al breve termine secondo le modalità e nei limiti previsti dalle norme statutarie».

Come già abbiamo notato per la raccolta, anche per gli impieghi le Casse si collocavano in una posizione che sembrava almeno parzialmente cumulare le caratteristiche dell'azienda e dell'istituto di credito. Conclusione questa ancora più vera per alcune Casse che, essendo «dotate» di Sezioni speciali per il credito fondiario e, per il finanziamento delle opere pubbliche, potevano esercitare anche queste forme di credito a scadenza protratta[107].

b3) Queste infine le regole che disciplinavano la destinazione degli

[107] Sul punto B. Rossignoli, *Le Casse di risparmio e i Monti di credito su pegno*, Milano, Angeli, 1979, pp. 216 ss. e A. Pin, *Credito a breve, a medio e a lungo termine nel sistema bancario italiano*, in *La banca nell'odierna realtà italiana*, a cura di R. Camaiti, Roma, EPR, 1979, pp. 197 ss.

utili di esercizio. Il T.U., riproducendo disposizioni già contenute nella legge 15 luglio 1885, n. 5546, stabiliva anzitutto che sia agli enti sia alle persone che costituivano Casse di risparmio era vietato «prelevare alcun interesse» dal fondo di dotazione (art. 5, 2° comma) e che «era vietato agli amministratori ed ai sindaci» delle medesime «di partecipare agli utili» conseguiti. Fissati questi principi, l'art. 17 della legge originaria imponeva alle Casse di risparmio di «destinare i nove decimi degli utili netti annuali alla formazione e all'aumento di una massa di rispetto», aggiungendo che «l'altro decimo, ed anche una parte maggiore, una volta che la massa di rispetto fosse giunta e si fosse mantenuta uguale almeno al decimo dell'ammontare dei depositi ricevuti per qualsiasi titolo, [poteva] essere assegnato ad opere di beneficenza o di pubblica utilità o ad incremento dell'istituto fondatore».

Il T.U. del 1929 modificava in parte questa regola stabilendo che dovessero essere destinati alla massa di rispetto sette decimi degli utili netti annuali, senza alcun limite massimo (ed imputando due di tali decimi a riserva federale), ferma restando la possibilità di destinare ad opere di beneficenza e di pubblica utilità i restanti decimi. La percentuale da destinarsi alla massa di rispetto venne ulteriormente ridotta ai cinque decimi degli utili netti annuali con la legge 26 maggio 1966, n. 371.

c) Dopo aver delineato, sia pure per sommi capi, la disciplina delle Casse, possiamo ora ricordare qualche momento dell'acceso dibattito che si aprì in dottrina sulle ragioni e sul contenuto della loro natura pubblica. A dire il vero, nessuna norma della legislazione speciale appena esaminata si preoccupava di definire le Casse come enti dotati di personalità giuridica pubblica: ciò nonostante dottrina[108] e giurisprudenza[109] erano unanimi nel ritenere che le Casse fossero enti pubblici economici. E quel convincimento meritava sicuramente di essere condiviso, quanto meno nel senso che le Casse non potevano essere ricondotte ad alcuna delle categorie di enti disciplinate dal diritto comune, ossia dal Codice civile. In altri termini, tenendo presente che la pubblicità di un ente si traduce nella specialità della sua disciplina si poteva condividere il convincimento che le Casse fossero enti pubblici economici. Ma non era tuttavia facile cogliere le ragioni di tale pubblicità.

Anche con riferimento alle Casse si era sostenuto che la ragione della pubblicità andasse rintracciata nella destinazione di una parte degli utili a scopi di beneficenza e pubblica utilità, ma la tesi non poteva essere accolta per le stesse ragioni già ricordate in precedenza a proposito degli Istituti di credito di diritto pubblico. Tra l'altro, questa tesi trovava una esplicita smentita proprio nella storia delle Casse di rispar-

[108] Si vedano per tutti, S. Mazzarella, voce *Cassa di risparmio*, in *Noviss. dig. it., App.*, Torino, UTET, 1980, p. 1062 e F. Zuelli, *Considerazioni sulla natura delle Casse di risparmio*, in «Giur. it.», 1970, I, 2, c. 550 ss.

[109] Così ad es.: Cass. pen. 15 novembre 1961, in «Banca borsa e tit. cred.», 1962, II, p. 1 e Cass. SS.UU. 15 febbraio 1978, n. 696, in «Rep. Foro it.», 1978, v. *Impiegati dello Stato*, n. 534.

mio: esse non nascono per poter realizzare un utile da destinare a scopi pubblici, ma nascono, come affermava a chiare lettere l'art. 1 della legge 15 luglio 1888, n. 5546 (riprodotto nell'art. 1 del T.U. del 1929), per «raccogliere i depositi a titolo di risparmio e [...] trovare ad essi conveniente collocamento».

E, come abbiamo a suo tempo ricordato, nella disciplina del 1888 la destinazione di utili a scopi di beneficenza e assistenza aveva una rilevanza anche meno significativa di quella successivamente consentita. Inoltre la destinazione di utili a scopi di assistenza e beneficenza era del tutto eventuale, potendosi legittimamente decidere che l'intero ammontare degli utili di esercizio andasse ad incrementare la «massa di rispetto»: il che basterebbe per respingere la tesi in esame.

D'altro canto, non si poteva rinvenire la ragione della pubblicità in particolari modalità delle operazioni di impiego. Sotto questo profilo la legislazione speciale sulle Casse di risparmio non offriva neppure i pallidi indizi che era possibile rintracciare per gli Istituti di credito di diritto pubblico.

Infine, la ragione della pubblicità non poteva certo essere rintracciata nel fatto che le Casse non dovessero perseguire un utile da distribuire fra i propri fondatori o i propri «soci», essendo notorio che un ente non può essere considerato di natura pubblica per il solo fatto che non persegue uno scopo di lucro; scopo quest'ultimo, d'altra parte, la cui presenza non impedisce di attribuire natura pubblica all'ente che ne consenta il perseguimento e ne preveda la distribuzione.

In realtà, la pubblicità delle Casse andava probabilmente rintracciata nella «definizione» che delle stesse dava la legislazione speciale e nella disciplina che questa introduceva per consentire che venisse realizzata la funzione individuata da tale definizione.

Come abbiamo già ricordato, ai sensi dell'art. 1 del T.U., le Casse «si propongono di raccogliere i depositi a titolo di risparmio e di trovare ad essi conveniente collocamento». Viene qui descritto l'obiettivo delle Casse di risparmio: raccogliere risparmio e tutelarlo attraverso un conveniente collocamento.

Al conseguimento di tale scopo, come emerge dalla disciplina speciale, viene destinato un fondo di dotazione e gli incrementi dello stesso con il divieto di qualsiasi distrazione anche dei proventi ricavati dalla gestione di tale fondo a vantaggio dei fondatori e con la sola eccezione della assegnazione di una parte degli utili a fini di beneficenza e di pubblica utilità; assegnazione che appare quindi, in questa diversa prospettiva, non certo uno scopo dell'ente ma un peso che contrasta il conseguimento dello stesso. Il fondo così costituito e alimentato è un fondo pubblico, non solo nel senso che non può essere restituito ai fondatori ma anche perché non può essere neppure sottratto dall'ente che lo gestisce e che ne è titolare alla destinazione originariamente impressa allo stesso. Quel fondo è uno strumento stabilmente destinato a consentire la raccolta del risparmio ed il suo conveniente collocamento.

Dalla pubblicità del fondo e dalla indefettibile destinazione dello stesso discende la specialità della disciplina dell'ente, specialità strumentale al conseguimento dell'obiettivo da sempre assegnato alle Casse di risparmio ossia la raccolta del risparmio e la sua tutela realizzata attraverso un «conveniente collocamento». Certo si sarebbe potuto rilevare che l'ordinamento presentava altre strutture capaci di raccogliere risparmio e di dare ad esso conveniente collocamento, ma una considerazione di questo genere non sarebbe bastata per cancellare l'esistenza di una struttura pubblica che, sorta per tale scopo, doveva necessariamente continuare ad operare per garantire il suo conseguimento.

Questa prospettiva aveva un'immediata proiezione sul piano organizzativo: la gestione dell'ente doveva essere conservata in mani pubbliche.

In definitiva la pubblicità assumeva nelle Casse un contenuto sostanzialmente simile a quello già individuato per gli Istituti di credito di diritto pubblico: impedire ai privati il controllo sulla gestione dell'ente. Ed essendo l'attività di tali enti un'impresa bancaria, la pubblicità degli stessi si traduceva nell'impossibilità del controllo privato sull'impresa bancaria e, quindi, più in generale su questa categoria di aziende di credito. E siffatto contenuto della pubblicità costituiva anche un limite, sotto il profilo funzionale, all'autonomia statutaria degli enti, nel senso che l'autonomia statutaria non avrebbe potuto introdurre regole organizzative che sottraessero al controllo pubblico la gestione dell'attività dell'ente, o, in altri termini, che pregiudicassero il «substrato costitutivo» dell'ente e gli interessi originali che ne avevano giustificato la costituzione.

d) Abbiamo già ricordato la diffusa insoddisfazione per la disciplina speciale dettata per le Casse di risparmio e gli ampi spazi che la stessa consentiva all'autonomia statutaria delle singole Casse. Abbiamo anche notato che per lungo tempo la categoria non si è avvalsa di tale autonomia per dare forma giuridica alle istanze di rinnovamento organizzativo ed operativo che pur venivano espresse nelle più diverse sedi.

In questa direzione le Casse di risparmio si sono mosse a partire dai primi anni ottanta, su esplicita sollecitazione della autorità creditizia.

Nell'ambito di una riflessione che coinvolgeva in verità tutte le banche pubbliche ed il loro ruolo nel sistema creditizio italiano emersero, con riferimento alle Casse di risparmio, tre ordini di problemi[110]. Si rilevò anzitutto che le Casse non potevano incrementare il proprio patrimonio se non ricorrendo all'autofinanziamento e si trovavano pertanto in una condizione di inferiorità istituzionale nei confronti di altre categorie di aziende di credito che potevano incrementare i fondi propri collocando sul mercato titoli rappresentativi di capitale di rischio. Si sottolineò anche che la struttura delle Casse non consentiva una vera dialettica fra organi di gestione ed organi di controllo, rendendo meno urgente la necessità di comportamenti aziendali efficienti, non sollecita-

[110] Si veda R. Costi, *Per la riforma delle Casse di risparmio: le indicazioni della Banca d'Italia*, in «Giur. comm.», 1982, I, pp. 283 ss.; e dello stesso autore, *La riforma delle Casse di risparmio: problemi giuridici*, in «Giur. comm.», 1982, I, pp. 456 ss.

ti del resto neppure dalla presenza di soggetti interessati ai risultati di gestione. Infine si ribadirono i gravi intralci che alla libertà operativa derivavano dal principio della tassatività delle forme di impiego, almeno nei termini in cui era stato formalisticamente interpretato dallo statuto-tipo del 1966.

I problemi presentavano, per quanto concerne le possibili soluzioni, connessioni piuttosto strette. Da più parti si rilevò infatti che una maggior libertà operativa avrebbe comportato un più intenso rischio d'impresa, accettabile solo se contemporaneamente fossero state adottate riforme statutarie che avessero consentito di incrementare i fondi propri attraverso la raccolta di nuovi capitali di rischio e che avessero introdotto nell'organizzazione delle Casse una più netta distinzione fra organo di gestione ed organo di indirizzo e di controllo sui risultati della gestione.

Si è andata così profilando una riforma[111] che prevedeva *a*) la emissione di titoli rappresentativi che attribuivano diritti di ordine patrimoniale legati ai risultati di impresa e poteri amministrativi variamente determinati; *b*) l'articolazione della funzione amministrativa in un comitato esecutivo (o di gestione) con competenze gestorie riservate e in un consiglio di amministrazione, con poteri di controllo, indirizzo e sorveglianza; *c*) la considerazione dell'«esercizio del credito» come uno dei «modi di impiego» dei capitali raccolti, statutariamente determinato e quindi consentito, senza una ulteriore articolazione delle forme che tale modo di impiego avrebbe potuto assumere.

Per la realizzazione dei primi due momenti della riforma vennero suggerite e recepite varie soluzioni[112].

Così i «titoli di rischio» assunsero sia la forma delle quote di partecipazione, che attribuivano diritti analoghi a quelli incorporati nei titoli azionari ordinari, sia la forma delle quote di risparmio, costruite sul modello delle azioni di risparmio previste dal diritto societario, sia quella delle quote di risparmio partecipativo, che cercavano di collocarsi in una posizione intermedia fra le prime due.

Anche nell'articolazione degli organi vennero accolte soluzioni abbastanza diversificate: in alcuni casi si è sancita la assoluta incompatibilità fra la qualità di membro del comitato di gestione e quella di componente il consiglio di amministrazione, in altri casi si è prevista la sospensione dalle funzioni di componente del consiglio di amministrazione di colui che viene chiamato a far parte del comitato di gestione. Inoltre si è normalmente consentito che i titolari delle quote di partecipazione concorressero a nominare i componenti il consiglio di amministrazione, quando non i membri del comitato esecutivo, introducendo così nuovi

[111] Si veda in proposito F. Merusi, *Trasformazioni della banca pubblica*, cit., pp. 75 ss. e R. Costi, *La ripatrimonializzazione delle Casse di risparmio*, in *Ricapitalizzazione delle banche e nuovi strumenti di ricorso al mercato*, a cura di G.B. Portale, Milano, Giuffrè, 1983, p. 319.

[112] Per una descrizione puntuale di tali soluzioni si veda M. Clarich, *op. cit.*, pp. 189 ss.

stimoli per scelte preoccupate dell'efficienza gestionale. E sotto questo profilo va segnalato anche il costante inserimento nel comitato di gestione del direttore generale.

Le riforme così realizzate in via amministrativa non mettevano in alcun modo in discussione la natura pubblica delle Casse di risparmio. Gli statuti riformati avevano infatti cura di precisare che gli apporti dei privati, quando comportavano poteri amministrativi, dovevano necessariamente essere contenuti in dimensioni inferiori a quelle del fondo di dotazione e anche quando si prevedeva la partecipazione di membri di nomina «privata» nel consiglio di amministrazione o nel comitato di gestione la massima parte dei componenti di tali organi veniva riservata alla nomina pubblica.

Né in contrario si poteva postulare [113] apoditticamente una incompatibilità fra natura pubblica dell'ente e presenza di soggetti che perseguono una remunerazione per il proprio investimento, quanto meno perché quest'ultimo scopo poteva e doveva essere perseguito nei limiti consentiti dall'ordinamento dell'ente, così come l'ente pubblico titolare di partecipazione in una società lucrativa può perseguire fini pubblici solo nei limiti consentiti dall'ordinamento societario.

E la compatibilità delle riforme con l'ordinamento speciale delle Casse fu confermata nei termini tipici dell'interpretazione autentica dalla emanazione di successivi provvedimenti legislativi che prendevano in esplicita considerazione, per farne punto di riferimento di altre discipline, proprio gli istituti introdotti dalle riforme statutarie [114].

Ma, anche se sicuramente legittime, le riforme [115] così introdotte manifestavano evidenti limiti, connessi con il fatto che le stesse trovavano la loro fonte esclusiva nei provvedimenti amministrativi delle autorità creditizie e nell'autonomia statutaria delle Casse di risparmio.

Esse non hanno, quindi, potuto far fronte alle esigenze riformatrici che potevano essere realizzate solo attraverso la modificazione del quadro legislativo. In particolare le stesse non potevano né separare definitivamente le due anime che convivevano all'interno delle Casse (quella imprenditoriale e quella tipica degli enti di assistenza e beneficenza) e soprattutto non potevano rivestire l'esercizio dell'impresa della veste organizzativa più appropriata, ossia la veste della società per azioni. E sarà proprio questo l'obiettivo che vedrà la propria realizzazione assicurata dalla legge 218/1990. Ma non v'è dubbio che le riforme statutarie avevano in qualche misura prefigurato e preparato l'avvento di questo tipo di riforma legislativa, contribuendo a mettere definitivamente da parte i progetti che miravano a conservare alle Casse di risparmio l'am-

[113] Cfr. F. Galgano, *Pubblico e privato nella riforma statutaria delle Casse di risparmio*, in «Rass. di dir. civ.», 1984, pp. 386 ss. e Pret. Bologna, 26 marzo 1985, in «Giur. it.», 1986, I, 2, c. 409 con nota di G. Bollino.

[114] Cfr. L. 4 giugno 1985, n. 281, art. 26 e D.P.R. 27 giugno 1985, n. 350, art. 7.

[115] Vedi Trib. Firenze, 13 gennaio 1990, in «Banca borsa e tit. cred.», 1991, II, p. 77 con nota di C. Camardi e *ibidem*, p. 249, la nota di G. Bollino; contro App. Firenze 20 maggio 1991, *ibidem*, p. 459, con nota di R. Lener, cassata sul punto.

biguità che le aveva in precedenza caratterizzate, ossia l'essere ad un tempo imprese ed opere pie. Ma di questo profilo ci occuperemo più innanzi illustrando le modificazioni che sulla struttura di questi enti ha determinato l'attuazione della predetta legge 218/1990.

19.2.2. *I Monti di credito su pegno. a*) I Monti di credito su pegno[116] erano indicati dall'art. 5 della l.b., come una categoria indistinta di aziende di credito e autonoma nei confronti delle Casse di risparmio. Ma l'immagine così offerta e della categoria dei Monti e dei rapporti di questi con le Casse di risparmio non rispondeva al vero. È necessario infatti tener presente che nell'ambito dei Monti esisteva una profondissima differenza normativa fra i Monti di credito su pegno di prima categoria e quelli di seconda categoria e che, d'altra parte, la disciplina speciale regolava sostanzialmente negli stessi termini le Casse di risparmio e i Monti di credito di prima categoria, unitariamente considerati dal T.U. approvato con R.D. 25 aprile 1929, n. 967.

b) La ragione della considerazione unitaria dei Monti effettuata dalla legge bancaria trova forse spiegazione nelle comuni origini di questi istituti, anche se la differenziazione fra gli stessi era stata già da lungo tempo sancita nel momento in cui quella legge veniva emanata. I Monti di pietà (questa è infatti l'espressione con la quale vengono indicati nelle epoche risalenti e ancora nella legislazione unitaria che precedette la legge bancaria del 1936-38) sorgono non per raccogliere risparmio, come le Casse, ma per esercitare il credito su pegno, ossia come enti di mero credito. Essi nascono quindi come istituzioni di beneficenza, e nell'ordinamento unitario sono sottoposti al regime previsto per queste ultime (R.D. 21 aprile 1962, n. 592).

Essi vanno tuttavia sviluppando anche la raccolta dei depositi e assumono quindi in misura diversa da Monte a Monte le caratteristiche dell'«istituto di credito». Del che prende atto, con un decennio di ritardo sulla prima legge per le Casse di risparmio, la legge 4 maggio 1898, n. 169 il cui art. 1 stabilisce infatti che «I Monti di pietà nella loro funzione di Istituti di credito sono soggetti alla legge 15 luglio 1888, n. 5546 sull'ordinamento delle Casse di risparmio e come istituti di beneficenza alla legge 17 luglio 1890, n. 6972, sulle istituzioni pubbliche di beneficenza». La doppia natura dei Monti di pietà non potrebbe essere posta in maggiore evidenza. Quella stessa legge detta poi alcune disposizioni sul contenuto degli statuti — statuti che, in omaggio alla duplice natura dei Monti, dovevano essere approvati sia dal Ministro dell'Interno sia dal Ministro dell'Agricoltura, Industria e Commercio (art. 4) — e sul regime della vigilanza, ancora attribuita ad entrambi i Ministri.

Ma la differenza fra i Monti si accentua e mentre alcuni si avviano ad assumere le caratteristiche delle aziende di credito, altri, destinati a

[116] Sui Monti di credito si veda P. Pagliazzi e N. Nicosia, voce *Monte di credito su pegno*, in *Noviss. dig. it.*, X, Torino, UTET, 1964, pp. 876 ss. e A. Senin, voce *Monte di pegno*, in *Enc. dir.*, XXVI, Milano, Giuffrè, 1976, pp. 909 ss.

ridursi di numero e di importanza, si limitano a svolgere operazioni di credito su pegno.

Di questa radicale distinzione prende atto il R.D. 14 giugno 1923, n. 1396 che classifica i Monti di pietà in due categorie, stabilendo che «appartengono alla prima categoria i Monti che, per il rilevante ammontare dei depositi fruttiferi, da essi ricevuti, abbiano assunto carattere prevalente di istituti di credito», mentre appartengono alla seconda gli altri. E lo stesso provvedimento precisa che i Monti riconosciuti, con provvedimento del Ministro dell'Industria e degli Interni, di prima categoria sono soggetti, oltre che alle norme speciali dettate per i Monti dalla precedente legge del 1898, alle norme dettate dalla legge del 1888 per le Casse, mentre gli altri sono sottoposti alle norme in vigore per le istituzioni di pubblica beneficenza.

Da questo momento la disciplina delle due categorie di Monti risulta profondamente differenziata.

c) I Monti di prima categoria vengono sottoposti, se si escludono alcune differenze marginali[117], alla stessa disciplina delle Casse di risparmio; così il R.D.L. 10 febbraio 1927, n. 269, in tema di fusioni necessarie prende in considerazione in termini sostanzialmente identici Casse e Monti e discipline del tutto simili sono previste dal T.U. del 1929 e dal relativo regolamento. Ancora in termini coincidenti il R.D.L. 24 febbraio 1938, n. 204, procede all'attribuzione alle autorità creditizie centrali del potere di nomina del presidente e del vicepresidente dei Monti e delle Casse. Anche le norme di vigilanza e le riforme statutarie alle quali si è fatto riferimento a proposito delle Casse sono state adottate in termini indifferenziati anche per i Monti. Tutte le considerazioni svolte a proposito delle Casse, anche per quanto concerne il «contenuto» della loro pubblicità, debbono quindi essere richiamate a proposito dei Monti di credito di prima categoria. E a conclusione diversa non conduceva neppure il fatto che la legge 10 maggio 1938, n. 745 avesse dettato un ordinamento dei Monti di credito su pegno, dal momento che la stessa legge aveva cura di precisare che i Monti di credito di prima categoria (riconosciuti tali con decreto del Ministro per il Tesoro su proposta della Banca d'Italia) erano regolati dal T.U. del 1929, oltre che dalla legge bancaria, mentre le disposizioni dettate dalla medesima si riferivano ai Monti di credito di seconda categoria.

d) I Monti di credito di seconda categoria, erano disciplinati dalle norme dettate dalla legge 10 maggio 1938, n. 745 e dal regolamento contenuto nel R.D. 25 maggio 1939, n. 1279, mentre non trovavano nei loro confronti applicazione le disposizioni previste per le Casse di risparmio e i Monti di prima categoria.

Gli impieghi consistevano essenzialmente nella «concessione di prestiti di importo anche minimo, a miti condizioni, con garanzia di pegno su cose mobili»; prestiti che i provvedimenti appena ricordati disciplinavano analiticamente. Inutile dire che questa forma di finanziamen-

[117] Su tali differenze si veda A. Senin, *op. cit.*, p. 911.

to è andata perdendo importanza. Essi potevano non raccogliere depositi, ma anche in tal caso, pur non potendo essere considerati imprenditori bancari, dovevano iscriversi nell'albo delle aziende di credito ed erano sottoposti alle relative norme di vigilanza.

In considerazione della loro limitatissima rilevanza non incontravano tuttavia alcuni dei più significativi vincoli previsti per le aziende, come l'obbligo della riserva obbligatoria o il vincolo di portafoglio. Anche i Monti di seconda categoria avrebbero potuto, sulla base della legge 218/1990, conferire la propria azienda ad una società per azioni bancaria, ovviamente, se già raccoglievano depositi o se autorizzati a farlo in sede di costituzione della nuova società bancaria; altrimenti gli stessi avrebbero probabilmente potuto dar vita ad una società di mero credito. L'art. 152 del T.U. del 1993 ha tuttavia stabilito che gli stessi, quando non raccolgono risparmio fra il pubblico, se non provvedono al conferimento dell'azienda ad una società per azioni, ai sensi dell'art. 1 del D.Lgt. 356/1990, «devono assumere iniziative che portino alla cessazione dell'esercizio dell'attività creditizia ovvero all'estinzione degli enti stessi entro il 1° gennaio 1996»; trascorso tale termine, i Monti che non abbiano provveduto sono posti in liquidazione.

19.2.3. *Le Federazioni fra Casse di risparmio e Monti di credito di prima categoria*. *a*) Il R.D.L. 10 febbraio 1927, n. 269, come abbiamo già ricordato, mirava a realizzare una forte concentrazione nel settore delle Casse di risparmio e dei Monti di credito.

A tal fine lo stesso non si limitò ad imporre la fusione delle Casse di risparmio e dei Monti di minori dimensioni, ma creò altresì Federazioni di categoria con il compito di favorire il coordinamento dell'attività degli istituti associati e introdusse un fondo comune a garanzia dei loro depositanti.

Più esattamente quel provvedimento stabilì (art. 3, 1° e 2° comma) che, se in una stessa provincia fossero esistite più Casse di risparmio o Monti di pietà di prima categoria, gli stessi avrebbero dovuto essere «raggruppati obbligatoriamente in federazioni», precisando che avrebbe potuto essere resa obbligatoria anche la costituzione di Federazioni interprovinciali ove condizioni economiche speciali di province limitrofe lo avessero consigliato. La stessa legge consentiva per altro anche la costituzione volontaria di Federazioni regionali o interregionali e in effetti tutte le Federazioni nacquero su base volontaria, anche se la disciplina legislativa non distingueva, per quanto concerne l'ordinamento e le funzioni, fra federazioni obbligatorie e federazioni volontarie[118].

b) Nella previsione del legislatore del 1927 le Federazioni avevano «lo scopo di tutelare il risparmio, di delimitare la zona di azione dei singoli istituti federati, di coordinarne l'azione e di assisterli in tutte le loro contingenze».

[118] Si veda A. De Gregorio, *La legislazione italiana sulla tutela del risparmio: Casse di risparmio e Monti di pietà*, in «Riv. dir. comm.», 1929, I, pp. 337 ss.

Quando si abbia presente che in quel momento non era ancora stata emanata la legge bancaria del 1936-38 e che non esisteva quindi una struttura politico-amministrativa capace di regolare il mercato creditizio, appare abbastanza evidente la funzione «direttiva» attribuita alle Federazioni. E tale funzione era implicitamente sottolineata dalla norma che si preoccupava di precisare che «gli istituti federati [mantenevano] la propria personalità giuridica» e che «i consigli dei singoli istituti [conservavano] l'amministrazione dei medesimi, la nomina e la disciplina del personale, la gestione dei depositi e degli impieghi», sia pure «con le modalità e le limitazioni che [sarebbero state] fissate dallo statuto federale». La rilevanza delle Federazioni, d'altro canto, era confermata dal fatto che le stesse, probabilmente considerate enti pubblici, venivano istituite con decreto reale promosso dal Ministro per l'Economia nazionale sentito il parere dell'Istituto di emissione e del Consiglio di Stato, di concerto col Ministro delle Finanze (art. 15) e che lo stesso procedimento doveva essere osservato per le modifiche dello statuto federale. In realtà fors'anche perché l'apparato di governo previsto dalla legge bancaria, almeno formalmente, finì per arrogarsi le stesse funzioni, le Federazioni non hanno mai adempiuto a tale compito limitandosi a svolgere compiti di servizio a favore delle Casse e dei Monti federati.

c) Anche l'altro istituto previsto dalla legge del 1927 e poi conservato nel T.U. del 1929, ossia il fondo federale di garanzia, ha sempre avuto una importanza limitata. La legge prevedeva due forme per la costituzione del fondo federale. Gli istituti potevano deliberare all'unanimità che «la totalità dei propri patrimoni costituisse in solido il fondo comune di garanzia», oppure potevano formarlo inizialmente mediante l'attribuzione di due decimi del patrimonio e quindi aumentarlo «negli anni successivi mediante attribuzione di due decimi degli utili disponibili». E le Federazioni preferirono questo secondo metodo. In ogni caso «il fondo comune di garanzia continuava ad essere amministrato dai singoli istituti» anche se lo stesso doveva essere «tenuto in evidenza nelle situazioni contabili e nei bilanci». Come si può notare, al di là della formula utilizzata («fondo comune»), i valori imputati a riserva federale non individuavano beni attribuiti in proprietà alle Federazioni ma più semplicemente l'entità dell'impegno che ciascun istituto assumeva di concorrere al soddisfacimento dei diritti dei depositanti; impegno che non veniva determinato, d'altro canto, in proporzione al rischio di insolvenza degli stessi, ma all'entità degli utili realizzati, in un'ottica quindi non mutualistico-assicurativa ma semplicemente solidaristica. In ogni caso l'entità dei fondi federali fu sempre di dimensioni troppo contenute per costituire uno strumento di grande utilità per gli istituti federati in crisi. Anche perché il meccanismo di intervento del fondo era tale da renderlo inutilizzabile per le ipotesi di tensioni di liquidità e comunque di crisi non definitive[119]. L'art. 18 del T.U. stabiliva, infatti,

[119] Sul punto F. Setti, *In tema di fondi comuni di garanzia (osservazioni sull'art. 18 del T.U. delle leggi sull'ordinamento delle Casse di risparmio)*, in «Banca borsa e tit. cred.», 1937, I, pp. 84 ss.

che la riserva federale doveva essere adoperata solo «a favore dell'Istituto o degli Istituti federati che, esauriti i propri mezzi, ne abbiano bisogno per rimborsare i depositanti». E ancor più chiaramente l'art. 57 del regolamento del 1931 aggiungeva che «qualora dal realizzo di tutte le attività dell'istituto in liquidazione risulti che non possano essere integralmente soddisfatti i creditori, la federazione alla quale l'istituto stesso appartiene è tenuta a provvedere, per il solo rimborso dei depositi, sino alla concorrenza» della riserva federale.

Ma sia le Federazioni sia il Fondo di garanzia federale sono stati cancellati dal nostro ordinamento con l'attuazione della legge 218/1990 che, eliminando le Casse di Risparmio e le Banche del Monte, escludeva la esistenza stessa dei soggetti che soli avrebbero potuto far parte delle Federazioni.

Non potevano infatti considerarsi tali né le Fondazioni, che non erano enti creditizi, né le società bancarie create attraverso lo scorporo, che, pur essendo enti creditizi, non potevano definirsi Casse di Risparmio o Banche del Monte. D'altro canto come si è appena accennato esse avevano perso ogni rilevanza pratica.

19.3. Gli Istituti di credito pubblici

a) La tipologia delle «banche pubbliche» risultava, prima dell'attuazione della legge 218/1990, notevolmente arricchita dal gran numero di istituti (o Sezioni) di credito di natura pubblica che erano sorti nel settore dei crediti a medio e lungo termine.

La legge 218/1990, come ormai sappiamo, ne ha consentito la «trasformazione» in società per azioni e l'aggregazione al di là non solo delle rispettive specializzazioni operative ma anche delle loro caratteristiche organizzative. Ne sono nate società per azioni, a controllo pubblico, polisettoriali alle quali «non si applicano le norme che disciplinano l'organizzazione degli enti originari» (cfr. art. 17, 1° comma del D.Lgt. 356/1990), con una sostanziale eliminazione di tutti gli statuti soggettivi che caratterizzavano il settore pubblico degli istituti di credito.

Ciononostante sembra utile, almeno per misurare il grado di novità che anche in questo settore ha introdotto il nuovo ordinamento, dare conto almeno sommariamente delle varie categorie di tali istituti.

La loro disciplina soggettiva, per altro, era così legata alla regolamentazione del rapporto che sembra preferibile rinviarne l'analisi alla parte nella quale si studieranno i crediti speciali. In questa sede ci limiteremo a mettere in evidenza soltanto alcuni dei tratti generali che caratterizzano questo insieme di enti creditizi pubblici.

b) Anzitutto con riferimento al «contenuto» e al significato giuridico della loro pubblicità.

A differenza di quanto abbiamo potuto constatare per le aziende di credito pubbliche gli istituti di natura pubblica furono creati dallo Stato o da altre strutture finanziarie pubbliche (o comunque sulla base di specifici provvedimenti legislativi) allo scopo di conseguire precisi obiettivi di politica creditizia considerati di interesse generale. Per rendersene conto basta ricordare quanto già scritto nella parte dedicata al profilo storico della legislazione bancaria: gli istituti di credito fondiario, quelli di credito agrario, il Consorzio di credito per le opere pubbliche, l'Istituto mobiliare italiano, il sistema degli istituti regionali di mediocredito sono sorti, per iniziativa della finanza pubblica e del sistema bancario, nell'ambito di precise scelte di politica economica e allo scopo di far pervenire a particolari settori i finanziamenti ritenuti necessari.

Questa esatta ricostruzione della storia degli istituti di credito di natura pubblica non autorizzava, tuttavia, a ritenere che gli stessi dovessero necessariamente considerarsi enti strumentali, come tali soggetti al potere di direttiva dell'autorità politico-amministrativa e quindi titolari non di imprese-diritto ma di imprese-funzione. L'interesse pubblico che tali enti dovevano indubbiamente perseguire poteva, infatti, esaurirsi integralmente nell'esercizio dell'attività di impresa o, in altri termini, nell'esistenza di una struttura che erogava finanziamenti ad un particolare settore produttivo o ad una particolare categoria di imprese.

Né si sarebbe potuto sostenere il contrario rilevando che nella maggior parte dei casi gli istituti di credito di natura pubblica vedevano predeterminato dalla legge o, quanto meno, dallo statuto il settore economico nei confronti del quale potevano erogare i propri finanziamenti.

La specializzazione dell'oggetto anche quando si fosse risolta in una limitazione della capacità dell'ente, non avrebbe comunque inciso, di per se stessa, sulle modalità da adottare per il suo concreto esercizio e soprattutto sugli obiettivi da perseguire attraverso l'erogazione del credito[120].

Né dalla natura pubblica degli istituti né dalla loro specializzazione operativa si poteva, dunque, trarre il convincimento che tali enti fossero enti strumentali e che le loro imprese fossero imprese-funzione.

Quest'ultima conclusione avrebbe potuto trovare solo nella disciplina positivamente dettata per i singoli istituti il proprio fondamento. Ed in effetti esistevano anche istituti sui quali incombeva un potere di direttiva delle autorità politico-amministrative ed in tali ipotesi l'istituto assumeva certamente natura di ente strumentale e l'impresa le caratteristiche dell'impresa-funzione[121].

c) Nell'ambito degli istituti di credito era inoltre necessario distinguere gli enti creditizi, pubblici o privati, ad ampia base associativa, e

[120] Sul punto si veda A. Nigro, *Banche private e banche pubbliche: rilevanza dell'oggetto e limiti dell'attività*, in «Riv. dir. comm.», 1972, I, pp. 57 ss.

[121] I caratteri dell'impresa-funzione potevano ad es. essere rinvenuti nell'attività dell'Isveimer, dell'Irfis e del Cis dal momento che, a norma dell'art. 14 della legge 11 aprile 1953, n. 298, così come modificato dalla legge 10 febbraio 1981, n. 23, il «Comitato interministeriale per il credito ed il risparmio, sentito il Ministro per gli investimenti straordinari nel Mezzogiorno, fissa annualmente i criteri di massima ai quali [tali istituti] dovranno uniformarsi»; si veda però Cass. SS.UU. marzo 1982, n. 1282, in «Foro amm.», 1983, II, pp. 381 ss., con nota di M. Greco.

che potremmo definire anche istituti in senso stretto, dalle sezioni di credito speciale. Queste, sorte, come abbiamo a suo tempo ricordato, quali «articolazioni» degli Istituti di credito di diritto pubblico e di alcune fra le maggiori Casse di risparmio erano destinate ad operare nel medio e lungo termine con caratteristiche fortemente specializzate e costituivano, pertanto, una *species* nell'ambito degli istituti di credito pubblici, essendo indubbia la loro natura pubblica in considerazione della pubblicità delle aziende di «origine».

Le sezioni erano integralmente assoggettate alle norme vigenti in generale per tutti gli istituti di credito e in particolare per gli istituti caratterizzati da una peculiare specializzazione (sezioni di credito fondiario, agrario, industriale, ecc.).

Sotto il profilo del controllo pubblico le sezioni si presentavano quindi come «soggetti» autonomi dalle aziende alle quali «economicamente» appartenevano, destinatari, come tali, di tutte e sole le norme legislative ed amministrative previste per gli altri istituti di credito. Notevoli incertezze esistevano invece in ordine alla loro disciplina civilistica[122]. Più esattamente, di fronte al tenore letterale delle norme statutarie che attribuivano spesso autonomia patrimoniale alle sezioni e che talvolta individuavano nelle stesse altrettanti «enti morali», si era ritenuto di ravvisare in termini indiscriminati nelle sezioni altrettanti soggetti distinti dall'azienda bancaria madre, con una definitiva insensibilità del patrimonio di quest'ultima nei confronti delle obbligazioni della sezione e viceversa[123]. In realtà sembra più corretto[124] ritenere che la personalità giuridica delle sezioni o la loro autonomia patrimoniale potessero essere affermate, al di là del linguaggio adottato dalle norme amministrative recepite negli statuti, solo quando le stesse trovassero il proprio fondamento in provvedimenti aventi forza di legge, essendo come è noto riservata alla legge la introduzione di deroghe al principio della responsabilità estesa all'intero patrimonio del debitore fissato dall'art. 2740 Cod. civ.

Nelle ipotesi in cui l'alterità soggettiva o comunque l'autonomia patrimoniale della sezione nei confronti dell'azienda non avessero trovato nella legge il proprio fondamento, la sezione speciale non costituiva un patrimonio separato da quello dell'azienda bancaria e nei confronti dei terzi la responsabilità di quest'ultima e della prima non potevano in alcun modo essere separate. E la distinzione ha avuto notevole rilevanza nell'attuazione della legge 218/1990: nel senso che le Sezioni personificate potevano assumere la forma di «società per azioni» anche attraverso l'istituto della trasformazione (dovendo considerarsi un ente associativo dal momento che era partecipato dell'azienda madre), men-

[122] Su questi problemi cfr. G. Oppo, *Sulla «autonomia» delle Sezioni di credito speciale*, in «Banca borsa e tit. cred.», 1979, I, pp. 1 ss.; F. Galgano, *Sezione di credito speciale*, in «Contratto e impresa», 1985, pp. 959 ss. e A. Palmieri, *Sulla soggettività degli Istituti di credito e delle loro Sezioni*, in «Banca borsa e tit. cred.», 1976, II, pp. 142 ss.

[123] Cfr. F. Galgano, *op. cit.*, pp. 961 ss.

[124] In questo senso G. Oppo, *op. cit.*, pp. 9 ss.

tre le Sezioni non personificate potevano essere oggetto soltanto di conferimento (quando l'ente non fosse associativo) costituendo soltanto un ramo d'azienda o un'azienda dell'ente creditizio cui appartenevano.

20. Le Banche di interesse nazionale

a) Prima dell'entrata in vigore del D.Lgt. 481/1992, che l'ha eliminata, concorreva a determinare il carattere pluralistico del nostro ordinamento giuridico anche la categoria delle Banche di interesse nazionale (cfr. art. 5 l.b.), individuata dall'art. 25, 2° comma l.b. nelle aziende di credito che, «costituite nella forma di società per azioni ed aventi una vasta organizzazione di carattere nazionale, siano riconosciute tali con decreto del Presidente della Repubblica, promosso dal Ministro per il Tesoro», riconoscimento possibile purché tali aziende abbiano «stabilito filiali in almeno trenta province».

Pur avendo costruito un'autonoma categoria di enti creditizi, la legge bancaria si limitava, in tal modo, a formalizzare l'esistenza delle tre grandi Banche miste (Banca commerciale, Credito Italiano e Banco di Roma), la cui proprietà era passata nelle mani dello Stato a seguito del salvataggio operato negli anni precedenti.

E di tale categoria hanno continuato a far parte solo queste tre aziende di credito. D'altro canto, l'appartenenza alla stessa ha sempre avuto una rilevanza normativa piuttosto limitata, ed anzi tale rilevanza è venuta diminuendo a seguito di alcuni mutamenti del nostro ordinamento che hanno reso superflue o eliminato alcune delle già scarse previsioni introdotte dalla legge bancaria. Tutto ciò non ha impedito che l'origine della «categoria» fosse particolarmente tormentata e che quest'ultima venisse poi recepita dall'ordinamento societario di diritto comune, trovando qualche altra applicazione anche recente nell'ambito della legislazione speciale.

Per quanto concerne l'origine è necessario ricordare che l'art. 25 del R.D.L. 12 marzo 1936, n. 375, definiva le società bancarie che avessero «una vasta organizzazione di carattere nazionale e con filiali in almeno trenta province» «Banche di diritto pubblico». «Queste venivano così messe sullo stesso piano degli Istituti di credito di diritto pubblico, pur non confondendosi con essi», in considerazione del fatto che le stesse «per la vastità della loro azione, per l'ingente massa di depositi, per le grandi possibilità offerte dalla loro struttura, presentano un preminente interesse pubblico»[125].

Si aggiungeva che tali società, «pur conservando la loro natura e caratteristica di società anonime alimentate da capitale privato ed affidate alla gestione della iniziativa individuale», venivano sottoposte ad una speciale disciplina giuridica che «deriva dalla necessità di certe garanzie

[125] Cfr. la *Relazione* che accompagnava il disegno di legge per la conversione del R.D. 12 marzo 1936, n. 375, in XXIX Legislatura, Camera dei deputati, doc. 1137, p. 3.

da assicurare al risparmio e dalle finalità di interesse nazionale che perseguono le predette aziende», precisando anche che la dizione «Banche di diritto pubblico» non avrebbe dovuto comportare «alcuna trasformazione della natura dell'azienda, che resta di diritto privato»[126]. Nonostante questi chiarimenti, più volte sottolineati nel corso dei lavori parlamentari, i dubbi sulla natura delle «Banche di diritto pubblico» si moltiplicarono e non mancarono le opinioni che decisamente sostennero la loro natura di ente pubblico[127].

Allo scopo di eliminare «le questioni di ordine teorico e pratico» a cui [quella] denominazione [aveva] dato luogo»[128], il R.D.L. 17 luglio 1937, n. 1400, mutò tale denominazione in «Banche di interesse nazionale», e quasi nessuno dubitò più, da allora, della natura privatistica delle stesse[129]. Le tre aziende di credito per le quali la categoria era stata costruita e alle quali era stata in un primo tempo attribuita la «qualità» di «Banche di diritto pubblico»[130] si videro così ridefinite dalla legge bancaria «Banche di interesse nazionale»[131].

La «categoria» delle società (bancarie) d'interesse nazionale, entrata nel nostro ordinamento attraverso la legge bancaria, ha trovato poi un più generale riconoscimento nella codificazione del 1942 che «ritenne doveroso fare espressa menzione delle società di interesse nazionale» dichiarando nell'art. 2461, applicabili alle società d'interesse nazionale le norme dettate per le società per azioni «compatibilmente con le disposizioni delle leggi speciali che stabiliscono per tali società una particolare disciplina circa la gestione sociale, la trasferibilità delle azioni, il diritto di voto e la nomina degli amministratori, dei sindaci e dei dirigenti». La relazione al Codice aveva cura di precisare che «l'esempio più notevole di questo nuovo tipo di società [era] quello delle banche di interesse nazionale»[132] e, a dire il vero, questo è stato per lungo tempo l'unico esempio rinvenibile nella realtà giuridica italiana[133].

È necessario per altro precisare che la qualità di società di interesse nazionale non comportava per questa categoria di società bancarie alcuna conseguenza sotto il profilo degli interessi che le stesse dovevano

[126] Cfr. la *Relazione* presentata dalla Giunta generale del Bilancio sul disegno di legge per la conversione in legge del R.D.L. 12 marzo 1936, n. 375, doc. 1137, p. 6.

[127] Si veda P. Greco, *La nuova disciplina bancaria (R.D.L. 12 marzo 1936, n. 375)*, in «Riv. dir. comm.», 1936, I, p. 428; *contra* F. Messineo, *Postille sulla nuova legislazione bancaria*, II, *Istituti di credito e banche «di diritto pubblico»*, in «Banca borsa e tit. cred.», 1937, I, pp. 35 s. Accedeva alla tesi del *tertium genus* G. Fré, *Nuovi provvedimenti e nuovi problemi in tema di società azionarie*, III, *La nuova disciplina delle aziende di credito*, in «Riv. dir. comm.», 1936, I, pp. 578 ss.

[128] Cfr. *Relazione* al disegno di legge di conversione del R.D.L. 17 luglio 1937, n. 1400, XXIX legislatura, Camera dei deputati, doc. 1959, p. 1.

[129] Ma si veda *contra* ancora P. Pallini, *La disciplina giuridica delle aziende di credito*, Milano, Giuffrè, 1955, pp. 21 s.

[130] Cfr. R.D. 12 marzo 1936, n. 377.

[131] Cfr. art. 103 l.b.

[132] Cfr. *Relazione al codice civ.*, n. 999.

[133] Sul punto M.S. Giannini, *Diritto pubblico dell'economia*, Bologna, Il Mulino, 1985², p. 173 e G. Ferri, *La società*, Torino, UTET, 1985², p. 398.

perseguire; così come il fatto che il loro controllo fosse detenuto dall'IRI, «per conto» dello Stato non consentiva al Ministro delle Partecipazioni di imprimere alla loro attività direttive in contrasto con le regole fissate dalle autorità di vigilanza.

b) Come emerge dalla stessa lettera dell'art. 25, 2° comma, sopra riprodotto, il riconoscimento dello status di Banca d'interesse nazionale era subordinato alla presenza di caratteristiche relative sia al soggetto sia all'impresa. In particolare non potevano essere riconosciute tali le aziende di credito che, pur presentando una vasta organizzazione di carattere nazionale e filiali in almeno trenta province, non avessero la forma di società per azioni.

Ricorrendo i suddetti presupposti la promozione del decreto del Presidente della Repubblica da parte del Ministro per il Tesoro era dovuta e non tanto perché esistesse un diritto dell'ente a tale riconoscimento, quanto perché il decreto costituiva lo strumento necessario per imporre alla società i controlli e le limitazioni che la legge aveva ritenuto necessari.

La fattispecie, tenuta presente dalla legge bancaria, era dunque costituita dalla grande banca in forma di società per azioni. Per quel tipo di società il legislatore del 1936-38 riteneva necessario *a*) imporre la nominatività delle azioni; *b*) limitare la titolarità del diritto di voto ai soci di cittadinanza italiana; *c*) sottoporre all'approvazione del Ministro per il Tesoro (sentito il Comitato interministeriale per il credito ed il risparmio), anziché dell'organo di vigilanza, le modificazioni statutarie (escludendone in mancanza la omologabilità da parte dell'autorità giudiziaria).

Come si accennava, alcune vicende del nostro ordinamento avevano fortemente ridotto la rilevanza normativa di quelle disposizioni: così la nominatività obbligatoria di tutti i titoli azionari ha di fatto reso inoperante la disposizione relativa alla nominatività delle azioni delle Banche di interesse nazionale. D'altro canto, la norma che privava del diritto di voto le azioni appartenenti a soggetti non cittadini italiani era stata abrogata con riferimento ai cittadini degli stati membri della Comunità economica europea[134], in quanto in contrasto con il principio della parità di trattamento dalla stessa imposto, e rimanendo, per altro, in vigore per quelli dei paesi extracomunitari.

L'unica norma che aveva conservato integra la propria operatività era pertanto quella che imponeva l'approvazione ministeriale per le modificazioni statutarie.

Questa constatazione non consente, tuttavia, di minimizzare il significato della scelta effettuata dalla legge bancaria. La disciplina allora introdotta metteva infatti in luce la necessità di rendere trasparente la proprietà delle aziende di credito, precorrendo così un indirizzo che ha trovato piena realizzazione nella più recente normativa sulla identificazione dei soci. Inoltre esprimeva il convincimento che la disciplina del-

[134] Cfr. D.P.R. 30 dicembre 1965, n. 1655.

l'ente creditizio può essere condizionata non solo dagli scopi che lo stesso persegue ma anche dalla dimensione dell'impresa bancaria esercitata. E sotto questo profilo si può dire che la categoria delle Banche di interesse nazionale trovasse la propria ragion d'essere non tanto nelle caratteristiche del soggetto quanto in quelle dell'impresa.

c) Per quanto concerne le norme di vigilanza, e in particolare quelle relative ai vincoli sulla gestione, trovavano integrale applicazione le disposizioni dettate in generale per tutte le aziende di credito[135].

L'unico momento della gestione imprenditoriale per il quale poteva delinearsi una disciplina speciale era quello degli impieghi oltre il breve termine. Le norme di vigilanza, equiparando sotto questo profilo le Banche di interesse nazionale agli Istituti di credito di diritto pubblico, rinviavano, infatti, alle regole statutarie la determinazione delle forme e dei limiti quantitativi per gli impieghi oltre il breve termine[136].

d) Il D.Lgt. 481/1992 ha cancellato dal nostro ordinamento la categoria delle Banche di interesse nazionale abrogando esplicitamente l'art. 25 l.b., che ne descriveva la fattispecie, e gli artt. 26 e 27 l.b. che ne dettavano la disciplina. E, a dire il vero, almeno una delle tre Banche di interesse nazionale aveva già perduto tale qualificazione in quanto assorbita nella «Banca di Roma» risultante dalla concentrazione fra la società bancaria conferitaria dell'azienda bancaria della Cassa di Risparmio di Roma e un'altra società bancaria (il Banco di S. Spirito) a controllo pubblico.

Non solo, ma il programma di privatizzazione del Governo (cfr. delibera CIPE 30 dicembre 1992) prevede la dismissione del controllo pubblico sia nel Credito Italiano sia nella Banca Commerciale, eliminando così anche il «substrato» sul quale era stata costruita la categoria delle Banche di interesse nazionale.

21. Il pluralismo bancario nel Testo Unico (rinvio)

Esamineremo più innanzi e, in modo analitico, la disciplina dettata dall'ordinamento vigente per le varie categorie di enti creditizi.

Dalle pagine che precedono emerge, tuttavia, con sufficiente evidenza il forte ridimensionamento che il carattere pluralistico del nostro sistema creditizio ha subito nel nuovo ordinamento bancario. Sono state eliminate le categorie degli Istituti di credito di diritto pubblico, delle Casse di risparmio e delle Banche del Monte, delle Banche di

[135] Metteva in luce la difficoltà di individuare tratti caratteristici nell'operatività delle Banche di interesse nazionale diversi da quelli che si riscontravano nelle grandi banche di altre categorie G. Stammati, *Le banche di interesse nazionale*, in *Il sistema bancario*, cit., pp. 133 ss. Per un'analisi, sotto il profilo economico delle tre banche di interesse nazionale, si veda L. Frediani, *Le banche di interesse nazionale*, Milano, Angeli, 1981, pp. 53 ss.

[136] Si veda Banca d'Italia, *Istruzioni di vigilanza per gli enti creditizi*, cap. XXV, p. 3.

interesse nazionale e la moltitudine di enti pubblici ricompresi fra gli Istituti e le Sezioni di credito «speciale».

Al loro posto sono oggi rimaste soltanto società per azioni e società cooperative, anche se fra le prime è forse opportuno tenere in separata considerazione le società a controllo pubblico e fra le seconde è necessario distinguere Banche popolari e Banche di credito cooperativo.

L'accesso delle banche italiane all'esercizio dell'attività bancaria

Capitolo 4

1. L'accesso all'attività bancaria

Il T.U. detta discipline diverse per l'accesso all'esercizio dell'attività bancaria rispettivamente per *a*) le «banche italiane», ossia per le banche che hanno sede legale in Italia (cfr. art. 1, 2° comma, lett. *a*); *b*) le «banche comunitarie», ossia le banche che hanno «sede legale e amministrazione centrale» in un medesimo Stato comunitario diverso dall'Italia (cfr. art. 1, 2° comma, lett. *b*); *c*) le «banche extracomunitarie», ossia le banche aventi sede legale in uno Stato extracomunitario (cfr. art. 1, 2° comma, lett. *c*).

Le banche italiane possono esercitare l'attività bancaria solo quando sia intervenuta l'autorizzazione della Banca d'Italia, ed anzi quest'ultima è condizione per la loro costituzione o, comunque, per l'omologazione delle modificazioni statutarie che estendano l'oggetto sociale di una società all'attività bancaria.

Anche l'apertura di una «prima succursale» da parte di una banca extracomunitaria è sottoposta ad autorizzazione, ma la stessa è riservata al Ministro per il Tesoro ed è sottoposta a vincoli diversi da quelli previsti per le banche italiane. Qualora tale banca intenda stabilire «altre succursali», oltre la prima, deve ottenere una nuova autorizzazione, per altro rimessa alla Banca d'Italia.

Le banche comunitarie invece non necessitano di alcuna autorizzazione da parte delle autorità italiane né per l'apertura di succursali, nel nostro paese, né per esercitare direttamente dal paese d'origine le attività bancarie e finanziarie: il principio del mutuo riconoscimento delle licenze bancarie consente loro sia la libertà di stabilimento sia la libertà di prestazione dei servizi senza l'apertura di succursali.

In questo capitolo ci occuperemo dell'accesso all'attività bancaria da parte delle banche italiane, mentre illustreremo le modalità di accesso alla stessa attività da parte delle banche comunitarie ed extracomunitarie nel capitolo successivo.

Come emerge già con chiarezza dalle poche considerazioni che precedono, l'accesso alla attività bancaria da parte di queste due ultime categorie di enti creditizi si realizza soprattutto attraverso l'apertura di succursali sul territorio nazionale.

È sembrato ragionevole, pertanto, ricomprendere l'esame del loro accesso all'attività bancaria nel capitolo dedicato alle succursali delle banche, estendendo, per altro, l'analisi anche alla possibilità che gli enti creditizi comunitari hanno di accedere alle attività bancarie senza l'apertura di alcuno stabilimento nel territorio italiano (c.d. libertà di prestazione dei servizi).

2. L'autorizzazione all'esercizio dell'attività bancaria: dalla legge del 1926 alla riforma del 1985

a) Il principio secondo il quale l'attività bancaria può essere legittimamente esercitata solo quando sia intervenuta una conforme autorizzazione della Pubblica Amministrazione è vigente nel nostro ordinamento fin dal 1926, ossia a far tempo dalla prima legge bancaria. A norma, infatti, dell'art. 2 di questa legge, le «banche di deposito» non potevano «iniziare le operazioni [...] se non ne [avessero] ottenuto autorizzazione con decreto del Ministro per le finanze, di concerto col Ministro per l'economia nazionale, sentito il parere dell'Istituto di emissione». Lo stesso principio venne poi accolto dalla legge bancaria del 1936-38 il cui art. 28, stabiliva che «le aziende di credito non possono costituirsi, né iniziare le operazioni [...] se non ne abbiano ottenuto l'autorizzazione dalla Banca d'Italia».

Quest'ultima norma prevedeva in realtà due tipi di autorizzazione per l'ingresso di nuovi operatori nel mercato bancario: un'autorizzazione alla costituzione dell'ente e un'autorizzazione all'inizio delle operazioni da ottenersi una volta costituito l'ente creditizio. La dottrina era tanto sicura nell'affermare l'autonomia strutturale e funzionale di queste due autorizzazioni, quanto incerta e divisa nell'individuare la ragion d'essere della necessaria presenza di entrambe soprattutto sotto il profilo funzionale. La sua attenzione tuttavia si concentrava soprattutto sull'autorizzazione alla costituzione.

Le opinioni espresse sul punto riflettevano, sia pure in termini non sempre chiari, la concezione preferita a proposito dell'impresa bancaria in generale. Così chi riteneva che alle imprese bancarie potessero essere imposte soltanto regole tecniche per la tutela del risparmio, affermava (in una prospettiva in verità non corretta di tale tutela) che l'autorizzazione dovesse essere negata quando la sua concessione avesse potuto privare le imprese esistenti di uno spazio vitale nel quale le stesse potessero svolgere utilmente la propria funzione[1]; tesi che, a dire il vero, non

[1] Così G. Ferri, *La validità attuale della legge bancaria*, in «Riv. dir. comm.», 1974, I, p. 135.

solo non trovava fondamento nel nostro diritto positivo, ma che urtava anche contro precisi dettati costituzionali; il diritto di iniziativa economica garantito dall'art. 41, 1° comma, può essere compresso nell'interesse generale, ma non può essere considerata di interesse generale la salvaguardia di posizioni di privilegio degli imprenditori che già operano sul mercato[2].

Coloro che sposavano la tesi dell'impresa funzione ritenevano, invece, che anche nel momento dell'autorizzazione la Banca d'Italia dovesse tener presente tutti gli elementi di ordine anche politico che potevano rendere opportuno o non opportuno l'ingresso di un nuovo operatore sul mercato del credito alla luce delle linee di politica economica del momento[3].

E questa seconda tesi, che riscuoteva il consenso della maggior parte della dottrina, trovava adeguato fondamento nella legge bancaria che non poneva alcun limite in ordine agli interessi che dovevano essere considerati nell'assumere il provvedimento autorizzativo[4].

In realtà, questa conclusione avrebbe dovuto essere rivista alla luce dell'art. 41, 3° comma della Costituzione che consentiva, anche in sede di autorizzazione, di imporre vincoli alla libertà di iniziativa economica solo per garantire interessi che fossero stati considerati riconosciuti capaci di giustificare tale limitazione da un provvedimento legislativo; e, come abbiamo avuto modo di constatare, l'unico interesse considerato capace di imporre limiti alla libertà d'impresa nel settore era quello della tutela del risparmio. Questa rilettura «costituzionalizzante» dell'art. 28 l.b. non era, tuttavia, in grado di comprimere effettivamente il potere discrezionale delle autorità di controllo in sede di autorizzazione all'ingresso sul mercato bancario, consentendo alle stesse di tener conto, quanto meno, della struttura di quest'ultimo.

b) E proprio l'esistenza di questa discrezionalità rendeva difficile la qualificazione giuridica del provvedimento di autorizzazione alla costituzione degli enti creditizi[5].

Così, nonostante l'art. 28 l.b. qualificasse esplicitamente come «autorizzazione» il provvedimento in esame, soltanto una parte della dottrina ravvisava in quel provvedimento le caratteristiche funzionali tipiche dell'autorizzazione, ossia di un atto che rimuove un ostacolo all'esercizio di un diritto che preesiste in capo ad un soggetto[6]. Sottolinean-

[2] Sul punto, M. Libertini, *La regolazione amministrativa del mercato*, in *Trattato di diritto commerciale e di diritto pubblico dell'economia*, diretto da F. Galgano, vol. III, Padova, CEDAM, 1979, p. 476 e già M.S. Giannini, *Intorno all'autorizzazione all'apertura di sportelli*, in «Banca borsa e tit. cred.», 1950, II, p. 308.

[3] M.S. Giannini, *Intorno all'autorizzazione all'apertura di sportelli*, cit., pp. 303 s.; V. Spagnuolo Vigorita, *Note sull'autorizzazione all'apertura di istituti di credito*, in «Banca borsa e tit. cred.», 1962, I, pp. 16 ss.; A. Patroni Griffi, *La concorrenza nel sistema bancario*, Napoli, Jovene, 1979, p. 145 ove ulteriori citazioni.

[4] Si veda *supra* cap. III.

[5] Un quadro delle diverse opinioni prospettate in dottrina è in A. Piras, *Gli stabilimenti bancari nella dinamica dei rapporti d'impresa*, Milano, Giuffrè, 1975, p. 80.

[6] Così C.M. Pratis, *La disciplina giuridica delle aziende di credito*, Milano, Giuffrè,

do la discrezionalità del provvedimento non pochi autori ritenevano che l'autorizzazione all'esercizio del credito fosse in realtà una concessione; tesi che, per altro, imponeva, almeno alla stregua delle teorie correnti sulla funzione di questa categoria di provvedimenti amministrativi, di attribuire all'attività bancaria i caratteri dell'attività «riservata» allo Stato, tipica dello Stato e «trasferita» in esercizio agli enti creditizi, appunto sulla base di un provvedimento concessorio[7].

Talvolta si è anche tentato di uscire da questa contrapposizione sul piano della natura dell'atto, richiamando una terza categoria di provvedimenti, quella delle licenze[8], che postulerebbe la esistenza di un diritto preesistente al provvedimento, escludendo la riserva pubblica sull'attività, e nello stesso tempo si caratterizzerebbe per la discrezionalità del potere autorizzatorio. Ma si trattava di una soluzione prevalentemente nominalistica[9].

In realtà a noi pare che nell'autorizzazione alla costituzione degli enti creditizi dovesse ravvisarsi un'ipotesi di autorizzazione in senso tecnico, dal momento che l'ingresso sul mercato bancario era espressione di un diritto di iniziativa economica e non esercizio di un'attività tipicamente riservata allo Stato. Il che non consentiva per altro di porre limiti troppo puntuali al potere di controllo all'ingresso attribuito alle autorità creditizie.

c) E queste ultime hanno fatto, fino alla metà degli anni ottanta, un uso molto «ampio» della discrezionalità loro attribuita, anche se non mancano le giustificazioni di un siffatto indirizzo. Come è noto, infatti, il sistema bancario italiano, prima della legge del 1936-38, aveva visto la nascita di una miriade di imprese bancarie che avevano determinato fenomeni di forte instabilità, con gravi pericoli per la tutela del risparmio e della stessa funzione di intermediazione bancaria. La politica restrittiva adottata dal Comitato interministeriale per il credito ed il risparmio in fatto di autorizzazione alla costituzione di nuove aziende trova in quella realtà il proprio presupposto e nella tutela della stabilità del mercato la propria giustificazione.

Più esattamente, il Comitato interministeriale per il credito ed il risparmio, consentì, in un primo tempo, che si potessero costituire nuove aziende solo nell'ambito di alcune categorie di enti creditizi (Casse di risparmio, Banche popolari e Casse rurali e artigiane), ma successivamente, con delibera 23 giugno 1966[10], stabilì, «per favorire un processo di razionalizzazione del sistema bancario», che la Banca d'Italia non po-

1977, p. 183; V. Spagnuolo Vigorita, *Note sull'autorizzazione all'apertura*, cit., p. 11; nello stesso senso in giurisprudenza Cass., 13 marzo 1965, n. 425, in «Banca borsa e tit. cred.», 1965, II, p. 1 e Cass., 6 maggio 1972, n. 1379, in «Foro it.», 1977, II, c. 2835.

[7] M.S. Giannini, *Osservazioni sulla disciplina della funzione creditizia*, in *Scritti in onore di Santi Romano*, vol. II, Padova, CEDAM, 1939, pp. 720 ss.

[8] A. Sandulli, *Abilitazioni, autorizzazioni, licenze*, in «Rass. dir. pubbl.», 1958, pp. 6 ss.

[9] Così V. Spagnuolo Vigorita, *Note sull'autorizzazione all'apertura*, cit., pp. 17 s.

[10] In «Boll. della Banca d'Italia, Vigilanza sulle aziende di credito», n. 16, p. 45.

tesse, in linea di principio, «rilasciare autorizzazioni per la costituzione di aziende di credito di qualsiasi categoria, sino a quando la situazione non fosse mutata in senso favorevole alla istituzione di nuove aziende», determinando così un blocco generalizzato all'ingresso di nuovi operatori bancari. Soltanto qualche anno dopo il Comitato, con delibera 14 maggio 1971, «avuta presente la necessità di non trascurare le esigenze di credito che pervengono dagli operatori economici di comuni di modeste dimensioni nei quali, per politica di gestione, le aziende, specie le maggiori, non ritengono conveniente essere presenti con propri sportelli», revocò la «sospensiva» (stabilita con la delibera del 1966) limitatamente alla costituzione di Casse rurali e artigiane, fissando per altro una serie di limitazioni dirette a consentirne la costituzione solo nelle piazze nelle quali non fosse presente alcun'altra azienda di credito[11].

Il blocco delle autorizzazioni, ritenuto indispensabile per la «razionalizzazione del sistema bancario» e superato esclusivamente in occasione di alcune crisi bancarie, soffriva dunque una sola eccezione, quella imposta dalla necessità di diffondere i servizi bancari anche nelle zone non servite; obiettivo perseguito tuttavia attraverso una categoria di aziende (le Casse rurali) la cui costituzione non poteva dar adito, come potremo verificare anche in seguito, ad alcun fenomeno di sovraffollamento dovuto a ragioni meramente speculative.

Le scelte di politica creditizia così effettuate, pur essendo consentite dall'ordinamento vigente, finivano per premiare esclusivamente la stabilità del sistema, proteggendolo dalla concorrenza di nuovi operatori bancari, senza tenere in considerazione la necessità di stimolarne anche la efficienza e quindi trascurando, sotto questo profilo, di assicurare al risparmio le garanzie offerte dalla efficienza delle gestioni bancarie.

Questo sistema protezionistico venne messo in crisi sul piano sostanziale dalla concorrenza che al sistema bancario cominciarono ad effettuare i nuovi intermediari finanziari che si affacciarono sul mercato finanziario italiano all'inizio degli anni ottanta, dall'ingresso di banche estere che, sia pure attraverso il filtro di un controllo discrezionale, cominciarono negli stessi anni a penetrare nel mercato bancario italiano e, soprattutto, dalla necessità di dare attuazione alla direttiva comunitaria 12 dicembre 1977, n. 780.

Questa stabiliva (art. 3) infatti che gli stati membri avrebbero dovuto concedere l'autorizzazione agli enti creditizi «prima di iniziare l'attività», quando l'ente avesse avuto fondi propri minimi sufficienti e fossero state indicate almeno due persone, alle quali doveva essere rimesso il potere di determinare effettivamente l'orientamento dell'attività dell'ente, in possesso della «onorabilità necessaria» e della «esperienza adeguata», ... senza che, nel valutare la domanda di autorizzazione gli Stati della Comunità potessero tener conto delle «esigenze economiche del mercato»; ossia escludendo che fosse possibile negare l'autorizza-

[11] *Ibidem*, n. 36, p. 29.

zione in vista di una «razionalizzazione del mercato bancario» e a maggior ragione in vista di obiettivi di politica economica di più vasto respiro.

La stessa direttiva, tuttavia, consentiva agli Stati, come l'Italia, nel cui ordinamento l'autorizzazione veniva concessa tenendo conto delle esigenze economiche del mercato, di continuare ad avvalersi del relativo potere nel valutare le domande di autorizzazione per un periodo transitorio; l'Italia si è avvalsa di tale clausola di salvaguardia ed ha continuato ad esaminare le domande di autorizzazione anche in funzione delle esigenze economiche del mercato fino al 15 dicembre 1989. La direttiva, tuttavia, non mancava di porre un limite a tale possibilità, anche per il periodo transitorio, stabilendo che il principio delle esigenze economiche avrebbe dovuto essere applicato soltanto sulla base di «criteri generali» e attraverso la sua applicazione potevano essere perseguiti soltanto i seguenti obiettivi: la sicurezza del risparmio, l'aumento della produttività del sistema bancario, una maggior omogeneità della concorrenza tra i vari rami bancari, una più ampia gamma di servizi bancari in rapporto alla popolazione e all'attività economica.

In applicazione dei principi così fissati in sede comunitaria il CICR, con delibera 31 ottobre 1985[12], diede direttive alla Banca d'Italia di «valutare favorevolmente» le iniziative che consentissero «l'integrazione delle infrastrutture creditizie nelle zone non sufficientemente servite; la riduzione del grado di concentrazione dell'offerta e, per questa via, una maggior concorrenza avuto riguardo al tipo di istituzioni presenti; una diversificazione dell'attrezzatura bancaria nelle aree di mercato in cui i nuovi organismi opereranno anche in vista di un aumento della produttività degli insediamenti».

Finiva così il blocco della autorizzazioni che aveva caratterizzato per circa un ventennio il sistema bancario italiano; rimaneva, tuttavia, la possibilità di tener conto della struttura del mercato fino alla scadenza del periodo transitorio. Ma dopo il 15 dicembre 1989 anche questo filtro venne meno; l'autorizzazione all'impresa rimaneva esclusivamente subordinata alla presenza dei requisiti oggettivi fissati, nel frattempo, dal D.P.R. 27 giugno 1985, n. 350.

3. L'autorizzazione all'esercizio dell'attività bancaria nel D.P.R. 27 giugno 1985, n. 350

a) L'art. 1, 2° comma del D.P.R. 27 giugno 1985, n. 350, stabiliva testualmente: «L'autorizzazione all'esercizio [dell'attività bancaria] è rilasciata dalla Banca d'Italia alle condizioni che seguono, ferme le altre di applicazione generale: *a*) esistenza di un capitale nel caso di società azionarie, a responsabilità limitata e cooperative ovvero di un capitale o fondo di dotazione nel caso di enti pubblici, di ammontare non inferio-

[12] *Ibidem*, n. 94, p. 3.

re a quello determinato in via generale dalla Banca d'Italia; *b*) possesso da parte di persone, alle quali per legge o per statuto spettano poteri di amministrazione e direzione, di requisiti di esperienza adeguata all'esercizio delle funzioni connesse alle rispettive cariche in conformità delle previsioni di cui ai successivi articoli 2, 3 e 4; *c*) possesso, per le persone indicate sub), per quelle che esercitano funzioni di controllo nonché per coloro che in virtù della partecipazione al capitale, siano in grado di influire sull'attività dell'ente, dei requisiti di onorabilità di cui al successivo art. 5; *d*) presentazione di un articolato programma di attività in cui siano indicate in particolare la tipologia delle operazioni previste e la struttura organizzativa dell'ente»[13].

Abbiamo già ricordato a suo tempo l'importanza sistematica di questa disposizione con riferimento, da un lato, alla concezione dell'impresa bancaria (impresa-diritto e non più impresa-funzione) e, dall'altro, agli scopi che l'autorità di vigilanza bancaria può perseguire (non più un controllo sulla struttura del mercato ma sulla singola impresa, per favorirne la stabilità e la liquidità). Queste conclusioni più generali si fondano proprio sulla disciplina dell'autorizzazione fissata dalla norma in esame, sulla quale, pertanto, è opportuno soffermarsi un attimo per sottolineare la profonda rottura che la stessa ha determinato con l'ordinamento precedente.

In forza della norma appena ricordata l'autorizzazione della Banca d'Italia all'esercizio dell'attività bancaria cessava di essere un atto discrezionale, sostanzialmente sottratto al controllo giurisdizionale, per diventare, in presenza dei presupposti previsti dalla legge, un atto dovuto ed il relativo provvedimento di diniego era, pertanto, suscettibile di controllo giurisdizionale.

Coerente con questo indirizzo, esplicitamente imposto dalla direttiva comunitaria (art. 13), era la disposizione del decreto-delegato 350/1985 che imponeva l'obbligo della motivazione per il provvedimento di diniego e la sua comunicazione «ai promotori» entro sei mesi dalla relativa domanda (o dalla presentazione di documenti supplementari richiesti dall'organo di vigilanza).

Meno coerente con questa prospettiva era la norma secondo cui, dopo aver imposto alla Banca d'Italia di assumere, comunque, una decisione sulla domanda di autorizzazione entro dodici mesi dal ricevimento della stessa, si stabiliva che «ove non si sia provveduto, nel termine suddetto, le istanze si intendono respinte».

[13] Per un esame di tali norme si vedano L. Desiderio, *Le norme di recepimento della Direttiva comunitaria n. 780/77 in materia creditizia*, in Banca d'Italia, «Quaderni di ricerca giuridica», n. 6, maggio 1986; M. Porzio, *La legislazione bancaria di attuazione della direttiva CEE 77/80 Prime riflessioni*, in «Mezzogiorno d'Europa», 1985, pp. 383 ss.; A. Nigro, *Il D.P.R. n. 350 del 1985 e la legge bancaria: l'autorizzazione all'esercizio dell'attività creditizia*, in «Dir. banca e merc. fin.», 1989, pp. 15 ss.; A. Patroni Griffi, *Accesso all'attività bancaria*, in «Banca borsa e tit. cred.», 1990, I, pp. 457 ss., nonché R. Costi, *Autorizzazione all'esercizio dell'attività bancaria e costituzione degli enti creditizi*, in «Giur. comm.», 1986, I, pp. 567 ss.

Il metodo del silenzio-rifiuto così accolto non assicurava la dovuta tutela alle ragioni di coloro che richiedevano l'autorizzazione all'esercizio del credito, a meno di non voler considerare automaticamente illegittimo il provvedimento di silenzio-rifiuto in quanto non motivato, e come tale non rispettoso della norma del decreto che imponeva l'obbligo della motivazione. Ma, al di là di queste «incongruenze tecniche» la norma rappresentava una fortissima innovazione dell'ordinamento previgente: alla Banca d'Italia veniva sottratto il potere di valutare la domanda di autorizzazione sulla base delle «esigenze economiche del mercato», escludendo, pertanto, che la struttura del mercato del credito fosse rimessa alla sua pianificazione. La disciplina così introdotta consentiva anche di eliminare molte delle incertezze che si incontravano nella qualificazione del provvedimento.

L'aver constatato che l'autorizzazione era rigidamente vincolata alla presenza di presupposti oggettivi, ricorrendo i quali la stessa diventava un atto dovuto, consentiva di escludere che vi fosse ancora spazio per le tesi che ravvisavano nel provvedimento di accesso al mercato bancario una concessione o una licenza.

Trovava invece ulteriore e forse definitivo conforto l'opinione che vedeva in quel provvedimento i caratteri propri dell'autorizzazione. Non si deve, tuttavia dimenticare che l'autorizzazione in esame si risolveva in realtà nell'accertamento di requisiti oggettivi e predeterminati che riducevano i momenti volitivi e valutativi dell'organo di vigilanza entro limiti così ristretti da sollecitare l'inserimento della medesima nell'ambito addirittura degli atti di mero accertamento.

b) Come emerge chiaramente dalla lettera dell'art. 1, 2° comma sopra riprodotto, il D.P.R. 350/1985 considerava l'autorizzazione ivi prevista come autorizzazione all'esercizio dell'attività e non come autorizzazione alla costituzione dell'ente creditizio. La stessa disposizione tuttavia faceva salve (cfr. art. 1, 2° comma, all'inizio) «le altre norme di applicazione generale» e fra queste doveva certamente ricomprendersi anche l'art. 28 l.b. a norma del quale non potevano costituirsi [enti creditizi] se non ne [avessero] ottenuto l'autorizzazione dalla Banca d'Italia». Sulla base di queste norme la dottrina era giunta all'unanime e giustificato convincimento che un ente creditizio non potesse costituirsi se prima non fosse intervenuta l'autorizzazione alla costituzione da parte dell'organo di vigilanza.

Anche dopo l'entrata in vigore del D.P.R. 350/1985, si doveva dunque ritenere che nel nostro ordinamento l'autorizzazione all'esercizio dell'attività bancaria assumesse anche la funzione di autorizzazione alla costituzione dell'ente creditizio, diventando un elemento necessario nel procedimento costitutivo dell'ente.

c) La nuova disciplina dell'autorizzazione metteva invece in crisi il sistema della doppia autorizzazione (alla costituzione e all'inizio delle operazioni) che, almeno secondo la dottrina dominante, doveva considerarsi imposto dall'art. 28 l.b. Questa norma infatti stabilendo che «le aziende di credito ... non possono costituirsi, né iniziare le operazioni ... se non ne abbiano ottenuto l'autorizzazione dalla Banca d'Italia», avrebbe preteso che gli enti creditizi dopo aver ottenuto l'autorizzazione alla costituzione (ed essersi così legittimamente costituiti) ottenessero anche l'autorizzazione all'inizio delle operazioni per poter concretamente esercitare l'attività bancaria. E non v'è dubbio che quella norma prevedesse entrambe le autorizzazioni, ma da questa constatazione non era possibile trarre la conclusione che fossero entrambe necessarie per gli enti di nuova costituzione, sul presupposto che le stesse avessero funzioni diverse e quindi potessero e dovessero essere congiuntamente ottenute. La fragilità della conclusione della dottrina prevalente si coglieva proprio con riferimento alla pretesa autonomia funzionale dell'autorizzazione all'inizio delle operazioni.

Così si affermava che la richiesta di autorizzazione all'inizio delle operazioni, successiva alla autorizzazione alla costituzione, consentiva alle autorità creditizie di verificare la regolarità dell'iter amministrativo avviato con quest'ultima[14]; ma in questo modo si finiva per introdurre senza adeguato fondamento normativo un controllo di legittimità sull'iter costitutivo dell'ente che contrastava con le regole generali che disciplinano tale controllo (così, per le società si imponeva sul decreto di omologazione del Tribunale un sistema di controllo diverso da quello previsto dal nostro ordinamento per «l'impugnazione» di tale tipo di provvedimento), attribuendo, per di più, alle autorità creditizie funzioni che alle stesse non competono.

Ancora si era ritenuto che l'autorizzazione all'inizio, successiva a quella della costituzione, fosse stata introdotta per impedire che l'ente, che avesse ottenuto l'autorizzazione alla costituzione, iniziasse l'attività senza aver completato il proprio iter costitutivo[15]. Come è facile rilevare, si trattava di un'opinione quanto meno irrealistica, essendo evidente che chi persegue un simile scopo si guarderebbe bene dal chiedere l'autorizzazione all'inizio delle operazioni.

In realtà l'unica possibile giustificazione dell'autorizzazione all'inizio delle operazioni, da parte di un ente che avesse già avuto l'autorizzazione alla costituzione, poteva essere rintracciata nella intenzione di permettere alle autorità di vigilanza una nuova valutazione sulla opportunità di consentire l'ingresso ad un nuovo operatore sul mercato, una valutazione che potesse tener conto delle vicende successive alla già concessa autorizzazione alla costituzione. Ma si trattava evidentemente di una situazione del tutto marginale, incapace di dare un senso alla distinzione fra le due autorizzazioni sul piano funzionale.

In ogni caso il D.P.R. 350/1985, nel momento in cui precludeva alla Banca d'Italia di tener conto delle esigenze economiche del mercato nel concedere l'autorizzazione alla costituzione dell'ente, escludeva anche che un siffatto giudizio fosse consentito in sede di autorizzazione all'inizio delle operazioni.

[14] Così A. Patroni Griffi, *La concorrenza*, cit., p. 159.

[15] Così F. Messineo, *Postille sulla nuova legislazione bancaria*, in «Banca borsa e tit. cred.», 1936, I, p. 158.

Dopo l'entrata in vigore della nuova disciplina dettata dal D.P.R. 350/1985 per l'autorizzazione alla costituzione si sarebbe dunque dovuto escludere che fosse rimasto qualche spazio per un'autorizzazione all'inizio delle operazioni distinta dall'autorizzazione alla costituzione, e che, pertanto, la stessa fosse necessaria per poter dare inizio alle operazioni quando fosse già intervenuta l'autorizzazione alla costituzione[16].

E questa conclusione non poteva essere respinta assumendo che l'art. 28 prevedeva sia l'autorizzazione alla costituzione sia l'autorizzazione all'inizio delle operazioni. Il dettato di questa norma poteva essere spiegato in modo abbastanza piano ricordando che la legge del 1926 non prevedeva l'autorizzazione alla costituzione, pur imponendo quella all'inizio delle operazioni[17]; la legge del 1936, nel momento in cui collocava l'autorizzazione all'esercizio dell'attività bancaria fra le autorizzazioni alla costituzione dell'ente, non poteva escludere che esistessero enti (ed in particolare società) che, pur non avendo mai ricevuto l'autorizzazione all'inizio delle operazioni ed essendo eventualmente rimasti inattivi, intendessero iniziare l'attività. E in tal caso non si sarebbe potuto richiedere un'autorizzazione alla costituzione di un ente già esistente ma soltanto l'autorizzazione ad iniziare le operazioni.

Ed in effetti il T.U. del 1993 ha escluso, come avremo subito modo di constatare, che, dopo aver ottenuto l'autorizzazione alla costituzione (o alla modificazione dello statuto), un ente debba anche ottenere un'autonoma autorizzazione all'inizio delle operazioni.

4. L'autorizzazione all'esercizio dell'attività bancaria nel Testo Unico: i principi generali

a) La disciplina dell'autorizzazione all'esercizio dell'attività bancaria dettata dal T.U. e già prima dal D.Lgt. 481/1992 si muove lungo le linee fissate dalla disciplina del 1985, portando alla loro logica soluzione i problemi (come quello della doppia autorizzazione) non esplicitamente risolti ma sostanzialmente condizionati da quella normativa. Nei confronti di quest'ultima si caratterizza soprattutto per una più spiccata delegificazione, nel senso che alcuni dei presupposti per l'autorizzazione esplicitamente disciplinati dalla legge del 1985 sono rimessi alla determinazione delle autorità creditizie, per consentirne un adeguamento più tempestivo di quello possibile alle fonti legislative.

La precisazione degli scopi che debbono essere perseguiti attraverso la loro regolamentazione e la preventiva determinazione e pubblica-

[16] Sul punto si veda in senso conforme al testo A. Piras, *Gli stabilimenti bancari*, cit., p. 56 e le perplessità di A. Nigro, *Banche private e banche pubbliche: rilevanza dell'oggetto e limiti dell'attività*, in «Riv. dir. comm.», p. 79, nota 83, e di A. Patroni Griffi, *La concorrenza*, cit., p. 87.

[17] *Contra* F. Belli-R. Bertelli, *Banca del diritto comunitario*, in *Dig. pubbl.*, II, Torino, UTET, 1988, p. 201 e A. Patroni Griffi, *L'accesso*, cit., p. 469, e F. Martorano, *Riflessioni sull'art. 2329 n. 3 C.C. in relazione alle società esercenti l'attività bancaria*, in «Banca borsa e tit. cred.», 1991, I, pp. 421 ss.

zione delle relative norme (di secondo grado) consentono, tuttavia, di coniugare la necessaria garanzia per il diritto di iniziativa economica e l'efficienza della disciplina che la vincola.

b) E proprio sotto il profilo degli scopi la disciplina dell'autorizzazione in conformità del resto con la regolamentazione di tutta l'attività di vigilanza consente di ribadire che l'unico obiettivo che l'organo di vigilanza può e deve tener presente nel valutare la richiesta di autorizzazione all'esercizio dell'attività bancaria, è quello della «sana e prudente» gestione dell'ente creditizio.

L'art. 14, 2° comma del T.U. è esplicito in proposito: «la Banca d'Italia nega l'autorizzazione quando dalla verifica delle condizioni indicate nel 1° comma non risulti garantita la sana e prudente gestione». L'autorizzazione non potrà, dunque, essere negata in considerazione delle «esigenze economiche del mercato», ossia ritenendo non opportuna la costituzione di un nuovo ente creditizio in relazione alle caratteristiche del mercato: ogni valutazione su quest'ultimo punto è sottratta alle autorità creditizie, che vengono così private di ogni potere di vigilanza strutturale sul mercato bancario. Dovendo avere come punto di riferimento per la propria valutazione esclusivamente la sana e prudente gestione dell'impresa, esse non possono negare l'autorizzazione per ragioni di politica economica comunque fissate dagli organi di governo che non trovino esplicita codificazione in un provvedimento legislativo.

Non solo ma, come potremo constatare fra un attimo, la nuova disciplina non lascia dubbi sul fatto che ricorrendo i presupposti indicati dalla legge, l'autorizzazione sia un atto dovuto. Viene così ribadito che esiste, anche in questo settore, un diritto all'ingresso sul mercato, pur essendo tale diritto sottoposto ad alcuni vincoli che l'autorità amministrativa deve accertare, sia pure sulla base di una valutazione tecnica che le viene riservata. Il che consente di continuare ad affermare, con la necessaria ambiguità, che l'autorizzazione all'esercizio dell'attività bancaria conserva le caratteristiche dell'autorizzazione e che la discrezionalità consentita all'autorità di vigilanza è così limitata da sollecitare la qualificazione del relativo provvedimento come di un provvedimento di mero accertamento.

c) L'autorizzazione all'esercizio dell'attività bancaria presenta, anche nel nuovo ordinamento, le caratteristiche dell'autorizzazione alla costituzione: esplicito in questo senso è il 3° comma dell'art. 14, là dove stabilisce che «non si può dare corso al procedimento per l'iscrizione nel registro delle imprese se non consti l'autorizzazione» della Banca d'Italia.

d) Come rendono evidente la lettera del 1 comma dell'art. 14 del T.U. e l'abrogazione dell'art. 28 l.b. (cfr. art. 159 del T.U.), è stato abolito il principio della doppia autorizzazione o più esattamente è stata eliminata la necessità di un'autonoma autorizzazione all'inizio delle operazioni, da ottenersi dopo l'autorizzazione alla costituzione dell'ente creditizio e la effettiva costituzione dello stesso.

D'altro canto, l'autorizzazione alla costituzione assumerà le caratteristiche dell'autorizzazione alla modificazione statutaria nell'ipotesi in cui l'autorizzazione all'esercizio dell'attività bancaria non venga richiesta in fase di costituzione ma da un ente già costituito che vuole estendere la propria attività al mercato bancario (con la necessaria modificazione del proprio oggetto sociale).

e) A norma dell'art. 13 del T.U. «la Banca d'Italia iscrive in un apposito albo le banche autorizzate in Italia e le succursali delle banche comunitarie stabilite nel territorio della Repubblica... Le banche indicano negli atti e nella corrispondenza l'iscrizione dell'albo».

5. Le «condizioni» dell'autorizzazione

A norma dell'art. 14, 1° comma del T.U. «la Banca d'Italia autorizza l'attività bancaria quando ricorrono le seguenti condizioni:

a) sia adottata la forma di società per azioni o di società cooperativa per azioni a responsabilità limitata;

b) il capitale versato sia di ammontare non inferiore a quello determinato dalla Banca d'Italia;

c) venga presentato un programma concernente l'attività iniziale, unitamente all'atto costitutivo e allo statuto;

d) i partecipanti al capitale abbiano i requisiti di onorabilità stabiliti dall'art. 25 e sussistano i presupposti per il rilascio dell'autorizzazione prevista dall'art. 19;

e) i soggetti che svolgono funzioni di amministrazione, direzione e controllo abbiano i requisiti di professionalità ed onorabilità di cui all'art. 26».

Queste dunque le «condizioni» in presenza delle quali la Banca d'Italia «autorizza l'attività bancaria», ossia è tenuta a concedere la relativa autorizzazione, che assume quindi i caratteri dell'atto dovuto.

Esaminiamo più da vicino le singole condizioni.

6. I tipi societari ammessi

Come si è già ricordato, dopo l'entrata in vigore del D.Lgt. 481/1992, gli unici tipi organizzativi consentiti per gli enti creditizi sono quelli societari e, nell'ambito di questi, solo la società per azioni e la società cooperativa per azioni a responsabilità limitata. Si è così preclusa la possibilità, consentita ancora dal D.P.R. 350/1985, di utilizzare la forma della società a responsabilità limitata o della società in accomandita per azioni. E, a dire il vero, le ragioni di queste esclusioni non sono evidenti. Si tratta, in ogni caso, di un limite fissato dalla legge e sottratto alla disponibilità delle autorità di controllo.

7. Il capitale sociale minimo

È rimessa invece alla Banca d'Italia la determinazione del capitale minimo del quale deve essere dotato l'ente che chiede di essere autorizzato ad esercitare l'attività bancaria.

La legge, tuttavia, nel momento in cui individua il presupposto patrimoniale nel «capitale», esclude che lo stesso possa essere individuato computandovi anche quelle poste che, pur non essendo capitale, costituiscono «fondi propri» ai fini di vigilanza, in quanto patrimonio o comunque, e sia pure parzialmente, assimilabili allo stesso.

La soluzione adottata è coerente con la seconda direttiva comunitaria 89/646 che, a differenza della prima, fa esplicito riferimento ad un capitale minimo e non a fondi propri minimi. Probabilmente su questa scelta ha influito il convincimento che l'autorizzazione all'esercizio del credito possa essere concessa soltanto ad un ente che si costituisca per tale scopo e non anche ad enti che già esistono ed esercitino altra attività ed è ovvio che nel primo caso è improbabile (ma non impossibile) l'esistenza di fondi patrimoniali ulteriori nei confronti del capitale e derivanti, ad esempio, dall'accantonamento a riserva di utili. Ma, in realtà, l'autorizzazione ad esercitare il credito può essere rilasciata anche ad un ente già esistente e in tal caso può ben esservi un patrimonio non imputato a capitale.

La norma pretende un capitale minimo non solo per le società per azioni ma anche per le società cooperative (Banche popolari e Banche di credito cooperativo), per le quali, come è noto, non esiste una disciplina diretta alla «tutela del capitale» corrispondente a quella dettata per le prime. Questa constatazione consente di ritenere che tale diversa disciplina del capitale non sia stata considerata di particolare rilevanza per gli scopi perseguiti attraverso l'imposizione di un «capitale minimo» iniziale.

Quest'ultimo, infatti, non garantisce tanto la liquidità e la stabilità dell'ente creditizio, affidate soprattutto a strumenti di controllo sulla gestione, quanto la «serietà» dell'iniziativa e la stessa, nelle società cooperative, può essere accertata anche attraverso la presenza del numero dei soci necessari per la loro costituzione.

La Banca d'Italia potrà così fissare livelli di capitale diversi per le società lucrative e per le società cooperative e, all'interno di queste ultime, introdurre ulteriori differenziazioni fra Banche popolari e Banche di credito cooperativo in funzione delle caratteristiche strutturali e mutualistiche delle due categorie di aziende[18]. Né si potrà escludere che il livello del capitale minimo iniziale sia determinato tenendo conto dell'ambito operativo dell'ente e del programma di attività che lo stesso si propone di svolgere. Naturalmente il diverso livello del capitale minimo non comporta una diversa determinazione dei vincoli di gestione ancorati alla entità dei fondi propri.

[18] L'art. 9, 1° comma lett. *b*), del D.Lgt. 481/1992 precisava che la Banca d'Italia nel determinare l'entità del capitale minimo avrebbe dovuto decidere «in armonia con le disposizioni comunitarie». L'abolizione dell'inciso si giustifica tenendo conto che il T.U. stabilisce questo vincolo comunitario per tutti i provvedimenti di vigilanza (cfr. artt. 6, 118) mentre una disciplina generale analoga non era contenuta nel D.Lgt. 481/1992.

8. Il programma di attività e lo statuto sociale

Tra le «condizioni» per ottenere l'autorizzazione ad esercitare l'attività bancaria vi è anche la «presentazione di un programma concernente l'attività iniziale, unitamente all'atto costitutivo e allo statuto». La norma riproduce, con qualche modificazione e qualche integrazione, la disposizione dell'art. 1 del D.P.R. 350/1985 che ricomprendeva fra le condizioni per l'autorizzazione «la presentazione di un articolato programma di attività in cui siano indicate in particolare le tipologie delle operazioni previste e la struttura organizzativa dell'ente». Entrambe le disposizioni trovano poi la propria fonte comunitaria nella prima direttiva bancaria, il cui art. 3, n. 4, stabiliva testualmente: «gli stati membri prevedono inoltre che la domanda di autorizzazione debba essere corredata di un programma di attività in cui saranno indicati, in particolare, il tipo delle operazioni previste e la struttura dell'organizzazione dell'ente».

La presentazione di un «programma iniziale» consente alla Banca d'Italia di conoscere i progetti industriali e finanziari che si ripromette di realizzare il costituendo ente creditizio e di apprestare, quindi, gli strumenti di vigilanza dei quali la stessa potrà avvalersi per garantirne una gestione sana e prudente.

Ma non potrà essere negata l'autorizzazione sulla base di un giudizio di opportunità sul programma e, in particolare, assumendo che lo stesso è incompatibile con la struttura del mercato ritenuta ottima dall'autorità di vigilanza. Se fosse possibile un simile giudizio, si reintrodurrebbe il criterio delle esigenze economiche del mercato che l'ordinamento comunitario ha bandito dai criteri ai quali ispirarsi nel consentire l'ingresso sul mercato bancario.

Unitamente al programma devono essere presentati anche l'atto costitutivo e lo statuto. Anche con riferimento a tali atti è necessario chiedersi quale sia il tipo di valutazione consentito all'autorità di vigilanza. E sul punto un elemento di giudizio particolarmente importante è offerto dall'art. 56 del T.U. a norma del quale «la Banca d'Italia accerta che le modificazioni degli statuti delle banche non contrastino con una sana e prudente gestione». La Banca d'Italia, dunque, sulla modificazione degli statuti degli enti creditizi non ha un potere di approvazione generale, ma ha, purtuttavia, la possibilità di verificare se certe norme statutarie, che si intendono introdurre, contrastino con le regole organizzative ritenute necessarie per una sana e prudente gestione dell'ente.

Un simile potere dovrebbe essere coerentemente riconosciuto alla Banca d'Italia anche in sede di costituzione dell'ente, non potendosi giustificare il disconoscimento in sede di costituzione di un potere riconosciuto in sede di modificazione degli statuti, potendosi se mai immaginare al momento dell'ingresso sul mercato un controllo più intenso di quello successivo. Anche in sede di costituzione, dunque, la Banca d'Italia dovrà e potrà ritenere che certe regole statutarie contrastino con una sana e prudente gestione dell'ente e perciò non concedere l'autorizzazione, come del resto precisa esplicitamente il 2° comma dell'art. 14

del T.U. sopra riprodotto. Si tratta evidentemente di un potere dai contorni non ben definiti ma che appare più facilmente circoscrivibile quando si tenga conto che lo stesso può avere come unico obiettivo la sana e prudente gestione dell'ente. E, sotto questo profilo, potrà offrire elementi di giudizio importanti anche il programma iniziale dell'attività potendosi facilmente immaginare la necessità che esista coerenza fra l'attività che si intende svolgere e il modello di organizzazione adottato.

9. La qualità dei soci

L'art. 7, 2° comma della direttiva comunitaria 89/646 stabilisce che «le autorità competenti rifiutano l'autorizzazione [all'esercizio dell'attività bancaria] se, per tener conto della necessità di garantire una gestione sana e prudente dell'ente creditizio, esse non sono soddisfatte della qualità» degli «azionisti o soci che detengono una partecipazione qualificata». E la stessa direttiva considera qualificata «una partecipazione in un'impresa, diretta o indiretta, non inferiore al 10% del capitale sociale o dei diritti di voto oppure che comporta la possibilità di esercitare un'influenza notevole sulla gestione dell'impresa in cui è detenuta una partecipazione».

La norma comunitaria trova attuazione nel nostro ordinamento attraverso la disposizione dell'art. 14, 1° comma, lett. *d*) del T.U. che subordina l'autorizzazione al fatto che «i partecipanti al capitale abbiano i requisiti di onorabilità stabiliti dall'art. 25 e sussistano i presupposti per il rilascio dell'autorizzazione prevista dall'art. 19» per l'acquisizione di partecipazioni al capitale delle banche.

Si tratta di due ordini di requisiti attinenti alla qualità degli azionisti, disciplinati sulla base di fonti normative diverse e con contenuti piuttosto differenziati ma rispondono ad una sola finalità: quella di favorire una sana e prudente gestione dell'ente creditizio[19].

Fissata così la comune finalità esaminiamo separatamente le due discipline.

9.1. L'onorabilità dei soci titolari di partecipazioni qualificate

Come abbiamo già ricordato, il T.U. (art. 25) rimette al Ministro per il Tesoro sia la individuazione delle partecipazioni qualificate per la cui detenzione è necessario il possesso di requisiti di onorabilità sia la

[19] L'art. 9, 1° comma lett. *d*) del D.Lgt. 481/1992 che aveva dato per la prima volta attuazione alla norma comunitaria e che è stato sostanzialmente trasfuso nell'art. 14, 1° comma lett. *d*) del T.U., si apriva chiarendo che i requisiti dei partecipanti al capitale venivano richiesti «ai fini di una sana e prudente gestione». Questo inciso è caduto nella stesura del T.U. perché reso superfluo dalla introduzione della norma, assente nel D.Lgt. 481/1992, che consente alla Banca d'Italia di negare l'autorizzazione solo quando non risulti garantita la sana e prudente gestione della banca (art. 14, 2° comma).

determinazione di tali requisiti. E il Ministro per il Tesoro vi provvede, sentita la Banca d'Italia, con regolamento emanato ai sensi dell'art. 17, 3° comma, della legge 23 agosto 1988, n. 400.

È questo uno dei punti sui quali il processo di delegificazione ha inciso più profondamente. Il D.P.R. 350/1985 (cfr. artt. 5 e 7, 1° comma) indicava esplicitamente sia la soglia della partecipazione qualificata (2% del capitale, e quindi di molto inferiore a quella fissata dalla direttiva comunitaria) sia le cause che rendevano il socio «disonorante» e, quindi, incapace di detenere una partecipazione influente in un ente creditizio.

Oggi la determinazione di entrambi i momenti è rimessa ad un regolamento ministeriale.

È rimasto invece inalterato il meccanismo sanzionatorio già adottato dal D.P.R. 350/1985 e compiutamente descritto dal T.U. (art. 25, 3° comma). Colui che non possegga i requisiti di onorabilità necessari per detenere una partecipazione qualificata non può esercitare il diritto di voto inerente alle azioni o quote eccedenti il limite che individua la predetta partecipazione. «In caso di inosservanza, la deliberazione è impugnabile a norma dell'art. 2377 del Codice civile se la maggioranza richiesta non sia stata raggiunta senza i voti inerenti alle predette azioni o quote». E l'impugnazione può essere proposta anche dalla Banca d'Italia entro sei mesi dalla data della deliberazione ovvero entro sei mesi dall'iscrizione della stessa nel registro delle imprese, se si tratta di deliberazione soggetta a tale iscrizione.

Il D.P.R. 350/1985 (art. 7, 1° comma) prevedeva, altresì, che, in caso di voto marginale da parte di soci disonoranti, «l'impugnazione della deliberazione [fosse] obbligatoria da parte degli amministratori e dei sindaci». Venivano così superati i dubbi che alla stregua del diritto comune delle società, tuttora, sussistono in ordine al dovere degli amministratori e dei sindaci di impugnare le deliberazioni sociali annullabili, introducendo una norma di diritto speciale per questa ipotesi di annullabilità delle deliberazioni assembleari di società bancarie.

Quella norma speciale è stata abrogata dal D.Lgt. 481/1992, (seguito sul punto dal T.U.) che ha così restituito anche questa ipotesi di annullabilità alle regole e ai dubbi del diritto societario comune.

La previsione del meccanismo sanzionatorio appena descritto esclude che il rilascio dell'autorizzazione alla costituzione effettuato in assenza dei requisiti di onorabilità nei soci «qualificati» possa avere effetti ulteriori rispetto a quelli della impugnabilità delle deliberazioni assembleari e, in particolare, esclude che possa essere messa in forse l'esistenza della società. Ma sul punto ritorneremo più innanzi.

9.2. L'autorizzazione all'assunzione di partecipazioni al capitale delle banche

a) L'autorizzazione all'esercizio dell'attività bancaria è inoltre subordinata, a norma del medesimo art. 14, 1° comma lett. *d*) del T.U., alla sussistenza dei «presupposti per il rilascio dell'autorizzazione prevista dall'art. 19» dello stesso T.U. Quest'ultima norma costituisce il perno della disciplina, cui è dedicato l'intero capo III, artt. 19-24, del Titolo II del T.U., delle «partecipazioni al capitale delle banche»; disciplina che, a sua volta, coordina e riscrive le norme dettate in precedenza dagli artt. 9 e 10 della legge 281/1985 e dall'intero Titolo V della legge 287/1990, così come già modificato dagli artt. 16, 17, 18, e 19 del D.Lgt. 481/1992.

Nell'ambito di questa disciplina è opportuno, tuttavia, distinguere, le norme che impongono ai soci delle società bancarie obblighi di comunicazione nei confronti della Banca d'Italia (artt. 20 e 21) da quelle che regolano l'autorizzazione necessaria per l'assunzione di partecipazioni superiori ad una predeterminata soglia (art. 19). Le prime attengono alla «vigilanza informativa» e ce ne occuperemo a proposito della trasparenza bancaria, delle seconde ci occupiamo in questa sede, tenuto conto della loro rilevanza in sede di autorizzazione all'accesso, anche se si tratta di regole che concernono l'acquisizione della partecipazione anche durante la vita della società. I due gruppi di norme hanno, per altro, alcuni momenti in comune, soprattutto per quanto concerne le cosiddette partecipazioni indirette (cfr. art. 22), la definizione della nozione di controllo (art. 23) e le sanzioni poste a tutela vuoi dell'obbligo di comunicazione vuoi degli interessi protetti attraverso l'autorizzazione (art. 24): anche questo gruppo di disposizioni sono oggetto di esame in questa sede.

Nell'ambito delle norme che disciplinano l'autorizzazione all'assunzione di partecipazione, dettate dall'art. 19 del T.U., è poi necessario distinguere le disposizioni, contenute nei primi 5 commi di quest'ultimo articolo, che regolano il potere autorizzatorio della Banca d'Italia, dalle norme contenute nei commi 6 e 7, che stabiliscono il principio della separatezza fra industria e banca, introducendo regole sottratte al potere amministrativo della stessa Banca d'Italia. Le prime dettano l'ordinamento generale della partecipazione al capitale delle società bancarie; le seconde disciplinano l'assunzione di partecipazioni da parte di soggetti, che, «anche attraverso società controllate, svolgono in misura rilevante attività d'impresa in settori non bancari né finanziari».

b) A norma del 1° comma dell'art. 19 del T.U. «la Banca d'Italia autorizza preventivamente l'acquisizione a qualsiasi titolo di azioni o quote di banche da chiunque effettuata quando comporta, tenuto conto delle azioni o quote già possedute, una partecipazione superiore al 5% del capitale della banca rappresentato da azioni o quote con diritto di voto e, indipendentemente da tale limite, quando la partecipazione comporta il controllo della banca stessa». A norma poi del 2° comma dello stesso art. 19 «la Banca d'Italia, inoltre, autorizza preventivamente le variazioni della partecipazione quando comportano partecipazioni al capitale della banca superiori ai limiti percentuali stabiliti dalla medesima Banca d'Italia e, indipendentemente da tali limiti, quando comportano il controllo della banca stessa». Come emerge chiaramente dalla lettera delle disposizioni appena riprodotte sono oggetto di autorizzazione *a*) le acquisizioni che comportino una partecipazione al capitale superiore al 5% del capitale rappresentato da azioni con diritto di voto, *b*) le variazioni di una siffatta partecipazione che superino i limiti fissati dalla Banca d'Italia, *c*) in ogni caso, e a prescindere dal superamento dei predetti limiti, le acquisizioni che comportino il controllo della banca sia nell'ipotesi in cui il soggetto non detenga già una partecipazione superiore al 5% sia nel caso in cui il soggetto detenga una partecipazione superiore a questa soglia (e la variazione della partecipazione determini, appunto, l'acquisizione del controllo della banca stessa). Il legislatore ha così individuato direttamente due soglie per le quali è richiesta l'autorizzazione: la soglia del ventesimo del capitale sociale rappresentata da azioni con diritto di voto, e la soglia della partecipazione di controllo, rimettendo alla Banca d'Italia la individuazione delle variazioni (della partecipazione superiore al 5%) da sottoporre ad ulteriore autorizzazione.

Risolvendo parecchi dei dubbi interpretativi che aveva sollevato il dettato delle norme contenute nel Titolo V della legge 287/1990[20], il T.U. si preoccupa di indicare i criteri per stabilire quando una partecipazione superi la soglia sopra determinata o comporti il controllo della banca. Così si precisa *a*) che nella quantificazione della partecipazione, ai fini di stabilire le necessità dell'autorizzazione, si deve tener conto «delle azioni o quote già possedute» (art. 19, 1° comma); *b*) che nella predetta quantificazione «si considerano anche le partecipazioni o al capitale delle banche acquisite o comunque possedute per il tramite di società controllate, di società fiduciarie o per interposta persona» (art. 22) ossia delle cosiddette «partecipazioni indirette»; e infine *c*) che «l'autorizzazione è necessaria anche per l'acquisizione del controllo di una società che detiene una partecipazione superiore al 5% del capitale rappresentato da azioni con diritto di voto di una banca o che comunque, comporta il controllo della banca stessa» (art. 19, 3° comma).

Ma i dubbi e le critiche avevano avuto ad oggetto soprattutto il concetto di controllo accolto dall'art. 27 della legge 287/1990[21]. Questa norma aveva infatti stabilito che il rapporto di controllo, ai fini dell'autorizzazione alla assunzione di partecipazioni in enti creditizi, dovesse considerarsi esistente «anche quando un solo socio, o più soci attraverso la partecipazione a un sindacato di voto — nel qual caso ciascuno di essi è considerato controllante — possiedono più di un quarto del numero totale delle azioni ordinarie o delle quote ovvero più di un decimo se si tratta di società con azioni quotate in borsa, sempreché non sussista un socio o un altro sindacato di voto formato da altri soci con mag-

[20] In proposito M. Montefiori, *L'acquisizione di partecipazioni negli enti creditizi*, in «Banca impresa soc.», 1993, p. 145.

[21] V. in proposito R. Alessi, in R. Alessi-G. Olivieri, *La disciplina della concorrenza e del mercato*, Torino, Giappichelli, 1991, pp. 153 ss.; R. Costi, *I sindacati di voto nella legislazione più recente*, in «Giur. Comm.», 1992, I, pp. 25 ss.; M. Lamandini, *Appunti in tema di controllo congiunto*, in «Giur. Comm.», 1993, I, pp. 223 ss.; P. Marchetti, *Note sulla nozione di controllo nella legislazione speciale*, in «Riv. società», 1992, p. 31.

gior numero complessivo di azioni ordinarie o di quote o che disponga altrimenti del controllo sulla società». Al di là delle incertezze interpretative dovute alla sua infelice stesura, la norma finiva per attribuire a tutti i componenti di un «sindacato di controllo» la qualità di controllante, estendendo in modo insensato l'ambito delle autorizzazioni e dei divieti.

E proprio su questo punto la norma aveva ricevuto una riscrittura razionalizzatrice nell'art. 16 del D.Lgt. 481/1992, il cui 2° comma precisava che «il controllo si considera esistente, salvo prova contraria in capo al soggetto che, in base ad accordi con altri soci, ha il diritto di nominare o revocare la maggioranza degli amministratori, ovvero dispone della maggioranza dei voti esercitabili nell'assemblea ordinaria». In questo modo il controllo tramite sindacato di voto veniva ricondotto alla sua ragionevole rilevanza: controllanti non venivano considerati più tutti gli appartenenti al sindacato ma solo colui che attraverso il sindacato avesse acquisito influenza dominante nell'assemblea ordinaria, e sempreché ovviamente ciò fosse accaduto.

Per altro, anche nella nuova versione, la nozione di controllo non emergeva in modo sufficientemente chiaro, perché si stabiliva che il controllo doveva considerarsi esistente anche in tutta un'altra serie di situazioni (previste dall'art. 26 del D.Lgt. 356/1990) che in larga misura si sovrapponevano ed assorbivano le ipotesi di controllo da sindacato. Anche queste incertezze dovrebbero ora diradarsi di fronte alla nozione di controllo adottata dal T.U. L'art. 23 di quest'ultimo, dopo aver stabilito, nel 1° comma, che «il controllo sussiste, anche con riferimento a soggetti diversi dalla società, nei casi previsti dall'art. 2359, comma primo e secondo, del Codice civile», precisa, nel secondo comma, che «il controllo si considera esistente nella forma dell'influenza dominante, salvo prova contraria, allorché ricorra una delle seguenti situazioni:

1) esistenza di un soggetto che, in base ad accordi con altri soci, ha il diritto di nominare o revocare la maggioranza degli amministratori ovvero dispone da solo della maggioranza dei voti esercitabili nell'assemblea ordinaria;

2) possesso di una partecipazione idonea a consentire la nomina o la revoca della maggioranza dei membri del consiglio di amministrazione;

3) sussistenza di rapporti, anche tra soci, di carattere finanziario e organizzativo idonei a conseguire uno dei seguenti effetti:

a) la trasmissione degli utili o delle perdite;

b) il coordinamento della gestione dell'impresa con quella di altre imprese ai fini del perseguimento di uno scopo comune;

c) l'attribuzione di poteri maggiori rispetto a quelli derivanti dalle azioni o dalle quote possedute;

d) l'attribuzione a soggetti diversi da quelli legittimati in base all'assetto proprietario di poteri nella scelta di amministratori e dei dirigenti delle imprese;

4) assoggettamento a direzione comune, in base alla composizione degli organi amministrativi o per altri concordanti elementi».

Come si può notare, la norma recepisce la nozione di controllo dettata dall'art. 2359 del Codice civile ed introduce poi una serie di ipotesi che concretizzano una presunzione semplice di influenza dominante (e fra queste rientra anche quella realizzata attraverso sindacati di voto).

c) Il T.U. ha cura anche di precisare i criteri ai quali la Banca d'Italia deve attenersi nel valutare le richieste di autorizzazione: l'art. 19, 5° comma, stabilisce infatti che «la Banca d'Italia rilascia l'autorizzazione ove ricorrano condizioni atte a garantire una gestione sana e prudente della banca», precisando anche che «l'autorizzazione può essere sospesa o revocata, quando emergano circostanze in presenza delle quali l'acquisizione, in via di perfezionamento o già effettuata, metta in pericolo la sana e prudente gestione della banca».

d) Si prevede infine che se alle operazioni di acquisizione «partecipano soggetti appartenenti a Stati extracomunitari che non assicurano condizioni di reciprocità, la Banca d'Italia comunica la domanda di autorizzazione al Ministro per il Tesoro, su proposta del quale il Presidente del Consiglio dei Ministri può vietare l'autorizzazione» (cfr. art. 19, 8° comma del T.U.).

e) La mancata richiesta o il mancato rilascio dell'autorizzazione non incide sulla validità o sull'efficacia del negozio di acquisizione (e tanto meno dell'eventuale operazione di fusione o scissione che determini il superamento delle soglie che richiedono il provvedimento autorizzatorio): comporta (cfr. art. 24, T.U.) la sospensione del diritto di voto per le azioni per la cui acquisizione è necessaria l'autorizzazione (o per la quale la stessa sia stata sospesa o revocata) e la conseguente impugnabilità (anche da parte della Banca d'Italia) delle deliberazioni assunte con il voto marginale delle medesime azioni.

f) Come si accennava la disciplina appena illustrata concerne l'acquisizione delle partecipazioni durante societate; la norma dell'art. 14, 1° comma, lett. *d*) dalla quale abbiamo preso le mosse stabilisce che l'autorizzazione all'esercizio dell'attività bancaria viene rilasciata quando «sussistano i presupposti per il rilascio dell'autorizzazione prevista dall'art. 19». La Banca d'Italia, in sede di autorizzazione all'esercizio dell'attività bancaria, dovrà, dunque, accertare se l'acquisizione, da parte dei soci fondatori, di partecipazioni superiori alle soglie previste dell'art. 19 sia compatibile con la sana e prudente gestione della futura banca. L'autorizzazione indebitamente ottenuta per una erronea rappresentazione della realtà sul punto non comporterà, tuttavia, la invalidità della partecipazione e, tantomeno, la revoca dell'autorizzazione alla costituzione: determinerà, come avviene per le analoghe ipotesi che si verifichino durante societate, la sospensione del diritto di voto per le azioni per le quali l'autorizzazione sia stata indebitamente rilasciata.

9.3. La separatezza fra industria e banca

a) Tra i presupposti necessari per l'autorizzazione all'esercizio dell'attività bancaria debbono essere ricompresi anche quelli relativi alla disciplina dei rapporti fra industria e banca, disciplinati come abbiamo ricordato dai commi 6° e 7° dell'art. 19 del T.U. Questo il tenore delle due disposizioni: «I soggetti che, anche attraverso società controllate, svolgono in misura rilevante attività d'impresa in settori non bancari né finanziari non possono essere autorizzati ad acquisire azioni o quote che comportano, unitamente a quelle già possedute, una partecipazione superiore al 15% del capitale di una banca, rappresentato da azioni o quote con diritto di voto o, comunque, il controllo della banca stessa» (6° comma). «La Banca d'Italia nega o revoca l'autorizzazione in presenza di accordi, in qualsiasi forma conclusi, da cui derivi durevolmente, in capo a soggetti indicati nel comma 6 una rilevante concentrazione di potere per la nomina o la revoca della maggioranza degli amministratori della banca, tale da pregiudicare la gestione sana e prudente della banca stessa» (7° comma).

Il T.U. sancisce così il principio della separatezza fra industria e banca.

La disciplina dei rapporti fra imprese non finanziarie e banche costituisce uno dei tratti caratterizzanti di un ordinamento bancario e spesso gli ordinamenti dei vari sistemi bancari si caratterizzano proprio per le scelte operate su questo tema[22]. Anzi, la disciplina di quei rapporti finisce spesso per costituire una caratteristica essenziale per individuare il modello al quale si ispira l'intero sistema economico.

È quindi inevitabile, anche in questa sede, qualche riflessione non strettamente limitata ad illustrare la soluzione che sul punto è stata adottata dal T.U.

Ci occuperemo, per altro, solo di uno dei due profili nei quali si articola la relativa problematica: quello connesso con la partecipazione delle imprese non finanziarie al capitale delle banche, mentre rinvieremo l'analisi dell'altro, che riguarda la partecipazione delle banche nelle imprese non finanziarie, alle pagine dedicate alla vigilanza regolamentare.

L'autonomia dei due profili è abbastanza evidente; basti in proposito constatare che il problema della partecipazione delle banche nelle imprese si pone anche quando la forma della banca (perché costituita in società cooperativa o come ente pubblico a struttura di fondazione), impedisce che si ponga un problema di controllo delle imprese non finanziarie sulla banca stessa. Anche se, come avremo modo di sottolineare, il fine ultimo perseguito nel disciplinare i due profili e soprattutto nel porre vincoli ai reciproci controlli, è sostanzialmente lo stesso: consentire alle banche di svolgere fino in fondo la propria funzione di scrutinatori del merito di credito dei soggetti finanziati, o, che è lo stesso, garantire la «sana e prudente» gestione della banca medesima. Nell'approfondire i problemi della disciplina dei rapporti industria-banca è

[22] Per un quadro comparato dei vari ordinamenti v. i contributi contenuti in *The separation of industry and finance and the specialization of financial institutions*, a cura di A. Porta, Milano, Egea, 1990.

necessario anche tenere distinte le ipotesi in cui l'industria acquisti il controllo della banca da quella in cui la prima — pur acquisendo partecipazioni nella seconda — non ne assuma il controllo. Solo nel primo caso, infatti, la banca diventa una «sezione bancaria» di un'impresa industriale, così come solo nel caso in cui la banca acquisti il controllo di un'industria, quest'ultima diventa una «sezione industriale» di un'impresa bancaria, con tutte le conseguenze in termini di potere e, quindi, di conflitto di interessi, che il controllo comporta[23].

E, come vedremo, questa distinzione fra partecipazioni di controllo e partecipazioni non di controllo assume grande rilievo nell'ambito della disciplina dettata dal T.U. in tema di partecipazione delle imprese non finanziarie al capitale delle banche (come anche a proposito della partecipazione delle seconde al capitale delle prime).

b) Fino all'entrata in vigore delle norme dettate dalla legge 287/1990 (poi riscritte dal T.U.) il nostro ordinamento legislativo non aveva introdotto alcuna regolamentazione di quel rapporto, consentendo quindi anche che le industrie acquisissero il controllo delle banche. Nessuna norma era contenuta nella legge bancaria del 1926, sotto il cui impero, anzi, si realizzarono sistematiche scalate alle banche da parte delle industrie.

Si pensi alla Banca Commerciale Italiana e al Credito Italiano. Le industrie ne acquisirono il controllo e successivamente riuscirono sia a recuperare i mezzi finanziari utilizzati per le scalate sia a far sostenere dalle banche i corsi azionari delle proprie società sia, e soprattutto, ad imporre alle banche stesse di comprarsi azioni rappresentative del loro capitale quando sopravvenne il crollo bancario. In quel momento il 93% del capitale della Banca Commerciale e del Credito Italiano erano in mano di società possedute dalle stesse banche[24].

Nonostante questa bruciante esperienza, la legge bancaria del 1936-38, mentre disciplina — sia pure attraverso la semplice attribuzione di un potere di controllo alla Banca d'Italia — la partecipazione delle banche nelle imprese, lascia completamente all'autonomia contrattuale la regolamentazione del rapporto industria-banca.

In realtà, l'importanza pratica del problema rimane piuttosto limitata fino alla prima metà degli anni ottanta sia perché la massima parte delle banche aveva forma o di ente pubblico fondazionale o di società cooperativa (forme che rendevano impossibili una qualsiasi forma di controllo «azionario») sia perché l'industria non aveva le capacità finanziarie necessarie per porsi seriamente il problema del controllo sulle banche. Nella seconda metà degli anni ottanta il problema comincia a porsi in termini più urgenti per le accresciute disponibilità e vocazioni finanziarie delle industrie: perché la caduta del blocco delle autorizza-

[23] Sul punto v. P. Biffis, *La banca universale italiana*, in «Il risparmio», 1993, pp. 1 ss.

[24] Cfr. P. Saraceno, *Salvataggi bancari e riforme negli anni 1922-1936*, in *Banca e industria fra le due guerre*, vol. II, *Le riforme istituzionali e il pensiero giuridico*, Bologna, Il Mulino, 1991, p. 44.

zioni all'esercizio dell'attività bancaria esponeva il mercato bancario alla costituzione di nuove imprese bancarie in forma societaria e, infine, perché verso l'adozione di questa forma organizzativa sembrava orientarsi l'intero sistema delle banche pubbliche.

Una prima risposta a queste sollecitazioni viene data attraverso un provvedimento amministrativo, in verità di dubbia legittimità[25]. Con deliberazione 20 marzo 1987[26] il Comitato per il credito ed il risparmio «considerato che la separatezza fra banca e imprese non bancarie costituisce uno dei criteri ispiratori dell'ordinamento bancario», impartiva alla Banca d'Italia la direttiva di «tener conto, nell'esercizio dei poteri di autorizzazione alla costituzione di nuove società, dell'esigenza di prevenire posizioni dominanti nel capitale degli enti creditizi in forma di società per azioni o a responsabilità limitata quando le iniziative di costituzione provengano da soggetti che direttamente o indirettamente abbiano interessi imprenditoriali in settori non finanziari».

Si trattava, evidentemente, di una risposta insufficiente, tanto più che si avvicinava il momento della concreta ed effettiva libertà di accesso al mercato bancario, della effettiva trasformazione delle banche pubbliche in società per azioni e, da ultimo, della possibilità (poi introdotta dal D.Lgt. 481/1992) che anche le Banche popolari assumessero quest'ultimo modello organizzativo. La risposta effettiva venne dalla legge 287/1990, il cui art. 27, 6° comma, statuiva che «i soggetti diversi dagli enti creditizi e dagli enti o società finanziari» non potevano essere autorizzati ad acquisire, in un ente creditizio, «una partecipazione superiore al quindici per cento del capitale dello stesso o l'assunzione del controllo di esso» (fornendo poi la nozione di controllo già ricordata)[27].

La norma veniva poi riscritta dall'art. 16 del D.Lgt. 481/1992 e riprodotta, testualmente, dai commi 6° e 7° dell'art. 19 del T.U. sopra riprodotti.

c) La disciplina oggi vigente preclude dunque ai «soggetti che, anche attraverso società controllate, svolgono in misura rilevante attività d'impresa in settori non bancari né finanziari di acquisire partecipazioni al capitale delle banche superiori al 15 per cento o di controllo» (nozione che abbiamo già definito descrivendo la disciplina dell'autorizzazione per le acquisizioni consentite).

I destinatari del divieto non sono più i soggetti «diversi dagli enti creditizi e finanziari» (come nella legge 287/1990), ma «i soggetti che svolgono attività d'impresa», ossia gli imprenditori, quando la loro attività venga svolta «in misura rilevante» in settori non bancari né finan-

[25] Ma v. F. Belli, *Note a margine della nuova normativa di vigilanza sul rapporto banca industria*, in «Diritto banc. mercato fin.», 1988, I, pp. 472 ss. Sul punto anche M. Porzio, *I rapporti banca impresa nella normativa vigente*, in «Rass. Econ.», 1987, p. 917.

[26] In «Boll. della Banca d'Italia. Vigilanza sulle aziende di credito», n. 99, p. 14.

[27] V. in proposito F. Belli-V. Santoro, *Il titolo V della legge antitrust: norme in materia di partecipazione al capitale di enti creditizi*, in «Dir. banca e merc. fin.», 1992, I, pp. 279 ss.

ziari. E il CICR, con deliberazione del 19 aprile 1933[28] ha stabilito che dovrà considerarsi non rilevante l'attività industriale quando «la somma degli attivi delle società non creditizie e non finanziarie non ecceda il 15% della somma degli attivi del soggetto richiedente e di tutte le società da esso controllate».

La deliberazione del Comitato non chiarisce cosa debba intendersi per attività finanziarie, ma nell'ambito delle stesse dovranno sicuramente ricomprendersi tutte quelle «ammesse al mutuo riconoscimento ai sensi dell'art. 1, 2° comma lett. *f*) del Testo Unico». Alle attività finanziarie viene «assimilata» dalla deliberazione del CICR, e secondo un indirizzo adottato anche in sede di interpretazione dall'art. 27 della legge 287/1990, l'attività assicurativa[29].

d) Ma quelli appena descritti non sono gli unici divieti imposti ai soggetti con rilevante «tasso» di attività non finanziaria: la Banca d'Italia deve infatti negare (e, se l'ha concessa, deve revocare) l'autorizzazione in presenza di accordi che, pur non determinando, da parte di alcuno di essi, l'acquisizione del controllo della banca (o, come probabilmente, si dovrebbe aggiungere, una partecipazione superiore al 15%), attribuiscano ai medesimi, «durevolmente» «una rilevante concentrazione di potere per la nomina o la revoca della maggioranza degli amministratori»; sempreché la predetta concentrazione di potere sia «tale da pregiudicare la gestione sana e prudente della banca stessa».

Sembra veramente superiore a qualunque capacità interpretativa cercare di imprigionare la «fluidità» di questa disposizione (voluta dal Parlamento in sede di parere sul Testo poi trasfuso nel D.Lgt. 481/1992). Non resta che attendere le «disposizioni attuative» che la Banca d'Italia, in conformità delle deliberazioni del CICR dovrà emanare anche su questo punto (cfr. art. 19, 9° comma).

e) Il superamento delle soglie così fissate alla partecipazione dei soggetti con rilevante presenza non finanziaria comporta non solo la sospensione del diritto di voto, per la parte eccedente il limite e con le conseguenze già ricordate in ordine alla impugnabilità della deliberazione assembleare, ma anche l'obbligo di alienazione della stessa parte eccedente entro i termini stabiliti dalla Banca d'Italia.

E «in caso di inosservanza di tale obbligo il tribunale, su richiesta della Banca d'Italia, ordina la vendita delle azioni o delle quote» (art. 24, 3° comma del T.U.).

f) Anche in sede di autorizzazione all'esercizio dell'attività bancaria la Banca d'Italia dovrà accertare che i soggetti che svolgono attività non finanziaria non assumano partecipazioni loro vietate dall'art. 19. Ma, ancora una volta, un'autorizzazione concessa in violazione di quest'ultima norma, non comporterà la revoca dell'autorizzazione all'esercizio dell'attività e tanto meno la nullità della società bancaria, determi-

[28] In Banca d'Italia, *Istruzioni di vigilanza*, cap. XLVII.

[29] V. R. Costi, *Il gruppo bancario assicurativo: il quadro istituzionale*, in «Banca impresa soc.», 1991, pp. 179 ss.

nandosi esclusivamente la sospensione del diritto di voto del socio indebitamente autorizzato e l'obbligo di alienazione della partecipazione «esuberante».

10. La professionalità e l'onorabilità degli esponenti bancari

L'art. 14, 1° comma lett. *e*) del T.U. indica, infine, fra le condizioni per il rilascio dell'autorizzazione all'esercizio del credito il fatto che «i soggetti che svolgono funzioni di amministrazione, direzione e controllo abbiano i requisiti di professionalità e di onorabilità» previsti dal successivo art. 26 e «stabiliti con regolamento del Ministro per il Tesoro, sentita la Banca d'Italia» (cfr. art. 26, 1° comma).

La norma trova il proprio fondamento comunitario nell'art. 3 della direttiva 77/780 che, dopo aver indicato fra le condizioni per l'autorizzazione all'esercizio dell'attività bancaria «la presenza di almeno due persone che determinino effettivamente l'orientamento dell'attività dell'ente creditizio», precisava: «le autorità creditizie dei paesi membri non concedono l'autorizzazione quando [tali] persone non possiedono l'onorabilità necessaria o l'esperienza adeguata per esercitare tali funzioni».

Il D.P.R. 350/1985, dando attuazione al precetto comunitario appena ricordato, individuava, con presunzione assoluta e valida per tutti gli enti creditizi a prescindere dalla loro struttura e dalla loro natura, due uffici capaci di determinare effettivamente l'orientamento dell'attività dell'ente: quello di Presidente del consiglio di amministrazione e quello di Direttore generale (art. 2, 1° e 3° comma), fissando per i relativi titolari non solo requisiti di onorabilità, ma anche di esperienza, diversamente determinati per la Presidenza e per la Direzione dell'ente. Quel decreto, tuttavia, era andato oltre questa statuizione, che pur avrebbe soddisfatto il principio dei «quattro occhi» accolto dalla direttiva, stabilendo, opportunamente, che i requisiti di professionalità, oltre che di onorabilità, dovessero essere posseduti anche dall'amministratore delegato e dai «membri di organi collegiali ai quali siano attribuiti poteri in materia di concessione del credito» (art. 2, 2° comma).

Il legislatore delegato del 1985 individuava poi, per il Presidente, l'amministratore delegato e i membri dei collegi dotati di poteri in materia di credito, i requisiti di esperienza nell'avvenuto esercizio, per almeno un triennio: «*a*) di una attività di amministrazione, direzione e controllo presso società ed enti del settore creditizio, finanziario o assicurativo ovvero di funzioni dirigenziali in pubbliche amministrazioni aventi attinenza con i predetti settori; *b*) di un'attività di amministrazione, direzione o controllo in enti pubblici o imprese pubbliche e private aventi dimensioni adeguate a quelle dell'ente creditizio presso il quale la carica deve essere ricoperta; *c*) di attività professionali in materia attinente al settore creditizio, finanziario o assicurativo o attività di insegnamento universitario in materie giuridiche ed economiche».

Mentre per la carica di Direttore generale era richiesto «il possesso di una specifica competenza professionale acquisita in materia creditizia, finanziaria o assicurativa attraverso esperienze di lavoro in posizioni di adeguata responsabilità per un periodo non inferiore al quinquennio».

Un'unica e limitata eccezione a questa regola era stata introdotta per le Casse rurali e le «piccole» Banche popolari (con non più di tre sportelli) nelle quali si consentiva (art. 3) che il Presidente potesse provenire non solo da esperienze di amministrazione o direzione in imprese cooperative (il che poteva ancora trovare una pacifica spiegazione nella natura di imprese delle stesse) ma, in genere, «dal settore della cooperazione o da enti di carattere mutualistico», valorizzando così la funzione mutualistica dell'ente.

La professionalità richiesta agli amministratori e alla dirigenza generale veniva desunta dal pregresso esercizio sufficientemente prolungato di un'attività «significativa», senza tener in alcun conto la capacità o la diligenza dimostrata e i risultati ottenuti.

L'unico limite in questa direzione era costituito dal fatto che veniva considerato (art. 4) impedimento all'assunzione delle predette cariche l'essere stati amministratori o direttori generali di imprese bancarie o assicurative e di società di gestione di fondi comuni mobiliari sottoposte a liquidazione coatta amministrativa o amministrazione straordinaria nei due anni precedenti i relativi provvedimenti ministeriali. Il decreto delegato del 1985 prevedeva poi il requisito della onorabilità non solo nelle persone titolari di uffici capaci di influire sull'orientamento dell'ente (e per i quali richiedeva pure la necessaria esperienza), ma anche in altri soggetti ritenuti, per altro, incapaci di influire su tale orientamento (perché altrimenti avrebbero dovuto possedere anche la necessaria professionalità). Più esattamente, il requisito della onorabilità veniva preteso per tutti coloro che ricoprissero le cariche comunque denominate, di amministratori e di sindaci.

Il requisito della onorabilità infine era considerato esistente quando l'esponente bancario non fosse incorso in una sentenza di condanna o in una misura di prevenzione per particolari reati (bancari, societari, fallimentari) (cfr. art. 5 D.P.R. 350/1985).

La disciplina introdotta dal D.P.R. 350/1985 e appena illustrata è stata profondamente modificata dal D.Lgt. 481/1992, almeno per quanto concerne la fonte della stessa. Il T.U. ha poi integralmente accolto le soluzioni adottate da quest'ultimo provvedimento.

Anche sul punto si è realizzato, infatti, un incisivo intervento di delegificazione: la individuazione dei requisiti di esperienza e di onorabilità e una loro eventuale modulazione con riferimento alle diverse cariche o ai diversi tipi di enti creditizi sono state interamente rimesse al regolamento del Ministro per il Tesoro, precisando che lo stesso regolamento dovrà stabilire quando il difetto o la perdita dei predetti requisiti comporti la decadenza dalla carica (T.U., art. 26, 2° comma) o la sospensione dalla stessa (T.U., art. 26, 3° comma).

Merita, tuttavia, di essere sottolineato, anche a proposito di questa condizione per il rilascio dell'autorizzazione, che la mancanza dei requisiti di onorabilità e di professionalità degli esponenti non determina nessun effetto, sull'ente creditizio in quanto tale, ma unicamente la decadenza o la sospensione dell'esponente medesimo dalla carica.

Decadenza o sospensione che debbono essere dichiarate dal Consiglio di amministrazione dell'ente medesimo, ed in mancanza, dalla Banca d'Italia (T.U., art. 26, 2° comma).

11. Mancanza dell'autorizzazione ed «esistenza» della banca

La mancanza anche di una soltanto delle condizioni appena illustrate porterà normalmente al diniego dell'autorizzazione. Il che è sicuramente vero per la forma societaria richiesta, per il capitale minimo, per la presentazione del programma e dello statuto, per i requisiti di onorabilità e professionalità degli esponenti aziendali, mentre potrebbe non esserlo per i requisiti di onorabilità dei soci influenti e per i requisiti che gli stessi debbono presentare ai sensi dell'art. 19 del T.U., dal momento che il legislatore prevede per la mancanza di tali requisiti la sospensione del diritto di voto e l'obbligo di alienazione (T.U., art. 24).

Il successivo venir meno di uno qualsiasi di quei requisiti (la forma societaria non potrà venir meno essendo la trasformazione subordinata all'autorizzazione dell'organo di vigilanza) non comporta, per altro, la revoca dell'autorizzazione, ma determina soltanto gli effetti che già abbiamo potuto constatare illustrando le singole condizioni dell'autorizzazione: la decadenza o la sospensione degli esponenti aziendali, la sospensione del voto dei soci disonoranti, l'obbligo di alienazione delle partecipazioni «esuberanti» detenute da soggetti non creditizi e non finanziari.

Dalla constatazione che il successivo venir meno dei predetti requisiti non comporta la revoca dell'autorizzazione si può trarre argomento per ritenere, come già accennato in precedenza, che neppure la mancanza originaria degli stessi comporti la revoca dell'autorizzazione, pur dovendosi ammettere che la stessa fu indebitamente rilasciata. Dalla disciplina dettata per l'ipotesi in cui vengano successivamente meno i requisiti per l'autorizzazione sembra emergere, con evidenza, la necessità di conservazione dell'ente creditizio anche quando siano mancati originariamente tali requisiti, purché gli stessi si concretizzino successivamente nei modi e nei tempi stabiliti dalle relative discipline[30].

[30] L'aver constatato che l'autorizzazione all'esercizio del credito può intervenire anche dopo la costituzione dell'ente esclude che la stessa debba essere sempre considerata come elemento della organizzazione dell'ente e consente di ricomprenderla fra le autorizzazioni previste dall'art. 2084 come «condizione per l'esercizio dell'impresa» (cfr. L. Riva Sanseverino, *Del lavoro*, in *Commentario del codice civile*, a cura di A. Scialoja e G. Branca, Bologna-Roma, Zanichelli-Foro it., 1977^5, p. 2084), la cui mancanza può rendere «illecita» l'impresa ma non comporta necessariamente la nullità della società (cfr. per una diversa impostazione N. Salanitro, *Le banche e i contratti bancari*, in *Trattato di dir. civ.*, diretto da F. Vassalli, Torino, UTET, 1983, p. 19).

Le soluzioni dettate per il difetto, originario o successivo, dei requisiti necessari per l'autorizzazione offrono elementi di giudizio molto importanti per stabilire quali siano gli effetti che determina, sull'esistenza dell'ente, la mancanza stessa dell'autorizzazione. Ovviamente, ipotizzandosi che, in violazione dell'art. 14, 3° comma del T.U., l'atto costitutivo sia stato omologato ed iscritto nel registro delle imprese nonostante la mancanza del provvedimento di autorizzazione all'esercizio dell'attività bancaria.

È certo, anzitutto, che quest'ultima norma individua nell'autorizzazione alla costituzione non un presupposto di validità[31] dell'atto costitutivo ma un presupposto per la sua omologazione ed è proprio in questa prospettiva che debbono essere individuati gli effetti che la mancanza della prescritta autorizzazione determina sulla esistenza della società.

Una parte degli scrittori esclude, in generale, che la mancanza della autorizzazione amministrativa richiesta per la costituzione di una società per azioni, realizzi una causa di nullità della società ai sensi dell'art. 2332 Cod. civ., dal momento che tale norma non ricollega la nullità della società alla mancanza delle autorizzazioni previste dall'art. 2329, e sul presupposto che la causa di nullità prevista dal 1° comma, n. 3 del medesimo art. 2332 («inosservanza delle disposizioni di cui all'art. 2330 relative al controllo preventivo») sia ravvisabile solo nel caso in cui sia mancato il giudizio di omologazione (o l'ordine di iscrizione) o quando lo stesso si sia svolto senza il rispetto delle norme procedurali che lo regolano[32].

Secondo un'altra parte della dottrina, invece, la mancanza delle autorizzazioni richieste dall'art. 2329 Cod. civ. costituirebbe una causa di nullità della società o perché tali autorizzazioni rappresenterebbero un momento essenziale del procedimento[33] o perché, in ogni caso, la loro mancanza determinerebbe la nullità della società per illiceità o

[31] Sosteneva questa tesi nel vigore dell'art. 28 l.b. G.C.M. Rivolta, *La società a responsabilità limitata*, in *Trattato di diritto civile e commerciale*, diretto da A. Cicu, F. Messineo e L. Mengoni, Milano, Giuffrè, 1982, p. 119, argomentando dal fatto che l'autorità di vigilanza può determinare di volta in volta l'ammontare del capitale minimo e dalla presenza della distinta autorizzazione alle operazioni, considerata come strumento per controllare la conformità dell'atto costitutivo sottoposto ad omologazione a quello autorizzato. Il primo argomento non conferma una siffatta opinione perché anche ammesso, contrariamente alla prassi, che l'autorità di vigilanza determini l'ammontare del capitale «volta per volta», la norma non sarebbe privata di rilevanza per il solo fatto di limitarsi a controllare se l'atto costitutivo preveda un capitale sufficiente. D'altro canto, la presenza della seconda autorizzazione (oggi non più richiesta) non postula che l'autorizzazione alla costituzione sia un presupposto di validità del contratto.

[32] Così C. Angelici, *La società nulla*, Milano, Giuffrè, 1975, p. 416; A. Borgioli, *La nullità della società per azioni*, Milano, Giuffrè, 1977, p. 239, nonché, per le società bancarie, Cass., 6 maggio 1972, n. 1379, in «Banca borsa e tit. cred.», 1972, II, p. 334.

[33] Così E. Bocchini, *I vizi della costituzione e la «nullità della società per azioni»*, Napoli, Morano, 1977, p. 218 e F. Galgano, *La società per azioni*, in *Trattato di diritto commerciale e diritto pubblico dell'economia*, diretto da F. Galgano, vol. VII, Padova, CEDAM, 1984, p. 102.

contrarietà all'ordine pubblico dell'oggetto sociale (art. 2332, 1° comma, n. 4)[34].

Senza poter qui riesaminare, in generale, il problema della rilevanza delle autorizzazioni governative sulla costituzione della società, sembra sussistano argomenti per ritenere che, per quanto concerne le società bancarie, la mancanza dell'autorizzazione della Banca d'Italia non comporta la nullità della società. In primo luogo appare difficile ammettere che nel caso in esame l'oggetto sociale sia illecito o contrario all'ordine pubblico se si tien conto che tali vengono considerate normalmente solo le attività che oggettivamente si pongono in contrasto con i valori fondamentali dell'ordinamento e non anche quelle il cui esercizio, proprio per la loro rilevanza sociale intrinseca, è subordinato all'autorizzazione della Pubblica Amministrazione. La singolarità della tesi qui criticata risulta poi confermata dal fatto che la tutela degli interessi perseguiti attraverso l'autorizzazione non richiede anche la dichiarazione di nullità della società, essendo gli stessi già garantiti dalla possibilità, riconosciuta dal nostro ordinamento, che le autorità creditizie dispongano la liquidazione coatta della società senza passare attraverso l'accertamento della sua nullità[35].

Una volta escluso che nel caso di specie la società possa considerarsi nulla per illiceità dell'oggetto, l'unica possibilità di pervenire alla dichiarazione di nullità passa attraverso l'applicazione della norma dell'art. 2332, 1° comma, n. 3 (inosservanza delle disposizioni relative al controllo preventivo). E sul punto è possibile, in aggiunta agli argomenti che adducono gli autori ad avviso dei quali solo la mancanza dei momenti essenziali di quel procedimento consentirebbe di pervenire alla nullità della società, rilevare che il sancire la nullità della società per mancanza dell'autorizzazione alla costituzione sembra contrastare con il principio, legislativamente accolto già dal D.P.R. 350/1985 e ribadito dal D.Lgt. 481/1992 e dal T.U. del 1993, secondo il quale un'autorizzazione concessa in assenza dei requisiti stabiliti dalla legge non solo non comporta la nullità della società ma non rende necessaria neppure la revoca dell'autorizzazione.

Un trattamento così differenziato fra l'ipotesi di un'«autorizzazione viziata» e quella di un'«autorizzazione mancata» non sembra, infatti, trovare adeguato fondamento nella disciplina vigente. Anche ammesso,

[34] Sul punto A. Borgioli, *op. cit.*, p. 415 e A. Magazzu, *Osservazioni sulla nullità delle società che esercitano il credito*, in «Banca borsa e tit. cred.», 1973, II, p. 504 e Cass., 7 ottobre 1972, n. 2913, in «Banca borsa e tit. cred.», 1973, II, p. 321.

[35] Nell'ipotesi in cui l'autorità giudiziaria accerti la «nullità della società» (bancaria) la stessa non potrebbe comunque disporre la liquidazione, almeno secondo il convincimento della giurisprudenza (Cass. SS.UU., 19 luglio 1974, n. 2176, in «Giur. comm.», 1975, II, p. 19; Cass., 7 novembre 1973, n. 2908, in «Giur. it.», 1974, I, 1, c. 1760 e Cass., 7 ottobre 1972, n 2913, in «Giust. civ.», 1973, I, p. 670 con nota di C. Giannattasio), essendo il relativo potere riservato alle autorità creditizie che dovrebbero disporre la liquidazione coatta amministrativa dell'ente (sul punto si veda N. Salanitro, *op. cit.*, p. 201).

quindi, che, in linea generale, la mancanza delle autorizzazioni previste dall'art. 2329 Cod. civ. possa essere considerata come causa di nullità delle società, la stessa conclusione non sembra accettabile per le società bancarie, in considerazione della peculiarità degli effetti che l'ordinamento bancario ricollega ai vizi che possono inficiare l'autorizzazione alla costituzione delle medesime. È bene, tuttavia, aggiungere che anche per chi ritenesse che la mancanza della autorizzazione possa essere considerata causa di nullità della società, riuscirebbe difficile non applicare, almeno in via analogica, l'ultimo comma dell'art. 2332, a norma del quale «la nullità non può essere dichiarata quando la causa di essa è stata eliminata». Le esigenze di conservazione della società, espresse da quest'ultima disposizione, insieme alle esigenze di conservazione tipiche dell'ente creditizio recepite dalla disciplina dettata per l'ipotesi in cui l'autorizzazione sia stata rilasciata in assenza dei necessari presupposti, sollecitano ad escludere una soluzione che ricolleghi, come conseguenza necessaria, la liquidazione della società alla mancanza di autorizzazione.

Dalle considerazioni fin qui svolte dovrebbe dunque desumersi che in presenza di una società bancaria costituitasi senza la necessaria autorizzazione le autorità creditizie potranno bensì disporre la liquidazione coatta amministrativa ma, su richiesta della società, potranno anche concedere l'autorizzazione all'esercizio dell'attività bancaria.

E si tratta di una soluzione che, nel rispetto degli interessi tutelati attraverso le norme che subordinano l'esercizio dell'attività bancaria all'autorizzazione della Banca d'Italia, sembra evitare la dispersione di un organismo imprenditoriale, in ipotesi capace sul piano strutturale e patrimoniale di esercitare l'attività bancaria nel rispetto dei principi fissati dall'ordinamento di questo settore economico[36].

12. La condizione giuridica dell'impresa bancaria non autorizzata

Le considerazioni svolte nei paragrafi precedenti con riferimento all'autorizzazione all'esercizio del credito, rilasciata sotto forma di autorizzazione alla costituzione, consentono di impostare in termini abbastanza piani il problema, che ha spesso affaticato la dottrina italiana,

[36] Le conclusioni raggiunte nel testo escludono che l'autorizzazione possa essere considerata come elemento essenziale per l'esistenza dell'ente, anche con riferimento alla sua capacità. La dottrina che accoglie questa tesi (A. Nigro, *Banche private e banche pubbliche*, cit., pp. 57 ss.) ritiene che gli enti creditizi trovino nell'autorizzazione un limite alla loro capacità, da considerarsi pertanto speciale, con la conseguente nullità degli atti *ultra vires.* La tesi, smentita in linea generale dalle considerazioni sopra formulate, è esplicitamente contrastata dall'art. 2384-*bis* Cod. civ., sicuramente applicabile anche alle società bancarie, a norma del quale la estraneità di un atto all'oggetto non è opponibile ai terzi nell'ipotesi in cui questi siano in buona fede, ribadendo così il principio della capacità generale delle società (si veda per tutti G. Ferri, *Le società*, in *Trattato di dir. civ.*, diretto da F. Vassalli, Torino, UTET, 1985^2, pp. 525 ss.).

della disciplina da applicare nei confronti delle imprese bancarie non autorizzate[37].

Tale problema, a dire il vero, si è posto normalmente con riferimento ad imprese che, dopo aver esercitato senza autorizzazione un'attività che presentava le caratteristiche tipiche dell'attività bancaria, versavano in stato di insolvenza e si risolveva nel chiedersi se tali imprese, insolventi, dovessero essere sottoposte alla disciplina speciale prevista per le imprese bancarie autorizzate (liquidazione coatta amministrativa) o a quella di diritto comune (dichiarazione di fallimento). Quest'ultimo problema, come avremo modo di chiarire discorrendo della crisi dell'impresa bancaria, è stato per lo più risolto e, a nostro avviso, correttamente, ritenendo che anche le imprese bancarie non autorizzate siano soggette alla liquidazione coatta amministrativa.

Ma la dottrina ha esattamente precisato che la problematica dell'impresa non autorizzata è più ampia, coinvolgendo in generale l'applicabilità di tutta la disciplina dettata per le imprese bancarie autorizzate e non soltanto delle norme relative alla loro insolvenza. Si è per lo più ritenuto che la disciplina per gli enti creditizi autorizzati non trovi applicazione per gli enti che esercitano un'attività bancaria non autorizzata, sottolineando che l'autorizzazione deve considerarsi costitutiva della fattispecie di impresa bancaria e affermando che destinatari delle norme bancarie sono soltanto gli enti creditizi autorizzati. La tesi sembra essere troppo formalistica e non adeguatamente fondata nell'ordinamento positivo.

È indubbiamente vero che l'applicazione della massima parte delle norme dettate dall'ordinamento bancario presuppone che l'ente creditizio sia autorizzato (si pensi alle norme sui poteri di ispezione della Banca d'Italia, su particolari vincoli agli impieghi, come quello della riserva obbligatoria), ma non è vero che tutte le norme delle leggi bancarie facciano riferimento, come propria fattispecie, esclusivamente alle imprese bancarie autorizzate. Basti ricordare la norma che impone l'obbligo dell'autorizzazione a chi intende esercitare un'attività bancaria e che riconosce il corrispondente potere autorizzatorio della Banca d'Italia. La fattispecie prevista in questa ipotesi non può che essere l'attività bancaria in quanto tale, essendo per definizione ancora mancante l'autorizzazione delle autorità creditizie.

Mi sembra, in altri termini, che il problema dell'applicabilità delle norme delle leggi bancarie generali alle imprese bancarie non autorizzate non possa essere risolto in termini radicali, una volta per tutte, assumendo che la legislazione bancaria ha come propri destinatari esclusivamente gli enti creditizi autorizzati.

Esistono infatti norme che non presuppongono tale autorizzazione e la cui applicazione alle imprese non autorizzate consente di protegge-

[37] Sul punto si veda per tutti B. Libonati, *Legge bancaria e banca di fatto*, in «Riv. dir. comm.», 1965, II, p. 95; F. Martorano, *L'impresa bancaria non autorizzata*, in «Banca borsa e tit. cred.», 1966, I, pp. 14 ss.

re gli stessi interessi affidati alla loro tutela con riferimento alle imprese bancarie autorizzate. Sarebbe veramente singolare che la legge proteggesse quegli interessi nei confronti di condotte pericolose poste in essere da enti creditizi autorizzati e non li tutelasse più quando le stesse condotte vengono realizzate da imprese che vivono nell'illegalità.

Succursali e libera prestazione dei servizi

Capitolo 5

1. La nozione di succursale bancaria. I vari tipi di succursali

a) È convincimento comune degli economisti quello secondo il quale le banche possano (e cerchino di) incrementare la massa del risparmio raccolto e del credito erogato attraverso una più intensa articolazione territoriale della propria struttura organizzativa; articolazione che consenta loro di essere «territorialmente più vicine» ai detentori del risparmio e ai potenziali utilizzatori del credito[1].

Naturalmente questa tendenza, ad una più intensa articolazione territoriale, è in larga misura condizionata dalla natura delle operazioni bancarie svolte. Non solo, ma non si può neppure escludere che la stessa sia in larga misura condizionata dalle tecniche di produzione dei servizi bancari oggi impiegate e che sia destinata a declinare con la introduzione di nuove tecniche produttive[2].

Sta di fatto, tuttavia, che oggi l'impresa bancaria si presenta normalmente come «impresa territorialmente divisa» e non tanto per le dimensioni che la medesima assume quanto per le caratteristiche dell'attività esercitata.

Di tale circostanza non poteva non tener conto la disciplina delle banche (e delle operazioni bancarie), la quale, infatti, detta una serie di norme che fanno esplicito riferimento a questa particolarità organizzativa dell'attività bancaria, differenziando anche sotto questo pro-

[1] Sul punto, per tutti, G. Dell'Amore, *Economia delle aziende di credito*, vol. II, *I sistemi bancari*, Milano, Giuffrè, 1974, pp. 619 ss.; T. Bianchi, *Le banche di deposito*, Torino, UTET, 1975, pp. 137 ss.; A. Pin, *L'organizzazione nelle aziende di credito*, Milano, Giuffrè, 1974, p. 30.

[2] Sul punto J.R.S. Revell, *Banking and electronic fund transfers*, Paris, OECD, 1983, p. 134; nonché I. Monti, *Sportelli automatici*, in «Bancaria», 1982, pp. 389 ss. e L. Patria, *Lo sportello automatico nella struttura territoriale delle aziende di credito*, in «Informazioni ACRI», 1982, n. 6, pp. 20 s.

filo lo statuto dell'impresa bancaria dallo statuto di diritto comune previsto per la generalità degli imprenditori commerciali.

Il che si può affermare anche se, è bene ricordarlo, l'articolazione dell'attività d'impresa non è sconosciuta neppure al diritto comune: l'art. 2197 Cod. civ. per le imprese soggette a registrazione, e l'art. 2299 (richiamato dall'art. 2331) per le società, prevedono la istituzione di sedi secondarie, dettando norme relative alla loro pubblicità e alla loro rappresentanza[3]; disciplina di diritto comune integrata dagli artt. 2506 ss. per le sedi secondarie stabilite nel territorio dello Stato da società costituite all'estero[4].

Non solo, ma si deve ritenere, e ne offriremo le prove più innanzi, che la disciplina di diritto comune appena ricordata trovi applicazione anche a proposito delle imprese bancarie, andando così ad integrare la disciplina speciale dettata per le articolazioni territoriali delle medesime. Ma la disciplina speciale è particolarmente ricca e tale ricchezza trova la propria giustificazione nell'importanza che tale articolazione assume nell'ambito delle imprese bancarie.

b) È bene anche aggiungere che le modalità con le quali si realizza siffatta articolazione sono estremamente varie e tale varietà sfugge quasi completamente alla disciplina legislativa speciale, trovando espressione in regole organizzative interne che spesso non assurgono neppure al rango di norme statutarie[5].

Noi dovremo tener conto delle regole legislative e potremo esaminare alcuni profili lungo i quali assumono rilevanza le norme statutarie, sfuggirà invece alla nostra analisi la maggior parte dei contenuti di queste ultime e, soprattutto, le regole di organizzazione interne che sottolineano la varietà dei moduli adottati in concreto dall'articolazione territoriale delle banche.

Il che potrà impedire una descrizione analitica e fedele di tale articolazione; ma si tratta di un limite che discende dalla semplificazione che l'ordinamento ha operato con riferimento ai centri operativi nei quali si organizzano gli imprenditori bancari, ponendo l'accento su alcune caratteristiche comuni e trascurando le molte altre che l'analisi delle realtà aziendali consente di rilevare. E, a dire il vero, anche nella individuazione di queste caratteristiche comuni l'ordinamento speciale si è mostrato particolarmente incerto, quasi al punto da non indicare

[3] Sulla sede secondaria, in generale, cfr. M. Porzio, *La sede dell'impresa*, Napoli, Jovene, 1970, p. 223; F. Bonelli, *La sede secondaria dell'impresa*, in «Il diritto marittimo», 1964, pp. 74 ss. e, sulla rappresentanza commerciale, D. Corapi, *La rappresentanza commerciale*, in *Trattato di diritto commerciale e di diritto pubblico dell'economia*, diretto da F. Galgano, vol. III, Padova, CEDAM, 1979, pp. 311 ss.

[4] Cfr. per tutti E. Simonetto, *Delle società*, in *Commentario del cod. civ.*, a cura di A. Scialoja e G. Branca, Bologna-Roma, Zanichelli-Foro it., 1976 *sub* art. 2506, pp. 399 ss. e C. Angelici, *Appunti sul «riconoscimento» delle società costituite all'estero*, Milano, Giuffrè, 1982, pp. 82 ss.

[5] Sul punto A. Arienti, *Aspetti dell'articolazione territoriale delle aziende di credito*, Milano, Giuffrè, 1960, pp. 2 ss.

con la necessaria precisione quali siano le fattispecie prese in considerazione.

Significativa, sia della semplificazione operata dall'ordinamento sia della incertezza dallo stesso manifestata nell'individuare i modi di essere dell'articolazione territoriale bancaria, era la tecnica legislativa adottata dall'art. 28 della legge bancaria, norma pur fondamentale in materia; nella stessa si leggeva infatti, che le aziende di credito non possono «istituire sedi, filiali, succursali, agenzie, dipendenze, recapiti (in appresso indicati complessivamente come "sedi e filiali") ... se non ne abbiamo ottenuto l'autorizzazione dalla Banca d'Italia».

Quali realtà organizzative stessero dietro ciascuna di queste categorie, significative probabilmente di altrettanti modi di essere dell'articolazione territoriale dell'organizzazione bancaria, non veniva chiarito dal legislatore e non poteva essere chiarito neppure facendo riferimento alla realtà delle prassi bancarie, essendo noto che le stesse non sono affatto univoche in proposito[6]. Né si può considerare univoco il lessico adottato dalle autorità creditizie. Esse recepiscono la terminologia corrente nelle prassi bancarie secondo le quali tutte le realtà riassuntivamente indicate nella legge bancaria come «sedi e filiali» vengono accomunate ed indicate con l'espressione «sportelli» bancari, ma non rinunciano neppure ad altre espressioni come quella di «dipendenze bancarie», espressione intesa come equivalente a quella adottata dalla legge bancaria[7].

E questa incertezza terminologica accresceva le difficoltà che si incontravano, nel vigore della legge bancaria, nel momento in cui si cercava di individuare le forme dell'articolazione territoriale dell'organizzazione bancaria prese in considerazione dall'ordinamento italiano[8].

c) Le norme di attuazione della direttiva comunitaria dettate dal D.P.R. 27 giugno 1985, n. 350, consentirono tuttavia di porre fine alle incertezze appena segnalate e di individuare con sufficiente chiarezza le fattispecie prese in esame dall'ordinamento bancario almeno per quanto concerne le disposizioni che prevedono il controllo sull'articolazione territoriale degli enti creditizi.

Gli artt. 8 e 11 del citato D.P.R. 350/1985 utilizzavano infatti l'espressione «succursali di enti creditizi» attribuendo alla stessa un significato sicuramente uguale a quello assegnato dall'art. 28 della legge bancaria alla espressione riassuntiva «sedi e filiali».

Sembrò, quindi, corretto adottare dopo l'entrata in vigore di questo nuovo provvedimento, l'espressione «succursali» di enti creditizi in luogo della precedente e più generica «sedi e filiali».

Rimaneva da chiarire cosa si intendesse per succursale di ente creditizio e, a tale scopo, era indispensabile ricorrere al dettato della diret-

[6] G. Dell'Amore, *op. cit.*, pp. 621 ss.

[7] Cfr. Banca d'Italia, *Istruzioni di vigilanza per gli enti creditizi*, cap. IV, p. 1.

[8] Sul punto A. Piras, *Gli stabilimenti bancari nella dinamica dei rapporti di impresa*, Milano, Giuffrè, 1975, pp. 30 ss. e F. Capriglione, *Competenza territoriale delle aziende di credito e ricorsi giurisdizionali ai TAR*, in «Banca borsa e tit. cred.», 1975, II, p. 492.

tiva comunitaria 77/780, dal momento che il D.P.R. 350/1985 doveva essere il riflesso fedele di quest'ultima e non era pensabile che il legislatore nell'introdurre questa nozione avesse voluto dare alla medesima un significato diverso da quello che la stessa assumeva nella direttiva. E l'art. 1 della direttiva era preciso sul punto: per succursale si intende «una sede di attività che costituisce parte, sprovvista di personalità giuridica, di un ente creditizio e che effettua direttamente, in tutto o in parte, le operazioni dell'attività dell'ente creditizio».

Questa definizione è oggi accolta, alla lettera, nel nostro ordinamento in forza dell'art. 1, 2° comma lett. *e*) del T.U. Si tratta, come avremo modo di verificare anche in seguito, di una definizione importante: essa indica, in positivo e sia pure in termini molto generali, le caratteristiche operative delle succursali e sottolinea, in negativo, che sul piano dei soggetti la succursale non dà vita ad un ente distinto dall'ente creditizio del quale è parte, concorrendo così a risolvere, sotto quest'ultimo profilo, alcuni problemi che la letteratura giuridica si era posta e che non aveva potuto affrontare nei termini piani che la nozione appena ricordata oggi consente.

D'altra parte, è una nozione in grado di ricomprendere tutte le fattispecie che sotto i più diversi nomi la prassi, la letteratura e la disciplina conoscono (filiali, agenzie, dipendenze, sportelli)[9].

Inoltre, e soprattutto, si tratta di una nozione che il T.U. adotta non solo per le banche italiane, ma anche per quelle comunitarie e per quelle extracomunitarie, utilizzando così, come punto di riferimento della disciplina dettata per l'articolazione territoriale di tutti gli enti creditizi una sola fattispecie. Il che, per altro, non toglie che le norme rispettivamente dettate per le succursali delle banche italiane, delle banche comunitarie e di quelle extracomunitarie siano profondamente diverse fra di loro.

d) Come si è appena accennato, il fatto che la nozione di succursale, sulla base del D.P.R. 350/1985 e della direttiva comunitaria 77/780, sia unica per gli enti nazionali e per quelli stranieri non comporta una necessaria irrilevanza sulla loro disciplina della nazionalità dell'ente creditizio.

Riteniamo pertanto opportuno condurre indagini separate per le succursali degli enti creditizi italiani, per quelle degli enti creditizi aventi sede in un altro paese della Comunità e infine per le succursali degli enti creditizi extracomunitari, anche se le discipline rispettivamente

[9] Non rientrano nella nozione di succursale gli «uffici di rappresentanza», ai quali sono precluse le attività sia di raccolta sia di impiego, e che hanno l'esclusiva funzione di assicurare all'ente la possibilità di essere presenti nei principali centri finanziari nazionali ed esteri e di mantenere rapporti con le amministrazioni pubbliche o con altre istituzioni finanziarie (sul punto si veda Banca d'Italia, *Istruzioni di vigilanza per gli enti creditizi*, cap. IV, p. 5). Vi rientrano invece i cosiddetti «sportelli interni» ossia le succursali destinate ad operare esclusivamente con l'ente presso il quale vengono istituiti o comunque con una cerchia di soggetti allo stesso collegati (si vedano delibere CICR 7 dicembre 1972 e 12 settembre 1980, in «Boll. della Banca d'Italia. Vigilanza sulle aziende di credito», n. 42, p. 45 e n. 74, p. 13).

previste per le succursali di queste tre categorie di enti sono in larga misura coincidenti e comunque vicendevolmente condizionate.

È anche necessario segnalare fin d'ora le interferenze che esistono fra la disciplina delle succursali e quella della delimitazione dell'attività dell'ente. Sul piano concettuale e anche legislativo i due tipi di controllo sono reciprocamente indipendenti e trovano, anzi, fonti normative diverse. Non v'è dubbio infatti che si può immaginare una delimitazione per atto amministrativo e legislativo, dell'ambito territoriale dell'attività dell'ente molto più vasta dell'articolazione territoriale delle succursali, anche se non è, come ovvio, immaginabile l'ipotesi reciproca, ossia di un ambito territoriale operativo che non ricomprenda anche il territorio nel quale è collocata una succursale dell'ente. Ma si tratta di vincoli che, pur incidendo entrambi sul grado di concorrenza consentito fra gli enti creditizi, assumono come punti di riferimento modalità diverse dell'espansione territoriale dell'attività d'impresa. E può ben ipotizzarsi che le autorità creditizie adottino una politica che preveda, ad un tempo, la massima libertà per l'ambito territoriale dell'attività degli enti creditizi e l'imposizione di forti limiti alla possibilità per gli stessi di istituire nuove succursali[10]. Ma anche di questa connessione, fra politica degli «sportelli» e determinazione amministrativa dell'ambito territoriale dell'attività, sarà più facile rendersi conto dopo aver esaminato la disciplina pubblicistica prevista per le succursali degli enti creditizi.

2. Le succursali delle banche italiane

2.1. L'autorizzazione all'apertura nella legge bancaria del 1926

Nel periodo precedente la legge bancaria del 1926, non essendovi alcuna norma generale che disciplinasse lo statuto delle imprese bancarie, mancava ovviamente anche un qualsiasi controllo sull'apertura di sedi e filiali da parte degli operatori bancari. L'unica disciplina allora vigente sul punto era quella dettata per le filiali di banche estere dal R.D. 4 settembre 1919, n. 1620; disciplina sulla quale torneremo ma che non concerneva in alcun modo le succursali delle banche italiane[11].

L'assenza di ogni controllo aveva spinto le banche alla costituzione di un numero di sportelli bancari di gran lunga superiore a quello che

[10] Così, dopo la deliberazione assunta dal CICR il 19 luglio 1984, un numero considerevole di enti creditizi poteva operare su tutto il territorio nazionale pur incontrando il limite imposto dall'autorizzazione della Banca d'Italia nell'apertura di nuove succursali. Sui rapporti fra competenza operativa e articolazione territoriale degli enti creditizi si veda G. Dell'Amore, *op. cit.*, p. 665 e A. Patroni Griffi, *La concorrenza nel sistema bancario*, Napoli, Jovene, 1979, pp. 115 ss.

[11] Sul significato che tale provvedimento assume nella storia della legislazione bancaria italiana si vedano F. Belli, *Appunti sulla disciplina giuridica delle filiali di banche estere operanti in Italia*, a cura della Facoltà di Scienze economiche e bancarie di Siena, Siena, 1984 (ed. provv.), pp. 21 ss. e F. Vella, *Le succursali di banche estere in Italia*, Milano, Giuffrè, 1986, p. 121.

l'economicità della gestione d'impresa avrebbe consentito, contribuendo così a creare un sovraffollamento del mercato bancario anche sotto il profilo delle articolazioni territoriali delle aziende di credito; sovraffollamento che, a sua volta, concorreva a determinare lo stato di profonda instabilità nel quale il sistema bancario si trovava alla metà degli anni venti. La legge bancaria del 1926, nel tentativo di semplificare il mercato bancario e di risanare il nostro sistema finanziario e monetario, introdusse un controllo generalizzato anche sulla apertura di nuove «sedi e filiali», stabilendo che «le società, enti e ditte» che raccoglievano depositi non avrebbero potuto «aprire sedi o filiali» senza «averne ottenuta autorizzazione con decreto del Ministro per le Finanze, di concerto col Ministro per l'Economia nazionale, sentito il parere dell'Istituto di emissione» (art. 2).

L'art. 9, 3° comma del successivo regolamento precisava che il Ministro delle Finanze avrebbe emesso il relativo decreto di autorizzazione qualora avesse riconosciuto «la utilità e la convenienza di accordare l'autorizzazione». Come si può notare il potere così riconosciuto all'autorità politica era fortemente discrezionale [12] e, pertanto, l'autorizzazione all'apertura di nuove sedi e filiali poteva essere negata quanto meno sulla base di quelle che oggi vengono definite le esigenze economiche del mercato. Non era invece prevista la possibilità di un provvedimento di «chiusura» della sede e filiale, provvedimento che, come vedremo, la legge bancaria del 1936-38 contemplava esplicitamente.

2.2. L'art. 28 della legge bancaria del 1936-1938 e la «politica degli sportelli»

L'art. 28 l.b. riprendeva la disciplina dettata sul punto dalla legge del 1926, stabilendo che le aziende di credito non potevano istituire «sedi e filiali», sia in Italia sia all'estero [13], se non ne avessero ottenuto l'autorizzazione dalla Banca d'Italia [14]. L'art. 14 della legge 10 febbraio

[12] Sul punto, per la letteratura dell'epoca, si veda G. Miraulo, *Ordinamento bancario e tutela del risparmio*, Roma, Tipografia delle Mantellate, 1927, pp. 174 ss.

[13] Nelle Istruzioni dell'organo di vigilanza (cfr. Banca d'Italia, *Istruzioni di vigilanza per gli enti creditizi*, cap. IV, par. 7) si leggeva «l'apertura di filiali all'estero può essere consentita ad aziende di credito la cui importanza si segnali per dimensioni assolute ovvero per rilevanza dell'attività sull'estero; nell'esame delle istanze la Banca d'Italia tiene conto, fra l'altro, del concorrere dei seguenti elementi: inesistenza di ostacoli all'acquisizione da parte della Casa madre italiana di sufficienti informazioni sull'attività svolta dalla dipendenza estera; esistenza, nel paese di insediamento di una legislazione locale ritenuta adeguata sotto il profilo dei controlli di vigilanza». Sulle filiali di banche italiane all'estero, si vedano M. Giardino, *Espansione delle banche all'estero. Contributo ad una analisi del caso italiano*, in «Banca impr. soc.», 1983, p. 165 e A. Piras, *Le filiali estere di banche italiane*, in *Il sistema valutario italiano*, a cura di F. Capriglione e V. Mezzacapo, vol. II, Milano, Giuffrè, 1981, pp. 771 ss.

[14] La competenza della Banca d'Italia in tema di apertura di succursali era competenza primaria, nel senso che la Banca d'Italia poteva esercitare tale potere anche in assenza di una direttiva del Comitato interministeriale per il credito ed il risparmio, ferma

1981, n. 23, estendendo agli istituti di credito le norme dettate dal titolo V della legge bancaria, eliminava poi ogni dubbio sulla applicabilità della stessa regola anche a questa categoria di enti creditizi[15].

Come si può notare, la norma prendeva in considerazione esclusivamente l'istituzione di nuove succursali e non anche i loro trasferimenti, ma le autorità creditizie non hanno mai avuto perplessità nel sottoporre anche questi ultimi all'autorizzazione dell'organo di vigilanza.

E si trattava di un indirizzo che non aveva bisogno di trovare il proprio fondamento normativo nell'art. 13 l.b.[16], per di più di dubbia vigenza, essendo a tale scopo sufficiente sottolineare che la discrezionalità del potere previsto dall'art. 28 permetteva di perseguire anche gli obiettivi tipicamente connessi con il controllo della distribuzione territoriale delle succursali. Sul punto sembra, tuttavia, opportuna qualche ulteriore annotazione che serva anche a precisare le scelte in concreto adottate dalle autorità creditizie nell'esercizio di tale potere autorizzatorio.

Fino alla fine degli anni settanta, le autorità creditizie non esplicitarono le linee di politica creditizia seguite nel valutare le domande di autorizzazione all'apertura di nuove succursali, se non per quanto concerne la ritenuta opportunità di evitare che si accentuassero i momenti di concorrenza all'interno delle varie categorie di aziende di credito (es. Banche popolari e Casse di risparmio), alle quali venivano così garantite zone protette per la loro attività[17], in nome della stabilità degli enti e della divisione del lavoro bancario.

Solo con la delibera 6 gennaio 1978[18] il Comitato interministeriale per il credito ed il risparmio fissò i criteri ai quali avrebbe dovuto attenersi la Banca d'Italia nell'autorizzare l'apertura di nuove succursali o il trasferimento di quelle esistenti; criteri che dovevano favorire «i trasferimenti di sportelli da aree sopraservite ad aree sottoservite avendo cura, nei limiti del possibile, di non privare dei servizi bancari le piazze dotate di un solo sportello; una integrazione delle infrastrutture banca-

restando la possibilità per quest'ultimo di indicare alla Banca d'Italia i criteri ai quali la stessa avrebbe dovuto, in linea di principio, attenersi (sul punto si veda G. De Gennaro, *La competenza autorizzativa in materia di sportelli bancari*, in «Banca borsa e tit. cred.», 1963, I, pp. 497 ss.). Questi principi venivano ritenuti applicabili anche all'apertura di succursali delle Casse di risparmio, nonostante qualche incertezza sorta nel coordinamento fra la normativa della legge bancaria e quella del T.U. sulle Casse di risparmio (così infatti G. De Gennaro, *op. cit.*, p. 513 e nello stesso senso Consiglio di Stato, 13 luglio 1965, in «Banca borsa e tit. cred.», 1965, II, p. 470, con nota di F. Favara).

[15] Sul punto, con riferimento al regime precedente la legge 23/1981, A. Piras, *Gli stabilimenti bancari*, cit., pp. 116 ss.

[16] In questa prospettiva pareva muoversi la delibera CICR 4 giugno 1976 in «Boll. della Banca d'Italia. Vigilanza sulle aziende di credito», n. 56-57, p. 46.

[17] Sul punto F. Cesarini, *Le aziende di credito italiano*, Bologna, Il Mulino, 1981, p. 243. Negli anni immediatamente successivi all'approvazione della legge bancaria venne disposto un vero e proprio blocco degli sportelli bancari, rimosso, nell'ambito della politica liberista favorita anche in questo settore da Einaudi, nel 1945 (sul punto si veda P. Baffi, *Memoria sull'azione di Einaudi*, in *Studi sulla moneta*, Milano, Giuffrè, 1965, pp. 181 ss.).

[18] Cfr. «Boll. della Banca d'Italia. Vigilanza sulle aziende di credito», n. 63-64, p. 10.

rie nelle zone non sufficientemente servite, in relazione alle necessità di sviluppo attuali e prospettiche delle singole aree; un più omogeneo grado di concorrenza nelle varie aree di mercato bancario, tenendo conto del numero o del tipo di aziende presenti in ciascuna di esse; l'offerta di una completa gamma di servizi bancari nelle singole aree».

La direttiva del CICR faceva così giustizia della tesi che vedeva nella necessità di garantire uno spazio vitale alle imprese esistenti lo scopo perseguito attraverso il controllo sull'articolazione territoriale ma metteva anche in luce la volontà di garantire una diffusione adeguata del servizio bancario nelle diverse aree del paese. E quest'ultimo punto meritava particolare attenzione perché lo stesso, se non adeguatamente coniugato con le esigenze di liquidità, efficienza e stabilità del sistema bancario, rischiava di collocare il controllo sulla distribuzione delle succursali sul territorio nell'ottica propria dei servizi pubblici, che debbono essere offerti nelle varie parti del paese anche prescindendo dalla economicità della loro prestazione [19].

In realtà l'attenzione ad una corretta distribuzione degli sportelli si collocava in una logica diversa, mirando a garantire l'efficienza del sistema nel suo complesso, che nel caso di specie coincideva con la domanda di prodotti bancari.

Questi principi furono sviluppati dalla Banca d'Italia nel predisporre il primo piano sportelli (quello del 1978), nel quale si assumeva che si dovesse «soprattutto perseguire un incremento della produttività media del sistema, da ottenere anche attraverso una miglior distribuzione degli insediamenti bancari nelle diverse aree territoriali del paese, assicurando nel contempo un più uniforme grado di concorrenza tra le aziende di credito nelle singole zone» [20].

Ed ancora più chiaramente questa politica creditizia venne formulata dalla stessa Banca d'Italia nella predisposizione del «piano sportelli» 1982 [21], nella cui premessa si leggeva: «La preventiva autorizzazione all'istituzione di nuovi sportelli bancari si giustifica con l'insufficienza delle sole forze di mercato a determinare spontaneamente strutture al tempo stesso stabili ed efficienti. L'uso di tale strumento mira ad evitare l'instabilità che potrebbe derivare ai mercati bancari da una disordinata proliferazione degli sportelli, contenendo i costi del sistema».

Gli stessi principi furono accolti nelle deliberazioni che le autorità creditizie assunsero sul punto nei primi anni ottanta [22]. Emergeva, dun-

[19] Questa sembra la prospettiva nella quale si muove M.S. Giannini, *Intorno all'autorizzazione dell'apertura di sportelli*, in «Banca borsa e tit. cred.», 1950, II, p. 309.

[20] Cfr. C. Conigliani, C. Clemente, P. D'Onofrio e G. Lanciotti, *Studio per la predisposizione del piano sportelli 1978*, in «Boll. della Banca d'Italia», 1978, n. 2-3, pp. 385 ss.

[21] Cfr. *Il piano sportelli 1982*, in Banca d'Italia, Servizio Studi, Bollettino, gennaio-giugno 1982, pp. 225 ss. e, in proposito, le osservazioni di C. Conigliani, *Insediamenti bancari ed efficienza del sistema creditizio*, in «Banca impr. soc.», 1983, pp. 347 ss. Per una valutazione critica v. G. Marchesini, *Libertà o controlli in tema di sportelli bancari*, in «Banche e banchieri», 1982, p. 787.

[22] Cfr. Deliberazione del CICR 26 giugno 1985, in «Boll. della Banca d'Italia. Vigilanza sulle aziende di credito», n. 91-92, p. 24.

que, una tendenza delle autorità medesime ad imporre un'autolimitazione al proprio potere discrezionale attraverso l'indicazione dei criteri ai quali le stesse si sarebbero attenute nel rilascio delle autorizzazioni; e l'obiettivo perseguito non si identificava solo nella stabilità del sistema ma anche nella sua efficienza, favorita attraverso l'incremento del grado di concorrenza fra le aziende, indipendentemente dalla categoria giuridica di appartenenza delle stesse.

La enunciazione di tali linee non aveva eliminato evidentemente il potere discrezionale che l'art. 28 attribuiva alle autorità creditizie sulla espansione territoriale delle aziende di credito. Questo potere, anzi, era stato esteso fin dagli anni settanta anche alle «apparecchiature automatiche» per il prelievo ed il versamento di danaro non integrate fisicamente nelle strutture delle succursali già autorizzate[23].

È necessario, tuttavia, segnalare che alcuni provvedimenti delle autorità creditizie ancora dei primi anni ottanta sembravano avere allentato, sotto altri profili, il controllo sull'articolazione territoriale degli enti creditizi. Da un lato si era infatti consentito che i trasferimenti delle succursali nell'ambito dello stesso comune o di singole aree del mercato bancario potessero essere effettuati dagli enti creditizi, senza aver preventivamente ottenuto l'autorizzazione della Banca d'Italia, con il solo obbligo di comunicare tale trasferimento alla stessa Banca d'Italia, la quale poteva, peraltro, disporne la sospensione[24]. Dall'altro, il CICR, con delibera 19 luglio 1984[25], aveva ampliato decisamente l'ambito della competenza territoriale delle aziende di credito, incidendo così, sia pure indirettamente, sullo stesso profilo dell'attività d'impresa influenzato anche dall'articolazione territoriale, ossia sulla sua capacità di espansione sul territorio.

Ma si trattava di modificazioni che, sia pure importanti, non mettevano in discussione il potere discrezionale delle autorità creditizie, non impedendo loro di tener conto delle «esigenze economiche del mercato» nel valutare la domanda di autorizzazione all'apertura di nuove succursali avanzate dagli enti creditizi italiani.

2.3. La «mancata attuazione» della prima direttiva comunitaria e i nuovi orientamenti di vigilanza

Ed è proprio sul carattere discrezionale di questo potere sull'istituzione delle succursali che avrebbe dovuto incidere profondamente la direttiva 12 dicembre 1977, n. 780.

Come sappiamo questa direttiva escludeva che, nel valutare la domanda di autorizzazione all'esercizio del credito, le autorità creditizie

[23] Si vedano sul punto le deliberazioni del CICR 14 maggio 1971, 7 settembre 1972 e 4 giugno 1976, rispettivamente in «Boll. della Banca d'Italia. Vigilanza sulle aziende di credito», n. 36, p. 33; n. 42, p. 46 e n. 56-57, p. 46.

[24] Cfr. Banca d'Italia, *Istruzioni di vigilanza per gli enti creditizi*, cap. IV, p. 9.

[25] In «Boll. della Banca d'Italia. Vigilanza sulle aziende di credito», n. 89, p. 17.

potessero tener conto delle «esigenze economiche del mercato» e, in attuazione della stessa, il D.P.R. 350/1985 aveva privato la Banca d'Italia del potere discrezionale che l'art. 28 della legge bancaria ad essa attribuiva in materia.

Facendo perno sulla evidente connessione fra autorizzazione all'esercizio del credito e autorizzazione all'apertura di succursali, si ritenne che l'adozione di un sistema non discrezionale in ordine alla prima dovesse comportare l'adozione di un modello analogo per la seconda, assumendo che sarebbe stata priva di ogni rilevanza economica l'autorizzazione all'esercizio del credito se non fosse stata accompagnata dalla possibilità di adottare un'adeguata articolazione[26].

Questa impostazione avrebbe dovuto portare non all'abolizione del controllo sulla istituzione delle succursali, ma alla introduzione di un modello che rendesse dovuta l'autorizzazione, in presenza di predeterminati requisiti.

Si era creduto di contrastare tale orientamento, rilevando in primo luogo che sul piano strutturale e funzionale l'autorizzazione all'apertura di succursali si differenzia dall'autorizzazione all'esercizio del credito[27]. Ma si trattava di affermazione tanto vera quanto irrilevante nella prospettiva in esame: non si vede, infatti, perché delle esigenze economiche del mercato non si potesse aver cura nel momento in cui si consentiva l'accesso al mercato e se ne dovesse, invece, tener conto nel momento dell'espansione territoriale dell'ente creditizio[28].

Né si poteva dire che un sistema di autorizzazione vincolata era immaginabile per l'accesso al mercato ma non lo era per l'apertura di succursali; anche per quest'ultima potevano essere individuati criteri oggettivi ancorati, ad esempio, all'entità dei fondi propri, alle caratteristiche dell'attività, al rispetto di particolari indici di produttività della struttura esistente.

Era dunque fondata su una corretta valutazione della realtà la tesi secondo la quale l'introduzione di un'autorizzazione vincolata per l'esercizio del credito avrebbe dovuto comportare l'adozione di un analogo tipo di autorizzazione per l'apertura di succursali.

La ragionevolezza dell'opinione appena esposta non trovò, tuttavia, accoglimento nel D.P.R. 350/1985. Quest'ultimo provvedimento, infatti, escluse consapevolmente di voler modificare la disciplina dell'autorizzazione all'apertura di nuove succursali, assumendo che tale scelta trovava esplicito fondamento nella stessa direttiva 77/780; al di là di ogni possibile incongruenza con la normativa dettata per l'autorizzazione all'esercizio del credito. Così si ricordò che l'art. 4, par. 4 della direttiva lasciava «impregiudicato il regime che gli stati membri applicano alle succursali costituite nel loro territorio dagli enti creditizi che vi

[26] Così P. Clarotti, *Il coordinamento dell'attività degli enti creditizi e le prospettive dell'armonizzazione delle legislazioni bancarie*, in «Bancaria», 1978, p. 152.

[27] Così P. De Vecchis, *Dipendenze in Italia di enti creditizi stranieri*, in «Banca borsa e tit. cred.», 1981, I, p. 64; F. Belli, *Appunti*, cit., pp. 460 ss.

[28] Così invece P. De Vecchis, *op. cit.*, p. 65.

hanno la sede sociale»[29] e nel corso dei lavori parlamentari che precedettero l'approvazione della legge-delega per l'attuazione della direttiva 77/780 fu esplicitamente ribadita la volontà di non intaccare la disciplina dell'autorizzazione all'apertura di succursali di enti creditizi italiani, respingendo, fra l'altro, un emendamento puntualmente diretto a modificare tale disciplina[30].

Al di là della incoerenza con la disciplina dettata per l'autorizzazione all'esercizio del credito, l'autorizzazione all'apertura e al trasferimento delle succursali degli enti creditizi italiani restò dunque sottoposta al potere discrezionale della Banca d'Italia anche dopo la riforma del 1985. In verità si tentò di rovesciare questa conclusione sostenendo che l'apertura delle succursali di enti creditizi aventi sede in altro Stato della Comunità sarebbe stata in ogni caso sottratta al potere discrezionale dell'autorità creditizia italiana e, pertanto, se non si voleva accettare una inammissibile disparità di trattamento tra enti comunitari ed enti italiani, sarebbe stato necessario escludere un potere autorizzatorio discrezionale anche per le succursali degli enti creditizi italiani[31]. L'argomento fu, in realtà, privato della propria forza dallo stesso D.P.R. 350/1985 attraverso la eliminazione del presupposto sul quale si fondava, ossia la disparità di trattamento fra enti nazionali ed enti stranieri.

L'art. 8 di quest'ultimo provvedimento stabiliva, infatti, che «l'autorizzazione all'apertura di succursali di enti creditizi aventi sede legale in altro stato membro della Comunità è rilasciata dalla Banca d'Italia sulla base delle disposizioni vigenti per l'istituzione di succursali di enti creditizi italiani». La norma escludeva, così statuendo, che per gli sportelli degli enti creditizi comunitari venisse introdotto un regime diverso da quello vigente per gli sportelli di enti creditizi italiani, con la conseguente necessità, in nome del principio di uguaglianza, di adeguare quest'ultimo al primo.

Gli effetti della mancata attuazione della prima direttiva bancaria avevano, tuttavia, un limite temporale di durata inevitabile: l'emanazione della seconda direttiva bancaria indicava nel 31 dicembre 1992 il termine oltre il quale la libertà di stabilimento degli enti creditizi comunitari avrebbe travolto anche il potere discrezionale della Banca d'Italia sulla istituzione di nuovi «sportelli» da parte degli enti creditizi nazio-

[29] Sul punto R. Bertelli, *L'autorizzazione all'esercizio del credito nella prospettiva della Comunità europea: note sul regime previsto dalla direttiva n. 780 del 1977*, in «Ec. e cred.», 1984, p. 57 e M. Porzio, *L'attuazione delle direttive CEE in materia creditizia in Italia*, in *L'attuazione delle direttive CEE in materia creditizia*, a cura di A.C. Mimola, A. Principe e M. Rispoli Farina, Milano, Giuffrè, 1983, pp. 121 ss.

[30] Nella seduta del 28 febbraio 1985 gli onorevoli Minervini e Visco proposero il seguente emendamento (poi respinto sulla base delle considerazioni di cui si dà conto nel testo), da inserire nella legge delega: «modificazione del sistema di autorizzazione all'apertura di succursali o filiali che riduca la discrezionalità dell'autorizzazione e attribuisca alla Banca d'Italia sia il potere di autorizzazione sia il potere di revoca» (Atti parlamentari, IX legislatura, Discussione, Seduta del 28 febbraio 1985).

[31] Così F. Battini, *La direttiva 77/780 ed il problema delle succursali bancarie in Italia*, in *L'attuazione*, cit., pp. 369 ss.

nali. E proprio in vista di questo traguardo, realizzato come vedremo dal D.Lgt. 481/1992, la Banca d'Italia emanava (nel marzo del 1990) una nuova disciplina amministrativa che finiva per sottrarle il potere di decidere sulle istanze di apertura di nuove succursali tenendo conto delle esigenze economiche del mercato.

Così si affermava che «le banche decidono in completa autonomia l'apertura di nuove dipendenze, salvo il giudizio dell'organo di vigilanza sull'idoneità delle singole aziende di credito di ampliare la propria rete» e ancora si precisava che «la Banca d'Italia valuta le richieste di espansione territoriale delle aziende di credito verificandone la coerenza con la situazione patrimoniale e reddituale di ciascuna banca, tenuto anche conto della relativa articolazione territoriale» e che «eventuali interventi limitativi della Banca d'Italia sono esclusivamente volti ad evitare che singole banche pongano in essere politiche espansive non compatibili con le rispettive situazioni aziendali»[32].

Come si può notare la Banca d'Italia conservava, e non avrebbe potuto, ovviamente, fare altrimenti, il potere autorizzatorio previsto dall'art. 28 l.b., ma rinunciava ad esercitarlo tenendo conto delle esigenze economiche del mercato, ossia in una logica di vigilanza strutturale su quest'ultimo, limitandone l'uso ad un controllo meramente aziendale, in una logica di vigilanza prudenziale, attenta alla solidità patrimoniale e alla capacità reddituale dei singoli enti creditizi.

Si anticipava così, sul piano della disciplina amministrativa, la soluzione che sarebbe stata adottata dall'art. 13 del D.Lgt. 481/1992 poi letteralmente riprodotto nell'art. 15 del vigente T.U.

2.4. L'apertura di succursali nel Testo Unico

Come si è già ricordato l'attuazione della seconda direttiva comunitaria dando attuazione al principio del mutuo riconoscimento avrebbe consentito agli enti creditizi comunitari di stabilire succursali nel territorio del nostro paese senza che a tal fine fosse necessaria l'autorizzazione della Banca d'Italia. Per evitare che gli enti creditizi nazionali si trovassero nei confronti di quelli degli altri paesi della Comunità in condizioni di inferiorità istituzionale nella realizzazione della propria articolazione territoriale, diventava inevitabile consentire loro la stessa libertà. Fermi restando per altro i vincoli della vigilanza prudenziale posti a tutela della sana e prudente gestione degli stessi.

Ed è questa la soluzione introdotta nel nostro ordinamento dal D.Lgt. 481/1992 e recepito dal T.U. L'art. 15, 1° comma di quest'ultimo provvedimento legislativo stabilisce infatti «che le banche italiane possono stabilire succursali nel territorio della Repubblica e degli altri Stati comunitari». Viene così codificato il principio che l'apertura di nuove succursali da parte delle banche italiane rientra nell'esercizio del loro

[32] Cfr. «Istruzioni di Vigilanza per gli enti creditizi», IV, 2.

diritto di iniziativa economica. E questo diritto viene loro riconosciuto anche con riferimento alle succursali da localizzare negli altri paesi della Comunità, nel presupposto di una sufficiente armonizzazione degli ordinamenti e per non privare le banche italiane di una libertà operativa riconosciuta agli enti creditizi comunitari.

E l'esercizio di tale diritto non è sottoposto ad autorizzazione da parte della Banca d'Italia, come lo è invece l'apertura, da parte delle banche italiane, di succursali in uno Stato extracomunitario (cfr. art. 15, 2° comma del T.U.). L'apertura di una succursale nel territorio della Repubblica o in un altro paese comunitario, pur non essendo più sottoposta ad autorizzazione deve, tuttavia, essere comunicata alla Banca d'Italia per consentire alla stessa di esercitare, anche con riferimento a questa scelta aziendale, i propri poteri di vigilanza prudenziale.

Precisa infatti lo stesso 1° comma dell'art. 15 del T.U., che «la Banca d'Italia può vietare lo stabilimento di una nuova succursale per motivi attinenti all'adeguatezza delle strutture organizzative o della situazione finanziaria, economica e patrimoniale della banca».

Come appare evidente, il potere di veto della Banca d'Italia non può essere motivato né con ragioni attinenti alla struttura del mercato in quanto tale né tanto meno con ragioni di politica economica stabilite dalle autorità di governo potendo trovare la propria giustificazione solo in motivi attinenti alla «sana e prudente» gestione della banca; nel senso che, in considerazione della struttura organizzativa della stessa o della sua situazione economica, finanziaria o patrimoniale, l'apertura della succursale in questione potrebbe compromettere la sana e prudente gestione della medesima.

2.5. La «chiusura» e il divieto di nuove operazioni

A norma dell'art. 78 del T.U. «la Banca d'Italia può imporre il divieto di intraprendere nuove operazioni ovvero ordinare la chiusura di succursali alle banche autorizzate in Italia, per violazione di disposizioni legislative, amministrative o statutarie che ne regolano l'attività, per irregolarità di gestione ovvero, nel caso di succursali di banche extracomunitarie, anche per insufficienza di fondi». La norma concerne sia le succursali delle banche italiane sia le succursali di banche extracomunitarie («banche autorizzate in Italia»; cfr. art. 1, 2° comma lett. *d*) del T.U.) e non anche le succursali di banche comunitarie e detta un provvedimento in qualche misura connesso con la crisi. Sarebbe forse opportuno, pertanto, occuparsene in quest'ultimo capitolo o comunque in una parte generale dedicata alle succursali e non in questa sede dedicata alle succursali delle banche italiane. Ce ne occupiamo qui soprattutto tenendo presente che la norma appena riprodotta costituisce il punto di arrivo di una disciplina che il nostro ordinamento aveva già adottato in precedenza per le succursali delle banche italiane e che anzi, per un certo periodo, ha costituito un dato di una qualche importanza nella ricostruzione delle linee di fondo del relativo statuto.

L'art. 34 della legge bancaria prevedeva, infatti, che il Comitato interministeriale per il credito ed il risparmio potesse ordinare «la chiusura di determinate sedi e filiali, sia in seguito a manchevolezze di esercizio sia ai fini di una migliore distribuzione territoriale delle aziende di credito».

La norma non aveva avuto, in concreto, alcuna applicazione, ma il suo significato sistematico era stato più volte e giustamente sottolineato dalla letteratura giuridica[33].

La possibilità, infatti, che le autorità potessero disporre la chiusura di una succursale bancaria per assicurare «una miglior distribuzione territoriale delle aziende di credito» metteva in luce che quest'ultimo obiettivo rientrava sicuramente fra gli interessi generali dei quali le autorità medesime avrebbero dovuto preoccuparsi, sottolineando nello stesso tempo la discrezionalità del potere che a tale fine la legge bancaria attribuiva loro. E una parte della dottrina argomentava proprio da questa norma la possibilità per le autorità creditizie di procedere alla revoca della stessa autorizzazione all'esercizio del credito per ragioni di sopravvenuta inopportunità della medesima, anche a prescindere quindi dalle ipotesi esplicitamente previste dall'art. 67 l.b. E, d'altro canto, non v'è dubbio che l'art. 34 intendesse attribuire alle autorità creditizie un potere di razionalizzazione del mercato bancario del tempo, ancora caratterizzato da un notevole sovraffollamento di succursali bancarie[34].

Anzi, a ben vedere, la norma in esame avrebbe potuto assumere qualche rilevanza esclusivamente in questa prospettiva, essendo difficile immaginare una chiusura della succursale «per manchevolezza di esercizio», intese come irregolarità o illegittimità della gestione, che non coinvolgessero l'ente di credito in quanto tale, rendendo, per ciò stesso, necessaria l'assunzione di un provvedimento di amministrazione straordinaria o di liquidazione coatta amministrativa.

La disciplina prevista dalla legge bancaria del 1936-38 fu profondamente modificata dal D.P.R. 350/1985 in attuazione della direttiva comunitaria del 1977.

Avendo quest'ultima stabilito il principio secondo il quale la revoca della autorizzazione all'esercizio del credito non avrebbe potuto essere disposta per esigenze economiche del mercato, diventava impossibile conservare una norma che attribuiva alle autorità creditizie il potere di «ridurre» l'articolazione degli enti creditizi per ragioni sostanzialmente riconducibili a tali esigenze[35]. L'art. 34 fu, infatti, modificato, escludendosi che il Comitato potesse disporre la chiusura di una succursale allo scopo di realizzare una miglior distribuzione territoriale delle aziende e precisando che tale chiusura poteva essere ordinata

[33] M. Porzio, *Il governo del credito*, Napoli, Liguori, 1976, p. 115.

[34] Sul punto A. Pisani Massamormile, *La legge bancaria e la struttura del sistema creditizio*, in *La legge bancaria. Note e documenti sulla sua «storia segreta»*, a cura di M. Porzio, Bologna, Il Mulino, 1981, pp. 166 ss.

[35] Si vedano infatti le osservazioni di L. Desiderio, *Liquidazione coatta delle banche e legislazione comunitaria*, in «Banca borsa e tit. cred.», 1981, I, pp. 222 ss.

soltanto per «violazione di legge, irregolarità di gestione ed insufficienza di fondi».

L'art. 34, nella versione introdotta dal D.P.R. 350/1985, sollevava per altro qualche perplessità in ordine alla determinazione dei presupposti che avrebbero consentito alle autorità creditizie la chiusura di una succursale bancaria. Per quanto concerne le ipotesi di «violazione di legge» e «irregolarità di gestione» le perplessità riguardavano non tanto la determinazione del loro contenuto quanto la possibilità che in concreto sussistano situazioni di irregolarità o di illegittimità che possano giustificare un provvedimento di chiusura limitato alle succursali.

Per nulla chiara era invece l'ulteriore ipotesi in cui sarebbe stato consentito l'ordine di chiusura della succursale, ossia quando vi fosse stata «insufficienza di fondi». Questa norma, infatti, se riferita alle succursali di enti creditizi italiani non era di facile comprensione, essendo evidente che non esistono «fondi» dei quali sia titolare la succursale e che possano, pertanto, essere giudicati insufficienti.

Si sarebbe potuto ritenere che la norma facesse riferimento ai fondi propri dell'ente e che le autorità potessero disporre la chiusura della succursale quando avessero accertato che l'articolazione territoriale dello stesso era eccessiva con riferimento alla sua consistenza patrimoniale. Ma anche questa interpretazione lasciava insoddisfatti, soprattutto perché sembrava introdurre un potere discrezionale delle autorità creditizie, in ordine alla loro articolazione territoriale difficilmente conciliabile con il carattere garantista della disciplina introdotta per la revoca della autorizzazione e con le ragioni che avevano giustificato la riformulazione dell'art. 34.

La norma del T.U., sopra riprodotta, ha modificato in misura piuttosto significativa la disciplina dell'art. 34 l.b., recependo per altro una parte delle disposizioni dettate da quest'ultima e chiarendo i dubbi che la stessa aveva sollevato. Il T.U., in primo luogo, ha sottratto il potere di assumere il provvedimento di chiusura al Comitato per il credito ed il risparmio attribuendolo alla Banca d'Italia; ha poi confermato che la chiusura può essere disposta «per violazione di disposizioni legislative, amministrative o statutarie che ne regolano l'attività», o «per irregolarità di gestione», mentre ha escluso che la chiusura della succursale di una banca italiana possa essere disposta per «insufficienza di fondi», recependo così le perplessità che aveva suscitato sul punto la modificazione introdotta nel 1985 e precisando che quest'ultima ipotesi può giustificare soltanto la chiusura di una succursale di banca extracomunitaria, per la quale ha invece un senso, come avremo modo di verificare.

Ma il T.U. ha introdotto un ulteriore provvedimento di rigore che può essere assunto dalla Banca d'Italia quando si verifichi una delle ipotesi appena descritte: questa può «imporre il divieto di intraprendere nuove operazioni»; provvedimento meno drastico della «chiusura» anche se di improbabile agibilità se riferito alle succursali delle banche italiane.

2.6. La disciplina privatistica

a) Abbiamo già avuto modo di ricordare che l'articolazione territoriale degli enti creditizi viene presa in considerazione dall'ordinamento non solo con riferimento alla disciplina pubblicistica di vigilanza sulla struttura del sistema bancario ma anche in relazione ai rapporti di diritto privato che gli enti pongono in essere con i terzi nell'esercizio della propria attività.

Dopo aver analizzato la disciplina prevista per l'istituzione delle succursali bancarie, è di questi profili che dobbiamo ora occuparci, tenendo ben presente tuttavia la diversità dei piani sui quali le due normative si collocano e guardandoci dal trarre dalla disciplina prevista per il controllo conclusioni affrettate in ordine alla rilevanza che alle succursali degli enti creditizi viene attribuita nei rapporti interprivati.

Si potrebbe addirittura ipotizzare che la disciplina pubblicistica e quella privatistica facciano riferimento a fattispecie diverse, a diverse forme di articolazione territoriale dell'impresa bancaria. Ciononostante nell'esaminare la disciplina privatistica dell'articolazione territoriale dell'impresa bancaria terremo presente la stessa fattispecie già adottata con riferimento alla disciplina pubblicistica ossia quella di succursale; intesa quest'ultima come «sede d'attività che costituisce parte, sprovvista di personalità giuridica, di un ente creditizio e che effettua direttamente in tutto o in parte le operazioni dell'attività di un ente creditizio».

Non ci nascondiamo che la scelta così effettuata ha in sé qualche elemento di arbitrarietà e che non si può pertanto escludere che in qualche ipotesi le considerazioni che svolgeremo non trovino perfetto riscontro nella realtà. La stessa, tuttavia, sembra del tutto ragionevole non solo perché la nozione accolta ha un contenuto sufficientemente ampio per ricomprendere la massima parte delle ipotesi e delle forme di articolazione territoriale delle imprese bancarie ma anche perché le norme privatistiche che prendono in considerazione tale articolazione sembrano presupporre di quest'ultima una nozione coincidente con quella di succursale qui adottata.

b) Le succursali degli enti creditizi, così definite, assumono anzitutto rilevanza nel diritto comune dell'impresa commerciale con riferimento alla disciplina della rappresentanza commerciale.

Dovendo effettuare «direttamente» in tutto o in parte le operazioni bancarie ricomprese nell'attività dell'ente creditizio la succursale presuppone una «rappresentanza stabile», indispensabile appunto per consentire lo svolgimento dell'attività.

Le succursali degli enti creditizi costituiscono dunque altrettante «sedi secondarie» dell'impresa con rappresentanza stabile. Troveranno, per ciò stesso, applicazione le norme dettate dal Codice civile per consentire ai terzi di conoscere l'esistenza della sede secondaria medesima e di individuare le persone alle quali è attribuito il relativo potere di rappresentanza e i limiti che tale potere incontra (artt. 2197 e 2299 Cod. civ.)[36].

Gli statuti e le concrete scelte organizzative degli enti creditizi, avranno comunque grande importanza nel determinare il contenuto dei poteri di rappresentanza dei preposti alla succursale dell'ente creditizio ed i relativi limiti. E proprio in considerazione della profonda differenziazione che sul piano dei contenuti può assumere l'ambito di affari attribuito alla succursale, sembra da accogliere l'opinione secondo la quale il preposto alla stessa non deve rivestire necessariamente la qualità di institore[37], potendo essere tale anche un «semplice» procuratore[38].

Soltanto attraverso l'esame in concreto delle funzioni attribuite al preposto alla succursale sarà dunque possibile stabilire se lo stesso debba considerarsi institore o procuratore con l'applicazione delle diverse discipline che in proposito il Codice prevede (art. 2203 Cod. civ.), anche per quanto concerne il contenuto del potere di rappresentanza sia sostanziale sia processuale e l'opponibilità ai terzi delle relative determinazioni e limitazioni[39].

c) Ma la rilevanza «privatistica» delle succursali delle banche va sicuramente oltre i limiti del diritto comune delle imprese commerciali. Esistono norme del diritto dei contratti e dei titoli di credito nonché norme speciali sui trasferimenti aziendali che attribuiscono una particolare rilevanza alle stesse. Ed è proprio facendo perno su queste norme che una parte della dottrina ha creduto di poter attribuire alle succursali delle banche una «particolare autonomia» sul piano patrimoniale, quando non una vera e propria soggettività giuridica. Ma le norme «privatistiche», che prendono in considerazione le succursali bancarie non sembrano confortare queste conclusioni.

Così, è ben vero che l'art. 1834 Cod. civ., a proposito dei rapporti di deposito bancario, e l'art. 1843 Cod. civ., con riferimento al contratto di apertura di credito, stabiliscono che «salvo patto contrario» i prelevamenti e i versamenti «si eseguono alla sede della banca presso la quale è costituito il rapporto». Ma queste norme che recepiscono esigenze organizzative dell'impresa bancaria, e che sotto questo profilo attribuiscono a quest'ultima una posizione di privilegio nei confronti delle imprese sottoposte al diritto comune, non consentono di con-

[36] Sul punto, per il diritto comune, da ultimi G. Cottino, *Manuale di diritto commerciale*, vol. I, tomo I, Padova, CEDAM, 1993^3, pp. 209 ss. e, con riferimento all'impresa bancaria, N. Salanitro, *Le banche e i contratti bancari*, in *Trattato di dir. civ.*, a cura di F. Vassalli, Torino, UTET, 1983, pp. 104 ss. e P. Abbadessa, *Su taluni aspetti della disciplina della rappresentanza riguardanti l'esercizio dell'attività bancaria*, in *Le operazioni bancarie*, a cura di G.B. Portale, Milano, Giuffrè, 1978, pp. 191 ss.

[37] Così in giurisprudenza, Cass., 26 novembre 1964, n. 2805, in «Banca borsa e tit. cred.», 1964, II, p. 481 e già Cass., 6 luglio 1936, n. 2363, in «Banca borsa e tit. cred.», 1937, II, p. 61; Cass., 7 giugno 1956, n. 1951, in «Banca borsa e tit. cred.», 1956, II, p. 285.

[38] Così P. Abbadessa, *op. cit.*, p. 201 e N. Salanitro, *Le banche*, cit., p. 107.

[39] Sul punto N. Salanitro, *Le banche*, cit., pp. 106 ss.

cludere che la succursale bancaria si pone su di un piano di alterità soggettiva nei confronti dell'ente[40].

Quelle norme costringono sicuramente il contraente della banca ad effettuare «i versamenti e i prelevamenti» presso una determinata succursale, ma le stesse non comportano che le situazioni soggettive di debito e di credito debbano essere imputate alla succursale anziché all'ente creditizio in quanto tale.

Conclusioni non diverse debbono essere tratte dalle norme in tema di assegno bancario, che pur attribuiscono rilevanza giuridica alle succursali. L'art. 6 della legge ass., in deroga al principio secondo il quale «l'assegno bancario non può essere tratto sullo stesso traente», consente tale possibilità quando «il titolo sia tratto fra diversi stabilimenti di uno stesso traente» e ancora l'art. 18, 3° comma, dopo aver stabilito che «la girata al trattario vale come quietanza», aggiunge che tale regola non si applica quando «il trattario abbia diversi stabilimenti e la girata sia fatta ad uno stabilimento diverso da quello sul quale l'assegno bancario è stato tratto».

In queste norme si è creduto di poter rintracciare «l'implicito riconoscimento di un'autonomia giuridica soggettiva» delle succursali, presupponendo le stesse un'alterità soggettiva fra gli stabilimenti[41]. In realtà tali norme, che trovano ancora una volta nelle esigenze organizzative e funzionali dell'impresa la propria ragion d'essere, non sembrano presupporre una qualche entificazione delle succursali. Nel caso di assegno tratto fra diversi stabilimenti infatti è pur sempre l'ente creditizio, in quanto tale, che assume l'obbligazione cartolare e non certamente la succursale traente e nell'ipotesi di girata dell'assegno ad uno stabilimento diverso da quello sul quale è stato tratto, al di là delle incertezze in ordine alla possibilità di ulteriore circolazione del titolo, il fatto che la girata non valga come quietanza consente la conservazione in vita del titolo ma non postula l'alterità fra stabilimenti[42].

Né infine presuppongono il riconoscimento di «qualche soggettività» alle succursali le norme, sulle quali ci intratterremo nella parte dedicata alle concentrazioni bancarie, dettate dalla legge bancaria per la sostituzione di un ente creditizio ad un altro nell'esercizio di una o più succursali dal momento che le stesse individuano nell'ente e non nella

[40] Così invece G. Molle, *I contratti bancari*, in *Trattato di dir. civ.*, diretto da A. Cicu, F. Messineo e L. Mengoni, Milano, Giuffrè, 1981^4, p. 65 ma *contra*, fra gli altri, G. Santini, *Banca e titoli di credito*, in «Riv. trim. dir. e proc. civ.», 1949, p. 356; V. Buonocore, *Rassegna di giurisprudenza bancaria*, in «Rass. ec.», 1960, p. 243; M. Porzio, *L'ambito d'affari delle filiali di azienda di credito e sua rilevanza giuridica*, in «Banca, borsa e tit. cred.», 1968, I, p. 314, e N. Salanitro, *Le banche*, cit., p. 110.

[41] Così G. Molle, *I contratti*, cit., p. 66; F. Martorano, *Il conto corrente bancario*, Napoli, Jovene, 1955, p. 88; e A. Piras, *Gli stabilimenti bancari*, cit., p. 312 ad avviso del quale le norme in tema di assegni considerano gli stabilimenti come «autonomi centri» di imputazione.

[42] Si è fatto giustamente notare (M. Porzio, *L'ambito di affari delle filiali di azienda di credito e sua rilevanza giuridica*, cit., p. 320) che la possibilità di una girata a favore del trattario è consentita nella cambiale tratta senza che ne derivi la estinzione del titolo.

succursale il soggetto, cui imputare situazioni attive e passive afferenti la gestione di quest'ultima.

Resta, dunque, confermato il convincimento che le succursali delle banche italiane, pur costituendo il punto di riferimento di discipline speciali che, come tali, vanno oltre quella dettata dal diritto comune per la sede secondaria delle imprese, non solo non vengono mai considerate come soggetti distinti dall'ente creditizio ma non viene in alcun modo attribuita alcuna autonomia sul piano patrimoniale ai rapporti che afferiscono alla loro gestione.

E sotto questo profilo le norme privatistiche confermano la soluzione adottata in proposito dalla direttiva comunitaria e dal T.U. che considerano la succursale bancaria «sprovvista di personalità giuridica».

3. La libertà di prestazione di servizi da parte delle banche italiane

In apertura di questo capitolo, abbiamo sottolineato che costituisce tratto caratteristico del modello organizzativo delle imprese bancarie l'articolazione territoriale delle relative strutture operative, rilevando per altro che l'intensità di tale caratteristica è legata al tipo di prodotto bancario e alle tecniche produttive adottate. Si può ben immaginare, in altri termini, che l'ambito territoriale dell'attività bancaria sia indipendente e in particolare molto più esteso dell'articolazione territoriale della banca.

Ed anche sotto il profilo normativo i due momenti sono andati spesso incontro a discipline e, in particolare, a controlli di vigilanza fortemente differenziati. Così le autorità di controllo hanno consentito una forte espansione territoriale dell'attività anche quando hanno imposto limiti molto rigidi all'articolazione territoriale dell'impresa. In altri termini, ed utilizzando la terminologia adottata dal T.U. sulla scia delle direttive comunitarie, la libertà di «prestazione di servizi» è stata riconosciuta in termini più ampi di quelli nei quali può essere esercitata la libertà di stabilimento, ossia la possibilità di aprire una nuova succursale. Ed è facile immaginare la ragione di una siffatta disparità di trattamento: l'apertura di una nuova succursale ha una rilevanza sulla struttura aziendale ben maggiore di quella connessa con la semplice prestazione dell'attività (direttamente dalle proprie strutture preesistenti).

Ed in effetti il T.U., pur riconoscendo, in linea di principio, sia la libertà di prestazione di servizi sia la libertà di stabilimento disciplina le stesse in modo diverso. Così abbiamo constatato che le banche italiane, possono aprire succursali sia in tutto il territorio italiano sia nei territori degli altri Stati comunitari, senza l'autorizzazione della Banca d'Italia, ma quest'ultima può vietare l'aperture delle stesse quando constati l'«inadeguatezza» della banca per un'ulteriore espansione territoriale della sua struttura. Il regime della prestazione dei servizi, senza apertura di succursali, è più liberale; «le banche possono esercitare le attività ammesse al mutuo riconoscimento in uno stato comunitario senza stabilirvi succursali, nel rispetto delle procedure fissate dalla Banca d'Italia» (art. 16, 1° comma del T.U.). La norma concerne in astratto anche la prestazione di servizi nell'ambito del territorio italiano, ma in realtà disciplina di fatto soprattutto la libera prestazione di servizi negli altri paesi della Comunità, imponendo in questo secondo caso un semplice onere procedurale, consistente nella necessità di informare le autorità di controllo della espansione ad un altro Stato (comunitario) della propria attività.

Apparentemente identico è invece il regime della libertà di stabilimento e della libertà di prestazione di servizi delle banche italiane per quanto concerne i paesi extracomunitari: sia la prima (art. 15, 2° comma) sia la seconda (art. 16, 2° comma) sono sottoposte ad autorizzazione della Banca d'Italia, ma è ovvio che le condizioni per il rilascio dell'autorizzazione verranno determinati dalla Banca d'Italia in modo diverso per le due ipotesi.

4. Le succursali di banche comunitarie

a) Fino all'attuazione nel nostro ordinamento delle direttive comunitarie 28 giugno 1973 sulla libertà di stabilimento l'apertura, nel nostro paese, di succursali da parte di banche estere era disciplinata dal R.D. 4 settembre 1919, n. 1620, senza alcuna distinzione fra banche comunitarie e banche extracomunitarie. E un cenno al contenuto di questo provvedimento è forse opportuno per potere meglio cogliere il progressivo distacco, da quella disciplina generale, dello statuto previsto per l'istituzione di succursali da parte di banche comunitarie, prima ancora che il T.U. ridisegnasse la distinzione, sul punto fra banche comunitarie ed extracomunitarie, abrogando anche il decreto del 1919.

Questo provvedimento, per altro, disciplinava esclusivamente le succursali di «primo impianto» (o di «primo grado» ossia la prima succursale) di una banca estera, rimanendo l'apertura delle successive succursali regolata dalle stesse norme previste per l'apertura di nuovi sportelli da parte delle banche italiane; ed era a queste succursali di primo impianto che si riferiva la legge bancaria del 1936-38 elencando nell'art. 5, fra le aziende di credito, le «filiali esistenti nella Repubblica di aziende di credito straniere».

A norma dell'art. 1 di quel decreto e dell'art. 40, 2° comma lett. *d*) della legge bancaria, l'istituzione di una succursale di primo grado da parte di una banca estera, era subordinata all'autorizzazione del CICR, la cui deliberazione trovava forma in un decreto del Ministro per il Tesoro, il quale provvedeva «con decisione insindacabile, d'intesa con il Ministro degli Affari esteri»; tenendo presente «il trattamento fatto dalla legislazione dello stato cui appartiene la banca che chiede l'autorizzazione stessa agli istituti italiani che nel territorio di quello stato intendessero di esercitare le loro attività» (condizione di reciprocità).

Il provvedimento ministeriale poteva subordinare l'autorizzazione al rispetto di particolari «condizioni». La banca che richiedeva l'autorizzazione doveva «indicare l'ammontare del capitale che intende[eva] assegnare alla speciale gestione nel territorio» italiano e doveva redigere (art. 4) un «bilancio separato» da cui risultasse anche il «capitale» destinato alle operazioni nello stato e quello effettivamente impiegato. Trovava poi integrale applicazione nei confronti della banca estera l'art. 2506 del Cod. civ. e, quindi, la stessa doveva depositare presso la cancelleria del tribunale nella cui circoscrizione aveva aperto la succursale di primo grado, atto costitutivo, statuto, «nomina» delle persone che la rappresentavano e bilancio dell'ente, in uno con quello della succursale.

Come si può notare, si trattava di un regime che si caratterizzava, da un lato, per l'amplissima discrezionalità dell'autorizzazione (con esclusione di un qualsiasi diritto della banca estera all'apertura) e, dall'altro, per il fatto di trattare la filiale come se fosse un autonomo soggetto di diritto. Tant'è che una parte della dottrina ritenne di poter ravvisare nelle filiali di banche estere i caratteri della soggettività o, quanto meno, della separatezza patrimoniale[43]; tesi non fondata, dal momento che l'attribuzione di una specifica dotazione patrimoniale, l'obbligo di un bilancio separato e la sottoposizione ad autonoma liquidazione coatta trovavano una sufficiente giustificazione quali strumenti di vigilanza[44], mentre mancava la prova di una qualsiasi intenzione del legislatore di sottrarre alle garanzie dei creditori «nazionali» la residua parte del patrimonio della banca estera[45].

b) Come si è accennato la prima differenziazione, in tema di succursali, fra banche comunitarie e banche extracomunitarie si ebbe in coincidenza con la direttiva 28 giugno 1973, che vietava trattamenti discriminatori nei confronti di cittadini degli altri Stati membri della Comunità, limitando la libertà di stabilimento degli stessi al rispetto delle norme previste per i cittadini.

E tra le pratiche discriminatorie, con riferimento all'ordinamento bancario italiano, quella direttiva individuava «la condizione di reciprocità», prevista dall'art. 2 del R.D. 4 settembre 1919, n. 1620 «nonché le condizioni discriminatorie nei confronti degli stranieri imposte individualmente ai sensi dell'art. 2» del medesimo decreto.

In attuazione di tale direttiva, ritenuta direttamente operante nell'ordinamento interno a prescindere da una legge statale di attuazione, il CICR, con delibera 4 giugno 1976[46], trasferiva la competenza dell'au-

[43] Cfr. A. Piras, *Gli stabilimenti bancari*, cit., p. 278 e P. De Vecchis, *Dipendenze in Italia di enti creditizi stranieri*, cit., p. 70.

[44] In questo senso anche G.B. Portale, *Le «succursali» di banche estere*, in *L'attuazione*, cit., p. 323 e F. Vella, *Le succursali di banche estere*, cit., pp. 64 ss.

[45] Non incideva sulla problematica affrontata nel testo il fatto che l'organo di vigilanza pretendesse che gli enti creditizi stranieri si impegnassero «a rispondere delle obbligazioni assunte dalle proprie filiali» e «ad assicurare alle dipendenze italiane i mezzi liquidi necessari a fronteggiare gli impegni della stessa assicurata» (si veda «Boll. della Banca d'Italia. Vigilanza sulle aziende di credito», nn. 56-57, p. 50). Lo stesso poteva trovare adeguata spiegazione nell'ambito degli strumenti di controllo: sul punto F. Vella, *Le succursali di banche estere*, cit., p. 91.

[46] In «Boll. della Banca d'Italia. Vigilanza sulle aziende di credito», nn. 56-57, p. 43. V. sul punto A.F. Panzera, *Sistema bancario e ordinamento comunitario*, Milano, Giuffrè, 1992, pp. 23 s.

torizzazione delle succursali di enti creditizi comunitari alla Banca d'Italia e stabiliva altresì che quest'ultima avrebbe dovuto autorizzare «l'impianto in Italia di dipendenze di banche aventi sede in altri paesi membri della comunità europea seguendo gli stessi criteri di valutazione adottati per analoghe richieste presentate da aziende di credito italiane».

In considerazione del tenore letterale della deliberazione, la direttiva CICR sembrò cancellare la distinzione fra le filiali di primo grado e quelle successive, imponendo alla Banca d'Italia di valutare le richieste degli enti creditizi comunitari seguendo gli stessi criteri adottati per le richieste di autorizzazione alla istituzione di succursali provenienti da enti creditizi italiani, dal momento che queste ultime non potevano che essere richieste di autorizzazione non di primo impianto[47]. Ma l'interpretazione corrente e più ragionevole, adottata anche dalle autorità creditizie, ritenne che la deliberazione del CICR non avesse cancellato la distinzione fra filiali estere di primo impianto e filiali successive, e che la stessa avesse avuto l'unico effetto di emendare la disciplina del R.D. 1620/1919 nel senso di spostare la competenza dal CICR alla Banca d'Italia, di eliminare le condizioni di reciprocità e di impedire l'apposizione di eventuali clausole discriminatorie al provvedimento di autorizzazione, ferma restando ovviamente la possibilità per l'organo di vigilanza di tener conto delle esigenze economiche del mercato nel valutare le domande di autorizzazione per quanto concerne sia le filiali di primo impianto sia quelle successive.

c) Questo sistema, fondato sulla possibilità di tenere conto delle esigenze economiche del mercato nell'autorizzazione delle succursali di primo impianto, sembrava destinato a scomparire con l'attuazione in Italia della direttiva 77/780 che precludeva, appunto, la possibilità di utilizzare un siffatto criterio di valutazione nell'autorizzazione all'accesso per i nuovi enti creditizi. Nell'ovvio presupposto che la disciplina dettata per l'accesso dovesse estendersi anche alla istituzione di una succursale di primo grado da parte di banche estere. Sul punto si creò un forte contrasto fra le autorità comunitarie, che condividevano quest'ultima impostazione[48], e le autorità italiane, che tendevano a conservare sulle succursali di primo impianto la stessa discrezionalità loro attribuita in tema di sportelli.

L'art. 8 del D.P.R. 350/1985 adottò questa seconda soluzione stabilendo che «l'autorizzazione all'apertura in Italia di succursali di enti creditizi aventi sede legale in altro stato membro della Comunità è rilasciata dalla Banca d'Italia sulla base delle disposizioni vigenti per l'istituzione di succursali di enti creditizi italiani».

Questa soluzione finiva, tra l'altro, per determinare una certa di-

[47] Si vedano in proposito le osservazioni di F. Belli, *Appunti*, cit., pp. 70 ss. e P. De Vecchis, *Filiali in Italia di banche estere*, in «Bancaria», 1982, p. 1342.

[48] Cfr. *Relazione della Commissione delle Comunità Europee al Consiglio sulle esigenze economiche di mercato* - CEE, dicembre 1983, p. 3; sul punto v. F. Vella, *Le succursali di banche estere in Italia*, cit., pp. 133 ss.

sparità di trattamento, per quanto concerneva l'accesso al mercato bancario italiano, tra le iniziative che assumevano la forma del nuovo ente creditizio (per le quali non si sarebbe potuto tenere conto delle esigenze del mercato) e quelle che avessero preferito imboccare la soluzione della succursale (per le quali quelle stesse esigenze avrebbero potuto essere prese in considerazione); anche se la possibilità, consentita all'Italia, di tenere conto di quelle esigenze fino al dicembre 1989, finiva per attutire alquanto tale disparità.

d) In definitiva, anche dopo l'attuazione della prima direttiva l'apertura in Italia di succursali di banche comunitarie rimaneva subordinata all'autorizzazione discrezionale della Banca d'Italia. Risultato quest'ultimo che contrastava con l'obiettivo finale perseguito dalla Comunità ossia la realizzazione di un mercato unico nel quale la vigilanza sulle succursali estere di un ente creditizio fosse affidata alle autorità di controllo del paese di origine, con esclusione di un qualsiasi potere autorizzativo del paese ospitante alla apertura delle stesse[49]. Ma la realizzazione di questo obiettivo era legata alla completa armonizzazione della disciplina delle condizioni di accesso e di esercizio dell'attività bancaria che allora si perseguiva; integrale armonizzazione che si era rivelata di difficilissima realizzazione.

Il problema, come è noto, fu affrontato sul piano della politica comunitaria con l'atto unico europeo del 1986 con il quale la Comunità rinuncia alla armonizzazione integrale degli ordinamenti e adotta il principio del mutuo riconoscimento previa armonizzazione minima delle legislazioni nazionali[50].

Con riferimento al mercato bancario l'adozione di quel principio comportava l'armonizzazione minima delle condizioni di accesso e di esercizio dell'attività bancaria, realizzata la quale gli enti creditizi autorizzati in un paese membro avrebbero goduto della libertà di stabilimento e di prestazione di servizi negli altri paesi della Comunità con applicazione del principio dell'*home country control*. Non possiamo evidentemente ripercorrere qui tutte le tappe che hanno caratterizzato la formazione dell'ordinamento comunitario delle banche. Su alcuni punti è, tuttavia, indispensabile soffermarsi[51].

[49] Così, già nel 10° considerando della direttiva 77/780 si legge: «L'obiettivo finale del coordinamento è di giungere ad un sistema secondo cui gli enti creditizi, la cui sede sociale si trova in uno stato membro saranno esentati da qualsiasi procedura di autorizzazione per la creazione di succursali negli altri stati». Nello stesso senso *Programma per una seconda direttiva concernente gli enti creditizi*, in «Coop. di cred.», 1982, p. 202, nonché la direttiva 13 giugno 1983, n. 350 (in G.U. C.E., n. 193 del 18 luglio 1983) sulla vigilanza consolidata sugli enti creditizi. V. anche P. Clarotti, *Il principio comunitario della vigilanza delle succursali estere da parte dell'autorità del paese di origine*, in «Banca impresa soc.», 1984, p. 55.

[50] Sull'Atto Unico europeo, v., per tutti, A. Tizzano, *L'atto unico europeo e la realizzazione del mercato interno*, in «Foro It.», 1989, IV, c. 75 ss.; R. Luzzatto, *Il principio del mutuo riconoscimento degli enti creditizi nel mercato interno della CEE*, in «Dir. comm. int.», 1989, p. 183.

[51] V. sul punto i contributi contenuti in *Il sistema creditizio nella prospettiva del mercato unico europeo*, a cura di M.T. Cirenei e G.C. De Martin, Milano, Giuffrè, 1990

Anzitutto con riferimento ai soggetti ai quali applicare il principio del mutuo riconoscimento per l'apertura di succursali in paesi diversi da quello di origine. Data la molteplicità delle definizioni di banca accolte dagli ordinamenti dei vari paesi della Comunità, l'attribuzione del diritto al mutuo riconoscimento postulava l'individuazione di una nozione unica, comunitaria, di ente creditizio e in questo senso si è mossa la direttiva 89/646, recependo la definizione di ente creditizio già accolta dalla direttiva 77/780[52].

Il diritto al mutuo riconoscimento viene pertanto riconosciuto non a tutti i soggetti che vengono considerati enti creditizi dagli ordinamenti nazionali, ma solo a quelli che siano tali per l'ordinamento comunitario, ossia alle imprese «la cui attività consiste nel ricevere depositi o altri fondi rimborsabili dal pubblico e nel concedere crediti per proprio conto» (art. 1, direttiva 77/780). E, come vedremo, è, ovviamente, questa l'impostazione accolta anche dal T.U. italiano del 1993 nel riconoscere alle banche comunitarie il diritto alla libertà di stabilimento e alla libera prestazione di servizi. Ma l'aver individuato il presupposto soggettivo (essere ente creditizio ai sensi della direttiva) non eliminava il fatto che le banche godevano nei propri ordinamenti nazionali di un'ampiezza operativa diversa e, in particolare, che le banche dei paesi più forti (Francia e Germania) avevano una libertà operativa che consentiva loro di svolgere quasi tutte le attività finanziarie, anche diverse da quelle bancarie in senso stretto.

Il problema fu risolto riconoscendo che i soggetti che avessero potuto considerarsi creditizi ai sensi della direttiva avrebbero goduto della libertà di stabilimento e di prestazione di servizi per tutta una serie di attività elencate nell'allegato alla direttiva, sempreché fossero stati autorizzati ad esercitarle dalle autorità del paese di origine. E sono queste le attività che anche il T.U. indica come «attività ammesse al mutuo riconoscimento» (art. 1, 2° comma, lett. *f*) del T.U.).

L'adozione della «lista» delle attività «ammesse» consentiva, per altro, di estendere il beneficio del mutuo riconoscimento alla massima parte delle attività finanziarie soltanto se le stesse fossero state esercitate da enti creditizi (sempre tali alla stregua della direttiva comunitaria); ma in alcuni paesi, e in particolare nel nostro, molte di quelle attività non venivano esercitate dalle banche ma da società controllate dal sistema bancario, secondo il modello del gruppo polifunzionale in quel tempo preferito alla banca universale anche da parte delle autorità creditizie.

E fu così che soprattutto per opera dell'Italia, nella direttiva 89/646

e in *Le direttive comunitarie in materia bancaria e l'ordinamento italiano*, a cura di A. Brozzetti e V. Santoro, Milano, Giuffrè, 1990 e in A. Tizzano, *Problematica del diritto delle Comunità Europee*, Roma, Ed. Il Foro Ital., 1992; nonché L. Desiderio, in *Codice Commentato della banca*, a cura di F. Capriglione e V. Mezzacapo, Milano, Giuffrè, 1990, II, pp. 2199 ss.

[52] Cfr. R. Costi, *Banca e attività bancaria nelle direttive comunitarie*, in «Banca impresa soc.», 1989, pp. 335 ss.

la libertà di stabilimento e di prestazione di servizi vennero riconosciute, per le attività della lista, anche agli enti che avessero esercitato siffatte attività, purché fossero controllati da enti creditizi (ai quali doveva competere almeno il 90% dei diritti di voto), fossero inseriti in un sistema di vigilanza consolidato con l'ente creditizio controllante (o gli enti creditizi controllanti) e quest'ultimo garantisse in solido le obbligazioni assunte dall'ente finanziario (cfr. art. 18 della direttiva 89/646)[53]. E, come vedremo, trovano in questa norma la propria origine le disposizioni dell'art. 18 del T.U. sulle società finanziarie ammesse al mutuo riconoscimento.

Individuati i limiti soggettivi (gli enti) e oggettivi (le attività) entro i quali veniva riconosciuto il diritto di stabilimento e di prestazione dei servizi, la direttiva 89/646 poneva poi alcuni principi in ordine alle modalità da adottarsi per il concreto esercizio degli stessi nonché alla vigilanza da esercitarsi sull'espletamento delle relative attività.

Così, per quanto concerne la libertà di stabilimento, l'art. 19 della direttiva prevede che l'ente creditizio che intende stabilire una succursale nel territorio di un altro Stato membro notifica tale intenzione all'autorità competente del proprio Stato; questa, «a meno che ... abbia motivo di dubitare, con riferimento al progetto in questione, dell'adeguatezza delle strutture amministrative o della situazione finanziaria dell'ente creditizio», comunica all'autorità competente dello Stato ospitante il progetto di apertura della succursale, fornendo le informazioni necessarie per individuarne la struttura essenziale e il programma di attività.

Quest'ultima, sempre a norma del predetto art. 19 della direttiva, dispone di un periodo di tempo (di due mesi) per predisporre la vigilanza sulla succursale e per indicare le eventuali condizioni alle quali, per motivi di interesse generale, tali attività devono essere esercitate nello Stato membro ospitante. Come si può notare la libertà di stabilimento incontra qualche filtro sia da parte delle autorità del paese di origine sia, ma in minor misura, da parte del paese ospitante.

Nessun filtro invece esiste per la libertà di prestazione di servizi: l'art. 20 della direttiva 89/646 stabilisce che l'ente creditizio «che voglia esercitare per la prima volta la propria attività nel territorio di un altro Stato membro nel quadro della libera prestazione di servizi, notifica all'autorità competente dello stato membro d'origine quali delle attività comprese nell'elenco allegato intenda esercitare», e quest'ultimo si limita a notificare tale intenzione all'autorità dello Stato membro ospitante.

La direttiva, infine, detta la disciplina della vigilanza sulle succursali stabilendo anzitutto il principio secondo il quale «la vigilanza prudenziale sull'ente creditizio, compresa quella sulle attività che essa esercita» [nel paese ospitante in virtù della libertà di stabilimento e di prestazio-

[53] Sul punto fra i molti v. A.F. Panzera, *Sistema bancario*, cit., pp. 60 ss., nonché R. Costi, *Prospettive di una disciplina soggettiva delle società di leasing: profili giuridici*, in *La locazione finanziaria*, Sassari, Gallizzi, 1990, pp. 121 ss.

ne di servizi previsti], «spetta alle autorità competenti dello Stato membro d'origine fatte salve le disposizioni della presente direttiva che prevedono una competenza dell'autorità dello stato membro ospitante» (art. 13, 1° comma).

E la stessa direttiva, da un lato, attribuisce alle autorità del paese ospitante una serie di poteri di informazione e di intervento repressivo delle irregolarità commesse nell'esercizio dell'attività da parte della succursale (cfr. art. 21) (sui quali torneremo in sede di esame dell'attuazione datane dal T.U.) e, dall'altra, fissa il principio secondo il quale «lo stato membro ospitante rimane incaricato, in collaborazione con l'autorità competente dello Stato membro d'origine, della vigilanza sulla liquidità dell'ente creditizio fino a coordinamento ulteriore»; aggiungendo che, «fatte salve le misure necessarie al rafforzamento del Sistema monetario europeo, esso resta altresì esclusivo responsabile per le misure d'attuazione della sua politica monetaria», ma «tali misure non possono comportare un trattamento discriminatorio o restrittivo fondato sul fatto che l'ente creditizio ha ricevuto l'autorizzazione in un altro stato membro».

e) I principi così fissati dalla direttiva 89/646, in tema di libertà di stabilimento e di prestazione di servizi hanno trovato attuazione nel D.Lgt. 481/1992 e poi nel T.U. del 1993; a quei principi dovranno, comunque, attenersi le autorità creditizie nella concreta attività di vigilanza (cfr. art. 6, 1° comma del T.U.).

Così, con riferimento all'apertura di succursali, l'art. 15, 3° comma del T.U. ribadisce il principio secondo il quale «le banche comunitarie possono stabilire succursali nel territorio della Repubblica».

Il diritto qui codificato è, appunto, riconosciuto alle banche, secondo la definizione accolta dal T.U. e coincidente con quella di ente creditizio adottata dalla direttiva: non potranno perciò beneficiarne gli enti che banche non siano (e sempreché non ricorrano le ipotesi previste dall'art. 18 per le società finanziarie ammesse al mutuo riconoscimento) anche se gli stessi fossero considerati banche nel loro ordinamento di origine.

Le banche poi dovranno potersi definire comunitarie, ossia avere «sede legale e amministrazione centrale in un medesimo stato comunitario diverso dall'Italia» (cfr. art. 1, 2° comma lett. *b*) del T.U.); non basterà che la banca abbia la sede legale in uno Stato membro, essendo necessario che in quello stesso Stato essa abbia anche l'amministrazione centrale. La norma tende, da un lato, ad impedire che banche extracomunitarie operino lo spostamento della sede legale nel territorio della Comunità per poter godere del mutuo riconoscimento e, dall'altro, ad impedire che si possa sfuggire, sempre attraverso il mero spostamento della sede legale da un paese comunitario all'altro, a vincoli che le legislazioni nazionali intendano porre alla libertà operativa delle banche nazionali.

Naturalmente il diritto di stabilimento è circoscritto alle attività ammesse al mutuo riconoscimento; il che non significa che la succursale non possa svolgere altre attività (se consentite dall'autorizzazione del paese d'origine), ma il relativo esercizio sarà sottoposto alle regole generali che disciplinano la circolazione dei servizi nell'ambito del mercato comune (e non alle regole speciali dettate per le attività ammesse) e dovranno altresì uniformarsi alle regole dettate dalla Banca d'Italia, ai sensi dell'art. 17 dello stesso T.U.

Il diritto di stabilimento ha come oggetto specifico «il primo insediamento» nel territorio della Repubblica, ossia quello che, in passato abbiamo constato definirsi la succursale di primo impianto (o di primo grado), essendo l'apertura delle successive succursali da parte della banca comunitaria rimessa esclusivamente alla disciplina di vigilanza del paese d'origine (e non come accadeva in precedenza sottoposta alle autorità creditizie italiane alla pari delle succursali delle banche italiane).

«Il primo insediamento» — invece — «è preceduto da una comunicazione alla Banca d'Italia da parte dell'autorità competente dello Stato d'appartenenza», evidentemente nel presupposto che lo stesso abbia espresso il giudizio di «adeguatezza» preteso dall'art. 19, 3° comma della direttiva 89/646. La Banca d'Italia ha un breve periodo di tempo per organizzare l'attività di vigilanza sulla succursale di primo impianto di cui le è stata comunicata l'apertura: decorsi due mesi dalla comunicazione la succursale inizia l'attività (cfr. art. 15, 3° comma T.U.).

f) Tuttavia, in conformità con quanto previsto dalla direttiva, la Banca d'Italia e la CONSOB, nell'ambito delle rispettive competenze, indicano, se del caso, all'autorità competente dello Stato comunitario e alla banca le condizioni alle quali, per motivi di interesse generale, è subordinato l'esercizio dell'attività della succursale (cfr. art. 15, 3° comma T.U.). Si tratta di un potere conservato alle autorità del paese ospitante che dovrà essere esercitato con grande prudenza se non si vogliono frapporre ostacoli non giustificati alla formazione di un unico mercato bancario europeo.

Sotto questo profilo è necessario tener presente che il principio del mutuo riconoscimento attuato dalla direttiva 89/646 concerne esclusivamente lo statuto della succursale e la sua operatività nei paesi ospitanti sotto il profilo della vigilanza e non coinvolge minimamente la disciplina delle operazioni. Questa resta affidata alle regole del diritto internazionale privato dei vari paesi membri e alle convenzioni eventualmente intervenute fra gli stessi (si ricordi soprattutto la convenzione di Roma 19 giugno 1980 sulla «legge applicabile alle obbligazioni contrattuali»)[54]. Questa conclusione non può essere rovesciata rilevando che in un considerando della direttiva (il sedicesimo) si precisa che «gli Stati devono vigilare affinché non vi sia alcun ostacolo a che le attività ammesse a beneficiare del riconoscimento reciproco possano essere esercitate *al-*

[54] Sul punto R. Costi, *Tra mutuo riconoscimento, convenzioni internazionali e norme di diritto internazionale privato*, in *Manuale per il 1993 e oltre*, a cura di G. Vaciago, Milano, Edibank, 1991, pp. 159 ss. e L. Desiderio, *op. cit.*, p. 2204. Sulla «convenzione di Roma» v. *Verso una disciplina comunitaria della legge applicabile ai contratti*, a cura di T. Treves, Padova, CEDAM, 1983, *passim*.

lo stesso modo che nello Stato membro d'origine, purché non siano incompatibili con le disposizioni legali di interesse generale in vigore nello stato membro ospitante».

E quando si rifletta che i prodotti finanziari sono «contratti» non possono sfuggire la connessione fra norme di vigilanza sulla produzione bancaria e finanziaria e disciplina dei contratti e gli ostacoli che le differenze su quest'ultimo punto fra i vari ordinamenti possono frapporre alla circolazione dei prodotti bancari quando le stesse urtino contro norme di interesse generale; anche se la nozione di disposizione di «interesse generale» dovrà essere individuata alla stregua non tanto dell'«ordine pubblico interno» quanto dell'«ordine pubblico comunitario»[55].

Questo principio era stato recepito esplicitamente per quanto concerne le norme sulla trasparenza delle condizioni contrattuali (legge 154/1992) e antiriciclaggio (legge 197/1992) «e ogni altra norma avente carattere inderogabile» nella redazione del T.U. approvato in prima lettura dal governo, ma la disposizione, evidentemente ritenuta superflua è stata eliminata nella redazione definitiva. Ciò non toglie che l'ordine di idee appena espresso valga non solo per le norme sull'antiriciclaggio e sulla trasparenza ma, ancor prima, per quelle relative a momenti importanti delle tecniche finanziarie adottate dalle banche (ad es.: in tema di garanzia pignoratizia e ipotecaria o in tema di privilegi).

g) Come si è ricordato la direttiva, pur statuendo il principio del *home country control*, consente alle autorità di vigilanza del paese ospitante di mantenere alcuni poteri di controllo sulle succursali istituite da banche di altro paese della Comunità, soprattutto allo scopo di esercitare i poteri connessi alla liquidità della succursale e alla politica monetaria (v. comb. disp. art. 14, 2° e 3° comma e art. 21, 1° comma della direttiva) e di reprimere le irregolarità commesse nella gestione della medesima.

Il T.U. è molto laconico per quanto concerne tali controlli limitandosi a prevedere (art. 55) che «la Banca d'Italia, in conformità delle deliberazioni del CICR, esercita controlli sulle succursali di banche comunitarie nel territorio della Repubblica», ma è chiaro che gli stessi dovranno rispettare i vincoli posti dalla direttiva e soprattutto concernere gli oggetti e perseguire gli scopi che quest'ultima affida ancora alle autorità creditizie del paese ospitante.

E, con riferimento alla vigilanza ispettiva, è necessario ricordare che, a norma dell'art. 54, 3° comma del T.U., le autorità competenti del paese d'origine possono, dopo aver informato la Banca d'Italia, «ispezionare, anche tramite persone da esse incaricate, le succursali stabilite nel territorio della Repubblica» e che, su richiesta delle me-

[55] Per l'analoga problematica sorta in tema di diritto delle assicurazioni, v., anche per le citazioni di giurisprudenza della Corte, P. Lamberti Zanardi, *Assicurazione e Mercato comune*, Milano, Angeli, 1988, *passim*.

desime autorità, «la Banca d'Italia può procedere direttamente agli accertamenti ovvero concordare altre modalità delle verifiche».

b) Il T.U. prende in considerazione anche le ipotesi di crisi relative alle succursali di banche comunitarie, adottando soluzioni diverse da quelle applicabili alle succursali di banche italiane. L'art. 79 prevede che «in caso di violazione da parte di banche comunitarie delle disposizioni relative alle succursali ... la Banca d'Italia può ordinare alla banca di porre termine a tali irregolarità dandone comunicazione all'autorità competente dello Stato membro in cui la banca ha sede legale per i provvedimenti eventualmente necessari», precisando che, se «manchino o risultino inadeguati i provvedimenti dell'autorità competente, quando le irregolarità commesse possano pregiudicare interessi generali ovvero nei casi di urgenza per la tutela delle ragioni dei depositanti, dei risparmiatori e degli altri soggetti ai quali sono prestati i servizi, la Banca d'Italia adotta le misure necessarie, comprese l'imposizione del divieto di intraprendere nuove operazioni e la chiusura della succursale dandone comunicazione all'autorità competente».

Si tratta di provvedimenti analoghi a quelli che possono essere assunti con riferimento alle succursali di banche italiane ma per i quali la Banca d'Italia svolge una funzione surrogatoria dell'autorità competente del paese di origine. In conformità del resto con puntuali previsioni della direttiva (cfr. art. 21, commi 4° e ss.), che impone, comunque, di comunicare i provvedimenti assunti alla Commissione della Comunità. Infine, l'art. 95 del T.U. stabilisce che «quando a una banca comunitaria sia stata revocata l'autorizzazione all'attività da parte dell'autorità competente, le succursali italiane possono essere sottoposte alla procedura di liquidazione coatta amministrativa secondo le norme [previste per le banche italiane] in quanto compatibili».

5. La libertà di prestazione di servizi delle banche comunitarie

Abbiamo già descritto le tappe attraverso le quali l'ordinamento comunitario ha codificato il diritto di libertà di prestazione dei servizi da parte delle banche comunitarie e abbiamo anche tratteggiato le linee fondamentali della relativa disciplina comunitaria. In questa sede basteranno pochi cenni diretti a ribadire i limiti di tale libertà e la sua disciplina.

Potranno godere della libertà di prestazione di servizi solo gli enti che siano enti creditizi alla stregua dell'ordinamento comunitario, limitatamente alle attività ammesse al mutuo riconoscimento e per le quali gli stessi abbiano avuto l'autorizzazione all'esercizio nel paese d'origine.

Come abbiamo già constatato, l'esercizio della libertà di prestazione di servizi non incontra vincoli di vigilanza, nel senso che l'avvio della prestazione deve esclusivamente essere preceduto da una informazione all'autorità dello Stato d'origine che, a sua volta, deve informarne la Banca d'Italia.

Quest'ultima non potrà, quindi, porre alla prestazione di servizi dal paese di origine neppure i vincoli connessi con le condizioni giustificate da «motivi di interesse generale» che possono essere imposti alla apertura di succursali. Anche nell'esercizio della libertà di prestazione dei servizi le banche comunitarie incontreranno, per altro, i limiti che discendono dalle norme «inderogabili» del nostro ordinamento ed in particolare quelle afferenti alla disciplina di ordine pubblico prevista per le operazioni (art. 15) (ad es.: norme sulla trasparenza contrattuale, sul credito al consumo e antiriciclaggio). Anche per quanto concerne il controllo sul concreto esercizio dell'attività i poteri della Banca d'Italia sono estremamente limitati, a differenza di quanto previsto per la vigilanza sulle succursali, anche sotto il profilo della vigilanza ispettiva. La stessa ha, tuttavia, il potere di chiedere all'autorità del paese d'origine di assumere i provvedimenti resi necessari dalla violazione delle norme che disciplinano la prestazione di servizi e, in caso di insufficienza o di mancanza degli stessi, di imporre il divieto di intraprendere nuove operazioni; divieto che — per altro — non pare sorretto da adeguate sanzioni (art. 79), come invece può esserlo nel caso delle succursali.

6. Le succursali di banche extracomunitarie

L'istituzione, nel territorio italiano, di una prima succursale da parte di una banca extracomunitaria, ossia di una banca avente sede legale in uno Stato non appartenente alla Comunità europea, era disciplinata prima del D.Lgt. 481/1992 e del T.U., dal R.D. 4 settembre 1919, n. 1620 del quale abbiamo già illustrato il contenuto essenziale. La direttiva 77/780 aveva, per altro, posto un vincolo alle autorità (CICR, Ministro per il Tesoro e Ministro per gli Affari esteri) alle quali era attribuito il relativo potere autorizzatorio. L'art. 9, par. 1, di quella direttiva stabiliva, infatti, che «gli stati membri non applicano alle succursali di enti creditizi aventi la loro sede sociale fuori della Comunità, per quanto riguarda l'accesso all'attività e per il suo esercizio, disposizioni da cui risulti un trattamento più favorevole di quello cui sono sottoposte le succursali di enti creditizi aventi la loro sede sociale nella Comunità»[56].

Anche la direttiva 89/646 si occupa delle succursali di banche extracomunitarie (cfr. titolo III: «relazioni con i paesi terzi») soprattutto per *a*) imporre alle autorità competenti l'obbligo di informare la Commissione sulle autorizzazioni concesse a filiazioni di banche extracomunitarie e delle acquisizioni di banche comunitarie da parte delle medesime; *b*) consentire alla Commissione stessa di operare allo scopo di garantire che negli Stati terzi le condizioni di accesso per le banche comunitarie non siano deteriori rispetto a quelle praticate per gli enti nazionali.

Nell'ambito del lavoro di attuazione della seconda direttiva bancaria e di revisione dell'intero ordinamento della disciplina delle succur-

[56] Sul punto L. Forlati Picchio, *Il trattamento di impresa bancaria di stati terzi nella CEE*, in *La concorrenza bancaria*, a cura di L.C. Ubertazzi, Milano, Giuffrè, 1985.

sali bancarie che la stessa imponeva il D.Lgt. 481/1992 ed il T.U. hanno riscritto anche le norme sulle succursali extracomunitarie, abrogando il decreto 1620/1919 (cfr. art. 161 del T.U.).

Anche la nuova disciplina, come quella precedente e, in conformità, del resto, con quanto disposto anche per le banche comunitarie, accoglie la distinzione fra istituzione di succursali di primo grado e apertura di succursali successive.

A norma dell'art. 14, 4° comma del T.U. «lo stabilimento in Italia della prima succursale di una banca extracomunitaria è autorizzato con decreto del Ministro per il Tesoro, d'intesa con il Ministro degli Affari esteri, sentita la Banca d'Italia». Il potere autorizzatorio è stato, dunque, sottratto al CICR, coerentemente con la tendenza adottata dal T.U. di concentrare le competenze dello stesso sull'attività normativa, con ridimensionamento delle attribuzioni di amministrazione attiva, ma conservato alla competenza ministeriale, sia pure con l'inserimento di una funzione consultiva della Banca d'Italia.

Il potere ministeriale è, tuttavia, vincolato: l'autorizzazione deve «comunque» essere subordinata «al rispetto di condizioni corrispondenti a quelle» che debbono essere soddisfatte per l'accesso all'attività da parte di banche italiane, quanto meno con riferimento al capitale minimo, al programma di attività e ai requisiti di onorabilità e professionalità degli esponenti aziendali (art. 14, 4° comma T.U.). Inoltre «l'autorizzazione è rilasciata tenendo conto della condizione di reciprocità».

Non v'è dubbio che, almeno per quanto concerne i presupposti necessari, l'autorizzazione all'apertura di una prima succursale da parte di una banca extracomunitaria sia assimilata all'autorizzazione prevista per l'accesso all'attività e che, quindi, si possa intravedere un ordine di idee non lontano da quello recepito dalla legge bancaria quando, nel suo art. 5, considerava le filiali di banche estere alla stregua di una categoria di aziende di credito. Ma questa assimilazione non deve celare la profonda differenza che l'ordinamento pone fra una banca italiana e una succursale di banca extracomunitaria.

A cominciare dal diverso potere che le autorità creditizie hanno con riferimento alla istanza di ingresso sul mercato. Nel senso che l'autorizzazione alla istituzione di succursale di banca extracomunitaria rimane un provvedimento discrezionale, che potrebbe anche tener conto delle «esigenze economiche del mercato» a differenza di quanto si prevede per la costituzione delle banche italiane.

Anche la successiva articolazione territoriale è fortemente vincolata dal momento che l'apertura di nuove succursali da parte di una banca extracomunitaria che abbia già una succursale in Italia è subordinata all'autorizzazione della Banca d'Italia, mentre una siffatta autorizzazione non è necessaria per le banche italiane e tanto meno per quelle comunitarie.

La discrezionalità del provvedimento di autorizzazione della succursale di primo impianto (ed anche di quella relativa alle succursali successive) consentirà alle autorità creditizie di introdurre condizioni capaci di assicurare loro il potere di conoscere con la necessaria compiutezza le vicende relative alla gestione della stessa.

Il T.U. non individua tuttavia con qualche analiticità i poteri di vigilanza della Banca d'Italia. Si prevede, comunque, che la Banca d'Italia possa vietare alla succursale di banca extracomunitaria di intraprendere nuove operazioni o procedere alla sua chiusura, sia quando siano state commesse violazioni delle norme che disciplinano l'attività sia «per insufficienze di fondi» (art. 78); disposizione quest'ultima che trova la propria premessa logica nella norma che considera fra i presupposti dell'autorizzazione la esistenza di un «capitale» minimo (ossia di fondi «destinati» alla gestione italiana della banca).

Le succursali di banche extracomunitarie possono essere poi sottoposte sia ad amministrazione straordinaria (art. 77) sia a liquidazione coatta (art. 95). Nell'uno come nell'altro caso, per altro, le norme dettate per questa ultima si applicano «in quanto compatibili». E per quanto concerne l'amministrazione straordinaria si precisa che i commissari straordinari e il comitato di sorveglianza nominati per la succursale di banca extracomunitaria «assumono nei confronti delle succursali stesse i poteri degli organi di amministrazione e di controllo della banca di appartenenza» (art. 77, 1° comma).

Vista la disciplina dettata dal T.U., si potrà riproporre per le succursali di banche extracomunitarie il problema della loro soggettività, ma non sembra che lo stesso possa ricevere una soluzione diversa da quella che appariva preferibile alla stregua delle disposizioni previgenti: esse non costituiscono soggetti diversi o masse patrimoniali separate dalla «banca di appartenenza».

7. La prestazione di servizi da parte di banche extracomunitarie

A norma dell'art. 16, 4° comma del T.U. «le banche extracomunitarie possono operare in Italia senza stabilirvi succursali, previa autorizzazione della Banca d'Italia, rilasciata d'intesa con la CONSOB per quanto riguarda le attività di intermediazione mobiliare».

Limitando la propria previsione alle «banche» la norma in esame non troverà applicazione per quegli enti che, pur essendo considerati banche alla stregua del loro ordinamento nazionale, non siano tali secondo il nostro ordinamento. La prestazione di servizi potrà anche riguardare le attività diverse da quelle ammesse al mutuo riconoscimento, non rinvenendosi nella legge alcuna indicazione che imponga il relativo limite.

Tuttavia, alle banche extracomunitarie non potrà essere consentita la prestazione di servizi preclusi alle banche comunitarie, vietandola l'art. 9, par. 1 della direttiva 77/790, così come non le si potrà autorizzare ad esercitare attività non finanziarie, senza violare il principio di parità di trattamento con riferimento alle banche italiane, alle quali, come sappiamo, è consentito soltanto l'esercizio di attività finanziarie (oltre a quelle connesse e strumentali).

Anche le banche extracomunitarie, naturalmente, incontreranno nell'esercizio della propria attività, dal paese di origine, il limite dell'ordine pubblico, da individuarsi con riferimento esclusivo all'ordine pubblico interno (e non a quello comunitario, come per l'attività delle banche comunitarie).

8. Società finanziarie ammesse al mutuo riconoscimento

Come abbiamo già ricordato, la direttiva 89/646 riconosce il diritto al mutuo riconoscimento anche alle società (finanziarie) che svolgano una o più delle attività ammesse al relativo beneficio quando siano filiazioni di enti creditizi, inseriti nel sistema di vigilanza che ricomprende questi ultimi e purché le relative obbligazioni siano garantite dall'ente creditizio controllante (cfr. art. 18 direttiva).

Il T.U. ha dato attuazione a quel principio estendendo alle società finanziarie di matrice bancaria le norme dettate per le succursali e per la libera prestazione di servizi delle banche italiane e di quelle comunitarie (evidentemente non vengono prese in considerazione eventuali società finanziarie extracomunitarie alle quali, per definizione, non si applica il meccanismo previsto dalla direttiva e disciplinato dal T.U.).

a) Più esattamente l'art. 18, 1° comma stabilisce che le norme dettate dall'art. 15, 1° comma e dall'art. 16, 1° comma, in tema di libertà di stabilimento e di libertà di prestazione di servizi (nei paesi della Comunità) delle banche italiane, si applichino anche «alle società finanziarie con sede legale in Italia sottoposte a forme di vigilanza prudenziale, quando la partecipazione di controllo è detenuta da una o più banche italiane e ricorrano le condizioni stabilite dalla Banca d'Italia».

Tenuto conto che si tratta di una disciplina che tende a consentire la piena realizzazione del mutuo riconoscimento anche alle banche che non svolgano direttamente le attività ammesse al relativo beneficio, pare corretto ritenere che le società finanziarie prese in considerazione dalla norma siano soltanto quelle che svolgono (anche non in via esclusiva) una o più di tali attività.

La società finanziaria, per altro, può essere ammessa al mutuo riconoscimento solo «quando la partecipazione di controllo è detenuta da una o più banche italiane». La norma del T.U. non scioglie i dubbi che aveva posto la corrispondente disposizione della direttiva, il cui art. 18, par. 2, limitava il beneficio agli enti finanziari che fossero «filiazione di un ente creditizio o filiazione comune di più enti creditizi», postulando che nel primo caso vi fosse una sola «impresa madre» e nel secondo più «imprese madri»; nonostante la stessa direttiva identificasse il rapporto di filiazione con il rapporto di controllo.

Il problema può forse essere risolto ammettendo che la norma del T.U. (come già quella della direttiva) prende in considerazione un'ipotesi di controllo congiunto; controllo congiunto che postula, per altro, un'organizzazione dello stesso e che, pertanto, non sussiste se, per la «dispersione» delle partecipazioni, non possa dirsi esistente «una partecipazione di controllo» e ciò anche quando l'intero capitale sociale appartenesse a banche.

Il T.U. non indica, invece, fra le condizioni previste per l'ammissione al mutuo riconoscimento, l'assunzione da parte della banca della garanzia, solidale, per le obbligazioni delle finanziarie, ma tale condizione, comunque imposta dalla direttiva, potrà rientrare fra quelle «poste dalla Banca d'Italia». E queste ultime non potranno che riecheggiare quelle previste, ai sensi del 1° comma dell'art. 15, per l'apertura di nuove succursali.

Il T.U. precisa, invece, che la finanziaria a controllo bancario può essere ammessa al mutuo riconoscimento solo quando sia sottoposta «a forme di vigilanza prudenziale» e, tenuto conto del fatto che il controllo deve essere detenuto da banche, la vigilanza prudenziale sarà necessariamente quella prevista per il gruppo bancario; con una precisazione, tuttavia, deve trattarsi di una vigilanza prudenziale che soddisfi le condizioni fissate dalle norme comunitarie in tema di fondi propri, qualità degli azionisti, circolazione delle partecipazioni rilevanti e organizzazione amministrativa e contabile (cfr. art. 18, 2° par., 3° periodo della direttiva 89/646).

b) Il 2° comma dello stesso art. 18 stabilisce poi che le disposizioni, rispettivamente previste dal 3° comma dell'art. 15 e dal 3° comma dell'art. 16, per la libertà di stabilimento e per la libertà di prestazioni di servizi delle banche comunitarie relative alla vigilanza ispettiva (art. 55) e ai provvedimenti straordinari (art. 79), si applicano, in armonia con la normativa comunitaria, anche alle società finanziarie aventi sede legale in uno Stato comunitario quando la partecipazione di controllo è detenuta da una o più banche aventi sede legale nel medesimo Stato.

9. Documenti contabili delle succursali estere

Come abbiamo a suo tempo ricordato, le succursali di banche estere, comunitarie ed extracomunitarie, sono tenute, sulla base del diritto comune (cfr. art. 2506, 1° comma Cod. civ.) a rispettare le disposizioni della legge italiana riguardanti «la pubblicità del bilancio». D'altro canto, l'art. 4 del R.D.L. 4 settembre 1919, n. 1620, imponeva alle succursali di banche estere di redigere un bilancio separato della sede secondaria italiana. Si era così radicato il convincimento, seguito anche dalle autorità creditizie, che le succursali di banche estere dovessero depositare presso la cancelleria del Tribunale anche il bilancio della succursale italiana (e non quello della società madre straniera)[57].

Un siffatto regime contrastava evidentemente con l'attuazione del mutuo riconoscimento e con il principio del *home country control*. Il problema, per quanto concerne le banche comunitarie, è stato affrontato dalla direttiva 89/117 del 13 febbraio 1989 che ha previsto l'obbligo

[57] V. M. Bonaduce, *Il bilancio d'esercizio delle filiali di banche estere in Italia*, in «Banche e banchieri», sup. febbraio 1983, pp. 20 ss. Sul punto ampiamente F. Vella, *Le succursali*, cit., pp. 45 ss.

per le succursali aperte in uno Stato membro diverso da quello di origine di pubblicare, nello Stato ospitante il bilancio della società madre, redatto secondo le regole della direttiva sui bilanci bancari (direttiva 86/635), precisando che le stesse «non possono essere tenute a pubblicare conti annuali concernenti la propria attività».

La direttiva 89/117 prevedeva altresì che le stesse regole si dovessero applicare alle succursali di paesi terzi purché i conti delle loro case madri avessero una valenza informativa equivalente a quella comunitaria e fosse rispettata la condizione di reciprocità[58]. Il D.Lgt. 27 gennaio 1992, n. 87, nel disciplinare i bilanci degli enti creditizi e finanziari, ha dato attuazione anche a quella direttiva, con riferimento sia alle succursali delle banche e degli enti finanziari comunitari, sia a quelle delle banche e degli enti finanziari extracomunitari.

Così ha stabilito (art. 41, 1° comma) che le prime «pubblicano copia del bilancio d'esercizio e, ove redatto, del bilancio consolidato della propria casa madre, entrambi compilati e controllati secondo le modalità previste dalla legislazione del paese in cui la casa madre ha sede, corredati delle relazioni sulla gestione e sul controllo». Le succursali extracomunitarie invece «sono tenute a pubblicare un bilancio separato oppure il bilancio della casa madre con le informazioni supplementari richieste dalla Banca d'Italia», ai sensi dell'art. 5 del medesimo decreto 87/1992 (a meno che il bilancio della casa madre abbia una capacità informativa equivalente a quella assicurata dalla direttiva 635/86 e sussistano condizioni di reciprocità, art. 41, 2° comma).

È per altro sufficiente che i bilanci, le relazioni e le informazioni suddette siano pubblicati «da almeno una delle succursali insediate in Italia», dovendo per altro le rimanenti succursali dare comunicazione del registro delle imprese presso il quale gli stessi sono depositati.

[58] V. F. Vella, *La proposta di direttiva comunitaria sulla pubblicità dei documenti contabili delle succursali di banche estere*, in *L'armonizzazione comunitaria dei diritti bancari nazionali*, a cura di L.C. Ubertazzi, Padova, CEDAM, 1989, pp. 37 ss.

Le categorie di banche

Capitolo 6

1. Premessa

Abbiamo già constato che, a norma dell'art. 14, 1° comma lett. *a*) del T.U. le banche debbono necessariamente adottare «la forma di società per azioni o di società cooperativa per azioni a responsabilità limitata». È questo il punto di arrivo di un processo di progressiva tipizzazione degli enti creditizi che ha caratterizzato il nostro ordinamento bancario e che in larga misura abbiamo già descritto.

Il Codice di commercio del 1882 e la legge bancaria del 1926 non ponevano alcun limite sotto questo profilo e, quindi, accanto agli enti che assumevano particolari forme sulla base delle discipline di settore (Casse di Risparmio, Monti di credito, Casse Rurali) o di provvedimenti singolari (gli Istituti di credito di diritto pubblico e gli Istituti di credito speciale di natura pubblica) erano sorte moltissime «ditte» bancarie individuali o in forma di società di persone.

La legge bancaria imponeva una prima tipizzazione attraverso l'art. 5 che elencava le categorie delle aziende di credito: *a*) Istituti di credito di diritto pubblico e Banche di interesse nazionale; *b*) Banche ed aziende di credito in genere, comunque costituite, ivi comprese le Banche cooperative popolari; *c*) filiali esistenti nel Regno di aziende di credito straniere; *d*) Casse di risparmio; *e*) Monti di pegni; *f*) Casse rurali ed artigiane, non consentendo la costituzione di aziende al di fuori delle categorie così individuate.

Nella stessa prospettiva assumeva particolare rilevanza l'art. 30, 1° comma della stessa legge, dettato con riferimento alla categoria delle aziende di credito «ordinarie» indicate alla lett. *b*) dell'art. 5 («banche ed aziende di credito in genere, comunque costituite»). Quella norma infatti, pur conservando in vita le aziende di credito già costituite in forma diversa, stabiliva che «non potessero essere concesse nuove autorizzazioni alle Aziende di cui alla lettera *b*) dell'art. 5 se non fossero state costituite in forma di società per azioni o in accomandita per azioni». La norma non prevedeva che le aziende di credito potessero assumere la forma della società a responsabilità limitata, ma la mancata previsione trovava la propria ragion d'essere nel fatto che soltanto con il codice civile del 1942 questo tipo di società venne recepito nel nostro ordinamento.

E del resto la disciplina successiva prevedeva esplicitamente questa possibilità (cfr. D.P.R. 27 giugno 1985, n. 350, all'art. 1, 2° comma, sub lett. *a*).

Alla tipizzazione delle aziende contenuta nell'art. 5 si aggiungeva il riconoscimento degli Istituti di credito pubblici effettuato dall'art. 41 con riferimento agli enti che raccoglievano risparmio a medio e lungo termine. In ogni caso, come è ovvio, la tipizzazione così introdotta o registrata dalla legge bancaria non poteva impedire che il legislatore introducesse nuovi tipi di enti creditizi, come avvenne ad es. per gli Istituti regionali per il finanziamento alle medie e piccole industrie (Mediocrediti regionali) ad opera della legge 22 giugno 1950, n. 445.

Noi abbiamo già descritto le vicende che hanno portato alla scomparsa di (quasi) tutti gli enti creditizi pubblici e alla cancellazione dal nostro ordinamento della categoria delle Banche di interesse nazionale, degli Istituti di credito di diritto pubblico, delle Casse di risparmio e dei Monti di pegno e della massima parte degli istituti di credito (speciale) di natura pubblica; quelle vicende hanno finito con il consentire due soli modelli organizzativi: quello della società di capitali e quello delle società cooperative. Ma anche nell'ambito di queste due categorie di società il legislatore del 1993 ha introdotto ulteriori limitazioni alla loro utilizzabilità per l'esercizio dell'attività bancaria, assumendo una posizione più rigida di quella adottata dalla legge bancaria e dalle successive integrazioni della stessa. Anche dal punto di vista dell'organizzazione delle fonti il T.U. ha introdotto una forte semplificazione nell'ambito delle banche cooperative: ha abrogato integralmente sia il D.L. 10 febbraio 1948, n. 105, che conteneva disposizioni sull'ordinamento delle Banche popolari «condensando» la disciplina di queste ultime nella prima sezione, capo quinto del proprio Titolo II (artt. 29-32) sia il R.D. 26 agosto 1937, n. 106, ossia il T.U. delle leggi sulle Casse rurali ed artigiane dettando la disciplina delle Banche di credito cooperativo nella sezione II del medesimo capo V del titolo II (artt. 33-37).

Nell'ambito delle società di capitali con scopo di lucro non si consente che le banche assumano forma di società a responsabilità limitata[1] e con tutta probabilità è preclusa loro anche la possibilità di assumere forma di società in accomandita per azioni. Anche la utilizzabilità della forma cooperativa incontra dei limiti: gli enti creditizi non possono costituirsi come società cooperativa a responsabilità illimitata (art. 2513) e la partecipazione dei soci deve necessariamente essere incorporata in azioni. Non solo, ma le banche che intendono assumere la forma della società cooperativa dovranno necessariamente rispettare le regole

[1] Vedi sul punto le perplessità di F. Belli, *Intervento*, in «Banca impresa soc.», 1992, p. 413.

fissate per le Banche popolari e le Banche di credito cooperativo. In altri termini, non v'è spazio per una società cooperativa bancaria che non sia riconducibile alla categoria della Banca popolare o a quella della Banca di credito cooperativo, con l'applicazione delle relative discipline. Il *genus* «Banche cooperative» conosce soltanto due *species* tipiche: quella delle Banche popolari e quella delle Banche di credito cooperativo.

Naturalmente «gli enti diversi dalla società per azioni, dalla Banca popolare e dalla Banca di credito cooperativo, già iscritti nell'Albo degli enti creditizi restano autorizzati all'attività bancaria» (cfr. art. 9, 5° comma del D.Lgt. 481/1992) e, altrettanto naturalmente, disposizioni legislative successive potranno prevedere altri tipi di enti creditizi, pubblici o privati, ma alla stregua dell'ordinamento vigente né la pubblica amministrazione né i privati possono dar vita a banche che non siano, appunto, società per azioni, Banche popolari o Banche di credito cooperativo.

Per quanto concerne le società per azioni bancarie è tuttavia necessario tener presente che il D.Lgt. 356/1990 (cfr. artt. 13, 19, 20 e 21) detta norme particolari per le società bancarie risultanti dai processi di ristrutturazione delle banche pubbliche; norme dirette, soprattutto, a mantenere il controllo di tali società in mano pubblica o, quanto meno, preoccupate di impedire che il controllo pubblico possa essere dismesso sulla base delle norme di circolazione delle partecipazioni sociali vigenti per le altre società per azioni bancarie.

Si tratta, pertanto, di società che costituiscono una *species*, all'interno delle società per azioni bancarie, dotata di tratti fisionomici capaci di farne una subcategoria autonoma (ed è una questione puramente letteraria definirle società di diritto comune, con tratti di specialità, o società di diritto speciale). Nell'ambito, pertanto, delle società per azioni bancarie distingueremo le società bancarie di diritto comune («ordinarie») dalle società bancarie a controllo pubblico.

2. Le società bancarie «ordinarie»

Abbiamo appena definito le società bancarie diverse da quelle sottoposte a controllo pubblico come società bancarie di diritto comune. In realtà l'espressione se non adeguatamente giustificata può trarre in inganno, nella misura in cui lasci immaginare che tali società siano disciplinate esaustivamente dalle norme societarie generalmente applicabili alle società per azioni.

La disciplina delle società per azioni che hanno per oggetto l'esercizio dell'attività bancaria presenta infatti notevoli deviazioni nei confronti delle norme del diritto comune delle società e si pongono delicati problemi di coordinamento fra quest'ultimo e le norme dell'ordinamento creditizio, sotto il profilo sia dell'integrazione del primo da parte del secondo sia della disapplicazione dello stesso da parte della disciplina bancaria.

Di alcune di queste deviazioni ci siamo già occupati. Così, con riferimento alla costituzione della società, abbiamo posto in evidenza il ruolo che nel relativo procedimento assume l'autorizzazione della Banca d'Italia e i riflessi che i vizi o la mancanza di tale autorizzazione hanno sulla società. E parallelamente abbiamo sottolineato il ruolo che il controllo dell'autorità di vigilanza svolge nell'ambito delle modificazioni dello statuto societario.

Con riferimento ai soci abbiamo constatato i limiti che la legge pone all'assunzione di partecipazioni nelle società bancarie e i controlli ai quali è sottoposta la loro circolazione. Anche per quanto concerne il bilancio incontreremo una disciplina speciale per le società bancarie.

Constateremo in seguito che per il settore bancario esiste una disciplina di vigilanza sui gruppi che può avere riflessi anche sui doveri degli organi societari. E ancora, occupandoci delle crisi bancarie, ci porremo il problema della applicabilità alle società per azioni bancarie di importanti istituti del diritto societario, come quello del controllo giudiziario.

Queste deviazioni dal diritto societario comune trovano, ovviamente, la propria giustificazione nelle caratteristiche dell'attività, o se si vuole, nelle ragioni dell'impresa e, in particolare, nella necessità di arricchire il diritto societario degli strumenti necessari per garantire una «sana e prudente» gestione dell'impresa bancaria. Quelle deviazioni, per altro non mutano la causa del contratto di società e soprattutto non incidono sulla natura della posizione dell'azionista, per quanto concerne i suoi diritti patrimoniali e gli strumenti amministrativi che l'ordinamento predispone a tutela di questi.

In altri termini la posizione del socio di una società per azioni bancaria rimane una posizione di diritto soggettivo e non si trasforma, per effetto della disciplina dell'attività bancaria, in una posizione di interesse legittimo.

3. Le società bancarie a controllo pubblico

3.1. Le ragioni di una riforma legislativa delle banche pubbliche

La nascita delle società per azioni bancarie a controllo pubblico è il punto di arrivo del processo di riforma degli enti pubblici creditizi del quale abbiamo già individuato la prima fase, quella realizzata, sul piano amministrativo, attraverso la riforma degli statuti. Quella riforma muoveva nella direzione giusta: intendeva fornire questa categoria di enti creditizi degli strumenti necessari per incrementare la propria consistenza patrimoniale e dotarli di modelli organizzativi capaci di favorire condotte imprenditoriali efficienti. Il modello al quale si ispiravano quelle riforme era quello della società per azioni, che si era rivelato più congeniale di altri per operare su di un mercato concorrenziale.

E in questa prospettiva venivano alla luce i limiti dell'assetto realizzato attraverso le riforme statutarie. In particolare appariva evidente la superiorità della società per azioni sull'ente pubblico imprenditore, sia pure riformato. Così non si mancò di segnalare[2] che l'atipicità dei titoli emessi dagli enti pubblici era incompatibile con una loro collocazione sul mercato mobiliare, essendo privi della necessaria certezza giuridica; che gli enti pubblici non imponevano, a tutela dei terzi, norme analoghe a quelle dettate dal diritto societario per l'integrità del patrimonio sociale; che il modello organizzativo dell'ente pubblico non consentiva una vera dialettica interna, fra organi di gestione e organi di controllo, analoga a quella possibile nell'ambito della società per azioni, con la individuazione puntuale delle rispettive responsabilità; che gli enti pubblici non erano dotati degli strumenti tipici della rappresentanza commerciale con le relative forme di pubblicità, con conseguenti difficoltà di movimento nel traffico giuridico; che anche per quanto concerne atti importanti, come il bilancio, esistevano intollerabili incertezze giuridiche (ad es.: se il bilancio dovesse considerarsi un atto amministrativo o un atto privato, con le relative conseguenze sul piano giurisdizionale).

Ma vi erano anche altre ragioni che spingevano verso l'abbandono dell'ente pubblico imprenditore per questo settore del sistema bancario. Era necessario eliminare la commistione che all'interno di questi enti esisteva fra fini pubblici e gestione imprenditoriale; commistione di per sé negativa per l'efficacia delle scelte da assumersi nell'esercizio dell'attività bancaria, a prescindere dalle influenze nefaste che attraverso questa commistione i partiti politici riuscivano ad avere sulla gestione degli enti creditizi pubblici.

Era, in definitiva, necessario separare le due anime che convivevano all'interno dell'ente pubblico creditizio, quella dell'opera pia e quella dell'imprenditore bancario. E questa separazione non poteva essere realizzata se non attraverso la «creazione» di due enti, ossia un'opera pia ed un ente creditizio, che la formalizzasse; creazione evidentemente non realizzabile attraverso una mera modificazione statutaria dell'ente pubblico creditizio.

Infine questi enti creditizi, proprio a causa della loro natura, non potevano né essere incorporati da enti creditizi appartenenti ad altre categorie giuridiche né fondersi con i medesimi.

Il che impediva processi di integrazione indispensabili per un sistema bancario efficiente, dal momento che consentiva un passaggio di banche private verso il settore pubblico ma non un corrispondente passaggio dal pubblico al privato, con una segmentazione artificiosa del mercato dei fattori produttivi bancari. Segmentazione che sarebbe risultata anche più evidente se si fosse ritenuto, come a noi pare inevitabile, che i limiti ai processi di fusione dovessero estendersi anche ai trasferimenti aziendali.

Era, dunque, necessario consentire che la proprietà dell'ente potesse essere acquisita anche da soggetti privati. E, come abbiamo già sotto-

[2] Cfr. Banca d'Italia, *Ordinamento degli enti pubblici creditizi, L'adozione del modello della società per azioni*, «Bollettino economico», n. 10, febbraio 1988, pp. 44 ss.

lineato in precedenza, neppure questo obiettivo poteva essere conseguito attraverso mere riforme statutarie.

Queste le ragioni che sollecitavano una riforma legislativa capace di consentire a questi enti creditizi di assumere la forma della società per azioni e di partecipare ai processi di concentrazione bancaria senza i limiti derivanti dalla loro natura di enti pubblici. Ma non mancavano le preoccupazioni e le resistenze. Giustificate preoccupazioni erano connesse con la necessità di impedire che il processo di trasformazione fosse affidato esclusivamente a coloro che, spesso per il capriccio dei partiti politici, si fossero trovati casualmente ad essere amministratori degli enti «trasformandi»: di qui la necessità di prevedere un meccanismo che consentisse alle autorità creditizie il controllo sulla trasmigrazione del settore creditizio pubblico verso la forma della società per azioni. Ancora era necessario tener conto del fatto che la natura pubblica aveva evitato che in questo settore si ponesse il problema dei rapporti tra banca ed industria, nel senso che la forma dell'ente pubblico (per lo più a struttura di fondazione) escludeva che l'industria potesse assumere il controllo della banca e ne piegasse la scelta alle proprie esigenze di finanziamento. L'adozione della forma societaria poneva questo problema e sollecitava qualche controllo di merito sull'acquisizione di partecipazioni bancarie; problema che fu affrontato, specificamente, nella legge di riforma della banca pubblica e, più in generale, dalla legge 287/1990.

Ma accanto alle giustificate cautele che potevano essere suggerite dalle preoccupazioni appena ricordate si accompagnavano anche resistenze meno nobili; resistenze che si radicavano nelle posizioni di potere che i partiti politici di governo avevano acquisito all'interno di questo settore del credito e che la riforma poteva pregiudicare.

In definitiva alla giustificata preoccupazione di consentire che per gli enti creditizi di questo settore fosse garantita una gestione indipendente dall'industria si accompagnava quella, altrettanto comprensibile in una prospettiva di tutela dell'interesse particolare, di evitare che quegli enti si emancipassero dal controllo politico.

Ma, soprattutto per merito delle autorità creditizie, queste resistenze furono piegate, anche se alcune soluzioni adottate dalla legge di riforma ne risultarono palesemente influenzate, fino al punto da rendere incerto il conseguimento degli stessi obiettivi che la riforma si proponeva.

Come ci è ormai ben noto, la riforma si realizzò con la legge 30 luglio 1990, n. 218[3].

[3] La letteratura sulla ristrutturazione della banca pubblica è copiosissima. Si vedano almeno i contributi contenuti in Banca d'Italia, *La ristrutturazione della Banca pubblica e la disciplina del gruppo creditizio*, in «Quaderni di ricerca giuridica della consulenza legale», n. 26, gennaio 1992; Acri, *La legge 30 luglio 1990, n. 218*, Roma, Acri, 1991; Abi, *La ristrutturazione degli enti creditizi pubblici*, Roma, Bancaria, 1991; M. Rispoli Farina (a cura di), *Dall'ente pubblico alla società per azioni*, Napoli, Jovene, 1993; AA.VV., *La ristrutturazione delle banche pubbliche*, Milano, Giuffrè, 1991.

Questa disegnava anzitutto (art. 1) le operazioni (trasformazione, fusione, conferimento) di ristrutturazione delle banche nei loro elementi essenziali, delegando (artt. 2 e 5) il governo a stabilire le modalità di attuazione delle stesse; modalità che vennero fissate con il D.Lgt. 20 novembre 1990, n. 356.

La stessa legge disciplinava la sorte dei rapporti di lavoro e previdenziali relativi ai medesimi enti creditizi (art. 3), anche attraverso una delega al governo per il trasferimento all'assicurazione generale obbligatoria delle posizioni previdenziali degli enti creditizi che dalla stessa erano esonerati (cfr. D.Lgt. 20 novembre 1990, n. 357).

Infine esso prevedeva (art. 7) un trattamento fiscale «di favore» per le operazioni di ristrutturazione perfezionate entro due anni dalla sua entrata in vigore (ossia entro il 21 agosto 1992).

E quest'ultima previsione, che consentiva altresì di far emergere contabilmente fondi propri, computabili ai fini della determinazione dei coefficienti di vigilanza, in una condizione di favore fiscale, spinse la massima parte delle banche pubbliche ad effettuare le predette operazioni entro il predetto termine. Il trattamento fiscale previsto dall'art. 7 è stato poi prorogato fino al 31 dicembre 1994 dalla legge 26 novembre 1993, n. 489.

Ma vediamo di esaminare analiticamente le norme contenute nella legge 218. Con un avvertimento, tuttavia. Una parte di esse, ossia le norme che disciplinano le operazioni di ristrutturazione, pur essendo norme vigenti e applicabili a tutti gli enti creditizi pubblici che intendano porre in essere una delle predette operazioni, avrà una rilevanza pratica molto limitata, dal momento che sono ormai ridotti ad un numero pressoché irrilevante gli enti creditizi che non hanno provveduto alla propria ristrutturazione.

A questa parte della disciplina dedicheremo un'attenzione più limitata. Molto importanti sono invece le norme che disciplinano gli effetti di quelle operazioni, ossia le norme relative alle società per azioni bancarie risultanti dalle operazioni di ristrutturazione degli enti creditizi pubblici e quelle che regolano la struttura e l'attività degli enti che hanno conferito ad una società per azioni la propria azienda («Enti conferenti»), anche se gli stessi non sono più enti creditizi.

Ed è ovviamente a questa seconda parte della disciplina che dedicheremo maggiore attenzione.

3.2. Le operazioni di ristrutturazione delle banche pubbliche: caratteri generali

A norma dell'art. 1, 1° comma del D.Lgt. 356/1990 gli enti creditizi pubblici possono «effettuare trasformazioni ovvero fusioni con altri enti creditizi, di qualsiasi natura da cui, anche a seguito di successive trasformazioni, conferimenti o fusioni, risultino comunque società per azioni operanti nel settore del credito» ed il secondo comma dello stesso articolo aggiunge che le predette operazioni «nonché i conferimenti d'azienda effettuati dai medesimi enti in una o più società per azioni, già iscritte» nell'albo degli enti creditizi «ovvero appositamente costituite anche con atto unilaterale e aventi per oggetto l'attività svolta dall'ente conferente o rami di esso, sono regolati dal presente decreto»[4]. Come si può notare le disposizioni appena riprodotte, da un lato, descrivono le diverse operazioni di ristrutturazione (trasformazione, fusione, conferimento), cogliendone la caratteristica comune nel fatto che dalle stesse debba risultare, comunque, una o più società per azioni «operanti nel settore del credito» o aventi per oggetto «l'attività svolta dall'ente pubblico» o «rami di essa» e, dall'altro, sottopongono tali operazioni alle disposizioni speciali dettate dal decreto medesimo.

Quest'ultima precisazione consentiva sia di superare i limiti che l'ordinamento creditizio poneva a quelle operazioni sia di disapplicare le regole di diritto comune che avrebbero altrimenti disciplinato i procedimenti di attuazione delle predette operazioni (trasformazione, fusione, conferimento) di ristrutturazione. E, con riferimento al diritto societario, le norme dettate dal decreto 356/1990 si allontanano notevolmente dalle norme di diritto comune, ad esempio consentendo la costituzione di una società per azioni da parte di un solo socio, «con atto unilaterale».

Le operazioni «fondamentali» previste per la ristrutturazione delle banche pubbliche sono dunque *a*) la trasformazione in società per azioni e *b*) il conferimento dell'azienda o rami di essa ad una o più società per azioni. Le due operazioni non potevano, tuttavia, essere indifferentemente adottate dagli enti creditizi pubblici. Infatti la trasformazione, per sua natura, è possibile solo per gli enti «aventi il fondo di dotazione a composizione associativa» (cfr. art. 4, 1° comma), mentre il conferimento dell'azienda è consentito sia agli enti che presentino una siffatta struttura sia a quelli aventi struttura di fondazione.

E, come abbiamo potuto a suo tempo constatare, nell'ambito delle aziende di credito gli enti creditizi pubblici (ad esclusione della Banca Nazionale del Lavoro) avevano tutti struttura fondazionale e, quindi, hanno proceduto alla propria ristrutturazione necessariamente attraverso il conferimento dell'azienda, mentre gli istituti di credito (speciale) di natura pubblica, avendo per lo più struttura associativa, hanno imboccato la via della trasformazione. Non sono mancati, tuttavia, gli enti a struttura associativa che, per ragioni connesse alla rivalutazione del patrimonio in sospensione fiscale (consentita in caso di conferimento e non in caso di trasformazione), hanno preferito imboccare la via del conferimento anziché quella, naturale, della trasformazione.

Anche la fusione era riservata agli enti a struttura associativa e, quindi, un'operazione di concentrazione fra un ente pubblico associativo ed un ente pubblico a struttura di fondazione avrebbe comportato il conferimento dell'azienda di quest'ultimo.

[4] Una descrizione analitica delle operazioni di ristrutturazione, è in Banca d'Italia, *Istruzioni di vigilanza per le aziende di credito*, cap. L.

3.2.1. *Il progetto di ristrutturazione*. L'adozione della forma societaria non viene imposta agli enti creditizi pubblici, come pur si era ritenuto preferibile. Le operazioni di trasformazione e di conferimento sono, dunque, rimesse, anzitutto, ad una autonoma scelta degli enti. La stessa, tuttavia, non è sufficiente per dare concreta attuazione ad un'operazione di ristrutturazione, essendo richiesta una specifica approvazione delle autorità creditizie.

E tale approvazione non è rimessa alla Banca d'Italia, ma al Ministro per il Tesoro che provvede ad approvare il relativo progetto, sentito il Comitato interministeriale per il credito ed il risparmio; sulla base di un'attività istruttoria rimessa alla Banca d'Italia. Ed è appunto sul contenuto del progetto che si incentra il controllo delle autorità creditizie. Tale progetto, che viene deliberato dall'organo dell'ente competente in materia di modificazioni statutarie (cfr. art. 2, 3° comma), deve infatti indicare gli obiettivi che si perseguono attraverso l'operazione di ristrutturazione in termini sia industriali sia finanziari.

Lo stesso viene presentato alla Banca d'Italia che svolge la necessaria istruttoria, riferendone al CICR per il parere che quest'ultimo deve fornire al Ministro per il Tesoro in vista della relativa approvazione.

E «l'approvazione è subordinata all'accertamento della rispondenza del progetto alle esigenze di razionalizzazione del sistema creditizio; in particolare sono valutati i profili della stabilità, dell'efficienza, della funzionalità e dell'adeguatezza organizzativa» (art. 3, 1° comma). Il decreto di approvazione del Ministro per il Tesoro, assunto nella massima parte dei casi in via d'urgenza e quindi senza aver sentito il CICR, tien luogo di tutte le approvazioni di competenza, in virtù di altre leggi, del Comitato, del Ministro, della Banca d'Italia «o di altre autorità» (art. 3, 3° comma), rimanendo alla Banca d'Italia il potere di accertare la conformità, al progetto approvato, delle singole operazioni di attuazione dello stesso.

L'approvazione del progetto e l'attestazione di conformità della singola operazione costituiscono presupposti per la omologazione, da parte dell'autorità giudiziaria, dell'atto costitutivo della o delle società di cui il progetto stesso preveda la costituzione.

3.2.2. *Il procedimento di trasformazione*. Il procedimento di trasformazione, riservato come si è visto agli enti il cui fondo di dotazione sia attribuibile a partecipanti aventi su di esso diritti patrimoniali, prende avvio dalla deliberazione competente per le modificazioni statutarie; e la deliberazione deve contenere tutte le indicazioni richieste dal Codice civile per l'atto costitutivo di una società per azioni, nonché la determinazione del «patrimonio netto iniziale» della società. L'esistenza di tale patrimonio deve essere attestata da una relazione giurata di stima da parte di un collegio di tre esperti in materia bancaria nominati dal Presidente del Tribunale «del luogo in cui ha sede l'ente». La deliberazione, una volta intervenuta l'approvazione del Ministro per il Tesoro, deve essere depositata entro trenta giorni presso la Cancelleria del Tribunale nella cui circoscrizione è stabilita la sede della società per l'omologazione e la successiva iscrizione nel registro delle imprese; iscrizione avente effetto costitutivo della società ai sensi dell'art. 2331 Cod. civ.

Inutile sottolineare la peculiarità del procedimento di trasformazione dell'ente in società per azioni: si prevede una trasformazione non fra società, secondo il modulo del codice, ma di un ente pubblico in società per azioni; si contempla la omologazione di una deliberazione di un ente che non è società; non si richiede una stima del patrimonio, ai sensi dell'art. 2343, ma l'attestazione della esistenza del patrimonio che l'ente stesso dichiara esistente.

3.2.3. *Il conferimento dell'azienda*. Gli enti creditizi a struttura fondazionale (nell'ambito dei quali rientrano anche le Casse cosiddette associazioni) possono dare forma di società per azioni alla propria attività d'impresa conferendo l'azienda o rami di essa ad una o più società bancarie o che, comunque, abbiano per oggetto le attività svolte dall'ente conferente.

Oggetto del conferimento può essere, dunque, l'intero patrimonio dell'ente creditizio pubblico e quest'ultimo può essere conferito ad una o più società; unica condizione essendo che il singolo conferimento abbia ad oggetto l'azienda bancaria o un ramo aziendale. Così un ente creditizio potrebbe dar vita ad una prima società bancaria, alla quale conferire l'azienda di credito (nel senso in cui il termine era utilizzato nel linguaggio della legge bancaria), ad una seconda società bancaria, alla quale conferire l'attività di raccolta a medio e lungo termine o l'esercizio di alcuni crediti speciali e ancora ad una società finanziaria, alla quale conferire l'attività finanziaria diversa da quella bancaria, ad una società immobiliare, alla quale conferire il ramo d'azienda rappresentato dall'attività immobiliare, e ad una società di servizi alla quale, appunto, conferire il ramo d'azienda relativo.

La costituzione di tali società, a norma dell'art. 6, 2° comma del D.Lgt. 356/1990, «può avvenire anche con atto unilaterale da parte di un solo ente» e, in tal caso, non è necessaria la stima analitica del conferimento, prevista dall'art. 2343 Cod. civ., essendo sufficiente, come nel caso di trasformazione, l'attestazione — da parte del collegio degli esperti — della esistenza del patrimonio netto iniziale indicato nell'atto costitutivo. Sono evidenti le profonde deviazioni di questo procedimento da quello di diritto comune: si prevede la costituzione di una società per azioni unipersonale, si esclude la necessità di una stima analitica del conferimento. Così come è abbastanza evidente che il conferimento viene qui utilizzato come strumento per consentire una «trasformazione» sostanziale dell'ente creditizio pubblico che, per la sua struttura, non può accedere al procedimento di trasformazione in senso tecnico.

Naturalmente il conferimento, anziché da parte di un solo ente, può essere effettuato da una pluralità di essi e in tal caso la necessità di regolare i rapporti fra i soci impone una stima analitica dei rispettivi conferimenti ai sensi dell'art. 2343 (cfr. art. 6, 3° comma), con un ritorno quindi al diritto comune. Con alcune deroghe, tuttavia: la stima non è affidata all'esperto previsto dall'art. 2343 Cod. civ., ma al collegio di esperti già previsto per la trasformazione e i conferimenti «solitari» e gli amministratori non hanno l'obbligo di controllare il valore dei conferimenti ai sensi del medesimo art. 2343, 3° e 4° comma.

Ma le singolarità del procedimento di costituzione di società per azioni non finiscono qui: si prevede anche la possibilità di costituire una pluralità di società con lo stesso atto. L'art. 7 del decreto stabilisce infatti che «per la realizzazione delle operazioni [di ristrutturazione] possono essere costituite con un unico atto una società per azioni controllante e una o più società per azioni controllate», precisando che «in questi casi le aziende e i rami di azienda appartenenti agli enti originari sono conferiti direttamente alle società controllate e le azioni sono attribuite alla controllante» e che «all'ente che effettua le operazioni con le modalità previste dal presente articolo sono attribuite le azioni della società controllata; la quale si considera conferitaria ai sensi e per gli effetti delle norme contenute nel presente decreto».

La norma abbisogna di qualche chiarimento che valga a dirimere l'aria di mistero che sembra avvolgerla; la spiegazione della sua introduzione è soprattutto di ordine fiscale. L'ipotesi avuta presente contempla due tipi di operazione e coinvolge una pluralità di enti pubblici. Si prevede cioè che una pluralità di enti creditizi pubblici effettuino scorpori unilaterali in società bancarie e che poi vogliano conferire in una holding comune le azioni che ciascuno di essi ha ricevuto a fronte del conferimento aziendale nella «propria» società bancaria. Il conferimento di tali azioni nella holding comune avrebbe rappresentato il realizzo delle plusvalenze che, a norma dell'art. 7, 2° comma della legge 218/1990, erano in sospensione di imposta, con il conseguente pagamento di quest'ultima. Con la soluzione prospettata nell'art. 7 si evitava questo spiacevole effetto. Ciò non toglie che dal punto di vista civilistico, sia una fattispecie «mostruosa», anche se di «buon senso».

3.2.4. *Le operazioni di fusione*. Abbiamo già posto in evidenza che il D.Lgt. 356/1990 ha rimosso tutti gli ostacoli che l'ordinamento frapponeva alla fusione degli enti creditizi pubblici sia nell'ambito dei medesimi enti pubblici sia fra gli enti pubblici stessi e altre società bancarie, per l'ipotesi in cui dalla fusione derivi una società per azioni bancaria.

In particolare la norma in esame consente che due o più enti pubblici a struttura associativa si fondano dando vita ad una società bancaria, che uno o più enti pubblici si fondano con società, dando ancora vita ad una società per azioni bancaria, anche quando la società coinvolta sia una Banca popolare o una Banca di credito cooperativo, ossia enti che non avrebbero potuto, secondo l'ordinamento allora vigente, essere incorporati da una società per azioni o comunque fondersi con altri enti dando vita ad una società per azioni.

Qui basti aggiungere qualche cenno al procedimento per quanto concerne gli enti pubblici, applicandosi alle società eventualmente coinvolte «la disciplina generale delle società per azioni», almeno in linea di principio. Naturalmente il procedimento prende avvio da una deliberazione dell'ente creditizio pubblico che deve prevedere il rapporto di cambio, le norme statutarie della società risultante dalla fusione e la determinazione del patrimonio netto iniziale della stessa.

La deliberazione, una volta intervenute l'approvazione ministeriale del progetto e l'omologazione del Tribunale nella cui circoscrizione l'ente pubblico ha la propria sede, viene iscritta nel registro delle imprese presso lo stesso Tribunale (pur non rientrando nell'ambito degli atti sottoposti a iscrizione secondo il diritto comune).

Trascorsi quindici giorni dalla iscrizione (viene così ridotto il termine previsto dall'art. 2503, 1° comma, anche per le società eventualmente coinvolte nella fusione) ed entro 45 giorni dall'ultima delle iscrizioni, deve essere stipulato in forma pubblica il relativo atto di fusione, da iscriversi nel registro delle imprese nella cui circoscrizione ha sede la società risultante dalla fusione.

3.2.5. *Conversione dei titoli*. Come si ricorderà le riforme statutarie introdotte dagli enti pubblici creditizi nel corso degli anni ottanta avevano previsto la emissione di titoli incorporanti partecipazioni di rischio; quei titoli furono effettivamente emessi e collocati presso il pubblico.

Il D.Lgt. 356/1990 si è dovuto occupare della sorte alla quale i loro «proprietari» sarebbero andati incontro in occasione delle operazioni di ristrutturazione e lo ha fatto, da un lato, escludendo il diritto degli stessi di chiedere la liquidazione della loro partecipazione e, dall'altro, imponendo la «conversione» delle quote in azioni delle società risultanti dalla ristrutturazione, avendo, tuttavia, cura di distinguere il tipo e l'ampiezza della conversione sulla base sia del contenuto della partecipazione sia della struttura dell'ente.

Più esattamente per gli enti a struttura di fondazione (che rappresentavano la massima parte degli enti che avevano emesso quote) il decreto prevede la «conversione» delle quote di partecipazione in azioni ordinarie, la conversione delle quote di risparmio in azioni di risparmio (anche se la società in questione non è quotata in borsa) e quella delle quote di risparmio partecipativo in azioni ordinarie, salva la facoltà degli interessati di optare per la conversione, anche parziale, in azioni di risparmio.

La necessità di una conversione delle quote nel caso di enti a struttura di fondazione, partiva dal presupposto che fosse incongruo con gli interessi dei portatori dei titoli e con le finalità che venivano concentrandosi sugli enti conferenti, la permanenza di quelle partecipazioni «lucrative» nell'ambito delle fondazioni risultanti dalle operazioni di ristrutturazione effettuate mediante lo scorporo dell'azienda bancaria.

Questo discorso non valeva evidentemente negli stessi termini per gli enti a struttura associativa, almeno per quanto concerne le quote di partecipazione, che attribuivano una posizione equiparabile a quella dei titolari delle azioni ordinarie nella società per azioni.

I portatori delle quote di partecipazione avrebbero necessariamente ricevuto in cambio azioni ordinarie in caso di trasformazione e, nell'ipotesi di conferimento, avrebbero necessariamente conservato la loro posizione di titolari di quote di partecipazione nell'ambito dell'ente pubblico conferente, non potendo trasmigrare nella società conferitaria senza privare l'ente conferente del proprio substrato personale.

In altri termini, un problema di conversione delle quote di partecipazione negli enti a struttura associativa non si poneva, perché la conversione era necessaria in caso di trasformazione e impossibile nel caso di conferimento (in questo secondo caso, per altro, la conversione avrebbe potuto realizzarsi attraverso la fusione tra ente conferente e società bancaria conferitaria).

Non altrettanto, invece, può dirsi per le azioni di risparmio, dal momento che in caso di trasformazione una loro conversione in azioni ordinarie non era necessaria, mentre sarebbe stata ben possibile in caso di conferimento.

Di qui la disposizione dell'art. 8, 3° comma del D.Lgt. che applica le regole dettate per la conversione dei titoli emessi dagli enti creditizi a struttura di fondazione anche a quelli emessi dagli enti a struttura associativa, ma solo con riferimento alle quote di risparmio, delle quali si prevede appunto la conversione in azioni di risparmio della società bancaria nella quale l'ente si sia trasformato o alla quale abbia conferito la propria azienda.

Il D.Lgt. 356/1990 sottopone a vincoli tale conversione pretendendo che «i termini e le condizioni dell'operazione» siano sottoposti alla approvazione del Ministro per il Tesoro sentite la Banca d'Italia e la Consob, che il rapporto di cambio sia dichiarato congruo da una società di revisione iscritta nell'Albo di cui all'art. 8 del D.P.R. 31 marzo 1975, n. 136 e che, in ogni caso, la conversione avvenga «nel rispetto della parità di condizioni tra soci».

È evidente la opportunità di questi strumenti di eterotutela dei portatori dei titoli oggetto di conversione, tenendo anche presente che gli stessi diventano soci di una società per azioni alla cui costituzione non partecipano (non essendo parti del relativo atto costitutivo alla cui stipulazione partecipa soltanto l'ente pubblico che si trasforma o che conferisce la propria azienda). Ed è questa un'altra deviazione dai principi fondamentali del diritto societario.

3.3. La disciplina delle società bancarie risultanti dalla ristrutturazione delle banche pubbliche

3.3.1. *La successione nei rapporti giuridici preesistenti. a)* A norma dell'art. 16, 1° comma del D.Lgt. 356/1990 «le società bancarie risultanti dalle operazioni [di ristrutturazione degli enti creditizi pubblici] succedono nei diritti, nelle attribuzioni e nelle situazioni giuridiche dei quali gli enti originari erano titolari in forza di legge e di provvedimenti amministrativi».

La disposizione appena riprodotta si applica sia alle ipotesi di trasformazione sia a quelle di conferimento ed ha una duplice valenza. La stessa stabilisce anzitutto che la società bancaria in questione ha le stesse «attribuzioni» e gli stessi diritti degli enti originari; ossia è capace di assumere su di sé tutte le situazioni giuridiche che potevano essere assunte dall'ente pubblico. In altri termini queste società hanno la stessa capacità dell'ente originario e, quindi, nessuna delle attribuzioni e dei privilegi dei quali godeva l'ente pubblico può essere loro sottratto facendo leva sulla perdita della natura di ente pubblico.

Questa scelta legislativa, diretta evidentemente ad evitare che l'abbandono della forma dell'ente pubblico per quella della società per azioni si rivelasse pregiudizievole per l'ente creditizio, può, per altro, creare una situazione di privilegio per questa categoria di società a sua volta pregiudizievole per la concorrenzialità del mercato.

Ma la disposizione ha anche un'altra valenza: quella di sancire la successione della società bancaria in questione nei rapporti dei quali era parte l'ente originario. E questa statuizione, se appare superflua per quanto concerne le operazioni di trasformazione (e di fusione), non lo è certo per quanto riguarda le ipotesi di conferimento. In questo caso, infatti, sulla base del diritto comune avrebbero dovuto trovare applicazione le norme dettate dal codice civile per i trasferimenti aziendali (artt. 2558-2560), ma la loro applicazione avrebbe, da un lato, costretto a ritenere l'ente conferente responsabile per i debiti sorti prima del conferimento anche dopo lo scorporo dell'azienda bancaria e, dall'altro, avrebbe gettato non poche incertezze sulla sorte dei rapporti che avrebbero potuto sciogliersi per effetto del conferimento o che non avrebbero potuto con tutta probabilità essere dismessi dall'ente conferente.

La norma in questione elimina questi problemi, escludendo l'applicazione del regime giuridico proprio dei trasferimenti aziendali e disciplinando il conferimento alla stregua di un fenomeno di successione universale in tutti i rapporti che non vengano esplicitamente trattenuti in capo all'ente conferente in sede di costituzione della società. Il che esclude anche la persistenza della responsabilità dell'ente conferente per le obbligazioni assunte prima del conferimento. E si tratta di una soluzione ragionevole quando si tenga presente che il conferimento dell'azienda bancaria è semplicemente un mezzo tecnico per consentire anche agli enti a struttura di fondazione di assumere la forma della società per azioni, non diversamente dagli enti a struttura associativa che possono farlo attraverso la propria trasformazione in società.

Anche se in caso di trasformazione non vi è alcuna «liberazione» del patrimonio dell'ente pubblico; liberazione che invece si realizza nel caso di conferimento per quanto concerne il patrimonio che rimane in capo all'ente conferente.

Mera applicazione di questi principi è la norma dettata dal 2° comma del medesimo art. 16 ed in forza della quale «i privilegi e le garanzie di qualsiasi tipo da chiunque prestate e comunque esistenti a favore degli enti originari, conservano la loro validità e il loro grado a favore delle società bancarie risultanti senza bisogno di alcuna formalità o annotazione».

b) Nella stessa prospettiva deve essere collocata anche la norma (cfr. art. 6, 3° comma) che consente alle società bancarie risultanti dalla ristrutturazione di conservare nelle proprie denominazioni «la denominazione degli enti originari» «anche in deroga alle disposizioni di legge vigenti». In mancanza di tale disposizione le società in questione non avrebbero potuto ad esempio conservare nella propria denominazione l'espressione «Cassa di risparmio», non essendo tali; la norma consente loro di conservare questa espressione nella loro denominazione. Il che è puntualmente avvenuto.

c) La natura di sostanziale «trasformazione» delle operazioni in questione e quindi della esaustiva successione della società bancaria che ne risulta nei confronti dell'ente originario è confermata, infine, dalla norma che consente alle predette società di «continuare ad esercitare, in conformità del progetto approvato [dal Ministro per il Tesoro], le attività che gli enti originari erano abilitati a compiere in forza di legge e di provvedimenti amministrativi in conformità della relativa disciplina». Ed anche questa possibilità, che concerne soprattutto alcuni crediti speciali che le aziende di credito di natura pubblica erano autorizzate ad esercitare, finiva per collocare queste società in una posizione di privilegio nei confronti delle altre società bancarie. Ma si tratta di un privilegio caduto con il D.Lgt. 481/1992 e con il T.U. che ha attribuito a tutte le banche la possibilità di esercitare i (sopravvissuti) crediti speciali.

3.3.2. *La disciplina della partecipazione pubblica*. *a*) Pur conservando tutte le «attribuzioni» delle quali godevano gli originari enti creditizi pubblici, le società bancarie che risultano dalle relative operazioni di ristrutturazione sono società sottoposte, in linea di principio, alle norme generalmente valide per tutte le società per azioni bancarie. In particolare, come ha cura di precisare il D.Lgt. 356/1990 (cfr. art. 7, 1° comma) alle stesse «non si applicano le norme che disciplinano l'organizzazione degli enti originari». Non solo, ma è stata respinta ogni tentazione di utilizzare il modello delle «società di interesse nazionale» previsto dall'art. 2461 del Cod. civ., modello anzi escluso definitivamente dall'ordinamento creditizio dal D.Lgt. 481/1992 attraverso la eliminazione, già ricordata, della categoria delle banche di interesse nazionale.

Pur dovendosi dunque ribadire che le società bancarie in questione sono in linea di principio delle società bancarie ordinarie, non ci si può, tuttavia, nascondere che alcune norme speciali sono state previste e che pertanto l'ordinamento di queste società presenta anche tratti di specialità.

b) Le norme speciali sono dirette soprattutto a disciplinare l'ipotesi di dismissione del controllo pubblico, attraverso l'imposizione di vincoli alla circolazione delle azioni. In altri termini le norme speciali non attribuiscono alla mano pubblica alcun potere particolare sulla gestione dell'impresa; gli enti pubblici conferenti possono esercitare tutti e soli i poteri tipicamente attribuiti all'azionista; l'ente pubblico non è titolare di alcun privilegio in ordine alla vita della società; non è titolare di strumenti analoghi alle *golden shares* o all'*action spécifique* che hanno caratterizzato il processo di privatizzazione delle imprese pubbliche in altri paesi e che sembra caratterizzeranno anche quello italiano. E sotto questi profili dunque l'ordinamento delle società bancarie in questione non presenta alcun tratto di specialità. Quest'ultima concerne, come si accennava, la dismissione, da parte dell'ente pubblico (o degli enti pubblici), della partecipazione di controllo e, quindi, attiene esclusivamente alla circolazione delle azioni che lo stesso detiene. Le relative norme, per altro, non sanciscono il necessario controllo pubblico di queste società, ma pongono particolari vincoli alla sua dismissione.

Sotto questo profilo appare inattendibile la norma, di principio, dettata dall'art. 19, 1° comma del D.Lgt. 356/1990, nella quale si legge che «nelle società bancarie risultanti dalle operazioni» [di ristrutturazione della banca pubblica] «la maggioranza delle azioni con diritto di voto nell'assemblea ordinaria deve appartenere a enti pubblici o a società finanziarie o bancarie nelle quali la maggioranza delle azioni con diritto di voto nell'assemblea ordinaria appartenga ad uno o più enti pubblici». La norma, infatti, sembra stabilire che in queste società la partecipazione di controllo debba necessariamente e definitivamente rimanere in mano pubblica.

In realtà, la disciplina positiva, che segue a queste affermazioni di principio, si limita a stabilire che la partecipazione di controllo può essere dismessa dalla mano pubblica soltanto con l'autorizzazione o del Consiglio dei Ministri o, nell'ambito di direttive del Ministro per il Tesoro, della Banca d'Italia.

c) Più esattamente, a norma dell'art. 21, 1° comma, del D.Lgt. 356/1990, «il Consiglio dei Ministri, su proposta del Ministro per il Tesoro, con comunicazione alle competenti commissioni parlamentari e sentita la Banca d'Italia che provvede all'istruttoria, può autorizzare, in deroga al precedente art. 19, 1° comma, il trasferimento di azioni con diritto di voto nell'assemblea ordinaria, o di diritto di opzione sulle medesime, che comporti il venir meno della partecipazione diretta o indiretta di enti pubblici nelle predette società». Precisando poi (cfr. art. 21, 2° comma) che «l'autorizzazione può essere concessa per conseguire anche uno solo dei seguenti obiettivi: *a*) rafforzamento del sistema creditizio italiano; *b*) rafforzamento della sua presenza internazionale; *c*) rafforzamento della sua dimensione patrimoniale; *d*) raggiungimento di dimensioni che ne accrescano la capacità competitiva; *e*) altre finalità di pubblico interesse riconducibili al contenuto dei presenti decreti» (ossia, immagino, i decreti attuativi della legge 218/1990).

Inutile sottolineare il carattere «mostruoso» del meccanismo così introdotto per la dismissione del controllo, soprattutto quando si pensi che lo stesso trova applicazione anche per le società bancarie, «derivanti» da enti pubblici, che abbiano infima dimensione. Così come è inutile rilevare l'assoluta genericità dei vincoli posti al potere autorizzatorio del Consiglio dei Ministri. Entrambe le considerazioni portano a ritenere che il potere politico sia riuscito a conservare mano libera per quanto concerne la dismissione del controllo in questo settore del credito. Consapevole della macchinosità del sistema di controllo così previsto il legislatore, con il D.Lgt. 481/1992, ha cercato di introdurre un sistema alternativo, meno rigido e meno complesso, aggiungendo all'art. 21 del D.Lgt. 356/1990, un 3° comma nel quale si legge che «per le finalità indicate al comma precedente [e sopra riprodotte] il Ministro per il Tesoro, previa deliberazione del Consiglio dei Ministri e sentite le competenti commissioni parlamentari, può impartire agli enti conferenti direttive generali o relative a singoli enti, per il trasferimento di azioni con diritto di voto nell'assemblea ordinaria o di diritti di opzione sulle medesime, che comportino la perdita della partecipazione maggioritaria diretta o indiretta nelle società bancarie indicate nel 1° comma, fissandone condizioni e modalità». E «in tal caso, il trasferimento è soggetto al controllo della Banca d'Italia che ne verifica la conformità alle direttive del Ministro per il Tesoro».

La Banca d'Italia dovrà in tal caso accertare anche che l'acquisizione della partecipazione sia rispettosa delle regole, dettate dal titolo V della legge 10 ottobre 1990, n. 287 (e riscritte dagli artt. 19 ss. del T.U.), per l'assunzione di partecipazioni bancarie e dalle regole relative alla vendita di azioni da parte dell'ente conferente, dettate dai primi tre commi dell'art. 13 e sulle quali ci soffermeremo fra un attimo.

Non v'è dubbio che il meccanismo alternativo così introdotto possa soddisfare le esigenze connesse con il controllo sulla dismissione, da parte della mano pubblica, della partecipazione di maggioranza, senza le complicazioni insite in quello previsto come unico possibile dal testo originario dell'art. 21. Si conserva infatti al potere politico la determinazione dei principi generali ai quali la dismissione del controllo pubblico dovrà ispirarsi, ma si attribuisce poi alla Banca d'Italia, ossia all'organo di vigilanza bancaria, il potere di esercitare in concreto tale controllo. Anche se, a dire il vero, lascia perplessi la stessa conservazione al potere politico di uno specifico potere di direttiva sul punto, al di fuori, cioè delle regole generali che disciplinano la circolazione delle partecipazioni bancarie. Ma si tratta in definitiva di istruzioni che concernono gli enti conferenti, piuttosto che le società creditizie e che non si sostituiscono a quelle regole generali, come emerge dall'esplicito richiamo alle norme dettate dalla legge 287/1990 per l'assunzione di partecipazioni nel capitale delle banche.

d) Il legislatore del 1990 temeva, evidentemente, che gli enti conferenti — e per essi i loro amministratori — potessero rivelarsi infedeli e trasferire la partecipazione maggioritaria a terzi senza l'autorizzazione del potere politico, con immaginabili difficoltà di recuperare alla mano pubblica la partecipazione dismessa. E per evitare questa eventualità ha introdotto due meccanismi, che tendono a paralizzare il potere di disposizione degli enti pubblici detentori della partecipazione di controllo.

Entrambi i meccanismi, fra i quali la società può scegliere attraverso un'esplicita indicazione statutaria, lasciano spazio, sia pure per ragioni diverse, a notevoli perplessità. La differenza fra i due meccanismi fa perno sulla avvenuta od omessa emissione della maggioranza delle azioni con diritto di voto nell'assemblea ordinaria.

Se la società emette i certificati azionari relativi alle proprie azioni, a norma dell'art. 19, «la cessione di azioni e ogni altra operazione che determini per gli enti pubblici la perdita, anche temporanea del diritto di voto» «devono essere autorizzate dal Ministro per il Tesoro»; i trasferimenti effettuati senza quest'ultima autorizzazione sono validi, ma «non può essere esercitato il diritto di voto relativo alle azioni» così acquistate, con la conseguente impugnabilità, da parte del Ministro per il Tesoro, delle deliberazioni assembleari assunte con il voto decisivo di tali azioni e con la possibilità per lo stesso Ministro di disporre il riscatto delle azioni trasferite senza autorizzazione.

Ma lo statuto della società può anche prevedere che «le azioni aventi diritto di voto nell'assemblea ordinaria che assicurano la partecipazione maggioritaria pubblica, diretta o indiretta, non siano distribuite fino alla concorrenza della metà più uno dei voti, sia in fase di attribuzione iniziale sia in occasione di successive operazioni sul capitale». In tal caso le azioni emesse possono essere cedute senza alcuna autorizzazione, mentre «la cessione o qualunque altra operazione che comporti la perdita anche temporanea del diritto di voto relativo alle azioni non emesse» deve essere autorizzata dal Ministro per il Tesoro «a pena di nullità» (cfr. art. 20, 2° comma), anche quando non comporti la perdita del controllo, da parte di enti pubblici, perché in tal caso la cessione dovrebbe essere autorizzata ai sensi dell'art. 21 del medesimo decreto 356/1990.

E la cessione delle azioni non distribuite, sempreché intervenga l'autorizzazione ministeriale, «si effettua con l'iscrizione nel libro dei soci», così come si costituiscono mediante annotazione sullo stesso libro i vincoli reali su di esse (art. 20, 4° comma). Come si accennava entrambi i «dispositivi di sicurezza» contro l'infedeltà degli amministratori degli enti conferenti lasciano a desiderare.

Il primo, ossia quello previsto dall'art. 19 per l'ipotesi di emissione di tutte le azioni della società, comporta una ferita meno grave alla circolazione delle azioni prevista dalle norme di diritto comune e tien conto degli inconvenienti connessi con la possibilità di mettere in forse la validità di negozi che si svolgono in modo anonimo sul mercato mobiliare, ma rischia di essere troppo ingombrante nel momento in cui pretende l'autorizzazione ministeriale anche per la cessione di una sola azione, irrilevante ai fini del controllo.

Il secondo può riuscire probabilmente preferito dagli enti conferenti in quanto sottrae alla autorizzazione del Ministro per il Tesoro la cessione delle azioni per le quali si è provveduto alla emissione dei relativi certificati azionari; emissione che può raggiungere anche il 50% −1 delle azioni ordinarie. Ma non v'è dubbio che la lesione del diritto societario comune sia molto forte: le società che così provvedono sono società per azioni il cui pacchetto di controllo non può essere rappresentato da azioni.

e) I vincoli alla circolazione delle azioni appena descritti tendono, come si è detto, a garantire il controllo sulla dismissione della partecipazione di controllo da parte di uno o più enti pubblici. Ma non sono questi gli unici limiti che incontra la cessione delle azioni delle società bancarie risultanti dalla ristrutturazione delle banche pubbliche.

Abbiamo notato che il legislatore, nel vincolare la dismissione della partecipazione di controllo della mano pubblica, considera irrilevante che titolare delle azioni sia uno o più enti pubblici. I trasferimenti di azioni che intervengano fra enti pubblici non debbono mai essere autorizzati ai sensi dell'art. 21 del D.Lgt. 356/1990. In particolare non deve esserlo la dismissione della partecipazione di maggioranza da parte dell'ente conferente originario quando avvenga a favore di uno o più altri enti pubblici.

In questo caso, tuttavia, «... l'operazione deve essere approvata con decreto dal Ministro per il Tesoro sentito il Comitato interministeriale per il credito ed il risparmio» e «ai fini del rilascio dell'approvazione deve tenersi anche conto della destinazione dei proventi» (art. 13, 4° comma del D.Lgt. 356/1990).

f) Il legislatore prevede infine alcune modalità e vincoli ai quali deve attenersi l'ente pubblico nella cessione delle azioni, nel presupposto, ovviamente, che la cessione stessa sia legittima o perché sottratta ad un qualsiasi controllo degli organi politici o perché autorizzata da questi ultimi nelle ipotesi in cui tale autorizzazione sia necessaria.

Anzitutto con riferimento al prezzo cui la cessione può avvenire. E sul punto il legislatore pone un vincolo non soltanto per le cessioni ma anche per gli acquisti che abbiano ad oggetto quantitativi «pari o superiori all'1% del capitale della società conferitaria».

In tal caso, infatti, e indipendentemente dal tipo di azioni cedute, la delibera del Consiglio di amministrazione che dispone la cessione «deve indicare il prezzo minimo» (in caso di acquisto il prezzo massimo) di vendita e «i criteri seguiti per la sua determinazione», richiedendosi altresì l'attestazione di congruità da parte di una società di revisione iscritta nell'albo di cui all'art. 8 del D.P.R.. 136/1975. La determinazione del prezzo è invece libera da questi adempimenti per cessioni (o acquisti) di quantitativi minori.

Ma esistono vincoli anche per quanto concerne le modalità da adottare nella vendita. Più esattamente «possono essere liberamente effettuate cessioni in borsa di azioni quotate nel limite complessivo dell'1% del capitale della società, riferito all'arco degli ultimi dodici mesi» (art. 13, 3° comma).

Al di fuori della borsa le cessioni al pubblico devono essere effettuate mediante offerta pubblica di vendita, oggi disciplinata dal capo I della legge 18 febbraio 1992, n. 149; mentre «il ricorso a procedure diverse è soggetto ad autorizzazione del Ministro per il Tesoro» (cfr. art. 13, 3° comma del D.Lgt. 356/1990).

Le discipline delle modalità di vendita sembrano concernere tutte le cessioni indipendentemente dal quantitativo oggetto delle stesse e quindi anche le cessioni per le quali la determinazione del prezzo non è soggetta ai vincoli e ai controlli previsti per quelle che hanno ad oggetto un quantitativo superiore all'1% del capitale sociale. In altri termini la vendita di poche azioni al di fuori della borsa e senza offerta al pubblico deve essere esplicitamente autorizzata dal Ministro per il Tesoro. Il che sinceramente pare eccessivo.

In ogni caso appare chiaro lo scopo perseguito dal legislatore attraverso le norme dell'art. 13: impedire che gli enti conferenti effettuino operazioni dannose per sé stessi e garantire che la vendita delle azioni avvenga in modo trasparente. Scopi evidentemente diversi da quelli perseguiti attraverso le norme previste dagli artt. 19, 20 e 21.

3.4. Gli enti pubblici conferenti

a) Gli enti pubblici che hanno proceduto allo scorporo della propria azienda bancaria non sono più enti creditizi e non sono più destinatari della disciplina che si applicava loro quando rivestivano tale qualità. Essi escono dall'ordinamento creditizio o, quanto meno, assumono rilevanza per lo stesso solo in quanto titolari di una partecipazione bancaria, sia pure di controllo, almeno normalmente. L'ordinamento bancario avrebbe, pertanto, potuto disinteressarsi della loro disciplina, rimettendola all'autonomia statutaria o comunque alle norme che disciplinano gli enti pubblici che perseguano le finalità che i medesimi avessero liberamente deciso di darsi. Ma così non è stato.

Il D.Lgt. 356/1990 ha dettato una disciplina abbastanza puntuale di questi enti; una disciplina che tiene in particolare considerazione il fatto che essi rimangono titolari di una partecipazione normalmente di controllo nelle società bancarie derivanti dalla ristrutturazione delle banche pubbliche[5]. E qualche momento di questa disciplina è già stato rinvenuto nelle pagine che precedono discorrendo della cessione di tali partecipazioni (cfr. art. 13). È stato così ricostituito, almeno in parte, il collegamento fra le due anime che convivevano nella massima parte degli enti creditizi pubblici (soprattutto a struttura di fondazione): quella dell'opera pia e quella dell'impresa bancaria. Questo recupero non va, tuttavia, troppo enfatizzato, ma non v'è dubbio che la disciplina dettata per gli enti conferenti ravvisi in questi ultimi altrettanti soggetti istituzionalmente chiamati a gestire una partecipazione bancaria. Mentre questa situazione, pur essendo normale non è tuttavia necessaria, essendo ben possibile la dismissione di ogni partecipazione bancaria da parte dell'ente, con la conseguente completa estraneità dello stesso nei confronti del sistema creditizio. Ed è anzi auspicabile che gli stessi escano definitivamente dal sistema bancario per svolgere, con i mezzi ricavati dalla vendita delle partecipazioni bancarie, i compiti che loro competono nell'ambito della società civile.

E in questa ipotesi dovrà essere mutato anche il loro ordinamento oggi imprigionato in una disciplina dettata tenendo in particolare considerazione il fatto che si tratta di enti titolari di quel terribile diritto che

[5] Sugli enti pubblici conferenti v. E. Galanti, *Appunti sugli enti conferenti*, in «Banca borsa e tit. cred.», 1993, 1, pp. 49 ss. e P. Rescigno, *La fondazione e i gruppi bancari*, in «Banca borsa e soc.», 1992, pp. 389 ss.

è il diritto di proprietà su partecipazioni bancarie, normalmente di controllo.

b) Come abbiamo più volte ricordato il conferimento dell'azienda bancaria era l'unico strumento consentito agli enti aventi natura di fondazioni per dotare la propria impresa bancaria della forma organizzativa di società per azioni, ma la possibilità dello scorporo era consentito anche agli enti il cui fondo di dotazione fosse a struttura associativa. Gli enti conferenti, pertanto, possono essere, a loro volta, sia a struttura di fondazione sia a struttura di associazione.

Del che il D.Lgt. 356/1990 tiene conto, dettando norme che si applicano ad entrambe le categorie di enti (artt. 11, 12, 3° comma, 13, 14 e 15), norme che si applicano solo agli enti aventi struttura di fondazione (art. 12, 1° comma) e norme che si applicano solo agli enti aventi struttura associativa (art. 12, 2° comma).

È bene, tuttavia, aggiungere subito che dalla ristrutturazione degli enti pubblici a struttura associativa, non è «risultato» alcun ente conferente a struttura associativa e che, in concreto, la relativa disciplina ha come reali destinatari solo enti conferenti a struttura di fondazione. Il che, per altro, non consente di trascurare le norme dettate per i primi nella ricostruzione della disciplina comune.

c) Fondamentali nella individuazione di quest'ultima, sono le disposizioni dettate dall'art. 11 e dal 3° comma dell'art. 12. Nella prima norma si legge anzitutto che gli enti che hanno conferito l'intera azienda «sono disciplinati dal presente titolo e dai loro statuti» e che tali enti «hanno piena capacità di diritto pubblico e di diritto privato». Lo stesso art. 11 stabilisce, poi, che ai predetti enti «continuano ad applicarsi le disposizioni di legge relative alle procedure di nomina degli organi amministrativi e di controllo» (ma si tratta di disposizione il cui significato è oggi profondamente mutato), mentre l'art. 12, 3° comma precisa che le modificazioni dei loro statuti «sono approvate dal Ministro del Tesoro».

Dalle disposizioni appena riprodotte emerge, anzitutto, che gli enti in questione trovano la propria esaustiva disciplina legislativa nelle norme del D.Lgt. 356/1990 e non anche nelle disposizioni del Codice civile in materia di fondazioni ed associazioni.

Naturalmente le regole dettate per queste ultime potranno fornire criteri interpretativi della disciplina speciale, ma non è possibile l'applicazione diretta di quelle norme agli enti conferenti. Così, ad esempio, gli enti in questione non dovrebbero incontrare i vincoli che l'art. 17 Cod. civ. pone agli acquisti di immobili da parte delle persone giuridiche. Nei limiti fissati dal D.Lgt. 356/1990 gli enti conferenti, siano essi a struttura fondazionale o associativa, godono di autonomia statutaria, come chiariscono le disposizioni che attribuiscono al Ministro per il Tesoro soltanto un potere di approvazione delle modificazioni statutarie e dal riconoscimento della loro piena capacità di diritto pubblico e di diritto privato.

L'autonomia statutaria di questi enti incontrava, tuttavia, nella disciplina dettata dal D.Lgt. 356/1990 un primo limite: per la nomina degli organi di amministrazione e di controllo continuavano ad applicarsi le disposizioni di legge che trovavano applicazione prima dello scorporo dell'azienda.

In realtà questo limite risulta fortemente ridotto dopo il referendum del 5 aprile 1993 che ha abrogato l'art. 2 del R.D.L. 24 febbraio 1938, n. 204, convertito con legge 3 giugno 1938, n. 778, che attribuiva al Ministro per il Tesoro il potere di nominare il Presidente ed il Vicepresidente delle Casse di risparmio e delle Banche del Monte e quindi, in forza del predetto art. 11 del D.Lgt. 356/1990 anche il Presidente ed il Vicepresidente degli enti conferenti. Abrogata la legge del 1938 la nomina a quelle cariche è stata restituita all'autonomia degli enti medesimi. In Parlamento, tuttavia, giace un progetto di riforma della disciplina degli enti che concerne anche le nomine alle cariche di vertice: nomine conservate agli organi degli enti e, quindi, alla loro autonomia organizzativa[6].

Le norme che attribuiscono autonomia statutaria e piena capacità di diritto privato agli enti conferenti consentono anche di affermare che la legge non preclude loro la possibilità di svolgere attività di impresa, acquisendo quindi in fatto anche la qualità di imprenditore. Non solo, ma il legislatore non esclude neppure la possibilità che nell'ambito di questa categoria di enti esistano soggetti che perseguono uno scopo di lucro soggettivo, almeno nell'ambito di quelli a struttura associativa (cfr. art. 12, 2° comma).

d) Tutti gli enti in questione, sono sottoposti alla vigilanza del Ministero per il Tesoro: competenza quest'ultima che trova la propria ragion d'essere sia nel passato «creditizio» di questi enti sia nella loro «costrizione» istituzionale: la gestione di una partecipazione bancaria.

Si tratta, per altro, di una vigilanza che si esercita non sui singoli atti ma sull'attività dell'ente nel suo complesso. Gli strumenti di tale vigilanza sono esclusivamente rappresentati dall'obbligo degli enti di sottoporre alla approvazione del Ministero per il Tesoro i propri bilanci annuali, sia preventivo sia consuntivo, nonché dall'obbligo degli stessi di inviare all'organo di controllo le informazioni, anche periodiche, dallo stesso richieste nonché dal potere del Ministro di disporre ispezioni sull'ente.

In particolare per quanto concerne il controllo sul bilancio preventivo non v'è ragione per ritenere che l'ente non possa compiere atti non riconducibili alle previsioni dello stesso, ma che appaiano opportuni per il miglior conseguimento degli obiettivi dell'ente; l'applicazione in proposito di vincoli tipici della pubblica amministrazione non ha alcuna giustificazione.

e) La contaminazione creditizia che caratterizza la disciplina di questi enti trova una ulteriore conferma nelle norme dettate in materia di estinzione degli stessi. L'art. 15 del D.Lgt. 356/1990 prevede, infatti, che la «estinzione» dell'ente debba essere disposta dal Ministro per il

[6] Disegno di legge n. 2396 approvato dal Senato il 12 marzo 1993.

Tesoro, sentito il Comitato interministeriale per il credito ed il risparmio, *a)* «quando lo scopo è stato raggiunto ovvero gli enti si trovino nell'impossibilità di perseguirlo; *b)* quando si sono verificate perdite del patrimonio di eccezionale gravità; *c)* quando risultino gravi e ripetute violazioni della legge o dello statuto; *d)* per le altre cause eventualmente previste dagli statuti».

Ed anche per la liquidazione del patrimonio riemerge questa ambiguità: la stessa dovrà avvenire secondo le disposizioni previste dal libro I, titolo II, capo II, del Codice civile per le persone giuridiche in generale, ma «quando ricorrano particolari ragioni di interesse generale», il decreto del Ministro può disporre che la stessa avvenga secondo le disposizioni di cui al titolo V del R.D. 16 marzo 1942, n. 2647, in materia di liquidazione coatta amministrativa.

f) Il D.Lgt. 356/1990 fissa, tuttavia, i principi ai quali debbono conformarsi gli statuti degli enti conferenti; principi che rappresentano pertanto altrettanti limiti alla loro autonomia.

L'art. 12, 1° comma lett. *a)*, stabilisce anzitutto che questi enti «perseguono fini di interesse pubblico e di utilità sociale», preminentemente nei settori della ricerca scientifica, dell'istruzione, dell'arte e della sanità ..., pur potendo mantenere anche «le originarie finalità di assistenza e di tutela delle categorie sociali più deboli».

Per il conseguimento di tali scopi gli enti in questione possono compiere tutte le operazioni finanziarie, commerciali, immobiliari o mobiliari ritenute necessarie ed opportune, nel rispetto per altro dei limiti che indicheremo fra un attimo.

In altri termini, tali enti possono svolgere una qualsiasi attività anche di impresa, purché i risultati della stessa siano destinati al perseguimento degli scopi di pubblico interesse afferenti ai settori sopra ricordati. Naturalmente non è loro precluso neppure di svolgere direttamente attività in quei settori, ma l'esercizio delle stesse non è in alcun modo necessario, essendo sufficiente che a quei settori vengano destinati i proventi dell'attività.

La legge impone, invece, alcuni limiti alla loro libertà operativa nell'ambito del settore finanziario e lo fa per coerenza con il divieto, per gli stessi, di essere società capogruppo di un gruppo creditizio, come potremo appurare più innanzi. Così dopo aver constatato che essi «amministrano la partecipazione della società per azioni conferitaria dell'azienda bancaria finché ne sono titolari», l'art. 12 stabilisce che gli enti conferenti «non possono esercitare direttamente l'impresa bancaria, nonché possedere partecipazioni di controllo nel capitale di imprese bancarie o finanziarie diverse dalla società per azioni conferitaria; possono, invece, acquisire o cedere partecipazioni di minoranza al capitale di altre imprese bancarie e finanziarie»; inoltre, quando abbiano ceduto la partecipazione di controllo nella predetta società bancaria, possono acquistare «un'altra partecipazione di controllo in società bancaria, previa approvazione rilasciata con decreto dal Ministro per il Tesoro, sentito il Comitato interministeriale per il credito e il risparmio» (art. 13, 5° comma).

Il legislatore, dunque, impedisce agli enti in questione di detenere contemporaneamente il controllo di una pluralità di società bancarie, perché in tal caso finirebbero per assumere il ruolo di capogruppo finanziario di un gruppo creditizio senza avere forma di società per azioni; mentre la disciplina di tali gruppi, come vedremo, riserva tale ruolo alle finanziarie che abbiano appunto forma di società per azioni.

E sono ancora preoccupazioni connesse con il loro coinvolgimento creditizio che giustificano altri due tratti della fisionomia di questi enti. Essi debbono destinare «una quota prefissata dei proventi derivanti dalle partecipazioni nelle società conferitarie» ad una «riserva finalizzata alla sottoscrizione di aumenti di capitale delle società medesime» e la stessa può essere investita soltanto in titoli della partecipata ovvero in titoli di Stato o garantiti dallo Stato[7].

Lo scopo della norma è abbastanza evidente: consentire alla società bancaria partecipata di contare su un aumento dei propri fondi e all'ente di conservare per quanto possibile l'entità della partecipazione acquisita in sede di conferimento. Non v'è dubbio, per altro, che il vincolo così introdotto incida pesantemente sulla capacità dell'ente di perseguire i fini di interesse generale che ne dovrebbero caratterizzare l'attività. Ma in realtà, come si è già ricordato, il legislatore ha attribuito grande importanza al loro coinvolgimento bancario; non esitando a comprimerne la possibilità di perseguire fini di interesse generale quando tale compressione fosse funzionale allo sviluppo della società bancaria partecipata.

E potrebbero essere state, infine, le stesse preoccupazioni di ordine creditizio a giustificare la norma, dettata dall'art. 12, 1° comma lett. *c*) secondo la quale «in via transitoria la continuità operativa tra l'ente conferente e la società conferitaria controllata è assicurata da disposizioni che prevedono la nomina di membri del comitato di gestione od organo equivalente dell'ente nel consiglio di amministrazione e di componenti l'organo di controllo nel collegio sindacale di suddetta società».

Questa disposizione ha offerto la giustificazione normativa per l'attribuzione della massima parte delle cariche di amministratori e di sindaci nelle società conferitarie alle stesse persone che ricoprivano le cariche corrispondenti dell'ente conferente. Con un cumulo nelle stesse di cariche sia dell'ente conferente sia delle società conferitarie. Il che, se ha indubbiamente consentito una continuità operativa, ha pure determinato una sostanziale conservazione della struttura di potere precedente e, quindi, ha mantenuto una forte dipendenza della vita dell'impresa nei confronti del potere politico; dipendenza che la riforma avrebbe dovuto eliminare. Non ci si deve, tuttavia, nascondere che sancendo la incompatibilità probabilmente, si sarebbe ottenuto il solo ri-

[7] Le istruzioni di vigilanza della Banca d'Italia hanno fissato nel 50% dei proventi e delle rendite derivati dalla gestione dell'intero patrimonio l'ammontare che deve essere destinato alla alimentazione di tale riserva (cfr. *Istruttoria di vigilanza*, cap. L, 17).

sultato di aumentare il numero dei politici presenti nel settore, senza per questo garantire maggiore indipendenza alla gestione imprenditoriale. Probabilmente preoccupato per questa situazione di sostanziale conservazione dei precedenti rapporti di potere, il CICR, con deliberazione 23 ottobre 1992 ha creduto di poter imporre, a partire dal 1994, la incompatibilità fra le cariche di vertice negli enti conferenti e nelle società bancarie.

Al di là dei dubbi di legittimità sul provvedimento restano, da un lato, l'eccessiva fiducia nella capacità di una siffatta separazione formale di assicurare l'autonomia delle società bancarie dal potere politico (realizzabile soltanto con l'uscita degli enti conferenti dal settore creditizio) e, dall'altro, la preoccupazione per la introduzione di un ulteriore tratto di specialità nel settore: gli amministratori dell'ente controllante non potrebbero essere amministratori della società controllata.

g) Un cenno, infine, agli enti conferenti a struttura associativa.

L'unica norma che li riguarda specificamente è quella dettata dal 2° comma dell'art. 12 e secondo la quale essi «perseguono fini associativi che vengono fissati nello statuto tenuto conto degli scopi originari»; i loro statuti, inoltre, «devono conformarsi ai principi» fissati a proposito degli enti a struttura di fondazione dal 1° comma dello stesso art. 12 «ad eccezione di quanto previsto dalle lettere *a*) e *h*)» ossia delle norme che imponevano a quegli enti di perseguire fini di interesse generale (lett. *a*) e di prevedere la destinazione dell'eventuale residuo netto del patrimonio in caso di liquidazione (lett. *h*).

Appare, dunque, evidente che gli enti conferenti a struttura associativa avrebbero potuto liberamente scegliere i propri fini sia pure tenendo conto degli scopi dell'ente creditizio originario; ma considerato che in genere questi enti (dall'IMI ai Mediocrediti regionali) erano partecipati da soci che perseguivano un fine di lucro, sembra abbastanza plausibile che, anche in caso di scorporo, l'ente pubblico conferente avrebbe probabilmente continuato a perseguire quanto meno uno scopo egoistico.

4. Le Banche popolari

4.1. Le Banche popolari e l'ordinamento cooperativo

L'art. 29, 1° comma del T.U., codificando la realtà normativa preesistente, precisa che «le Banche popolari sono costituite in forma di società cooperativa a responsabilità limitata». In linea di principio, dunque, dovrebbero trovare applicazione anche per le Banche popolari le norme organizzative e i principi propri dell'ordinamento cooperativo. Ma in realtà le deviazioni dell'ordinamento delle Banche popolari da quello generalmente valido per le società cooperative sono state, e sono, notevoli, così come solleva difficili problemi la conciliazione degli scopi perseguiti dalle Banche popolari con la funzione mutualistica che caratterizza la società cooperativa[8].

Uno sguardo alla storia di questa categoria di banche e alla formazione del relativo ordinamento speciale consente di sottolineare entrambi i profili.

Abbiamo già ricordato che la fisionomia delle Banche popolari si andò delineando e consolidando, nella seconda metà dell'ottocento e nei primi decenni del novecento, esclusivamente sulla base delle norme codicistiche, delle regole statutarie e delle scelte che, di fatto, vennero seguite nell'erogazione del credito (prevalentemente destinato alle imprese medio piccole sia industriali sia commerciali)[9]. In altre parole non esisteva una disciplina speciale per le Banche popolari, così come esisteva ad esempio per le Casse di risparmio.

La prima norma «speciale» che prende in considerazione in una prospettiva, per altro molto limitata, le Banche popolari, è il R.D.L. 21 ottobre 1923, n. 2413, che vieta «alle società di credito che non siano costituite secondo le disposizioni del libro I, titolo IX, sezione VII, del Codice di commercio», ossia secondo le norme dettate per le società cooperative, «di conservare e di assumere nella loro denominazione la qualifica di "popolare"». Si tratta di norma, comunque, importante perché identifica per la prima volta nella società cooperativa la forma tipica della Banca popolare.

È, tuttavia, necessario sottolineare che l'adozione di tale forma non comportava alcuna conseguenza sul piano degli scopi perseguiti dalle Banche popolari, dal momento che, come è noto, nel codice di commercio del 1882 le società cooperative si caratterizzavano non per il perseguimento di un particolare fine, quanto per le peculiarità della loro struttura (e in particolare per essere società a capitale variabile).

Ed è proprio questa indifferenza del modello legislativo, sotto il profilo dei fini, che attribuisce grande rilievo alle disposizioni statutarie e alle scelte operative concretamente adottate, in quel periodo, dalle società cooperative che esercitavano il credito. Sulla base di quella stessa forma societaria si svilupparono, infatti, le Banche popolari e le Casse rurali, profondamente diverse sia per gli scopi sia per il modello operativo. Esamineremo nel paragrafo successivo le caratteristiche delle Casse rurali e artigiane; per quanto concerne le Banche popolari esse andarono sempre più avvicinandosi agli schemi propri delle altre aziende di credito. Il che è tanto vero che il R.D.L. 12 marzo 1936, n. 375, non le aveva neppure indicate come categoria autonoma ed, essendo state «individuate» nel corso dei lavori preparatori, vennero accomunate alle aziende ordinarie, nella lett. *b*) dell'art. 5 l.b.

[8] Per una rassegna della letteratura sul punto v. F. Belli e A. Brozzetti, *Banche popolari*, in *Dig. Comm.*, II, Torino, Utet, 1987, pp. 153 ss. e, da ultimo, V. Buonocore, *Società cooperative*, II, *Cooperative speciali*, in *Enciclopedia Treccani*, 1993, pp. 10 ss.

[9] Per cenni sulla storia delle Banche popolari si veda O. Fantini, voce *Banca popolare*, in *Nov. dig. it.*, II, Torino, Utet, 1964, pp. 252 ss.; U. Gobbi, voce *Cooperazione*, in *Nuovo dig. it.*, VI, Torino, Utet, 1938, p. 222.

Nel momento in cui entra in vigore la legge bancaria, la disciplina legislativa delle Banche popolari è estremamente semplice: essa è costituita dalle norme dettate dall'ordinamento creditizio per le aziende di credito e dalle norme di diritto comune dettate dal Codice di commercio per le società cooperative; norme che non vincolano le società cooperative ad alcun particolare fine e che non prevedono alcun particolare controllo pubblico.

Il quadro si complica con le modificazioni introdotte nell'ordinamento generale della cooperazione dal codice civile del 1942 (e dai provvedimenti per la cooperazione disposti con il D.L. C.P.S. 14 dicembre 1947, n. 1577) e con la formulazione di una prima disciplina organica delle Banche popolari dettata dal D.L. 10 febbraio 1948, n. 105. Fra i due corpi di norme il coordinamento si rivela difficile e la specialità delle Banche popolari nei confronti del modello generale di società cooperativa appare indiscutibile, sia per quanto concerne gli scopi sia per quanto riguarda l'organizzazione e i controlli.

Come è noto, il Codice civile (art. 2511) stabilisce che possono costituirsi come società cooperative solo le imprese che hanno scopi mutualistici ed àncora così la struttura cooperativa alla funzione mutualistica. E proprio questa connessione fra struttura e funzione giustifica la introduzione, da parte dello stesso codice, di un controllo governativo sulle società cooperative (artt. 2542 ss.). Il successivo D.L. 1577/1947 (noto come legge Basevi) ha individuato i cosiddetti «requisiti mutualistici», il cui recepimento negli statuti delle società cooperative è condizione necessaria per poter accedere alle agevolazioni tributarie «o di qualsiasi altra natura», riservate alla cooperazione «senza fini di speculazione privata» protetta dall'art. 45 della Costituzione, ed ha introdotto un articolato sistema di controlli sulle società cooperative che possono accedere a tali agevolazioni[10].

D'altro canto, il D.Lgt. 10 febbraio 1948, n. 105, non solo dettava una serie di norme speciali per l'organizzazione delle Banche popolari e dichiarava queste ultime esenti dai controlli previsti negli artt. 2542 ss. del Codice civile (art. 3), ma consentiva (art. 8) la distribuzione integrale ai soci degli utili e del patrimonio netto di liquidazione, in contrasto non solo con la legge Basevi, che impone la regola della «indivisibilità» della proprietà cooperativa, ma anche con le norme codicistiche che prevedono un limite alla distribuzione degli utili (art. 2518, 1° comma, n. 9).

Si realizzava così una forte divaricazione fra ordinamento delle so-

[10] L'art. 26 del decreto legislativo ricordato nel testo stabilisce infatti che «agli effetti tributari si presume la sussistenza dei requisiti mutualistici quando negli statuti delle cooperative siano contenute le seguenti clausole: *a*) divieto di distribuzione dei dividendi superiori alla ragione dell'interesse legale ragguagliato al capitale effettivamente versato; *b*) divieto di distribuzione delle riserve fra i soci durante la vita sociale; *c*) devoluzione, in caso di scioglimento della società, dell'intero patrimonio sociale — dedotto soltanto il capitale versato e i dividendi eventualmente maturati — a scopi di pubblica utilità conformi allo spirito mutualistico».

cietà cooperative e disciplina delle Banche popolari e, soprattutto, veniva messo in dubbio che le Banche popolari perseguissero uno scopo mutualistico.

«I difficili rapporti», fissati dalla legislazione degli anni quaranta, fra disciplina speciale delle Banche popolari e disciplina generale della cooperazione non vengono sostanzialmente modificati negli anni successivi, fino alla riforma degli anni 1992-1993.

Nel frattempo, per altro, lo sviluppo delle Banche popolari ha sottolineato l'impossibilità di appiattire la loro disciplina su quella generalmente adottata per le società cooperative, anche in considerazione della profonda eterogeneità che ha finito per caratterizzare questa categoria di enti creditizi che annovera, accanto a grandi e grandissime banche le cui azioni vengono acquistate esclusivamente per scopi di investimento, piccole banche attente al bisogno di credito dei soci.

Il che è confermato dal fatto che quasi tutti i progetti di riforma dell'ordinamento cooperativo presentati in quel periodo riservano alle Banche popolari una disciplina speciale, quando non dichiarano esplicitamente che l'ordinamento progettato non dovrebbe applicarsi alle Banche popolari[11].

Ed è stata questa la soluzione adottata dalla legge di riforma delle società cooperative attuata nel 1992: l'art. 21, 8° comma della legge 31 gennaio 1992, n. 59, dichiara che le proprie disposizioni «non si applicano alle Banche popolari ... per le quali restano in vigore le disposizioni contenute nelle relative leggi speciali». Le tappe successive della legislazione speciale non diminuiscono la separazione fra Banche popolari e modello generale delle società cooperative, anzi l'accentuano.

Così la legge 17 febbraio 1992, n. 207, disciplina, come vedremo, la partecipazione del socio in termini tali da accentuare il carattere di investimento finanziario insito nell'acquisto di azioni di questa categoria di società cooperative, mentre il D.Lgt. 481/1992, consentendo la trasformazione di una Banca popolare in una società per azioni, sottolinea l'affievolirsi del ruolo che la causa mutualistica svolge nell'ambito delle Banche popolari.

Il T.U. del 1993 ha abrogato il D.Lgt. 10 febbraio 1948, n. 105, ed ha riscritto quelle norme, coordinandole con quelle introdotte dalla legge 207/1992 e dal D.Lgt. 481/1992 nella sezione I del titolo II, capo V.

Dopo aver illustrato i contenuti della nuova disciplina potremmo riprendere il problema dei rapporti fra Banche popolari e società cooperative.

[11] Sulla collocazione delle Banche popolari nei progetti di riforma della cooperazione v. R. Costi, *La cooperazione di credito nel quadro della riforma cooperativistica, primi appunti*, in *La riforma della legislazione sulle cooperative*, a cura di G. Bucci e A. Cerrai, Milano, Giuffrè, 1979, pp. 341 ss.

4.2. Costituzione e disciplina delle partecipazioni

a) Abbiamo già constatato che le Banche popolari, a norma dell'art. 29, 1° comma del T.U., debbono avere la forma della società cooperativa a responsabilità limitata per azioni. Il T.U. ha adottato così una soluzione più restrittiva di quella prevista dal D.Lgt. 105/1948 che, pur imponendo la forma della società cooperativa a responsabilità limitata, consentiva che la partecipazione fosse «rappresentata» anche da quote e non necessariamente da azioni (cfr. art. 1).

A norma dell'art. 30, 4° comma «il numero minimo dei soci non può essere inferiore a duecento» e «ove tale numero diminuisca, la compagine sociale deve essere reintegrata entro un anno; in caso contrario, la banca è posta in liquidazione». La norma riprende il disposto dell'art. 4 del D.Lgt. 105/1948 («non si può procedere alla costituzione di una Banca popolare se i soci non raggiungono il numero di trenta o quello maggiore che sia determinato di volta in volta dall'organo di vigilanza sulle aziende di credito, tenuto conto della popolazione e dell'importanza del Comune nel quale il costituendo istituto avrà sede»), ma, da un lato, eleva la soglia minima dei soci e, dall'altro, rende la sua determinazione del tutto indipendente dalle «esigenze economiche» del mercato di riferimento, sottolineando che il numero minimo dei soci è richiesto soprattutto a dimostrazione della serietà dell'iniziativa.

La presenza del numero minimo di soci dovrebbe costituire un presupposto di validità del contratto; certo è un requisito, che si aggiunge a quelli fissati dall'art. 14 del T.U., per l'autorizzazione all'esercizio del credito. La mancanza dello stesso non determinerà, per altro, né la nullità della società, *ex* art. 2332 Cod. civ., né la revoca dell'autorizzazione.

La norma in questione suggerisce anche per questa ipotesi, la soluzione adottata per il successivo ridursi della compagine sociale al di sotto di quel limite: dovrà essere (re)integrato il numero dei soci entro un anno, altrimenti la banca dovrà essere posta in liquidazione, sempreché, a noi pare, la stessa non cambi l'oggetto sociale (cessando di essere Banca popolare) o non si trasformi ad esempio in società per azioni, naturalmente se sussistono i presupposti indicati dall'art. 31, 1° comma T.U.

b) La legislazione speciale delle Banche popolari (come del resto quella delle società cooperative) ha da sempre previsto un limite massimo alla partecipazione detenibile da un singolo socio. Questo limite era stato, per altro, fissato (dalla legge 11 dicembre 1952, n. 3093, e dalle successive sue modificazioni) in un valore nominale assoluto anche se correlato all'entità del capitale sociale[12].

[12] Tale limite ha, ovviamente, subito un progressivo innalzamento, dovuto anche alla erosione del metro monetario; la legge 19 marzo 1983, n. 72, aveva, da ultimo stabilito (art. 2) che «il valore nominale delle azioni di una Banca popolare non può superare i 15 milioni di lire, se la banca ha un capitale non inferiore a 500 milioni di lire, e i 7,5 milioni di lire, se la banca ha un capitale inferiore a 500 milioni di lire» (sul punto si veda P. Verrucoli, *Riforme frammentarie e riforma organica della legislazione cooperativa*, in «Riv. coop.», 1983, pp. 9 ss.). L'art. 29, 2° comma del T.U. ha anche stabilito che «il valore nominale delle azioni non può essere inferiore a lire cinquemila».

Il 3° comma dell'art. 1 della legge 207/1992, che, come abbiamo già ricordato, ha ridisciplinato la partecipazione nelle Banche popolari soprattutto tenendo presente il suo carattere di investimento finanziario e le conseguenti necessità di mobilizzazione, ha introdotto un criterio diverso, stabilendo che «la partecipazione di ciascun socio non può eccedere lo 0,50% del capitale sociale».

La norma consentiva di adeguare il limite della partecipazione alla grande varietà di situazioni che sotto il profilo dimensionale presenta il settore delle Banche popolari. Nello stesso tempo ribadiva la essenzialità, nell'ambito delle società cooperative, di un limite massimo alla partecipazione dei singoli soci, con conseguente forte frazionamento del capitale sociale pena, altrimenti, la perdita da parte della stessa del carattere tendenziale democratico della sua organizzazione.

Questa norma aveva, tuttavia, sollevato qualche problema interpretativo e, soprattutto, incontrava, se correttamente intesa, notevolissime difficoltà, nella sua pratica attuazione. Così era sorto il dubbio che il limite concernesse esclusivamente i diritti amministrativi del socio e quindi riguardasse esclusivamente i soci che avessero ottenuto il gradimento della società, mentre ne andassero esenti quelli che tale gradimento non avessero chiesto o ottenuto e che potevano quindi, come vedremo fra un attimo, esercitare soltanto i cosiddetti diritti patrimoniali. Tenuto conto, per altro, del fatto che il limite alla partecipazione individuale costituisce un tratto essenziale, almeno *de iure condito*, della causa e della struttura cooperativa, era inevitabile rimuovere il dubbio e ritenere che quel limite concernesse anche i soli diritti patrimoniali.

Ma così interpretata la norma incontrava notevoli difficoltà per una sua efficace applicazione, dal momento che normalmente la circolazione delle azioni avviene al di fuori del controllo della società; questa può rilevare la violazione del divieto solo nel momento in cui il socio eserciti i diritti patrimoniali (es.: riscossione del dividendo, esercizio del diritto di opzione), ma la legge 207/1992 non imponeva alcun obbligo in tal senso alla società. L'art. 30, 2° comma del T.U. ha cercato di risolvere i problemi sollevati dalla legge 207/1992: ha ribadito che «nessuno può detenere azioni in misura eccedente lo 0,50% del capitale sociale»; ha precisato che «la banca, non appena rileva il superamento di tale limite, contesta al detentore la violazione del divieto»; ha stabilito, infine, che «le azioni eccedenti devono essere alienate entro un anno dalla contestazione» e che «trascorso tale termine, i relativi diritti vengono acquisiti dalla banca».

I dubbi interpretativi sono stati, come si nota, risolti, indirizzando il divieto non ai soci ma a qualsiasi soggetto («nessuno» può), anche se non è facile escludere la qualità di socio in coloro che possono godere dei diritti patrimoniali, e precisando che in caso di mancato gradimento i diritti patrimoniali possono essere esercitati nei limiti della soglia posta alla partecipazione.

Le difficoltà applicative sono state affrontate, ma è difficile dire se sono state anche risolte, imponendo un obbligo di contestazione del divieto a carico della banca, alla quale vengono «acquisiti» i «diritti» (come i dividendi) inerenti alle azioni possedute oltre il limite, se le stesse non vengono alienate entro un anno dalla contestazione.

c) Il 3° comma dell'art. 30 T.U. introduce una deroga al limite quantitativo appena illustrato stabilendo che lo stesso «non si applica agli organismi di investimento collettivo in valori mobiliari [fondi comuni di investimento e Sicav] per i quali, per altro, valgono i limiti previsti dalla disciplina propria di ciascuno di essi. La relazione al T.U. precisa che «l'esclusione è giustificata dalla connotazione plurisoggettiva dei predetti organismi».

d) I problemi connessi con la violazione del limite alla partecipazione sociale erano sorti perché la legge 207/1992 aveva introdotto una disciplina del gradimento che consentiva appunto la separazione fra diritti amministrativi e diritti patrimoniali; disciplina sostanzialmente riprodotta dall'art. 30, 5° e 6° comma del T.U. e del seguente tenore letterale: «Le delibere del consiglio di amministrazione di accoglimento o di rigetto delle domande di ammissione a socio debbono essere motivate avuto riguardo all'interesse della società, alle prescrizioni statutarie e allo spirito della forma cooperativa. Il consiglio di amministrazione è tenuto a riesaminare la domanda di ammissione su richiesta del collegio dei probiviri, costituito ai sensi dello statuto e integrato con un rappresentante dell'aspirante socio. L'istanza di revisione deve essere presentata entro trenta giorni dal ricevimento della comunicazione della deliberazione e il collegio dei probiviri si pronuncia entro trenta giorni dalla richiesta» (5° comma). «Coloro ai quali il consiglio di amministrazione abbia rifiutato l'ammissione a socio possono esercitare i diritti aventi contenuto patrimoniale, fermo restando quanto disposto dal comma 2°» (6° comma).

Prima delle innovazioni introdotte dalla legge 207/1992, e poi recepite dal T.U. nella norma appena riprodotta, gli statuti delle Banche popolari sottoponevano sempre al gradimento discrezionale del consiglio di amministrazione l'ingresso di nuovi soci. Tale prassi statutaria trovava il proprio fondamento legislativo nell'art. 2523 Cod. civ., che considera il «gradimento» del nuovo socio un elemento essenziale della struttura cooperativa, per impedire l'ingresso di soggetti che non presentino il «bisogno cooperativo» al cui soddisfacimento tale struttura dovrebbe essere riservata.

Questa funzione non si presentava con caratteri particolarmente evidenti nelle Banche popolari, nelle quali per lo più i soci non entrano perché abbiano bisogno di credito, ma perché intendono effettuare un investimento. In questo quadro la clausola di gradimento vedeva mutata la propria funzione che diventava soprattutto quella di evitare variazioni della base sociale capaci di porre in pericolo la continuità gestionale della banca. Non v'è dubbio, tuttavia, che anche questa esigenza risultasse e risulti fortemente ridimensionata quando la Banca faccia ricorso ad un risparmio diffuso, e come tale indifferenziato, per il proprio capitale di rischio e le relative azioni vengano quotate nei mercati ufficiali.

In questo caso non sembra facile negare che esista una certa contraddizione tra il ricorso ad un risparmio indifferenziato e la conservazione della clausola di gradimento, soprattutto quando la stessa assuma i caratteri discrezionali che presentava nella prassi statutaria delle Banche popolari.

E, come è noto, le Banche popolari hanno fatto spesso ricorso, soprattutto in questi ultimi anni al mercato del risparmio attraverso aumenti del capitale sociale realizzati con emissioni straordinarie di azioni e diretti non tanto a cooptare nuovi soci quanto ad acquisire nuovo capitale di rischio. Non solo, ma molto spesso le azioni delle Banche popolari erano e sono quotate nei mercati ufficiali (ed in particolare costituiscono l'ossatura del mercato ristretto)[13].

La realtà economica delle Banche popolari, soprattutto di quelle con dimensioni maggiori, spingeva, da un lato, verso una riduzione del grado di discrezionalità del gradimento e, dall'altro, a prendere atto che le azioni della maggior parte delle Banche popolari costituivano puri e semplici investimenti finanziari, insofferenti nei confronti di limiti che trovavano la loro esclusiva giustificazione nelle regole proprie delle partecipazioni cooperative, acquisite per far fronte ad un «bisogno mutualistico».

In questa direzione si sono mossi la legge 207/1992 e, quindi, il T.U.

Quest'ultimo ha così stabilito che le delibere del consiglio di amministrazione «di accoglimento o di rigetto delle domande di ammissione a socio debbono essere motivate avuto riguardo all'interesse della società, alle prescrizioni statutarie e allo spirito della forma cooperativa».

La norma, mentre chiarisce che non esiste un diritto all'ammissione, lascia intendere che nel decidere sulla relativa domanda, il consiglio di amministrazione deve, da un lato, valutare se tale ammissione risponda all'interesse della società e, dall'altro, accertare se esista un bisogno cooperativo («spirito della forma cooperativa») dell'aspirante che la banca possa soddisfare. Naturalmente si tratta di criteri molto generali che conservano ampia discrezionalità al consiglio di amministrazione; tale discrezionalità è stata, per altro, limitata attraverso l'obbligo del riesame della domanda di ammissione da parte del consiglio, sempreché l'aspirante socio abbia chiesto tale riesame e lo stesso sia considerato necessario dal collegio dei probiviri, «integrato con un rappresentante dell'aspirante socio».

In ogni caso, quest'ultimo non ha diritto ad ottenere coattivamente l'ammissione a socio; un illegittimo rifiuto del gradimento costituirebbe soltanto una violazione dei doveri che incombono agli amministratori e potrebbe, al più, fondare un'azione di risarcimento dei danni che l'aspirante socio avesse subito a causa del mancato gradimento[14].

[13] Cfr. A. Alberici, *Le cooperative di credito*, Milano, Angeli, 1977, pp. 87 ss.; T. Padoa Schioppa, *Il capitale proprio delle Banche popolari tra cooptazione e mercato*, in Banca d'Italia, «Bollettino economico», 6, 1986, pp. 30 ss. e V. Pontolillo, *Le banche popolari di fronte al cambiamento*, in Banca d'Italia, «Documenti», 389, novembre 1992.

[14] Cfr. V. Buonocore, *op. ult. cit.*, p. 12 e G. Tarzia, *Al via la riforma sulle azioni delle banche popolari*, in «Le società», 1992, pp. 442 ss.

E anche sotto quest'ultimo profilo naturalmente assume grande rilevanza la norma, pure introdotta dalla legge 207/1992 e riscritta dal 6° comma dell'art. 30 del T.U., secondo la quale «coloro ai quali il Consiglio di amministrazione abbia rifiutato l'ammissione a socio possono esercitare i diritti aventi contenuto patrimoniale, fermo restando quanto disposto dal 2° comma».

Abbiamo già individuato l'esigenza alla quale questa norma ha inteso dare una risposta: consentire la libera circolazione di azioni che presentano essenzialmente le caratteristiche dell'investimento finanziario, del valore mobiliare destinato per sua natura alla circolazione e alla diffusione fra il pubblico, nella più completa indifferenza per l'eventuale presenza di qualsiasi bisogno mutualistico. Sulla base di questa norma le azioni delle Banche popolari potranno circolare anche per girata e l'acquirente potrà pretendere di esercitare i diritti aventi contenuto patrimoniale attraverso la semplice esibizione del titolo e indipendentemente dal fatto che lo stesso abbia ricevuto il gradimento per l'ammissione a socio.

Qualche dubbio può sorgere, per altro, quando si cerchi di stabilire quali siano i diritti aventi contenuto patrimoniale, essendo ovvio che tutti i diritti che afferiscono alla partecipazione sociale hanno una rilevanza patrimoniale. Certo vi rientrano il diritto al dividendo, il diritto di opzione, il diritto alla quota di liquidazione e ancor prima alla distribuzione di riserve realizzate attraverso gli aumenti gratuiti di capitale. Non dovrebbero rientrarvi né il diritto di intervento in assemblea (per il quale si dovrà comunque richiedere ai soci iscritti nel libro dei soci il deposito delle azioni per evitare che partecipino soggetti che non sono più titolari della partecipazione sociale), né tanto meno il diritto di voto. Mentre potrebbe essere dubbia la esclusione del diritto di ispezione o di impugnativa delle deliberazioni assembleari. Ma sono problemi sui quali non è possibile indugiare in questa sede.

4.3. Organizzazione, controlli e utili

a) Per quanto concerne la disciplina e il funzionamento degli organi le Banche popolari non si distinguono dalle altre società cooperative, se non, ovviamente, per le norme che si applicano a tutte le banche (come ad esempio i requisiti di onorabilità e professionalità degli esponenti bancari).

Il T.U. (art. 33, 3° comma) si preoccupa, tuttavia, di precisare che «la nomina degli amministratori e dei sindaci spetta esclusivamente all'assemblea dei soci».

La norma, già contenuta nell'art. 7, 1° comma del D.L. 105/1948 esclude, tra l'altro, che possano trovare applicazione, nei confronti delle Banche popolari la disposizione degli artt. 2458 e 2459 Cod. civ.; essa rende illegittime, più in generale, eventuali clausole statutarie che attribuiscano a terzi il potere di nominare amministratori e sindaci[15].

b) Abbiamo già ricordato che le Banche popolari, al pari delle Banche di credito cooperativo, sono sottratte ai controlli dell'autorità governativa previsti dal Codice civile e che anzi esse sono sottratte anche alle norme di vigilanza dettate dalla «legge Basevi», dichiarata ad esse inapplicabile dall'art. 29, 4° comma del T.U. L'esonero dai controlli previsti dal Codice civile, già disposto dall'art. 2 del D.Lgt. 10 febbraio 1948, n. 105, testimonia la prevalenza della disciplina dell'attività su quella tipica del soggetto e trova probabilmente la propria ragion pratica nella volontà di evitare contrasti nell'esercizio della vigilanza bancaria. Anche se è opportuno ricordare che quest'ultima non deve in alcun modo preoccuparsi di garantire il rispetto degli interessi tipicamente affidati ai controlli cooperativistici, se non nella misura in cui incidano sulla funzione creditizia. Considerazione questa che avrebbe potuto consentire di imporre alle Banche popolari anche i controlli cooperativistici con la predisposizione di forme di coordinamento con quelli bancari capaci di evitare reciproci intralci.

D'altro canto, l'esonero dai controlli previsti dalla legge Basevi, e che in realtà danno corpo a quelli contemplati dal Codice civile, trova una evidente giustificazione nel fatto che le Banche popolari non presentano i «requisiti mutualistici» e, quindi, non godono dei trattamenti riservati alle società cooperative a «proprietà indivisa».

c) Secondo l'art. 32 del T.U. «le Banche popolari devono destinare almeno il dieci per cento degli utili netti annuali a riserva legale» e «la quota di utili non assegnata a riserva legale, ad altre riserve, ad altre destinazioni previste dallo statuto o non distribuita ai soci, è destinata a beneficenza o assistenza». La norma riprende, con qualche modificazione, l'art. 8 del D.Lgt. 105/1948, discostandosene soprattutto nella determinazione della quota di utili da destinarsi a riserva legale, il cui onere sembra alleggerito, dal momento che oggi è individuato «in eterno» nel 10% degli utili netti annuali, mentre nella precedente disciplina si pretendeva che alla stessa riserva venisse imputato il 20% degli utili fino a che non avesse raggiunto la metà del capitale, riducendosi soltanto dopo alla percentuale del 10%.

Essa ribadisce invece la possibilità già prevista dal predetto art. 8, che l'intera quota dell'utile, non destinata a riserva e a scopi statutariamente previsti, venga distribuita fra i soci e che altrettanto possa avvenire del patrimonio netto di liquidazione. E, nell'ambito della discussione sui rapporti fra scopo mutualistico e Banche popolari non si è mancato di sottolineare che per le società cooperative è previsto, in generale, un limite sia alla distribuzione dell'utile sia all'attribuzione del patrimonio di liquidazione (art. 2518, n. 9).

[15] Cfr. E. Simonetto, *La scelta dei sindaci nelle banche popolari e la posizione dei sindaci eventualmente scelti nell'albo dei revisori dei conti*, in *La cooperativa*, Padova, CEDAM, 1986, pp. 376 ss.

In questa prospettiva poi è necessario rilevare che sulla destinazione dell'utile delle Banche popolari non grava il vincolo del contributo ai fondi mutualistici previsto per tutte le società cooperative (anche prive dei requisiti mutualistici) dall'art. 2536 del Cod. civ., così come modificato dalla legge 59/1992 e non applicabile alle Banche popolari per esplicito esonero disposto dall'art. 21, 8° comma di quest'ultima legge e comunque perché derogato dall'art. 32 del T.U. in esame.

d) Merita segnalare qui un'altra deviazione dello statuto delle Banche popolari dall'ordinamento delle società cooperative: la possibilità, riconosciuta dall'art. 12 del T.U. per tutte le categorie di banche, di emettere obbligazioni. Tale possibilità, come è noto, è preclusa alla generalità delle società cooperative aventi per oggetto un'attività diversa da quella bancaria[16]. Ed anzi proprio nel fatto che le società cooperative non possano emettere obbligazioni si è trovata una delle ragioni che giustificano la introduzione (realizzata dalla legge 59/1992) dei «soci sovventori» e delle «azioni di partecipazione cooperativa» nell'ordinamento cooperativo; con lo scopo di prevedere strumenti di finanziamento in qualche modo alternativi alle obbligazioni[17]. E in questa prospettiva trova la propria coerente spiegazione anche il fatto che tali nuovi strumenti non possano essere adottati dalle Banche popolari (e neppure dalle Banche di credito cooperativo); le quali, appunto, per ragioni inerenti all'attività esercitata e ai conseguenti controlli, possono emettere titoli obbligazionari.

4.4. Convivenza fra scopo lucrativo e scopo mutualistico

L'analisi condotta nei paragrafi precedenti consente forse di riprendere in esame il problema del ruolo dello scopo mutualistico nelle Banche popolari.

Come abbiamo più volte ricordato, già l'art. 1 del D.Lgt. 105/1948 stabiliva che potessero «denominarsi Banche popolari soltanto le società cooperative ... autorizzate alla raccolta del risparmio ed all'esercizio del credito» ed il T.U. del 1993 dichiara a tutte lettere che le Banche popolari sono società cooperative. D'altro canto, l'art. 2511 Cod. civ. consente che assumano la forma della società cooperativa solo le imprese che «hanno scopo mutualistico».

Dovrebbe, pertanto, apparire chiaro che anche le Banche popolari, in quanto società cooperative, debbono perseguire uno scopo mutualistico. Ma la conclusione in realtà non è affatto pacifica, anche perché

[16] Cfr. A. Bassi, *Delle imprese cooperative e delle mutue assicuratrici*, Milano, Giuffrè, 1988, p. 380.

[17] Cfr. G. Oppo, *Mutualità e lucratività*, in «Riv. dir. civ.», 1992, 1, pp. 359 ss.; G. Marasà, *La disciplina della legge n. 59 del 1992*, in «Riv. dir. civ.», 1992, 1, pp. 365 ss. e R. Costi, *La riforma delle società cooperative: profili patrimoniali e finanziari*, in «Giur. comm.», 1992, 1, pp. 936 ss., nonché A. Bassi-G. Capo-T. D'Amaro-N. Sarno, *La riforma delle società cooperative*, Milano, Giuffrè, 1992, pp. 61 ss.; R. Genco, *La riforma cooperativa*, Bologna, Edit. Emilia Romagna, 1992, pp. 39 ss.

non è facile neppure individuare con esattezza il contenuto della funzione mutualistica.

Non è evidentemente possibile, in questa sede, ridiscutere a fondo quest'ultimo profilo; ci limiteremo, pertanto, a condividere la tesi che ravvisa la funzione mutualistica nella gestione di servizio a favore dei soci, ossia nella messa a disposizione degli stessi delle occasioni di lavoro o possibilità di acquisto o di utilizzazione di servizi previste dall'oggetto sociale, per di più a condizioni in linea di principio vantaggiose nei confronti di quelle di mercato, assicurando al socio il cosiddetto vantaggio mutualistico[18]. Tale tesi è stata respinta proprio prendendo spunto dalle cooperative di credito (e in particolare dalle Casse rurali) rilevando che, non avendo il socio in quanto tale un diritto soggettivo all'erogazione del credito, non si può assumere che la gestione di servizio caratterizzi sul piano causale le società con funzione mutualistica[19]. In realtà non esiste alcuna ragione per ritenere che la gestione di servizio si debba necessariamente tradurre in un diritto soggettivo del socio, essendo sufficiente che si materializzi nel dovere degli organi sociali di tutelare il suo interesse alla prestazione mutualistica, sia pure compatibilmente con l'interesse sociale e nel rispetto delle norme eventualmente dettate per l'esercizio dell'attività[20].

Precisato, dunque, che la funzione mutualistica si esprime nel dovere degli organi sociali di tener conto nella gestione della società dell'interesse dei soci al servizio mutualistico e al relativo vantaggio, è necessario chiedersi se tale funzione sia rinvenibile nell'ambito delle Banche popolari.

La presenza della funzione mutualistica in questa categoria di società cooperative potrebbe essere esclusa proprio facendo perno sulla disciplina degli utili dettata dall'art. 32 del T.U. e che consente l'attribuzione ai soci di tutti gli utili eventualmente realizzati e dell'intero patrimonio netto di liquidazione.

Quando si ritenesse, come talvolta si è ritenuto[21], che il persegui-

[18] Si veda per tutti V. Buonocore, *Società cooperative*, in *Enciclopedia Treccani*, 1993, p. 3.

[19] Si veda E. Simonetto, *La cooperativa e lo scopo mutualistico*, in «Riv. soc.», 1971, pp. 245 ss.; E.M. Leo, *La legge sulle Casse rurali e artigiane e l'essenza della cooperativa*, in «Riv. soc.», 1965, pp. 552 ss.; L.F. Paolucci, *La mutualità nelle cooperative*, Milano, Giuffrè, 1974, pp. 47 ss.; S.M. Cesqui, *La funzione sociale della cooperativa* (ed. provv.), Milano, Giuffrè, 1983.

[20] Sul punto R. Costi, *Funzione mutualistica e imprenditorialità bancaria nell'ordinamento delle Casse rurali e artigiane*, in «Banca impr. e soc.», 1985, pp. 5 ss.

[21] Così A. Nigro, in *Commentario della Costituzione*, a cura di G. Branca, Bologna-Roma, Zanichelli-Foro it., 1979, *sub* art. 45, pp. 25 ss. e già prima, fra gli altri, E.M. Leo, *L'odierna problematica giuridica delle Casse rurali nei suoi aspetti di fondo*, in «Cooperazione di credito», 1968, III, pp. 47 ss.; dello stesso autore, *Sviluppo economico ed evoluzione di forme giuridiche: il caso della Cassa rurale*, in «Riv. soc.», 1972, pp. 595 ss.; E. Simonetto, *La cooperativa e lo scopo mutualistico*, cit., pp. 278 ss.; S.M. Cesqui, *Gli sviluppi della cooperazione e lo scopo mutualistico*, in «Jus», 1977, pp. 117 s.; L. Buttaro, *Sulla «non diversa natura» delle Casse rurali e delle Banche popolari*, in «Banca borsa e tit. cred.», 1973, I, pp. 182 ss.

mento di un utile (lucro soggettivo) sia incompatibile con lo scopo mutualistico, sarebbe inevitabile concludere che la disciplina delle Banche popolari, nel momento in cui non pone un limite alla distribuzione dell'utile, esclude che le stesse adempiano ad una funzione mutualistica. Ci si troverebbe così in presenza di una società cooperativa senza scopo mutualistico, di una società lucrativa a capitale variabile. Tesi che potrebbe trovare conforto nell'art. 2517 Cod. civ. Quest'ultima norma, infatti, nel dichiarare applicabili alle società cooperative che esercitano il credito (e il riferimento obbligato è alle Banche popolari) le norme generali sulle società cooperative, «in quanto compatibili con le disposizioni delle leggi speciali», legittimerebbe anche l'esistenza di società cooperative bancarie senza scopo mutualistico. E si tratterebbe, per di più, di una conclusione che non scandalizza e che è stata anzi prospettata, anche con riferimento alla disciplina da riservare alle Banche popolari nell'ambito della riforma generale delle società cooperative.

Ma tale conclusione non sembra in realtà necessaria sul piano del diritto vigente.

L'art. 32, 2° comma del T.U. non impone la massimizzazione degli utili, ossia il perseguimento del massimo lucro oggettivo possibile; consente esclusivamente la distribuzione integrale ai soci dell'utile realizzato. In altri termini, da quella norma non si evince alcun divieto per operazioni che, in omaggio alla funzione mutualistica, vedano come destinatario preferenziale il socio e che consentano a quest'ultimo anche la realizzazione di un vantaggio mutualistico (sia per le operazioni passive sia per le operazioni attive). E, se questa affermazione è esatta, si deve anche riconoscere non solo la legittimità di clausole statutarie che sanciscano questa posizione di favore del socio, ma anche la doverosità della tutela dell'interesse mutualistico di quest'ultimo a prescindere da una qualsiasi previsione statutaria. Essendosi infatti accertata la compatibilità fra diritto alla distribuzione dell'utile realizzato e funzione mutualistica, si dovrà concludere che trova applicazione anche per le Banche popolari il precetto implicito nell'art. 2511 Cod. civ.: anch'esse debbono perseguire, sia pure nelle forme sopra indicate, una gestione di servizio a favore dei soci.

Conclusivamente si può, dunque, dire che le Banche popolari debbono perseguire una funzione mutualistica, nei limiti dell'interesse sociale e della disciplina dell'attività, ma possono anche perseguire, compatibilmente con quest'ultima, la massimizzazione dell'utile da distribuire fra i soci[22].

Questa conclusione trova una conferma indiretta nella riforma delle società cooperative introdotta dalla legge 31 gennaio 1992, n. 59, che

[22] A condizioni parzialmente diverse giunge G. Marasà, *Le «società» senza scopo di lucro*, Milano, Giuffrè, 1984, p. 320, che ritiene non necessario il perseguimento di uno scopo mutualistico da parte delle Banche popolari: sul punto v. già G. Ferri, *Banca popolare*, in *Enc. dir.*, V, Milano, Giuffrè, 1959, pp. 13 ss.: v. però G. Oppo, *Quesiti in tema di trasformazione e fusione eterogenea di banche popolari*, in «Banca borsa e tit. cred.», 1992, 1, p. 780.

pur non si applica per le Banche popolari. Questa legge, infatti, ha previsto (artt. 4 e 5) che possano essere soci delle società cooperative soggetti che perseguono esclusivamente un fine di lucro (soci sovventori e portatori delle azioni di risparmio cooperativo), accanto a soggetti che perseguono uno scopo mutualistico (soci ordinari). Così facendo la riforma ha ammesso che la struttura cooperativa possa essere utilizzata anche da soggetti che perseguono uno scopo meramente lucrativo, anche se ha poi introdotto regole organizzative capaci di impedire a questa categoria di soci di pregiudicare la realizzazione dello scopo mutualistico da parte dei soci ordinari. Siamo dunque in presenza di una parziale neutralizzazione della struttura cooperativa, che non rompe, per altro, la connessione fra quest'ultima e lo scopo mutualistico, nel senso che anche dopo la riforma non può esistere cooperativa senza scopo mutualistico.

Questo ordine di idee trova poi un'ulteriore conferma nelle norme dettate dalla legge 17 febbraio 1992, n. 207, recepite dal T.U. Queste infatti consentono, come abbiamo visto, che possano esercitare diritti patrimoniali anche coloro che, non avendo ricevuto il gradimento all'ingresso in società, sono esclusi dall'esercizio dei diritti amministrativi e non sono iscritti nel libro dei soci. Questi soggetti non possono per definizione perseguire un fine mutualistico; il loro scopo può essere solo uno scopo lucrativo. La norma che consente questa scissione della partecipazione conferma che nelle società cooperative possono coesistere scopo lucrativo e scopo mutualistico, e che, pertanto, non si può negare la funzione mutualistica delle Banche popolari postulando la incompatibilità all'interno della struttura cooperativa fra scopo mutualistico e scopo lucrativo. Non si potrà, tuttavia, affermare che la mutualità perseguita dalle Banche popolari sia «senza fini di speculazione privata» e quindi rientri nell'ambito della cooperazione a scopo di mutualità protetta dalla Carta costituzionale. Le Banche popolari non solo non debbono rispettare i «requisiti mutualistici» previsti dalla legge Basevi, ma anzi sembra loro preclusa la possibilità di accedere alle relative provvidenze anche quando, per avventura, prevedessero, nel proprio statuto, l'osservanza degli stessi: l'art. 29, 4° comma del T.U. stabilisce infatti che «alle Banche popolari non si applicano le disposizioni del D.Lgt. 14 dicembre 1947, n. 1577»[23].

4.5. Trasformazione e fusione (rinvio)

Le conclusioni alle quali siamo appena pervenuti, in ordine alla convivenza nelle Banche popolari, di una funzione mutualistica e di

[23] Dubbio è se le Banche popolari possano iscriversi nel registro prefettizio delle società cooperative (sul punto M. Porzio, *La cooperazione di credito*, in *Cooperazione e cooperative*, Napoli, Jovene, 1977, pp. 182 ss.) ma è certo che l'eventuale iscrizione non attribuisce loro la possibilità di accedere alle agevolazioni della più diversa natura riser-

uno scopo lucrativo, trovano riscontro e giustificano la disciplina introdotta dal D.Lgt. 481/1992 e recepita dal T.U. in tema di trasformazione delle stesse in società per azioni.

Come è noto, l'art. 14 della legge 17 febbraio 1971, n. 127, stabilisce che «le società cooperative non possono essere trasformate in società ordinarie, anche se tale trasformazione sia deliberata all'unanimità» e, almeno secondo l'opinione più diffusa e a mio avviso giustificata, quella norma, prima della riforma introdotta dal D.Lgt. 481/1992, vietava alle Banche popolari di deliberare la propria trasformazione in società per azioni, nonché operazioni di fusione (o di incorporazione) e scissione che determinassero la perdita della forma cooperativa.

Ora il 1° comma dell'art. 31 del T.U. stabilisce, invece, che «la Banca d'Italia, nell'interesse dei creditori ovvero per esigenze di rafforzamento patrimoniale ovvero a fini di razionalizzazione del sistema, autorizza le trasformazioni di Banche popolari in società per azioni ovvero le fusioni alle quali prendono parte Banche popolari e da cui risultino società per azioni».

Riprenderemo in esame questa norma nella parte dedicata alle varie forme di concentrazione bancaria. Qui è necessario solo sottolineare che la norma speciale, pur recependo l'affievolimento che lo scopo mutualistico ha subito nelle Banche popolari con la conseguente perdita di significato del divieto di trasformare una cooperativa in una società lucrativa fondata sul diritto dei soci al vantaggio mutualistico, trova, tuttavia, nelle ragioni dell'impresa la propria giustificazione ultima.

Si consente, infatti, la trasformazione della società cooperativa bancaria in società per azioni solo quando sia giustificata dall'interesse dei creditori o dal rafforzamento patrimoniale dell'ente creditizio o, addirittura, risponda a fini di razionalizzazione del sistema creditizio. Ed il giudizio sulla sussistenza di questi presupposti è rimesso all'organo di vigilanza bancaria. Sono dunque ragioni attinenti all'attività che consentono il superamento dell'ipotetico diritto del socio al vantaggio mutualistico, ossia del diritto che nell'ordinamento comune giustifica il divieto di trasformazione della società mutualistica in società lucrativa.

5. Le Banche di credito cooperativo

5.1. La formazione dell'ordinamento vigente: dalla Cassa rurale alla Banca di credito cooperativo

a) Le Banche di credito cooperativo nascono, almeno come categoria individuata con questa espressione, soltanto con il T.U. delle norme sul credito del 1993[24]. In realtà il loro universo coincide con quello

vate alla mutualità protetta (v. Cass., 26 novembre 1985, n. 5887, in «Rep. Giur. it.», V, *Banche*, n. 46).

[24] Anzi la parola «banca» ha sostituito la parola «cassa» soltanto nella redazione del T.U. successiva al parere delle commissioni parlamentari. Nel testo dello schema del

delle preesistenti Casse rurali e artigiane, disciplinate in precedenza dal T.U. del 1937, così come profondamente modificato dal D.Lgt. 481/1992. E già quest'ultimo provvedimento aveva cambiato la loro denominazione, in Casse di credito cooperativo, formalizzando così la loro despecializzazione settoriale. Il T.U. del 1993 ha proseguito sulla strada intrapresa dal D.Lgt. 481/1992, abrogando il T.U. del 1937 e riscrivendo la disciplina di questa categoria di enti creditizi; e, quasi a sottolineare l'omogeneità con il resto del sistema, almeno per quanto concerne la compiutezza della loro natura bancaria, ne ha ulteriormente modificato la denominazione, da «Casse» a «Banche» di credito cooperativo.

Nonostante la profondità delle innovazioni che lo caratterizzano, lo statuto delle banche di credito cooperativo affonda le proprie radici nell'ordinamento delle Casse rurali ed artigiane disegnato dal T.U. del 1937[25] e una sua adeguata comprensione postula la conoscenza di quest'ultimo. Al quale dedicheremo, pertanto, la necessaria attenzione per poter cogliere, appunto, l'iter che ha portato questa categoria di enti dal modello della Cassa rurale ed artigiana a quello della Banca di credito cooperativo.

b) Abbiamo già ricordato che la fisionomia di questa categoria di cooperative di credito andò delineandosi nella seconda metà del secolo scorso e nei primi decenni di questo sulla base della prassi statutaria e delle scelte operative concretamente effettuate. E queste scelte portano le Casse rurali ad un profondo inserimento nel mondo agricolo e nel suo finanziamento, tant'è che già la legge 23 gennaio 1887, n. 4276, sul credito agrario le annovera fra gli enti erogatori di questo credito «speciale»[26]. Anche la prima disciplina organica, dettata dalla legge 6 giugno 1932, n. 656, considera le Casse come strutture prevalentemente destinate all'erogazione del credito agrario, nel momento in cui le definisce (art. 1, 1° comma) «società cooperative in nome collettivo aventi per principale oggetto l'esercizio del credito agrario».

Il loro oggetto viene ampliato dalla legge 25 gennaio 1934, n. 186, che lo individua non soltanto nell'erogazione del «credito agrario di esercizio», ma anche nell'esercizio del credito «a favore dell'agricoltu-

decreto legislativo approvato dal Governo nella seduta del 1° luglio 1993 gli enti appartenenti a questo collegio erano ancora definiti casse di credito cooperativo, anche se non erano mancati suggerimenti per l'adozione della parola «banca» al posto di «cassa».

[25] Per un'analisi puntuale del T.U. del 1937 v. da ultimo *Codice commentato delle Casse rurali ed artigiane*, a cura di F. Castiello, Roma, CISCRA edizioni, 1992.

[26] Sui rapporti tra l'ordinamento del credito agrario e quello delle Casse rurali e sul ruolo che queste ultime hanno svolto nell'erogazione del credito speciale, si veda G. Muzzioli, *Banche e agricoltura. Il credito all'agricoltura italiana*, Bologna, Il Mulino, 1983; G. Triolo, *L'evoluzione legislativa delle Casse rurali e artigiane. La riforma del T.U. vigente*, in *La riforma della legislazione sulle cooperative*, a cura di G. Bucci e A. Cerrai, Milano, Giuffrè, 1979, pp. 246 ss.; A. Cordova, *Limiti del carattere pubblicistico delle Casse rurali ed agrarie*, in «Riv. trim. dir. pubbl.», 1935, pp. 648 ss.; P. Germani, voce *Casse rurali e agrarie*, in *Nuovo dig. it.*, II, Torino, UTET, 1937, pp. 1098 ss.; G. Marconi, voce *Casse di prestiti*, in *Dig. it.*, VII, Torino, UTET, 1927, p. 492.

ra» in genere e, quindi, anche in forme diverse da quelle del credito agrario disciplinato dalla relativa legislazione speciale.

Il T.U., approvato con R.D. 26 agosto 1937, n. 1706, ampliava ulteriormente la loro attività caratteristica, estendendola all'artigianato e precisando (art. 1) che le Casse rurali e artigiane sono società cooperative che hanno «per principale oggetto l'esercizio del credito a favore di agricoltori e del credito a favore di artigiani, congiuntamente o disgiuntamente»[27]. La specializzazione settoriale delle Casse rurali ed artigiane trovava poi puntuale conferma nell'art. 15, 1° comma del medesimo T.U. a norma del quale le Casse dovevano «prevalentemente impiegare le loro disponibilità in operazioni a favore di agricoltori o di artigiani».

Questo provvedimento prendeva atto, per altro, anche dell'avvenuto inserimento delle Casse rurali e artigiane nell'ambito delle aziende di credito e si preoccupava anzi di precisare (art. 46, 1° comma) che le norme della legge bancaria si applicavano alle Casse rurali anche se non richiamate, «in quanto compatibili» con quelle dallo stesso previste.

Il T.U. delineava altresì le caratteristiche delle Casse rurali e artigiane come società cooperative, prefigurando per molti aspetti la connessione fra struttura cooperativa e funzione mutualistica che il Codice del 1942 doveva poi sancire. Ed anche per questa ragione la fisionomia societaria delle Casse non veniva alterata dal Codice civile, il quale, d'altra parte, estendeva alle Casse rurali e artigiane le disposizioni dettate per le società cooperative soltanto nei limiti in cui fossero compatibili con le norme della legge speciale (art. 2517 Cod. civ.).

La legge 31 gennaio 1992, n. 59, che ha introdotto profonde modificazioni nell'ordinamento generale della cooperazione, ha ribadito la forte connessione fra quest'ultimo e la disciplina delle Casse rurali ed artigiane, stabilendo (v. art. 21, 3° comma) che molte delle nuove norme avrebbero dovuto applicarsi anche alle Casse rurali; con una scelta, sul punto, opposta a quella adottata per l'altra categoria di cooperative bancarie, ossia le Banche popolari, alle quali, come abbiamo visto, quelle norme non si applicano.

Nel vigore del T.U. del 1937, le Casse rurali ed artigiane, pertanto, erano, ad un tempo, aziende di credito, società cooperative e strutture specializzate per il finanziamento di particolari categorie di produttori (agricoltori e artigiani).

Ogni tentativo di costringere l'ordinamento delle Casse rurali e artigiane esclusivamente o nell'ambito del diritto societario o in quello del diritto comune delle aziende di credito era perciò destinato al fallimento. In particolare era importante tener conto del fatto che a queste aziende era imposta legislativamente una specializzazione funzionale e

[27] Dall'inciso finale emerge con chiarezza che potevano esistere sia Casse rurali, sia Casse artigiane sia infine, Casse rurali ed artigiane, come del resto prevedevano esplicitamente l'art. 3, nel disciplinare la denominazione sociale delle Casse, e l'art. 4 del T.U. nel pretendere che i soci delle Casse soltanto rurali o soltanto artigiane dovessero essere in prevalenza, rispettivamente, agricoltori e artigiani.

che alcuni profili del loro ordinamento trovavano spiegazione non nel diritto societario, non nelle esigenze recepite dal diritto comune delle aziende di credito, ma nella tutela di quella specializzazione[28].

Sulla «triplice» natura delle Casse rurali ed artigiane ha inciso profondamente il D.Lgt. 481/1992. Quest'ultimo, nel dare attuazione alla seconda direttiva comunitaria in materia bancaria, ha preso in considerazione le Casse rurali ed artigiane essenzialmente nella loro qualità di enti creditizi, cercando di eliminare i momenti del relativo ordinamento che avessero potuto pregiudicarne la capacità di stare efficacemente sul mercato. E questo obiettivo è stato raggiunto senza mortificare l'anima mutualistica delle Casse, ma eliminando sostanzialmente la loro specializzazione operativa nei confronti dell'agricoltura e dell'artigianato. In ciò recependo le linee di politica legislativa che le stesse Casse avevano in precedenza auspicato, nell'acquisita consapevolezza che la specializzazione settoriale loro imposta dalla legge fosse un limite incompatibile con un'efficiente gestione dell'impresa bancaria[29].

In realtà, sempre sulla scia di proposte in precedenza elaborate dalla categoria, il D.Lgt. 481/1992 ha cercato di conservare alle Casse una certa tipizzazione operativa, ravvisandola nel carattere localistico della loro attività e in particolare nella prevalenza, nei loro impieghi, di quelli «a favore delle economie locali»[30].

Risultato, quest'ultimo, perseguito stabilendo che i soci delle Casse devono «risiedere, avere sede, ovvero operare con continuità nel territorio di competenza» ed imponendo alle Casse stesse di esercitare il credito «prevalentemente a favore dei soci» (cfr. art. 49, 4° e 5° comma). Queste due norme dovrebbero «costringere» le Casse ad operare prevalentemente a favore di soggetti appartenenti all'economia locale.

Ma quando si tenga presente che la competenza territoriale non è più individuata dalla legge (come nel T.U. del 1937), ma dallo statuto «sulla base dei criteri fissati dalla Banca d'Italia» e che, potenzialmente, tale competenza potrebbe essere anche molto ampia, appare chiaro che, almeno dal punto di vista legislativo, il vincolo territoriale ha una capacità specializzante molto limitata.

Sembra dunque corretto prendere atto che delle tre anime che caratterizzavano le Casse rurali e artigiane, le Casse di credito cooperativo hanno perduto per effetto del D.Lgt. 481/1992 quella di enti specializzati settorialmente, mentre hanno sostanzialmente conservato quella mutualistica (confermando, tra l'altro, l'applicabilità alle Casse di credito cooperativo delle norme dettate dalla legge 59/1992) ed accentuato

[28] Per questo profilo v. R. Costi, *Funzione mutualistica e imprenditorialità bancaria nell'ordinamento delle Casse rurali e artigiane*, in «Banca impresa società», 1985, pp. 3 ss.

[29] Si veda per tutti, E.M. Leo, *L'ordinamento delle casse rurali: problemi attuali*, in «Jus», 1988, pp. 54 ss.

[30] Sul punto L. Buttaro, *Profili di riforma e suggestioni corporative in tema di Casse rurali*, in «Banca borsa e tit. cred.», 1978, I, p. 18, e V. Buonocore, *I problemi delle Casse rurali fra tradizione e crescita*, in *Mutualità e formazione*, cit., pp. 3 ss.

quella bancaria, per altro despecializzata secondo un orientamento adottato per tutti gli enti creditizi.

Le linee di fondo seguite dal D.Lgt. 481/1992 nel disegnare lo statuto delle Casse di credito cooperativo sono state tenute ferme nella disciplina dello statuto delle Banche di credito cooperativo adottata dal T.U. del 1993; provvedimento, quest'ultimo, che ha abrogato il T.U. delle norme di settore del 1937 e riscritto compiutamente (artt. 33 e 37) la disciplina di questa categoria di cooperative di credito.

5.2. Costituzione, partecipazione sociale e organizzazione

a) Le Casse rurali e artigiane avrebbero potuto costituirsi sia come società cooperative a responsabilità limitata sia come cooperative a responsabilità illimitata. E la scelta fra l'uno o l'altro tipo incideva non solo, come è ovvio, sulla responsabilità per le obbligazioni sociali ma anche sui vincoli imposti alla libertà operativa della Cassa. Di questa libertà non godono invece le Banche di credito cooperativo: il 1° comma dell'art. 33 del T.U. del 1993 impone anche per loro, come per le Banche popolari, la forma della società cooperativa a responsabilità limitata, pretendendo inoltre che le partecipazioni dei soci siano incorporate in azioni[31].

b) Il T.U. del 1937 stabiliva (art. 4, 4° comma) che «non si può procedere alla costituzione di una Cassa rurale e artigiana se i soci non raggiungono almeno il numero di trenta». Il T.U. del 1993 ha elevato (art. 34, 1° comma) il numero minimo dei soci delle Banche di credito cooperativo a 200; e riprendendo una disposizione già contenuta nel T.U. del 1937, ha stabilito che «qualora tale numero diminuisca, la compagine sociale deve essere reintegrata entro un anno; in caso contrario, la banca è posta in liquidazione». La norma individua così un presupposto soggettivo per l'autorizzazione alla costituzione di una Banca di credito cooperativo; ma la mancanza dello stesso non incide sulla validità del contratto e non comporta la revoca dell'autorizzazione, imponendo esclusivamente l'onere della reintegrazione entro un anno della compagine sociale.

Ma il T.U. del 1937 non si limitava a pretendere un numero minimo di soci, richiedeva altresì che la maggioranza degli stessi presentasse ben precisi requisiti soggettivi. Stabiliva, infatti (art. 4, 1°, 2° e 3° comma), che «potevano assumere la qualità di soci le persone fisiche che fossero agricoltori o artigiani e risiedessero nel Comune oppure vi operassero con carattere di continuità», nonché le cooperative fra agricoltori e fra artigiani sempre che operassero nell'ambito del Comune ove

[31] A norma dell'art. 33, 2° comma del T.U. la denominazione delle banche di credito cooperativo deve contenere l'espressione «credito cooperativo»; tuttavia le Banche di credito cooperativo costituite antecedentemente al 1° gennaio 1993 possono mantenere l'originaria denominazione purché integrata dall'espressione «credito cooperativo» (cfr. art. 150, 1° comma T.U.).

avesse sede la Cassa. Si trattava di requisiti che, almeno in parte, riflettevano caratterizzazioni storicamente rinvenibili già nella stagione in cui le Casse avevano vissuto il loro primo sviluppo[32] e che non si ricollegavano tanto alla loro natura mutualistica quanto alla loro specializzazione funzionale, costituendo uno strumento utile per garantire che effettivamente i finanziamenti venissero indirizzati alle categorie economiche alle quali erano istituzionalmente destinati[33].

E la despecializzazione funzionale delle Casse realizzata dal D.Lgt. 481/1992 e recepita dal T.U. 1993 è passata anzitutto attraverso la loro eliminazione.

A norma, infatti, dell'art. 34, 2° comma di quest'ultimo provvedimento, «per essere soci di una cassa è necessario» soltanto «risiedere, avere sede ovvero operare con carattere di continuità nel territorio di competenza della banca stessa». Come si può notare, è stato eliminato ogni riferimento al settore merceologico di appartenenza dei soci. È stato, invece, mantenuto il requisito territoriale; ancorato, tuttavia, non più a criteri burocratico-amministrativi (il Comune), ma alla zona di operatività della Cassa, determinata dallo statuto.

A fronte di una norma che ha dunque, «annacquato» i requisiti soggettivi dei soci, il T.U. del 1993 ha, per altro, escluso che della Banca di credito cooperativo possano essere soci soggetti che non presentino il richiesto «ancoraggio» territoriale.

Il T.U. del 1937 (art. 4, 3° comma), invece, tollerava la presenza di una minoranza di soci privi dei requisiti soggettivi richiesti per assumere tale qualità, consentendo che potessero essere «ammesse come soci anche persone non appartenenti alle categorie tipiche purché il complessivo numero di tali soci non [fosse] mai superiore ad un quinto della totalità dei soci». Questa norma è caduta con l'abrogazione del T.U. del 1937.

c) Quest'ultimo prevedeva poi un controllo particolarmente penetrante sul contenuto dell'atto costitutivo e dello statuto. L'organo di vigilanza non si limitava, infatti, ad autorizzare la costituzione dell'ente e ad approvarne lo statuto e le relative modifiche, ma aveva «facoltà di apportare le opportune variazioni» al contenuto dello stesso (art. 8) con un'evidente compressione dell'autonomia statutaria della Cassa[34]. Questa norma è stata abrogata dal T.U. del 1993, il quale ha, per altro, attribuito alla Banca d'Italia un potere d'intervento sugli statuti delle Banche di credito cooperativo più intenso di quello che alla stessa compete in ordine agli statuti delle altre banche, nel momento in cui ha previsto (art. 35, 2° comma) che «gli statuti [delle Banche di credito cooperativo], contengono le norme relative alle attività, alle operazioni di impie-

[32] Cfr. G. Tamagnini, *Le casse rurali*, Roma, Era, 1952, p. 510.

[33] Uno spunto in questo senso in P. Vitale, *Opzioni in tema di «pluralismo» nell'ordinamento del credito*, in *Il pluralismo nel sistema bancario italiano*, a cura di P. Mottura, Milano, Angeli, 1978, p. 65.

[34] Sul punto A. Piras, *Gli stabilimenti bancari nella dinamica dei rapporti di impresa*, Milano, Giuffrè, 1975, p. 106.

go e di raccolta e alla competenza territoriale, determinate sulla base di criteri fissati dalla Banca d'Italia»[35].

d) A norma dell'art. 34, 4° comma del T.U. «nessun socio può possedere azioni il cui valore nominale complessivo superi ottanta milioni di lire»[36].

La previsione di un limite massimo alla partecipazione sociale discende dalla funzione mutualistica delle Banche di credito cooperativo e può essere giustificata con la volontà di impedire, sia pure su di un piano esclusivamente economico, una disparità fra soci (e quindi, l'influenza di alcuni di essi su altri), pregiudizievole per il conseguimento degli scopi mutualistici[37]. Discutendo dell'analogo limite previsto dal T.U. del 1937 per le Casse rurali ed artigiane si era ritenuto che l'imposizione di un siffatto limite contrastasse con la tutela costituzionale dell'autonomia privata, in quanto lo stesso si giustificherebbe nelle società che perseguono scopi di lucro ma non anche in quelle mutualistiche. La tesi non può essere condivisa perché si basa su una premessa sicuramente erronea[38]: la previsione di un limite alla partecipazione, come dimostra il diritto comune della cooperazione, lungi dall'essere imposta dal carattere lucrativo della società, è con quest'ultima almeno tendenzialmente incompatibile e trova proprio nella gestione di servizio che caratterizza le società mutualistiche la sua ragion d'essere[39].

La disciplina del limite massimo alla partecipazione del socio nelle Banche di credito cooperativo presenta alcune peculiarità nei confronti sia dell'ordinamento generale delle società cooperative sia dell'analoga disciplina prevista per le Banche popolari. Mentre per le società cooperative, in generale, il limite concerne solo le persone fisiche (cfr. art. 3, 1° comma legge 59/1992), nelle Banche di credito cooperativo riguarda anche la partecipazione delle persone giuridiche («nessun socio») e non

[35] La norma non postula né consente l'imposizione di uno statuto tipo da parte dell'organo di vigilanza. Le Casse rurali e artigiane si erano già date uno statuto tipo: vedilo in *Codice commentato*, cit., p. 589, con annotazioni di L. Desiderio.

[36] L'art. 10 della legge 10 febbraio 1981, n. 23, stabiliva che «nessun socio può sottoscrivere una quota superiore a L. 2.000.000 né tante azioni il cui valore nominale superi tale importo». Il limite massimo risultava già elevato al valore attuale per effetto dell'art. 3 della legge 59/1992 dettata per la generalità delle società cooperative e applicabile anche alle Casse rurali e artigiane.

[37] Sul punto P. Verrucoli, *Riforme frammentarie*, cit., p. 19.

[38] Così E.M. Leo, *Mezzi propri e banche cooperative nella disciplina costituzionale*, in *Ricapitalizzazione delle banche e nuovi strumenti di ricorso al mercato*, a cura di G.B. Portale, Milano, Giuffrè, 1983, pp. 421 ss.

[39] Certo il limite posto alla partecipazione del socio costituisce un ostacolo istituzionale nella raccolta di capitale di rischio, ma la società e le agevolazioni pubbliche delle quali godono le società mutualistiche si giustificano anche per le difficoltà che le stesse incontrano nel reperimento di mezzi propri. Sui problemi della formazione del patrimonio nelle Casse rurali, si veda G.F. Campobasso, *Mutualità delle Casse rurali e artigiane e strumenti di formazione del capitale*, in *Mutualità e formazione del patrimonio nelle Casse rurali*, a cura di P. Abbadessa e A. Fusconi, Milano, Giuffrè, 1985, pp. 353 ss.; A. Bassi, *Profili giuridici dell'autofinanziamento nelle Casse rurali e artigiane*, *ibidem*, pp. 383 ss.; P. Abbadessa, *I prestiti dei soci nelle cooperative e nelle Casse rurali*, *ibidem*, pp. 405 ss.

è facile giustificare questo maggior rigore della norma speciale, tenuto anche conto che nelle Banche di credito cooperativo alle persone giuridiche non possono essere attribuiti più voti, come nella generalità delle società cooperative (v. art. 2532, 3° comma). A differenza poi di quanto avviene nelle Banche popolari la soglia massima della partecipazione non è individuata in un valore percentuale del capitale, ma in un valore assoluto, fissato nella stessa cifra prevista per le altre società cooperative, e non è prevista l'eccezione introdotta, con riferimento alle Banche popolari, per gli organismi di investimento collettivo, in considerazione del fatto che l'acquisto di una partecipazione in una Banca di credito cooperativo non costituisce un investimento, ma esprime un bisogno di credito.

e) E probabilmente va ricercata in questa direzione anche la diversa disciplina dettata, rispettivamente per le Banche di credito cooperativo e per le Banche popolari, in tema di gradimento all'ammissione di nuovi soci. Il principio di diritto comune era per entrambe le categorie di cooperative quello disegnato dall'art. 2525 Cod. civ., che lasciava la più ampia discrezionalità al consiglio di amministrazione in ordine all'ingresso di nuovi soci. Come abbiamo notato, nelle Banche popolari l'art. 30, 5° comma del T.U. ha introdotto qualche limite a tale potere, imponendo un onere di motivazione e impedendo che lo stesso incida sui «diritti patrimoniali».

Nella stessa direzione si era mosso il Governo nella redazione del T.U. sottoposto al Parlamento; vi si prevedeva infatti (art. 34, 6° comma) che «le delibere del consiglio di amministrazione di accoglimento o di rigetto delle domande di ammissione a socio [dovessero] essere motivate avuto riguardo all'interesse della società, alle previsioni statutarie e allo spirito della forma cooperativa», precisandovisi che «il consiglio di amministrazione [era] tenuto a esaminare le domande di ammissione su richiesta del collegio dei probiviri e integrato con un rappresentante dell'aspirante socio». Come si vede una disciplina del procedimento identica a quella dettata per le Banche popolari e che tendeva a rendere trasparente l'applicazione del principio della porta aperta da parte delle Banche di credito cooperativo. La norma ha incontrato una forte resistenza in Parlamento[40], evidentemente preoccupato di conservare sul punto una riservatezza in verità sospetta, ed è stata riformulata nei seguenti termini: «Quando risulta che la banca rigetta ingiustificatamente le domande di ammissione a socio, è in facoltà della Banca d'Italia obbligare la banca stessa a motivare e comunicare agli interessati le delibere di rigetto». Inutile sottolineare la sostanziale incapacità della norma di imporre la necessaria trasparenza nell'applicazione del principio della porta aperta e la difficoltà di conciliarla con la funzione mutualistica delle Banche di credito cooperativo.

f) Momenti essenziali dello status di socio di Banca di credito cooperativo sono ovviamente il diritto al vantaggio mutualistico e il diritto

[40] V. Camera dei deputati, parere 5 agosto 1993.

agli utili. Del primo ci occuperemo delineando la disciplina dell'attività di questa categoria di banche, ma già sappiamo che, a norma dell'art. 35, 1° comma del T.U., esse «esercitano il credito prevalentemente a favore dei soci»; il che basta per affermare che le Banche di credito cooperativo hanno una funzione mutualistica.

Per quanto concerne il diritto agli «utili» l'art. 37 del T.U. del 1993 testualmente stabilisce: «1. Le banche di credito cooperativo devono destinare almeno il 70% degli utili netti annuali a riserva legale. 2. Una quota degli utili netti annuali deve essere corrisposta ai fondi mutualistici per la promozione e lo sviluppo della cooperazione nella misura e con le modalità previste dalla legge. 3. La quota di utili che non è assegnata ai sensi dei commi precedenti e che non è utilizzata per la rivalutazione delle azioni o assegnata ad altre riserve o distribuita ai soci deve essere destinata a fini di beneficenza o mutualità».

La disciplina del diritto agli utili, così introdotta dal T.U. del 1993, è profondamente diversa da quella dettata dal T.U. del 1937 per le Casse rurali ed artigiane. L'art. 20, 1° comma di quest'ultimo stabiliva, infatti, che le Casse dovessero, anzitutto, «destinare almeno la metà degli utili netti alla formazione o all'incremento della riserva ordinaria», potendo «con la rimanenza» «distribuire utili ai soci purché in misura non superiore alla ragione dell'interesse legale ragguagliato al capitale effettivamente versato», mentre l'utile netto eventualmente ancora residuale doveva essere destinato per la metà alla formazione o all'incremento di una riserva straordinaria e per la metà rimanente avrebbe potuto essere eventualmente, su voto dell'assemblea dei soci, erogato ai fini di beneficenza o mutualità.

La norma del T.U. del 1937 impediva, dunque, di attribuire ai soci un dividendo superiore all'interesse legale. Da quella norma si doveva poi necessariamente dedurre anche il divieto di distribuire ai soci le riserve, almeno durante la vita della società, non essendo tali riserve altro che utili non distribuiti. Qualche perplessità poteva sorgere con riferimento al patrimonio netto di liquidazione, potendosi anche ammettere che il divieto di distribuzione delle riserve avesse come obiettivo la tutela della stabilità dell'ente e che tale funzione dovesse considerarsi esaurita con lo scioglimento della società e la fine dell'impresa bancaria. Ma probabilmente la rigidità della norma doveva portare ad escludere che in sede di liquidazione le riserve potessero essere assegnate ai soci, anziché essere destinate a beneficenza o mutualità.

In altri termini, il T.U. imponeva alle Casse rurali ed artigiane il rispetto dei cosiddetti requisiti mutualistici fissati dall'art. 26 del D.L. C.P.S. 14 dicembre 1947, n. 1577: costituiva quindi un'ipotesi legislativamente prevista e tipizzata di cooperazione «senza fini di speculazione privata», di cooperazione protetta, ai sensi dell'art. 45 Cost.[41].

[41] Rimaneva incerta, per altro, la possibilità per le Casse rurali e artigiane di ottenere la iscrizione negli schedari prefettizi (si veda M. Porzio, *Le cooperative di credito*, cit., p. 192).

È bene, per altro, precisare che questa condizione non avrebbe comunque permesso di affermare, come pure avvenne[42], che fosse compito delle autorità creditizie favorire lo sviluppo delle Casse rurali ed artigiane in quanto espressione della mutualità costituzionalmente protetta. Una siffatta opinione era smentita sia dall'art. 45, 1° comma sia dall'art. 41, 3° comma della Carta costituzionale. La prima norma riserva alla legge sia la predisposizione degli incentivi per la cooperazione sia i corrispondenti controlli, escludendo che la Pubblica Amministrazione sia titolare originaria dei relativi poteri[43]; e nessuna norma avente forza di legge legittimava le autorità creditizie ad esercitare i poteri dei quali disponevano nei confronti del sistema creditizio per favorire la cooperazione di credito, anche quando la stessa avesse presentato i requisiti mutualistici. D'altro canto, la riserva di legge prevista dall'art. 41 esclude che, in assenza di una disposizione che li giustifichi, le «altre» aziende di credito possano essere esposte agli effetti negativi di provvedimenti delle autorità creditizie diretti a favorire la cooperazione. Il che ovviamente non impediva che certi provvedimenti delle autorità creditizie, assunti a tutela della liquidità, stabilità ed efficienza del sistema bancario, si risolvessero in oggettive e legittime posizioni di vantaggio per le Casse[44].

Questa coincidenza fra disciplina sostanziale del diritto agli utili e disciplina dei «requisiti», richiesti dal D.L. 1577/1947, per poter considerare la cooperazione a fini di mutualità e senza scopi di speculazione privata, sembra essere venuta meno nel T.U. del 1993. L'art. 37, sopra riprodotto, non contiene più il divieto di distribuire ai soci un dividendo superiore all'interesse legale. E, quindi, deve escludersi anche che sia vietata l'assegnazione di eventuali riserve disponibili, così come esce decisamente rafforzata la tesi che in sede di liquidazione si possa attribuire ai soci l'intero netto patrimoniale, dal momento che, nella nuova disciplina, le riserve diventano uno strumento diretto esclusivamente a garantire la stabilità dell'impresa bancaria e non tendono, come le riserve indivisibili tipiche della mutualità protetta, a rafforzare la proprietà cooperativa in quanto tale.

Questa conclusione non è ovviamente smentita dal fatto che le Ban-

[42] Così invece F. Castiello, *Tutela costituzionale della cooperazione e cooperazione di credito*, Padova, CEDAM, 1984, pp. 107 ss., ma *contra* V. Santoro, *Profili funzionali e operativi delle Casse rurali e artigiane*, Milano, Giuffrè, 1984, p. 66.

[43] Si veda R. Romboli, *Problemi costituzionali della cooperazione*, in «Riv. trim. dir. pubbl.», 1977, p. 223; F. Galgano, *La cooperazione nel sistema costituzionale*, in «Nuovo dir. agr.», 1977, pp. 419 ss.

[44] In questa prospettiva, doveva interpretarsi l'indirizzo che le autorità creditizie avevano adottato prima del D.P.R. 27 giugno 1985, n. 350, consentendo solo alla categoria delle Casse rurali la costituzione di nuove aziende. Questo regime privilegiato non andava giustificato con il dovere o la volontà delle autorità creditizie di favorire la mutualità quanto con il fatto che le Casse per la loro struttura e le loro finalità, erano in grado di consentire una diffusione dei servizi bancari senza innescare processi di sovraffollamento del mercato dovuti ad iniziative meramente speculative (sul punto R. Costi, *Funzione mutualistica e imprenditorialità bancaria*, cit., p. 12).

che di credito cooperativo debbano destinare ai «fondi mutualistici» previsti dall'art. 11 della legge 59/1992 una quota dei propri utili, trattandosi di norma che si applica a tutte le società cooperative e non soltanto a quelle che, possedendo i requisiti mutualistici, rientrano nell'ambito della mutualità protetta. Né la stessa è contraddetta dall'obbligo di destinare «a fini di beneficenza o mutualità» una parte degli utili, dal momento che si tratta di un obbligo residuale la cui concreta quantificazione è rimessa allo statuto e alla volontà dei soci.

Ma se tutto ciò è vero, si deve ammettere che mentre le Casse rurali ed artigiane costituivano necessariamente ipotesi di mutualità protetta, lo stesso non può dirsi per le Banche di credito cooperativo. Il rispetto dei requisiti mutualistici non è imposto a queste ultime dalla legge, ma viene rimesso all'autonomia statutaria dei soci. Anche se l'obbligo di destinare a riserva legale il 70% degli utili (per non parlare del contributo che deve essere corrisposto ai fondi mutualistici) rende del tutto improbabile l'ipotesi di una Banca di credito cooperativo proiettata come una Banca popolare, ad assicurare, con le proprie azioni, un proficuo investimento finanziario ai soci, e che disattende, quindi, i requisiti mutualistici, perdendo i relativi vantaggi, soprattutto tributari. Il che rimane vero anche se la legge 59/1992 ha innalzato la soglia quantitativa della partecipazione e ha consentito anche nelle Banche di credito cooperativo, come in tutte le altre società cooperative, la rivalutazione della partecipazione (cfr. art. 7) e il rimborso del sovrapprezzo in caso di scioglimento particolare del vincolo (cfr. art. 9).

g) Molto limitate sono le peculiarità delle Banche di credito cooperativo, nei confronti del modello cooperativo generale, sotto il profilo organizzativo. Il T.U. ne indica soltanto due, riprese del resto dall'ordinamento del 1937: *a*) «ogni socio ha un voto, qualunque sia il numero delle azioni possedute» (art. 34, 3° comma); *b*) «la nomina degli amministratori e dei sindaci spetta esclusivamente all'assemblea dei soci» (art. 33, 3° comma). La prima norma esclude che alle persone giuridiche vengano attribuiti più voti, apportando così una deroga all'art. 2532, 3° comma; la seconda rende illegittime le clausole statutarie che attribuiscano a terzi (cfr. art. 2458-2459 Cod. civ.) la nomina dei componenti gli organi sociali.

5.3. La disciplina dell'attività

a) Il T.U. del 1937 dettava una disciplina analitica delle attività consentite alle Casse rurali e artigiane. Tale disciplina trovava la propria giustificazione, da un lato, nella necessità di apprestare gli strumenti operativi della specializzazione settoriale delle Casse e, dall'altro, nell'intento di garantire la corretta gestione dell'impresa bancaria, attraverso l'imposizione di vincoli specificamente predeterminati dalla legge.

Altre norme, infine, erano funzionali al conseguimento dello scopo mutualistico. Come vedremo, queste ultime, pur subendo alcune non marginali modificazioni, trovano riscontro abbastanza puntuale nella disciplina dell'attività delle Banche di credito cooperativo. Sono invece cadute quelle connesse con la specializzazione settoriale ed hanno subito un profondo processo di delegificazione le norme dirette a garantire una corretta gestione di questa categoria di banche.

Le disposizioni del T.U. che disciplinano l'attività delle Banche di credito cooperativo sono contenute nell'art. 35: il 1° comma impone loro di esercitare il credito «prevalentemente a favore dei soci», mentre il secondo prevede che gli statuti contengano «le norme relative alle attività, alle operazioni di impiego e di raccolta e alla competenza territoriale, determinate sulla base dei criteri fissati dalla Banca d'Italia». La prima norma afferisce alla natura mutualistica delle Banche di credito cooperativo, la seconda attiene alla loro natura creditizia.

b) La codificazione della funzione mutualistica era del tutto evidente nel T.U. del 1937, il cui art. 15, dopo aver stabilito che «le Casse rurali e artigiane devono prevalentemente impiegare le loro disponibilità in operazioni a favore di agricoltori e artigiani», aggiungeva che «tali operazioni sono effettuate preferibilmente con i soci», precisando infine che le «operazioni con non soci, abbiano o non abbiano i caratteri [di agricoltori o artigiani] non possono eccedere il 25% del totale dei depositi fiduciari raccolti». Non v'è dubbio che queste due ultime norme attribuissero una tutela esplicita all'interesse del socio a ricevere credito, anche se, ovviamente, questo interesse non si traduceva in un diritto soggettivo. La tutela dell'interesse mutualistico del socio trovava, tuttavia, un limite nella necessità che le disponibilità delle Casse venissero prevalentemente impiegate a favore di agricoltori e artigiani, nel senso che il soddisfacimento del bisogno di credito dei soci non sarebbe stato possibile quando avesse portato ad una violazione del vincolo di specializzazione settoriale.

La funzione mutualistica delle Banche di credito cooperativo è analogamente riconosciuta dalla norma del T.U. del 1993, che impone loro di «esercitare il credito prevalentemente a favore dei soci». Non mancano tuttavia le differenze, anche sotto questo profilo, con l'ordinamento previgente. Così, se, da un lato, le operazioni con soci non incontrano più il suddetto vincolo da specializzazione, dall'altro, si ritiene soddisfatto il vincolo mutualistico quando l'ammontare delle operazioni «significative» sia «prevalentemente» rivolto ai soci, non pretendendosi più che a favore di questi ultimi si diriga il 75% delle predette operazioni, e sotto questo profilo si può rilevare un'attenuazione del vincolo mutualistico.

È poi necessario tener presente che il bisogno mutualistico dei soci non è considerato rilevante con riferimento alle operazioni di provvista, in ciò analogamente a quanto avveniva sulla base delle norme del T.U. del 1937 e anche con riferimento agli impieghi non lo si prende in considerazione per le operazioni diverse da quelle di «esercizio del credito»[45]. Dunque il bisogno mutualistico incide soltanto su una parte, sia

[45] Tuttavia, «la Banca d'Italia può autorizzare, per periodi determinati, le singole

pure importante, dell'attività delle Banche di credito cooperativo, consentendo per la restante attività libere scelte imprenditoriali, non condizionate dalla funzione mutualistica ed integralmente riconducibili alla loro natura di enti creditizi.

c) Come si accennava, il T.U. del 1993 ha affidato alle norme statutarie, determinate sulla base dei criteri fissati dalla Banca d'Italia, la disciplina delle «attività» e delle «operazioni di impiego e di raccolta» e della «competenza territoriale» con la conseguente abrogazione di tutte le norme che in proposito dettava il T.U. del 1937.

Nonostante la delegificazione così compiuta e la eliminazione dei vincoli legislativi che comprimevano la libertà operativa delle Casse rurali e artigiane, resta tuttavia innegabile che per le Banche di credito cooperativo si preveda una regolamentazione statutaria dell'attività, per di più vincolata dalle indicazioni dettate dalla Banca d'Italia, non richiesta alle altre categorie di banche.

Si tratta di una scelta che si giustifica probabilmente con il convincimento che per organismi tendenzialmente piccoli e numerosi come le Banche di credito cooperativo gli strumenti normali della vigilanza debbano essere integrati da più stringenti regole statutarie. Il loro significato, per altro, si può cogliere compiutamente soltanto se si ricordano i vincoli legislativi dei quali hanno preso il posto.

d) Anzitutto con riferimento alla individuazione statutaria della «competenza territoriale». Questa disposizione ha il proprio precedente nell'art. 21 del T.U. del 1937, che limitava «l'attività di ciascuna Cassa rurale e artigiana» «al territorio del Comune nel quale la Cassa ha sede», precisando che la stessa poteva tuttavia «essere autorizzata dall'organo di vigilanza ad operare in uno o più comuni limitrofi sempreché ivi non esistesse altra Cassa rurale ed artigiana ovvero questa fosse insufficiente ai bisogni locali».

La delimitazione territoriale dell'attività delle Casse rurali era originariamente connessa con la funzione di garante che le stesse svolgevano a favore dei propri soci, che richiedevano prestiti al sistema bancario, con la conseguente responsabilità illimitata di tutti i soci per le obbligazioni assunte da ciascuno di essi, e costituiva lo strumento indispensabile per consentire ai medesimi di conoscere l'affidabilità dei prestatari per l'esatto adempimento delle cui obbligazioni essi rispondevano[46].

A questa ratio se ne aggiunse probabilmente un'altra, nella legge del 1932, connessa alle caratteristiche proprie del credito agrario nella cui organizzazione, articolata per competenze territoriali, le Casse veni-

banche di credito cooperativo ad una operatività prevalente a favore di soggetti diversi dai soci, unicamente qualora sussistano ragioni di stabilità».

[46] È necessario in proposito ricordare che le Casse rurali furono all'origine anche, se non soprattutto, strumenti di garanzia collettiva, nel senso che le obbligazioni assunte da uno dei soci verso un istituto creditizio venivano garantite dagli altri soci. Solo successivamente cominciarono a raccogliere risparmio e ad erogare credito. Sul punto v. per tutti G. Marconi, *Casse di prestiti*, cit., p. 489 e G. Racugno, *Le responsabilità dei soci nelle cooperative*, Milano, Giuffrè, 1983, pp. 57 ss.

vano inserite. Ed alla stessa logica di articolazione territoriale applicata all'intero sistema creditizio si dovette ispirare il T.U. del 1937, nel conservare quella delimitazione.

Successivamente apparve chiaro che nessuna delle due motivazioni poteva giustificare adeguatamente la delimitazione territoriale dell'attività delle Casse. Si diffuse allora il convincimento che una delimitazione territoriale legislativa dell'attività delle Casse fosse connessa non con l'esercizio dell'impresa ma con la struttura cooperativa del soggetto. Più esattamente si sostenne che tale delimitazione era indispensabile per impedire che, con l'aumento delle dimensioni, venisse pregiudicato il sistema di democrazia diretta che caratterizzerebbe la gestione delle Casse[47].

Questo convincimento doveva fare i conti con i problemi di inefficienza determinati dalla limitata dimensione territoriale e li affrontava progettando e realizzando strutture di gruppo, che non solo avrebbero potuto conciliare le dimensioni limitate delle singole Casse con l'efficienza, ma avrebbero anche consentito di sposare quest'ultima con la democrazia del settore nel suo insieme[48]. Una siffatta giustificazione della delimitazione territoriale delle Casse non appare, in realtà, convincente.

La conduzione democratica di una qualsiasi attività diventa certamente più difficile con l'aumentare delle dimensioni della relativa struttura, ma il diritto della cooperazione non sembrava e non sembra avvertire questo pericolo, non ponendo limiti all'espansione territoriale dell'attività delle cooperative, e preoccupandosi, al più, di approntare le strutture organizzative (assemblee separate) indispensabili per raccogliere la volontà dei soci.

Le ragioni della delimitazione territoriale dell'attività delle Casse rurali e artigiane avrebbero potuto forse essere rintracciate nella loro natura di aziende di credito. Ma in questa prospettiva era incongruo che un vincolo territoriale alla operatività venisse fissato legislativamente e sulla base di criteri burocratici, anziché essere affidato all'autorità di vigilanza che avrebbe potuto determinarlo sulla base di canoni tecnico-economici attenti alle esigenze dell'impresa bancaria. Ed in questa direzione si è appunto mosso il T.U. del 1993 che ha eliminato il vincolo legislativo, rimettendo la determinazione dell'ambito territoriale dell'attività allo statuto, sia pure sulla base dei criteri fissati dalla Banca d'Italia. Questa, nell'individuare tale ambito, dovrà tener presente esclusivamente la necessità di garantire una gestione sana e prudente dell'impresa bancaria.

e) Oggetto di necessaria regolamentazione statutaria dovranno essere anche «le attività e le operazioni di impiego e di raccolta». Questa

[47] Cfr. F. Castiello, *op. cit.*, pp. 140 s.

[48] In questo senso tra i molti B. Carboni, *Struttura cooperativa e funzione mutualistica*, Teramo, Università G. D'Annunzio, 1979, p. 193; F. Castiello, *op. cit.*, pp. 140 ss.; E.M. Leo, *Considerazioni giuridiche sull'organizzazione di gruppo delle Casse rurali*, in «Cooperazione e credito», 1968, IV, p. 23.

norma ha preso il posto della disposizione del T.U. del 1937 che inibiva alle Casse di compiere operazioni diverse da quelle elencate negli artt. 17 e 18 del medesimo T.U., «salvo autorizzazione della Banca d'Italia» (cfr. art. 18, ult. comma). Alla tipizzazione legislativa delle singole operazioni, incompatibile con la elasticità della quale deve necessariamente godere l'attività d'impresa, potrà sostituirsi una disciplina statutaria che fissi criteri generali, senza pretendere d'imporre il «catalogo» delle operazioni bancarie che possono essere effettuate.

Per quanto concerne la raccolta del risparmio la nuova disciplina non dovrebbe comportare significative modificazioni nei confronti del regime precedente, dal momento che il T.U. del 1937 non dettava per le operazioni passive alcuna disciplina veramente limitatrice della libertà d'impresa.

f) Le differenze si colgono soprattutto sul piano delle operazioni attive per le quali il T.U. dettava una disciplina speciale molto articolata che poneva le Casse rurali e artigiane in una condizione, sotto questo profilo, molto diversa da quella delle altre aziende di credito.

Già abbiamo visto che per le Banche di credito cooperativo non vale la norma che imponeva alle Casse rurali e artigiane di impiegare le loro disponibilità prevalentemente in operazioni a favore di agricoltori e artigiani. Ma altri ed importanti erano i vincoli che concernevano i loro impieghi e dai quali saranno esonerate le Banche di credito cooperativo.

Anzitutto quelli fissati dall'art. 20, 3° comma del T.U. del 1937, a norma del quale le Casse dovevano «tenere costantemente investito in titoli [di Stato o garantiti dallo Stato, cartelle fondiarie o altri titoli ad esse equiparati per legge od obbligazioni o titoli emessi da istituti autorizzati per legge ad esercitare il credito agrario di miglioramento], valutati al valore corrente, almeno il 10% dell'ammontare dei depositi ricevuti se costituite sotto forma di società cooperative a responsabilità illimitata ed almeno il 20% dei detti depositi se costituite in forma di società cooperative a responsabilità limitata».

La norma è stata al centro di un vivacissimo dibattito soprattutto perché si è fatto perno su tale obbligo per giustificare l'esonero, sempre previsto dai provvedimenti delle autorità creditizie, delle Casse rurali e artigiane sia dall'obbligo del versamento in contanti della riserva obbligatoria sia dal vincolo di portafoglio[49]; postulando una identità di funzioni tra l'obbligo di investimenti in titoli previsto dalla norma sopra ricordata e l'obbligo della riserva obbligatoria[50]. Identità di funzioni in realtà inesistente.

Nonostante si sia sostenuto[51] che l'obbligo di investimenti in titoli

[49] Si vedano, ad es., la delibera del Comitato interministeriale per il credito e il risparmio, 23 dicembre 1982, in «Boll. della Banca d'Italia. Vigilanza sulle aziende di credito», 82, pp. 21 ss., e il Decreto del Ministro per il Tesoro 3 gennaio 1985, in «Boll. della Banca d'Italia. Vigilanza sulle aziende di credito», n. 91-92, p. 35.

[50] Così A. Senin, voce *Cassa rurale e artigiana*, in *Enc. dir.*, VI, Milano, Giuffrè, 1960, p. 449.

[51] R. Ronza, *Il movimento cooperativo in Italia: cenni sulla sua storia e sul suo attuale*

rappresentava lo strumento utilizzato per costringere le Casse rurali a finanziare coattivamente lo Stato, sembra corretto ritenere che tale obbligo fosse diretto a favorire la loro liquidità e la loro solvibilità e, quindi, in ultima analisi a tutelare il risparmio ed a garantire l'adempimento della funzione creditizia assegnata alle Casse medesime. La correttezza di questa impostazione emerge abbastanza compiutamente dal fatto che l'entità dell'investimento obbligatorio fosse più ridotto quando a tutela dei terzi interveniva anche la responsabilità personale ed illimitata dei soci della Cassa. Ma se questa era la ratio dell'obbligo di investimento in titoli, appare chiaro che lo stesso non poteva considerarsi fungibile con l'obbligo del versamento in contanti della riserva obbligatoria che costituisce ormai uno strumento esclusivamente di politica monetaria.

In ogni caso l'abrogazione del T.U. del 1937 ha cancellato anche l'art. 20, 3° e 4° comma, sgombrando il campo dall'equivoco che lo stesso alimentava in ordine all'esonero delle Casse dall'obbligo del versamento in contanti della riserva obbligatoria.

L'esonero della totalità delle Casse rurali ieri e delle Banche di credito cooperativo oggi, come categoria, dall'obbligo della riserva in contanti si giustifica solo ritenendo che le caratteristiche, che si riflettono automaticamente sul moltiplicatore del credito, della loro raccolta (depositi vincolati) e dei loro impieghi, siano tali da giustificare a parità di raccolta un trattamento differenziato sotto il profilo del controllo degli aggregati monetari e creditizi.

Ma sul punto è necessaria ancora una riflessione. Si è da più parti sostenuto che l'esonero delle Casse rurali e artigiane dall'obbligo di versare in contanti la riserva obbligatoria trovava la propria giustificazione nel potere-dovere delle autorità creditizie di favorire la mutualità senza scopi di speculazione privata realizzata dalle Casse rurali ed artigiane e, quindi, in ultima analisi, nell'art. 45 della Carta costituzionale e nell'obbligo che dallo stesso deriverebbe anche alle autorità creditizie di promuovere e favorire la cooperazione[52].

Ed è evidente che tale argomento potrebbe essere addotto anche per giustificare l'esonero delle Banche di credito cooperativo dall'obbligo di versare in contanti la riserva obbligatoria, almeno nell'ipotesi in cui le stesse siano rispettose dei requisiti mutualistici previsti dal D.L. 1577/1947.

Ma anche questa «giustificazione» non pare accettabile. Anzitutto non sembra che la stessa fosse alla base dei provvedimenti dell'autorità creditizia. Un esonero analogo a quello disposto per le Casse rurali era previsto anche per i Monti di credito di seconda categoria, per i quali non potevano essere invocate certamente ragioni di ordine mutualistico.

In ogni caso, se la ragione in concreto adottata fosse quella indica-

ruolo nell'economia italiana, in H. Desroche, *Il progetto cooperativo*, Milano, Jaca Book, 1980, p. 396.

[52] F. Capriglione, *Le Casse rurali in una prospettiva di riforma del sistema bancario*, in «Cooperazione di credito», 1983, p. 46.

ta, si dovrebbe dubitare della legittimità dei provvedimenti in esame. Abbiamo, infatti, già chiarito che la promozione della mutualità, ai sensi dell'art. 45 Cost., può essere perseguita nei limiti in cui la legge ordinaria la prevede, e questa, a sua volta, non può sacrificare beni che godano di una tutela costituzionale almeno pari a quella riservata alla cooperazione. Nel caso di specie l'art. 47 della Carta costituzionale impone alle autorità creditizie di assumere tutte le iniziative che attraverso la tutela del valore del metro monetario si traducano in una garanzia di conservazione del risparmio. In altri termini, la rinuncia a tutelare il metro monetario non potrebbe essere motivata assumendo che il relativo sacrificio è imposto dall'esigenza di promuovere ed incentivare le forme di cooperazione di credito a carattere mutualistico e senza scopi di speculazione privata.

L'esonero dall'obbligo del versamento in contanti della riserva obbligatoria può giustificarsi soltanto con riferimento alla limitata rilevanza dell'attività bancaria esercitata sotto il profilo della politica monetaria. E in questa prospettiva vengono in considerazione le caratteristiche di tale attività ed in particolare la dimensione della raccolta.

Ma, se questo è vero, possono essere sollevate dal suddetto obbligo soltanto le imprese bancarie che rimangono al di sotto di una soglia minima considerata rilevante, a prescindere dal modello organizzativo adottato dall'azienda e dal suo essere pubblica, lucrativa o mutualistica.

g) L'obbligo dell'investimento in titoli imposto dall'art. 20 del T.U. alle Casse rurali e artigiane venne addotto anche per giustificare il loro esonero dal vincolo di portafoglio; esonero sempre concesso dalle autorità creditizie.

Ed effettivamente qualche sovrapposizione funzionale tra i due vincoli poteva riscontrarsi, anche tenendo presente che il vincolo di portafoglio fu utilizzato soprattutto per assicurare la necessaria provvista agli istituti di medio termine, con particolare insistenza per quelli che erogavano finanziamenti all'agricoltura. Ma si trattava di una coincidenza meramente eventuale. In ogni caso l'abrogazione dell'art. 20 del T.U. pone oggi le Banche di credito cooperativo, nei confronti del vincolo di portafoglio del quale si dovesse constatare la legittimità, nella stessa condizione di tutte le altre banche.

5.4. Trasformazione e fusione (rinvio)

A norma dell'art. 30, 2° comma del T.U. del 1937 le Casse rurali e artigiane, anche se si trovavano in stato di liquidazione, non potevano essere incorporate da aziende di credito di «diversa natura», salvo casi particolari nell'interesse dei creditori e dietro autorizzazione degli organi di vigilanza.

La norma aveva sollevato gravi problemi interpretativi e provocato vivacissime discussioni. Quella norma è caduta con l'abrogazione del T.U. ed ora i problemi della trasformazione e della fusione delle Banche di credito cooperativo, debbono essere affrontati sulla base dell'art.

36, 1° comma del medesimo T.U.; a mente del quale «la Banca d'Italia, autorizza, nell'interesse dei creditori e ove sussistano ragioni di stabilità, fusioni tra banche di credito cooperativo e banche di diversa natura da cui risultino banche popolari o banche costituite in forma di società per azioni».

Dei problemi interpretativi e ricostruttivi posti da queste norme ci occuperemo nella parte dedicata alla concentrazione bancaria.

I crediti speciali

Capitolo 7

1. Banche, crediti speciali e crediti agevolati

a) Abbiamo già sottolineato il fittissimo intreccio fra disciplina dei crediti speciali e statuto degli enti creditizi deputati alla loro erogazione, che ha caratterizzato l'ordinamento bancario italiano dalla sua prima formazione fino all'attuazione della seconda direttiva comunitaria.

Normalmente il legislatore italiano, quando riteneva necessario introdurre qualche forma di credito speciale per consentire finanziamenti che le norme di diritto comune non garantivano, individuava anche gli enti creditizi ai quali veniva concessa la facoltà di porre in essere le relative operazioni di credito; talvolta venivano costituiti i singoli enti creditizi aventi come oggetto esclusivo il compimento di quelle operazioni, talvolta venivano create nuove categorie di enti con lo scopo di effettuare l'erogazione di particolari crediti speciali. E, come si è pure accennato, questo fenomeno caratterizzò soprattutto la categoria degli Istituti di credito, tanto da indurre la dottrina e le autorità di vigilanza a definirli, in realtà non correttamente, genericamente come Istituti di credito speciale. Divenne, perciò, sempre più difficile distinguere fra disciplina del soggetto e disciplina dell'attività, mentre cresceva, inevitabilmente, la segmentazione di quel settore del mercato bancario, caratterizzato da tante nicchie dalle quali soltanto alcuni soggetti potevano erogare crediti sottoposti ad una disciplina diversa da quella di diritto comune.

Su questa realtà si inseriva poi il fenomeno degli incentivi finanziari che accompagnavano normalmente i crediti speciali, creando un ulteriore intreccio fra crediti speciali e crediti agevolati e con l'attribuzione agli enti creditizi (e in particolare ai cosiddetti Istituti di credito speciale) di importanti funzioni nella gestione del rapporto di incentivazione (istruttoria per l'accesso alla sovvenzione e controllo sul rispetto delle condizioni e dei vincoli che accompagnavano l'erogazione di quest'ultima)[1].

[1] Per un quadro d'insieme sul punto si veda V. Pontolillo, *Il sistema di credito speciale in Italia*, Bologna, Il Mulino, 1980, pp. 77 ss.

Ed anche nella gestione delle incentivazioni finanziarie si erano venute creando situazioni di sostanziale monopolio che incidevano sull'efficienza degli enti creditizi e rendevano sempre più ambigua la loro posizione, in bilico fra la loro essenza di impresa bancaria e la crescente partecipazione a funzioni tipiche della pubblica amministrazione, esercitate per di più sotto l'influenza del potere politico che finiva così per condizionare profondamente l'intero settore dei crediti speciali[2].

Il «nuovo ordinamento bancario» ha sciolto l'intreccio fra statuto degli enti creditizi e crediti speciali ed ha posto le premesse per la costituzione di rapporti più trasparenti nella gestione dei crediti agevolati.

b) La separazione fra disciplina del soggetto erogatore e disciplina del credito speciale era già stata avviata, come si è ricordato, dal D.Lgt. 356/1990 per gli Istituti di credito pubblici che avessero assunto la forma della società per azioni: a norma dell'art. 18, 1° comma di quel provvedimento gli Istituti di credito speciale che si fossero «trasformati» in società per azioni avrebbero potuto esercitare ogni altra «attività a medio e lungo termine» e la massima parte dei crediti speciali era costituito da operazioni a medio e lungo termine.

Proseguendo sulla strada della progressiva despecializzazione operativa e in coincidenza con la eliminazione della distinzione fra aziende ed istituti, il D.Lgt. 481/1992 precisava (art. 6, 1° comma): «gli enti creditizi possono esercitare, quando lo statuto lo consenta, le attività di finanziamento disciplinate da leggi riguardanti determinati settori, categorie di istituti o singoli istituti di credito». Veniva così eliminata ogni connessione fra disciplina del soggetto e crediti speciali: questi potevano essere esercitati da tutti gli enti creditizi, anche se originariamente riservati «a categorie di istituti o singoli istituti di credito». Si trattava di una norma che tradiva, nel suo tenore letterale, la propria carica innovatrice nei confronti di un sistema che vedeva, appunto, un fortissimo legame fra disciplina dell'ente e disciplina speciale del rapporto.

Il T.U. non ha sentito il bisogno di riprodurla: di fronte ad un sistema ormai despecializzato sul piano operativo i crediti speciali rilevavano soltanto sotto il profilo della disciplina del rapporto. La capacità di ogni banca di erogarli discendeva *de plano* dalla possibilità alla stessa riconosciuta di esercitare qualunque «tipo» di credito e inoltre «ogni altra attività finanziaria» (art. 10, 3° comma); naturalmente l'esercizio di queste attività dovrà avvenire nel rispetto della «disciplina propria di ciascuna di esse» e fatte «salve le riserve di attività previste dalla legge». Ma la capacità di tutte le banche di esercitare i crediti speciali non discende soltanto da queste affermazioni di principio sul loro ambito operativo, ma anche dalla nuova disciplina che il T.U., come vedremo, ha dettato per i rapporti di credito speciale: le «operazioni di credito

[2] La letteratura, anche giuridica, sugli incentivi finanziari è ormai copiosissima. Ci sia consentito rinviare soltanto ai contributi raccolti in *Il finanziamento agevolato delle imprese. Problemi giuridici*, a cura di S. Mazzamuto, Milano, IPSOA, 1986 e *Problemi giuridici delle agevolazioni alle industrie*, a cura di R. Costi e M. Libertini, Milano, Giuffrè, 1982.

particolari» conservate in vita non vengono riservate a specifiche categorie di enti ma vengono consentite a tutte «le banche», senza discriminazione alcuna. E la eliminazione degli statuti soggettivi ha determinato anche la eliminazione di quei crediti speciali che venivano considerati tali solo per il fatto che potevano essere erogati soltanto da una specifica struttura erogatrice.

c) Il «nuovo ordinamento» è intervenuto, come si diceva, anche sull'intreccio fra banche e crediti agevolati ma non ha potuto, tuttavia, operare con l'esaustività con la quale ha inciso sul rapporto banche-crediti speciali. Le sovvenzioni pubbliche, in quanto tali, non costituiscono infatti parte integrante dell'ordinamento bancario, neppure quando si innestino su un rapporto di finanziamento. Si è dovuto, pertanto, limitare l'intervento al momento bancario del credito agevolato, preoccupandosi tuttavia di fissare alcune regole alle quali dovranno uniformarsi le banche e la pubblica amministrazione nella costituzione dei rapporti di incentivazione.

È stata eliminata anzitutto, la fortissima segmentazione che caratterizzava la erogazione dei crediti agevolati, stabilendo (cfr. art. 47 T.U.) che «tutte le banche possono erogare finanziamenti assistiti da agevolazioni previste dalle leggi vigenti, purché essi siano regolati da convenzione con l'amministrazione pubblica competente e rientrino tra le attività che le banche possono svolgere in via ordinaria». È stato, dunque, cancellato ogni monopolio nella erogazione del credito agevolato: tutte le banche, comprese quelle comunitarie e quelle extracomunitarie, potranno erogare crediti assistiti da incentivi pubblici alla sola condizione che le stesse possano erogare tali crediti anche in assenza di agevolazione e subordinatamente alla stipulazione di una convenzione con la pubblica amministrazione che eroga l'incentivo: convenzione che disciplini appunto i rapporti fra quest'ultima e la banca.

Nel momento in cui apre a tutte le banche l'accesso al credito agevolato, il T.U. si preoccupa di evitare che le stesse si avventurino in settori per i quali manchino della necessaria capacità operativa e lo fa imponendo un vincolo alla pubblica amministrazione: stabilisce infatti che «la scelta delle banche con cui stipulare la convenzione deve essere effettuata dall'amministrazione pubblica competente sulla base di criteri che tengano conto delle condizioni offerte e dell'adeguatezza della struttura tecnico-organizzativa ai fini della prestazione del servizio». Norma che in realtà protegge soprattutto l'interesse della pubblica amministrazione ad un efficiente impiego degli incentivi finanziari.

Come si è accennato, il T.U. rinuncia ad una disciplina del rapporto di incentivazione e in particolare rinuncia a fissare regole per quanto concerne i compiti delle banche nelle attività istruttorie che precedono la erogazione dell'incentivo e nell'attività di controllo sull'utilizzazione del credito agevolato. La definizione di tali compiti è rimessa alle convenzioni che dovranno intervenire fra la banca finanziatrice e la pubblica amministrazione erogatrice dell'incentivo. Il T.U. si preoccupa soltanto di precisare che «ai finanziamenti si applicano integralmente le disposizioni delle leggi di agevolazione, ivi comprese quelle relative alle misure fiscali e tariffarie e ai privilegi di procedura»[3].

Seguendo il «buon esempio» del T.U. non ci occuperemo, ovviamente, della miriade di leggi nazionali e regionali che prevedono agevolazioni per particolari rapporti di finanziamento; analizzeremo invece le norme che il T.U. ha conservato per «particolari operazioni di credito» ossia per i rapporti di credito speciale, preoccupandoci anche di illustrare la «storia» di questi crediti speciali, che hanno avuto un ruolo di grande rilievo nelle vicende economiche del nostro paese.

Prima di addentrarci in questo intricato capitolo del nostro ordinamento bancario, crediamo sia opportuna ancora qualche riflessione sui concetti di credito speciale e di credito agevolato dei quali ci siamo fin qui serviti.

c1) Sia la letteratura giuridica sia quella economica utilizzano normalmente l'espressione «credito speciale» ed alla stessa fanno ricorso anche le autorità creditizie. Il che accade nonostante la nozione di «credito speciale» non trovi esplicito accoglimento in alcuna norma del nostro ordinamento ed esistano una notevole incertezza e una grande approssimazione nell'individuare le caratteristiche che accomunano i vari tipi di credito che abitualmente vengono ricompresi nella categoria dei crediti speciali. Questa incertezza concettuale ha una notevole rilevanza sia sul piano interpretativo sia su quello delle scelte di politica legislativa. Può infatti accadere, ed è in concreto accaduto, che i caratteri tipici di una specie di finanziamenti vengano considerati in realtà propri di tutti i crediti speciali e se ne proponga quindi la estensione anche ad altre categorie di finanziamenti, provocando distorsioni non sempre consapevoli nella disciplina di questi ultimi, soprattutto per effetto delle suggestioni che l'espressione «crediti speciali» finisce per suscitare. Così l'aver applicato al «credito industriale» categorie concettuali (come il mutuo di scopo), sviluppatesi nell'ambito del credito agrario ha contribuito a formare una concezione ed un'applicazione distorte del credito all'industria; e la trasposizione di tali categorie concettuali dall'uno all'altro settore è stata facilitata dall'essere entrambe le categorie di crediti ricomprese nell'ambito dei crediti speciali.

In realtà l'espressione «credito speciale» non è in grado di individuare una categoria giuridica positivamente definita, essa si limita ad indicare in termini riassuntivi tutti i crediti sottoposti ad una disciplina diversa da quella di diritto comune. E quando si pensi che la introduzione dei vari tipi di crediti speciali costituisce la risposta data dall'ordinamento a specifiche esigenze di politica creditizia, appare abbastanza evidente che le relative discipline possono ben essere, come in realtà sono, molto diverse l'una dall'altra e solo incidentalmente potranno risultare coincidenti. Il che rende del tutto scettici sulla possibilità di attribuire all'espressione «credito speciale» un contenuto

[3] E questa norma, come vedremo, conserva in vita alcune discipline speciali per crediti necessariamente agevolati come quello alberghiero, e quello edilizio teatrale.

univoco e quindi la dignità di categoria giuridica con forza normativa[4].

Ed in effetti l'indagine che seguirà, attenta soprattutto alla dimensione storica dei crediti speciali, potrà facilmente dimostrare la impossibilità di individuare in positivo per tali forme di credito un contenuto unificante.

Così apparirà evidente l'impossibilità di considerare crediti speciali tutti e soli i finanziamenti a medio e lungo termine, ossia con durata superiore a dodici o a diciotto mesi, dal momento che sono numerose le ipotesi di crediti sicuramente speciali con scadenza inferiore (prestiti agrari, credito peschereccio d'esercizio, credito all'artigianato) e non mancano i casi di finanziamenti a medio termine operati dalle aziende di credito che nessuno pensa di considerare crediti speciali.

Ma se la specialità di un credito non può essere determinata in relazione al termine previsto per la sua restituzione, la stessa non può neppure essere affermata assumendo che tutti i crediti speciali danno vita a finanziamenti con scopo legale. Constateremo, infatti, che esistono finanziamenti, da tutti considerati speciali, come il credito fondiario, che non pretendono di essere destinati ad alcuno scopo predeterminato e che si caratterizzano, soprattutto, per le modalità tecniche dell'operazione e in particolare per le garanzie offerte a tutela dell'istituto mutuante. In realtà l'ordinamento positivo, come avremo modo di constatare, non solo si incarica di smentire le tesi avanzate per attribuire alla nozione di credito speciale un contenuto univoco e positivamente individuato, ma rende del tutto scettici sull'utilità di insistere in analoghi tentativi e conferma il convincimento che i crediti speciali si caratterizzano solo negativamente, in quanto sottoposti ad una disciplina diversa da quella di diritto comune.

c2) Per offrire un quadro realistico delle molteplici forme assunte dal credito agevolato sarebbe ovviamente necessaria un'analisi accurata della sterminata disciplina che regola il trasferimento di risorse pubbliche alle imprese in connessione con un rapporto di finanziamento; analisi evidentemente impossibile in questa sede. Ci accontenteremo perciò di fornire qualche precisazione in ordine alle forme di credito che vedono, accanto ad un rapporto di prestito fra una banca ed un imprenditore, la presenza di un rapporto di sovvenzione di natura amministrativa fra quest'ultimo e la pubblica amministrazione; sovvenzione rappresentata normalmente o da una garanzia prestata all'istituto mutuante a favore dell'imprenditore o dalla corresponsione di un contributo sugli interessi dovuti da quest'ultimo all'ente finanziatore[5].

La differenza evidente fra queste forme di credito agevolato e i cre-

[4] Sul punto R. Costi, *Crediti speciali. Disciplina sostanziale*, in *Enciclopedia giuridica Treccani*, vol. X, p. 16.

[5] Sul punto, oltre ai contributi raccolti nelle opere citate alla nota 2, si veda G. Fauceglia, *Il contratto di finanziamento assistito da agevolazione. Profili strutturali e funzionali*, Milano, Giuffrè, 1985; e P. Pollice, *Soggetto privato e ausilio finanziario pubblico*, Napoli, Jovene, 1984, e S. Mazzamuto, voce *Mutuo di scopo*, in *Enciclopedia giuridica Treccani*, pp. 1 ss., ove ulteriori citazioni.

diti speciali sta nel fatto che solo i primi presuppongono un intervento pubblico diretto a diminuire il prezzo di mercato del finanziamento, mentre i secondi in quanto tali implicano esclusivamente una particolare disciplina dell'operazione creditizia ma non anche il trasferimento alla collettività di una parte dell'onere del finanziamento. D'altro canto, l'erogazione di una sovvenzione pubblica può intervenire, nei confronti di particolari categorie di imprese, anche con riferimento a rapporti di credito ordinario. Si potrà pertanto avere sia un rapporto di credito speciale non agevolato sia un rapporto di credito ordinario agevolato, anche se normalmente l'agevolazione si accompagna ai crediti speciali e non a quelli ordinari.

Sia nel caso in cui la sovvenzione afferisca ad un rapporto di credito ordinario sia nell'ipotesi in cui acceda ad un credito speciale i rapporti di finanziamento (fra ente creditizio ed imprenditore) e di sovvenzione (fra ente pubblico e imprenditore) dovrebbero rimanere distinti rispondendo a logiche ed interessi diversi. Il primo è un rapporto d'impresa nel quale assumono rilevanza soltanto gli interessi essenzialmente privati dell'istituto mutuante e dell'imprenditore mutuatario, il secondo è un rapporto di rilevanza pubblica che trova la propria causa nell'interesse pubblico perseguito attraverso la sovvenzione e che dovrebbe pertanto essere affidato integralmente alla gestione dell'ente pubblico sovvenzionatore. Questa distinzione si era fortemente appannata come abbiamo già ricordato, nell'esperienza italiana, soprattutto negli anni sessanta e settanta. Quell'esperienza aveva infatti esaltato il ruolo degli Istituti di credito affidando loro sia l'attività istruttoria che precede l'erogazione della sovvenzione sia l'attività di controllo sulla conformità dell'impiego del finanziamento al programma che aveva giustificato l'erogazione della sovvenzione. Gli Istituti di credito erano venuti così assumendo funzioni tipiche della pubblica amministrazione, acquistando una rilevanza crescente nell'ambito della politica economica del paese, ma avevano anche adottato strutture e comportamenti di sapore burocratico che ne mortificavano la natura imprenditoriale.

Il «nuovo ordinamento» avrebbe dovuto separare nettamente il rapporto di finanziamento da quello di incentivazione conservando il primo alle banche e restituendo il secondo alla pubblica amministrazione[6]. Come abbiamo notato il T.U. non sceglie sul punto, rimettendo la disciplina del rapporto fra banca e pubblica amministrazione alle convenzioni che dovranno essere stipulate per la gestione degli incentivi.

d) Il T.U. non si è limitato ad eliminare (attraverso l'abrogazione delle relative discipline) gli statuti «speciali» previsti per gli enti che erogavano crediti speciali, ma ha svolto anche un'apprezzabile opera di semplificazione e coordinamento delle norme che regolavano questi ultimi; cercando così di eliminare le innumerevoli situazioni di ingiustifi-

[6] Sul punto R. Costi, *Programmazione regionale e credito agevolato nella legge di riconversione industriale*, in «Democrazia e diritto», 1978, pp. 597 ss. e A. Patroni Griffi, *Governo degli incentivi e istituti di credito speciale*, in *Problemi giuridici*, cit., pp. 174 ss.

cata disparità di trattamento fra tipi di finanziamento equivalenti che la stratificazione di un secolo di interventi normativi settoriali aveva determinato.

Il risultato di questo lavoro di semplificazione e razionalizzazione è raccolto nel capo VI del titolo II del T.U.; nella decina di articoli che lo compongono vengono dettate appunto le «norme relative a particolari operazioni di credito» ossia ciò che rimane delle molte leggi che disciplinavano i crediti speciali (come si è ricordato rimangono invece in vigore tutte le norme sui crediti agevolati).

I principali tipi di crediti speciali disegnati dal nostro ordinamento prima della semplificazione introdotta dal T.U. erano il credito fondiario, il credito agrario, il credito alle opere pubbliche, il credito alle imprese di pubblica utilità, il credito navale, il credito minerario, il credito alla cooperazione, il credito industriale, il credito alle piccole e medie imprese, il credito all'artigianato, il credito al commercio, il credito alberghiero, il credito sportivo, il credito peschereccio, il credito cinematografico, il credito all'esportazione e il credito su pegno[7].

Il T.U. ha conservato in vita soltanto: *a*) il credito fondiario; *b*) il credito alle opere pubbliche; *c*) il credito agrario; *d*) il credito peschereccio; *e*) il credito a medio e lungo termine alle imprese; *f*) il credito su pegno. Ha, per altro, dato vita ad un nuovo credito speciale: quello a medio e lungo termine alle imprese.

Appare evidente l'importanza dell'intervento semplificativo operato dal T.U. Dallo stesso non ci si può, tuttavia, render conto senza conoscere la realtà normativa sulla quale quell'intervento è stato effettuato. Nei paragrafi che seguono destinati all'analisi dei crediti speciali sopravvissuti (e alla loro storia) non potremo non dedicare qualche attenzione anche ai crediti speciali scomparsi.

2. Il credito fondiario

2.1. La nozione di credito fondiario

«Il credito fondiario ha per oggetto la concessione, da parte di banche, di finanziamenti a medio e lungo termine, garantiti da ipoteca di primo grado su immobili». Così l'art. 38, 1° comma del T.U. formula la «nozione di credito fondiario», o meglio la sua parte «legislativa». Il secondo comma dello stesso art. 38 precisa, infatti, che «la Banca d'Italia, in conformità delle deliberazioni del CICR, determina l'ammontare massimo dei finanziamenti, individuandolo in rapporto al valore dei beni ipotecati o al costo delle opere da eseguire sugli stessi, nonché le ipotesi

[7] Per un quadro di sintesi dei crediti speciali si veda A. Giannini, *I crediti speciali*, Milano, Giuffrè, 1960; F. Parrillo, *Il sistema dei crediti speciali*, Roma, Kappa, 1982, e M. Tondo, *I crediti speciali*, in *Enc. banca e borsa*, III, Roma, Milano, 1967; R. Costi, *Crediti speciali*, cit., pp. 2 ss. e, più recentemente, P. De Vecchis, *Crediti speciali*, in *Digesto della discipline pubbl.*, Torino, UTET, 1989, pp. 359 ss.

in cui la presenza di precedenti iscrizioni ipotecarie non impedisce la concessione dei finanziamenti». E non sembra dubbio che un finanziamento che non sia rispettoso dei vincoli posti dalla Banca d'Italia sulla base di questa seconda disposizione non possa considerarsi di credito fondiario e quindi non possa neppure avvalersi delle disposizioni (dettate dagli artt. 39-41) previste per la disciplina del relativo rapporto.

Ma questa disposizione, attributiva di potere definitorio della nozione di credito fondiario alle autorità creditizie, concorre anche sotto un diverso profilo a individuare tale nozione. Vi si prevede infatti che l'ammontare massimo del finanziamento che può essere concesso deve essere determinato o in rapporto al valore dei beni ipotecati «o al costo delle opere da eseguire sugli stessi», ossia il credito fondiario viene considerato anche come credito destinato alla esecuzione di opere sugli immobili. Ed è questo il punto di emersione più evidente del fatto che nel T.U. il credito fondiario (ricomprende anche e) si confonde con il credito edilizio, del quale il T.U. non conserva alcuna traccia considerandolo assorbito nella nozione di credito fondiario. Sollevando, per altro, alcuni problemi dei quali faremo cenno in seguito.

Questa constatazione ci impone di considerare insieme le vicende del credito fondiario e del credito edilizio, per poter cogliere meglio le tappe che hanno portato alla loro unificazione nell'ambito del T.U.

2.2. Credito fondiario e credito edilizio

a) Le storie del credito fondiario e del credito edilizio corrono per un lungo tratto distinte, anche se non mancano frequenti punti di contatto; si intersecano decisamente verso la fine degli anni quaranta; coincidono, ma solo sotto il profilo degli enti erogatori e della provvista, dalla metà degli anni settanta; finiscono per confluire in una sola nozione, quella di credito fondiario, nel T.U. del 1993[8].

b) La legge 24 giugno 1866, n. 2983, sul credito fondiario, disciplinò, per la prima volta nell'ordinamento italiano, un gruppo organico di operazioni di intermediazione finanziaria con regole diverse da quelle di diritto comune. E in questa ottica può essere condivisa l'affermazione, ricorrente ma non sempre consapevole, secondo la quale il credito fondiario costituì la prima ipotesi di credito speciale. Lo scopo perseguito da quella legge era la mobilizzazione della proprietà immobiliare, in quel periodo particolarmente «affamata di capitali» e la necessità di ricorrere ad una disciplina speciale nasceva dal convincimento che gli

[8] Sul credito fondiario ed il credito edilizio si veda P.L. Fabrizi, *Il credito fondiario ed il credito edilizio*, Milano, Angeli, 1977; L. Fiore, *Il credito edilizio*, Napoli, Giannini, 1968; V. Falaschi, voce *Credito edilizio*, in *Noviss. dig. it. App.*, Torino, UTET, 1982, p. 819; C. Moglie, *Credito fondiario ed edilizio*, Milano, Giuffrè, 1989; G. Murè, voce *Credito fondiario*, in *Enc. dir.*, Milano, Giuffrè, 1962, vol. XI, pp. 295 ss.; M. Onado, *Evoluzione del credito fondiario in Italia nel secondo dopoguerra*, Milano, Giuffrè, 1967, nonché i materiali raccolti in ABI, *Il credito fondiario ed edilizio nella legislazione vigente*, Bancaria, Roma 1987.

strumenti di diritto comune (ed in particolare il credito ipotecario) non erano in grado di far affluire ai proprietari di immobili i capitali dei quali avevano bisogno, o, in altri termini di conciliare le esigenze dei capitalisti (mutuanti) con quelle dei proprietari (mutuatari).

Questi ultimi chiedevano credito a durata protratta e ad un prezzo compatibile con la contenuta redditività della proprietà immobiliare (dalla quale per ipotesi avrebbero dovuto trarre i mezzi per la restituzione di quanto ricevuto), esigenza non conciliabile sul piano del diritto comune con quelle di sicurezza, mobilizzabilità e remunerazione fatte valere dai risparmiatori per il proprio «investimento».

L'ordinamento intervenne, allora, per tentare di conciliare le esigenze degli uni con quelle degli altri, ma senza addossare alla pubblica amministrazione la funzione intermediatrice, o, quanto meno, una parte del prezzo chiesto dai risparmiatori attraverso il pagamento di una parte degli interessi, come era avvenuto in altre esperienze e come era stato proposto anche per il nostro paese (se non attraverso facilitazioni di ordine fiscale: si veda la legge 22 dicembre 1905, n. 492, modificata con legge 22 dicembre 1907, n. 704).

Lo Stato preferì, infatti, introdurre nuovi strumenti tecnici per le operazioni sia di provvista sia di erogazione del credito e stabilire un particolare statuto per gli intermediari autorizzati a compiere tali operazioni: interventi che indirettamente avrebbero dovuto consentire l'afflusso di capitali alla proprietà a prezzi compatibili con la capacità di reddito di quest'ultima, diminuendo «l'onere» al quale erano esposti i risparmiatori mutuanti.

Così per dare la possibilità a questi di mobilizzare i loro crediti venne consentita la incorporazione dei medesimi in titoli di credito (cartelle fondiarie) dotati di particolari prerogative, e per renderne più sicuro il soddisfacimento si stabilì che gli stessi fossero garantiti dall'insieme delle garanzie ipotecarie (considerate necessarie per l'erogazione del credito) accese sui beni dei mutuatari, riconoscendosi nello stesso tempo agli Istituti che dovevano svolgere l'attività di intermediazione una serie di privilegi di ordine sostanziale e processuale, capaci di facilitare la restituzione puntuale delle somme date a mutuo e, quindi, il rimborso delle cartelle[9].

Nello stesso tempo veniva introdotta una nuova forma tecnica di erogazione del credito, solo nominalmente riconducibile al contratto di mutuo ed articolata su due atti distinti (contratto condizionato e contratto definitivo), con la previsione di un piano di ammortamento che fissava, anche nell'interesse del mutuante, i tempi della restituzione della somma mutuata (tempi coincidenti con quelli dell'ammortamento della provvista), senza per altro, porre alcun vincolo per quanto concerneva l'impiego delle somme stesse.

Il legislatore del 1866 non si limitò, tuttavia, a prevedere una disci-

[9] Sul punto si veda G. Oppo, *Il privilegio del credito fondiario*, oggi in «Riv. dir. civ.», 1983, II, pp. 397 ss.

plina particolare per le operazioni di credito fondiario, ma ritenne opportuno predisporre uno statuto speciale anche per i soggetti destinati ad effettuare quelle operazioni di intermediazione ed una disciplina del mercato sottoposto ad un regime di concorrenza amministrata. In un sistema di diritto comune che non prevedeva alcuna disciplina particolare per le imprese bancarie (se si esclude quella marginale di cui all'art. 177 Cod. comm.) si stabilì che le operazioni di credito fondiario potevano essere compiute solo da enti allo scopo autorizzati (nella massima parte enti pubblici che non perseguivano scopi di lucro), si fissarono limiti territoriali e gestionali alla operatività di questi ultimi e si sottopose la loro attività a vigilanza governativa, con lo scopo di assicurarne la solvibilità e la liquidità.

La specialità del credito fondiario risiedeva, dunque, nella disciplina prevista per le operazioni di provvista e di erogazione del credito per i soggetti deputati ad effettuarle e, più in generale, per la struttura del mercato nel quale questi ultimi erano chiamati ad operare.

Le considerazioni appena svolte consentono di precisare che, per quanto concerne il credito fondiario, l'intervento dello Stato non significò né la sospensione del mercato né la presenza dello Stato nel mercato, ma più semplicemente la predisposizione di strumenti giuridici idonei a facilitare su di un mercato controllato l'incontro tra l'offerta di risparmio e la domanda di credito della proprietà fondiaria.

Questo modello, già delineato nella legge del 1866, trovò una più organica sistemazione nel T.U. sul credito fondiario approvato con R.D. 16 luglio 1905, n. 646, e nel relativo regolamento (R.D. 5 maggio 1910, n. 472); norme che disciplinarono la vita del credito fondiario fino alla riforma realizzata con i provvedimenti che, alla metà degli anni settanta, modificarono radicalmente l'ordinamento del credito fondiario e anche i rapporti tra lo stesso ed il credito edilizio. Ma prima di prendere in esame questa nuova disciplina è bene tratteggiare brevemente anche la storia del credito edilizio, prendendo spunto proprio da una caratteristica che ha contraddistinto a lungo il credito fondiario.

c) A norma dell'art. 6 R.D. 5 maggio 1910, n. 472, infatti «gli istituti e le società di credito fondiario non potevano prestare che sopra immobili capaci di dare un reddito riconosciuto dall'Istituto [...] mutuante certo e durevole per tutto il tempo del mutuo e superiore all'annualità dovuta dal mutuatario».

La norma, posta ancora una volta a tutela dei risparmiatori, imponeva dunque di limitare il finanziamento fondiario ai mutuatari che potessero offrire in garanzia un immobile «in reddito». Questa limitazione precludeva al credito fondiario la possibilità di porsi come strumento naturale per il finanziamento dell'attività edilizia; attività che, dal canto suo, non riusciva a ricevere un adeguato flusso di finanziamenti sulla base del diritto comune. Le ragioni della inadeguatezza delle norme di diritto comune erano sostanzialmente analoghe a quelle che avevano giustificato la nascita del credito fondiario. La domanda di abitazioni tendeva, naturalmente, a crescere in misura particolarmente accentuata con lo sviluppo degli agglomerati urbani e con il pur limitato miglioramento delle condizioni di vita; la costruzione delle abitazioni, tuttavia, richiedeva investimenti di lungo periodo, non facilmente conciliabili con le preferenze del risparmiatore ed il loro interesse ad impieghi del risparmio dotati di adeguata sicurezza e di pronta liquidabilità.

L'intervento dello Stato fu, pertanto, inevitabile e si espresse non solo con un intervento diretto nella costruzione di nuove abitazioni non di lusso ma anche attraverso una serie di interventi volti ad organizzare il credito edilizio, ossia il credito destinato alla costruzione, ricostruzione, riparazione ed acquisto di abitazioni «popolari ed economiche», prevedendo una serie di incentivazioni finanziarie e fiscali per ridurre il costo del finanziamento. Dal nostro esame restano esclusi tutti gli interventi di agevolazione pubblica che, numerosissimi, hanno accompagnato lo sviluppo del credito edilizio; ci limiteremo a rilevare in proposito che, a differenza di quanto abbiamo constatato per il credito fondiario, nell'ambito del credito edilizio ha sempre avuto un ruolo notevole anche l'assunzione, da parte della pubblica amministrazione, di una frazione del costo del danaro (con la conseguente alterazione delle condizioni di mercato) attraverso la corresponsione di contributi in conto interessi.

Il provvedimento al quale si fa risalire abitualmente la nascita del credito edilizio è la legge 31 maggio 1903, n. 254, la quale ampliava la capacità operativa di una serie di enti creditizi, assicurativi e di beneficenza consentendo loro di erogare «prestiti a società cooperative per la costituzione e l'acquisto di case popolari». Ma questa norma, come anche il successivo testo unico «sulle case popolari e economiche» del 1908 (R.D. 27 febbraio 1908, n. 89), non disegnava un'autonoma organizzazione del credito edilizio e una disciplina generale per la sua erogazione[10].

Solo negli anni venti si creano e si disciplinano enti speciali per la erogazione del credito edilizio e si determinano le modalità delle operazioni sia di raccolta sia di impiego. Così il R.D.L. 2 maggio 1920, n. 628, prevede la nascita di un Istituto nazionale di credito edilizio (costituito il 9 gennaio 1925 e autorizzato all'esercizio del credito edilizio con R.D. 23 ottobre 1925, n. 2063) e il D.Lgs.Lgt. 23 marzo 1919, n. 455, autorizza la creazione presso l'Istituto nazionale di credito per la cooperazione (poi Banca Nazionale del Lavoro) di una sezione autonoma per il credito edilizio.

Il modello al quale ci si ispira nelle grandi linee è quello già sperimentato per il credito fondiario, come è reso evidente anche dal fatto che ad integrazione della disciplina dettata per il credito edilizio si richiamano le norme che regolano il credito fondiario. Il che avviene, in particolare, per la provvista, realizzata attraverso la emissione di «cartelle edilizie» che godono di tutti i privilegi concessi alle cartelle fondiarie, anche per quanto riguarda la garanzia del rimborso. Sotto il profilo degli impieghi sono, invece, evidenti le differenze nei confronti del cre-

[10] Cfr. N. Garrone, *Istituti speciali di credito*, Milano, Vallardi, 1942, pp. 448 ss.

dito fondiario; differenze che riflettono le esigenze che avevano giustificato la introduzione stessa di questo nuovo tipo di credito speciale. Così si precisa (artt. 2 e 7 del R.D.L. 2 maggio 1920, n. 698) che i mutui edilizi possono essere concessi «esclusivamente per la costruzione di case di abitazione, eccettuate quelle di lusso, dando la preferenza alle imprese costruttrici o a gruppi di famiglie che, con metodi cooperativi o in altra opportuna forma, abbiano per scopo di rendere proprietari di un appartamento i propri componenti o di concedere alloggi ad equo fitto» o «per la trasformazione o l'ampliamento di case di abitazione escluse quelle di lusso, riconosciute inadatte o antigieniche». Anche la forma tecnica dell'impiego viene modificata: non si richiede più che l'immobile ipotecando sia in reddito e si prevede la erogazione del finanziamento mediante versamento in conto corrente destinato a trasformarsi in un'operazione di mutuo ammortizzabile solo a compimento dell'opera finanziata (art. 5, del R.D.L. 2 maggio 1920, n. 698, cit.).

Dunque, una disciplina delle operazioni di impiego profondamente diversa da quella di credito fondiario ed anzi, talvolta si ha cura di precisare che all'ente autorizzato ad erogare credito edilizio «è vietato di compiere operazioni proprie di credito fondiario» (art. 2 del R.D.L. 698/1920).

Questa reciproca autonomia si incrina profondamente di fronte alle esigenze finanziarie della ricostruzione del patrimonio edilizio del secondo dopoguerra e a causa della incapacità degli enti specializzati nell'erogazione di credito edilizio di farvi fronte. Così, sulla scia di un provvedimento speciale assunto già nel 1947 (D.Lgs. C.P.S. 10 aprile 1947, n. 261) con la legge 29 luglio 1949, n. 475, si stabiliva che «gli istituti autorizzati all'esercizio del credito fondiario possono ... concedere in deroga alle vigenti disposizioni legislative e statutarie, anche mutui destinati alla costruzione, ricostruzione, trasformazione e sopraelevazione di edifici ad uso prevalentemente di abitazioni non di lusso» (art. 3).

Questa norma ed il mancato rinnovo dell'autorizzazione all'Istituto nazionale di credito edilizio ad emettere cartelle edilizie hanno fatto sì che a partire dal secondo dopoguerra, gli Istituti di credito fondiario erogassero anche la massima parte del credito edilizio, realizzando una sostanziale unificazione tra credito fondiario e credito edilizio, almeno per quanto concerne gli enti erogatori dei finanziamenti.

Questo fenomeno, in concomitanza con lo sviluppo del credito agrario di miglioramento che veniva sempre più coprendo le esigenze di finanziamento a medio e lungo termine dell'agricoltura, ha spinto decisamente gli Istituti di credito fondiario verso una specializzazione di fatto in finanziamenti su immobili urbani ma non ha cancellato la distinzione tra credito fondiario e credito edilizio.

È ben vero, infatti, che gli Istituti di credito fondiario, che nello stesso periodo andavano aumentando di numero e vedevano ampliata la loro competenza territoriale, esercitavano sia il credito fondiario sia il credito edilizio, ma queste due attività, tuttavia, rimanevano, almeno sotto il profilo giuridico, nettamente separate; le provviste erano autonome (e realizzate rispettivamente con le cartelle fondiarie e con quelle edilizie) ed autonome e diverse rimanevano le discipline degli impieghi.

d) Secondo questo modello si sono svolti i rapporti tra credito fondiario e credito edilizio fino alla riforma introdotta con l'art. 11 della legge 16 ottobre 1975, n. 492, e, soprattutto, con il D.P.R. 21 gennaio 1976, n. 7, emanato in adempimento della delega conferita al Governo dall'art. 2 della stessa legge 492/1975.

Queste norme innovarono profondamente sia la disciplina del credito fondiario sia quella del credito edilizio, modificando anche radicalmente il rapporto tra queste due forme di credito speciale. Il cardine logico della riforma stava nell'art. 11 della legge 492/1975 che autorizzava gli Istituti e le Sezioni di credito fondiario ed edilizio, al fine di procurarsi i mezzi finanziari occorrenti all'esercizio della loro attività, ad effettuare le operazioni di provvista sul mercato dei titoli a reddito fisso mediante l'emissione di obbligazioni con la preventiva approvazione dell'organo di vigilanza (ai sensi dell'art. 44 della legge bancaria).

Come si è ricordato, sia il credito fondiario sia il credito edilizio erano caratterizzati da una rigida correlazione tra operazioni di provvista ed operazioni di impiego, ossia tra emissione delle cartelle, sia fondiarie sia edilizie, e finanziamenti fondiari ed edilizi, rispettivamente erogati. Ogni operazione di impiego trovava la propria corrispondenza in una singola operazione di provvista, fino ad individuare per ogni mutuo le cartelle fondiarie od edilizie emesse, con la indicazione delle garanzie ipotecarie che ne tutelavano il rimborso.

La corrispondenza fra operazioni passive ed operazioni attive, che si estendeva anche ai tempi dell'ammortamento e al tasso dei relativi interessi, comportava che nel concetto stesso di credito fondiario e di credito edilizio fossero ricomprese non solo le caratteristiche dell'impiego, ma anche quelle della raccolta, come dimostra il fatto che le relative definizioni erano imperniate proprio sulla emissione delle «cartelle», fossero poi esse fondiarie od edilizie. E ciò a differenza di quanto accadeva per gli altri tipi di credito speciale, individuati normalmente senza far riferimento alle operazioni di provvista.

Il sistema risultava radicalmente modificato dalla legge del 1975: questa separava le operazioni di provvista da quelle di erogazione, consentendo agli enti erogatori di raccogliere quando lo ritenevano più opportuno i mezzi necessari per la propria attività, disancorando i tempi e i modi della provvista da quelli dell'impiego; tempi e modi, quindi, rilevanti soltanto come criterio gestionale diretto ad evitare squilibri finanziari, ma non più come vincolo giuridico per le operazioni di impiego. Con la riforma del 1976, in realtà, non veniva meno soltanto la correlazione tra operazioni passive ed operazioni attive, ma scompariva anche, con le relative denominazioni (cartelle fondiarie ed edilizie), la distinzione tra la provvista destinata agli impieghi fondiari e quella destinata agli impieghi edilizi con la conseguente espulsione dalle relative nozioni delle caratteristiche relative alla provvista. La emissione delle obbligazioni serviva ad alimentare in modo indifferenziato la provvista degli Istituti (ora di credito fondiario ed edilizio) e le nozioni di credito fondiario e di credito edilizio potevano essere separate soltanto facendo riferimento alle caratteristiche delle operazioni di impiego.

In proposito si deve rilevare che la riforma del 1976 ha inciso sull'ambito operativo del credito fondiario, dal momento che non richiedeva più che l'immobile sul quale si accendeva la garanzia ipotecaria fosse «in reddito». L'art. 2 del decreto 21 gennaio 1976 si limitava a pretendere che il mutuo fondiario fosse garantito da prima ipoteca su immobili, il cui valore cauzionale fosse almeno doppio della somma erogata, e che la restituzione fosse prevista sulla base di un piano di ammortamento rateale non inferiore a 10 e non superiore a 25 anni. La nozione di credito fondiario si caratterizzava dunque, esclusivamente per il tipo di garanzia che vi si accompagnava, per la tecnica di erogazione e di restituzione e per la durata dell'impiego.

Il successivo art. 23 dello stesso decreto considerava, invece, operazioni di credito edilizio «i mutui e le anticipazioni destinati alla costruzione, ricostruzione, riparazione, trasformazione e sopraelevazione di edifici ad uso prevalente di abitazione non di lusso». La stessa norma prevedeva poi un diverso rapporto tra somma mutuabile e entità della garanzia e una diversa tecnica di erogazione (consentendo anche l'anticipazione in conto corrente).

Come si può notare il credito edilizio rimaneva un credito di scopo e conservava una disciplina distinta anche sotto il profilo della tecnica operativa nei confronti del credito fondiario. Né si può dire che questa distinzione fosse priva di significato giuridico, essendo ben nota la rilevanza che sulla disciplina del contratto e del rapporto assume la presenza di uno scopo legale nell'ambito di una operazione di finanziamento[11]. Sembra, dunque, possibile concludere che anche dopo l'unificazione soggettiva realizzata dalla riforma del 1976 e pur essendo in parte mutati gli elementi differenziatori, la distinzione tra credito fondiario e credito edilizio rimaneva e faceva perno, soprattutto, sulla esistenza in questo secondo di un vincolo di destinazione, assente nel primo; vincolo che incideva anche sulle modalità che la legge imponeva per la erogazione relativa.

e) La distinzione fra credito fondiario e credito edilizio non venne cancellata neppure dalla legge 6 giugno 1991, n. 175, che introduceva una generale «revisione della normativa in materia di credito fondiario, edilizio e alle opere pubbliche». A norma infatti dell'art. 9, 1° comma di questa legge il credito edilizio aveva «per oggetto la concessione di mutui ed anticipazioni garantiti da ipoteca destinati alla costruzione, ricostruzione, riparazione, trasformazione, sopraelevazione e recupero di immobili», mentre nessuna destinazione particolare era prevista per il credito fondiario.

È, per altro vero che, da un lato, la specificità dello scopo del credi-

[11] Sul mutuo di scopo si vedano per tutti M. Fragali, *Il mutuo di scopo*, in «Banca borsa e tit. cred.», 1961, I, pp. 471 ss.; V. Allegri, *Credito di scopo e finanziamento bancario delle imprese*, Milano, Giuffrè, 1984, e A. Zimatore, *Il mutuo di scopo. Problemi generali*, Padova, CEDAM, 1985, pp. 18 ss.

to edilizio si appannava (non più opere su «edifici ad uso prevalente di abitazione non di lusso» ma opere su «immobili») e, dall'altro, le modalità operative tipiche del credito edilizio (anticipazione) venivano estese anche al credito fondiario. Si creavano così le premesse per la unificazione realizzata dal T.U. attraverso la «eliminazione» del credito edilizio, almeno come credito speciale legislativamente tipizzato. E quest'ultima cautela è d'obbligo, in quanto sembra abbastanza probabile che lo stesso riemerga come una sottospecie del credito fondiario, individuata dalla determinazione che la Banca d'Italia assumerà ai sensi dell'art. 38, 2° comma del T.U. sopra riprodotto. Potremo così avere un credito fondiario senza alcun vincolo di scopo e un credito fondiario che conserva gli scopi tipici del credito edilizio. Distinzione non priva di significato sul piano normativo, determinandosi nel caso del credito fondiario con vincolo di scopo[12] l'applicazione dei principi che reggono i mutui di scopo; quella distinzione non incide per altro sull'applicazione delle norme dettate dagli artt. 39-41 del T.U., norme che individuano i cosiddetti privilegi di procedura del credito fondiario[13].

[12] Come noto la proposta di direttiva sul credito fondiario definisce (art. 1) il credito fondiario come il credito che consiste «nel concedere mutui garantiti da ipoteca su proprietà immobiliari destinati all'acquisto o alla conservazione della proprietà di terreni edificabili o di immobili esistenti o in progetto, ovvero destinati al rinnovo o al miglioramento di immobili». Lo considera dunque un mutuo di scopo. Sul punto v. S. Bonfatti, *La proposta di direttiva CEE sul credito fondiario nel quadro della integrazione comunitaria in campo finanziario*», in «Dir. banca e mercato finanziario», 1987, 1, pp. 475 ss.

[13] Venivano ricondotti nell'ambito del credito immobiliare, al pari del credito fondiario ed edilizio, il credito alberghiero e turistico, il credito edilizio teatrale e il credito per gli impianti sportivi. Essi non appaiono più nell'ambito dei crediti speciali o perché necessariamente agevolati, come il credito edilizio teatrale ed il credito alberghiero e turistico i quali sopravvivono dunque nella disciplina della relativa legge di incentivazione o perché la loro specialità consisteva nella creazione di un specifica struttura erogatrice come il credito per gli impianti sportivi. Sugli stessi forniremo tuttavia qualche cenno, proprio allo scopo di sottolineare le «distinzioni» appena formulate. *a*) Il credito alberghiero e turistico ricomprende i finanziamenti destinati a favore di chi «intende costruire ricostruire ed arredare, ampliare o migliorare alberghi stabilimenti idro-termali e balneari, locali e impianti in genere che costituiscono coefficienti per l'incremento turistico» (così il R.D.L. 12 agosto 1937, n. 1561) e, comunque, tutte le opere utili per conseguire «gli obiettivi di razionalizzazione e di equilibrato sviluppo territoriale e settoriale della ricettività alberghiera e turistica» (art. 1 della legge 12 marzo 1968, n. 326). Il credito alberghiero, pur potendo per alcuni profili essere avvicinato al credito fondiario e per altri al credito edilizio, non ha mai avuto una specifica disciplina per quanto concerne la provvista, e ciò a differenza sia del primo sia del secondo. L'organizzazione degli enti erogatori ha subito uno sviluppo abbastanza simile a quello del credito edilizio: la sua erogazione, infatti, fu in un primo tempo attribuita esclusivamente ad un ente specializzato (la Sezione autonoma per l'esercizio del credito alberghiero e turistico, costituita presso la Banca Nazionale del Lavoro in forza dell'autorizzazione contenuta nella legge 12 agosto 1937, n. 1561) e poi venne consentita ad un numero crescente di Istituti di credito (si veda l'art. 4 della legge 12 marzo 1968, n. 326). Prima dell'entrata in vigore del T.U. il credito alberghiero e turistico poteva, dunque, essere considerato speciale soprattutto in considerazione della specialità degli enti deputati alla sua erogazione dal momento che la disciplina del rapporto non presentava alcuna specificità. Si trattava inoltre di un credito speciale necessariamente agevolato. Le varie norme che si so-

2.3. I privilegi del credito fondiario

a) Come abbiamo a suo tempo ricordato le condizioni di favore riconosciute originariamente ai crediti derivanti da finanziamenti fondiari trovavano la propria giustificazione nella ferrea connessione fra operazioni di impiego e operazioni di provvista e nella necessità di assicurare, ai risparmiatori che fornivano quest'ultima, sicurezza e tempestività nei rimborsi attraverso la sicurezza e la tempestività della restituzione delle somme date a mutuo. Di qui la giustificazione delle notevoli deroghe alla *par condicio creditorum* introdotte dalla legislazione sul credito fondiario e in particolare dal T.U. del 1905. Ma come abbiamo constatato quella connessione fra provvista e impieghi è venuta meno con la riforma del 1976 e non è più stata ricreata. I privilegi di procedura del credito fondiario sono stati conservati, tuttavia, anche dopo quella riforma e gli enti specializzati nella erogazione dei relativi finanziamenti hanno potuto continuare ad usufruirne, sia pure nel quadro di una crescente insofferenza della giurisprudenza nei confronti di lesioni alla *par condicio* difficilmente giustificabili. Neppure il T.U. del 1993 ha saputo

no succedute nel disciplinare tale forma di credito prevedono come momento essenziale del rapporto di mutuo la corresponsione di un contributo in conto interessi con la precisazione (si veda l'art. 14 della legge 326/1968) che tali contributi possono essere concessi solo per le operazioni effettuate ad un tasso di interesse non superiore a quello determinato dal Ministro per il Tesoro. Dopo che il T.U. ha consentito la sua erogazione da parte di qualunque banca, il credito alberghiero e turistico ha cessato di essere un credito speciale per rimanere un credito ordinario agevolato, la cui disciplina particolare è tutta nella legge d'incentivazione. *b*) Una vicenda analoga ha vissuto il credito edilizio teatrale. Il R.D.L. 16 gennaio 1938, n. 1150, e la successiva legge 4 aprile 1940, n. 4436, prevedevano la erogazione di mutui a favore dei comuni, e, più in generale, a favore di una serie predeterminata di enti anche privati senza scopo di lucro, per la costruzione o il rinnovamento di stabili adibiti ad uso teatrale. All'erogazione di questi finanziamenti veniva deputata solo la Sezione autonoma di credito fondiario della Banca Nazionale del Lavoro e la relativa raccolta veniva effettuata con la emissione di obbligazioni equiparate alle cartelle fondiarie e come queste collegate alla erogazione dei mutui e assistite dalle stesse garanzie assunte a carico dei mutuatari. Ed in ciò consisteva la specialità di questo tipo di credito, dal momento che il rapporto era rimesso al diritto comune, anche se necessariamente assistito da agevolazione pubblica (cfr. art. 5 del R.D.L. 1150/1938). Con la specialità del soggetto erogatore è caduta anche la specialità del credito, da considerarsi un credito ordinario agevolato. *c*) Il credito per gli impianti sportivi fu introdotto con la legge 24 dicembre 1957, n. 1225, che regolò appunto il credito «a favore di enti pubblici locali e di altri enti pubblici che, in base a progetti approvati dal CONI intendano, costruire, ampliare, attrezzare e migliorare impianti sportivi». La stessa legge costituiva l'Istituto di credito sportivo, ente di diritto pubblico il cui statuto fu approvato con D.M. 2 novembre 1959, al quale venne attribuita la doppia funzione di ente creditizio deputato alla erogazione dei finanziamenti a medio e lungo termine e di organo di gestione degli incentivi finanziari erogabili sui finanziamenti concessi da altre aziende di credito. L'Istituto di credito sportivo non era, tuttavia, l'unico ente autorizzato ad erogare tale tipo di finanziamento: a norma dell'art. 5 della già ricordata legge n. 1295/1957, potevano farlo anche le aziende di credito. La specialità del credito consisteva esclusivamente nella specificità della struttura erogatoria, anche se l'Istituto non aveva il monopolio della stessa. Tale specialità è sicuramente caduta con il T.U. La disciplina del credito sportivo è oggi esclusivamente una disciplina delle relative agevolazioni.

eliminarli, pur avendo reciso ogni connessione fra provvista e impieghi fondiari, nel momento in cui ha esteso a tutte le banche la possibilità di esercitare il credito fondiario. Sotto questo profilo anzi si può dire che, nel momento in cui ha aperto a tutte le banche la possibilità di porre in essere rapporti di credito fondiario, il T.U. ha esteso l'ambito dei soggetti che possono avvalersi di quei privilegi, divenuti momenti della disciplina oggettiva del rapporto ed utilizzabili da tutte le banche senza le discriminazioni soggettive che caratterizzavano il regime precedente.

Il T.U. ha effettuato, tuttavia, un'opera di ammodernamento e di semplificazione di quei privilegi sulla scia dell'orientamento giurisprudenziale che aveva rilevato la difficoltà di conciliare la conservazione di alcuni di essi con principi costituzionalmente protetti di parità di trattamento (art. 3) e del diritto di difesa (art. 24). Si è così realizzato un ridimensionamento degli stessi; resta la difficoltà di giustificarne la sopravvivenza, anche perché alcuni, come l'esonero dalla revocatoria fallimentare, sembrano proprio contraddire la funzione tipica delle banche: valutare singolarmente il merito di credito degli affidati. Ma, probabilmente, una revisione sarebbe stata possibile solo nell'ambito di un ripensamento generale della *par condicio* dei creditori in presenza della crisi d'impresa; ripensamento che non era consentito al T.U. sul credito[14].

I «privilegi» salvati dal T.U. concernono il regime delle ipoteche accese a garanzia della restituzione del finanziamento (art. 39), l'estinzione anticipata e la risoluzione del rapporto (art. 40) ed il procedimento esecutivo (art. 41). Degli stessi daremo qui di seguito un quadro istituzionale senza ricordare i molti problemi che la loro disciplina precedente aveva sollevato e che il T.U. ha cercato di risolvere.

b) La disciplina dettata dall'art. 39 del T.U. per le ipoteche di credito fondiario introduce deroghe al diritto comune delle ipoteche con riferimento ai seguenti punti: *a*) iscrizione dell'ipoteca; *b*) annotazione delle variazioni del credito; *c*) individuazione del tetto ipotecario in presenza di clausole di indicizzazione; *d*) esonero dalla revocatoria fallimentare; *e*) riduzione, e *f*) frazionabilità dell'ipoteca; *g*) oneri notarili e di iscrizione della garanzia ipotecaria. Così *a*) in deroga all'art. 2839, n. 2 Cod. civ., che impone al richiedente la iscrizione di indicare nella relativa nota «il domicilio eletto dal creditore nella circoscrizione del tribunale in cui ha sede l'ufficio dei registri immobiliari», le banche «ai fini dell'iscrizione ipotecaria» di credito fondiario «possono eleggere domicilio presso la propria sede», anche quando la stessa non si trovi nell'ambito della circoscrizione del tribunale nel quale è l'ufficio dei registri immobiliari; *b*) in deroga all'art. 2855 Cod. civ., che prevede la enunciazione della «misura» degli interessi in sede di iscrizione, impedendo che la stessa venga determinata attraverso una successiva anno-

[14] Ma vedi le riflessioni di V. Calandra Buonaura, *Credito industriale a medio termine e revocatoria fallimentare*, in «Giur. Comm.», 1976, I, pp. 63 ss.

tazione[15], «il conservatore dei registri immobiliari», quando la stipulazione del contratto e l'erogazione del denaro formino oggetto, «di atti separati, in base alla quietanza rilasciata dal beneficiario del finanziamento, esegue, a margine dell'iscrizione già presa, l'annotazione dell'avvenuto pagamento e dell'eventuale variazione degli interessi convenuta dalle parti» e «in tal caso l'ipoteca iscritta fa collocare nello stesso grado gli interessi nella misura risultante dalla annotazione stessa»; *c*) in deroga all'art. 2909, 1° comma Cod. civ., che impone di iscrivere l'ipoteca «per una somma determinata in denaro», il credito (fondiario) della banca «relativo a finanziamenti con clausole di indicizzazione è garantito dall'ipoteca iscritta fino a concorrenza dell'importo effettivamente dovuto per effetto dell'applicazione di dette clausole» e «l'adeguamento dell'ipoteca si verifica automaticamente se la nota d'iscrizione menziona la clausola di indicizzazione[16]; *d*) in deroga all'art. 67 l. fall. «le ipoteche a garanzia dei finanziamenti (fondiari) non sono assoggettate a revocatoria fallimentare quando siano state iscritte dieci giorni prima della pubblicazione della sentenza dichiarativa di fallimento» e inoltre quella norma «non si applica ai pagamenti effettuati dal debitore a fronte di crediti fondiari»[17]; *e*) in deroga alle norme in tema di riduzione delle ipoteche degli artt. 2872, 2873, 2° comma e 2875 Cod. civ., «i debitori, ogni volta che abbiano estinto la quinta parte del debito originario, hanno diritto a una riduzione proporzionale alle somme iscritte» ed inoltre hanno «il diritto di ottenere la parziale liberazione di uno o più immobili ipotecati quando, dai documenti prodotti o da perizie, risulti che per le somme ancora dovute i rimanenti beni vincolati costituiscono una garanzia sufficiente», secondo i criteri fissati dalla Banca d'Italia; norma, come è evidente, di favore per il debitore; così come lo sono quelle che *f*), in caso di edificio complesso individuale attribuisce al debitore o al terzo acquirente del bene ipotecato, il «diritto alla suddivisione del finanziamento in quote e, correlativamente, al frazionamento dell'ipoteca»[18]; e quella che considera, agli effetti dei diritti di scritturato e degli emolumenti ipotecari, nonché dei compensi e dei diritti spettanti al notaio, un solo atto o una sola operazione sui registri gli atti e le formalità ipotecarie poste in essere per un finanziamento fondiario.

c) Le norme speciali (art. 40) relative al rapporto riguardano la estinzione anticipata del debito e la risoluzione del contratto per ritardato pagamento. «I debitori hanno facoltà di estinguere anticipatamente, in tutto o in parte, il proprio debito, corrispondendo alla banca un

[15] Cfr. D. Rubino, *L'ipoteca immobiliare e mobiliare*, Milano, Giuffrè, 1956, p. 85.

[16] Sul punto G. Gorla-P. Zanelli, *Pegno e ipoteca*, in *Commentario Scialoja-Branca*, Bologna-Roma, Zanichelli-Il Foro italiano, 1992, p. 224.

[17] Per citazioni di dottrina e giurisprudenza sul punto v. A. Maffei Alberti, in G. Ruisi-A. Jorio-A. Maffei Alberti-G.U. Tedeschi, *Il fallimento*, vol. II, Torino, 1978, pp. 412 ss.

[18] V. C.M. Tardivo, *A proposito del frazionamento di mutui fondiari e edilizi*, in «Banca borsa e tit. cred.», 1992, II, pp. 30 ss.

compenso, contrattualmente stabilito, correlato al capitale restituito anticipatamente». La norma riprende il principio, fissato dall'art. 1816 Cod. civ., secondo il quale nel rapporto di mutuo «il termine per la restituzione si presume stipulato a favore di entrambe le parti», stabilendo che il mutuatario possa, tuttavia, estinguere in tutto o in parte il proprio debito anticipatamente dietro versamento di un «compenso» che dovrebbe forfettariamente indennizzare l'istituto mutuante per il disinvestimento subito.

In deroga poi a quanto previsto dall'art. 1819 Cod. civ., «la banca può invocare come causa di risoluzione del contratto il ritardato pagamento quando lo stesso si sia verificato almeno sette volte, anche non consecutive» e «a tal fine costituisce ritardato pagamento quello effettuato tra il trentesimo e il centoottantesimo giorno dalla scadenza della rata». La norma risolve i dubbi interpretativi che pone l'art. 1819 chiarendo che non solo il mancato pagamento ma anche il ritardo nello stesso può attribuire alla banca il diritto di pretendere la restituzione dell'intera somma mutuata, ma provvedendo, nello stesso tempo, a tipizzare il ritardo ritenuto causa sufficiente di risoluzione del rapporto.

d) Ma i «privilegi» che hanno da sempre dato luogo a forti resistenze e a contrastanti pronunce giurisprudenziali sono quelli relativi al trattamento riservato al credito fondiario nell'ambito sia del procedimento esecutivo individuale sia del fallimento e delle altre procedure concorsuali[19]. Il T.U. ha anzitutto ribadito il principio, già stabilito dall'art. 42, 2° comma del T.U. del 1905, che «l'azione esecutiva sui beni ipotecati a garanzia di finanziamenti fondiari può essere iniziata o perseguita dalla banca anche dopo la dichiarazione di fallimento del debitore», ma ha chiarito che «il curatore ha facoltà di intervenire nell'esecuzione» e che «la somma ricavata dall'esecuzione, eccedente la quota che in sede di riparto risulta spettante alla banca, viene attribuita al fallimento»[20]. Si è così precisato, che il privilegio «processuale» non può tradursi in una violazione della *par condicio* sul piano sostanziale, come avrebbe potuto essere alla stregua della disciplina precedente nella quale il privilegio processuale consentiva all'istituto di incassare l'intero ricavato dalla vendita «salvo l'obbligo» dello stesso «della restituzione a chi di ragione».

Potrebbe, invece, risolversi in una lesione della *par condicio* la norma, già contenuta nel T.U. del 1905 sul credito fondiario (art. 42, 1°

[19] I contributi della dottrina e le decisioni della giurisprudenza sui vari «privilegi» di procedura previsti dal T.U. del 1905 sono numerosissimi e in larga misura superati dalla disciplina adottata dal T.U. Ci limiteremo perciò a ricordare fra i lavori più recenti S. Bonfatti, *I crediti speciali*, in *Giurisprudenza bancaria* (1985-1992), Milano, Giuffrè, 1989, pp. 295 ss.; V. Donativi, *Credito fondiario e fallimento. Una questione politica*, in «Riv. banc. e merc. fin.», 1989, I, p. 334; A. Saletti, *Espropriazione immobiliare per credito fondiario e procedure concorsuali*, in «Riv. dir. proc.», 1991, p. 799.

[20] Inoltre, a norma dell'art. 41, 1° comma nel procedimento di erogazione relativa a crediti fondiari è escluso l'obbligo della notificazione del titolo contrattuale esecutivo. Sul punto per il regime precedente v. Cass. 18 luglio 1991, n. 7982, in «Banca borsa e tit. di cred.», 1992, II, pp. 505 ss.

comma e 48, 2° comma) e ripresa dal T.U. (art. 41, 3° comma), secondo la quale «il custode dei beni pignorati, l'amministratore giudiziario e il curatore del fallimento del debitore versano alla banca le rendite degli immobili ipotecati a suo favore, dedotte le spese di amministrazione e i tributi, sino al soddisfacimento del credito vantato». Infine il T.U. (art. 41, commi 4°, 5°, 6°) ha conservato alcuni privilegi del credito fondiario in sede di vendita o di aggiudicazione dell'immobile ipotecato già stabiliti dal T.U. del 1905 provvedendo ad un loro coordinamento con il Codice di procedura vigente. In particolare ha previsto: *a*) che l'aggiudicatario o l'assegnatario dell'immobile ipotecato possano subentrare, anche senza l'autorizzazione del giudice, nel rapporto di credito fondiario, purché versino alla banca «le rate scadute, gli accessori e le spese»; *b*) che, per l'ipotesi in cui l'aggiudicatario o l'assegnatario dei beni ipotecati non subentrino nel rapporto di finanziamento, il giudice può provvedere, nel disporre la vendita o l'aggiudicazione, che gli stessi «versino direttamente alla banca la parte del prezzo corrispondente al complessivo credito della stessa»; *c*) che, in ogni caso, il trasferimento del bene espropriato e il subentro nel contratto di finanziamento restano subordinati all'emanazione del decreto di trasferimento previsto dall'art. 586 Cod.p.c., che accerta l'adempimento degli obblighi assunti dall'aggiudicatario o dall'assegnatario.

3. Il credito alle opere pubbliche

a) Abbiamo appena constatato che il T.U. ha «accorpato» il credito fondiario e il credito edilizio, assorbendo il secondo nel primo. Un'operazione analoga aveva già compiuto l'art. 10 della legge 6 giugno 1991, n. 175, con riferimento al credito alle opere pubbliche nel quale era stato incorporato il credito alle imprese di pubblica utilità. Il T.U. ha tenuto ferma questa scelta, precisando (art. 42, 1° comma) che «il credito alle opere pubbliche ha per oggetto la concessione, da parte di banche, a favore di soggetti pubblici e privati, di finanziamenti destinati alla realizzazione di opere pubbliche o di impianti di pubblica utilità». Non solo, ma il T.U. ha immaginato anche un tendenziale riavvicinamento del credito alle opere pubbliche al credito fondiario, ricomprendendoli entrambi nella stessa sezione prima del cap. VI, del titolo II, e dettando per il primo una disciplina sostanzialmente identica a quella prevista per il secondo, almeno per l'ipotesi in cui il credito alle opere pubbliche sia assistito da ipoteca su beni immobili (v. art. 42, 4° comma).

Un cenno all'evoluzione degli ordinamenti del credito alle opere pubbliche e del credito alle «imprese» di pubblica utilità consente di cogliere meglio il significato di questo processo.

b) Il settore delle opere pubbliche rese evidente, fin dagli inizi del secolo, la necessità di introdurre una disciplina diversa da quella di diritto comune[21]. Più esattamente, il finanziamento delle opere pubbliche (bonificazioni, strade, porti, ferrovie) non poteva essere garantito né attraverso gli strumenti tipicamente utilizzabili dalla Pubblica Amministrazione né da quelli che l'autonomia dei privati aveva adottato per il finanziamento ordinario delle attività industriali e commerciali.

In particolare, si rivelarono inadeguati e per certi aspetti anche giuridicamente non consentiti i finanziamenti della Cassa depositi e prestiti e, d'altro canto, le norme di diritto comune non erano in grado di conciliare le esigenze di sicurezza, redditività e liquidità dei risparmiatori con quelle degli enti pubblici e delle imprese che si accingevano alla realizzazione di opere pubbliche, le quali richiedevano ovviamente finanziamenti a scadenza protratta. La soluzione venne trovata nell'ambito di una linea di politica finanziaria, elaborata soprattutto da Beneduce e patrocinata da Nitti, che vedeva la partecipazione diretta delle istituzioni finanziarie pubbliche alla creazione di organismi specializzati capaci di offrire ai risparmiatori titoli caratterizzati da particolari forme di garanzia e di privilegi e di raccogliere così i mezzi necessari per finanziare obiettivi conformi alle linee di politica economica elaborata dagli organi di governo.

Questa linea trovò, appunto nel settore del credito alle opere pubbliche, la sua realizzazione attraverso la costituzione del Consorzio di credito per le opere pubbliche, ad opera delle strutture finanziarie pubbliche esistenti (Cassa depositi e prestiti, INA, Istituti di previdenza) (R.D.L. 2 settembre 1919, n. 1627). La «specialità» dell'ordinamento concerneva anzitutto l'attività dell'ente («concedere mutui per l'esecuzione di opere pubbliche») e la sua sottoposizione alla vigilanza governativa, in un ordinamento che, come è noto, consentiva agli intermediari finanziari di esercitare qualunque forma di credito e non prevedeva alcun controllo pubblico generalizzato sull'esercizio dell'attività bancaria. In secondo luogo veniva disciplinata in modo speciale la provvista precludendo al Consorzio la raccolta di risparmio a breve, almeno nella forma del deposito, e consentendo esclusivamente l'emissione di obbligazioni collegate, anche se non rigidamente come nel credito fondiario, ai mutui concessi; obbligazioni garantite dalle delegazioni di pagamento dello Stato, delle Province e dei Comuni, dotate di particolari privilegi fiscali ed equiparate, sotto il profilo della loro idoneità a costituire oggetto di investimento, alle cartelle emesse dalla Cassa depositi e prestiti.

Anche sotto il profilo dell'erogazione il rapporto presentava caratteri di specialità: ogni finanziamento costituiva un mutuo di scopo e le ragioni di credito del Consorzio erano garantite dalle delegazioni di pagamento oltre che privilegiate sul piano processuale.

Il Consorzio, pur avendo personalità giuridica pubblica e nonostante fosse stato creato per un scopo pubblico, si muoveva secondo

[21] Cfr. L. De Rosa, *Banche e lavori pubblici in Italia fra le due guerre*, Milano, Giuffrè, 1979.

criteri imprenditoriali, nel senso che prevedeva il perseguimento di uno scopo di lucro ed un diritto degli enti partecipanti alla distribuzione di un dividendo (sia pure limitato).

Lo stesso modello appena descritto veniva adottato pochi anni dopo per l'Istituto di credito per le imprese di pubblica utilità, costituito (con R.D.L. 20 maggio 1924, n. 731) allo scopo di erogare finanziamenti «per l'esecuzione di opere e di impianti o per le trasformazioni necessarie per utilizzare concessioni, con dichiarazioni di pubblica utilità». Anche in questa ipotesi, sostanzialmente di credito industriale, venne creato un ente pubblico specializzato la cui provvista veniva assicurata attraverso l'emissione di obbligazioni e le cui ragioni creditorie venivano garantite oltre che da garanzie ipotecarie da un privilegio legale «sulle opere e sugli impianti».

Le caratteristiche originarie del Consorzio di credito per le opere pubbliche e dell'Istituto di credito per le imprese di pubblica utilità meritano particolare attenzione perché, come si accennava, costituiscono un modello che verrà poi seguito in altri settori dei crediti speciali ed in particolare nel settore del credito industriale.

L'ordinamento del credito alle opere pubbliche e per gli impianti di pubblica utilità conobbe un notevole rafforzamento a partire dal 1958 con la estensione della capacità di erogare i relativi finanziamenti anche a sezioni autonome costituite, per legge, presso gli Istituti di credito fondiario e presso gli Istituti di credito di diritto pubblico (legge 11 marzo 1958, n. 238)[22]. Sezioni di grande importanza perché consentirono un'articolazione territoriale della struttura erogatrice di entrambi i tipi di credito speciale e sollecitarono una considerazione unitaria degli stessi. Questa tendenza alla unificazione ha compiuto poi una tappa ulteriore con la legge 10 febbraio 1981, n. 23, che ha disposto la incorporazione dell'ICIPU (Istituto di credito per le imprese di pubblica utilità) nel CREDIOP (Consorzio di credito per le opere pubbliche), eliminando così il dualismo fra i due Istituti archetipi dei relativi crediti speciali. Ormai il credito alle opere pubbliche veniva esercitato dalle stesse strutture che svolgevano il credito per le imprese di pubblica utilità ed erano strutture che nella massima parte dei casi erogavano anche il credito fondiario ed edilizio.

E il punto di arrivo di questo processo, prima dei provvedimenti di despecializzazione del D.Lgt. 481/1992 e del T.U., fu, sotto il profilo dello statuto dei soggetti, la legge 175/1991, il cui art. 1 precisava: «gli istituti e la sezioni di credito fondiario ed edilizio ... sono abilitati ad effettuare operazioni di credito fondiario, di credito edilizio e di credito alle opere pubbliche ed impianti di pubblica utilità». Ma quella legge sancì, come si accennava, anche la confluenza del credito alle opere pubbliche e di quello alle imprese di pubblica utilità: l'art. 10, 1° com-

[22] Cfr. A. Ottavi, *L'intervento degli Istituti di credito fondiario nel finanziamento delle opere pubbliche e degli impianti di pubblica utilità*, in «Il Risparmio», 1959, pp. 703 ss.

ma precisava infatti che «il credito alle opere pubbliche ha per oggetto la concessione di mutui ed anticipazioni per la realizzazione di opere pubbliche, ed impianti di pubblica utilità». La stessa dettava poi, e necessariamente, una sola disciplina per un credito speciale ormai unico. Non solo ma quella legge proseguiva nell'assimilazione fra credito fondiario (ed edilizio) e credito alle opere pubbliche prevedendo una «disciplina» comune ad entrambi i tipi di finanziamento.

c) Anche sotto quest'ultimo profilo, ossia della disciplina del rapporto, il processo di tendenziale assimilazione del credito alle opere pubbliche con il credito fondiario è proseguito. Le norme specifiche del T.U. per il credito alle opere pubbliche si limitano a precisare che «quando la concessione del finanziamento avviene a favore di soggetti privati, il requisito di opere pubbliche o di pubblica utilità deve risultare da leggi o da provvedimenti della pubblica amministrazione» (art. 42, 2° comma) e che «i finanziamenti possono essere assistiti dal privilegio previsto dall'art. 46» per i finanziamenti a medio e lungo termine alle imprese (sul quale ci intratterremo in seguito).

L'assimilazione con il credito fondiario è codificato nel 4° comma dello stesso art. 42, nel quale si stabilisce che «quando i finanziamenti siano garantiti da ipoteca su immobili, si applica la disciplina prevista (dalla presente sezione) per le operazioni di credito fondiario». Come si può notare l'unica differenza, sotto il profilo della disciplina, fra credito alle opere pubbliche immobiliari e credito fondiario sta nel fatto che il regime di favore concerne anche le ipoteche non di primo grado, in considerazione dello scopo perseguito, che giustifica un regime di «maggior privilegio» per il primo.

4. Il credito agrario

4.1. Il credito all'agricoltura prima del Testo Unico

a) Anche la disciplina del credito agrario ha subito, ad opera del T.U., una semplificazione impressionante e non solo perché è stata eliminata ogni specialità degli enti che lo erogano, essendo la relativa facoltà oggi attribuita a tutte le banche, ma anche perché è stata fortemente ridimensionata la regolamentazione del rapporto che aveva visto sedimentare norme frutto di una legislazione più che secolare.

Prima, per altro, di illustrare le norme e le poche regole codificate dal T.U., crediamo sia opportuno ripercorrere le vicende che, in passato, hanno caratterizzato l'ordinamento italiano del credito all'agricoltura, anche per l'importanza che quest'ultimo ha avuto nella formazione dell'intero sistema dei crediti speciali, soprattutto per quelli caratterizzati da uno scopo legale.

b) Le origini del credito agrario furono particolarmente «faticose» nel nostro paese[23]: la proprietà terriera, che aveva chiesto ed ottenuto l'introduzione del credito fondiario come strumento per acquisire liquidità, tendeva a soddisfare in tal modo le diverse e contrastanti esigenze della produzione agricola. Dopo numerosi tentativi non riusciti, il credito all'agricoltura, sia pure con notevolissime concessioni alla rendita fondiaria, trovò un primo ordinamento speciale con la legge 21 giugno 1869, n. 5160. Quest'ultima prevedeva la creazione di soggetti specializzati (le banche agrarie) nell'erogazione di finanziamenti all'agricoltura, autorizzati a raccogliere la necessaria provvista attraverso la emissione di titoli al portatore (buoni agrari), da collocare presso il pubblico dei risparmiatori, per un ammontare predeterminato in relazione al «fondo metallico» esistente in cassa.

La specialità delle strutture così introdotte consisteva, dunque, in un particolare regime della provvista, realizzato attraverso la concessione della facoltà di emettere titoli al portatore; titoli che, in un regime degli istituti di emissione non ancora definito, presentavano caratteristiche entro certi limiti riconducibili a quelle della carta moneta, con le conseguenti facilitazioni di collocazione e di circolazione presso il pubblico.

Allo scopo di evitare che tale facoltà fosse utilizzata per fini diversi da quelli previsti, vennero posti severi limiti alla libertà d'impresa di queste società di credito agrario, anche nel settore dei finanziamenti agrari, consentiti soltanto entro il breve termine. Inoltre, per ridurre il rischio che le banche agrarie avrebbero potuto incontrare nell'ambito delle proprie erogazioni, venivano limitate le operazioni che potevano essere effettuate (anche sul breve periodo) e previsti alcuni privilegi di ordine processuale, che avrebbero dovuto rendere più facile la riscossione coattiva dei crediti.

Se si escludono alcune limitate facilitazioni sul piano fiscale, si può ritenere che in quel primo ordinamento un incremento dei flussi finanziari all'agricoltura venisse perseguito senza addossare oneri alla collettività, ma cercando di conciliare gli interessi del capitale con quelli dell'impresa agricola attraverso strumenti che tenessero conto della preferenza per la liquidità dei risparmiatori e che riducessero il rischio del finanziamento attraverso limitazioni all'autonomia operativa degli enti erogatori e l'introduzione di eccezioni alla *par condicio creditorum*.

L'importanza pratica delle banche agrarie fu pressoché nulla, come emerse dalle crude pagine dell'inchiesta Jacini, e i finanziamenti all'agricoltura in misura del tutto inadeguata continuarono a pervenire attraverso i canali bancari ordinari (soprattutto le banche popolari) e i prestiti usurai.

Tra le molte ragioni che sono state indicate per spiegare l'insuccesso delle banche agricole, sorte in numero limitatissimo e per lo più «de-

[23] Sulle origini e la storia del credito agrario si veda F. De Rosa, *Una storia dolente: le faticose origini del credito agrario*, in «Riv. stor. it.», 1964, n. 4, pp. 1027 ss.; G. Muzzioli, *Banche e agricoltura*, Bologna, Il Mulino, 1983 e G. Acerbo, *Storia del credito agrario*, Piacenza, Federazione consorzi agrari, 1929, pp. 101 ss.

generate» in banche ordinarie, una fu particolarmente sottolineata e merita anche in questa sede di essere ricordata: l'inadeguatezza delle garanzie che l'imprenditore non proprietario avrebbe potuto offrire al finanziatore. Era, infatti, impossibile, non potendosi procedere al necessario spossessamento del debitore, costituire in pegno i beni mobili (prodotti e strumenti di lavoro) dei quali l'agricoltore poteva disporre; d'altro canto, sugli incrementi di valore dell'immobile l'istituto finanziatore non poteva assumere garanzie se non acquisendo ipoteca dal proprietario (per ipotesi non imprenditore); infine il privilegio del proprietario-locatore poneva il finanziatore in una condizione deteriore. Apparvero così evidenti il conflitto tra profitto e rendita e la necessità di contenere il peso negativo di quest'ultima sulla capacità dell'agricoltura di ricorrere a finanziamenti bancari.

c) La legge 23 gennaio 1887, n. 4276 che prende il posto di quella del 1869, cerca appunto di risolvere questi problemi intervenendo, soprattutto, sulla disciplina del rapporto di finanziamento, attraverso modificazioni del diritto comune dirette a comprimere la tutela e, quindi, il peso negativo della rendita a favore dell'ente finanziatore e, sia pure indirettamente, dell'impresa. In altri termini, si interviene sui rapporti tra proprietà e impresa cercando di ricomporli in un equilibrio che tenesse in maggior conto gli interessi della seconda.

Così si prevede la possibilità di costituire un privilegio convenzionale sui beni mobili inseriti nel processo produttivo e sui frutti di quest'ultimo, superando le difficoltà che poneva la disciplina del pegno; si introduce un privilegio convenzionale immobiliare per consentire al non proprietario di costituire in garanzia gli incrementi di valore apportati ai beni immobili; si stabilisce un rapporto tra privilegio del locatore e privilegio agrario che comprime la posizione del primo per favorire, sia pure con forti limitazioni, quella del secondo. Si interviene, dunque, soprattutto sulla disciplina del rapporto di finanziamento, giungendo anche alla previsione di un limite all'autonomia delle parti nella determinazione dell'ammontare dei tassi, ma non si tralascia, nel contempo, di conservare una disciplina speciale anche per la provvista. Si abbandona, è vero, il modello precedentemente introdotto, che faceva perno su banche specializzate, permettendo, sia pure dietro autorizzazione, a tutte le aziende di credito di effettuare finanziamenti agrari, ma si contempla anche la facoltà di emettere cartelle agrarie, dotate di particolari garanzie (quelle accese nei confronti dei mutuatari). Come si può notare, anche l'ordinamento del 1887, come quello precedente, si mantiene sul terreno delle modifiche alle norme di diritto comune che regolano i rapporti interprivati, cercando di favorire equilibri diversi da quelli esistenti tra i vari interessi in conflitto. Le operazioni di raccolta e di impiego del credito agrario si muovono ancora in una logica di mercato, senza che lo Stato intervenga direttamente come operatore economico o si assuma in proprio l'onere della mediazione dei vari interessi in conflitto.

d) Ma l'insuccesso operativo della legge del 1887 spinge il sistema di credito agrario nei primi vent'anni di questo secolo proprio in quest'ultima direzione. Pur rafforzandosi ulteriormente la tutela delle ragioni dell'ente erogatore (nel 1917 viene introdotto il privilegio legale agrario), si assiste ad un deciso intervento pubblico nella costituzione di enti chiamati ad effettuare i finanziamenti agrari. Soprattutto nelle regioni meridionali vengono creati, con intervento diretto dello Stato, dei banchi meridionali di emissione e delle Casse di risparmio, istituti specializzati per la erogazione di finanziamenti all'agricoltura.

Questi Istituti, per lo più a competenza regionale e che si finanziano anche presso le banche di emissione a condizioni di favore, costituiscono un modello che troverà attuazioni sempre più frequenti ed importanti anche in altri settori dell'attività creditizia: modello che prevede la gestione imprenditoriale di capitali finanziari sostanzialmente pubblici per obiettivi di politica economica che il mercato da solo non è più in grado di raggiungere. I numerosi Istituti di credito agrario, costituiti con appositi provvedimenti legislativi nel periodo in esame, finirono per spostare l'accento della specialità della disciplina dai rapporti interprivati all'intervento in prima persona da parte di strutture finanziarie di carattere pubblico. Pur non essendo ancora ascrivibile alle forme tipiche dell'incentivazione creditizia, così come si è venuta sviluppando soprattutto nel secondo dopoguerra, non v'è dubbio che la costituzione degli Istituti di credito agrario appena ricordati significò l'assunzione, almeno parziale, da parte dello Stato del compito di finanziare l'agricoltura sia pure nel rispetto del modulo imprenditoriale.

Il T.U. sul credito agrario del 1922 (R.D. 9 aprile 1922, n. 932) non apporta grosse modifiche al modello che si era venuto delineando nei primi due decenni del secolo; la sua funzione fu principalmente quella di estendere a tutto il sistema una serie di regole che avevano trovato un'attuazione episodica e limitata agli Istituti che erano stati via via costituiti.

e) È con il decreto legge 29 luglio 1927, n. 1509 (convertito con legge 5 luglio 1928, n. 1760) e con il relativo regolamento di attuazione, rimasti in vigore fino al T.U. del 1993[24], che il sistema di credito agrario precedentemente formatosi viene organicamente ripensato ed assume i lineamenti che lo hanno caratterizzato fino a quest'ultimo provvedimento. Le novità introdotte da questa complessa normativa non riguardano tanto la disciplina del rapporto di finanziamento, per il quale vengono conservati ed anzi rafforzati i privilegi sostanziali e processuali che

[24] Sull'ordinamento del credito agrario prima del T.U. si veda L. Mosco, *Il rapporto di credito agrario*, Napoli, Jovene, 1964; G. Murè, voce *Credito agrario*, in *Enc. dir.*, XI, Milano, Giuffrè, 1962, p. 295; C. Zappulli, voce *Credito agrario*, in *Noviss. dig. it.*, IV, Torino, UTET, 1959, pp. 108 ss.; B. Carpino, voce *Credito agrario*, in *Noviss. dig. it., App.*, Torino, UTET, 1980, pp. 913 ss. Nella letteratura economica v. S. Paci, *Il credito agrario*, Milano, Angeli, 1977; F. Colombini, *Banche e istituti speciali nel finanziamento delle aziende agricole*, Milano, Giuffrè, 1985; R. Ruozi, *I finanziamenti bancari alle aziende agricole*, Milano, Giuffrè, 1965, e inoltre i numerosi interventi di G. Dell'Amore del quale si vedano almeno *Il credito agrario ad una svolta*, Milano, Giuffrè, 1961, e *Il riordinamento del credito agrario in Italia*, Milano, Giuffrè, 1956.

assistono i crediti agrari degli enti erogatori, quanto l'apparato previsto per la raccolta dei mezzi destinati ai finanziamenti agrari nonché per la loro erogazione.

Viene, anzitutto, elevato a sistema su tutto il territorio nazionale il modello degli Istituti speciali a competenza regionale e con legittimazione ad effettuare tutte le operazioni di credito agrario[25]. A questi Istituti, sottoposti a penetrante controllo governativo (Ministero dell'Agricoltura e Ministero delle Finanze), vengono anche affidate funzioni di indirizzo sulla gestione complessiva dei finanziamenti speciali erogati da altri soggetti nell'ambito regionale. Si deve, tuttavia, aggiungere che, nei fatti, tale funzione ha sempre avuto un peso estremamente limitato, lasciando piena espansione all'attività intermediatrice che quegli Istituti avevano e che, anzi, si era venuta nel frattempo rafforzando. Più esattamente. Una parte degli Istituti di credito speciale era stata costituita su iniziative delle aziende di credito e, quindi, si muoveva già in una logica sostanzialmente imprenditoriale. Per gli Istituti che erano sorti su iniziativa pubblica l'attenuarsi del momento pubblico dei banchi meridionali (non più istituti di emissione) e il rafforzarsi della natura bancaria delle Casse di risparmio, che avevano contribuito alla loro costituzione, segnarono un regresso del momento pubblicistico a vantaggio di quello bancario. Questa tendenza fu poi accentuata dal fatto che, sia pure attraverso strumenti giuridici diversi (fondi di dotazione, anticipazioni), la provvista della totalità degli Istituti era rimessa, nella sostanza, a scelte imprenditoriali delle aziende di credito.

Questo ritorno del credito agrario nell'ambito del sistema bancario viene accentuato dal fatto che la legge bancaria del 1936 riconduce all'organo di vigilanza sul sistema creditizio i poteri di controllo che sugli Istituti speciali competevano in precedenza ad altri organi governativi. Sia pure nelle forme speciali che nel frattempo aveva assunto, il credito agrario sembra, insomma, essere restituito interamente ad una logica di mercato, con esclusione, almeno in forme particolarmente vistose, di interventi operativi diretti dello Stato e senza che quest'ultimo si assumesse l'onere di conciliare i vari interessi coinvolti da questo tipo di finanziamento.

f) Ben presto, tuttavia, apparve ancora una volta evidente la incapacità del mercato di assicurare, sia pure in forme speciali, i finanziamenti socialmente ritenuti indispensabili per l'agricoltura e si rese, pertanto, inevitabile un intervento pubblico che, socializzando una serie di oneri, fosse in grado di far coincidere le aspettative di remunerazione del capitale finanziario con le capacità di reddito degli imprenditori agricoli. Prese così avvio l'irresistibile ascesa del credito agevolato; ascesa che ha caratterizzato gli ultimi quarant'anni di storia del

[25] Cfr. M. Carrà, *Considerazioni in tema di organizzazione creditizia: il modello degli istituti speciali di credito agrario*, in «Riv. trim. dir. pubbl.», 1981, pp. 825 ss. e R. Costi, *Credito agrario (problemi e prospettive)*, in *Dizionari di diritto privato, diritto agrario*, Milano, 1983, pp. 303 ss.

settore, finendo con l'incidere anche sulle strutture del credito agrario in quanto credito speciale non agevolato[26].

L'incentivazione pubblica, soprattutto nella forma del contributo in conto interessi, veniva, tuttavia, calata in un settore che aveva visto, come abbiamo già accennato, una posizione di assoluta preminenza delle imprese bancarie. E questo impatto tra intervento pubblico e logica imprenditoriale ebbe notevoli e non sempre positive conseguenze per quanto concerne sia la gestione delle imprese bancarie sia quella delle incentivazioni. Ma si tratta di situazioni e atteggiamenti che formalmente non hanno modificato la disciplina del credito speciale anche se di fatto ne hanno condizionato l'esercizio.

Sotto il profilo, che qui soprattutto interessa, della fisionomia giuridica del credito speciale, i mutamenti più significativi che questo settore del credito ha subito soprattutto negli anni settanta riguardano, ancora una volta, il momento della provvista e quello del rapporto di finanziamento.

Per quanto concerne questo secondo aspetto gli interventi furono indirizzati o a riaffermare il riconoscimento di privilegi, sia processuali (art. 8 della legge 23 aprile 1975, n. 125) sia sostanziali, superando i dubbi che il dettato normativo consentiva, o a disciplinare nuove forme nelle quali poter effettuare i finanziamenti agrari (conto corrente agrario: art. 11 della legge 1° luglio 1977, n. 403).

Per quanto riguarda la provvista degli Istituti speciali meritano particolare attenzione le disposizioni che autorizzarono tutti gli Istituti di credito agrario ad emettere obbligazioni (D.L. 24 febbraio 1975, n. 26 convertito con legge 23 aprile 1975, n. 125).

Nonostante questo ampliamento delle forme tecniche consentite, gli Istituti non furono in grado di dotarsi autonomamente di una sufficiente provvista, non trovando quei titoli adeguata collocazione sul mercato. A questa situazione le autorità di governo del credito posero rimedio imponendo, nell'ambito del vincolo di portafoglio, alle aziende di credito di investire un'aliquota dell'incremento dei depositi in obbligazioni di credito agrario (delibera CICR 4 giugno 1976). La necessità del finanziamento coattivo rappresentava per altro la spia più evidente della crisi nella quale versavano gli Istituti speciali di credito agrario e metteva seriamente in forse la natura imprenditoriale di tali strutture.

g) Ma anche sotto il profilo della disciplina del rapporto il sistema previgente si mostrava incapace di offrire un supporto normativo adeguato al finanziamento di un'agricoltura in profondo sviluppo.

La esclusività dell'oggetto degli enti erogatori consentiva a questi ultimi di finanziare soltanto attività che direttamente o indirettamente fossero riconducibili alla nozione di agricoltura, dovendo altrimenti considerare illegittime le operazioni di concessione di credito. E sia la

[26] Si veda A. Brancasi, *I finanziamenti pubblici in agricoltura fra programmazione e regioni*, Milano, CIRIEC, 1974; I. Capecchi, *Il credito nella politica agraria regionale e comunitaria*, Firenze, Medicea, 1975; C. Camardi, *Finanziamento dell'agricoltura e sviluppo economico*, in «Pol. dir.», 1979, p. 113.

nozione di agricoltura desumibile dalla legge fondamentale sul credito agrario sia quella accolta dal Codice civile[27] non erano in grado di recepire le trasformazioni che l'agricoltura italiana aveva subito nei molti anni che erano trascorsi da entrambi quei testi normativi.

Questa situazione rendeva estremamente incerto, sotto il profilo della sua legittimità, il finanziamento di importanti settori dell'agricoltura, determinando discriminazioni difficilmente giustificabili, proprio per quanto riguarda gli scopi complessivamente perseguibili attraverso queste forme di credito speciale.

Una seconda fonte di incertezze in ordine alla destinazione dei finanziamenti agrari e, perciò stesso, di ingiustificate strozzature, era rappresentata dal carattere tipico delle operazioni finanziabili e delle forme tecniche nelle quali le stesse dovevano essere effettuate. La legge fondamentale sul credito agrario, alla quale si è in larga misura uniformata anche la legislazione successiva, forniva un catalogo delle operazioni agrarie che potevano ricevere finanziamenti speciali[28]. Ogni finanziamento di credito agrario era, perciò, un finanziamento di scopo, con le conseguenze che sul piano giuridico dottrina e giurisprudenza ricollegano a tale qualificazione. La tassatività delle operazioni finanziabili e la loro forma tipica rendevano di fatto impossibile il finanziamento di operazioni non previste e non prevedibili dall'ordinamento e che, pur tuttavia, si traducevano sicuramente in un ausilio allo sviluppo dell'agricoltura.

Numerosi progetti di legge presentati al Parlamento negli ultimi anni cercarono di eliminare almeno in parte le conclamate insufficienze della legge del 1927[29]. Nessuno di essi è stato approvato; in ogni caso gli

[27] Sul punto G. Oppo, *Credito agrario ad imprese commerciali?*, in *Studi in onore di G. Valeri*, Milano, Giuffrè, 1955, vol. II, pp. 107 ss.

[28] Il R.D.L. 29 luglio 1927, n. 1509 infatti, dopo avere stabilito che le operazioni di credito agrario sono distinte in operazioni di esercizio e di miglioramento precisa che sono crediti di esercizio 1) i prestiti per la conduzione delle aziende agrarie e per la utilizzazione, manipolazione e trasformazione dei prodotti; 2) i prestiti per l'acquisto di bestiame, macchine ed attrezzi agricoli; 3) le anticipazioni su pegno di prodotti agricoli depositati in luogo di pubblico o privato deposito; 4) i prestiti a favore di enti ed associazioni agrarie: *a*) per l'acquisto di cose utili alla gestione delle aziende agrarie dei soci; *b*) per le anticipazioni ai soci in caso di utilizzazione, trasformazione e vendita collettiva dei loro prodotti rustici in forza di un legittimo titolo o di un contratto comunque denominato (art. 2), mentre sono operazioni di miglioramento i mutui e i prestiti erogati per *a*) l'esecuzione di piantagioni e trasformazioni culturali; *b*) la costruzione di strade poderali; *c*) la sistemazione di terreni; *d*) la costruzione di pozzi e abbeveratoi, di mura di cinta, siepi ed ogni altro mezzo atto a cingere o chiudere fondi; *e*) la costruzione e il riattamento di fabbricati rurali destinati all'alloggio dei coltivatori, al ricovero del bestiame e alla conservazione delle scorte e dei prodotti agricoli, nonché alla manipolazione di questi; *f*) la costruzione di opere per provvedere i fondi di acqua potabile e di irrigazione, per sistemare, prosciugare e rassodare terreni; *g*) l'applicazione dell'elettricità all'agricoltura, le sistemazioni montane, i rimboschimenti e qualsiasi altra opera diretta al miglioramento stabile dei fondi (art. 3).

[29] Si vedano ad es. e fra gli ultimi Disciplina di legge n. 2048 presentato dal Ministro dell'agricoltura il 17 gennaio 1990 riprodotto in appendice a R. Giannini, *Note introduttive al disegno di legge governativo di riforma del credito agrario*, «Diritto agrario», 1991, pp. 423 ss. e il Disegno di legge n. 1014 presentato al Senato il 26 febbraio 1993.

stessi si muovevano in una logica necessariamente rispettosa della specializzazione degli Istituti erogatori, incontrando i limiti che la stessa non poteva che imporre, soprattutto sotto il profilo delle dimensioni e, quindi, dell'efficienza.

La disciplina introdotta dal T.U. non incontra quei limiti e, per di più, ha adottato una regolamentazione del rapporto dotato della elasticità necessaria per consentire, istituzionalmente, un finanziamento efficiente dell'agricoltura.

4.2. La disciplina del Testo Unico

a) A norma dell'art. 43 del T.U. «il credito agrario ha per oggetto la concessione, da parte di banche, di finanziamenti destinati alle attività agricole e zootecniche nonché a quelle a esse connesse o collaterali», considerandosi tali «l'agriturismo, la manipolazione, conservazione, trasformazione, commercializzazione e valorizzazione dei prodotti, nonché le altre attività individuate dal CICR.

La nozione di «agricoltura» così accolta dovrebbe eliminare ogni strozzatura nel finanziamento di «nuove attività» per le quali la situazione di interessi giustifichi l'applicazione delle norme speciali sul credito agrario, soprattutto perché il potere definitorio attribuito al CICR dovrebbe dare alla precedente nozione sufficiente elasticità. Si deve, per altro, rilevare che, non essendo la erogazione del credito agrario più riservata ad enti dotati di capacità speciale, come nel vigore della legge del 1927, l'eventuale impossibilità di considerare un finanziamento come un'operazione di credito agrario comporta esclusivamente la perdita dei «privilegi» previsti per quest'ultimo e non anche la illegittimità dell'operazione come in precedenza.

b) È stato cancellato il catalogo delle singole operazioni finanziabili; con le incertezze che lo stesso comportava il credito agrario è diventato un credito all'impresa e comunque un credito disancorato da singole operazioni. Il che ovviamente non fa venir meno la sua natura di credito di scopo, così come conservano il necessario spazio i controlli diretti a garantire che i finanziamenti di credito agrario siano effettivamente destinati all'agricoltura; anche se tali controlli si sposteranno dal singolo atto d'impresa a quest'ultima nel suo complesso.

Correlativamente è stata eliminata anche la necessità, imposta dalla legge precedente, che le singole operazioni di finanziamento rivestano una specifica forma tipica (prestiti di esercizio, prestiti di conduzione, mutui di miglioramento ecc.): la banca potrà erogare il finanziamento nelle forme ritenute, dalle parti, più convenienti. Sotto quest'ultimo profilo il T.U. si limita a confermare che le operazioni di credito agrario possono essere effettuate anche mediante utilizzo di cambiale agraria (cfr. art. 43, 4° comma)[30].

[30] A norma dell'art. 43, ult. comm. la cambiale agraria deve «indicare lo scopo del

c) Le operazioni di credito agrario oltre che dalle garanzie di diritto comune potevano essere assistite, nel vigore dell'ordinamento previgente, dai cosiddetti privilegi agrari, ossia dal privilegio legale (cfr. artt. 2766, 1° e 2° comma e 2778, n. 3) e dal privilegio convenzionale (cfr. artt. 2766, 3° comma e 2778, n. 9); sorti, come abbiamo visto, per consentire l'accensione di garanzie su beni dei quali l'imprenditore non può essere spossessato. Il T.U. ha ritenuto necessario, come vedremo, generalizzare questa previsione (del resto ricorrente anche nella legislazione sul credito industriale) introducendo un privilegio convenzionale su beni mobili per tutti i finanziamenti di medio e lungo termine alle imprese (cfr. art. 46). Ha potuto cancellare sia il privilegio legale (privo della pubblicità necessaria per tutelare i terzi) sia il privilegio convenzionale, ma consapevole del fatto che i crediti agrari erano assistiti da privilegio anche quando erano a breve, ha creduto necessario stabilire che gli stessi possono essere garantiti dal nuovo privilegio anche quando siano «a breve termine». Approntando a tutela dello stesso anche il peculiare rimedio (cosiddetto sequestro agrario), che già assisteva i privilegi agrari: a norma infatti dell'art. 44, 2° comma «in caso di inadempimento, su istanza della banca, il pretore del luogo in cui si trovano i beni sottoposti a privilegio può, assunte sommarie informazioni, disporne l'apprensione e la vendita»; quest'ultima viene effettuata ai sensi dell'art. 1515 del Cod. civ.

d) «Quando i finanziamenti di credito agrario siano garantiti da ipoteca su immobili si applica la disciplina prevista» per le ipoteche del credito fondiario (cfr. art. 44, 3° comma T.U.): si sono così chiarite le perplessità che in passato erano sorte in ordine alle possibilità di estendere alle ipoteche agrarie le norme previste per le ipoteche fondiarie. L'equiparazione è ora affermata esplicitamente; con una peculiarità, tuttavia: le ipoteche di credito agrario godono del regime di favore anche quando non siano di primo grado. Sia pure con questa eccezione si constata qui la tendenza del T.U. a rendere uniformi le discipline particolari previste per i vari crediti speciali.

e) La nuova disciplina del rapporto e la estensione a tutte le banche della capacità di erogare finanziamenti di credito agrario hanno imposto anche la riforma del Fondo interbancario di garanzia istituito dall'art. 36 della legge 2 giugno 1961, n. 454 («primo piano verde»), che prevedeva la prestazione di garanzie sussidiarie, a favore dell'Istituto mutuante, per particolari tipi di finanziamenti. Così l'art. 45 del T.U. ha stabilito che «le operazioni di credito agrario possono essere assistite dalle garanzie sussidiarie del Fondo interbancario di garanzia, avente personalità giuridica e gestione autonoma e sottoposto alla vigilanza del Ministro per il Tesoro; quest'ultimo, sentito il Ministro per il coordinamento delle politiche agricole, alimentari e forestali, individua le opera-

finanziamento e le garanzie che lo assistono, nonché il luogo dell'iniziativa finanziata» e la stessa viene equiparata a ogni effetto di legge alla cambiale ordinaria. Sulla cambiale agraria v. per tutti A. Pavone La Rosa, *La cambiale*, Milano, Giuffrè, 1982, pp. 475 ss.

zioni alle quali si applica la garanzia e determina i criteri e i limiti degli interventi del Fondo nonché l'entità delle contribuzioni a esso dovute da parte delle banche, in rapporto all'ammontare dei finanziamenti assistiti dalle garanzie».

5. Il credito peschereccio

Il T.U. ha poi portato a compimento il processo di unificazione fra credito agrario e credito peschereccio. Quest'ultimo, introdotto nel nostro ordinamento dal T.U. delle leggi sulla pesca (R.D. 8 ottobre 1931, n. 1604), ha ricevuto una prima regolamentazione organica con la legge 3 giugno 1935, n. 1281; regolamentazione in larga parte disegnata, per quanto concerne il rapporto di finanziamento sul modello già adottato per il credito agrario. Le operazioni vengono tipizzate, con riferimento implicito alla durata, in operazioni di credito di esercizio e di credito di miglioramento, con specifico «aggancio» a particolari momenti dell'attività di pesca o di approntamento delle relative strutture, facendone altrettanti finanziamenti a scopo legale. Non si crea, invece, una struttura specializzata per la sua erogazione, essendo la stessa consentita ad una serie individuata e circoscritta di aziende ed Istituti (Casse di risparmio, Istituti di credito agrario), dietro autorizzazione del Ministro dell'Agricoltura: si riserva inoltre, soprattutto per il credito a medio e lungo termine, una posizione di privilegio alla Banca Nazionale del Lavoro, senza dar vita, per altro, ad una sezione specializzata.

Il credito peschereccio di esercizio riceve poi un'articolata disciplina dalla legge 28 agosto 1989, n. 302, che pretende di darne una compiuta definizione (art. 1: «Il credito peschereccio di esercizio ha per scopo: la valorizzazione e l'incremento della produzione ittica in relazione alle esigenze del mercato; il miglioramento funzionale delle strutture produttive aziendali ed interaziendali; l'aumento della produttività delle imprese di pesca e di acquacoltura nelle acque marine e salmastre; il miglioramento delle condizioni di reddito e di occupazione delle categorie interessate; il potenziamento della cooperazione e dell'associazionismo per assicurare alle imprese maggiore competitività sul mercato») e di fornire un catalogo completo delle relative operazioni (art. 3: «Sono prestiti di credito peschereccio di esercizio quelli concessi per le operazioni dirette al perseguimento degli obiettivi di cui all'articolo 1 della presente legge. In particolare quelli concessi:

a) per la gestione delle aziende indicate nell'art. 2 condotte in forza di un legittimo titolo;

b) per la manutenzione delle navi e delle attrezzature e per l'acquisto degli attrezzi, dispositivi o apparecchiature utilizzati per la ricerca, la cattura o l'allevamento di pesci, di crostacei e di molluschi e per la sicurezza della navigazione e la salvaguardia della vita umana in mare;

c) per l'acquisto di pesci, di crostacei e di molluschi e per le spese di gestione di impianti per l'allevamento e la riproduzione degli stessi in acque marine o salmastre;

d) per la lavorazione, la trasformazione, la conservazione e la commercializzazione dei prodotti pescati o allevati;

e) per la gestione delle società di capitale o di armamento costituite tra cittadini italiani e cittadini o enti di altri Stati per l'esercizio della pesca marittima in acque territoriali o comunque sottoposte alla giurisdizione dei predetti Stati, a condizione che la partecipazione italiana al capitale sociale della società mista sia superiore al 40% oppure al massimo previsto dalle autorità estere;

f) per le anticipazioni delle cooperative e delle associazioni dei produttori ai propri soci sui prodotti ittici conferiti o da conferire in base ai programmi di produzione;

g) per le anticipazioni su pegno di prodotti ittici depositati in luoghi pubblici o privati di conservazione»).

Il T.U. rinuncia alla pretesa di individuare una definizione esaustiva delle attività finanziabili con il credito peschereccio e, soprattutto, abbandona il principio che vorrebbe fissati in un catalogo i momenti dell'attività d'impresa cui destinare i singoli finanziamenti.

Analogamente con quanto previsto per il credito agrario il T.U. si limita a precisare (art. 43, 2° comma) che «il credito peschereccio ha per oggetto la concessione da parte di banche, di finanziamenti destinati alle attività di pesca e acquacoltura nonché a quelle a esse connesse o collaterali», rimettendo poi (art. 43, 3° comma) al CICR la individuazione di queste ultime, fra le quali, per altro, già ricomprende quelle consistenti nell'agriturismo e nella manipolazione conservazione, trasformazione, commercializzazione e utilizzazione dei relativi prodotti. Elimina ogni distinzione fra credito di esercizio e credito di miglioramento e, sul piano della tecnica dell'operazione, si limita a conservare in vita la «cambiale pesca», già istituita dalla legge 307/1989 e del tutto identica alla cambiale agraria della quale abbiamo già fatto cenno.

Per quanto concerne le garanzie che possono assistere le operazioni il T.U. assimila il credito peschereccio al credito agrario limitatamente a quelle mobiliari, in quanto precisa che i relativi finanziamenti anche a breve termine possono essere assistiti dal privilegio previsto dall'art. 46, e dal correlativo «sequestro» (art. 44, 2° comma), mentre adotta una soluzione diversa, e non è facile capire la ragione della scelta, per le garanzie immobiliari, nel senso che alle ipoteche accese a garanzia del credito peschereccio non si estendono, come per il credito agrario, le norme previste per il credito fondiario.

Per le operazioni di credito peschereccio, inoltre, non vale in generale la garanzia sussidiaria del Fondo interbancario di garanzia, ma presso quest'ultimo è stata conservata in vita la Sezione di garanzia per il credito peschereccio istituita dagli artt. 10 ss. della legge 302/1989, dotata di personalità giuridica autonoma e sottoposta alla vigilanza del Ministro per il Tesoro, la cui concreta operatività viene rimessa alla determinazione di quest'ultimo, secondo quanto previsto per il Fondo[31].

[31] Le incentivazioni del settore sono spesso consistite nell'attribuzione, da parte

6. Il credito a medio e lungo termine alle imprese

6.1. Dal credito industriale al finanziamento di medio e lungo termine alle imprese

L'intervento di maggior rilievo, anche sistematico, compiuto dal T.U. in materia di crediti speciali è, forse, quello che introduce un privilegio speciale per i finanziamenti a medio e lungo termine alle imprese; privilegio al quale abbiamo già fatto cenno ricordando che lo stesso trova applicazione anche per il credito alle opere pubbliche e per il credito agrario e peschereccio.

A norma, infatti, dell'art. 46, 1° comma: «la concessione di finanziamenti a medio e lungo termine da parte di banche alle imprese può essere garantita da privilegio speciale su beni mobili non iscritti nei pubblici registri». Viene così introdotto un «nuovo credito speciale», ossia quello a medio e lungo termine concesso da banche ad imprese, la cui specialità è costituita dalla possibilità, per lo stesso, di essere assistito da un privilegio speciale sui beni «d'impresa» (indicati nella medesima disposizione). In realtà «addebitare» al T.U. del 1993 la creazione di un nuovo credito speciale potrebbe non essere del tutto corretto, dal momento che la previsione dell'art. 46 è il punto di approdo semplificatore delle molteplici discipline che si erano venute sovrapponendo nell'ambito del credito industriale (o mobiliare). Il T.U., nell'art. 46, ha unificato e sistematizzato le molte norme che avevano previsto, in coincidenza con particolari forme di credito all'industria, la creazione, appunto, di privilegi industriali su alcuni beni d'impresa.

Nello stesso tempo ha dimostrato consapevolezza della difficoltà che il nostro ordinamento frappone alla accensione di diritti di prelazione su beni mobili, cercando di porre rimedio a tale lacuna, sia pure nei limiti imposti al suo ambito di intervento.

Ma se la disciplina dell'art. 46 può essere considerata il punto di approdo del credito industriale nel nostro ordinamento, crediamo che, ancora una volta, sia indispensabile dar conto preliminarmente delle vicende che hanno caratterizzato i precedenti di questo credito speciale.

6.2. Il credito industriale

a) Come abbiamo a suo tempo ricordato, la prima struttura di credito industriale può essere rintracciata nel Consorzio per sovvenzioni sui valori industriali che, costituito nel 1914 (R.D. 20 dicembre 1914, n. 1375) per far fronte alle esigenze finanziarie dell'industria bellica, con-

dello Stato alla Banca Nazionale del Lavoro, di fondi da destinare alle operazioni di credito peschereccio, con vincoli talvolta singolari come quello contenuto nell'art. 4 della legge 1281/35 che attribuiva un fondo alla Banca Nazionale del Lavoro con il compito di esercitare il credito peschereccio «a miti condizioni nell'interesse della pesca e dei pescatori», imponendo così una direttiva di merito alle scelte dell'ente creditizio.

tinuò ad operare, in varia veste, nel nostro sistema finanziario fino alla fine degli anni cinquanta. Il Consorzio, creato con l'apporto patrimoniale di enti creditizi soprattutto pubblici, aveva lo scopo di effettuare finanziamenti alle industrie dietro pegno o di valori mobiliari o di merci, provvedendosi dei relativi fondi attraverso il risconto dei crediti accesi nei confronti delle industrie presso gli istituti di emissione e, in particolare, presso la Banca d'Italia.

Il Consorzio consentiva, in realtà, il finanziamento industriale attraverso l'aumento della circolazione monetaria al di fuori dei vincoli fissati per gli istituti di emissione e, quindi, era uno strumento di agevolazione, come si evinceva anche dalla predeterminazione, effettuata attraverso provvedimenti legislativi di favore, dei tassi sia di finanziamento sia di risconto. Questo ruolo venne accentuato nel 1922, con la creazione della Sezione autonoma del Consorzio (D.L. 4 marzo 1922), costituita per procurare i mezzi necessari per eseguire il concordato della Banca italiana di sconto; Sezione che rilevò dalle banche in crisi una serie di partecipazioni con i mezzi ottenuti, appunto, attraverso il risconto dei crediti presso gli istituti di emissione. E siffatte modalità di finanziamento rendevano ancora più evidente la socializzazione dell'onere dei salvataggi industriali ed il coinvolgimento negli stessi dell'istituto di emissione. Situazione quest'ultima che si protrarrà fino alla costituzione dell'IRI. Queste considerazioni consentono di rilevare che l'attività del Consorzio presentava una forte commistione tra finanziamento industriale e intervento di salvataggio e spingono a non sopravvalutare, sotto il profilo delle strutture di credito speciale, la relativa esperienza.

Se teniamo, pertanto, distinte, sia pure con qualche forzatura della realtà, le strutture di salvataggio da quelle di finanziamento e non ricomprendiamo nel credito industriale gli organismi che in quello stesso periodo sorgono per il credito alle opere pubbliche (CREDIOP), per le imprese di pubblica utilità (ICIPU) e per il credito navale (Istituto di credito navale), dobbiamo giungere fino al 1931, ossia alla costituzione dell'Istituto mobiliare italiano, per rinvenire la prima ipotesi da ascrivere al capitolo del credito all'industria[32]. Il che trova una facile spiegazione nel fatto che fino alla grande crisi, il finanziamento dell'industria era stato effettuato dal credito ordinario erogato sotto molteplici forme dalle grandi banche miste.

Ma la profondità della crisi che stavano attraversando il sistema industriale e quello bancario proprio in quell'anno (1932) rese evidente che l'IMI non avrebbe potuto conseguire da solo tale obiettivo e, come abbiamo a suo tempo ricordato, nel 1933 venne creato l'IRI che, accanto ad una Sezione smobilizzi aveva una Sezione finanziamenti con il compito di concedere mutui all'industria, per la durata massima di vent'anni. Ma in coincidenza con la sua trasformazione da ente transitorio di smobilizzazione ad ente di gestione delle partecipazioni pubbliche, l'IRI dismise questa seconda attività e con R.D.L. 12 marzo 1936, n.

[32] Sul punto A. Confalonieri, *Il credito industriale*, Milano, Giuffrè, 1960, pp. 59 ss.

376, il limite temporale posto alla operatività dell'IMI fu portato da 10 a 20 anni, facendo dello stesso Istituto il solo ente deputato ad esercitare il credito industriale, a medio o lungo termine. L'IMI si aggiungeva così alle strutture specializzate (come le sezioni della Banca Nazionale del Lavoro per il credito edilizio, il credito alberghiero, il credito cinematografico, peschereccio, ecc.) che in quel periodo stavano sviluppandosi per affrontare i problemi di finanziamento di particolari settori, soprattutto per quanto concerne il credito a medio e lungo termine.

A questi deve aggiungersi, negli anni immediatamente precedenti la seconda guerra mondiale, la creazione dell'istituto per lo sviluppo economico dell'Italia meridionale (ISVEIMER) (costituito con il R.D.L. 3 giugno 1938, n. 883), nato come fondazione del Banco di Napoli e che aveva come scopo il finanziamento a medio-lungo termine di iniziative «tendenti a mettere in valore le riserve economiche dell'Italia meridionale». Ma di questo istituto discorreremo più innanzi.

b) Gli anni del secondo dopo guerra vedono non solo il moltiplicarsi degli incentivi finanziari alle industrie ma anche un forte incremento delle strutture specializzate nel credito industriale[33].

Queste nuove strutture vengono costituite con il concorso finanziario e con la partecipazione gestoria di tutte le categorie di aziende di credito, le quali pertanto sia pure in forma mediata, riappaiono nella gestione e nella erogazione del credito a medio termine, anche se rimangono sostanzialmente al di fuori del credito mobiliare, inteso come assunzione di partecipazioni nelle imprese. Esse, inoltre, presentano una forte specializzazione, talvolta in relazione al territorio o al settore del finanziamento, talaltra in relazione alla dimensione dell'impresa, giungendo anche a costituire sistemi in qualche misura omogenei e differenziati dagli altri (es. sistema dei mediocrediti).

È necessario comunque tener presente che nello stesso periodo l'IMI ha visto incrementate le proprie dotazioni, ampliata la propria capacità di impiego, moltiplicate le gestioni di fondi pubblici destinati a particolari finanziamenti da autorità statali e sovrannazionali, continuando in definitiva ad essere l'Istituto di credito più importante per il finanziamento dell'apparato industriale.

c) Un segmento di questa nuova articolazione del credito industriale è rappresentato dalle Sezioni di credito industriale del Banco di Sicilia (D.Lgs.Lgt. 28 dicembre 1944, n. 416), del Banco di Napoli (D.Lgs.Lgt. 13 ottobre 1946, n. 244) e del Banco di Sardegna (D.Lgs.Lgt. 28 dicembre 1944, n. 417, ma istituita con D.M. 18 marzo 1949) successivamente (legge 11 aprile 1953, n. 259) trasformata in ente autonomo (Credito industriale sardo: CIS). Le tre Sezioni vennero organizzate secondo moduli in larga misura coincidenti: i fondi di dotazione (se si esclude quello del Banco di Sardegna direttamente apportato dallo Stato) vengono separati dal patrimonio delle aziende di credito; i

[33] Cfr. G. Amato (a cura di), *Il governo dell'industria in Italia*, Bologna, Il Mulino, 1976, pp. 139 ss.; D. Serrani, *Lo stato finanziatore*, Milano, Angeli 1971.

mezzi per le operazioni di impiego vengono raccolti attraverso l'emissione di obbligazioni e di buoni fruttiferi, talvolta assistiti dalla garanzia statale; gli impieghi hanno un limite temporale non identico (solo quelli della Sezione del Banco di Sicilia possono essere a 20 anni, mentre quelli delle altre hanno durata massima decennale), ma si mantengono comunque nel medio-lungo termine e sotto il profilo «funzionale» le operazioni stesse vengono genericamente indicate come «operazioni di credito industriale», senza imporre, pertanto, limiti che valgano a qualificarle come finanziamenti di scopo. Anche per quanto concerne le garanzie non si impone alcuna limitazione lasciando la relativa scelta all'autonomia delle sezioni.

Successivamente (D.M. 15 luglio 1975) fu costituita la Sezione speciale per il credito industriale della Banca Nazionale del Lavoro, prima esistente (D.L. 15 dicembre 1947, n. 1419) come Sezione speciale per il credito alle piccole e medie industrie e sostanzialmente disciplinata secondo il modello già realizzato per i banchi meridionali.

d) Nello stesso periodo, in cui presso alcuni Istituti di credito di diritto pubblico nascono le sezioni di credito industriale, altre categorie di aziende creano propri organismi destinati ad operare sul medio termine.

Per iniziativa delle banche di interesse nazionale viene costituita (D.M. 29 aprile 1946) la Banca di credito finanziario (Mediobanca S.p.A.); le banche popolari costituiscono (28 maggio 1946) la Banca centrale di credito popolare (Centrobanca S.p.A.); e un gruppo di banche appartenenti a diverse categorie unitamente ad alcune imprese trasformano l'Ente finanziamenti industriali (EFI), costituito nel 1939 per facilitare la smobilizzazione dei crediti di una serie di imprese appaltatrici di lavori per l'esercito e per la marina, nell'Ente finanziario interbancario (25 ottobre 1949) (Efibanca S.p.A.).

Come abbiamo già ricordato, questi Istituti, anche quando potevano esercitare crediti speciali (Centrobanca poteva esercitare il credito agrario), non dovevano essere considerati Istituti di credito speciale alla stregua di quelli in precedenza menzionati. Essi, infatti, esercitavano, in tutte le forme e senza distinzione di settore o di dimensioni, il credito a medio termine e, a meno di non voler considerare speciale tutto il credito a durata protratta, non si poteva ritenere che gli stessi fossero Istituti di credito speciale[34].

Considerazioni identiche a quelle appena svolte valgono anche per «la Banca per i finanziamenti a medio termine» (Interbanca) costituita, sotto forma di società per azioni (D.M. 5 dicembre 1961) da un gruppo di aziende di credito ordinarie e che aveva, ed ha, appunto come oggetto l'esercizio in generale del credito a medio termine senza alcuna limitazione per quanto concerne i destinatari dello stesso.

Su questo gruppo di Istituti, enti di diritto privato, insistevano na-

[34] Cfr. art. 3 dello Statuto Mediobanca; art. 2 dello Statuto Efibanca; art. 1 dello Statuto Centrobanca.

turalmente le limitazioni operative che la legge bancaria consentiva di adottare; tali limiti, tuttavia, trovavano la propria ragion d'essere esclusiva nell'intento di favorire la liquidità e la stabilità dell'ente e non anche in una volontà legislativamente recepita di imporre particolari direttive in ordine alle scelte da adottare negli impieghi.

Queste strutture, dunque, potevano esercitare il credito industriale, ma non erano Istituti speciali, potendo erogare qualunque tipo di credito a medio termine o, più esattamente, gli eventuali limiti posti alla loro operatività discendevano o da regole generali o da clausole statutarie attinenti all'oggetto o alla liquidità-stabilità dell'ente e non ad una disciplina speciale del rapporto di credito o all'inserimento dell'ente nell'organizzazione speciale per il credito all'industria.

e) Nell'ambito dell'organizzazione speciale per il credito all'industria doveva, invece, ricomprendersi il sistema degli Istituti regionali per il finanziamento alle medie e piccole industrie disegnato dalla legge 22 giugno 1950, n. 445[35].

Sulla base di questa legge furono costituiti Istituti regionali (mediocrediti regionali) per il credito alle piccole e medie industrie e tale sistema trovò il proprio completamento con la costituzione dell'Istituto centrale per il credito a medio termine a favore delle medie e piccole industrie (Mediocredito centrale) realizzato, con un fondo di dotazione statale, dalla legge 22 luglio 1952, n. 949.

Gli Istituti regionali, enti di diritto pubblico[36] che vedevano la partecipazione di aziende di credito di varie categorie, raccoglievano i mezzi finanziari necessari per la propria attività attraverso i conferimenti e le anticipazioni in conto corrente effettuati dagli enti partecipanti, l'emissione di obbligazioni, buoni fruttiferi e certificati di deposito ed il risconto dei crediti presso il Mediocredito centrale.

Per le operazioni di impiego gli Istituti godevano di grande libertà, trovando sostanzialmente solo un limite temporale minimo (non potevano effettuare prestiti di durata inferiore all'anno) e alcuni limiti di durata massima (che per le operazioni a durata maggiormente protratta non poteva superare il termine di dieci anni), oltre, naturalmente, ai vincoli generali imposti dagli statuti e dalle autorità di vigilanza allo scopo di favorire la liquidità e la stabilità degli Istituti medesimi. Inoltre le operazioni di impiego, in quanto tali, non davano vita a finanziamenti di scopo, pur essendo ovviamente numerose le ipotesi di crediti speciali erogabili dagli Istituti di mediocredito che presentavano tale caratteristica.

[35] Sulle caratteristiche operative degli Istituti regionali per il finanziamento alle piccole e medie industrie si veda G.N. Mazzocco, *I mediocrediti regionali*, Milano, Giuffrè, 1980 e A. Ottavi, *I mediocrediti regionali nelle esperienze del loro venticinquennio*, Mediocredito Regionale Emilia-Romagna, Bologna, 1980. Per i profili giuridici si veda M.S. Giannini, *Rilievi sugli istituti di credito a medio a medie e piccole imprese industriali*, in «Banca borsa e tit. cred.», 1954, I, p. 850 e G. Bollino, *Gli istituti regionali di mediocredito*, Milano, Giuffrè, 1988.

[36] Contra M.S. Giannini, *Rilievi*, cit., p. 861.

La specialità del credito alla media industria atteneva, in realtà, più all'organizzazione degli enti preposti all'erogazione che alla disciplina del rapporto, dal momento che per quanto concerne quest'ultimo, l'unico elemento qualificante si ricollegava alla qualità (di piccola industria) del destinatario. È bene, tuttavia, precisare, che la relativa nozione si era venuta via via ampliando, soprattutto per effetto delle norme di incentivazione, rendendo anche sotto questo profilo meno delimitato il credito in oggetto.

Particolare rilievo nel sistema del mediocredito aveva assunto l'Istituto Centrale di Mediocredito: questo Istituto, che non concedeva credito direttamente alle imprese e che svolgeva funzioni di Istituto di rifinanziamento raccogliendo i mezzi anche sul mercato attraverso obbligazioni, ha visto aumentare la propria rilevanza anche perché allo stesso è stato attribuito un ruolo di primo piano nella gestione degli incentivi pubblici, nonché dei fondi centrali di garanzia. Il Mediocredito centrale, pertanto, svolgeva due funzioni diverse: quella di intermediazione finanziaria (raccogliendo risparmio da erogare agli Istituti di credito autorizzati ad accedere ai suoi finanziamenti) e quella di gestione di incentivi finanziari.

Il sistema dei mediocrediti regionali, enti creditizi pubblici, ha subito una irreversibile «trasfigurazione» per effetto del D.Lgt. 356/1990. Si sono trasformati tutti in società per azioni e hanno ampliato, già prima dell'attuazione della seconda direttiva, il loro oggetto a tutte le forme di finanziamento a medio e lungo termine. Il T.U. li ha confusi, almeno dal punto di vista legislativo, nell'insieme indistinto delle banche. Il Mediocredito centrale ha trovato la propria «sofferta» sistemazione legislativa nella legge 26 novembre 1993, n. 489 che, pur imponendone la trasformazione in società per azioni, ha tenuto ferma la molteplicità delle funzioni che lo stesso esercitava in precedenza.

f) Accanto a strutture genericamente deputate ad esercitare il credito industriale (IMI) o chiamate ad esercitarlo nei confronti di particolari categorie di imprese (Mediocrediti), il nostro sistema prevedeva anche strutture destinate al finanziamento industriale di particolari ambiti territoriali.

Con legge 11 aprile 1953, n. 298, fu stabilito che il credito industriale per il Mezzogiorno venisse esercitato da tre strutture specializzate: l'ISVEIMER (per l'Italia Meridionale), l'Istituto per il finanziamento delle Industrie siciliane (IRFIS) (costituito ai sensi della legge sui mediocrediti con la partecipazione anche della Cassa del Mezzogiorno e della Regione Sicilia) (per la Sicilia) e il Credito industriale sardo (per la Sardegna), costituito ai sensi della predetta legge 248/1953 con D.M. 3 settembre 1966, con la partecipazione della Cassa del Mezzogiorno e della Regione oltre che del Banco di Sardegna e del Tesoro.

Questi tre Istituti erano enti creditizi pubblici che vedevano la partecipazione al proprio fondo di dotazione sia di apparati pubblici sia di enti creditizi, che si provvedevano dei mezzi necessari attraverso la emissione di obbligazioni, buoni fruttiferi e certificati di deposito, e che esercitavano il credito a medio e lungo termine (anche con la sottoscrizione di obbligazioni) attenendosi nell'esercizio dell'attività creditizia alle direttive del Comitato interministeriale per il credito ed il risparmio.

La legge 10 febbraio 1981, n. 23, provvide ad ampliare il loro ambito operativo, precisando che gli stessi potevano esercitare il credito a medio termine a favore delle «imprese appartenenti a tutti i settori dell'industria ivi compresa la produzione e la distribuzione di energia, del commercio, dei trasporti e comunicazioni e dei servizi al fine di favorire lo sviluppo economico del territorio di loro competenza».

Il loro oggetto, quindi travalicava il credito industriale e si poteva continuare a considerarli come Istituti di credito industriale solo accogliendo una nozione del tutto generica dello stesso. L'ampliamento dell'oggetto accentuava il momento imprenditoriale delle loro gestioni, ma rendeva anche più significativa la presenza delle direttive del CICR, direttive che avrebbero dovuto favorire il perseguimento degli obiettivi di sviluppo economico loro assegnati sottolineando la funzionalizzazione dell'attività economica esercitata da questo gruppo di enti creditizi pubblici.

g) La struttura del credito industriale appena descritta lascia intravedere le linee di sviluppo[37] che troveranno definitivo accoglimento nel nuovo ordinamento e, in particolare, nel T.U.

Si erano andati, anzitutto, attenuando, quasi a scomparire, i confini tra il credito all'industria, al commercio, ai trasporti, ai servizi. Nel senso che l'ambito operativo di molte strutture nate per erogare crediti alla sola industria avevano progressivamente visto estendersi il loro oggetto anche agli altri settori diversi dall'agricoltura e si poteva, pertanto, parlare di credito all'industria solo accettando di quest'ultima una nozione del tutto generica che la identificava con le imprese non agricole.

Non solo, ma parallelamente all'attenuarsi della specializzazione settoriale si era venuta affievolendo anche quella ancorata alla distinzione fra credito alla grande impresa e credito per la piccola e media impresa, naturalmente sotto il profilo della specialità del credito non del regime delle incentivazioni. Si realizzò, così, una progressiva despecializzazione degli Istituti di credito industriale che poterono generalmente effettuare finanziamenti a favore di tutti i settori non agricoli dell'economia e indipendentemente dalla dimensione delle imprese finanziate.

Anche per quanto concerne la disciplina del rapporto di finanzia-

[37] Per un'analisi ed una valutazione dei profili economici degli Istituti di credito mobiliare si veda G. Mottura, *L'attività degli istituti di credito industriale*, in *La gestione degli istituti di credito industriale*, a cura di G. Mottura, Milano, Giuffrè, 1985, pp. 3 ss.; L. Arcuti, *Gli istituti di credito mobiliare tra crisi e innovazione*, in «Bancaria», 1983, pp. 1186 ss.; C. Bisoni, *Gli istituti di credito industriale*, Milano, Angeli, 1979, pp. 49 ss.; M. Gerli e D. Simoncini, *Gli istituti di credito mobiliare*, in «Pol. econ.», 1982, pp. 33 ss.; M. Bagella, *Gli istituti di credito speciale e il mercato finanziario*, Milano, Angeli, 1986 e i lavori contenuti in *Origini e identità del credito speciale*, a cura di C. Pace e G. Morelli, Milano, Angeli, 1984.

mento si assisteva ad una progressiva detipizzazione. Anzitutto sotto il profilo della relazione fra finanziamento e scopo dello stesso.

Sempre più limitate divennero le ipotesi di finanziamento di singole operazioni di impresa e sempre più numerose quelle di finanziamento dell'impresa in quanto tale, a differenza ad esempio, del credito agrario che continuava ad essere imperniato sulla regola del finanziamento di singole operazioni. E questa tendenza dava al credito industriale una maggiore elasticità, attenuando il vincolo di scopo dei relativi finanziamenti. Ma anche per quanto concerne le modalità tecniche delle singole operazioni si assisteva ad un'analogo processo di «liberalizzazione». Perdevano di importanza gli elementi sulla base dei quali si era potuto sostenere la tendenziale tipicità dei contratti di finanziamento[38], elementi che, per altro, avevano da sempre presentato una tale elasticità da non precludere, di fatto, alcuna delle operazioni ipotizzabili. E, fermi restando i limiti minimo (12 mesi) e massimo alla durata dei finanziamenti, la struttura tecnica delle operazioni di credito industriale era sempre più ampiamente rimessa all'autonomia contrattuale delle parti.

Sembra insomma abbastanza evidente che il credito industriale era destinato a diventare il credito a medio e lungo termine alle imprese, codificato dal T.U. del 1993. Ma per cogliere compiutamente il significato delle scelte operate da quest'ultimo, è necessario dar conto anche di un altro profilo.

b) Abbiamo già ricordato che la specialità del rapporto di finanziamento disciplinato dall'art. 46 del T.U. sta nel fatto che lo stesso può essere garantito da un privilegio convenzionale su beni mobili, sconosciuto all'ordinamento precedente. In realtà un rapido excursus nella storia del credito industriale consente di ridimensionare il carattere innovatore dell'intervento del T.U., senza che ciò possa per altro diminuirne la rilevanza.

L'art. 7 del D.L. 1° novembre 1944, n. 367 (recante «Provvidenze per agevolare il riassetto della vita civile e la ripresa economica della nazione») così come riscritto dall'art. 3 del D.L. C.P.S. 1° ottobre 1947, n. 1075, prevedeva che il credito derivante dai finanziamenti industriali operati ai sensi di quella prima legge (nonché degli analoghi provvedimenti legislativi di quel periodo) fosse assistito da privilegio speciale «sugli immobili, sugli impianti, sulle concessioni ... sui brevetti di invenzione industriale, sui macchinari ed utensili dell'azienda finanziata, comunque destinati al suo funzionamento ed esercizio, nonché sulle somme dovute alla azienda stessa dallo Stato per il risarcimento dei danni di guerra».

L'atto costitutivo del privilegio doveva essere annotato nel registro previsto dall'art. 1524 Cod. civ.; e dopo tale annotazione il privilegio medesimo poteva essere opposto ai terzi che avessero acquistato diritti sui beni che ne erano oggetto. Ed il privilegio speciale così costituito e

[38] Sul punto P. Vitale, *Operazioni bancarie ed ordinamento dell'attività bancaria*, in *Le operazioni bancarie*, a cura di G.B. Portale, Milano, Giuffrè, 1978, vol. I, pp. 10 ss.

reso efficace nei confronti dei terzi era «preferito ad ogni altro titolo di prelazione da qualsiasi causa derivante, ad eccezione del privilegio per le spese di giustizia, ma non [prevaleva] sui diritti di prelazione derivanti da privilegi, pegni e ipoteche preesistenti» all'annotazione sul predetto registro (cfr. art. 7, 2° comma). Di questo privilegio potevano avvalersi secondo il provvedimento originario (D.Lgs.Lgt. 29 maggio 1944, n. 138) soltanto alcuni Istituti di diritto pubblico deputati ad erogare particolari finanziamenti all'industria; successivamente (D.Lgs.Lgt. 8 maggio 1946, n. 449) l'Imi venne autorizzato ad accendere il predetto privilegio anche per finanziamenti industriali diversi da quelli previsti nel provvedimento del 1944 e questa possibilità venne estesa dall'art. 2 della legge 29 dicembre 1948, n. 1482 alle Sezioni di credito industriale del Banco di Napoli, di Sicilia e di Sardegna.

Con legge 11 aprile 1953, n. 298 (art. 15), la possibilità di accendere il privilegio industriale venne estesa a tutti gli Istituti che effettuavano finanziamenti a medie e piccole imprese. In altri termini, fin dagli anni cinquanta il privilegio industriale poteva essere assunto dalla quasi totalità degli Istituti che erogavano credito industriale, nei confronti sia delle grandi imprese sia di quelle piccole e medie[39], anche se tale possibilità era affidata ad una molteplicità di provvedimenti «particolari» che avevano progressivamente ampliato sia il numero degli Istituti di credito sia le forme di finanziamento che potevano essere assistite dal predetto privilegio.

Quest'ultimo poté poi essere acceso anche a favore di imprese commerciali in forza dell'art. 2 della legge 16 settembre 1960, n. 1016 («finanziamento a medio termine al commercio»), cessando così d'essere, ammesso che lo fosse stato in precedenza, un privilegio definibile, in senso proprio, industriale. E ancora l'art. 13 della legge 25 luglio 1961, n. 649, consentiva alla Sezione speciale per la cooperazione presso la Bnl di acquisire il medesimo privilegio per i finanziamenti concessi alla cooperazione e in forza dell'art. 40 della legge 25 luglio 1952, n. 949, un analogo privilegio fu reso accessibile a tutte le aziende e gli Istituti di credito che avessero effettuato prestiti alle imprese artigiane.

Appare evidente la linea di tendenza: il privilegio speciale originariamente previsto per alcuni Istituti e per alcuni tipi di finanziamento diventa, almeno a partire dagli anni sessanta, un privilegio speciale che poteva essere acquisito da tutti gli Istituti di credito («industriale») per la generalità dei finanziamenti alle imprese diverse da quelle agricole (per le quali — come sappiamo — esistevano i privilegi agrari). Con una precisazione, tuttavia: a differenza di quanto accadeva nel credito agrario (e per il credito all'artigianato) i finanziamenti all'industria e al commercio potevano essere assistiti dal privilegio soltanto quando erano a medio e lungo termine.

Dovrebbe ormai essere chiaro perché la previsione introdotta dal-

[39] Sulle vicende descritte nel testo v. per tutti G. Tucci, *Il particolarismo legislativo del privilegio industriale*, in «Foro it.», 1980, I, c. 2529 ss.

l'art. 46 del T.U. costituisce, anzitutto, una razionalizzazione dell'esistente. Nello stabilire che «la concessione di finanziamenti a medio e lungo termine da parte di banche alle imprese può essere garantita da privilegio speciale su beni mobili», il T.U. ha ricondotto ad unità una miriade di norme, che avevano, per altro, finito con il consentire l'accensione del predetto privilegio in tutti i molteplici segmenti nei quali si articolava il credito a medio e lungo termine per le imprese non agricole.

i) Ma anche sotto un diverso profilo deve essere valutata l'importanza dell'intervento del T.U. Il nostro ordinamento di diritto comune, a differenza di quelli vigenti in altri paesi comunitari, non conosce il pegno senza spossessamento e rende, pertanto, difficile, se non impossibile, la costituzione in garanzia dei beni mobili inseriti nel processo produttivo e dei prodotti dell'attività imprenditoriale, essendo impossibile sottrarli al possesso dell'imprenditore[40]. Analoghe difficoltà si incontrano quando si voglia costituire in garanzia la massa dei crediti, anche futuri, che nascono in connessione e a causa dell'attività di impresa[41].

Questi ostacoli normativi hanno contribuito al declino delle garanzie mobiliari ed hanno determinato una condizione di inferiorità delle imprese e delle banche italiane nei confronti di quelle di altri paesi comunitari.

E l'attuazione del principio del mutuo riconoscimento rendeva urgente la necessità di colmare la lacuna del nostro diritto comune, sia pure nei limiti imposti dalla settorialità dell'intervento consentito al T.U. Ed anche in questa prospettiva va collocata la riscrittura del privilegio industriale effettuato dall'art. 46 di quest'ultimo provvedimento.

6.3. Il finanziamento di medio e lungo termine alle imprese

a) Abbiamo già ricordato più volte i presupposti soggettivi che il rapporto di finanziamento deve presentare per poter essere assistito dal privilegio speciale: ente finanziatore può essere solo una banca, intendendosi per tali non solo quelle italiane ma anche quelle comunitarie ed extracomunitarie, mentre il finanziato deve necessariamente rivestire la qualità di imprenditore, a nulla rilevando il fatto che quest'ultimo svolga la propria attività nell'ambito dell'industria o del commercio o dei trasporti o dei servizi (e non paiono esclusi neppure gli imprenditori agricoli) o il fatto che presenti le caratteristiche della piccola, della media o della grande impresa.

Il finanziamento deve, per altro, essere a medio o lungo termine, ossia nella prassi amministrativa attuale, con durata non inferiore a diciotto mesi. Non è per altro un finanziamento a scopo legale, anche se,

[40] Cfr. G. Piepoli, *Garanzie sulle merci e spossessamento*, Napoli, Jovene 1980, pp. 10 ss. e E. Gabrielli, *Il pegno «anomalo»*, Padova, CEDAM, 1990, pp. 74 ss.

[41] Cfr., per tutti, G. Tucci, *Garanzie sui crediti d'impresa e tutela dei finanziamenti*, Milano, Giuffrè, 1974, pp. 155 ss.

naturalmente la disciplina speciale si giustifica per la destinazione del credito al finanziamento dell'apparato produttivo: l'effettiva destinazione a tale scopo sembra, per altro, integralmente affidata alle norme, anche penali, vigenti per la corretta gestione dell'impresa.

b) L'art. 46, 1° comma, prima di elencare i beni sui quali il privilegio può essere costituito, precisa che lo stesso non può avere per oggetto beni «iscritti nei pubblici registri». È questa una delle restrizioni apportate all'ambito oggettivo del privilegio previsto in larga parte dalle disposizioni precedenti (un'altra concerne gli immobili, considerati come possibile oggetto di privilegio industriale dall'art. 7 del D.L. C.P.S. 1075/1947) e la sua introduzione si giustifica tenendo presente che per i beni iscritti nei pubblici registri i singoli ordinamenti speciali prevedono già la costituzione di garanzie reali sui medesimi.

Così a norma dell'art. 66, 1° comma del R.D. 29 giugno 1939, n. 1127, «i diritti di garanzia sui brevetti per invenzioni industriali debbono essere costituiti mediante trascrizione dell'atto costitutivo presso l'Ufficio centrale dei brevetti» e «nel concorso di più diritti di garanzia, il grado è determinato dall'ordine delle trascrizioni»[42]. Analogamente dispone per i marchi d'impresa l'art. 49 del R.D. 21 giugno 1942, n. 929. Così come è previsto dal R.D.L. 15 marzo 1927, n. 436, per i mobili iscritti nel pubblico registro automobilistico. Il T.U. ha ritenuto inutile, e per di più fonte di possibili difficoltà di coordinamento fra i diversi sistemi di pubblicità, prevedere la costituzione di un privilegio speciale per beni sui quali era già consentita l'acquisizione di un diritto reale di garanzia anche senza spossessamento.

Il medesimo 1° comma dell'art. 46 precisa che il privilegio può avere ad oggetto «*a*) impianti e opere esistenti e futuri, concessioni e beni strumentali comunque destinati all'esercizio dell'impresa; *b*) materie prime, prodotti in corso di lavorazione, scorte, prodotti finiti, frutti, bestiame, merci; *c*) beni comunque acquistati con il finanziamento concesso» e, inoltre, «*d*) crediti, anche futuri, derivanti dalla vendita dei beni indicati nelle lettere precedenti». Si individua così un elenco esaustivo dei possibili oggetti sui quali può cadere il privilegio, ma il carattere aperto delle categorie che vengono ricomprese nel catalogo dovrebbe escludere possibili strozzature; d'altro canto, il limite, che alla libera disponibilità dei beni deriva dalla costituzione del privilegio, impone una qualche delimitazione dell'insieme dei beni sui quali il privilegio speciale può essere assunto.

Nell'ambito di quel catalogo si possono ancora distinguere le *res* mobili indicate nelle prime tre lettere dell'elenco (e la cui formulazione risente dell'assorbimento nel privilegio *de quo* anche dei privilegi agricoli) e i crediti: i crediti d'impresa inoltre possono costituire oggetto della garanzia in questione solo se derivanti dalla vendita dei beni d'impresa.

[42] Cfr. per tutti P. Greco e P. Vercellone, *Le invenzioni e i modelli industriali*, Torino, UTET, 1968, p. 279.

c) «Il privilegio, a pena di nullità, deve risultare da atto scritto» e «nell'atto devono essere esattamente descritti i beni e i crediti sui quali il privilegio viene costituito, la banca creditrice, il debitore e il soggetto che ha concesso il privilegio, l'ammontare e le condizioni del finanziamento nonché la somma di denaro per la quale il privilegio viene assunto».

«L'opponibilità a terzi del privilegio sui beni è subordinata alla trascrizione, nel registro indicato dall'art. 1524, secondo comma del codice civile, dell'atto dal quale il privilegio risulta»[43]. La disciplina della costituzione e della opponibilità prevista dal T.U. mette in luce la natura speciale del privilegio in questione; le sue caratteristiche di ipoteca mobiliare, che non nasce per effetto della legge e della causa del credito, ma per effetto di un atto di autonomia privata nei confronti del quale, tuttavia, la causa svolge il ruolo di giustificazione del potere privato. Tant'è che il privilegio non può essere assunto dalle banche a garanzia di un qualsiasi loro credito.

La forma scritta, richiesta a pena di nullità, mentre basta per costituire il rapporto fra le parti, non è sufficiente per opporre tale rapporto ai terzi.

Il sistema di pubblicità legale, alla quale il privilegio è sottoposto con indicazione anche del relativo «tetto», consente di evitare ai terzi le «sorprese» che spesso riservano i privilegi legali (e il T.U., come abbiamo ricordato, ha abolito, anche per questo motivo, il privilegio legale agrario).

Naturalmente, anche in presenza di un regime di pubblicità legale è necessario tener conto delle esigenze di circolazione dei beni sui quali il privilegio insiste e il T.U. (art. 46, 5° comma) ha stabilito che «il privilegio può essere esercitato anche nei confronti dei terzi che abbiano acquistato diritti sui beni che sono oggetto dello stesso dopo la trascrizione» del privilegio medesimo nel registro di cui all'art. 1524, ma ha ritenuto, per altro, necessario temperare questa regola precisando che rimane «fermo quanto disposto dall'art. 1153 del Codice civile». In altri termini, il terzo al quale venga alienato un bene sul quale insiste il privilegio acquisterà la proprietà dello stesso libera da quest'ultimo, purché ne abbia acquisito il possesso e sia in buona fede al momento della consegna (e naturalmente sussista un titolo idoneo al trasferimento della proprietà).

La trascrizione del privilegio non costituisce una presunzione di conoscenza nel terzo del privilegio nella generalità dei casi, pur rappresentando una «notizia» che spesso potrà fondare, sia pure con altri elementi di fatto, tale conoscenza, escludendo, quindi, la buona fede necessaria per «purgare» il bene dal diritto di garanzia della banca. Ma in linea di principio l'onere di provare la mancanza di buona fede del terzo spetterà alla banca; il che se, da un lato incide sull'efficacia del privi-

[43] «La trascrizione deve essere effettuata presso il Tribunale del luogo ove ha sede l'impresa finanziata» (art. 46, 3° comma).

legio, dall'altro, rappresenta il prezzo che deve essere pagato per non compromettere la sicurezza degli acquisti di beni mobili (per di più di larga diffusione come le merci)[44]. Per rafforzare l'efficacia del privilegio, senza compromettere la sicurezza della circolazione, lo stesso ultimo comma dell'art. 46 prevede che «nell'ipotesi in cui non sia possibile far valere il privilegio nei confronti del terzo acquirente, il privilegio si trasferisce sul corrispettivo».

d) Per quanto concerne il grado del privilegio il T.U. si è mosso nella scia già fissata dal provvedimento del 1947 per il privilegio industriale: a norma del comb. disp. dell'art. 46, 4° comma del T.U. e dell'art. 2777, ult. comma del Codice civile, il privilegio in questione deve considerarsi fra quelli dichiarati da una legge speciale «preferiti ad ogni altro credito» e, come tale, è posposto esclusivamente «al privilegio per le spese di giustizia ed ai privilegi indicati nell'art. 2751 *bis*» (retribuzioni, onorari, provvigioni, coltivatori diretti, artigiani, cooperative di produzione e lavoro e agricole), ma prevale su tutti gli altri privilegi generali e speciali, anche se «non pregiudica gli altri titoli di prelazione di pari grado con data certa anteriore a quella della trascrizione»[45].

6.4. I crediti industriali caduti

Analogamente con quanto è avvenuto nell'ambito del credito immobiliare anche in quello mobiliare (o industriale) il T.U. ha determinato la caduta di alcune forme di credito speciale; caduta addebitabile soprattutto alla eliminazione della specializzazione operativa degli enti erogatori.

a) Così è accaduto per il credito alle imprese cinematografiche, introdotto nel nostro ordinamento con la legge 13 giugno 1935, n. 1143 e con il R.D. 14 novembre 1935, n. 2504, che istituì la sezione autonoma per il credito cinematografico della Banca Nazionale del Lavoro, per la sua erogazione e per la gestione dei fondi pubblici destinati al settore. Nessuna peculiarità presentava il relativo rapporto di finanziamento. La despecializzazione soggettiva ha ricondotto il finanziamento del settore al credito ordinario, eventualmente agevolato.

b) Più complessa ma in qualche misura analoga la vicenda del credito navale, che riceve una prima disciplina organica in due provvedimenti legislativi del 1928: il R.D. 5 luglio 1928, n. 1816, che introduce nell'ordinamento l'ipoteca navale[46], e il R.D. 5 luglio 1928, n. 1817, che costituì l'Istituto per il credito navale, finanziato da enti finanziari pubblici e che raccoglieva risparmio mediante emissione di obbligazioni pa-

[44] A norma del 3° comma dell'art. 46: «Della costituzione del privilegio è dato avviso mediante pubblicazione nel foglio annunzi legali (F.A.L.); dall'avviso devono risultare gli estremi dell'avvenuta trascrizione».

[45] Sul punto G. Tucci, in *Trattato di diritto privato*, diretto da P. Rescigno, vol. XIX, Torino, UTET, 1985, p. 543.

[46] Sull'ipoteca navale v. per tutti D. Rubino, *L'ipoteca*, cit., p. 211.

rificate alle cartelle fondiarie. Con legge 21 maggio 1940, n. 657, l'Istituto venne posto in liquidazione e i relativi rapporti vennero trasferiti all'IMI, andando a costituire (R.D.L. 2 giugno 1946, n. 481) la Sezione autonoma per il credito navale che ha continuato a erogare i relativi finanziamenti.

Le peculiarità originarie del credito navale erano dunque costituite dalla specificità della garanzia e dalla specializzazione dell'ente erogatore. La prima si è perduta con la trasformazione in istituto di diritto comune dell'ipoteca navale operata dal codice della navigazione (v. artt. 565 ss.), la seconda è stata cancellata con la despecializzazione operativa realizzata dal «nuovo ordinamento». Il credito navale è oggi un credito ordinario.

c) Una storia parallela a quella del credito navale ha vissuto il credito minerario introdotto nel nostro ordinamento nel 1927. La legge 29 luglio 1927, n. 1443, autorizzò la costituzione di un diritto reale di garanzia sulla concessione mineraria (ipoteca mineraria)[47] e il R.D.L. 25 marzo 1927, n. 435, creò la Sezione di credito minerario del Banco di Sicilia, che incorporò la preesistente Banca autonoma di credito minerario per la Sicilia, costituita a sua volta con legge 15 luglio 1905, n. 333, con il concorso pubblico. Ma l'ipoteca mineraria non è più, come all'origine, un istituto accessibile solo al credito minerario e la despecializzazione attuata dal T.U. ha eliminato la specialità della relativa struttura erogatrice. Il credito all'attività mineraria ha cessato di essere un credito speciale, in quanto tale, potendo ovviamente assumere la forma del «finanziamento a medio e lungo termine alle imprese», divenuto l'alveo nel quale confluiscono gli altri crediti speciali alle attività imprenditoriali previsti dalle norme precedenti.

d) Una vicenda diversa ha vissuto il credito al commercio che probabilmente non ha mai presentato le caratteristiche del credito speciale, dal momento che la sua disciplina si esauriva quasi integralmente nelle norme di agevolazione pubblica. Il credito al commercio nasce del 1960 (legge 16 settembre 1960, n. 1016) attraverso l'autorizzazione agli Istituti di credito industriale ad erogare crediti agevolati a medio e lungo termine agli operatori del commercio e consentendo, come abbiamo già ricordato, l'accensione di un privilegio su impianti e macchinari del tutto analogo a quello industriale (art. 2 legge 1960/1016). Ed una vera emancipazione di un credito speciale al commercio dal credito agevolato non è realizzata neppure dalla legge 12 marzo 1968, n. 315, che consente agli Istituti di credito industriale di erogare finanziamenti al commercio anche in mancanza di contributi pubblici, ma che non introduce alcuna disciplina speciale per il relativo rapporto di finanziamento che rimane pertanto di diritto comune (e agevolato). E sul punto non interviene alcuna innovazione neppure ad opera della legge 10 ottobre 1975, n. 517, che introduce una disciplina degli incentivi più attenta

[47] Sull'ipoteca mineraria, v. D. Callegari, *L'ipoteca mineraria*, Padova, CEDAM, 1934 e D. Rubino, *L'ipoteca*, cit., pp. 182 ss.

delle precedenti alle peculiarità economiche del settore[48]. In definitiva anche prima del T.U. il credito si presentava come credito ordinario, normalmente agevolato. Ed è questa la sua condizione anche dopo il T.U. del 1993, alla stregua del quale potrà, tuttavia, assumere la forma del credito speciale, eventualmente agevolato, come finanziamento a medio e lungo termine alle imprese, ai sensi dell'art. 46.

e) Discorso del tutto analogo a quello appena svolto per il credito al commercio vale anche per il credito all'artigianato, ossia per il credito alle imprese considerate artigiane dalla legge 8 aprile 1985, n. 44. La sua organizzazione e la disciplina del rapporto si esaurivano infatti nell'organizzazione[49] e nella disciplina degli incentivi finanziari previsti per questo settore, anche prima delle recenti riforme. Non solo, ma anche sotto il profilo dell'erogazione non vi era alcuna specializzazione soggettiva, dal momento che i finanziamenti alle imprese artigiane potevano essere erogati da tutte le aziende di credito.

Una speciale struttura è stata invece costituita (dalla legge 25 luglio 1952, n. 949) per il rifinanziamento delle aziende di credito che erogano credito artigiano: la Cassa per il credito alle imprese artigiane (Artigiancassa). Tale ente, sottoposto alla vigilanza prevista per gli Istituti di credito (art. 1 dello statuto approvato con D.M. 27 ottobre 1972) non poteva «effettuare direttamente operazioni di finanziamento alle imprese artigiane» e si limitava a compiere con gli Istituti e le aziende autorizzate ad effettuare finanziamenti di credito artigiano, operazioni di «*a*) risconto di effetti cambiari relativi ad operazioni di finanziamento a medio termine a favore di imprese artigiane; *b*) finanziamento contro cessione in garanzia totale o parziale di crediti concessi come alla lettera *a*) in forme non comportanti il rilascio di effetti cambiari».

Per lo svolgimento della propria attività la Cassa si avvaleva oltre che del fondo di dotazione anche del ricavato di emissioni obbligazionarie o di prestiti esteri, subordinate, per altro, all'autorizzazione del Comitato interministeriale per il credito ed il risparmio. Era poi «fatto divieto alla Cassa di raccogliere risparmio sotto qualsiasi altra forma» (art. 5 dello Statuto). Accanto a questa funzione di intermediario finanziario la Cassa svolgeva anche la funzione di gestore e di erogatore dei contributi in conto interessi dai quali sono assistiti i finanziamenti artigiani e di gestore del «Fondo centrale di garanzia» per la copertura dei rischi derivanti dalle operazioni di credito artigiano a medio termine, costituito anche con i contributi dei prestatari e delle aziende di credito (legge 14 ottobre 1964, n. 1068). La legge 489/1993 ne prevede la ne-

[48] Cfr. anche per un esame dei progetti di riforma del credito al commercio, R. Costi, *Il credito speciale e il credito al commercio*, in «Commercio», 1986, pp. 47 ss.

[49] Nell'organizzazione degli incentivi finanziari all'artigianato svolgono un penetrante intervento anche le Regioni in virtù del trasferimento alle stesse funzioni amministrative operato dalla legge 22 luglio 1975, n. 352, e dall'art. 109 del D.P.R. 24 luglio 1977, n. 616 (v. F. Bassanini, *Agevolazioni di credito*, in *Commentario al decreto n. 616 di attuazione della l. 382*, a cura di A. Barbera e F. Bassanini, Bologna, Il Mulino, 1978, pp. 577 ss.).

cessaria trasformazione in società per azioni, ma impone che il relativo ordinamento statutario «assicuri il perseguimento delle finalità» dell'ente originario.

e) Con difficoltà si poteva considerare fra i crediti speciali il credito alla cooperazione[50] e con le stesse difficoltà si può forse ritenere che lo stesso non sia caduto con il T.U. La specialità del credito alla cooperazione consisteva soprattutto nella esistenza di una struttura (la «Sezione speciale per il credito alla cooperazione» costituita presso la Banca Nazionale del Lavoro con il D.L. C.P.S. 15 dicembre 1947, n. 1421) specializzata per la relativa erogazione. La sezione, dotata di personalità giuridica e al cui fondo di dotazione concorrevano la Banca Nazionale del Lavoro e gli Istituti centrali delle Casse di risparmio e delle Banche popolari, aveva per altro il generico compito di «esercitare il credito a favore delle cooperative e loro consorzi» «in tutte le forme tecniche e con le modalità e condizioni più appropriate», provvedendosi dei relativi mezzi, in aggiunta a quelli del fondo di dotazione, con il «riscontro del portafoglio e ogni altra operazione, esclusa la raccolta di deposito fra il pubblico». La stessa si muoveva, pertanto, senza particolari limiti sia per quanto concerne la raccolta sia per quanto riguarda gli impieghi, attraverso operazioni che non erano delimitate negli scopi se non attraverso l'indicazione dei destinatari.

E a dire il vero si poteva dubitare che la presenza di quell'organismo specializzato bastasse a dar vita ad un credito speciale, in assenza di una qualsiasi specialità del rapporto di finanziamento. Ed anche la «trasformazione» della Sezione in società per azioni non impone certo l'ampliamento dell'ambito operativo. In altri termini nulla vieta che anche nel nuovo ordinamento rimanga una banca specializzata nel credito alla cooperazione, senza che questo comporti la esistenza di un credito speciale. A dire il vero il credito della «Sezione per la cooperazione» si presenta come credito in qualche misura agevolato dal momento che lo Stato concorre (nella misura del 70%) al rimborso delle perdite accertate sui singoli finanziamenti concessi sollevando, sia pure in parte, dal rischio di impresa la Sezione per la quale, inoltre, è previsto un trattamento tributario di favore. Ma come è facile notare si tratta di incentivi finanziari e tributari incapaci, in quanto tali, di dar vita ad un nuovo credito speciale.

7. Credito su pegno

7.1. I soggetti

L'art. 48 del T.U. conserva in vita, per le peculiarità che ne caratterizzano il rapporto, il credito su pegno disciplinato dalla legge 10

[50] Cfr. S. Mazzarese, *Impresa cooperativa e finanziamento*, Napoli, Jovene, 1980.

maggio 1938, n. 745 e dal R.D. 25 maggio 1939, n. 1279 che ne detta il regolamento di attuazione.

Come abbiamo a suo tempo ricordato, queste norme disciplinavano i Monti di credito su pegno che avevano appunto «come attività fondamentale di concedere prestiti di importo anche minimo, a miti condizioni, con garanzia di pegno su cose mobili per loro natura» (art. 1, 1° comma della legge 745/1938). Le stesse dettavano anche, come lascia già intravedere la norma appena riprodotta, un'articolata disciplina del rapporto creditizio (art. 10 ss. della legge 745/1938 e art. 37 ss. del R.D. 1279/1939); disciplina della quale erano legittimati ad avvalersi «istituzionalmente» solo i Monti, sia di prima che di seconda categoria.

La stessa legge 745/1938 consentiva per altro l'esercizio del credito su pegno secondo la disciplina speciale «alle Casse di risparmio a agli istituti di credito di diritto pubblico che praticano tale forma di credito in base ai loro statuti» e alle «agenzie di prestito su pegno» già autorizzate (art. 32, 2° e 3° comma legge 745/1938).

Il R.D. 1279/1938 (art. 60) ampliò l'ambito dei soggetti che potevano esercitare tale forma di credito estendendolo anche alle aziende di credito appartenenti alle altre categorie, che già lo esercitavano all'entrata in vigore della legge del 1938 dietro autorizzazione della Banca d'Italia, da rinnovarsi annualmente.

Questo sistema «chiuso»[51] doveva essere spazzato via con la despecializzazione operativa introdotta dal nuovo ordinamento: il T.U. (art. 48) stabilisce, infatti, che il credito speciale su pegno «continua a essere esercitato dalle banche già abilitate allo svolgimento di tale attività» e che «altre banche possono intraprendere l'esercizio dell'attività di credito su pegno dotandosi delle necessarie strutture»; precisando altresì che «l'inizio dell'attività è soggetto al nulla osta della Banca d'Italia che verifica la rispondenza delle strutture, e a licenza del questore, da rilasciarsi ai sensi dell'art. 115 del R.D. 18 giugno 1931, n. 773».

Come si può notare, l'accesso all'esercizio di questo tipo di credito è sottoposto ad un regime in parte diverso da quello generalmente in vigore anche per i crediti speciali: è necessaria non solo la verifica da parte della Banca d'Italia della esistenza nell'organizzazione della banca delle «strutture necessarie» per l'esercizio di tale attività ma anche la licenza dell'attività di pubblica sicurezza. La ragione di questo regime particolare sta, da un lato, nel ruolo che la garanzia pignoratizia svolge nell'erogazione del credito (e la conseguente necessità di custodia delle cose date in pegno) e, dall'altro, nella «incidenza» sociale dell'attività destinata ai ceti più deboli e più bisognosi di credito; il che potrebbe incoraggiare iniziative idonee a turbare l'ordine pubblico.

[51] Così S. Mazzarella, *Soggetti e contratto di credito pignorativo nel divenire della loro specialità*, in *Il credito su pegno: problemi e prospettive*, «Quaderni di Economia e Credito», 1, 1990, pp. 10 ss.

7.2. Il rapporto

a) Il T.U. non ha modificato la disciplina del rapporto: la stessa, pertanto, va ancora cercata nella legge 745/1938 e nel R.D. 1279/1939 che ne individua anche la specialità nei confronti della disciplina comune, sia del «contratto di credito» sia del contratto di pegno. Viene stabilita, anzitutto, una connessione necessaria fra questi due contratti: nel senso che la costituzione della garanzia pignoratizia non è un negozio accessorio ed eventuale nei confronti del contratto di credito, ma costituisce un elemento essenziale dello stesso rapporto speciale di credito. Questa connessione viene formalizzata imponendo che l'operazione di credito su pegno venga effettuata «mediante rilascio, al prestatario, di una polizza, la quale deve contenere la denominazione [della banca], la descrizione sommaria della cosa costituita in pegno, il valore di stima attribuito, la data di concessione e quella di restituzione del prestito, la indicazione dei corrispettivi dovuti [alla banca]».

«La polizza di pegno, anche se contenga l'indicazione del nome, è al portatore» e quindi, pur essendo necessaria oggi la identificazione del prestatario per esigenze di polizia (v. legge 4 novembre 1977/420), il rapporto di credito è, tuttavia, incentrato sul bene dato in pegno, realizzando piuttosto un «credito alla cosa» che alla persona dell'affidato[52]. In questa prospettiva trovano adeguate spiegazioni sia le norme che impongono la «stima», da parte di un perito (art. 12 della legge 745/1988), della cosa offerta in pegno e l'obbligo di non erogare prestiti che eccedano «i quattro quinti del valore di stima fissato dal perito, quando trattasi di preziosi e i due terzi del valore, quando trattasi di oggetti diversi» (art. 39 del R.D. 1279/1939), sia quelle che, in deroga al diritto comune, attribuiscono al diritto di pegno della banca creditrice una protezione rafforzata nei confronti di eventuali altre pretese sul bene (art. 11 della legge 745/1938: «il proprietario di cose rubate o smarrite costituite in pegno e, parimenti, chiunque, per qualsiasi titolo, abbia diritti su cose costituite in pegno, per ottenere la restituzione deve rimborsare (la banca) della somma data a prestito, degli interessi ed accessori».

b) Il rapporto creditizio è un rapporto di credito necessariamente a breve termine: «la durata dei prestiti su pegno non può essere minore di tre mesi, né maggiore di un anno» (art. 13, 1° comma legge 745/1938). E, la concessione del credito deve avvenire, «a miti condizioni», e anche «per importi minimi» (art. 1, 1° comma legge 745/1938). I prestiti «possono essere estinti in qualunque tempo prima della scadenza col conseguente riscatto e ritiro delle cose costituite in pegno» (art. 41, 1° comma R.D. 1279/1939).

Sono questi indici puntuali del carattere «sociale» del credito su pe-

[52] In questa prospettiva vanno collocati gli obblighi connessi con la «conservazione» delle cose date in pegno: dall'obbligo dell'assicurazione contro l'incendio (art. 44 del R.D. 1279/1939) all'obbligo della cauzione a carico dei magazzinieri incaricati della custodia (art. 12 della legge 745/1939).

gno, diretto a sovvenire soggetti di limitata capacità di accesso al credito, anche per il consumo. E questo carattere ha spinto una parte della dottrina a ritenere che esista un obbligo a contrarre dei soggetti che esercitano tale tipo di credito, o quanto meno, un obbligo a contrattare: obbligo che uscirebbe confermato anche dall'art. 38 del R.D. 1979/1939, a norma del quale «le banche» possono rifiutare la concessione dei prestiti quando hanno fondato motivo di ritenere che le cose offerte in pegno siano di illegittima provenienza[53].

c) Naturalmente questa funzione sociale trova il proprio limite nella tutela della banca affidante ed anche sotto questo profilo, ossia della tutela delle ragioni di credito della banca, la disciplina dettata dalla norma del 1938 presentava notevoli caratteri di specialità, anche nei confronti di quelle dettate dal diritto comune a tutela del credito pignoratizio[54]. «Le cose costituite in pegno e non riscattate entro 30 giorni dalla scadenza del mutuo sono vendute all'asta pubblica», pubblicità realizzata attraverso avvisi nella sede della banca e minuziosamente disciplinati dal R.D. 1979/1939 e dai regolamenti interni (v. art. 48, ss. dal predetto R.D.). «Se il prezzo ricavato dalla vendita eccede il credito [della banca] per capitale, interessi ed accessori, la somma residuale rimane a disposizione del portatore della polizza per la durata di un quinquennio, senza decorrenza di interessi, trascorso questo termine, è devoluta (alla banca) in aumento del patrimonio» (art. 14, legge 745/1938). «Le cose poste in vendita che non trovino acquirente o che non raggiungano offerte sufficienti al rimborso integrale del credito della banca sono aggiudicate al perito che ha effettuato la stima, per l'importo del prestito, relativi interessi ed accessori» e «tale importo deve essere versato non oltre due giorni da quello dell'aggiudicazione» (art. 15 legge 745/1939). E proprio a garanzia di tale responsabilità il perito deve prestare cauzione (cfr. art. 54 del regol.).

[53] Sul punto S. Mazzarella, *op. cit.*, p. 49.

[54] Per un esame sintetico di questo profilo v. G. Bongiorno, *Il credito su pegno: quale tutela?*, in *Il credito su pegno*, cit., pp. 59 ss.

La trasparenza bancaria

Capitolo 8

1. Contenuti e limiti della trasparenza bancaria

a) Le banche sono sottoposte ad una disciplina speciale, diversa da quella di diritto comune generalmente valida per gli enti imprenditori, anche per quanto concerne la loro trasparenza, ossia l'insieme delle informazioni che possono essere acquisite sulla loro struttura e sulla loro attività. Il cardine di tale statuto speciale dell'informazione bancaria è, ovviamente, rappresentato dalla sottoposizione delle banche alla vigilanza di un apparato amministrativo che deve poter acquisire tutte le informazioni necessarie per l'esercizio delle proprie funzioni (vigilanza informativa ed ispettiva).

Come avremo modo di constatare più innanzi, le banche presentano un grado di trasparenza assoluta nei confronti dell'organo di vigilanza, collocandosi così in una posizione del tutto diversa dalla massima parte degli imprenditori. Questa condizione di trasparenza assoluta nei confronti dell'organo di vigilanza bancaria, tuttavia, non sottrae, in linea di principio, le banche alle norme del diritto dell'informazione dettate in considerazione della struttura e della natura dell'ente (si pensi alle norme sulla informazione societaria), della commercialità dell'attività bancaria esercitata (si possono ricordare le norme sulla pubblicità commerciale dettate dal Codice civile) o della peculiarità del mercato nel quale operano (ad esempio norme sull'informazione dettate per gli enti con titoli quotati nei mercati ufficiali).

In altri termini, non troverebbero adeguato fondamento nel diritto positivo tesi che, traendo argomento dalla trasparenza delle banche nei confronti dell'organo di controllo e dalla sottoposizione delle stesse alla vigilanza regolamentare di quest'ultimo, pretendessero di sottrarle alle norme di diritto comune dettate in tema di informazione societaria, di pubblicità dell'impresa commerciale e di trasparenza dei mercati mobiliari. Questa precisazione non toglie che in alcune ipotesi queste norme ricevano contenuti particolari, giustificati dalla peculiarità dell'attività bancaria (come accade per i bilanci bancari) o non trovino affatto applicazione. E quest'ultima ipotesi si può verificare o perché la norma generale che impone particolari doveri di informazione è resa superflua dalla presenza dei controlli bancari (così la disciplina dettata dall'art. 18 della legge 7 giugno 1974, n. 216, per l'appello al pubblico risparmio non trova applicazione per la raccolta bancaria, cfr. art. 12 della legge 23 marzo 1983, n. 77) o perché sono stati eliminati, in considerazione della natura dell'attività e della soggezione del relativo esercizio alla vigilanza bancaria, i controlli normalmente previsti per particolari categorie di enti (così le Banche popolari e le Banche di credito cooperativo sono «opache» nei confronti delle strutture pubbliche alle quali viene affidata la vigilanza sulle società cooperative, essendo espressamente sottratte a tali tipi di controllo).

b) Un secondo profilo della specialità dello statuto delle banche, con riferimento alla trasparenza della loro attività, può essere individuato negli strumenti di informazione reciproca che consentono di acquisire informazioni su circostanze afferenti la condizione di altre banche o i rapporti da queste intrattenuti con terzi. Sono strumenti, come vedremo, che trovano il proprio fondamento talvolta in provvedimenti amministrativi (come la Centrale dei rischi), talvolta in prassi esplicitamente confortate dall'ordinamento positivo (come le informazioni bancarie) e talvolta in atti interamente riconducibili all'autonomia privata (come la pubblicazione di dati relativi alla propria struttura economica e finanziaria riclassificati secondo modelli prestabiliti)[1]. In ogni caso essi consentono una trasparenza nell'ambito del sistema creditizio sconosciuta alla generalità delle imprese.

c) Un terzo momento dello statuto dell'attività bancaria dal quale emerge con evidenza la speciale trasparenza alla quale sono sottoposte le banche concerne l'obbligo che sulle stesse incombe, da un lato, di rendere conoscibili ai terzi i meccanismi di formazione dei prezzi dei loro prodotti e, dall'altro, di rendere pubbliche le condizioni dalle medesime praticate nei confronti della clientela.

Nella prima direzione muove, nel nostro ordinamento, la norma (art. 8 della legge 1° marzo 1986, n. 64) che impone alle banche, a parità di condizioni soggettive, di adottare nella propria attività d'impresa il principio di parità di trattamento. Nella seconda direzione muovono le norme sulla trasparenza nelle condizioni contrattuali dettate dal titolo VI del T.U. del 1993.

d) Nel definire il grado di trasparenza e, comunque, il flusso delle informazioni che circolano nel sistema bancario, è poi necessario tener conto dei doveri di informazione che nei confronti delle banche hanno coloro che, in varia veste, entrano «in contatto» con le stesse. In questa prospettiva debbono essere ricordati il dovere dei soci «influenti» di se-

[1] In questo ambito rientra l'iniziativa assunta nel 1985 dalle trenta maggiori banche italiane di pubblicare semestralmente sulla rivista «Bancaria», un prospetto, redatto secondo un modello uniforme, che consenta a ciascun ente di confrontare la propria liquidità, la concentrazione dei propri rischi e i propri risultati economici con quelli degli altri enti creditizi (sul punto v. «Bancaria», 1985, pp. 727 ss.).

gnalare alle società bancarie l'entità della propria partecipazione (art. 20 del T.U.) e la norma che punisce il cosiddetto mendacio bancario (art. 137, 1° comma del T.U.).

e) Le annotazioni che precedono sono sufficienti per sottolineare che il nostro ordinamento prevede una serie di poteri e di doveri di informazione sul sistema bancario e nell'ambito dello stesso, in larga parte ignoti al diritto comune, consentendo la raccolta di una quantità di notizie sulla banche e sui terzi che con le stesse entrano in rapporto di grande rilevanza sia per le une sia per gli altri.

Quando si consideri che tutte queste informazioni riguardano attività e rapporti fondati sulla fiducia diffusa, e come tali estremamente esposti ai pericoli connessi con la informazione non completa o non corretta, appare di tutta evidenza la necessità di tutelare le banche ed i terzi nei confronti di utilizzazioni delle informazioni raccolte non consentite e comunque ritenute pericolose per interessi considerati degni di tutela[2].

In queste esigenze trovano giustificazione le norme che impongono particolari vincoli alle autorità creditizie nell'uso delle informazioni raccolte (art. 7 del T.U.) e alle banche nella divulgazione delle notizie afferenti i rapporti con terzi (segreto bancario). Sulle caratteristiche dell'attività creditizia, anzi, si è talvolta fatto perno, e come vedremo di tale indirizzo v'è traccia evidente in alcuni momenti della direttiva comunitaria sui bilanci bancari, addirittura per ritenere che la stessa non dovesse essere sottoposta alle norme di diritto comune sull'informazione societaria (appunto con riferimento alla situazione patrimoniale degli enti), ma si tratta di opinioni decisamente e giustamente contrastate.

Come emergerà dall'analisi che segue, l'ordinamento sembra, infatti, disegnare uno statuto delle banche che, alla trasparenza assoluta verso l'organo di vigilanza, accompagna non solo il rispetto del diritto comune dell'informazione, ma anche l'introduzione di nuovi gradi di trasparenza ritenuti necessari per la tutela di interessi considerati rilevanti dalla disciplina del settore.

2. La trasparenza delle banche verso l'organo di vigilanza (rinvio)

Le norme del T.U. offrono una sicura base testuale a queste affermazioni quando stabiliscono (art. 51) che «le banche inviano alla Banca d'Italia, con le modalità e nei termini da essa stabiliti, le segnalazioni periodiche nonché ogni altro dato e documento richiesto» (vigilanza informativa) e che (art. 54) «la Banca d'Italia può effettuare ispezioni presso le banche e richiedere a esse l'esibizione di documenti e gli atti che ritenga necessari» (vigilanza ispettiva). Non solo, ma in presenza di gruppi bancari sia la vigilanza informativa sia quella ispettiva si esten-

[2] Sul punto le riflessioni di P. Vitale, *Informazione societaria e sistema bancario*, in *L'informazione societaria*, Milano, Giuffrè, 1982, vol. I, pp. 1355 ss.

dono anche agli enti non bancari inclusi nell'ambito della vigilanza consolidata (cfr. artt. 66 e 68).

Di queste disposizioni, come dei limiti che il T.U. pone all'utilizzazione delle informazioni acquisite dall'organo di vigilanza non ci occuperemo in questa sede. La vigilanza informativa e quella ispettiva, pur essendo strumenti diretti a garantire la trasparenza delle banche, sono momenti (assieme alla vigilanza regolamentare) della vigilanza nel suo insieme e ce ne occuperemo nel capitolo 9, dedicato a quest'ultima, seguendo del resto l'ordine adottato dal T.U. Mentre analizzeremo in questa sede i poteri informativi della Banca d'Italia in ordine alle partecipazioni al capitale delle banche (art. 20 del T.U.) che, pur potrebbero essere ascritti alla vigilanza informativa, seguendo anche sul punto la collocazione preferita dal T.U.

3. Identificazione dei partecipanti al capitale delle banche

3.1. Il potere di informazione della Banca d'Italia

A norma dell'art. 21, 1° e 2° comma del T.U. «la Banca d'Italia può richiedere alle banche e alle società e agli enti di qualsiasi natura che partecipano al loro capitale l'indicazione nominativa dei soci, secondo quanto risulta dal libro dei soci, dalle comunicazioni ricevute o da altri dati a loro disposizione» e «può altresì richiedere agli amministratori delle società e degli enti che partecipano al capitale delle banche l'indicazione delle società e degli enti controllanti»[3].

La disposizione riproduce nella sostanza il contenuto dell'art. 10, 1° comma della legge 281/1985 che, per la prima volta, introdusse un siffatto potere di informazione della Banca d'Italia. E si tratta di un potere non di poco conto quando si tenga presente che non lo si esercita solo nei confronti delle banche (per le quali lo stesso già discendeva e discende dai poteri di vigilanza sulle medesime), ma anche nei confronti delle società e degli enti di qualsiasi natura che partecipano al capitale delle banche stesse, ossia nei confronti di soggetti istituzionalmente sottratti al potere di vigilanza bancaria. Questi si vedono obbligati a rivelare alla Banca d'Italia, e su richiesta della medesima, la identità dei propri soci e a indicare la società o gli enti che ne detengono eventualmente il controllo (ai sensi dell'art. 23 del T.U.). Non solo ma, nel far fronte alla richiesta della Banca d'Italia, essi non potranno limitarsi a segnalare la risultanza del libro soci, ma dovranno tener conto anche delle «comunicazioni ricevute e di ogni altro dato a loro disposizione», allo scopo di consentire la identificazione dei titolari «reali» della partecipazione.

E, proprio per poter giungere a questo risultato, il medesimo art. 21, 3° comma, precisa che «le società fiduciarie che abbiano intestato a proprio nome azioni o quote appartenenti a terzi comunicano alla Banca d'Italia, se questa lo richieda, le generalità dei fiducianti».

[3] Le medesime notizie possono essere richieste anche «a società ed enti stranieri».

L'obbligo di soddisfare le richieste di informazione da parte della Banca d'Italia è penalmente sanzionato dall'art. 141 del T.U. che punisce con sanzioni diverse rispettivamente il ritardo, la omissione e la falsità delle comunicazioni dovute. E queste sanzioni sembrano essere gli unici presidi posti a garanzia dell'osservanza del dovere di informazione sopra descritto, quando lo stesso incomba su di un ente non creditizio, anche se non si può escludere la possibilità di ottenere un provvedimento giudiziario che consenta l'esecuzione coattiva di tale obbligo, tenuto conto della fungibilità del suo contenuto.

Come è reso palese dal suo dettato letterale, la norma in esame prende in considerazione tutte le partecipazioni, a prescindere dalla loro entità e dal fatto che le stesse, in forza del diritto di voto, siano in grado di influenzare la volontà sociale.

Essa non individua tuttavia un obbligo di comunicazione predeterminato dalla legge a carico della società o dei suoi partecipanti, limitandosi a stabilire un potere d'informazione della Banca d'Italia; potere d'informazione, dal cui esercizio soltanto, deriva un obbligo di comunicazione a carico sia della società sia dei suoi partecipanti.

Sotto entrambi i profili diversa è la disciplina prevista dall'art. 20 del T.U. per gli obblighi di comunicazione, pure diretti alla identificazione dei soci, dal momento che tali obblighi concernono solo le partecipazioni «rilevanti» e gli obblighi di comunicazione sono posti a carico dei soci e della società partecipata indipendentemente da una richiesta in tal senso della Banca d'Italia.

3.2. Gli obblighi di comunicazione delle partecipazioni rilevanti

a) «Chiunque partecipa al capitale di una banca in misura superiore alla percentuale stabilita dalla Banca d'Italia, ne dà comunicazione alla medesima Banca d'Italia e alla banca», mentre le successive «variazioni» della medesima partecipazione sono comunicate «quando superano la misura stabilita» dal medesimo organo di controllo (art. 20, 1° comma T.U.). Viene così previsto l'obbligo di comunicazione delle partecipazioni «influenti»; obbligo che permette alla banca di conoscere meglio di quanto non sia consentito dal diritto comune la composizione della propria compagine sociale e alla Banca d'Italia di identificare i titolari delle partecipazioni importanti nel capitale di ciascuna e di tutte le banche, entrando così in possesso di un'anagrafe compiuta della proprietà e del potere bancari.

La norma ha un precedente puntuale nell'art. 9 della legge 281/1985 che, in un quadro di riforma del mercato finanziario e in particolare del mercato mobiliare, aveva cercato di introdurre una maggior trasparenza nella proprietà degli intermediari e, comunque, delle società che facevano appello al pubblico risparmio (imponendo anche la identificazione dei soci influenti di tutte le società con azioni quotate in Borsa, v. artt. 7 e 8).

Quella norma aveva, tuttavia, sollevato notevoli perplessità sia per quanto concerne la sua interpretazione sia per i limiti entro i quali conteneva gli obblighi di comunicazione. Più esattamente, di fronte ad un dato letterale che faceva ripetuto riferimento alle «azioni» ci si era convinti che la norma non trovasse applicazione per le Banche popolari e le Casse rurali[4], anche nel presupposto che l'obbligo di comunicazione tendesse a prevenire il controllo dell'industria sulla banca, controllo ritenuto irrealizzabile nell'ambito delle società cooperative[5]. Inoltre, e questa volta senza consentire dubbi interpretativi, la norma escludeva dall'obbligo della comunicazione i partecipanti agli enti creditizi pubblici, nonostante la presenza di molti enti pubblici a struttura associativa nei quali erano ben immaginabili ipotesi di controllo e, all'epoca, di partecipazioni private anche negli enti pubblici a struttura di fondazione (si pensi alle Casse di risparmio).

Sia quella interpretazione restrittiva (che esonerava dall'applicazione della norma le banche cooperative) sia questa esplicita esclusione, che lasciava nella penombra i «soci» degli enti creditizi pubblici erano in realtà difficilmente giustificabili[6] e furono infatti rimosse qualche tempo dopo nel quadro delle «nuove disposizioni per la prevenzione della delinquenza di tipo mafioso e di altre gravi forme di pericolosità sociale» dall'art. 31 della legge 19 marzo 1990, n. 55. Quest'ultimo infatti riformulava il primo comma dell'art. 9 suddetto nei seguenti termini: «chiunque partecipa in una società esercente attività bancarie, società con azioni quotate in borsa, società per azioni esercenti il credito, nonché casse rurali e banche popolari ed ogni altro ente creditizio, in misura superiore al due per conto del capitale di questa, deve darne comunicazione alla società stessa e alla Banca d'Italia».

La nuova formulazione non lasciava dubbi sulla applicabilità della norma anche alle banche cooperative e a quelle pubbliche, così come la collocazione della stessa nell'ambito di una «legge di polizia» chiariva che la identificazione dei soci rilevanti non tendeva soltanto «ad evitare che l'attività delle banche potesse essere indebitamente influenzata dagli interessi industriali e commerciali», ma, più in generale, mirava ad arricchire la Banca d'Italia di informazioni utili per l'esercizio delle proprie funzioni di vigilanza. Nella consapevolezza della neutralità dell'informazione, in quanto tale, ossia del fatto che gli scopi ai quali tende un obbligo di informazione possono desumersi soltanto dai fini istituzionali che persegue l'organo al quale le relative informazioni sono dovute.

In altri termini anche gli obblighi di comunicazione delle partecipazioni influenti mirano al perseguimento non di uno soltanto degli

[4] Questa interpretazione pareva accolta anche dalla autorità creditizia: si veda infatti il modello per le comunicazioni delle partecipazioni predisposto dalla Banca d'Italia e pubblicato nella «G.U.» n. 209 del 5 settembre 1985.

[5] Nei termini indicati nel testo si esprimeva la relazione che accompagnava il disegno di legge n. 847 presentato alla Camera il 16 novembre 1983 e dal quale presero avvio i lavori parlamentari che portarono alla adozione della disciplina in esame.

[6] Si vedano le osservazioni critiche di G. Bollino R. Costi, in «Le nuove leggi civili commentate», 1990, pp. 332 ss.

obiettivi di vigilanza, ma del loro insieme. E rischierebbe di essere riduttivo anche il ritenere che tali obblighi tendano soltanto ad accertare la «qualità» dei partecipanti al capitale delle banche. L'estensione degli obblighi di comunicazione ai soci rilevanti di tutti gli enti creditizi, attuata dalla riforma del 1990, è stata confermata dal T.U. del 1993 che li impone, in generale, ai partecipanti al capitale delle banche, indipendentemente dalla loro struttura.

b) Il T.U. ha adottato, invece, criteri diversi da quelli previsti dall'art. 9 della legge 281/1985 (e tenuti fermi dall'art. 31 della legge 55/1990) nella individuazione dei soggetti ai quali incombono obblighi di comunicazione relativi alla propria partecipazione. Il che è vero, quanto meno, sotto il profilo delle fonti. Nel senso che mentre il regime precedente stabiliva legislativamente sia l'entità della partecipazione che comportava l'obbligo della comunicazione (2% del capitale) sia i criteri di computo della stessa (non si doveva tener conto delle azioni prive del diritto di voto: art. 9, 2° comma), il T.U., nel quadro di un processo di delegificazione delle norme di contenuto più strettamente tecnico, ha rimesso la determinazione «della percentuale» del capitale che comporta l'obbligo della comunicazione alla Banca d'Italia, anche con riferimento alle variazioni della partecipazione.

Nella determinazione della partecipazione rilevante la Banca d'Italia dovrà, comunque, rispettare il vincolo imposto in proposito della direttiva comunitaria che prevede l'obbligo della comunicazione per l'acquisizione di partecipazioni «qualificate», ossia una partecipazione non inferiore al 10% «del capitale sociale o dei diritti di voto» oppure che «comporta la possibilità di esercitare un'influenza notevole sulla gestione» (cfr. artt. 1 e 11 della direttiva 89/649). E un vincolo comunitario analogo vige per le variazioni della partecipazione; la direttiva (art. 11, 1° comma) impone l'obbligo della comunicazione per le variazioni delle partecipazioni qualificate quando «la quota dei diritti di voto o del capitale da esse detenuta raggiunga o superi i limiti del 20%, 33% o 50%» oppure determini l'assunzione del controllo.

Ma non solo sotto il profilo della tecnica normativa il T.U. sembra essersi allontanato, sul punto, dalla legge 281/1985[7]. Quest'ultima chiariva che nella determinazione della partecipazione soggetta a comunicazione non si doveva tener conto «delle azioni prive del diritto di voto o per le quali il socio sia privato di tale diritto» (art. 9, 2° comma).

Il T.U. pare aver adottato una soluzione diversa e più rigorosa. Nel momento in cui demanda alla Banca d'Italia il solo potere di determinare «la percentuale» del capitale che comporta l'obbligo di comunicazione, sembra escludere che la stessa possa calcolare tale percentuale con riferimento alla sola parte del capitale sociale rappresentato da azioni con diritto di voto e, tanto meno, pare ammettere la possibilità di calco-

[7] Spetta alla Banca d'Italia anche determinare «presupposti, modalità e termini delle comunicazioni», anche con riguardo alle ipotesi in cui il diritto di voto spetta o è attribuito a soggetto diverso dal socio (art. 20, 3° comma). Ma queste materie erano oggetto di puntuali previsioni legislative nell'art. 2 della legge 281/1985.

larla con riferimento al solo capitale rappresentato da azioni ordinarie.

D'altro canto, una soluzione che prenda come punto di riferimento l'intero capitale sociale è del tutto conforme alla direttiva comunitaria, alla cui stregua tuttavia sarebbe consentito anche determinarla con riguardo soltanto all'insieme dei diritti di voto.

c) L'obbligo di comunicazione non concerne soltanto la partecipazione «influente» e le sue variazioni, ma si estende anche agli accordi fra soci che determinino o possano determinare situazioni coincidenti, nella sostanza, con le prime. A norma infatti dell'art. 20, 2° comma del T.U. «ogni accordo, in qualsiasi forma concluso, compresi quelli aventi forme di associazione, che regola o da cui comunque possa derivare l'esercizio concertato del voto in una banca, anche cooperativa, o in una società che la controlla deve essere comunicato alla Banca d'Italia dai partecipanti ovvero dai legali rappresentanti della banca o della società cui l'accordo si riferisce entro cinque giorni dalla stipulazione ovvero, se non concluso in forma scritta, dal momento di accertamento delle circostanze che ne rivelano l'esistenza».

La disposizione trova il proprio precedente nell'art. 27, 2° comma della legge 287/1990 («ogni accordo che regola l'esercizio del voto deve essere comunicato alla Banca d'Italia entro 48 ore dalla data di stipulazione»), al quale sono state apportate sia modificazioni «umanizzanti» (con l'allungamento a cinque giorni del termine per effettuare la comunicazione) sia e soprattutto articolazioni capaci di sottoporre a comunicazione accordi, spesso non scritti, che determinano la stessa concentrazione di potere della quale sono capaci i tradizionali sindacati di voto.

Così il riferimento a fenomeni associativi che assumono il peso di patti di voto, potrà imporre trasparenza soprattutto nell'ambito delle banche popolari, ove i sindacati dei soci dipendenti detengono spesso un potere di determinazione della composizione degli organi amministrativi e delle relative scelte gestionali.

L'obbligo di comunicazione dovrebbe consentire di portare alla luce anche questa forma di condizionamento del potere di amministrazione e di assumere le decisioni che garantiscono anche in questo caso la sana e prudente gestione dell'ente, evitando i possibili conflitti di interesse. E la Banca d'Italia ha il potere di incidere anche in questa direzione. L'art. 20, 2° comma del T.U. prevede infatti che «quando dall'accordo derivi una concertazione del voto tale da pregiudicare la gestione sana e prudente della banca, [essa] può sospendere il diritto di voto dei soci partecipanti all'accordo stesso».

Si tratta di un potere di sospensione ovviamente diverso ed ulteriore rispetto a quello che sanziona la mancata comunicazione dell'accordo ai sensi del successivo art. 24 T.U.

d) Nelle ipotesi in cui l'obbligo di comunicazione non venga adempiuto (sia nei confronti della Banca d'Italia[8] sia nei confronti della ban-

[8] La Banca d'Italia, al fine di verificare l'osservanza degli obblighi di comunicazione può chiedere informazioni ai soggetti comunque interessati (art. 20, 4° comma).

ca partecipata), trovano applicazione le sanzioni penali previste dall'art. 141 T.U. ed inoltre non può essere esercitato il diritto di voto «per le azioni o quote per le quali siano state omesse le comunicazioni» (art. 24, 1° comma). «In caso di inosservanza del divieto, la deliberazione è impugnabile, a norma dell'art. 2377 del Codice civile, se la maggioranza richiesta non sarebbe stata raggiunta senza i voti inerenti alle predette azioni o quote» e l'impugnazione può essere proposta anche dalla Banca d'Italia entro 6 mesi dalla deliberazione ovvero, se questa è soggetta a iscrizione nel registro delle imprese, entro sei mesi dall'iscrizione (art. 24, 2° comma T.U.).

L'attribuzione del potere d'impugnativa, oltre che ai soci e agli organi sociali, anche alla Banca d'Italia merita qualche ulteriore considerazione. Sembra anzitutto realistico prevedere che difficilmente l'impugnativa verrà promossa dagli organi sociali, quando non sia stato compromesso l'interesse della società, o dai soci assenti e dissenzienti, quando manchi un loro interesse concreto leso dalla deliberazione medesima. In altri termini, sia pure sotto il profilo dell'interesse ad esercitare l'azione, l'impugnativa in esame non si allontana dai modelli tipici del diritto societario.

Più problematica è, invece, la individuazione dell'interesse che giustifica l'impugnativa da parte della Banca d'Italia. Sul punto sembra debbano essere accolti con molta diffidenza i tentativi di ricondurre l'impugnativa della Banca d'Italia all'archetipo disegnato dal nostro ordinamento processuale per l'ufficio del pubblico ministero: ossia la possibilità di promuovere un giudizio o impugnare una decisione nell'interesse della legge. La Banca d'Italia non ha tale funzione di custode della legalità, essendo invece preposta alla tutela del risparmio bancario, e soltanto quando si accerti che questo interesse venga posto in pericolo si giustificano interventi sulle imprese bancarie, interventi che possono anche estendersi alla legittimazione ad impugnare deliberazioni sociali, come nel caso di specie.

Non si può, dunque, dire che l'impugnativa della Banca d'Italia sia un atto dovuto, anzi sembra possibile aggiungere che tale impugnativa non può considerarsi sempre consentita, dovendo la stessa ammettersi solo quando, sia pure sulla base di una valutazione discrezionale, la Banca d'Italia consideri leso l'interesse pubblico indirettamente tutelato attraverso la identificazione dei soci. E tale non può considerarsi la semplice omissione della comunicazione, perché se così fosse l'impugnazione della Banca d'Italia dovrebbe considerarsi in ogni caso dovuta, in contrasto sia con la lettera della legge, che attribuisce il potere e non il dovere di impugnazione, sia e soprattutto con una corretta collocazione di tale impugnativa nell'ambito degli strumenti che possono essere adottati per la tutela del risparmio.

Queste considerazioni consentono anche di escludere che dalla norma in esame si possa trarre qualche argomento per ritenere che l'interesse pubblico tutelato dall'impugnativa della Banca d'Italia debba costituire l'obiettivo perseguito dai soci: tale interesse costituisce il vincolo esterno, il limite che non può essere violato dall'autonomia privata, ma non anche lo scopo da attribuirsi alla deliberazione. Insomma non si può desumere da questa norma nessun elemento a favore di una concezione istituzionalistica delle società bancarie o della tesi che ravvisa nelle imprese bancarie altrettante ipotesi di impresa-funzione.

e) Gli artt. 20 e 21 appena esaminati consentono, in definitiva, alla Banca d'Italia di conoscere gli effettivi titolari delle partecipazioni nelle società bancarie, e tale conoscenza è stata considerata utile dal legislatore per il miglior espletamento della funzione di vigilanza, senza che, per altro, mutino i fini della vigilanza e dell'impresa bancaria.

4. I bilanci bancari: il sistema delle fonti

4.1. Disciplina di diritto comune e disciplina speciale

a) La disciplina del bilancio d'esercizio e del bilancio consolidato delle banche va oggi cercata nel D.Lgt. 27 gennaio 1992, n. 87 e nelle disposizioni che le autorità creditizie possono emanare in forza del potere loro attribuito dal medesimo decreto. È stata così introdotta, per la prima volta, nel nostro ordinamento una disciplina speciale organica per i bilanci delle banche, che ha risolto i molti problemi che erano sorti in precedenza soprattutto per la difficoltà di individuare con sicurezza le fonti della relativa disciplina, in bilico fra le norme di diritto comune e il potere regolamentare delle autorità creditizie. Oggi possono, invece, essere individuati con sufficiente chiarezza i rapporti fra disciplina dei bilanci bancari e disciplina generale dei bilanci, così come si possono definire con sufficiente precisione i rapporti fra materie riservate alla disciplina legislativa e materie rimesse alla regolamentazione delle autorità creditizie.

Esaminiamo, anzitutto, il profilo dei rapporti fra disciplina speciale e disciplina di diritto comune; profilo che, ovviamente, non emergeva anteriormente al D.Lgt. 87/1992 per la mancanza della prima. Come è noto, la Comunità aveva emanato fin dal 1978 una direttiva sui conti annuali delle società (direttiva 78/660 del 25 luglio 1978) ed una sul bilancio consolidato delle medesime (direttiva 83/349 del 13 giugno 1983), stabilendo, per altro, che, «fino ad ulteriore coordinamento», gli stati membri potevano non applicare tali direttive alle banche, oltreché agli altri istituti finanziari. «L'ulteriore coordinamento» venne realizzato con la direttiva 86/635 dell'8 dicembre 1986, relativa, appunto, ai conti annuali e consolidati delle banche e degli altri istituti finanziari[9], nella quale veniva precisato (cfr. art. 1, 1° comma) anche che la stessa disciplinava soltanto le deroghe alle direttive 78/660 e 83/349.

Si stabiliva, dunque, che l'ordinamento generale dei bilanci societa-

[9] Sulla direttiva v. C.M. D'Acunti-S. Pizzoferrato, in *Codice commentato della banca*, a cura di F. Capriglione e Mezzacapo, Milano, Giuffrè, tomo II, pp. 1977 ss. e P. Balzarini, *La direttiva CEE sui bilanci delle banche: analisi e commento*, in «Riv. società», 1988, pp. 1177 ss.

ri avrebbe trovato applicazione anche per i bilanci bancari, in quanto non derogato dalle disposizioni speciali contenute nella direttiva 86/635. E, in effetti, il rapporto fra disciplina speciale e disciplina di diritto comune si è realizzata nel nostro ordinamento secondo questo modulo, seppure con alcune particolarità.

Come è noto, le direttive sui bilanci societari sono state attuate nel nostro ordinamento con il D.Lgt. 9 aprile 1991, n. 127, il cui art. 44 si limita a stabilire che le disposizioni dello stesso non si applicano alle banche e agli altri enti finanziari[10].

La legge comunitaria 1990 (legge 29 dicembre 1990, n. 428), però, nell'attribuire al Governo la delega per attuare la direttiva 86/635, e nel cui esercizio è stato emanato il D.Lgt. 87/1992, non imponeva di adottare, come regola generale per i bilanci bancari, le stesse regole che fossero state seguite nell'attuare le direttive societarie; venivano autonomamente fissati i principi ai quali il Governo avrebbe dovuto attenersi nel disciplinare i bilanci bancari. E la ragione di questa «indipendenza» del legislatore bancario va rintracciata sia nella specificità dell'attività bancaria e nelle esigenze di stabilità delle banche sia nella necessità di realizzare una forte uniformità fra le discipline nazionali della vigilanza bancaria in vista dell'attuazione del mutuo riconoscimento.

Come avremo modo di accertare, i più importanti momenti della vigilanza regolamentare fanno perno su aggregati di bilancio e il coordinamento delle relative discipline nazionali postula, perciò, una forte uniformità dei sistemi di rilevazione dei medesimi e quindi dei criteri di redazione dei bilanci. Di qui la necessità di tener conto, nel dare attuazione alla direttiva sui bilanci bancari, del ruolo che gli stessi svolgono nell'ambito dell'attività di vigilanza; funzione dalla quale si poteva ben prescindere nel disciplinare i bilanci societari[11]. E di questa molteplicità di funzioni dei bilanci mostra perfetta consapevolezza la legge di delega (428/1990), nel momento in cui stabilisce che nel dettare la relativa disciplina il Governo deve operare nel rispetto dell'esigenza di:

«1) garantire, anche attraverso adeguate modalità di tenuta dei conti, un'informazione orientata alla tutela, oltre che dei soci e dei terzi, dei creditori depositanti, dei debitori e del pubblico in genere e perseguire condizioni di equità concorrenziale e di compatibilità dei bilanci all'interno della Comunità economica europea;

2) assicurare la salvaguardia dell'integrità patrimoniale e della stabilità degli intermediari anche mediante la previsione di regole di valutazione improntate a particolare prudenza, volte al fine di conservare la fiducia del pubblico;

[10] Sul D.Lgt. 127/1991 v. per tutti F. Dezzani, P. Pisoni e L. Puddu, *Il bilancio e la IV direttiva CEE*, Milano, Giuffrè, 1991; e i saggi contenuti in *La nuova disciplina dei bilanci di società*, a cura di M. Bussoletti, Torino, Giappichelli, 1993; F. Superti Furga, *Il bilancio di esercizio italiano secondo la normativa europea*, Milano, Giuffrè, 1991.

[11] Sul punto V. Desario, *Profili evolutivi del bilancio bancario: la posizione della vigilanza*, in «Banche e banchieri», 1993, pp. 259 ss. e C. Bisoni, *Il bilancio delle banche*, Bologna, Il Mulino, 1988, pp. 51 ss.

3) tener conto dei riflessi sugli istituti di vigilanza creditizia oggetto di armonizzazione minima nella Comunità economica europea».

Nel dettare la disciplina dei bilanci bancari il D.Lgt. 87/1992 ha potuto effettuare scelte diverse da quelle adottate dal decreto legislativo 127/1991, preferendo nell'ambito delle opzioni consentite dalla direttiva 78/660 soluzioni non recepite dall'ordinamento generale dei bilanci. In realtà la massima parte delle regole generali dettate dal diritto comune sono state letteralmente riprodotte dalla disciplina speciale. Quest'ultima, comunque, ha ricreato un rapporto quanto meno di sussidiarietà fra disciplina generale e disciplina speciale, nel momento in cui (art. 44) ha previsto una «disciplina di chiusura» in forza della quale «per quanto non diversamente disposto [dal medesimo decreto 87/1992] e dagli atti di cui all'art. 5 [disposizioni della Banca d'Italia] si applicano, anche in deroga all'art. 44 del decreto legislativo 9 aprile 1991, n. 127, le disposizioni del codice civile e le altre disposizioni di legge».

In definitiva il legislatore bancario ha dettato la disciplina dei bilanci delle banche in modo del tutto indipendente dal legislatore di diritto comune, ma poi ha stabilito che, per quanto dallo stesso non previsto, trovassero applicazione le regole dettate da quest'ultimo.

4.2. Il potere normativo delle autorità creditizie

La pluralità delle funzioni affidate ai bilanci bancari e, in particolare, la necessità di rendere comparabili le loro risultanze con quelle dei bilanci delle altre imprese e, nello stesso tempo, di predisporre, attraverso la loro redazione, sistemi di rilevazione attenti alle peculiari esigenze di stabilità che caratterizzano le banche, non dà solo conto della peculiarità del rapporto che in proposito si è determinato fra disciplina legislativa di diritto comune e disciplina legislativa di diritto speciale.

Essa giustifica anche la delicatezza del rapporto fra fonti legislative e fonti amministrative nella regolamentazione dei bilanci bancari. È abbastanza facile immaginare, infatti, che in un ordinamento che accentui il potere delle autorità creditizie di dettare norme in materia di bilanci bancari riceveranno particolare attenzione le esigenze tipiche della vigilanza, nel loro concreto e variabile divenire, e diminuirà contemporaneamente la comparabilità dei bilanci bancari con i bilanci delle altre imprese e quindi la tutela degli interessi (dei soci, dei terzi e soprattutto dei risparmiatori) che trovano la propria tutela nella disciplina legislativa.

In un sistema nel quale venga consentito all'autorità amministrativa preposta alla vigilanza bancaria di manipolare «eccessivamente» le norme di redazione dei bilanci, l'impresa bancaria vedrà enfatizzata la propria specialità nei confronti delle altre imprese e il mercato bancario vedrà accresciuta la propria estraneità nei confronti degli altri mercati, ammesso che possa ancora parlarsi di impresa e di mercato.

I poteri normativi delle autorità creditizie in materia di bilanci bancari sono oggi fissati dall'art. 5 del D.Lgt. 87/1992, così come modificato dall'art. 157 del T.U.: le banche «si attengono alle disposizioni che la Banca d'Italia emana relativamente alle forme tecniche, su base individuale e su base consolidata, dei bilanci e delle situazioni dei conti destinate al pubblico nonché alle modalità e ai termini della pubblicazione delle situazioni dei conti» e tali poteri sono esercitati dalla Banca d'Italia «anche per le modifiche, le integrazioni, e gli aggiornamento delle forme tecniche [suddette], nonché per l'adeguamento della disciplina nazionale all'evolversi della disciplina, dei principi e degli orientamenti comunitari»[12].

La norma è, in larga misura, il punto di arrivo di una vicenda lunga e per alcuni profili non lineare nella quale è rimasta coinvolta la concezione stessa dell'impresa bancaria e che merita di essere ricordata, anche per chiarire il significato sistematico della disposizione vigente e per facilitare la soluzione dei problemi interpretativi che la stessa pone.

4.3. Bilanci bancari e segnalazioni periodiche

In questa prospettiva, anzi, è preliminarmente opportuno distinguere i bilanci bancari dalle situazioni (o segnalazioni) periodiche che le banche (oggi ai sensi dell'art. 51 T.U.) debbono inviare alla Banca d'Italia e ancora dalle «situazioni dei conti» destinate al pubblico che l'art. 5 del D.Lgt. 87/1992 (nella versione riscritta dal T.U.) ha preso in autonoma considerazione per sottoporle ad uno specifico potere normativo della Banca d'Italia.

Affrontiamo qui i rapporti fra bilanci e segnalazioni (o situazioni) periodiche, mentre delle «situazioni dei conti» destinate al pubblico ci occuperemo successivamente.

Nel delineare la vigilanza informativa l'art. 51 del T.U. chiarisce che la stessa fa perno «anzitutto» sulle «segnalazioni periodiche» e sui bilanci, che le banche debbono inviare alla Banca d'Italia. E non v'è dubbio che queste due categorie di documenti contabili costituiscano gli strumenti più importanti per consentire all'organo di vigilanza di conoscere le condizioni patrimoniali, economiche e finanziarie delle banche. Ma, al di là di queste funzioni che hanno in comune, bilanci e situazioni periodiche sono venuti assumendo caratteristiche giuridiche

[12] L'art. 5 del D.Lgt. 87/1992, nel suo testo originario prevedeva che fosse il CICR ad emanare le disposizioni previste nella stessa norma; quella norma prevedeva infatti che «i poteri conferiti al CICR e alla Banca d'Italia in materia di bilanci dall'art. 32, 1° comma, lettera *a*), della legge bancaria e dall'art. 14, 2° comma, della legge 10 febbraio 1981, n. 23», venissero esercitati per dettare le norme previste dallo stesso art. 5. Il Ministro per il Tesoro, con decreto 24 giugno 1992, n. 435830, dettava la direttiva prevista dall'art. 32, 1° comma lett. *a*) l.b., e 14, 2° comma, legge 10 febbraio 1981, n. 23 e dallo stesso art. 5 D.Lgt. 87/1992. Sulla base di quella direttiva, il Governatore della Banca d'Italia con provvedimento 31 luglio 1992 emanava le prime istruzioni attuative del D.Lgt. 87/1992. Successivamente il T.U. art. 157, trasferiva il potere normativo dal CICR alla Banca d'Italia in considerazione dell'«elevato grado di tecnicismo» che caratterizza la materia (v. relazione all'art. 157 del T.U.).

molto diverse, soprattutto sotto il profilo che qui interessa, ossia quello dei poteri normativi delle autorità creditizie. Almeno a partire dal Codice civile del 1942.

Come abbiamo a suo tempo ricordato, il Codice di commercio del 1882 imponeva alle società bancarie di depositare presso la cancelleria del Tribunale «nei primi 15 giorni di ogni mese la loro situazione riferibile al mese precedente, esposta secondo il modello stabilito con regio decreto e certificata conforme alla verità con dichiarazione sottoscritta almeno da un amministratore e da un sindaco». La situazione periodica nasce, dunque, come strumento analogo sul piano funzionale al bilancio, anche se deve conformarsi ad un modello stabilito dall'autorità amministrativa. Mancava in quel periodo un organo di vigilanza sugli enti creditizi: la situazione periodica era uno strumento di informazione dei soci e dei terzi e veniva resa loro conoscibile attraverso il deposito presso la cancelleria del Tribunale, non diversamente da quanto avveniva per il bilancio d'esercizio; sotto questo profilo le discipline delle situazioni periodiche e dei bilanci non si differenziano neppure con la legge bancaria del 1926 e con l'istituzione di un organo di vigilanza bancaria: pur stabilendosi per le situazioni periodiche una cadenza bimestrale, anziché mensile (art. 12 del R.D.L. 6 novembre 1926, n. 1830), si continua a prevedere il loro deposito presso la cancelleria del Tribunale, al pari del bilancio, aggiungendosi però che sia le situazioni periodiche sia i bilanci avrebbero dovuto essere inviati anche all'organo di controllo (art. 4 del R.D.L. 7 settembre 1926, n. 1511, e art. 13 del R.D.L. 6 novembre 1926, n. 1830).

Neppure la legge bancaria del 1936-38 stabilisce una differenziazione significativa fra le due categorie di documenti contabili. L'art. 32, 1° comma lett. *a*) prevede che le aziende di credito debbano attenersi alle istruzioni della Banca d'Italia (su conforme direttiva CICR) «relativamente *a*) alle forme tecniche dei bilanci e delle situazioni periodiche» ... «ed ai termini e modalità per la formazione, la pubblicazione e l'invio alla Banca d'Italia delle situazioni periodiche stesse». La norma, è vero, riconosce alle autorità creditizie il potere di stabilire le modalità «di formazione e di pubblicazione» solo per le situazioni periodiche, limitando tale potere per quanto concerne i bilanci alla determinazione delle «forme tecniche»; ma si tratta di una diversità marginale, anche perché quest'ultimo potere non era previsto dalla legge bancaria del 1926. Anzi, si può dire che l'analogia fra le due categorie di documenti almeno sotto questo profilo, viene accentuata, riconoscendosi alle autorità creditizie il potere di intervenire anche nella formazione del bilancio e non solo delle situazioni periodiche.

La diversità delle discipline si afferma invece, destinata ad accentuarsi, con il Codice civile del 1942, che non prevede più il deposito delle situazioni periodiche presso la cancelleria del Tribunale; deposito che è invece conservato per il bilancio d'esercizio. Da quel momento le due categorie di documenti adempiono funzioni almeno parzialmente diverse: le situazioni periodiche cessano di essere uno strumento di informazione anche dei soci e dei terzi, come il bilancio, per diventare esclusivamente una fonte d'informazione dell'organo di vigilanza. E questa limitazione delle funzioni delle situazioni periodiche ha esaltato il potere delle autorità creditizie di intervenire sulla loro formazione; esse ne hanno così determinato contenuti e frequenza secondo le esigenze di vigilanza[13].

In funzione dei contenuti delle situazioni periodiche (o segnalazioni di vigilanza) richieste agli enti creditizi e per garantire la necessaria omogeneità dei dati che le stesse debbono poter fornire, la Banca d'Italia ha finito per influenzare decisamente anche i criteri di formazione delle scritture contabili, i cui risultati vengono recepiti dalle situazioni periodiche, elaborando un complesso sistema di principi contabili uniformemente adottati nell'ambito del sistema bancario[14].

Anzi, sulla determinazione dei contenuti delle situazioni periodiche ha influito anche il fatto che nel nostro ordinamento la vigilanza bancaria è affidata alla Banca centrale: molte delle segnalazioni richieste non mirano tanto a facilitare interventi diretti a garantire la liquidità e la stabilità degli enti quanto piuttosto ad offrire elementi di conoscenza per decisioni di politica monetaria[15].

E questa situazione è rimasta inalterata nel T.U. del 1993: la disciplina delle situazioni periodiche è stata integralmente riservata al potere normativo della Banca d'Italia e le relative norme non sono soggette neppure alla forma di pubblicità prevista per le disposizioni che la stessa può emanare in materia di bilanci e di situazioni dei conti destinati al pubblico. Per queste ultime (ai sensi dell'art. 5, 4° comma del D.Lgt. 87/1992) sarà necessaria la pubblicazione sulla «Gazzetta Ufficiale», mentre per le prime sarà sufficiente la pubblicazione sul «Bollettino della Banca d'Italia» (ai sensi dell'art. 8 del T.U.).

4.4. Lo stato patrimoniale delle banche prima del D.Lgt. 87/1992

In tutt'altra direzione è andata invece la storia dei bilanci bancari, sotto il profilo del potere normativo delle autorità creditizie: il loro potere di determinare le «forme tecniche» dei bilanci riconosciuto dall'art. 32 della legge bancaria per le aziende di credito e riaffermato dall'art. 14 della legge 10 febbraio 1981, n. 23, per gli Istituti di credito,

[13] In questo senso cfr. F. Battini, *Aspetti pubblicistici nella disciplina dei bilanci bancari*, in «Bancaria», 1977, pp. 688 ss. Pare tuttavia che le situazioni periodiche delle quali era previsto il deposito non siano mai state capaci di fornire una effettiva informazione a soci e terzi sulla situazione patrimoniale delle banche: si veda sul punto A. Renzi, *Difesa del risparmio ed esercizio del credito in regime corporativo*, Padova, CEDAM, 1938, p. 214.

[14] Sul punto C. Oteri, *L'evoluzione degli schemi di controllo pubblico sui dati di bilancio delle aziende di credito*, in AA.VV., *Il bilancio di esercizio nelle aziende di credito*, Milano, ICEB, 1982, vol. I, pp. 91 ss. e F. Scordino, *Alcune considerazioni sulle relazioni correnti tra la problematica delle valutazioni e delle classificazioni di bilancio e l'attività di vigilanza*, in AA.VV., *Il bilancio d'esercizio*, cit., vol. II, pp. 91 ss.

[15] Così C. Oteri, *op. cit.*, p. 95.

doveva fare i conti con la disciplina civilistica dei bilanci; una disciplina che si propone di assicurare a soci, terzi, e in genere al mercato la possibilità di conoscere e di comparare i risultati di tutte le imprese (incluse quelle bancarie) attraverso l'imposizione di comuni criteri di redazione dei bilanci.

A dire il vero il problema del coordinamento fra disciplina civilistica dei bilanci e disciplina amministrativa dettata dalle autorità creditizie non si poneva, almeno a partire dal 1976, per il conto economico (conto profitti e perdite) delle banche, dal momento che il D.M. 19 novembre 1975 del Ministro per il Tesoro aveva dettato per lo stesso «una disciplina specifica», sulla base di una esplicita previsione in tal senso dell'art. 5, 1° comma del D.P.R. 31 marzo 1975, n. 137 (emanato a sua volta in virtù della delega contenuta nell'art. 2 della legge 7 giugno 1974, n. 216)[16].

Ed anzi, anche con riferimento allo stato patrimoniale (o bilancio in senso stretto) quel problema riguardava, nei suoi termini più completi, soltanto le società bancarie per le quali il Codice civile dettava una disciplina compiuta sia del contenuto del bilancio (art. 2424: principio di chiarezza) sia dei criteri di valutazione delle relative appostazioni (art. 2425: principio di verità o di precisione), mentre l'applicabilità del primo gruppo di norme ai bilanci degli imprenditori pubblici sollevava non poche perplessità[17].

[16] Sulla disciplina del conto economico dettata dal Decreto ministeriale del 1975 si veda F. Battini, *Conto dei profitti e delle perdite delle società finanziarie e delle aziende di credito*, in *Noviss. dig. it., App.*, vol. II, Torino, UTET, 1980, p. 585; V. Calandra Buonaura, *La disciplina del conto dei profitti e delle perdite e della relazione degli amministratori delle aziende e degli istituti di credito, i cui titoli sono quotati in borsa*, in «Il Tremisse», 1975, n. 10, pp. 15 ss.; E. Cavalieri-U. Mazzarino, *Il nuovo conto profitti e perdite delle banche*, in «Banche e banchieri», 1976, p. 685; F. Riolo, *I controlli sui bilanci bancari*, Milano, Giuffrè, 1977, pp. 36 ss.; E. Viganò, *Il bilancio dell'impresa bancaria*, Napoli, Giannini, 1981, pp. 77 ss.; C. Sasso, *Problemi in tema di bilanci bancari*, in «Banca impresa soc.», 1983, p. 270; nonché le Circolari ABI, n. 251 del 18 dicembre 1975, n. 215, del 15 settembre 1976 e n. 6 del 13 gennaio 1977.

[17] Per gli enti creditizi pubblici, in mancanza di una disciplina civilistica espressa come quella dettata per le società per azioni, la norma nella quale rintracciare la disciplina civilistica dei bilanci era contenuta nell'art. 2217 Cod. civ., a mente della quale l'inventario annuale degli imprenditori, anche pubblici, «si chiude con il bilancio e con il conto dei profitti e delle perdite, il quale deve dimostrare con evidenza e verità gli utili conseguiti e le perdite sofferte», aggiungendosi che «nelle valutazioni di bilancio l'imprenditore deve attenersi ai criteri stabiliti per i bilanci delle società per azioni, in quanto compatibili». Secondo l'opinione preferibile (v. G. Cottino, *Manuale di diritto commerciale*, Padova, CEDAM, vol. I, tomo 1°, 1993, p. 921) quella norma mentre impone il rispetto delle norme dettate dall'art. 2425 per le valutazioni non pretenderebbe anche la conformità allo schema previsto dall'art. 2424, per considerare rispettato il principio di chiarezza (ma v. contro A. De Gregorio, *Corso di diritto commerciale*, Roma-Napoli, Città di Castello, Dante Alighieri, 1973, p. 125; A. Nigro, *Le scritture contabili*, in *Trattato di diritto commerciale e di diritto pubblico dell'economia*, diretto da F. Galgano, vol. II, Padova, CEDAM, 1978, p. 236). Per gli enti creditizi pubblici, dunque, l'osservanza del principio di chiarezza per i bilanci bancari restava interamente rimessa alla capacità delle «forme tecniche» previste dalle autorità creditizie di rispettare le relative esigenze, mentre per le società bancarie queste incontravano un limite, sia pure derogabile, nell'art. 2424.

Ma, al di là dell'ambito nel quale lo stesso si fosse posto, il problema del coordinamento fra norme civilistiche (artt. 2424 e 2425 Cod. civ.) e disciplina amministrativa (emanata ai sensi dell'art. 32 della legge bancaria e art. 14 della legge 23/1982) si presentava nei seguenti termini. Dottrina e giurisprudenza dominanti, almeno a partire dagli anni settanta, concordavano (e il convincimento è ancora oggi fermo) nel ritenere che le norme dettate in tema di contenuto del bilancio e di valutazione delle sue poste fossero norme di ordine pubblico, con la conseguenza — tra l'altro — che una deliberazione assembleare che approvasse un bilancio non vero o non chiaro avrebbe dovuto essere considerata nulla, ai sensi dell'art. 2379 Cod. civ., per illiceità dell'oggetto[18].

Quella disciplina, così interpretata, doveva essere conciliata con il potere attribuito alle autorità creditizie di impartire istruzioni in ordine alle «forme tecniche» del bilancio. Sul punto furono avanzate le tesi più diverse e alcune di esse erano decisamente condizionate dalla concezione adottata in tema di impresa bancaria; concezione che si rifletteva sui poteri normativi delle autorità creditizie e ancor prima sul rapporto fra diritto comune e banche. E questo condizionamento ideologico della soluzione del problema si manifesta già sotto il profilo dei rimedi che avrebbero potuto esperirsi nei confronti di un bilancio bancario.

Così si ipotizzò[19], affrontando il problema sotto il profilo giurisdizionale, che la deliberazione assembleare di una società bancaria che avesse approvato un bilancio redatto senza l'osservanza delle regole dettate dal Codice civile non fosse suscettibile di impugnativa avanti l'autorità giudiziaria. La presenza del controllo pubblico sulle società bancarie, l'interesse pubblico perseguito dall'ordinamento bancario, l'inserimento delle imprese bancarie nell'ambito di un ordinamento sezionale venivano considerate, da questa tesi, incompatibili con la possibilità di far valere davanti all'autorità giudiziaria ordinaria l'illegittimità di una deliberazione assembleare di una società bancaria che avesse approvato un bilancio non rispettoso delle norme di diritto comune. Il socio avrebbe potuto esclusivamente provocare l'intervento delle autorità creditizie, con la conseguente possibilità di adire la giustizia amministrativa per l'avvenuta lesione del suo interesse alla legittimità degli atti delle pubbliche autorità preposte al settore. Non v'è dubbio che una simile tesi, pur non prendendo posizione in ordine all'applicabilità delle regole di diritto comune ai bilanci bancari, finisse per dettare per questi ultimi, sia pure sotto il profilo giurisdizionale, un regime in netto contrasto con le regole generali sui bilanci.

Ma tale tesi, respinta dalla giurisprudenza e dalla dottrina, era in effetti priva di fondamento[20]. La deliberazione che approvava il bilancio

[18] Vedi per tutti G.E. Colombo, *Il bilancio di esercizio delle società per azioni*, Padova, CEDAM, 1965, pp. 29 ss. e P.G. Jaeger, *Il bilancio di esercizio delle società per azioni*, Milano, Giuffrè, 1980, pp. 10 ss.

[19] G. Ferri, *Società esercenti un'attività bancaria e competenza giurisdizionale in caso di invalidità delle deliberazioni assembleari*, in «Riv. dir. comm.», 1969, II, p. 23.

[20] Cass., 7 marzo 1968, n. 732, in «Riv. dir. comm.», 1969, II, p. 23; per la dottrina

di una società bancaria era, infatti, anche nel regime previgente, un atto di diritto privato, posto in essere non da un ente pubblico ma da un ente privato, nei confronti del quale, perciò, l'interesse del socio non poteva essere qualificato in termini di interesse legittimo, bensì di diritto soggettivo. Tanto più che l'ordinamento bancario non subordinava la validità e l'efficacia di tale deliberazione ad alcun intervento (autorizzazione, approvazione) da parte dell'organo di vigilanza.

Sul presupposto che la deliberazione assembleare di approvazione di un bilancio bancario fosse impugnabile davanti all'autorità giudiziaria quando non fosse stato redatto secondo le norme alle quali lo stesso avrebbe dovuto uniformarsi, il problema della individuazione di queste ultime si concentrò sul significato da attribuire alla espressione «forme tecniche» del bilancio, utilizzata per delimitare il potere normativo attribuito dalla legge alle autorità creditizie[21].

Ed in particolare ci si chiese se quell'espressione concernesse esclusivamente il contenuto del bilancio[22] o anche i criteri di valutazione delle poste[23].

A sostegno della tesi più estensiva, si rilevò che nel momento in cui l'art. 32 l.b. fu dettato era in vigore il Codice di commercio alla stregua del quale nel concetto di «forma tecnica» di bilancio avrebbero dovuto ricomprendersi anche le valutazioni di bilancio e in secondo luogo che la distinzione fra contenuto e valutazioni non sembrava sufficientemente fondata e che quindi nella nozione di forma tecnica del bilancio dovevano rientrare anche le valutazioni.

In realtà gli argomenti appena ricordati non erano convincenti. Anche nel vigore del codice di commercio, che distingueva fra «evidenza» e «verità» del bilancio, sarebbe stato infatti possibile tener distinto il contenuto dello stato patrimoniale dalle valutazioni delle sue poste e, perciò, non si poteva ritenere che, nel momento in cui fu emanata la norma dell'art. 32 l.b., dovessero necessariamente ricomprendersi nella nozione di forma tecnica del bilancio anche le relative valutazioni.

D'altro canto, non era contestabile né sul piano concettuale né su quello normativo la distinzione tra contenuto e valutazioni di bilancio.

G. Visentini, *Disciplina delle società e legislazione bancaria*, Milano, Giuffrè, 1971, pp. 119 ss.; E. Simonetto, *Il bilancio d'esercizio*, vol. I, Padova, CEDAM, 1982, pp. 69 ss.; G. Landi, *Difesa del credito e del risparmio e tutela degli interessi degli azionisti delle società esercenti il credito*, in «Riv. soc.», 1970, p. 344.

[21] Si era anche ritenuto (cfr. Trib. Milano, 17 giugno 1971, in «Banca borsa e tit. cred.», 1972, II, p. 140) che l'art. 32 fosse stato abrogato dal Codice del 1942, ma la tesi era respinta dalla giurisprudenza e dalla dottrina prevalente (v. per tutti G. Visentini, *Sulle disposizioni della Banca d'Italia in tema di valutazioni nei bilanci delle società bancarie (art. 2425) e sulla competenza dell'autorità giudiziaria per le impugnazioni di bilancio*, in «Banca borsa e tit. cred.», 1972, II, pp. 140 ss.; G.E. Colombo, *Bilancio*, in «Giur. comm.», 1974, I, pp. 148 ss.; V. Calandra Buonaura, *La disciplina*, cit., p. 17).

[22] G. Visentini, *Disciplina*, cit., pp. 136-137; E. Simonetto, *Il bilancio*, cit., pp. 77 ss.; M. Liguori, *Iscrizione e valutazione delle «azioni» e dei «titoli a reddito fisso» nel bilancio di esercizio, con particolare riferimento alle società esercenti attività bancaria*, in «Riv. soc.», 1975, p. 103.

[23] In questo senso v. Calandra Buonaura, *La disciplina*, cit., pp. 19 ss.

In ogni caso l'espressione «forma tecnica» di bilancio era stata usata anche dall'art. 14 della legge 10 febbraio 1981, n. 23, in un momento in cui la distinzione fra contenuto e valutazioni di bilancio era ben radicata nella disciplina e nella dottrina italiane e non si poteva, pertanto, postulare che nella relativa nozione rientrassero per definizione anche le valutazioni. Ma la tesi più estensiva sembrava trovare ostacoli difficilmente sormontabili nello stesso Codice civile che, mentre nell'art. 2424 (art. 2423 *ter* dopo la riforma del 1990) faceva salve le disposizioni delle leggi speciali per le società che avessero esercitato particolari attività con riferimento al contenuto del bilancio, non prevedeva una analoga deroga alle norme di diritto comune per i criteri di valutazione, esprimendo così, in termini abbastanza espliciti, la propria scelta per la tesi che negava alle autorità creditizie un qualunque potere normativo in ordine alle valutazioni di bilancio.

Sembrava, dunque, corretto concludere che le autorità creditizie, esercitando il potere normativo loro attribuito dall'art. 32, 1° comma, lett. *a*) della l.b. e dall'art. 14 della legge 23/1981, avrebbero potuto modificare lo schema di bilancio previsto per la generalità delle società, così come previsto esplicitamente dal 1° comma dell'art. 2424 nel testo vigente prima del D.L. 127/1990, mentre non avrebbero potuto introdurre deroghe ai criteri di valutazione delle poste dello stato patrimoniale.

È bene, tuttavia, precisare che le autorità creditizie non esercitarono mai il potere loro attribuito dalla legge per dettare forme tecniche per lo stato patrimoniale degli enti creditizi[24] e la ragione di tale disinteresse sta probabilmente nel fatto che già attraverso le situazioni periodiche le stesse acquisivano tutte le informazioni necessarie per l'esercizio delle proprie funzioni. In passato le autorità creditizie erano, invece, intervenute in tema di valutazione delle poste di bilancio, evidentemente condividendo la tesi che voleva il loro potere normativo esteso anche a tale materia. Nell'esercizio di tale potere esse emanarono anzi istruzioni in contrasto con le regole codicistiche e consentirono esplicitamente che gli enti creditizi adottassero criteri di valutazione non conformi a tali regole[25].

Successivamente, tuttavia, per effetto dell'indirizzo giurisprudenziale che aveva giudicato illegittime le deliberazioni assembleari di approvazione del bilancio non conformi alle regole del Codice civile anche quando le autorità creditizie avessero imposto o tollerato tali difformità, queste ultime rinunciarono a qualsiasi interferenza sulle valutazioni di bilancio, precisando anzi che «nella redazione del bilancio di esercizio gli enti creditizi devono attenersi alla disciplina civilistica in materia».

[24] Soltanto con riferimento alle Casse rurali ed artigiane fu adottato un modello di bilancio.

[25] Per una rassegna di queste ipotesi cfr. C. Sasso, *Problemi in tema di bilanci bancari*, cit., pp. 257 ss.

4.5. Le «forme tecniche» dei bilanci nel D.Lgt. 87/1992

a) Ci si può ora rendere facilmente conto che il decreto legislativo 22 gennaio 1992, n. 87, nel momento in cui, nel 1° comma dell'art. 5, ha stabilito che le banche «si attengono alle disposizioni che la Banca d'Italia emana relativamente alle forme tecniche, su base individuale e su base consolidata dei bilanci», si è mosso sulla scia di un ordine di idee già affermatosi nell'ordinamento precedente. È stato riconosciuto all'autorità amministrativa il potere di determinare gli «schemi» dello «stato patrimoniale e del conto economico» (art. 6), lo schema delle «relazioni sulla gestione degli amministratori» (art. 3), «i criteri per la redazione dei conti del bilancio» (art. 7), alcuni elementi del contenuto della nota integrativa (artt. 22, 23 e 40), i criteri di redazione del bilancio consolidato. Ma non è stato loro attribuito il potere di derogare ai criteri di valutazione delle poste, integralmente disciplinati dalle norme del dec. legislativo[26]. E questo limite deve essere tenuto presente anche quando si cerchi di cogliere l'ambito del potere normativo attribuito dal secondo comma del medesimo art. 5 del decreto 87, là dove si precisa che «i poteri conferiti dal comma 1 sono esercitati anche per le modifiche, le integrazioni e gli aggiornamenti delle forme tecniche stabilite dal presente decreto nonché per l'adeguamento della disciplina nazionale all'evolversi della disciplina, dei principi e degli orientamenti comunitari».

La norma non solleva problemi interpretativi per quanto concerne la sua prima parte, essendo evidente che le modificazioni, le integrazioni e gli aggiornamenti possono concernere solo le forme tecniche dei bilanci e quindi gli oggetti individuati dal decreto legislativo con questa espressione e sopra ricordati. Potrebbe invece sollevare qualche perplessità, sotto questo profilo, la seconda parte della norma, nella quale si riconosce un generico potere di «adeguamento, della disciplina nazionale dei bilanci bancari alle scelte comunitarie». In altri termini, si potrebbe ritenere che quando sussista una disciplina, un principio, un orientamento comunitario in materia di valutazioni, lo stesso possa essere imposto alle banche italiane dalla Banca d'Italia in forza di questa disposizione.

La tesi dovrebbe probabilmente essere respinta, dal momento che, anche in questo caso e per esplicita disposizione del medesimo 2° comma dell'art. 5, i poteri esercitabili sono solo quelli «conferiti dal primo comma», ossia quelli di dettare forme tecniche per i bilanci e non anche criteri di valutazione. E, d'altro canto, non si vede quale potrebbe essere la ragione che dovrebbe consentire, «in un momento successivo», uno stravolgimento di una definizione dei confini fra potere legislativo e potere amministrativo così netta come quella fissata dal D.Lgt. 87/1992.

[26] E in questa logica si sono mossi sia il decreto 24 giugno 1992 del Ministro per il Tesoro sia le istruzioni 15 luglio 1992 della Banca d'Italia.

b) Resta, dunque, fermo che le norme dettate dalla Banca d'Italia incidono esclusivamente sulla chiarezza del bilancio e non anche sulla sua «verità» e sulla sua correttezza. Ma è necessario precisare subito che anche il potere della Banca d'Italia di dettare disposizioni sul contenuto del bilancio, e della relazione sulla gestione può esercitarsi nei limiti e nel rispetto delle disposizioni dettate sugli stessi oggetti dal D.Lgt. 87/1992. E sotto questo profilo i poteri normativi attribuiti alle autorità creditizie dal nuovo ordinamento sono meno intensi di quelli loro riconosciuti dall'ordinamento precedente: in mancanza di una qualsiasi norma di legge che disegnasse le forme tecniche dei bilanci bancari, esse potevano disapplicare integralmente le norme del Codice civile (v. infatti art. 2424, 1° comma Cod. civ.) e disciplinare esaustivamente la chiarezza dei bilanci bancari, senza incontrare in proposito i limiti che il decreto oggi pone, fissando alcuni momenti minimi e, comunque, indisponibili per il contenuto di tali bilanci.

Il principio della chiarezza, fissato dal 3° comma dell'art. 2 del decreto 87/1992, d'altro canto, non potrebbe dirsi osservato quando non fossero state rispettate anche le norme dettate dalla Banca d'Italia. Affermazione questa che, se collocata nell'ambito dei principi che dottrina e giurisprudenza dominante sono venute elaborando in materia di bilanci, porta, a sua volta, a ritenere che la deliberazione di una società bancaria che approvi un bilancio non rispettoso delle disposizioni della Banca d'Italia deve considerarsi nulla, per violazione del principio di chiarezza, ai sensi dell'art. 2379 Cod. civ.

4.6. Le situazioni dei conti destinate al pubblico

A norma dell'art. 43 del D.Lgt. 87/1992 le norme dallo stesso dettate e le disposizioni della Banca d'Italia «si applicano anche alle situazioni dei conti infrannuali [e ai bilanci consolidati] la cui redazione è prevista da specifiche disposizioni di legge». A sua volta l'art. 5 del medesimo decreto 87/1992, così come riscritto dal T.U., stabilisce che «gli enti creditizi si attengono alle disposizioni che la Banca d'Italia emana relativamente alle forme tecniche ... delle situazioni dei conti destinate al pubblico nonché alle modalità e ai termini della pubblicazione» delle stesse. Entrambe le disposizioni si inseriscono nell'ambito di un'apprezzabile volontà di rendere più trasparente il mercato bancario attraverso la unificazione e tipizzazione delle informazioni, avvicinando almeno sotto questo profilo, ossia quello della chiarezza, queste situazioni dei conti ai bilanci. Anche per le situazioni infatti si prevede un potere normativo della Banca d'Italia, che deve, tra l'altro, esprimersi attraverso disposizioni generali rese pubbliche preventivamente attraverso la pubblicazione sulla «Gazzetta Ufficiale» e il cui esercizio dovrebbe rendere uniformi le tecniche di rilevazione dei dati e fissare le modalità di pubblicazione delle situazioni.

Questo potere concerne sia le situazioni infrannuali previste da particolari disposizioni legislative, come quelle che debbono redigere le società quotate ai sensi dell'art. 4 della legge 7 giugno 1974, n. 216, sia quelle che vengano destinate al pubblico sulla base di autonome scelte delle banche (fra le quali rientrano le cosiddette semestrali ABI, ossia le situazioni dei conti che spontaneamente le banche inviano semestralmente all'Associazione Bancaria Italiana).

5. Il bilancio dell'impresa

5.1. Struttura e principi generali

a) A norma dell'art. 2, 2° comma del D.Lgt. 87/1992, il bilancio di esercizio di una banca (ridefinito dal decreto «bilancio dell'impresa» in evidente contrapposizione al bilancio consolidato) è costituito *a*) dallo stato patrimoniale, *b*) dal conto economico e *c*) dalla nota integrativa[27]. Non costituisce invece elemento del bilancio la «relazione sulla gestione» che deve per altro «corredare», ai sensi dell'art. 3, 1° comma del decreto 87/1992, il bilancio stesso.

Nel disegnare il contenuto dei documenti contabili costitutivi del bilancio, la Banca d'Italia ha perseguito una tendenziale specializzazione degli stessi, anche in funzione di una potenziale diversità dei loro lettori. Si è così optato per schemi piuttosto sintetici sia per lo stato patrimoniale sia per il conto economico, destinati a mettere in luce i momenti più significativi della situazione patrimoniale e dell'andamento economico della banca, riservando alla nota integrativa le informazioni più dettagliate.

Il bilancio dell'impresa deve essere «redatto con chiarezza» e rappresentare «in modo veritiero e corretto la situazione patrimoniale, la situazione finanziaria e il risultato economico dell'esercizio» (art. 2, 3° comma). Vengono così individuati i principi generali cui si ispirano le regole di redazione del bilancio e le finalità che quest'ultimo deve perseguire; sono, come è noto, gli stessi principi che reggono la disciplina di diritto comune del bilancio d'esercizio (cfr. art. 2423) e non si rendono, pertanto, necessari in questa sede particolari approfondimenti. Se non per cogliere le specificità della disciplina dettata per i bilanci bancari.

b) Con riferimento al principio di chiarezza va ribadito che lo stesso trova compiuta attuazione soprattutto nelle regole dettate dalla Banca d'Italia per gli schemi dello stato patrimoniale, del conto economico e della nota integrativa e che la disciplina complessivamente prevista dal decreto 87/1992, e dalle disposizioni della Banca d'Italia, impone al bilancio dell'impresa bancaria una struttura più rigida di quella prevista dal diritto comune.

[27] Sul bilancio dell'impresa bancaria v. i saggi di C. Calandrini, G. Giordano e C. Vacca, in *Il bilancio d'esercizio degli enti creditizi*, a cura di E. Cavalieri, Torino, UTET, 1993, e L. Abrami, *Il nuovo bilancio degli enti creditizi e finanziari*, Padova, CEDAM, 1993.

Così infatti «l'aggiunta di nuove voci» nello stato patrimoniale e nel conto economico è consentita «purché il loro contenuto non sia riconducibile ad alcune delle voci già previste» (art. 6, 1° comma) «e solo» — aggiungono le disposizioni della Banca d'Italia — «se si tratti di importi di rilievo». Mentre la disciplina di diritto comune ritiene doveroso l'inserimento di nuove voci qualora il loro contenuto non sia compreso in alcuna di quelle già previste dallo schema legale (v. art. 2423 *ter*, 3° comma).

E la ragione di questa maggior rigidità della struttura dei conti bancari trova la propria giustificazione non solo nella maggior omogeneità dei destinatari delle relative regole e nella maggior elasticità assicurata a queste ultime dalla loro natura prevalentemente amministrativa, ma anche nella necessità di assicurare la massima uniformità a rilevazioni contabili, come quelle bancarie, che costituiscono uno strumento indispensabile per la vigilanza bancaria.

Ed in questa prospettiva si può probabilmente collocare anche il fatto che il principio di chiarezza trovi applicazione negli stessi termini per tutte le banche, senza consentire la redazione «abbreviata» dei conti alle imprese di più ridotte dimensioni (cfr. art. 2435 *bis*, Cod. civ.), del resto secondo quanto disposto dalla direttiva 86/635.

Questa rigidità dei conti non deve, tuttavia, impedire che venga fornita una rappresentazione «veritiera» e «corretta» della situazione patrimoniale e finanziaria e del risultato economico dell'esercizio e se tale obiettivo non può essere assicurato dagli schemi tipizzati dello stato patrimoniale e del conto economico, lo stesso deve essere perseguito attraverso la nota integrativa che deve fornire le «informazioni complementari necessarie allo scopo» (art. 2, 4° comma), ma senza modificazione alcuna di quegli schemi. La modificazione è consentita solo «in casi eccezionali» e sempreché l'applicazione della relativa previsione sia «incompatibile» con la predetta rappresentazione veritiera e corretta (art. 2, 5° comma).

c) L'art. 7 detta «i criteri di redazione dei conti del bilancio, ossia le voci, le sottovoci e i relativi dettagli informativi previsti dagli schemi di stato patrimoniale e di conto economico» e predisposti dalla Banca d'Italia, dettando regole in parte coincidenti e in parte diverse da quelle di diritto comune (cfr. art. 2423 *bis*: principi di redazione del bilancio). Così, analogamente alle norme di diritto comune, si prevede che i criteri per la redazione dei conti di bilancio non possano essere modificati da un esercizio all'altro (art. 7, 3° comma); che «la rilevazione dei proventi e degli oneri [debba avvenire] nel rispetto del principio di competenza, indipendentemente dalla data dell'incasso e del pagamento, e del principio di prudenza (art. 7, 8° comma) e che [venga] privilegiato quest'ultimo principio», allo scopo di evitare la formazione di riserve non esplicite.

Non trovano, invece, puntuale riscontro nelle norme di diritto comune altre regole, come quella secondo la quale «le modalità di tenuta del sistema contabile» «devono consentire il raccordo con i conti del bilancio» (art. 7, 2° comma), norma che finirà per incidere profondamente sui sistemi informativi delle banche. Così come non trova riscontro nel diritto comune la regola, prevista dall'art. 7, 4° comma del decreto 87/1992 e adottata dalle disposizioni della Banca d'Italia, secondo la quale, «nel rispetto delle istruzioni» dalla medesima emanate «i conti del bilancio sono redatti privilegiando, ove possibile, la rappresentazione della sostanza sulla forma e il momento del regolamento delle operazioni su quello della contrattazione», norma che sembrerebbe imporre nella redazione delle voci di tener conto dell'aspetto economico delle operazioni piuttosto che di quello giuridico[28]. Così il principio della prevalenza della sostanza sulla forma porterà a tener conto del rischio connesso alla sostanza economica dell'operazione, al di là del tipo contrattuale adottato: anche se l'abbandono del criterio giuridico-formale potrebbe determinare incertezze nella redazione dei conti difficilmente compatibili con gli scopi del bilancio.

Il principio «della prevalenza della data di regolamento su quella di contrattazione» (ma sarebbe più corretto definirla «di stipulazione») porterà ad esempio ad una più corretta collocazione delle operazioni fra «gli impegni e rischi» o fra le poste al di sopra della linea a seconda che il contratto abbia o non abbia avuto concreta «attuazione».

E ancora il decreto 87/1992 si allontana dalle norme di diritto comune per quanto concerne «i compensi fra partite», assolutamente vietati da quest'ultimo (v. art. 2423 *ter*, ult. comma), mentre il primo li consente nelle ipotesi in cui siano utili per rendere più immediata l'informazione di bilancio (come ad es. nel caso di operazioni finanziarie per le quali l'art. 14 del decreto consente di contabilizzare fra i profitti (o le perdite), il saldo complessivo positivo (o negativo) delle operazioni in titoli, in valute o in metalli preziosi e, più in generale, quando «la compensazione sia un aspetto caratteristico dell'operazione» oppure si tratti di operazioni di copertura (ossia di operazioni poste in essere per proteggere singole attività o passività di bilancio dal rischio di avverse variazioni di tassi di interesse o di cambio).

5.2. Lo stato patrimoniale

5.2.1. *Il principio di chiarezza. a*) Come si è accennato lo schema di stato patrimoniale adottato dalle prescrizioni della Banca d'Italia tende a porre in evidenza soltanto i momenti più significativi della struttura patrimoniale e finanziaria dell'impresa bancaria, riservando alla nota integrativa il compito di fornire una rappresentazione più dettagliata della stessa.

Di qui il numero limitato delle voci dell'attivo (14) e del passivo (17) e di quelle «fuori bilancio» (o sotto la linea). Più esattamente l'attivo si articola nelle seguenti poste: 1. Cassa e disponibilità presso banche centrali e uffici postali; 2. Titoli del Tesoro; 3. Crediti verso enti

[28] Cfr. E. Cavalieri, in *Il bilancio d'esercizio*, cit., pp. 2 ss.

creditizi; 4. Crediti verso clientela; 5. Obbligazioni e altri titoli di reddito fisso; 6. Azioni, quote e altri titoli di reddito variabile; 7. Partecipazioni; 8. Partecipazioni in imprese del gruppo; 9. Immobilizzazioni immateriali; 10. Immobilizzazioni materiali; 11. Capitale sottoscritto non versato; 12. Azioni o quote proprie; 13. Altre attività; 14. Ratei e risconti attivi. Mentre le poste del passivo sono: 1. Debiti verso enti creditizi; 2. Debiti verso clientela; 3. Debiti rappresentati da titoli; 4. Fondi di terzi in amministrazione; 5. Altre passività; 6. Ratei e risconti passivi; 7. Trattamento di fine rapporto di lavoro subordinato; 8. Fondi per rischi e oneri; 9. Fondo rischi su crediti; 10. Fondo per rischi bancari generali; 11. Passività subordinate; 12. Capitale; 13. Sovrapprezzi di emissione; 14. Riserve; 15. Riserve di rivalutazione; 16. Utili (perdite) portati a nuovo; 17. Utile (perdita) d'esercizio. Infine le voci fuori bilancio (o conti d'ordine) sono rappresentate da 1. Garanzie rilasciate e 2. Impegni.

Come si può notare lo stato patrimoniale è strutturato in modo da consentire una valutazione anche nella condizione finanziaria dell'ente (in quanto le voci dell'attivo e del passivo sono classificate in un ordine di liquidità decrescente) e di formulare un giudizio sull'entità del rischio insito nelle poste dell'attivo (così i crediti sono distinti con attenzione alla natura del debitore), al di là di eventuali uniformità sotto il profilo giuridico. E questo stesso obiettivo è perseguito nella individuazione delle «sottovoci» dell'attivo, ordinate secondo il grado di liquidità e di potenziale esigibilità.

Qualche precisazione sul contenuto delle predette voci, ancor prima di individuare i criteri da adottarsi per la loro valutazione, è opportuna; segnatamente per quelle che si caratterizzano per qualche peculiarità nei confronti delle norme di diritto comune. Nell'ambito dell'attivo meritano particolare attenzione le «partecipazioni» e le «immobilizzazioni finanziarie» e i «titoli», sia a reddito fisso sia a reddito variabile, non essendo sempre evidente il confine fra tali voci, mentre una loro corretta classificazione è importante in considerazione della diversità dei criteri di valutazione previsti per ciascuna di esse.

Le istruzioni della Banca d'Italia precisano, sulla scorta dell'art. 4, 1° comma del D.Lgt. 87/1992, che «per partecipazioni si intendono i diritti, rappresentati o meno da titoli, nel capitale di altre imprese, i quali, realizzando una situazione di legame durevole con esse, sono destinati a sviluppare l'attività del partecipante», dovendosi, comunque, considerare tale la titolarità di «almeno un decimo dei diritti di voto esercitabile nell'assemblea ordinaria». Le «immobilizzazioni finanziarie», tra le quali concettualmente rientrano le partecipazioni[29], incluse quelle in imprese del gruppo, non appaiono come voce autonoma dell'attivo di bilancio, trovando appunto collocazione o fra le partecipazioni o fra i

[29] Sulla riconducibilità delle partecipazioni azionarie degli Istituti di credito alla categoria delle immobilizzazioni (finanziarie) prima del D.Lgt. 87/1992, v. Trib. Milano 18 aprile 1983, in «Giur. comm.», 1983, II, p. 477, con note di A. Arrigoni.

titoli. Secondo la indicazione della Banca d'Italia debbono considerarsi «immobilizzazioni finanziarie» *a*) le partecipazioni e *b*) «i titoli e gli altri valori mobiliari (sia a reddito fisso sia a reddito variabile) «destinati ad essere utilizzati durevolmente [dalla banca], destinati cioè ad essere mantenuti nel patrimonio aziendale a scopo di stabile investimento», mentre rientrano nell'ambito dei «titoli» (che non costituiscono immobilizzazioni finanziarie) sia i titoli detenuti per esigenze di tesoreria e, quindi, non destinati a stabile investimento aziendale sia quelli posseduti a fini di negoziazione ai sensi della legge sull'intermediazione mobiliare (legge 2 gennaio 1991, n. 1).

Nell'ambito delle poste del passivo sono necessarie alcune precisazioni per le voci «fondi rischi ed oneri»; «fondi rischi su crediti» e «fondi per rischi bancari generali», soprattutto alla luce delle istruzioni di vigilanza. I fondi «per rischi ed oneri» sono destinati (v. art. 9, 2° comma del D.Lgt. 87/1992) soltanto a coprire perdite, oneri o debiti di natura determinata, di esistenza probabile o certa, dei quali tuttavia alla data di chiusura dell'esercizio sono indeterminati o l'ammontare o la data di sopravvenienza: essi non possono superare l'importo necessario alla copertura delle perdite, degli oneri e dei debiti a fronte dei quali sono stati costituiti (vi rientrano i fondi di quiescenza, i fondi imposte e tasse).

I «fondi rischi su crediti» includono tutti fondi che siano destinati a fronteggiare i rischi di credito soltanto eventuali e che non abbiano pertanto funzione rettificativa e, di conseguenza, gli stessi «sono computabili tra gli elementi positivi del patrimonio di vigilanza» (sia pure nell'ambio del patrimonio di qualità secondaria: c.d. patrimonio supplementare).

Infine il Fondo per rischi bancari generali previsto dall'art. 11 del D.Lgt. 87/1992 come fondo «destinato alla copertura dei rischi propri delle operazioni bancarie», costituisce in realtà una riserva. E, nonostante qualche perplessità in contrario espressa in passato dalla dottrina[30], la Banca d'Italia ha ritenuto che, trattandosi di un fondo destinato alla copertura del rischio generale d'impresa, sia «del tutto assimilabile a una riserva patrimoniale». I relativi importi sono di conseguenza computabili tra gli elementi positivi (di qualità primaria: c.d. patrimonio di base) del patrimonio di vigilanza della banca.

[30] T. Bianchi, *La valutazione dei crediti verso la clientela e dei rischi di esigibilità*, in AA.VV., *Il bilancio d'esercizio*, cit., pp. 209 ss. sul presupposto che una valutazione dei crediti delle banche possa avvenire solo per quelli incagliati (ossia per quelle posizioni verso affidati in temporanea situazione di obiettiva difficoltà che, per altro, sia prevedibile possa essere rimossa in un congruo periodo di tempo dai clienti stessi: cfr. Banca d'Italia, «Istruzioni di vigilanza»); sottolineavano la natura di riserva di tale fondo, con riferimento alla direttiva, G.E. Colombo, *Le linee ispiratrici della proposta di direttiva comunitaria sui bilanci delle banche*, in Centro nazionale di prevenzione e difesa sociale (a cura di), *I bilanci delle banche e la proposta di IV direttiva comunitaria. Profili tecnici e giuridici*, Milano, Angeli, 1983, pp. 127 ss. e S. Fortunato, *I bilanci bancari: specialità o privilegio*, ivi, pp. 163 ss. Sul punto anche P. Clarotti, *Le proposte di direttiva sui conti annuali delle banche*, in *I bilanci*, cit., pp. 133 ss.

5.2.2. *I criteri di valutazione. a*) A norma dell'art. 15 del D.Lgt. 87/1992 le valutazioni sono effettuate secondo i seguenti principi generali: *a*) i criteri di valutazione non possono essere modificati da un esercizio all'altro; *b*) le valutazioni sono fatte secondo prudenza e nella prospettiva della continuazione dell'attività; in particolare: 1) si possono indicare esclusivamente gli utili realizzati alla data di chiusura dell'esercizio; 2) si tiene conto dei rischi e delle perdite di competenza dell'esercizio, anche se conosciuti dopo la chiusura di questo; 3) si tiene conto dei deprezzamenti sia che l'esercizio chiuda in perdita sia che chiuda in utile; *c*) le attività e le passività in bilancio e «fuori bilancio» sono valutate separatamente; tuttavia le attività e le passività tra loro collegate sono valutate in modo coerente (il che può accadere ad es. per le operazioni di copertura e per quelle oggetto della stessa).

Costituisce criterio generale per le modalità di valutazione delle poste di bilancio anche quello fissato dall'art. 9 del decreto (e già accolto anche dal legislatore di diritto comune: v. art. 2424 Cod. civ.) e secondo il quale «la svalutazione e l'ammortamento di elementi dell'attivo sono effettuati con una rettifica in diminuzione del valore di tali elementi» e non, come avveniva in precedenza nel nostro ordinamento, attraverso l'iscrizione al passivo di poste rettificative (fondo svalutazione crediti, fondi ammortamento). A valle di questi principi generali il D.Lgt. 87/1992 detta poi criteri specifici per *a*) le immobilizzazioni immateriali (art. 16); *b*) per le immobilizzazioni materiali (art. 17); *c*) per le immobilizzazioni finanziarie (art. 18); *d*) per le partecipazioni rilevanti (art. 19); *e*) per i titoli che non costituiscono immobilizzazioni (art. 20, 1°, 2° e 3° comma) e *f*) per i crediti (art. 20, 4°, 5° e 6° comma).

b) Le norme per la valutazione delle immobilizzazioni immateriali e materiali riprendono i criteri già adottati, rispettivamente dall'art. 2426, commi 5° e 6° e dallo stesso art. 2426, commi 2° e 3°, in generale per il bilancio societario (qui basti ricordare che le prime sono rappresentate dai costi di impianto, ampliamento ricerca e sviluppo e, comunque, da costi aventi utilità pluriennale e che debbono essere ammortizzate in un periodo non superiore a cinque anni, non potendosi, fino a completato ammortamento, distribuire dividendi se non «residuano riserve disponibili sufficienti a coprire l'ammontare dei costi non ammortizzati»; che l'iscrizione dell'avviamento è consentita solo se vi è stato un costo di acquisto e che il relativo ammortamento deve avvenire, normalmente, entro un periodo di cinque anni; che le immobilizzazioni materiali debbono essere iscritte al costo e che se si tratta di immobilizzazione la cui utilizzazione è limitata nel tempo il relativo valore di costo deve essere ammortizzato in ogni esercizio in relazione alla residua possibilità di utilizzazione).

Peculiari alla disciplina del bilancio bancario sono almeno in parte i criteri per la valutazione dei crediti, delle partecipazioni e dei titoli; poste che, ovviamente, rivestono una maggiore importanza nell'economia di un'impresa bancaria.

c) A norma dell'art. 20, 4° e 5° comma del D.Lgt. 87/1992 «i crediti sono valutati secondo il valore presumibile di realizzazione da calcolare, tenendo anche conto di quotazioni di mercato ove esistenti, in base: *a*) alla situazione di solvibilità dei debitori; *b*) alla situazione di difficoltà nel servizio del debito da parte dei paesi di residenza dei debitori»; inoltre, nel calcolo del valore presumibile di realizzazione si deve tener conto anche «di andamenti economici negativi riguardanti categorie omogenee di crediti». È evidente la maggior complessità della disposizione nei confronti di quella di diritto comune (art. 2426, n. 8: «i crediti devono essere iscritti secondo il valore presumibile di realizzazione»), anche se il principio cardine per la valutazione dei crediti rimane ovviamente identico: il valore di realizzazione.

Ma il legislatore bancario si preoccupa di indicare analiticamente i criteri che la banca deve seguire nella valutazione del proprio portafoglio prestiti. A cominciare dalla necessità di tener conto delle eventuali «quotazioni di mercato» rinvenibili, ovviamente, soltanto quando i crediti siano stati «cartolarizzati» e si sia formato un mercato secondario dei medesimi. Nella determinazione del valore di realizzo si dovrà naturalmente tener conto della solvibilità del debitore, ma sarà necessario anche valutare il «rischio paese», potendo ben succedere che la condizione economico-finanziaria del paese del debitore incida sul valore di realizzazione del credito anche nei confronti di un debitore pienamente solvibile. E, ancora, può incidere sul valore di realizzazione del credito l'andamento economico negativo della classe di appartenenza del debitore, tuttora solvibile.

Ed anche in questa circostanza è necessario tener conto della valutazione del portafoglio prestiti. In considerazione del fatto che sia il «rischio paese» sia il «rischio di classe» (di appartenenza del debitore) concernono una pluralità di debitori, il D.Lgt. 87/1992 consente che le relative svalutazioni siano determinate «anche in modo forfettario» (art. 20, 5° comma).

I criteri dettati per la valutazione dei crediti si applicano anche alle garanzie rilasciate e agli impegni che comportano l'assunzione di rischi di credito (art. 20, 7° comma).

d) Abbiamo già ricordato che «le immobilizzazioni finanziarie», considerate sotto il profilo dei criteri di valutazione come una categoria unitaria dall'art. 18 del D.Lgt. 87/1992, sono state spezzate dallo schema di stato patrimoniale della Banca d'Italia in due categorie: quella delle partecipazioni e quella dei titoli (immobilizzati). Nell'ambito dei titoli troveremo, dunque, titoli che sono immobilizzazioni finanziarie e titoli che non sono tali.

d1) A norma dell'art. 20, 1° comma, «i titoli che non costituiscono immobilizzazioni finanziarie e che sono quotati in mercati organizzati sono valutati secondo uno dei seguenti criteri: *a*) al minor valore tra il costo di acquisto e il valore di mercato; *b*) al valore di mercato (e in questo secondo caso le rivalutazioni che ha subito il costo di acquisto sono indicate nella nota integrativa), fermo restando che il principio di continuità nell'adozione dei criteri di valutazione (v. art. 15, 1° comma lett. *a*) ma anche art. 15, 3° comma) non consentirà di passare dall'uno all'altro criterio nei diversi esercizi.

L'alternativa fra i due criteri di valutazione non è invece consentita per i titoli «che non costituiscono immobilizzazioni finanziarie e che non sono quotati: in tale caso essi possono essere valutati solo al costo di acquisto, ed anzi gli stessi debbono essere svalutati «tenendo conto dell'andamento del mercato» (al quale appartiene l'impresa emittente del titolo) e della perdita di valore «determinata secondo i criteri adottati per la valutazione dei crediti».

d2) I titoli immobilizzati debbono essere valutati, a norma dell'art. 18 del decreto 87/1992, al costo di acquisto e non debbono ma possono essere svalutati tenendo conto dell'andamento delle quotazioni (per quelli quotati) e del mercato (per quelli non quotati). È evidente la diversità dei criteri utilizzati per i titoli non immobilizzati e per quelli immobilizzati: in questo secondo caso una diminuzione del valore di mercato non impone, come nel primo, una svalutazione perché, mentre i titoli non immobilizzati sono destinati al mercato, quelli immobilizzati vengono considerati come strumenti di produzione aziendale che possono rimanere insensibili alle valutazioni di mercato.

La loro svalutazione è, invece, obbligatoria «nel caso di deterioramento duraturo della situazione di solvibilità dell'emittente nonché della capacità di rimborso del debito da parte del Paese di residenza di questi» (art. 18, 2° comma).

e) Per le partecipazioni il D.Lgt. 87/1992 prevede due possibili regimi di valutazione, a seconda che le stesse non siano o siano rilevanti (secondo la definizione dell'art. 19). Più esattamente prevede un metodo di valutazione generale, e quindi utilizzabile per entrambi i tipi, consentendo per altro un metodo alternativo di valutazione delle partecipazioni rilevanti.

La regola generale è quella dettata per le immobilizzazioni finanziarie dall'art. 18. Anche le partecipazioni dovranno essere valutate al costo di acquisto e potranno, ma non dovranno, essere svalutate tenendo conto delle quotazioni (se quotate) e del mercato (se non quotate). La loro svalutazione si renderà obbligatoria solo «quando la perdita di valore sia ritenuta durevole» (art. 18, 2° comma).

e1) L'art. 19, 1° comma, riscritto dal T.U. del 1993, consente di valutare diversamente le partecipazioni rilevanti, considerandosi tali quelle «in imprese controllate e quelle sulle quali è esercitata un'influenza notevole», ossia quelle nelle quali l'impresa partecipante disponga di almeno un quinto dei diritti di voto esercitabili nell'assemblea ordinaria della partecipata».

In deroga al principio prudenziale della valutazione secondo il costo, le partecipazioni rilevanti possono essere valutate anche «in base al valore della frazione, corrispondente alla quota di partecipazione, di patrimonio netto della partecipata, rettificato annualmente secondo l'incremento o il decremento del patrimonio netto medesimo e comunque detratti i dividendi di spettanza della partecipante».

5.3. Il conto economico

a) In conformità con quanto previsto dal D.Lgt. 127/90 (v. art. 2425 Cod. civ.) le disposizioni della Banca d'Italia hanno imposto, come «forma tecnica» del conto economico, il modello «scalare», a differenza del modello adottato in precedenza dal D.M. 19 novembre 1975 che aveva preferito lo schema «a sezioni contrapposte», «rendite e profitti», «spese e perdite». Il modello «a scalare» è stato considerato dotato di una maggior capacità rappresentativa delle fonti di origine dei proventi e dei costi ordinati secondo la diversa importanza nell'economia dell'impresa.

Queste le voci del conto: 1. Interessi attivi e proventi assimilati; 2. Interessi passivi e oneri assimilati; 3. Dividendi e altri proventi; 4. Commissioni attive; 5. Commissioni passive; 6. Profitti (o perdite) da operazioni finanziarie; 7. Altri proventi di gestione; 8. Spese amministrative; 9. Rettifiche di valore su immobilizzazioni; 10. Accantonamenti per rischi ed oneri; 11. Altri oneri di gestione; 12. Rettifiche di valore su crediti e accantonamenti per garanzie e impegni; 13. Riprese di valore su crediti e su accantonamenti per garanzie e impegni; 14. Accantonamenti a fondi rischi su crediti; 15. Rettifiche di valore su immobilizzazioni finanziarie; 16. Riprese di valore su immobilizzazioni finanziarie; 17. Utile (o perdita) delle attività ordinarie; 18. Proventi straordinari; 19. Oneri straordinari; 20. Utile (o perdita) straordinario; 21. Variazione del fondo per rischi bancari generali; 22. Imposte sul reddito dell'esercizio; 23. Utile (perdite) dell'esercizio.

La semplice elencazione delle voci appena effettuata consente di capire che il modello di conto adottato permette la progressiva individuazione del margine di interesse, del margine di intermediazione, del risultato di gestione, dell'utile ordinario, dell'utile al lordo delle imposte sul reddito e, infine, dell'utile di esercizio[31].

b) La disciplina dettata del decreto a proposito del conto economico è estremamente scarna: individua soltanto due criteri per l'appostazione degli interessi e degli oneri assimilati (art. 13) e dei risultati delle operazioni finanziarie (art. 14).

Si precisa anzitutto che «sono contabilizzati secondo il principio di competenza gli interessi e i proventi e gli oneri assimilati relativi a titoli, crediti e debiti, anche se indicizzati o subordinati». Dovranno dunque essere imputati al conto economico gli interessi maturati nei confronti dei debitori morosi e più in generale tutti i proventi (e gli oneri) di competenza dell'esercizio anche se non incassati (o corrisposti), naturalmente rettificati tenendo conto del loro effettivo valore di realizzo.

E questo regola non vale solo per gli interessi ma anche per i pro-

[31] Cfr. C. Calandrini, *Gli schemi del bilancio d'esercizio*, in *Il bilancio*, cit., p. 80. Sul punto, anche per i profili fiscali, ma con riferimento alla disciplina previgente, v. M. Bussoletti, *L'iscrizione in bilancio degli interessi di mora*, in «Banche e banchieri», 1979, p. 691 e M. Minotti, *Gli interessi di mora in bilancio. Considerazioni sugli aspetti civilistici e fiscali*, in «Bancaria», p. 698.

venti, (e gli oneri) che vengono assimilati agli interessi dall'art. 13, 2° comma e fra i quali rientrano: *a*) la differenza tra il costo di acquisto e il valore superiore di rimborso dei titoli a reddito fisso che costituiscono immobilizzazioni finanziarie; *b*) la differenza tra il costo di acquisto e il valore inferiore di rimborso di tali titoli; *c*) le riduzioni e gli aumenti di costo derivanti dalla assunzione di debiti, rispettivamente, sopra e sotto la pari; *d*) le commissioni e le provvigioni calcolate in funzione dell'importo o della durata del credito (come quelle di «massimo scoperto»); *e*) i proventi e gli oneri relativi ad operazioni «di copertura» di attività e passività che generano interessi; e nei contratti derivati tali proventi ed oneri corrispondono ai differenziali fra i prezzi o i tassi contrattuali e quelli correnti alla fine dell'esercizio o alla data (anteriore) di chiusura del contratto.

Alla seconda regola abbiamo già fatto cenno, come esempio di una ipotesi di «compenso» fra partite: esso consente di contabilizzare come profitti (o perdite) da operazioni finanziarie il saldo positivo (o negativo) delle operazioni su titoli, non immobilizzati, in valuta, in metalli preziosi e altri strumenti finanziari.

5.4. La nota integrativa

La nota integrativa svolge soprattutto la funzione di strumento di interpretazione delle risultanze dallo stato patrimoniale e del conto economico e costituisce un elemento essenziale del bilancio dell'impresa. Ed in questa prospettiva analizza i dati sinteticamente forniti dagli altri documenti contabili, li integra con ulteriori informazioni e, ancora, li «riclassifica» allo scopo di consentire valutazioni che dallo schema dello stato patrimoniale e del conto profitti e perdite non emergono in modo evidente.

Alla nota integrativa viene anche affidato il compito di giustificare le «deviazioni» che, nella redazione degli altri documenti contabili, siano state compiute nei confronti dei principi fissati dalla legge e dalla Banca d'Italia, s'intende, nei limiti in cui tali deviazioni siano consentite.

Lo schema della nota integrativa rientra nell'ambito delle forme tecniche del bilancio e la sua concreta determinazione è stata rimessa dal D.Lgt. 87/1992 quasi integralmente alle disposizioni della Banca d'Italia, soprattutto per quanto concerne l'analisi degli altri documenti contabili costitutivi del bilancio.

Sul punto il decreto si limita a stabilire che «la nota integrativa è suddivisa in sezioni che illustrano singoli elementi della gestione aziendale». La Banca d'Italia ha fornito uno schema della nota integrativa molto articolata e che consentirà alla nota medesima di diventare il documento più importante per una compiuta valutazione della banca. Essa è divisa in quattro parti rispettivamente dedicate: *a*) ai criteri di valutazione; *b*) alle informazioni sullo stato patrimoniale; *c*) alle informazioni sul conto economico; *d*) altre informazioni (compensi ad amministratori e sindaci, garanzie prestate a loro favore, indicazione dell'impresa capogruppo).

Un accenno pedissequo ad alcune delle Sezioni nelle quali si articolano le varie parti dovrebbe bastare per sottolineare l'importanza della nota integrativa.

Così nella parte diretta ad illustrare i criteri di valutazione dovranno, appunto, essere analizzati i criteri adottati nella valutazione di bilancio, nelle rettifiche di valore e nelle rivalutazioni; dovranno essere spiegate le ragioni che giustificano le deroghe dai principi; essere esposte le ragioni che hanno portato a modificare i criteri di ammortamento e che giustificano gli importi delle rettifiche fiscali.

La parte dedicata allo stato patrimoniale dovrà fornire una serie di informazioni dettagliate sui crediti (crediti verso clientela garantiti, crediti in sofferenza, crediti per interessi di mora), sui titoli (criteri adottati per distinguere quelli mobilizzati da quelli immobilizzati, le variazioni annuali dei titoli immobilizzati, acquisti e vendite di titoli non immobilizzati), sulle partecipazioni (partecipazioni rilevanti, attività e passività verso imprese del gruppo, variazioni annue delle partecipazioni), ma dovrà anche indicare le «posizioni di rischio rilevanti», la «distribuzione dei crediti verso clientela per principali categorie di debitori», la «distribuzione dei crediti verso imprese non finanziarie», la «distribuzione territoriale delle attività e delle passività», la «distribuzione temporale delle attività e delle passività», le «attività e passività in valuta»; informazioni queste ultime che integrano quelle dello stato patrimoniale, consentendo in particolare di valutare più adeguatamente le caratteristiche dell'impresa e i rischi insiti nella sua condizione patrimoniale e finanziaria.

E, analogamente, per la parte relativa al conto economico la nota deve, da un lato, illustrare la struttura e la composizione delle varie voci del conto ma, dall'altro, deve anche fornire un quadro della distribuzione territoriale dei proventi (che può, per altro, essere omessa quando la diffusione di tali informazioni possa «arrecare grave pregiudizio» alla banca).

La importanza della nota integrativa nel quadro della informazione di bilancio rende facilmente ragione della sua «dignità nell'ambito dei documenti costitutivi del bilancio d'impresa» e consente anche di capire perché la non conformità della stessa allo schema previsto dalla legge e dalla Banca d'Italia incida sulla chiarezza del bilancio in quanto tale e, quindi, comporti la nullità della deliberazione assembleare di approvazione del bilancio, almeno nella maggior parte dei casi, ossia quando la non conformità della nota allo schema previsto incida effettivamente sulla chiarezza del bilancio.

5.5. La relazione sulla gestione

a) A norma dell'art. 3 del D.Lgt. 87/1992 il bilancio dell'impresa è corredato «di una relazione degli amministratori sull'andamento della gestione e sulla situazione dell'impresa», redatta secondo quanto stabilito dalla Banca d'Italia. Dalla relazione devono risultare in ogni caso: *a*) le attività di ricerca e sviluppo; *b*) il numero e il valore nominale sia delle azioni o quote proprie sia delle azioni o quote dell'impresa controllante detenute in portafoglio, di quelle acquistate e di quelle alienate nel corso dell'esercizio, le corrispondenti quote di capitale sottoscritto, i motivi degli acquisti e delle alienazioni e i corrispettivi; *c*) i fatti di rilievo avvenuti dopo la chiusura dell'esercizio; *d*) l'evoluzione prevedibile della gestione; *e*) i rapporti verso le imprese del gruppo, distinguendo fra imprese controllate e imprese controllanti e imprese sottoposte al controllo di queste ultime, nonché i rapporti verso le imprese sottoposte a influenza notevole.

Come abbiamo già ricordato, la relazione sulla gestione non è un elemento costitutivo del bilancio d'impresa (v. infatti art. 2, 2° comma), che deve soltanto essere «corredato» della medesima. Il decreto legislativo ha adottato sul punto, e non avrebbe potuto fare altrimenti, l'indirizzo comunitario, recepito anche dal diritto societario comune (v. art. 2428), e che si presenta fortemente innovativo nei confronti del nostro ordinamento previgente. Nell'ambito di quest'ultimo, infatti, la relazione degli amministratori aveva anche il compito di fornire una serie di informazioni esplicative ed integrative dello stato patrimoniale e del conto economico, con i quali finiva per costituire anche sotto il profilo giuridico un sistema unitario. Con la conseguenza che la violazione delle norme relative alla relazione degli amministratori avrebbe comportato la nullità della deliberazione di approvazione del bilancio anche quando lo stato patrimoniale ed il conto economico fossero stati redatti in conformità con le prescrizioni legislative, così come le informazioni contenute nella relazione avrebbero validamente potuto colmare le lacune che questi secondi presentassero[32].

Il nuovo regime ha attribuito alla nota integrativa questa funzione, facendone appunto un momento costitutivo del bilancio, e privando della stessa la relazione sulla gestione, espulsa dalla «nozione» di bilancio. Essa non deve concorrere a rappresentare in modo veritiero e corretto la situazione patrimoniale, la situazione finanziaria e il risultato economico dell'esercizio, come la nota integrativa; deve, più semplicemente, fornire un quadro «dell'andamento della gestione» e della «situazione dell'impresa». Questa constatazione dovrebbe portare sicuramente ad escludere che la violazione delle norme, legislative e di vigilanza, sulla relazione possa determinare la nullità della deliberazione di approvazione del bilancio, ma potrebbe anche rendere perplessi sulla possibilità di affidare alla relazione la capacità di colmare le lacune che dovessero sussistere nel bilancio (stato patrimoniale, conto economico, nota integrativa), anche se la sottoposizione della relazione allo stesso

[32] Sul punto v. P.G. Jaeger, *Problemi topici del bilancio d'esercizio (nell'evoluzione della giurisprudenza e nella prospettiva dell'attuazione della quarta direttiva CEE)*, in «Giur. comm.», 1986, II, p. 992.

sistema di pubblicità prevista per il bilancio, offre un argomento per chi volesse attribuire alla prima la capacità di sanare i vizi del (sistema chiuso di) bilancio.

La espulsione dal (sistema informativo di) bilancio non priva, per altro, di importanza la relazione degli amministratori sulla gestione[33], come dimostra l'attenzione che alla stessa rivolge il legislatore nel momento in cui ne determina il contenuto minimo e ne prevede una sostanziale tipizzazione da parte della Banca d'Italia; senza che, per altro, quest'ultima attribuzione la trasformi in una «forma tecnica» di bilancio come potrebbe erroneamente ritenersi sulla base dell'art. 5 del decreto 87/1992, dal momento che il relativo potere della Banca d'Italia trova sufficiente fondamento nell'art. 3 dello stesso decreto.

b) Con qualche approfondimento della disposizione legislativa (art. 3, 1° comma), la Banca d'Italia ha stabilito che la relazione deve vertere «sulla situazione dell'impresa e sull'andamento della gestione nel suo complesso e nei vari settori in cui l'impresa ha operato» con illustrazione delle «dinamiche fatte registrare, rispetto all'esercizio precedente, dai principali aggregati di stato patrimoniale e conto economico».

Né l'art. 3 del D.Lgt. 87/1992 né le disposizioni della Banca d'Italia sembrano pretendere che la relazione illustri anche la situazione e l'andamento gestionale delle imprese controllate (richiedendo soltanto la illustrazione dei rapporti di credito, debito e garanzia con le stesse) e ciò a differenza di quanto previsto dall'art. 2428 per il diritto societario comune. E la soluzione adottato dal legislatore bancario sembra giustificata nelle ipotesi in cui debba essere redatto un bilancio consolidato: la relazione sulla gestione che lo correda conterrà, infatti, tali informazioni (v. art. 3, 1° comma). Nelle ipotesi in cui non venga redatto un bilancio consolidato si potrebbe ritenere che l'obbligo di illustrare la situazione e l'andamento delle controllate discenda dall'art. 4 del D.Lgt. 87, che impone «per quanto non diversamente disposto» dal decreto stesso e dalle istruzioni di vigilanza, l'applicazione delle norme del Codice civile e, quindi, anche dell'art. 2428, 1° comma. Nonostante la puntualizzazione delle istruzioni di vigilanza, resta difficile imprigionare entro tipizzazioni troppo rigide, la «situazione» e l'andamento della gestione che la relazione deve illustrare. Si può, tuttavia, immaginare che la «illustrazione» debba riguardare sia la posizione di mercato dell'impresa sia le caratteristiche organizzative e le condizioni patrimoniali e finanziarie della stessa (e su quest'ultimo punto la riflessione avrà come oggetto i risultati di bilancio, valutati anche in una prospettiva futura).

La parte relativa all'andamento della gestione dovrà segnalare i settori nei quali la banca ha operato, l'andamento della gestione, le acquisizioni, le dismissioni e i risultati per ciascuno di essi, così come dovrà indicare le prospettive future dell'impresa nelle varie aree di affari e nel suo complesso. Esplicite sul punto sono le istruzioni di vigilanza che in-

[33] Sul punto v. A. Provasoli, *La relazione sulla gestione nel bilancio bancario italiano*, in «Banche e banchieri», 1993, pp. 423 ss.

dicano fra gli oggetti della relazione «l'evoluzione prevedibile della gestione».

E sotto quest'ultimo profilo potranno assumere qualche importanza «i fatti di rilievo avvenuti dopo la chiusura dell'esercizio», che la relazione deve specificamente chiarire e che potranno concernere sia eventi che incidono su specifiche situazioni già registrate nel bilancio sia eventi che non concernono vicende già realizzatesi in precedenza, ma che possono comunque condizionare lo sviluppo dell'impresa.

d) La relazione sulla situazione e sull'andamento della gestione e le riflessioni che la stessa deve contenere anche a proposito della evoluzione prevedibile della gestione costituiscono le premesse logiche per un altro momento della relazione sulla gestione, «il progetto di destinazione degli utili di esercizio o il piano di sistemazione delle perdite».

6. Il bilancio consolidato

6.1. L'ambito del consolidamento

a) L'art. 24 del D.Lgt. 87/92 impone l'obbligo di redigere il bilancio consolidato a due categorie di soggetti: alle banche e agli enti finanziari considerati «imprese capogruppo» dal successivo art. 25 e alle banche e agli enti finanziari «assimilati» alle imprese capogruppo dall'art. 26.

A norma poi dell'art. 25 sono imprese capogruppo: la banca o la società finanziaria capogruppo di un gruppo bancario iscritto nell'albo dei gruppi bancari previsto dall'art. 64 del T.U. e l'ente finanziario che controlla imprese finanziarie o imprese che esercitano in via esclusiva o prevalente attività «strumentali», ossia attività che hanno carattere ausiliario delle società di un gruppo bancario, comprese quelle di gestione immobili e di servizi anche informatici (cfr. art. 59, 1° comma lett. *c*), sempreché l'ente finanziario medesimo non sia a sua volta controllato da un ente finanziario tenuto alla redazione del bilancio consolidato.

Come si accennava, alle «imprese capogruppo», individuate dall'art. 25, l'art. 26 «assimila», per imporre loro l'obbligo di redigere il bilancio consolidato, *a*) le banche e gli enti finanziari, non controllati da un'impresa tenuta a redigere il bilancio consolidato, «quando, anche in assenza di legami partecipativi, operino secondo una direzione unitaria in virtù di un contratto o di una clausola dei rispettivi statuti oppure quando i loro organi di amministrazione siano composti in maggioranza dalle stesse persone»; *b*) le banche o gli enti finanziari diretti in maniera unitaria da uno dei seguenti soggetti controllanti: 1) «un'impresa o un ente, costituito in Italia, diverso da un ente creditizio e finanziario»; a meno che il soggetto controllante sia un ente pubblico di gestione di partecipazioni statali, nel qual caso l'obbligo del bilancio consolidato non sorge; 2) un'impresa o un ente costituito in un altro paese, salvo che non ricorrano le ipotesi di esonero previste dall'art. 27 nell'ambito della Comunità e sulle quali ritorneremo; 3) una persona fisica.

In queste ipotesi, di «direzione unitaria», è tenuta alla redazione del bilancio consolidato la banca o l'ente finanziario «che, in base ai dati dell'ultimo bilancio d'esercizio approvato, presenta l'ammontare maggiore del totale dell'attività, inclusi gli impegni a erogare fondi e le garanzie rilasciate» (art. 26, 3° comma).

Ancora una definizione, per meglio individuare l'ambito dei soggetti, obbligati a redigere il bilancio consolidato: per enti finanziari, nelle disposizioni appena ricordate, si intendono (cfr. art. 1 del D.Lgt. 87/1992, così come riscritto dal T.U.): le società di gestione dei fondi comuni di investimento; le società di intermediazione mobiliare di cui alla legge 1/1991; i soggetti operanti nel settore finanziario previsti dal titolo V del T.U., nonché le società considerate finanziarie dall'art. 59 del T.U. ai fini della vigilanza consolidata.

b) Come si può notare l'ambito di applicazione dell'obbligo di redigere il bilancio consolidato non è limitato al settore bancario, ma viene esteso anche al settore finanziario, in qualche misura coincidente con i soggetti che svolgono le attività dell'allegato alla seconda direttiva comunitaria ed individuate come attività ammesse al mutuo riconoscimento dall'art. 1 del T.U. del 1993, indipendentemente dal fatto che nel gruppo siano ricomprese imprese bancarie. Ed, anzi, sotto questo profilo vi è una tendenziale equiparazione fra banche ed enti finanziari. Per comodità espositive ci occuperemo esplicitamente solo delle ipotesi in cui il consolidamento coinvolga una banca, anche se la massima parte delle considerazioni e delle soluzioni adottate in tale ipotesi si estendono anche ai casi di consolidamento dei gruppi esclusivamente finanziari.

c) Le disposizioni degli art. 25 e 26 del D.Lgt. 87/1992 appena ricordate operano alcuni importanti rinvii alle norme dettate, per la vigilanza su base consolidata, dal cap. II, del titolo III del T.U. del 1993 (a cominciare dalla stessa definizione di capogruppo e di gruppo bancario).

Una comprensione più consapevole dell'ambito dei soggetti sui quali incombe l'obbligo di redigere il bilancio consolidato e delle imprese che debbono essere ricomprese nel consolidamento è possibile avendo presenti ambito e contenuti della vigilanza su base consolidata (della quale ci occuperemo nel prossimo capitolo). È necessario, per altro, tener presente che l'area della vigilanza su base consolidata e quella del consolidamento dei bilanci non coincidono, almeno sotto due profili.

La vigilanza su base consolidata si estende anche a società partecipate ma non controllate (v. art. 65 del T.U.), mentre il consolidamento del bilancio coinvolge soltanto le imprese controllate (v. art. 28, 1° comma del D.Lgt. 87/1992). E ancora nell'ambito della vigilanza su base consolidata vengono ricomprese anche le società diverse da quelle bancarie, finanziarie e strumentali, mentre nell'ambito del consolidamento dei bilanci sono ricomprese solo quelle appartenenti ad una di queste categorie.

Si deve, invece, constatare che esiste piena coincidenza fra l'area del consolidamento del bilancio e quella del gruppo bancario (al quale come vedremo non si limita l'ambito della vigilanza su base consolidata); nel senso che *a*) se si escludono le ipotesi di direzione unitaria, i soggetti tenuti all'obbligo del consolidamento sono tutti e soltanto gli enti capogruppo di un gruppo bancario (naturalmente qui non si prendono in considerazione gli obblighi di consolidamento che riguardano i gruppi esclusivamente finanziari), e che *b*) l'area delle imprese oggetto del consolidamento comprende esclusivamente le società controllate dalla capogruppo (di un gruppo bancario) che abbiano per oggetto l'esercizio di attività bancarie finanziarie o strumentali ed è questo anche il perimetro del gruppo bancario (v. art. 60 del T.U.).

E considerata la marginalità delle ipotesi di «direzione unitaria» che non diano vita ad un gruppo bancario, nel senso indicato dalla disciplina di vigilanza, si può anche dire che l'area del consolidamento dei bilanci finisce per coincidere con quella dettata per la disciplina di vigilanza sui gruppi (che non coincide, l'abbiamo appena ricordato, con quella della vigilanza su basi consolidate nella sua estensione massima). E sulla base di questa constatazione esamineremo la disciplina del bilancio consolidato tenendo presente esclusivamente l'ipotesi prevista dall'art. 25, 1° comma lett. *a*), ossia l'ipotesi in cui l'obbligo di redigere il bilancio consolidato incombe sulla capogruppo di un gruppo bancario e si estende (v. art. 28, 2° comma) alle imprese bancarie, finanziarie e strumentali che compongono il gruppo, in quanto dalle medesime capogruppo controllate. Naturalmente anche per una più completa analisi della capogruppo e della composizione del gruppo è inevitabile rinviare alle pagine che dedicheremo ai gruppi bancari: qui basti anticipare che capogruppo può essere soltanto una banca o una società finanziaria purché non controllata da un'altra banca o da un'altra società finanziaria e che del gruppo fanno parte tutte le società dalla stessa controllate purché abbiano ad oggetto un'attività bancaria o finanziaria o strumentale.

d) Il D.Lgt. 87/1992 dopo aver individuato i soggetti obbligati a redigere il bilancio consolidato introduce due ipotesi di deroga a tale obbligo: l'una connessa con la condizione giuridica dell'impresa capogruppo (art. 27), l'altra fondata sulla condizione dell'impresa controllata.

La prima, legata all'attribuzione della vigilanza al paese di origine prevista dalla seconda direttiva comunitaria, esonera dal consolidamento l'impresa capogruppo (con esclusione quindi dell'ipotesi di direzione unitaria *ex* art. 26, 2° comma) costituita in Italia e controllata da un ente creditizio di un altro paese della Comunità europea, quando ricorrono tutte le seguenti condizioni: *a*) l'impresa capogruppo non abbia emesso titoli quotati in Borsa; *b*) l'ente creditizio estero controllante disponga di almeno il 20% dei diritti di voto esercitabili nell'assemblea ordinaria dell'impresa capogruppo costituita in Italia e l'esonero dall'obbligo del consolidamento sia stato approvato dagli altri soci della medesima; *c*) l'impresa capogruppo e tutte le imprese dalla stessa controllate e che sarebbero rientrate nell'area di consolidamento siano ricomprese nel bilancio consolidato della banca comunitaria controllante, redatto secondo le norme fissate dalla direttiva 635/1986.

e) Possono, d'altro canto, essere escluse dal consolidamento le imprese controllate, da una banca o da un ente finanziario, quando *a*) la loro inclusione in un bilancio consolidato di questi ultimi sarebbe irrilevante al fine di assicurare una rappresentazione veritiera e corretta sia della situazione patrimoniale, sia della situazione finanziaria sia del risultato economico dell'impresa controllante e dell'insieme delle altre sue controllate e sempre che il complesso delle esclusioni non contrasti con il perseguimento di quello stesso fine; *b*) quando sia compromessa l'effettività del controllo a causa delle «gravi e durature» restrizioni alle quali risultasse soggetto l'esercizio dei diritti dell'impresa controllante; *c*) quando non fosse possibile ottenere tempestivamente o senza spese sproporzionate le informazioni necessarie per redigere il bilancio consolidato che le ricomprende; *d*) quando la titolarità delle azioni da parte della controllante sia temporanea e acquisita esclusivamente in vista della successiva alienazione.

6.2. Struttura e criteri di valutazione

a) La struttura del bilancio consolidato è identica a quella del bilancio d'impresa: è costituito dallo stato patrimoniale e dalla nota integrativa (v. art. 2, 2° comma) e deve essere corredato dalla relazione sulla gestione.

Identiche sono anche le funzioni sia del bilancio (che deve essere redatto «con chiarezza» e rappresentare in modo veritiero e corretto la situazione patrimoniale e finanziaria e il risultato economico dell'insieme delle imprese incluse nel consolidamento) sia della relazione sulla gestione (che di tale insieme di imprese deve illustrare l'andamento della gestione e la situazione). Del che è ovviamente testimone il D.Lgt. 87/1992, nel momento in cui precisa (art. 30) che nella redazione del bilancio consolidato si debbono applicare, oltre alle norme specifiche, anche le disposizioni «generali», quelle relative allo stato patrimoniale e quelle relative al conto economico dettate dalle sezioni I, II e III, del capo II, del decreto stesso per il bilancio dell'impresa, «salvi gli adeguamenti necessari per il consolidamento dei conti».

Ed anche le «norme specifiche» sono rimesse, come abbiamo già visto, per quanto concerne le forme tecniche sia del bilancio sia della relazione sulla gestione, alle disposizioni della Banca d'Italia, ferme ovviamente le regole dettate per i relativi consolidamenti dallo stesso decreto legislativo 87/1992 (artt. 30-37).

b) Per quanto concerne «i criteri di valutazione», l'art. 38 del decreto stabilisce il principio che «i criteri di valutazione» del bilancio consolidato «sono quelli utilizzati nel bilancio d'esercizio nell'impresa che redige il bilancio consolidato», ma possono essere utilizzati anche altri criteri, purché ammessi dallo stesso decreto 87/1992, «dandone motivazione nella nota integrativa». Mentre nell'ipotesi in cui un'impresa inclusa nel consolidamento abbia adottato criteri di valutazione diversi da quelli utilizzati per la redazione del bilancio consolidato, è necessario procedere ad una nuova valutazione degli elementi dell'attivo e del passivo nonché delle operazioni fuori bilancio di questa impresa alla stregua dei criteri adottati per il bilancio consolidato, a meno che la difformità sia irrilevante (art. 38, 2° comma)[34].

6.3. I criteri di consolidamento

Abbiamo appena constatato (art. 28) che il consolidamento concerne le imprese controllate aventi un oggetto bancario, finanziario o strumentale, rimanendo escluse tutte le società non controllate, oltre alle controllate ma con oggetto diverso da quello bancario, finanziario o strumentale. Ma per quanto concerne il controllo è necessario distinguere le ipotesi in cui la capogruppo bancario o finanziario detenga da sola il controllo di una delle predette società o lo detenga congiuntamente con altre imprese «in base ad accordi con esse». Anche a queste società, congiuntamente controllate, si estende l'area del consolidamento al quale deve procedere la capogruppo, purché la partecipazione non sia inferiore ad un quinto dei diritti di voto esercitabili nell'assemblea ordinaria e l'impresa sottoposta a controllo congiunto abbia, a sua volta, un oggetto bancario, finanziario o strumentale. Nelle due ipotesi la tecnica di consolidamento è diversa: nella prima si procede al consolidamento integrale (art. 31 D.Lgt. 87/1992), nella seconda al consolidamento proporzionale (art. 35, 2° comma).

b) Nel consolidamento integrale «gli elementi dell'attivo e del passivo e le operazioni fuori bilancio» (per lo stato patrimoniale), nonché i proventi e gli oneri (per il conto economico) delle imprese incluse nel consolidamento sono «riprese» integralmente nel bilancio consolidato, salvo quanto disposto dall'art. 32 per il consolidamento delle partecipazioni e dall'art. 34 per i «rapporti reciproci». In altri termini le voci e sottovoci del bilancio consolidato (redatto dalla capogruppo ma che non è bilancio della capogruppo ma del gruppo) risultano dalla somma delle voci e sottovoci dei bilanci della imprese incluse nel consolidamento.

Questa tecnica di consolidamento che fotografa le realtà del gruppo verso l'esterno, considerando le imprese incluse nel consolidamento come una sola impresa, non può evidentemente essere adottata nei rapporti interni e più esattamente nel consolidamento delle partecipazioni della capogruppo nelle controllate e nei rapporti attivi e passivi reciproci.

b1) Le partecipazioni (della controllante) nelle imprese controllate incluse nel consolidamento sono compensate con la corrispondente frazione del patrimonio netto di tali imprese e il patrimonio netto delle imprese controllate è calcolato, secondo le disposizioni della Banca d'Ita-

[34] A norma dell'art. 37 del D.Lgt. 87/1992 «la data di riferimento del bilancio consolidato coincide con quella del bilancio d'esercizio dell'impresa capogruppo. Tuttavia la data di riferimento può anche essere quella della maggior parte delle imprese incluse nel consolidamento, ma della scelta di questo criterio deve darsi motivata giustificazione nella nota integrativa».

lia, sommando tra loro il capitale, i sovrapprezzi di emissione, gli utili portati a nuovo e l'utile di esercizio per la parte destinata a riserve e i dividendi e sottraendo le perdite portate a nuovo e la perdita d'esercizio.

La «compensazione» (o sostituzione) del valore della partecipazione della controllante con il patrimonio netto della controllata, nella frazione corrispondente alla percentuale del capitale della seconda detenuta dalla prima, può determinare una differenza, sia quando il valore della partecipazione era superiore al patrimonio netto (differenza positiva di consolidamento), sia perché il primo valore è risultato inferiore al secondo (differenza negativa di consolidamento). Nel primo caso la differenza viene iscritta nell'attivo del bilancio consolidato e nel secondo viene iscritta al passivo dello stesso. E la differenza positiva è sottoposta ad ammortamento, a norma dell'art. 16, 2° comma, secondo le regole di ammortamento dell'avviamento.

b2) Sono invece «eliminati» dal bilancio consolidato: *a*) per quanto concerne lo stato patrimoniale i rapporti attivi e passivi e le operazioni fuori bilancio fra le imprese incluse nel consolidamento e *b*) per quanto concerne il conto economico (consolidato) i proventi e gli oneri relativi ad operazioni intervenute fra le stesse imprese e i profitti e le perdite risultanti da operazioni di negoziazione effettuate fra le medesime e riguardanti, nel caso di beni diversi dai titoli, dalle valute e da altri strumenti finanziari, valori compresi nel patrimonio.

c) Il consolidamento integrale dei rapporti attivi e passivi, così come dei proventi e degli oneri delle società sottoposte a controllo congiunto nel bilancio consolidato redatto da ciascuna delle società che detengono, ma solo congiuntamente, il controllo, non è evidentemente possibile senza offrire una rappresentazione non vera della realtà. Per questa ipotesi infatti il legislatore prevede il metodo del consolidamento proporzionale.

Più esattamente gli elementi dell'attivo e del passivo, così come i proventi e gli oneri, delle imprese bancarie finanziarie e strumentali sottoposte a controllo congiunto sono «ripresi» rispettivamente nello stato patrimoniale e nel conto economico del bilancio consolidato in proporzione alla percentuale del capitale sociale posseduto dalla impresa che procede alla redazione di tale bilancio.

Per quanto concerne le partecipazioni e i rapporti valgono invece le regole già viste per il consolidamento integrale.

d) Il bilancio consolidato non potrà non tener conto anche delle partecipazioni (della capogruppo) non consolidate, ossia delle partecipazioni che essa detiene in società che svolgono un'attività diversa da quelle bancarie, finanziarie o strumentali e in società che hanno per oggetto una di queste attività ma della quale la capogruppo non detenga il controllo, neppure congiunto. Il legislatore prende in considerazione queste partecipazioni per imporre l'adozione del metodo del patrimonio, previsto, come alternativa, dall'art. 19 per il bilancio dell'impresa nell'ipotesi di società bancarie, finanziarie e strumentali che possano definirsi «associate» (v. art. 36) della capogruppo, dovendosi considerare tali le società nelle quali quest'ultima abbia «un'influenza notevole», ossia disponga di un quinto dei voti nell'assemblea ordinaria e di società che svolgano una diversa attività, purché la società capogruppo ne abbia il controllo, anche solo congiunto.

e) Come abbiamo già accennato, gli schemi dello stato patrimoniale e del conto economico consolidati coincidono, nella massima parte delle loro voci e sottovoci, con gli analoghi schemi previsti per il bilancio dell'impresa.

Di una differenza è, tuttavia, indispensabile dar conto: l'ammontare del capitale e delle riserve delle società controllate, quasi rappresentasse un debito nei confronti della totalità degli azionisti non può essere «attribuito» integralmente all'impresa controllante quando il controllo non sia totalitario. Del che è consapevole il legislatore (cfr. art. 39, 1° comma del D.Lgt. 87/1992) quando prevede che «l'ammontare del patrimonio netto consolidato attribuibile ad azioni o quote di terzi è iscritto nello stato patrimoniale consolidato in una voce denominata «patrimonio di pertinenza di terzi».

Analogamente «l'ammontare del risultato economico consolidato attribuibile agli azionisti di minoranza» delle controllate è iscritto nel conto economico consolidato in una voce denominata «utile (o perdita) di esercizio di pertinenza di terzi».

6.4. I vizi del bilancio consolidato

Il bilancio consolidato non viene sottoposto all'approvazione dell'assemblea dei soci ed è quindi impossibile che la mancata conformità dello stesso alle regole fissate per la sua redazione si traduca in una impugnativa di deliberazione assembleare, come avviene per il bilancio dell'impresa. Non sembra possibile, d'altro canto, considerare il bilancio consolidato alla stregua di un «allegato» al bilancio d'impresa della capogruppo e, quindi, ritenere nulla la deliberazione di approvazione del bilancio di impresa di quest'ultima quando non sia stato correttamente redatto il bilancio consolidato[35]. La tesi postula un rapporto fra bilancio consolidato e bilancio d'esercizio che non sembra trovare adeguato fondamento nella legge. Questa non considera in alcun modo il primo come elemento costitutivo del secondo e le sue irregolarità non possono, pertanto, tradursi in «vizi» di quest'ultimo.

Le sanzioni per la mancata conformità del bilancio consolidato alle regole previste per la sua redazione andranno cercate, da un lato, nella responsabilità degli amministratori nei confronti di tutti i soggetti (società capogruppo, soci della stessa, terzi) che abbiano ricevuto un danno dal comportamento illegittimo tenuto nella redazione del bilancio consolidato[36] e, dall'altro, negli strumenti della vigilanza consolidata. E

[35] Vedi sul punto L.F. Paolucci, *Le impugnazioni del bilancio consolidato*, in «Le società», 1992, pp. 183 ss.

[36] Cfr. A. Bianchi, *Gli effetti giuridici del bilancio consolidato*, in «Giur. comm.», 1992, I, pp. 472 ss.

sotto questo profilo emerge con evidenza la connessione fra disciplina del bilancio (anche consolidato) e vigilanza bancaria (anche su base consolidata).

7. La Centrale dei rischi

a) Abbiamo già ricordato che l'ordinamento delle imprese bancarie si caratterizza nei confronti di quello comune alla generalità delle imprese, anche per la presenza di strumenti che consentono una mutua trasmissione di informazioni fra gli enti creditizi, rendendo così più trasparente, almeno per gli operatori bancari, il mercato del credito. Sotto questo profilo particolare attenzione merita il «Servizio per la centralizzazione dei rischi bancari», istituito con delibera CICR 16 maggio 1962 e «affidato alla Banca d'Italia»[37]. I momenti essenziali di tale servizio, figurativamente noto come Centrale dei rischi, consistono nel dovere delle banche di comunicare alla Banca d'Italia, nella sua qualità di organo di vigilanza, «i crediti accordati nonché i relativi utilizzi» e nella segnalazione, da parte della Banca d'Italia alle banche per ogni nominativo per il quale abbiano comunicato la concessione di fidi, «riassuntiva dei crediti censiti al nome» dello stesso, «con la indicazione per ciascuna categoria di crediti, dell'importo globale accordato e di quello utilizzato, senza indicazione degli istituti concedenti».

Il servizio appena descritto concerne le informazioni relative alle posizioni di coloro che hanno già ricevuto un affidamento da parte del sistema creditizio e consente alle banche che hanno effettuato tale affidamento di conoscere, quale «contropartita» della segnalazione effettuata, la «posizione di rischio» dell'affidato senza che la relativa informazione debba essere oggetto di una particolare domanda da parte dell'ente creditizio interessato.

Accanto a questo servizio, prestato gratuitamente dalla Banca d'Italia, sta il servizio cosiddetto «di prima informazione», che consente al le aziende di ottenere dall'organo di vigilanza, su richiesta e a pagamento, la posizione globale di rischio di un «qualsiasi nominativo censito dalla Centrale dei rischi», non solo quando lo stesso abbia presentato una domanda di affidamento, ma ogni qualvolta l'azienda richiedente adduca «una giustificata motivazione» (delibera del CICR 27 novembre 1970).

Sulla base delle direttive fissate dal CICR la Banca d'Italia ha fissa-

[37] Sulla «centrale dei rischi», si veda L. Patria, *La centrale dei rischi*, in *La banca*, a cura di R. Camaiti, vol. III, Bologna, Minerva, 1978, pp. 474 ss.; F. Capriglione, *Aspetti della problematica giuridica della centrale dei rischi bancari*, in «Bancaria», 1974, pp. 19 ss.; Id., *Stabilità delle strutture finanziarie e affidabilità del prenditore del credito in particolare: la centralizzazione dei rischi*, in *La riforma della legge bancaria*, a cura di P. Abbadessa, Milano, Giuffrè, 1984, pp. 236 ss.; G. Ruta, *Attualità del funzionamento della centrale dei rischi bancari*, in «Bancaria», 1965, pp. 415 ss.

to[38] modalità e limiti delle segnalazioni alle quali sono tenuti gli enti creditizi e che si traducono in modalità delle informazioni che gli stessi ricevono dall'organo di vigilanza. È evidentemente impossibile un esame analitico di tali modalità. Qui basterà ricordare che, ferma la necessità di distinguere nella segnalazione gli affidamenti accordati ma non utilizzati da quelli effettivamente utilizzati, l'obbligo della segnalazione sorge soltanto quando l'affidamento superi una soglia minima; soglia minima che, tenuto conto del valore del metro monetario, si è venuta abbassando compatibilmente con la possibilità organizzativa del servizio[39]. Questo limite minimo varia, tuttavia, con il grado di rischiosità dalla posizione censita. Così accanto ad un «limite minimo generale» che concerne esclusivamente i rischi diretti[40], sono previsti un «limite minimo particolare», inferiore al precedente, che riguarda le posizioni in sofferenza[41] e un «limite minimo specifico», superiore agli altri, con riferimento ai rischi indiretti[42].

Ancora le segnalazioni sono articolate per i tipi di operazioni bancarie, prevedendosi una distinzione delle stesse in nove categorie, caratterizzate da una presunta diversità di rischio connessa con le caratteristiche tecniche dell'operazione medesima[43]. Come emerge dalle poche indicazioni appena fornite, le segnalazioni che la Centrale fornisce alle aziende, pur essendo di notevole importanza, non offrono una immagine completa delle posizioni di rischio sia perché alla stessa sfuggono tutti gli affidamenti e gli utilizzi inferiori ai limiti fissati per la segnalazione, sia perché le segnalazioni sono periodiche (avvengono mensilmente) e non tengono conto di elementi di notevole rilievo nella determinazione del rischio, come la durata delle operazioni e la descrizione delle garanzie reali che assistono in concreto le esposizioni verso il sistema creditizio[44].

b) Le autorità creditizie avevano rinvenuto la fonte legislativa alla quale ancorare la istituzione del servizio di centralizzazione dei rischi bancari e la relativa disciplina amministrativa nell'art. 32, 1° comma

[38] «Limiti e modalità» per la segnalazione dei rischi sono indicate nelle istruzioni di vigilanza trasmesse alle aziende di credito relative appunto alla «Centrale dei rischi».

[39] Sul punto L. Patria, *op. cit.*, pp. 478 ss.

[40] Tale limite è oggi fissato in L. 80 milioni; dopo essere stato inizialmente determinato in L. 250 milioni lo stesso è stato progressivamente diminuito fino a L. 30 milioni e quindi nuovamente alzato prima a L. 50 milioni e quindi a L. 80 milioni.

[41] Questo limite è stato determinato da prima in L. 10 milioni e quindi portato ad 1 lira.

[42] Questo limite è oggi fissato in L. 150 milioni e concerne le garanzie personali concesse a favore di altri affidati.

[43] Le categorie nelle quali vengono suddivisi i rischi, sono le seguenti: portafoglio commerciale, portafoglio finanziario, conti correnti, operazioni con l'estero, sofferenze, operazioni con garanzia reale, operazioni a media e lunga scadenza, garanzie prestate, garanzie ricevute.

[44] I limiti delle informazioni fornite dalla Centrale dei rischi si accentuano poi quando si tenga presente che la stessa fotografa le posizioni dei prenditori di credito soltanto nei confronti del sistema bancario italiano e non anche gli affidamenti che gli stessi ricevono dalle banche degli altri paesi.

lett. *b*) della legge bancaria che consentiva loro di assumere provvedimenti relativamente alle «cautele per evitare gli aggravamenti di rischio derivanti dal cumulo dei fidi». La Centrale dei rischi veniva in altri termini, considerata uno strumento specificamente diretto ad impedire che attraverso la pratica dei cosiddetti fidi multipli, i clienti potessero ricevere dal sistema bancario affidamenti superiori al loro «merito di credito». Era lo stesso obiettivo perseguito dall'art. 35, 2° comma lett. *c*) della legge bancaria che consentiva alla Banca d'Italia di «emanare norme relative alle dichiarazioni che i richiedenti i fidi devono rilasciare sulle loro condizioni patrimoniali ed economiche perché i fidi stessi vengano concessi».

E nell'esercizio di tale potere la Banca d'Italia imponeva, come impone, la indicazione, da parte dell'affidando delle altre posizioni di rischio nei confronti del sistema.

E non v'è dubbio che le autorità creditizie coglievano nel segno quando individuavano come scopo fondamentale della Centrale dei rischi quello di «impedire» gli aggravamenti di rischio risultanti dal cumulo dei fidi. Ma non si poteva, tuttavia, escludere che le informazioni dalla stessa fornite potessero essere utilizzate più in generale per uno qualunque degli obiettivi che la vigilanza bancaria persegue. Anche sotto il profilo dei destinatari del servizio il rintracciare nell'art. 32, 1° comma lett. *b*) della legge bancaria il fondamento della Centrale dei rischi appariva limitativo, soprattutto per quanto concerneva gli istituti di credito ai quali quella norma non si applicava (in forza dell'art. 14 della legge 23/1981) e che pur accedevano alla Centrale. Per questi ultimi il fondamento legislativo del coinvolgimento del servizio poteva, invece, giustificarsi sulla base dell'art. 14 della predetta legge 23/1981 che consentiva alla autorità creditizia di dettare criteri «per limitare la concentrazione dei rischi».

Quelle norme della legge bancaria e della legge 23/1981 sono state abrogate dal T.U. del 1993, ma non per quanto è venuto meno il fondamento legislativo della Centrale dei rischi. La Centrale dei rischi trova oggi un più generale fondamento legislativo nelle norme che individuano gli obiettivi generali che le autorità creditizie possono perseguire sulla base dell'art. 5 del T.U. ed una base più puntuale nei loro poteri di vigilanza regolamentare e, più precisamente nel potere delle autorità creditizie di emanare disposizioni «per il contenimento del rischio nelle sue diverse configurazioni» (art. 53, 1° comma lett. *b*). Anche se, a dire il vero, non è poi così stringente come potrebbe apparire la necessità di rintracciare un fondamento legislativo al servizio in esame.

Questa esigenza sicuramente non esiste per quanto concerne l'obbligo delle banche di segnalare alla Banca d'Italia le posizioni di rischio dei propri affidati. Come già l'art. 31 della l.b., l'art. 51 del T.U. attribuisce alla Banca d'Italia il potere di richiedere alle banche qualunque notizia ritenuta necessaria per l'espletamento delle proprie funzioni di vigilanza.

La necessità di trovare un fondamento legislativo può invece prospettarsi per quanto concerne la trasmissione delle informazioni alle banche da parte della Banca d'Italia. E non tanto per l'assunzione del servizio da parte dell'organo di vigilanza, potendo lo stesso ricomprendersi fra le attività che tale organo esercita per la migliore realizzazione delle proprie funzioni, quanto per la comunicazione alle altre banche delle informazioni raccolte; comunicazione che potrebbe avere ad oggetto notizie riservate, protette dal segreto bancario e che, come tali, l'organo di vigilanza non potrebbe trasmettere, in assenza del consenso del cliente, se non in presenza di una norma che l'autorizzi. Non si potrebbe, d'altro canto, sostenere che, essendo la segnalazione della Centrale riferita alla esposizione globale, la stessa non può in alcun modo contrastare con il segreto bancario che garantisce la riservatezza delle notizie afferenti ai singoli rapporti costituiti con le singole banche. Senza voler qui prendere posizione sul contenuto del segreto bancario, non v'è dubbio che informazioni relative ad un affidato vengano rivelate, attraverso la Centrale dei rischi, a soggetti (gli altri operatori bancari) nei confronti dei quali, in ipotesi, il cliente potrebbe vantare un interesse a conservare il riserbo. Di qui la opportunità di rintracciare una norma che legittimi la trasmissione di tale notizia agli altri enti creditizi, senza dover incorrere nelle incertezze che, nell'ambito del diritto comune, si incontrano quando si voglia stabilire entro quali limiti la parte di un rapporto contrattuale possa comunicare ad altri informazioni raccolte sulla controparte.

E, sotto questo profilo, offrono un fondamento di legittimità alla diffusione di quelle informazioni sia l'art. 51 del T.U., sopra riprodotto, sia l'art. 137, del medesimo T.U., che punisce il mendacio bancario (come già faceva l'art. 95 della l.b.)[45]. Nel momento in cui punisce chi, accingendosi a richiedere un affidamento ad un istituto di credito, fornisce allo stesso informazioni non vere sulle proprie condizioni economiche, questa norma impone anche la comunicazione di tutte le esposizioni che lo stesso ha nei confronti del sistema bancario, sottolineando così che l'interesse dell'istituto a conoscere i relativi rischi è giuridicamente tutelato. Il che sembra sufficiente per considerare del tutto legittimo l'accesso di tutte le banche alle informazioni della Centrale dei rischi.

c) L'interesse alla riservatezza dei dati conosciuti attraverso la Centrale dei rischi è preso in considerazione anche dalle autorità creditizie con una disciplina che a dire il vero lascia perplessi. La delibera istitutiva della Centrale precisava che «i dati forniti alla Banca d'Italia, come quelli che essa comunicherà alle aziende di credito, sono soggetti all'obbligo del segreto d'ufficio, di che all'art. 10 l.b. anche nei confronti degli stessi affidati».

La norma infatti era superflua nel momento in cui ribadiva che la Banca d'Italia, anche per le informazioni fornite in relazione alla centralizzazione dei rischi era tenuta al segreto d'ufficio stabilito dall'art. 10[46],

[45] Sul mendacio bancario si veda, da ultimo, P. D'Agostino, *I reati della legge bancaria*, in R. Costi-P. D'Agostino, *I reati bancari*, in *Trattato di diritto penale dell'impresa*, diretto da A. Di Amato, Padova, CEDAM, 1992, pp. 117 ss.

[46] A norma infatti dell'art. 10, 1° comma l.b. «tutte le notizie, le informazioni o, dati

appariva inapplicabile nella parte in cui pretendeva di estendere alle aziende destinatarie delle informazioni l'obbligo del segreto d'ufficio poiché le stesse non erano, in quanto tali né pubblici funzionari né incaricati di pubblico servizio, e si rivelava inutilmente ipocrita quanto precisava che le aziende non possono «contestare» agli affidati le risultanze della Centrale, anche quando le stesse risultano difformi dalle dichiarazioni rese[47].

L'unico problema che merita attenzione, fra quelli presi in esame dalla disciplina amministrativa, concerne i limiti che le banche incontravano nella trasmissione ad altri delle notizie ricevute dalla Centrale e sul punto credo che la soluzione dovesse, e debba tuttavia, essere cercata nei principi che disciplinano le informazioni interbancarie, delle quali ci occuperemo nel prossimo paragrafo.

8. Il segreto bancario e le informazioni interbancarie

Fra gli strumenti la cui utilizzazione contribuisce a rendere più trasparente, almeno per gli operatori bancari, il mercato creditizio, deve annoverarsi anche la prassi delle cosiddette informazioni interbancarie[48]. Gli enti creditizi sono infatti soliti scambiarsi informazioni sui clienti con riferimento a tutti gli aspetti che assumano rilevanza per l'assunzione delle proprie decisioni d'impresa; così integrando, fra l'altro, le informazioni che ricevono dalla Centrale dei rischi[49]. L'efficacia di tale strumento sarebbe particolarmente rilevante, come è ovvio, se lo stesso si traducesse in un diritto dell'ente creditizio a pretendere dagli altri la comunicazione delle notizie delle quali questi ultimi fossero in possesso.

Si introdurrebbe nel sistema un dovere di informazione analogo a quello istituzionalizzato nella Centrale dei rischi. In realtà deve escludersi che esista un siffatto dovere, essendo l'ente interpellato libero di

riguardanti le aziende di credito» erano «tutelati dal segreto d' ufficio», e «i funzionari e tutti i dirigenti della Banca d'Italia erano vincolati dal segreto d'ufficio». Analoghe disposizioni sono oggi dettate dall'art. 7, 1° e 3° comma del T.U. del 1993.

[47] Per una rassegna degli artifici utilizzabili per aggirare questa affermazione di principio G. Ruta, *Riflessi privatistici delle segnalazioni della centrale dei rischi bancari*, in «Riv. dir. comm.», 1965, I, pp. 359 ss.

[48] Sul punto G. Cavalli, *Segreto bancario e informazioni sui clienti*, in *Funzione bancaria rischio e responsabilità della banca*, a cura di S. Maccarone e A. Nigro, Milano, Giuffrè, 1981, pp. 137 ss.; N. Salanitro, *Le banche e i contratti bancari*, Torino, UTET, 1983, p. 242; R. Vigo, *Libertà e divieti nella circolazione delle notizie bancarie*, Milano, Giuffrè, 1983, pp. 19 ss.

[49] Non prendiamo in considerazione, come emerge dal testo, i problemi relativi alle informazioni che le banche diano a soggetti estranei al sistema bancario, non rientrando tale attività fra gli strumenti diretti a rendere più trasparente l'attività delle imprese bancarie. Molte considerazioni svolte nel testo possono per altro essere estese anche a questa ipotesi di attività bancaria, per la quale tuttavia non possono giustificarsi alcune limitazioni al riserbo che invece si possono rintracciare per le informazioni interbancarie.

concedere o rifiutare l'informazione richiesta; ferma restando, ovviamente, la responsabilità alla quale lo stesso andrà incontro nell'ipotesi in cui le informazioni fornite non corrispondano al vero o siano comunque ingannevoli[50].

Abbiamo così dato per scontato che le banche possano legittimamente rivelare ad altre banche le notizie che le stesse hanno acquisito sui propri clienti. In realtà si tratta di una affermazione che presuppone il superamento di notevoli perplessità, connesse soprattutto con la necessità di coordinarla con le conclusioni che si adottino in ordine al fondamento giuridico e al contenuto del cosiddetto segreto bancario.

Anzi la prassi, per lo più giudicata legittima, delle informazioni interbancarie, viene considerata alla stregua di un limite o di una eccezione al principio del segreto bancario. Soltanto dopo aver affrontato la problematica relativa a quest'ultimo saremo pertanto in grado di verificare la persuasività e i limiti della tesi che considera legittima la suddetta prassi.

8.1. Il segreto bancario

L'espressione «segreto bancario» non era ignota alla legge bancaria, il cui art. 78, disciplinando il giudizio di accertamento dei crediti nell'ambito della liquidazione coatta, prevedeva che l'elenco dei creditori chirografari non potesse essere comunicato alle parti «allo scopo di tutelare il segreto bancario». Il legislatore, per altro, non definiva né in quella né in altra sede il contenuto di tale segreto. Nella medesima direzione sembrava muoversi il T.U. nella stesura approvata, in prima lettura, dal Governo e sottoposta al parere del Parlamento: si prevedeva infatti (v. art. 87 ult. comma) che l'elenco dei predetti creditori non venisse «messo a disposizione a tutela del segreto bancario». Su indicazione delle Camere, nella stesura definitiva, la norma è stata drasticamente «tagliata» con l'eliminazione delle parole «a tutela del segreto bancario», riducendosi ad affermare che «l'elenco non viene messo a disposizione» (v. art. 87, ult. comma). Ed in questo modo anche l'espressione «segreto bancario» è stata cancellata dall'ordinamento bancario, rendendo, se possibile, ancora più difficile la definizione della realtà giuridica che con quell'espressione viene individuata.

Ed in effetti giurisprudenza, dottrina e prassi sono convinte che il segreto bancario «esista», ma del tutto controversi ne sono il fondamento ed il contenuto[51]. Anche se non mancano alcuni convincimenti

[50] Sulla responsabilità da false informazioni con riferimento agli operatori bancari, si veda G. Alpa, *Diffusione di informazioni economiche e problemi di responsabilità civile (in margine alla violazione del segreto bancario)*, in «Banca borsa e tit. cred.», 1977, I, pp. 39 ss.; F. Ranieri, *La responsabilità da false informazioni*, in *Le operazioni bancarie*, a cura di G. Portale, Milano, Giuffrè, 1978, vol. I, pp. 257 ss.; S. Mazzarella, *La responsabilità civile del banchiere per false informazioni*, in *Funzione bancaria*, cit., pp. 161 ss.

[51] La letteratura in tema di segreto bancario è sterminata. Anche per un quadro della stessa si veda A. Di Amato, *Il segreto bancario*, Napoli, ESI, 1979; R. Vigo, *op. cit.*,

minimi generalmente accettati. Così la massima parte delle opinioni concorda nel ritenere che, per segreto bancario, debba intendersi l'insieme delle notizie relative al cliente che la banca non può rivelare se non in presenza di particolari circostanze (sulla cui individuazione per altro esiste la più grande varietà di opinioni), a meno che non intervenga il consenso del cliente stesso. Si concorda pertanto nel rilevare che l'interesse immediato, protetto dal segreto bancario, è l'interesse privato del cliente, anche se non si trascura di sottolineare che, sia pure indirettamente, lo stesso può contribuire allo sviluppo del sistema bancario nella misura in cui, garantendo la riservatezza dei rapporti sia con i portatori dei fondi sia con i prenditori degli stessi, favorisce la moltiplicazione di tali rapporti.

Ma, come si accennava, vi è forte dissenso sul fondamento giuridico di siffatto «segreto bancario». Così nel momento in cui le banche erano considerate «istituzioni sociali», piuttosto che imprese, si era sostenuto[52] che il segreto bancario trovava esplicito fondamento nell'art. 10 l.b. Il 1° comma di quest'ultimo, nel momento in cui stabiliva che «tutte le notizie, le informazioni o i dati riguardanti le aziende di credito sottoposte al controllo della Banca d'Italia [erano] tutelati dal segreto d'ufficio anche nei riguardi delle pubbliche amministrazioni», avrebbe sancito l'obbligo del segreto non solo sulle notizie afferenti l'azienda, ma anche su quelle relative ai clienti imponendo il relativo segreto d'ufficio a carico dell'azienda stessa. La tesi, che postulava un uso improprio della nozione di «segreto d'ufficio», non rientrando gli enti creditizi fra i soggetti per i quali il Codice penale prevede l'obbligo del segreto d'ufficio, era stata per lo più respinta in quanto in contrasto con il dettato legislativo, che andava ovviamente interpretato presumendo un uso tecnicamente corretto di tale espressione, e perché contraddetta dal contesto della medesima norma diretta ad imporre non alle aziende ma alla Banca d'Italia il segreto d'ufficio sulle informazioni raccolte nell'interesse precipuo delle aziende medesime e solo indirettamente in quello della loro clientela[53].

L'art. 7, 1° comma del T.U. ha riprodotto integralmente il dettato dell'art. 10 e, pertanto, le critiche svolte per respingere la tesi che ravvisava nella norma previgente il fondamento del segreto bancario basterebbero anche per respingere il tentativo di ritrovare nell'art. 7 del T.U.

passim; G. Cavalli, *Appunti sulle fonti normative del segreto bancario*, in «Giur. it.» 1987, IV, c. 314 ss.; e P. D'Agostino, *Il segreto bancario*, in R. Costi-P. D'Agostino, *I reati bancari*, cit., pp. 185 ss.; nonché CIDIS, *Il segreto bancario*, Torino, 1978, e Centro lunigianese di studi giuridici, *Il segreto bancario tra mito e realtà*, Pontremoli, Tarantola, 1980, che raccolgono atti di convegni dedicati appunto al segreto bancario.

[52] G. Ruta, *Il fondamento giuridico del segreto bancario nel sistema della legge bancaria*, in «Banca borsa e tit. cred.», 1964, I, pp. 317 ss. Per la critica a tale opinione si veda in particolare G. Molle, *La banca nell'ordinamento giuridico italiano*, Milano, Giuffrè, 1980, p. 153 e Vigo, *op. cit.*, pp. 123 ss.

[53] A. Crespi, *La tutela penale del segreto*, Palermo, Priulla, 1952, pp. 160. ss.; dello stesso autore, *Il segreto bancario e la sua diversa rilevanza nel processo civile e nel processo penale*, in «Foro it.», 1955, I, c. 142 ss.

tale fondamento. Anche se il mutato contesto normativo e la consapevolezza che le banche sono anzitutto imprese dovrebbero rendere impossibile la riproposizione di quella tesi.

Un'altra e autorevole parte della dottrina ha creduto di ravvisare il fondamento giuridico del segreto bancario nell'art. 622 C.p., a norma del quale è punito «chiunque, avendo notizia, per ragione del proprio stato o ufficio, o della propria professione o arte, di un segreto, lo rivela senza giusta causa, se dal fatto può derivare nocumento». La tesi ha incontrato forti e a nostro avviso decisive obiezioni fondate soprattutto sul fatto che tale norma è meramente sanzionatoria e presuppone, quindi, l'esistenza di una norma extrapenale che qualifichi come segreto una particolare notizia[54].

In ogni caso, anche ammettendo — e si tratta di problema sul quale ritorneremo — che il segreto bancario possa essere considerato un segreto professionale, la sanzione prevista dall'art. 622 C.p. non comporterebbe, in quanto tale, la responsabilità sul piano patrimoniale dell'ente creditizio ma solo quella personale di colui che ha rivelato il segreto.

Ma la tesi che ha riscosso maggiori consensi[55] e che ha trovato accoglimento anche nella giurisprudenza della Suprema Corte[56] assume che l'obbligo del segreto si fonda su di un uso normativo. Esisterebbe infatti nella prassi del settore un comportamento, tenuto costantemente dagli operatori bancari nel convincimento che si tratti di un comportamento dovuto, caratterizzato dal fatto che gli enti creditizi non rivelano a terzi, se non in particolari circostanze, le notizie relative alla propria clientela. La norma consuetudinaria integrerebbe pertanto ai sensi dell'art. 1374 Cod. civ., il regolamento contrattuale determinando una responsabilità contrattuale della banca in tutte le ipotesi in cui vengano rivelate, senza il consenso del cliente, notizie relative allo stesso. Tale uso sarebbe inoltre in grado di fondare anche la responsabilità extracontrattuale della banca nei confronti di soggetti non legati alla stessa da alcun rapporto convenzionale, rendendo ingiusto il danno che a questi ultimi derivasse dalla violazione dell'obbligo del segreto.

La tesi è andata sollevando non poche perplessità[57] soprattutto in ordine alla effettiva esistenza di tale preteso uso, alla difficoltà di defi-

[54] In questo senso C. Pedrazzi, *Aspetti penali e processuali del segreto bancario*, in *La responsabilità penale degli operatori bancari*, a cura di M. Romano, Bologna, Il Mulino, 1980, p. 243.

[55] G. Molle, *Il segreto bancario*, in «Banca borsa e tit. cred.», 1937, I, pp. 169 ss.; dello stesso autore, *La banca*, cit., pp. 155 ss.; G. Santini, *Note sul segreto bancario*, in «Riv. trim. dir. e proc. civ.», 1949, pp. 657 ss.; C. Pedrazzi, *Aspetti*, cit., p. 243; M. Porzio, *Il fondamento normativo del segreto bancario*, in «Banca borsa e tit. cred.», 1982, I, pp. 1018 ss.; C.M. Pratis, *Fondamento giuridico del segreto bancario e responsabilità per la sua violazione*, in CIDIS, *Il segreto bancario*, cit., pp. 41 ss.

[56] Cass., 18 luglio 1974, n. 2147, in «Banca borsa e tit. cred.», 1974, II, p. 143.

[57] Si vedano infatti A. Di Amato, *Il segreto*, cit., pp. 129 ss.; B. Libonati, *Il segreto bancario in diritto commerciale e comparato*, in Centro lunigianese di studi giuridici, *Il segreto bancario*, cit., pp. 85 ss.; N. Salanitro, *Il segreto bancario*, in «Giur. comm.», 1977, I, pp. 72 ss.; A. Vigo, *op. cit.*, pp. 133 ss.

nirne con qualche precisione i contenuti, alla pericolosità di lasciare ad una sola delle parti interessate (ossia gli enti creditizi) la delimitazione del suo oggetto e, quindi, dei doveri ai quali la stessa risulta alla fine sottoposta, soprattutto quando siano coinvolti interessi di rilevanza costituzionale come quelli inerenti alla tutela della riservatezza personale. Questi dubbi sono poi alimentati dalla mancanza di ogni documentazione, nelle relative raccolte, di tale preteso uso in contrasto con la prassi che caratterizza la totalità degli usi bancari effettivamente vigenti.

E queste perplessità sembrano anche a noi sufficienti per respingere l'opinione che postula un fondamento consuetudinario per il segreto bancario; opinione che pare il frutto della confessata impossibilità di trovare altrove un fondamento giuridico alle esigenze di riservatezza della clientela delle banche, piuttosto che il risultato di un'argomentazione in positivo capace di dimostrare l'esistenza dell'uso di cui pure si afferma la vigenza.

Le opinioni fin qui esaminate, nonostante la profonda diversità delle soluzioni che propongono in ordine al fondamento e al contenuto di quel particolare istituto del quale postulano la esistenza e che definiscono «segreto bancario», hanno tuttavia un punto in comune. Esse assumono, infatti, che l'obbligo delle banche di mantenere segrete o riservate le notizie che ricevono dai clienti o che comunque posseggono sui medesimi non sia disciplinato, in linea di principio, dalle stesse regole di diritto comune che impongono a qualsiasi imprenditore il dovere di mantenere il riserbo sui soggetti con i quali ha rapporti d'affari. In altri termini esse ritengono che il fondamento e i limiti della riservatezza alla quale sono tenuti gli operatori bancari debbano ritrovarsi in norme specificamente dettate per queste categorie di imprenditori.

Non mancano tuttavia le opinioni che, allontanandosi, anche sotto questo profilo, da quelle appena esposte, cercano di rintracciare nelle norme di diritto comune il fondamento ed i limiti dell'obbligo del «riserbo» bancario.

Così si è ritenuto[58] che tale obbligo trovi la propria fonte nel diritto alla riservatezza, in forza del quale ogni soggetto ha diritto a che non vengano rivelate o divulgate notizie relative alla sua persona e che impedirebbe, pertanto, anche alle banche di rivelare o divulgare notizie relative a terzi, delle quali siano comunque venute in possesso. La possibilità di ricondurre integralmente la disciplina del riserbo delle banche al diritto (della personalità) alla riservatezza è quanto meno dubbia sia per le incertezze che accompagnano la definizione del contenuto di tale diritto sia, e comunque, perché le soluzioni alle quali una simile impostazione conduce non sembrano offrire una composizione soddisfacente degli interessi in gioco.

Più esattamente. Se si condivide la tesi, prevalente in dottrina, se-

[58] N. Salanitro, *Il segreto*, cit., p. 82; L. Desiderio, *Prospettive costituzionali del segreto bancario*, in Centro lunigianese di studi giuridici, *Il segreto*, cit., pp. 255 ss.; M. Romano, *Il segreto bancario e il D.P.R. 15 luglio 1982, n. 463: aspetti penali*, in *Studi in memoria di G. Delitala*, vol. II, Milano, Giuffrè, 1984, p. 1389.

condo la quale il diritto alla riservatezza si limita ad impedire la divulgazione, e non la semplice rivelazione, delle vicende attinenti alla sfera personale dei soggetti e non anche a quella patrimoniale[59], non si può certo escludere che alcuni comportamenti delle banche possano violare anche il diritto alla riservatezza, ma si tratterebbe ovviamente di una tutela del riserbo limitata a situazioni del tutto marginali.

Se invece si volesse accedere, secondo quanto talvolta si assume[60], all'opinione secondo la quale il diritto alla riservatezza impedisce non solo la divulgazione ma anche la rivelazione delle notizie afferenti ad un soggetto e che lo stesso non si limita alla sfera personale ma ricomprende anche quella patrimoniale, le soluzioni che ne deriverebbero in ordine al riserbo bancario non sembrano facilmente accettabili. Il diritto alla riservatezza in questa seconda ipotesi imporrebbe un obbligo di riserbo alle banche, eccessivamente rigido, tale comunque da impedire anche quelle forme di informazione interbancaria che sembrano invece corrispondere ad una esigenza di trasparenza del mercato positivamente valutata anche dall'ordinamento vigente, come abbiamo potuto constatare illustrando la disciplina della Centrale dei rischi.

Sembra insomma che il diritto alla riservatezza possa essere invocato, anche nel settore bancario, per impedire alle banche la divulgazione e forse anche la rivelazione delle notizie strettamente afferenti la persona[61], con riferimento anche ai non clienti, ma che lo stesso non sia in grado di offrire una soluzione ragionevole al problema del riserbo bancario con riferimento alle informazioni afferenti la sfera patrimoniale dei soggetti; informazioni queste ultime che coinvolgono, come ovvio, la massima parte delle notizie per le quali in concreto si pone un problema di riservatezza degli operatori bancari.

A queste critiche sembra invece sfuggire la tesi, che va raccogliendo consensi[62] e che anche a noi pare preferibile, secondo la quale l'obbligo del riserbo delle banche andrebbe rintracciato nel principio di correttezza fissato dall'art. 1175 Cod. civ.; correttezza alla quale debbono attenersi le parti di ogni rapporto obbligatorio.

Tale principio vieta quei comportamenti che, resi possibili dal «contatto» sociale dal quale è sorta l'obbligazione, possono danneggiare l'altra o le altre parti del rapporto. Tra i comportamenti vietati dal principio di correttezza può ricomprendersi anche la rivelazione (e a maggior ragione la divulgazione) di notizie relative alla situazione personale e patrimoniale dei contraenti. Anche la banca, come un qualunque altro soggetto, è perciò obbligata a non rivelare le notizie apprese sui propri clienti a seguito o in occasione dei rapporti con gli stessi intervenuti.

[59] Cfr. A. De Cupis, *I diritti della personalità*, Milano, Giuffrè, 1982², pp. 385 ss.

[60] A. Belvedere, *Riservatezza e strumenti di informazione*, in *Dizionario del diritto privato. Diritto civile*, a cura di N. Irti, Milano, Giuffrè, 1980, pp. 727 ss.

[61] Cfr. A Vigo, *op. cit.*, p. 149.

[62] Cfr. A. Di Amato, *Il segreto*, cit., pp. 142 ss.; A. Vigo, *op. cit.*, pp. 150 ss.; G. Alpa, *Diffusione*, cit., pp. 62 ss.; B. Libonati, *Il segreto*, cit., pp. 101 ss.

L'obbligo del riserbo, in questo caso, esiste fino a che lo impone il principio di correttezza ma non oltre. In altri termini il vincolo al riserbo così imposto, alla banca come a qualunque altro contraente, può venir meno quando la rivelazione sia giustificata da interessi che nell'ordinamento ricevono protezione e che consentono perciò una compressione di quello tutelato attraverso il principio di correttezza.

E sarà necessario accertare di volta in volta se l'interesse perseguito attraverso la rivelazione delle notizie sul cliente sia capace di prevalere, secondo le scelte recepite dall'ordinamento, sull'interesse di quest'ultimo al riserbo.

Naturalmente, affidando la delimitazione dell'obbligo di riserbo delle banche ad una clausola generale, come quella fissata dall'art. 1175 Cod. civ., non è possibile a priori stabilire con esattezza quali notizie debbano considerarsi riservate, ma si tratta di una incertezza non certo superiore a quella insita in altre tesi, come quella ad esempio che vede il fondamento del segreto bancario in un uso normativo.

In ogni caso nella individuazione delle notizie coperte dal riserbo sarà necessario tener conto della natura delle informazioni delle quali la banca è in possesso e della importanza che le stesse hanno per il «cliente»: il che può portare in concreto a configurare limiti al riserbo bancario più intensi di quelli che incontrano gli altri operatori. Ma non per questo muta il fondamento dell'obbligo[63].

Avendo rintracciato il fondamento del segreto bancario in un obbligo contrattuale (quello appunto di correttezza), è necessario anche precisare che le conclusioni appena raggiunte riguardano esclusivamente il riserbo afferente i soggetti che abbiano posto in essere rapporti contrattuali con la banca e non anche quello relativo ai soggetti non «clienti». Per questi l'eventuale rivelazione di notizie, che non siano già protette dal diritto alla riservatezza, troverà la propria disciplina nell'art. 2043 Cod. civ. e la risarcibilità del danno che il non cliente abbia subito dalla suddetta rivelazione è subordinata all'accertamento dei presupposti previsti da tale norma, con tutte le incertezze che sul punto esistono sia in dottrina sia in giurisprudenza[64]. Ma si tratta di soluzione che non deve scandalizzare; essa trova del resto inevitabile applicazione per tutte le ipotesi di rivelazione di notizie che risultino dannose per un soggetto e non si vede proprio perché dovrebbe applicarsi una disciplina speciale nell'ipotesi in cui a rivelare la notizia sia un operatore bancario.

Resta dunque acquisito, a nostro avviso, che il riserbo delle banche sui clienti e sui non clienti è disciplinato dalle norme di diritto comune vigenti per tutti gli altri operatori economici. E sotto questo profilo si

[63] E proprio con la peculiarità dell'oggetto dell'informazione si può giustificare il fatto che, come l'art. 78 della legge bancaria, anche l'art. 87 del T.U. non consenta la comunicazione alle parti dell'elenco dei crediti chirografi, ossia dei depositanti, senza per questo pretendere di individuare in quelle norme la codificazione di un autonomo istituto giuridico denominato segreto bancario.

[64] Sul punto, con riferimento al segreto bancario, A. Vigo, *op. cit.*, p. 191.

può anche dire che il segreto bancario, inteso come istituto peculiare alle imprese bancarie, non esiste, almeno nei rapporti interprivati. Affermazione che potrebbe trovare nella eliminazione dall'ordinamento bancario di ogni riferimento al segreto bancario (art. 87, 5° comma) la propria conferma «formale».

Diversa è invece, e lo vedremo, la tutela accordata alla riservatezza del cliente della banca nei confronti di quella concessa ai clienti di altri imprenditori per alcuni rapporti con la Pubblica Amministrazione, in particolare con quella finanziaria; ma queste peculiarità non tolgono che il fondamento e l'obbligo del riserbo che incombe sugli operatori bancari e la delimitazione dello stesso trovino, in linea di principio, la propria disciplina in una regola di diritto (quella dettata dall'art. 1175) comune a tutti gli operatori.

Questa conclusione dovrebbe essere almeno in parte disattesa, per quanto concerne il profilo della tutela del riserbo, se si accettasse la tesi secondo la quale il dovere di riservatezza delle banche rientrerebbe nell'ambito dei segreti professionali previsti e penalmente protetti dall'art. 622 C.p.[65].

Questa tesi, logicamente compatibile con l'opinione appena sostenuta e secondo la quale l'obbligo del riserbo bancario troverebbe il proprio titolo nell'art. 1175 Cod. civ., non sembra tuttavia accettabile, in quanto in contrasto con la lettura a nostro avviso preferibile della norma penale in esame. La stessa infatti sembra debba avere come destinatari esclusivamente i soggetti indicati nell'art. 351 C.p.p., dovendosi qualificare professionale solo il segreto afferente particolari e ben determinate professioni (ed in specie quelle cosiddette liberali) e non anche ogni altra attività purché professionalmente (abitualmente) esercitata, perché se così fosse ogni attività d'impresa potrebbe far sorgere l'obbligo del segreto professionale e rendere così applicabile la sanzione penale prevista dalla norma in esame, con un evidente contrasto con il principio costituzionalmente (art. 25, 2° comma Cost.) protetto della tassatività dei precetti penalmente sanzionati[66]. D'altra parte, se si dovesse ritenere che il «segreto bancario» è penalmente protetto dall'art. 622 perché segreto professionale, non si vede proprio come si potrebbe poi limitare questa tutela alla professione bancaria e non estenderla all'esercizio professionale di una qualunque attività economica. Non si potrebbe certo, a sostegno di questa ipotetica discriminazione, sostenere che l'attività bancaria, a differenza di tutte le altre attività d'impresa,

[65] In questo senso, oltre agli autori che ravvisano nell'art. 622 la norma che fonda il segreto bancario, C. Pedrazzi, *Aspetti*, cit., pp. 243 ss.; P. Nuvolone, *Il segreto bancario nella prospettiva penale*, in CIDIS, *Il segreto bancario*, cit., p. 273; A. Vigo, *op. cit.*, pp. 165 ss.; M. Romano, *Il segreto bancario*, cit., p. 1391; P. Mangano, *La tutela penale del segreto bancario*, Milano, Giuffrè, 1983, pp. 21 ss.

[66] Accolgono la tesi indicata nel testo G. Molle, *La banca*, cit., p. 210 e N. Mazzacuva, *L'obbligo del segreto bancario e la sua rilevanza in sede penale*, in «Banca borsa e tit. cred.», 1976, II, pp. 143 ss. Alla stessa presta adesione anche la giurisprudenza della Suprema Corte (cfr. Cass., 18 luglio 1974, n. 2147, cit.).

è riconducibile al modello di rapporto fiduciario tipico delle professioni liberali, essendo una simile affermazione contraria al vero, né si potrebbe assumere che si tratta di operatori ai quali i privati debbono necessariamente ricorrere a tutela di propri interessi primari (come accade ad esempio per medici ed avvocati), dal momento che tali non possono qualificarsi gli interessi finanziari dei risparmiatori e dei prenditori di credito; interessi che, comunque possono trovare strumenti diversi da quello bancario per il loro soddisfacimento.

Fermo restando, in ogni caso, che l'applicazione dell'art. 622 al segreto bancario non comporterebbe di per sé la responsabilità patrimoniale della banca per i danni che derivassero a terzi dalla relativa rivelazione, sembra dunque si possa ritenere che l'«operatore» bancario (amministratore o dipendente dell'ente creditizio) che viola l'obbligo di riserbo al quale è tenuta la banca non incorre nella sanzione penale prevista da tale norma.

8.2. I limiti del segreto bancario

L'aver ricondotto il cosiddetto segreto bancario nell'ambito dell'obbligo di correttezza stabilito dall'art. 1175 Cod. civ., negando che lo stesso possa essere qualificato come segreto di ufficio (previsto dall'art. 326) o come segreto professionale (ai sensi dell'art. 622 C.p.), consente di affrontare e risolvere rapidamente i problemi che sono sorti in relazione alla possibilità per gli operatori bancari di opporre tale segreto, nell'ambito dei procedimenti civili e penali, alle attività istruttorie dell'autorità giudiziaria[67].

Così nell'ambito del procedimento civile l'operatore bancario non potrà astenersi dal testimoniare (ai sensi dell'art. 248 C.p.c.) perché tale facoltà è concessa soltanto a tutela del segreto d'ufficio e del segreto professionale e in questi termini non può qualificarsi l'obbligo di riservatezza al quale sono tenuti gli enti creditizi. L'interesse recepito dall'ordine del giudice costituisce anzi giustificazione sufficiente per escludere che sulle circostanze sulle quali è provocata la testimonianza esista più alcun dovere di riserbo da parte dell'operatore bancario. E sotto questo profilo deve decisamente respingersi la tesi[68] secondo la quale l'operatore bancario chiamato a testimoniare dovrebbe comunque opporre, ai sensi dell'art. 256 C.p.c., il segreto bancario al giudice, dovendo prestare testimonianza solo dopo un preciso ordine di quest'ultimo che lo liberi dall'obbligo del segreto. È evidente infatti che, se esistesse l'obbligo del segreto, dallo stesso l'operatore bancario non potrebbe essere sollevato attraverso l'escamotage appena descritto; più corretto sembra invece ritenere che, come avviene per qualunque altro soggetto,

[67] Su questi problemi, cfr. per tutti, A. Di Amato, *Il segreto*, cit., pp. 211 ss. e P. D'Agostino, *op. cit.*, pp. 202 ss.

[68] G. Molle, *La banca*, cit., p. 214. Vedi sul punto le osservazioni critiche di N. Salanitro, *Il segreto*, cit., p. 80.

anche per il banchiere il dovere di testimonianza costituisce un limite all'obbligo di riservatezza.

E soluzione analoga dovrà adottarsi per quanto concerne l'ordine di ispezione previsto dall'art. 118 C.p.c. Lo stesso potrà avere come destinatari anche le banche, che non potranno opporre né il segreto d'ufficio né quello professionale; l'ispezione, per altro, potrà essere disposta solo se «indispensabile» per conoscere i fatti di causa e sempre che possa avvenire senza «grave danno» per l'ente creditizio o per il cliente. Ma si tratta di regole di diritto comune (art. 118 C.p.c.) e non specificamente previste per gli operatori bancari.

Gli stessi principi valgono nell'ambito del processo penale: il dovere di riserbo bancario non attribuisce la facoltà di astenersi dall'obbligo di testimoniare, essendo tale facoltà consentita solo a tutela del segreto d'ufficio e di quello professionale (artt. 200-201 C.p.p.). Né le banche potranno opporre il segreto bancario all'ordine di esibizione o alla perquisizione o al sequestro disposti dal giudice penale (art. 248 e 256 C.p.p.)[69].

All'obbligo di riservatezza delle banche è stata invece riservata per lungo tempo una disciplina speciale per quanto concerne i rapporti con l'amministrazione finanziaria; ma anche sotto questo profilo si sta verificando un rapido ritorno dell'ordinamento bancario alle norme di diritto comune. L'amministrazione finanziaria, in generale[70] ha il potere di effettuare accertamenti presso un qualunque imprenditore, senza che quest'ultimo possa opporre il dovere di riservatezza che pure ha nei confronti dei propri contraenti non diversamente dagli operatori bancari. E questo era il regime che, almeno in astratto, valeva per gli operatori bancari, fino all'entrata in vigore della riforma tributaria disegnata dalla legge-delega 9 ottobre 1971, n. 825, il cui art. 10 prevedeva l'introduzione, limitata a ipotesi di particolare gravità, di «deroghe al segreto bancario» nei rapporti con l'amministrazione finanziaria tassativamente determinate nel contenuto e nei presupposti.

La norma introduceva così una deroga al principio di diritto comune, riconoscendo agli operatori bancari la possibilità, preclusa agli altri imprenditori, di opporre all'amministrazione finanziaria, almeno in linea di principio, l'obbligo di mantenere riservate le notizie relative ai rapporti con i clienti «inerenti o connessi all'attività di raccolta del risparmio e all'esercizio del credito» (cfr. art. 32, n. 5 del D.P.R. 29 set-

[69] Né il segreto potrà essere opposto ai provvedimenti previsti dalla legislazione speciale sul riciclaggio e sulla criminalità organizzata (v. art. 2 *bis* della legge 31 maggio 1965, n. 575; art. 13 della legge 6 febbraio 1980, n. 15; art. 7 della legge 1° aprile 1981, n. 121) sulla quale v. P. D'Agostino, *op. cit.*, p. 217, e G.M. Flick, *Informazione bancaria e giustizia penale; l'evoluzione della disciplina, nel codice di procedura penale e nella legislazione sul riciclaggio e sulla criminalità organizzata*, in «Banca borsa e tit. cred.», 1988, I, pp. 441 ss.

[70] Sulla disciplina del segreto bancario nel diritto tributario si veda F. Bosello, *La deroga al segreto bancario nei rapporti tributari*, in «Banca impr. soc.», 1983, pp. 93 ss.; M. Romano, *Il segreto bancario*, cit., pp. 385 ss., nonché S. Micali, *Fisco e «segreto bancario»*, Milano, Giuffrè, 1984.

tembre 1973, n. 600). La disposizione, della cui opportunità sotto il profilo della politica fiscale può seriamente dubitarsi, finiva quindi per differenziare, sotto questo profilo, il dovere di riservatezza delle banche da quello che incombe sugli altri operatori, stabilendo che le prime possono opporre il segreto bancario all'amministrazione finanziaria in tutte le ipotesi in cui non sussista una disposizione legislativa che consenta a quest'ultima di pretendere dalle banche determinate informazioni.

In attuazione di quel principio l'art. 35 del D.P.R. 29 settembre 1973, n. 600, introdusse «deroghe al segreto bancario», limitatamente all'accertamento della imposta sul reddito, per una serie di ipotesi nelle quali, «sulla base di elementi certi», risultassero violazioni degli obblighi tributari particolarmente gravi e comunque per importi superiori ad una soglia minima predeterminata. L'acquisizione delle informazioni era tuttavia affidata all'obbligo delle aziende e degli istituti di trasmettere le notizie richieste, senza consentire all'amministrazione finanziaria il potere di acquisirle direttamente presso gli enti creditizi. Il D.P.R. 15 luglio 1982, n. 463, ha profondamente modificato il regime introdotto dal predetto art. 35 sia accrescendo i poteri dell'amministrazione finanziaria, alla quale è stato consentito l'accesso diretto alle banche, sia estendendo tale regime anche all'accertamento dell'imposta sul valore aggiunto. Un ulteriore accrescimento dei poteri d'indagine dell'Amministrazione finanziaria è poi stato realizzato con la legge 30 dicembre 1991, n. 413, e per di più in termini tali da consentire il convincimento che il segreto bancario sia ormai stato abolito, e che il regime del riserbo bancario sia stato ricondotto nei limiti del diritto comune anche nei confronti del Fisco[71].

8.3. La prassi delle informazioni interbancarie

Le conclusioni raggiunte a proposito del fondamento giuridico del cosiddetto segreto bancario consentono ora di riprendere il tema delle informazioni interbancarie allo scopo di verificare se la relativa prassi sia legittima e, in caso positivo, quali limiti alla stessa debbano essere posti.

Appare anzitutto chiaro che se venissero accolte le tesi che ravvisano nel segreto bancario un segreto d'ufficio o un segreto professionale, sarebbe piuttosto arduo ammettere che tale segreto possa essere violato dalla banca attraverso la comunicazione di notizie agli altri operatori creditizi, in assenza di una norma che esplicitamente autorizzi tale rivelazione[72].

Non v'è dubbio infatti che l'ordinamento bancario, come abbiamo potuto constatare a proposito della Centrale dei rischi, favorisca la tra-

[71] Cfr. R. Targetti, *Il segreto bancario tra disegno di legge e disciplina definitiva*, in «Società», 1992, p. 618, e R. Schiavolin, *Appunti sulla nuova disciplina delle indagini bancarie*, in «Riv. dir. trib.», 1992, I, pp. 36 ss.

[72] Sul punto G. Cavalli, *Segreto bancario*, cit., pp. 158 ss.

sparenza del mercato creditizio, ma quest'ultimo interesse dovrebbe probabilmente cedere a quello protetto attraverso il segreto se quest'ultimo rivestisse i caratteri del segreto d'ufficio o del segreto professionale. Né sarebbe facile ammettere che la prassi delle informazioni interbancarie, avendo ormai acquisito i caratteri propri dell'uso, ha introdotto una deroga a tali segreti, realizzando una «giusta causa» (art. 622 C.p.) per la rivelazione di notizie che oggettivamente rientrano fra quelle protette dai relativi obblighi.

Difficoltà non minori dovrebbe superare chi pretendesse di considerare legittima la prassi delle informazioni interbancarie, dopo aver ritenuto che il «segreto bancario», anche con riferimento alle notizie relative agli interessi esclusivamente patrimoniali, rientra nel diritto alla riservatezza del quale godono, come tutti gli altri soggetti, anche i clienti della banca. Il diritto alla riservatezza, inteso come diritto della personalità, tutela, infatti, interessi primari del soggetto, costituzionalmente rilevanti, ed è difficile ammettere che un uso interbancario, sia pure conforme alle scelte di fondo dell'ordinamento bancario, possa compromettere interessi di tale rilievo.

Nessun ostacolo di questo genere incontra ovviamente chi ravvisa nel cosiddetto segreto bancario un uso normativo, essendo evidente che tale uso esiste nella misura in cui è osservato in concreto, con la conseguenza di escluderne l'esistenza tutte le volte in cui vi sia una prassi che si traduce nella rivelazione di certe notizie. In altri termini si dovrà dire che il segreto bancario non esiste con riferimento alle altre aziende di credito, così come si potrà dire che non esiste neppure nei confronti di tutti gli altri soggetti ai quali le banche solitamente comunicano le proprie informazioni. Ma si tratta di una soluzione che anche sotto questo profilo ribadisce i limiti e gli equivoci insiti nell'opinione che vorrebbe ancorare il segreto all'esistenza di un uso, nel senso che affida interamente alle scelte del sistema creditizio la tutela dell'interesse della clientela al riserbo[73].

Più equilibrate ci paiono invece le conclusioni cui si deve giungere in tema di informazioni interbancarie quando si accolga la tesi, da noi preferita, che, senza escludere la possibilità di ricondurre nell'ambito del diritto alla riservatezza alcune notizie (quelle relative alla persona) ricomprese nel cosiddetto segreto bancario, rintraccia tuttavia l'obbligo della banca al riserbo nel principio di correttezza dell'art. 1175 Cod. civ.

Sulla base di queste premesse si dovrà escludere che la banca possa comunicare ad altre banche notizie relative alla sfera personale del cliente anche quando le stesse abbiano riflessi di ordine patrimoniale, vietandolo il diritto alla riservatezza (del cliente), inteso come diritto della personalità il cui sacrificio a favore della trasparenza del mercato

[73] Sul punto P. Vitale, *Segreto bancario ed ordinamento del credito*, in Centro lunigianese di studi giuridici, *Il segreto bancario*, cit., pp. 61 ss.

potrebbe essere soltanto l'effetto di una esplicita disposizione legislativa in tal senso.

Per quanto concerne invece le informazioni di ordine patrimoniale, affidate esclusivamente alla tutela prevista sul piano contrattuale dall'art. 1175, si può giungere ad una diversa soluzione, fondata su due ordini di argomenti sinergici. Si deve in primo luogo ricordare che l'art. 137 del T.U. (come già l'art. 95 l.b.) punisce il mendacio bancario e che quindi considera degno di tutela l'interesse delle aziende a conoscere il più esattamente possibile le condizioni patrimoniali di coloro che accedono al credito. Questo interesse, incapace di giustificare il sacrificio del diritto alla riservatezza, può invece essere tenuto presente nel valutare se debba considerarsi rispettosa della correttezza contrattuale la comunicazione che la banca faccia ad altra banca di notizie di carattere patrimoniale sul proprio contraente. E la risposta, sia pure con la prudenza che deve sempre accompagnare le argomentazioni basate sulla ponderazione di interessi contrapposti, sembra possa essere positiva. Nello stesso senso, anche per superare le incertezze che l'argomento tratto dall'art. 137 T.U. non fosse in grado di eliminare, potrebbe rilevarsi che la prassi delle informazioni interbancarie costituisce un elemento di fatto con tutta probabilità presente al cliente nel momento in cui stipula un contratto bancario e tale circostanza è importante per escludere che sia in contrasto con la correttezza «attesa» dallo stesso cliente la comunicazione di notizie di ordine patrimoniale ad altre banche presso le quali il medesimo soggetto si accinga a richiedere un affidamento.

Avendo fondato la «correttezza» e quindi la legittimità delle informazioni interbancarie ad un tempo sulle valutazioni compiute dalla legge bancaria (art. 137 T.U.) e sulle conformi prassi esistenti nel settore creditizio, abbiamo anche posto in evidenza che al di fuori di questi limiti riemerge, in linea di principio, l'obbligo di riserbo. In particolare, e fatte salve le eccezioni connesse con la presenza di interessi giuridicamente rilevanti che impongano una diversa conclusione, la banca non può rivelare a soggetti diversi dagli operatori bancari, ciò che a questi ultimi può invece «correttamente» comunicare.

Sotto questo profilo dunque si può ammettere che il dovere di riserbo degli operatori bancari è sottoposto ad una disciplina particolare, nel senso che l'interesse patrimoniale del cliente al riserbo non vieta le informazioni agli altri operatori del settore, come invece avviene secondo le regole di diritto comune.

9. La trasparenza delle condizioni contrattuali

9.1. Le ragioni di politica legislativa

a) Ai rapporti fra imprese bancarie e consumatori dei prodotti bancari il legislatore impone un grado di trasparenza maggiore di quello che il diritto comune pretende, in generale, per i rapporti tra le imprese e gli «acquirenti» dei relativi prodotti. La disciplina speciale per i primi è oggi dettata dal titolo VI («Trasparenza delle condizioni contrattuali») del T.U. del 1993.

Le ragioni della maggior trasparenza dei rapporti bancari con la «clientela» vanno ricercate sia nella natura dei prodotti bancari sia nella necessità di assicurare il massimo di efficienza all'esercizio dell'attività bancaria, nell'interesse generale del sistema economico.

Sotto il primo profilo è necessario tener presente che i prodotti bancari, come tutti i prodotti finanziari, sono costituiti da contratti e che, pertanto, la possibilità di conoscerne il contenuto, da parte dei relativi consumatori, è mediamente inferiore di quella acquisibile nei confronti di prodotti che abbiano un qualche punto di riferimento empirico che rientri nell'esperienza comune. Di qui la necessità di imporre al soggetto che produce tali beni l'obbligo di fornire informazioni normalmente non richieste sulla base del diritto comune.

Ma le caratteristiche dei prodotti bancari non sono sufficienti per giustificare gli obblighi di trasparenza imposti alle banche; a tale scopo è necessario anche tener conto dell'interesse generale a che l'attività bancaria venga esercitata nel modo più efficiente possibile.

E questo obiettivo viene affidato al grado di concorrenzialità del mercato bancario, a sua volta condizionato dalla sua trasparenza, e, quindi, dalla possibilità per i consumatori di conoscere le caratteristiche e le condizioni contrattuali praticate dai diversi operatori sul mercato. In altri termini, la trasparenza delle condizioni contrattuali è uno strumento per assicurare concorrenzialità al mercato e quindi efficienza all'esercizio dell'attività bancaria; efficienza a sua volta indispensabile per garantire un finanziamento dell'economia e un sistema dei pagamenti meno oneroso per la collettività[74].

Ed è proprio tenendo presente la connessione fra trasparenza delle condizioni contrattuali e concorrenzialità del mercato che si può facilmente capire il diverso atteggiamento riservato alla trasparenza nel sistema della legge bancaria e nel nuovo ordinamento bancario codificato dal T.U. del 1993.

La prima, attenta soprattutto alla stabilità delle banche, considerava la concorrenza fra le stesse come un pericoloso fattore di instabilità e non si preoccupava in alcun modo di consentire al consumatore dei relativi prodotti un giudizio comparativo fra questi ultimi; il secondo, che accanto allo stabilità persegue anche la concorrenzialità del mercato, non poteva non eliminare le opacità che impedivano al consumatore dei prodotti bancari, sia sul lato della raccolta sia sul lato degli impieghi, di conoscere le alternative offerte dal mercato.

b) Le norme sulla trasparenza delle condizioni contrattuali affrontano un problema di asimmetria informativa e perseguono la concor-

[74] Sul punto R. Costi, *Informazione e mercato finanziario*, in «Banca impresa soc.», 1989, pp. 205 ss. e G. Alpa, *La «trasparenza» del contratto nei settori bancario, finanziario e assicurativo*, in «Giur. it.», 1992, IV, c. 409 ss.

renzialità del mercato; non tendono a realizzare fini ulteriori. E solo in questa prospettiva si può dire che essi tutelano il contraente debole.

Ma sul punto è necessaria qualche ulteriore precisazione. La disciplina che regola la trasparenza delle condizioni contrattuali, e che alla stessa si intitola, in realtà contiene anche norme dirette a riequilibrare le prestazioni fra le parti, incidendo sul contenuto del contratto, allo scopo di evitare le conseguenze negative che sulla parte più debole possono derivare da una condizione di strapotere della controparte. In questa prospettiva, ad esempio, va collocata, come vedremo, buona parte delle norme dettate per il credito al consumo; norme che postulano, appunto, un contraente particolarmente debole. Questo gruppo di norme persegue un interesse diverso da quello che si propongono le norme sulla trasparenza, in quanto tali, e non può essere collocato sullo stesso piano di queste[75]. Anche se la distinzione fra le prime e le seconde non è sempre delle più evidenti, come avremo modo di constatare nell'analisi della disciplina introdotto dal T.U.

Ed in questa «ambigua» posizione deve essere collocata anche la previsione dell'art. 8 della legge 1° marzo 1986, n. 64. Questa impone alle banche di praticare, in tutte le proprie sedi, per ciascun tipo di operazione bancaria, «tassi e condizioni uniformi», assicurando integrale parità di trattamento, nei confronti della clientela, «a parità di condizioni soggettive dei clienti». Torneremo in seguito su questa norma; ma dalla sua semplice trascrizione appare abbastanza plausibile la possibilità di offrirne due diverse letture: una preoccupata di garantire *ex lege* la concorrenzialità del mercato, eliminando le segmentazioni consentite dal contesto nel quale operano le singole succursali bancarie, l'altra propensa a sottolinearne la capacità di tutelare interessi estranei al sistema, in quanto tale, e caratteristici soprattutto dei «contesti» nei quali le predette succursali si trovino ad esercitare la propria attività.

c) Si è già accennato che le norme sulla trasparenza impongono obblighi di informazione alla banca per garantire la concorrenzialità del mercato e l'efficienza delle gestioni bancarie. Le stesse debbono pertanto essere distinte dalle norme che, in considerazione della natura dello scambio che caratterizza i prodotti bancari, impongono ulteriori gradi di trasparenza ai relativi rapporti.

Come abbiamo a suo tempo ricordato i prodotti bancari, come la massima parte degli altri prodotti finanziari, sono caratterizzati dallo scambio di un bene presente con un bene futuro sia sul lato della raccolta (il depositante trasferisce denaro alla banca e riceve in cambio la promessa della futura restituzione dello stesso) sia su quello degli impieghi (la banca trasferisce denaro all'affidato che promette di restituirlo), senza l'attribuzione di un potere di gestione, a favore di colui che trasferisce il bene presente, sul soggetto che si obbliga alla prestazione futura.

[75] Cfr. G. De Nova, *Informazione e contratto: il regolamento contrattuale*, in «Riv. trim. dir. e proc. civ.», 1993, pp. 705 ss.

Di qui l'interesse del risparmiatore per la capacità della banca a restituire il deposito e della banca a ricevere il rimborso delle somme concesse al prenditore di credito e il conseguente interesse dei medesimi a conoscere le condizioni dei rispettivi debitori.

Ma l'interesse del depositante è in larga misura protetto dalle norme di vigilanza che garantiscono la stabilità della banca e, quindi, il suo interesse a conoscere le condizioni patrimoniali e finanziarie di quest'ultima non è preso in specifica considerazione dal legislatore. La sua tutela è affidata alle stesse norme alle quali è in genere demandata la trasparenza della banca nei confronti dei terzi, senza l'attribuzione al depositante, in quanto tale, di un diritto di informazione «rafforzato»[76]. Della stessa protezione non gode, almeno nella generalità dei casi, il diritto della banca alla restituzione di quanto «prestato»: di qui l'obbligo, per l'affidando, di rendere note alla banca, alla quale chiede la concessione di un credito, le proprie condizioni economiche, patrimoniali e finanziarie; obbligo penalmente sanzionato (art. 137: mendacio bancario) e che impone al rapporto bancario un grado di trasparenza sconosciuta, anche sotto questo profilo, al diritto comune. Qui, per altro, l'interesse è soprattutto quello alla stabilità dell'ente e non alla realizzazione di un mercato concorrenziale. Ed in effetti era previsto già nella legge bancaria: art. 95[77].

9.2. La formazione dell'ordinamento vigente

a) Come si è accennato, la legge bancaria non si preoccupava di imporre una disciplina speciale per la trasparenza delle condizioni contrattuali né interveniva sul contenuto delle stesse (a tutela del contraente debole), anche se non ignorava il contenuto dei contratti che le banche potevano stipulare, sia sul lato della raccolta sia su quello degli impieghi.

A norma dell'art. 32, infatti, le aziende di credito avrebbero dovuto attenersi alle istruzioni che la Banca d'Italia, su direttiva del CICR, avesse emanato relativamente «ai limiti dei tassi attivi e passivi e alle condizioni delle operazioni di deposito e di conto corrente» (art. 32, 1° comma lett. *b*) e «alle provvigioni» per i diversi servizi bancari (art. 32, 1° comma, lett. *c*).

Queste disposizioni consentivano certamente alle autorità creditizie di porre limiti ai tassi attivi e passivi (e alle «provvigioni»), anche se a nostro avviso, come vedremo, tali limiti potevano perseguire solo la stabilità dell'ente, almeno alla luce della Costituzione, e, quindi, imporre un tetto massimo a quelli passivi e una soglia minima a quelli attivi e non anche, per fini estranei al sistema bancario, una soglia minima ai primi e un tetto massimo ai secondi.

[76] Cfr. R. Costi, *Informazione e contratto nel mercato finanziario*, in «Riv. trim. dir. e proc. civ.», 1993, p. 719.

[77] V., per tutti, P. D'Agostino, *I reati della legge legge bancaria*, cit., pp. 103 ss.

Ma, ad avviso di una parte della dottrina[78], la l.b., nel momento in cui attribuiva alle autorità creditizie il potere di «dare istruzioni» relativamente alle condizioni delle operazioni di deposito e di conto corrente, avrebbe riconosciuto loro un generale potere di controllo sulle «condizioni di contratto» e, quindi, sulle clausole contrattuali di tutte le operazioni bancarie e tale controllo avrebbe dovuto esercitarsi anche a tutela del contraente debole. La tesi muoveva certamente da una preoccupazione fondata. Nell'assenza di una qualsiasi disciplina che imponesse la necessaria trasparenza e la tutela del contraente debole, i rapporti contrattuali delle banche si erano sviluppati secondo le regole di diritto comune e, soprattutto, secondo gli schemi delle Norme bancarie uniformi. Queste erano redatte dall'Associazione bancaria italiana, nell'evidente interesse delle banche, e venivano imposte alla massima parte dei contraenti attraverso la loro trasfusione nei contratti che queste ultime stipulavano con la clientela. Nei confronti di questa realtà i rimedi previsti dalle norme di diritto comune e in particolare quelli relativi alle condizioni generali di contratto e alle clausole vessatorie (artt. 1341 e 1342) apparivano del tutto insufficienti per consentire un adeguato controllo giudiziario sui contratti standard delle banche[79].

Si era così invocato il controllo, sugli stessi, da parte delle autorità creditizie, proprio facendo perno sull'art. 32, 1° comma lett. *b*) appena ricordato. Ma in realtà si trattava di un'opinione non adeguatamente fondata. Quella norma si riferiva esclusivamente ai «corrispettivi» pretesi o dovuti dalle aziende di credito per i contratti di deposito e di conto corrente, completando così, e negli stessi limiti, la disposizione sui tassi e sulle provvigioni e non concerneva anche le «condizioni» contrattuali, nel senso di clausole che disciplinano momenti del rapporto diversi dal corrispettivo, dovuto o preteso dalla banca. In questo secondo e più limitato senso era, infatti, utilizzata l'espressione «condizioni» negli accordi e nei cartelli interbancari che, come vedremo, disciplinavano appunto la materia dei tassi e delle provvigioni e più in generale i momenti di immediata ripercussione economica (come ad es. il computo delle valute negli accrediti e negli addebiti). D'altro canto, la collocazione sistematica della norma confortava questa opinione e rendeva improbabile la interpretazione più estensiva della stessa; con la quale contrastava anche il fatto che appariva inspiegabile che la legge bancaria si

[78] Così M. Porzio, *Il controllo amministrativo sulle condizioni dei contratti bancari*, in «Riv. dir. com.», 1980, I, pp. 141 ss.; E. Gabrielli, *Controllo pubblico e norme bancarie uniformi*, in «Banca borsa e tit. cred.», 1977, I, pp. 257 ss., ma vedi le osservazioni critiche di F. Maimeri, *Potere contrattuale e norme bancarie uniformi*, in «Riv. dir. civ.», 1986, II, pp. 209 ss.

[79] Sui problemi indicati nel testo si vedano G. Cavalli, *Contratti bancari su modulo e problemi di tutela del contraente debole*, Torino, Giappichelli 1976; Id., *Le clausole vessatorie nei contratti bancari*, in *Le operazioni bancarie*, a cura di G.B. Portale, I, Milano, Giuffrè, 1978, pp. 104 ss.; G. Floridia, *Condizioni bancarie uniformi e tutela del risparmiatore*, in *La concorrenza bancaria*, a cura di L.C. Ubertazzi, Milano, Giuffrè, 1985, p. 71 e, più recentemente, A. Maisano, *Trasparenza e riequilibrio delle operazioni bancarie*, Milano, Giuffrè, 1993, pp. 46 ss.

fosse preoccupata delle condizioni contrattuali di due sole operazioni (deposito e conto corrente) e non anche di tutte le altre (a cominciare dai servizi che pure venivano presi in considerazione per quanto concerne le «provvigioni»). Non trovava poi alcun fondamento nella legge bancaria l'attribuzione della tutela del contribuente debole alle autorità creditizie. Di fatto la tesi non ebbe alcun riscontro pratico: fino alla metà degli anni ottanta la regolamentazione contrattuale delle operazioni bancarie fu rimessa alle Norme bancarie uniformi e, nonostante qualche ammorbidimento imposto dall'autorità giudiziaria, i contratti delle banche continuavano a caratterizzarsi per la loro opacità e per lo squilibrio fra le condizioni contrattuali delle parti.

b) Fu soltanto in relazione all'avvio del nuovo ordinamento bancario e al ruolo che nell'ambito dello stesso erano destinati a svolgere la concorrenza e, quindi, i consumatori che cominciò a mutare quello stato di cose. E, anche sotto questo profilo, per impulso dell'ordinamento comunitario, attento alla lealtà delle transazioni commerciali e alla conseguente tutela del consumatore.

È di quel periodo infatti (22 dicembre 1986), la direttiva (87/102) sul credito al consumo, i cui lavori, per altro, avevano già avuto una prima formulazione alla fine degli anni settanta (proposta 7 febbraio 1979)[80]. Quella direttiva ha aperto la strada all'introduzione anche nel nostro ordinamento di una disciplina delle condizioni contrattuali per le operazioni bancarie; quanto meno nel senso che ha contribuito a superare le resistenze che alla stessa aveva sempre opposto il sistema bancario: l'ordinamento comunitario avrebbe, comunque, obbligato anche il nostro legislatore ad adottare una disciplina che imponeva maggior trasparenza e maggior equilibrio, almeno per i contratti di credito al consumo. Ma, come si accennava, una disciplina della trasparenza bancaria era resa inevitabile anche dal ruolo che il mercato ed il consumatore andavano assumendo nella costruzione del nuovo ordinamento bancario.

Fu, comunque, in coincidenza con l'adozione della direttiva comunitaria sul credito al consumo che venne imposto alle banche il principio di parità di trattamento (art. 8 della legge 64/1986) e venne presentato il primo progetto di una disciplina speciale per la trasparenza e il riequilibrio dei rapporti bancari[81].

E se la norma, tuttora vigente, che imponeva la parità di trattamento non ha avuto una significativa applicazione, la proposta sulla trasparenza ha costituito il punto di riferimento, per imitazione o per diffe-

[80] Si vedano i contributi raccolti in *La disciplina comunitaria del credito al consumo*, a cura di F. Capriglione, *Banca d'Italia, Quaderni di ricerca giuridica della consulenza legale*, Roma, 1987 e, per un quadro dell'attuazione della direttiva negli altri paesi della comunità i saggi contenuti in R. Cranston, *European banking law, The banker customer relationship*, London, LLT, 1993.

[81] Proposta di legge n. 3617, d'iniziativa dei deputati Minervini ed altri, presentata il 24 marzo 1986. Si noti che allo stesso on. Minervini era dovuto l'emendamento poi divenuto l'art. 8 della legge 64/1986. Sul punto, A. Maisano, *Trasparenza*, cit., pp. 85 ss.

renza, dei successivi progetti e iniziative legislative[82]; questi, nonostante qualche resistenza, rendevano evidente la ineluttabilità di una disciplina legislativa speciale della trasparenza bancaria.

Quel primo progetto era mosso dal duplice scopo di «conseguire una maggior efficienza del mercato del credito» e, «ad un tempo, un equo e moderno regolamento dell'attività bancaria» e, quindi, perseguiva sia gli scopi tipici della trasparenza sia quelli propri della tutela del contraente debole. In particolare prevedeva per le operazioni attive, che tutti i contratti di credito indicassero il costo complessivo del credito stesso (art. 1); che la relativa clausola dovesse essere approvata per iscritto e che, in mancanza di tale sottoscrizione, potessero essere pretesi dalla banca solo gli interessi nella misura legale (art. 2); stabiliva poi la nullità delle clausole di rinvio agli usi (art. 3); escludeva la derogabilità, prevista dall'art. 1283, da parte di questi ultimi della disciplina civilistica dell'anatocismo (art. 6); vietava la prassi dei giorni valuta, imponendo che il costo complessivo del credito dovesse essere conteggiato con valuta dal giorno in cui la stessa fosse stata utilizzata (art. 5); per le operazioni passive stabiliva che «il saggio degli interessi che la banca doveva corrispondere non potesse essere inferiore al saggio degli interessi legali (art. 8); infine, imponeva alle banche di «esporre nei propri locali aperti al pubblico un avviso con l'indicazione «reale e veritiera» degli elementi essenziali sia del costo del credito sia della remunerazione della raccolta[83].

Come si può intuire e come potremo meglio vedere in seguito, quel primo progetto estendeva a tutte le operazioni bancarie le regole del credito al consumo, comprese inoltre quelle dettate da questa disciplina per la tutela del contraente debole.

Tendevano invece a separare i due oggetti e i due obiettivi le altre iniziative e gli altri progetti di legge che vennero presentati in quel periodo e che si preoccupavano esclusivamente di imporre obblighi di informazione alla banca[84]. Nell'ottobre del 1988 forse, anche nell'illusione di evitare una disciplina legislativa sul punto, su iniziativa dell'Associazione bancaria italiana, venne stabilito fra la banche italiane un «accordo per la pubblicità e la trasparenza delle condizioni praticate alla clientela»[85]: le banche si impegnavano a rendere pubbliche, mediante

[82] Per un approfondito esame di questo progetto v. A. Maisano, *Trasparenza*, cit., pp. 86 ss. nonché per alcuni profili, già D. Sinesio, *Interessi pecuniari fra autonomia e controllo*, Milano, Giuffrè, 1989, pp. 134 ss.

[83] Per un esame critico del progetto v. P. Rescigno, *«Trasparenza» bancaria e diritto comune dei contratti*, in «Banca borsa e tit. cred.», 1990, I, pp. 297 ss.; P. Schlesinger, *Problemi relativi alla c.d. «trasparenza bancaria»*, in «Corr. giur.», 1989, pp. 229 ss.

[84] Così la proposta di legge presentata alla Camera il 2 giugno 1988 dai deputati Bodrato e altri che riprendeva l'emendamento presentato nella precedente legislatura dal Governo alla proposta Minervini il 14 gennaio 1987 (riprodotto in «Dir. banc. e mercato finanziario», 1987, II, pp. 62 ss.).

[85] Riprodotto in *Codice commentato*, cit., p. 2288, con commento di F. Gianani. Sull'accordo v. anche M. Porzio, *L'accordo interbancario sulla trasparenza*, in «Dir. banc. e merc. fin.», 1990, I, pp. 374 ss.

avviso, le condizioni praticate sia per le operazioni attive sia per quelle passive, ad adottare nel computo degli interessi i criteri fissati dall'accordo, a dare comunicazione alla clientela delle variazioni dei tassi sia attivi sia passivi. Ma il codice di autodisciplina si rivelò incapace di fermare il movimento che tendeva ad introdurre una disciplina legislativa della trasparenza bancaria; disciplina che auspicabilmente avrebbe dovuto limitarsi a fissare i principi fondamentali, rimettendo alle autorità creditizie il compito di fissare le norme tecniche di dettaglio[86]. E quel movimento sfociò nella legge 17 febbraio 1992, n. 154[87] che, per altro, non si attenne a questo criterio, diffondendosi in una casistica incapace, da un lato, di imprigionare la realtà delle operazioni bancarie e, dall'altro, fonte di eccessivi appesantimenti burocratici.

Nel frattempo, la legge 12 febbraio 1992, n. 142 (art. 18-24), aveva dato diretta attuazione nel nuovo ordinamento alla direttiva comunitaria 87/102 sul credito al consumo (così come modificata dalla direttiva 90/88 del 22 febbraio 1990). Esistevano, dunque, a quel punto, due corpi normativi (la legge 154/1992 e gli artt. 18-24 della legge 142/1992) che disciplinavano rispettivamente la trasparenza, in generale, delle condizioni contrattuali delle operazioni delle banche (e degli intermediari finanziari) e il credito al consumo, con notevoli sovrapposizioni e non poche difficoltà di coordinamento.

Il T.U. del 1993 ha provveduto a tale opera di coordinamento, appunto, nel titolo VI, riscrivendo sia le norme sulla trasparenza sia quelle sul credito al consumo ed instaurando un rapporto puntuale fra i due gruppi di discipline: le norme sulla trasparenza delle condizioni contrattuali hanno carattere generale e trovano applicazione anche per le operazioni di credito al consumo «per gli aspetti non diversamente disciplinati» dalle norme specificatamente previste per queste ultime (art. 115, 3° comma). Inoltre vengono dettate alcune regole generali (art. 127), esplicitamente dichiarate applicabili sia alle operazioni di credito al consumo sia alle altre operazioni bancarie, e viene prevista una disciplina dei controlli amministrativi sul rispetto delle norme dettate per entrambe le categorie di operazioni.

Esamineremo in questa sede le norme sulla trasparenza delle condizioni contrattuali (art. 115-120), espressione in verità che, nella terminologia del T.U., ricomprende anche quelle sul credito al consumo, riservando al paragrafo successivo l'analisi di queste ultime (artt. 121-126).

[86] Vedi infatti C.A. Ciampi, *Progetti di legge in tema di trasparenza bancaria*, Banca d'Italia, «Bollettino economico», n. 11, 1988, pp. 67 ss.

[87] Sulla legge 154/1992 v. A. Maisano, *Trasparenza*, cit., pp. 132 ss.; A. Dolmetta, *Per l'equilibrio e la trasparenza nelle operazioni bancarie: chiose critiche alla legge 154/1992*, in «Banca borsa e tit. di cred.», 1992, I, pp. 375 ss.; D. Zucchelli, *Note a margine alla legge n. 154/1992 in tema di trasparenza delle operazioni e dei servizi bancari e finanziari*, in «Banca impr. soc.», 1992, p. 211; A. Nigro, *La legge sulla trasparenza delle operazioni e dei servizi bancari e finanziari: note introduttive*, in «Dir. banc. e merc. fin.», 1992, I, pp. 421 ss.; F. Maimeri, *La legge sulla trasparenza delle operazioni bancarie*, in «Bancaria», 1992, n. 5, pp. 57 ss. e M. Viale, *La nuova legge sulla trasparenza bancaria: prime perplessità e dubbi interpretativi*, in «Giur. comm.», 1992, I, p. 785.

9.3. La disciplina del Testo Unico

a) Le norme sulla trasparenza delle condizioni contrattuali «si applicano alle attività svolte nel territorio della Repubblica dalle banche e dagli intermediari finanziari» (art. 115, 1° comma T.U.); il Ministro per il Tesoro, per altro, può individuare, in considerazione dell'attività svolta, altri soggetti da sottoporre alla stessa disciplina.

Il criterio fondamentale adottato per individuare l'ambito di applicazione delle norme sulla trasparenza è dunque soggettivo: queste si applicano a tutte le operazioni poste in essere dalle banche e dagli intermediari finanziari di cui all'art. 106 del T.U. Con la conseguenza che una stessa attività potrà essere soggetta o sfuggire a tale disciplina a seconda che la stessa sia o non sia esercitata da un intermediario finanziario o da una banca. Così quelle norme si applicheranno ai contratti di intermediazione mobiliare stipulati dalle banche, mentre non troveranno applicazione per gli stessi contratti se stipulati da una società di intermediazione mobiliare; e sotto questo profilo la disposizione si allontana dalla disciplina prevista dalla legge 154, che trovava applicazione anche per le società di intermediazione mobiliare, essendo il suo ambito determinato esclusivamente sulla base di un criterio oggettivo. Quest'ultimo criterio viene, invece, adottato dal T.U. per la individuazione, ad opera del Ministro per il Tesoro, di altre categorie di soggetti che potranno essere assoggettati alla disciplina speciale prevista per la trasparenza dei loro rapporti contrattuali.

Per quanto concerne i soggetti a favore dei quali le norme in questione sono state poste, il legislatore non introduce alcuna distinzione o discriminazione: le stesse, pertanto, troveranno applicazione a favore di tutti i clienti delle banche (e degli intermediari finanziari), indipendentemente dall'eventuale condizione di debolezza nella quale questi ultimi potessero eventualmente trovarsi: e proprio in considerazione di quest'ultima circostanza, si deve dubitare fortemente che la disciplina in questione sia una disciplina dettata a tutela del contraente debole[88], anche se, come vedremo, non mancano alcune disposizioni dirette a riequilibrare il contenuto contrattuale.

b) La normativa prevede, del resto secondo l'indirizzo già adottato dai progetti di legge sopra ricordati, l'obbligo di rendere pubblici i momenti essenziali dei «prezzi» praticati dalla banca. Più esattamente, si prevede (art. 116, 1° comma) che «in ciascun locale aperto al pubblico [siano] pubblicizzati i tassi di interesse, i prezzi, le spese per le comunicazioni alla clientela e ogni altra condizione economica relativa alle operazioni e ai servizi offerti, ivi compresi gli interessi di mora e le valute

[88] Per un giudizio analogo, soprattutto sulla base del confronto con la proposta Minervini, v. A. Dolmetta, *op. cit.*, p. 378, e A. Maisano, *op. cit.*, pp. 132 ss. La valutazione del testo non implica, per altro, un giudizio negativo sulla disciplina oggi vigente, dovendosi ritenere che le istanze «riequilibratrici» concernessero soprattutto il credito al consumo: le stesse hanno trovato almeno in parte soddisfacimento nelle norme che disciplinano quest'ultimo rapporto creditizio.

applicate per l'imputazione degli interessi», rimanendo escluso ogni «rinvio agli usi». Tuttavia, a differenza di quanto previsto dalla legge 154/1992 (v. art. 2, 4° comma), il T.U. non scende alla individuazione delle operazioni per le quali è necessario procedere a tale pubblicità e, tanto meno, all'articolazione delle modalità alle quali quest'ultima deve attenersi. Si demandano tali compiti alle autorità creditizie ed in particolare al CICR il quale: *a*) individua le operazioni e i servizi da sottoporre a pubblicità, sentita la Banca d'Italia e la CONSOB; *b*) detta disposizioni relative alla forma, al contenuto, alle modalità della pubblicità e alla conservazione agli atti dei documenti comprovanti le informazioni pubblicizzate; *c*) stabilisce criteri uniformi per l'indicazione dei tassi d'interesse e per il calcolo degli interessi e degli altri elementi che incidono sul contenuto economico dei rapporti; *d*) individua gli elementi essenziali, fra quelli sopra ricordati, che devono essere indicati negli annunci pubblici e nelle offerte, con qualsiasi mezzo effettuati con cui le banche e gli intermediari finanziari rendono nota la disponibilità delle operazioni e dei servizi.

Come è reso evidente dal tenore letterale delle norme, la pubblicità concerne esclusivamente gli elementi che «incidono sul contenuto economico dei rapporti» e non riguardano, pertanto, le altre condizioni contrattuali, per le quali, quindi, non si applicheranno le norme, sulle quali ci intratterremo fra un attimo, che individuano una stretta connessione fra «pubblicità» e disciplina del contratto.

La determinazione dei criteri ai quali dovranno attenersi le banche nella indicazione di tali elementi è rimessa alla deliberazione del CICR; ma la stessa non potrà che individuare il tasso massimo per le operazioni attive e quello minimo per le passive; la misura degli interessi di mora; le valute applicate per l'imputazione degli interessi a debito e a credito, il tasso annuo di interesse dei titoli per le operazioni di raccolta in forma cartolare e il prezzo dei servizi[89].

Ma ancor prima di stabilire i criteri ai quali le banche debbono attenersi nello strutturare la pubblicità, il CICR deve individuare le operazioni e i servizi da sottoporre a quest'ultima, essendo possibile che alcune operazioni bancarie non presentino caratteristiche suscettibili di pubblicità nei termini previsti dalla legge. Anche se si tratterà di operazioni dotate di spiccata specificità e, come tali, non rientranti nell'ambito delle operazioni standard tenute presenti dal legislatore[90].

[89] In questo senso vedi già le Istruzioni della Banca d'Italia emanate in attuazione della legge 154/1992 con provvedimento 24 maggio 1992, in «G.U.» n. 126 del 30 maggio 1992.

[90] Il T.U. (art. 116, 2° comma) come già la legge 154/1992 (art. 2, 2° comma) sottopone a particolare disciplina la negoziazione dei titoli di Stato, prevedendo che il Ministro per il Tesoro stabilisca, sentita la Banca d'Italia, *a*) «criteri e parametri per la determinazione delle eventuali commissioni massime addebitabili alla clientela in occasione del collocamento; *b*) criteri e parametri volti a garantire la trasparente determinazione dei rendimenti; *c*) gli ulteriori obblighi di pubblicità, trasparenza e pubblicità da osservare nell'attività di collocamento». E mentre le due ultime previsioni sono sicuramente ascrivibili alle norme di trasparenza, la prima tende a riequilibrare le posizioni contrattuali delle parti.

c) Il T.U. sottopone poi a disciplina i contratti delle banche (e degli intermediari finanziari) sotto il profilo della loro forma e del loro contenuto, stabilendo, altresì, uno stretto rapporto fra «condizioni» pubblicizzate e «condizioni» contrattuali. Si prevede, anzitutto, che il contratto debba essere redatto per iscritto e che un esemplare venga consegnato al cliente, anche se si attribuisce al Cicr il potere di decidere che, «per motivate ragioni tecniche, particolari contratti possano essere stipulati in altra forma» (art. 117, 1° e 2° comma); per l'ipotesi in cui non venga redatto nella forma scritta il contratto è «nullo» (art. 117, 3° comma).

La forma scritta dovrà, dunque, essere adottata per la massima parte dei contratti e la stessa viene richiesta *ad substantiam* e, quindi, a pena di nullità: il T.U. risolve così un dubbio che aveva sollecitato l'analoga disposizione della legge 154, il cui art. 3 imponeva per i contratti bancari la forma scritta, ma senza precisare quale fosse la conseguenza del mancato rispetto della stessa. Anzi, si poteva probabilmente ritenere che la sanzione non fosse la nullità del contratto, con la conseguente attribuzione alla forma scritta di una funzione esclusivamente informativa e analoga a quella perseguita attraverso la consegna di un esemplare del contratto al cliente; consegna la cui mancanza ovviamente non incide sulla validità del contratto.

È bene, tuttavia, tener presente che anche questa nullità, come tutte quelle previste dalla disciplina della trasparenza e del credito al consumo, può essere fatta valere esclusivamente dal cliente (art. 127, 2° comma): si tratta di una nullità relativa giustificata dal fatto che la stessa è posta a tutela di una sola delle parti del contratto.

d) Ma, come si è accennato, il T.U. incide anche sul contenuto del contratto e lo fa, da un lato, imponendo l'indicazione di alcuni elementi minimi e, dall'altro, ponendo vincoli alle parti nella loro determinazione.

Così, sotto il primo profilo, si prevede che i contratti debbano necessariamente indicare «il tasso d'interesse e ogni altro prezzo e condizione praticati, inclusi, per il contratto di credito, gli eventuali maggiori oneri in caso di mora» (art. 117, 4° comma) e, sotto il secondo aspetto, vengono dichiarate «nulle» e considerate «non apposte» le clausole contrattuali di rinvio agli usi per la determinazione dei tassi di interesse e di ogni altro prezzo e condizioni praticate nonché quelle che prevedono tassi, prezzi, e condizioni più sfavorevoli per i clienti di quelli pubblicizzati (art. 117, 6° comma)[91].

Sia per le ipotesi di mancata indicazione degli elementi minimi sia per quelle di nullità della clausola contrattuale, per rinvio agli usi o per difformità con il contenuto della pubblicità, il T.U. prevede una integrazione, nel primo caso, e una sostituzione della clausola nulla, nel se-

[91] Il T.U. ha chiarito che il divieto di rinvio agli usi concerne esclusivamente gli elementi economici del rapporto e non anche le altre condizioni contrattuali, come era stato ritenuto (v. A. Dolmetta, *op. cit.*, p. 383) sulla base dell'art. 4, 3° comma della legge 154/1992.

condo, stabilendo (art. 117, 7° comma) che, in entrambi, si applichino: *a*) il tasso nominale minimo e quello massimo dei buoni ordinari del tesoro annuali (o di altri titoli similari eventualmente indicati dal Ministro per il Tesoro), emessi nei dodici mesi precedenti la conclusione del contratto, rispettivamente per le operazioni attive e per quelle passive; *b*) gli altri prezzi e condizioni pubblicizzati nel corso della durata del rapporto per le corrispondenti categorie di operazioni e servizi; precisando, per questi prezzi e condizioni, che «in mancanza di pubblicità nulla è dovuto».

La norma sembra individuare criteri di integrazione e di sostituzione delle clausole nulle diversi per i tassi e per gli altri prezzi o condizioni. Per i primi non assume alcuna rilevanza il contenuto della pubblicità, nel senso che, nell'ipotesi di mancata indicazione contrattuale del tasso non troverà applicazione quello pubblicizzato neppure quando lo stesso sia superiore, per le operazioni passive, o inferiore, per quelle attive, rispettivamente ai tassi nominali massimi e minimi dei Buoni del Tesoro annuali, dovendosi invece applicare esclusivamente questi ultimi. E la stessa conclusione dovrebbe valere nell'ipotesi in cui le clausole che li determinano fossero nulle o perché rinviano agli usi o perché individuano tassi diversi da quelli pubblicizzati. Con la conseguenza, appunto, di favorire la banca almeno nelle ipotesi in cui abbia convenuto un tasso attivo superiore al tasso pubblicizzato e quest'ultimo sia inferiore a quello nominale minimo dei titoli pubblici o avesse convenuto un tasso passivo inferiore a quello pubblicizzato e quest'ultimo sia superiore al tasso nominale massimo previsto per i buoni ordinari del tesoro[92]. Ma si tratta forse di un risultato non voluto e che, comunque, può essere eliminato con un'adeguata previsione contrattuale, dal momento che quest'ultima si risolverebbe in una clausola più favorevole al cliente e, quindi, capace di derogare alla disposizione in questione (cfr. art. 127, 1° comma T.U.).

La pubblicità assume tutta la sua rilevanza, anche sotto il profilo sanzionatorio, per gli altri «prezzi o condizioni» economiche: qui l'unica integrazione o sostituzione può avvenire ad opera dei prezzi e delle condizioni pubblicizzate. E la mancanza della pubblicità esclude ogni pretesa della banca.

e) Uno dei punti dolenti dei rapporti bancari era la possibilità, per le banche, di mutare unilateralmente il contenuto del rapporto, ovviamente con una diversa sollecitudine nell'ipotesi in cui il mutamento avvenisse a proprio favore o a favore della clientela[93]. La relativa previsione era naturalmente contenuta nel contratto e, quindi, venivano modificate le condizioni contrattuali anche senza che il cliente ne fosse infor-

[92] Sugli analoghi problemi che sollevavano gli artt. 4 e 5 della legge 152/1994 v. G. De Nova, *op. cit.*, e E. Ricci, *Sulla nullità delle clausole contrattuali previste dalla legge 17 febbraio 1992, n. 154*, in «Riv. trim. dir. e proc. civ.», 1993, pp. 759 ss.

[93] V. sul punto G. Ponzanelli, *Trasparenza bancaria: si comincia dai giorni valuta?*, in «Foro it.», 1989, I, c. 1593; M. Porzio, *L'accordo*, cit., p. 320, e A. Dolmetta, *op. cit.*, p. 389.

mato. E la modificazione delle condizioni contrattuali era stata oggetto di disciplina in tutti i progetti riforma. Il T.U. stabilisce, anzitutto, che «la possibilità di variare in senso sfavorevole al cliente il tasso d'interesse e ogni altro prezzo o condizione deve essere espressamente indicata nel contratto con clausola approvata specificamente dal cliente» (art. 117). Le variazioni così consentite debbono essere comunicate al cliente «nei modi e nei termini stabiliti dal CICR, dovendosi considerare inefficaci quelle comunicate senza il rispetto di tali prescrizioni» (art. 118, 2° comma). Ma una siffatta variazione, anche se consentita validamente ed efficacemente comunicata, non vincola necessariamente il cliente: questi può, entro quindici giorni dal ricevimento della predetta comunicazione, «recedere dal contratto senza penalità» e ha diritto di ottenere, in sede di liquidazione del rapporto, l'applicazione delle condizioni precedentemente praticate (art. 118, 3° comma).

f) Nei rapporti di durata l'informazione della clientela si affida soprattutto all'obbligo di informazione della banca; a norma dell'art. 119 T.U., essa deve inviare alla scadenza del contratto, e, comunque, almeno una volta all'anno, «una comunicazione completa e chiara in merito allo svolgimento del rapporto e per i rapporti di conto corrente deve inviare l'estratto conto annuale» o, a scelta del cliente, con periodicità semestrale, trimestrale o mensile (intendendosi approvato l'estratto conto in mancanza di opposizione scritta entro sessanta giorni). Ma il cliente ha, comunque, il diritto «di ottenere, a proprie spese, entro un congruo termine e comunque non oltre novanta giorni, copia della documentazione inerente a singole operazioni poste in essere negli ultimi due anni» (art. 119, 4° comma).

g) Tra i profili delle operazioni bancarie che più di altri sottolineavano lo squilibrio di potere fra le parti era la prassi dei giorni di valuta, in forza della quale la banca posticipava, rispetto al momento in cui riceveva il versamento, il computo di interessi (passivi) a favore del cliente e anticipava, rispetto al momento del prelevamento, il computo degli interessi (attivi) a carico dello stesso. A questa prassi ha, solo in parte, posto fine, il T.U., sulla scia della legge 154/1992, stabilendo (art. 120) che «gli interessi sui versamenti presso una banca di denaro, di assegni circolari emessi dalla stessa banca e di assegni bancari tratti sulla stessa succursale presso la quale viene effettuato il versamento sono conteggiati con la valuta del giorno in cui è effettuato il versamento e sono dovuti fino a quello del prelevamento».

Si tratta di una norma che probabilmente finirà per riequilibrare il contenuto del contratto, eliminando «il gioco delle valute» per le operazioni per le quali lo stesso appariva clamorosamente ingiustificato, ma che non preclude lo stesso gioco per tutti i versamenti ed i prelevamenti diversi da quelli presi in esame dalla norma e che, ovviamente, rappresentano la massima parte degli accrediti e degli addebiti bancari. Ma, a dire il vero, la norma può anche essere pensata come uno strumento per eliminare attribuzioni patrimoniali, a favore della banca, prive della necessaria giustificazione e, quindi, diretta a reintrodurre nel contratto un vincolo di corrispettività fra le prestazioni che prescinde dalla debolezza del contraente; può, in altri termini, essere considerato un intervento diretto a restaurare il diritto comune, piuttosto che ad introdurre una disciplina speciale a tutela del contraente debole[94].

h) Il rispetto delle norme in tema di trasparenza delle condizioni contrattuali non è affidato soltanto alle sanzioni (nullità ed inefficacia) previste per il contratto o per le sue modificazioni posti in essere senza l'osservanza delle medesime. Il T.U., infatti, oltre ad alcune sanzioni pecuniarie previste per la mancata attuazione della pubblicità delle condizioni praticate, attribuisce alla Banca d'Italia il potere di acquisire informazioni e di eseguire ispezioni allo scopo di assicurare l'osservanza di tutte le norme previste in materia di trasparenza (art. 128, 1° comma); e, in caso di ripetute violazioni delle disposizioni concernenti gli obblighi di pubblicità, il Ministro per il Tesoro, su proposta della Banca d'Italia, può «disporre la sospensione dell'attività anche di singole sedi secondarie» (art. 128, 2° comma).

9.4. Tipizzazione amministrativa dei contratti e dei titoli bancari

Trova la propria giustificazione nelle stesse ragioni che impongono una particolare trasparenza alle condizioni contrattuali delle operazioni bancarie e finanziarie la norma (cfr. art. 117, 8° comma) che attribuisce alla Banca d'Italia il potere di «prescrivere che determinati contratti o titoli, individuati attraverso una particolare denominazione o sulla base di specifici criteri qualificativi, abbiano un contenuto tipico determinato».

Nella consapevolezza che l'informazione postula unicità di linguaggio, la norma consente alla Banca d'Italia di stabilire che i contratti o i titoli che vengono offerti sul mercato sotto una particolare denominazione (es.: certificati di deposito) o vengono identificati attraverso particolari criteri qualificativi, presentino un contenuto costante e quindi tipico. Il che consente anche, come è avvenuto per i certificati di deposito, la creazione di un mercato secondario, che postula appunto una univocità di contenuto dei beni scambiati (titoli).

Questa norma introduce certamente un limite all'autonomia contrattuale, ma non nel senso di precludere la stipulazione di contratti atipici o di emettere titoli non tipizzati, ma più semplicemente impedendo che certi contratti o titoli, espressamente e normalmente individuati con un nome o con un contenuto consolidato, presentino contenuti diversi da quelli che prima la prassi e poi l'autorità creditizia hanno determinato. In altri termini, il bene protetto è la uniformità dei linguaggi informativi. La deviazione del contratto, denominato in modo tipico, dal contenuto imposto dalla Banca d'Italia è colpito da nullità (che può essere fatta valere solo dal cliente e che porrà delicati problemi applicativi

[94] Sul punto v. N. Salanitro, *Tassi e condizioni nei contratti bancari: vincoli di trasparenza e uniformità*, in «Banca borsa e tit. di cred.», 1989, I, p. 489.

soprattutto per i titoli difformi), fermo restando la responsabilità della banca (o dell'intermediario) per le conseguenze dannose che fossero derivate dalla violazione delle prescrizioni della medesima Banca d'Italia.

10. Il credito al consumo

10.1. Ambito di applicazione

«Per credito al consumo si intende la concessione, nell'esercizio di un'attività commerciale o professionale, di credito sotto forma di dilazione di pagamento, di finanziamento o di altra analoga facilitazione finanziaria a favore di una persona fisica che agisce per scopi estranei all'attività imprenditoriale o professionale eventualmente svolta (consumatore)»[95].

Così l'art. 121, 1° comma del T.U. definisce l'attività (di concessione) di credito al consumo, e il 2° comma dello stesso articolo precisa che «l'esercizio del credito al consumo è riservato *a*) alle banche; *b*) agli intermediari finanziari (di cui all'art. 106 T.U.); *c*) ai soggetti autorizzati alla vendita di beni o di servizi nel territorio della Repubblica, nella sola forma della dilazione del pagamento del prezzo».

a) Le disposizioni appena riprodotte individuano la nozione di «credito al consumo» e sottopongono a riserva il suo «esercizio». Esse non definiscono, tuttavia, il contratto di credito al consumo. Anzi postulano che quest'ultimo possa essere erogato attraverso una pluralità di schemi contrattuali (dilazione di pagamento, finanziamento o altra analoga facilitazione di pagamento). Semmai esse forniscono gli elementi per la ricostruzione del tipo contrattuale al quale possono essere ricondotti i contratti di credito al consumo o, se si vuole, per la individuazione della loro comune causa o funzione economica. Si potrebbe essere tentati, quanto meno, di cogliere in quelle norme la definizione della singola operazione di credito al consumo, distinta dall'attività di impresa o professionale nella quale deve necessariamente essere inserita, e di sostenere che il T.U. ha sottoposto a riserva soltanto il compimento reiterato ed abituale,

[95] Sul credito al consumo v., nella letteratura economica, G. Dell'Amore, *Il credito al consumo*, Milano, Giuffrè, 1975; G. Caravoli, *Il credito al consumo*, Torino, Utet, s.a., e in quella giuridica G. Pepoli, *Il credito al consumo*, Napoli, Jovene, 1976; G. Alpa-M. Bessone, *Funzione economica e modelli giuridici delle operazioni di credito al consumo*, in «Riv. società», 1975, pp. 1359 ss.; D. Sinesio, *Il credito al consumo: problemi e prospettive*, «Credito e moneta», a cura di C. Mazzoni-A. Nigro, Milano, Giuffrè, 1992, pp. 317 ss.; e, più recentemente, con specifico riferimento alla disciplina comunitaria, soprattutto L. Desiderio, *Banche e società finanziarie nei rapporti di credito al consumo*, in *La disciplina comunitaria*, cit., pp. 99 ss.; L.C. Ubertazzi, *Credito bancario al consumo e direttiva CEE: prime riflessioni*, in «Giur. comm.», 1987, I, pp. 321 ss.; F. Martorano, *Il credito al consumo*, in *Le direttive comunitarie in materia bancaria e l'ordinamento italiano*, a cura di A. Brozzetti-V. Santoro, Milano, Giuffrè, 1992, pp. 175 ss.; G. Oppo, *Presentazione*, in *La disciplina*, cit., pp. 2 ss.

anche se non esclusivo, di tali operazioni. Con la conseguente ammissione della possibilità non solo per i non imprenditori (e i non professionisti) ma anche per gli imprenditori (che esercitano altre imprese) di porre in essere contratti di credito al consumo anche al di fuori della riserva prevista dal T.U. Ma nella realtà una simile scissione fra contratti (di credito al consumo) ed esercizio della attività (di credito al consumo) si rivelerebbe quanto meno inutile, dal momento che, come vedremo, non esiste una disciplina dei primi per l'ipotesi in cui gli stessi non siano momenti della seconda.

In realtà le norme in esame definiscono l'attività di credito al consumo e sottopongono il suo esercizio a riserva. In altri termini vi è una perfetta coincidenza fra tipi contrattuali e riserva dell'attività, nel senso che la disciplina prevista per i contratti di credito al consumo si applica soltanto quando vi sia un esercizio professionale della relativa attività, a sua volta riservato a specifiche categorie di soggetti. Una isolata concessione di credito, che pur presenti le caratteristiche dei contratti di credito al consumo, non è sottoposta alla disciplina prevista per questi ultimi.

Anche se, naturalmente, per l'applicazione di siffatta disciplina e perché operi la riserva di legge non sarà necessario che l'attività di credito al consumo sia l'attività principale e tanto meno esclusiva del soggetto; potrà essere anche strumentale e persino marginale. Ciò che conta è che la stessa presenti i caratteri dell'abitualità, della professionalità. Il che del resto risponde a principi consolidati del vigente diritto dell'impresa.

Dalla constatata coincidenza fra area dei contratti di credito al consumo ed area dei soggetti autorizzati a porli in essere discende automaticamente che i primi possono essere posti in essere soltanto da: *a*) banche, *b*) intermediari finanziari ex art. 106 T.U. *c*) soggetti autorizzati alla vendita di beni o di servizi nel territorio della Repubblica; questi ultimi, per altro, possono stipularli solo «nella forma della dilazione del pagamento del prezzo». Per l'esercizio di tale attività, per altro, non è necessaria una specifica autorizzazione della pubblica autorità: la relativa legittimazione trova il proprio titolo esaustivo nella stessa disposizione del T.U. che stabilisce la riserva d'attività, sempre che ovviamente le regole statutarie o regolamentari dei soggetti che quest'ultimo abilita non vietino l'esercizio del credito al consumo[96].

b) Ma la nozione «di credito al consumo» non postula soltanto che i soggetti che erogano il credito presentino particolari caratteristiche; essa si caratterizza anche per la qualità dei soggetti a favore dei quali il credito viene concesso. Deve trattarsi di una persona fisica «che agisce per scopi estranei all'attività imprenditoriale o professionale eventualmente svolta»: ossia deve essere, nel linguaggio del T.U. che ripropone

[96] La relazione al T.U. ha cura di precisare che «l'autorizzazione alla vendita dei beni e servizi, richiesta dalla norma, deve ritenersi del tutto coincidente con la licenza di commercio».

l'analoga terminologia della direttiva 87/102, un «consumatore»[97]. Il che, sotto il profilo del contratto, comporta che la concessione di credito, da chiunque effettuata, a favore di soggetti che non possono definirsi consumatori non darà vita ad operazioni e a contratti di credito al consumo, con l'applicazione della relativa disciplina.

La categoria dei consumatori è composta: *a*) da soggetti che non esercitano attività imprenditoriale o professionale e *b*) da soggetti che, pur rivestendo la qualità di imprenditori o «professionisti», agiscono, nel rapporto di credito, «per scopi estranei» alla loro attività imprenditoriale o professionale.

La definizione di consumatore ha suscitato molti problemi, già nella formulazione dell'analoga definizione comunitaria («per consumatore si intende, la persona fisica che, per le transazioni disciplinate dalla presente direttiva, agisce per scopi che possono considerarsi estranei alla sua attività professionale»: art. 1, 1° comma lett. *a*). Il T.U. ha, tuttavia, eliminato molte delle ambiguità che quest'ultima presentava. Rimane la difficoltà di stabilire quando un imprenditore, o un professionista, si possa ritenere che agisca per scopi estranei alla propria impresa (individuale) o alla propria attività professionale e possa, quindi, invocare la disciplina di favore prevista per i contratti di credito al consumo. Anche alla stregua della formula adottata dalla direttiva («per scopi che possono considerarsi estranei alla sua attività professionale») pare ragionevole ritenere che la estraneità debba essere affermata indipendentemente dalla destinazione impressa in fatto al finanziamento, facendo soprattutto riferimento ad indici oggettivi che consentano di presumere tale estraneità, anche con riguardo alle caratteristiche dell'attività professionale o imprenditoriale. Qualora il problema si ponga nel conflitto fra affidante ed affidato spetterà, per altro, a quest'ultimo, in definitiva, provare la oggettiva rilevabilità della estraneità anche da parte del primo.

c) La necessaria qualità di consumatore dell'affidato non comporta, tuttavia, che il credito al consumo sia un credito di scopo. Dalla «nozione» dello stesso si ricava esclusivamente che il prenditore del credito deve essere un soggetto che non svolge un'attività imprenditoriale o professionale oppure un soggetto imprenditore o professionista che contrae il finanziamento per scopi estranei all'attività imprenditoriale o professionale. Non si pretende che il contratto individui in positivo lo scopo del finanziamento; il che rimane vero anche nella seconda delle ipotesi appena indicate, nella quale la «estraneità» degli scopi all'impresa (o alla professione) non individua positivamente il fine del finanziamento, ma serve solo per accertare un presupposto soggettivo del contratto. D'altro canto, non basta per trasformare il credito al consumo in credito di scopo la ragione politica della sua esistenza, ossia la debolez-

[97] Sulla nozione di «consumatore» nella direttiva v. soprattutto L. Fabii, *Ambito di applicazione della direttiva sul credito al consumo*, in *La disciplina*, cit., pp. 39 ss. e L.C. Ubertazzi, *Credito bancario*, cit., pp. 326 ss.

za dell'affidato e, comunque, la necessità che lo stesso venga adeguatamente informato dei contenuti del rapporto che pone in essere. Questa ragione non entra nella causa dei contratti e non ne determina la trasformazione in finanziamenti di scopo[98].

Il che non esclude che i contratti di credito lo possano essere, e probabilmente lo sono tutte le volte in cui «abbiano per oggetto l'acquisto di determinati beni o servizi» (v. art. 124, 3° comma T.U.). In questo caso, sul quale torneremo, al contratto di credito si collega un contratto di fornitura e la causa di quest'ultimo finisce per colorare anche quella del primo. Ma si tratta di una particolare categoria di contratti le cui caratteristiche non possono essere estese a tutte le altre ipotesi di contratti di credito al consumo, trasformandoli in altrettanti finanziamenti a scopo legale. Con tutte le conseguenze che questa qualificazione comporta.

d) Il T.U. esclude (art. 121, 4° comma) l'applicazione delle norme sul credito al consumo ad una serie di finanziamenti che, *ratione subiecti*, dovrebbero rientrare nell'ambito dei relativi contratti.

1. Anzitutto con riferimento alla entità del finanziamento; ritenendo che quella disciplina non abbia ragion d'essere per i finanziamenti di importo minimo, comportando costi di regolamentazione non giustificati, e per quelli di ammontare particolarmente elevato, non riscontrandovi quella debolezza dell'affidato che rende ragione della specialità della disciplina.

La legge rimette, tuttavia, al CICR il potere di determinare quelle soglie e stabilisce, comunque, un periodo di *vacatio* della deliberazione allo scopo di evitare «sorprese» nelle transazioni: le norme non si applicano «ai finanziamenti di importo rispettivamente inferiore e superiore ai limiti stabiliti dal CICR con delibera avente effetto dal trentesimo giorno successivo alla relativa pubblicazione nella Gazzetta Ufficiale» (art. 121, 4° comma lett. *a*).

2. Le norme del credito al consumo non si applicano neppure «ai contratti di somministrazione previsti dagli artt. 1553 e ss. del Codice civile, purché stipulati preventivamente in forma scritta e consegnati contestualmente in copia al consumatore» (art. 121, 4° comma lett. *b*), in quanto le caratteristiche del contratto e la preventiva consegna dello stesso in forma scritta al somministrato, consentono a quest'ultimo di valutare adeguatamente l'onere finanziario al quale va incontro.

3. Sono altresì esclusi dalla disciplina speciale «i finanziamenti rimborsabili in un'unica soluzione entro diciotto mesi, con il solo eventuale addebito di oneri non calcolati in forma di interesse, purché previsti contrattualmente nel loro ammontare» (art. 121, 4° comma lett. *c*) e «i finanziamenti privi, direttamente o indirettamente, di corrispettivo di interessi o di altri oneri, fatta eccezione per il rimborso delle spese vive sostenute e documentate» (art. 121, 4° comma lett. *d*). La ragione di

[98] Ma vedi sul punto G. Oppo, *Presentazione*, cit., p. 15.

questi «esoneri» dalla disciplina del credito al consumo, sta, ovviamente, nella sostanziale gratuità del finanziamento che rende superflue le cautele previste dalla stessa.

4. Ancora sfuggono a quest'ultima disciplina «i finanziamenti destinati all'acquisto o alla conservazione di un diritto di proprietà su un terreno o su un immobile edificato o da edificare, ovvero all'esecuzione di opere di restauro o di miglioramento» (art. 121, 4° comma lett. *e*). Questo esonero sembra trovare la propria giustificazione nella natura immobiliare del bene «al quale è destinato» il finanziamento, nel presupposto che gli immobili non possano essere considerati beni di consumo e quindi non possano rientrare fra gli oggetti per il cui acquisto può essere concesso il relativo finanziamento. Anche se la esclusione non emerge dalla definizione di credito al consumo, e soprattutto non sembra vietato destinare «ad immobili» il credito al consumo. In altri termini non rientra nell'ambito del credito al consumo un finanziamento convenzionalmente destinato all'acquisto o al miglioramento di un immobile, ma una siffatta destinazione impressa in fatto ad un credito che presenta le caratteristiche indicate dalla relativa nozione non fa venir meno la possibilità per l'affidato di avvalersi delle norme previste per il credito al consumo.

5. Infine, le norme sul credito al consumo non si applicano «ai contratti di locazione, a condizione che in essi sia prevista l'espressa clausola che in nessun momento la proprietà della cosa locata possa trasferirsi, con o senza corrispettivo, al locatario» (art. 121, 4° comma lett. *f*). La norma ha lo scopo non tanto di escludere dal credito al consumo la locazione, quanto di ricomprendere in quest'ultima il contratto di leasing, considerato appunto un contratto di finanziamento, naturalmente nei limiti in cui lo stesso venga stipulato «per scopi estranei all'attività imprenditoriale o professionale»[99].

D'altro canto, l'esclusione del contratto di locazione appare abbastanza scontata non presentando lo stesso le caratteristiche tipiche del contratto di credito e non potendosi considerare il godimento del bene locato alla stregua di un servizio prestato dal locatore. Piuttosto resta incerto se la norma faccia riferimento anche alla locazione di immobili e quindi finisca, al contrario, per ricomprendere nell'ambito dei contratti di credito al consumo anche i contratti di leasing immobiliare. Se così fosse, per altro, apparirebbe confermata la eccezionalità della previsione di cui al punto precedente e soprattutto la limitata rilevanza che nell'ambito del credito al consumo ha la distinzione fra beni mobili e beni immobili.

e) Le considerazioni svolte fin qui sulla nozione di credito al consumo consentono, ancor prima di esaminare la relativa disciplina, di rilevare che lo stesso può ben essere considerato un credito speciale, quanto meno, per le caratteristiche che debbono possedere i suoi destinata-

[99] Sul punto F. Martorano, *Il credito al consumo*, cit., p. 177.

ri[100]. E tale specialità verrà confermata dalla disciplina dei relativi contratti. Il che non significa ovviamente che si tratti necessariamente di un credito a scopo legale. Avremmo potuto occuparcene, dunque, nel capitolo dedicato ai crediti speciali. Abbiamo, tuttavia, preferito, seguendo il modulo del T.U. e collocarne l'esame nell'ambito del capitolo dedicato alla trasparenza bancaria, soprattutto perché il T.U., come abbiamo già ricordato, considera la relativa disciplina come una *species* nell'ambito delle norme sulla trasparenza delle condizioni contrattuali. Ed in effetti, come potremo constatare fra un attimo, la connessione fra i due corpi normativi è particolarmente stretta[101].

10.2. La disciplina delle operazioni

a) Come abbiamo appena accennato la disciplina delle operazioni di credito al consumo riprende, per altro con notevoli modificazioni, le linee della disciplina sulla trasparenza delle condizioni contrattuali sia in tema di pubblicità sia a proposito della forma e del contenuto del contratto sia con riferimento alle vicende del rapporto.

Un elemento di novità attorno al quale ruotano anche altre peculiarità del contratto di credito al consumo sono la previsione e la disciplina del «tasso annuo effettivo globale» (TAEG), ossia «il costo totale del credito a carico del consumatore» (art. 122, 1° comma T.U.)[102]. La legge si preoccupa di individuarne il contenuto e i criteri di calcolo e di imporre per lo stesso adeguati strumenti di pubblicità e di previsione nell'ambito della disciplina del contratto, attribuendo, per altro, importanti compiti anche al CICR. Così stabilisce che il TAEG deve essere «espresso in percentuale annua del credito concesso» e deve comprendere «gli interessi e tutti gli oneri da sostenere per utilizzare il credito», mentre al CICR è attribuito il compito di stabilire «le modalità di calcolo dello stesso». E il Ministro per il Tesoro, con decreto 8 luglio 1992, ha stabilito che nel TAEG «sono inclusi *a*) il rimborso del capitale e il pagamento degli interessi; *b*) le spese di istruttoria e apertura della pratica di credito; *c*) le spese di riscossione dei rimborsi e di incasso delle rate; *d*) le spese per le assicurazioni o garanzie imposte dal creditore; *e*) il costo dell'attività di mediazione svolta da terzi; *f*) le altre spese contemplate dal contratto». Con lo stesso decreto è stato precisato che non sono ricomprese nel TAEG: *a*) la somma che il consumatore deve pagare per l'inadempimento di un qualsiasi obbligo contrattuale, inclusi gli interessi

[100] Così P. De Vecchis, *Crediti speciali*, in *Digesto dir. pubbl.*, Torino, UTET, 1989, p. 399.

[101] Sul punto G. Castaldi, *Trasparenza delle condizioni di finanziamento nei rapporti di credito al consumo*, in *La disciplina*, cit., pp. 77 ss.

[102] Sul ruolo del «tasso annuo effettivo globale» nella disciplina del credito al consumo v. D. Sinesio, *Interessi pecuniari fra autonomia e controlli*, Milano, Giuffrè, 1989, pp. 102 ss.

di mora; *b*) le spese, diverse dal prezzo di acquisto, a carico del consumatore indipendentemente dal fatto che si tratti di un acquisto in contanti o a credito; le assicurazioni non imposte dal creditore. La pedissequa trascrizioni appena effettuata di ciò che è incluso e di ciò che rimane escluso dal TAEG è sufficiente per sottolineare l'importanza di quest'ultimo, almeno sotto due profili.

La necessità della indicazione del tasso annuo effettivo globale pone al riparo il consumatore da sorprese, o quanto meno dalla massima parte di esse, dandogli la certezza di conoscere con precisione il costo del finanziamento. La pubblicità alla quale il TAEG è sottoposto consente anche una maggior trasparenza del mercato, favorendo una effettiva comparazione fra le diverse offerte di credito al consumo.

E non v'è dubbio che il credito al consumo presenti un grado di trasparenza maggiore di quella pretesa in generale per le operazioni bancarie e finanziarie per le quali, appunto, la indicazione di un costo globale dei finanziamenti non è oggetto di pubblicità né di necessaria specificazione nel regolamento contrattuale.

b) Ed è proprio con riferimento al TAEG che si coglie l'unica differenza fra la pubblicità prevista per il credito al consumo e quella generalmente imposta alle condizioni contrattuali delle banche e degli intermediari finanziari: la prima deve indicare anche il TAEG e «il relativo periodo di validità» (art. 123, 1° comma).

c) Anche per quanto concerne la stipulazione dei contratti valgono i principi fissati in generale per i contratti bancari e finanziari: debbono essere redatti per iscritto e un esemplare deve essere consegnato al cliente; la mancanza della forma scritta comporta la nullità del contratto (cfr. art. 124, 1° comma); nullità per altro relativa, nel senso che può essere fatta valere solo dal cliente (art. 127, 2° comma).

I contratti di credito al consumo devono indicare (art. 124, 2° comma): *a*) l'ammontare e le modalità di finanziamento; *b*) il numero, gli importi e la scadenza delle singole rate; *c*) il TAEG; *d*) il dettaglio delle condizioni secondo cui il TAEG può essere eventualmente modificato; *e*) l'importo e la causale degli oneri che sono esclusi dal calcolo del TAEG («oltre essi, nulla è dovuto dal consumatore»); *f*) le eventuali garanzie richieste; *g*) le eventuali coperture assicurative richieste al consumatore e non incluse nel calcolo del TAEG. L'importanza di questa analitica elencazione si coglie appieno quando si tenga presente che «nessuna somma può essere richiesta o addebitata al consumatore se non sulla base di espresse previsioni contrattuali» e che in caso di assenza di alcune di quelle indicazioni il T.U. impone una integrazione del regolamento contrattuale con disposizioni di favore per il consumatore. Più esattamente, se non viene indicato il TAEG, lo stesso viene computato nel tasso nominale minimo dei Buoni del Tesoro annuali emessi nei dodici mesi precedenti la conclusione del contratto; se non è indicata la scadenza, la stessa è indicata a trenta mesi; se non sono indicate le garanzie o coperture assicurative, nessuna garanzia o copertura è dovuta dal consumatore (art. 124, 5° comma)[103].

d) Nell'analisi dei contratti di credito al consumo abbiamo fin qui tenuto presente l'ipotesi in cui il relativo rapporto si esaurisca nel finanziamento senza alcun riferimento al contratto di acquisto di beni o servizi in funzione ed in connessione con il quale viene acceso il rapporto di finanziamento.

Quest'ultima ipotesi può verificarsi anche quando il finanziatore sia una banca o un intermediario finanziario, ma si verifica necessariamente quando il finanziatore sia un «soggetto autorizzato alla vendita di beni o di servizi nel territorio della Repubblica», anche se in questo caso il contratto di credito potrà assumere solo la «forma della dilazione del pagamento del prezzo». Si è ritenuto che in questa ipotesi si sia in presenza di un solo contratto del quale sono parti, ovviamente con obblighi e diritti non simmetrici, il finanziatore, il finanziato ed il venditore di beni o servizi (fornitore)[104]. In realtà può anche consentirsi che ciò avvenga nell'ipotesi in cui vi sia coincidenza fra finanziatore e fornitore e questo sia appunto un soggetto autorizzato a vendere beni e servizi, soprattutto tenendo presente che in questa ipotesi il finanziamento consiste nella mera dilazione del pagamento del prezzo. Ma la stessa tesi non può certo essere sostenuta quando non vi sia tale coincidenza e la banca o l'intermediario finanziario eroghi un credito da utilizzare per l'acquisto di beni o servizi da terzi. In questa ipotesi la diversità sotto il profilo causale dei due contratti è netta, anche se è innegabile il collegamento che si istaura fra gli stessi. Anzitutto in sede di stipulazione del contratto. «I contratti di credito al consumo che abbiano a oggetto l'acquisto di determinati beni o servizi, contengono, a pena di nullità, *a*) la descrizione analitica dei beni e dei servizi; *b*) il prezzo di acquisto in contanti, il prezzo stabilito dal contratto e l'ammontare dell'eventuale acconto; *c*) le condizioni per il trasferimento del diritto di proprietà nei casi in cui il passaggio della proprietà non sia immediato» (art. 124, 3° comma T.U.).

Come si evince dalla sua stessa lettera, la norma sembra essere stata dettata avendo presente l'ipotesi in cui il finanziamento venga effettuato dal fornitore e consista quindi nella mera dilazione del pagamento del prezzo. Ed in questa ipotesi, sia detto per inciso, la natura di finanziamento di scopo del credito al consumo è *in re ipsa*, dal momento che, per definizione, lo stesso non può che essere utilizzato per l'acquisto «a credito» del bene o del servizio dal fornitore-finanziatore. Ma le indicazioni relative al contratto di fornitura andranno indicate anche nel contratto di credito stipulato con la banca o con l'intermediario finanziario

[103] I contratti di credito al consumo possono realizzarsi anche attraverso l'apertura di credito in conto corrente «non connessa con l'uso di una carta di credito»; per tali ipotesi il T.U. prevede un particolare contenuto del contratto, sempre a pena di nullità della stesso (v. art. 126 T.U.).

[104] Cfr. G. Piepoli, *op. cit.*, pp. 142 ss. e D. La Rocca, *Credito al consumo e sistema dei finanziamenti*, in «Pol. dir.», 1980, p. 433.

quando lo stesso abbia per fine l'acquisto di un bene o di un servizio. Ed anche in questa ipotesi la connessione fra i due contratti, da formalizzarsi nel testo contrattuale, fa sì che il contratto di finanziamento diventi un finanziamento di scopo.

Il collegamento negoziale, così instauratosi fra contratto di credito e contratto di fornitura, oltre agli aspetti che lo stesso determina secondo le regole del diritto comune, ne produce alcuni specificamente previsti dalle norme in esame.

Precisamente «nei casi di inadempimento del fornitore di beni e servizi il consumatore, che abbia effettuato inutilmente la costituzione in mora» di quest'ultimo, ha diritto di agire contro il finanziatore, anche per il risarcimento dei danni subiti, nei limiti del credito ricevuto, rifiutando ad esempio la relativa restituzione o ripetendo quanto pagato per il godimento dello stesso; questa possibilità è, tuttavia, subordinata alla presenza di un accordo, fra finanziatore e fornitore, che attribuisca al primo l'esclusiva per la concessione di credito ai clienti del secondo (art. 125, 4° comma)[105].

e) Il T.U. detta, infine, alcune norme relative alla vicenda del rapporto di finanziamento, preoccupandosi di estendere alle stesse norme di diritto comune la cui applicabilità avrebbe potuto o dovuto escludersi, almeno in alcune ipotesi, o introducendo per il consumatore una tutela rafforzata nei confronti di quella di diritto comune. Così si stabilisce che la regola fissata per la vendita con riserva di proprietà dell'art. 1525 («nonostante patto contrario, il mancato pagamento di una sola rata, che non superi l'ottava parte del prezzo, non dà luogo alla risoluzione del contratto e il compratore conserva il beneficio del termine relativamente alle rate successive») si applichi anche a tutti i contratti di credito al consumo a fronte dei quali sia stato concesso un diritto reale sul bene acquistato con il denaro ricevuto in prestito (art. 125, 1° comma). Norma che, altrimenti, non avrebbe potuto trovare applicazione nell'ambito dei contratti di credito e che conferma, d'altro canto, la connessione fra contratto di credito e fornitore, quando, ovviamente, l'operazione di credito al consumo si articoli anche su questo secondo contratto; essa offre, quindi, al consumatore una tutela rafforzata nei confronti di quella di diritto comune.

E nello stesso senso si muove il riconoscimento, con norma inderogabile e al solo consumatore, della facoltà di adempiere in via anticipata o di recedere dal contratto senza penalità e con il diritto ad «un'equa riduzione del costo complessivo del credito» da determinarsi secondo le modalità stabilite dal CICR (art. 125, 2° comma). E ancora una deroga almeno parziale viene introdotta al diritto comune attribuendo al consumatore, in caso di cessione dei crediti nascenti da un contratto di credito al consumo, il diritto di poter «sempre opporre» al cessionario tutte le eccezioni che lo stesso avrebbe potuto opporre al cedente, ivi com-

[105] Cfr. V. Desario, *La responsabilità sussidiaria del finanziatore nei rapporti di credito al consumo*, in *La disciplina*, cit., pp. 167 ss.

presa la compensazione anche in deroga all'art. 1248 Cod. civ., e la possibilità di far valere nei confronti del cessionario anche la responsabilità per inadempimento del fornitore (art. 125, 3° e 5° comma).

f) Il controllo sull'osservanza delle norme dettate per il credito al consumo è attribuito alla Banca d'Italia, secondo le regole già esaminate a proposito della trasparenza, in generale, delle condizioni contrattuali (v. art. 128, 1° e 2° comma), sia pure limitatamente alle banche e agli intermediari finanziari. In tal modo si attribuisce all'organo di vigilanza bancaria il ruolo di garante dell'osservanza di norme che tutelano il contraente debole[106], anche se la massima parte di esse finisce per accentuare anche la trasparenza del mercato finanziario e quindi l'efficienza del sistema degli intermediari.

L'osservanza delle norme sul credito al consumo è perseguita anche attraverso la previsione di sanzioni amministrative pecuniarie (art. 144, 3° e 4° comma) a carico di amministratori, dirigenti e dipendenti degli enti che non osservano le relative prescrizioni o che ostacolano l'esercizio delle funzioni di vigilanza e in questa seconda categoria di infrazioni rientra anche «il frazionamento artificioso di un unico contratto di credito in una pluralità di contratti», allo scopo di sfuggire alla soglia quantitativa minima prevista per l'applicazione delle norme sul credito al consumo (art. 144).

Come il controllo anche l'applicazione delle sanzioni pecuniarie è attribuito alla Banca d'Italia, ma solo nei confronti della banche e degli intermediari finanziari. Nei confronti invece dei «fornitori» che possono erogare credito a consumo, sia pure nelle sole forme della dilazione di pagamento, sia il controllo sia l'applicazione delle sanzioni sono affidati al Ministro dell'Industria del Commercio e dell'Artigianato (art. 128, 3° comma).

[106] Sul punto, P. De Vecchis, *La vigilanza sul credito al consumo, La disciplina*, cit., pp. 183 ss.

La vigilanza bancaria

Capitolo 9

1. Contenuti e limiti della vigilanza bancaria

a) Nell'intraprendere l'esame analitico della disciplina dettata in tema di vigilanza bancaria è opportuno richiamare alcune conclusioni già illustrate in precedenza; e ciò allo scopo di individuare con la maggior precisione possibile la natura e soprattutto i limiti della vigilanza stessa.

Come abbiamo a suo tempo constatato, anche le banche godono della riserva di legge di cui al 3° comma dell'art. 41 Cost. Da questa constatazione discende che le autorità creditizie possono porre vincoli alla libertà di impresa delle banche, per quanto concerne sia la loro autonomia organizzativa sia la loro operatività, soltanto nei limiti e per gli scopi legislativamente previsti. Ogni intervento nei loro confronti, da parte degli organi di vigilanza deve trovare un adeguato fondamento in una norma avente forza di legge e può avvenire solo in vista degli scopi per il cui conseguimento è stato attribuito il relativo potere. E, a norma dell'art. 5 del T.U. le autorità creditizie esercitano i loro poteri «avendo riguardo alla sana e prudente gestione dei soggetti vigilati, alla stabilità complessiva, all'efficienza e alla competitività del sistema finanziario nonché all'osservanza delle disposizioni in materia creditizia».

Dovrà pertanto considerarsi illegittimato l'uso di tali poteri per scopi diversi da quelli così fissati dall'ordinamento legislativo.

b) Il che non significa ovviamente che le autorità creditizie non godano di un'amplissima discrezionalità. Tale discrezionalità anzi può spingersi fino al non esercizio dei poteri loro attribuiti. Sul punto, a dire il vero, è emerso qualche dubbio in dottrina, ritenendosi da alcuni che le autorità creditizie debbano necessariamente imporre agli enti creditizi le limitazioni previste dalla legge tutte le volte in cui la legge stessa non precisi espressamente che tale imposizione costituisce una «facoltà» delle medesime autorità[1].

[1] U. Allegretti, *Il Governo della finanza pubblica*, Padova, CEDAM, 1971, p. 255.

In realtà sia nelle ipotesi in cui la legge attribuisce ad una delle autorità creditizie di imporre particolari limiti all'attività bancaria sia nei casi in cui l'attribuzione del relativo potere non venga effettuata in questi termini linguistici, le autorità creditizie debbono esercitare i relativi poteri se, e nella misura in cui, il loro esercizio sia necessario per la tutela degli interessi affidati alla loro cura. Non sembra, in particolare, necessario, per poter considerare legittimo il non uso da parte del Comitato interministeriale per il credito ed il risparmio di alcuni poteri che la legge bancaria allo stesso attribuisce, postulare la natura politica di tale Comitato e sottolineare il carattere libero del relativo potere, sanzionato esclusivamente in termini di responsabilità politica[2]. Anche quando si ritenga, come noi abbiamo ritenuto, che l'attività di tale Comitato ha natura amministrativa, si deve pur sempre riconoscere che l'esercizio dei relativi poteri è doveroso solo nella misura in cui è necessario per l'adempimento delle funzioni che al Comitato sono demandate.

E, d'altro canto, nell'ipotesi in cui l'esercizio di tali poteri fosse necessario per adempiere le funzioni loro affidate, le autorità creditizie sarebbero tenute ad esercitarli anche se la norma li definisse alla stregua di «facoltà». Ma si tratta, ovviamente, di una precisazione di qualche peso sistematico ma di scarsa rilevanza pratica.

c) Può assumere, invece, notevoli risvolti operativi il fatto che le autorità creditizie debbano (art. 6, T.U.): *a*) esercitare «i poteri loro attribuiti in armonia con le disposizioni comunitarie»; *b*) «applicare i regolamenti e le decisioni della Comunità»; *c*) «provvedere in merito alle raccomandazioni in materia creditizia e finanziaria».

Esse non hanno, dunque, il potere di dare attuazione alle direttive comunitarie (potere riservato al legislatore) ma debbono uniformare il loro comportamento ai principi comunitari e dare concreta applicazione ai provvedimenti (come i regolamenti e le decisioni) immediatamente efficaci nel nostro ordinamento. E sotto questo profilo è necessario tener presente che la massima parte dei momenti nei quali si articola la vigilanza, soprattutto regolamentare, sono stati o saranno oggetto della disciplina comunitaria.

L'attuazione del principio del mutuo riconoscimento, realizzato dalla direttiva 89/646, ha presupposto e comportato l'armonizzazione non soltanto delle condizioni di accesso all'esercizio dell'attività bancaria ma anche delle condizioni d'esercizio dell'attività (v. artt. 10-17 direttiva 89/646), ossia delle regole alle quali devono attenersi le banche nell'esercizio della loro attività: regole recepite appunto dalla disciplina della vigilanza bancaria.

L'ordinamento comunitario rappresenta, dunque, un vincolo alla discrezionalità delle autorità creditizie e non solo sotto il profilo degli scopi perseguiti ma anche degli strumenti che possono essere adottati.

d) Ma sotto il profilo degli strumenti utilizzabili nell'esercizio della

[2] Così invece A. Patroni Griffi, *La concorrenza nel sistema bancario*, Napoli, Jovene, 1979.

vigilanza la discrezionalità delle autorità creditizie rimane particolarmente ampia. La stessa, anzi, è stata riconosciuta dal T.U. in termini anche più accentuati di quelli già grandi che caratterizzavano l'ordinamento precedente.

Così la legge bancaria, accanto a generiche attribuzioni di potere all'organo di vigilanza (v. art. 33), conteneva anche più articolate descrizioni dei provvedimenti che quest'ultimo avrebbe potuto assumere (v. artt. 32 e 35) nei confronti delle aziende di credito. Il processo di delegificazione dell'ordinamento bancario, al quale abbiamo già fatto cenno in precedenza, ha portato alla drastica eliminazione di questo secondo gruppo di previsioni, e alla sostituzione delle stesse con la individuazione di più generali oggetti sui quali i provvedimenti di vigilanza possono intervenire (v. art. 53 T.U.). Il che ha determinato, per altro, la necessità di sottoporre a preventiva pubblicità i provvedimenti delle autorità creditizie che individuano gli strumenti di vigilanza (v. art. 8).

e) Le considerazioni appena svolte valgono per tutti e tre i tipi di vigilanza bancaria previsti dal T.U.: la vigilanza informativa (art. 51), la vigilanza regolamentare (art. 53) e la vigilanza ispettiva (art. 54). Ci soffermeremo fra un attimo sui contenuti di questi tre diversi e pur connessi profili della vigilanza, supponendo per il momento che gli stessi siano almeno nelle loro linee essenziali di immediata evidenza. Qui vorremmo sottolineare il diverso regime delle fonti e dei poteri con riferimento, da un lato, alla vigilanza informativa ed ispettiva e, dall'altro, alla vigilanza regolamentare.

Le prime due sono esaustivamente attribuite alla Banca d'Italia, ai cui provvedimenti è integralmente rimessa anche la individuazione degli strumenti informativi ed ispettivi (cfr. artt. 51 e 54 T.U.), con esclusione quindi di ogni potere delle altre autorità creditizie (Comitato interministeriale e Ministro per il Tesoro).

Alla vigilanza regolamentare invece concorrono sia il Comitato interministeriale per il credito ed il risparmio sia la Banca d'Italia: ma con funzioni profondamente diverse, come abbiamo già accennato a suo tempo.

Al CICR è attribuito, sulla massima parte della materia, un potere normativo, sovraordinato a quello analogo pure riconosciuto alla Banca d'Italia, mentre a quest'ultima è riservato il potere di assumere provvedimenti amministrativi di attuazione delle predette norme, oltre che un'altra serie di provvedimenti specificamente elencati dalla stessa legge. Rimane fermo, per altro, anche nell'ambito della vigilanza regolamentare il principio, fissato dall'art. 2, 4° comma, che il CICR non ha il potere di assumere concreti provvedimenti nei confronti delle banche, essendo tale potere riconosciuto esclusivamente alla Banca d'Italia. Ed anzi nel concreto esercizio della stessa, come abbiamo già ricordato, non esiste un potere di direttiva del CICR nei confronti di quest'ultima. La quale deve, per altro, attenersi alle deliberazioni assunte dal CICR nell'esercizio del potere normativo sopra ricordato.

f) Avendo «eliminato» gli istituti di credito, il T.U. ha anche cancellato la distinzione, ben evidente nell'ordinamento precedente, fra vigilanza sulle aziende di credito e sugli istituti di credito e sulla quale ci siamo a suo tempo intrattenuti.

L'ordinamento legislativo oggi contempla una generale «vigilanza sulle banche» che prescinde dalle caratteristiche operative delle stesse, anche sotto il profilo della raccolta che caratterizzava e giustificava la distinzione dell'ordinamento previgente. Avremo, tuttavia, modo di constatare che, nonostante questa «unificazione», sotto il profilo legislativo, della vigilanza bancaria, i provvedimenti assunti dalle autorità creditizie tengono conto delle caratteristiche operative delle banche, anche per quanto concerne la provvista: con la conseguente riemersione, almeno per alcuni profili, della distinzione fra aziende ed istituti, naturalmente sul più labile terreno delle norme amministrative.

g) Il T.U. distingue invece fra «vigilanza sulle banche» e «vigilanza su base consolidata», dedicando alla prima il capo I (artt. 51-58) del titolo III e alla seconda il capo II (artt. 58-69) dello stesso titolo. Il punto di riferimento della prima è intuitivo: essa ha per oggetto la singola banca in quanto tale. La seconda ha presente, invece, il fenomeno dei gruppi e, più in generale, delle partecipazioni delle banche in altre società e di queste ultime nelle prime. La consapevolezza che i rischi insiti nelle società che partecipano in una banca o che sono da quest'ultima partecipate possono incidere sulla sana e prudente gestione della banca partecipata o partecipante, nonché sulla sua stabilità, ha spinto il legislatore comunitario (e quello italiano) a predisporre un sistema di vigilanza che consenta di controllare i rischi che si formano in tali società e che potrebbero trasmettersi alla banca. Il capo II del titolo III del T.U. contiene appunto la disciplina di tale vigilanza, definita su base consolidata perché «consolida» dal punto di vista della vigilanza quelle società partecipanti o partecipate alla o alle banche cercando di misurare e controllare il rischio complessivo che le stesse presentano. I principi generali sopra ricordati valgono sia per la vigilanza sulle banche sia per la vigilanza su base consolidata.

2. La vigilanza sulle banche

2.1. Vigilanza informativa

a) «Le banche inviano alla Banca d'Italia, con le modalità e nei termini da essa stabiliti, le segnalazioni periodiche nonché ogni altro dato richiesto. Esse trasmettono anche i bilanci con le modalità e nei termini stabiliti dalla Banca d'Italia» (art. 51 T.U.).

Il T.U. sancisce così la condizione di «assoluta trasparenza» nella quale si trovano le banche nei confronti della Banca d'Italia; condizione nella quale, del resto, esse si trovavano già alla stregua della legge bancaria.

La norma appena riprodotta non solo individua nella Banca d'Italia l'autorità creditizia alla quale compete il potere di chiedere alle banche qualunque informazione ritenuta utile ai fini di vigilanza, ma attribuisce alla stessa anche il potere di disciplinare i doveri informativi delle banche, attraverso una loro tipizzazione; potere che non compete, invece, ad altre autorità creditizie. E di questo potere di tipizzazione abbiamo già constatato una particolare manifestazione nella possibilità, che la stessa Banca d'Italia ha, di determinare le forme tecniche dei bilanci. Questo potere di tipizzazione, per altro, non è interamente rimesso alle determinazioni dell'organo di vigilanza, concorrendovi spesso anche il legislatore, come abbiamo potuto verificare sia a proposito dei bilanci sia con riferimento alle comunicazioni delle partecipazioni al capitale delle banche.

Viene, invece, rimesso integralmente al potere della Banca d'Italia la determinazione delle modalità e dei termini nei quali le informazioni, tipiche o atipiche, debbono essere trasmesse e tale potere sussiste anche con riferimento ai bilanci.

b) Nell'ambito delle informazioni tipizzate hanno assunto, come abbiamo a suo tempo rilevato, un ruolo preminente le segnalazioni o situazioni periodiche, che costituiscono, assieme ai bilanci, il cuore della vigilanza informativa e che sono state modellate dal potere normativo della Banca d'Italia in funzione dei vari momenti della vigilanza regolamentare. È evidentemente impossibile descrivere in questa sede il contenuto delle varie «segnalazioni» che le banche debbono inviare. Basti qui ricordare ad esempio: le segnalazioni aventi ad oggetto il «patrimonio di vigilanza», il «coefficiente di solvibilità», le «emissioni obbligazionarie», i «certificati di deposito emessi», l'«adempimento dell'obbligo di riserva obbligatoria», le «partecipazioni», gli «investimenti immobiliari», i «fidi concessi a soggetti collegati alla banca», i «crediti di firma», i «patrimoni mobiliari amministrati», i «collocamenti mobiliari assunti», l'«attività internazionale».

Si sono così venuti determinando specifici e predeterminati doveri informativi delle banche, la cui violazione integra non solo il presupposto per l'applicazione di sanzioni pecuniarie nei confronti degli esponenti bancari (cfr. art. 144, 1° comma T.U.), ma può altresì costituire un illecito sanzionato penalmente nella misura in cui sia posto in essere per ostacolare l'esercizio delle funzioni di vigilanza (art. 134, 1° comma) o comunque consegua tale effetto (art. 134, 2° comma T.U.); oltreché concorrere a determinare i presupposti per l'apertura del procedimento di amministrazione straordinaria (v. art. 70 T.U.).

Fermo restando il dovere delle banche di trasmettere le informazioni tipizzate, la Banca d'Italia ha comunque il potere di richiedere loro qualunque «altro dato». Ma il potere di informazioni della Banca d'Italia non si esplica soltanto nei confronti delle banche: per il miglior esercizio delle proprie funzioni di vigilanza essa può chiedere informazioni alle «Pubbliche Amministrazioni», per altro tenute a soddisfare le relative richieste nei limiti delle leggi che disciplinano i rispettivi ordinamenti (art. 7, 4° comma) e alle autorità competenti degli altri paesi comunitari (art. 7, 7° comma) ed extracomunitari (art. 7, 8° comma).

c) In questa prospettiva assume, per altro, particolare importanza soprattutto la disposizione del T.U. (art. 7, 5° comma) secondo la quale «la Banca d'Italia, la CONSOB e l'ISVAP collaborano tra loro, anche mediante scambio di informazioni, al fine di agevolare le rispettive funzioni». La norma è importante non solo e non tanto perché riconosce alla Banca d'Italia il potere di chiedere informazioni alle altre autorità di controllo del mercato finanziario, quanto perché codifica un principio, talvolta messo in discussione.

Dalle crescenti connessioni, già a suo tempo ricordate, fra mercato bancario, mercato mobiliare e mercato assicurativo si è infatti correttamente desunta la necessità di un più stretto coordinamento anche fra le autorità di controllo. Ma da questa corretta valutazione è stata talvolta tratta la conclusione che la titolarità del potere di vigilanza, oggi attribuito alla Banca d'Italia, alla CONSOB e all'ISVAP, rispettivamente sul mercato bancario, su quello mobiliare e su quello assicurativo, debba essere trasferita ad un'unica autorità superiore, di ordine politico, indicata nel Ministro per il Tesoro, con la trasformazione delle prime in meri strumenti esecutivi di quest'ultimo. La soluzione, che rinnegherebbe i principi fondamentali del nuovo ordinamento finanziario così come lo abbiamo visto affermarsi negli ultimi anni, viene esplicitamente respinta dal T.U., anche attraverso questa norma che realizza il coordinamento, non snaturandone la condizione di «magistrature economiche indipendenti», della Banca d'Italia, della CONSOB e dell'ISVAP, ma prevedendo una collaborazione, orizzontale, fra le stesse[3].

d) Rientra fra gli strumenti della vigilanza informativa anche l'obbligo del presidente del collegio sindacale delle società bancarie di trasmettere in copia alla Banca d'Italia «i verbali delle riunioni e degli accertamenti del collegio sindacale concernenti irregolarità nella gestione delle banche ovvero violazioni delle norme che ne disciplinano l'attività» (art. 52, 1° comma T.U.). La norma, che trova nell'art. 37, 3° comma l.b. il proprio sicuro precedente, colloca il collegio sindacale delle società bancarie in una prospettiva non coincidente con quella generalmente attribuita a tale organo nel diritto delle società, nel senso che attribuisce allo stesso anche il compito di accertare il rispetto non solo delle regole che disciplinano l'organizzazione societaria ma anche di quelle che regolano l'esercizio dell'impresa bancaria: è, quindi, difficile assumere che il collegio sindacale nelle società bancarie sia chiamato a tutelare esclusivamente l'interesse dei soci, come nella generalità delle società, e non piuttosto la pluralità di interessi che si appuntano attorno all'attività bancaria. Il collegio sindacale finisce così per svolgere anche un compito di ausilio della funzione di vigilanza; e l'obbligo di trasmissione appena ricordato non è che il punto di emersione di questa peculiare collocazione[4]. Come chiarisce la disposizione appena riprodotta

[3] Sul punto v. R. Costi, *Commento*, in *Tendenze nuove della intermediazione finanziaria*, Milano, Giuffrè, 1991, pp. 131 ss. e Id., *Il gruppo bancario assicurativo: il quadro istituzionale*, in «Banca impresa e società», 1991, 2, p. 196.

[4] Sulla peculiarità delle funzioni degli organi di controllo negli enti creditizi si veda Banca d'Italia, *Istruzioni di vigilanza per gli enti creditizi*, cap. XXXIX, p. 1 nelle quali si sottolinea il collegamento funzionale tra il controllo svolto dal collegio sindacale e dagli

tale obbligo non concerne, per altro, solo i verbali delle riunioni e degli accertamenti «concernenti» le violazioni delle norme che disciplinano l'attività bancaria, ma anche quelli nei quali si attestino «irregolarità nella gestione delle banche». Il che dimostra l'interesse dell'organo di vigilanza anche per il corretto funzionamento della organizzazione societaria in quanto tale[5].

2.2. Vigilanza ispettiva

a) La Banca d'Italia acquisisce informazioni sulle banche anche attraverso gli strumenti della vigilanza ispettiva: essa può infatti «effettuare ispezioni presso le banche e richiedere a esse l'esibizione di documenti e gli atti che ritenga necessari» (art. 54, 1° comma T.U.).

Il T.U. non ha disciplinato le modalità della vigilanza ispettiva, limitandosi a precisare che per quanto concerne le succursali di banche italiane stabilite in un altro paese comunitario può richiedere alle autorità competenti di quest'ultimo di effettuare accertamenti presso le predette succursali o «concordare altre modalità delle verifiche» (art. 54, 2° comma). È stata anche eliminata, dal testo legislativo, la distinzione, presente nell'art. 31, 1° comma l.b. che costituisce il precedente della norma del T.U., fra ispezioni «periodiche» e ispezioni «straordinarie»: distinzione essenzialmente descrittiva, che sottolineava, tuttavia, come l'ispezione possa essere uno strumento ordinario di acquisizione di informazioni, ma possa anche essere uno strumento del quale l'autorità di vigilanza si avvale in presenza di circostanze eccezionali, che rendano opportuno acquisire informazioni straordinarie o controllare quelle delle quali la stessa fosse già in possesso.

La disciplina della vigilanza ispettiva è quindi integralmente rimessa al potere normativo della Banca d'Italia[6]. E questa ha in effetti provveduto, già sulla base dell'art. 31 l.b., a dettare un'articolata disciplina delle modalità da adottarsi nello svolgimento dell'attività ispettiva[7]. In

altri organi di controllo interno, con quello della vigilanza, assumendo che compito del collegio è «controllare che i comportamenti bancari siano conformi alle norme e ai canoni tecnici che guidano l'esercizio della professione».

[5] Tra gli strumenti dei quali disponeva l'organo di vigilanza per acquisire informazioni sugli enti creditizi doveva ricomprendersi nell'ordinamento previgente, anche l'«intervento» di un suo «delegato» alle riunioni degli organi amministrativi degli Istituti di credito di diritto pubblico e delle Banche di interesse nazionale. Tale intervento, previsto dalle norme statutarie, in realtà andava oltre la mera acquisizione di informazioni, dal momento che il delegato dell'organo di vigilanza poteva segnalare le ragioni di illegittimità delle deliberazioni assunte e chiederne la sospensione, informandone immediatamente l'organo di vigilanza, che «comunicherà all'ente» le proprie determinazioni (sul punto si veda Banca d'Italia, *Istruzioni di vigilanza*, cit., cap. XL).

[6] Sulle modalità di svolgimento delle ispezioni si veda C. De Robbio, *Le ispezioni della Banca d'Italia. Caratteristiche e modalità*, in AA.VV., *Le ispezioni della Banca d'Italia*, Milano, ICEB, 1984, pp. 39 ss.

[7] Tale disciplina è contenuta nella «Guida per le ispezioni» (sulla quale si veda C. De Robbio, *op. cit.*, pp. 44 ss.).

particolare sono stati analiticamente indicati i momenti dell'organizzazione societaria e imprenditoriale e della struttura patrimoniale e finanziaria della banca che debbono necessariamente essere sottoposti a controllo. Si tratta, per altro, di una disciplina che deve essere integrata e modificata, secondo le stesse disposizioni della Banca d'Italia per adeguare le modalità ispettive alle peculiarità del caso concreto.

E anche l'attribuzione di questa funzione normativa sottolinea l'importanza e la delicatezza del ruolo attribuito all'ispettore; importanza e delicatezza messe in luce dal fatto che a quest'ultimo viene riconosciuta la qualifica di pubblico ufficiale (art. 7, 2° comma T.U. e già l'art. 10, 2° comma l.b.).

L'ispezione si chiude con un «rapporto» che ne sintetizza i risultati e che consta di due parti: una, cosiddetta «aperta», che viene comunicata agli organi amministrativi dell'ente creditizio con l'onere per questi ultimi di formulare le proprie osservazioni sulle «constatazioni», sugli «inviti» e le «raccomandazioni» contenuti nel rapporto medesimo, ed una, cosiddetta «riservata», destinata al solo organo di vigilanza.

b) Attraverso l'esercizio del potere ispettivo, di fronte al quale la banca si trova in una posizione di mera soggezione, la Banca d'Italia mira ad acquisire informazioni sia sul funzionamento dell'ente sia sull'esercizio dell'attività con riferimento non solo ai profili di legittimità della condotta ma anche con riguardo alla efficienza della gestione. L'unico limite che tale potere incontra è quello della conformità del suo esercizio alle funzioni di vigilanza.

Quest'ultima considerazione consente di precisare che il potere ispettivo non è diretto a garantire il rispetto della legge in quanto tale o a tutelare gli interessi affidati alla cura di altri organismi pubblici; mirando invece esclusivamente a garantire gli interessi tutelati dall'organo di vigilanza, ossia, in definitiva, la efficienza e la stabilità del sistema bancario. Tale delimitazione funzionale non esclude, ovviamente, che, sia pure incidentalmente, l'attività di ispezione consenta l'accertamento di situazioni rilevanti, ad esempio, per gli interessi tutelati da altri organismi pubblici, come la CONSOB[8].

[8] Per quanto concerne i rapporti con la CONSOB, relativamente agli enti sottoposti anche al controllo di quest'ultima, il D.P.R. 31 marzo 1975, n. 138 ha stabilito (art. 18) che la Commissione: *a*) può effettuare direttamente le ispezioni presso le aziende e gli istituti di credito dandone comunicazione alla Banca d'Italia; *b*) può richiedere a quest'ultima, che può rifiutare tale incarico, di effettuare le ispezioni che la stessa potrebbe compiere presso aziende ed istituti di credito; *c*) può chiedere alla Banca d'Italia «la comunicazione di dati e notizie nonché la trasmissione di atti e documenti dei quali la stessa sia venuta in possesso nell'esercizio della sua attività istituzionale»; *d*) comunica alla Banca d'Italia «ogni irregolarità», riscontrata nell'esercizio delle funzioni di propria competenza che richieda l'intervento della stessa Banca d'Italia, che a sua volta è tenuta ad analoga comunicazione nei confronti della Commissione. Su questi problemi si veda F. Carbonetti, *Informazione societaria e vigilanza bancaria*, in *L'informazione societaria*, Milano, Giuffrè, 1982, vol. II, pp. 617 ss. Lo stesso D.P.R. 138/1975 precisa che «ai fini dell'accertamento della regolarità e dei modi di finanziamento delle operazioni di intermediazione e negoziazione di titoli quotati in borsa la Commissione ha potere di ispezione e di richiesta anche nei confronti degli enti creditizi, previa comunicazione alla

Ed il T.U., come abbiamo appena accertato discorrendo della vigilanza informativa, ha implicitamente disciplinato tale situazione nel momento in cui ha imposto a Banca d'Italia, CONSOB ed ISVAP di «collaborare, anche mediante scambio di informazioni, al fine di agevolare le rispettive funzioni» (art. 7, 5° comma): la Banca d'Italia dovrà trasmettere alla CONSOB le risultanze delle proprie ispezioni quando le stesse appaiano in grado di agevolare le funzioni di quest'ultima. Anzi, la stessa ispezione può avvenire su richiesta della CONSOB: questa infatti, anziché effettuare direttamente una ispezione (consentita allo stesso dall'art. 18, 1° comma lett. *a*) del D.P.R. 138/1975) presso una società bancaria può chiedere che la stessa venga effettuata dalla Banca d'Italia, ferma, per altro, la facoltà di quest'ultima «di non accettare l'incarico».

E questo dovere di informazione nei confronti della CONSOB non incontra il limite del segreto di ufficio che copre invece, in via generale, le notizie acquisite dalla Banca d'Italia. A norma infatti dell'art. 18, 1° comma, lett. *c*), del D.P.R. 138/1975 «alla Commissione non è opponibile il segreto d'ufficio» da parte della Banca d'Italia.

2.3. La tutela delle informazioni acquisite dalla Banca d'Italia

a) I poteri di vigilanza informativa e ispettiva consentono alla Banca d'Italia di acquisire una grande quantità di notizie non solo sulle banche ma anche sui terzi che siano, in qualsiasi modo, in rapporto con le stesse. Inutile sottolineare la necessità di proteggere banche e terzi dai gravissimi danni che ai medesimi deriverebbero da una diffusione «impropria» delle informazioni che li riguardano.

Come già l'art. 10, 1° comma l.b., il T.U., proprio per evitare questa eventualità, stabilisce che «tutte le notizie, le informazioni e i dati in possesso della Banca d'Italia sono coperti da segreto d'ufficio anche nei confronti delle pubbliche amministrazioni», «salvi i casi previsti dalla legge per le indagini su violazioni sanzionate penalmente». L'importanza di questa norma è stata soprattutto sottolineata con riferimento al divieto per la Banca d'Italia di comunicare ad altre amministrazioni pubbliche le notizie acquisite sulle banche; importanza che risulta anche accresciuta quando si pensi che, con tutta probabilità, dall'obbligo del segreto la Banca d'Italia non può essere sollevata neppure con il consenso della banca interessata.

La norma, che sottolinea una precisa delimitazione sul piano funzionale della trasparenza degli enti creditizi nei confronti dell'organo di controllo, vale in linea di principio anche nei confronti delle altre autorità pubbliche che intervengono nell'amministrazione del settore bancario, ed in particolare nei confronti del Ministro per il Tesoro e del

Banca d'Italia». Sul punto si veda N. Salanitro, *I controlli sull'attività borsistica delle banche*, in «Riv. soc.», 1977, pp. 1323 ss. Una disciplina speciale regola poi il coordinamento fra CONSOB e Banca d'Italia per quanto concerne l'attività di intermediazione mobiliare delle banche, come potremo accertare analiticamente in seguito.

Comitato interministeriale per il credito ed il risparmio. Naturalmente è necessario tener conto delle funzioni che l'ordinamento attribuisce a questi ultimi nell'ambito del settore, nel senso che la Banca d'Italia dovrà trasmettere al Ministro per il Tesoro e al Comitato tutte e sole le informazioni necessarie per l'esercizio di tali funzioni.

Sembra, comunque, da escludere che questi organi abbiano un potere di informazione diretto nei confronti delle banche. Essendo tale potere riservato all'organo di vigilanza, essi potranno chiedere solo a quest'ultimo le informazioni delle quali abbisognano. E, a maggior ragione, questo potere d'informazione diretto nei confronti degli enti creditizi dovrà essere negato agli altri organi della politica economica, compreso il CIPE, al quale pure è attribuito il potere di stabilire le direttive alle quali il CICR «deve attenersi per la ripartizione globale dei flussi monetari». Le informazioni necessarie per l'emanazione di tali direttive dovranno essere fornite dal CICR che potrà, a sua volta, acquisirle attraverso la Banca d'Italia. Ma si tratterà di informazioni complessive sul settore e non anche relative a singoli enti creditizi. La Banca d'Italia dovrebbe, comunque, poter opporre anche al CIPE il limite del segreto d'ufficio.

Naturalmente la norma in esame ha posto problemi di coordinamento soprattutto con gli altri organi dell'amministrazione pubblica dell'economia e, in particolare, per quanto concerne le società e gli enti con titoli quotati in borsa, con la Commissione nazionale per le società e la Borsa.

E, come abbiamo constatato nel paragrafo precedente, il problema è stato risolto dall'art. 18 del D.P.R. 138/1975 stabilendo che «alla Commissione non è opponibile il segreto d'ufficio». Si tratta di una eccezione importante che conferma l'esistenza del segreto d'ufficio su tutte le informazioni in possesso della Banca d'Italia, al di fuori delle ipotesi in cui un'esplicita disciplina non lo rimuova.

Eccezioni analoghe sono state introdotte dal T.U. per assicurare un più stretto coordinamento internazionale delle autorità di vigilanza bancarie. Così si è precisato che la Banca d'Italia può trasmettere informazioni alle autorità di vigilanza degli altri stati comunitari al fine di agevolarne le funzioni (art. 7, 7° comma); che «nell'ambito di accordi di cooperazione e a condizione di reciprocità e di equivalenti obblighi di riservatezza» può inviare informazioni alle autorità di vigilanza bancaria di paesi extracomunitari; e, infine, che «può scambiare informazioni con autorità amministrative o giudiziarie nell'ambito di procedimenti di liquidazione o di fallimento, in Italia o all'estero, relativi a banche, succursali di banche italiane all'estero o di banche comunitarie o extracomunitarie in Italia».

b) Il segreto d'ufficio imposto alla Banca d'Italia in ordine alle notizie acquisite trova la propria ragion d'essere, come si accennava, non tanto nella peculiarità dell'attività bancaria, quanto nella generale necessità di mantenere una soggezione, come quella nella quale si trovano gli enti creditizi nei confronti del potere d'informazione della Banca d'Italia, nei limiti teleologici fissati dalla legge. Non altrettanto può dirsi per la limitazione che gli organi della vigilanza incontrano nella comunicazione delle notizie acquisite all'autorità giudiziaria, con riferimento a fatti penalmente rilevanti.

L'art. 7, 2° comma T.U., riproducendo quasi alla lettera l'art. 10, 2° comma della legge bancaria, dopo aver qualificato «pubblici ufficiali» i «dipendenti della Banca d'Italia, nell'esercizio delle funzioni di vigilanza», stabilisce che essi «hanno l'obbligo di riferire esclusivamente al Governatore tutte le irregolarità constatate, anche quando assumano la veste di reati». Il T.U., come già la legge bancaria, solleva, dunque, i dipendenti dalla Banca d'Italia dall'obbligo, previsto dall'art. 331 C.p.p. a carico di tutti i pubblici ufficiali, di presentare all'autorità giudiziaria un rapporto sui fatti ritenuti penalmente illeciti dei quali gli stessi siano venuti a conoscenza nell'esercizio delle loro funzioni. Essi debbono comunicare anche questi ultimi esclusivamente al Governatore.

La ragione di questa eccezione sembra debba essere rintracciata nella consapevolezza che il rapporto all'autorità giudiziaria avrebbe potuto determinare la divulgazione di notizie capaci di seminare il panico nel pubblico risparmio e quindi compromettere, senza adeguata giustificazione sul piano economico, la solvibilità dell'ente con l'eventualità di pericolose ripercussioni sull'intero sistema bancario.

La norma trova, dunque, nelle peculiarità dell'attività bancaria e in particolare delle crisi bancarie la propria ragion d'essere. E a nostro avviso tali peculiarità consentono anche di individuare la disciplina che regola l'obbligo di denuncia da parte del Governatore, destinatario esclusivo delle informazioni dei funzionari della vigilanza. In proposito si è sostenuto da alcuni che il Governatore dovrebbe immediatamente portare a conoscenza dell'autorità giudiziaria i fatti penalmente illeciti dei quali sia stato informato; mentre altri ritengono che egli sia definitivamente sottratto all'obbligo del rapporto previsto dall'art. 331 C.p.p.

La prima tesi sembra inaccettabile, perché finisce per frustrare lo scopo della norma che sottrae i funzionari della Banca d'Italia all'obbligo di denuncia; la seconda, al contrario, finisce per legittimare un canale di impunità per i reati commessi nell'esercizio dell'attività bancaria difficilmente giustificabile. In realtà sembra preferibile l'opinione[9], in qualche misura intermedia, che consente al Governatore di non effettuare il rapporto per il periodo necessario ad assumere i provvedimenti più opportuni per evitare che la *notitia criminis* pregiudichi gli interessi tutelati attraverso la vigilanza sul sistema bancario mentre tale obbligo riemergerebbe nel momento in cui i predetti interventi fossero stati compiuti.

[9] Così F. Bricola, *L'art. 10 della legge bancaria*, in «Giur. comm.», 1980, I, pp. 741 ss.; v. più recentemente, Id., in *Codice commentato*, cit., I, pp. 135 ss.

2.4. Vigilanza regolamentare

A norma dell'art. 53, 1° comma «la Banca d'Italia, in conformità delle deliberazioni del CICR, emana disposizioni di carattere generale aventi a oggetto: *a*) l'adeguatezza patrimoniale; *b*) il contenimento del rischio nelle sue diverse configurazioni; *c*) le partecipazioni detenibili; *d*) l'organizzazione amministrativa e contabile e i controlli interni».

Il T.U. individua così il nucleo più significativo della vigilanza regolamentare, nell'ambito della quale poi riconduce, nel 3° comma del medesimo art. 53, anche altri provvedimenti che la Banca d'Italia può assumere nei confronti di singole banche e, nel 4° comma, la disciplina legislativa delle regole che queste ultime debbono seguire nel concedere credito ai soggetti collegati e partecipanti.

Già ad un primo sguardo emerge con chiarezza che la nozione di vigilanza regolamentare è costruita sulla base di criteri piuttosto eterogenei: così il primo segmento della stessa individua momenti della struttura e dell'attività delle banche che possono essere oggetto di regolamentazione, mentre il secondo contempla provvedimenti specifici che possono anche riguardare oggetti diversi, come è reso evidente dalla previsione della lett. *d*) del 3° comma dell'art. 53, mentre nel terzo segmento, quello descritto dal 4° comma del medesimo art. 53, si individua una regola generale di comportamento nei confronti di soggetti legati alla banca da un vincolo particolare.

D'altro canto, il T.U. contempla altri interventi sulla struttura (es.: modificazioni statutarie) o sull'attività (es.: emissione di obbligazioni) della banca o motivati dalla peculiarità del rapporto nel quale quest'ultima si trova con terzi (es.: obbligazioni esponenti aziendali) che non presentano una natura essenzialmente diversa da quelli ricompresi nella vigilanza regolamentare. Il che, ovviamente, affievolisce la significatività di quest'ultima nozione.

E ciò appare tanto più vero quando si tenga presente che, a norma dell'art. 147 del T.U. «le autorità creditizie continuano a esercitare, nei confronti di tutte le banche che operano nel territorio della Repubblica, i poteri previsti dall'art. 32, 1° comma, lettere *d*) e *f*) e dall'art. 35, 2° comma lett. *b*) della legge bancaria»; norme sulle quali si fondano importantissimi interventi sull'attività bancaria (riserve obbligatorie, limiti di fido, vincoli di portafoglio) che, pur avendo ormai una valenza essenzialmente monetaria, incidono per altro sulla gestione bancaria.

In realtà la nozione di vigilanza regolamentare cerca di accorpare in categorie più generali i provvedimenti di vigilanza prudenziale che la esperienza precedente aveva conosciuto, anche nel quadro della già ricordata delegificazione degli strumenti di vigilanza, ed ha rilevanza soltanto sotto il profilo delle fonti che disciplinano gli interventi sull'attività bancaria. In questi limiti essa svolge una funzione utile. Sul piano sostanziale la stessa ricomprende una parte degli interventi di vigilanza prudenziale sulle banche e sotto questo profilo può contrapporsi ai provvedimenti di vigilanza aventi funzioni monetarie (ossia quelli disciplinati dalle norme della legge bancaria conservate in vita dall'art. 147

del T.U.) e che potremmo definire di «vigilanza monetaria», ben sapendo per altro che gli stessi incidono profondamente su alcuni degli aspetti oggetto di vigilanza regolamentare (o prudenziale). Ma si tratta di problemi meramente classificatori sui quali è inutile insistere[10].

Come si accennava, la norma sulla vigilanza regolamentare si preoccupa anzitutto di individuare la fonte dei relativi provvedimenti, adottando il seguente criterio, in parte già illustrato in precedenza. Il CICR assume, su proposta della Banca d'Italia (v. art. 4, 1° comma) deliberazioni generali sulle materie ricomprese, dal 1° comma dell'art. 54, nell'ambito della vigilanza regolamentare, sulle stesse materie, e in conformità con le predette deliberazioni del CICR, la Banca d'Italia «emana disposizioni di carattere generale»; quest'ultima poi, per le medesime materie può adottare (ai sensi dell'art. 54, 3° comma lett. *d*) «ove la situazione lo richieda, provvedimenti specifici nei confronti di singole banche».

Il ruolo normativo superiore in materia di vigilanza regolamentare spetta, dunque, al CICR; ma anche la Banca d'Italia ha un ruolo normativo, dal momento che alla stessa compete la funzione di emanare disposizioni di carattere generale sulle stesse materie, sia pure nei limiti fissati dal potere normativo superiore. Ma alla Banca d'Italia è assegnato altresì il compito di «legislatore speciale», ossia il compito di assumere provvedimenti specifici sulle materie di vigilanza regolamentare.

Tenendo presente il sistema delle fonti fissato dall'art. 54 passeremo in rassegna i diversi momenti nei quali si articola la vigilanza prudenziale e, quindi, quelli di vigilanza monetaria.

Come si è già ricordato vi sono sovrapposizioni fra la prima e la seconda e, soprattutto, possono essere ricondotti alla prima anche provvedimenti di vigilanza «nominati». Anche la linearità della nostra esposizione ne potrà risentire.

2.5. Patrimonio di vigilanza e coefficienti patrimoniali

a) Avremo modo di constatare, fra un attimo, che molti vincoli di vigilanza regolamentare fanno riferimento al «capitale proprio» o «patrimonio di vigilanza» delle banche, nel senso che l'entità del patrimonio è un parametro al quale le autorità creditizie hanno ancorato la libertà operativa delle banche, in particolare per quanto concerne gli investimenti, in partecipazioni e in immobili, l'operatività oltre il breve termine ed anche l'apertura di succursali; così come condizionati dall'entità del patrimonio sono la misura delle riserve obbligatorie e il limite di fido. In altri termini, l'ordinamento considera il patrimonio un parametro importante per misurare la capacità della banca di affrontare i

[10] Al limite fra la vigilanza prudenziale e quella monetaria si colloca il potere della Banca d'Italia di autorizzare le banche ad emettere assegni circolari, disponendo che, a fronte della relativa emissione, venga costituita, presso la Banca d'Italia stessa una cauzione (cfr. art. 49 del T.U.).

rischi insiti nella relativa attività d'impresa e correla la libertà operativa delle banche all'entità dei loro «fondi propri». Anzi, in larga misura, la stabilità delle banche viene perseguita proprio attraverso l'imposizione di coefficienti patrimoniali minimi. Il che, come abbiamo a suo tempo ricordato, ha costituito una svolta di grande importanza anche nello «stile» della vigilanza bancaria; questa non è più esercitata attraverso interventi «tutori» discrezionali, assunti caso per caso, in condizioni di sostanziale «penombra» istituzionale, ma si affida soprattutto, anche se non esclusivamente, al rispetto di coefficienti patrimoniali oggettivi, che garantiscano la capacità delle banche di affrontare i rischi di mercato senza esporsi eccessivamente al pericolo di diventare insolventi, almeno secondo criteri di normalità.

Il grado di patrimonializzazione è dunque una variabile decisiva per la vigilanza bancaria; il che sembra definitivamente smentire le tesi secondo le quali il livello del patrimonio non avrebbe alcun ruolo significativo nell'ambito delle imprese bancarie[11].

Sulla essenzialità del ruolo svolto dal patrimonio fra gli strumenti diretti a garantire la stabilità delle banche convergono tutti gli ordinamenti più recenti[12]. Ed in questa prospettiva si è collocato anche l'ordinamento comunitario, nel momento in cui ha subordinato il mutuo riconoscimento alla armonizzazione delle discipline nazionali in materia, stabilendo (art. 10, 1° comma dir. 89/646) che «i fondi propri di un ente creditizio non possono divenire inferiori al capitale iniziale» ed ancorando poi una serie di limiti di vigilanza (ad es. in tema di partecipazioni acquisibili: v. art. 12) alla entità degli stessi.

Naturalmente era necessario che i vari ordinamenti definissero in modo univoco la nozione di «fondi propri» e a tale compito ha provveduto la direttiva 89/299 del 17 aprile 1989[13], nei considerando della quale si legge, tra l'altro, che «i fondi propri consentono di assicurare la continuità degli enti creditizi e di proteggere il risparmio: e che gli stessi possono servire ad assorbire le perdite che non possono essere compensate da profitti sufficienti»; costituendo «un importante criterio cui le autorità competenti possono ricorrere per valutare, segnatamente, la solvibilità degli enti creditizi nonché per altri fini di vigilanza».

La stessa poi individuava in modo particolareggiato gli elementi che potevano essere computati nell'ambito dei fondi propri dell'ente creditizio (capitale, riserve, riserve di rivalutazione, fondo rischi banca-

[11] Sul punto rinviamo, anche per ogni ulteriore riferimento, a P. Biffis, *Capitale proprio e capitale di credito nell'azienda bancaria*, Milano, Giuffrè, 1974, *passim*; Id., *La produzione bancaria*, Torino, Giappichelli, 1993, pp. 181 ss. e M. Onado, *Aspetti economici e tecnici del capitale proprio delle banche*, in *Ricapitalizzazione delle banche pubbliche e nuovi strumenti di ricorso al mercato*, a cura di G.B. Portale, Milano, Giuffrè, 1983, pp. 75 ss.

[12] Si veda l'Accordo internazionale sulla valutazione del patrimonio e dei coefficienti patrimoniali minimi del Comitato di Basilea per la vigilanza bancaria, costituito dai Governatori delle banche centrali del Gruppo dei dieci (pubblicato in Banca d'Italia, «Bollettino economico», 11, 1988, pp. 15 ss.).

[13] Sulla direttiva 89/299 v. S. Pizzoferrato, *Codice commentato*, cit., pp. 2147 ss.

ri generali, crediti subordinati, ecc.). La direttiva trovava attuazione nel nostro ordinamento con il D.Lgt. 10 settembre 1991, n. 302, il cui art. 1, per altro, attribuiva alla Banca d'Italia il compito di individuare «gli aggregati positivi e negativi che concorrono a determinare il patrimonio di vigilanza», dovendo, quest'ultima, tener conto delle «prescrizioni comunitarie», senza potere, in particolare, includere fra i fondi propri «aggregati o componenti positivi non ammessi dalla direttiva».

In definitiva la individuazione dei fondi propri delle banche era rimessa alle norme della direttiva 89/299 e alle determinazioni della Banca d'Italia. Il T.U. ha abrogato il D.Lgt. 302/1991 attribuendo il potere di emanare disposizioni generali sull'adeguatezza patrimoniale delle banche, alla Banca d'Italia, per altro in conformità con le deliberazioni del CICR, e conservando alla stessa anche il potere di definire la nozione di fondi propri, naturalmente nel rispetto della direttiva 89/299.

Il patrimonio di vigilanza, nelle istruzioni della Banca d'Italia, corrisponde alla somma algebrica degli elementi patrimoniali positivi e negativi. I primi si distinguono, a loro volta, in «elementi patrimoniali di qualità primaria» (capitale, riserve e fondo per rischi bancari generali)[14] che, «al netto delle azioni proprie, delle attività immateriali e delle perdite pregresse e d'esercizio», costituiscono il patrimonio di base, e in «elementi patrimoniali di qualità secondaria» (riserve di rivalutazione, fondi rischi[15], strumenti ibridi di patrimonializzazione[16] e passività subordinate[17] che, al netto delle «previsioni di dubbi esiti sui crediti e del-

[14] Il fondo rischi bancari generali è definito dall'art. 11 del D.Lgt. 87/1992 sui bilanci bancari.

[15] Le «riserve di valutazione» e i «fondi rischi» sono definiti dall'art. 9 del D.Lgt. 87/1992.

[16] Rientrano fra gli strumenti chiave di patrimonializzazione le passività della banca che siano irredimibili (sul punto v. M. Lamandini, *Perpetual notes e titoli obbligazionari a lunga o lunghissima scadenza*, in «Banca borsa e tit. cred.», 1991, I, pp. 606 ss. e F. Rossi, *Un nuovo tipo di titoli di credito irredimibili: i c.d. perpetual notes*, in «Quadrimestre», 1990, p. 297) nel senso che non ne può essere chiesto il rimborso dal creditore, o rimborsabili, su richiesta della banca emittente, ma solo con il previo consenso della Banca d'Italia e sempreché il relativo contratto preveda che: «*a*) in caso di perdite di bilancio che determinino una diminuzione del capitale versato e della riserve al di sotto del livello minimo di patrimonio previsto per l'autorizzazione all'esercizio del credito, le somme rivenienti dalle suddette passività e dagli interessi maturati possono essere utilizzate per far fronte alle perdite, a fine di consentire all'ente emittente di continuare l'attività; *b*) in caso di andamenti negativi della gestione, può essere sospeso il diritto alla rimunerazione nella misura necessaria ad evitare o a limitare il più possibile l'insorgere di perdite; *c*) in caso di liquidazione dell'ente emittente, il debito è rimborsato solo dopo che siano stati soddisfatti tutti gli altri creditori non ugualmente subordinati» (cfr. Banca d'Italia, *Istruzioni di vigilanza*, cit., cap. XII).

[17] Per poter essere computate nel patrimonio supplementare le passività subordinate (sulle quali v. G.F. Campobasso, *I prestiti subordinati nel diritto italiano*, in *Ricapitalizzazione delle banche e nuovi strumenti di ricorso al mercato*, a cura di G.B. Portale, Milano, Giuffrè, 1983, pp. 345 ss.) è necessario il consenso della Banca d'Italia e i relativi contratti devono prevedere che: *a*) in caso di liquidazione dell'ente emittente, il debito sia rimborsato solo dopo che siano stati soddisfatti tutti gli altri creditori non ugualmente subordinati; *b*) la durata del rapporto non sia inferiore a cinque anni e, quando la scadenza sia indeterminata, debba essere previsto per il rimborso un preavvi-

le minusvalenze su titoli», costituiscono il patrimonio supplementare, che non può, per altro, concorrere alla formazione del patrimonio di vigilanza in misura superiore al patrimonio di base (il quale è invece ammesso al computo del patrimonio di vigilanza senza limitazioni).

Dalla somma del patrimonio di base e dal patrimonio supplementare devono, infine, essere detratte le partecipazioni creditizie superiori al 10% del capitale della partecipata. L'entità del patrimonio di vigilanza così determinata, e che deve essere mensilmente comunicata dalle banche alla Banca d'Italia, costituisce il parametro al quale si riferiscono tutte le norme di vigilanza (ad esclusione del limite di fido individuale e della partecipazione al fondo interbancario di garanzia dei depositi).

b) Sul patrimonio di vigilanza sono costruiti, anzitutto i «coefficienti patrimoniali minimi obbligatori», che costituiscono la base per ogni giudizio sull'adeguatezza patrimoniale delle banche.

Naturalmente anche sul punto l'intervento comunitario era inevitabile sia per assicurare la protezione minima del risparmio bancario, considerata necessaria per il mutuo riconoscimento, sia per evitare distorsioni della concorrenza legate alla possibilità di osservare gradi di patrimonializzazione più limitati. La direttiva comunitaria 89/647 del 18 dicembre 1989[18] ha, infatti, stabilito i requisiti patrimoniali minimi che gli ordinamenti nazionali avrebbero dovuto imporre alle proprie banche, individuando il cosiddetto coefficiente di solvibilità, costruito come rapporto fra i fondi propri (nel linguaggio della direttiva) o patrimonio di vigilanza, al numeratore, e l'insieme delle «attività» della banca ponderate secondo i rischi tipici di ciascuna di esse, al denominatore. La direttiva stabiliva che dal 1° gennaio 1993 il coefficiente di solvibilità non avrebbe potuto essere inferiore all'8%.

Il D.Lgt. 10 settembre 1991, n. 301, attuava nel nostro ordinamento la direttiva 89/647, attribuendo alla Banca d'Italia il potere di emanare disposizioni generali in materia, naturalmente nel rispetto delle prescrizioni comunitarie. Il T.U., nel momento in cui ha riconosciuto alla stessa di emanare disposizioni in materia di adeguatezza patrimoniale, per altro in conformità con le deliberazioni CICR, ha confermato anche la competenza della Banca d'Italia ad emanare le norme relative al coefficiente di solvibilità.

E le Istruzioni della Banca d'Italia (cap. XLII), dopo aver precisato che «il coefficiente di solvibilità fissa l'ammontare minimo del patrimonio di vigilanza che le banche sono tenute a possedere in rapporto al complesso delle attività ponderate in base al loro rischio creditizio», precisano che il numeratore del rapporto è costituito dal patrimonio di vigilanza mentre il denominatore è costituito dal complesso delle attività, in bilancio e fuori bilancio, ponderate in funzione dei rischi di perdi-

so di almeno cinque anni; *c*) il rimborso anticipato delle passività avvenga solo su iniziativa dell'emittente e sia soggetto a nulla osta della Banca d'Italia (cfr. Banca d'Italia, *Istruzioni di vigilanza*, cit., cap. XII).

[18] Sulla direttiva v. C.M. D'Acunti, in *Codice commentato*, cit., I, pp. 2236 ss.

ta per inadempimento dei debitori (rischio creditizio), stabilendo infine che «il requisito minimo di patrimonializzazione richiesto (coefficiente di solvibilità) è pari all'8%».

Grande rilievo, ovviamente, nella determinazione del coefficiente di solvibilità sono i criteri di ponderazione adottati: criteri che fanno riferimento alla categoria delle controparti debitrici (ponderazione che va dallo 0 per cento per le attività di rischio verso i governi centrali, le banche centrali e le comunità europee al 200% per «le attività di rischio in sofferenza»), al rischio paese (distinguendo i paesi dell'OCSE — Zona A — dagli altri paesi — Zona B) e alle garanzie ricevute. Come si può notare il coefficiente di solvibilità è costruito misurando il rischio insito nella totalità delle attività.

Diversamente strutturato invece è un secondo coefficiente patrimoniale minimo che le banche debbono rispettare e definito dalle disposizioni della Banca d'Italia «coefficiente riferito alle dimensioni dell'intermediazione». Questo fissa l'ammontare minimo del patrimonio che le banche debbono possedere in rapporto «al complesso dei crediti per cassa, erogati in Italia». Il rapporto ha, come il coefficiente di solvibilità, al numeratore il patrimonio di vigilanza, e al denominatore l'insieme dei crediti della banca nel loro valore nominale e misura, pertanto, non il rischio, come quello di solvibilità, ma la dimensione dell'intermediazione. E le banche devono contenere il complesso dei crediti entro un ammontare complessivo non superiore a 22,5 volte il proprio patrimonio di vigilanza.

c) I coefficienti patrimoniali obbligatori minimi incidono sull'operatività delle banche impedendo loro un ampliamento della stessa, ma non anche sulla validità dei rapporti posti in essere con terzi, in violazione delle norme che ne impongono il rispetto.

Le sanzioni per tali violazioni vanno rintracciate interamente all'interno del sistema di vigilanza bancaria: in particolare, la Banca d'Italia dovrà assumere i provvedimenti di vigilanza più opportuni soprattutto allo scopo di garantire la necessaria tutela al risparmio raccolto.

d) Sul presupposto che i fondi propri costituiscano uno strumento di stabilità della banca, il legislatore ha favorito la patrimonializzazione delle stesse. E lo ha fatto sia introducendo deroghe al diritto comune delle riserve sia prevedendo un trattamento di favore per gli accantonamenti degli utili di bilancio.

Già l'art. 3 della legge bancaria del 1926 imponeva alle aziende di credito «di prelevare annualmente dagli utili non meno di un decimo da destinare alla riserva legale sino a che questa abbia raggiunto il 40 per cento del capitale». Questa disposizione, che prevedeva la formazione di riserve in misura doppia di quella stabilita, ad esempio, per le società di capitali sia dal Codice di commercio del 1882 (art. 182) sia dal vigente Codice civile (art. 2428), all'evidente scopo di rafforzare la tutela dei depositanti» fu implicitamente abrogata dall'art. 32, 1° comma lett. *e*) della legge bancaria del 1936-38 nel momento in cui, pur conservando per le riserve delle società bancarie una disciplina speciale, mutava il contenuto di tale disciplina[19].

L'art. 32, appena ricordato, della legge bancaria attribuiva, infatti, alla Banca d'Italia, su conforme deliberazione del CICR, il potere di impartire istruzioni alle banche relativamente «alle percentuali minime degli utili da destinarsi alle riserve, anche in maggior misura di quanto dispongano le leggi vigenti». Le autorità creditizie non hanno, per altro, esercitato mai tale potere, lasciando alle leggi speciali, alle norme statutarie e all'autonomia decisionale delle banche la determinazione degli utili da destinare a riserva per gli importi ulteriori rispetto a quelli previsti dal diritto comune.

Il T.U. non contiene una disposizione analoga a quella della legge bancaria e, d'altro canto, la disposizione in esame non rientra fra le norme dettate dall'art. 32 della medesima legge bancaria conservate in vita per ragioni connesse alle esigenze della politica monetaria dall'art. 147 del T.U. Dalla mancata riproduzione di quella disposizione, per altro, non si può ricavare la conclusione che la Banca d'Italia non possa più imporre alle banche di accantonare a riserva una percentuale di utili superiore a quella prevista dal diritto comune o dalle clausole statutarie.

Il potere di emanare disposizioni in materia di «adeguatezza patrimoniale» implica e comprende anche il potere di imporre accantonamenti in misura ulteriore a quella prevista dal diritto comune. Anche se, ovviamente, l'esercizio di tale potere sembra giustificato solo in situazioni nelle quali gli altri strumenti diretti a garantire la patrimonializzazione delle banche si rivelino, in concreto, non sufficienti allo scopo.

Per quanto concerne poi il profilo fiscale è necessario ricordare che già la disciplina del 1926, dopo aver imposto di accantonare utili a riserva in misura superiore a quella prevista dal diritto comune, prevedeva per tali maggiori riserve un regime fiscale di favore, stabilendo che le quote eccedenti la misura del ventesimo dell'utile (che avrebbe dovuto essere destinato a riserve secondo le norme societarie) imputate a «riserva ordinaria» erano soggette ad un'aliquota ridotta alla metà ai fini dell'imposta di ricchezza mobile. Una disposizione analoga è oggi dettata dall'art. 21 del D.P.R. 29 settembre 1973, n. 601, a norma del quale «per le aziende e gli istituti di credito le quote di reddito destinate a riserva legale o statutaria in eccedenza al ventesimo dell'utile di bilancio sono esenti dall'imposta locale sui redditi per metà del loro ammontare»; norma che sembra[20] riservare il relativo beneficio fiscale a tutte le riserve delle quali l'ente non possa disporre, se non con il rispetto delle regole previste per le modificazioni statutarie, e, quindi, anche per gli impieghi superiori ai limiti minimi fissati dalle clausole statutarie.

[19] Ma si veda *contra* R. Weigmann, *Le riserve statutarie*, in «Giur. comm.», 1984, II, pp. 19 ss.; nel senso del testo v. ora anche A. Patroni Griffi, in *Codice commentato*, cit., I, pp. 352 ss.

[20] Si veda infatti, Cass., 18 aprile 1983, n. 2644, in «Giur. comm.», 1984, II, p. 17, con nota di R. Weigmann.

2.6. Gli strumenti di contenimento del rischio

2.6.1. *Le diverse configurazioni del rischio.* Le caratteristiche dell'attività bancaria fanno sì che alcuni momenti del rischio che caratterizza in generale l'attività di impresa assumano nella banche aspetti del tutto particolari, consentendo, pertanto, di individuare una molteplicità di rischi bancari. Così si è sottolineato che accanto al rischio operativo, le banche sono esposte ad un rischio di credito, derivante dall'eventuale inadempimento dei prenditori di credito, ad un rischio di liquidità, ossia al rischio di non poter far fronte alla richiesta di rimborso dei depositanti, soprattutto in connessione con le immobilizzazioni dell'attivo, ad un rischio di interessi, ossia alla possibilità che il mercato determini andamenti difformi per gli interessi che caratterizzano rispettivamente le passività e le attività della banca, e ancora il rischio di cambio, legato alla diversità delle monete nelle quali possono essere denominate le attività e le passività delle banche[21].

E proprio tenendo conto di questi molteplici profili che può assumere il rischio bancario, l'art. 53, 1° comma del T.U. prevede che la Banca d'Italia, in conformità delle deliberazioni del CICR, possa emanare disposizioni aventi ad oggetto «il contenimento del rischio nelle sue diverse configurazioni»; espressione quest'ultima che, in realtà, sottolinea la unicità del rischio imprenditoriale e nello stesso tempo la molteplicità dei profili sotto i quali tale rischio può manifestarsi e deve essere «contenuto».

Naturalmente i provvedimenti diretti a contenere il rischio, nelle sue diverse configurazioni, non sono facilmente classificabili a seconda del rischio affrontato (essendo i vari rischi fra di loro fortemente connessi) e, d'altro canto, nel loro insieme non sono neppure distinguibili in modo netto da altri momenti di vigilanza regolamentare esplicitamente nominati dal T.U., come quello relativo alle partecipazioni delle banche. E, tenuto anche conto del fatto che l'esperienza di vigilanza, già sulla base della legge bancaria aveva finito con il tipizzare alcuni provvedimenti diretti a controllare i rischi bancari, procederemo ad una loro descrizione senza preoccuparci eccessivamente di classificare questi ultimi in relazione al rischio affrontato, anche se la loro descrizione renderà evidente il profilo del rischio al contenimento del quale sono soprattutto destinati.

2.6.2. *Il bilanciamento delle scadenze.* Le banche debbono possedere una struttura equilibrata sotto il profilo delle scadenze rispettivamente delle operazioni di raccolta e di quelle di impiego, in modo da evitare che a fronte di scadenze del passivo particolarmente brevi stiano operazioni di impiego a scadenze particolarmente protratte. Di qui i provvedimenti diretti a contenere la cosiddetta trasformazione delle sca-

[21] Cfr. M. Onado, *Economia dei sistemi finanziari*, Bologna, Il Mulino, 1992, pp. 253 ss.

denze e a garantire un tendenziale bilanciamento delle stesse. E abbiamo già visto che questa esigenza nella legge bancaria aveva finito per creare due categorie di enti creditizi: le aziende che potevano raccogliere risparmio anche a vista e a breve e che incontravano particolari vincoli negli impieghi oltre il breve termine e gli istituti di credito ai quali era preclusa la raccolta a vista e a breve e che, per contro, destinavano la massima parte dei loro impieghi in operazioni a medio e lungo termine.

A dire il vero, come abbiamo a suo tempo chiarito, la legge bancaria non impediva alle aziende di credito né la raccolta oltre il breve termine né gli impieghi oltre lo stesso e l'autorità di vigilanza creditizia, sia pure entro i limiti imposti da una politica creditizia tendente a valorizzare la specializzazione e quindi a riservare agli istituti le operazioni sia di raccolta sia di impiego oltre il breve termine, avevano consentito una limitata operatività delle aziende anche nel medio e lungo termine.

In particolare, le autorità creditizie avevano stabilito che gli impieghi delle aziende di credito oltre il limite del breve termine non potessero superare una predeterminata frazione dei mezzi fiduciari, consentendo per altro un innalzamento di quest'ultima in presenza di una forte patrimonializzazione della banca[22].

Il criterio così adottato mirava ad impedire che una parte eccessiva di risparmi raccolti a vista e a breve venisse utilizzata per impieghi a durata protratta, nella consapevolezza, per altro, che tali impieghi possono essere considerati meno pericolosi anche per la liquidità dell'azienda quando quest'ultima presenti una maggiore quantità di mezzi propri. La raccolta oltre il breve termine era poi consentita in misura corrispondente alla entità degli impieghi a durata protratta.

Nel momento in cui ha cancellato la distinzione fra aziende ed istituti, il T.U. ha eliminato ogni rilevanza, dal punto di vista legislativo, alla distinzione delle operazioni, di raccolta o di impiego, secondo la loro scadenza. Il che, ovviamente, non impedisce che la esigenza del bilanciamento fra queste ultime continui ad essere un'esigenza essenziale per la liquidità delle banche e che pertanto si rendano necessari provvedimenti amministrativi che contengano il grado di trasformazione delle scadenze.

Ed in effetti il Ministro per il Tesoro, previa deliberazione del CICR, ha stabilito con decreto 22 giugno 1993, proprio con riferimento al bilanciamento delle scadenze che le banche «debbano contenere l'utilizzo di fondi a breve termine per finanziare attività a medio e lungo termine» e che, a tal fine, la Banca d'Italia stabilisce regole volte a «contenere gli investimenti in immobili e partecipazioni entro l'ammontare dei fondi patrimoniali» e a «correlare l'ammontare delle attività a medio e lungo termine, considerate anche in relazione alla loro liquidabilità, con passività caratterizzate dalla presenza di vincoli temporali al rimborso o comunque da un sufficiente grado di stabilità».

[22] Cfr. Banca d'Italia, *Istruzioni di vigilanza per gli enti creditizi*, cap. XXV.

2.6.3. *I prestiti obbligazionari e i titoli di deposito*. Rientrano tra i provvedimenti che le autorità creditizie possono assumere ai sensi dell'art. 53, 1° comma lett. *b*) del T.U. anche quelli in tema di obbligazioni e di titoli di deposito, come si può facilmente immaginare quando si tenga presente la loro natura di strumenti di raccolta a medio e lungo termine. Ma il T.U. ha anche dettato una specifica disciplina legislativa per le obbligazioni emesse dalle società bancarie e per i titoli di deposito, individuando anche puntuali provvedimenti di vigilanza.

a) Particolarmente innovative sono le disposizioni relative alle emissioni obbligazionarie. A norma dell'art. 12, 1° comma «le banche, in qualunque forma costituite, possono emettere obbligazioni, anche convertibili, nominative o al portatore». La emissione delle obbligazioni è, dunque, consentita anche alle banche popolari e alle banche di credito cooperativo, nonostante la loro forma cooperativa; ed è noto che il diritto comune non consente alle società cooperative di emettere obbligazioni. La ragione di questa deroga al diritto comune va rintracciata nella necessità di non introdurre fra le banche discriminazioni fondate sulle caratteristiche del modello organizzativo adottato e nella funzione di strumento di raccolta del risparmio che le obbligazioni svolgono nell'ambito delle banche, ma soprattutto nella presenza della vigilanza bancaria.

Questa impone, come vedremo, controlli prudenziali sulla loro emissione, rendendo così superfluo il collegamento fra emissione obbligazionaria e norme poste a tutela del capitale sociale; ed è infatti la mancanza di queste ultime nelle società cooperative che giustifica la preclusione per le stesse di emettere obbligazioni.

E proprio la riconducibilità delle obbligazioni nell'ambito degli strumenti di raccolta del risparmio e la presenza della vigilanza bancaria sulla relativa emissione hanno consentito al T.U. di sottrarre le obbligazioni, non convertibili, delle banche alla massima parte delle norme di diritto comune e a prevedere un procedimento di emissione meno «solenne» di quello previsto da queste ultime.

Il diritto comune (art. 2365) riserva la emissione delle obbligazioni all'assemblea straordinaria; il T.U., art. 12, 3° comma, stabilisce, invece, che la emissione di obbligazioni, non convertibili in titoli della stessa società, è deliberata dall'organo amministrativo. Alle stesse inoltre non si applicano le norme del Codice civile sui limiti all'emissione (art. 2410), sul deposito e l'iscrizione della relativa deliberazione (art. 2411), sulla riduzione del capitale in pendenza del prestito obbligazionario (art. 2412), sull'assemblea degli obbligazionisti (artt. 2415 e 2416) e sul rappresentante comune degli obbligazionisti (artt. 2416, 2417, 2418 e 2419). In altri termini, alle obbligazioni non convertibili non si applicano né le norme previste dal diritto societario per la tutela dei diritti patrimoniali degli obbligazionisti né quelle che disegnano la loro organizzazione di gruppo.

La disciplina delle obbligazioni delle banche è interamente rimessa alle disposizioni delle autorità creditizie: a norma infatti dell'art. 12, 5° comma T.U. «l'emissione delle obbligazioni non convertibili o convertibili in titoli di altre società è disciplinata dalla Banca d'Italia, in conformità delle deliberazioni dei CICR».

E questa disciplina di vigilanza nel momento in cui impone vincoli alla emissione delle obbligazioni bancarie, nel quadro per di più di una vigilanza complessiva sulla stabilità dell'emittente, rende superflue l'applicazione dei limiti codicistici alla emissione e l'autotutela consentita dalla organizzazione dei portatori dei titoli obbligazionari.

Tutto ciò a riprova che le obbligazioni bancarie sono esclusivamente strumenti di raccolta del risparmio, senza incidenza sull'organizzazione della società emittente.

Una conferma puntuale di questo assunto si rintraccia nel fatto che anche per le società bancarie continuano a trovare integrale applicazione le norme del Codice civile quando si tratti di obbligazioni convertibili in azioni della stessa società bancaria emittente (cfr. art. 12, 4° comma T.U.): in questo caso, infatti, le obbligazioni cessano di essere uno strumento esclusivamente di raccolta della provvista per l'impresa bancaria. La facoltà di convertire le obbligazioni in azioni consente agli obbligazionisti di incidere anche sulla struttura della società e sulle posizioni dei soci in quanto tali: di qui la conservazione per le stesse delle norme di diritto comune, sia di quelle che pongono limiti alla emissione sia di quelle che prevedono strumenti di autotutela degli obbligazionisti[23].

b) A norma poi dell'art. 12, 6° comma «le banche possono emettere titoli di depositi nominativi o al portatore, e la Banca d'Italia, in conformità delle deliberazioni del CICR può disciplinarne le modalità di emissione». Si afferma così il principio generale secondo il quale alle banche è concesso il diritto di emettere titoli incorporanti il diritto a ricevere una somma di danaro, anche quando gli stessi siano al portatore. La disposizione ribadisce, da un lato, il principio della libertà di emissione dei titoli di credito generalmente vigente nel nostro ordinamento di diritto comune per quanto concerne i titoli nominativi e introduce una ipotesi legislativa di libera emissione di titoli di credito «contenenti una somma di denaro» anche quando gli stessi siano al portatore, in conformità con quanto previsto dall'art. 2004 Cod. civ.

Più esattamente questa norma consente la emissione di titoli incorporanti un credito pecuniario solo nelle ipotesi previste dalla legge, negando cioè una generale libertà di emissione degli stessi e siffatta limitazione trova la propria ragion d'essere nella necessità di evitare la libera emissione di titoli che potrebbero essere utilizzati come strumenti di pagamento. Alle banche si consente di emettere tali titoli, dal momento che la loro emissione è soggetta ai controlli di vigilanza e quindi non può confliggere con le scelte di politica monetaria, anche in considerazione del fatto che i titoli di deposito vengono considerati come uno strumento di raccolta di risparmio a medio e lungo termine e quindi

[23] A norma del 2° comma dell'art. 12 del T.U. sono ammesse di diritto alle quotazioni di borsa le obbligazioni delle banche non quotate quando le obbligazioni stesse siano convertibili in titoli quotati.

con vincoli temporali capaci di impedirne l'utilizzabilità come strumenti monetari.

La Banca d'Italia, anche in forza di quanto previsto dall'art. 117, 8° comma del T.U., può disciplinarne il contenuto e procedere alla individuazione di particolari tipi di titoli di deposito. La disciplina di vigilanza ha già individuato una particolare categoria di essi: i certificati di deposito, considerati punto di riferimento di importanti disposizioni di vigilanza come quelle sulle riserve obbligatorie. La stessa disposizione consente che possano definirsi certificati di deposito solo i titoli che abbiano una durata non inferiore a diciotto mesi e non superiore a cinque anni; che non prevedano clausole che permettano ai portatori il rimborso anticipato; che prevedano un rendimento non superiore al tetto fissato dalla Banca d'Italia; che, se a tasso variabile, non contengano clausole di indicizzazione ancorate a parametri di natura reale[24].

c) A norma infine dell'art. 12, 7° comma la Banca d'Italia disciplina la emissione da parte delle banche di prestiti subordinati, irredimibili ovvero rimborsabili previa autorizzazione della medesima Banca d'Italia, sia nella forma delle obbligazioni sia in quella di titoli di deposito. Abbiamo già incontrato sia i prestiti subordinati sia i titoli irredimibili discorrendo del patrimonio di vigilanza.

La norma rimuove ogni dubbio, in particolare, sul fatto che le banche possano emettere titoli irredimibili escludendo così le eventuali incertezze che in proposito lasciasse sussistere il diritto comune.

2.6.4. *Il limite di fido e il controllo sui grandi fidi*. *a*) Rientrano nell'ambito dei provvedimenti di vigilanza regolamentare che le autorità creditizie possono emanare, a norma dell'art. 53, 1° comma lett. *b*) del T.U., per il contenimento del rischio nelle sue diverse configurazioni, anche quelli diretti ad evitare una eccessiva concentrazione dei rischi attraverso l'imposizione di limiti agli affidamenti che possono essere effettuati a favore di un singolo cliente.

Pur essendo, dunque, sufficiente la norma in materia di vigilanza regolamentare appena richiamata per fornire un saldo fondamento legislativo ai provvedimenti diretti ad introdurre limiti ai singoli affidamenti, il T.U. ha conservato in vita (art. 147) anche la disposizione contenuta nell'art. 35, 2° comma lett. *b*) della legge bancaria a norma del quale la Banca d'Italia può «determinare i limiti massimi dei fidi concedibili e stabilire norme e termini per le riduzioni in caso di constatata eccedenza».

La duplicità delle fonti e anche la diversa distribuzione della competenza ad emanare la relativa disposizione (l'art. 35 l.b. non contempla almeno espressamente l'intervento del CICR), trovano la propria ragion d'essere nella duplicità delle funzioni del limite di fido che costituisce sia uno strumento di vigilanza prudenziale sia uno strumento di politica monetaria, effettivamente utilizzato in passato anche per l'adempimen-

[24] Cfr. Banca d'Italia, *Istruzioni di vigilanza*, cit., cap. XIII.

to di questa seconda funzione. E in considerazione anche di questa complessità sul piano funzionale è opportuno qualche accenno all'evoluzione della relativa disciplina e al diverso uso che del limite di fido è stato in concreto fatto dalle autorità creditizie.

La legge bancaria del 1926 prevedeva un limite rigido per la concentrazione degli affidamenti: l'art. 16 del R.D.L. 6 novembre 1926, n. 1830, in attuazione dell'art. 6, 1° comma lett. *c*) del R.D.L. 7 settembre 1926, n. 1511, stabiliva che «il fido che [poteva] concedersi da una singola azienda di credito ad uno stesso obbligato non [dovesse] superare il quinto del capitale versato e delle riserve dell'azienda predetta», attribuendo tuttavia alla Banca d'Italia la facoltà «di consentire, caso per caso, eventuali deroghe» al limite così fissato.

La legge bancaria del 1936, nel momento in cui sostituiva sul punto il limite rigido del quinto del patrimonio con l'attribuzione all'organo di sorveglianza del potere di determinare, nella misura ritenuta più opportuna, l'ammontare unitario degli affidamenti, abrogava la suddetta norma, ma le autorità amministrative fissarono tale ammontare nella stessa misura del quinto del patrimonio stabilito dai provvedimenti del 1926[25]. E questa regola fu conservata, sia pure con un diverso fondamento legislativo, fino alla prima metà degli anni settanta. Soltanto con la delibera 30 marzo 1973[26] il Comitato interministeriale per il credito ed il risparmio, su proposta della Banca d'Italia, modificò quel sistema e stabilì che le aziende di credito avrebbero potuto concedere, senza la preventiva autorizzazione dell'organo di controllo, fidi unitari di ammontare superiore al quinto del patrimonio, fino a che l'insieme di tali fidi non avesse superato il 25% dei mezzi fiduciari, e conservando la preventiva autorizzazione soltanto per i fidi unitari superiori all'intero patrimonio aziendale.

Questa nuova disciplina, che attribuiva maggiore autonomia alle aziende, veniva poi modificata alcuni anni dopo (con delibera del Comitato 4 giugno 1976)[27], nell'ambito di una politica diretta a favorire la patrimonializzazione delle aziende di credito. La frazione dei mezzi fiduciari, fino al cui raggiungimento le aziende avrebbero potuto liberamente concedere fidi superiori al quinto del patrimonio, venne elevata, partendo dal valore minimo del 25%, fino ad un massimo del 40% tenendo conto del grado di patrimonializzazione dell'azienda, ossia del rapporto fra l'ammontare dei fondi propri e la massa fiduciaria. Venivano, peraltro, sottoposti ad autorizzazione della Banca d'Italia i fidi di importo superiore al patrimonio della banca.

[25] La scelta adottata dalle autorità creditizie condusse a ritenere che la norma dell'art. 16 della legge bancaria non fosse stata abrogata (C.M. Pratis, *La disciplina giuridica*, cit., p. 222) ma v. contro, e giustamente, G. Ruta, *Il sistema della legislazione bancaria*, Roma, Bancaria, 1975², p. 616, e L. Desiderio, *Note sulla violazione dell'art. 35 in tema di limite di fido*, in «Banca borsa e tit. cred.», 1978, II, p. 48.

[26] In «Boll. della Banca d'Italia. Vigilanza sulle aziende di credito», nn. 44-45, p. 21.

[27] In «Boll. della Banca d'Italia. Vigilanza sulle aziende di credito», nn. 56-57, p. 44.

Su questa disciplina del limite di fido ha inciso profondamente la direttiva 92/121 sul controllo e la vigilanza dei grandi fidi.

b) Ma prima di analizzare questa nuova disciplina del limite di fido nella sua funzione di strumento diretto a contenere la concentrazione dei rischi è necessario far cenno dell'altro vincolo che per lunghi periodi è stato imposto agli affidamenti bancari dalle autorità creditizie, basandosi sulla medesima disposizione dell'art. 35, 2° comma l.b., ancora vigente per effetto dell'art. 147 T.U.: il massimale sull'incremento dei fidi bancari.

Questo fu introdotto per la prima volta nel nostro ordinamento nel luglio del 1973 da una disposizione assunta autonomamente dalla Banca d'Italia ai sensi dell'art. 35, 2° comma l.b. in accordo con le autorità di Governo, ma senza una previa deliberazione del Comitato per il credito ed il risparmio[28]. In quell'occasione si stabilì che gli affidamenti a favore dei residenti che presentassero, al 31 marzo 1973, una esposizione pari o superiore a 500 milioni di lire, non avrebbero potuto essere aumentati fino alla data del successivo 31 marzo 1974, in misura superiore al 12%. Si stabilì anche che tale limite all'accrescimento degli affidamenti bancari avrebbe dovuto comunque applicarsi, a prescindere dalla entità della esposizione, per alcune categorie di imprese, fra le quali quelle finanziarie e quelle appartenenti al settore del commercio nonché per le istituzioni senza finalità di lucro e per le famiglie.

Come si può notare, il limite massimo alla espansione degli affidamenti non venne introdotto in quell'occasione per favorire la stabilità delle aziende, scopo perseguito invece dal limite di fido precedentemente illustrato, ma per contenere la liquidità del sistema e, nell'ambito di questo più vasto obiettivo, si realizzò anche una selezione dei finanziamenti favorendo le imprese con una esposizione minore e quindi con tutta probabilità le imprese medio-piccole[29], scoraggiando i finanziamenti destinati alle famiglie e ad alcuni settori dell'economia, e privilegiando infine i finanziamenti in valuta su quelli in lire.

Negli anni successivi le autorità creditizie mantennero un limite all'accrescimento degli impieghi ma la capacità selettiva dei provvedimenti assunti fu progressivamente attenuata, da un lato, eliminando quasi ogni discriminazione relativa al settore economico di appartenenza degli affidati e, dall'altro, abbassando progressivamente la soglia delle esposizioni alle quali veniva applicato il vincolo; quest'ultima venne eliminata nei provvedimenti del 31 gennaio 1981, che imponevano il

[28] La disposizione è riprodotta in «Boll. della Banca d'Italia. Vigilanza sulle aziende di credito», nn. 44-45, p. 69. Per i problemi di competenza sollevati da quella disposizione si veda M. Porzio, *Una svolta nella politica creditizia*, in «Rass. econ.», 1973, pp. 319 ss. Sui vincoli pubblici all'erogazione degli affidamenti si veda in generale G. Dell'Amore, *I vincoli pubblici nella politica dei prestiti bancari*, Milano, Giuffrè, 1976, pp. 11 ss.; R.S. Masera, *Controllo quantitativo del credito: alcune considerazioni generali*, in «Moneta e credito», 1971, p. 407; T. Padoa Schioppa, *Il controllo qualitativo del credito: considerazioni sulla recente esperienza italiana*, in «Moneta e credito», 1974, p. 345.

[29] Sul punto A. Fazio, *La politica monetaria in Italia dal 1947 al 1978*, in «Moneta e credito», 1979, p. 293.

massimale per tutti gli affidamenti a prescindere quindi dalla entità delle relative esposizioni.

Il massimale venne eliminato a far tempo dal giugno 1983, in una prospettiva di liberalizzazione dell'attività bancaria che sembrava destinata a relegarlo fra gli strumenti di controllo del credito definitivamente superati[30]. Ma venne successivamente reintrodotto per il primo semestre del 1986[31] e quindi nuovamente soppresso.

Abbiamo indugiato un attimo nella descrizione di alcuni contenuti che il massimale sugli impieghi ha ricevuto per mettere in evidenza che lo stesso è stato utilizzato soprattutto negli anni più recenti per scopi che possono integralmente ricondursi ad obiettivi di politica monetaria e in particolare per garantire il valore del metro monetario. In questa prospettiva, il massimale, anche se può determinare indirettamente riflessi selettivi soprattutto attraverso distorsioni negli impieghi bancari, non suscita alcuna perplessità per quanto concerne la sua legittimità. Il che rimane vero prescindendo dalla diversità della concezione in tema di poteri di intervento delle autorità creditizie sulle scelte di impresa.

Forti dubbi potrebbero sorgere invece relativamente a quei provvedimenti, come quello del 1973, che scriminano nell'applicazione del massimale fra tipi di impresa e settori di attività[32].

A nostro avviso non rientrava e soprattutto non rientra oggi, alla luce dell'art. 5 del T.U., nell'ambito delle funzioni delle autorità creditizie, e tanto meno della Banca d'Italia che assume i provvedimenti sul massimale, stabilire quali siano i settori o i tipi di imprese che debbano essere privilegiati dalle aziende di credito quando tale selezione non sia giustificata da esigenze di tutela della moneta o da ragioni connesse con la liquidità e la stabilità del sistema bancario. Non rientra in particolare fra i compiti della Banca d'Italia fissare, sia pure con riferimento al solo profilo del finanziamento, i contenuti della politica economica. E di questo limite funzionale la Banca d'Italia dovrà tener conto nell'esercitare i poteri alla stessa attribuiti dall'art. 35, 2° comma lett. *b*) della l.b. e alla stessa conservati dal T.U. per il miglior svolgimento delle proprie funzioni di ordine monetario.

c) Ma, anche sotto il profilo delle fonti, limite di fido e massimale

[30] Si veda la relativa disposizione della Banca d'Italia in «Boll. della Banca d'Italia. Vigilanza sulle aziende di credito», n. 84, p. 20. L'abolizione del massimale era stata auspicata anche nella Relazione della Commissione di studio istituita dal Ministro per il Tesoro su *Il sistema creditizio e finanziario italiano*, Roma, Libreria dello Stato, 1982, pp. 123 ss.

[31] Il provvedimento adottato in data 16 gennaio 1986 e riprodotto in «Boll. della Banca d'Italia. Vigilanza sulle aziende di credito», n. 93, sottoponeva a vincolo tutte le aziende con impieghi al 31 dicembre 1985 non inferiori a 5 miliardi di lire. Le aziende che avessero superato il limite di accrescimento stabilito avrebbero dovuto versare in un deposito infruttifero presso la Banca d'Italia un importo commisurato alle eccedenze negli impieghi.

[32] Sul punto, nel senso di escludere ogni dubbio sulla legittimità dei provvedimenti richiamati nel testo, v. P. Schlesinger, *Poteri d'intervento della Banca d'Italia in ordine alla erogazione del credito*, in «Banche e banchieri», 1974, pp. 137 ss. e A. Patroni Griffi, *La concorrenza nel sistema bancario*, Napoli, Jovene, 1979, pp. 229 s.

sugli affidamenti sembrano ormai nettamente separati: il secondo continua a trovare la propria fonte nell'art. 35 della legge bancaria, mentre il primo rientra fra gli strumenti di vigilanza regolamentare che le autorità creditizie possono disciplinare ai sensi dell'art. 53 del T.U.

E nel farlo debbono tener conto delle regole fissate dalla direttiva 92/121 del 21 dicembre 1992, già ricordata; regole dalle quali la Banca d'Italia può prescindere nel fissare il massimale sugli affidamenti in forza dell'art. 35, 2° comma lett. *b*) della legge bancaria.

d) Oggetto della disciplina dettata dalla direttiva 92/121 sono «i grandi fidi», ossia i fidi «verso un cliente o un gruppo di clienti collegati» il cui valore nominale sia pari o superiore al 10% dei fondi propri della banca (art. 1, 1° comma). Ogni grande fido deve essere notificato alla autorità di vigilanza (art. 1, 2° comma) e per consentire una puntuale osservanza di questo obbligo di notificazione le autorità creditizie debbono prescrivere «che ogni ente creditizio abbia sane procedure amministrative e contabili e adeguati meccanismi di controllo interno per l'individuazione e la contabilizzazione di tutti i grandi fidi e per le loro successive modifiche ... nonché per la vigilanza su detti grandi fidi in relazione alla politica degli enti creditizi in materia di fidi» (art. 1, 4° comma); norma quest'ultima di notevole rilievo per cogliere le connessioni fra vigilanza prudenziale sulle banche e controllo sulla loro struttura organizzativa.

Dopo aver individuato la nozione di grande fido e averne imposto la comunicazione all'organo di vigilanza, la direttiva fissa due limiti alla possibilità per una banca di concedere grandi fidi; un limite individuale ed uno complessivo. Nessuna banca può concedere ad un cliente o a un gruppo di clienti collegati «fidi il cui valore superi il 25% dei fondi propri della banca stessa» (art. 4, 1° comma).

È questo il limite individuale: è vietata la concessione di un grande fido che superi il quarto dei fondi propri. È una norma più restrittiva di quella adottata in precedenza dalle autorità creditizie italiane che permettevano, come abbiamo visto, alle banche di erogare anche fidi di valore superiore addirittura all'intero ammontare dei loro fondi propri, sia pure dietro autorizzazione della Banca d'Italia. Inoltre, ed è questo il limite complessivo, «un ente creditizio non può concedere grandi fidi per un valore cumulativo che superi l'800% dei fondi propri» (art. 4, 3° comma): il valore complessivo dei grandi fidi di una banca non può essere superiore ad otto volte il patrimonio della stessa.

La direttiva detta, per altro, una serie di norme che attenuano il rigore dei vincoli così posti alla erogazione dei grandi fidi, soprattutto consentendo di espungere dalla nozione di fido una serie di posizioni prive di rischio (cfr. art. 4, 7° comma).

Il Ministro per il Tesoro, previa deliberazione del CICR, ha fissato con decreto n. 242633 del 22 giugno 1993, i principi ai quali la Banca d'Italia dovrà attenersi nella disciplina dei grandi fidi. Questa dovrà, anzitutto individuare le ipotesi in cui si dovrà ritenere che il fido è stato concesso ad «un cliente» o a «un gruppo di clienti fra loro collegati», ossia legati da «connessione giuridica o economica». E sul punto il decreto stabilisce che quest'ultima connessione deve ravvisarsi ogni volta che «tra due o più soggetti, sussistano legami tali che le difficoltà finanziarie di uno di essi potrebbero tradursi in difficoltà di rimborso da parte degli altri», precisando che «in ogni caso, l'esercizio del controllo, o comunque, il possesso di azioni da parte dello Stato non costituisce di per sé elemento idoneo per l'individuazione di gruppi di clienti connessi».

Come si accennava la disciplina di vigilanza precedente era meno rigida di quella imposta dalla direttiva e un immediato adeguamento della normativa interna alle nuove regole comunitarie avrebbe creato notevoli difficoltà; delle quali si è fatta interprete la direttiva stessa consentendo un periodo di adeguamento durante il quale sono consentite regole meno rigide.

Così, per le banche italiane, il Ministro per il Tesoro ha potuto stabilire che il limite massimo che può essere raggiunto da un grande fido, fino al 31 dicembre 1998, sia computato nel 40% dei fondi propri della banca e soltanto dopo questo limite scenda al 25% di tali fondi e che fino alla stessa data nel computo del limite globale si tenga conto dei soli grandi fidi superiori al 15% dei fondi propri, mentre successivamente concorrano a determinare quel limite tutti i grandi fidi, ossia tutti i fidi di importo superiore al 10% dei fondi propri della banca.

e) La direttiva (art. 4, 2° comma) adotta poi limiti ancora più restrittivi per i fidi a favore di soggetti collegati alla banca affidante: infatti, il limite individuale viene abbassato al quinto dei fondi propri (consentendosi per altro fino al 31 dicembre 1998 la erogazione di fidi che non superino il 30% del patrimonio). Il Ministro per il Tesoro, con il decreto sopra ricordato, ha dato attuazione anche a questa disposizione, individuando nell'azionista che detenga almeno il 15% del capitale della banca e nelle società partecipate dalla banca in misura non inferiore alla stessa frazione, i soggetti nei confronti dei quali deve essere adottato il limite più restrittivo, non utilizzando in questo caso la norma transitoria e quindi escludendo fin d'ora che le banche possano erogare a soggetti loro collegati fidi superiori al venti per cento del loro patrimonio.

È stata così data attuazione, sul piano amministrativo, alla disposizione esplicitamente prevista per la concessione di credito a soggetti collegati alla banca dall'art. 53, 3° comma del T.U.; disposizione che, a dire il vero, si limita a specificare un'ipotesi nell'ambito della disciplina di vigilanza sui grandi fidi. Anche se sembra andare appena oltre questo momento della vigilanza regolamentare quando affida al CICR il compito di disciplinare «i conflitti di interesse tra le banche e i loro azionisti rilevanti, relativi alle altre attività bancarie».

f) Come già si è chiarito la violazione del limite di fido non comporta alcuna conseguenza sulla validità del relativo rapporto nei confronti del terzo[33]; le conseguenze sono tutte interne alla disciplina di vi-

[33] Sul problema si era soffermata la dottrina a proposito della legge del 1926: si vedano A. De Gregorio, *La legislazione italiana sulla tutela del credito*, in «Riv. dir. comm.», 1929, I, p. 38; A. Graziani, *Disciplina legislativa del fido bancario*, in «Foro it.», 1939, I, p. 215.

gilanza: in particolare, secondo quanto prevede la stessa direttiva (art. 4, 5° comma) ogni superamento del limite di fido deve essere immediatamente notificato all'autorità di vigilanza che può fissare un termine determinato e le modalità per il rientro dei fidi eccedenti.

2.6.5. *I tassi bancari e la parità di trattamento.* *a*) Il T.U. non contempla specificamente fra gli oggetti sui quali possono essere assunti provvedimenti di vigilanza regolamentare i tassi bancari e sotto questo profilo lo stesso si differenzia notevolmente dalla legge bancaria il cui art. 32, 1° comma lett. *b*) consentiva alle autorità creditizie di emanare alle banche istruzioni in ordine «ai limiti dei tassi attivi e passivi».

Le uniche norme del T.U. esplicitamente dedicate alla materia dei tassi bancari sono quelle in tema di trasparenza delle condizioni contrattuali delle banche; norme che attengono evidentemente ad un momento del tutto diverso della disciplina dell'attività bancaria, non incidendo sulla determinazione dei tassi praticati ma sulla trasparenza degli stessi. La quantificazione dei medesimi è invece oggetto della norma dettata dall'art. 8 della 64/1986, già ricordata e sulla quale torneremo in seguito, che impone alle banche la uniformità almeno tendenziale dei tassi praticati alla clientela: si tratta per altro di una norma che ha come punto di riferimento il cliente e non la banca in quanto tale e che non si preoccupa minimamente della stabilità di quest'ultima. Non pare, dunque, che la norma sulla uniformità dei tassi possa ricomprendersi fra quelle che disciplinano la vigilanza prudenziale e, in ogni caso, non consente l'assunzione di provvedimenti amministrativi diversi da quelli necessari per il rispetto della parità predetta.

La possibilità, per le autorità creditizie, di assumere provvedimenti in materia di tassi è affidata integralmente alla riconducibilità degli stessi alle disposizioni dirette al contenimento del rischio, delle quali ci stiamo qui occupando. Ma per risolvere questo problema e comunque per consentire qualche consapevolezza in più su di una materia cruciale come quella dei tassi bancari[34], sembra inevitabile dar conto del dibattito molto vivace che si è svolto sul punto nel vigore della legge bancaria e delle scelte che in concreto sistema bancario e autorità creditizie hanno adottato in materia; scelte che giustificano, probabilmente dopo il clamore del passato, il silenzio del T.U.

b) Della disposizione della legge bancaria che consentiva alle autorità creditizie di stabilire i «limiti dei tassi attivi e passivi» sono state date letture profondamente diverse; e queste riflettevano a loro volta la concezione preferita in ordine alla interpretazione della legge bancaria, condotta anche alla stregua del dettato costituzionale.

Questa norma venne considerata, da una parte della letteratura,

[34] Cfr. per la letteratura economica P. Mottura, *I saggi di interesse dei depositi bancari*, Milano, Giuffrè, 1966, pp. 93 ss.; C. Dematté, *La disciplina dei tassi passivi*, Milano, Giuffrè, 1972, pp. 97 ss., nonché E. Montanaro, *La disciplina dei saggi bancari*, in «Riv. trim. dir. pubbl.», 1972, pp. 1662 ss.; per la letteratura giuridica si veda A. Patroni Griffi, *La concorrenza*, cit., pp. 238 ss.

uno strumento del quale le autorità creditizie potevano disporre per evitare che le aziende impegnate nella reciproca concorrenza tenessero comportamenti non compatibili con l'interesse generale a che il sistema bancario conservasse condizioni di relativa stabilità. In questa prospettiva gli interventi delle autorità creditizie avrebbero potuto dunque porre un limite massimo alla remunerazione della raccolta e un limite minimo ai tassi praticati nell'erogazione del credito.

Più difficile diventava, invece, giustificare nella stessa logica l'imposizione di limiti minimi ai tassi passivi e di limiti massimi ai tassi attivi, risolvendosi i primi nella tutela diretta dei depositanti e i secondi nella protezione dell'interesse dei prenditori di credito; interessi entrambi che nell'ambito dell'impostazione accennata non rientrerebbero fra quelli dei quali le autorità creditizie dovrebbero farsi carico, se non in via mediata attraverso la tutela della liquidità, stabilità ed efficienza del sistema creditizio.

Ma, ad avviso di una consistente parte della letteratura[35], le autorità creditizie avrebbero potuto stabilire limiti ai tassi sia attivi sia passivi delle aziende di credito anche a protezione di questi ultimi interessi e soprattutto per realizzare un controllo selettivo del credito. Così esse non solo avrebbero potuto imporre limiti minimi (oltre che massimi) ai tassi passivi per garantire una remunerazione del risparmio diversa da quella assicurata dal mercato, ma sarebbero state legittimate anche a stabilire livelli diversi per tali tassi sulla base non delle caratteristiche della provvista ma del risparmiatore. Discorso analogo ed anche più significativo veniva svolto per i tassi attivi; le autorità creditizie avrebbero potuto certamente fissare un limite massimo agli stessi per consentire una diminuzione generale del costo dei finanziamenti bancari, ma avrebbero potuto anche stabilire tassi attivi diversi in relazione al settore economico, alla dimensione, all'ubicazione del destinatario del credito. Esse avrebbero avuto così il potere-dovere di indirizzare i flussi di credito in direzioni diverse da quelle di mercato e consentire il finanziamento privilegiato di particolari categorie di soggetti, le cui esigenze fossero state considerate prioritarie dalle autorità di Governo in genere e di quelle preposte alla politica economica in specie.

A noi è parso in passato e pare tuttora che la legge bancaria consentisse entrambe le letture, ma che dovesse essere preferita la prima alla luce del dettato costituzionale, che imponeva una interpretazione della legge bancaria rispettosa del principio della riserva di legge. Le autorità creditizie, a nostro avviso, potevano, pertanto, imporre alle aziende anche in materia di tassi soltanto le limitazioni che trovassero la propria esplicita legittimazione nella legge, come quelle dirette a favorire la liquidità e la stabilità del sistema bancario e la conservazione del valore della moneta.

Conclusione che, ovviamente, non escludeva la possibilità che nor-

[35] Cfr. E. Montanaro, *La disciplina*, cit., pp. 1666 ss. e A. Patroni Griffi, *La concorrenza*, cit., pp. 252 ss. ed ivi ulteriori indicazioni di letteratura conforme.

me aventi forza di legge imponessero limiti massimi ai tassi attivi differenziati per settore economico, categoria o ubicazione delle imprese. Anche se in questa ipotesi sarebbe stato inevitabile rilevare la presenza delle caratteristiche tipiche del credito speciale, quando non agevolato, improntato a principi per definizione diversi da quelli propri del credito ordinario.

È bene, tuttavia, precisare che la profonda differenza esistente fra le posizioni assunte in dottrina sul significato normativo dell'art. 32, 1° comma lett. *b*) della legge bancaria non ebbe alcuna rilevanza pratica, dal momento che le autorità creditizie non hanno mai esercitato alcun intervento diretto e formale sui tassi sia attivi sia passivi delle aziende di credito, neppure allo scopo di tutelare la liquidità e la stabilità del sistema creditizio, rimettendo la determinazione degli stessi alla libera decisione delle banche[36]. La libertà delle banche sul punto ha tuttavia incontrato limitazioni, in verità di intensità molto mutevole, negli accordi intervenuti fra le stesse aziende di credito. A tali accordi interbancari, per altro, non sono rimaste estranee neppure le autorità creditizie che non solo hanno di fatto concorso alla definizione dei loro contenuti ma hanno spesso assunto tali accordi come punto di riferimento formale dei loro provvedimenti[37].

La storia degli accordi interbancari sui tassi inizia in modo certo nel giugno del 1918 e termina nell'ottobre del 1974.

Il primo «Accordo» fu stipulato nel giugno del 1918 fra le quattro principali banche del paese (Banca Commerciale Italiana, Credito Italiano, Banco di Roma e Banca Italiana di Sconto), sotto gli auspici del Governo, e fissava già il modello al quale si sarebbero poi attenuti, nella sostanza, i successivi accordi: stabiliva i limiti massimi per i tassi passivi e quelli minimi per i tassi attivi, prevedendo «sanzioni pecuniarie» a carico dei partecipanti che non avessero osservato tali vincoli[38].

Nel decennio successivo l'accordo, rinnovato di anno in anno, riscosse altre adesioni ma non riuscì a coinvolgere che una parte limitata del sistema bancario. Nel 1932, per tentare di attribuire alla disciplina concordata la capacità di regolare effettivamente la concorrenza banca-

[36] Le motivazioni di volta in volta adottate dalle autorità creditizie per non intervenire direttamente sui tassi sono ricordate da A. Patroni Griffi, *La concorrenza*, cit., pp. 122 ss.

[37] Si veda in proposito A.M. Biscaini Cotula, *Il cartello interbancario in Italia. Condizioni e norme per le operazioni e i servizi bancari*, in Banca d'Italia, Servizio Studi, «Bollettino», luglio-dicembre 1980, pp. 377 ss. L'osservazione svolta nel testo rendeva difficile poter condividere la tesi secondo la quale gli accordi interbancari sui tassi avrebbero dovuto considerarsi nulli perché aventi ad oggetto una materia sottratta dall'art. 32 l.b. all'autonomia delle parti (così G. Floridia, *Condizioni bancarie uniformi e tutela del risparmiatore*, in *La concorrenza bancaria*, cit., pp 204 s.). In realtà l'art. 32 non sottrae all'autonomia privata la disciplina dei tassi e delle «condizioni» di contratto ma attribuisce alle autorità creditizie il potere di limitare tale autonomia. Si potrà pertanto giungere a ritenere nullo l'accordo interbancario solo quando il suo contenuto contrasti con i provvedimenti amministrativi assunti da tali autorità.

[38] Cfr. P. Sraffa, *La crisi bancaria in Italia*, in *Struttura e stabilità del sistema finanziario*, a cura di F. Cesarini e M. Onado, Bologna, Il Mulino, 1979, p. 191.

ria sui tassi, l'Associazione Bancaria Italiana, sorta nel 1919 soprattutto allo scopo di dare esecuzione all'accordo interbancario dell'anno precedente, promosse un «cartello» interbancario, obbligatorio per tutte le aziende di credito più importanti e destinato a regolare i limiti massimi per i tassi passivi; e il compito di garantirne l'osservanza veniva attribuito alla Banca d'Italia. Il cartello cessava così di essere un accordo meramente interprivato per diventare uno strumento che, pur recependo le decisioni espresse dal sistema creditizio, trovava rafforzata la propria efficacia nell'attribuzione alle autorità creditizie del potere di assicurarne l'osservanza; attribuzione effettuata nel presupposto che le decisioni prese dal sistema bancario rispondessero anche ad un interesse generale. Constatazione che si sottolinea senza pretendere, ovviamente, di affermare che effettivamente l'interesse espresso dall'accordo interbancario rispondesse all'interesse generale.

Il processo di pubblicizzazione del «cartello» si completò con la legge bancaria del 1936. Già nell'aprile di quell'anno il Comitato dei ministri, sulla base dell'art. 32, 1° comma lett. *b*) legge bancaria, confermò «la validità e l'obbligo di osservanza del cartello bancario», dando incarico al Governatore della Banca d'Italia, in qualità di capo dell'Ispettorato, di provvedere «a modificarlo e completarlo anche mediante la fissazione di saggi minimi per le operazioni attive». Questo modello, che vedeva il concorso delle autorità creditizie e del sistema bancario nella determinazione dei contenuti del cartello e la formalizzazione di tale contenuto in provvedimenti del Comitato e in istruzioni della Banca d'Italia capaci di assicurarne l'osservanza, trovò applicazione fino al 1952. Da quest'ultima data le autorità creditizie non recepirono più in propri provvedimenti gli accordi che le aziende di credito stipularono in materia di tassi, a partire dal 1954, e l'«accordo» tornò ad essere, come era prima del 1936, un accordo privato, anche se le autorità creditizie non cessarono, sia pure informalmente, di influire sul suo contenuto[39]. A partire poi dal 1963, il Comitato prese ufficialmente atto ogni anno dell'esistenza dell'accordo, esprimendo così implicitamente il convincimento che lo stesso fosse conforme all'interesse generale, del quale lo stesso Comitato doveva considerarsi custode in forza della norma dettata dall'art. 32, 1° comma lett. *b*) della legge bancaria.

Anzi, nella riunione del 28 gennaio 1963, il Comitato ritenne che «i saggi di interesse passivi stabiliti dall'accordo [interbancario] [corrispondessero ...] all'esigenza di mantenere i saggi di interesse sulla raccolta di fondi a breve differenziati da quelli sulla raccolta di fondi a lungo e medio termine, in una misura sufficiente per garantire lo svolgimento ordinato delle operazioni del mercato dei capitali», fissando

[39] Scrive A.M. Biscaini Cotula, *op. cit.*, p. 386, nota 23: «Occorre tener presente che l'imposizione e la volontarietà non hanno mai operato in via esclusiva nelle definizioni delle condizioni che regolano le operazioni bancarie: durante il regime impositivo le decisioni delle Autorità monetarie ebbero sempre il supporto di pareri e proposte dell'ABI, così come durante il regime volontario gli accordi ebbero sempre il consenso, tacito o dichiarato, delle Autorità monetarie».

contemporaneamente il principio che questi ultimi avrebbero dovuto essere sottoposti al controllo delle autorità creditizie[40].

In altri termini, si stabilì che le autorità creditizie avrebbero lasciato alla autoregolamentazione delle aziende la determinazione dei tassi passivi della raccolta a breve, mentre avrebbero direttamente controllato l'entità di quelli a medio e lungo termine[41]. Questo modello, per quanto concerne le aziende di credito, rimase in vigore per altro con frequentissimi «scartellamenti», fino all'ottobre del 1974. Successivamente l'accordo non venne più rinnovato: da allora, almeno formalmente, le aziende determinano liberamente i propri tassi sia attivi sia passivi e l'Associazione Bancaria Italiana si limita a registrare l'atteggiamento tenuto dalle aziende.

La mancanza di un accordo formale non esclude, tuttavia, che si instaurino fra le banche accordi o pratiche concordate rilevanti sotto il profilo della disciplina dettata per la tutela della concorrenza e del mercato: ma sul punto torneremo nel capitolo dedicato alla struttura del mercato bancario.

c) Tenendo presente il dibattito svoltosi sulla disciplina dei tassi dettato dalla legge bancaria e la mancata utilizzazione da parte delle autorità creditizie degli strumenti che quella disciplina attribuiva loro, è abbastanza facile rendersi conto del silenzio del T.U. in proposito e affrontare il quesito che ci siamo posti inizialmente: ossia se le autorità creditizie possano assumere provvedimenti in materia di tassi bancari.

È certo, anzitutto, che le stesse non abbiano alcun potere di imporre una politica selettiva del credito: non potranno, perciò, essere imposti limiti minimi ai tassi passivi né limiti massimi a quelli attivi e, tanto meno, potrà essere disposta una determinazione puntuale dei tassi per conseguire obiettivi non riconducibili alle finalità che le autorità creditizie possono perseguire ai sensi dell'art. 5 del T.U.

Sembra invece che, come nel vigore della legge bancaria, le autorità creditizie possano imporre limiti massimi ai tassi passivi e limiti minimi a quelli attivi, quando tali limiti si rivelino necessari per tutelare la stabilità delle banche nei confronti di comportamenti di concorrenza esasperata che rischino di compromettere la solvibilità delle banche. È bene, tuttavia, aggiungere subito che, mentre la legge bancaria non teneva in alcuna considerazione la necessità di garantire la concorrenzialità del mercato bancario ed anzi la concorrenza fra le banche era vista con preoccupazione e ricevevano consenso pubblico gli accordi diretti a restringere tale concorrenza, il nuovo ordinamento bancario si muove in una prospettiva esattamente opposta; anche alla luce di una disciplina che tutela direttamente la concorrenzialità del mercato creditizio.

Il che rende anche più improbabile un intervento delle autorità creditizie dirette ad evitare la concorrenza sui tassi; intervento che, come abbiamo constatato, non ci fu neppure nell'ambito di un mercato am-

[40] In «Boll. della Banca d'Italia. Vigilanza sulle aziende di credito», n. 3, p. 9.
[41] Si veda M. Onado, *Banca e sistema finanziario*, Bologna, Il Mulino, 1982, p. 210.

ministrato come quello immaginato dalla legge bancaria e concretamente realizzatosi fino alla fine degli anni settanta.

d) Sulla problematica appena affrontata incide la regola della uniformità dei tassi dettata dall'art. 8 della legge 1° marzo 1986, n. 64, che non rientra, come abbiamo già accennato, nell'ambito delle norme di vigilanza regolamentari, ma della quale ci occupiamo qui trattandosi pur sempre di una norma che regola la misura dei tassi bancari.

Il predetto art. 8 stabilisce che «le aziende di credito [...] debbono praticare, in tutte le proprie sedi principali e secondarie, filiali, agenzie e dipendenze, per ciascun tipo di operazione bancaria [...] tassi uniformi, assicurando integrale parità di trattamento nei confronti dei clienti della stessa azienda [...] a parità di condizioni soggettive dei clienti, ma esclusa, in ogni caso, la rilevanza della loro località d'insediamento o della loro sfera di operatività territoriale».

Il legislatore con questa disposizione non ha imposto alle banche alcun limite, né minimo né massimo, ai tassi praticati, siano essi quelli attivi o quelli passivi, ma ha inteso impedire alle stesse di praticare tassi differenziati per operazioni omogenee quando tale differenziazione non sia giustificata dalle condizioni soggettive dei clienti; in ogni caso ha escluso che le banche possano praticare tassi differenziati nelle diverse zone nelle quali esse operano. Le ragioni che hanno giustificato l'introduzione di questa regola sembra vadano, anzi, ricercate soprattutto nell'intento di impedire che le aziende che operano in ambiti territoriali diversificati, sotto il profilo della concorrenzialità del mercato, possano praticare tassi meno favorevoli alla clientela nelle zone dove meno forte è la concorrenza, traendo così vantaggi dalla opacità o dalla minor concorrenzialità del mercato «locale»[42]. Imponendo alle aziende di praticare gli stessi tassi in tutte le zone nelle quali operano non solo si impedirebbe loro di conseguire vantaggi connessi con le condizioni ambientali, e ritenuti non giustificati, ma si finirebbe per immettere dosi di trasparenza e di concorrenzialità nelle zone meno concorrenziali con vantaggio per l'intero mercato creditizio nazionale.

Non è questa la sede per valutare la bontà dell'obiettivo perseguito e soprattutto la capacità dello strumento adottato di conseguirlo. Qui basterà rilevare che la norma non consente di tenere in considerazione le ragioni che possono portare ad una discriminazione territoriale dei tassi e quindi il divieto dalla stessa introdotto dovrebbe colpire anche le ipotesi in cui la discriminazione sia giustificata da una diversità di rischio o di costi legata alla zona in cui si effettuano la raccolta o l'impiego e ancora non dovrebbe consentire l'adozione di tassi più favorevoli alla clientela nelle zone di nuovo insediamento nelle quali l'azienda intenda adottare una politica di penetrazione. D'altro canto, non può neppure escludersi che nelle ipotesi in cui la differenziazione trovi una giustificazione economica l'azienda finisca per trasferire sui tassi unifor-

[42] Così G. Minervini, *Il Mezzogiorno chiede alle banche uniformità di condizioni e di tassi*, in «il Sole - 24 ore» del 27 dicembre 1985.

mi gli oneri che non può recuperare nelle zone meno favorevoli o che, addirittura, non ritenga opportuna la cessazione dell'attività. Infine non sembra inutile ricordare che verrebbero meno molte delle ragioni che giustificano la erogazione di incentivi finanziari a favore di particolari zone del paese giustificati con la presenza nelle stesse di tassi di interessi attivi più elevati di quelli correnti in altre zone.

Ma si tratta di valutazioni di ordine economico sulle quali il giurista può anche non insistere. Per il profilo giuridico è, invece, opportuno ribadire che la legge non consente eccezioni al principio della uniformità territoriale dei tassi e che di tale principio si deve tener conto anche nell'interpretazione dei poteri attribuiti dal T.U. alle autorità creditizie e appena ricordati. Nel senso che nella imposizione di vincoli ai tassi passivi massimi e a quelli attivi minimi le autorità creditizie non potranno, comunque, introdurre discriminazioni territoriali.

Ma l'ambito normativo della disposizione va oltre la uniformità territoriale: esso impone alle banche di adottare nell'esercizio della propria attività il criterio della parità di trattamento, nel senso di obbligarle ad applicare per ciascun tipo di operazione bancaria tassi uniformi per tutta la clientela con la sola possibilità di disapplicarli quando lo impongano le «condizioni soggettive dei clienti». A differenza della uniformità territoriale, che non ammette eccezioni e che risulta pertanto di facile applicabilità, la parità di trattamento legata alla tipologia delle operazioni pone invece notevolissimi problemi nell'individuazione sia delle varie categorie di operazioni bancarie per le quali dovrebbero essere prestabiliti corrispondenti livelli dei tassi sia delle «condizioni soggettive» che consentono in concreto di disapplicare siffatti tassi uniformi.

E tali difficoltà appaiono evidenti non tanto con riferimento alle operazioni passive, per le quali non è difficile immaginare un processo di tipizzazione dei rapporti (ad esempio in relazione alla dimensione e alla durata), quanto con riguardo a quelle attive per le quali ogni tipizzazione sembra provvisoria[43].

Queste difficoltà hanno contribuito a consentire una sostanziale disapplicazione delle norme, anche per la mancanza di disposizioni che imponessero la pubblicità delle condizioni praticate dalle banche; pubblicità a sua volta indispensabile per accertare le eventuali violazioni dei principi. La introduzione delle norme di trasparenza delle condizioni contrattuali praticate dalle banche lungi dall'implicare l'abrogazione della norma in esame, come pure si è ritenuto[44], offre una effettiva possibilità di concreta attuazione alla regola della parità di trattamento.

Ma sulla applicazione di questo principio all'attività bancaria è forse opportuna qualche altra riflessione, nel tentativo di stabilire quali

[43] Sul punto v. G. Vaciago, *Una rivoluzione (forse) inapplicabile*, in «Il Sole - 24 ore» del 12 gennaio 1986, e T. Bianchi, *L'illusione della uniformità economica nello spazio*, in «Banche e banchieri», 1986, p. 3.

[44] Sul punto v. A. Maisano, *Trasparenza e riequilibrio delle operazioni bancarie*, Milano, Giuffrè, 1993, pp. 91 ss.

obiettivi di politica creditizia la stessa persegua[45]. Della disposizione in esame possono essere date almeno due letture, di segno radicalmente diverso. Si potrebbe infatti ritenere, come si è sostenuto nel corso dei lavori preparatori[46], che la norma tende ad imporre un modello concorrenziale ad un sistema bancario che per l'opacità che presenta nella formazione dei prezzi gode di rendite esclusivamente connesse con la disinformazione dei risparmiatori e dei prenditori di fondi. Essa perseguirebbe questo obiettivo, anziché imponendo la trasparenza delle condizioni, attraverso la realizzazione coattiva del risultato cui tale trasparenza dovrebbe portare, ossia la eliminazione delle segmentazioni territoriali e per clientela che la non trasparenza oggi ancora consente.

Ma la norma può anche essere letta in una chiave molto diversa e per certi profili antitetica a quella appena indicata. Il principio della parità di trattamento può essere considerato lo strumento che il legislatore ha adottato per imporre alle aziende una regola di condotta ritenuta indispensabile per soddisfare interessi non riconducibili alla trasparenza o all'efficienza delle imprese bancarie e che possono individuarsi nell'esigenza di assicurare in tutto il paese prezzi uniformi per i prodotti bancari, nell'interesse dei risparmiatori a conseguire corrispettivi più alti per il proprio risparmio e dei prenditori di credito a ricevere finanziamenti a prezzi più contenuti.

In questa seconda prospettiva l'interesse protetto non va ricercato all'interno del sistema bancario (eliminare l'opacità che garantisce rendite a scapito dell'efficienza) ma all'esterno dello stesso (l'interesse pubblico ad una uniformità dei prezzi bancari). E non mancano le premesse di ordine culturale per sostenere questa seconda lettura: basti pensare che nel nostro sistema giuridico la parità di trattamento viene imposta esclusivamente alle imprese che operano sulla base di una concessione amministrativa (art. 1679) o si trovano in condizione di monopolio (art. 2597) e che normalmente alla parità di trattamento si accompagna l'obbligo a contrarre[47]. E questa impostazione potrebbe inserirsi abbastanza facilmente nell'ambito delle tesi che configurano a carico delle aziende quest'ultimo obbligo[48] e che vedono nelle imprese bancarie altrettante imprese-funzione.

Questa seconda lettura non sembra tuttavia necessaria, se si tien

[45] In proposito v. A. Nigro, *Operazioni bancarie e parità di trattamento*, in «Dir. banc.», 1987, I, pp. 37 ss.; N. Salanitro, *Tassi e condizioni nei contratti bancari. Vincoli di trasparenza e di uniformità*, in «Banca borsa e tit. di cred.», 1989, I, pp. 489 ss.; L. Nivarra, *La banca fra obblighi a contrarre e regole di trasparenza*, in «Cont. e impresa», 1988, p. 145; F. Martorano, *Trasparenza e parità di trattamento nelle operazioni bancarie*, in «Banca e borsa e tit. cred.», 1991, I, pp. 629 ss.

[46] Si vedano le dichiarazioni del sen. Cavazzuti alla Commissione Bilancio nella seduta del 15 gennaio 1986, in Senato della Repubblica, XI legislatura, «Giunte e Commissioni Parlamentari», 461° resoconto, p. 23.

[47] Su questi temi, con riferimento all'attività bancaria, A. Nigro, *Attività bancaria e vincoli a contrarre delle banche*, in *La concorrenza bancaria*, a cura di L.C. Ubertazzi, Milano, Giuffrè, 1985, pp. 227 ss.

[48] Sul punto A. Nigro, *Attività*, cit., pp. 227 ss.

conto delle ragioni che hanno motivato l'introduzione nel nostro ordinamento della norma in esame; incentrate, soprattutto, sulla necessità di eliminare la segmentazione tuttora esistente nel mercato del credito. D'altro canto, la norma deve essere collocata nell'ambito del nuovo ordinamento bancario, così come si è venuto modellando lungo le linee fissate dalle direttive comunitarie; nuovo ordinamento che preclude interventi sulle scelte aziendali diretti a perseguire interessi diversi da quelli che si riassumono nella sana e prudente gestione delle banche, nella stabilità complessiva del sistema bancario e nella sua «efficienza» e «competitività». Ed è proprio alla luce di questo contesto che sembra da preferirsi una lettura della norma che ne privilegi la capacità di contribuire e rendere più concorrenziale il mercato bancario, piuttosto che la sua attitudine a strumentalizzare le banche a fini diversi.

2.6.6. *Gli investimenti in immobili.* La legge bancaria (art. 35, 2° comma lett. *a*) prendeva in esplicita considerazione gli investimenti in immobili attribuendo alla Banca d'Italia la facoltà di «disciplinare il rapporto fra il patrimonio sociale e gli investimenti in immobili e titoli azionari». La norma considerava unitariamente i due tipi di investimenti, che pur presentano problematiche molto diverse, in ordine alla necessità di stabilire l'ammontare massimo degli stessi.

E la considerazione unitaria, sotto quest'ultimo profilo, trovava la propria ragion d'essere nel convincimento che entrambi gli investimenti presentino un grado di «immobilizzazione» che può pregiudicare la liquidità dell'azienda di credito. Dando attuazione alla predetta disciplina la Banca d'Italia aveva considerato unitariamente investimenti in immobili e in partecipazioni stabilendo che il loro ammontare complessivo, al netto dei relativi fondi di ammortamento e svalutazione, non doveva superare il limite del patrimonio dell'azienda.

Il T.U. non prende in esplicita considerazione gli investimenti in immobili, ma non v'è dubbio che nell'ambito dei provvedimenti di vigilanza regolamentare diretti a contenere il rischio (di liquidità) le autorità creditizie possano porre vincoli agli investimenti in immobili. Ed in effetti le autorità creditizie hanno confermato dopo l'entrata in vigore del T.U. il massimale fissato dalle precedenti disposizioni: gli investimenti in partecipazioni ed immobili non possono superare il patrimonio di vigilanza[49].

Nell'ambito del massimale appena indicato le banche, almeno secondo le disposizioni emanate sulla base dell'art. 35 della legge bancaria e allo stato ancora in vigore, possono liberamente effettuare investimenti immobiliari, nel senso che gli stessi non sono soggetti ad alcuna preventiva autorizzazione.

Esiste, tuttavia, uno specifico interesse dell'organo di vigilanza a conoscere tali investimenti e non solo per assicurare il rispetto del limite suddetto ma anche per evitare che l'azienda sottragga eccessive risor-

[49] V. Banca d'Italia, *Istruzioni di vigilanza*, cit., cap. XVIII.

se all'esercizio del credito. E sotto questo profilo la disciplina amministrativa considera «detenibili» solo gli immobili ad uso funzionale, ossia destinati all'esercizio dell'attività bancaria, mentre quelli che vengono acquisiti «per recupero crediti» ossia a tutela delle ragioni di credito dell'ente, debbono essere alienati «nel più breve tempo possibile», salva ovviamente la loro utilizzazione per l'esercizio dell'attività bancaria.

Ed è anche per consentire il controllo sulla qualità degli investimenti immobiliari, oltre che sulla loro entità, che le banche debbono comunicare all'organo di vigilanza gli investimenti in immobili; comunicazione che, tuttavia, dovrà essere preventiva per gli investimenti funzionali, mentre potrà essere successiva per quelli effettuati a tutela delle ragioni creditorie.

2.7. Le partecipazioni detenibili

2.7.1. *La disciplina comunitaria*. *a*) Il T.U. indica in modo specifico fra gli oggetti della vigilanza regolamentare le «partecipazioni detenibili» (art. 53, 1° comma lett. *c*), sottolineando così l'importanza del relativo investimento sia per l'organizzazione dell'attività finanziaria delle banche sia per la realizzazione dei rapporti che si instaurano fra banche e imprese non finanziarie.

È proprio nella consapevolezza del ruolo centrale della disciplina delle partecipazioni, nella creazione di un mercato bancario comune, la direttiva 89/646 dedica loro una particolare attenzione, individuando in esse un momento sul quale doveva necessariamente intervenire una armonizzazione minima degli ordinamenti nazionali prima dell'attuazione del mutuo riconoscimento delle autorizzazioni bancarie.

D'altro canto, per comprendere la necessità e, ad un tempo, la difficoltà di una siffatta armonizzazione basta ricordare le profonde differenze che caratterizzavano sul punto i vari ordinamenti nazionali sia per quanto concerne le partecipazioni finanziarie sia per quanto riguarda le partecipazioni non finanziarie. Sotto il primo profilo, accanto ad ordinamenti che ammettevano senza incertezze la possibilità che gli enti creditizi esercitassero tutte le attività finanziarie, esistevano ordinamenti, come quello italiano, che, almeno sul piano delle norme di vigilanza, non consentivano il modello della banca universale e spingevano le banche verso il modulo del gruppo polifunzionale, articolato attraverso la partecipazione degli enti creditizi in società finanziarie. Non meno differenziati erano i vari ordinamenti per quanto riguarda i rapporti fra le banche e le imprese non finanziarie: accanto ad ordinamenti, come quello tedesco, che non ponevano limiti alla assunzione di partecipazioni industriali (o comunque non finanziarie) da parte delle banche, esistevano ordinamenti, come quello italiano, nei quali, sia pure sulla base di disposizioni amministrative, si vietava alle banche l'assunzione di partecipazioni industriali (con l'eccezione — nel nostro ordinamento — degli istituti di credito). E, come è naturale, le linee lungo le quali si è mossa la direttiva 89/646 sono linee di compromesso fra i modelli estremi.

b) La disciplina della direttiva fa perno sulla nozione di «partecipazione qualificata» e sulla distinzione fra imprese finanziarie e imprese non finanziarie. Così, dopo avere precisato (art. 1), che per «partecipazione qualificata» deve intendersi una «partecipazione in un'impresa, diretta o indiretta, non inferiore al 10% del capitale sociale o dei diritti di voto oppure che comporta la possibilità di esercitare un'influenza notevole sulla gestione dell'impresa in cui è detenuta una partecipazione», stabilisce, per questo tipo di partecipazione, due regimi diversi, a seconda che concernano imprese bancarie e finanziarie o imprese non bancarie e non finanziarie.

In queste ultime le banche non possono assumere alcuna partecipazione qualificata che superi il 15% dei fondi propri della banca (art. 12, 1° comma) e l'insieme delle partecipazioni nelle stesse non può essere superiore al 60% dei medesimi fondi propri della banca. Come si può notare, la direttiva non esclude che una banca possa detenere anche l'intero capitale di un'impresa industriale, ma si preoccupa di porre un vincolo, individuale, diretto ad evitare una eccessiva concentrazione dei rischi e un vincolo, complessivo, diretto a contenere il rischio di immobilizzazione, insito nella dimensione della partecipazione. Anche con riferimento alle partecipazioni nelle imprese non finanziarie queste preoccupazioni non sono avvertite quando le partecipazioni siano minori, ossia non qualificate: in tal caso queste possono assorbire gli impieghi della banca in misura superiore al 15% dei fondi propri, individualmente, e il 60% degli stessi, complessivamente.

La direttiva non pone, invece, limiti per quanto concerne le partecipazioni delle banche in altri enti creditizi o in enti finanziari (nell'ambito dei quali rientrano sia quelli che svolgono le attività ammesse al mutuo riconoscimento sia quelle «strumentali», ai sensi delle direttive 86/635 sui bilanci bancari), lasciando liberi gli stati di considerare finanziaria anche l'attività delle compagnie di assicurazione (art. 12, 3° comma).

La ragione della discriminazione non sta tanto nelle caratteristiche economiche dell'impresa partecipata quanto nella presenza o nell'assenza di una vigilanza sulla solvibilità e la sana e prudente gestione sulla stessa. In altre parole, nel momento in cui ha posto un limite alla partecipazione delle banche nelle imprese non finanziarie, il legislatore comunitario non ha fatto proprio il principio della separatezza fra banca e impresa, sul quale torneremo in seguito, ma si è preoccupato di contenere i rischi di concentrazione e di liquidità; rischi considerati accettabili con riferimento alle partecipazioni assunte in altre banche e in altre imprese finanziarie per il fatto che queste ultime sono assoggettate a vigilanza prudenziale.

E la correttezza di questa conclusione si evince non solo dalla possibilità che, nei limiti sopra indicati, una banca acquisisca anche il controllo di una impresa non finanziaria, ma anche dal fatto che quegli stessi limiti possono essere disapplicati dagli ordinamenti nazionali, purché prevedano che le «eccedenze» siano coperte al 100% da fondi propri e che questi ultimi non rientrino nel calcolo del coefficiente di solvibilità.

2.7.2. *La disciplina di vigilanza: le partecipazioni bancarie e finanziarie. a*) La disciplina comunitaria ha costituito il punto di riferimento delle disposizioni che in materia di partecipazioni detenibili sono state emanate dalle autorità creditizie (decreto del Ministro per il Tesoro 22 giugno 1993 e successive Istruzioni della Banca d'Italia)[50]. A cominciare dalle nozioni di «partecipazione» e «partecipazione qualificata» e dalla rilevanza attribuita alla distinzione fra partecipazioni in imprese bancarie e finanziarie e partecipazioni in imprese diverse da queste.

La nozione di partecipazione coincide con quella adottata in sede di disciplina dei bilanci bancari e ricomprende solo le «partecipazioni» (in senso civilistico) che realizzino una «situazione di legame durevole» con la partecipata, essendo destinate a «sviluppare l'attività del partecipante e presumendosi comunque tali quelle che comportino la titolarità di almeno un decimo dei diritti di voto nell'assemblea ordinaria» (cfr. art. 4, 1° comma del D.Lgt. 87/1992).

Mentre la nozione di «partecipazione qualificata» riproduce alla lettera l'analoga nozione accolta dalla direttiva 89/646 e sopra riprodotta. La distinzione fra partecipazioni qualificate e partecipazioni non qualificate non rileva, tuttavia, al fine di determinare il massimale posto all'assunzione di partecipazioni, in generale: l'ammontare complessivo degli investimenti relativi, unitamente agli investimenti in immobili, non può superare comunque il limite del patrimonio di vigilanza.

Nell'ambito, per altro, di questo massimale la disciplina delle partecipazioni si articola, come dicevamo, in modo diverso a seconda della natura finanziaria o non finanziaria della partecipata; una speciale disciplina è infine prevista per le partecipazioni acquisite per recupero crediti o in imprese in temporanea difficoltà finanziaria.

b) Le banche possono «liberamente» assumere partecipazioni in altre banche e in società finanziarie, con sede legale sia in Italia sia all'estero. È necessaria, per altro, la preventiva autorizzazione della Banca d'Italia qualora l'ammontare della partecipazione superi una delle seguenti soglie: *a*) il 10%, il 20% della società partecipata o il controllo della stessa; *b*) il 10% del patrimonio di vigilanza della banca partecipante. Come è facile notare l'autorizzazione è richiesta in considerazione del sostanziale mutamento del «coinvolgimento» della banca nella partecipata e quindi del maggior grado di immobilizzazione che lo stesso comporta e della crescente concentrazione dei rischi che determina il maggior impegno di fondi propri della partecipante.

Naturalmente questa disciplina si aggiunge a quella prevista per l'assunzione di partecipazioni nel capitale delle banche (art. 19 T.U.): quest'ultima non ha come punto di riferimento della tutela normativa l'interesse della banca partecipante, come la disciplina appena illustra-

[50] Sulla disciplina di vigilanza previgente v. da ultimo A. Antonucci, *Le partecipazioni degli enti creditizi*, in «Banca impresa società», 1992, p. 264, e E. Loffredo, *Le partecipazioni societarie delle banche: profili sistematici*, in «Riv. dir. civ.», 1992, I, pp. 65 ss.

ta, ma ha come obiettivo la «tutela» della banca partecipata, sotto il profilo della corretta gestione della stessa.

c) Alla disciplina dettata per l'assunzione di partecipazioni nelle imprese bancarie e finanziarie viene assimilata quella prevista per le imprese di assicurazione: valgono per queste le stesse regole dettate per le prime e sopra illustrate con una sola differenza: l'ammontare complessivo delle partecipazioni in imprese di assicurazione deve essere contenuto entro il limite del 40% del patrimonio di vigilanza. Una banca può, dunque, assumere anche il controllo di una compagnia di assicurazione, purché la partecipazione così acquisita non superi il 40% del patrimonio di vigilanza. E a questa conclusione non oppone alcun ostacolo neppure l'ordinamento delle imprese assicurative, dal momento che lo stesso non prevede alcun limite «merceologico» per coloro che intendano assumervi partecipazioni. Fermo restando che quando la partecipazione sia di controllo è necessaria l'autorizzazione dell'ISVAP, autorizzazione tesa a garantire l'indipendenza delle imprese e degli enti assicurativi e la tutela degli assicurati.

La sostanziale assimilazione, sotto il profilo della disciplina delle partecipazioni, delle assicurazioni alle società finanziarie, trova la propria giustificazione in ragioni analoghe a quelle che spiegano la stessa assimilazione sotto il profilo delle partecipazioni nelle banche: le imprese di assicurazione sono normalmente imprese che raccolgono fondi, al pari delle banche, e quindi sono meno evidenti i pericoli di conflitti di interessi che possono sorgere dai reciproci rapporti di controllo; d'altro canto, la sottoposizione delle imprese di assicurazione a penetranti controlli di stabilità contribuisce a ridurre il rischio insito nella partecipazione; tutto ciò a prescindere dal fatto che la integrazione oggettiva fra i prodotti e le attività del settore bancario e di quello assicurativo sollecita la possibilità di accendere anche rapporti di partecipazione reciproca[51].

2.7.3. *Le partecipazioni non finanziarie*. *a*) Molto più restrittiva è la disciplina di vigilanza per quanto concerne l'assunzione di partecipazioni in imprese non finanziarie; disciplina sostanzialmente improntata al principio della separatezza fra banca e industria, anche se non mancano importanti deroghe a tale principio. Si tratta, come abbiamo già ricordato illustrando il rapporto industria-banca a proposito delle partecipazioni nel capitale delle banche, di uno dei tratti distintivi di un ordinamento bancario, per non dire dell'intero sistema economico.

In quella sede abbiamo tratteggiato lo sviluppo che ha avuto nel nostro sistema la disciplina del rapporto industria-banca; sembra opportuno svolgere qui qualche considerazione analoga sul rapporto banca-industria[52]. Come abbiamo a suo tempo ricordato, la legge bancaria

[51] Sui rapporti di partecipazione fra banche e assicurazioni v. i contributi contenuti in *Banche e assicurazioni*, a cura di F. Cesarini e R. Varaldo, Torino, UTET, 1992.

[52] Molteplici sono i contributi della dottrina economica sul tema banca-impresa. Fra quelli più recenti v. P. Biffis, *La banca universale italiana*, in «Il risparmio», 1993,

del 1926 non conteneva nessuna limitazione specifica per l'assunzione di partecipazioni industriali da parte delle banche, potendo se mai la stessa rientrare nei limiti di fido che trovavano applicazione per tutte le operazioni di concessione di credito, nell'ambito delle quali poteva essere concettualmente ricondotto anche il finanziamento realizzato attraverso l'assunzione di partecipazioni (credito mobiliare). Abbiamo anche fatto cenno dei disastri ai quali aveva condotta l'assunzione di partecipazioni industriali da parte delle banche alla fine degli anni venti e nei primi anni trenta e che segnavano ancora la realtà finanziaria del nostro paese nel momento in cui fu emanata la legge bancaria del 1936-38.

E non v'è dubbio che nella cultura e nelle scelte politiche che accompagnarono quest'ultima fosse ben chiaro l'intento di impedire che le aziende di credito rimanessero nuovamente coinvolte nelle vicende delle imprese e nella loro gestione. Questo principio, tuttavia, come abbiamo già sottolineato, non si espresse in un divieto legislativo per le aziende di credito ad assumere partecipazioni nelle imprese, ma si tradusse nell'attribuzione (art. 35, 2° comma lett. *a*) alle autorità creditizie del potere di sottoporre alla preventiva autorizzazione il relativo investimento e di disciplinare il rapporto massimo fra il patrimonio dell'ente e l'entità dei mezzi impiegati in partecipazioni. Il principio della separatezza fra banca e impresa non era, dunque, legislativamente fissato ma rientrava fra le scelte di politica creditizia consentite alle autorità preposte alla vigilanza bancaria.

E queste ultime, memori del fatto che la crisi del sistema bancario italiano della fine degli anni venti fu determinata in larga misura dal coinvolgimento delle banche nelle sorti del sistema produttivo, hanno sempre adottato il principio secondo il quale le banche non avrebbero dovuto essere coinvolte nelle vicende economiche e gestionali delle imprese, sia per il rischio di immobilizzazione che l'assunzione di partecipazioni industriali avrebbe comportato sia per consentire una erogazione del credito più rispettosa del merito di credito delle imprese.

La disciplina di vigilanza era, per altro, diversa per le aziende e per gli istituti di credito, anche in relazione alla natura della loro provvista[53].

Le aziende, la cui raccolta era essenzialmente a vista o a breve, non avrebbero potuto assumere partecipazioni industriali di nessun tipo ed

pp. 1 ss.; R. Masera, *Intermediari, mercati e finanza d'impresa*, Bari, Laterza, 1991, pp. 45 ss.; M. Mori, *Banca e impresa*, Padova, CEDAM, 1988; M. De Cecco, *Le imprese fra banca e finanza*, in «L'industria», 1988, pp. 5 ss.

[53] Sulla disciplina del rapporto banca-impresa, prima del T.U. del 1993 v. M. Porzio, *I rapporti banca-impresa nella normativa vigente*, in «Rassegna economica», 1987, p. 917; F. Belli, *Note a margine della nuova normativa di vigilanza sul rapporto banca individuo*, in «Diritto banc. e merc. fin.», 1988, pp. 472 ss.; e A. Antonucci, *Merchant banking*, Bari, Cacucci, 1989, pp. 155 ss., nonché T. Bianchi, *Le partecipazioni bancarie*, in «Banche e banchieri», 1981, p. 487; R. Costi, *Le partecipazioni delle aziende di credito*, in «Giur. comm.», 1982, I, pp. 123 ss., e C. Oteri, *La riforma delle partecipazioni bancarie: presupposti, obiettivi, stato di attuazione e prospettive*, in «Boll. ec. della Banca d'Italia», 1984, 2, pp. 128 ss.

in nessuna misura e, quindi, indipendentemente dalla frazione di fondi propri che l'investimento avesse comportato e dal fatto che la partecipazione non fosse di controllo e non comportasse, comunque, alcun coinvolgimento nella gestione dell'impresa partecipata. L'applicazione del principio di separatezza così duramente perseguita per le aziende, trovava qualche ammorbidimento per gli istituti di credito, in considerazione del fatto che la loro provvista era a scadenza protratta e quindi il rischio di liquidità presentava caratteri meno accentuati: essi potevano assumere partecipazioni nelle imprese operanti nei settori nel cui finanziamento erano specializzati (sempre che una siffatta limitazione caratterizzasse la loro attività creditizia) e, in ogni caso, non potevano mai assumere partecipazioni di controllo, con esclusione, quindi, di ogni coinvolgimento nella gestione delle imprese.

b) Il principio di separatezza, sotto il profilo qui in esame, fu messo alla prova, nella storia più recente del nostro ordinamento, soprattutto in due occasioni. Innanzitutto in concomitanza con i gravi problemi di ristrutturazione finanziaria delle imprese che caratterizzarono la seconda metà degli anni settanta e che trovarono, per il profilo che qui interessa, una soluzione nella legge 5 dicembre 1978, n. 787.

Il grave indebitamente nei confronti del sistema bancario che anche allora caratterizzava il nostro sistema industriale, impediva anche alle imprese con risultati positivi sul piano industriale, il necessario equilibrio finanziario: di qui la necessità di interventi diretti a contenere gli oneri finanziari dell'industria ed in questa prospettiva, accanto al consolidamento dei debiti (attraverso la trasformazione dei più onerosi indebitamenti a breve termine in finanziamenti a scadenza protratta: cfr. art. 5 della legge 787/1978) fiscalmente agevolato, venne proposta la «trasformazione» dei crediti bancari in azioni, con la partecipazione quindi delle banche al capitale delle imprese.

L'ipotesi venne respinta proprio perché in conflitto con il principio della separatezza fra banca e industria, ma non si poté, per altro, evitare un qualche coinvolgimento delle banche nella ristrutturazione finanziaria delle industrie, anche sotto il profilo di un tendenziale incremento del capitale di rischio nei confronti di quello di credito. La soluzione non poteva non intaccare in qualche misura anche il rapporto banca-industria e nel convincimento che quel principio fosse fissato dalla legge bancaria, anziché essere affidato, come a noi pare, alle cure dell'organo di vigilanza, si ritenne indispensabile un intervento legislativo: costituito, appunto, dalla legge 787/1978. Questa consentiva alle aziende e agli istituti di credito di assumere partecipazioni in società per azioni (definite «consortili» forse in considerazione del fatto che finivano per realizzare interventi di ristrutturazione finanziaria concertati da una pluralità di banche), che avrebbero, a loro volta, potuto sottoscrivere azioni emesse da società in temporanea difficoltà finanziaria che dimostrassero di essere in grado di riacquistare il proprio equilibrio in un periodo non superiore a cinque anni (art. 1).

La legge e la disciplina di vigilanza però introdussero forti limitazioni all'assunzione di partecipazioni sia allo scopo di evitare la concentrazione del rischio (nessuna banca poteva avere una partecipazione di controllo nella società consortile) sia e soprattutto per evitare che le banche, sia pure non individualmente ma complessivamente, acquisissero il controllo dell'industria alla cui ristrutturazione partecipavano attraverso la società consortile: questa non avrebbe mai potuto acquisire partecipazioni superiori ad un terzo del capitale della società industriale[54].

Veniva così ribadito il principio secondo il quale le banche non potevano acquisire il controllo delle industrie. La legge prevedeva un limite temporale (5 anni) alla propria applicabilità: le società consortili costituite furono molto poche e normalmente i loro risultati furono deludenti.

La seconda occasione nella quale venne messo alla prova il principio di separatezza fu in occasione dell'introduzione nel nostro sistema finanziario delle società di *merchant banking*, la cui costituzione venne sollecitata soprattutto da parte delle autorità creditizie all'inizio degli anni ottanta[55]. Queste società, al di là delle suggestioni del riferimento all'esperienza inglese delle *merchant banks*, avrebbero dovuto avere per oggetto l'acquisizione temporanea di partecipazioni di minoranza nelle imprese con lo scopo di provvedere poi al loro collocamento sui mercati ufficiali, oltre che, naturalmente, quello di fornire alle imprese i necessari servizi di consulenza finanziaria. Lo scopo era sempre quello di consentire una maggiore patrimonializzazione delle imprese e un ruolo più importante ai mercati nel reperimento del capitale di rischio.

Era abbastanza naturale, data la sua centralità nel sistema finanziario, che il sistema bancario venisse chiamato a creare società di *merchant banking*. Ma la partecipazione a queste ultime di aziende ed istituti di credito doveva fare i conti con la disciplina di vigilanza allora vigente e soprattutto con il principio della separatezza fra banca e industria. E proprio partendo dal convincimento, a mio avviso errato[56], che quel principio avesse trovato una codificazione nella legge bancaria si ritenne da più parti[57] che la partecipazione delle banche a società di

[54] Sulle società consortili previste dalla 787/1978 v. per tutti G. Pellizzi, *Le banche e le società consortili per il risanamento delle imprese*, in «Riv. società», 1979, pp. 849 ss.; M. Casella, *Norme di finanziamento e di liquidazione delle società consortili*, in «Riv. società», 1979, p. 863; P. Marchetti, *Aspetti societari della legge sul risanamento finanziario delle imprese*, in «Riv. società», 1979, pp. 1153 ss.; F. Capriglione, *I consorzi bancari e la legge sulla ristrutturazione finanziaria*, Milano, Giuffrè, 1979.

[55] La prima indicazione in proposito è nella Relazione del Governatore Ciampi all'assemblea generale della Banca d'Italia tenutasi il 31 maggio 1983, alla p. 410. Nella stessa linea L. Dini, *Capitale di rischio per le imprese: il ruolo del «merchant banking»*, in ABI-Fideuram, *Risparmiare per investire*, Roma, 1984, pp. 147 ss.; V. Desario, *Economia reale e credito: la specializzazione degli intermediari creditizi e il finanziamento degli investimenti*, in «Banca impr. soc.», 1985, pp. 199 ss.

[56] Cfr. R. Costi, *Una legge per le merchant banks?*, in «Banca impr. soc.», 1985, pp. 407 ss.

[57] M. Sarcinelli, *Intermediari del tipo «merchant banks»: un passo verso il futuro o un ritorno all'antico?*, in «Banca borsa e tit. cred.», 1986, I, p. 129, e per alcune riflessioni critiche R. Costi, *Presupposti e contenuti di una disciplina legislativa delle merchant banks*, in «L'impresa bancaria», 1986, n. 3, pp. 16 ss.

merchant banking non fosse consentita, neppure quando queste ultime si fossero limitate all'assunzione di partecipazioni industriali di minoranza, in assenza di un provvedimento legislativo che introducesse una deroga alla scelta che si assumeva essere stata compiuta dal legislatore. E sulla scia di questo convincimento, ed anche per realizzare una parità di trattamento fra *merchant banks* di origine bancaria e *merchant banks* di origine non bancaria, il Governo sottopose ripetutamente al Parlamento progetti di discipline speciali per questi nuovi intermediari finanziari, ma nessuno di quei progetti riscosse l'approvazione del Parlamento[58].

In realtà, abbiamo potuto constatare che il principio della separatezza non è stato legislativamente sancito e che lo stesso era il frutto di scelte di politica creditizia che le autorità preposte al settore bancario, avrebbero potuto anche modificare. Ed in effetti, alla fine, le autorità creditizie (delibera CICR 6 febbraio 1987) introdussero una disciplina delle società di *merchant banking* che consentì la loro costituzione da parte di aziende ed istituti di credito, escludendo, per altro, che le stesse potessero assumere il controllo delle imprese industriali partecipate. Più esattamente si stabilì che le *merchant banks* (definite società di intermediazione finanziaria) non potessero acquisire partecipazioni in imprese non finanziarie per un valore superiore al proprio patrimonio; che ogni singola partecipazione non potesse superare il quinto del patrimonio della società di intermediazione medesima e, soprattutto, che le quote di partecipazione assunte da quest'ultima dovessero essere di minoranza e, comunque, non potessero attribuire alla medesima neppure il controllo di fatto dell'impresa industriale[59].

In altri termini, si vietava alle banche ogni coinvolgimento nel controllo e, quindi, nella gestione delle imprese industriali.

c) E quest'ultimo vincolo è stato conservato in linea di massima anche dalla disciplina di vigilanza[60] che, ai sensi dell'art. 53, 1° comma lett. *c*) del T.U., il Ministro per il Tesoro (con decreto 22 giugno 1993, n. 242632, assunto previa delibera del CICR) e la Banca d'Italia hanno emanato in tema di partecipazioni in imprese non bancarie e non finanziarie (qui genericamente definite industriali o semplicemente non finanziarie).

Le norme di vigilanza, in conformità con la disciplina comunitaria, consentono oggi alle banche di acquisire partecipazioni anche in imprese industriali, ma chiariscono subito che tale facoltà è considerata come

[58] Tali progetti sono pubblicati in «Banca impr. soc.», 1985, pp. 421 ss. con osservazioni di R. Costi e in «Banca borsa e tit. cred.», 1986, I, p. 253, con annotazioni di N. Salanitro.

[59] Sulle società di *merchant banking* v. per tutti A. Antonucci, *Merchant banking*, cit., *passim*.

[60] Il nuovo ordinamento ha però eliminato i vincoli che incontravano le *merchant banks* nella precedente disciplina, le stesse sono state equiparate in tutto alle società finanziarie e pertanto le loro partecipazioni industriali (di minoranza) non costituiscono partecipazioni industriali del gruppo bancario.

uno strumento per arricchire i canali di finanziamento delle imprese, ossia come una forma di credito mobiliare e non come un mezzo per assicurare la penetrazione delle banche in nuovi settori di attività (come sono invece le partecipazioni finanziarie). E già in questa concezione è insito il limite alla assunzione di partecipazioni: queste non potranno essere, in linea di principio, partecipazioni di controllo, come dovrebbero essere se fossero uno strumento di espansione della banca in nuovi settori produttivi. E, sottolineano ancora le norme di vigilanza, questo strumento di finanziamento presenta maggiori rischi di quelli insiti nei finanziamenti realizzati attraverso contratti di credito sia perché «il rimborso dei diritti patrimoniali avviene in via residuale rispetto ai creditori ordinari», sia perché il valore della partecipazione è esposto alle fluttuazioni derivanti dalle prospettive economiche dell'impresa «affidata».

Sulla base di questi principi, e dopo aver, da un lato, ribadito che l'insieme complessivo di tutte le partecipazioni, finanziarie e non finanziarie, sommato al valore degli investimenti in immobili, non può superare il patrimonio di vigilanza e, dall'altro, avvertito che le banche «devono dotarsi di strutture e di procedure interne idonee a presidiare adeguatamente i rischi insiti nel credito mobiliare», le norme di vigilanza dettano una disciplina generale delle partecipazioni in imprese non finanziarie e alcune norme speciali per le banche «abilitate» e per quelle «specializzate»; discipline speciali che allentano i vincoli generalmente imposti per le partecipazioni non finanziarie. Una regolamentazione speciale, ma solo nel senso che consente l'assunzione di partecipazioni in società nelle quali altrimenti la stessa non sarebbe permessa, viene dettata per le ipotesi di partecipazioni acquisite per «recupero crediti» o in imprese «in temporanea difficoltà finanziaria».

d) In linea di principio nella assunzione di partecipazioni non finanziarie «le banche hanno come punto di riferimento il ritorno economico, al netto del rischio assunto»: il criterio appunto è quello del finanziamento di credito mobiliare nell'ambito del quale il corrispettivo per il finanziatore è dato dall'accresciuto valore di mercato della partecipazione acquisita.

Ed è proprio sotto questo profilo che l'assunzione di partecipazioni per il recupero dei crediti e nelle imprese in temporanea difficoltà non viene ricompresa nell'ambito del credito mobiliare così definito. Queste le regole generali e speciali per l'assunzione di partecipazioni non finanziarie[61].

e) Vengono fissati come cardini della disciplina generale, applicabile anche nei casi sottoposti a disciplina speciale, in quanto, ovviamente, non derogati da quest'ultima, tre tipi di limiti: i primi due con riferimento ai fondi propri della banca e il terzo con specifica attenzione al

[61] Le norme di vigilanza assimilano alle partecipazioni non finanziarie quelle assunte in società strumentali ossia in società che esercitano in via esclusiva o prevalente attività non finanziarie, che hanno carattere ausiliario dell'attività bancaria; quando non siano di controllo. Se sono di controllo debbono comunque essere autorizzate dalla Banca d'Italia.

principio della separatezza e quindi al capitale della società partecipata.

Si stabilisce, anzitutto, un limite complessivo per le partecipazioni non finanziarie: esse non possono superare nell'insieme il 15% dei fondi propri della banca e, al fine di contenere il rischio di immobilizzazioni, la quota di partecipazioni in imprese non quotate nei mercati regolamentati non può superare la metà dello stesso limite. Si fissa poi, sempre con riferimento ai fondi propri della banca partecipante, e allo scopo di contenere la concentrazione del rischio, un tetto all'ammontare di ciascuna singola partecipazione non finanziaria; nessuna di queste può singolarmente superare il 3% del patrimonio di vigilanza. Si pone infine un limite a tutela della «separatezza», e quindi determinato con riferimento al capitale della società industriale partecipata: la banca non può assumere in alcuna industria una partecipazione superiore al 15% del capitale della medesima e nel relativo computo si tiene conto anche delle azioni a qualunque titolo detenute (ad es. in garanzia) che attribuiscano alla banca il diritto di voto. Come si può notare da quest'ultima precisazione, le norme di vigilanza mettono in luce che l'obiettivo perseguito attraverso la separatezza è proprio quello di impedire il coinvolgimento della banca nell'esercizio del potere di gestione sull'industria.

Se si tengono presenti le norme della direttiva, appare con tutta evidenza che le autorità creditizie italiane hanno introdotto una disciplina generale delle partecipazioni non finanziarie molto più rigida di quella pretesa dalle norme comunitarie. Il che è già vero sotto il profilo dei vincoli ancorati al rischio di immobilizzazione e concentrazione, per il computo dei quali prendono in considerazione — a differenza della direttiva — anche le partecipazioni non qualificate, fissando poi soglie quantitative più basse. Ma è vero, soprattutto, sotto il profilo della separatezza; secondo la tradizionale linea della vigilanza italiana, si impedisce non solo che le banche possano acquisire il controllo di un'industria ma anche che, in quest'ultima, esse possano detenere più del 15% del «potere» e del «rischio».

f) Come si accennava qualche grado di libertà in più è concesso alle banche «abilitate» e a quelle «specializzate». Le prime sono le «banche di primaria importanza, con un patrimonio di vigilanza non inferiore a 2.000 miliardi e con una situazione patrimoniale pienamente soddisfacente rispetto al coefficiente di solvibilità». Queste grandi banche possono chiedere di essere autorizzate «ad una maggior operatività nel comparto delle partecipazioni non finanziarie». La Banca d'Italia, tenuto conto della esperienza dalle stesse maturata nel comparto dell'assistenza finanziaria alle imprese, della loro situazione «tecnica», valutata alla luce della concentrazione dei rischi e dell'equilibrio della situazione finanziaria e dell'esposizione ai rischi di mercato ed infine dell'adeguatezza organizzativa, può «abilitarle» a questa maggior operatività. In tal caso il limite complessivo si estende dal 15% al 50% dei fondi propri e quello individuale dal 3% al 6% dei medesimi.

In linea di principio rimane invece fermo al 15% del capitale della partecipata il limite di separatezza: tuttavia, possono essere acquisite partecipazioni anche di dimensione superiore purché il valore della partecipazione sia contenuto entro il 2% del patrimonio di vigilanza delle banca «abilitata». Si consente, dunque, anche l'assunzione di una partecipazione industriale di controllo ma questa non può avere un valore superiore al 2% dei fondi propri della banca.

Il contenimento in questi limiti fa sì, dunque, che il coinvolgimento della banca nella gestione dell'impresa, rappresenti per la medesima un rischio sostanzialmente marginale.

g) Una disciplina analoga viene adottata per la categoria delle grandi banche «specializzate», per le quali, proprio in considerazione di questa specializzazione i vincoli sono ulteriormente allentati anche nei confronti di quelli previsti per le grandi banche abilitate. E la specializzazione di queste banche va ricercata nella struttura del passivo, «caratterizzata prevalentemente da una raccolta a medio e lungo termine con preclusione di quella a vista».

Riemergono qui, come è evidente, i tratti fisionomici degli istituti di credito eliminati dal T.U.: la preclusione della raccolta a vista e la prevalenza di una raccolta a medio e lungo termine riducono notevolmente il rischio di illiquidità ed escludono la banca dal sistema dei pagamenti, nel senso che le sue passività non sono strumenti di pagamento. Entrambe le circostanze consentono l'accettazione di un rischio da immobilizzazione anche maggiore di quello consentito alle grandi banche «abilitate» che raccolgono a vista. Si consente allora un notevole innalzamento del limite complessivo, che passa al 60% del patrimonio di vigilanza e viene computato tenendo conto solo delle partecipazioni «qualificate» ed anche il limite individuale passa al 15% dei fondi propri della banca; mentre il limite da separatezza rimane fissato nei termini appena indicati per le grandi banche abilitate.

h) Come emerge chiaramente dall'analisi delle norme di vigilanza appena richiamate le autorità hanno tenuto fede, in linea di principio, alla regola della separatezza; una regola adottata anche in altri ordinamenti come quello inglese e quello americano, ma respinta da sistemi finanziari importanti come quello tedesco e quello giapponese. In particolare le autorità creditizie italiane hanno escluso, tranne qualche ipotesi marginale, la possibilità per le banche di assumere il controllo dell'industria.

Le ragioni di questa scelta stanno soprattutto nella preoccupazione che l'industria controllata da una banca diventi una semplice «sezione» industriale di quest'ultima, sottratta allo scrutinio del merito di credito e quindi in condizioni di ingiustificato vantaggio anche nei confronti delle imprese industriali concorrenti. Questo pericolo è meno evidente quando la partecipazione sia di minoranza: in questo caso si pongono soprattutto problemi di smobilizzo e quindi di liquidità, ma non anche di distorsione nell'allocazione del credito bancario. L'ordinamento italiano ha ritenuto contenibile il primo rischio, non anche il secondo, se non in casi marginali. Ma si tratta, ugualmente, di una notevole innovazione nei confronti dell'ordinamento di vigilanza precedente, che rifiutava anche il primo.

2.7.4. *Le partecipazioni per recupero crediti e in imprese in temporanea difficoltà*. *a*) Come si accennava le norme di vigilanza dettano poi discipline particolari per le partecipazioni acquisite per recupero crediti e nelle imprese in temporanea difficoltà; nell'una come nell'altra ipotesi le partecipazioni possono essere sia finanziarie sia non finanziarie con la conseguente applicazione delle regole di vigilanza rispettivamente dettate per l'una o per l'altra categoria e appena illustrate.

Nell'ipotesi in cui la partecipazione sia stata acquisita in «pagamento» di un credito non puntualmente adempiuto dal debitore, la stessa non costituisce né una proiezione dell'attività della banca, come dovrebbero essere le partecipazioni finanziarie, né uno strumento di credito mobiliare utilizzato in vista del «ritorno economico», come dovrebbero essere le partecipazioni non finanziarie. Esse possono, ciononostante, essere acquisite a tutela dei diritti della banca, ma debbono essere «smobilizzate» alla prima favorevole occasione; nel frattempo concorrono a determinare i limiti già illustrati in precedenza.

L'ipotesi di acquisizione «per recupero crediti» postula il già accertato inadempimento del credito e l'acquisizione della partecipazione a parziale ristoro delle ragioni creditizie della banca.

b) Diversa è invece, e ben più delicata, l'ipotesi di acquisizione di partecipazioni in imprese in temporanea difficoltà, ipotesi concretamente postasi — come abbiamo constatato — alla fine degli anni settanta e che trovò poi una parziale sistemazione nella legge 787/1978.

Le norme di vigilanza riconoscono che le banche si possono, talvolta, trovare nella necessità di decidere «se convertire in azione crediti verso imprese in temporanea difficoltà», ed esprimono il convincimento che la conversione possa essere operata solo quando sia «economicamente conveniente per le banche», precisando subito che la stessa «può rivelarsi vantaggiosa a condizione che la crisi dell'impresa affidata sia temporanea, riconducibile essenzialmente ad aspetti finanziari e non di mercato e perciò esistano ragionevoli prospettive di riequilibrio nel medio periodo».

Quando non ricorrano queste condizioni la conversione «è dunque vietata». E l'accertamento di quelle condizioni è rimesso all'approvazione, da parte della Banca d'Italia, di un piano di risanamento (o progetto di ristrutturazione), dal quale emerga la capacità dell'impresa di recuperare il proprio equilibrio economico e finanziario in un periodo massimo di cinque anni, proposto da più banche, che rappresentino una quota elevata dell'indebitamente dell'impresa e delle quali almeno una sia di primaria importanza ed assuma la «responsabilità» di verificare la corretta esecuzione del piano.

L'acquisizione delle partecipazioni, per altro, deve riguardare azioni di nuova emissione e non quelle già in circolazione. Anche le partecipazioni così assunte incontrano i limiti quantitativi generalmente validi per l'acquisizione di partecipazioni.

2.7.5. *Le partecipazioni delle banche di credito cooperativo*. La disciplina appena descritta non riguarda le Banche di credito cooperative:

queste possono assumere partecipazioni solo in organismi di categoria, nonché in società per la gestione di servizi strettamente funzionali all'attività delle banche stesse.

2.7.6. *Le partecipazioni assunte per il collocamento*. I limiti appena illustrati per l'assunzione di partecipazioni non trovano applicazione per le azioni detenute a seguito dell'adesione a consorzi di garanzia e collocamento di azioni, «fino a sette giorni dopo la chiusura prevista per il collocamento». Trascorso tale termine trovano invece applicazione le suddette norme e i titoli rimasti in portafoglio dovranno essere collocati, a seconda delle scelte aziendali, fra i titoli non mobilizzati o fra le partecipazioni.

2.8. L'adeguatezza organizzativa

a) Abbiamo già potuto sottolineare la rilevanza che nella disciplina delle banche assume il modello organizzativo sia dell'ente che esercita l'attività sia dell'impresa. In proposito basti ricordare, sotto il primo profilo, il rifiuto di tutti i modelli organizzativi diversi dalla società per azioni e dalla società cooperativa a responsabilità limitata e, con riferimento al secondo, il controllo amministrativo sull'articolazione territoriale delle imprese (apertura di succursali). D'altro canto, tutte le norme che abbiamo illustrato in precedenza (dalla trasparenza delle partecipazioni al capitale delle banche, al contenuto del bilancio, ai compiti attribuiti al collegio sindacale) e che allontanano, per molti profili, le società bancarie dalle regole di diritto comune sono altrettanti indici della rilevanza che il modello organizzativo dell'ente assume nella disciplina dell'attività bancaria. E la norma che sanziona questa rilevanza è quella, dettata dall'art. 56, 1° comma del T.U., che sottopone le modificazioni statutarie all'accertamento, da parte della Banca d'Italia, della loro compatibilità con una sana e prudente gestione; espressione quest'ultima nella quale può ricomprendersi sia il funzionamento dell'ente sia l'organizzazione dell'esercizio dell'attività, ammesso che i due profili siano sempre distinguibili.

L'accertamento così consentito alla Banca d'Italia, sotto il profilo delle regole di organizzazione dell'ente, potrà portare al convincimento che il modello prescelto potrebbe in concreto mettere in pericolo la sana e prudente gestione dell'impresa: si pensi ad esempio alla previsione di competenze delegate (al comitato esecutivo o ad amministratori delegati) che spezzino l'unità della gestione dell'impresa, sottraendo, alla direzione generale i necessari poteri gestori. In tal caso la Banca d'Italia dovrebbe negare l'attestazione di compatibilità, a sua volta necessaria per la omologazione della modificazione statutaria.

La necessità di un modulo organizzativo adeguato alle caratteristiche dell'impresa bancaria appare ancora più evidente con riferimento all'organizzazione dell'impresa in quanto tale. Ed è soprattutto questo profilo che ha presente il T.U. quando attribuisce (art. 53, 1° comma lett. *d*) alla Banca d'Italia il potere di emanare disposizioni, in conformità con le deliberazioni del CICR, in materia di «organizzazione amministrativa e contabile» e di «controlli interni». Di quest'ultimo profilo ci siamo già occupati ricordando la peculiarità delle funzioni che il collegio sindacale è chiamato a svolgere nelle società bancarie[62]: le norme di vigilanza ritengono indispensabile la presenza, nella organizzazione aziendale, di un «servizio ispettivo interno», con un potere di controllo sulla regolarità delle procedure adottate nell'erogazione del credito e nella gestione degli affidamenti di tutta la struttura aziendale e con il compito di riferire al capo dell'esecutivo ossia al direttore generale, le risultanze dei propri accertamenti e con l'obbligo, di quest'ultimo, di riferire periodicamente al consiglio di amministrazione.

L'esame da parte del collegio sindacale degli accertamenti del Servizio ispettivo mette in condizione i sindaci di svolgere il loro ruolo di collegamento con l'organo di vigilanza esterno[63].

Per quanto concerne l'organizzazione amministrativa dell'impresa, la cui struttura complessiva deve essere preventivamente illustrata alla Banca d'Italia attraverso le risposte ad un questionario da quest'ultima predisposto, basti ricordare soltanto la speciale rilevanza che nelle imprese bancarie assume la Direzione generale. È un organo considerato dall'autorità di vigilanza necessario e non facoltativo come nel diritto comune, al quale debbono necessariamente far capo tutti i momenti dell'organizzazione d'impresa, che ha potere di proposta per le decisioni degli organi della società in materia di erogazione del credito e che costituisce il punto di riferimento dell'organo di vigilanza per i suoi controlli sull'impresa.

Sintomatica di questa «elevazione» della direzione alla «dignità» di organo della società bancaria è la equiparazione dei soggetti che svolgono le relative funzioni agli amministratori e ai sindaci sotto il profilo sanzionatorio, sia penale sia amministrativo.

b) Anche della adeguatezza dell'organizzazione contabile abbiamo già fatto cenno, quando abbiamo ricordato che l'obbligo di inviare segnalazioni periodiche tipizzate aveva influenzato e uniformato le regole di tenuta della contabilità delle banche; e la nuova disciplina del bilancio bancario prevede esplicitamente la necessità di una organizzazione contabile coerente con le caratteristiche di quest'ultimo.

Più in generale, e in conformità con quanto previsto dall'art. 2214, 2° comma Cod. civ., le banche dovranno tenere, oltre alle scritture generalmente obbligatorie per tutte le imprese, quelle che «siano richieste dalla natura e dalla dimensione dell'impresa». E l'art. 53, 1° comma, lett. *d*) del T.U., nel momento in cui attribuisce alla Banca d'Italia il po-

[62] Sul punto si veda P. Ferro Luzzi, *La funzione dei sindaci nel codice civile, nella legge bancaria e nel T.U. delle leggi sulle Casse di risparmio e sui Monti di credito di prima categoria*, in «Banca borsa e tit. cred.», 1985, I, pp. 38 ss.

[63] Cfr. R. Siciliano Baumet, *Il collegamento tra controllo interno e controllo esterno: un esempio da seguire?*, in *Banche in crisi 1960-1965*, a cura di F. Belli, G. Minervini, A. Patroni Griffi e M. Porzio, Bari, Laterza, 1987, pp. 243 ss.

tere di imporre le scritture contabili necessarie per una sana e prudente gestione della banca, riconosce alla stessa, la competenza ad individuare gli altri libri e le altre scritture che le banche debbono tenere, anche a norma del codice civile. In altri termini, le scritture contabili imposte dall'organo di vigilanza sono obbligatorie anche ai sensi delle norme codicistiche, con la conseguente applicazione di queste ultime, per quanto concerne le formalità previste per la tenuta delle medesime e la violazione del relativo obbligo.

Tra le scritture contabili dell'impresa bancaria la legge bancaria del 1936-38 disciplinava esplicitamente il libro dei fidi, stabilendo (art. 37, 2° comma) che le aziende di credito dovevano «tenere un libro aggiornato nel quale [fossero] trascritte, ai sensi delle istruzioni da darsi dalla Banca d'Italia, le concessioni di fido» e aggiungendo che per ogni fido dovevano essere «indicati i nomi dei funzionari che lo [proponessero]» (sottolineando in questo modo la rilevanza dell'organizzazione d'impresa per la disciplina di vigilanza).

E per esplicita disposizione della stessa legge bancaria al libro fidi delle banche dovevano applicarsi le norme dettate dal codice civile per le scritture obbligatorie d'impresa[64].

Il T.U. non contiene un'esplicita menzione del libro fidi, ma l'art. 53 in esame conserva alla Banca d'Italia il potere di imporre la sua tenuta, come quella delle altre scritture contabili ritenute necessarie, con l'applicazione delle norme codicistiche, in forza di quanto disposto dall'art. 2214, 2° comma sopra ricordato.

c) Merita un cenno, infine, lo «schedario nominativo dei rischi», dal quale deve emergere per ciascun cliente l'ammontare dei fidi accordati (in qualsiasi momento) nonché l'effettiva posizione debitoria (ad epoche determinate, con periodicità non superiore ad un mese) degli affidati. È uno strumento di controllo che sottolinea il collegamento fra regole contabili, controlli interni e vigilanza bancaria.

2.9. I provvedimenti «particolari»

Il T.U. ricomprende nell'ambito della vigilanza regolamentare alcuni poteri che la Banca d'Italia ha di «compulsare» gli organi della banche. Più esattamente questa può, a norma dell'art. 53, 3° comma T.U.: *a*) convocare gli amministratori, i sindaci e i dirigenti delle banche per esaminare la situazione delle stesse; *b*) ordinare la convocazione degli organi collegiali delle banche fissandone l'ordine del giorno e proporre l'assunzione di determinate decisioni; *c*) procedere alla convocazione di questi ultimi quando non abbiano provveduto all'ordine di convocazione impartito dalla stessa agli organi competenti.

Il primo intervento consente alla Banca d'Italia una valutazione della situazione aziendale in contraddittorio con gli esponenti aziendali;

[64] Sul libro dei fidi v. G. Castaldi, in *Codice commentato*, cit., I, pp. 485 ss.

il secondo già previsto dalla legge bancaria (art. 35, 1° comma lett. *a*)[65] consente alla stessa di superare eventuali resistenze che venissero frapposte alla convocazione del Consiglio di amministrazione e dell'assemblea dei soci e alla assunzione da parte di questi organi di eventuali decisioni ritenute necessarie dall'organo di vigilanza per la sana e prudente gestione dell'ente, ma anche, più generalmente, per evitare situazioni di incertezza sulla condizione organizzativa o economica, patrimoniale e finanziaria della banca.

Il potere della Banca d'Italia, in queste ipotesi, non incide sul contenuto della deliberazione, almeno formalmente, essendo liberi gli organi collegiali convocati di non approvare eventuali partiti di delibera loro sottoposti, direttamente o indirettamente, dall'organo di vigilanza.

I due strumenti appena ricordati (convocazione degli esponenti aziendali; convocazione degli organi collegiali) si collocano, per altro, in contesti abbastanza differenti. Il primo recepisce una prassi corrente attraverso la quale l'organo di vigilanza esercita il proprio potere di *moral suasion* e che si realizza senza formalità ed anche in assenza di situazioni aziendali patologiche. Il secondo postula una situazione patologica, almeno sul piano della organizzazione societaria, e la necessità di provocare decisioni degli organi collegiali capaci di eliminare tali situazioni, ricomprendendo anche eventuali contrapposizioni fra organo di vigilanza e organi della banca. Sembra abbastanza probabile che in queste situazioni sussistano anche i presupposti per assumere provvedimenti di vigilanza più penetranti, come quello di amministrazione straordinaria. Ma possono certamente verificarsi anche situazioni nelle quali provvedimenti dirompenti come quest'ultimo, potrebbero rivelarsi eccessivi.

2.10. Riserve obbligatorie, vincolo di portafoglio e massimale sugli impieghi

L'art. 147 dispone che le autorità creditizie continuino a esercitare, nei confronti delle banche operanti nel territorio nazionale, i poteri previsti dall'art. 32, 1° comma, lett. *d*) e *f*) e dall'art. 35, 2° comma, lett. *b*) della legge bancaria che «hanno costituito il fondamento normativo della riserva obbligatoria e di altri strumenti di politica monetaria». Così la relazione all'art. 147 del T.U. chiarisce il significato della conservazione in capo alle autorità creditizie dei poteri previsti dalle norme della legge bancaria dallo stesso richiamate. Essi costituiscono il presupposto normativo sul quale sono stati fin qui fondati gli interventi di politica monetaria, che passano attraverso il sistema bancario contenendone la capacità di creare moneta bancaria. In particolare su quelle norme sono stati fondati i provvedimenti in materia di riserve obbligatorie, vincoli

[65] Sulla convocazione degli organi collegiali delle banche prevista dalla legge bancaria v. C. Clemente, in *Codice commentato*, cit., I, p. 402.

di portafoglio e massimale sugli impieghi. Il fatto che tali poteri siano stati conservati alle autorità creditizie al solo scopo di consentire loro di assumere i più opportuni provvedimenti di politica monetaria non è ovviamente privo di rilevanza per la disciplina degli stessi. Più esattamente quei poteri non si esercitano soltanto nei confronti delle banche italiane ma anche nei confronti di quelle extracomunitarie e di quelle comunitarie. In particolare nei confronti di queste ultime, possono essere esercitati, nonostante il principio del *home country control* e a differenza dei poteri di vigilanza regolamentare fin qui esaminati, perché a norma della stessa direttiva comunitaria 89/649 (art. 14, 2° comma), lo stato membro ospitante «resta esclusivo responsabile per le misure d'attuazione della sua politica monetaria». Anche se «tali misure non possono comportare un trattamento discriminatorio o restrittivo fondato sul fatto che l'ente creditizio ha ricevuto l'autorizzazione in un altro Stato membro».

Ma la proiezione monetaria di questi poteri potrebbe anche portare ad una ridefinizione delle competenze per il loro esercizio. Si potrebbe, infatti, sostenere che il CICR, non avendo competenza in materia monetaria, non può concorrere ad assumere i relativi provvedimenti, anche se la partecipazione del medesimo era esplicitamente prevista (art. 32) o comunque consentita (art. 35) dalle norme della legge bancaria. Essendo meno credibile la tesi che volesse ricavare dalla lettura di queste norme il convincimento che si è voluto attribuire al CICR anche poteri in tema di politica monetaria.

Abbiamo già esaminato, in precedenza il massimale sugli affidamenti, imposto sulla base dell'art. 35, 2° comma, lett. *b*) della legge bancaria. Esamineremo in questa sede la disciplina delle riserve obbligatorie e del vincolo di portafoglio.

2.10.1. *Le riserve obbligatorie. a*) Il fondamento legislativo del potere che consente alle autorità creditizie di imporre alle banche il versamento delle riserve obbligatorie deve essere oggi rintracciato nella legge 26 novembre 1993, n. 483, il cui art. 10, 1° comma, stabilisce che «ai fini di regolazione monetaria la Banca d'Italia può disporre che gli enti creditizi costituiscano, a fronte della raccolta effettuata, una riserva mediante versamento di contante presso la Banca stessa». Prima di questa recentissima disposizione, il fondamento della riserva obbligatoria veniva ravvisato, come abbiamo appena letto anche nella relazione al T.U., nell'art. 32, 1° comma, lett. *f*) della legge bancaria, a norma del quale la Banca d'Italia, su conforme direttiva del Comitato interministeriale per il credito ed il risparmio, può dettare istruzioni relativamente «al rapporto fra il patrimonio netto e le passività ed alle possibili forme di impiego dei depositi raccolti in eccedenza all'ammontare determinato dal rapporto stesso». Una rapida analisi delle vicende che hanno caratterizzato la storia della riserva obbligatoria e delle sue fonti sembra utile per comprendere la disciplina oggi vigente.

La dottrina[66] è unanime anche nel rintracciare il precedente immediato di tale disciplina introdotta dalla legge bancaria del 1936-38 nell'art. 6, 1° comma, lett. *a*) della legge bancaria del 1926 (R.D.L. 7 gennaio 1926, n. 1511), le cui norme regolamentari (R.D.L. 6 novembre 1926, n. 1830) stabilivano che «le aziende di credito, le quali abbiano una somma di depositi superiore a venti volte l'ammontare del patrimonio, debbono investire l'eccedenza in titoli dello Stato o garantiti dallo Stato, da depositarsi presso l'Istituto di emissione, o versarla in conto corrente fruttifero presso l'Istituto medesimo entro il termine di sei mesi dalla constatata eccedenza». La norma aveva lo scopo di introdurre uno strumento di cautela per le ragioni dei creditori, imponendo per una parte dei depositi un impiego sottratto al rischio d'impresa. La misura di questo impiego obbligatorio era stabilita in forma rigida dalla legge e l'organo di vigilanza non avrebbe potuto né diminuirne né incrementarne l'entità: il che escludeva anche che l'obbligo della riserva obbligatoria così introdotto potesse costituire uno strumento manovrabile dalle autorità creditizie per ragioni di politica monetaria. La legge del 1936 abbandona quel criterio rigido ed attribuisce alle autorità creditizie il potere di stabilire sia l'entità delle riserve obbligatorie sia le possibili forme di impiego delle stesse, abrogando per ciò stesso la norma precedente, incompatibile con l'attribuzione di siffatti poteri. L'adozione di questo nuovo metodo consente di utilizzare lo strumento della riserva obbligatoria anche per scopi di politica monetaria, dal momento che le autorità creditizie possono comprimere la capacità delle banche di creare moneta (bancaria) aumentando l'entità della riserva obbligatoria, così come possono ampliare tale capacità riducendo l'entità della stessa; e sotto questo profilo è rilevante anche la scelta delle forme nelle quali le aziende possono impiegare le somme da destinare a riserva.

La riserva obbligatoria, a far tempo dalla delibera del Comitato del credito 4 agosto 1947, fu costantemente utilizzata infatti come strumento di politica monetaria, sulla scia del resto dell'insegnamento di Einaudi, il quale mise in evidenza che la norma dell'art. 32 della legge bancaria è diretta «non solo al fine di impedire che una larga espansione nelle concessioni di credito da parte delle banche non controbilanciata da adeguato patrimonio metta a rischio l'avere dei depositanti, ma anche — e forse in via prevalente — [...] al fine di porre in mano dell'organo di vigilanza uno strumento efficace per l'espansione o la contrazione del volume di credito; misura da tutelarsi nell'interesse più che dei singoli depositanti, della generalità dei cittadini, i quali sono tutti interessati alla stabilità monetaria»[67]. Si è ritenuto, sia pure con affermazioni che non sembrano adottate in senso rigorosamente tecnico, che l'utilizzazione della riserva obbligatoria come strumento di manovra monetaria costituirebbe «un tipico "sviamento di potere" nei confronti della

[66] Vedi A. Patroni Griffi, in *Codice commentato*, cit., p. 356.
[67] Relazione del Governatore per l'anno 1947, Roma, 1948, p. 154.

funzione di tutela statica dei depositi» che tale riserva avrebbe originariamente avuto[68]. In realtà tale assunto non sembra adeguatamente fondato. Non v'è dubbio infatti che nella legge bancaria del 1926 la riserva obbligatoria avesse esclusivamente la funzione di tutelare i depositanti ma altrettanto non può dirsi con riferimento alla legge bancaria. A quest'ultima infatti le connessioni credito-moneta sono ben presenti e la elasticità dei poteri attribuiti sul punto alle autorità creditizie consente di ricomprendere anche gli obiettivi di politica monetaria nell'ambito delle funzioni assegnate alle autorità di vigilanza.

D'altro canto se è vero che la finalità ultima della vigilanza bancaria è la tutela dei «depositanti», gli interventi di politica monetaria possono essere ricondotti a tale finalità, dal momento che gli stessi si prefiggono la conservazione del valore della moneta. E in questa prospettiva assumono rilevanza solo i provvedimenti che inaspriscono l'obbligo della riserva obbligatoria, in attuazione di scelte restrittive della liquidità, perché si traducono in nuovi vincoli alla libertà d'impresa, e non anche quelli che allentano quell'obbligo, per ottenere un'espansione della liquidità, perché gli stessi si risolvono in corrispondenti eliminazioni o alleggerimenti di vincoli posti alla libertà d'impresa.

Queste considerazioni sembrano sufficienti per chiarire non solo che l'utilizzazione delle riserve obbligatorie come strumento di politica monetaria, rientra nell'ambito delle scelte conformi al dettato e allo spirito della legge bancaria, ma che la stessa è perfettamente giustificabile anche alla stregua del nuovo ordinamento bancario che ammette limitazioni alla libertà di impresa delle banche solo allo scopo di garantire la sana e prudente gestione delle singole imprese e la stabilità ed efficienza complessiva del sistema bancario.

Ma, sotto questo profilo, è necessario anche tener presente che le autorità creditizie non hanno solo il potere di fissare l'entità della riserva obbligatoria ma anche di determinare le modalità d'impiego della stessa. E non v'è dubbio che esercitando tale potere le stesse potrebbero condizionare i corrispondenti flussi di credito, esercitando così un controllo selettivo del credito.

Come abbiamo a suo tempo ricordato la legge bancaria consentiva un controllo selettivo del credito e quindi una utilizzazione, in questa prospettiva anche delle riserve obbligatorie. Ma già alla luce della rilettura che la Carta costituzionale imponeva, anche di questo momento della legge bancaria, si sarebbe dovuto escludere che le riserve obbligatorie potessero essere impiegate come strumenti per una politica selettiva del credito, anziché come uno strumento di politica monetaria, privo di incidenza sulle valutazioni del merito da parte delle banche. E le stesse conclusioni debbono, a maggior ragione, essere tenute ferme con riferimento al nuovo ordinamento. I poteri dell'art. 32, 1° comma lett. *f*) della legge bancaria non potranno essere esercitati per modifi-

[68] F. Merusi, *Per uno studio sui poteri della Banca centrale nel Governo della moneta*, in «Riv. trim. dir. pubbl.», 1972, p. 1436.

care in modo coattivo la destinazione dei finanziamenti bancari; dovranno perseguire gli obiettivi di politica monetaria senza falsare la parità delle imprese nell'accesso al credito bancario. Il che si traduce in una limitazione delle modalità di impiego della riserva, privilegiando, come è ovvio, la forma più neutra possibile, ossia quella del suo versamento in contanti. Questo ordine di idee viene esplicitamente accolto dall'art. 10, 1° c. della legge 483/1993, che costituisce, come si è già ricordato, la nuova base legislativa delle riserve obbligatorie: la Banca d'Italia può disporre, «ai fini di regolamentazione monetaria», la costituzione di riserve, ma non può prevedere modalità di costituzione delle stesse diverse dal «versamento di contante presso la Banca stessa».

b) Non è evidentemente possibile in questa sede dare conto dei numerosissimi provvedimenti che, a far tempo dalla delibera del CICR 4 agosto 1947, le autorità creditizie hanno assunto per disciplinare l'entità delle riserve obbligatorie e le forme di impiego delle medesime[69]. Qui basterà ricordare, per quanto concerne l'entità della riserva, che la delibera assunta dal Comitato nel 1947 fissò l'ammontare delle stesse in una frazione dei depositi, raccolti all'epoca dalle aziende, eccedente un multiplo del patrimonio e stabilì i criteri per determinare gli incrementi che a tale riserva avrebbero dovuto apportarsi in relazione ai successivi aumenti dei depositi. Come è ovvio i nuovi provvedimenti ebbero ad oggetto questa seconda parte della disciplina ed intervennero ora per aumentare ora per diminuire l'entità dell'adeguamento al quale in relazione all'incremento dei depositi e del patrimonio le aziende erano tenute. Per quanto concerne invece la composizione della riserva obbligatoria il profilo più interessante riguarda il diverso ruolo che, al fine dell'adempimento del relativo obbligo, le autorità creditizie hanno via via riservato ai versamenti in contanti e agli investimenti in titoli. Da prima, ossia con il provvedimento del 1947 più volte ricordato, si stabilì che l'obbligo della riserva potesse essere soddisfatto sia con versamenti in contanti presso l'Istituto di emissione sia con depositi di buoni ordinari del tesoro o di altri titoli di Stato o garantiti dallo Stato, perseguendo così oltre ad obiettivi di politica monetaria anche il finanziamento dello Stato. Nonostante la diversa rilevanza che le forme di impiego così previste avrebbero potuto avere sotto il profilo monetario, le aziende potevano liberamente scegliere fra le stesse il modo per soddisfare il proprio obbligo di riserva.

Successivamente si stabilì che almeno una parte delle somme da sottoporre a vincolo fosse versata in contanti, ma si ampliò notevolmente la gamma dei titoli nei quali le aziende avrebbero potuto investire le residue somme vincolate a riserva. Così furono ricomprese fra tali titoli le cartelle emesse dagli Istituti di credito fondiario, le obbligazioni emesse a fronte delle operazioni di credito agrario di miglioramento, le

[69] Un'esposizione analitica di tali provvedimenti è in M. Del Sarto, *La disciplina delle riserve obbligatorie delle aziende di credito in Italia*, Torino, Giappichelli, 1975, e in A. Patroni Griffi, *op. ult. cit.*, pp. 364 ss.

obbligazioni emesse dal Consorzio di credito per le opere pubbliche, nonché quelle emesse dagli Istituti speciali di credito mobiliare. Appare evidente che consentendo tali impieghi a fronte della riserva obbligatoria, le autorità creditizie perseguivano una politica di controllo selettivo del credito, cercando di convogliare verso gli emittenti dei suddetti titoli una parte degli impieghi delle aziende di credito[70].

Un rovesciamento di quest'ultima tendenza si ebbe con la deliberazione del Comitato per il credito ed il risparmio del 30 gennaio 1975[71], con la quale si stabilì che l'obbligo della riserva obbligatoria avrebbe dovuto necessariamente ed integralmente essere soddisfatto attraverso il deposito in contanti, con esclusione degli investimenti in titoli. E questo orientamento non è più stato abbandonato dalle autorità creditizie. Quella deliberazione, che riconduceva integralmente alle esigenze della politica monetaria l'istituto delle riserve obbligatorie, eliminava anche il regime speciale al quale erano stati fino a quel momento sottoposti le Casse di risparmio e i Monti di credito su pegno di prima categoria. Questa categoria di aziende era stata in un primo tempo sottratta integralmente all'obbligo della riserva, sul presupposto che di fatto la stessa già investiva una parte consistente dei propri mezzi in titoli di stato[72]. L'obbligo della riserva venne loro imposto solo alla fine degli anni cinquanta[73], ma lo stesso poteva essere soddisfatto, anziché attraverso i modi previsti per le altre aziende di credito, mediante il versamento del relativo ammontare presso l'Istituto centrale della categoria. La delibera del 1975 che riconduceva in una prospettiva esclusivamente monetaria la riserva obbligatoria non poteva che ricondurre alla disciplina comune anche questa categoria di aziende.

c) Le norme sulle riserve obbligatorie così rese uniformi, sia sotto il profilo della loro entità sia sotto quello delle modalità di versamento, non trovavano applicazione, prima del D.Lgt. 481/1992 e del T.U., oltre che per i Monti di credito di seconda categoria, per le Casse rurali e artigiane. E mentre per i primi l'esonero rinveniva la propria giustificazione nella mancanza di significato monetario della loro raccolta, quando pur esistente, per le seconde la giustificazione, in verità non convincente, veniva rintracciata soprattutto nel loro obbligo di investire in titoli una parte della raccolta. Abbiamo già constatato che le Banche di credito cooperativo sono state liberate da tale obbligo già dal D.Lgt. 481/1992 e, pertanto, anche questa categoria di banche verrà sottoposta al vincolo della riserva obbligatoria. Il primo provvedimento, in materia di riserve obbligatorie assunto dal Ministro per il Tesoro (decreto 5 febbraio 1993) dopo la eliminazione del predetto obbligo, ha per altro, ri-

[70] I relativi provvedimenti del Comitato interministeriale sono ricordati in P. D'Angelo e M. Mazzantini, *Trattato di tecnica bancaria*, vol. I, Milano, Vallardi, 1974, p. 199.

[71] In «Boll. della Banca d'Italia. Vigilanza sulle aziende di credito», nn. 50-51, p. 32.

[72] Cfr. M. Del Sarto, *op. cit.*, p. 34.

[73] Cfr. deliberazione del CICR 7 agosto 1958, sulla quale si veda P. D'Angelo e M. Mazzantini, *op. cit.*, p. 195.

badito l'esonero delle Banche di credito cooperativo dalla riserva obbligatoria. Esonero che rimane tuttora ma che è probabilmente destinato a scomparire.

Così come è destinato a sparire l'esonero del quale godevano gli istituti di credito. Come abbiamo a suo tempo ricordato, l'art. 32, 1° comma lett. *f*), sulla base del quale le autorità creditizie imponevano alle aziende di credito il vincolo delle riserve obbligatorie, non trovava applicazione per gli istituti di credito (ai sensi dell'art. 14 della legge 23/1981) e la ragion d'essere dell'esonero andava rintracciata nella natura non monetaria delle passività di questa categoria di enti creditizi. La eliminazione degli istituti operata dal D.Lgt. 481/1992 e dal T.U. e l'esplicita previsione contenuta nell'art. 147 di quest'ultimo, secondo la quale il potere di cui all'art. 32, 1° comma, lett. *f*) legge bancaria, si applica a tutte le banche che operano nel territorio della Repubblica, avrebbe comportato l'applicazione della disciplina della riserva obbligatoria anche a questo gruppo di banche. Ma anche sotto questo profilo, come abbiamo già visto verificarsi con riferimento alle partecipazioni detenibili dalle banche, la natura economica di quella categoria di banche è riemersa nei provvedimenti di vigilanza: il predetto decreto del Ministro per il Tesoro 5 febbraio 1993 ha «sospeso» l'applicazione della disciplina delle riserve «nei confronti delle passività finanziarie non sottoposte a vincolo» (art. 1).

d) Questa la disciplina amministrativa oggi vigente per la riserva obbligatoria[74]. Tutte le banche, ad esclusione, ovviamente, di quelle esonerate ai sensi delle norme appena ricordate, debbono versare sul conto corrente che intrattengono presso la Banca d'Italia una somma pari al 17,5% della raccolta (ad eccezione della parte effettuata tramite certificati di deposito con durata originaria non inferiore a 18 mesi, non rimborsabili antergatamente, per i quali la percentuale viene ridotta al 10%), al netto del patrimonio dell'ente. Più esattamente, il calcolo della riserva obbligatoria (ROB) va effettuato ricomprendendo nella raccolta tutti i fondi per i quali la banca ha un obbligo di restituzione (ad eccezione quindi della cosiddetta raccolta indiretta, ossia l'insieme dei fondi per i quali la banca svolge funzione di gestore (es.: gestioni mobiliari, a rischio del cliente) e da tale ammontare vanno detratti l'ammontare del patrimonio di vigilanza e i cosiddetti impegni detraibili, riconosciuti tali dalla Banca d'Italia, come quello nei confronti del fondo di garanzia sui depositi; la differenza determina la raccolta netta sulla quale vanno applicati i coefficienti sopra indicati.

La misurazione dell'entità della riserva obbligatoria avviene mensilmente e quindi mensilmente si avrà un incremento o una liberazione della riserva a seconda che l'incremento della raccolta soggetta a riserva sia superiore o inferiore all'incremento del patrimonio di vigilanza. Come si può notare, l'ammontare della riserva muta con il mutare della lunghezza delle operazioni di raccolta e, quindi, con la diversa attitudi-

[74] V. Banca d'Italia, *Istruzioni di vigilanza*, cit., cap. XV.

ne monetaria della stessa e proprio in considerazione della incapacità delle obbligazioni a fungere da strumenti di pagamento viene esclusa dalla raccolta sottoposta a riserva quella effettuata attraverso l'emissione di tale categoria di titoli. Si può anche notare che, avendo fondato l'obbligo di riserva sull'art. 32, 1° comma, lett. *f*) l.b. che attribuisce alle autorità creditizie il potere di stabilire le possibili forme di impiego dei depositi raccolti in eccedenza all'ammontare determinato dal «rapporto fra il patrimonio netto e le passività», la relativa disciplina attribuisce un ruolo importante nella determinazione della riserva al patrimonio dell'ente. Più esattamente l'ammontare della riserva da versare è più basso in presenza di un patrimonio più elevato. Questo tratto della disciplina della riserva tradisce così l'ambiguità della sua origine come strumento di tutela dei depositanti; e se lo stesso favorisce la patrimonializzazione, e quindi la solvibilità delle banche, nello stesso tempo non misura esclusivamente la capacità delle banche di erogare moneta, come dovrebbe fare un istituto ormai utilizzato non come strumento di vigilanza prudenziale ma per fini di politica monetaria.

Come si accennava, l'entità della riserva dovuta viene misurata mensilmente e il relativo obbligo viene considerato assolto qualora nel periodo che va dal giorno 15 del mese successivo a quello di riferimento e il giorno 14 del mese seguente, ossia nel periodo definito «di mantenimento» l'importo medio dei saldi giornalieri del conto di riserva esistente presso la Banca d'Italia non risulti inferiore alla riserva dovuta sulla base della raccolta netta relativa al mese di riferimento. E durante il «periodo di mantenimento» le banche possono effettuare prelievi dal conto di riserva, purché il saldo dello stesso non sia inferiore ad un livello minimo fissato dalla Banca d'Italia in una frazione della riserva dovuta. L'obbligo della riserva costituisce un peso per la redditività delle banche perché la remunerazione prevista per le somme versate è inferiore ai ricavi che la banca potrebbe ottenere impiegando altrimenti la parte della raccolta «depositata» presso la Banca d'Italia.

Le vigenti norme di vigilanza prevedono per la parte di riserva corrispondente ai certificati di deposito una remunerazione dell'8,50% in ragione d'anno e del 5,50% per altre forme di raccolta. Le norme di vigilanza prevedono anche sanzioni per la mancata puntuale osservanza dell'obbligo di versamento della riserva, imponendo il pagamento di interessi per la parte non versata e, in caso di reiterate inadempienze, il divieto per la banca di operare prelievi sul conto.

e) Come si è ricordato, la nuova disciplina legislativa della riserva obbligatoria va rintracciata nell'art. 10 della legge 483/1993. Questi i vincoli che la legge pone al potere della Banca d'Italia (rimasta unica autorità creditizia in materia), oltre a quello rappresentato dalla necessità che il versamento avvenga in contanti: *a*) dall'obbligo di riserva resta esclusa la raccolta effettuata attraverso l'emissione di obbligazioni e certificati di deposito aventi scadenza originaria non inferiore a diciotto mesi; *b*) l'ammontare della riserva non può eccedere il 17,5% della raccolta; *c*) la renumerazione delle somme depositate non può eccedere il tasso ufficiale di sconto.

2.10.2. *Il vincolo di portafoglio*. Abbiamo ritenuto, nel paragrafo precedente, che le autorità creditizie non possano utilizzare l'istituto delle riserve obbligatorie per fini di controllo selettivo del credito ed abbiamo anche ricordato che fino alla metà degli anni settanta l'obbligo della riserva fu frequentemente piegato anche a tale scopo. Ma tra i vincoli sugli impieghi quello dotato di maggior efficacia selettiva dei flussi creditizi è certamente il vincolo di portafoglio, in forza del quale le aziende vengono obbligate ad investire una parte dei loro mezzi nell'acquisto di titoli indicati dalle autorità creditizie. E non a caso tale strumento fu adottato a partire dalla prima metà degli anni settanta, in coincidenza con la rinuncia ad utilizzare in funzione selettiva l'istituto della riserva obbligatoria.

Il vincolo di portafoglio venne infatti disposto dal Comitato interministeriale per il credito ed il risparmio con la deliberazione 18 giugno 1973[75], nella quale si stabilì che le aziende avrebbero dovuto incrementare nel corso del 1973, per importi variamente commisurati ai depositi esistenti, gli investimenti in obbligazioni emesse dagli Istituti di credito mobiliare, dall'ENEL, dall'IRI, dall'ENI, in titoli emessi da aziende autonome di Stato e dal Consorzio di credito per le opere pubbliche per conto del Tesoro. Quell'obbligo venne rinnovato, con cadenza semestrale, negli anni successivi modificandosi per altro sia l'entità del vincolo sia l'ambito dei titoli nei quali avrebbe dovuto effettuarsi l'investimento. Le autorità di vigilanza vennero via via riducendo l'entità degli investimenti obbligatori in titoli e, soprattutto, restrinsero l'ambito di questi ultimi alle obbligazioni a tasso fisso degli Istituti di credito fondiario e edilizio e alle obbligazioni a tasso fisso emesse per le operazioni di credito agrario di miglioramento[76]. Lo stesso venne, al fine, abolito nel gennaio del 1987[77].

Il fondamento legislativo dei provvedimenti amministrativi che imponevano il vincolo di portafoglio veniva rintracciato dalla dottrina e dalle autorità creditizie nell'art. 32, lett. *d*) della legge bancaria a norma del quale la Banca d'Italia, su conforme direttiva del Comitato per il credito ed il risparmio, può impartire istruzioni in ordine «alla proporzione fra le diverse categorie di investimenti considerate sia in rapporto alla liquidità sia alle diverse branche di attività economiche alle quali si riferiscono gli investimenti». Questa disposizione può evidentemente essere letta in due prospettive di politica creditizia del tutto diverse. Si può ritenere che la stessa sia dettata dalla necessità di stabilire una sufficiente liquidità e la necessaria diversificazione degli investimenti dell'a-

[75] In «Boll. della Banca d'Italia sulle aziende di credito», nn. 44-45, p. 65. Per una valutazione di quel provvedimento M. Porzio, *Una svolta*, cit., p. 1321, e A. Patroni Griffi, *La concorrenza*, cit., p. 231.

[76] Si veda ad esempio la disposizione stabilita per il 2° semestre 1984, in «Boll. della Banca d'Italia. Vigilanza sulle aziende di credito», n. 89, p. 15.

[77] L'abolizione del vincolo di portafoglio veniva proposta dalla Relazione della Commissione di studio istituita dal Ministro per il Tesoro su *Il sistema creditizio e finanziario italiano*, cit., p. 127.

zienda, ma si può anche assumere, senza forzarne il dettato letterale, che la stessa consenta, soprattutto nella parte che fa riferimento alle branche di attività economiche nelle quali avvengono gli investimenti, interventi diretti a favorire l'afflusso di finanziamenti a particolari settori dell'economia. E indubbiamente in questa seconda direzione si erano mosse le autorità creditizie nel determinare i titoli nei quali avrebbero dovuto avvenire gli investimenti.

Sono per altro giustificate fortissime perplessità sulla correttezza della linea allora adottata, soprattutto quando si ritenga, come noi ritenevamo e riteniamo che, anche prima dei recenti provvedimenti, potessero essere imposti vincoli alla libertà di impresa soltanto quando gli stessi fossero diretti a garantire la liquidità e la stabilità degli enti creditizi. E questo ordine di idee deve essere tenuto fermo, a maggior ragione, nel nuovo ordinamento bancario. In particolare, nello stabilire i limiti entro i quali può essere oggi esercitato il potere attribuito alle autorità creditizie dall'art. 32, 1° comma, lett. *d*) della legge bancaria e conservato in vita dall'art. 147 del T.U. Lo stesso non potrà essere esercitato per imporre manovre selettive del credito alle banche e, del resto, un suo impiego come strumento di vigilanza prudenziale è largamente assorbito dai poteri di vigilanza regolamentare. Quel potere potrà essere, quindi, utilizzato solo per comprimere la liquidità delle banche, attraverso il necessario investimento in titoli di una parte della loro raccolta; ossia come strumento di politica monetaria. Ma i relativi provvedimenti dovranno essere neutri nei confronti della politica degli affidamenti delle banche, senza creare condizioni di favore per determinati settori o operatori.

2.11. La vigilanza sulle attività di intermediazione mobiliare

a) A norma dell'art. 16, 1° comma, della legge 2 gennaio 1991, n. 1, le banche possono esercitare tutte le attività di intermediazione mobiliare ad esclusione della negoziazione dei valori mobiliari quotati in borsa o negoziati al mercato ristretto, diversi dai titoli di Stato o garantiti dallo Stato. Questa limitazione, introdotta dal nostro legislatore per la preoccupazione che le banche soffocassero con la loro presenza la crescita di intermediari mobiliari strutturalmente interessati allo sviluppo del mercato mobiliare, non potrà essere consentita oltre il 31 dicembre 1996 per esplicita previsione della direttiva 93/22 del 10 maggio 1993.

L'accesso delle banche alle attività di intermediazione mobiliare è subordinato all'autorizzazione della Banca d'Italia, «da rilasciarsi secondo le modalità e alle condizioni da questa stabilite» (art. 16, 1° comma, legge 1/1991), per ciascuna delle attività.

Il potere autorizzatorio, così attribuito alla Banca d'Italia, sembra presentare un notevole grado di discrezionalità, anche se nel suo esercizio non si potrà tener conto delle esigenze economiche del mercato, impedendolo la direttiva comunitaria 93/22 del 10 maggio 1993, che introduce il principio del mutuo riconoscimento per le imprese che svolgono servizi di investimento mobiliare. La discrezionalità concerne, soprattutto, la «situazione tecnica» della banca che chiede l'autorizzazione e la idoneità dell'organizzazione aziendale a svolgere le attività di mercato mobiliare, con specifico riferimento a ciascuna di esse. E, sotto questo profilo, l'accesso alle attività di intermediazione mobiliare da parte delle banche non sembra essere «dovuto», come sembra esserlo con riferimento alle società di intermediazione mobiliare; d'altro canto, la diversità della disciplina può trovare un'adeguata giustificazione quando si tenga presente che nel caso in cui sia una banca a chiedere tale accesso restano coinvolti interessi diversi da quelli interessati dalla richiesta di una Sim: nel primo caso è necessario tutelare gli interessi dei depositanti, interessi evidentemente assenti in questa seconda ipotesi.

b) La Banca d'Italia comunica alla CONSOB l'autorizzazione concessa, ma la banca autorizzata non viene iscritta nell'albo delle società di intermediazione mobiliare tenuto da quest'ultima (art. 3). Ciò nonostante, la disciplina alla quale vengono assoggettate le banche che svolgono attività di intermediazione mobiliare è la stessa che trova applicazione per le società di intermediazione mobiliare, come chiarisce esplicitamente la stessa legge 1/1991 (art. 2, 1° comma, che stabilisce, appunto, il principio della indifferenza della disciplina dell'attività in relazione ai diversi soggetti che possono esercitare quest'ultima).

c) Il che è vero già sotto il profilo organizzativo: nel senso che le «muraglie cinesi», che la legge 1/1991 (art. 9, 2° comma, lett. *b*) ha voluto esistessero fra le varie attività di intermediazione mobiliare allo scopo di prevenire conflitti di interesse e che il regolamento 1° luglio 1991 della Banca d'Italia ha disegnato con riferimento alle SIM, debbono essere erette anche nell'ambito della banca che svolge quelle medesime attività. Anzi, quest'ultima deve, inoltre, «tenere distinte le attività di intermediazione mobiliare dall'attività bancaria e dalle altre attività finanziarie eventualmente esercitate, «sia per gli aspetti contabili che per l'organizzazione interna». E l'applicazione delle stesse regole organizzative porta, almeno sotto un profilo, ad ampliare le libertà operative delle banche: alle stesse è normalmente preclusa l'attività «porta a porta»; questa modalità operativa è, invece, tipicamente prevista per le attività di mercato mobiliare (v. art. 1, 1° comma lett. *f*) della legge 1/1991), anche se deve necessariamente essere affidata a promotori finanziari (v. art. 5, legge 1/1991), e anche le banche possono svolgerle a domicilio.

d) Ma il punto sul quale si sono accese le maggiori discussioni riguarda le regole di stabilità, controvertendosi, da un lato, sulla opportunità di imporre alle banche che svolgono le attività di intermediazione mobiliare le stesse regole di vigilanza prudenziale previste per le società che svolgono in via esclusiva le predette attività e, dall'altro, sottolineandosi le distorsioni concorrenziali che potrebbero derivare dalla applicazione di regole prudenziali diverse per le due categorie di operatori. La disciplina adottata dalla legge 1/1991 impone anche alle banche di individuare alcuni tipi di rischi (rischio di posizione, rischio di cambio, rischio di regolamento, coefficiente di concentrazione) secondo le stesse regole fissate per le società di intermediazione mobiliare (art. 42, 1° comma lett. *c*) del regolamento 2 luglio 1991 della Banca d'Italia), essendo poi gli stessi ponderati nella determinazione del coefficiente di solvibilità del quale ci siamo a suo tempo occupati a proposito dell'adeguatezza patrimoniale «complessiva» della banca. La materia ha ricevuto, dopo lungo travaglio, una regolamentazione in sede comunitaria con la direttiva 93/6 del 15 marzo 1993, che dovrà trovare attuazione anche nel nostro ordinamento entro il 1° luglio 1995, con probabili modificazioni dell'attuale disciplina.

e) Delicati problemi di coordinamento fra Banca d'Italia e CONSOB sorgono con riferimento alla vigilanza sull'esercizio delle attività di intermediazione da parte delle banche. L'art. 9, 1° comma, della legge 1/1991 ha «distribuito» la vigilanza sulle attività di intermediazione mobiliare fra CONSOB e Banca d'Italia non per soggetti ma per funzioni. Più esattamente, secondo quelle norme la vigilanza sulle attività di intermediazione mobiliare «è esercitata dalla CONSOB per quanto riguarda gli obblighi di informazione e correttezza e la regolarità delle negoziazioni di valori mobiliari e dalla Banca d'Italia per quanto riguarda i controlli di stabilità patrimoniale». E, come abbiamo sopra ricordato, anche le banche sono tenute al rispetto delle regole di «informazione» e «correttezza» imposte dalla legge nei rapporti con la clientela ed il mercato e la vigilanza sulla loro osservanza da parte delle banche non è affidata alla Banca d'Italia ma alla CONSOB; la quale, pertanto, potrà esercitare nei confronti delle banche, almeno in linea di principio, tutti i poteri di controllo che le competono verso le società di intermediazione mobiliare.

Allo scopo, tuttavia, «di evitare duplicazioni nello svolgimento dell'attività di vigilanza» i controlli relativi agli obblighi di informazione e correttezza e alla regolarità delle negoziazioni delle banche sono effettuati dalla Banca d'Italia su richiesta della CONSOB, così come i controlli di stabilità patrimoniale sulla società di intermediazione mobiliare sono effettuati dalla CONSOB su richiesta della Banca d'Italia. E «ciascuna autorità dà comunicazione all'altra degli accertamenti disposti, nonché di ogni irregolarità riscontrata che richiede l'intervento dell'altra amministrazione» (art. 9, 7° comma, legge 1/1991). La norma tiene ferma la titolarità dei poteri di controllo per funzioni in capo alla CONSOB e alla Banca d'Italia, ma poi prevede il potere di ciascuna di esse di delegare all'altra il concreto esercizio del proprio potere di vigilanza sui soggetti istituzionalmente appartenenti al settore tipicamente sottoposto alla vigilanza dell'organo delegato. È indubbiamente una soluzione bizantina, ma può anche darsi che fosse l'unica capace di conciliare l'applicazione di regole uniforme da parte di organi di vigilanza indipendenti.

f) Trovano applicazione anche per le banche i provvedimenti di rigore prescritti per le irregolarità commesse nell'esercizio dell'attività di intermediazione mobiliare: provvedimenti che consistono nella sospensione, per un periodo diverso a seconda della funzione cautelare e sanzionatoria della stessa, e nella revoca dell'autorizzazione, per le ipotesi di irregolarità più grave. I relativi provvedimenti sono, a seconda della loro gravità, assunti dalla Banca d'Italia o dal Ministro per il Tesoro, su proposta sia della CONSOB sia della Banca d'Italia.

g) Dal punto di vista delle previsioni normative specificatamente dettate per la tutela del risparmio coinvolto nell'attività di intermediazione la condizione del risparmio raccolto dalle banche è tutelato con gli stessi strumenti previsti per quello raccolto dalle società di intermediazione mobiliare: possono, almeno in astratto, trovare applicazione anche con riferimento ad una banca le norme che prevedono la nomina di un commissario «preposto alla tutela e alla restituzione del patrimonio dei clienti» (art. 13, 5° comma) o quelle che prevedono la continuazione della attività di intermediazione da parte di un intermediario diverso dalla banca cui fosse stata revocata o sospesa l'autorizzazione (art. 13, 6° comma).

Quegli strumenti, per altro, mentre nel caso delle società di intermediazione mobiliare si congiungono con gli istituti di diritto comune (dal procedimento *ex* art. 2409 alle procedure concorsuali ordinarie) nell'ipotesi di una banca si debbono coordinare con gli istituti speciali previsti per la crisi bancaria. Ed è probabile che questi ultimi finiscano per assorbire, di fatto, quelli specificatamente previsti per la tutela del risparmio coinvolto nelle attività di intermediazione mobiliare.

La tutela di quest'ultimo si differenzia da quella prevista per la tutela dei crediti che nascono dai rapporti che la banca accende nell'esercizio dell'attività bancaria e finanziaria almeno sotto un profilo: in caso d'insolvenza della banca il risparmio mobiliare trova protezione nel Fondo nazionale di garanzia previsto dalla legge 1/1991, art. 15, 1° comma, che tutela appunto, «i crediti vantati dai clienti in conseguenza dello svolgimento dell'attività di intermediazione in valori mobiliari», mentre quello bancario può contare sulla tutela rappresentata dal Fondo di garanzia dei depositi, previsto per i crediti dei depositanti.

3. La vigilanza su base consolidata

3.1. Vigilanza consolidata e gruppo bancario

a) Abbiamo più volte fatto cenno alla crescente penetrazione delle banche nei settori non bancari del mercato finanziario e al fatto che la stessa si è realizzata molto spesso attraverso l'assunzione di partecipazioni, normalmente di controllo, in società che svolgono attività finanziarie non bancarie. E questo fenomeno ha ovviamente assunto dimensioni maggiori in quegli ordinamenti, come quello italiano, che, avendo per lungo tempo rifiutato il modello della banca universale, avevano costretto il sistema bancario ad adottare la via delle partecipazioni, come strumento per estendere la propria attività nei segmenti non bancari del mercato finanziario. Erano così sorti gruppi bancari plurifunzionali, il cui modello veniva considerato alternativo a quello della banca universale.

D'altro canto, abbiamo anche sottolineato che la progressiva integrazione fra i vari segmenti del mercato finanziario aveva portato all'inserimento delle banche in più ampi gruppi finanziari o conglomerati finanziari, nell'ambito dei quali non sempre le stesse assumevano il ruolo di capogruppo. Nell'una come nell'altra ipotesi l'impresa bancaria era esposta ai rischi di irregolarità, cattiva gestione, insolvenza delle imprese controllate, di quelle controllanti nonché di quelle collegate alla banca nell'ambito di un medesimo gruppo. E, naturalmente, rischi analoghi potevano crearsi con riferimento alle partecipazioni delle banche in società non finanziarie o di queste ultime nelle prime, là dove, ovviamente, la disciplina dei rapporti banca-impresa consentisse siffatte partecipazioni. La vigilanza bancaria, tuttavia, non estendeva il proprio ambito al di là delle imprese bancarie e non aveva quindi la possibilità di conoscere direttamente la condizione delle società i cui rischi avrebbero potuto riflettersi sulle prime e, tanto meno, di imporre loro una vigilanza prudenziale, alla quale le stesse erano in quanto tali sottratte. Di qui la necessità di una disciplina che consentisse agli organi di vigilanza bancaria di estendere il proprio controllo anche alle società le cui vicende avrebbero potuto pregiudicare la solvibilità della banca, a causa dei collegamenti instaurati con quest'ultima.

b) Il primo intervento in questa direzione fu operato dalla direttiva CEE 83/350 del 13 giugno 1983, che trovò attuazione nel nostro ordinamento con la legge 17 aprile 1986, n. 114[78].

Sia la direttiva sia, ovviamente, la legge italiana di attuazione regolavano, per altro, solo il primo dei fenomeni sopra descritti, ossia l'ipotesi in cui una banca deteneva partecipazioni in altri segmenti del mercato finanziario, e per di più in termini incapaci di contenere il rischio cui la banca era esposta a causa delle partecipazioni detenute. La legge 114/1986 prevedeva (art. 1, 1° comma), infatti, il potere-dovere della Banca d'Italia di richiedere «la trasmissione di situazioni e dati consolidati, alle banche che possedevano partecipazioni in società o enti aventi sede in Italia o all'estero esercenti attività creditizia, ovvero, in via esclusiva o principale, attività finanziaria consistente nella concessione di finanziamenti, sotto ogni forma, nell'assunzione di partecipazioni, nella compravendita, possesso, gestione e collocamento di valori mobiliari», delle quali detenessero quanto meno il 25% del capitale sociale. Correlativamente si prevedeva l'obbligo per le società partecipate di fornire alla banca partecipante «le informazioni necessarie per consentire il consolidamento nei modi e nei termini stabiliti dall'autorità di vigilanza» (art. 1, 2° comma). Si riconosceva, però, alla Banca d'Italia il potere di chiedere alle società partecipate «ancorché non soggette alla propria vigilanza», la trasmissione anche periodica di dati e notizie, di imporre la certificazione dello stato patrimoniale e del conto profitti e

[78] Sulla legge 114/1986 v. M. Cardillo, in *Codice commentato*, cit., II, pp. 1557 ss.; v. anche R. Alessi, *La vigilanza sui gruppi bancari multinazionali*, in «Banca borsa e tit. cred.», 1986, I, pp. 459 ss.

perdite (art. 1, 4° comma), nonché di effettuare ispezioni presso le medesime società partecipate, per altro, «al fine esclusivo di verificare l'esattezza dei dati e delle notizie richieste, nonché delle informazioni fornite per il consolidamento» (art. 1, 5° comma).

Come si può notare la disciplina non ricomprendeva nell'ambito della vigilanza consolidata le società finanziarie controllanti la banca o, comunque, nella stessa partecipanti; ma anche per quanto concerne l'ipotesi presa in esame si prevedevano solo strumenti di vigilanza ispettiva e informativa e non anche regolamentare. Non veniva, infatti, attribuito alle autorità di vigilanza alcun potere di dettare regole prudenziali capaci di vincolare anche le società partecipate e, quindi, di contenere il rischio al quale era esposta la banca a causa della relativa partecipazione.

D'altro canto, l'applicazione di regole prudenziali era abbastanza facilmente giustificabile sul piano degli interessi, e di più facile attuazione, con riferimento alle società controllate, di quanto lo fosse per le società nelle quali la banca avesse detenuto soltanto una partecipazione di minoranza. In altri termini, appare abbastanza evidente che nell'introduzione di una vigilanza regolamentare su basi consolidate sarebbe stato necessario attribuire un ruolo fondamentale ai rapporti di controllo e, quindi, alla definizione dei rapporti di gruppo che avessero coinvolto le banche.

c) Con il D.Lgt. 20 novembre 1990, n. 356, emanato esercitando la delega prevista dall'art. 5 della legge 30 luglio 1990, n. 218, il legislatore italiano, almeno una volta in anticipo su quello comunitario, ha introdotto una disciplina della vigilanza consolidata anche per le finanziarie che partecipano in una banca, anziché esserne partecipate, e ha esteso tale vigilanza, al di là di quelle informativa ed ispettiva, prevedendo strumenti di vigilanza prudenziale. Naturalmente ha ritenuto opportuno limitare quest'ultima ai rapporti di controllo che vedano o in veste di controllante o in veste di controllata una banca. In altri termini, ha dovuto dettare una disciplina dei gruppi creditizi, attribuendo un ruolo di particolare rilievo alle società capogruppo degli stessi.

Già quella disciplina, per altro, poneva in evidenza che «l'istituto» del gruppo creditizio così introdotto, non esauriva la propria funzione all'interno della vigilanza: vi si dettava infatti una regolamentazione della crisi (artt. 32 ss.) nella quale si attribuiva ai provvedimenti di amministrazione straordinaria o di liquidazione coatta, assunti nei confronti di uno dei soggetti appartenenti al gruppo, la capacità di produrre effetti anche sulle altre componenti del medesimo, fino a consentire la sottrazione di queste ultime alla disciplina di diritto comune alla quale fossero naturalmente soggette. Il che dimostrava e dimostra che la rilevanza del gruppo non si esaurisce nell'ambito della vigilanza consolidata. Questa, d'altro canto, si estende, per il momento informativo ed ispettivo, anche al di là del perimetro del gruppo. Tutto ciò, per altro, non consente di affermare che la disciplina dei gruppi bancari introdotta dal D.Lgt. 356/1990 fosse una disciplina generale dei gruppi bancari che affrontasse, come tale (naturalmente per le sole ipotesi dallo stesso disegnate) i problemi di composizione degli interessi rispettivamente della capogruppo, dei soci di minoranza e dei creditori sociali.

Quella disciplina non affrontava i problemi «civilistici» che normalmente si pongono nel funzionamento dei gruppi; né li affronta quella dettata dal T.U. sostanzialmente ricalcata sulla prima. Si tratta di norme che hanno, come punto di riferimento, l'attività di vigilanza (sia sotto il profilo della vigilanza consolidata sia sotto quello dei provvedimenti che possono essere adottati in caso di crisi) e che, non comportano in quanto tali la disapplicazione dei principi di diritto societario, anche se non si può escludere che tale disciplina di vigilanza incida su alcuni momenti di queste regole di diritto comune.

d) Anche in sede comunitaria ci si era ovviamente resi conto della insufficienza della disciplina prevista dalla direttiva 350/83 per una efficace vigilanza su base consolidata, e della necessità di quest'ultima come condizione per l'attuazione del principio del mutuo riconoscimento. Venne così emanata la direttiva 92/30 del 6 aprile 1992 che, analogamente a quanto aveva già fatto con il D.Lgt. 356/1990 il nostro ordinamento, introduceva la vigilanza consolidata anche per l'ipotesi in cui al vertice del gruppo, al quale appartiene la banca, vi fosse una società finanziaria. Quella direttiva ha trovato esplicita attuazione nel nostro ordinamento con il D.Lgt. 30 dicembre 1992, n. 528 (emanato nell'esercizio della delega prevista dall'art 8 della legge 19 dicembre 1992, n. 489), apportando per altro solo alcune limitate modifiche alla disciplina introdotta dal D.Lgt. 356/1990 che già ne anticipava, come si è ricordato, le più significative previsioni.

e) Il T.U. ha coordinato e sostituito integralmente le norme dettate in tema di vigilanza consolidata dalla legge 114/1986, dal D.Lgt. 356/1990 e dal D.Lgt. 528/1992, dedicando alla stessa l'intero capo II (artt. 59-69) del titolo III, riservando ad una prima sezione la disciplina del gruppo bancario e ad una seconda le norme relative all'«ambito» e all'«esercizio» della vigilanza. Viene in tal modo sottolineato che la rilevanza del gruppo non si esaurisce nella disciplina di vigilanza, anche se ne costituisce il perno; come appare anche evidente dal fatto che lo stesso T.U. nel titolo IV dedicato alla disciplina della crisi riserva un intero capo alla crisi dei gruppi bancari.

Anche nella nostra esposizione seguiremo il criterio adottato dal T.U.; dedicheremo il prossimo paragrafo alla descrizione del gruppo bancario e quello successivo alla vigilanza consolidata; la disciplina della crisi dei gruppi verrà descritta nel capitolo dedicato alle crisi bancarie.

3.2. Il gruppo bancario

3.2.1. *La individuazione del gruppo*. *a*) Il perimetro del gruppo bancario, ossia dell'insieme delle società alle quali può applicarsi, ricorrendo gli altri presupposti previsti dalla legge e dalle norme di vigilanza, la relativa disciplina viene individuato sulla base dell'attività esercitata. Nel senso che concorrono a comporre il gruppo soltanto le società bancarie, quelle «finanziarie» e quelle «strumentali»; alle società diverse da queste, alle quali pure si estende la vigilanza su base consolidata, non si applicano le norme che regolano il gruppo bancario, anche quando ricorrano i rapporti di controllo che caratterizzano la relazione fra le società del gruppo. Questa conclusione si evince, senza incertezze, dall'art. 60 del T.U. che ricomprende nel gruppo, appunto, solo le società bancarie, quelle strumentali e quelle finanziarie[79]. Ed il T.U. si preoccupa anche di definire in modo puntuale le società finanziarie e strumentali, non sentendo ovviamente un'analoga esigenza per le società bancarie, ossia per le società che esercitano l'attività bancaria così come univocamente individuata dall'ordinamento vigente.

Per «società finanziarie» si intendono (cfr. art. 59, 1° comma, lett. *b*) le società che esercitano, in via esclusiva o prevalente: *a*) l'attività di assunzione di partecipazioni aventi le caratteristiche indicate dalla Banca d'Italia in conformità delle delibere del CICR; *b*) una o più delle attività previste dall'art. 1, 2° comma lett. *f*), nn. da 1 a 12, ossia le attività ammesse al beneficio del mutuo riconoscimento; *c*) altre attività finanziarie che, in virtù delle misure assunte dalle autorità comunitarie sono aggiunte a quelle indicate nell'elenco allegato alla direttiva 89/646, ossia le altre attività che fossero ammesse in futuro al beneficio del mutuo riconoscimento. Come si può notare, la nozione di società finanziaria non coincide con quella di intermediari finanziari accolta dal titolo VI del T.U. e non ricomprende l'attività assicurativa, considerata invece finanziaria dalla disciplina prevista per le partecipazioni al capitale delle banche. Ma su quest'ultimo punto avremo modo di verificare ulteriori «variazioni» nelle scelte del T.U. e delle autorità creditizie.

Per «società strumentali» si intendono (cfr. art. 59, 1° comma, lett. *c*) del T.U.), invece, «le società che esercitano, in via esclusiva o prevalente, attività che hanno carattere ausiliario dell'attività delle società del gruppo, comprese quelle di gestione di immobili e di servizi anche informatici».

b) Una pluralità di società bancarie, finanziarie e strumentali dà vita ad un gruppo quando fra le stesse ricorra un rapporto di controllo, definito, a questi fini, negli stessi termini già illustrati con riferimento alla disciplina delle partecipazioni al capitale delle banche dettata dall'art. 23 del T.U. (v. infatti art. 59, 1° comma, lett. *a*) del T.U.).

E sulla base dei soggetti fra i quali corre il rapporto di controllo il T.U. individua due modelli di gruppo creditizio.

Un primo modello è composto «dalla banca italiana capogruppo e dalle società bancarie, finanziarie e strumentali da questa controllate».

[79] Sulla definizione del gruppo v. A. Brozzetti, *Il gruppo creditizio nei provvedimenti legislativi Amato-Carli*, in *Dall'ente pubblico creditizio alla società per azioni*, a cura di M. Rispoli Farina, Napoli, Jovene, 1993, pp. 204 ss.; e P. Zamboni Garavelli, *Il gruppo creditizio: profili di vigilanza*, in *Banca d'Italia. La ristrutturazione della banca pubblica e la disciplina del gruppo creditizio*, «Quaderni di ricerca giuridica», 26, Roma, 1992, pp. 194 ss.

Qui il gruppo vede, dunque, al proprio vertice, come capogruppo, una banca italiana ed è composto dalla stessa banca capogruppo e dalle altre banche, società finanziarie e strumentali dalla stessa controllate. È necessario, tuttavia, che una banca sia appunto capogruppo, ossia che la stessa non sia controllata da una società finanziaria considerata a sua volta capogruppo, perché in tal caso quest'ultima svolgerebbe il ruolo di capogruppo ed il gruppo assumerebbe la fisionomia del secondo nodello che lo stesso può assumere; ossia, appunto, un gruppo bancario che vede come capogruppo, al proprio vertice, non una banca ma una società finanziaria. Più esattamente in questa seconda ipotesi, secondo quanto precisa l'art. 60, 1° comma, lett. *b*) del T.U., il gruppo è composto «dalla società finanziaria capogruppo e dalle società bancarie, finanziarie e strumentali da questa controllate, quando nell'ambito del gruppo abbia rilevanza la componente bancaria, secondo quanto stabilito dalla Banca d'Italia in conformità delle deliberazioni del CICR».

Dunque, il primo tipo di gruppo ricorre tutte le volte in cui una banca controlli anche soltanto un'altra banca o un'altra società finanziaria o strumentale e non sussistano le circostanze che impongono di ritenere esistente un gruppo bancario del secondo tipo. Diventa, quindi, indispensabile capire quando ricorra questo secondo modello, capace di escludere la presenza del primo. E sul punto il T.U. si è allontanato dalle scelte effettuate dal D.Lgt. 356/1990, che come ricordiamo, dettò la prima definizione e la prima disciplina dei gruppi bancari.

L'art. 24, 1° comma, n. 2 di quest'ultimo provvedimento stabiliva che questo secondo tipo di gruppo bancario ricorreva quando vi fosse stata una società finanziaria che controllava una o più società bancarie, finanziarie e strumentali e ricorresse una delle due seguenti condizioni: *a*) quando le società bancarie controllate dalle finanziarie detenessero «complessivamente all'ultimo 31 dicembre, una quota del mercato nazionale, determinata sulla base delle segnalazioni della Banca d'Italia e dalle statistiche non provvisorie dalla stessa pubblicate per il sistema, pari o superiore all'1% dei depositi della clientela o degli impieghi con la clientela»; *b*) ovvero quando la somma degli attivi e dei passivi degli enti da essa controllati rappresentasse almeno la metà dell'attivo del gruppo secondo i dati dell'ultimo bilancio approvato.

Dunque, perché potesse configurarsi questo secondo tipo di gruppo bancario si richiedeva una particolare rilevanza della componente bancaria misurata con riferimento o all'intero mercato bancario nazionale o alla composizione del gruppo.

In mancanza di una di queste due condizioni non si sarebbe realizzato un gruppo bancario di questo secondo tipo e, nonostante fosse controllata da una società finanziaria, la banca avrebbe avuto il ruolo di capogruppo di un gruppo bancario, composto dalla stessa e dalle sue controllate bancarie finanziarie e strumentali, con espulsione di tutte le altre società bancarie finanziarie e strumentali pur ricomprese nel più ampio gruppo (non bancario) facente capo alla finanziaria di controllo della stessa banca. Il T.U. non ha recepito le indicazioni del D.Lgt. 356/1990 e, nell'ambito del processo di delegificazione seguito anche con riferimento a molti altri profili dell'ordinamento legislativo precedente, si è limitato a pretendere, come condizione per poter considerare esistente questo secondo tipo di gruppo creditizio, che «nell'ambito del gruppo abbia rilevanza la componente bancaria», rimettendo alle autorità creditizie il potere di stabilire quando tale rilevanza delle componenti bancarie sussista. Con una precisazione, tuttavia, ossia che la rilevanza deve sussistere nell'ambito del gruppo, il che lascia supporre che non venga più presa in considerazione, per ritenere sussistente un gruppo creditizio, la dimensione della componente bancaria in valori assoluti, o meglio in relazione all'importanza che la stessa ha nell'ambito del mercato nazionale.

Nella definizione della «rilevanza» della componente bancaria all'interno del gruppo le autorità creditizie, sia pure nel vigore del D.Lgt. 356/1990, avevano adottato un criterio che probabilmente continuerà a trovare applicazione anche nel vigore del T.U. e sul quale ci intratterremo fra un attimo con riferimento all'ulteriore requisito che sia il D.Lgt. 356/1990 sia il T.U. pretendono per poter considerare esistente un gruppo creditizio del secondo tipo, ossia con a capo una società finanziaria; ulteriore requisito che fa riferimento alla «idoneità» della società finanziaria ad assumere il ruolo di capogruppo. Questa idoneità viene, anzitutto, accertata con riguardo al modello organizzativo dell'ente. Sia il decreto 356/1990 sia il T.U. pretendono che la finanziaria abbia forma societaria; sono, dunque, esclusi tutti gli enti che non abbiano tale forma, in particolare non possono assumere il ruolo di capogruppo gli enti conferenti «nati» dalla ristrutturazione delle banche pubbliche, pur detenendo il controllo spesso totalitario delle azioni delle società conferitarie, mentre una siffatta limitazione non esiste per le banche. Queste possono assumere il ruolo di capogruppo anche se hanno forma di ente pubblico (ma si tratta di una specie in via di estinzione). Non solo, ma le autorità creditizie, esercitando un potere oggi confermato loro dall'art. 61, 2° comma del T.U., hanno ulteriormente limitato le forme consentite per la società finanziaria capogruppo: questa può assumere solo la forma delle società di capitale e della cooperativa a responsabilità limitata.

Ma non è questo il requisito della società finanziaria più significativo nella definizione del secondo tipo di gruppo. A norma, infatti, dell'art. 61, 2° comma del T.U., che riproduce il 2° comma dell'art. 25 del D.Lgt. 356/1990, la società finanziaria è considerata capogruppo quando nell'insieme delle società da essa controllate abbiano rilevanza determinante, secondo quanto stabilito dalla Banca d'Italia, in conformità delle deliberazioni del CICR, quelle bancarie, finanziarie e strumentali. In altri termini, il secondo tipo di gruppo bancario non ricorre quando, pur essendo rilevante nell'ambito del gruppo la componente bancaria (cfr. art. 60, 1° comma lett. *b*), non abbiano «rilevanza determinante», nell'insieme delle società controllate, quelle bancarie, finanziarie e strumentali, ossia quando il tasso di «industrialità» della società finanziaria sia troppo elevato. Riemergono i problemi della separatezza sia sul versante dei rapporti industria-banca esaminato a proposito della partecipazione nel capitale delle banche sia su quello dei rapporti fra banca e industria, affrontato a proposito delle partecipazioni bancarie. Diventa importante, a questo punto, stabilire come si possa accertare la «rilevanza» o la «particolare rilevanza» delle componenti bancaria, finanziaria e strumentale nell'ambito del gruppo. E in proposito le autorità creditizie, proseguendo nell'indirizzo di rigore già adottato per le partecipazioni bancarie, hanno stabilito[80] che la «particolare rilevanza» delle componenti bancarie, finanziarie e strumentali sussiste quando «la sommatoria degli attivi di bilancio delle società e degli enti esercenti attività diversa da quella bancaria, finanziaria e strumentale non ecceda il 15% del totale degli attivi della capogruppo e di tutte le società ed enti da essa controllati»; precisando che «ai fini di tale calcolo le imprese esercenti attività assicurativa ancorché non esercenti attività finanziaria, sono assimilate a quelle esercenti attività finanziaria». Dunque, la soglia «tollerabile» della industrialità in una società finanziaria capogruppo non può superare il 15% ed è questa norma che impedisce ad esempio alle società nelle quali si sono trasformati gli enti di gestione delle partecipazioni statali di assumere il ruolo di capogruppo nei confronti di grandi banche come la Banca Commerciale Italiana e il Credito Italiano.

Dovrebbero essere ormai chiari i presupposti per la esistenza di un gruppo del secondo tipo: questo si realizza quando una società finanziaria, in forma di società di capitale, detenga il controllo di un insieme di società nell'ambito del quale abbiano «rilevanza» la componente bancaria (ossia l'ammontare degli attivi bancari deve rappresentare almeno la metà dagli attivi del gruppo) e, nel loro complesso, le società bancarie, finanziarie e strumentali abbiano «rilevanza determinante» (ossia siano almeno pari all'85% degli attivi del gruppo), e sempre che tale finanziaria non sia a sua volta controllata, da una banca o da un'altra società finanziaria idonea (cfr. art. 61).

Dopo questi chiarimenti può forse apparire più chiaro anche l'enigmatico dettato dell'art. 61, 1° comma del T.U., che riproduce l'art. 25, 1° comma del D.Lgt. 356/1990, secondo il quale «capogruppo è la banca italiana o la società finanziaria con sede legale in Italia, cui fa capo il controllo delle società componenti il gruppo bancario e che non sia, a sua volta, controllata da un'altra banca italiana o da un'altra società finanziaria con sede legale in Italia, che possa essere considerata capogruppo ai sensi del comma 2°», ossia «quando nell'insieme delle società da essa controllate abbiano rilevanza determinante quelle bancarie finanziarie e strumentali».

3.2.2. *L'albo dei gruppi bancari*. L'inserimento in un gruppo bancario di una società bancaria, o finanziaria o strumentale non determina soltanto la ricomprensione della stessa in un sistema di vigilanza consolidata, ma produce effetti rilevanti anche sulla sua condizione nei con-

[80] Cfr. Banca d'Italia, *Istruzioni di vigilanza*, cit., cap. LII.

fronti della generalità dei terzi. Come avremo modo di accertare nei prossimi paragrafi, la capogruppo ha infatti poteri di «direzione» e «coordinamento» nei confronti delle società componenti del gruppo, e al di là delle incertezze che accompagnano la definizione di questi poteri, non v'è dubbio che gli stessi finiscano per incidere sulla gestione delle società appartenenti al gruppo. D'altro canto, abbiamo già accennato alla possibilità che le società del gruppo siano sottoposte a provvedimenti «di rigore» (come l'amministrazione straordinaria) semplicemente per effetto della sottoposizione a tali provvedimenti della società capogruppo. Di qui la previsione di un sistema di pubblicità, che, pur non possedendo i caratteri tipici della pubblicità legale disciplinata dal Codice civile, permette di conoscere l'appartenenza di una società bancaria, finanziaria o strumentale ad un determinato gruppo bancario. Gli strumenti di pubblicità del gruppo sono l'albo dei gruppi bancari e l'obbligo delle società appartenenti al gruppo di indicare negli atti e nella corrispondenza l'iscrizione nell'albo medesimo.

L'albo dei gruppi è tenuto dalla Banca d'Italia ed «è disponibile presso le filiali» di quest'ultima; viene inoltre pubblicato periodicamente sul «Bollettino» della medesima Banca d'Italia. Non è ovviamente il caso di illudersi sulla efficacia di questo strumento di pubblicità, ma non v'è dubbio che lo stesso, unito all'obbligo per tutte le società facenti parte del gruppo di indicare la propria appartenenza a quest'ultimo, possa fornire una traccia per risalire alla composizione del gruppo e per valutare il rischio che l'appartenenza allo stesso comporta.

La comunicazione per l'iscrizione nell'albo è un atto dovuto da parte della capogruppo; la Banca d'Italia, per altro, provvede alla iscrizione dopo aver accertato non solo le «condizioni di legge» illustrate nel paragrafo precedente, ossia composizione del gruppo, rapporti di controllo, «idoneità» tipica della società capogruppo, ma anche se il gruppo sia «dotato al suo interno di strumenti e procedure di controllo che permettono alle capogruppo una costante sorveglianza sulle attività delle società del gruppo». E non procederà alla iscrizione quando «nella struttura del gruppo risultino fattori di ostacolo alla attuazione delle istruzioni di vigilanza», o «all'efficace esercizio da parte della capogruppo dei poteri di direzione e coordinamento» che ad essa competono.

In tali casi, chiariscono le istruzioni di vigilanza, la Banca d'Italia indica alla società posta al vertice del gruppo le necessarie modifiche da apportare all'assetto del gruppo stesso e solo al termine di tale riorganizzazione avverrà l'iscrizione nell'albo. Nelle more, sempre secondo le istruzioni della Banca d'Italia, «si applicano gli strumenti di vigilanza che salvaguardano la stabilità della componente creditizia del gruppo».

Abbiamo indugiato un attimo su queste disposizioni perché dalle stesse emerge con chiarezza che la iscrizione nell'albo è costitutiva del gruppo bancario, nel senso che la disciplina prevista per quest'ultimo non si applica in assenza della iscrizione. Si deve, per altro, precisare che la Banca d'Italia può procedere d'ufficio all'accertamento dell'esistenza di un gruppo bancario e alla sua iscrizione nell'albo e può determinare la composizione del gruppo anche «in difformità da quanto comunicato dalla capogruppo» (cfr. art. 64, 3° comma, T.U.). La rilevanza della iscrizione nell'albo emerge, infine, anche dal fatto che i progetti, che comportino modificazioni alla composizione del gruppo indicato nell'albo, possono essere eseguiti soltanto con l'autorizzazione della Banca d'Italia.

3.2.3. *La disciplina della società finanziaria capogruppo*. *a*) Come avremo modo di constatare, il ruolo della capogruppo nell'ambito della disciplina dei gruppi bancari è di notevolissima importanza, soprattutto sotto il profilo della vigilanza; essa ha, in particolare, il compito di attuare le misure di vigilanza regolamentare nei confronti delle componenti del gruppo[81]. Di qui la necessità di regole che assicurino la sana e prudente gestione della stessa.

E mentre nell'ipotesi in cui capogruppo sia una banca la disciplina propria di quest'ultima deve ritenersi sufficiente a garantire questa condizione della capogruppo, altrettanto non può dirsi per l'ipotesi in cui capogruppo sia una società finanziaria. In questa seconda ipotesi non esiste una disciplina tipica delle società finanziarie capace di assicurare quell'obiettivo; il che è particolarmente vero quando si tenga presente che la società finanziaria capogruppo normalmente non presenterà le caratteristiche per la sua iscrizione nell'elenco (sia generale sia speciale) degli intermediari finanziari disciplinati dal T.U. (artt. 106 ss. T.U.). Per queste ragioni il T.U., come già il D.Lgt. 356/1990, ha dettato una specifica disciplina per le società finanziarie capogruppo di un gruppo bancario, modellandola, sotto molti profili, su quella propria delle banche.

b) Abbiamo già individuato i presupposti necessari perché una finanziaria possa assumere il ruolo di capogruppo: *a*) deve controllare almeno una banca e non essere a sua volta controllata da una banca o da una finanziaria che possa essere considerata capogruppo; *b*) deve svolgere attività finanziaria; *c*) deve essere costituita in forma di società di capitali; *d*) tra le sue controllate devono assumere rilevanza determinante le società bancarie, finanziarie o strumentali. Basti precisare sul punto che, secondo le norme di vigilanza, le attività che possono essere esercitate dalla capogruppo sono soltanto quelle di assunzione di partecipazioni e di erogazione di finanziamenti. Con esclusione, quindi, delle società di intermediazione mobiliare e di gestione dei fondi comuni, che pure sono considerate attività finanziarie nella definizione del gruppo. A dimostrazione della pluralità di significati che assume l'espressione attività finanziaria anche nell'ordinamento del T.U.

Altrettanto deve dirsi per le imprese d'assicurazione, che non possono assumere il ruolo di capogruppo, pur essendo assimilate alle società finanziarie nella definizione dei confini del gruppo. Come si può no-

[81] Sul punto C. Lamanda, *La vigilanza sul gruppo*, in «Banca impresa società», 1992, pp. 369 ss.

tare, dunque, alcune società che vengono considerate finanziarie sotto il profilo della composizione del gruppo e, quindi, sono in linea di principio destinatarie della relativa disciplina quando dello stesso facciano parte, non sono, tuttavia, considerate «capaci» di assumere il ruolo di capogruppo. La ragione di questa «inidoneità» potrebbe essere trovata sia nelle caratteristiche della loro attività (di intermediazione mobiliare, di gestione di fondi comuni, di assicurazione), che rende difficile lo svolgimento delle funzioni proprie della capogruppo, sia nella esistenza sulle stesse di specifici sistemi di vigilanza affidati ad altre autorità di controllo (CONSOB-ISVAP), con le conseguenti difficoltà di coordinare efficacemente questi controlli con quelli previsti per la capogruppo di un gruppo creditizio.

c) La società finanziaria che possegga tutte le caratteristiche per poter assumere il ruolo di capogruppo non è, tuttavia, obbligata a farlo; essa può chiedere di essere esonerata dal relativo status e dalle conseguenti funzioni. E la Banca d'Italia può consentire tale esonero, purché lo statuto della finanziaria precluda alla stessa di assumere funzioni di direzione e coordinamento e purché esista un altro ente creditizio o un'altra finanziaria che assuma tale ruolo.

d) Come si accennava, la disciplina della società finanziaria capogruppo riprende alcuni tratti della disciplina delle banche. Così il suo statuto deve essere sottoposto al controllo della Banca d'Italia, alla quale è affidato il compito di verificare che le relative norme «non contrastino con la gestione sana e prudente del gruppo stesso» (art. 61, 3° comma, T.U.); i soggetti che svolgono funzioni di amministrazione, direzione e controllo debbono presentare i requisiti di professionalità e di onorabilità richiesti per l'esercizio delle medesime funzioni nelle banche; la partecipazione al capitale è sottoposta alle stesse norme previste per la partecipazione al capitale delle banche dagli artt. 19 (autorizzazioni) e 20 (obblighi di comunicazione) del T.U.; il collegio sindacale ha gli stessi doveri di informazione nei confronti della Banca d'Italia che incombono sul collegio sindacale di una banca; è sottoposta ai controlli di vigilanza ispettiva e informativa sostanzialmente illimitati come quelli previsti a proposito delle banche; e, in caso di irregolarità e di crisi, si applicano loro le procedure di amministrazione straordinaria, con esclusione dei procedimenti di diritto comune, compresi fra questi non solo quelli concorsuali ma anche quello disciplinato dall'art. 2409 Cod. civ.

3.2.4. *Funzioni e poteri della capogruppo*. *a*) La capogruppo è, secondo il linguaggio delle istruzioni di vigilanza, il «referente» della Banca d'Italia per l'esercizio della vigilanza su base consolidata sotto il profilo sia della vigilanza informativa sia di quella regolamentare. È bene, tuttavia, tener presente, nel momento in cui si cerca di individuare il ruolo della capogruppo, che la vigilanza consolidata si estende al di la del perimetro del gruppo (e tra l'altro, può sussistere anche in assenza di quest'ultimo) e che il ruolo della capogruppo, pur spingendosi, almeno per quanto concerne la vigilanza informativa, anche oltre tale limite, assume particolare, se non esclusivo (nel caso della vigilanza regolamentare) rilievo nei confronti delle società che fanno parte del gruppo, ossia delle società bancarie, finanziarie e strumentali dalla stessa controllate. Ed è con riferimento a queste ultime che valuteremo il ruolo di referente della Banca d'Italia attribuito alla capogruppo. Sotto il profilo della vigilanza informativa su base consolidata la Banca d'Italia richiede alla capogruppo la trasmissione di situazioni e di dati relativi alle società del gruppo e, ovviamente, la capogruppo è tenuta a fornire le relative informazioni. Sotto il profilo della vigilanza regolamentare, come vedremo più analiticamente nella parte dedicata alla sua descrizione, la Banca d'Italia impartisce istruzioni alla capogruppo relative al gruppo complessivamente considerato o a società ricomprese nello stesso, aventi ad oggetto l'adeguatezza patrimoniale, il contenimento del rischio nelle sue diverse configurazioni, le partecipazioni detenibili e l'organizzazione amministrativa e contabile e i controlli interni (art. 67, 1° comma) e la capogruppo è, ovviamente, tenuta ad emanare disposizioni alle componenti del gruppo per l'esecuzione dei relativi provvedimenti di vigilanza regolamentare. E, come avremo modo di accertare parlando delle crisi del gruppo, il Ministro per il Tesoro, in caso di gravi inadempienze nell'esercizio delle predette funzioni, può disporre l'amministrazione straordinaria della capogruppo, potendo anche decretarne la liquidazione coatta nelle ipotesi in cui tali inadempienze siano «gravissime».

b) È abbastanza evidente che il legislatore, nel momento in cui imponeva alla capogruppo il dovere di dare esecuzione alle istruzioni di vigilanza, doveva altresì attribuire alla medesima capogruppo il potere di pretendere dalle componenti del gruppo i comportamenti necessari per l'attuazione delle regole di vigilanza e doveva imporre alle società del gruppo il dovere di attenersi alle disposizioni emanate dalla capogruppo per dare puntuale esecuzione alle predette istruzioni.

Entrambi i principi sono oggi fissati dall'art. 61, 4° comma del T.U. Vi si legge infatti che «la capogruppo, nell'esercizio dell'attività di direzione e di coordinamento, emana disposizioni alle componenti del gruppo per l'esecuzione delle istruzioni impartite dalla Banca d'Italia nell'interesse della stabilità del gruppo» e che «gli amministratori delle società del gruppo sono tenuti a fornire ogni dato e informazione per l'emanazione delle disposizioni e la necessaria collaborazione per il rispetto delle norme sulla vigilanza consolidata».

La norma pone delicatissimi problemi interpretativi, soprattutto per quanto concerne i limiti che la capogruppo incontra nell'imporre particolari comportamenti alle società controllate; in specie quando si tratti di comportamenti che possano ledere l'interesse sociale della controllata, e quindi l'interesse dei soci di minoranza e dei creditori sociali, o possano, comunque, pregiudicare interessi di terzi che intrattengono rapporti con la controllata medesima[82].

[82] I contributi della dottrina sul punto sono ormai numerosi. Si vedano G. Minervi-

Sotto questo profilo sembra, anzitutto, possibile rilevare una difficoltà oggettiva che si incontra quando si vogliano coordinare le esigenze di vigilanza che giustificano la disciplina in esame con la tutela degli interessi dei soci di minoranza e dei creditori delle società controllate, così come protetti dal nostro ordinamento di diritto comune.

c) Le autorità creditizie si propongono, in linea di principio, di «rendere la regolamentazione neutrale rispetto alle scelte organizzative degli intermediari bancari», nel senso che questi ultimi dovrebbero poter scegliere il modello organizzativo più adatto alle caratteristiche del loro progetto imprenditoriale senza essere in ciò condizionati dalla disciplina propria dei vari modelli[83]. E questo principio esse hanno inteso applicare anche alla possibilità di scegliere fra il modello della banca universale, che vede unificate all'interno di una sola banca le varie attività bancarie, finanziarie e strumentali che caratterizzano un disegno imprenditoriale, e quello del gruppo polifunzionale, che colloca in seno a società distinte dalla capogruppo, ma da questa controllate, una o più di quelle attività[84].

In altri termini, esse assumono che, come nella banca universale, anche nel gruppo «viene a realizzarsi un disegno imprenditoriale unitario, posto in essere dalle distinte unità operative del gruppo». Coerentemente esse tendono ad assicurare una gestione unitaria del gruppo, attribuendo alla capogruppo la possibilità di «manovrare» le singole società controllate alla stregua di altrettante unità operative di un'unica impresa, come la banca universale può disporre delle divisioni operative nelle quali si articola la sua organizzazione.

Nell'ambito di questo ordine di idee le autorità creditizie assumono che sia connaturata con la posizione di capogruppo «l'attività di direzione e coordinamento» delle società controllate, cui fa esplicito riferimento l'art. 61, 4° comma del T.U., come già l'art. 25, 2° comma del D.Lgt. 356/1990, e che nel quadro di tale attività la capogruppo debba esercitare sia un controllo strategico sia un controllo gestionale sulle imprese controllate. Il primo concerne l'evoluzione delle diverse aree di

ni, *I poteri della capogruppo nei gruppi bancari plurifunzionali*, in «Banca borsa e tit. cred.», 1992, I, pp. 461 ss.; V. Desario, *Obiettivi e strumenti della vigilanza sui gruppi creditizi*, in «Riv. banc.», 1992; R. Costi, *La disciplina dei gruppi bancari*, in «Banca impresa società», 1990, pp. 341 ss.; P. Ferro Luzzi-P. Marchetti, *La disciplina del gruppo creditizio*, in «Riv. società», 1992, pp. 786 ss: P.G. Jaeger, *Controllo e direzione nei gruppi bancari*, in «Banca impresa società», 1993, pp. 381 ss.; C.G. Corvese, *I gruppi bancari fra norme di diritto comune e norme di diritto speciale*, in *Dall'ente pubblico creditizio alla società per azioni*, a cura di M. Rispoli Farina, Napoli Jovene, 1993, pp. 261 ss.; L. Desiderio, *Gruppi bancari e prospettive di riforma del sistema creditizio*, in «Dir. banc. e merc. fin.», 1992, pp. 296 ss.; F. Vella, *Le società holding*, Milano, Giuffrè, 1993, pp. 209 ss.

[83] Sul punto P. Mottura, *Aspetti aziendali e organizzativi dei gruppi creditizi*, in «Banca impresa società», 1993, pp. 343 ss.; R. Masera, *Banca universale e gruppo creditizio: sollecitazioni di mercato e disciplina prudenziale*, in «Econ. italiana», 1992, pp. 371 ss.

[84] Per la posizione della Banca d'Italia in materia cfr. Banca d'Italia, *Istruzioni di vigilanza*, cit., cap. LII.

attività in cui il gruppo opera e dei rischi incombenti sul portafoglio di attività esercitate ed implica il controllo sull'espansione delle attività svolte dalle società del gruppo e sulle politiche di acquisizione e di discussione da parte del gruppo stesso. Il secondo, volto ad assicurare il mantenimento delle condizioni di equilibrio economico, finanziario e patrimoniale sia delle singole società sia del gruppo nel suo insieme, si realizza soprattutto attraverso la predisposizione di piani, programmi e budget (aziendali o di gruppo) da parte della capogruppo e mediante l'analisi delle situazioni periodiche, dei conti infrannuali e dei bilanci delle singole società e di quelli consolidati; ciò sia per settori omogenei di attività sia con riferimento all'intero gruppo.

Come si può notare, le istruzioni di vigilanza, riprodotte sopra pressoché nel loro dettato letterale, immaginano una gestione profondamente unitaria del gruppo da parte della capogruppo, alla cui posizione sarebbe connaturata l'attività di direzione e coordinamento; poteri di direzione e coordinamento che consentirebbero alla stessa di imporre piani, programmi e budget, acquisizioni e dismissioni, limitazioni ed espansioni operative alle componenti del gruppo. E nell'esercizio di questa attività di direzione e coordinamento, «che le è propria», essa emana nei confronti delle componenti del gruppo creditizio le disposizioni necessarie per dare attuazione alle istruzioni di carattere generale e particolare impartite dalla Banca d'Italia nell'interesse della stabilità del gruppo. Dunque, il potere della capogruppo di emanare disposizioni per dare attuazione alle istruzioni di vigilanza non sarebbe un potere specifico ed isolato, ma semplicemente l'espressione di un più ampio e continuativo potere di direzione e coordinamento che alla stessa compete in quanto capogruppo.

È questo l'ordine di idee che emerge senza incertezze dalle istruzioni di vigilanza emanate nella vigenza dell'art. 25, 4° comma del D.Lgt. 356/1990, e che trova puntuale espressione nella relazione che accompagna la «riproduzione» letterale di quelle norme contenuta nel già ricordato 4° comma dell'art. 61 del T.U.; in quella relazione si legge infatti che «Il comma 4 conferma che la capogruppo assume la posizione di referente principale dell'autorità di vigilanza ed è, quindi, abilitata a emanare disposizioni per l'attuazione delle istruzioni di quest'ultima. Le disposizioni cui fa riferimento la norma sono l'esplicazione dell'attività di direzione e coordinamento connaturata alla posizioni di quest'ultima».

d) Questa linea interpretativa dell'art. 61, 4° comma, deve, per altro, fare i conti con i principi di diritto comune che regolano i rapporti fra controllante e controllato ossia, se si vuole, i principi che regolano il diritto comune dei gruppi[85]. Questi principi, almeno nei termini in cui

[85] Non è possibile, evidentemente, neppure una indicazione parziale della letteratura e della giurisprudenza sul punto. Ci limitiamo a ricordare fra gli scritti più recenti A. Pavone La Rosa, *Le società controllate - I gruppi*, in *Trattato delle società per azioni*, diretto da G.E. Colombo e G.B. Portale, Torino, UTET, vol. II, pp. 581 ss.

sono ancora enunciati dalla giurisprudenza dominante[86] e dalla dottrina prevalente (che pur segnala la scarsa considerazione nella quale il nostro ordinamento e la sua ricostruzione, ad opera di giudici e giuristi, tengono il fenomeno dei gruppi), possono essere così riassunti.

L'inserimento di una società in un gruppo non fa sì che l'interesse del gruppo nel suo insieme diventi anche l'interesse delle singole società componenti il gruppo; anche se nulla esclude che il primo possa di fatto coincidere con il secondo, soprattutto tenendo conto dei vantaggi che l'inserimento nel gruppo in quanto tale può apportare alle singole società. La capogruppo non può, dunque, imporre alla controllata l'interesse di gruppo, in quanto tale, e gli amministratori non sono tenuti a perseguire l'interesse di gruppo (pur sapendo che il non farlo comporterà la probabile perdita della carica) e non debbono in alcun modo sacrificare l'interesse della società che amministrano in nome dell'interesse del gruppo nel suo insieme. Il fatto di aver seguito, nel sacrificare l'interesse della società controllata che amministrano, le indicazioni della controllante non li esimerebbe dalla responsabilità alla quale andrebbero incontro nei confronti dei soggetti che risultassero pregiudicati dal predetto sacrificio. La controllante, dunque, non ha per sua natura un potere di direzione e coordinamento della società controllata e, soprattutto, non può mai imporre agli amministratori della controllata di dimenticare l'interesse di quest'ultima. Questa conclusione impone la tutela dei soci di minoranza, i cui interessi verrebbero altrimenti sacrificati all'interesse della maggioranza, e dei creditori sociali, che possono fare affidamento, per la tutela dei propri crediti, esclusivamente sul patrimonio della controllata; problemi che si pongono nel nostro ordinamento che non prevede, a differenza di altri, strumenti di «compenso» per gli azionisti di minoranza sacrificati e la responsabilità della controllante per i debiti della controllata; alla quale la prima possa imporre scelte di gruppo non coincidenti con l'interesse delle società controllate.

Naturalmente questi principi avranno una limitata rilevanza pratica nelle ipotesi in cui la controllante detenga l'intero capitale della controllata, tenuto conto della responsabilità dell'unico socio nei confronti dei creditori della controllata posseduta interamente (art. 2362), mentre assumeranno una importanza via via crescente con la consistenza delle partecipazioni di minoranza.

È bene, per altro, non drammatizzare questa contrapposizione, fra interesse del gruppo ed interesse della società, e, quindi, fra gestione della capogruppo e gestione delle società controllate: normalmente l'interesse del gruppo coinciderà con quello delle società controllate e gli amministratori di queste ultime potranno così adeguarsi alle direttive della capogruppo senza violare i doveri che loro incombono. Ciò non toglie ovviamente che quei principi, nei momenti in cui la contrapposizione fra i diversi interessi emerga, debbano essere osservati. I rapporti

[86] V. Cass. 8 maggio 1991, n. 5123, in «Foro It.», 1992, I, 817.

fra le varie società del gruppo, dovranno perciò realizzarsi a condizioni «eque»; non potranno, cioè, comportare il sacrificio dell'una a favore dell'altra società e, quindi, il travaso di utili o di perdite fra la medesime.

Dai principi di diritto comune appena ricordati emerge che la società controllante e, quindi, anche la società che si trovi al vertice di un gruppo (capogruppo), non ha un potere formale di coordinamento e di direzione nei confronti delle società controllate e, pertanto, gli amministratori di queste ultime non sono obbligati a perseguire l'interesse del gruppo nel suo insieme. L'applicazione di questi principi ai gruppi bancari potrebbe, almeno in astratto, impedire la unitarietà della loro gestione voluta dalle autorità creditizie e, in particolare, l'imposizione da parte della capogruppo, alle componenti del gruppo, di quel controllo sia strategico sia gestionale che le stesse autorità prevedono. D'altro canto, è necessario chiedersi se l'esigenza di gestione unitaria dei gruppi bancari possa giustificare il sacrificio dell'interesse dei soci di minoranza o dei creditori speciali e, quindi, possa consentire agli amministratori della controllata di seguire gli ordini della controllante anche quando questi comportino il sacrificio della «loro» società.

Delle difficoltà che si incontrano, almeno in linea di principio, quando si cerchi di conciliare una gestione unitaria del gruppo con la tutela degli interessi dei soci di minoranza e dei crediti sociali delle varie società, sono buon testimone anche le istruzioni di vigilanza. Queste, dopo aver attribuito alla capogruppo un potere di direzione e coordinamento molto forte, si preoccupano di precisare che l'esercizio dello stesso «deve essere improntato a criteri di equità e ragionevolezza» e, dopo aver dovuto prendere atto dell'autonomia patrimoniale delle singole società sancita dall'art. 5, 1° comma, lett. *d*) della legge 218/1990 (che prevedeva la delega nel cui esercizio fu emanato il D.Lgt. 356/1990), mettono in evidenza «l'affidamento che i terzi fanno sulla circostanza che la capogruppo normalmente risponde delle obbligazioni assunte dalle singole componenti il gruppo». È facile ravvisare in queste affermazioni la consapevolezza che le basi giuridiche del potere di coordinamento e di direzione della capogruppo possono rivelarsi piuttosto fragili quando a quel potere venga attribuita l'ampiezza che le esigenze di gestione unitaria renderebbero probabilmente necessaria.

E deve essere valutato come uno strumento diretto a rafforzare quel potere anche la necessità, imposta dalle istruzioni di vigilanza, che negli statuti della controllata venga trascritto il contenuto di quella disposizione legislativa; una siffatta clausola dovrebbe, almeno nelle intenzioni delle autorità creditizie soddisfare le «esigenze di trasparenza connesse alla riconoscibilità dei rapporti di gruppo» e, quindi, ad avvertire i terzi, da un lato, del potere della capogruppo sulle decisioni della società in questione e, dall'altro, della irresponsabilità, di principio, della prima per le obbligazioni della seconda.

e) È ora di chiedersi in qual modo e in quale misura l'art. 61, 4° comma, abbia conciliato i vari interessi coinvolti dalla definizione dei poteri della capogruppo sulle società bancarie, finanziarie e strumentali dalla medesima controllate. Pare, innanzitutto, necessario tener presente che la disciplina sui gruppi bancari è stata introdotta nel nostro ordinamento come strumento per l'esercizio della vigilanza bancaria su base consolidata e, in particolare, per poter dare attuazione ai provvedimenti di vigilanza regolamentare sul gruppo, allo scopo di proteggere, attraverso la stabilità di quest'ultimo, gli interessi normalmente tutelati dalla vigilanza sulle banche.

La disciplina dei gruppi bancari non si propone una ridefinizione complessiva, con riferimento alle attività finanziarie, dei rapporti fra gli interessi dei soci di maggioranza, dei soci di minoranza e dei creditori sociali, in termini diversi da quelli stabiliti dal diritto comune, ma intende predisporre gli strumenti per dare concreta attuazione ai provvedimenti di vigilanza regolamentare (e informativa) sui gruppi. Ciò significa che, anche con riferimento ai gruppi bancari, continueranno a trovare applicazione le regole del diritto comune, nella misura in cui le stesse non risultino alterate o abrogate dalla disciplina dettata per consentire la vigilanza su base consolidata. La disciplina in questione è stata dettata, insomma, a fini di vigilanza, anche se questa circostanza non impedisce che la stessa incida sulla disciplina sostanziale di diritto comune. Ma nella misura in cui le esigenze di vigilanza, legislativamente riconosciute non ne comportino il sacrificio continueranno a trovare protezione gli interessi tutelati da quella disciplina generale.

Aver individuato lo scopo perseguito attraverso la disciplina dei gruppi bancari consente di porre due limiti di carattere generale anche al potere di direzione e coordinamento della capogruppo: non potrà essere esercitato al di là dell'ambito richiesto dall'attuazione delle istruzioni di vigilanza e non potrà comportare il sacrificio dell'interesse delle singole società all'interesse di gruppo.

In altri termini, non esiste un generale e generico potere di coordinamento e direzione della capogruppo sulle componenti del gruppo; quel potere esiste nella misura in cui è necessario per dare attuazione alle istruzioni di vigilanza. E del resto la norma del T.U. precisa che la capogruppo emana disposizioni alle componenti del gruppo per l'esecuzione delle istruzioni impartite dalla Banca d'Italia nell'interesse della stabilità del gruppo; al di fuori di questa ipotesi non esiste, dunque, un generico e generale potere della capogruppo di emanare disposizioni alle proprie controllate. E, analogamente, viene fissato il dovere degli amministratori delle controllate di prestare ossequio alle disposizioni della capogruppo: essi debbono fornire «la necessaria collaborazione per il rispetto delle norme sulla vigilanza consolidata», ma al di fuori di questo ambito non esiste un dovere degli amministratori delle controllate di prestare adesione alle disposizioni di «direzione e coordinamento» della capogruppo.

D'altro canto, la disciplina speciale non introduce alcuna specifica responsabilità della capogruppo per le obbligazioni della controllata, così come non introduce alcun «compenso» per gli azionisti di minoranza eventualmente pregiudicati dalla imposizione, alle società controllate, di comportamenti contrari all'interesse di queste ultime. Si dovrà, dunque, tenere ben ferma la regola secondo la quale il potere della capogruppo incontra un limite invalicabile nell'interesse delle società controllate. Ma, sotto questo profilo, l'eventualità di un conflitto fra interesse della società e interesse perseguito attraverso le disposizioni della capogruppo dovrebbe essere abbastanza remota, proprio in forza del limite che il potere della capogruppo incontra sotto il profilo del suo ambito. La capogruppo, abbiamo appena constatato, può, infatti, emanare disposizioni per l'esecuzione delle istruzioni emanate dalla Banca d'Italia nell'interesse della stabilità del gruppo e, quindi, è abbastanza improbabile che le disposizioni della capogruppo possano rivelarsi pregiudizievoli per i creditori delle società controllate.

In definitiva, a noi pare che non esista un generale e generico potere di direzione e coordinamento della capogruppo, neppure nei gruppi bancari, ma che tale potere sia contenuto nell'ambito delle istruzioni di vigilanza dirette a tutelare la stabilità del gruppo. Ma anche in questo ambito il potere della capogruppo non può mai essere esercitato con pregiudizio dell'interesse sociale delle singole società controllate.

Questa conclusione non nega, ovviamente, che la disciplina dei gruppi bancari presenti caratteri fortemente innovativi delle regole di diritto comune: attribuisce alla capogruppo un potere di coordinamento e di direzione, sia pure funzionalmente e oggettivamente delimitato, che normalmente la controllante non ha nei confronti delle proprie controllate. Ma della effettiva portata di questa deroga ci renderemo più facilmente conto quando avremo individuato i provvedimenti di vigilanza regolamentare sul gruppo che possono essere adottati dalle autorità creditizie.

3.3. I soggetti inclusi nella vigilanza consolidata

a) Abbiamo già ricordato che la vigilanza consolidata si estende anche a soggetti non ricompresi nell'ambito del gruppo creditizio e che, anzi, la stessa non postula neppure l'esistenza di un gruppo creditizio.

L'art. 65, 1° comma T.U. stabilisce che la Banca d'Italia esercita la vigilanza su base consolidata nei confronti dei seguenti soggetti: *a*) società appartenenti a un gruppo bancario; *b*) società bancarie, finanziarie e strumentali partecipate almeno per il 20% dalle società appartenenti a un gruppo bancario o da una singola banca; *c*) società bancarie, finanziarie e strumentali non comprese in un gruppo bancario, ma controllate dalla persona fisica o giuridica che controlla un gruppo bancario ovvero una singola banca; *d*) società finanziarie, aventi sede legale in un altro Stato comunitario, che controllano una capogruppo o una singola banca italiana, sempreché tali società siano incluse nella vigilanza consolidata di competenza della Banca d'Italia ai sensi dell'art. 69; *e*) società bancarie, finanziarie e strumentali controllate dai soggetti di cui alla lettera *d*); *f*) società bancarie, finanziarie e strumentali partecipate almeno per il 20%, anche congiuntamente, dai soggetti indicati nelle lettere *d*) ed *e*); *g*) società finanziarie, diverse dalla capogruppo e dalle società indicate nella lettera *d*), che controllano almeno una banca; *h*) società, diverse da quelle bancarie e finanziarie, che, fermo restando quanto previsto dall'art. 19, 6° comma, controllano almeno una banca; *i*) società diverse da quelle bancarie, finanziarie e strumentali quando siano controllate da una singola banca ovvero quando società appartenenti a un gruppo bancario ovvero soggetti indicati nelle lettere *d*), *e*), *g*) e *h*) detengano, anche congiuntamente, una partecipazione di controllo.

Come si può notare la vigilanza consolidata non si limita alle «società appartenenti a un gruppo bancario» (lett. *a*), ma si estende a tutte le società bancarie, finanziarie e strumentali partecipate almeno per il 20% da una qualsiasi delle società appartenenti ad un gruppo bancario o anche da una singola banca (nel quale caso ovviamente non sussiste un gruppo bancario) (lett. *b*). In altre parole la vigilanza consolidata comprende tutte le società finanziarie, bancarie e strumentali a valle di una banca o di un gruppo bancario purché possedute da questi ultimi almeno per il 20%. Ma la vigilanza consolidata ricomprende anche le società bancarie, finanziarie e strumentali che si collocano a latere di un gruppo o di una singola banca, ossia che sono controllate non da una banca o da una società di un gruppo bancario, nel qual caso darebbero vita ad un gruppo bancario o ne amplierebbero l'ambito, ma dallo stesso soggetto che controlla la capogruppo di un gruppo bancario o una banca (senza poter assumere la qualità di capogruppo o perché con un oggetto diverso da quello che la stessa deve avere o perché affetta da un tasso di industrialità superiore a quello tollerato).

Come abbiamo a suo tempo constatato, la capogruppo di un gruppo bancario deve avere sede legale in Italia; nella vigilanza consolidata viene invece ricompresa (lett. *c*) anche la finanziaria avente sede legale in un altro Stato comunitario, che controlla una capogruppo di un gruppo bancario o una singola banca (sempreché, ai sensi dell'art. 69 del T.U., Banca d'Italia e autorità competenti del paese comunitario d'origine non abbiano convenuto diversamente); e in tal caso rientrano nella vigilanza consolidata sia le altre società bancarie, finanziarie e strumentali controllate dalle società finanziarie estere (lett. *d*) sia quelle nelle quali quest'ultima o le sue controllate bancarie, finanziarie e strumentali abbiano una partecipazione almeno pari al 20% del capitale.

Nella vigilanza consolidata sono anche ricomprese (lett. *g*) le società finanziarie che, pur avendo sede in Italia e pur avendo i requisiti per assumere il ruolo di capogruppo, abbiano chiesto ed ottenuto di non svolgere tale ruolo, quando controllino almeno una banca.

Sono poi ricomprese nella vigilanza anche le società, diverse dalle società bancarie e finanziarie che controllano almeno una banca (lett. *h*); fermo restando il divieto per i soggetti che svolgono in misura rilevante attività non bancarie e non finanziarie di assumere tale controllo. Rientra in questa previsione l'ipotesi di controllo di una banca da parte di una compagnia di assicurazione; quest'ultima non può assumere il ruolo di capogruppo, pur potendo detenere il controllo della banca, e in questa ipotesi è ricompresa nella vigilanza consolidata. Infine, rientrano nell'ambito della vigilanza consolidata le società «industriali» controllate da una banca o da una società ricomprese in un gruppo bancario (lett. *c*). Come avremo modo, tuttavia, di accertare fra un attimo, nelle due ultime ipotesi la vigilanza consolidata è prevalentemente di tipo informativo ed ispettivo non potendo essere sottoposte a vincoli prudenziali da parte della Banca d'Italia società non finanziarie.

b) L'art. 65, 2° comma T.U., riproducendo l'art. 30, ult. comma del D.Lgt. 356/1990, precisa che «nei confronti dei soggetti inclusi nell'ambito della vigilanza consolidata resta ferma l'applicazione di norme specifiche in tema di controllo e di vigilanza, secondo la disciplina vigente».

La vigilanza bancaria su società già assoggettate a controlli non comporta, perciò, alcuna modificazione di questi ultimi. Alle società di intermediazione mobiliare e alle società di gestione di fondi comuni ricomprese nella vigilanza continueranno ad applicarsi le norme dettate dalle relative specifiche discipline. E la giustapposizione dei due controlli trova, almeno nella massima parte dei casi, la propria giustificazione nella diversità degli obiettivi che gli stessi perseguono. Ed anzi, sotto questo profilo, esce confermato quanto abbiamo affermato in precedenza: la vigilanza bancaria su base consolidata persegue esclusivamente gli obiettivi tipici della vigilanza bancaria e non anche quelli propri delle eventuali strutture di controllo previste per gli altri segmenti del mercato finanziario.

c) Anche la vigilanza su base consolidata viene distinta dal T.U. in vigilanza informativa, vigilanza ispettiva e vigilanza regolamentare. E in larga misura gli strumenti e i tipi della vigilanza consolidata sono gli stessi già descritti a proposito della vigilanza sulle banche.

Nell'esame della relativa disciplina non riprenderemo ovviamente le considerazioni svolte a proposito di quest'ultima; ci limiteremo a segnalare le differenze più significative che esistono fra i contenuti della vigilanza nelle due ipotesi.

3.4. La vigilanza informativa su base consolidata

a) L'art. 66, 1° comma, del T.U. stabilisce che «al fine di realizzare la vigilanza su base consolidata la Banca d'Italia richiede ai soggetti indicati nelle lettere da *a*) ad *f*) del comma 1 dell'art. 65, la trasmissione anche periodica, di situazioni e dati, nonché ogni altra informazione utile» e può «altresì richiedere ai soggetti indicati nelle lettere *g*), *h*) ed *i*) del comma 1 dell'articolo citato, le informazioni utili all'esercizio della vigilanza su basi consolidate». Essa «determina le modalità e i termini per la trasmissione delle predette situazioni, dei dati e delle informazioni» (art. 66, 2° comma T.U.). La norma sancisce così un potere informativo, sia pure con contenuti diversi, della Banca d'Italia nei confronti di tutti i soggetti inclusi nell'ambito della vigilanza su base consolidata, ai quali potranno perciò essere direttamente richiesti dalla stessa Banca d'Italia situazioni, dati e informazioni.

Ma non sarà questo il tragitto normale delle informazioni. La Banca d'Italia chiederà alla capogruppo di un gruppo bancario di trasmetterle situazioni, dati e informazioni relativi alle componenti del gruppo (lett. *a*), alle società bancarie, finanziarie e strumentali nelle quali il gruppo partecipi per almeno il 20% del capitale (lett. *b*), alle società con lo stesso oggetto controllate dalla persona fisica o giuridica che controlla la stessa capogruppo (lett. *c*), alla finanziaria estera che la controlla (lett. *d*), alle società bancarie, finanziarie e strumentali controllate da quest'ultima (lett. *d*) o, nelle quali la finanziaria estera di controllo o le sue controllate detengano almeno il 20% del capitale.

Quando sia una banca non capogruppo a detenere partecipazioni in società bancarie, finanziarie e strumentali in misura superiore al 20%, le richieste di trasmettere le situazioni, i dati e le informazioni saranno normalmente rivolte alla banca detentrice della partecipazione.

E percorsi analoghi seguiranno le informazioni relative alla finanziaria, non capogruppo, che controlla una banca (lett. *g*), alle società diverse da quelle finanziarie (es.: assicurazioni) che controllino una banca (lett. *h*), e alle società industriali controllate da una singola banca o da un gruppo bancario.

b) Naturalmente la capogruppo o la banca, che svolga funzioni di «referente» verso la Banca d'Italia per la vigilanza informativa, deve potere, a sua volta, ottenere dalle società, in relazione alle quali ha il dovere di trasmettere alla Banca d'Italia le informazioni richieste, i dati, le situazioni e le informazioni necessarie per adempiere ai propri compiti; e si tratta di un potere che la norma di diritto comune non le attribuisce. Di qui la necessità di una previsione, come quella contenuta nel 4° comma dell'art. 66, che impone alle società aventi sede in Italia ricomprese nella vigilanza consolidata di fornire «alla capogruppo ovvero alla singola banca [referente] le situazioni, i dati e le informazioni per consentire l'esercizio» della predetta vigilanza (e analoga disposizione viene prevista per le ipotesi in cui la vigilanza sia attribuita all'autorità di un altro Stato membro della Comunità: art. 66, 5° comma).

Abbiamo appena sottolineato la deroga al diritto comune introdotta dalla norma che attribuisce alla capogruppo o alla banca referente il potere di chiedere informazioni sia alle società controllate sia a quelle partecipate ricomprese nella vigilanza consolidata, e il correlativo dovere di queste ultime di trasmettere alle prime le informazioni richieste.

Le norme di diritto comune non consentirebbero infatti alla capogruppo o alla banca, anche quando titolari di una partecipazione di controllo di pretendere, dalla controllata o dalla partecipata, un flusso di informazioni superiore a quello garantito dal diritto di informazione e di ispezione del socio; e nell'ipotesi in cui la società partecipata sia una società per azioni il diritto di informazione riguarda solo le materie oggetto di deliberazione assembleare e il diritto di ispezione solo i libri dei soci e delle deliberazioni assembleari (cfr. art. 2422, 1° comma Cod. civ.). La deroga, per altro, trova un limite nello scopo per il quale la stessa è stata introdotta: consentire l'esercizio dell'attività di vigilanza consolidata della Banca d'Italia. Non sarà, pertanto, consentita alla società capogruppo o alla banca, anche detentrici del controllo, la richiesta di informazioni che non siano necessarie per l'esercizio di tale vigilanza. Non esiste, insomma, una condizione di trasparenza assoluta delle società bancarie, finanziarie e strumentali nei confronti della capogruppo o della banca referente neppure quando queste ultime ne detengano il controllo.

E in questi limiti le informazioni potranno riguardare anche i rapporti che le società ricomprese nell'ambito della vigilanza consolidata intrattengono con i terzi. Sotto quest'ultimo profilo, in particolare, non potrà dirsi violato, con riferimento alle imprese bancarie, il segreto al quale sono tenute nei confronti dei propri clienti non solo perché esiste una esplicita previsione di legge che impone loro di trasmettere alla capogruppo o alla banca referente le informazioni che li riguardano, ma anche perché, come abbiamo constatato a proposito della prassi delle informazioni interbancarie, lo scopo perseguito attraverso la trasmissione di informazioni sul loro conto è capace di prevalere sull'obbligo del riserbo che vincola le banche.

c) Considerazioni analoghe vanno fatte per quanto riguarda la circolazione delle informazioni all'interno del gruppo e la possibilità, per la capogruppo, di trasmettere le informazioni acquisite a soggetti diversi dalla Banca d'Italia e, in particolare, alle altre società del gruppo.

Questo problema non può evidentemente trovare una soluzione puntuale nella norma che consente di richiedere le predette informazioni e, d'altro canto, le norme di diritto comune non consentono alla capogruppo di trasmettere le predette informazioni alle altre società del gruppo. In particolare non consentirebbero la loro utilizzazione per una Centrale dei rischi che ponesse a disposizione di tutte le componenti del gruppo le informazioni relative ai rapporti (e in particolare ai rapporti di finanziamento) che le altre componenti dello stesso intrattengono con i terzi. La soluzione per i gruppi bancari sembra da ricercarsi negli stessi principi che ci hanno consentito di ritenere legittima la prassi delle informazioni interbancarie: l'interesse alla stabilità delle banche consente anche alle capogruppo di superare il dovere di riserbo che le impongono le norme codicistiche e di mettere a disposizione di tutte le componenti del gruppo le informazioni utili per il contenimento del rischio al quale sono esposte le banche e, quindi, anche il gruppo nel suo insieme, dal momento che quest'ultimo viene considerato dal legislatore essenziale per la solvibilità delle prime.

Ma è evidente che la presenza o l'assenza di questo fine costituisce anche il limite fra le utilizzazioni legittime e quelle illegittime delle informazioni delle quali la capogruppo entri in possesso sulla base delle norme dettate per la vigilanza consolidata.

d) A garanzia della veridicità delle informazioni che le società debbono trasmettere alla Banca d'Italia per consentire alla stessa di esercitare la vigilanza su base consolidata, il T.U. (art. 66, 3° comma) attribuisce alla stessa Banca d'Italia il potere di richiedere la certificazione del bilancio ai soggetti inclusi nell'ambito di tale vigilanza; con una limitazione, tuttavia: esse possono imporre la certificazione solo ai soggetti indicati nelle lettere da *a*) a *g*) del 1° comma dell'art. 65, ossia soltanto alle società bancarie, finanziarie e strumentali e non anche a quelle «industriali».

3.5. La vigilanza ispettiva su base consolidata

a) Per lo svolgimento della funzione di vigilanza su base consolidata la Banca d'Italia può avvalersi anche di poteri ispettivi nei confronti dei soggetti inclusi nel relativo ambito. Tali poteri hanno, per altro, ampiezza diversa per le società bancarie, finanziarie e strumentali, da un lato, e le società «industriali», dall'altro. Nei confronti delle prime essa può effettuare ispezioni ogni volta lo ritenga necessario «ai fini di vigilanza consolidata» e può «richiedere l'esibizione di documenti e gli atti che ritenga necessari», così come può fare, a norma dell'art. 54, 1° comma, presso le banche. Nei confronti delle società diverse da quelle bancarie, finanziarie e strumentali le ispezioni «hanno il fine esclusivo di verificare l'esattezza dei dati e delle informazioni forniti per il consolidamento».

b) E il potere ispettivo non si limita ai soggetti aventi sede in Italia. A norma del 2° comma dell'art. 66 T.U. la Banca d'Italia può, infatti, richiedere alle autorità competenti di uno Stato comunitario di «effettuare accertamenti presso i soggetti ricompresi nell'ambito della vigilanza consolidata stabiliti nel territorio di detto Stato» ovvero concordare altre modalità di verifica.

c) L'attività di ispezione presso le società finanziarie e strumentali rientra, ovviamente, nell'ambito della vigilanza in quanto tale e quindi valgono le norme generali già illustrate a proposito della vigilanza sulle banche: nell'esercizio di tali attività ispettive i dipendenti della Banca d'Italia sono pubblici ufficiali (art. 7, 2° comma) e hanno l'obbligo di riferire esclusivamente al Governatore tutte le irregolarità constatate, anche quando assumano la veste di reati; e sono naturalmente vincolati dal segreto d'ufficio.

3.6. La vigilanza regolamentare su base consolidata

Nell'illustrare le norme relative alla vigilanza informativa e alla vigilanza ispettiva, su base consolidata, abbiamo potuto constatare che la disciplina delle stesse non presenta differenze molto profonde, a seconda che si riferiscano a società ricomprese in un gruppo bancario o a soggetti che siano al di là del confine di quest'ultimo. Non altrettanto si può dire per quanto concerne la vigilanza regolamentare su base consolidata. Questa ha come punto di riferimento essenzialmente il gruppo bancario e le sue componenti (cfr. art. 66, 1° comma T.U.). Per quanto riguarda i soggetti ricompresi nella vigilanza consolidata, ma non facenti parte di un gruppo creditizio, il T.U. si limita a stabilire che «le disposizioni emanate dalla Banca d'Italia per realizzare la vigilanza regolamentare su base consolidata possono tener conto, anche con riferimento alla singola banca, della situazione e delle attività» dei medesimi. Nei loro confronti, dunque, non vengono assunti provvedimenti di vigilanza regolamentare, ma della loro situazione economica e delle attività da loro svolte la Banca d'Italia può tener conto nel determinare i contenuti della vigilanza regolamentare sia del gruppo bancario, quando si tratti di soggetti «collegati» ad un gruppo, sia della banca, quando gli stessi siano «collegati» non ad un gruppo bancario ma ad una singola banca.

Anche noi limiteremo pertanto la nostra attenzione alla vigilanza regolamentare sul gruppo bancario, disciplinata, in termini sostanzialmente identici a quelli già previsti dall'art. 30, 1° comma del D.Lgt. 356/1990, dall'art. 66, 1° comma T.U.

Questa norma testualmente stabilisce che al fine di realizzare la vigilanza consolidata, la Banca d'Italia, in conformità delle deliberazioni del CICR, ha facoltà di impartire alla capogruppo, con provvedimenti di carattere generale o particolare, disposizioni concernenti il gruppo bancario complessivamente considerato o suoi componenti, aventi ad oggetto: *a*) l'adeguatezza patrimoniale; *b*) il contenimento del rischio nelle sue diverse configurazioni; *c*) le partecipazioni detenibili; *d*) l'organizzazione amministrativa e contabile e i controlli interni.

Come si può notare il catalogo dei provvedimenti di vigilanza regolamentare sul gruppo bancario è lo stesso già previsto dall'art. 53 per la vigilanza regolamentare sulle banche, anche se tali provvedimenti possono riguardare sia il gruppo nel suo insieme sia singole società bancarie, finanziarie o strumentali facenti parte di quest'ultimo. Non solo ma anche le disposizioni della Banca d'Italia hanno adottato una tipologia di provvedimenti assolutamente identica per la vigilanza sulle banche e per quella sul gruppo.

Dovranno, pertanto, ritenersi richiamate in questa sede tutte le considerazioni svolte a proposito della vigilanza regolamentare sulle banche; qui ci limiteremo a segnalare i contenuti che i vari provvedimenti hanno assunto nelle istruzioni della Banca d'Italia, emanate sulla base della disciplina dettata dall'art. 30, 1° comma del D.Lgt. 356/1990, identica per altro a quella prevista dal vigente art. 67, 1° comma T.U.

È necessario tener presente che, ovviamente, non troveranno applicazione le norme di vigilanza regolamentare che hanno come destinataria una banca in quanto tale; così non avremo, con riferimento al gruppo, norme sul bilanciamento delle scadenze, sui prestiti obbligazionari e sui certificati di deposito, sul limite di fido e sui grandi fidi, sui tassi, sulla riserva obbligatoria o sul vincolo di portafoglio. Le norme della vigilanza regolamentare su base consolidata riguardano essenzialmente l'adeguatezza patrimoniale e le partecipazioni detenibili.

3.6.1. *Patrimonio di vigilanza e coefficienti patrimoniali consolidati.* *a*) Anche con riferimento al gruppo bancario assumono un ruolo determinante, sotto il profilo della vigilanza regolamentare, il patrimonio di vigilanza del gruppo e i coefficienti patrimoniali dello stesso[87]. La struttura del patrimonio di vigilanza consolidata è identica a quella del patrimonio di vigilanza individuale e viene determinata attraverso il consolidamento delle relative poste secondo i metodi già illustrati a proposito del bilancio consolidato. La capogruppo provvede ad inviare alle società del gruppo le disposizioni per il relativo calcolo, provvede alla determinazione del patrimonio consolidato due volte all'anno (al 31 dicembre e al 30 giugno) e ad inviare le relative segnalazioni alla Banca d'Italia.

b) Anche la struttura del coefficiente di solvibilità consolidata è identica a quella dell'analogo coefficiente individuale: al numeratore esso porta il patrimonio consolidato e al denominatore il complesso delle attività del gruppo ponderate in funzione del rischio creditizio che le caratterizza e consolidate secondo il metodo della integrazione globale già ricordato a proposito del bilancio consolidato; ed anche per il gruppo deve essere costantemente osservato un coefficiente di solvibilità non inferiore all'8%.

La capogruppo emana le disposizioni per il calcolo del coefficiente di solvibilità del gruppo e «assicura il costante rispetto del requisito minimo di patrimonializzazione richiesto». Inutile sottolineare la delicatezza di quest'ultimo compito che può comportare forti ingerenze della capogruppo sulle scelte delle controllate. Sintomatiche in questo senso sono le istruzioni di vigilanza che impongono agli organi della capogruppo di valutare semestralmente «la coerenza dei livelli di crescita dell'attività del gruppo» con la consistenza patrimoniale dello stesso; di «adoperarsi affinché il grado di patrimonializzazione del gruppo presenti margini tali da assorbire eventuali oscillazioni nei volumi di attività»; di «assumere sollecitamente adeguate iniziative per il rientro nell'ambito del coefficiente quando per eventi eccezionali lo stesso risultasse non rispettato» e in tal caso quelle «iniziative possono consistere in disposizioni della capogruppo nei confronti delle società componenti il gruppo».

3.6.2. *Le partecipazioni dei gruppi bancari. a*) Anche per quanto concerne la disciplina delle partecipazioni (complessivamente) detenibili dal gruppo bancario valgono le regole già illustrate a proposito della vigilanza regolamentare sulla banca, anzi le istruzioni di vigilanza hanno cura di precisare che «la disciplina in materia di partecipazioni risponde al criterio della neutralità delle norme di vigilanza, in base al quale essa non deve influenzare a priori le scelte dell'imprenditore bancario in ordine al modello organizzativo multidivisionale o di gruppo»[88].

Come per la singola banca, anche per il gruppo bancario l'ammontare delle partecipazioni sommato a quello degli immobili non può su-

[87] Cfr. Banca d'Italia, *Istruzioni di vigilanza*, cit., cap. XII.
[88] Cfr. Banca d'Italia, *Istruzioni di vigilanza*, cit., cap. XIII.

perare l'ammontare del patrimonio di vigilanza (consolidato); anche con riferimento al gruppo si dettano discipline differenziate per le partecipazioni in imprese bancarie e finanziarie e in imprese non bancarie e non finanziarie. E per le prime si fissano al gruppo gli stessi limiti stabiliti per la singola banca, consentendo per altro che una banca inserita in gruppo possa acquisire una partecipazione pari al 60% del proprio patrimonio di vigilanza purché sia rispettato, a livello consolidato, il limite del 40% generalmente valido per le banche. L'appartenenza al gruppo si risolve in questa ipotesi in un ampliamento della libertà di investimento di una singola componente dello stesso.

Pure per le partecipazioni non finanziarie si applicano al gruppo gli stessi principi e gli stessi limiti previsti per la singola banca; con la possibilità di considerare «abilitato» anche un gruppo bancario, in quanto tale, quando nell'insieme presenti le stesse caratteristiche che consentono l'«abilitazione» della singola banca (di primaria importanza) e di tener conto, nel computo dei limiti previsti per le grandi banche «specializzate» del patrimonio complessivo del gruppo, anziché di quello loro proprio, quando le stesse rivestano il ruolo di capogruppo e la loro attività sia prevalente nell'ambito del gruppo. Del tutto identiche sono infine le disposizioni relative alle partecipazioni acquisite per recupero crediti e a quelle assumibili in imprese in temporanea difficoltà.

b) Anche la materia delle partecipazioni può sollevare delicati problemi nei rapporti fra capogruppo e società controllate. La prima non solo è l'unico soggetto legittimato a sottoporre le istanze di autorizzazione all'acquisto di partecipazioni per conto delle controllate, ma deve anche assicurare il rispetto dei limiti quantitativi posti all'acquisizione di partecipazioni da parte del gruppo nel suo insieme: la individuazione del soggetto cui attribuire l'utilizzazione dei margini complessivamente consentiti al gruppo costituisce operazione che può rivelarsi pregiudizievole per una delle componenti del gruppo e vantaggiosa per un'altra. Con i problemi di tutela dell'interesse sociale delle società controllate e a suo tempo illustrati.

4. Le obbligazioni degli esponenti bancari

a) Concorrono a determinare la disciplina della vigilanza bancaria anche le norme che impongono particolari limitazioni alla possibilità che si instaurino rapporti «di impresa» fra la banca e coloro che detengono nella stessa poteri di gestione e di controllo. Sono norme, infatti, che tendono a garantire una sana e prudente gestione dell'impresa bancaria. Ed in effetti il T.U., riproducendo nella sostanza quanto già previsto dall'art. 38, 1° comma l.b., stabilisce (art. 136, 1° comma) che «chi svolge funzioni di amministrazione, direzione e controllo presso una banca non può contrarre obbligazioni di qualsiasi natura o compiere atti di compravendita, direttamente o indirettamente, con la banca che amministra, dirige o controlla, se non previa deliberazione dell'organo di amministrazione presa all'unanimità e col voto favorevole di tutti i componenti dell'organo di controllo, fermi restando gli obblighi di astensione previsti dalla legge».

La violazione dei divieti così stabiliti è sanzionata, per tutti i soggetti appena ricordati, anche penalmente dal medesimo art. 136, 3° comma, che richiama le pene previste dall'art. 2624, 1° comma Cod. civ.; norma quest'ultima che punisce con la reclusione da uno a tre anni e con una multa «gli amministratori, i direttori generali, i sindaci e i liquidatori che contraggono prestiti sotto qualsiasi forma, sia direttamente, sia per interposta persona, con la società che amministrano o con una società che questa controlla o da cui è controllata, o che si fanno prestare garanzie per debiti propri», precisando, tuttavia, che «per gli amministratori, i direttori generali, i sindaci e i liquidatori delle società che hanno per oggetto l'esercizio del credito si applicano le disposizioni delle leggi speciali»[89].

Dal dettato delle disposizioni del T.U. e del Codice civile appena riprodotte appare in tutta evidenza che per quanto concerne le obbligazioni degli amministratori, direttori generali e componenti degli organi di controllo, la disciplina dettata per le banche si differenzia da quella di diritto comune, almeno con riferimento al diritto societario.

Quest'ultimo infatti vieta, senza possibilità di eccezione, ai titolari degli organi amministrativi, direttivi e di controllo delle società di tipo commerciale di contrarre prestiti, anche di firma, con le società nell'ambito delle quali esercitino le proprie funzioni. Il T.U., invece, consente ai titolari dei corrispondenti uffici delle banche, di contrarre obbligazioni nei confronti di queste ultime, purché siano rispettate le formalità indicate dall'art. 136, 1° comma T.U., ossia in presenza di una deliberazione unanime del consiglio di amministrazione assunta con il voto favorevole di tutti i componenti l'organo di sorveglianza.

E la ragione di questa disciplina speciale viene normalmente rintracciata nella specificità dell'attività degli enti creditizi, nel senso che non si è ritenuto opportuno vietare agli operatori bancari di concedere credito ai titolari dei propri organi e a questi ultimi di ottenere credito dai primi in considerazione della normalità di simili operazioni in rapporto all'attività esercitata[90]; normalità che, invece, non è dato rintracciare per gli enti che esercitino una diversa attività. La norma speciale

[89] Per i profili penalistici v. soprattutto A. Bartulli e G.M. Flik, in *Codice commentato*, cit., I, pp. 1116 ss. e F. Bricola, *Gli illeciti rapporti patrimoniali fra dirigenza e istituto di credito*, in *La responsabilità penale degli operatori bancari*, a cura di M. Romano, Bologna, Il Mulino, 1980, p. 133.

[90] La relazione al re del Guardasigilli Rocco (in «Riv. dir. comm.», 1930, I, pp. 753 ss.) così giustificava la disciplina speciale introdotta per le aziende di credito, dall'art. 6 della legge 4 luglio 1931, poi trasfusa nell'art. 2624 Cod. civ.: «La disposizione tiene conto, tuttavia, delle particolari esigenze delle aziende di credito, rispetto alle quali non era possibile imporre che i più forti gruppi di industrie che fanno capo all'azienda e dei quali i rappresentanti sogliono far parte del Consiglio di amministrazione, si rivolgessero per i propri bisogni piuttosto che all'azienda di credito a cui sono legati, ad altre aziende diverse e forse concorrenti. Il divieto non poteva essere mantenuto in modo così rigido e generale».

considera necessario, e ad un tempo sufficiente, per proteggere l'ente dai pericoli connessi con l'assunzione di obbligazioni da parte dei titolari dei suoi organi il fatto che i relativi negozi siano compiuti con il «consenso unanime» degli organi di amministrazione e di controllo.

Per quanto concerne il contenuto delle disposizioni dettate dall'art. 38 l.b. erano sorti dubbi con riferimento sia ai negozi colpiti dal divieto sia alle condizioni che debbono essere rispettate per poter ritenere che amministratori, direttori e sindaci, nell'assumere obbligazioni nei confronti dell'ente creditizio, non violano la norma in esame e quindi non incorrono nel relativo illecito penale. E quegli stessi dubbi possono riproporsi per la disposizione, anche letteralmente identica, dell'art. 136, 1° comma T.U.

Così, con riferimento ai negozi da ricomprendersi nel divieto, si è ritenuto che il legislatore vieti l'assunzione non solo di obbligazioni dei titolari degli organi amministrativi e di controllo verso l'ente, ma anche di quest'ultimo verso i primi[91], ma la tesi contrasta, in modo troppo palese, con il dettato letterale sia dell'abrogato art. 38 l.b., sia del vigente art. 136, 1° comma T.U. per poter essere condivisa.

Dubbi di ben diversa consistenza sono invece sorti per stabilire cosa intendano le disposizioni in esame nel momento in cui vietano ai titolari degli organi sociali di assumere obbligazioni anche «indirettamente» con la banca nell'ambito della quale esercitano le proprie funzioni.

Sul punto sembra da respingersi l'opinione secondo la quale rientrerebbero nel divieto tutte le ipotesi in cui gli amministratori o i sindaci della banca contraggono obbligazioni nella qualità di legali rappresentanti di altri soggetti o siano ad un tempo amministratori dell'ente affidato[92]. Tale tesi pare, in realtà, il frutto di un'acritica trasposizione al caso di specie della disciplina prevista per il conflitto di interessi, sanzionata autonomamente dall'art. 2631 Cod. civ. ed è, comunque, smentita dal dettato della norma in esame.

Questa infatti fa esplicito riferimento ad un interesse «proprio» dei titolari degli organi amministrativi e di controllo e non altrui, colpendo tutte le ipotesi in cui tale interesse proprio sia fatto valere da un soggetto diverso che opera, pertanto, in nome proprio, ma nell'interesse sostanziale dell'amministratore, del direttore o del sindaco dell'ente creditizio. Si dovrà, dunque, accertare, di volta in volta, se il soggetto, che «formalmente» contrae con la banca, sia in realtà portatore dell'interesse dell'amministratore, del direttore o del componente l'organo di controllo dell'ente, ricomprendendo nel divieto tutte le ipotesi in cui siffatta indagine accerti che l'obbligazione viene contratta nell'interesse di questi ultimi, anche se non si realizza un'interposizione di persona in

[91] Pret. pen. Milano, 12 agosto 1976, in «Giur. comm.», 1979, II, p. 640, con nota di G. La Villa; e in proposito E. Spano, *Sull'art. 38 legge bancaria*, in «Banche e banchieri», 1976, p. 697.

[92] G. La Villa, *Art. 38 della legge bancaria e obbligazioni contratte «indirettamente»*, in «Giur. comm.», 1979, II, pp. 641 ss.

senso tecnico[93]. E in questa prospettiva assumeranno rilevanza, non tanto la rappresentanza o la qualità di amministratore, quanto l'entità della partecipazione al capitale dell'ente che formalmente assume l'obbligazione e soprattutto la sostanziale identificazione dell'interesse di tale ente con l'interesse degli amministratori, direttori o sindaci della banca; identificazione che dovrà ritenersi provata quando vi sia confusione fra il patrimonio personale dei suddetti dirigenti bancari e quello dell'ente affidato[94] o gli stessi rispondano personalmente delle obbligazioni di quest'ultimo[95].

Per quanto concerne infine le «formalità» nel rispetto delle quali questi ultimi possono contrarre obbligazioni verso la banca abbiamo già constatato che le stesse consistono nella «deliberazione dell'organo di amministrazione presa all'unanimità e col voto favorevole di tutti i componenti l'organo di controllo». E sul punto si è affermato che sarebbe indispensabile il consenso di tutti i componenti dell'organo amministrativo e dell'organo di controllo, ad esclusione ovviamente dell'amministrazione o del sindaco interessato[96].

La tesi è accettabile per quanto concerne l'organo di controllo, ma non anche per quanto attiene al consiglio di amministrazione. Per quest'ultimo, infatti, la norma pretende esclusivamente che la deliberazione sia assunta all'unanimità dei presenti alla riunione del consiglio chiamato ad esprimere la propria valutazione sull'operazione, senza incidere sulle regole che disciplinano il quorum costitutivo necessario perché lo stesso possa deliberare.

b) Il T.U. (art. 136, 2° comma) ha adottato una disciplina analoga, anche se non identica, per gli esponenti dei gruppi bancari. Ha così stabilito che a chi svolge funzioni di amministrazione, direzione e controllo, presso una banca o società facenti parte di un gruppo bancario si applicano le stesse norme previste per gli esponenti della singola banca per le obbligazioni contratte e per gli atti di compravendita relativi alla medesima società o banca della quale sono amministratori, mentre per quanto concerne i rapporti con altra società o banca del gruppo quelle norme si applicano esclusivamente con riferimento alle «operazioni di finanziamento». In entrambe le ipotesi è necessario, oltre alla delibera-

[93] In questo ordine di idee si muovono la giurisprudenza (si veda Trib. Milano, 17 luglio 1978, in «Giur. comm.», 1979, II, p. 640, e Trib. Bolzano, 27 giugno 1977, *ibidem*, nonché Pret. Rieti, 14 febbraio 1973, in «Banca borsa e tit. cred.», 1973, II, p. 300), una consistente parte della dottrina (si veda A. Crespi, *L'assunzione indiretta di obbligazioni prevista dall'art. 38 della legge bancaria in un recente responso giudiziario*, in «Riv. soc.», 1976, pp. 875 ss.; L. Alibrandi, *I reati bancari*, Milano, Giuffrè, 1976, pp. 72 ss.; C.M. Pratis, *La disciplina giuridica delle aziende di credito*, Milano, Giuffrè, 1972 p. 515, e G. Molle, *La banca nell'ordinamento giuridico italiano*, Milano, Giuffrè, 1987[2], p. 237), nonché Banca d'Italia, *Istruzioni di vigilanza per gli enti creditizi*, cap. XI, p. 3.

[94] Restringe a questa ipotesi l'applicazione dell'art. 38 G. Rossi, *Sul significato dell'avverbio «indirettamente» nell'art. 38 della legge bancaria*, in «Riv. soc.», 1979, pp. 169 ss.

[95] Così Banca d'Italia, *Istruzioni di vigilanza*, cit., cap. XI, p. 3.

[96] In questo senso sembra G.C. Melli, *Il delitto di «abuso di obbligazioni dell'amministratore bancario»*, in «Banca borsa e tit. cred.», 1973, II, pp. 300 ss.

zione unanime del Consiglio di amministrazione e al consenso di tutti i componenti dell'organo di controllo della società o banca con la quale si instaura il rapporto, anche «l'assenso della capogruppo», che potrà, per altro, deliberarlo secondo le proprie norme organizzative interne e senza i vincoli previsti per la società contraente.

La struttura del mercato bancario

Capitolo 10

1. Concentrazione, concorrenza ed «esigenze economiche del mercato»

È convincimento diffuso, e pare fondato, quello secondo il quale anche nell'esercizio dell'attività bancaria sono riscontrabili consistenti economie di scala: le maggiori dimensioni consentirebbero maggiore efficienza e maggiore stabilità alle imprese[1]. Sta di fatto che tutti i sistemi bancari dei paesi ad economia avanzata hanno conosciuto negli ultimi decenni processi di forte concentrazione. Una tendenza analoga è dato riscontrare, a partire dalla metà degli anni venti, anche nel mercato bancario italiano, il quale peraltro non pare avere raggiunto lo stesso grado di concentrazione rinvenibile negli altri sistemi con i quali si trova in rapporti di maggior concorrenza[2].

E, proprio per eliminare questa condizione di inferiorità nella quale versa il sistema bancario italiano, si sono venute moltiplicando, a partire dalla fine degli anni settanta ed anche in vista della realizzazione di un solo ed unico mercato bancario europeo, gli sforzi per realizzare forme di cooperazione e di concentrazione che consentano alle nostre im-

[1] Così C. Conigliani e G. Lanciotti, *Concentrazione, concorrenza e controlli all'entrata*, in *La struttura del sistema creditizio italiano*, a cura di G. Carli, Bologna, Il Mulino, 1978, pp. 423 ss.; C. Conigliani, *Dimensioni aziendali costi ed efficienza nel sistema bancario italiano*, in *Contributi alla ricerca economica*, Roma, Banca d'Italia, 1983, pp. 3 ss; G. Forestieri, *Concentrazione costi operativi ed economie di scala nelle aziende di credito*, in «Banca impr. soc.», 1984, pp. 411 ss. e, più recentemente, C. Conigliani, *La concentrazione bancaria in Italia*, Bologna, Il Mulino, 1990, pp. 78 ss.

[2] D.A. Alhadeff, *Concorrenza e controlli nell'attività bancaria*, Milano, Cassa di risparmio delle Province Lombarde, 1970, pp. 437 ss.; C. Conigliani e G. Lanciotti, *op. cit.*, pp. 383 ss.; N. Tridente, *La concentrazione bancaria*, Bari, Cacucci, 1955^3, pp. 85 ss.; G. Marchesini, *La concentrazione bancaria nell'esperienza del sistema bancario degli Stati Uniti*, Milano, Giuffrè, 1968, pp. 127 ss.; Banca d'Italia, *Struttura funzionale e territoriale del sistema bancario italiano 1936-1974*, Roma, Banca d'Italia, 1977, pp. 5 ss. e C. Conigliani, *La concentrazione*, cit., pp. 39 ss.

prese, con le auspicate economie di scala, maggiore efficienza e maggiore stabilità[3].

La necessità di favorire i fenomeni di cooperazione e concentrazione bancaria allo scopo di consentire alle banche maggiore stabilità e maggiore efficienza appare tanto più evidente dopo la perdita, da parte delle autorità creditizie, del potere di controllare discrezionalmente l'ingresso sul mercato bancario e l'attuazione del mutuo riconoscimento delle autorizzazioni bancarie.

D'altro canto, sia la cooperazione interbancaria (intese) sia la concentrazione fra imprese bancarie, possono determinare limitazioni della concorrenza in contrasto con le norme che tutelano quest'ultima anche nell'ambito del mercato bancario. E gli ordinamenti comunitari hanno ritenuto senza incertezze che queste norme trovino applicazione anche in questo mercato.

Il mercato bancario si trova così sottoposto a due tipi di regolamentazione: quella di settore tipicamente preoccupata della sana e prudente gestione delle imprese ossia della stabilità e solvibilità delle banche, e quella di tutela della concorrenza (legislazione antitrust), ponendo delicati problemi di conciliabilità fra gli scopi dei due complessi di norme e di coordinamento delle autorità preposte alla osservanza dei relativi precetti[4].

E questi problemi non vengono, ovviamente, rimossi neppure quando, come nel nostro ordinamento, l'autorità chiamata a far rispettare la disciplina antitrust sia la stessa autorità (creditizia) preposta alla tutela della stabilità bancaria. È ben vero che si conviene ormai sul fatto che la misura della concorrenzialità del mercato, anche bancario, e quindi della sua efficienza allocativa e dell'efficienza produttiva delle imprese che vi operano, non è necessariamente correlata al suo grado di concentrazione, nel senso che la concorrenza opera e determina i propri effetti anche se il numero degli operatori sia limitato, soprattutto quando il mercato sia esposto ad una concorrenza potenziale di adeguata intensità[5].

Ma ciò non toglie, tuttavia, che certe operazioni di concentrazione o di cooperazione, pur opportune per la stabilità delle banche coinvolte (soprattutto quando una di queste sia in crisi), possano comprimere il grado di concorrenzialità del mercato in modo tale da compromettere l'efficienza allocativa dello stesso.

E in questa ipotesi, non v'è dubbio, le ragioni della stabilità entrano

[3] Cfr. in specie *Relazioni 1983 e 1984 del Governatore della Banca d'Italia*, rispettivamente alle pp. 243 e 301; si vedano anche i contributi raccolti in ACRI, *Efficienza e pluralità di dimensioni nelle Casse di risparmio e nelle Banche del Monte*, Roma, 1984.

[4] Sul punto v. Banca d'Italia, *La tutela della concorrenza nel settore del credito*, Roma, 1992, pp. 295 ss.

[5] Per una rassegna delle teorie economiche sulla concorrenza nei loro riflessi sulla disciplina antimonopolistica v. R. Van den Berg, in *Diritto antitrust italiano*, a cura di A. Frignani, R. Pardolesi, A. Patroni Griffi e L.C. Ubertazzi, Bologna, Zanichelli, 1993, pp. 5 ss.

in conflitto con le esigenze dell'efficienza e della concorrenza. D'altro canto, il nuovo ordinamento bancario, sull'onda del resto delle direttive comunitarie, non consente alle autorità creditizie di tener conto, nelle loro decisioni, delle «esigenze economiche del mercato». Esse non hanno più il potere di giudicare della ottimalità della struttura del mercato bancario; il loro controllo è un controllo microeconomico, attento alle caratteristiche delle banche in quanto tali e non alla struttura del mercato nel suo insieme. E questa conclusione non può essere revocata in dubbio dalla norma del T.U. che fissa le finalità della vigilanza bancaria stabilendo che «le autorità creditizie esercitano i poteri di vigilanza» «avendo riguardo alla sana e prudente gestione dei soggetti vigilati, alla stabilità complessiva, all'efficienza e alla competitività del sistema finanziario».

Questa norma non attribuisce alle autorità creditizie il potere di disegnare la struttura ottima del mercato, di emanare ed attuare un piano regolatore del credito, ma soltanto un potere di vigilanza sulle singole imprese; essendo per altro necessario tener conto nell'esercizio di quel potere anche dei riflessi che su una determinata operazione avranno le condizioni complessive del sistema bancario. In altri termini la stabilità complessiva del sistema, la sua efficienza e la sua competitività non sono oggetto della vigilanza; sono parametri che le autorità creditizie debbono adottare nel momento in cui esercitano la propria vigilanza sulle singole banche, per assicurarne la sana e prudente gestione (come impongono le norme comunitarie).

Non si può, pertanto, ritenere che l'eventuale contrasto fra le esigenze di stabilità di singole banche e la più generale necessità (imposta dalla legge antitrust) di tutela della concorrenza anche nell'ambito del mercato bancario venga risolto attraverso l'attribuzione alle autorità creditizie del potere di disegnare la struttura ottimale di quel medesimo mercato.

E, come vedremo, quel conflitto nel nostro ordinamento vigente, viene risolto, almeno in linea di principio, facendo prevalere le ragioni della concorrenza su quelle della stabilità; anche se, di fatto e soprattutto in presenza di imprese bancarie in crisi, l'attribuzione alle autorità creditizie di entrambe le tutele finirà per riconoscere un peso particolare alle ragioni della stabilità.

2. Le forme della cooperazione e della concentrazione bancaria

a) Abbiamo appena ricordato che le imprese bancarie possono conseguire economie di scala sia attraverso operazioni di cooperazione sia attraverso forme di concentrazione.

È bene, tuttavia, precisare subito che sotto il profilo economico la cooperazione fra aziende va tenuta nettamente distinta dalla concentrazione aziendale e che la diversa sostanza economica delle due operazioni ha precisi risvolti anche per quanto concerne la scelta delle forme giuridiche più idonee per la loro realizzazione.

Nelle ipotesi di cooperazione, pur realizzandosi un coordinamento fra le varie imprese in ordine a particolari fasi della loro attività, non viene eliminata l'autonomia delle stesse, sotto il profilo economico; queste rimangono, pertanto, centri di interesse autonomi, l'una nei confronti dell'altra, ed anche nei rapporti con una eventuale struttura incaricata del coordinamento di alcuni momenti dell'attività.

Nell'ipotesi di concentrazione tale autonomia viene eliminata; le varie imprese cessano di essere centri di interesse distinti l'uno dall'altro per diventare mere articolazioni di una sola impresa, di un solo centro di interessi. Le singole imprese cessano di perseguire un interesse proprio, per definizione inesistente, per perseguire l'interesse della nuova unità economica creata con la concentrazione. La possibilità di conflitti di interessi fra le varie imprese, che rimaneva integra nell'ipotesi di cooperazione, viene definitivamente e necessariamente meno in caso di concentrazione[6].

Sembra abbastanza evidente, e del resto gli studiosi di economia aziendale non hanno dubbi in proposito, che i due fenomeni, pur realizzando entrambi economie di scala, hanno caratteristiche fra di loro profondamente diverse. Ed è anche intuibile che questa differenza, facendo perno su diverse sistemazioni degli interessi coinvolti, abbia un immediato riflesso sotto il profilo giuridico.

b) Tra le forme che normalmente assumono i fenomeni di cooperazione fra le imprese bancarie possono utilmente distinguersi quelle che si esauriscono, almeno tendenzialmente, in un accordo contrattuale fra imprese, limitato ad una operazione o ad una serie abbastanza ristretta di operazioni, da quelle che si esprimono attraverso la partecipazione a strutture associative comuni.

Le prime, pur non essendo in grado di dar vita a forme di coordinamento interaziendale dotate della intensità e stabilità proprie delle seconde, hanno già avuto un ruolo importante sia nella organizzazione di finanziamenti comuni (in pool) alle imprese sia nella gestione comune dei mezzi di pagamento e potrebbero probabilmente rivelarsi particolarmente utili qualora si accentuasse la distinzione fra imprese rispettivamente specializzate nella produzione e nella distribuzione dei prodotti bancari e si ponessero, quindi, problemi di collaborazione fra le stesse[7].

Una importanza decisamente maggiore, sotto questo profilo, presenta, tuttavia, la seconda forma di cooperazione fra enti creditizi, quella realizzata attraverso la partecipazione ad una struttura associativa alla quale viene affidato l'esercizio di un'attività di interesse comune.

Le attività suscettibili di essere considerate di interesse comune ad

[6] Sul punto F. Momigliano, *Economia industriale e teoria dell'impresa*, Bologna, Il Mulino, 1975, pp. 41 ss.; L. Azzini, *Autonomia e collaborazione tra le aziende*, Milano, Giuffrè, 1974, pp. 11 ss.; P.E. Cassandro, *I gruppi aziendali*, Bari, Cacucci, 1982^7, pp. 51 ss.

[7] Si veda G. Mazzocchi, *Problemi economici della concorrenza bancaria, Casse di risparmio e dimensioni di impresa*, in «Banca impr. soc.», 1984, p. 408.

un gruppo di aziende possono essere le più diverse. Possono riguardare momenti omogenei delle loro attività, come nell'ipotesi di società interbancarie costituite per l'esercizio di attività collaterali o strumentali all'attività bancaria; possono consistere nell'esercizio di un'attività bancaria specializzata; possono concernere l'esercizio di funzioni di garanzia a favore delle imprese che partecipano alla loro costituzione.

Il nostro ordinamento positivo già conosce un numero impressionante di strutture che costituiscono altrettante ipotesi di cooperazione fra imprese, realizzate attraverso il sistema delle partecipazioni bancarie. E utilizzando questo strumento le banche possono fare ancora molti passi sulla strada delle economie di scala. Ed in questa prospettiva la maggior libertà, che caratterizza oggi nei confronti del passato, la disciplina delle partecipazioni finanziarie delle banche, favorisce la realizzazione di questa forma di cooperazione interbancaria.

c) Le forme giuridiche della concentrazione d'impresa che gli ordinamenti positivi e le scienze aziendali conoscono sono sostanzialmente due: il gruppo e la fusione. Il tratto comune alle due forme organizzative viene rintracciato nella eliminazione dell'autonomia economica delle imprese che partecipano al processo di concentrazione e nella creazione di una sola nuova impresa nella quale si esauriscono integralmente sul piano degli interessi, le imprese concentrate.

La differenza fra le due forme consiste nel fatto che, mentre la fusione elimina anche l'autonomia giuridica delle imprese dando vita ad un solo centro di imputazione dei rapporti giuridici, nel gruppo, a dispetto della unificazione sotto il profilo economico, permane una pluralità di soggetti ancora formalmente destinatari dei rapporti giuridici connessi all'attività delle singole «imprese», ormai ridotte, per altro, ad articolazioni operative di un'impresa multidivisionale. Ma questa discrasia tra unicità del soggetto economico e pluralità dei soggetti giuridici pone, in realtà, problemi particolari di protezione degli interessi considerati meritevoli di tutela ed impone particolari soluzioni sotto il profilo della disciplina positiva dei gruppi; finendo con l'attenuare gli effetti del processo di concentrazione.

Come è già emerso, del resto, dalle considerazioni svolte a proposito della vigilanza sui gruppi bancari dettata dal T.U. del 1993; considerazioni che hanno individuato i limiti entro i quali la società capogruppo può imporre le proprie decisioni alle società controllate.

In altri termini, le scienze aziendalistiche ravvisano nel gruppo un'ipotesi di concentrazione di intensità equivalente a quella realizzata attraverso la fusione perché ritengono che la «controllante» abbia, oltre al potere di nominare gli amministratori della controllata, anche quello di imporre a questi ultimi le operazioni che, pur essendo di interesse del gruppo nel suo insieme, siano pregiudizievoli dell'interesse della singola società controllata, che cessa così di essere un centro di interessi autonomo per diventare una mera articolazione del gruppo. In realtà il rapporto di controllo non comporta, di per sé, anche il potere di imporre alle società controllate condotte che tendano a realizzare l'interesse di gruppo prescindendo, o ancor peggio, sacrificando, l'interesse della controllata medesima.

Questo potere può derivare solo dal diritto positivo ed è a questo che è necessario perciò fare riferimento. Ed in proposito è inevitabile sottolineare la profonda differenza che esiste tra gli ordinamenti che dettano una disciplina dei gruppi in senso tecnico e l'ordinamento italiano. Gli ordinamenti (come quello tedesco) che prevedono un assetto di gruppo e consentono, quindi, un rapporto di dominio (sia esso realizzato attraverso una partecipazione «aggregante» o attraverso un vincolo contrattuale) hanno introdotto strumenti di tutela per gli interessi che possono rimanere lesi dal fatto che un'impresa possa essere «sfruttata» nell'interesse del gruppo.

Quegli ordinamenti, infatti, si preoccupano di tutelare gli interessi dei creditori sancendo la responsabilità della capogruppo per le obbligazioni contratte dalla società dominata e prevedono una serie di «corrispettivi» per gli azionisti «liberi», ossia per gli azionisti di minoranza i cui interessi non siano omogenei con quelli della capogruppo; corrispettivi che vanno da un indennizzo in danaro al diritto di recesso per l'azionista «libero», al diritto di quest'ultimo di «cambiare» le proprie partecipazioni nella controllata con partecipazioni nella controllante.

Nel nostro ordinamento, come si diceva, una siffatta disciplina non esiste e lo «sfruttamento» di un'impresa a favore di un'altra viene considerato illegittimo. Del che è necessario essere consapevoli quando si afferma che la concentrazione fra banche può assumere la forma del gruppo bancario. La costituzione di un gruppo bancario potrà anche comportare e presupporre un unico progetto imprenditoriale, ma la realizzazione di quest'ultimo non potrà avvenire sacrificando l'interesse delle singole imprese del gruppo.

3. Le fusioni bancarie

3.1. L'ordinamento previgente

Il nuovo ordinamento bancario ha profondamente modificato anche la previgente disciplina delle fusioni fra banche. Questa era, ovviamente, condizionata dalle caratteristiche dell'ordinamento del credito e non solo per i principi fissati dalla legge bancaria ma anche per le particolari discipline speciali previste per le singole categorie di aziende ed istituti di credito. In particolare incidevano sulla disciplina delle fusioni bancarie, caratterizzata da un generico favore per le concentrazioni, l'attribuzione di poteri pianificatori alle autorità di governo del settore, la natura giuridica (pubblica o privata, mutualistica o lucrativa, associativa o fondazionale) delle banche e la loro specializzazione operativa; condizionandola, per altro, in modo contraddittorio. Il nuovo ordinamento ha eliminato la massima parte degli ostacoli che si frapponevano ai processi di concentrazione per fusione.

Ma, sia pure in estrema sintesi qualche cenno sull'ordinamento precedente è opportuno, dal momento che la disciplina delle fusioni era certamente uno dei momenti nei quali le caratteristiche del sistema emergevano con maggiore evidenza.

Come si accennava, la legge bancaria manifestava un deciso atteggiamento di favore per le fusioni bancarie, soprattutto attraverso la introduzione di deroghe alle norme di diritto comune che avrebbero potuto ostacolarle.

Così con riferimento alle fusioni fra società bancarie (comprese quelle cooperative per le quali non esisteva all'epoca la caratterizzazione mutualistica che ne impedirà successivamente l'incorporazione da parte di società lucrative) la legge bancaria del 1936-38 prevedeva (artt. 49-51) un procedimento speciale di fusione, dal quale era nella sostanza esclusa l'assemblea dei soci, interamente rimesso alle deliberazioni del consiglio di amministrazione, al nulla osta della Banca d'Italia e ad un decreto reale, emanato su proposta del Capo del Governo; con eliminazione altresì del diritto di recesso del socio, che l'art. 158 del Codice di commercio del 1882 riconosceva (a differenza del Codice civile del 1942) anche in caso di fusione, e del diritto dei creditori sociali che si fossero ritenuti danneggiati di paralizzare l'efficacia della fusione[8].

Il procedimento speciale così introdotto dalla legge bancaria non incontrò il favore degli operatori che continuarono ad applicare la disciplina di diritto comune, ma non v'è dubbio che la sua previsione intendesse favorire le fusioni fra società bancarie.

Nella stessa linea di politica creditizia tesa alla semplificazione del settore bancario, si iscrivono i provvedimenti legislativi degli anni venti che imponevano la fusione obbligatoria fra le Casse di Risparmio e i Monti che avessero avuto dimensioni inferiori ad una predeterminata soglia[9] e la norma dell'art. 47 l.b., a mente della quale la fusione fra

[8] Sul procedimento speciale di fusione v. M. Porzio, *Il governo del credito*, Napoli, Liguori, pp. 36 ss. e A. Antonucci, *Commento all'art. 49*, in *Codice commentato*, cit., I, pp. 609 ss. e, per la letteratura meno recente, F. Messineo, *Gli estremi per la fusione delle aziende di credito*, in «Banca borsa e tit. cred.», 1938, II, p. 98; G. Fre, *Nuovi provvedimenti e nuovi problemi in tema di società azionarie. III, La nuova disciplina delle aziende di credito*, in «Riv. dir. comm.», 1936, II, p. 583; G. Ferri, *La fusione delle aziende di credito*, in «Banca borsa e tit. cred.», 1937, I, p. 15; P. Greco, *Diritto bancario*, in *Enciclopedia bancaria*, Milano, Sperling e Kupfer, 1942, p. 617.

[9] Il R.D.L. 10 febbraio 1927, n. 629, convertito nella legge 29 dicembre 1927, n. 2587 e recepito dagli artt. 12, 13 e 14 del T.U. del 1929, stabiliva infatti che le Casse e i Monti che al 30 giugno 1926 avessero raccolto risparmi per un ammontare inferiore a 5 milioni di lire cessassero «di avere esistenza autonoma» e fossero «fusi obbligatoriamente con la Cassa di risparmio del capoluogo della provincia o con altra Cassa di risparmio o Monte della provincia o di province limitrofe indicato dal Ministero dell'Economia nazionale di concerto con quello delle Finanze». Lo stesso provvedimento aggiungeva che le Casse e i Monti che alla stessa data avessero una massa fiduciaria superiore a 5 milioni di lire ma inferiore a dieci «potessero essere fusi a giudizio del Ministero dell'Economia nazionale, di concerto con quello delle Finanze, con altra Cassa o Monte della provincia o di province limitrofe». L'art. 11 del regolamento per l'esecuzione del T.U. (R.D. 5 febbraio 1931, n. 225) estendeva l'applicazione di tale norma alle Casse e ai Monti che si fossero trovati nelle condizioni previste dalla legge del 1927 anche successivamente al 30 giugno 1926 e comunque dopo l'entrata in vigore del regolamento medesimo. Analoghe disposizioni dettava per i Monti di credito la legge 10 mag-

Casse e Monti poteva essere coattivamente disposta con decreto reale, su proposta del Capo del Governo, il quale poi doveva approvare con suo decreto le nuove norme statutarie[10].

Più in generale, l'ordinamento bancario eliminava ogni dubbio sulla possibilità che l'istituto della fusione potesse operare anche con riferimento a soggetti diversi dalla società e che la stessa potesse avvenire fra enti pubblici e fra questi ultimi e società. Ma proprio sotto questo profilo cominciano ad emergere i vincoli che i processi di fusione incontravano nell'ordinamento previgente.

Più esattamente la legge bancaria consentiva (artt. 47, 2° comma e 48, 2° comma) a tutti gli enti creditizi pubblici (Istituti di credito di di-

gio 1938, n. 745 stabilendo che «quando un Monte, per almeno un triennio, abbia una gestione passiva, ovvero la sua attività nelle operazioni di prestito su pegno non risulti rispondente alle esigenze locali, anche per il limitato numero delle operazioni stesse in confronto delle disponibilità patrimoniali, può essere fuso con altro Monte o Cassa della provincia o di provincia limitrofa» (art. 7). E ancora, la legge 14 dicembre 1939, n. 1922 stabiliva l'incorporazione obbligatoria delle Casse e dei Monti costituiti da almeno un decennio e aventi la sede in un Comune non capoluogo di provincia e con popolazione inferiore a 30 mila abitanti, il cui ammontare complessivo del patrimonio e dei depositi non superasse al 31 dicembre 1938 i 30 milioni di lire (art. 1). Sotto il profilo più strettamente giuridico queste norme meritano di essere menzionate perché introducevano nel nostro ordinamento forme di fusione e di incorporazione coattive per le imprese, talvolta obbligatorie anche per le autorità amministrative che dovevano disporle e soprattutto perché attribuivano alle autorità creditizie il potere di estinguere un ente pubblico, introducendo una deroga importante al principio che vorrebbe riservato tale potere esclusivamente alla legge (si vedano S. Mastropasqua, *La fusione delle aziende di credito*, in «Bancaria», 1974, e V. Mezzacapo, *Enti pubblici dell'ordinamento creditizio*, Milano, CIRIEC, 1966, pp. 113 ss.).

[10] L'art. 47, 1° comma l.b. stabiliva, infatti, che la fusione, anche mediante incorporazione, fra Casse di risparmio e Monti di credito su pegno fosse «disposta con decreto del Presidente della Repubblica, su proposta del Ministro per il Tesoro sentito il Comitato interministeriale per il credito ed il risparmio», al quale ultimo era rimessa anche la determinazione delle modalità della fusione e delle nuove norme statutarie (da approvarsi per altro con successivo decreto del Ministro per il Tesoro). La norma escludeva che il procedimento appena descritto presupponesse una deliberazione delle Casse e dei Monti interessati (ma *contra* A. Patroni Griffi, *Problemi in tema di fusioni bancarie*, in «Banca impr. soc.», 1985, p. 268) e rimetteva esclusivamente alla iniziativa e ai provvedimenti delle autorità creditizie l'intero procedimento di fusione o di incorporazione. La drasticità di questa conclusione risultava di fatto mitigata dalla necessità per le autorità creditizie di tener conto, nel decidere la incorporazione o la fusione, degli interessi originari delle Casse così come interpretati dagli organi delle stesse. Ed è significativo in proposito che le autorità creditizie abbiano costantemente affermato che anche nel settore delle Casse e dei Monti i processi di concentrazione dovessero essere rimessi alle scelte degli enti interessati (cfr. L. Dini, *Introduzione ai temi del Convegno* su *Concorrenza, stabilità, efficienza nel sistema bancario, Ruolo delle Casse di risparmio*, in «Banca impr. soc.», 1984, p. 403). Una forma di fusione se non coatta quanto meno «forzata» era prevista per le Casse rurali e artigiane. A norma infatti dell'art. 31 del relativo T.U., quando in uno stesso Comune «funzionava» più di una Cassa rurale la Banca d'Italia, previo accertamento dello stato delle attività e delle passività delle singole Casse, poteva disporre che le assemblee dei soci fossero convocare, allo scopo di deliberare sulla loro fusione, «secondo le modalità che potrà all'uopo fissare». E in caso di mancata deliberazione della fusione la Banca d'Italia poteva disporre la liquidazione di una o di tutte le suddette aziende.

ritto pubblico, Casse di risparmio e Monti di pegno) di incorporare qualunque società bancaria (aziende di credito ordinario, Banche popolari, ma non le Casse rurali) anche quando per la struttura di fondazione dell'ente pubblico incorporante i soci della incorporata avrebbero perduto il relativo status, mentre escludeva che una società bancaria potesse incorporare un ente creditizio pubblico[11].

Questa limitazione faceva sì che la circolazione dei mezzi di produzione bancaria potesse avvenire dal privato al pubblico ma non dal secondo al primo, determinando una progressiva pubblicizzazione del sistema.

[11] A norma, infatti, dell'art. 48, 3° comma l.b. «gli Istituti di credito di diritto pubblico [potevano] procedere alla incorporazione di altre aziende di credito, con il preventivo nulla osta della Banca d'Italia» e «la incorporazione [doveva] essere deliberata dagli organi competenti in conformità delle relative norme statutarie e regolamentari, osservando nel caso che l'azienda da incorporare [fosse] costituita sotto forma di società commerciale le disposizioni del Codice civile» e «fermo il divieto di procedere alla trascrizione della deliberazione di incorporazione, ove manchi il nulla osta della Banca d'Italia». Questa norma era importante, in primo luogo, perché eliminava in radice i dubbi sulla possibilità di applicare i principi tipici della fusione, sia pure per incorporazione, al di fuori del diritto societario (cfr. sul punto F. Galgano, *Delle persone giuridiche*, in *Commentario del cod. civ.*, a cura di A. Scialoja e G. Branca, Bologna-Roma, Zanichelli-Foro it., 1969, *sub* art. 27, p. 355). Ma, soprattutto, consentiva l'incorporazione in Istituti di credito di diritto pubblico delle altre aziende di credito anche quando le regole che disciplinavano la loro struttura soggettiva avessero frapposto ostacoli difficilmente superabili secondo le norme di diritto comune. La giurisprudenza (Cass. 18 febbraio 1978, n. 660, in «Banca borsa e tit. cred.», 1978, II, p. 1, con nota di G. Molle; App. Torino, 28 maggio 1974, in «Giur. comm.», 1974, II, p. 236, con nota di A. Jorio, in «Riv. dir. comm.», 1974, II, p. 216 con nota di G. Ferri; *contra*: Trib. Torino, 14 aprile 1973, in «Banca borsa e tit. cred.», 1973, II, p. 460, con nota di G. Visentini, nonché M. Porzio, *I poteri della maggioranza nelle società per azioni e la legge bancaria*, in «Riv. dir. comm.», 1974, II, pp. 261 ss.), infatti, aveva ritenuto, e l'indirizzo meritava consenso, che la norma permettesse alle società di deliberare, a maggioranza, la propria incorporazione in un Istituto anche quando, per la struttura fondazionale di quest'ultimo, la incorporazione comportasse la perdita dello status di socio, non solo da parte dei soci consenzienti, ma anche da parte dei soci dissenzienti, ai quali, come ai primi, non restava che il diritto alla liquidazione della quota di partecipazione. L'indirizzo si era formato con riferimento alle società lucrative, ma non par dubbio che lo stesso dovesse trovare applicazione anche a proposito delle società cooperative e consentisse pertanto, agli Istituti di credito di diritto pubblico di incorporare anche aziende di credito appartenenti alla categoria delle Banche popolari (ma *contra* v. G. Oppo, *Quesiti in tema di trasparenza e fusione eterogenea di banche popolari*, in «Banca borsa e tit. cred.», 1992, I, p. 779) (mentre analoga incorporazione era preclusa per le Casse rurali dall'art. 30 del relativo T.U.). La rilevanza normativa della disposizione in esame sarebbe poi stata ancora maggiore se si fosse ritenuto che la stessa, nel momento in cui autorizzava la incorporazione di altre aziende in Istituti di credito di diritto pubblico, consentiva anche l'incorporazione di altre banche pubbliche e, in particolare, quella delle Casse di risparmio e dei Monti di credito sul pegno. Quest'ultima conclusione, in particolare, mentre non era esclusa dal disposto dell'art. 47, 1° comma, che si occupava esclusivamente delle fusioni e delle incorporazioni interne alla categoria delle Casse e dei Monti, era probabilmente confortata dall'ultimo comma dell'art. 48 che considerava quella delle società bancarie come una soltanto delle categorie di aziende di credito di cui si prevedeva la incorporazione da parte degli Istituti di credito di diritto pubblico; e almeno con riferimento ai Monti di credito su pegno, la stessa era esplicitamente prevista (art. 7, 6° comma) dalla legge 10 maggio 1938, n. 745.

Venivano poi conservati, come vedremo fra un attimo, i vincoli di diritto comune che impedivano la trasformazione di una società cooperativa in società lucrativa e, quindi, la incorporazione di una Banca popolare da parte di una società lucrativa.

Non solo, ma talvolta, come pure avremo modo di constatare più innanzi, venivano introdotti vincoli che l'ordinamento di diritto comune non conosceva: così le Casse rurali, nonostante la comune forma cooperativa, non potevano essere incorporate da una Banca popolare, vietandolo il T.U. del 1937, in considerazione della specializzazione della categoria nel finanziamento dell'agricoltura e dell'artigianato.

Ancora alla specializzazione operativa si ricollegavano le limitazioni che incontravano le fusioni fra Istituti di credito speciale cui fosse consentito esclusivamente l'esercizio di alcuni tipi di credito: essi non potevano fondersi con istituti che avessero una diversa specializzazione[12].

La revisione dei rapporti fra autorità creditizie ed imprese da un lato, e la progressiva despecializzazione istituzionale ed operativa di queste ultime, dall'altro, dovevano necessariamente modificare anche la disciplina delle fusioni. Così dal nuovo ordinamento sono scomparse le ipotesi di fusioni coattive e anche i poteri di vigilanza prudenziale sulle relative operazioni hanno subito una chiara ridefinizione sotto il profilo degli scopi che, attraverso il loro esercizio, possono essere perseguiti; ma soprattutto la semplificazione dei modelli organizzativi che possono essere adottati dalle imprese bancarie e la despecializzazione operativa hanno eliminato una parte consistente dei vincoli che incontravano le fusioni fra soggetti con forma e operatività diverse.

3.2. Le norme generali

a) Nel momento in cui ha ridotto la tipologia bancaria alle società per azioni e alle società cooperative (Banche popolari e Banche di credito cooperativo) il T.U., come già il D.Lgt. 481/1992, ha drasticamente semplificato anche la disciplina delle fusioni fra banche, riconducibili tutte al modulo delle fusioni societarie. In particolare sono state eliminate tutte le norme che regolavano le fusioni fra le varie categorie di banche pubbliche e fra ciascuna di esse e le banche in forma societaria. In realtà sul punto è stata tenuta ferma (v. art. 57, 1° comma T.U.) la disciplina dettata dal D.Lgt. 356/1990 per le banche in forma di ente pubblico, ma si tratta di una specie in via di estinzione e la norma ha il sapore della disposizione transitoria.

Le fusioni fra società per azioni bancarie, Banche popolari e Banche di credito cooperativo, trovano dunque la loro regolamentazione nelle norme sulle fusioni fra società dettate dal Codice civile (artt. 2501-2504 *sexies*), così come riscritte dalla legge 16 gennaio 1991, n. 22; na-

[12] Per un quadro di questi problemi v. G. Bollino, R. Costi e F. Vella, *Fattori discriminanti e distorsivi della concorrenza nel sistema bancario*, Milano, Edibank, 1991, pp. 110 ss.

turalmente nella misura in cui le stesse non vengano derogate dalla disciplina di settore. Quest'ultima, a sua volta, si compone di alcune norme generali e, quindi, applicabili a tutte le ipotesi di fusioni bancarie (art. 57 T.U.) e di alcune norme speciali, rispettivamente previste per le fusioni che coinvolgono le Banche popolari (art. 31) e le Banche di credito cooperativo (art. 36).

b) Eliminato il procedimento speciale previsto dalla legge bancaria, il T.U. sottopone, come ho già accennato, la disciplina delle fusioni fra società (cooperative o lucrative) bancarie alle norme del Codice civile introducendo due sole deroghe alle stesse. Si inserisce nel procedimento di fusione il «nulla osta» della Banca d'Italia e si riduce come già previsto dalle norme di ristrutturazione delle banche pubbliche (v. art. 5, 5° comma del D.Lgt. 356/1990), il periodo che deve trascorrere tra la pubblicazione per estratto sulla «Gazzetta Ufficiale» delle deliberazioni assembleari di fusione e la relativa «attuazione» da due mesi a quindici giorni.

Quest'ultima norma, di favore per le fusioni bancarie e di compressione dei diritti dei creditori sociali, trova la propria ragion d'essere nel fatto che i creditori di una banca ricevono già dalle norme di vigilanza bancaria un'adeguata protezione, senza contare i pericoli che per una industria fiduciaria come quella bancaria possono derivare dal protrarsi di situazioni di incertezza.

c) Qualche riflessione più approfondita richiede la norma che disciplina il controllo di vigilanza. A norma dell'art. 57, 1° e 2° comma del T.U. «la Banca d'Italia autorizza le fusioni e le scissioni alle quali prendono parte banche quando non contrastino con il criterio di una sana e prudente gestione» e «non si può dare corso al procedimento per l'iscrizione nel registro delle imprese del progetto di fusione o di scissione se non consti» tale autorizzazione.

Il T.U. si preoccupa, dunque, di precisare che l'autorizzazione delle operazioni di fusione non ha per oggetto una valutazione delle esigenze economiche del mercato, ma ha come punto di riferimento esclusivo le banche interessate all'operazione: il relativo giudizio deve essere focalizzato sull'accertamento della compatibilità fra l'operazione di fusione e la sana e prudente gestione delle banche coinvolte. Si esclude, dunque, che la Banca d'Italia possa negare l'autorizzazione assumendo che l'operazione non è coerente con la struttura dalla stessa disegnata per il mercato bancario. Come abbiamo visto, questo tipo di controllo è stato sottratto alle autorità creditizie ed anzi proprio la norma sulla fusione (operazione decisiva sotto il profilo della struttura del mercato), conferma questa conclusione più generale. Il che ovviamente non significa che nell'esprimere la propria valutazione la Banca d'Italia non debba tener conto della stabilità complessiva, dell'efficienza e della competitività del sistema finanziario (art. 5, 1° comma T.U.); questi saranno parametri alla stregua dei quali verificare se la fusione contrasti o sia compatibile con la sana e prudente gestione delle banche interessate. Sembra inutile sottolineare la profonda differenza che sussiste fra l'autorizzazione oggi prevista e quella formalmente analoga alla quale venivano sottoposte le fusioni fra società bancarie dall'art. 48, 1° comma l.b.: si trattava di un provvedimento assolutamente discrezionale, attraverso il quale poteva essere perseguito anche l'obiettivo di realizzare una particolare struttura del mercato bancario e che poteva quindi impedire l'operazione in considerazione delle «esigenze economiche del mercato»[13].

d) L'autorizzazione della Banca d'Italia deve intervenire prima che sia reso pubblico, attraverso la iscrizione nel registro delle imprese (e la successiva pubblicazione per estratto sulla «Gazzetta Ufficiale») il progetto di fusione (art. 2501 *bis*, 3° comma). La norma, da un lato, si giustifica per il ruolo che il progetto di fusione ha assunto nella nuova disciplina codicistica della fusione (l'assemblea pare abbia soltanto il potere di non approvarlo ma non anche di modificarlo) e, dall'altro, con la necessità di evitare che venga reso pubblico un progetto di fusione che non ha ancora ricevuto l'autorizzazione dell'organo di vigilanza e possa così risultarne turbato il mercato finanziario.

Il che non significa che l'autorizzazione non possa sanare a posteriori il vizio del procedimento dovuto alla mancanza originaria della medesima. D'altro canto, l'autorizzazione non incide sulla validità della deliberazione consigliare che delibera il progetto, ma impedisce soltanto l'avvio del procedimento previsto per la sua pubblicità; il che dovrebbe portare a ritenere che anche il mero deposito in cancelleria del progetto, allo scopo di ottenere una posizione più favorevole nel «registro d'ordine», dovrebbe essere preclusa (a meno che non se ne assicuri la riservatezza nei confronti del pubblico).

e) Tenuto conto della particolare rilevanza che la successione, della società incorporante o che risulta dalla fusione, nei privilegi e nelle garanzie ha per le imprese bancarie e della complessità dei relativi adempimenti formali, l'art. 57, 4° comma del T.U., specificando l'effetto «successorio» della fusione precisa che «i privilegi e le garanzie di qualsiasi tipo, da chiunque prestati o comunque esistenti a favore di banche incorporate da altre banche, di banche partecipanti a fusioni con costituzione di nuove banche ovvero di banche scisse conservano la loro validità e il loro grado, senza bisogno di alcuna formalità o annotazione a favore, rispettivamente della banca incorporante, dalla banca risultante dalla fusione o dalla banca beneficiaria del trasferimento per scissione». La norma non trova evidentemente applicazione nelle ipotesi in cui l'operazione intervenga fra una banca e una non banca.

f) Le norme generali appena illustrate esauriscono integralmente la disciplina delle fusioni «omogenee» ossia fra banche che abbiano tut-

[13] Sulla disposizione dell'art. 48 l.b. che prevedeva il nulla osta della Banca d'Italia v. soprattutto G. Ferri, *La fusione delle aziende di credito*, in «Banca borsa e tit. cred.», 1937, I, pp. 6 ss.; G. Vignocchi, *Il servizio del credito nell'ordinamento pubblico italiano*, Milano, Giuffrè, 1968, pp. 158 ss., e F. Capriglione, *Brevi note sul procedimento amministrativo concernente le concentrazioni bancarie*, in «Banca borsa e tit. cred.», 1974, II, pp. 467 ss., nonché in giurisprudenza, App. Torino, 28 maggio 1974, in «Giur. comm.», 1974, II, pp. 236 ss., con nota di A. Jorio.

te forma di società per azioni. Con una precisazione, tuttavia, per quanto concerne le società derivanti dalle operazioni di ristrutturazione delle banche pubbliche i vincoli imposti dagli artt. 13, 19, 20 e 21 del D.Lgt. 356/1990, a suo tempo illustrati, troveranno applicazione anche in occasione di operazioni di fusione.

Le regole generali appena illustrate non esauriscono la disciplina delle fusioni che coinvolgono le Banche popolari e le Banche di credito cooperativo. Per le relative operazioni continuano a trovare applicazione le norme attinenti al ruolo che il provvedimento autorizzatorio della Banca d'Italia svolge nel procedimento di fusione, alla riduzione del periodo di vacatio della delibera di fusione e alla successione nei privilegi e nelle garanzie (v. art. 31, 3° comma per le Banche popolari e art. 36, 3° comma per le Banche di credito cooperativo), ma vengono introdotte norme speciali che individuano le condizioni in presenza delle quali soltanto le predette operazioni possono essere effettuate e, quindi, stabiliscono il contenuto del provvedimento autorizzatorio della Banca d'Italia.

Si tratta di norme che affrontano problemi che da lungo tempo si agitavano nella letteratura e nella prassi delle operazioni di concentrazione bancaria e che riflettono in modo abbastanza evidente l'interesse di alcune categorie di banche ad evitare una assoluta libertà nella circolazione dei mezzi di produzione bancaria, per meglio garantire i loro interessi di categoria anche con pregiudizio di quelli generali connessi con la massima efficienza competitiva del sistema[14]. Come dovrebbe apparire evidente dall'analisi delle relative discipline.

3.3. Trasformazioni e fusioni delle Banche popolari

a) A norma dell'art. 31, 4° comma, la Banca d'Italia, «nell'interesse dei creditori ovvero per esigenze di rafforzamento patrimoniale ovvero a fini di razionalizzazione del sistema, autorizza le trasformazioni di banche popolari in società per azioni, ovvero le fusioni alle quali prendono parte banche popolari e da cui risultino società per azioni».

La norma introduce così una deroga alle norme di diritto comune che avevano in precedenza impedito la trasformazione delle Banche popolari in società per azioni e, quindi, la incorporazione delle prime da parte delle seconde e, comunque, le operazioni di fusione che dessero vita ad una società per azioni.

Più esattamente, l'ordinamento non disciplina esplicitamente la trasformazione delle società per azioni in società cooperative e, almeno secondo l'opinione dominante, la stessa è consentita; regola invece l'ipotesi inversa stabilendo (art. 14 della legge 17 febbraio 1971, n. 127)

[14] Sul punto v. R. Costi, *A proposito di fusioni bancarie*, in «Note economiche», 1986, pp. 150 ss.

che «le società cooperative non possono essere trasformate in società ordinarie, anche se tale trasformazione sia deliberata all'unanimità».

Tenendo conto della forma cooperativa delle Banche popolari si era, per lo più e giustamente, ritenuto che mentre una società per azioni bancaria avrebbe potuto trasformarsi in Banca popolare non sarebbe stata possibile l'operazione inversa e, quindi, non sarebbero neppure state possibili la incorporazione di una Banca popolare da parte di una società per azioni bancaria o la fusione fra le stesse con la costituzione della società risultante dalla fusione in forma di società per azioni[15].

Questa conclusione, sicuramente corretta *de iure condito*, era stata per altro sottoposta a forti critiche in considerazione, da un lato, del progressivo affievolimento della funzione mutualistica delle Banche popolari e quindi della sostanziale assimilazione delle stesse, sul piano causale, alle società lucrative (bancarie) e, dall'altro, della necessità di assicurare all'interno del mercato bancario una circolazione compiuta dei mezzi di produzione senza la creazione di segmentazioni legislativamente imposte che pregiudicassero l'efficacia allocativa delle risorse in quel mercato.

Si sottolineava che ciò non significava alcun giudizio negativo sulla capacità della società cooperativa di dar forma alle imprese bancarie, ma soltanto metteva in evidenza l'opportunità che le scelte fra i vari modelli (lucrativo o cooperativo) avvenissero liberamente, tenendo conto del concreto atteggiarsi della realtà e senza preclusioni legislativamente stabilite. Naturalmente questa impostazione incontrava l'ostilità delle grandi Banche popolari che grazie a quel vincolo, potevano assorbire, nel processo di aggregazione in atto, le Banche popolari più piccole senza subire la concorrenza delle altre società bancarie private (potevano invece essere assorbite anche dalle varie categorie di banche pubbliche). Ciò nonostante, nell'esercizio della delega per l'attuazione della seconda direttiva comunitaria, il Governo, nella stesura del D.Lgt. 481/1992, approvato il 25 settembre 1992, aveva introdotto una norma

[15] Così R. Costi, *A proposito di fusioni bancarie*, cit., p. 155, e più recentemente G. Oppo, *Quesiti*, cit., pp. 780 ss. *Contra* A. Gambino, *Sulla trasformabilità delle banche popolari in aziende di credito ordinarie*, in «Giur. comm.», 1984, I, pp. 1003 ss., ad avviso del quale l'art. 14 della legge 127/1971 non avrebbe trovato applicazione per le Banche popolari sia perché le stesse non perseguono uno scopo mutualistico, a tutela del quale tale norma sarebbe stata posta, sia perché l'art. 1 del D.L. 16 aprile 1948, n. 569, ha escluso l'applicabilità alle Banche popolari del D.L. 14 dicembre 1947, n. 1577, del quale la legge 127/1971 non sarebbe che una successiva modificazione. In realtà abbiamo a suo tempo dimostrato che le Banche popolari perseguono uno scopo mutualistico e pertanto aveva ragion d'essere anche per tale categoria di cooperative l'applicazione dell'art. 14, la cui applicabilità non poteva, d'altro canto, essere esclusa per il semplice motivo che lo stesso era contenuto in un testo normativo che dettava anche norme modificative del D.L. 1577/1947 (non sembrava allontanarsi da questo convincimento il Cons. Stato, parere 20 ottobre 1971, in «Cons. Stato», 1972, I, p. 592). Né si poteva certo trarre argomento a favore della inapplicabilità della norma posta a tutela della mutualità dalla presenza dei controlli creditizi, essendo ben compatibili, questi ultimi, con il perseguimento di uno scopo mutualistico, come emergeva con tutta evidenza anche dalla disciplina delle Casse rurali e artigiane.

che risolveva in modo limpido il problema stabilendo (art. 41) che le «Banche popolari [potevano] deliberare trasformazioni in società per azioni ovvero fusioni da cui [risultassero] società per azioni». Ma il Parlamento[16], evidentemente sensibile in quell'occasione più agli interessi di categoria delle Banche popolari che a quello generale dell'efficienza del mercato bancario, condizionava il proprio parere favorevole allo schema di decreto legislativo del Governo al fatto che quest'ultimo subordinasse la trasformazione delle Banche popolari in società per azioni bancarie e la loro incorporazione in queste ultime all'autorizzazione della Banca d'Italia da concedersi soltanto «nell'interesse dei creditori ovvero per esigenze di rafforzamento patrimoniale ovvero a fini di razionalizzazione del sistema». E quella raccomandazione del Parlamento fu testualmente recepita dal testo definitivo del D.Lgt. 481/1992 e dall'art. 31 del T.U.

Nonostante le cautele così introdotte non v'è dubbio che la norma abbia un valore sistematico e pratico notevoli. Sotto il primo profilo viene introdotta una deroga al diritto comune delle società cooperative rimuovendo il divieto di trasformarsi in società per azioni, nonostante la conservazione della funzione mutualistica che caratterizza le banche popolari come tutte le società cooperative.

L'interesse dei soci al servizio mutualistico può essere eliso, in presenza della volontà in tal senso della maggioranza dei soci, quando tale elisione soddisfi un interesse connesso con l'impresa bancaria esercitata, secondo la valutazione che dello stesso dà la Banca d'Italia, alla quale in definitiva è rimesso il potere di disporre dell'interesse mutualistico dei soci.

Si noti la smagliatura introdotta dal Parlamento alle regole generali del nuovo ordinamento quando, nell'individuare le ragioni che possono giustificare la trasformazione, si indica, accanto a quelle tipicamente connesse con le finalità della vigilanza prudenziale sulle singole imprese (interesse dei creditori e rafforzamento patrimoniale), anche la rispondenza dell'operazione «a fini di razionalizzazione del sistema»; norma che sembra attribuire alla Banca d'Italia una vigilanza strutturale sul mercato che il nuovo ordinamento le sottrae.

b) Il 2° comma dell'art. 31, allo scopo di favorire l'assunzione della relativa deliberazione soprattutto nelle Banche popolari con una compagine sociale particolarmente numerosa, prevede che le deliberazioni di trasformazione (per le quali non sarà necessaria la relazione di stima del patrimonio prevista dall'art. 2498 solo per la trasformazione di società di persone in società di capitali) e fusione, siano assunte con le maggioranze stabilite per le modificazioni statutarie e che, quando si fissino per queste ultime maggioranze diverse a seconda della modificazione, quelle in questione siano assunte con la maggioranza meno elevata.

La stessa norma (v. art. 31, 2° comma) si preoccupa di far salvo il

[16] Si veda Commissione Finanze della Camera, parere reso il 18 novembre 1992.

diritto di recesso del socio, rendendo così esplicita una soluzione probabilmente già desumibile dal diritto comune.

c) Il provvedimento autorizzatorio dovrà intervenire prima dell'assemblea di trasformazione e costituisce condizione per la omologazione e l'iscrizione della delibera stessa, non incidendo quindi sulla validità della deliberazione assembleare, come si evince dal richiamo, contenuto nell'ultimo comma dell'art. 31, alla disposizione dettata per le altre modificazioni statutarie dall'art. 56, 2° comma; norma quest'ultima che ravvisa nel provvedimento della Banca d'Italia un presupposto per la omologazione della deliberazione di modificazione dello statuto e non un elemento necessario per la validità della stessa.

Nell'ipotesi di fusione l'autorizzazione della Banca d'Italia dovrà invece intervenire, come abbiamo già visto, prima dell'iscrizione del progetto di fusione nel registro delle imprese, fermo restando che la relativa mancanza potrà essere sanata con un'autorizzazione successiva e che, comunque, a norma dell'art. 2504 *quater*, l'invalidità dell'atto di fusione non può essere pronunciata una volta intervenuta la iscrizione dello stesso nel registro delle imprese.

3.4. Trasformazioni e fusioni delle Banche di credito cooperativo

a) Norme ancora più rigide sono state introdotte a tutela della forma «banca di credito cooperativo» e per scongiurare il pericolo che le imprese di questa categoria di banche adottino, attraverso operazioni di trasformazione o di fusione, la forma della società per azioni.

Stabilisce infatti l'art. 36, 1° comma del T.U. che «la Banca d'Italia autorizza, nell'interesse dei creditori e qualora sussistano ragioni di stabilità, fusioni tra banche di credito cooperativo e banche di diversa natura da cui risultino banche popolari o banche costituite in forma di società per azioni».

b) La norma riproduce, ma solo in parte, la disciplina dettata sul punto per le Casse rurali ed artigiane dall'art. 30 del T.U. del 1937. Questa disposizione, dopo aver ribadito che «le Casse rurali e artigiane conservano la facoltà di fondersi o di procedere ad incorporazioni, a norma della legge bancaria», precisava che le stesse, «invece, anche se si [trovavano] in stato di liquidazione, non [potevano] essere incorporate da aziende di credito di diversa natura, salvo casi particolari nell'interesse dei creditori e dietro autorizzazione degli organi di vigilanza».

La norma è stata al centro di un acceso dibattito[17]. Dal dettato del-

[17] L. Buttaro, *Sulla «non diversa» natura delle Casse rurali e delle Banche popolari*, in «Banca borsa e tit. cred.», 1973, I, pp. 168 ss.; Id., *In tema di incorporazione di Casse rurali e di circolari interpretative*, ivi, 1972, I, pp. 1 ss.; A. Asquini, *Se le Casse rurali e artigiane possono essere assorbite da banche popolari o trasformarsi in banche popolari*, in «Bollettino dell'Associazione tecnica delle Banche popolari», 1970, gennaio, p. 6; A.C. Jemolo, *Le Casse rurali e le Banche popolari hanno natura e funzioni diverse?*, in «Coop. di credito», 1969, VII, pp. 68 ss.; E. Simonetto, *Sulla trasformabilità delle Casse rurali e artigiane in Banche popolari e sulla possibilità di fondersi «reciproca» di tali enti per il di-*

l'art. 30 T.U. poteva ricavarsi con certezza che le Casse rurali: *a*) potevano incorporare altre Casse, essere incorporate da queste o fondersi dando vita ad una nuova Cassa rurale; *b*) incorporare aziende di credito di «diversa natura» e fondersi con le stesse, purché l'azienda di credito di nuova costituzione avesse «natura non diversa» dalla Cassa rurale; *c*) non potevano invece essere incorporate da aziende di credito di «diversa natura» e fondersi se l'azienda di credito di nuova costituzione fosse stata di «diversa natura».

Come era naturale, il dibattito si era concentrato sull'individuazione delle aziende di credito di «diversa natura» dalle Casse rurali; lo stesso, peraltro, non aveva in alcun modo tenuto conto dei profili di diritto bancario che restavano coinvolti dal problema affrontato. La discussione infatti (che riguardò soprattutto i rapporti tra Casse rurali e Banche popolari) fu tutta impostata sulla identità o diversità causale tra il contratto di società cooperativa «costitutivo» delle Casse rurali e quelli «costitutivi» di altre aziende di credito (con particolare attenzione al contratto «costitutivo» delle Banche popolari). Senza neppure tener conto che la legge faceva riferimento esplicito ad una diversità di natura fra aziende di credito e non ad una diversità fra tipi associativi, il dibattito fu condotto esclusivamente sotto quest'ultimo profilo.

E, in quest'ottica chi riteneva che sia le Casse rurali sia le Banche popolari avessero non solo struttura cooperativa ma anche funzione mutualistica giudicava inevitabile dedurre che la fusione era consentita; chi, invece, riteneva che solo le Casse rurali e artigiane e non anche le Banche popolari avessero scopi mutualistici escludeva che la relativa fusione fosse consentita. Non solo, ma anche coloro che sottolineavano la connessione tra oggetto e scopo nella struttura causale della società cooperativa arrivavano alla conclusione che nella specie esisteva una sostanziale identità di oggetto perché sia le Casse rurali sia le Banche popolari esercitavano attività bancaria.

Siffatta impostazione ignorava completamente la disciplina dell'impresa bancaria e non si poneva neppure il dubbio che, anche ammesso che tra i due tipi societari esistesse una perfetta identità causale, l'attività esercitata, pur essendo in entrambi i casi attività bancaria, venisse considerata dal legislatore di «diversa natura» e che, proprio facendo perno su questa diversa natura dell'attività, venisse vietata l'incorporazione dell'ente che la esercitava, a tutela della relativa specializzazione.

In realtà per risolvere il problema, nell'uno o nell'altro senso, non bastava dimostrare che le Casse rurali e le Banche popolari appartenevano o non appartenevano allo stesso tipo societario. E sgombrato il campo da siffatto pregiudizio contrattualistico sembrava possibile leggere in modo più disincantato sia i lavori preparatori sia il dettato della

ritto vigente, in «Bollettino dell'Associazione tecnica delle Banche popolari», 1969, ottobre, pp. 48 ss.; R. Nicolò, *Le Casse rurali e le banche popolari hanno natura e funzioni diverse?*, in «Coop. di credito», 1969, VII, p. 73, e R. Costi, *Funzione mutualistica e imprenditorialità bancaria nell'ordinamento delle Casse rurali e artigiane*, in «Banca borsa e tit. cred.», 1985, pp. 24 ss.

norma in esame e concludere che l'art. 30 T.U. consentiva la fusione e la incorporazione solo se le stesse non avessero comportato la sostituzione di una Cassa con un'altra azienda di credito che Cassa non fosse[18].

La ragione del divieto per le Casse rurali e artigiane a mutare la propria veste giuridica sancita dal T.U. del 1937 trovava, dunque, la propria giustificazione nella specializzazione, legislativamente protetta di questa categoria di aziende di credito nei finanziamenti all'agricoltura e all'artigianato.

c) Ma, come abbiamo potuto già constatare, quella specializzazione è stata eliminata dal D.Lgt. 481/1992, e dal T.U. del 1993. Era abbastanza naturale attendersi un'attenuazione se non la eliminazione del divieto a mutar forma per le Banche di credito cooperativo. E, a dire il vero, una forte attenuazione del vincolo previsto dal T.U. delle Casse rurali e artigiane era stata proposta nella stesura approvata in prima lettura dal Governo nel predetto decreto 481/1992. L'art. 42, 7° comma, di quel testo prevedeva infatti che le Casse potessero «essere autorizzate dalla Banca d'Italia, nell'interesse dei creditori, a deliberare fusioni con enti creditizi di diversa natura da cui [risultassero] società per azioni». La norma avrebbe consentito anzitutto la libera trasformabilità delle Casse di credito cooperativo in Banche popolari e quindi anche la incorporazione in queste ultime e la fusione con le stesse quando la banca risultante avesse avuto natura di banca cooperativa.

Inoltre, anche la incorporazione di una Cassa da parte di una società per azioni e la fusione che avesse determinato la nascita di una società per azioni bancaria erano subordinate alla esistenza di un interesse dei creditori e quindi ad esempio ad un rafforzamento patrimoniale.

Ma, come era successo per le Banche popolari, anche per le Casse di credito cooperativo il Parlamento, chiamato ad esprimere un parere su quella stesura dello schema di decreto legislativo, ritenne necessario rafforzare la protezione di questa categoria contro il pericolo di un loro mutamento di forma e il testo definitivo del D.Lgt. 481/1992 stabiliva che «le casse potevano essere autorizzate dalla Banca d'Italia, esclusivamente nell'interesse dei creditori e ove [sussistessero] ragioni di stabilità, a deliberare fusioni con enti creditizi di natura diversa da cui risultassero banche popolari o società per azioni».

L'art. 36, 1° comma del T.U., sopra riprodotto, ha conservato questa formulazione, eliminando, per altro, l'avverbio «esclusivamente», inutile quanto inelegante.

d) Questa norma sembra anzitutto escludere che una Banca di credito cooperativo possa «trasformarsi» (al di fuori di un processo di fusione) in una Banca popolare o in una società per azioni anche quando la trasformazione risponda all'interesse dei creditori e sussistano ragio-

[18] L'organo di vigilanza, con istruzioni trasmesse in data 26 maggio 1970 (in «Coop. di credito», 1970, p. 784) e sulle quali si veda F. Capriglione, *Organismi cooperativi e fusioni*, in «Coop. di credito», 1981, p. 212, ritenne che Casse rurali e Banche popolari avessero, ai fini dell'art. 30 del T.U. sulle Casse rurali, «diversa natura».

ni di stabilità. In effetti l'art. 36 fa esclusivo riferimento alle fusioni, a differenza di quanto previsto ad esempio per le Banche popolari dal precedente art. 31.

Ma ci pare che sul punto sia necessario distinguere fra la possibilità, per la Banca di credito cooperativo, di «trasformarsi» in Banca popolare piuttosto che in società per azioni. Il «passaggio» da Banca di credito cooperativo a Banca popolare non è una trasformazione in senso proprio, dal momento che entrambe sono costituite in forma cooperativa. E sotto questo profilo trova adeguata spiegazione il fatto che l'art. 31 con riferimento al «passaggio» di una Banca popolare alla forma della società per azioni, faccia menzione della «trasformazione», costituendo quel «passaggio» effettivamente un mutamento di tipo societario, mentre altrettanto non era necessario per il «passaggio» da Banca di credito cooperativo a Banca popolare.

È dunque il diritto comune che consente ad una Banca di credito cooperativo di diventare Banca popolare; possibilità che non viene esclusa da alcuna norma speciale. E questa considerazione è tanto più giustificata quando si pensi che, venuta meno la specializzazione operativa, deve ritenersi — come vedremo fra un momento — che le Banche popolari e le Banche di credito cooperativo abbiano la stessa natura, dovendosi quest'ultima accertare ora proprio sulla base della causa contrattuale (il che non era possibile alla stregua dell'art. 30 del T.U. del 1937).

D'altro canto, non costituisce un ostacolo alla «trasformazione» la presenza (ora eventuale e non più necessaria come nelle Casse rurali) di riserve indivisibili, nella Banca di credito cooperativo, costituite secondo la legge Basevi (14 dicembre 1947, n. 1577): in tal caso se lo statuto consente la distribuzione di tali riserve ai soci, le stesse dovranno essere sottoposte ad imposizione fiscale a carico della Banca popolare, mentre se lo statuto di quest'ultima ne vietasse la distribuzione, esse sfuggirebbero alla imposizione alle condizioni previste dall'art. 122 del Testo Unico sulle imposte dirette (D.P.R. 22 dicembre 1986 n. 917). E, naturalmente, nell'ipotesi di «trasformazione» di una Banca di credito cooperativo in Banca popolare i soci dissenzienti non hanno diritto di recesso, non trattandosi di trasformazione, a meno che la stessa non integri una delle ipotesi previste dall'art. 2526 Cod. civ. o dallo statuto della società.

Le conclusioni appena raggiunte incidono anche sulla disciplina delle fusioni fra Banche di credito cooperativo e Banche popolari, ma sul punto torneremo fra un momento.

e) Un ordine di idee diverso da quello appena svolto deve invece essere seguito per la trasformazione di una Banca di credito cooperativo in società per azioni. Si tratta, in questo caso, di una trasformazione in senso tecnico, preclusa dal diritto comune: l'art. 14 della legge 127/1971, come sappiamo, vieta la trasformazione delle società cooperative in società «ordinarie» (ossia lucrative) e, quindi, vieta anche la trasformazione di una Banca di credito cooperativo in una società per azioni bancaria.

Ma questa impossibilità assoluta per una Banca di credito cooperativo di trasformarsi (al di fuori di un processo di fusione) in società per azioni suscita notevoli perplessità. È certo, anzitutto, per disposizione dello stesso art. 36, 1° comma del T.U., che deve considerarsi ammessa la trasformazione «implicita» della Banca di credito cooperativo in società per azioni in caso di incorporazione della prima in una società per azioni o quando la fusione dia vita ad una banca in questa forma societaria; sempreché, naturalmente, vi sia un interesse dei creditori all'operazione e sussistano «ragioni di stabilità».

E non si vede perché non sia possibile la trasformazione «esplicita» di una Banca di credito cooperativo quando la stessa possa rivelarsi indispensabile nell'interesse dei creditori e ricorrano ragioni di stabilità.

f) Le diverse conclusioni alle quali siamo pervenuti in ordine, rispettivamente, al «passaggio» di una Banca di credito cooperativo nella categoria delle Banche popolari e alla trasformazione della stessa in società per azioni debbono essere tenute presenti anche nell'individuare l'ambito di applicazione della disposizione dettata dall'art. 36, 1° comma T.U.

A nostro avviso essa non ricomprende le ipotesi di incorporazione di una Banca di credito cooperativo da parte di una Banca popolare e di fusione fra Banche di credito cooperativo o fra Banche di credito cooperativo e Banche popolari che diano vita ad una Banca popolare.

Avendo ritenuto che la trasformazione di una Banca di credito cooperativo in Banca popolare non sia stata presa in alcuna considerazione dalla norma in esame, coerenza vuole che anche le operazioni di incorporazione limitate a queste categorie di banche, tutte della stessa natura cooperativa, vengano escluse dalla stessa disciplina. Queste operazioni saranno, dunque, soggette esclusivamente all'autorizzazione prevista dal 1° comma dell'art. 57 del T.U. e non consentiranno al socio dissenziente (o assente) di recedere dalla Banca di credito cooperativo ai sensi dell'art. 2437 del Cod. civ. (potendo per altro ravvisarvisi un'ipotesi di recesso ai sensi dell'art. 2526).

g) L'art. 36, 1° comma, prende in considerazione esclusivamente l'ipotesi in cui l'operazione di fusione coinvolga la Banca di credito cooperativo ed una banca di «diversa natura», tale potendo essere soltanto una società per azioni bancaria. E in tal caso sarà necessario l'accertamento dell'interesse dei creditori e delle ragioni di stabilità per superare il divieto, fissato dall'art. 14 della legge 127/1971, di trasformazione della Banca di credito cooperativo in società per azioni.

Nell'ipotesi invece in cui dalla fusione fra una Banca di credito cooperativo e una società per azioni bancaria nasca una Banca popolare, quest'ultima norma non trova naturalmente applicazione. Qui il divieto nasce direttamente dall'art. 36 del T.U. e trova la propria ragion d'essere, in verità opinabile, nella contaminazione che la funzione mutualistica può subire per la commistione in un solo organismo, sia pure in forma di banca cooperativa, con una società lucrativa. In entrambe le ipotesi viene riconosciuto il diritto di recesso per i soci dissenzienti sia della Banca di credito cooperativo sia della società per azioni, anche se, nel caso in cui dalla fusione nasca una Banca popolare, il diritto di recesso dovrebbe spettare solo ai soci della società per azioni e non anche a quelli della Banca di credito cooperativo, almeno alla stregua delle norme di diritto comune.

b) La delimitazione dell'ambito operativo dell'art. 36 del T.U. che abbiamo appena suggerito, contribuisce ad eliminare la chiusura delle Banche di credito cooperativo verso quella delle Banche popolari. D'altro canto, una volta caduta la specializzazione prevista dal T.U. del 1937, non sarebbe facile sostenere che le Banche di credito cooperativo e le Banche popolari presentino una natura così diversa da sottrarre alla volontà dei soci la possibilità del passaggio dell'impresa dall'una all'altra forma.

L'ordine di idee qui preferito riconduce invece la chiusura della categoria verso la società per azioni bancarie alla necessità di superare il principio di diritto comune che vieta la trasformazione di una cooperativa in una società lucrativa superamento che viene consentito, analogamente a quanto previsto per le Banche popolari, in presenza di interessi tipici dell'attività bancaria. Con una diversità di gradazione nella individuazione delle condizioni richieste per superare quel divieto, meno rigide per le Banche popolari («interesse dei creditori»; «esigenze di patrimonializzazione»; «razionalizzazione del sistema», cfr. art. 31, 1° comma), più rigide per le Banche di credito cooperativo («interesse dei creditori», e «ragioni di stabilità») ma pur sempre nell'ambito della stessa logica: un superamento delle regole di diritto comune che vietano quelle operazioni. Con una estensione della stessa a tutte le ipotesi in cui l'operazione coinvolge una società lucrativa, indipendentemente dal fatto che la fusione dia vita ad una società per azioni o ad una Banca popolare.

4. La scissione di società bancarie

Il T.U. prende in considerazione la scissione delle società bancarie, limitandosi per altro, a stabilire soltanto una disciplina generale della stessa e non anche norme speciali come quelle dettate per la fusione a proposito delle Banche popolari e delle Banche di credito cooperativo.

La disciplina generale è del tutto simile a quella prevista per le fusioni. A norma, infatti, dell'art. 57 anche le scissioni debbono essere autorizzate dalla Banca d'Italia, quando non contrastino con la sana e prudente gestione dell'impresa bancaria; anche per la scissione l'autorizzazione della Banca d'Italia è condizione per l'iscrizione del relativo progetto nel registro delle imprese; ed anche per le scissioni vi è la riduzione del periodo di vacatio prevista dall'art. 2503 da due mesi a quindici giorni; anche le banche «beneficiarie» della scissione subentrano nei privilegi e nelle garanzie della banca scissa. Abbiamo illustrato queste norme con riferimento alla fusione e quelle considerazioni valgono anche per le ipotesi di scissione.

Il T.U. non prevede invece alcuna norma per quanto riguarda i limiti che la scissione incontra quando dà vita ad una o più società di tipo diverso da quello della società scissa. Non per questo si può ritenere che le scissioni non incontrino i limiti posti alla trasformazione e alla fusione. La natura dell'operazione, che determina la separazione del patrimonio e dell'impresa della società scissa con il trasferimento di entrambi alle società «beneficiarie» della scissione comporta, infatti, che quest'ultima abbia una caratterizzazione funzionale, o se si vuole una causa contrattuale, che secondo l'ordinamento permetta l'acquisizione del patrimonio e l'esercizio dell'impresa della società scissa.

In particolare vale anche per la scissione il vincolo che l'art. 14 della legge 127/1971 pone alla trasformazione delle società cooperative in società lucrative, vincolo che, come abbiamo già visto, viene rimosso, in presenza di particolari circostanze, per le fusioni e le trasformazioni delle Banche popolari e delle Banche di credito cooperativo. Negli stessi termini fissati dagli artt. 31 e 37 del T.U. si dovranno, dunque, consentire le scissioni eterogenee che coinvolgano queste due categorie di banche.

5. I trasferimenti aziendali

5.1. L'individuazione della fattispecie

a) L'art. 58 del T.U. disciplina le cessioni «a banche di aziende, di rami di azienda, di beni e rapporti giuridici individuabili in blocco», prevedendo un potere della Banca d'Italia di emanare istruzioni di vigilanza per le relative operazioni e di sottoporre ad autorizzazione quelle di «maggiore rilevanza» e dettando una puntuale disciplina, in parte diversa da quella di diritto comune, per gli effetti che tali cessioni determinano sulla condizione dei crediti e dei debiti ceduti e sui rapporti pendenti.

La disciplina dei trasferimenti aziendali a favore di banche adottata dal T.U. fa perno dunque sull'attribuzione, all'organo di vigilanza di un potere di controllo sulle relative operazioni e sulla previsione di norme che, in deroga al diritto comune, ne facilitino il compimento. E sotto questo profilo esiste indubbiamente una forte analogia con le norme (artt. 53-55) della legge bancaria del 1936, che prevedeva appunto l'autorizzazione della Banca d'Italia per ogni trasferimento aziendale e una disciplina degli effetti della cessione meno inadeguata di quella di diritto comune (che tra l'altro non conosceva ancora il trasferimento d'azienda disciplinato soltanto dal Codice civile del 1942)[19]. È necessario,

[19] Si vedano, per tutti G. Molle, *La banca nell'ordinamento giuridico italiano*, Milano, Giuffrè, 1987, pp. 432 ss.; G. Vignocchi, *Il servizio del credito nell'ordinamento pubblico italiano*, cit., pp. 149 ss.; S. Mastropasqua, *La fusione delle aziende di credito*, cit., pp. 160 ss.; A. Piras, *Gli stabilimenti bancari*, cit., p. 206; U. Belviso, *Considerazioni sulla disciplina del trasferimento delle aziende di credito*, in «Banca borsa e tit. cred.», 1971, I, p. 186; M. Porzio, *Il governo del credito*, cit., p. 63, e F. Maimeri, *Codice commentato*, cit., pp. 645 ss.

tuttavia, sottolineare la diversità delle prospettive nelle quali i trasferimenti aziendali vengono collocati nella legge bancaria e nel nuovo ordinamento.

In un sistema, come quello consentito dalla legge bancaria ed attuato nel nostro paese fino alla metà degli anni ottanta, che si caratterizzava, come ormai sappiamo, per una pressoché totale chiusura degli accessi al settore e per un forte razionamento degli sportelli bancari, i trasferimenti aziendali, ed in specie il trasferimento degli sportelli bancari, assumevano grande rilevanza sotto il profilo della concentrazione bancaria e per lo sviluppo territoriale delle banche. I trasferimenti aziendali avevano, dunque, una forte incidenza sulla struttura del mercato, oltre che sullo sviluppo della singola azienda e in questa prospettiva doveva essere considerato anche il controllo pubblico al quale erano sottoposti.

In altri termini, un sistema che riconosceva alle autorità di vigilanza il potere di disegnare la struttura ottimale del mercato doveva necessariamente attribuire alle stesse anche il potere di esaminare se i trasferimenti aziendali fossero coerenti con quella struttura.

La prospettiva è, ovviamente, mutata con la liberalizzazione degli accessi al mercato bancario, con la riconosciuta autonomia delle banche nell'apertura di nuove succursali e, soprattutto, con la sottrazione alle autorità di controllo della possibilità di tener conto, nelle proprie decisioni, delle «esigenze economiche del mercato». I trasferimenti aziendali, pur rimanendo uno strumento importante di concentrazione del sistema e di espansione dell'articolazione territoriale della singola banca, hanno visto diminuire la loro rilevanza sotto entrambi i profili e, soprattutto, la loro sottoposizione a controlli di vigilanza non poteva più rientrare nell'ambito degli strumenti per realizzare una vigilanza sulla struttura del mercato.

La vigilanza sui trasferimenti aziendali nel sistema del T.U. può tendere esclusivamente ad accertare, come si dispone del resto per le fusioni, che l'acquisizione, da parte di una banca, di un'azienda, di un ramo d'azienda o di beni e rapporti individuabili in blocco non contrasti con la sana e prudente gestione della banca acquirente.

b) Oggetto della disciplina dettata dal T.U. sono le cessioni «a banche di aziende, di rami d'azienda, di beni e rapporti giuridici individuabili in blocco». La delimitazione dell'ambito di applicazione della disciplina speciale viene, dunque, effettuata facendo perno anzitutto sulla qualità del cessionario, che deve essere una banca.

Irrilevante invece è la qualità del cedente: sarà normalmente ma non necessariamente una banca. Così la disciplina in questione si applicherà all'ipotesi in cui una banca acquisti l'azienda di una società di intermediazione mobiliare, mentre alla stessa sfuggirà la cessione dell'azienda (o del ramo d'azienda) relativa all'attività di intermediazione mobiliare effettuata da una banca a favore di una società di intermediazione mobiliare (anche quando quest'ultima fosse inserita in un gruppo bancario).

Sotto questo profilo il T.U. si differenzia dalla legge bancaria che applicava le norme speciali sui trasferimenti aziendali soltanto quando sia il cedente sia il cessionario fossero aziende di credito. Ma la diversità delle due soluzioni trova una spiegazione abbastanza facile quando si rammenti la diversità delle caratteristiche del mercato finanziario degli anni trenta nei confronti di quello attuale e soprattutto la collocazione delle banche in quei mercati.

Più esattamente, nella realtà tenuta presente dalla legge bancaria le aziende di credito esercitavano essenzialmente l'attività bancaria tradizionale, come tale riservata alle banche, e pertanto queste ultime non potevano almeno normalmente che acquistare aziende o rami di aziende bancarie e quindi anche il cedente doveva necessariamente essere una banca. Diversa è la realtà nella quale si cala il T.U.: le banche esercitano anche attività diverse da quella bancaria e molte di queste attività possono essere svolte anche da soggetti che banche non sono: è quindi facilmente immaginabile che queste acquistino aziende o rami d'azienda da soggetti non banche e che vendano loro aziende o rami di azienda propri.

Naturalmente il legislatore avrebbe potuto limitare l'applicazione della disciplina in questione alle cessioni intervenute fra banche, anche quando avessero avuto ad oggetto rami d'azienda non bancari (es.: gestioni patrimoniali) o avrebbe potuto applicarla alle sole ipotesi in cui cedente fosse una banca, indipendentemente dalla qualità del cessionario, mentre l'ha ancorata alla qualità di banca del cessionario. Evidentemente il legislatore ha tenuto presente che soprattutto l'acquisto di aziende o di rami aziendali può rivelarsi pericoloso per la sana e prudente gestione di una banca, dal momento che comporta, nella realtà dei fatti prima che sul piano degli obblighi giuridici, l'accollo dei rischi legati alla relativa gestione. La cessione ad altri di parti aziendali dovrebbe invece determinare anche il trasferimento dei relativi rischi, e quindi in questa ipotesi non si è ritenuto necessario derogare alle norme di diritto comune. Ma una volta ritenuto che fosse opportuno «proteggere» le banche dai rischi connessi con l'acquisto di aziende o di rami aziendali, era inevitabile prendere atto che le banche si trovano spesso ad acquistare aziende o rami di azienda da soggetti che banche non sono ed estendere, conseguentemente, anche a questa ipotesi la disciplina di protezione.

c) E proprio per evitare che sorgessero incertezze sull'applicabilità di quest'ultima ad operazioni di acquisto effettuate dalle banche e comportanti quel genere di rischio, il T.U., come già l'art. 26 del D.Lgt. 481/1992, ha cura di stabilire che la disciplina speciale deve essere applicata oltre che agli acquisti di aziende e di rami di azienda anche a quelli «di beni e rapporti giuridici individuabili in blocco». E la relazione alla norma del D.Lgt. 481/1992 precisava che le fattispecie soggette alla disciplina speciale erano «indicate con formula ampia, che ricomprende anche il caso in cui l'oggetto della cessione, pur costituendo un insieme organico di situazioni giuridiche individuabili in blocco, non può considerarsi come vero e proprio ramo d'azienda», e aggiungeva «questa precisazione è diretta, tra l'altro, a evitare un'enfasi eccessiva sul concetto di ramo d'azienda, anche per le incertezze e le difficoltà definitorie che circondano la nozione».

La formula adottata dal T.U. consente certamente di non chiedersi, almeno ai fini dell'applicabilità della disciplina speciale in esame, quando ricorra un ramo d'azienda, ma non esime dal domandarsi quando vi sia un acquisto «di beni e rapporti giuridici individuabili in blocco». E sotto questo profilo non può essere condiviso il convincimento, espresso nella relazione che accompagnava la identica norma contenuta nell'art. 26 del D.Lgt. 481/1992, secondo il quale nelle istruzioni che la Banca d'Italia può emanare in materia «i confini della fattispecie di cessione parziale soggetti alla disciplina dell'articolo in parola potranno essere delimitati con maggior precisione e dettaglio, secondo le esigenze connesse al controllo di vigilanza, restando comunque escluso che essi possano ricomprendere anche la cessione di singoli rapporti giuridici, la quale resterà disciplinata dalla normativa di diritto comune».

In realtà la Banca d'Italia può certamente modellare come meglio ritiene la disciplina di vigilanza, ma questa non potrà in alcun modo incidere sulla definizione dei confini fra ipotesi sottoposte a disciplina speciale e ipotesi regolate dalle norme di diritto comune. D'altro canto, non si può certo ritenere che basti una qualunque connessione fra alcuni rapporti giuridici per consentire la sottrazione della loro cessione alle regole generalmente valide.

A me sembra che l'ipotesi di cessione «di beni e rapporti giuridici individuabili in blocco» possa essere verosimilmente precisata se viene confrontata con quella di «cessione delle attività e delle passività» prevista dall'art. 90 del T.U. (e già disciplinata dall'art. 55 della legge bancaria del 1936-38): in questa norma si prevede che, nel caso della liquidazione coatta della banca, i commissari possano «cedere le attività e le passività, l'azienda, rami d'azienda nonché beni e rapporti giuridici individuabili in blocco».

Appare evidente che il T.U. distingue fra «l'insieme delle attività e passività» e «i beni e rapporti giuridici individuabili in blocco» e che la individuabilità in blocco non ricorre necessariamente ogni volta in cui esista un qualsiasi sistema che consenta di considerare sotto un qualche profilo in modo unitario un insieme di rapporti giuridici. A me sembra che il riferimento ai beni, come elemento indispensabile per l'esistenza di un «blocco», la contrapposizione di quest'ultimo al mero insieme di attività e passività, la consapevolezza che la norma fu dettata soprattutto tenendo presenti le difficoltà di ricondurre alla nozione di ramo d'azienda la singola succursale bancaria, il convincimento che nell'ipotesi di mero insieme di rapporti attivi e passivi il rischio connesso con il loro acquisto è più facilmente misurabile, spingano a ritenere che «l'acquisto di beni e di rapporti individuabili in blocco» ricorre soltanto quando lo stesso abbia ad oggetto una frazione della struttura aziendale (come appunto una «succursale») nell'ambito della quale si sviluppa un momento di un'attività imprenditoriale e che viene acquisita con l'assunzione del relativo rischio da parte della banca cessionaria.

E non v'è dubbio che questo insieme di beni e rapporti sia sicuramente individuabile in blocco, mentre risulterebbe abbastanza difficile ravvisarvisi un ramo d'azienda, anche per la impossibilità di distinguerlo, sul piano merceologico, dall'insieme degli altri beni e rapporti d'impresa.

5.2. La disciplina civilistica

a) Come si accennava la disciplina civilistica dettata dal T.U. si applica indifferentemente alle cessioni di azienda, alla cessione dei rami di azienda e alle cessioni di beni e rapporti giuridici «individuabili in blocco» (ma non anche alla cessione delle attività e passività) e sotto quel profilo la distinzione fra le varie ipotesi non assume alcuna importanza. Ciò non significa, per altro, che quella distinzione sia priva di rilevanza civilistica sotto altri profili. Si dovrà in particolare tener conto che per le cessioni aventi per oggetto un'azienda troveranno applicazione, in quanto non derogate dalla disciplina speciale, le norme dettate dagli artt. 2556 ss. del Codice civile (come ad es. quello sul divieto di concorrenza: art. 2557), mentre quelle stesse norme non troveranno applicazione, almeno in linea di principio, per le cessioni di rami di azienda e, comunque, per le cessioni di beni e di rapporti individuabili in blocco.

Ma vediamo, anzitutto, il contenuto della disciplina speciale.

b) Per quanto concerne la convenzione di cessione il T.U. si limita a stabilire che le istruzioni di vigilanza «possono prevedere che le operazioni di maggiore rilevanza siano sottoposte ad autorizzazione della Banca d'Italia» (art. 58, 1° comma) e che la banca cessionaria dà notizia dell'avvenuta cessione mediante pubblicazione nella «Gazzetta Ufficiale», ferma, per altro, la facoltà per la Banca d'Italia di «stabilire forme integrative di pubblicità».

E, tenuto conto degli interessi coinvolti, la mancanza dell'autorizzazione eventualmente richiesta, se non determina la invalidità della convenzione ne paralizza l'efficacia, potendo, tuttavia, quest'ultima sopravvenire nell'ipotesi di autorizzazione concessa successivamente alla stipulazione del contratto di acquisto. La mancata osservanza della forma di pubblicità non determinerà, invece, neppure l'inefficacia della cessione, ma comporterà l'impossibilità di applicare al relativo rapporto la disciplina speciale e la sottoposizione di quest'ultimo alle norme di diritto comune, quanto meno nelle parti più vantaggiose per i terzi interessati; disciplina comune che dovrà, tuttavia, rintracciarsi nelle norme codicistiche sulla cessione dell'azienda solo quando l'oggetto della cessione possa definirsi tale.

c) Seguendo il modulo adottato dal diritto comune sui trasferimenti aziendali, la disciplina del T.U. disciplina gli effetti della cessione nei confronti dei debitori ceduti, dei creditori ceduti e dei rapporti in corso.

Per quanto concerne i debitori del cedente, il 4° comma dell'art. 58 stabilisce che nei loro confronti gli adempimenti pubblicitari previsti per la convenzione, ossia in ogni caso la pubblicazione sulla «Gazzetta Ufficiale» e le altre forme di pubblicità eventualmente previste dalla Banca d'Italia, «producono gli effetti indicati nell'art. 1264». Ossia il debitore che paga al cedente dopo l'adempimento di quelle formalità pubblicitarie non è liberato nei confronti del cessionario; nell'ipotesi, invece, in cui sia stato effettuato prima di quelle formalità, il pagamento libera il debitore ceduto, a meno che il cessionario non provi che il debitore, nonostante la mancata pubblicità, era a conoscenza dell'avvenuta cessione.

La norma intende così rimuovere le incertezze che, soprattutto per la mancata istituzione del registro delle imprese, caratterizzano i conflitti fra cedente e cessionario nei trasferimenti d'azienda, estendendo, per di più la disciplina che àncora la risoluzione di tale conflitto alla compiuta pubblicità anche ad ipotesi nelle quali il trasferimento non concerne un'azienda né un ramo d'azienda ma più semplicemente un «blocco di beni e rapporti». In altri termini la norma si applicherà anche alle cessioni delle succursali. Ed è evidente la deroga alla norma di diritto comune.

d) Ma ancora più incisiva è la deroga che concerne i creditori del cedente, fra i quali assumono una posizione particolarmente significativa i depositanti.

Secondo il 5° comma del medesimo art. 58, infatti, «i creditori ceduti hanno facoltà, entro tre mesi dagli adempimenti pubblicitari [predetti], di esigere dal cedente o dal cessionario l'adempimento delle obbligazioni oggetto della cessione» e «trascorso il termine di tre mesi, il cessionario risponde in via esclusiva».

La norma elimina, anzitutto, le incertezze che caratterizzano il diritto comune dei trasferimenti di azienda in ordine all'accollo dei debiti da parte del cessionario. Una parte infatti della dottrina[20] ritiene che normalmente il trasferimento dell'azienda non comporti anche (il trasferimento dei crediti e) l'accollo dei debiti, in mancanza di un'esplicita volontà in tal senso. Nel momento in cui consente al creditore ceduto la facoltà di agire anche nei confronti del cessionario mi pare che il T.U. postuli l'accollo dei debiti da parte di quest'ultimo, indipendentemente da una volontà contrattuale in tal senso.

La scelta così operata dalla norma speciale risponde ad esigenze di certezza dei rapporti ed offre una tutela compensativa della liberazione del cedente, sulla quale torneremo fra un attimo; essa, per altro, almeno per i trasferimenti che riguardino l'azienda bancaria o un suo ramo o un «blocco di rapporti» afferenti «all'attività di raccolta» trova la propria ragion d'essere forse più profonda nel fatto che i rapporti con i creditori (depositanti) costituiscono beni aziendali e, quindi, non può esservi trasferimento d'azienda o di un suo ramo senza il trasferimento dei relativi rapporti (di provvista) passivi. E considerazioni analoghe valgono per il trasferimento dei crediti che nascono dai rapporti di impiego.

Il che consente anche di dubitare che le parti possano eliminare

[20] Così G.E. Colombo, *L'azienda*, in *Trattato di diritto commerciale e di diritto pubblico dell'economia*, diretto da F. Galgano, vol. III, Padova, CEDAM, 1979, pp. 61 ss.; ma *contra* per tutti G. Cottino, *Diritto commerciale*, vol. I, tomo 1°, Padova, CEDAM, 1993, pp. 254 ss.

convenzionalmente il trasferimento dei debiti e dei crediti senza rischiare di compromettere l'esistenza di un'azienda, di un suo ramo o di un «blocco di rapporti» e quindi di rendere inapplicabile la disciplina in esame[21]. Così si potrebbe escludere l'applicabilità di quest'ultima quando al trasferimento di una succursale bancaria non si accompagnasse per volontà delle parti una parte consistente dei rapporti di deposito o di impiego presso la stessa.

Ma la norma in esame introduce deroghe al diritto comune anche sotto altri profili. Costituisce principio generale del nostro ordinamento quello secondo il quale il debitore non può liberarsi del proprio debito senza il consenso del creditore e quel principio trova applicazione anche nel diritto comune dei trasferimenti aziendali; l'imprenditore cedente non è liberato per effetto del trasferimento aziendale in mancanza del consenso del creditore (art. 2560, 1° comma).

Anche la disciplina dettata per le cessioni aziendali a favore delle banche tiene ferma la possibilità per i creditori del cedente di agire nei suoi confronti nonostante la cessione, ma consente loro tale possibilità solo per un breve periodo successivo alla pubblicazione del contratto di cessione. Trascorsi infatti tre mesi dai predetti adempimenti pubblicitari i creditori possono agire solo nei confronti del cessionario con liberazione del cedente. Anche qui la necessità di dare certezza ai rapporti che coinvolgono le banche ha imposto una deroga alla norma di diritto comune, con una evidente compressione della tutela dei creditori sociali, in verità garantiti, per altro, dal controllo di stabilità sul cessionario che rende improbabile il suo inadempimento. Non solo, ma, e in questo caso si tratta di una disposizione di favore per i creditori, il cessionario risponderà per tutti i debiti inerenti all'oggetto della cessione, e non soltanto di quelli risultanti dai libri contabili obbligatori, come prevede la norma di diritto comune (art. 2560, 2° comma Cod. civ.).

La contabilizzazione vale soltanto per escludere l'azione di rivalsa del cessionario nei confronti del cedente; azione che dovrebbe invece essere consentita con riferimento ai pagamenti effettuati per debiti che non risultando dalle scritture contabili del cedente non potevano essere stati valutati nella determinazione del prezzo di cessione.

e) Mentre le norme dettate dal T.U. con riferimento ai debitori e ai creditori ceduti trovavano già puntuali precedenti nella legge bancaria (art. 54), altrettanto non può dirsi per la norma che disciplina gli effetti della cessione sui rapporti in corso. Il silenzio della legge bancaria sul punto doveva probabilmente addebitarsi al fatto che la elaborazione dottrinale sulla cessione del contratto all'epoca in cui la stessa fu emanata risolveva tale cessione nella disciplina del trasferimento dei diritti e dell'accollo dei debiti. E una parte della letteratura aveva ritenuto che

[21] *Contra* M. Porzio, *Il governo del credito*, cit., p. 74, ad avviso del quale, almeno alla stregua dell'ordinamento previgente, non vi sarebbero state ragioni per non consentire tali esclusioni. Tali ragioni, in realtà, discendevano dalla necessità di non escludere i beni aziendali dal trasferimento dell'azienda e dall'interesse, tutelato dalla legge, di conservare la «struttura» delle sedi o filiali oggetto del trasferimento.

anche dopo l'emanazione del Codice civile, gli effetti dei trasferimenti aziendali sui rapporti bancari in corso dovessero essere risolti nella disciplina speciale dettata per il trasferimento dei crediti e per l'accollo dei debiti[22].

La tesi non era accettabile, dal momento che escludeva, senza adeguati motivi, la possibilità di applicare in materia la disciplina codicistica dettata dall'art. 2558 Cod. civ. E questa seconda soluzione è ora accolta dal T.U., il cui art. 58, 6° comma, stabilisce che «coloro che sono parte dei contratti ceduti possono recedere dal contratto entro tre mesi dagli adempimenti pubblicitari [più volte ricordati] se sussiste una giusta causa, salvo in questo caso la responsabilità del cedente», nei confronti del cessionario.

La relazione al T.U. precisa infatti che questa norma è stata «mutuata dalle disposizioni dell'art. 2558 del Codice civile».

Per cogliere l'esatta portata della disposizione è, tuttavia, necessario sottolineare che la norma non si applica ai «contratti aziendali», ossia ai rapporti che costituiscano i beni aziendali, necessari per l'esercizio dell'impresa. Proprio in sede di interpretazione dell'art. 2558 si è, infatti, sottolineata la distinzione fra «contratti d'azienda» e «contratti stipulati per l'esercizio dell'impresa», precisando che la disciplina dell'art. 2558 si riferisce soltanto ai secondi e non anche ai primi, per i quali non è consentita la facoltà di recesso prevista da quest'ultima norma[23].

Quei contratti infatti riguardano l'azienda in quanto tale, attribuendo all'imprenditore il potere di impiegare nella propria attività i relativi beni e le relative utilità. E, come si è appena ricordato, i contratti di raccolta dei depositi e di esercizio del credito, sono contratti d'azienda, ai quali non si applica la disciplina dell'art. 2558 Cod. civ. e neppure la norma speciale mutuata da quest'ultimo.

Naturalmente non sarà facile stabilire neppure con riferimento alle aziende «finanziarie», delle quali sarà normalmente cessionaria una banca, quando un contratto debba farsi rientrare fra i contratti di azienda e non piuttosto fra i contratti d'impresa.

f) La disciplina civilistica è completata da una norma analoga a quella già incontrata a proposito delle fusioni e delle scissioni e secondo la quale «i privilegi e le garanzie di qualsiasi tipo, da chiunque prestate o comunque esistenti a favore del cedente, conservano la loro validità e il loro grado a favore della banca cessionaria senza bisogno di alcuna formalità o annotazione» (art. 58, 3° comma).

Si può apprezzare il carattere semplificativo della norma e il favore che la stessa riserva alle cessioni a favore di banche quando si tenga presente che il diritto comune, pur stabilendo che la cessione del credito comporta anche il trasferimento dei privilegi, delle garanzie personali e

[22] V. M. Porzio, *op. cit.*, pp. 67 ss.

[23] Sui «contratti di azienda» e comunque sui rapporti inerenti ai beni che fanno parte dell'azienda cfr. F. Galgano, *L'imprenditore*, Bologna, Zanichelli, 1970, p. 77, e G.E. Colombo, *L'azienda*, cit., pp. 65 ss.

reali e degli altri accessori (art. 1263, 1° comma), pretende una serie di puntuali adempimenti formali per poter rendere opponibile ai terzi il trasferimento della garanzia, soprattutto quando si tratti di beni immobili e di beni mobili registrati. Così per l'ipoteca si richiede l'annotazione della cessione a margine della relativa iscrizione (cfr. art. 2831, 1° comma, Cod. civ.) e analoghe disposizioni vigono per le garanzie accese sui beni mobili registrati.

5.3. Le norme di vigilanza

a) Come abbiamo già ricordato, l'art. 58, 1° comma, del T.U. prevede che la Banca d'Italia emani istruzioni per i trasferimenti aziendali a favore di banche, potendo anche sottoporre alla propria autorizzazione le operazioni di maggior rilevanza.

Abbiamo anche sottolineato che, nell'esercizio dei poteri di controllo sui trasferimenti aziendali, la Banca d'Italia non potrà tener conto delle esigenze economiche del mercato, potendo soltanto valutare l'incidenza che gli stessi possono determinare sulla sana e prudente gestione delle banche coinvolte, sia pure alla luce anche delle condizioni del mercato nel quale avviene il trasferimento. E il controllo non concernerà soltanto la banca cessionaria, alla quale fa riferimento la disciplina civilistica, ma anche la banca cedente, potendo ovviamente il trasferimento incidere anche sulla gestione di quest'ultima.

La correttezza di questa impostazione è confermata dalla disciplina di vigilanza attualmente in vigore per la cessione di sportelli bancari, operazione che vede necessariamente una banca sia nel ruolo di cedente sia in quello di cessionario.

b) La Banca d'Italia non ha ancora emanato le norme di vigilanza sui trasferimenti aziendali previste dall'art. 58 del T.U. e, in particolare, non ha stabilito quali trasferimenti debbano considerarsi di particolare rilevanza e possano pertanto essere sottoposti ad autorizzazione.

Allo stato quest'ultima è prevista per la cessione degli sportelli bancari, in forza dell'abrogato art. 53 l.b.[24], e le relative norme di vigilanza rimangono in vigore a norma dell'art. 161, 5° comma, del T.U. Alle stesse dedicheremo un cenno, anche in considerazione del fatto che le future norme di vigilanza probabilmente non si allontaneranno dalle regole oggi vigenti per i trasferimenti degli sportelli bancari, che costituiscono tra l'altro il tipo di trasferimento più frequente.

Le autorità creditizie precisano, anzitutto, che il controllo concerne essenzialmente il possesso, da parte della banca cessionaria, dei necessari requisiti di ordinato funzionamento e idonea struttura tecnico-organizzativa e della capacità della stessa di far fronte all'onere finanziario connesso con l'acquisto. In particolare il controllo non concerne la congruità del prezzo che viene in linea di principio rimesso alle valutazioni

[24] Cfr. Banca d'Italia, *Istruzioni di vigilanza*, cit., cap. IV, sezione III.

degli organi aziendali delle banche coinvolte. Tuttavia, tenendo conto che la corresponsione di un prezzo del tutto eccessivo potrebbe compromettere la sana e prudente gestione della banca cessionaria, l'autorità di vigilanza impone alcune cautele, che adotta anche nell'ipotesi di acquisizioni di partecipazioni. Più esattamente essa impone alla banca cessionaria di presentare una istanza sulla base di una mera intesa di massima intervenuta con il potenziale cedente, il quale deve «nel contempo astenersi dallo stabilire contatti con altri possibili compratori». La Banca fa quindi conoscere alle parti se sussistono ostacoli alla realizzazione dell'operazione o se le due banche possono passare «dalla fase del progetto a quella delle trattative per la sua realizzazione» e la Banca d'Italia darà il proprio assenso per «eventuali ulteriori candidature solo quando le parti precedentemente autorizzate dichiarino formalmente di aver interrotto le trattative». Abbiamo un attimo indugiato a descrivere questa prassi di vigilanza perché, come si è accennato, la stessa individua un atteggiamento seguito anche nelle ipotesi in cui una banca voglia acquisire partecipazioni in altre banche o si progettino operazioni di fusione e mette bene in luce anche le possibili influenze che l'organo di vigilanza può avere nella determinazione del prezzo nei trasferimenti.

c) I vincoli che incontrano le fusioni dovrebbero valere anche per i trasferimenti dell'intera azienda bancaria, soprattutto tenendo presente che si tratta di vincoli che riguardano società cooperative (Banche popolari e Banche di credito cooperativo) nelle quali è forte la connessione fra oggetto sociale e causa contrattuale. Probabilmente gli stessi vincoli valgono altresì per i rami di azienda, mentre non dovrebbero trovare applicazione per i trasferimenti di «beni e rapporti individuali in blocco», non essendo evidente la loro caratterizzazione causale.

6. La tutela della concorrenza

6.1. Regole della concorrenza e attività bancaria

a) Come abbiamo già ricordato, sia l'ordinamento comunitario sia l'ordinamento italiano ricomprendono il mercato bancario nell'ambito di applicazione delle norme sulla tutela della concorrenza. Così, per l'ordinamento comunitario, gli artt. 85 e 86 del Trattato di Roma, nella interpretazione unanime delle autorità e della giurisprudenza comunitarie, si applicano anche alle intese e agli abusi di posizione dominante che si realizzino sul mercato bancario e il regolamento CEE 4064/89 del 21 dicembre 1989 sottopone esplicitamente a controllo le operazioni di concentrazione che intervengono fra imprese bancarie. Analogamente, nel nostro ordinamento, la legge 10 ottobre 1990, n. 287, estende alle intese, all'abuso di posizione dominante e alle operazioni di concentrazione che avvengono sul mercato bancario la disciplina generalmente applicata per la tutela della concorrenza e del mercato.

Ma queste conclusioni, oggi legislativamente codificate, non sono sempre state così pacifiche. Ancora a metà degli anni settanta, in presenza di una legge bancaria che diffidava della concorrenza e di una vigilanza bancaria che impediva l'accesso al mercato a nuovi operatori in nome della stabilità e in una stagione nella quale le banche erano considerate istituzioni sociali, prima che imprese, o comunque imprese-funzione incaricate di un pubblico servizio nell'ambito di un ordinamento sezionale, si era potuto sostenere che le norme degli artt. 85 e 86 del Trattato, nelle quali si esauriva allora la tutela della concorrenza, non trovavano applicazione per le imprese bancarie.

In particolare si era rilevato[25] che, a norma dell'art. 90, 2° comma, del Trattato, «le imprese incaricate della gestione di servizi di interesse economico generale» sono sottoposte alle regole della concorrenza «nei limiti in cui l'applicazione di tali norme non osti all'adempimento, in linea di diritto e di fatto, della missione loro affidata». E si sottolineava che l'esercizio dell'attività bancaria era considerata, nel nostro ordinamento, funzione di pubblico interesse e come tale sottoposta ad una vigilanza che garantisse l'adempimento, da parte delle banche, della predetta funzione. Ma fu facile obiettare che la nozione di impresa incaricata della «gestione di servizi di interesse economico generale», doveva essere determinata non sulla base dell'ordinamento nazionale ma alla stregua di quello comunitario e che in quest'ultimo un'impresa poteva considerarsi incaricata di un servizio di interesse generale solo in presenza di un atto amministrativo che attribuisse alla stessa la gestione di un siffatto servizio; atto amministrativo che non si poteva rinvenire nella mera autorizzazione all'esercizio dell'attività bancaria, neppure prima che i provvedimenti del 1985 la trasformassero da atto discrezionale ad atto dovuto[26]. Il che, per altro, non escludeva che per alcune specifiche attività loro demandate dalla pubblica amministrazione potesse porsi il problema della applicabilità al loro esercizio delle regole di concorrenza.

Anzi in quella stagione, e proprio prendendo spunto dalla necessità di un coordinamento fra le norme dettate dagli artt. 85, 86 e 90 del Trattato di Roma, si era prospettata una incompatibilità di principio fra regole della concorrenza e disciplina speciale delle imprese bancarie, nell'ambito di un orientamento più generale che voleva sottratto alla disciplina antitrust l'intero settore delle attività sottoposte a specifici ordinamenti di settore[27].

Ma si tratta di opinioni e tentativi di sottrarre le banche alle regole del mercato ormai definitivamente abbandonati; sia perché si è venuto

[25] R. Franceschelli, *Attività bancaria e regole di concorrenza interne e comunitarie*, in *Studi e capitoli sul diritto della concorrenza*, Milano, Giuffrè, 1974, pp. 1088 ss.

[26] L.C. Ubertazzi, *Imprese bancarie e diritto comunitario antitrust*, in *La concorrenza bancaria* a cura di L.C. Ubertazzi, Milano, Giuffrè, 1985, pp. 135 ss.

[27] G. Ruta, *La concorrenza bancaria e le sue limitazioni*, in «Banca, borsa e tit. cred.», 1974, I, pp. 398 ss.; F. Belli e R. Bertelli, voce *Banca nel diritto comunitario*, in *Digesto disc. pubblica*, Torino, UTET, 1987, pp. 182 ss.; N. Salanitro, *Concorrenza bancaria e direttive comunitarie*, in «Banca borsa e tit. cred.», 1985, I, pp. 136 ss.

consolidando l'ordinamento della concorrenza sia perché, sull'onda delle direttive comunitarie, lo statuto delle imprese bancarie non solo è diventato compatibile con il rispetto delle regole di concorrenza, ma postula la concorrenzialità del mercato, essendo la stessa una condizione della sana e prudente gestione dell'impresa. Il che, per altro, non esclude che le regole di concorrenza possano essere disapplicate, ai sensi dell'art. 90, 2° comma, del Trattato di Roma e dell'art. 8 della legge 287/1990 per le attività di interesse generale eventualmente esercitate dalle banche, come da qualunque altra impresa, su esplicita concessione della Pubblica Amministrazione[28]. E non impedisce neppure che, in alcuni frangenti, le ragioni della concorrenza si trovino in obiettivo conflitto con quelle della stabilità. Ma si tratta di profili specifici che debbono trovare nella disciplina positiva la loro possibile regolamentazione: essi non mettono in forse la scelta di fondo, che sottopone alle regole della tutela della concorrenza e del mercato anche l'attività delle banche.

Come si accennava, queste conclusioni sono oggi esplicitamente recepite nel nostro ordinamento dalla legge 10 ottobre 1990, n. 287, che ha introdotto, sulla scia delle norme comunitarie sopra ricordate, una disciplina della concorrenza e del mercato anche nel nostro paese.

L'art. 20 di questa legge stabilisce, infatti, che le norme dalla stessa dettate in tema di intese, abuso di posizione dominante e concentrazione, per la generalità delle imprese, valgono anche per le aziende e gli istituti di credito; con una precisazione, tuttavia l'applicazione delle relative norme «spetta alla competente autorità di vigilanza», ossia alla Banca d'Italia[29].

La principale, ma non l'unica, diversità delle banche, sotto il profilo delle regole di concorrenza, consiste proprio nel fatto che, pur essendo soggette alle stesse regole che valgono in generale per le altre imprese, l'applicazione delle relative norme non spetta all'«Autorità garante della concorrenza e del mercato», ma all'autorità di settore. Il che, per altro, è stato disposto, sia pure in termini non identici, anche per il settore della radiodiffusione e dell'editoria (art. 20, 1° comma),

[28] Non può più essere considerato alla stregua delle norme del T.U., fra le attività per le quali non valgono le regole della concorrenza l'esercizio dei crediti speciali e dei crediti agevolati.

[29] Sulla disciplina della concorrenza bancaria dettata dalla legge 287/1990 v. Banca d'Italia, *La tutela della concorrenza nel settore del credito*, Roma, 1992; R. Alessi, in R. Alessi e G. Olivieri, *La disciplina della concorrenza e del mercato*, Torino, Giappichelli, 1991, pp. 121 ss.; A. Gentili, *Disciplina della concorrenza e pluralità di garanti*, in «Riv. dir. comm.», 1993, I, pp. 205 ss.; R. Costi, *Le concentrazioni bancarie e la legge antitrust*, in «Banca impresa soc.», 1991, pp. 399 ss.; F. Ghezzi e M. Notari, *La disciplina della concorrenza nei settori dell'informazione, del credito e delle assicurazioni (art. 20 della legge 10 ottobre 1990, n. 287*), in «Riv. società», 1993, pp. 119 ss.; M. Siri, *L'applicazione delle regole di concorrenza nel settore bancario, finanziario e assicurativo*, in «Banca impresa soc.», 1993; L.C. Ubertazzi, *Diritto nazionale antitrust e imprese bancarie*, in «Dir. banc. e merc. fin.», 1992, I, pp. 435 ss.

mentre un ruolo meramente consultivo è stato riconosciuto all'ISVAP per il mercato assicurativo (art. 20, 4° comma).

b) Sarà soprattutto sulle «disposizioni speciali», dettate per l'attività bancaria, e che riguardano appunto l'attribuzione dei poteri previsti per l'applicazione delle regole di tutela della concorrenza al mercato bancario, che dovremo fermare l'attenzione. Anche se non potremo esimerci da qualche accenno al contenuto delle regole previste dalla legge 287/1990, rispettivamente per le intese, l'abuso di posizione dominante e le concentrazioni, sia perché la loro applicazione al mercato bancario solleva ovviamente interrogativi particolari sia perché la distribuzione delle competenze fra Autorità garante e Banca d'Italia è condizionata dalla concreta disciplina delle predette operazioni.

Tenuto conto della forte integrazione fra i vari segmenti del mercato finanziario, ed in particolare dei collegamenti che sussistono fra banche ed altri intermediari finanziari, e della possibilità che le banche e i gruppi bancari operino in segmenti del mercato finanziario diversi da quello bancario, l'analisi dovrà necessariamente estendersi a questi settori, anche perché i problemi più delicati posti dalla definizione delle competenze rispettivamente attribuite alla Autorità garante e alla Banca d'Italia sorgono proprio in relazione alle operazioni che, ad un tempo, coinvolgono una banca (o un gruppo bancario) e incidono anche sui mercati delle attività finanziarie diverse da quella bancaria.

c) Prima di affrontare la disciplina nazionale della tutela della concorrenza nel mercato bancario è necessario tener conto della delimitazione del relativo ambito di applicazione nei confronti di quella riservata alla disciplina comunitaria; delimitazione che dovrà avvenire, come per tutte le imprese, secondo i principi fissati dalla stessa legge 287/1990.

Le disposizioni di quest'ultima si applicano soltanto «alle intese, agli abusi di posizione dominante e alle concentrazioni di imprese che non ricadono nell'ambito di applicazione degli artt. 85 e/o 86 del Trattato di Roma e del regolamento CEE 4064/89 sul controllo delle concentrazioni».

Esamineremo poi, con riferimento alle singole pratiche lesive della concorrenza, gli elementi che consentono di stabilire quando un'intesa, un abuso di posizione dominante o una concentrazione, rientrino nell'ambito di applicazione delle norme comunitarie e siano quindi sottratti alle norme nazionali. Per il momento basti rilevare che una condotta restrittiva della concorrenza rientra nell'ambito di applicazione della disciplina comunitaria quando è capace di incidere sul commercio fra gli Stati membri, mentre rimane assoggettata alla disciplina nazionale quando produce effetti soltanto nell'ambito del territorio nazionale.

Naturalmente il legislatore si è preoccupato di stabilire i necessari raccordi fra Autorità garante e Commissione CEE, imponendo alla prima di informare la seconda ogni qualvolta ritenga che una fattispecie sottoposta alla sua valutazione rientri nell'applicazione delle norme comunitarie e di sospendere l'istruttoria eventualmente avviata quando risulti già iniziata una procedura presso la seconda (art. 1, 2° e 3° comma).

Ma il «collegamento» fra ordinamento iniziale e ordinamento comunitario non si limita ad un raccordo fra autorità; lo stesso esiste, ancor prima, sul piano delle norme materiali e della loro interpretazione. Nel senso che non solo le norme dettate dalla legge 287/1990 sono ricalcate sulla disciplina comunitaria, ma anche la loro interpretazione deve avvenire, come esplicitamente stabilisce l'art. 1, 4° comma, della legge 287/1990, in base ai principi dell'ordinamento della Comunità europea in materia di disciplina della concorrenza.

6.2. Le competenze della Banca d'Italia e dell'Autorità garante

6.2.1. *Regole materiali e disciplina delle competenze. a*) A norma dell'art. 20, 2° comma, della legge 287/1990, «nei confronti delle aziende e degli istituti di credito l'applicazione degli artt. 2, 3, 4 e 6 spetta alla competente autorità di vigilanza.».

È questa, come già segnalato, la peculiarità di maggior rilievo che caratterizza l'applicazione delle regole per la tutela della concorrenza «nei confronti» delle banche ed anche il tratto che segna, in proposito, la specificità dell'ordinamento italiano nei confronti degli altri ordinamenti comunitari: questi non prevedono che l'applicazione delle regole sulla concorrenza «nei confronti» delle banche sia sottratta alla competenza dell'Autorità che garantisce il rispetto di quelle regole per la generalità delle imprese e che venga attribuita alle autorità di vigilanza bancaria.

Non è facile individuare le ragioni di questa scelta del legislatore italiano.

Si è sostenuto[30] che esse debbano rintracciarsi «nei fini speciali del governo del credito», che già la legge bancaria avrebbe consentito e imposto di perseguire, imprimendo all'attività di finanziamento finalità autonome e distinte da quelle previste per le altre attività economiche e che la Carta costituzionale, all'art. 47, avrebbe poi codificato con riferimento non solo all'attività bancaria in senso stretto ma anche alle altre attività di mercato finanziario, attribuendo alla Banca d'Italia e in genere alle autorità creditizie il compito di assicurarne la realizzazione. In questo quadro il valore della concorrenza di cui all'art. 41 sarebbe meramente strumentale al miglior conseguimento di quei fini e l'intervento dell'Autorità garante avrebbe solo una funzione servile, per il migliore adempimento della finalità affidata alla Banca d'Italia. E tenuto conto della integrazione fra i mercati e della necessità di assicurare stabilità all'intero sistema finanziario, anche la competenza della Banca d'Italia in tema di regole di concorrenza andrebbe determinata non con riferimento ai soggetti coinvolti nelle operazioni, ma in considerazione della natura «degli scopi» dalla stessa perseguiti.

La tesi non può essere accettata, sia perché postula una concezione

[30] Cfr. A. Gentili, *Disciplina*, cit., pp. 231 ss.

dell'impresa bancaria probabilmente compatibile con il dettato della legge bancaria del 1936-38, ma sicuramente smentita dal nuovo «ordinamento bancario», sia perché in contrasto troppo clamoroso con la lettera dell'art. 20 della legge 287/1990. Questa limita la competenza della Banca d'Italia all'applicazione delle regole di concorrenza «nei confronti delle aziende e degli istituti di credito» e non la estende a tutti i soggetti sottoposti alla vigilanza della Banca d'Italia (dalle società di intermediazione mobiliare, alle società di gestione dei fondi mobiliari, agli altri intermediari finanziari iscritti nell'elenco speciale previsto dall'art. 107 T.U.), della cui esistenza, evidentemente, il legislatore era, per altro, ben avvertito.

Ma, la tesi è inaccettabile anche perché postula che, nell'applicazione delle regole di concorrenza al settore del credito, la Banca d'Italia possa disattendere i principi dettati dalla legge 287/1990 in materia di intese, di abuso di posizione dominante e di concentrazione, per perseguire gli interessi tipici della vigilanza bancaria.

E questa conclusione è smentita categoricamente dallo stesso legislatore: nel momento in cui si stabilisce che alla Banca d'Italia spetta «l'applicazione degli artt. 2, 3, 4 e 6» della legge 287/1990, si esclude che la stessa possa disapplicare le regole nelle quali quei principi si estrinsecano. E, per definizione, regole identiche postulano interessi identici. Il che significa che nell'applicazione di quelle regole la Banca d'Italia dovrà perseguire gli stessi interessi che vengono perseguiti dall'Autorità garante attraverso la loro applicazione alla generalità delle imprese[31].

In definitiva, l'attribuzione alla Banca d'Italia della competenza ad applicare le regole sulla concorrenza «nei confronti» delle banche, non può essere giustificata assumendo che nel settore bancario queste regole tutelano interessi diversi da quelli protetti generalmente.

All'opposto, si è ritenuto che la norma sia assolutamente priva di una qualsiasi giustificazione e che risponda «in realtà alla volontà degli organi di governo del credito di conservare e rafforzare per quanto possibile i propri poteri nell'*hortus*, solo apparentemente *concluso*, del comparto bancario, evitandovi intrusioni di autorità diverse (siano esse la CONSOB o l'Autorità garante della concorrenza del mercato)»[32]. Ma anche questa interpretazione, un po' ruvida, non può essere condivisa, sia perché smentita dalle molteplici ipotesi di collaborazione fra le autorità indipendenti previste dall'ordinamento vigente (dalle norme sulla intermediazione mobiliare a quelle del T.U. sul credito), sia perché al di là della generale tendenza di tutte le istituzioni (comprese CONSOB e Autorità garante) ad affermare le proprie funzioni, l'attribuzione alla Banca d'Italia della competenza ad applicare le regole sulla concorrenza ha una sua ragion d'essere.

Essa non va cercata in una inesistente facoltà della Banca d'Italia di

[31] Accenti parzialmente diversi in G. Bernini, *Un secolo di filosofia antitrust*, Bologna, CLUEB, 1991, p. 391, e A. Landi e M. Onado, *Banche intermediari finanziari e legislazione antitrust*, in «Banca impresa società», 1993, pp. 61 ss.

[32] Così L.C. Ubertazzi, *Disciplina nazionale*, cit., p. 448.

disapplicare i principi e le regole previsti per la tutela della concorrenza e del mercato, ma, al contrario, nella volontà di assicurare una più efficace attuazione degli stessi, tenuto conto delle esperienze accumulate dalla Banca d'Italia in termini di conoscenza del sistema bancario e delle inevitabili difficoltà connesse con la costituzione e l'avvio che l'Autorità garante avrebbe incontrato nell'esercizio della propria attività.

Si è trattato, in definitiva, di un criterio di buona organizzazione amministrativa che non ha, per altro, intaccato il contenuto materiale delle regole di concorrenza e che attraverso i raccordi imposti alle due autorità dovrebbe consentire sia l'unità di indirizzo nell'applicazione della disciplina sia una più efficace attuazione della stessa.

b) Ma sotto quest'ultimo profilo è necessario prendere posizione in ordine ad eventuali conflitti fra le ragioni della concorrenza e quelle della stabilità, delle quali la Banca d'Italia è pure depositaria nei confronti del sistema bancario.

Nell'affrontare il problema è necessario eliminare le suggestioni che potrebbero derivare dal fatto che la Banca d'Italia, chiamata ad applicare le norme sulla tutela della concorrenza, è anche titolare della funzione di vigilanza sulle banche. Un eventuale conflitto fra le norme della concorrenza e quelle della vigilanza bancaria si sarebbe posto negli stessi termini anche se il controllo sulla concorrenza nel sistema bancario fosse stato attribuito all'Autorità garante, dal momento che, come abbiamo appena convenuto, la Banca d'Italia, come garante della concorrenza in quest'ultimo mercato, deve attenersi alle stesse norme alle quali deve dare applicazione l'Autorità garante.

Il problema, nella misura in cui esiste, è un problema di conflitto fra norme, prima di essere un conflitto fra Autorità. La soluzione di questo ipotetico conflitto non può, d'altro canto, essere risolto utilizzando i criteri interpretativi che possono sciogliere i conflitti fra legge generale e legge speciale, come talvolta sembra ipotizzarsi[33]. Fra le norme dettate dalla legge 287/1990, in tema di concorrenza, e le norme dettate dal T.U. del 1993, in materia di vigilanza bancaria, non esiste un rapporto da genere a specie; si tratta di due complessi normativi che hanno strutture e finalità completamente diverse e questa diversità non viene meno per il fatto che delle relative norme possano essere destinatari gli stessi soggetti ossia le banche.

Il problema deve essere affrontato e può essere facilmente risolto tenendo presenti le fonti e i contenuti delle norme sulla vigilanza bancaria. Più esattamente, e come abbiamo potuto constatare nell'esame della relativa disciplina, nessuna norma del T.U. impone alle banche di stipulare intese, di abusare della eventuale posizione dominante o di procedere ad operazioni di concentrazione, ma soprattutto non v'è nessuna norma della disciplina bancaria che imponga quelle operazioni o quei comportamenti anche quando gli stessi risultino vietati dalla legge 287/1990. Dunque, non esiste alcun conflitto di norme di legge da risol-

[33] Vedi A. Gentili, *Disciplina della concorrenza*, cit., p. 212.

vere. Il conflitto potrebbe invece porsi, almeno astrattamente, quando le autorità creditizie, in forza dei provvedimenti amministrativi che possono adottare, pretendessero di imporre intese o concentrazioni (possiamo infatti escludere che istighino ad abusare di posizioni dominanti) ritenute utili per la stabilità che la legge antitrust vieta. Qui il problema, ammesso che possa effettivamente porsi in questi termini esasperati, trova la propria soluzione nel principio secondo il quale i provvedimenti amministrativi debbono essere conformi alla legge. E nel caso di specie la legge 287/1990 prevarrà ovviamente sui provvedimenti di vigilanza regolamentare. Ma si tratta di ipotesi assolutamente marginali, se pure esistenti, perché normalmente i provvedimenti di vigilanza si traducono in vincoli alla libertà di impresa e non anche in imposizioni di condotte positive (come nel caso di un provvedimento che imponesse una fusione). È questa una caratteristica tipica del nuovo ordinamento bancario che ha, ad esempio, eliminato tutte le ipotesi di concentrazione obbligatoria.

Normalmente, dunque, il conflitto non si porrà neppure fra norme della legge 287/1990 e provvedimenti di vigilanza, mentre potrà sorgere tra quelle norme di legge e gli atti posti in essere dai privati nell'esercizio dei poteri di autonomia contrattuale e di iniziativa economica. Ma anche in questa ipotesi il conflitto è del tutto apparente: anche nell'ambito del mercato creditizio i poteri dei privati incontrano il limite della legge e, quindi, anche delle disposizioni dettate dalla disciplina posta a tutela della concorrenza. E naturalmente questo limite non potrebbe essere rimosso da provvedimenti autorizzatori dell'autorità creditizia, non potendo, quest'ultima, come abbiamo appena accertato, assumere provvedimenti che siano in contrasto con le norme di primo grado.

Non si può, dunque, accettare il convincimento che, *de iure condito*, la Banca d'Italia, nell'applicazione delle norme della legge 287/1990, debba «bilanciare» stabilità e concorrenza, mediando fra la filosofia antimonopolistica della prima e le esigenze di stabilità che deve tener presente nell'esercizio della vigilanza. In linea di principio le regole di tutela della concorrenza, sulla base dell'ordinamento vigente, non incontrano nel settore bancario limiti intrinseci diversi da quelli esplicitamente introdotti dalla stessa legge antitrust (si veda art. 20, 5° comma). Tutto ciò non significa postulare una ontologica superiorità gerarchica della disciplina dettata per la tutela della concorrenza e ritenere che questa abbia la capacità di «porsi come cardine della costituzione economica» e come tale di «prevalere sulle legislazioni di settore», essendo ben immaginabili ordinamenti nei quali le ragioni particolari del mercato finanziario portino a prevedere per lo stesso una disciplina diversa da quella generalmente applicabile sulla base della legislazione antitrust[34].

6.2.2. *La delimitazione delle competenze. a*) Dopo aver constatato che la Banca d'Italia, nell'esercizio delle competenze previste dall'art.

[34] Si vedano in proposito F. Ghezzi e M. Notari, *La disciplina*, cit., pp. 130 ss.

20, 2° comma, della legge 287/1990 deve attenersi alle stesse regole che quest'ultima detta, in generale, per i comportamenti lesivi della concorrenza, dobbiamo ora individuare con maggior precisione le ipotesi di intese, abusi di posizione dominante e concentrazioni che sfuggono alla competenza dell'Autorità garante, per rientrare in quella della medesima Banca d'Italia. La norma alla quale il legislatore ha affidato il compito di individuare tali ipotesi è lo stesso 2° comma dell'art. 20 della legge, a mente del quale la Banca d'Italia applica le norme in materia di pratiche restrittive della concorrenza «nei confronti delle aziende e degli istituti di credito», dovendo per altro, come chiarisce il successivo 3° comma, i relativi provvedimenti essere adottati «sentito il parere dell'Autorità garante».

Come appare evidente dallo stesso tenore letterale della norma («nei confronti delle aziende e degli istituti di credito»), il legislatore per determinare le competenze della Banca d'Italia ha adottato un criterio soggettivo, ossia ancorato alla presenza di una banca nell'ambito dei soggetti che pongono in essere un'intesa, un abuso di posizione dominante o un'operazione di concentrazione. E questa scelta è stata compiuta, nonostante la disciplina della concorrenza sia, per definizione, una disciplina per mercati, in quanto tesa a garantire la tutela della concorrenza nei vari mercati nei quali si articola l'attività economica. In altri termini, il legislatore non riserva alla Banca d'Italia la competenza a controllare il rispetto delle regole di concorrenza nel mercato bancario in quanto tale, ma attribuisce alla stessa il potere di assumere i provvedimenti previsti dalla legge 287/1990 «nei confronti delle aziende e degli istituti di credito», ossia nella terminologia introdotta dal T.U. del 1993, nei confronti delle banche. E quando si tenga presente, da un lato, che le banche esercitano molte ed importanti attività finanziarie diverse da quella bancaria e, dall'altro, che l'ordinamento bancario sembra postulare, sotto altri profili, una fungibilità fra il modello della banca universale e quello del gruppo polifunzionale, appare abbastanza evidente la grossolanità del criterio adottato per la delimitazione delle competenze della Banca d'Italia.

Ma, in realtà, il legislatore deve essersi rassegnato alla adozione di un criterio soggettivo per le incertezze che avrebbe determinato la utilizzazione di un criterio oggettivo, ossia ancorato ai mercati; incertezze dovute alla difficoltà di separare i vari segmenti del mercato finanziario, facendone altrettanti «mercati del prodotto», sui quali distribuire le competenze dell'Autorità garante e della Banca d'Italia e di ricomporre queste competenze quando un soggetto avesse operato su una pluralità di segmenti.

Il legislatore ha così preferito individuare le competenze della Banca d'Italia sulla base di un criterio rozzo ma certo, anziché affidarsi ad un sistema, per mercati, certamente più raffinato ma probabilmente fonte di conflitti di competenza di impossibile soluzione. E che il criterio adottato dal legislatore sia un criterio per soggetti è confermato dal 7° comma del medesimo art. 20, nel quale si precisa che «fatto salvo quanto disposto nei commi precedenti, allorché l'intesa, l'abuso di posizione dominante o la concentrazione riguardano imprese operanti in settori sottoposti alla vigilanza di più autorità, ciascuna di esse può adottare i provvedimenti di propria competenza». La norma, come reso evidente dal richiamo «ai commi precedenti», si riferisce ad ipotesi in cui una condotta anticoncorrenziale coinvolga ad un tempo una banca e un soggetto sottoposto alla vigilanza del Garante per l'editoria o un'impresa di assicurazione e precisa che in tal caso ogni autorità di vigilanza (ossia la Banca d'Italia, l'ISVAP e il Garante) può adottare i provvedimenti di propria competenza. Si esclude, in altri termini, che la competenza per soggetti prevista dallo stesso art. 20 venga meno per il fatto che nell'operazione siano coinvolti operatori sottoposti a più di una delle autorità di vigilanza alle quali vengono riconosciuti poteri nell'applicazione della disciplina di tutela della concorrenza.

b) Il criterio così fissato dal legislatore impone, anzitutto, di escludere la competenza della Banca d'Italia ogni qualvolta l'intesa, l'abuso di posizione dominante o la concentrazione, pur riguardando settori nei quali operano anche le banche, non veda coinvolta alcuna di queste. Così sarà integralmente rimessa alla valutazione dell'Autorità garante una concentrazione fra due società di intermediazione mobiliare o fra due società di leasing, pur trattandosi di mercati sui quali operano anche le banche. E la stessa conclusione deve essere adottata quando l'operazione coinvolga due società finanziarie (per es. di intermediazione mobiliare), che appartengono ad un gruppo creditizio ed eventualmente controllate da una stessa banca. È ben evidente l'importanza di una siffatta operazione per il gruppo creditizio nel suo insieme, così come è ben nota la postulata fungibilità dei modelli organizzativi della banca universale e del gruppo creditizio; ma con tutto ciò è impossibile estendere la competenza della Banca d'Italia oltre il confine soggettivo fissato dall'art. 20, 2° comma, della legge 287/1990, senza abbandonare quel minimo di certezza che il legislatore ha voluto introdurre nella delimitazione delle competenze, rispettivamente attribuite alla Banca d'Italia e all'Autorità garante.

c) Ma sulla base dello stesso criterio soggettivo si dovrà respingere la tesi[35] che vorrebbe riservato all'Autorità garante l'esclusivo controllo delle operazioni che, pur coinvolgendo soltanto banche, incidono su mercati diversi da quello bancario in senso stretto, nel presupposto che l'art. 20, 2° comma, attribuisca alla Banca d'Italia la competenza ad applicare la disciplina antitrust solo per le attività riservate alle banche. La tesi non solo non trova alcun fondamento nella legge, ma, essendo ben noto che non esiste una sola banca che eserciti esclusivamente l'attività bancaria, la medesima porterebbe alla pratica abrogazione della stessa norma dettata dall'art. 20, 2° comma. Più ragionevole sarebbe sostenere che anche nell'ipotesi in cui un'operazione coinvolga esclusivamente banche, l'Autorità garante debba intervenire per valutare l'incidenza che tale operazione può avere su mercati diversi da quello bancario, co-

[35] Così invece L.C. Ubertazzi, *Disciplina*, cit., pp. 483 ss.

me ad esempio quello della intermediazione mobiliare; introducendo così un doppio controllo. Ed in effetti il principio del controllo per mercati giustificherebbe una siffatta conclusione; la stessa potrebbe, inoltre, evitare il diverso trattamento che finisce per essere adottato a seconda che una medesima attività sia esercitata da una banca o da una società dalla stessa controllata. Ma sembrano inconvenienti necessariamente connessi con il criterio adottato dal legislatore.

d) Quest'ultimo criterio consente anche di risolvere i problemi di competenza per le operazioni che vedano coinvolti banche e soggetti che banche non siano. Dalla norma del 7° comma dell'art. 20 sopra ricordato si dovrebbe ricavare la conclusione che sia la Banca d'Italia, nei confronti delle prime, sia l'Autorità garante, nei confronti dei secondi, potranno assumere i provvedimenti di propria competenza. In tal modo può ben accadere che l'operazione venga giudicata compatibile con le norme di tutela della concorrenza da una delle due autorità e incompatibile dall'altra; con la conseguenza che solo nel caso in cui vi sia concordanza nel considerarla compatibile potrà ritenersi legittima. Ma anche questo sistema «a doppia barriera», contrariamente a quanto si è ritenuto[36], non deve scandalizzare, potendo ben ammettersi che l'operazione sia «tollerabile» su di un mercato e non sull'altro.

Si è sostenuto che in tutte le ipotesi in cui l'operazione coinvolga una banca ed un soggetto che banca non sia la competenza dovrebbe essere attribuita in via esclusiva, secondo alcuni alla Banca d'Italia[37] e, secondo altri, all'Autorità garante[38]. Ma entrambe le tesi urtano in modo troppo netto con le disposizioni dell'art. 20, 2° e 7° comma della legge 287/1990 per poter essere condivise.

6.3. Le intese restrittive della concorrenza

a) A norma dell'art. 2, 1° comma, della legge 287/1990, «sono considerate intese gli accordi e/o le pratiche concordate tra imprese nonché le deliberazioni anche se adottate ai sensi di disposizioni statutarie o regolamentari, di consorzi, associazioni di imprese ed altri organismi similari». È questa la nozione di intesa che il diritto antitrust italiano ha recepito dall'art. 85, 1° comma, del Trattato CEE e che trova applicazione anche «nei confronti» delle banche, così come di tutte le altre imprese. Ovviamente non potremo porci in questa sede i problemi interpretativi di carattere generale che questa nozione ha sollevato[39]. Ci limiteremo a poche annotazioni attente all'esperienza e alla specificità del settore bancario.

[36] R. Alessi, *op. cit.*, p. 123.

[37] P. Marchetti e M. Monti, *Il sistema finanziario nella disciplina della concorrenza: il quadro internazionale e la normativa italiana*, in *L'integrazione europea e la regolamentazione dei mercati finanziari*, a cura di A. Porta, Milano, Giuffrè, 1992, p. 56.

[38] L.C. Ubertazzi, *Disciplina*, cit., pp. 482 ss.

[39] Sul punto v. per tutti R. Pardolesi, in *Diritto antitrust italiano*, cit., pp. 145 ss.

Abbiamo già avuto modo di constatare che il mercato bancario è stato caratterizzato in passato, e in qualche misura lo è tuttora, da un numero cospicuo di intese. Queste trovano, nel sistema bancario, oltre alle ragioni che spingono tutte le imprese a cercare di limitare la concorrenzialità nel mercato con pregiudizio dei consumatori, anche giustificazioni di segno opposto e connesse con la specificità dell'attività bancaria. Basti in proposito tener presente che costituiscono intese, alla stregua della definizione appena ricordata, tutte le forme di cooperazione che le banche pongono in essere per conseguire economie di scala e, più in generale, una maggior efficienza produttiva e che nello stesso modo debbono essere qualificati tutti gli accordi connessi con il sistema dei pagamenti e diretti a realizzare le uniformità e le integrazioni indispensabili per un più efficiente svolgimento del relativo servizio.

È necessario, per altro, ricordare anche che nel settore bancario hanno trovato ampio spazio e svolgono importanti funzioni le associazioni di categoria (dall'Associazione Bancaria Italiana — ABI — all'Associazione fra le Casse di Risparmio — ACRI —, dall'Associazione fra le banche di credito ordinario — ASSBANK — alla Federazione Italiana delle Casse Rurali e Artigiane — FEDERCASSE —), destinate, per altro, a modificare la loro condizione con l'attuazione del T.U. Esse rappresentano, all'esterno, gli interessi complessivi delle banche associate e svolgono, nei confronti di queste ultime, oltre ad un'intensa attività di servizio, anche una forte opera di sollecitazione perché le stesse si uniformino, per alcuni momenti della loro attività, alle linee fissate dall'associazione medesima nell'interesse delle singole imprese e della categoria nel suo insieme.

Alla stregua dell'art. 2, 1° comma, della legge 287/1990 siffatte associazioni di categoria costituiscono altrettante «associazioni di imprese»[40] e le loro deliberazioni non possono che qualificarsi intese nella misura in cui vincolano le imprese associate. Non solo, ma anche le loro raccomandazioni, quando si traducano in comportamenti uniformi delle imprese, danno vita ad intese, sotto forma di pratiche concordate, in quanto poste in essere nella consapevolezza di tenere un comportamento restrittivo della concorrenza, fra le imprese aderenti all'associazione e destinatarie della raccomandazione.

b) Le intese bancarie possono risultare vietate o ai sensi della legge 287/1990 o alla stregua dell'ordinamento comunitario. Più esattamente rientrano fra quelle vietate ai sensi dell'art. 85, 1° comma del Trattato, e come tali sono sottoposte alla valutazione della Commissione della Comunità, le intese che «possano pregiudicare il commercio tra gli Stati membri e che abbiano per oggetto o per effetto di impedire, restringere o falsare il gioco della concorrenza all'interno del mercato comune»; il che può accadere anche se l'intesa riguarda esclusivamente l'attività che

[40] Cfr. decisione n. 87/103 (ABI) del 12 dicembre 1986, in G.U.C.E. 43/51 del 13 dicembre 1987.

si svolge in uno solo degli Stati membri. Rientrano invece nell'ambito di applicazione della legge 287/1990 le intese che abbiano «per oggetto o per effetto di impedire, restringere o falsare in maniera consistente il gioco della concorrenza all'interno del mercato nazionale o in una sua parte rilevante».

Di grande importanza, evidentemente, diventa nella interpretazione di queste norme, come quelle in tema di abuso di posizione dominante o di concentrazione, definire i confini del mercato sul quale l'intesa incide per verificare se la stessa determini «in maniera consistente» una restrizione della concorrenza. E l'individuazione del mercato va effettuata sia sotto il profilo dei prodotti sia sotto il profilo geografico.

Il mercato del prodotto comprende tutti i prodotti e/o servizi che sono considerati intercambiabili o sostituibili dal consumatore, in ragione delle caratteristiche dei prodotti stessi, dei loro prezzi e dell'uso al quale sono destinati. Appare subito evidente, in primo luogo e già alla stregua della disciplina delle competenze delineate nei paragrafi precedenti, che i prodotti finanziari non danno vita ad un unico prodotto e ad un unico mercato: non esiste, come ovvio, alcuna fungibilità necessaria fra prodotti bancari, assicurativi o di mercato mobiliare. Il che conferma la difficoltà, o meglio la impossibilità, a suo tempo constatata, di accettare una nozione unitaria di impresa finanziaria.

Ma neppure il mercato bancario costituisce un (solo) «mercato del prodotto», come pure è stato ipotizzato. Così costituiscono certamente prodotti diversi, e quindi danno vita a mercati del prodotto distinti, i depositi e le altre operazioni di raccolta del risparmio con obbligo di restituzione, da un lato, e le operazioni di esercizio del credito, dall'altro. E se, con tutta probabilità, il mercato dei depositi dà vita a un solo mercato del prodotto, altrettanto non può dirsi per le operazioni di finanziamento, potendo facilmente immaginarsi che esistano tipi di finanziamento non fungibili con altri e quindi capaci di dar vita ad altrettanti mercati del prodotto, alla stregua di ciascuno dei quali dovrà essere valutata la rilevanza anticoncorrenziale di un'intesa[41].

Ma un'intesa è vietata non soltanto quando limita la concorrenza sull'intero territorio nazionale, ma anche quando la restringa «in maniera consistente» in una «parte rilevante» dello stesso. Di qui la necessità di stabilire quando l'area sulla quale incide l'intesa costituisca una «parte rilevante» del mercato nazionale di un prodotto. Inutile sottolineare la forte discrezionalità di una siffatta valutazione, nel formulare la quale si dovrà tener conto delle caratteristiche del prodotto e del grado di chiusura degli scambi nell'ambito di una determinata area, essendo evidente che l'incidenza dell'intesa diminuisce con l'intensificarsi degli scambi tra l'area sulla quale opera l'intesa e altre aree del territorio nazionale.

Così, con riferimento al mercato degli impieghi bancari, sono state

[41] V. sul punto Banca d'Italia, *La tutela*, cit., pp. 94 ss.

considerate parti rilevanti, talvolta, l'area regionale, talvolta, quella comunale, mentre, soprattutto con riferimento ai depositi, si è prospettata una tendenziale rilevanza dell'area provinciale[42].

c) Le intese possono restringere o falsare in maniera consistente il gioco della concorrenza bancaria nei modi più diversi e naturalmente in quelli tipizzati, ma non in termini esaustivi, dall'art. 2, 2° comma, della legge 287/1990. Non è possibile in questa sede un esame analitico di queste norme. Ci limiteremo ad alcune annotazioni soltanto, riferite ai profili concretamente interessati dalle intese bancarie.

Così rientrano certamente fra le intese consistenti nel «fissare direttamente o indirettamente i prezzi d'acquisto e di vendita ovvero altre condizioni contrattuali» (art. 2, 2° comma lett. *a*) della legge 287/1990) gli accordi che fissano i tassi attivi e passivi, le commissioni e in genere le condizioni economiche delle operazioni bancarie, quando non sia concessa, alle parti contraenti l'intesa, la facoltà di praticare condizioni più favorevoli.

Qualche perplessità può sorgere in ordine alla possibilità di ricondurre fra le intese vietate quelle consistenti nella predisposizione e adozione di norme uniformi per i contratti bancari; norme uniformi che hanno avuto, come abbiamo visto, un ruolo di grande rilievo nella disciplina delle operazioni bancarie.

La loro adozione può certamente ridurre la concorrenza fra le imprese bancarie, ma può anche accrescerla nella misura in cui faciliti la comparabilità fra le imprese attraverso la standardizzazione dei contenuti contrattuali. Sembra, dunque, ragionevole ritenere che le norme uniformi bancarie possano rientrare nell'ambito delle intese vietate dalla legge 287/1990; ma le stesse non hanno sempre e necessariamente questa natura[43].

Fra le intese dirette ad impedire l'accesso al mercato (art. 2, 2° comma lett. *b*)) rientrerebbero certamente gli accordi che infittissero ad un «infittimento» abnorme delle presenze bancarie in una zona dalla quale si intendesse escludere i concorrenti; fra quelle che consistono nell'applicare «condizioni oggettivamente diverse per prestazioni equivalenti» (art. 2, 2° comma lett. *d*) rientrerebbero le intese dirette a praticare discriminazioni su basi non giustificate; e fra quelle consistenti nella pratica vietata dei «contratti leganti» rientrerebbero le intese che imponessero di subordinare la conclusione di particolari contratti alla stipulazione di altri accordi (art. 2, 2° comma lett. *e*), a meno che il collegamento non sia giustificato dalla natura stessa del contratto.

d) Anche le intese interbancarie, come quelle stipulate da imprese che operano in altri settori, possono essere autorizzate quando si accerti che i benefici che dalle stesse derivano, in termini di benessere com-

[42] Sul mercato geografico nell'ambito del sistema creditizio v. Banca d'Italia, *La tutela*, cit., pp. 103 ss.

[43] Cfr. L.C. Ubertazzi, *Concorrenza e norme bancarie uniformi*, Milano, Giuffrè, 1986, pp. 77 ss.

plessivo, sono superiori ai costi connessi con la limitazione della concorrenza. A norma, infatti, dell'art. 4, 1° comma, della legge 287/1990 la Banca d'Italia, sentito il parere dell'Autorità garante, potrà autorizzare «per un periodo limitato» le intese «che diano luogo a miglioramenti nelle condizioni di offerta sul mercato», quando tali miglioramenti «abbiano effetti tali da comportare un sostanziale beneficio per i consumatori e che siano individuati anche tenendo conto della necessità di assicurare alle imprese la necessaria concorrenzialità sul piano internazionale e connessi in particolare con l'aumento della produzione o con il miglioramento qualitativo della produzione stessa o della distribuzione ovvero con il progresso tecnico, o tecnologico».

Ma nel mercato bancario le intese possono essere autorizzate non solo in queste ipotesi, comuni anche alle altre imprese, ma anche «per esigenze di stabilità del sistema monetario» (art. 20, 5° comma, legge 287/1990), ossia per ragioni connesse ad esigenze proprie della politica monetaria. Anche in questo caso l'intesa potrà essere autorizzata «per un tempo limitato» e «tenendo conto dei criteri» generali fissati per le deroghe al divieto dall'art. 4 della medesima legge. Ma la relativa autorizzazione non è rimessa ad un provvedimento della sola Banca d'Italia, sia pure sentito il parere dell'Autorità garante, ma ad un provvedimento congiunto delle due autorità; anche in considerazione del fatto che in questa ipotesi l'intesa può essere autorizzata nonostante porti alla «eliminazione della concorrenza».

e) Come si è già accennato la necessità di ricorrere a forme di cooperazione e più in generale di intese è connaturata all'organizzazione di un efficiente sistema dei pagamenti. Il servizio dei pagamenti è, per definizione, un prodotto di sistema che richiede non solo la partecipazione organizzativa di tutti i soggetti che svolgono tale attività; ma anche la standardizzazione dei comportamenti. In particolare l'uniformità delle condotte è alla base dei sistemi di compensazione. Il T.U., d'altro canto, ha individuato esplicitamente fra gli interessi degni di esplicita tutela quello ad un «regolare funzionamento dei sistemi di pagamento», riconoscendo alla Banca d'Italia il potere di emanare «a tal fine» disposizioni volte ad assicurare «sistemi di compensazione e di pagamento efficienti e affidabili» (art. 146, T.U.).

Tutto ciò non consente, per altro, di ritenere che agli operatori del sistema dei pagamenti sia affidata «la gestione di servizi di interesse economico generale» e che, pertanto, a norma dell'art. 8, 2° comma, della legge 287/1990, gli stessi sfuggano all'applicazione della disciplina in questione. Le relative intese potranno perciò essere considerate valide nei limiti in cui lo sono le altre intese interbancarie. In particolare sembra importante, per escludere che gli accordi organizzativi del sistema dei pagamenti costituiscano intese vietate, assicurare libertà di accesso alle varie articolazioni del sistema a tutti gli operatori che presentino i requisiti richiesti dalle relative regole di organizzazione e che sia consentito agli appartenenti al sistema l'adozione, nei confronti dei soggetti che utilizzano il servizio, di condizioni più favorevoli di quelle eventualmente stabilite negli accordi[44].

6.4. L'abuso di posizione dominante

a) L'abuso della posizione dominante della quale goda un'impresa bancaria «è vietata», dall'art. 3 della legge 287/1990 quando si consumi «all'interno del mercato nazionale o in una sua parte rilevante», mentre rientra fra i divieti previsti dall'art. 36, 1° comma, del Trattato CEE quando «possa essere pregiudizievole al commercio tra stati membri».

Sia nell'ordinamento nazionale sia in quello comunitario è, dunque, consentito acquisire una posizione dominante, «da parte di una o più imprese» (art. 3, legge 287/1990), ma è vietato abusare di tale posizione.

L'ordinamento italiano ha rinunciato a definire la posizione dominante e, tenuto conto dell'art. 1, 4° comma della legge 287/1990, la stessa deve essere individuata facendo riferimento agli orientamenti maturati in sede comunitaria. E secondo questi orientamenti la posizione dominante viene individuata nella potenza economica detenuta da un'impresa che conferisce alla stessa il potere di ostacolare il mantenimento di una concorrenza effettiva sul mercato, fornendole la possibilità di comportamenti indipendenti in misura apprezzabile rispetto ai propri concorrenti, ai clienti, nonché ai consumatori. In altri termini la nota caratteristica della posizione dominante va rintracciata nel potere di mercato di cui un'impresa può avvalersi e che la rende apprezzabilmente indifferente alle reazioni che i concorrenti, anche potenziali, i clienti e i fornitori potrebbero avere nei confronti di proprie scelte imprenditoriali.

E questa definizione serve come guida anche nell'individuazione delle posizioni dominanti nell'ambito del mercato bancario, nel quale hanno assunto, per altro, un ruolo importante la libertà d'accesso prevista dal nuovo ordinamento, che ha appunto ridotto il peso delle barriere all'entrata, e la crescente rilevanza che sia sul lato delle forme d'impiego del risparmio sia su quello dei finanziamenti hanno acquisito gli intermediari finanziari non bancari.

b) La legge nazionale non fornisce neppure la nozione di abuso della posizione dominante ed anch'essa deve dunque essere ricostruita sulla base degli orientamenti comunitari. Secondo tali orientamenti un'impresa si ritiene abusi della propria posizione dominante quando utilizzi il relativo potere per incidere sulla struttura del mercato, rafforzando la propria posizione ed indebolendo ulteriormente il grado di concorrenza residua, ricorrendo a mezzi impropri, ossia non conformi

[44] Cfr. sul punto Banca d'Italia, *La tutela*, cit., pp. 179 ss.; R. Costi, *Servizi di pagamento: il controllo sugli enti produttori*, in «Banca borsa e tit. cred.», 1993, I, pp. 129 ss. e S. Maccarone, *Gli indirizzi comunitari in materia di sistemi e mezzi di pagamento*, in «Dir. banca e merc. fin.», 1993, I, pp. 133 ss.

a quelli tipici dei comportamenti che si tengono in un mercato concorrenziale e manchi una giustificazione oggettiva per siffatti comportamenti; naturalmente questi comportamenti abusivi si traducono in condizioni più onerose per la clientela alla quale vengono così imposti prezzi e condizioni ingiustificatamente gravosi[45]. Ed è soprattutto con riferimento a quest'ultimo profilo che il problema si pone per il sistema bancario.

In proposito è, tuttavia, necessario tener presente che la posizione dominante può essere detenuta anche da una pluralità di imprese, anziché da una soltanto, e che tale posizione dominante collettiva può essere il frutto di intese poste in essere da una pluralità di banche; intese che possono considerarsi legittime, quando non incorrano nel divieto dell'art. 2 della legge nazionale, anche quando creino una posizione dominante collettiva, come può ben accadere ad esempio nel sistema dei pagamenti soprattutto per l'esistenza di barriere all'ingresso costituite dai requisiti necessari per entrare a far parte del gruppo degli operatori ammessi alla prestazione dei relativi servizi. In questa ipotesi l'imposizione di condizioni ingiustificatamente gravose, perché non motivate dai costi dei servizi offerti o dal loro valore, costituisce abuso di posizione dominante e come tale vietato.

Le norme sull'abuso di posizione dominante mettono in luce la capacità della disciplina antitrust di approntare strumenti di tutela diretta dei consumatori. Anche se, naturalmente le stesse non possono essere confuse con quelle a suo tempo esaminate, che disciplinano il credito al consumo sia perché postulano, a differenza di queste, una posizione dominante di colui che concede finanziamenti, alla quale si ricollegano causalmente le condotte ingiustificatamente gravose, sia perché non trovano applicazione solo nei confronti di determinate categorie di acquirenti, come quelle sul credito al consumo. Il che offre la riprova che il bene direttamente protetto dalle norme in esame è, pur sempre, la concorrenzialità del mercato.

c) Naturalmente per l'abuso di posizione dominante non è prevista alcuna possibilità di deroghe al relativo divieto: la Banca d'Italia, a norma dell'art. 15 della legge 287/1990, dovrà imporre alle imprese l'eliminazione delle infrazioni, applicando le sanzioni pecuniarie previste dalla stessa norma per i casi più gravi e, in caso di reiterata inottemperanza, potrà disporre la sospensione dell'attività d'impresa fino a trenta giorni.

6.5. Le operazioni di concentrazione

6.5.1. *Le concentrazioni rilevanti*. *a*) Le operazioni di concentrazione nel mercato bancario sono regolate, sia nell'ordinamento nazionale

[45] Sulla disciplina dell'abuso di posizione dominante v. per tutti A. Frignani, in *Diritto antitrust italiano*, cit., pp. 309 ss. e V. Meli, *Lo sfruttamento abusivo di posizione dominante mediante imposizione di «prezzi non equi»*, Milano, Giuffrè, 1989, pp. 29 ss.

(artt. 5-7 e 16-19 della legge 287/1990) sia in quello comunitario (regolamento CEE n. 4064/89), dalle stesse norme che le disciplinano nella generalità dei mercati. E non è evidentemente possibile in questa sede riprendere la miriade di problemi che la disciplina generale, sia nazionale che comunitaria, ha sollevato[46]. Ci limiteremo, pertanto, a fornire poche nozioni istituzionali e ad approfondire i profili di maggiore rilevanza per il mercato bancario.

A norma dell'art. 5 della legge 287/1990 (letteralmente ricalcato sull'art. 3 del regolamento comunitario), un'operazione «di concentrazione si realizza: *a*) quando due o più imprese procedono a fusione; *b*) quando uno o più soggetti in posizione di controllo di almeno un'impresa ovvero una o più imprese acquisiscono direttamente o indirettamente, sia mediante acquisto di azioni o di elementi del patrimonio, sia mediante contratto o qualsiasi altro mezzo, il controllo dell'insieme o di parti di una o più imprese; *c*) quando due o più imprese procedono, attraverso la costituzione di una nuova società, alla costituzione di un'impresa comune», mentre «le operazioni aventi quale oggetto o effetto principale il coordinamento del comportamento di imprese indipendenti non danno luogo a una concentrazione».

Come si può notare, la disposizione in esame prende in considerazione soltanto le caratteristiche strutturali delle operazioni poste in essere e non attribuisce alcuna rilevanza alla natura del rapporto esistente fra i mercati sui quali operino le imprese che vi prendono parte; in particolare le operazioni di fusione e di acquisizione del controllo integrano la nozione di concentrazione anche quando le imprese non operino sullo stesso mercato o su mercati nei quali vengono prodotti beni che concorrono alla produzione del bene finale. Il che significa che rientrano nella nozione di concentrazione rilevante per la disciplina dettata dalla legge 287/1990 (come per quella comunitaria) non solo le concentrazioni orizzontali e quelle verticali, ma anche le cosiddette concentrazioni conglomerali. Né si potrebbe sostenere che queste ultime non rientrano fra le concentrazioni rilevanti, dovendosi escludere a priori che le stesse possano avere qualche effetto sulla concorrenzialità del mercato, dal momento che una parte della dottrina sia economica sia giuridica contesta un siffatto assunto. Anche se è estremamente difficile che le stesse possano dar luogo agli effetti previsti dalla legge antitrust e, quindi, essere vietate.

Con riferimento al mercato finanziario si dovrà, dunque, ritenere che rientrino nell'ambito delle concentrazioni conglomerali rilevanti, e quindi da comunicare all'Autorità competente quando assumono le dimensioni previste dalla legge, anche quelle che coinvolgono una banca, da un lato, e un'altra impresa finanziaria (società di intermediazione mobiliare, impresa di assicurazione, società finanziaria) o non finanzia-

[46] Sulla disciplina delle concentrazioni nel diritto nazionale e in quello comunitario v. per tutti E. Moavero Milanesi, *Antitrust e concentrazioni fra imprese nel diritto comunitario*, Milano, Giuffrè, 1992, pp. 267 ss. e C. Osti, in *Diritto antitrust italiano*, cit., pp. 523 ss.

ria, dall'altro. Si porranno in questo caso i problemi di divisione delle competenze, già esaminati a suo tempo, tra la Banca d'Italia e l'Autorità garante: e in forza dei principi illustrati in quella sede l'operazione dovrà superare la «doppia barriera», nel senso che dovrà essere considerata compatibile con l'ordinamento di tutela della concorrenza sia dalla Banca d'Italia sia dall'Autorità garante, essendo sufficiente ad impedirla il divieto di una di esse.

Si dovrebbero, invece, escludere dal novero delle concentrazioni rilevanti per la disciplina in esame, quelle che intervengono fra società appartenenti allo stesso gruppo, soprattutto quando lo stesso assuma le forme del gruppo creditizio disciplinato dal T.U. delle norme sul credito.

Quando si tenga infatti presente che le concentrazioni vengono sottoposte a controllo per impedire che le stesse costituiscano o rafforzino un potere di mercato capace di ridurre il grado di concorrenza, appare chiaro che le concentrazioni intragruppo dovrebbero essere escluse da quel controllo, proprio perché non vi è effettivo mutamento del potere di mercato. D'altro canto, nella nomenclatura comunitaria del diritto della concorrenza, non esiste un'«impresa» se non vi è indipendenza dal punto di vista del potere di gestione e, quindi, le operazioni intragruppo non sono operazioni di concentrazione fra imprese. In realtà l'ordinamento italiano non individua esplicitamente l'«indipendenza» fra le caratteristiche dell'impresa, pur presupposta dall'ultimo comma dell'art. 5 sopra riprodotto. In ogni caso l'ordinamento comunitario, da osservarsi ai sensi dell'art. 1, 4° comma, della legge 287/1990, dovrebbe portare ad escludere la presenza di un'impresa quando manchi l'indipendenza economica della stessa. In realtà, l'Autorità garante considera rilevanti le operazioni di fusione e di mutamento del controllo anche quando avvengano fra società appartenenti allo stesso gruppo, anche se considera poi costantemente tali operazioni inidonee ad incidere sulla concorrenzialità del mercato, proprio perché le imprese coinvolte sono prive di indipendenza sotto il profilo economico[47]. Sembra, pertanto, un orientamento diretto ad acquisire informazioni sulla struttura economica del paese piuttosto che proiettato a garantire un controllo sulla concorrenzialità del mercato. Si tratta, per altro, di un orientamento che non trova un fondamento sicuro e che la Banca d'Italia, con riferimento alle operazioni sottoposte alla sua valutazione, potrebbe non seguire.

b) Come emerge dalla definizione dell'art. 5 della legge 287/1990, le forme della concentrazione sono la fusione, l'assunzione del controllo e la costituzione di un'impresa comune. La legge 287/1990, mentre non si preoccupa, naturalmente, di fornire alcuna ridefinizione della fusione, individua con precisione la nozione di controllo e fornisce qualche elemento anche per stabilire quando si sia in presenza di un'impresa comune. Così, con riferimento al controllo, precisa che lo stesso

[47] Sul punto R. Costi, *Le concentrazioni bancarie*, cit., p. 406.

«sussiste nei casi contemplati dall'art. 2359 del Codice civile ed inoltre in presenza di diritti, contratti o altri rapporti giuridici che conferiscono, da soli o congiuntamente, e tenuto conto delle circostanze di fatto e di diritto, la possibilità di esercitare un'influenza determinante sulle attività di un'impresa». Come si può notare è una nozione di controllo diversa da quella già incontrata nella disciplina dettata dal T.U. (v. art. 23) e attenta, soprattutto, alla influenza sulla conduzione dell'impresa, anche al di là dei limiti previsti dal codice civile. Ma non è evidentemente possibile in questa sede insistere sui molti problemi interpretativi cui dà luogo anche questa nozione di controllo. Qui basti sottolineare l'irrilevanza di un'ipotesi di controllo di particolare importanza per gli intermediari finanziari. A norma dell'art. 5, 2° comma, della legge 287/1990, «l'assunzione del controllo di un'impresa non si verifica nel caso in cui una banca o un istituto finanziario acquisti, all'atto della costituzione di un'impresa o dell'aumento del suo capitale, partecipazioni in tale impresa al fine di rivenderle sul mercato, a condizione che durante il periodo di possesso di dette partecipazioni, comunque non superiore a ventiquattro mesi, non eserciti i diritti di voto inerenti alle partecipazioni stesse». Si tratta ovviamente di partecipazioni acquisite per il collocamento e non anche in vista di un effettivo controllo sulla gestione dell'impresa partecipata. Anche il regolamento comunitario contiene una norma analoga, ma non priva la banca o l'ente finanziario del diritto di voto, imponendo soltanto di non esercitarlo «al fine di determinare il comportamento concorrenziale di tale impresa» (art. 3, 5° comma). La soluzione italiana, evidentemente più preoccupata della tutela della concorrenza, rischia, per altro, di creare notevoli difficoltà nella gestione della partecipazione, potendo precludere l'assunzione di decisioni importanti per la società partecipata. L'unica alternativa essendo rappresentata dalla sottoposizione dell'operazione di collocamento alle disposizioni previste per la concentrazione.

Notevoli problemi solleva, infine, anche la nozione d'impresa comune, soprattutto per quanto concerne la probabilità di distinguere fra l'impresa comune che nasce dagli accordi di cooperazione fra imprese e che abbiamo a suo tempo ricordato come ipotesi di intesa. La distinzione è importante proprio sotto quest'ultimo profilo: le imprese comuni concentrative costituiscono una ipotesi di concentrazione, mentre le imprese comuni cooperative non rientrano nell'ambito delle concentrazioni, potendo semmai dar vita ad ipotesi di intesa. Secondo gli orientamenti maturati in sede comunitaria la costituzione di un'impresa comune darebbe vita ad un'ipotesi di concentrazione quando l'impresa sottoposta al controllo comune, ad esempio paritario, eserciti tutte le funzioni di un'unità economica autonoma per una durata sufficientemente protratta e manchi un coordinamento delle imprese controllanti fra di loro e con riferimento all'impresa comune; coordinamento che costituisce invece un momento essenziale delle iniziative di carattere consortile.

c) Non tutte le operazioni di concentrazione astrattamente riconducibili alla nozione appena illustrata assumono rilevanza per la disciplina antitrust. Più esattamente la disciplina nazionale prende in considerazione le concentrazioni solo quando «il fatturato totale realizzato a livello nazionale dall'insieme delle imprese interessate sia superiore a cinquecento miliardi di lire, ovvero qualora il fatturato totale realizzato a livello nazionale dell'impresa di cui è prevista l'acquisizione sia superiore a cinquanta miliardi»; e per «gli istituti bancari e finanziari il fatturato è considerato pari al valore di un decimo del totale dell'attivo dello stato patrimoniale esclusi i conti d'ordine» (art. 16, 1° e 2° comma).

Mentre l'operazione di concentrazione rientra nella competenza comunitaria quando il fatturato totale realizzato a livello mondiale da tutte le imprese interessate è superiore a 5 miliardi di Ecu o il fatturato totale realizzato individualmente nella comunità da almeno due delle imprese partecipanti sia superiore a 250 milioni di Ecu.

Il superamento della soglia appena indicata comporta l'obbligo della comunicazione rispettivamente alla Banca d'Italia (e all'Autorità garante per le operazioni che coinvolgono anche enti diversi dalle banche) e alla Commissione CEE. In entrambe le ipotesi la comunicazione è preventiva ossia deve avvenire prima del perfezionamento dei negozi attraverso i quali è destinata a realizzarsi l'operazione di concentrazione.

6.5.2. *Le concentrazioni vietate. a*) A norma dell'art. 6, 1° comma, della legge 287/1990, l'Autorità, cui le operazioni di concentrazione debbono essere comunicate, valuta se le stesse «comportino la costituzione o il rafforzamento di una posizione dominante sul mercato nazionale in modo da eliminare o ridurre in modo sostanziale e durevole la concorrenza». E se, al termine dell'istruttoria, ritiene che l'operazione comporti tali conseguenze, «vieta la concentrazione ovvero l'autorizza prescrivendo le misure necessarie» ad impedirle (art. 6, 2° comma).

Anche a proposito di questo profilo del controllo sulle concentrazioni bancarie, ci limiteremo ad alcuni cenni, trattandosi di una disciplina non peculiare alle operazioni di concentrazione che si realizzano sul mercato bancario.

Anzitutto con riferimento ai limiti del divieto. La norma vieta le concentrazioni sia nell'ipotesi in cui comportino la eliminazione della concorrenza sia quando la riducono in modo sostanziale o durevole e nel valutare se effettivamente si verifichi una di queste due conseguenze l'Autorità deve tener conto «delle possibilità di scelta dei fornitori e degli utilizzatori, della posizione sul mercato delle imprese interessate, del loro accesso alle fonti di approvvigionamento o agli sbocchi di mercato, della struttura dei mercati, della situazione dell'industria nazionale, delle barriere all'entrata sul mercato di imprese concorrenti, nonché dell'andamento della domanda e dell'offerta dei prodotti o servizi in questione». Queste valutazioni dovrebbero avere come punto di riferimento il «mercato nazionale», come chiarisce il 1° comma dell'art. 6 della legge 287/1990. Questo criterio è, tuttavia, disatteso dall'Autorità garante che considera come mercato geografico rilevante quello nel quale le imprese forniscono i beni o i servizi in questione e che può ben avere una dimensione molto più ridotta. Essa cancella così la differenza che, sul punto, la legge ha posto fra le intese e l'abuso di posizione dominante, che sono vietate anche quando i loro effetti si limitino ad una «parte rilevante» del mercato nazionale, e le concentrazioni, che possono essere vietate solo quando determinino una posizione dominante sul mercato nazionale nel suo insieme. A noi pare un orientamento non corretto, che la Banca d'Italia potrebbe legittimamente disattendere nella valutazione delle operazioni di concentrazione che rientrano nella sua competenza.

b) Nell'ambito delle concentrazioni quantitativamente rilevanti possono poi essere individuate quelle che si presumono compatibili con la tutela della concorrenza. Così il regolamento CEE (15° considerando) presume compatibili con il commercio fra gli Stati membri le concentrazioni che interessino una quota del mercato del prodotto non superiore al 25% «né nel mercato comune né in una sua parte sostanziale». Un'analoga soglia inferiore non è prevista dalla legge 287/1990, ma l'Autorità garante pare orientata a considerare compatibili le concentrazioni che non interessino una quota del mercato superiore al 10%. Un'analoga soglia dovrebbe valere per le concentrazioni sottoposte alla valutazione della Banca d'Italia.

c) Abbiamo constatato che la Banca d'Italia può consentire deroghe al divieto di intesa fra banche sia per le ragioni che giustificano tale deroga per tutte le altre imprese (art. 4) sia per ragioni di stabilità monetaria (art. 20, 5° comma). Analoghi poteri non le sono attribuiti per quanto concerne le concentrazioni. L'unica possibilità di autorizzazione di una concentrazione vietata è quella prevista dall'art. 25, 1° comma, della legge 287/1990, che demanda al Consiglio dei Ministri, su proposta del Ministro dell'Industria, il compito di determinare in linea generale e preventiva i criteri sulla base dei quali l'Autorità «può eccezionalmente autorizzare, per rilevanti interessi generali dell'economia nazionale nell'ambito dell'integrazione europea, operazioni di concentrazione vietate ai sensi dell'art. 6, sempreché esse non comportino la eliminazione della concorrenza dal mercato o restrizioni alla concorrenza non strettamente giustificate dagli interessi generali predetti». La norma trova applicazione anche per le concentrazioni che riguardano il mercato bancario; con una singolarità non facilmente giustificabile: il potere di autorizzare queste concentrazioni di interesse pubblico non viene attribuito alla Banca d'Italia ma all'Autorità garante.

d) Un accenno, infine, al procedimento previsto per la valutazione delle concentrazioni bancarie, giustificato dalla delicatezza del problema che la relativa disciplina ha sollevato proprio con riferimento ai rapporti fra Autorità garante e Banca d'Italia. Come abbiamo appena ricordato le parti interessate ad un'operazione di concentrazione bancaria quantitativamente rilevante debbono preventivamente «notificare» il relativo progetto alla Banca d'Italia. Questa, se ritiene che l'operazione «sia suscettibile di essere vietata ai sensi dell'art. 6» avvia, entro trenta giorni dal ricevimento della notifica l'istruttoria, che si svolgerà nel contraddittorio delle parti e potrà poi chiudersi con un provvedimento che autorizza l'operazione o la vieta oppure l'autorizza subordinatamente all'assunzione delle misure ritenute necessarie per la tutela della concorrenza.

E questi ultimi provvedimenti dovranno necessariamente essere assunti sentito il parere dell'Autorità garante. Ma può anche succedere che la Banca d'Italia sulla base del contenuto della comunicazione delle parti ritenga che l'operazione di concentrazione non «sia suscettibile di essere vietata ai sensi dell'articolo 6» e quindi ritenga di non avviare l'istruttoria. Ad avviso dell'Autorità garante anche questo «provvedimento» potrebbe essere assunto dalla Banca d'Italia solo previo parere della medesima Autorità, ai sensi dell'art. 20, 3° comma, mentre ad avviso della Banca d'Italia in questa ipotesi non verrebbe assunto alcun «provvedimento» e non sarebbe pertanto richiesto il predetto parere[48].

[48] Sul punto M. Siri, *op. cit.*, p. 398.

La disciplina delle crisi bancarie

Capitolo 11

1. Le peculiarità delle crisi bancarie

a) Nei capitoli precedenti abbiamo constatato che l'ordinamento italiano, pur avendo adottato per l'attività bancaria le forme organizzative dell'impresa, ha sottoposto a controllo pubblico sia l'accesso al mercato bancario sia l'organizzazione delle banche sia, infine, l'esercizio dell'attività di queste attraverso vincoli afferenti le operazioni di raccolta e di impiego.

La ragione di fondo di questo modello «misto» sta nel convincimento che il mercato e la libertà imprenditoriale, pur essendo indispensabili per rendere efficiente l'esercizio dell'attività bancaria, non siano capaci, da soli, di garantire quel grado di liquidità e di stabilità del sistema senza del quale possono rimanere pregiudicate le funzioni di intermediazione finanziaria e di creazione e gestione degli strumenti di pagamento considerate di interesse generale ed affidate soprattutto al sistema delle banche.

Lo stesso convincimento sorregge la disciplina dettata per la crisi dell'impresa bancaria. Le ragioni dell'efficienza, implicite nella scelta del modello imprenditoriale, hanno imposto (e non potevano non imporre) la eliminazione dal mercato dell'impresa insolvente. La necessità, tuttavia, di offrire, soprattutto nel momento della crisi, una adeguata tutela al risparmio e, comunque, la necessità di garantire al sistema nel suo complesso un sufficiente grado di stabilità hanno reso necessaria la introduzione di discipline diverse da quelle generalmente previste per la crisi dell'impresa e appunto preoccupate di garantire la continuità della funzione.

Ma in proposito è forse necessaria qualche ulteriore precisazione che, ponendo in luce la peculiarità, sotto il profilo economico, delle crisi bancarie, contribuisca a render conto degli strumenti adottati per la loro composizione.

La crisi di un'impresa bancaria si differenzia da quella della massima parte delle altre imprese per almeno due ordini di ragioni. Anzitutto per quanto concerne le cause. Essendo il rapporto che lega la banca ai depositanti un rapporto «fiduciario», la perdita di fiducia può discendere non soltanto da squilibri patrimoniali o finanziari ma anche da irregolarità della gestione quando non da circostanze che, anche in assenza di comportamenti colposi o dolosi dei gestori, creino allarme nell'ambito dei depositanti. La perdita di fiducia e l'allarme fra i depositanti possono poi determinare la corsa al ritiro dei depositi e la conseguente crisi dell'impresa bancaria. Di qui la necessità di interventi diretti, da un lato, ad eliminare per quanto possibile le cause che possono pregiudicare la fiducia nei confronti di una singola impresa e, dall'altro, a consentire alla stessa di superare eventuali crisi non gravi di liquidità e contenere così la fuga dei depositanti.

Ma la crisi dell'impresa bancaria si caratterizza soprattutto per la grande facilità con la quale la stessa coinvolge le altre imprese bancarie, attraverso un processo di diffusione del panico fra i risparmiatori e la loro conseguente corsa al ritiro dei depositi presso l'intero sistema bancario. Ed è notorio che quando la fuga dai depositi è generalizzata nessuna banca è più in grado di far fronte alle richieste di rimborso. Si può così determinare il crollo dell'intero sistema bancario, crollo che può a sua volta provocare una crisi finanziaria del sistema economico nel suo complesso con un sostanziale blocco del credito all'economia.

È facile, infatti, immaginare che sia l'intero sistema economico ad entrare in crisi nel momento in cui lo stesso venga privato della possibilità di ricorrere al credito. Al di là della diversità di opinioni in ordine ai canali di trasmissione della crisi da una o più imprese bancarie all'intero sistema creditizio e dal sistema finanziario alla struttura reale dell'economia, la connessione fra crisi della singola impresa bancaria e possibili crisi finanziarie e economiche dell'intero sistema nel quale la prima si verifica è pacificamente rilevata dalla generalità della letteratura economica che si è occupata delle crisi finanziarie[1].

Dissensi esistono, invece, e profondi, sul modo di affrontare i relativi problemi. Non mancano infatti tesi liberiste secondo le quali il modo migliore di affrontare i problemi delle crisi finanziarie anche generalizzate sarebbe pur sempre quello di lasciare al mercato la ricerca delle strade per invertire la tendenza determinata dalla crisi medesima[2]. Per lo più, tuttavia, proprio facendo perno sulla stretta connessione che naturalmente si determinerebbe fra crisi della singola impresa e sistema economico, si è ritenuto indispensabile un qualche intervento «pubbli-

[1] Si vedano sul punto gli scritti raccolti in *Struttura e stabilità nel sistema finanziario*, a cura di F. Cesarini e M. Onado, Bologna, Il Mulino, 1979 e in *Le crisi finanziarie*, a cura di G. Martinengo e P.C. Padoan, Bologna, Il Mulino, 1985.

[2] Per la letteratura italiana si vedano almeno M. Pantaleoni, *La caduta della società generale di credito mobiliare italiano*, Milano, Giuffrè, 1977[2], pp. 135 ss.; L. Einaudi, *I metodi e i costi dei salvataggi bancari*, in *Cronache economiche*, vol. VII, Torino, Einaudi, 1965, p. 382. Più ampi riferimenti in *Le crisi finanziarie*, cit., pp. 21 ss., nonché i contributi contenuti in *Banche in crisi 1960-1985*, a cura di F. Belli, G. Minervini, A. Patroni Griffi e M. Porzio, Bari, Laterza, 1987.

co» allo scopo non tanto di impedire l'eliminazione dell'impresa in crisi quanto di garantire che dalla crisi di una singola impresa non derivino situazioni di eccessiva destabilizzazione per l'insieme delle istituzioni finanziarie.

E, quel che più conta, quasi tutti i paesi ad economia sviluppata hanno organizzato un sistema di interventi che hanno dato vita per l'impresa bancaria ad una disciplina speciale, diversa da quella prevista in generale per le imprese in crisi[3].

b) Abbiamo fin qui utilizzato l'espressione «crisi» dell'impresa bancaria nell'accezione adottata nel diritto comune dell'impresa: ossia come difficoltà o incapacità di adempiere regolarmente le obbligazioni assunte.

Questa nozione di crisi non sembra a prima vista essere in grado di ricomprendere tutte le ipotesi nelle quali l'ordinamento bancario considera necessario un intervento sostitutivo nella gestione dell'impresa, quando non la espulsione della stessa dal mercato del credito, con la conseguente liquidazione dei relativi rapporti. Come è noto, infatti, e come avremo modo di verificare analiticamente in seguito, l'ordinamento consente (ed impone) la sostituzione degli organi gestori quando gli stessi abbiano commesso gravi irregolarità nella amministrazione o abbiano violato la legge o lo statuto o le istruzioni dell'organo di vigilanza, così come consente ed impone la liquidazione dell'impresa quando quelle irregolarità o quelle violazioni siano eccezionalmente gravi.

In realtà le autorità creditizie non sono portatrici di un generico interesse alla regolarità e alla legittimità delle condotte imprenditoriali. Esse debbono operare per consentire che il sistema bancario adempia alle funzioni che dello stesso sono proprie e, in primo luogo, per garantire la funzione di intermediazione e di gestione dei mezzi di pagamento; strumentale a questi obiettivi è la tutela del risparmio, comprensiva della conservazione del valore del metro monetario. E questi obiettivi, considerati con riferimento al singolo ente creditizio si esauriscono nella tutela della corretta gestione e della solvibilità dell'impresa bancaria.

In altri termini, le irregolarità e le illegittimità delle condotte tenute dagli organi gestori sono prese in considerazione in quanto possano portare l'impresa alla incapacità di far fronte ai propri impegni; l'interesse protetto dall'ordinamento e perseguito dalle autorità creditizie è in definitiva sempre rappresentato dalla liquidità e stabilità dell'impresa bancaria.

Sembra, pertanto, che la nozione di crisi presa in considerazione con riferimento alle banche non sia diversa da quella rilevante per il diritto comune dell'impresa: la differenza consiste nel fatto che, mentre il diritto comune prende in considerazione solo le ipotesi di difficoltà o incapacità attuali di adempiere, quello bancario considera sufficiente

[3] Per una storia delle crisi finanziarie nell'età moderna C. Kindleberger, *Euforia e panico. Storia delle crisi finanziarie*, Bari, Laterza, 1981, pp. 3 ss., e con riferimento a quella attraversata nei primi anni settanta, M. Reid, *The secondary Banking crisis, 1973-1975*, London, Macmillan, 1982, pp. 23 ss.

per sostituire gli organi gestori o per disporre la liquidazione dell'impresa la presenza di comportamenti «pericolosi» per la futura solvibilità della stessa. Le procedure previste, accanto ad una funzione di composizione della crisi di impresa, hanno perciò anche una funzione preventiva della medesima.

c) E in considerazione della fragilità e della essenzialità delle funzioni svolte dalle banche, l'ordinamento non solo si preoccupa di prevenire le situazioni di crisi, siano esse reversibili o irreversibili, ma appronta anche gli strumenti per far fronte a momentanee crisi di illiquidità: il rifinanziamento della Banca d'Italia, l'accesso al credito di ultima istanza[4].

Come abbiamo già ricordato la Banca d'Italia svolge il ruolo di banca delle banche, potendo concedere a queste ultime finanziamenti sotto forma sia di sconto di titoli sia di anticipazione sugli stessi. Ed anzi abbiamo sottolineato che la ragione ultima che può giustificare l'attribuzione alla Banca centrale della vigilanza bancaria sta proprio in questa sua funzione di prestatore di fondi alle banche che ne abbiano bisogno in caso di momentanea crisi di liquidità. Funzione della quale appare evidente l'importanza, quando si tenga conto del ruolo che le banche svolgono nel sistema dei pagamenti e degli effetti sistemici che la illiquidità anche momentanea di una di esse potrebbe determinare sull'intera catena dei pagamenti.

La Banca d'Italia svolge questa attività di rifinanziamento sulla base di negozi di diritto privato (sconti ed anticipazioni) ma non si può, per questo, dire che tale attività sia del tutto libera, dal momento che rientra tra le funzioni della Banca centrale fornire alle banche la liquidità necessaria per superare eventuali fasi di difficoltà. Tale attività, comunque, presenta evidenti caratteri di discrezionalità; nel senso che alla Banca, nel rispetto della propria funzione, è rimesso il decidere se ed in quale misura effettuare il rifinanziamento (mentre come è noto il tasso dell'operazione viene determinato sulla base del tasso ufficiale di sconto). E nell'assumere queste decisioni una rilevanza notevole avranno sia la situazione complessiva dell'azienda sia la natura e la entità delle garanzie che quest'ultima è in grado di offrire alla Banca centrale.

L'intervento appena delineato può tuttavia avvenire, come è intuitivo, solo nelle situazioni nelle quali l'autorità di vigilanza ritiene che il momento di illiquidità dell'impresa abbia natura del tutto temporanea e reversibile e non sia invece la espressione di una più ampia crisi destinata a sfociare nella insolvenza della società.

[4] Sul credito di ultima istanza v. P. Ciocca, *Banca Finanza Mercato*, Torino, Einaudi, 1991, pp. 147 ss.; F. Cesarini, *Crisi e strumenti di intervento finanziario: il credito di ultima istanza*, in «Banca impresa soc.», 1989, pp. 157 ss. e C.O. Gelsomino, *Le operazioni di rifinanziamento presso la Banca d'Italia*, di prossima pubblicazione in *Trattato di diritto della banca*, diretto da R. Costi, Torino, Utet.

2. La formazione dell'ordinamento vigente

a) Nel nostro ordinamento un sistema organico di interventi sulle crisi bancarie nasce soltanto con la legge bancaria del 1936-38 come risposta alle crisi finanziarie degli anni venti e dei primi anni trenta. Il che, ovviamente, non significa che in precedenza non fossero stati assunti provvedimenti speciali per singole imprese bancarie e non fossero stati effettuati salvataggi bancari.

Questi, anzi, come abbiamo potuto constatare nella parte dedicata alla storia della legislazione bancaria italiana, erano stati numerosi ed avevano visto l'intervento, accanto alle altre banche ordinarie, delle autorità di Governo e soprattutto degli istituti di emissione, con una ricorrente tendenza a scaricare sulla collettività l'onere del salvataggio attraverso la emissione di carta moneta.

Abbiamo, anzi, constatato che in occasione di crisi bancarie generalizzate, come quella del 1892-1893, gli istituti di emissione che erano intervenuti anche per il salvataggio di altre imprese bancarie in crisi erano rimasti coinvolti e travolti dal crollo delle banche ordinarie.

La gestione delle crisi bancarie in quelle occasioni era per lo più avvenuta sulla base del diritto privato sia per il rifinanziamento da parte degli istituti di emissione sia per i processi di concentrazione (che costituiscono una risposta naturale ai fenomeni di crisi) e del diritto comune fallimentare per l'eliminazione delle imprese insolventi.

Neppure la legge bancaria del 1926 introdusse una disciplina speciale per la crisi dell'impresa bancaria.

L'esistenza di irregolarità nella gestione non comportava se non le reazioni di diritto comune nei confronti degli amministratori infedeli e, pur prevedendosi la possibilità di revoca dell'autorizzazione, non si disciplinava in modo speciale la liquidazione dei rapporti dell'impresa bancaria.

La dottrina più attenta andava, tuttavia, segnalando la necessità di una disciplina speciale; necessità resa evidente anche dai provvedimenti, in verità oggetto di forti critiche, che dovettero essere assunti in occasione dei dissesti bancari di maggior rilievo, proprio per la impossibilità di affidare al diritto comune la loro disciplina[5].

Da questi provvedimenti emersero alcune indicazioni che non rimasero prive di rilevanza nell'ordinamento del 1936. Così si manifestò in alcune ipotesi, come nella vicenda della Banca Romana, la tendenza ad attribuire il potere di liquidare l'impresa bancaria insolvente al sistema bancario (nel caso di specie alla neocostituita Banca d'Italia) sottraendola agli organi giurisdizionali[6]. In secondo luogo, si sottrasse ai creditori il potere di decidere sulla proposta di concordato delle

[5] A. Sraffa, *Il fallimento delle società commerciali*, Firenze, Cammelli, 1897, pp. 18 ss. e C. Vivante, *Trattato di diritto commerciale*, Milano, Vallardi, 1911[4], vol. I, p. 482.

[6] Cfr. L. Dini, *Il trattamento delle crisi bancarie in Italia*, in Banca d'Italia, «Bollettino economico», 1983, n. 1, pp. 74 ss.

imprese bancarie insolventi con dimensioni superiori ad una predeterminata soglia[7].

Ma, con tutta probabilità, le origini più vicine della disciplina della crisi dell'impresa bancaria dettata dalle leggi del 1936-38 vanno rintracciate nelle norme dettate per le Casse di risparmio già alla fine del secolo scorso e accolte dal T.U. del 1929. Tali norme prevedevano, come abbiamo a suo tempo accennato, la possibilità di sostituire autoritativamente gli organi amministrativi in caso di irregolarità e soprattutto la liquidazione coatta amministrativa in caso di perdite di particolare entità; liquidazione che assolveva una funzione analoga a quella del fallimento al quale, in quanto enti pubblici, erano sottratte[8]. Nei primi decenni le Casse del secolo, poi, la natura di imprese bancarie delle Casse era andata prevalendo sulla originaria natura di opera pia e aveva reso «naturale» il loro ingresso nell'ordinamento del credito: la legge del 1936 estese quindi, altrettanto naturalmente, alle altre imprese bancarie sia l'amministrazione straordinaria sia la liquidazione coatta. Ed anche nell'ambito dell'ordinamento vigente queste due «procedure» costituiscono un momento essenziale dello statuto dell'impresa bancaria e della disciplina speciale prevista per la sua crisi.

b) La disciplina delle crisi bancarie si arricchì poi, a metà degli anni settanta, di un nuovo strumento di intervento; uno strumento coerente con le linee di politica legislativa che caratterizzarono quel momento della storia del settore, ma che era destinato a non trovare più alcuna giustificazione nel nuovo ordinamento bancario. Sul punto è forse opportuno soffermarsi un attimo, proprio per sottolineare l'approccio di quel periodo alle crisi bancarie.

Di fronte a crisi irreversibili la tutela dei depositanti non passava (e non passa) necessariamente attraverso la liquidazione coatta della banca insolvente. Spesso la stessa si realizzava attraverso l'incorporazione della banca insolvente da parte di altra banca o la fusione con la stessa e la costituzione di un nuovo ente creditizio. In genere operazioni di questo tipo avvenivano (e potranno continuare ad avvenire) su invito e secondo direttive dell'organo di vigilanza, ma erano accompagnate (e qui sta la peculiarità di quel momento) dalla promessa informale da parte dell'autorità medesima di vantaggi di ordine amministrativo a favore dell'azienda che procedeva al salvataggio; vantaggi che valessero a compensarla degli eventuali esiti negativi dell'operazione sul piano patrimoniale e finanziario. E in un sistema che vedeva il razionamento degli sportelli e nel quale la distribuzione degli stessi avveniva secondo criteri di assoluta discrezionalità, il premio per l'azienda che operava il salvataggio era rappresentato dalla promessa di autorizzazione ad aprire nuovi sportelli.

Ma il salvataggio della banca in crisi da parte di altre banche, pote-

[7] Il riferimento è a D.L. 8 febbraio 1924, n. 136 che introdusse il concordato per le «grandi banche».

[8] Si vedano per tutti C. Vivante, *op. cit.*, p. 144, e A. Rocco, *Principi di diritto commerciale. Parte generale*, Torino, UTET, 1928, pp. 266 ss.

va avvenire anche in circostanze diverse. Così a liquidazione coatta aperta il salvataggio della struttura aziendale e la tutela dei depositanti potevano realizzarsi attraverso il trasferimento delle passività e delle attività della banca insolvente ad un'altra banca; ed anzi, proprio per consentire tale trapasso quando l'operazione superava le forze di una sola azienda era stata consentita, anche in deroga all'indirizzo generale assunto, la costituzione di una nuova banca, su iniziativa di una pluralità di aziende[9].

Come è facile immaginare, anche questa operazione, che non mirava soltanto alla tutela dei depositanti, ma determinava la conservazione della struttura fondamentale dell'impresa e la possibilità di conservare in vita i servizi che la stessa, attraverso la propria articolazione territoriale, era in grado di fornire, si svolgeva non solo con l'autorizzazione ma sotto la regia sostanziale dell'autorità di vigilanza. Anche questo tipo di operazione poteva comportare un onere per le aziende subentranti non integralmente compensabile attraverso contropartite «informali», come quella rappresentata dall'autorizzazione all'apertura di nuove filiali. E per scongiurare il pericolo che non vi fossero banche disposte ad assumere le passività dell'azienda liquidata, per la eccessiva onerosità del relativo accollo, l'ordinamento italiano, in occasione di uno dei più gravi dissesti bancari degli ultimi decenni[10], introdusse un sistema di intervento pubblico che consentiva di trasferire sulla collettività la massima parte del relativo onere.

Il Ministro per il Tesoro, con D.M. 27 settembre 1974, assunto ai sensi degli artt. 29 e 30 del T.U. del 1910 sugli istituti di emissione[11] consentì infatti alla Banca d'Italia di effettuare «anticipazioni a ventiquattro mesi sui buoni del Tesoro a lunga scadenza e all'interesse dell'1% a favore di aziende di credito che surrogatesi ai depositanti in altre aziende in liquidazione coatta, si [fossero trovate] a dover ammortizzare, perché in tutto o in parte inesigibile, la conseguente perdita nella loro esposizione»[12]. Il provvedimento che sollevò perplessità anche sotto

[9] Il che è avvenuto, ad es., in occasione della crisi del Banco Ambrosiano scoppiata nell'estate del 1984; sul punto A. Patroni Griffi, *Le crisi bancarie: il caso Ambrosiano*, in «Banca impr. soc.», 1984, pp. 97 ss. e E. Montanaro, *La politica della vigilanza di fronte al dissesto del Banco Ambrosiano, considerazioni per un riesame*, in «Giur. comm.», 1985, I, pp. 447 ss.

[10] Quello della Banca privata italiana. Sul punto cfr. gli *Atti della Commissione parlamentare sul caso Sindona e sulle responsabilità politiche ed amministrative ad essa connesse*, ed in particolare le *Relazioni conclusive*, in Camera dei deputati, Senato della Repubblica, VIII Legislatura, Doc. XXIII, n. 2/*sexies*.

[11] Si vedano in proposito L. Desiderio, *La liquidazione coatta amministrativa delle aziende di credito*, Milano, Giuffrè, 1981, pp. 442 ss. e G. Visentini, *L'interesse pubblico al regolare svolgimento dell'attività creditizia e l'interesse sociale nelle società esercenti attività bancarie*, in «Banca borsa e tit. cred.», 1975, II, p. 309.

[12] Emerge con evidenza dal tenore letterale del provvedimento che lo stesso presuppone l'accollo da parte dell'azienda del debito che l'ente liquidato ha nei confronti del depositante con surroga della prima nei diritti di quest'ultimo nell'ambito della liquidazione coatta; si veda sul punto Cass., 17 settembre 1983, n. 5625, in «Giur. it.», 1984, I, c. 1634 con nota di F. Vella.

il profilo della sua legittimità[13], imponeva alla Banca d'Italia di far fronte al relativo onere attraverso l'emissione di carta moneta, scaricando così sulla collettività il peso del salvataggio bancario. Appariva pertanto evidente che la tutela del risparmio bancario veniva considerata dal nostro ordinamento un *munus* pubblico, il cui peso doveva essere sopportato dalla collettività.

Si trattava di una visione dei salvataggi bancari coerente con una concezione che ravvisava nelle banche altrettante istituzioni sociali, prima che delle imprese, ma che non poteva trovare spazio nel nuovo ordinamento bancario.

Quest'ultimo infatti, nel momento in cui recuperava integralmente la qualificazione dell'attività bancaria come attività d'impresa, non poteva poi pretendere di addossare alla collettività il rischio della relativa gestione, sia pure per la parte che avesse inciso sugli interessi dei depositanti. Non si fece perciò quasi più ricorso all'anticipazione prevista dal decreto del 1974, anche se lo stesso non venne mai formalmente revocato[14] e, quindi autorizza tuttora la Banca d'Italia ad erogare i relativi finanziamenti. Tutto ciò non escludeva, ovviamente, la possibilità che venissero introdotte forme di tutela dei depositanti diverse ed ulteriori rispetto a quelle rappresentate dalla insistenza, sull'attività d'impresa, di strumenti di vigilanza prudenziale diretti a garantire la stabilità della banca. Ma il relativo rischio doveva essere affrontato con logiche compatibili con la natura imprenditoriale dell'attività bancaria, ossia attraverso forme di assicurazione contro il rischio di insolvenza della banca o con strumenti di solidarietà mutualistica fra gli operatori bancari che mantenessero comunque il relativo onere finanziario nell'ambito della comunità bancaria.

c) Prese così avvio un movimento diretto ad introdurre, del resto sull'esempio di sistemi già ampiamente sperimentati in altri ordinamenti, forme di tutela dei depositi che ripartissero il relativo onere sugli operatori bancari, scegliendo, per altro, come vedremo meglio in seguito, non il modello assicurativo ma quello mutualistico[15]. Nel 1986 (ma

[13] Cfr. G. Visentini, *L'interesse pubblico*, cit., ma *contra* L. Desiderio, *La liquidazione coatta amministrativa*, cit., p. 443.

[14] Anzi la deliberazione del CICR 23 dicembre 1986 che codificava la costituzione del Fondo interbancario di tutela dei depositi sottolineava l'esigenza, pur in presenza di un sistema privatistico di garanzia, che permanesse uno strumento pubblico di intervento in casi straordinari di rilevante interesse generale e che pertanto venisse promossa una apposita iniziativa legislativa che sostituisse, senza soluzione di continuità, il sistema previsto dal D.M. 27 settembre 1974 in un contesto organico di nuove norme volte a rafforzare i poteri delle Autorità creditizie nel trattamento delle crisi bancarie.

[15] Si vedano V. Nastasi, *Crisi bancarie e tutela dei depositanti*, Bologna, Il Mulino, 1988, nonché i contributi raccolti in *La tutela del risparmio bancario*, a cura dell'Ente Einaudi, Bologna, Il Mulino, 1979, e in *Assicurazione e garanzia dei depositi bancari nella comunità economica europea*, a cura di F. Parrillo, Roma, 1984; A. Fazio, *La tutela dei depositi bancari*, in Banca d'Italia, «Bollettino economico», febbraio 1985, n. 4, pp. 56 s. e P. Biffis, *Dissesti bancari e forme di tutela dei depositanti*, in «Banca-notizie», 1985, maggio, pp. 1 ss.; nonché per i riferimenti all'esperienza americana, F. Vella, *L'assicurazione ai depositi e l'azione di vigilanza: il caso della Federal deposit insurance corporation*,

con effettiva operatività dal 1987) le banche italiane diedero vita ad un Fondo interbancario di tutela dei depositi, in una logica mutualistica, senza oneri finanziari per la collettività, ma con un forte raccordo con l'organo di vigilanza. E il T.U. del 1993 ha codificato il ruolo del Fondo di tutela dei depositi nell'ambito della disciplina delle crisi bancarie, stabilendo che «la Banca d'Italia emana istruzioni per il coordinamento dell'operatività dei sistemi di garanzia dei depositi con le procedure di liquidazione coatta e di amministrazione straordinaria, nonché con l'attività di vigilanza in generale» (art. 96).

d) Gli strumenti di intervento sulle situazioni di crisi delle banche sono oggi rappresentati dall'amministrazione straordinaria, dalla liquidazione coatta amministrativa e dal Fondo interbancario di tutela dei depositi (mentre l'anticipazione «a tasso zero» prevista dal decreto del 1974, pur essendo consentita, pare diventata politicamente impraticabile). Di questi istituti ci occuperemo analiticamente nei prossimi paragrafi, nei quali rileveremo anche che le banche sono sottratte sia alle procedure concorsuali di diritto comune sia al controllo giudiziario sulla gestione delle società previsto dall'art. 2409 del Codice civile (cfr. art. 70, 7° comma del T.U.).

e) È necessario tener presente che nonostante l'importanza della disciplina della crisi nella definizione dello statuto dell'impresa bancaria, e quindi di una armonizzazione delle relative disposizioni per l'attuazione del principio del mutuo riconoscimento, non è stata ancora emanata alcuna direttiva comunitaria in proposito.

I lavori della Comunità si muovono, mi pare con speditezza diversa, in due direzioni: da un lato, ci si propone un coordinamento delle disposizioni «in materia di risanamento e liquidazione degli enti creditizi» e, dall'altro, si opera per la introduzione di un sistema armonizzato di Fondi di tutela dei depositi. È stata così formulata una proposta di direttiva, trasmessa al Consiglio il 6 gennaio 1986 e poi modificata nel 1988, che attribuisce all'autorità di vigilanza del paese d'origine il potere di assumere provvedimenti di risanamento efficaci anche nei confronti delle succursali operanti in altri paesi della Comunità, destinati «a mantenere o ristabilire la situazione finanziaria di un ente creditizio», nonché il potere di essere «consultate su qualsiasi richiesta di apertura di procedimento di liquidazione giudiziaria promossa dai creditori, dal debitore o dal pubblico ministero» (art. 11); norma quest'ultima che postula, ovviamente, la sottoposizione delle banche al diritto concorsuale comune e che non ha pertanto alcuna rilevanza nel nostro ordinamento, nel quale la competenza a disporre la liquidazione delle banche è sottratta all'autorità giudiziaria e attribuita alle autorità creditizie.

La proposta ha incontrato difficoltà soprattutto perché legata ai lavori per la convenzione sul fallimento e sulle procedure concorsuali

in *Profili di concorrenza ed integrazione fra attività bancaria e attività assicurativa*, a cura di A. Nigro e G. Volpe Putzolu, Milano, Giuffrè, 1985, pp. 199 ss.

che, a sua volta, non è stata ancora realizzata. Da quelle proposte si è invece staccata la parte che prevedeva l'armonizzazione dei sistemi di garanzia dei depositi, costituendo un'autonoma proposta di direttiva inviata nel corso del 1992 al Consiglio e che dovrebbe trovare attuazione negli ordinamenti nazionali entro il 1994[16].

f) Il T.U., dopo aver attribuito rilevanza, sotto il profilo della vigilanza regolamentare, ai gruppi bancari, non poteva evidentemente non dettare una disciplina della crisi che prendesse atto dei rapporti fra le società componenti del gruppo, soprattutto allo scopo di introdurre strumenti capaci di controllare le situazioni di crisi che coinvolgano il gruppo nel suo insieme. Tutto ciò senza superare, per altro, il limite della separatezza, sul piano patrimoniale, delle singole società che lo compongono. Il T.U. ha così dettato una disciplina della crisi delle banche (titolo IV, capo I) e una disciplina della crisi dei gruppi bancari (titolo IV, cap. II); ed anche la nostra trattazione seguirà lo stesso ordine. Prendendo anzitutto in esame la disciplina dell'amministrazione straordinaria e della liquidazione coatta delle banche dettata dal T.U.; disciplina che tiene ferme le linee fondamentali che tali istituti già avevano nella legge bancaria, preoccupandosi soprattutto di risolvere i molti problemi interpretativi che un'esperienza quasi sessantennale aveva posto in evidenza e di coordinare i relativi procedimenti con le norme del diritto fallimentare comune.

3. L'amministrazione straordinaria delle banche

3.1. La qualificazione giuridica

Si è molto discusso sulla «natura» dell'amministrazione straordinaria[17] e, di volta in volta, la stessa è stata considerata una sanzione amministrativa per comportamenti illegittimi[18], un provvedimento cautelare a tutela dei creditori[19], una sorta di provvedimento integrativo della ca-

[16] V. in proposito, A. Nigro, *La gestione delle crisi bancarie nell'ordinamento comunitario*, in *Le direttive della CEE in materia bancaria*, a cura di F. Cesarini e S. Scotti Camuzzi, Milano, Giuffrè, 1991, pp. 209; S. Maccarone, *Proposta di direttiva in materia di risanamento e liquidazione di enti creditizi*, in *L'armonizzazione comunitaria dei diritti bancari nazionali*, a cura di L.C. Ubertazzi, Padova, CEDAM, 1989, pp. 113 ss. e V. Nastasi, *Crisi bancarie*, cit., pp. 177 ss.

[17] Sul punto v. P. Ferro Luzzi, in *Codice commentato della banca*, a cura di F. Capriglione e V. Mezzacapo, Milano, Giuffrè, 1990, I, p. 668.

[18] G. Ferri, voce *Aziende di credito*, in *Enc. dir.*, IV, Milano, Giuffrè, 1959, p. 755; G. Frè, *Nuovi provvedimenti e nuovi problemi in tema di società azionarie*, in «Riv. dir. comm.», 1936, I, p. 591, e G. Vignocchi, *Il servizio del credito nell'ordinamento pubblicistico italiano*, Milano, Giuffrè, 1968, p. 30, il quale riconosce per altro all'amministrazione straordinaria anche funzioni «cautelative». Di «scioglimento sanzionatorio» (sia pure a proposito di un analogo tipo di interventi per l'IRI) parla F. Merusi, *Le direttive governative nei confronti degli enti di gestione*, Milano, Giuffrè, 1977, p. 71.

[19] C.M. Pratis, *La disciplina giuridica delle aziende di credito*, Milano, Giuffrè, 1972, p. 295; Cass., 27 gennaio 1978, n. 396, in «Banca borsa e tit. cred.», 1978, II, p. 261.

pacità dell'ente ritenuto inidoneo ad esercitare la propria funzione[20], uno strumento alternativo all'amministrazione controllata per il risanamento di un'impresa in crisi[21].

Ognuna di queste tesi coglie una parte della struttura dell'istituto e delle sue funzioni e tutte, nel loro insieme, sottolineano l'«ambiguità» dell'amministrazione straordinaria; ed è su questa ambiguità che occorre fermare l'attenzione. L'amministrazione straordinaria delle aziende di credito partecipa, ad un tempo, delle figure organizzatorie della pubblica amministrazione e della disciplina dell'impresa: ogni tentativo di giungere ad una qualificazione complessiva della sua funzione e della sua struttura senza tener conto di questa sua natura composita è destinato inevitabilmente all'insuccesso.

La dimostrazione di questo assunto è piuttosto agevole. Facendo leva sul fatto che l'amministrazione straordinaria comporta lo scioglimento degli organi amministrativi dell'azienda e ricordando che lo scioglimento degli organi è uno strumento utilizzato nell'ambito della pubblica amministrazione per ricondurre alla legalità il comportamento di uffici ed enti pubblici[22], si è ritenuto che anche l'amministrazione straordinaria delle aziende di credito sia diretta a garantire puramente e semplicemente la legalità della condotta degli enti creditizi.

Così ragionando, tuttavia, si è finito con il trascurare che l'amministrazione straordinaria delle aziende di credito può essere disposta anche in situazioni nelle quali non è dato riscontrare alcuna violazione della legalità ma, purtuttavia, sono poste in pericolo la liquidità e la solvibilità dell'impresa bancaria.

D'altro canto, proprio facendo perno su quest'ultimo profilo, una parte degli scrittori in termini più o meno espliciti ha finito con l'applicare all'amministrazione straordinaria delle imprese bancarie i concetti e le logiche che emergono dal diritto «concorsuale» per le imprese «in temporanea difficoltà».

In particolare, sulla base anche di un convincimento espresso nel corso dei lavori preparatori della legge fallimentare[23], si è scritto che l'amministrazione straordinaria, prendendo il posto dell'amministrazione controllata presuppone una crisi patrimoniale o di liquidità dell'a-

[20] G. Augenti, *Amministrazione straordinaria e liquidazione coatta delle aziende di credito*, in «Dir. e prat. comm.», 1938, I, pp. 280 ss.

[21] S. Satta, *Istituzioni di diritto fallimentare*, Roma, Foro it., 1957^5, p. 26, dopo aver ricordato che l'art. 3 l.f. esclude che possano essere sottoposte ad amministrazione controllata le imprese bancarie, scrive: «e la ragione è che per queste la legge speciale prevede già una procedura di amministrazione controllata». Nello stesso senso A. De Martini, *Moratoria di aziende di credito e dichiarazione di stato di insolvenza*, in «Banca borsa e tit. cred.», 1950, II, p. 173.

[22] Si veda per tutti L. Galateria, *Gli organi collegiali amministrativi*, Milano, Giuffrè, 1975^2, vol. I, p. 142, e, per lo scioglimento degli organi amministrativi degli enti pubblici di gestione, F. Merusi, *Le direttive*, cit., pp. 70 ss. Colloca l'amministrazione straordinaria in una prospettiva analoga a quella rinvenibile nelle ipotesi di scioglimento degli organi degli enti pubblici A. Nigro, *Crisi e risanamento delle imprese: il modello dell'amministrazione straordinaria delle banche*, Milano, Giuffrè, 1985, pp. 79 ss.

[23] Relazione del Guardasigilli, n. 4. Sul punto A. Nigro, *Crisi*, cit., pp. 84 ss.

zienda e mira al suo superamento, dimenticando che l'amministrazione straordinaria può essere disposta anche quando l'impresa non versi in tali situazioni.

In realtà, sia il punto di vista «amministrativistico» sia quello «commercialistico» colgono momenti reali degli strumenti e degli interessi coinvolti dall'amministrazione straordinaria. Lungi dall'essere esasperati unilateralmente essi, tuttavia, debbono essere ricomposti sulla base del diritto positivo, senza lasciarsi fuorviare dai pregiudizi connessi, da un lato, con il fatto che l'amministrazione straordinaria nacque come strumento di gestione coattiva nell'ambito della pubblica amministrazione e, dall'altro, che nella generalità dei casi gli strumenti di intervento sull'impresa presuppongono che la medesima versi in situazioni di illiquidità o di insolvibilità.

L'amministrazione straordinaria presuppone sicuramente l'esistenza di un sistema di controlli, ma non postula una particolare specie degli interessi protetti attraverso questi ultimi; sotto questo profilo è uno strumento neutro che può trovare, come trova, applicazione sia nel diritto dell'organizzazione amministrativa pubblica sia nel diritto dell'impresa.

In altri termini, si può ben immaginare che, calata nel diritto dell'impresa, come strumento diretto a tutelare gli interessi coinvolti nella crisi dell'impresa medesima, l'amministrazione straordinaria sia posta a tutela del rispetto delle sole norme che direttamente o indirettamente proteggono quegli interessi, così come è immaginabile che le caratteristiche della crisi dell'impresa bancaria comportino interventi sull'impresa stessa a prescindere dal fatto che quest'ultima versi in una situazione di illiquidità o di insolvenza. Si modificano così gli archetipi di istituti tipici della pubblica amministrazione e del diritto delle imprese per dar vita ad uno strumento (l'amministrazione straordinaria dell'impresa bancaria) che, pur rintracciando i propri momenti costitutivi in entrambi i settori dell'ordinamento, non è riconducibile interamente ad alcuno di essi[24].

È dunque esclusivamente nel diritto positivo che va cercata una risposta agli interrogativi sulla funzione e sulla «natura» dell'amministrazione straordinaria delle imprese bancarie.

[24] L'amministrazione straordinaria è stata avvicinata anche agli istituti previsti per la tutela degli incapaci (G. Augenti, *op. cit.*, p. 281): la tesi coglie qualche realtà sostanzialmente rilevante sul piano degli interessi nel momento in cui mette in luce che esiste un interesse pubblico alla liquidità e alla solvibilità delle imprese bancarie e che questo interesse si esprime anche con la sostituzione dei gestori che abbiano tenuto condotte pericolose per l'azienda gestita e, quindi, per gli interessi che alla stessa si ricollegano. Ma non si può desumere da questa constatazione alcun elemento per la ricostruzione della disciplina dell'istituto ed è, pertanto, una constatazione sostanzialmente irrilevante.

3.2. L'ambito di applicazione

L'amministrazione straordinaria venne introdotta nel nostro ordinamento generale dalla legge bancaria del 1936-38; la stessa non era, infatti, stata prevista dalla legge del 1926 che pur disciplinava la vigilanza sulle aziende e ipotizzava la revoca dell'autorizzazione ad esercitare il credito in caso di violazioni della legge medesima considerate di eccezionale gravità[25].

Ma l'istituto operava già da gran tempo in alcuni importanti settori bancari.

La legge 15 luglio 1888, n. 5546, nel momento in cui riconosceva la natura bancaria delle Casse di risparmio, prendeva anche atto della necessità di garantire una corretta gestione delle stesse sia per la tutela del risparmio raccolto sia per la destinazione che a tale risparmio veniva istituzionalmente impressa. A tale scopo tra i vari poteri di controllo che prevedeva sulla gestione vi era anche quello del Ministro dell'Agricoltura di sciogliere il consiglio di amministrazione e di procedere alla sua sostituzione con un commissario straordinario per irregolarità gravi nell'adempimento dei propri doveri da parte degli amministratori. Veniva così consentita la sostituzione temporanea dei gestori, ma solo in presenza di circostanze ben determinate e, comunque, in ipotesi molto più limitate di quelle nelle quali era possibile l'adozione di analogo provvedimento nell'ambito della Pubblica Amministrazione[26]. L'istituto, nel momento in cui veniva esteso ad enti titolari d'impresa, vedeva modificati per ciò stesso i propri presupposti ed anche i propri fini.

La norma venne accolta nel T.U. del 1929 che prevedeva per le Casse e per i Monti di prima categoria la possibilità di sciogliere il consiglio di amministrazione e la sostituzione dello stesso con un commissario regio nell'ipotesi in cui risultassero «disordini nell'azienda» o si riscontrassero «violazioni delle disposizioni statutarie o altri fatti» che rivelassero «gravi irregolarità nell'amministrazione» (art. 42).

Disposizione del tutto analoga dettava il T.U. 6 giugno 1932, n. 656, per le Casse rurali, il cui art. 20 (recepito nell'art. 33 del T.U. del 1937) riconosceva al Ministro per l'Agricoltura e Foreste la facoltà di sciogliere gli organi amministrativi della Cassa e di nominare un commissario governativo quando «risultino disordini nella società e si riscontrino violazioni delle disposizioni statutarie ed altri fatti che rivelino gravi irregolarità nell'amministrazione».

La norma, pur inserendosi nel filone legislativo che mirava ad un controllo generalizzato sulle società cooperative (R.D. 30 dicembre 1926, n. 2288, e R.D. 11 dicembre 1930, n. 1882), controllo generalizzato dal quale erano state escluse le Casse rurali, sottoposte, come sap-

[25] Metteva in luce la lacuna dell'ordinamento del 1926 sul punto, auspicando l'estensione a tutte le aziende del sistema dettato per le Casse di risparmio, A. De Gregorio, *La legislazione italiana sulla tutela del credito*, in «Riv. dir. comm.», 1929, I, p. 45.

[26] Si veda sul punto M. Clarich, *Le Casse di risparmio*, Bologna, Il Mulino, 1984, pp. 38 ss.

piamo, alla vigilanza prevista dalla legge bancaria del 1926, finiva comunque per integrare il sistema di vigilanza dettato dalla legge bancaria, prefigurando così l'ordinamento vigente.

Non mancavano poi disposizioni analoghe per alcuni degli Istituti di credito speciale che abbiamo visto nascere anteriormente alla legge bancaria.

Così per gli Istituti di credito agrario (D.M. 23 gennaio 1928, art. 46) si prevedeva che il Ministro per l'Economia nazionale in caso di «gravi irregolarità o violazione di legge, di regolamento o dello statuto» potesse promuovere lo scioglimento del consiglio di amministrazione e la nomina di un commissario straordinario. E nello stesso senso provvedevano lo statuto dell'Istituto mobiliare italiano (R.D. 13 novembre 1931, n. 1398), il cui art. 14 stabiliva che «per provata inosservanza delle disposizioni di legge di regolamento e di statuto o per gravi irregolarità di gestione poteva essere disposto, con decreto reale, lo scioglimento del consiglio di amministrazione» e quello del Consorzio di credito per le opere pubbliche (art. 12 del R.D. 2 settembre 1919, n. 1627), nel quale si stabiliva che «per grave inosservanza delle disposizioni di legge, di regolamento o di statuto o per continuata irregolarità della gestione, il consiglio di amministrazione può essere sciolto con decreto del Ministro per il Tesoro che provvede ad affidare la gestione ad un commissario di governo».

Sembra, dunque, possibile rilevare che già prima della legge bancaria del 1926 per importanti categorie di enti creditizi era prevista la possibilità di uno scioglimento degli organi amministrativi da parte delle Autorità di controllo e la sostituzione temporanea degli stessi con un commissario governativo tutte le volte in cui venissero riscontrate gravi violazioni di norme o gravi irregolarità nella gestione.

Si deve anche riconoscere, tuttavia, che per lo più si trattava di enti pubblici (con la sola eccezione delle Casse rurali) per i quali la sostituzione degli organi amministrativi poteva trovare la propria giustificazione anche negli scopi dell'ente e non solo, o non tanto, nelle caratteristiche dell'impresa. In altri termini, l'amministrazione straordinaria poteva ancora considerarsi come momento della disciplina dell'ente e non come parte dello statuto dell'impresa. Questa trasformazione dell'istituto trovò una realizzazione piena nella legge bancaria del 1936-38, che sottopose ad amministrazione straordinaria tutte le imprese bancarie, non attribuendo alcuna rilevanza alle caratteristiche giuridiche dei relativi imprenditori e alla loro specializzazione operativa.

A dire il vero, la legge bancaria del 1936-38 nel dettato originale limitava l'applicazione dell'amministrazione straordinaria alle aziende di credito, ma già la legge del 10 maggio 1940, n. 933, dichiarava applicabile tale procedura anche agli istituti di cui all'art. 41 della legge bancaria, per i quali era, per lo più, già prevista dalle rispettive norme statutarie. E questa soluzione, confermata dal D.L. C.P.S. 23 agosto 1946, n. 370, per gli istituti diversi da quelli indicati nel suddetto art. 41, fu definitivamente considerata come un momento necessario dello statuto comune di tutti gli istituti di credito dalla legge 10 febbraio 1981, n. 23

che dettò la disciplina generale della vigilanza su tale categoria di imprese. Le esitazioni che il nostro sistema ha avuto nell'estendere l'amministrazione straordinaria agli istituti può facilmente spiegarsi da un lato considerando che la legge bancaria, nel testo originario, si preoccupava soprattutto di dettare uno statuto per le imprese bancarie che raccoglievano risparmio a vista o a breve e, dall'altro, riflettendo sul fatto, evidentemente connesso con l'ottica appena accennata, che anche i problemi della crisi si ponevano con diversa intensità per le due categorie di imprese in considerazione delle caratteristiche delle rispettive operazioni di provvista. Sta di fatto che, anche prima della legge 23/1981, nessuno dubitava che potessero essere sottoposti ad amministrazione straordinaria anche gli istituti di credito. Così come non si dubitava che vi fossero sottoposti gli enti creditizi pubblici o quelli con scopi mutualistici (Banche popolari e Casse rurali e artigiane).

Tutto ciò confermava che l'amministrazione straordinaria aveva come punto di riferimento logico non il soggetto imprenditore ma la disciplina dell'attività: era un momento dello statuto dell'impresa[27]. Il che non escludeva, evidentemente che, per le inevitabili connessioni fra disciplina dell'attività e disciplina del soggetto, l'amministrazione straordinaria incidesse decisamente anche sull'organizzazione e sul funzionamento di quest'ultimo, come avremo modo di verificare, anche sotto il profilo della eventuale disapplicazione di norme di diritto che hanno come punto di riferimento il soggetto piuttosto che l'attività esercitata.

Questo ordine di idee trova facile conferma nel T.U. del 1993 che dichiara assoggettabile ad amministrazione straordinaria qualunque banca, indipendentemente dalla sua natura giuridica e dalla sua specializzazione operativa.

3.3. I presupposti oggettivi

A norma dell'art. 70, 1° comma, del T.U., il Ministro per il Tesoro, su proposta della Banca d'Italia, può disporre con decreto lo scioglimento degli organi con funzioni di amministrazione e controllo delle banche qualora: *a*) risultino gravi irregolarità nell'amministrazione, ov-

[27] Una conferma di questo assunto si rintraccia nella disciplina che le varie leggi di attuazione degli statuti delle Regioni a statuto speciale hanno adottato nel distribuire i poteri fra apparato centrale e apparato regionale in ordine all'amministrazione straordinaria delle imprese bancarie rilevanti per l'ordinamento regionale. In coerenza con il principio che riserva alle autorità creditizie centrali la disciplina dell'impresa e più in particolare il controllo sul suo esercizio è stata conservata alle medesime autorità una presenza determinante nell'assunzione del provvedimento che disponga l'amministrazione straordinaria delle aziende, pur consentendo qualche spazio anche al potere regionale in relazione al fatto che l'amministrazione straordinaria incide su soggetti la cui «istituzione» o il cui «ordinamento» sono rimessi in tutto o in parte alle autorità regionali. Per riferimenti sul punto si vedano M. Bouché, *L'amministrazione straordinaria degli istituti di credito*, in «Banca borsa e tit. cred.», 1982, I, p. 477, e C. Cocevar, *L'ordinamento regionale del credito nel Friuli Venezia Giulia*, in «Econ. e credito», 1974, pp. 914 ss.

vero gravi violazioni delle norme legislative amministrative o statutarie che regolano l'attività della banca; *b*) siano previste gravi perdite del patrimonio; *c*) lo scioglimento sia richiesto con istanza motivata dagli organi amministrativi ovvero dall'assemblea straordinaria.

La dottrina ha giustamente sottolineato la discrezionalità della quale godono le autorità creditizie in considerazione dell'evidente difficoltà di costringere entro parametri predeterminabili i presupposti sulla base dei quali può essere disposta l'amministrazione straordinaria. Siffatta discrezionalità non può, tuttavia, essere sopravvalutata. Anzitutto è necessario notare che l'autorità creditizia può disporre lo scioglimento degli organi amministrativi e di controllo contro la volontà dei medesimi solo quando ricorrano i presupposti esplicitamente indicati nell'art. 70, lett. *a*) e *b*), essendo possibile disporre tale scioglimento per altre ragioni solo su «richiesta» degli organi dell'ente[28]: anche in presenza di tale richiesta, tuttavia, le autorità creditizie conservano il potere di valutare discrezionalmente la situazione di fatto e di decidere conseguentemente se disporre lo scioglimento richiesto.

È poi necessario rilevare che, nel momento in cui le autorità creditizie abbiano discrezionalmente accertato la presenza di uno dei presupposti indicati, le stesse non possono omettere di procedere allo scioglimento degli organi[29].

Qualche precisazione, in questa direzione, sembra opportuna anche in ordine alle ipotesi tipiche nelle quali può e deve essere disposto lo scioglimento degli organi della banca; precisazione che tenga presente il ruolo che l'amministrazione straordinaria ha nell'ambito dello statuto dell'impresa bancaria.

Sembra, in primo luogo, che, se si vuole attribuire qualche significato all'ipotesi di «gravi irregolarità nell'amministrazione», la stessa debba essere riferita a situazioni che non integrano gravi violazioni delle norme legali amministrative statutarie. In altri termini par ragionevole ritenere che il T.U. consideri sufficiente per lo scioglimento degli organi di amministrazione e di controllo anche situazioni che, pur non rivelando comportamenti «illegittimi» degli organi medesimi,

[28] Incerta è la «natura» di tale richiesta; non si tratta di una mera «denuncia» intesa come semplice «notizia» relativa ad una situazione di fatto; o quanto meno non può essere considerata tale nella ipotesi in cui porti a conoscenza dell'autorità di controllo circostanze diverse da quelle previste nelle lett. *a*) e *b*) dell'art. 70, costituendo in tal caso un presupposto sostanziale del provvedimento di scioglimento degli organi. D'altro canto non può neppure essere considerata come esercizio di un diritto di azione perché, come si è notato nel testo, la richiesta non elimina la discrezionalità della autorità di controllo. In un'ottica in qualche misura diversa, che ponga l'accento soprattutto sull'interesse dell'azienda, potrebbe essere considerata alla stregua del consenso che l'interessato offre ad un provvedimento che in ogni caso incide su di un suo interesse.

[29] Non si può, in altri termini, condividere l'opinione (R. Goldschmidt, *L'amministrazione straordinaria delle aziende di credito*, in «Banca borsa e tit. cred.», 1937, I, p. 71) secondo la quale «anche qualora i presupposti esistano, c'è solo la facoltà e non il dovere dell'autorità competente di procedere nel modo ivi indicato».

determinino una grave disfunzione oggettiva nell'esercizio dell'attività[30].

Può dunque esservi grave irregolarità (nel senso di difformità dalle regole di una gestione funzionale) nell'amministrazione, sufficiente a giustificare lo scioglimento degli organi amministrativi e di controllo e la loro sostituzione allo scopo di tutelare gli interessi coinvolti dall'impresa bancaria, anche in assenza di gravi violazioni delle norme legislative, statutarie ed amministrative alle quali deve attenersi l'azienda.

Problemi di notevole rilievo anche al fine di una più precisa definizione degli scopi dell'amministrazione straordinaria sorgono quando si cerca di individuare le «gravi violazioni» delle norme legislative amministrative e statutarie che giustificano il provvedimento. Da un lato, mi parrebbe incongruo con gli scopi che l'ordinamento persegue attraverso la vigilanza sulle imprese bancarie ritenere che non rilevino le violazioni compiute da organi diversi da quelli di gestione e di controllo; gli interessi connessi con l'impresa bancaria possono essere pregiudicati anche da deliberazioni assembleari che si rivelino appunto dotate di tale capacità di pericolo ed anche in questo caso sembra giustificato lo scioglimento degli organi amministrativi e di controllo (e la sospensione delle funzioni assembleari)[31].

D'altra parte, non sembra che, per definizione, qualunque violazione anche grave dello statuto o della legge (come una eventuale inosservanza delle norme fiscali) possa di per sé giustificare lo scioglimento dei predetti organi; deve trattarsi di violazioni di norme legislative amministrative statutarie che abbiano un riflesso mediato o immediato sulla gestione dell'impresa. E non è forse da sottovalutarsi il fatto che la norma faccia riferimento a disposizioni legislative o statutarie «che regolano l'attività della banca», lasciando così trasparire la limitata rilevanza di violazioni che attengono ad esempio ai rapporti, con i soci o con terzi, del tutto estranei all'attività bancaria.

Sembra, insomma, troppo generico il ritenere che il potere di sciogliere gli organi abbia lo scopo amplissimo di «garantire la legalità del comportamento del soggetto controllato»; l'affermazione può essere accettata solo nei limiti in cui mette in luce che determinate ipotesi di illegalità possono pregiudicare gli interessi coinvolti nell'esercizio dell'impresa ed è di quelle illegalità che l'autorità di controllo deve preoccuparsi, essendo preposta non al rispetto della legge in quanto tale ma, piuttosto, alla salvaguardia sostanziale degli interessi connessi all'esercizio dell'attività bancaria.

Ed è abbastanza plausibile che questa ponderazione degli interessi

[30] È stato ritenuto che giustifichi lo scioglimento degli organi amministrativi la situazione di permanente pericolo per la sorte dell'azienda derivante dalla «faciloneria e dalla faziosità degli amministratori» (Cons. Stato, 16 marzo 1966, n. 149, in «Banca borsa e tit. cred.», 1966, II, p. 151 con nota di P. Battaglia).

[31] Sembra muoversi su questa linea Cons. Stato, 29 settembre 1966, n. 603, in «Banca borsa e tit. cred.», 1967, II, p. 639 nel ritenere legittimo lo scioglimento degli organi amministrativi in caso di irregolare costituzione del consiglio di amministrazione.

coinvolti venga effettuata soprattutto nel momento in cui si stabilisce la gravità della violazione; in altri termini la violazione di una norma esiste o non esiste; la gravità viene stabilita con riferimento alla lesione di interessi che quella violazione determina e gli interessi che qui verranno in rilievo saranno appunto quelli tipicamente coinvolti dalla impresa bancaria e che possono essere messi in pericolo solo da determinate violazioni[32].

Siffatta discriminazione non potrà, invece, essere effettuata in ordine alle disposizioni amministrative emanate dalla Banca d'Italia; essendo le stesse dirette, per definizione, alla tutela degli interessi tipicamente coinvolti nel settore, la loro violazione (se grave) comporta sempre un pericolo per tali interessi e giustifica, quindi, lo scioglimento degli organi amministrativi.

Questa attenzione agli interessi consente di dare un significato all'ipotesi di «gravi irregolarità nell'amministrazione» e di giungere ad una interpretazione in qualche modo restrittiva o selettiva delle violazioni legislative amministrative e statutarie che giustificano lo scioglimento degli organi, ma permette anche di respingere la tesi secondo la quale le gravi perdite rilevanti ai fini di tale scioglimento[33] sarebbero soltanto quelle connesse alle predette irregolarità o violazioni. È evidente, infatti, che la presenza di gravi perdite può mettere in pericolo gli interessi tutelati attraverso lo scioglimento anche quando non sussistano violazioni di norme, a prescindere poi dalla gravità delle stesse[34]. Anche in questa ipotesi può essere opportuna una sostituzione nella gestione diretta non tanto ad eliminare le perdite (non essendo questo obiettivo istituzionalmente proprio dell'amministrazione straordinaria)[35] quanto a valutare più appropriatamente gli strumenti che debbono essere adottati per evitare o comunque per governare la illiquidità o l'insolvenza dell'impresa.

E un criterio analogo le autorità creditizie dovranno seguire nel valutare le circostanze poste a fondamento della richiesta avanzata dagli organi della banca[36], quando, ovviamente, tale istanza indichi circostan-

[32] Sembra debba escludersi la possibilità di disporre l'amministrazione straordinaria se le irregolarità nell'amministrazione sono già state eliminate e se le violazioni di norme statutarie legislative ed amministrative non persistano e la gestione aziendale sia stata spontaneamente ricondotta nell'ambito della legittimità.

[33] Questa opinione era espressa nella «Relazione presentata dalla giunta generale del bilancio» nel corso dei lavori preparatori della legge bancaria.

[34] È la valutazione degli interessi ricordata nel testo che giustifica l'amministrazione straordinaria anche in caso di gravi perdite non determinate da gravi violazioni di norme e non tanto la impossibilità di attribuire altrimenti una rilevanza autonoma alla situazione patrimoniale. È evidente, infatti, che la lettera dell'art. 70 conserva un significato anche quando si pretenda che le perdite derivino da violazioni di norme, sempre che si consideri necessaria la presenza di violazioni non gravi.

[35] Ritiene che in questa ipotesi l'amministrazione straordinaria abbia «il fine di ridurre il deficit patrimoniale dell'azienda» M. Porzio, *Il governo del credito*, Napoli, Liguori, 1976, p. 85.

[36] Nel caso di società, a norma dell'art. 70 T.U. lo scioglimento degli organi amministrativi e di controllo può essere anche chiesto dall'assemblea dei soci con deliberazione assunta con le maggioranze previste per l'assemblea straordinaria dagli artt. 2368, 2° comma e 2369, 3° comma Cod. civ.

ze diverse da quelle tipicamente previste nell'art. 70, 1° comma del T.U., come idonee a giustificare in ogni caso lo scioglimento degli organi amministrativi e di controllo della stessa[37].

3.4. Organi della procedura: nomina, poteri e funzionamento

a) Come abbiamo ricordato lo scioglimento degli organi di amministrazione e di controllo della banca sono disposti con decreto del Ministro per il Tesoro; decreto che dovrà essere adeguatamente motivato[38] e contro il quale coloro che lamentino una lesione attuale di un interesse protetto[39] potranno esperire i ricorsi previsti dalla giustizia amministrativa[40]. E il decreto del Ministro[41] determina non solo lo scioglimento degli organi amministrativi e di controllo della banca, ma anche la sospensione delle funzioni delle assemblee dei soci e, comunque, di altri eventuali organi diversi da quelli sciolti (cfr. art. 70, 2° comma T.U.).

Non compete, tuttavia, al Ministro per il Tesoro la nomina delle persone che dovranno assumere le funzioni degli organi dei quali lo stesso ha disposto lo scioglimento. A norma, infatti, dell'art. 71, 1° comma T.U., spetta alla Banca d'Italia il potere-dovere di nominare, con provvedimento da emanare entro quindici giorni dal decreto del

[37] Escludeva la possibilità di disporre l'amministrazione straordinaria nonostante la richiesta degli organi dell'azienda in mancanza dei presupposti di cui alle lettere *a*) e *b*) del primo comma dell'art. 57 l.b., G. Augenti, *op. cit.*, p. 288.

[38] Sulla possibilità di considerare motivato, sia pure *per relationem*, il decreto che faccia riferimento alla proposta della Banca d'Italia si veda Cons. Stato, 16 marzo 1966, n. 146, in «Banca borsa e tit. cred.», 1966, II, p. 151, e Cons. Stato, IV, 28 ottobre 1980, n. 1008 in «Cons. Stato», 1980, I, p. 1313, e F. Maimeri, *La crisi dell'impresa bancaria*, in «Giurisprudenza bancaria», Milano, Giuffrè, 1989, pp. 107 ss. Sul significato di questo indirizzo giurisprudenziale si veda A. Nigro, *Crisi*, cit., p. 36 nota 46.

[39] Qualche incertezza è sorta in ordine alla titolarità di un siffatto interesse. Mentre è pacifico che lo stesso non spetta al commissario straordinario nominato dalla Banca d'Italia (R. Goldschimdt, *op. cit.*, p. 72) e che invece compete sia all'ente creditizio oggetto del provvedimento sia ai componenti degli organi dello stesso sciolti dal decreto ministeriale e ai soci dell'ente medesimo, privati del loro potere di soci, incerto è se spetti anche ai creditori dell'ente. A favore della tesi favorevole alla legittimazione dei creditori non potrebbe, tuttavia, addursi la compressione che i loro poteri subiscono nei confronti delle regole di diritto comune, trattandosi di compressioni che derivano direttamente dalla disciplina materiale dettata per i creditori dell'impresa bancaria. A norma dell'art. 70, 3° comma «il decreto del Ministro per il Tesoro e la proposta della Banca d'Italia sono comunicati dai commissari straordinari agli interessati che ne facciano richiesta, non prima», per altro, di aver «preso in consegna» l'azienda.

[40] Nonostante qualche perplessità, si ritiene che il Tribunale Amministrativo Regionale possa disporre la sospensione del provvedimento ai sensi dell'art. 21 della legge 6 dicembre 1971, n. 1034 (sul punto si veda M. Trani, *Decreto di amministrazione straordinaria di azienda di credito e sospensione del provvedimento*, in «Banca borsa e tit. cred.», 1981, pp. 369 ss.).

[41] A norma dell'art. 70, 4° comma T.U. il decreto deve essere pubblicato sulla «Gazzetta Ufficiale»; ma, come avremo modo di constatare, la massima parte degli effetti si produce dalla sua emanazione e si deve, dunque, escludere che la pubblicazione condizioni l'efficacia del decreto, come si riteneva invece sulla base della legge bancaria (cfr. R. Goldschmidt, *op. cit.*, p. 71).

Ministro, gli organi dell'amministrazione straordinaria, ossia: *a*) uno o più commissari straordinari e *b*) un comitato di sorveglianza composto da tre a cinque membri[42].

b) Nessun presupposto soggettivo è richiesto né per i commissari straordinari né per i componenti il comitato di sorveglianza, e sotto questo profilo il T.U. si allontana, almeno per quanto concerne i componenti del comitato di sorveglianza, dalla legge bancaria, secondo la quale (art. 58, 1° comma) questi dovevano essere scelti fra persone che fossero esperte nell'attività bancaria o che fossero comprese fra i creditori o che fossero ritenute dalla Banca d'Italia «specialmente adatte a vigilare sugli interessi degli enti fondatori o dei soci». E facendo perno su questi requisiti soggettivi si era preteso[43] di individuare una diversa collocazione dei commissari e del comitato in ordine agli interessi dei quali tali organi avrebbero dovuto rendersi portatori: nel senso che i commissari avrebbero dovuto considerarsi portatori dell'interesse generale al risanamento dell'impresa bancaria, mentre i componenti del comitato avrebbero dovuto farsi carico degli interessi «privati» dei soci e dei creditori. In realtà il sistema di nomina e di revoca dei componenti il comitato e il fatto che il loro controllo coinvolgesse l'intera attività svolta dai commissari escludevano, già nel vigore della legge bancaria, una differenziazione dei due organi sotto il profilo degli interessi protetti. Il T.U. ha eliminato anche il fragile appiglio sulla base del quale quella tesi era stata sostenuta, nel momento in cui ha escluso un qualsiasi collegamento fra requisiti dei componenti del comitato di sorveglianza e qualità di soci o di creditori della banca. Commissari straordinari e comitato di sorveglianza perseguono, ciascuno nell'ambito delle proprie funzioni, gli stessi interessi: quelli tipicamente tutelati attraverso il procedimento di amministrazione straordinaria.

c) Il T.U. detta le regole di funzionamento degli organi dell'amministrazione straordinaria. Così, con riferimento ai commissari straordinari si stabilisce che gli stessi, ovviamente quando siano più di uno, «decidono a maggioranza dei componenti in carica e i loro poteri di rappresentanza sono validamente esercitati con la firma congiunta di due di essi» (art. 72, 7° comma). La norma esclude, anzitutto, che all'ufficio dei commissari straordinari si applichino le regole statutarie di organizzazione del consiglio di amministrazione della banca «commissariata».

Tenuto conto poi della funzione pubblica svolta dai commissari trovano applicazione le norme che disciplinano il funzionamento dei collegi amministrativi: essi debbono perciò rispettare il metodo collegiale, anche se l'assenza di una specifica previsione legislativa sul punto consentirà una notevole elasticità nella relativa applicazione. Tenuto poi conto del fatto che la pluralità dei membri dell'ufficio non è impo-

[42] Sulla disciplina prevista per gli organi della procedura dalla legge bancaria, v. M. Cardillo, in *Codice commentato*, cit., pp. 685 ss.

[43] Cfr. G. Restuccia, *L'amministrazione straordinaria delle aziende di credito*, Milano, Giuffrè, 1983, p. 115.

sta dalla eterogeneità degli interessi rappresentati ma dalla complessità delle operazioni da espletare, il collegio potrà deliberare anche se non sono presenti tutti i commissari, essendo il relativo quorum costitutivo da determinarsi con riferimento a quello deliberativo fissato dalla legge. Poiché le decisioni debbono essere assunte con il consenso della maggioranza assoluta «dei componenti in carica», anche il relativo quorum costitutivo dovrà essere fissato negli stessi termini.

Queste conclusioni non pare possano essere disattese rilevando che, non prevedendosi la nomina di un presidente fra i commissari, non è materialmente possibile un funzionamento collegiale dell'ufficio, essendo ben immaginabile che si realizzi una forma di autoorganizzazione che garantisca, comunque, tale funzionamento. Naturalmente la tesi qui adottata non esclude che fra i commissari avvenga in fatto una divisione del lavoro gestorio, comunque riconducibile e da ricondurre alla responsabilità collegiale (e, quindi, solidale sotto il profilo patrimoniale) della totalità dei componenti l'ufficio.

È ciò che prevede espressamente lo stesso art. 72, 7° comma del T.U., là dove precisa che «è fatta salva la possibilità di conferire deleghe, anche per categorie di operazioni, a uno o più commissari»: deleghe che, per altro, non pare possano ridurre il dovere degli altri commissari alla mera vigilanza sul delegato (in analogia con quanto previsto dall'art. 2392, 2° comma del Codice civile per gli amministratori di società per azioni).

Per quanto concerne il potere di rappresentanza l'art. 72, 7° comma, stabilisce che lo stesso è validamente esercitato con le firme congiunte di due di essi: risultano così del tutto disattese le regole dettate per la rappresentanza delle società per azioni, dagli artt. 2384 e 2384 *bis* del Codice civile. Resta, tuttavia, incerto se la regola della firma congiunta valga anche per le operazioni oggetto di delega a favore di uno o più commissari singoli, ma sembrerebbe preferibile optare per la inderogabilità della stessa, anche in considerazione del fatto che, facendo la legge riferimento ad «operazioni», la delega sembra soprattutto avere riguardo ai rapporti interni, ossia al potere deliberatorio, piuttosto che a quello rappresentativo.

Per quanto concerne il comitato di sorveglianza, che la relazione al T.U. vorrebbe necessariamente composto da un numero dispari di componenti nonostante la lettera della legge non sia in questo senso, si stabilisce anzitutto la necessità di nominare un presidente del comitato (da effettuarsi a maggioranza), precisandosi poi che le deliberazioni debbono essere assunte «a maggioranza dei componenti in carica» e che «in caso di parità prevale il voto del presidente» (art. 72, 8° comma). Per il funzionamento del comitato valgono le stesse conclusioni già formulate con riferimento ai commissari; anche con riferimento alla necessità di rispettare il metodo collegiale, come conferma la doverosa presenza di un presidente del comitato, che perderebbe altrimenti gran parte del proprio significato.

d) Varie possono essere le cause che determinano la cessazione dalla carica dei commissari straordinari e dei componenti il comitato (dimissioni, scadenza del termine, sopravvenuta incapacità, ecc.). Qui si vuole solo porre l'accento sulla norma, dettata dall'art. 71, 3° comma del T.U., che consente alla Banca d'Italia di revocare e sostituire sia gli uni sia gli altri. Formula che sancisce, in termini espliciti, l'inesistenza di un qualsiasi diritto o interesse protetto dei commissari e dei membri del comitato alla funzione loro attribuita e, per ciò stesso, la insindacabilità del provvedimento della Banca d'Italia. Il che rimane vero nonostante i suddetti commissari e membri del comitato di sorveglianza abbiano diritto di percepire le indennità connesse all'attività svolta; indennità determinate dalla Banca d'Italia in base a criteri dalla stessa stabiliti e poste a carico della banca sottoposta alla procedura (art. 71, 4° comma).

e) A norma dell'art. 72, 1° comma del T.U., «i commissari esercitano le funzioni e i poteri dei disciolti organi amministrativi della banca»; essi, inoltre, «provvedono ad accertare la situazione aziendale, a rimuovere le irregolarità e a promuovere le soluzioni utili nell'interesse dei depositanti», assumendo la qualità di pubblici ufficiali nell'esercizio delle loro funzioni.

Per quanto concerne le funzioni amministrative i poteri dei commissari sono dunque determinati *per relationem*, nel senso che competono loro, in assenza di diversa disposizione legislativa, tutti e solo i poteri gestori che spettavano agli organi amministrativi sciolti. I poteri dei commissari incontrano anche i limiti che lo statuto poneva alle funzioni dell'organo o degli organi amministrativi dell'azienda (nelle ipotesi in cui la funzione amministrativa fosse distribuita fra più organi) e, quindi, tali poteri possono variare in relazione alle regole di organizzazione dell'ente sottoposto ad amministrazione straordinaria.

Sotto questo profilo deve, perciò, essere disattesa l'opinione[44] espressa nel vigore della legge bancaria, secondo la quale, nel momento in cui ha disposto la sospensione delle funzioni dell'assemblea dei soci, il legislatore avrebbe riconosciuto ai commissari i poteri che la legge e lo statuto attribuivano a tale organo. Una smentita implicita a questo convincimento può desumersi, oggi, dallo stesso T.U., laddove (art. 72, 6° comma) attribuisce ai commissari, previa autorizzazione della Banca d'Italia, il potere di convocare le assemblee e gli altri organi le cui funzioni risultano sospese per effetto del provvedimento di amministrazione straordinaria. La norma postula evidentemente che i poteri dell'assemblea, in linea di principio, e con le eccezioni che avremo modo di rilevare più innanzi, non vengano attribuiti ai commissari straordinari.

Questi, per altro, non esauriscono le loro funzioni nella gestione della banca commissariata, ma svolgono, anzitutto, una funzione ispettiva, diretta ad accertare con maggiore precisione la reale situazione aziendale; accertamento, a sua volta, indispensabile sia ai commissari per cercare di promuovere le soluzioni utili nell'interesse dei depositanti sia alla Banca d'Italia per poter assumere i provvedimenti che alla

[44] C.M. Pratis, *La disciplina*, cit., p. 320.

stessa sono demandati. Sono stati così rimossi i dubbi che sulla funzione ispettiva dei commissari erano sorti nel vigore della legge bancaria[45].

Ma ai commissari vengono attribuite anche funzioni che l'ordinamento di diritto comune considera proprie dell'assemblea dei soci. Spetta infatti ai commissari straordinari «l'esercizio dell'azione di responsabilità contro i membri dei disciolti organi amministrativi e di controllo, a norma dell'art. 2393»; essi possono tuttavia esercitarla, sentito il comitato di sorveglianza, solo previa autorizzazione della Banca d'Italia (cfr. art. 72, 5° comma T.U.).

Un analogo spostamento di competenza viene stabilito con riferimento al bilancio d'esercizio. Sul punto è, tuttavia, necessario distinguere tra il bilancio dell'esercizio chiusosi prima dell'inizio della procedura e quello di chiusura della stessa. Se il bilancio relativo all'ultimo esercizio chiusosi prima dell'inizio dell'amministrazione straordinaria non è stato ancora approvato al momento dell'apertura della procedura, i commissari non debbono (né possono) convocare l'assemblea dei soci per la relativa approvazione, ma «provvedono al deposito nella cancelleria del tribunale, in sostituzione del bilancio, di una relazione sulla situazione patrimoniale ed economica, redatta sulla base delle informazioni disponibili» e accompagnata da un rapporto del comitato di sorveglianza, rimanendo comunque esclusa «ogni distribuzione di utili» (cfr. art. 73, 4° comma T.U.). Per quell'esercizio, dunque, non vi sarà un bilancio, ma esclusivamente una relazione dei commissari.

L'esercizio in corso all'inizio della procedura, invece, si protrae, «a ogni effetto di legge» fino al termine della procedura stessa. Il relativo bilancio, inoltre, non è sottoposto all'approvazione dell'assemblea dei soci (cfr. art. 75, 2° c. T.U.), ma viene presentato per l'approvazione alla Banca d'Italia entro quattro mesi dalla chiusura dell'amministrazione straordinaria e pubblicato nei modi di legge (rimanendo incerto se la pubblicazione debba avvenire contemporaneamente alla presentazione alla Banca d'Italia o dopo l'approvazione di questa).

In entrambe le ipotesi di sostituzione dei commissari all'assemblea (azione di responsabilità, bilancio di chiusura dell'amministrazione straordinaria) il legislatore richiede che l'atto dei primi sia o autorizzato o approvato dall'organo di vigilanza.

f) Abbiamo già sottolineato il forte collegamento che esiste fra gli organi dell'amministrazione straordinaria e l'organo di vigilanza bancaria nello svolgimento della procedura; in particolare, per quanto concerne l'esercizio dei poteri che la legge attribuisce ai primi. Esplicito è su questo punto l'art. 72, 4° comma del T.U., che attribuisce alla Banca d'Italia il potere di stabilire, con istruzioni impartite ai commissari e ai membri del comitato di sorveglianza, «speciali cautele e limitazioni nella gestione della banca». Dell'osservanza di queste direttive sono «per-

[45] Sul punto C. Paolillo, *Sulle funzioni del commissario straordinario*, in «Banca borsa e tit. cred.», 1976, I, pp. 176 ss. e G. Boccuzzi e V. Tusini Cottafavi, in *Codice commentato*, cit., p. 726.

sonalmente» responsabili, anche sul piano patrimoniale, i componenti degli organi straordinari; anche se la mancata conformità degli atti di questi ultimi alle prescrizioni della Banca d'Italia «non sono opponibili ai terzi che non ne abbiano avuto conoscenza». Norma che mette bene in luce il fatto che l'amministrazione straordinaria si svolge sotto lo stretto controllo e la sostanziale direzione della Banca d'Italia.

g) Il comitato di sorveglianza «sostituisce in tutte le funzioni i disciolti organi di controllo e fornisce pareri ai commissari nei casi previsti» dal T.U. e dalle disposizioni della Banca d'Italia (art. 72, 2° comma). La norma lascia integre le funzioni degli organi di controllo esterni e non sembra intaccare neppure le funzioni di quegli organi che, pur ripetendo la loro nomina dall'ente (ad esempio società di revisione e certificazione del bilancio per le società quotate in borsa), non possono considerarsi organi di controllo statutari. Le funzioni del comitato, per altro, vanno oltre quelle tipicamente attribuite ad organi di controllo, come il collegio sindacale, dal momento che il T.U. attribuisce allo stesso anche una funzione consultiva. I relativi pareri, tuttavia, non paiono vincolanti, a meno che non li rendano tali le disposizioni della Banca d'Italia, che impongono particolari cautele nell'interesse dei depositanti (cfr. art. 72, 4° comma T.U.).

h) Abbiamo già constatato che all'assemblea dei soci vengono sottratte, durante l'amministrazione straordinaria, funzioni importanti come l'esercizio dell'azione sociale di responsabilità e l'approvazione del bilancio. Il che, per altro, non esclude che le sue deliberazioni siano necessarie per assumere decisioni, come quelle relative alle modificazioni del capitale sociale o più in generale delle clausole statutarie[46]. Ma anche con riferimento a questi oggetti, riservati alla sua esclusiva competenza, l'assemblea dei soci vede compromessi i propri poteri. Abbiamo già visto che i commissari possono convocarla, previa autorizzazione della Banca d'Italia, quando ritengono opportuna l'assunzione di una decisione alla stessa riservata. E l'assemblea potrebbe anche deliberare, nel consenso di tutti i soci e con le incertezze connesse ad ipotetiche invalidità della deliberazione, su materie diverse da quelle all'ordine del giorno. Questa eventualità è preclusa all'assemblea durante l'amministrazione straordinaria: l'art. 72, 6° comma del T.U. stabilisce che «l'ordine del giorno» in questa ipotesi, «è stabilito in via esclusiva dai commissari e non è modificabile dall'organo convocato». Ci si deve chiedere anzi se l'assemblea possa assumere deliberazioni diverse da quelle

[46] I commissari potranno convocare l'assemblea per la ricostituzione del capitale sociale. È stato ritenuto che l'apertura dell'amministrazione straordinaria sospenda l'applicabilità delle norme societarie sulla riduzione del capitale e sullo scioglimento dovuto a perdite e non possa essere, in particolare, deliberato lo scioglimento della società. Il che non impedirebbe, tuttavia, ai commissari di convocare l'assemblea per la ricostituzione del capitale sociale eventualmente perduto (Cass. 28 giugno 1980, n. 4089, in «Banca borsa e tit. cred.», 1982, II, pp. 38 ss. e già Trib. Venezia, 16 gennaio 1974, in «Banca borsa e tit. cred.», 1975, II, 292, con nota di G. Visentini). Sul punto v. G. Berionne e R. Sabato, in *Codice commentato*, cit., pp. 701 ss.

sottoposte alla sua approvazione dai commissari o se possa solo approvare o respingere le proposte di questi ultimi. Un eventuale conflitto fra le decisioni dell'assemblea e le scelte dei commissari in ordine ai provvedimenti più opportuni per il risanamento della banca, e comunque per la tutela dei depositanti, potrebbe obbligare gli organi straordinari ad eseguire decisioni ritenute inadeguate per quei fini.

i) Si è discusso sulla natura dei rapporti che si instaurano tra gli organi dell'amministrazione, da un lato, e l'azienda di credito e l'apparato pubblico di controllo, dall'altro. Si tratta di una disputa che rischia di assumere un sapore prevalentemente nominalistico ma sulla quale è bene fare chiarezza.

Si deve, anzitutto, escludere che i commissari straordinari (e i membri del comitato di sorveglianza) siano organi dell'ente creditizio, anche se per legge hanno il potere di obbligare l'ente al quale sono preposti[47]. Il rigetto di questa tesi non si regge, tuttavia, come spesso si è invece ritenuto, sul fatto che i commissari perseguono un interesse in parte estraneo all'ente. Ed in effetti, anche ammesso che questa affermazione sia corretta, nulla esclude che gli organi di un ente perseguano o debbano perseguire nella gestione del medesimo anche interessi ad esso estranei. Quella tesi va respinta, invece, per la semplice ma decisiva ragione che gli organi di un ente sono soltanto quelli disegnati dallo statuto del medesimo e non v'è dubbio che gli «organi» dell'amministrazione straordinaria non rientrino fra questi.

Anche per quanto concerne l'opposta opinione[48] che vorrebbe ricondurre i commissari e i membri del comitato esecutivo all'organizzazione dell'apparato di controllo, non è decisivo addurre la sostanziale coincidenza degli interessi perseguiti dall'organo di vigilanza e dai suddetti «organi» dell'amministrazione straordinaria; al di là della esistenza di siffatta coincidenza funzionale, resta il fatto che i commissari straordinari e i membri del comitato di sorveglianza non fanno parte dell'organizzazione amministrativa della Banca d'Italia.

In realtà si è qui in presenza di una delle tante ipotesi, che il nostro ordinamento conosce, di gestione coattiva di un'impresa disposta dalla pubblica amministrazione ma attribuita a soggetti estranei alla stessa; soggetti che si trovano, pertanto, incaricati di una funzione pubblica che esercitano sotto la direzione ed il controllo della pubblica autorità; ma non per questo incardinati nella pubblica amministrazione.

l) Come abbiamo constatato la Banca d'Italia deve provvedere alla nomina degli organi dell'amministrazione straordinaria entro quindici giorni dal decreto ministeriale di scioglimento degli organi amministrativi e di controllo della banca. È ben possibile che si verifichino ostacoli che impediscano una tempestiva nomina degli organi o che ne ostacolino l'insediamento. In previsione di tali ipotesi il T.U., come già la legge

[47] G. Molle, *La banca nell'ordinamento giuridico italiano*, Milano, Giuffrè, 1987^2, p. 459; *contra* A. Nigro, *Crisi*, cit., pp. 47 ss.

[48] Così C.M. Pratis, *La disciplina*, cit., p. 326, e, sia pure con qualche perplessità, A. Nigro, *Crisi*, cit., p. 58.

bancaria, prevede che la Banca d'Italia nomini, come «commissario provvisorio», un proprio funzionario con i «medesimi poteri attribuiti ai commissari straordinari»; il quale rimane in carica «fino all'insediamento degli organi straordinari» (art. 71, 5° comma T.U.).

3.5. Durata, adempimenti iniziali e finali

a) «L'amministrazione straordinaria dura un anno dalla data di emanazione del decreto» del Ministro per il Tesoro, salvo che lo stesso decreto «preveda un termine più breve o che la Banca d'Italia ne autorizzi la chiusura anticipata» (art. 70, 5° comma). «In casi eccezionali», per altro, la procedura può essere prorogata, per un periodo non superiore a sei mesi, con decreto del Ministro per il Tesoro, su proposta della Banca d'Italia.

Come si può notare la durata dell'amministrazione straordinaria è rimessa in larga misura alla discrezionalità delle autorità creditizie. Il T.U. stabilisce un solo vincolo inderogabile: il limite massimo di durata (diciotto mesi). La legge non trascura, tuttavia, di inserire qualche indicazione limitatrice di tale discrezionalità, disponendo che la durata iniziale non possa essere superiore a dodici mesi e che solo con un provvedimento ministeriale successivo, che accerti la eccezionalità della situazione, sia consentita una proroga di tali funzioni per un periodo massimo di sei mesi. La proroga, tuttavia, non è più rimessa alla Banca d'Italia, come prevedeva l'art. 58, 7° comma l.b., ma riservata al Ministro del Tesoro. La Banca d'Italia, per altro, può disporre proroghe, non superiori a due mesi, del termine della procedura, anche quando lo stesso sia già stato prorogato dal Ministro, «per gli adempimenti connessi con la chiusura della procedura quando le relative modalità di esecuzione siano state già approvate dalla medesima Banca d'Italia» (cfr. art. 70, 6° comma).

b) Gli adempimenti iniziali della procedura consistono nel «passaggio delle consegne» dagli organi amministrativi sciolti ai commissari straordinari, da effettuarsi alla presenza di almeno un componente del comitato di sorveglianza e «previo sommario processo verbale» (cfr. art. 73, 1° comma). Si tratta evidentemente della immissione nel possesso delle strutture aziendali degli organi straordinari, indispensabile per il concreto esercizio del potere d'impresa. Normalmente questa immissione dovrebbe avvenire, appunto, attraverso la consegna dell'azienda da parte dei precedenti amministratori; ma può ben succedere che «per il mancato intervento degli organi amministrativi disciolti o per altre ragioni, non sia possibile l'esecuzione delle consegne» e, in tal caso, «i commissari provvedono d'autorità a insediarsi, con l'assistenza di un notaio e, ove occorra, con l'intervento della forza pubblica» (art. 73, 2° comma). Non meravigli l'analiticità delle previsioni normative: l'esperienza ha dimostrato le difficoltà che incontrano gli organi straordinari nel momento in cui assumono la gestione di una banca i cui organi siano stati sciolti d'imperio.

Una volta entrati, materialmente, nel possesso dell'azienda «i commissari acquisiscono una situazione dei conti» (art. 73, 1° comma). La norma ha preso il posto dell'art. 60, 1° comma della legge bancaria che imponeva agli organi sciolti di «redigere l'inventario» e di presentare ai commissari «il rendiconto, certificato dagli organi di vigilanza, dal tempo dell'ultimo bilancio». Inutile sottolineare che quest'ultima disposizione postulava negli organi «cacciati» una volontà di collaborazione con gli organi straordinari del tutto improbabile, il che rendeva praticamente inattuabile il relativo precetto[49].

La disposizione del T.U. si limita a stabilire che i commissari acquisiscono una situazione dei conti, che potrà anche essere presentata loro dai precedenti organi ma che potrà anche essere fornita dalle strutture della banca.

c) L'amministrazione cessa, ovviamente, con lo spirare del termine originariamente stabilito o successivamente prorogato ai sensi dell'art. 70 T.U. La legge prevede anche una chiusura «anticipata» dell'amministrazione; possibile, tuttavia, solo se autorizzata dalla Banca d'Italia.

La chiusura dell'amministrazione straordinaria può avere, a sua volta, sbocchi contrapposti. L'autorità di vigilanza può ritenere che la situazione di crisi debba considerarsi superata e che, comunque, non sussistano i presupposti per la liquidazione coatta dell'azienda. In tal caso i commissari dovranno assumere tempestivamente le iniziative indispensabili, per la ricostituzione degli organi amministrativi e di controllo dell'ente, provvedendo alla convocazione dell'assemblea dei soci e alla riconsegna dell'azienda ai nuovi organi (art. 75, 3° comma).

Nell'ipotesi, invece, in cui le autorità creditizie debbano o, comunque, ritengano necessario disporre la liquidazione coatta ed intervenga un provvedimento ministeriale in tal senso, agli organi di amministrazione subentreranno quelli della liquidazione.

In ogni caso, l'amministrazione straordinaria si conclude con l'espletamento di una serie di formalità che debbono, in larga misura, essere osservate in entrambe le ipotesi appena ricordate. I commissari straordinari e il comitato di sorveglianza sono tenuti alla redazione di separati rapporti sull'attività svolta; rapporti che debbono essere inviati alla Banca d'Italia.

Essi debbono poi redigere il bilancio di chiusura del periodo di amministrazione straordinaria, che va dalla chiusura dell'ultimo esercizio precedente l'inizio della procedura alla chiusura di quest'ultima e che può quindi avere una durata a volte superiore e a volte, ma più raramente, inferiore all'anno. Il che potrà ovviamente incidere anche sulla durata del successivo esercizio[50]. E, come abbiamo già constatato, il bi-

[49] S. Aschettino e G. Boccuzzi, in *Codice commentato*, cit., p. 709.

[50] Sul bilancio di fine gestione nel vigore della legge bancaria v. G. Boccuzzi, in *Codice commentato*, cit., pp. 757 ss.; N. Longobardi, *Commissario straordinario di società bancaria e bilancio di fine gestione*, in «Riv. trim. dir. pubbl.», 1981, p. 500, e U. Belviso, *Amministrazione straordinaria di aziende di credito, bilancio di fine gestione, rendiconto della gestione commissariale*, in «Rass. econ.», 1973, p. 586. Il T.U. si è preoccupato an-

lancio di chiusura dell'amministrazione straordinaria non può essere sottoposto all'approvazione dell'assemblea dei soci.

d) La cessazione dell'amministrazione straordinaria non determina, ovviamente, alcun effetto sui rapporti sostanziali e processuali sorti nel relativo periodo. Gli organi amministrativi e assembleari riacquistano, dal canto loro, la pienezza dei loro poteri e delle loro funzioni. Questa regola subisce, tuttavia, due eccezioni importanti (oltre a quella già segnalata in ordine all'approvazione del bilancio), relativamente alle azioni di responsabilità nei confronti dei componenti gli organi preesistenti l'apertura dell'amministrazione straordinaria e nei confronti dei commissari straordinari e dei membri del comitato di sorveglianza. Sotto il primo profilo, l'art. 72, 5° comma, stabilisce che «gli organi amministrativi succeduti ai commissari proseguono le azioni di responsabilità da questi iniziate e riferiscono alla Banca d'Italia in merito alle stesse».

Si esclude, quindi, che tali azioni di responsabilità rientrino nella disponibilità degli organi amministrativi ricostituiti in seno alla banca; mentre sembra corretto ammettere che le stesse possano essere oggetto di transazione o di rinuncia da parte dell'assemblea dei soci[51].

La promozione poi, di eventuali «azioni civili» contro i commissari straordinari o i componenti del comitato di sorveglianza per atti compiuti nell'espletamento dell'incarico può avvenire soltanto «previa autorizzazione della Banca d'Italia»; ed anche sotto questo profilo è evidente la compressione dei poteri di nuovi organi.

3.6. La sospensione dei pagamenti

a) Abbiamo potuto constatare che l'effetto tipico ed essenziale dell'amministrazione straordinaria consiste nella «sostituzione» degli organi amministrativi dell'azienda.

In linea di principio, dunque, l'intervento amministrativo affronta le situazioni di crisi che giustificano l'apertura dell'amministrazione straordinaria, senza incidere sui rapporti esterni dell'ente, ed in particolare, sui rapporti esistenti con i creditori e con i depositanti. Una importante eccezione a questa regola è costituita dalla sospensione dei pagamenti prevista dall'art. 74 T.U.[52]. Si tratta di un provvedimento del tutto eventuale ed eccezionale del quale non si può, quindi, tener eccessivo conto nell'individuare la funzione dell'amministrazione straordina-

che di risolvere i dubbi di ordine fiscale che la riconduzione ad un unico esercizio della gestione commissariale avrebbe potuto sollevare, stabilendo che «l'esercizio cui si riferisce il bilancio redatto dai commissari costituisce un unico periodo d'imposta» e che «entro un mese dall'approvazione della Banca d'Italia, gli organi subentrati ai commissari presentano la dichiarazione dei redditi relativa a detto periodo secondo le disposizioni tributarie vigenti» (art. 75, 2° comma T.U.).

[51] Sulla diversa disposizione dettata sul punto dall'art. 62 l.b., v. G. Berionne e I. Colonnese, in *Codice commentato*, cit., pp. 731 ss.

[52] Sull'analoga disposizione dettata dall'art. 63 l.b., v. G. Berionne, in *Codice commentato*, cit., pp. 744 ss.

ria; il che viene spesso trascurato da quelle opinioni che, proprio facendo perno sulla eventuale sospensione dei pagamenti, individuano paralleli e analogie funzionali tra l'istituto in esame e l'amministrazione controllata disciplinata dalla legge fallimentare.

La sospensione dei pagamenti è consentita solo «qualora ricorrano circostanze eccezionali» e non v'è dubbio che, al di là della formulazione della norma, l'eccezionalità dell'istituto discenda dalla profonda difficoltà di conciliare sospensione dei pagamenti e volontà, espressa dalla mancata adozione di un provvedimento di liquidazione coatta, di conservare in vita l'azienda. La legge subordina la sospensione anche ad un altro presupposto di ordine finalistico: l'opportunità della sua adozione «al fine di tutelare gli interessi dei creditori». La disposizione in verità rischia di apparire priva di significato soprattutto se la tutela dei creditori viene intesa come tutela indifferenziata della massa creditoria, mentre acquista qualche rilevanza se viene considerata come tutela della *par condicio* fra i creditori. Ed anzi, in quest'ottica, l'espressione legislativa potrebbe contribuire a dare un contenuto alla eccezionalità delle circostanze che giustificano la sospensione: una situazione nella quale, in assenza di una sospensione generalizzata, potrebbe aversi una corsa agli sportelli capace di provocare non solo e non tanto minor soddisfacimento dei creditori a causa di un minor realizzo dell'attivo, quanto, una discriminazione fra i creditori stessi.

L'eccezionalità del provvedimento è confermata dalle precauzioni che accompagnano la sua assunzione e dalla limitatissima durata dei suoi effetti. Il provvedimento può essere assunto dai commissari straordinari solo dopo aver sentito il comitato di sorveglianza e, soprattutto, previa autorizzazione della Banca d'Italia, alla quale compete altresì (*ex* art. 74 ult. comma) il potere di dettare le «disposizioni per l'attuazione del provvedimento di sospensione». La sospensione, d'altro canto, può essere disposta per un periodo non superiore ad un mese e può essere prorogata per un periodo di altri due mesi solo dopo un nuovo parere del comitato ed una nuova autorizzazione dell'organo di vigilanza.

b) L'effetto del provvedimento è la sospensione del pagamento «delle passività di qualsiasi genere», nel duplice senso che i commissari non possono provvedere al pagamento dei creditori e che questi non possono ottenere il pagamento dei propri crediti né intraprendere atti di esecuzione forzata od atti cautelativi sui beni dell'azienda.

Il divieto non ricomprende, invece, la promozione di azioni di cognizione nei confronti di quest'ultima. È consentita anche l'acquisizione di ragioni di prelazione sui beni aziendali, sempreché si tratti di garanzie che vengano accese per effetto di «provvedimenti giudiziali esecutivi anteriori all'inizio del periodo di sospensione» (art. 74, 2° comma).

La norma non chiarisce se la sospensione dei pagamenti concerna soltanto i crediti sorti prima del provvedimento di sospensione o riguardi anche quelli nati dopo tale provvedimento.

A sostegno della tesi che limita la sospensione ai debiti preesistenti, può tuttavia addursi non solo il dato formale rappresentato dal fatto che la norma prevede la sospensione del pagamento delle «passività» e tali non possono considerarsi, sotto il profilo cronologico, quelle sorte dopo il provvedimento. Ma soprattutto il fatto che la estensione della sospensione alle obbligazioni assunte dopo il provvedimento comporterebbe la impossibilità di funzionamento dell'impresa. Per quanto concerne la situazione passiva preesistente, l'art. 63, 3° comma l.b. introduceva una eccezione al divieto di pagamenti, prevedendo che «durante il periodo della sospensione e con l'autorizzazione della Banca d'Italia, [potessero] essere corrisposte agli aventi diritto quote proporzionali di rimborso».

Ma la norma, che sollevava tra l'altro non poche difficoltà di ordine pratico dal momento che sembrava imporre il rimborso anche a favore di coloro che non l'avessero richiesto, è stata abrogata nel convincimento che la stessa non fosse coerente con la sospensione dei pagamenti[53].

c) L'art. 74, 3° comma ha cura di precisare che «la sospensione [dei pagamenti] non costituisce stato di insolvenza». Come avremo modo di verificare, la norma in esame non impedisce in alcun modo che, anche in costanza di amministrazione straordinaria e anche dopo il provvedimento di sospensione dei pagamenti, possa intervenire la dichiarazione giudiziaria dello stato di insolvenza della banca con la conseguente liquidazione coatta della medesima. La stessa ha il solo scopo di precisare che la sospensione dei pagamenti, in quanto tale, non costituisce prova dell'insolvenza.

3.7. Amministrazione straordinaria, controllo giudiziario e procedure concorsuali

a) I dati emersi dall'esame del diritto positivo consentono di riprendere le considerazioni relative alla funzione e alla struttura dell'amministrazione straordinaria già accennate in precedenza e di chiarire i rapporti fra quest'ultima, altri tipi di controllo amministrativo e giudiziario e le procedure concorsuali di diritto comune.

L'amministrazione straordinaria è apparsa, anzitutto, come momento dello statuto dell'impresa bancaria; introdotta, quindi, con esclusiva attenzione agli interessi coinvolti dall'esercizio della stessa.

L'ordinamento ritiene che questi interessi siano in pericolo quando l'imprenditore abbia violato le regole di condotta imposte all'impresa bancaria a tutela dei medesimi o quando quest'ultima presenti gravi squilibri patrimoniali. In tali ipotesi si è considerato necessario che la gestione dell'impresa venisse assunta direttamente da commissari nominati dalle autorità creditizie e che la stessa si svolgesse sotto la «direzione» di queste ultime. Gli scopi perseguiti attraverso tale gestione coattiva possono rintracciarsi, da un lato, nell'intento di ricondurre l'impresa che abbia violato le regole alle quali doveva attenersi al rispetto delle

[53] Così la relazione all'art. 74 T.U.

stesse e, dall'altro, nella necessità, per le autorità creditizie, di valutare dall'interno la situazione dell'impresa che presenti uno squilibrio patrimoniale; per poter assumere così tutti i provvedimenti necessari per evitare che gli interessi tutelati, e già in pericolo, vengano effettivamente lesi.

Se si tiene ferma questa valutazione degli interessi, si può poi anche convenire sul fatto che l'istituto abbia funzioni sanzionatorie, purché sia chiaro che sarebbe riduttivo esaurire la funzione dell'amministrazione straordinaria nella sottrazione del potere di gestione agli organi amministrativi senza indicare in positivo lo scopo della sostituzione dei medesimi con commissari nominati dalle autorità creditizie. La sostituzione così effettuata rientra fra gli strumenti che l'ordinamento prevede per poter garantire l'adempimento coattivo di obblighi di fare infungibili da parte delle imprese sottoposte a controllo pubblico[54]. Si può anche sostenere che l'amministrazione straordinaria ha una funzione cautelare, purché non si pretenda di ricavare da questa affermazione illazioni connesse con le caratteristiche tipiche degli istituti cautelari conosciuti dal nostro diritto processuale e che comportano una cristallizzazione delle situazioni patrimoniali a tutela dei creditori. La cautela qui consiste non in misure imposte sul patrimonio ma nell'attribuzione della gestione ai commissari, allo scopo di evitare che, lasciata a se stessa, l'impresa possa avviarsi verso una situazione irreversibile di crisi.

Ancora, si può ammettere che le autorità creditizie possano favorire, attraverso la gestione, il risanamento dell'azienda, ma non si può ricavare da questa affermazione il convincimento che, come avviene per l'amministrazione controllata, lo scopo dell'amministrazione straordinaria sia appunto il risanamento dell'impresa.

In realtà tutte queste funzioni possono essere realizzate o, comunque, può essere favorita la loro realizzazione attraverso l'amministrazione straordinaria. Sotto il profilo teleologico la stessa presenta, quindi, un notevole grado di elasticità; il limite di questa elasticità sta, come abbiamo più volte precisato, nella irrilevanza degli interessi che non rientrino fra quelli tipicamente connessi all'impresa bancaria: solo questi ultimi, infatti, possono essere perseguiti dalle autorità creditizie attraverso l'amministrazione straordinaria delle banche[55].

Le considerazioni appena svolte e, soprattutto, i dati emersi dal di-

[54] In generale sulla sostituzione nella gestione dell'impresa G.C.M. Rivolta, *L'esercizio dell'impresa nel fallimento*, Milano, Giuffrè, 1969, p. 21, e, con riferimento all'istituto in esame, A. Nigro, *Crisi*, cit., p. 77.

[55] Una prospettiva analoga pare accolta, alla stregua della legge bancaria, anche da A. Nigro, *Crisi*, cit., pp. 64 s. e 95 ss., il quale peraltro si muove in un'ottica radicalmente diversa da quella da noi preferita per quanto concerne gli obiettivi che le autorità creditizie possono perseguire con l'amministrazione straordinaria. Questo autore infatti ritiene (*ibidem*, pp. 98 s.) che l'amministrazione straordinaria possa essere disposta anche allo scopo di promuovere un «rimodellamento» dell'impresa stessa anche per incidere sull'«indirizzo dei flussi creditizi», attribuendo alle autorità creditizie un potere di «funzionalizzazione» delle imprese bancarie che si può spingere fino alla gestione coattiva delle stesse.

ritto positivo consentono di affrontare anche il problema del raccordo sia fra amministrazione straordinaria e controllo giudiziario sulle società bancarie, sia fra la stessa amministrazione straordinaria e le procedure concorsuali, in particolare l'amministrazione controllata. Su entrambi i punti il T.U. ha preso posizione in modo inequivocabile nel momento in cui ha stabilito (art. 70, 7° comma) che «alle banche non si applicano il titolo IV della legge fallimentare (*Dell'amministrazione controllata*) e l'art. 2409 del Codice civile».

b) Già la legge fallimentare (art. 3, 2° comma) vietava alle banche in temporanea difficoltà la possibilità di chiedere l'ammissione al beneficio dell'amministrazione controllata, ossia alla procedura che attraverso l'arresto delle azioni dei creditori dovrebbe istituzionalmente consentire il risanamento delle imprese che si trovino in uno stato di insolvenza reversibile. E la relazione a quella norma pretendeva di trovare la ragione della impossibilità per le banche di accedere all'amministrazione controllata assumendo che le funzioni di quest'ultima sono assorbite dall'amministrazione straordinaria[56]. In realtà tale opinione, pur mettendo in luce che tra le due procedure esistono alcuni tratti comuni, trascura una differenza fondamentale, proprio sotto il profilo più strettamente finanziario del risanamento: l'amministrazione straordinaria non determina, a differenza dell'amministrazione controllata, l'arresto delle azioni dei creditori e la cristallizzazione del patrimonio dell'impresa se non nell'ipotesi, del tutto eventuale, di sospensione dei pagamenti.

E questa spiegazione rimane insufficiente anche con riferimento alla norma del T.U. che riproduce quella della legge fallimentare, preoccupandosi soltanto di individuare con più precisione i destinatari della stessa: le banche anziché «le imprese esercenti il credito». In realtà, sembra ragionevole pensare che l'amministrazione controllata non trovi applicazione per le imprese bancarie perché il risanamento delle stesse diventa pressoché impossibile, quando ne venga conclamato lo stato di insolvenza, sia pure reversibile, determinando la pubblicità una situazione di sfiducia che impedisce ogni possibilità di ripresa; soprattutto se, come nell'amministrazione controllata, l'ammissione agli strumenti di risanamento venga subordinata al consenso dei creditori. Ed è per questa ragione, soprattutto, che sono stati previsti strumenti che consentano di intervenire nelle situazioni per le quali si esprime un giudizio di reversibilità delle difficoltà nelle quali versi l'impresa senza rendere di pubblica ragione tali difficoltà e quindi adottando i provvedimenti necessari per impedire che si crei quella crisi di fiducia che può portare alla insolvenza di un'impresa altrimenti risanabile; tutto ciò senza la necessità di un consenso da parte dei depositanti.

c) Oggetto di gravi perplessità era stata invece, prima che l'art. 70, 7° comma, del T.U. la escludesse esplicitamente, la possibilità di sotto-

[56] Così invece, Relazione alla legge fallimentare (n. 4) e A. De Martini, *Liquidazione coattiva, gestione commerciale e amministrazione controllata delle imprese finanziate dal F.I.M.*, in «Dir. fall.», 1949, I, p. 69.

porre le società bancarie al controllo giudiziario previsto dall'art. 2409 Cod. civ. per le società per azioni ed applicabile anche alle società cooperative. Sul punto si era manifestata, sia in dottrina sia in giurisprudenza, una profonda divisione anche se sembravano prevalere, almeno in giurisprudenza, le tesi che volevano sottratte le imprese bancarie al controllo giudiziario[57]. A sostegno di questa opinione si assumeva, da un lato, che i presupposti dell'amministrazione straordinaria erano comprensivi delle ipotesi in cui potevano essere adottati i provvedimenti di cui alla norma civilistica e che, quindi, sarebbe stata «inutile» l'applicazione di quest'ultima alle società bancarie; in ogni caso la specialità della disciplina dettata per le imprese bancarie avrebbe comportato la inapplicabilità alle stesse della norma generale; e non si mancava neppure di sottolineare gli inconvenienti di ordine pratico che sarebbero derivati dalla contemporanea applicazione delle due discipline e i possibili conflitti che avrebbero potuto verificarsi fra autorità amministrativa e autorità giudiziaria.

In realtà quegli argomenti non erano irresistibili. Così non si poteva condividere l'opinione secondo la quale i presupposti dell'amministrazione straordinaria ricomprendevano necessariamente quelli del controllo giudiziario. L'amministrazione straordinaria (istituto appartenente alla disciplina dell'impresa) poteva, come può ora, essere disposta solo se le gravi violazioni riguardavano norme poste a tutela degli interessi inerenti l'attività bancaria; il controllo giudiziario (istituto afferente la disciplina del soggetto) può essere promosso per grave violazione di tutte le norme alle quali debbono attenersi gli amministratori ed i sindaci e, quindi, anche in ipotesi in cui non potrebbe essere disposta l'amministrazione straordinaria.

Non è, dunque, possibile escludere a priori l'esistenza ad esempio di interessi dei soci capaci di giustificare l'avvio del controllo giudiziario e non tutelati dall'ordinamento bancario, e non v'è ragione per escluderne la protezione.

[57] Ritenevano che l'art. 2409 trovasse applicazione anche per le società bancarie, fra gli altri, M. Porzio, *Il governo del credito*, cit., p. 103; F. Martorano, *Controllo amministrativo e controllo giudiziario sulla gestione delle aziende di credito*, in *I controlli bancari*, Napoli, Jovene, 1978, p. 339; G. Visentini, *Disciplina delle società e legislazione bancaria*, Milano, Giuffrè, 1971, pp. 160 ss. Escludevano invece tale applicabilità tra gli altri G. Molle, *op. cit.*, pp. 290 ss.; P. Pallini, *Inapplicabilità alle aziende di credito della facoltà ispettiva di cui all'art. 2409 c.c.*, in «Banca borsa e tit. cred.», 1955, II, p. 523; G. Ruta, *Circa l'applicabilità agli enti creditizi del controllo giudiziario ex art. 2409*, in «Banca borsa e tit. cred.», 1966, II, pp. 259 ss.; E. Favara, *L'art. 2409 e le società per azioni esercenti attività bancaria*, in «Banca borsa e tit. cred.», 1965, II, p. 558; S. Maccarone, *In tema di applicabilità alle società bancarie dell'art. 2409 cod. civ.*, in «Bancaria», 1966, p. 603; G.U. Tedeschi, *Il controllo giudiziario nell'amministrazione delle società di capitali*, Padova, CEDAM, 1965, p. 548 e, da ultimo, G. Restuccia, *op. cit.*, p. 43. Per la giurisprudenza nel primo senso App. Napoli, 21 dicembre 1965, in «Banca borsa e tit. cred.», 1965, II, p. 522 e App. Perugia, 20 luglio 1955, in «Foro it.», 1956, I, c. 788; nel secondo Trib. Napoli, 9 novembre 1965, in «Banca borsa e tit. cred.», 1965, II, p. 259, Trib. Terni, 16 maggio 1955, in «Banca borsa e tit. cred.», 1955, II, p. 523 e, da ultimo, Trib. Ascoli Piceno, 20 gennaio 1984, in «Giur. merito», 1986, I, p. 333.

E si sarebbe potuto dubitare anche dell'affermazione secondo la quale fra i due controlli sarebbe esistita una incompatibilità tale da escludere la possibilità di una contemporanea vigenza degli stessi. Ed in effetti, anche nell'ipotesi in cui fosse stato nominato un amministratore giudiziario si sarebbe potuto procedere alla nomina di un commissario straordinario, essendo il primo un «organo amministrativo» che l'autorità creditizia avrebbe potuto sciogliere; nell'ipotesi, invece, in cui fosse già stato disposto lo scioglimento degli organi amministrativi da parte delle autorità creditizie non si sarebbe potuto nominare un amministratore giudiziario per il carattere assorbente (nonostante la diversità dei presupposti) della disciplina dell'amministrazione straordinaria nei confronti di quella giudiziaria; questa, infatti, che non doveva essere considerata in astratto inutile, lo sarebbe diventata in concreto quando fosse stata disposta la prima.

Sembrava, dunque, che non esistessero ostacoli insormontabili per la tesi che ammetteva la possibilità di sottoporre al controllo giudiziario anche le società bancarie; anche se, in concreto, lo stesso avrebbe avuto possibilità di essere disposto solo in presenza di inerzie colpevoli dell'autorità creditizia.

In realtà, come si è accennato, il T.U. risulta di contrario avviso ed ha sottratto le società bancarie al controllo giudiziario, allontanando così, forse senza un'effettiva necessità, le società bancarie dall'archetipo del diritto comune, con una potenziale compressione dei diritti delle minoranze che si vedono sottratte un importante strumento di tutela. E lo ha fatto, forse preoccupato per le complicazioni di ordine pratico che avrebbero potuto derivare dalla convivenza dei due procedimenti, pur condividendo la tesi secondo la quale i presupposti e i fini del controllo giudiziario previsto dal Codice civile non risultano assorbiti dai presupposti e dai fini dell'amministrazione straordinaria. In altri termini la sottrazione delle società bancarie al controllo giudiziario, non ha caricato l'amministrazione straordinaria e i suoi organi dei fini e dei compiti del primo. Tutto ciò emerge con nettezza dal fatto che il T.U. ha inventato un procedimento che si aggiunge a quello dell'amministrazione straordinaria, senza esserne assorbito, e che prende il posto, per le società bancarie, di quello disciplinato dall'art. 2409 Cod. civ.

L'art. 70, 7° comma del T.U., dopo aver escluso che alle banche si applicasse quest'ultima norma, precisa che «se vi è fondato sospetto di gravi irregolarità nell'adempimento dei doveri degli amministratori e dei sindaci di banche, i soci che rappresentano il ventesimo del capitale sociale, ovvero il cinquantesimo in caso di banche con azioni quotate in borsa, possono denunciare i fatti alla Banca d'Italia, che decide con provvedimento motivato».

Come si può notare i presupposti di questo procedimento sono gli stessi che condizionano l'avvio del procedimento previsto dall'art. 2409 Cod. civ. e, pertanto, dovrebbero trovare tutela anche gli interessi dei soci non assorbiti dalla disciplina dell'impresa bancaria: la Banca d'Italia viene così investita, in sostituzione dell'autorità giudiziaria, del compito di tutelare anche interessi estranei alle finalità tipicamente perseguite dalle autorità creditizie. Ed è questa forse la deroga al diritto comune più vistosa: la tutela dei diritti dei soci non è affidata all'autorità giudiziaria, ma all'autorità di vigilanza bancaria.

In concreto, questa distinzione fra interessi connessi con l'impresa e interessi del socio in quanto parte del contratto di società non apparirà, tuttavia, in termini così evidenti e quindi il socio non vedrà diminuita la propria tutela per non poter attivare il procedimento *ex* art. 2409 Cod. civ.

E sotto questo profilo è opportuno segnalare che il procedimento presso la Banca d'Italia può essere promosso anche da minoranze più ridotte di quelle previste dal Codice civile (un ventesimo ed un cinquantesimo del capitale anziché un decimo) e che la Banca d'Italia potrebbe in concreto assumere tutti i provvedimenti che il Tribunale, in camera di consiglio può adottare ai sensi dell'art. 2409 Cod. civ. Ma ciò non toglie che rimanga un procedimento che si svolge al di fuori delle garanzie giurisdizionali.

3.8. Gestione provvisoria

La tempestività della sostituzione degli amministratori nella gestione della banca che versi nelle situazioni che giustificano l'amministrazione straordinaria è evidentemente essenziale per il risanamento dell'impresa e la tutela dei depositanti. Pertanto il legislatore non solo prevede che, dopo il decreto di scioglimento degli organi amministrativi e di controllo e in attesa dell'insediamento dei commissari straordinari, venga nominato un commissario provvisorio, ma consente anche che la sostituzione degli amministratori possa avvenire, sia pure in via provvisoria e temporanea, prescindendo dal decreto ministeriale di scioglimento, da parte della sola Banca d'Italia.

Naturalmente sono state adottate le precauzioni necessarie per limitare gli effetti di un provvedimento che si presenta con caratteri meno garantistici di quello ministeriale.

A norma dell'art. 76 T.U.[58], la Banca d'Italia ricorrendo i presupposti che potrebbero consentire lo scioglimento ministeriale degli organi amministrativi e purché sussistano ragioni di assoluta urgenza, può disporre che un proprio funzionario assuma la gestione provvisoria della banca con i poteri spettanti agli organi amministrativi.

Questi, peraltro, non vengono sciolti, come nel caso di amministrazione straordinaria, ma ne vengono «sospese» le funzioni, così come vengono sospesi i poteri degli organi di controllo. Inoltre rimangono inalterati i poteri degli organi assembleari, a differenza di quanto accade nell'amministrazione straordinaria.

Il gestore provvisorio non ha, quindi, i poteri tipici dei commissari

[58] Sull'analoga disposizione dettata dall'art. 66 l.b. v. le osservazioni di F. Ferrara, *Le banche e le operazioni di banca*, in *Scritti minori*, vol. III, Milano, Giuffrè, 1977, pp. 330 ss. e G. Berionne, in *Codice commentato*, cit., pp. 785 ss.

straordinari o del commissario provvisorio previsti nell'ambito dell'amministrazione straordinaria; il che, peraltro, non mi pare consenta di ritenere, come talvolta si è affermato, sia pure con riferimento alla identica disposizione contenuta nell'art. 66 l.b.[59], che al gestore provvisorio non vengano attribuiti nella loro integrità neppure i poteri degli organi amministrativi sospesi. La norma non consente, sul punto, alcuna discriminazione nel momento in cui precisa che il gestore provvisorio ha «i poteri degli organi amministrativi».

La gestione provvisoria così disposta non può, peraltro, avere una durata superiore a due mesi; essa potrà sfociare nella amministrazione straordinaria dell'azienda o nella sua liquidazione coatta, ma potrà anche non dar luogo ad alcuno di questi provvedimenti e chiudersi con la riassunzione dei propri poteri istituzionali da parte degli organi amministrativi sospesi.

Come si può notare, si tratta pur sempre di una gestione coattiva, ma le funzioni ispettiva e cautelare sono sicuramente accentuate nei confronti delle funzioni sanzionatorie e risanatrici che, sia pure con le precisazioni sopra ricordate, debbono essere riconosciute all'amministrazione straordinaria.

4. La liquidazione coatta amministrativa delle banche

4.1. Liquidazione coatta delle banche e legge fallimentare

A norma degli artt. 80 ss. del T.U. le autorità creditizie possono disporre la liquidazione coatta amministrativa delle banche, provvedendo alla nomina dell'«ufficio di liquidazione» e «dirigendo» nella sostanza la liquidazione dei rapporti d'impresa.

D'altro canto, lo stesso art. 80 del T.U. precisa che «le banche non sono soggette a procedure concorsuali diverse dalla liquidazione coatta prevista» dal medesimo T.U. Alle banche, dunque, non si applicano gli istituti del diritto fallimentare comune, ossia il concordato preventivo[60],

[59] G. Molle, *op. cit.*, p. 467, e A. Nigro, *Crisi*, cit., p. 41.

[60] Sul punto il T.U. si allontana decisamente dalle scelte effettuate sia dalla legge bancaria sia dalla legge fallimentare: sia l'una (art. 35, 2° comma) sia l'altra (art. 171, ult. comma) consentivano alle banche di natura non pubblica l'accesso alla procedura di concordato preventivo, anche se la relativa disciplina era diversa da quella dettata dalla legge fallimentare. Così, a norma dell'art. 35, 2° comma l.b., il ricorso dell'ente creditizio per l'ammissione alla procedura doveva essere accompagnato, a pena di inammissibilità, dal parere della Banca d'Italia; l'art. 171 l.f., faceva poi salve, per le aziende di credito, le disposizioni dettate dal R.D.L. 8 febbraio 1924, n. 136. Quest'ultimo provvedimento, adottato fra vivacissime polemiche per consentire e facilitare il concordato della Banca Italiana di Sconto, introduceva pesanti deroghe alla disciplina del concordato preventivo dettata dalla legge 24 maggio 1903, n. 197, comprimendo il ruolo che nel relativo procedimento di omologazione avevano i creditori, sul presupposto, che dato il gran numero di questi ultimi la convocazione della loro adunanza e l'assunzione della loro deliberazione sulla proposta di concordato erano di fatto estremamente difficili quando non impossibili (sul punto. v. L. Bolaffio, *Il concordato preventi-*

il fallimento e l'amministrazione straordinaria delle grandi imprese in crisi prevista dalla legge 3 aprile 1979, n. 95[61]. Alla liquidazione coatta delle banche, tuttavia, si applicano, per quanto non espressamente previsto dallo stesso T.U., le disposizioni della legge fallimentare.

Ed è proprio con riferimento al significato della convivenza, nell'ambito della disciplina della liquidazione coatta delle banche, delle norme speciali dettate dal T.U. e di quelle previste dalla legge fallimentare, che si rende necessaria qualche ulteriore precisazione.

La disciplina speciale si preoccupa, come vedremo, di individuare i presupposti in presenza dei quali può essere disposta la liquidazione, di disegnare gli organi della procedura, di dettare le regole per l'accertamento del passivo e la liquidazione dell'attivo, di stabilire gli effetti che l'apertura del procedimento provoca sulla organizzazione della banca e sui rapporti giuridici preesistenti, di determinare le modalità di apertura e di chiusura della procedura. Essa costituiva già, nella legge bancaria (e costituisce oggi) il corpo normativo più organico fra quelli che si erano venuti delineando nelle varie leggi speciali che in precedenza avevano previsto la liquidazione coatta di enti ed imprese[62].

vo delle grandi banche e la nuova legge fallimentare, in «Riv. dir. proc.», 1931, I, pp. 25 ss. e Id., *Il concordato preventivo secondo le sue tre leggi disciplinatorie*, Torino, UTET, 1932, pp. 16 ss.). Così si prevedeva che il Tribunale potesse decidere di prescindere dalla convocazione dell'assemblea dei creditori e potesse limitarsi a nominare una delegazione di cinque membri scelti fra gli stessi con il compito di formulare un parere sulla proposta di concordato. I creditori potevano, per altro, fare opposizione alla proposta ed il «Tribunale, in camera di consiglio, udita la relazione del giudice delegato e il parere motivato del commissario e della delegazione sulla proposta di concordato, [pronunciava] con unica sentenza sulle opposizioni» e se trovava infondati i motivi delle opposizioni e riconosceva che la società fosse meritevole del beneficio del concordato e che la proposta della società rispondesse all'interesse della massa dei creditori e presentasse sicurezza di esecuzione, respingeva le opposizioni ed omologava il concordato (art. 4). La deroga, così introdotta nei confronti della disciplina di diritto comune, era evidente: il concordato non doveva essere approvato dai creditori, sia pure attraverso le maggioranze previste dall'art. 174 l.f. Il parere della delegazione e i motivi addotti a fondamento delle opposizioni avevano una funzione meramente istruttoria, nel senso che fornivano elementi di giudizio per la valutazione del tribunale ma non erano in grado di condizionare l'omologazione della proposta. Così A. Bonsignori, *Concordato preventivo*, in *Commentario della legge fallimentare*, a cura di F. Bricola, F. Galgano e G. Santini, Bologna-Roma, Zanichelli-Foro it., 1979, *sub* art. 172, p. 282. In realtà si era sostenuto (C.M. Pratis, *op. cit.*, p. 289; ma *contra* già A. Candian, *Il processo di concordato preventivo*, Padova, CEDAM, 1937, p. 325) che, nell'ipotesi in cui le opposizioni proposte dai creditori avessero espresso il dissenso della maggioranza del ceto creditorio, il procedimento di omologazione non avrebbe potuto proseguire, rendendo obbligatoria la dichiarazione di insolvenza, ma si trattava di opinione esplicitamente smentita dalla norma appena riprodotta. La pratica più recente non aveva fatto ricorso all'istituto del concordato preventivo. Il T.U. ha preso atto della difficoltà di applicare disposizioni dirette a fronteggiare situazioni di insolvenza delle banche al di fuori di un procedura diretta dall'organo di vigilanza bancaria ed ha abrogato anche la possibilità per le banche di ricorrere al concordato preventivo.

[61] Così L. Desiderio, *La liquidazione coatta amministrativa*, cit., pp. 6 s.

[62] Per un esame di tali discipline si veda specialmente A. Candian, *Liquidazioni coatte amministrative*, Milano, Giuffrè, 1940, pp. 11 ss.; G.C. Colli, *Le liquidazioni coatte amministrative con particolare riguardo alla liquidazione delle aziende di credito*, Mila-

Anzi la disciplina della liquidazione coatta delle banche dettata dalla legge bancaria del 1936-38 costituì il punto di riferimento più importante per il legislatore fallimentare del 1942 che, per la prima volta, introdusse nel nostro ordinamento una disciplina generale per la liquidazione coatta amministrativa.

La disciplina dettata dalla legge fallimentare ha fatto sorgere molteplici problemi interpretativi ma, soprattutto, ha sollevato forti contrasti sulla funzione e sulla natura della liquidazione coatta, sulla sua compatibilità con il nostro sistema costituzionale, nonché sullo spazio che alla stessa debba essere riservato in un'auspicata riforma delle norme che disciplinano la crisi d'impresa[63]. Questo dibattito ha coinvolto costantemente anche la disciplina speciale prevista per la liquidazione coatta delle banche, con una trasposizione quasi automatica a queste ultime delle posizioni assunte a proposito della disciplina generale.

Un siffatto atteggiamento metodologico suscita qualche perplessità. Certo è abbastanza naturale e probabilmente corretto il ritenere che la liquidazione coatta delle banche debba essere collocata nell'ambito dei principi legislativi fissati in generale per questo tipo di procedimento; ma non si devono neppure dimenticare le caratteristiche della disciplina che la legge del 1942 ha dettato per la liquidazione coatta.

Questa si è limitata a stabilire gli effetti del provvedimento e le regole che disciplinano il procedimento, ma ha rimesso alle leggi speciali l'individuazione sia degli imprenditori assoggettabili a liquidazione coatta, sia dei presupposti in presenza dei quali può essere disposta la liquidazione stessa.

La legge del 1942 ha fissato «un regolamento di schietta procedura» e «propriamente parlando, questa legge non accoglie neppure nel suo seno un istituto, almeno sotto il profilo della sua autonomia, quale può risultare dalla determinazione dei suoi presupposti e quindi della sua funzione»[64].

Il regolamento di procedura dettato dalla legge del 1942 è, pertan-

no, Vallardi, 1936, pp. 8 ss.; A. Vagliasindi Guzzardi, *La liquidazione coatta*, Padova, CEDAM, 1940, pp. 16 ss. e U. Fragola, *Liquidazione coatta delle aziende*, Napoli, Jovene, 1939, pp. 2 ss.

[63] Sui temi di carattere generale ricordati dal testo basta rinviare, in questa sede, a G. Bavetta, *La liquidazione coatta amministrativa*, Milano, Giuffrè, 1974, pp. 7 ss.; U. Belviso, *Tipologia e normativa della liquidazione coatta amministrativa*, Napoli, Jovene, 1973, pp. 2 ss.; A. Bonsignori, *Liquidazione coatta amministrativa*, in *Commentario della Legge fallimentare*, a cura di F. Bricola, F. Galgano, G. Santini, Bologna-Roma, Zanichelli-Foro it., 1974, pp. 65 ss. Per i profili di costituzionalità dell'istituto della liquidazione coatta si veda anche R. Provinciali, *Incostituzionalità della liquidazione coatta amministrativa*, in «Dir. fall.», 1971, I, pp. 5 ss. e G. Scalfi, *La liquidazione coatta amministrativa, alla luce della costituzione*, in «Dir. fall.», 1965, I, pp. 154 ss. Per la conformità alla Costituzione dell'istituto della liquidazione coatta delle imprese bancarie si veda A. Bonsignori, *Tendenze evolutive nella legislazione sulla liquidazione coatta delle imprese creditizie*, in «Banca borsa e tit. cred.», 1976, I, pp. 33 ss. e P. De Vecchis, *Appunti sulla costituzionalità della liquidazione coatta amministrativa con particolare riferimento alle aziende di credito*, in «Banca borsa e tit. cred.», 1976, I, pp. 191 ss.

[64] Così, felicemente, S. Satta, *Istituzioni*, cit., p. 429.

to, in larga misura neutro nei confronti degli interessi protetti e degli scopi perseguiti attraverso la liquidazione coatta dell'impresa.

Quel regolamento, come vedremo, fissa alcune regole a garanzia di interessi ritenuti comunque degni di tutela; regole che si pongono come altrettanti vincoli al perseguimento degli scopi per il cui raggiungimento è disposta la liquidazione coatta, ma che non individuano in positivo la funzione della liquidazione coatta medesima. In altri termini, ogni pretesa di rinvenire nella disciplina generale dettata dalla legge fallimentare una funzione tipica della liquidazione coatta amministrativa rischia di tradire il significato che la previsione di quella disciplina generale ebbe e soprattutto non tiene conto del fatto, legislativamente sancito, che la liquidazione coatta persegue scopi ed ha funzioni che mutano con il mutare dei soggetti e dei presupposti individuati e stabiliti dalle leggi speciali. Ed è tenendo fermo questo convincimento che noi cercheremo di affrontare i problemi della funzione della liquidazione coatta amministrativa delle banche, prescindendo per il momento dalle opinioni espresse con generale riferimento alla liquidazione coatta disegnata dalla legge del 1942 ed ancorando strettamente l'indagine alla disciplina speciale dettata dal T.U.

Sulla base dei risultati raggiunti attraverso questa analisi sarà poi possibile accertare se alcune tesi espresse in generale a proposito della liquidazione coatta amministrativa trovino conferma o smentita nella disciplina dettata per la liquidazione coatta delle banche.

4.2. Revoca dell'autorizzazione e liquidazione coatta

a) A norma dell'art. 80, 1° comma T.U. il Ministro per il Tesoro, su proposta della Banca d'Italia, può disporre con decreto «la revoca dell'autorizzazione all'attività bancaria e la liquidazione coatta amministrativa delle banche»: 1) quando risultino irregolarità nell'amministrazione ovvero violazioni delle disposizioni legislative amministrative o statutarie di «eccezionale gravità»; 2) quando siano previste perdite del patrimonio pure di «eccezionale gravità», e 3) quando sia intervenuto l'accertamento giudiziale dello stato di insolvenza (cfr. art. 82, T.U.).

Dalla disposizione appena riprodotta dovrebbe essere possibile ricavare la conclusione che la revoca dell'autorizzazione all'attività bancaria e la liquidazione coatta sono momenti inscindibili di un unico provvedimento, quanto meno nel senso che non vi può essere revoca dell'autorizzazione senza liquidazione coatta e che la prima può essere disposta esclusivamente nelle ipotesi legislativamente previste.

Nel vigore della legge bancaria del 1936-38 queste conclusioni erano state contestate da una parte della dottrina ad avviso della quale le autorità creditizie avrebbero potuto revocare l'autorizzazione all'esercizio dell'attività bancaria, non solo nelle ipotesi previste dall'art. 67 della legge bancaria (dal contenuto identico, nella sostanza, all'art. 80 del T.U.), ma anche quando avessero ritenuto inopportuno tale esercizio nell'ambito del loro disegno di pianificazione della struttura del settore[65]. Accanto alle ipotesi di revoca-sanzione previste dal predetto art. 67 l.b., doveva, dunque, ammettersi anche una revoca dell'autorizzazione per sopravvenuta inopportunità di quest'ultima. E in questa ipotesi non si sarebbe potuta disporre la liquidazione coatta della banca; la revoca dell'autorizzazione divenuta inopportuna avrebbe semplicemente vietato l'esercizio dell'attività, lasciando all'autonomia dell'ente ogni decisione in ordine alle proprie scelte imprenditoriali (mutamento dell'oggetto sociale o liquidazione volontaria).

A sostegno di questa tesi si faceva notare che se l'ingresso sul mercato di un nuovo operatore bancario era subordinato, ai sensi dell'art. 28 l.b., ad un giudizio, del tutto discrezionale, delle autorità creditizie sulla opportunità di tale ingresso, alla stregua di una valutazione complessiva sulla struttura ottimale del mercato, altrettanto discrezionale doveva necessariamente essere il potere di revoca. Quest'ultimo era implicito nella discrezionalità del potere autorizzatorio. Si faceva altresì rilevare che la legge bancaria prevedeva la possibilità che venisse disposta la chiusura di sedi o di filiali bancarie «ai fini di una migliore distribuzione territoriale delle Aziende di credito» (art. 34 l.b.), riconoscendo così un generale potere delle autorità creditizie di determinare la struttura del mercato bancario e, in questa prospettiva, uno specifico potere di precludere la prosecuzione dell'attività bancaria per ragioni di sopravvenuta «inopportunità».

La tesi era probabilmente non corretta già alla stregua della legge bancaria, che non consentiva revoche senza liquidazione coatta, ma certamente era divenuta insostenibile a partire dalla attuazione, nel nostro ordinamento, della prima direttiva comunitaria che precludeva alle autorità creditizie di tener conto nelle proprie valutazioni, sia sull'accesso che sull'uscita dal mercato, delle «esigenze economiche» di quest'ultimo. E, come abbiamo a suo tempo ricordato, proprio questa impossibilità di assumere provvedimenti di revoca sulla base delle esigenze economiche del mercato impose al D.P.R. 350/1985 di precludere la chiusura di succursali bancarie per una «migliore distribuzione territoriale» delle banche. E lo stesso ordine di idee, come sappiamo, è stato recepito dal T.U. In definitiva l'ordinamento vigente conosce esclusivamente ipotesi di revoca dell'autorizzazione di natura sanzionatoria e come tali possibili soltanto nei casi legislativamente previsti.

b) La revoca dell'autorizzazione all'esercizio dell'attività si basa su di un giudizio di sopravvenuta inidoneità dell'ente ad esercitare l'attività bancaria senza mettere in pericolo gli interessi dei depositanti e, più in generale, gli interessi che l'ordinamento bancario tutela.

[65] M. Porzio, *Il governo del credito*, cit., p. 116; A. Patroni Griffi, *La concorrenza nel sistema bancario*, Napoli, Jovene, 1979, pp. 160 ss. e già V. Spagnuolo Vigorita, *Note sull'autorizzazione all'apertura di istituti di credito*, in «Banca borsa e tit. cred.», 1962, I, pp. 172 ss. e A. Piras, *Gli stabilimenti bancari nella dinamica dei rapporti d'impresa*, Milano, Giuffrè, 1975, p. 223, ma *contra* G. De Gennaro, *La competenza autorizzativa all'apertura di sportelli bancari*, in «Banca borsa e tit. cred.», 1963, I, p. 507, e P. Vitale, *Pubblico e privato nell'ordinamento bancario*, Milano, Giuffrè, 1977, p. 107.

Nel formulare questo giudizio di «inidoneità» le autorità creditizie godono (tranne che nel caso di dichiarazione giudiziale dell'insolvenza) sicuramente di una notevole discrezionalità, consentita dalla genericità della formulazione legislativa che indica i presupposti del provvedimento di revoca, ma debbono pur sempre fondare la propria valutazione sulla esistenza di una delle circostanze previste dal legislatore. E sotto questo profilo esce confermata la natura di «sanzione» della revoca in esame. Il che ovviamente non significa pretendere di rintracciare in ognuna delle ipotesi di revoca comportamenti censurabili da parte dell'imprenditore bancario. Il carattere sanzionatorio può ben conciliarsi con l'assenza di condotte illegittime o inefficienti ed esaurirsi in circostanze obiettive che rendono il soggetto inidoneo ad esercitare l'attività bancaria e che come tali giustificano la revoca dell'autorizzazione ad esercitare il credito.

Nei casi di revoca dell'autorizzazione le autorità creditizie esprimono, dunque, un giudizio negativo sulla idoneità di un ente ad esercitare l'attività bancaria ed inibiscono allo stesso di continuare ad esercitare tale attività. Ma, come è facile notare, il raggiungimento di questo obiettivo è già assicurato dalla revoca dell'autorizzazione e non richiederebbe anche la messa in liquidazione dell'ente creditizio.

Ed era proprio questa la scelta che, ad esempio, adottava la legge bancaria del 1926: l'art. 19 del relativo regolamento prevedeva che, nell'ipotesi in cui l'azienda bancaria avesse commesso violazioni delle norme fissate dalla legge medesima di eccezionale gravità, potesse essere revocata l'autorizzazione all'esercizio del credito, senza che alla stessa dovesse seguire la liquidazione dell'ente.

Né si aveva difficoltà ad ammettere che l'ente, privato dell'autorizzazione, potesse modificare il proprio oggetto sociale senza dover necessariamente aprire un procedimento di liquidazione, sia pure volontaria[66]. Il T.U., come già la legge bancaria del 1936, ha, invece, adottato un sistema più rigido e più garantista, imponendo l'apertura di un procedimento di liquidazione nell'ambito del quale la definizione dei rapporti di impresa avviene ad opera di commissari nominati dalle autorità creditizie; le quali hanno, altresì, uno specifico potere non solo di controllo ma anche di direttiva sugli organi della liquidazione. La ragione di questa scelta è facilmente individuabile.

La revoca dell'autorizzazione impedisce che l'ente giudicato inidoneo possa effettuare nuove operazioni ponendo così in pericolo il risparmio che si accinge a raccogliere, ma non offre alcuna garanzia al risparmio già raccolto. Il legislatore del 1926 abbandonava quest'ultimo al diritto comune. Il T.U., come già la legge bancaria, ritiene, invece, che non si possa distinguere fra risparmio raccolto e risparmio da raccogliere e sottopone ad una disciplina speciale anche il primo. Il che dimostra anche l'acquisita consapevolezza che il non tutelare adeguatamente il risparmio raccolto può determinare ripercussioni sull'intero si-

[66] Sul punto P. Greco, *Corso di diritto bancario*, Padova, CEDAM, 1936[2], p. 95.

stema creditizio e pregiudicare con ciò stesso la funzione creditizia nel suo complesso.

La liquidazione dell'ente è, dunque, una conseguenza, se non necessaria, certamente coerente con la revoca dell'autorizzazione all'esercizio del credito; entrambe mirano alla tutela di un solo interesse: quello dei risparmiatori. La liquidazione non è, pertanto, uno strumento necessario per espellere l'impresa dal mercato, ma per tutelare il risparmio da questa raccolto. E questa constatazione sarà, come vedremo, di notevole aiuto per stabilire se sia fondata la tesi che attribuisce alla liquidazione coatta il compito di provocare l'estinzione dell'ente di credito, estinzione che sembrerebbe, almeno a prima vista, non sempre necessaria per garantire la tutela del risparmio raccolto dall'impresa alla quale sia stata revocata l'autorizzazione ad esercitare l'attività bancaria.

c) Abbiamo fin qui accertato che non può esservi revoca dell'autorizzazione al di fuori delle ipotesi previste dalla legge e che alla revoca segue necessariamente la liquidazione coatta. In linea di principio vale anche la connessione inversa, nel senso che non vi sarà normalmente liquidazione coatta senza revoca dell'autorizzazione. Questa connessione, per altro, potrebbe apparire dubbia nell'ipotesi di liquidazione coatta di una banca che avesse già deliberato la propria liquidazione volontaria e, ovviamente, non sussiste nel caso di liquidazione coatta di una banca di fatto, ossia non autorizzata.

Su entrambe le ipotesi è bene indugiare un attimo. L'art. 67, 2° comma l.b. prevedeva che la liquidazione coatta potesse «essere disposta anche d'ufficio, in luogo della liquidazione secondo le norme ordinarie, allo scopo di rendere la liquidazione stessa più sollecita», aggiungendo che in questo caso la relativa procedura avrebbe dovuto arrestarsi per essere sostituita da quella della liquidazione coatta.

Da questa previsione normativa si era ritenuto, anzi, di poter trarre un argomento decisivo, per individuare la caratteristica essenziale della liquidazione coatta amministrativa, anche di imprese diverse da quelle bancarie, nella sua capacità di rendere più «spedita» la liquidazione dell'ente[67]. Simile impostazione in realtà sopravvalutava l'ipotesi in esame e finiva per scambiare una delle caratteristiche del procedimento (una notevole libertà di forme, soprattutto per quanto concerne la liquidazione dell'attivo) con gli scopi che giustificano l'attribuzione di una sostanziale direzione della liquidazione alle autorità creditizie.

In altre parole, la discrezionalità, che caratterizza i poteri attribuiti a queste ultime e che consente una sollecita liquidazione dell'impresa, è soltanto uno strumento e non un fine utilizzato dal legislatore per consentire alle medesime autorità di dirigere la liquidazione nell'interesse del risparmio. E questo ordine di idee è stato esplicitamente accolto dal T.U. che ha cancellato la possibilità di convertire la liquidazione volontaria in liquidazione coatta per mere esigenze di celerità e la relazione precisa che questa scelta è stata fatta nel convincimento che «la celerità

[67] Così U. Belviso, *Tipologia e normativa*, cit., pp. 10 ss.

non può considerarsi presupposto autonomo per la liquidazione coatta».

Quest'ultima potrà, dunque, essere disposta nei confronti di società bancarie che abbiano deliberato il proprio scioglimento e che si trovino pertanto in stato di liquidazione, ma anche in questo caso, dovrà essere giustificata da uno dei presupposti previsti per la generalità dei casi dall'art. 80 del T.U. Ed anche in questa ipotesi la liquidazione coatta è, sul piano logico, preceduta dalla revoca dell'autorizzazione: la liquidazione volontaria infatti paralizza sicuramente l'efficacia dell'autorizzazione (non potendo la società bancaria compiere nuove operazioni), ma non comporta la «perdita» della stessa (come dimostra il fatto che la revoca della liquidazione consentirebbe alla società di riprendere l'esercizio dell'attività bancaria)[68].

d) Più delicata è l'ipotesi della banca di fatto. È necessario, in proposito, chiedersi se la liquidazione coatta sia un istituto che postula l'esistenza dell'autorizzazione (e non solo la sua revoca) e quindi alla stessa sia sottratta una banca non autorizzata o se invece quella procedura sia applicabile a tutti i soggetti che svolgono attività bancaria, indipendentemente dal fatto che gli stessi abbiano ottenuto la relativa autorizzazione.

Sul punto né la legge bancaria del 1936-38 né il T.U. dettano alcuna norma specifica, ma la giurisprudenza, nonostante qualche dissenso dottrinale, ha ritenuto, con un orientamento ormai consolidato, che debba essere sottoposta a liquidazione coatta l'impresa bancaria non autorizzata, indipendentemente dal fatto che sia insolvente[69]. In realtà questo convincimento ha avuto modo di esprimersi esclusivamente in situazioni nelle quali l'impresa bancaria era effettivamente in stato di insolvenza e si è tradotto nell'affermazione che l'impresa bancaria di fatto, quando insolvente, è sottratta al fallimento e sottoposta a liquidazione coatta. La peculiarità dell'ipotesi in cui la questione si è posta non deve, tuttavia, impedire una valutazione più ampia delle problematiche che solleva la possibilità di disporre la liquidazione coatta dell'impresa bancaria non autorizzata.

Senza chiederci nuovamente, in questa sede, quanta parte dello statuto dell'impresa bancaria autorizzata trovi applicazione per l'impresa bancaria non autorizzata, sembra possibile affermare che la liquidazione coatta di quest'ultima può essere disposta anche quando non sussista, in concreto, alcuno dei presupposti specificamente indicati nell'art.

[68] Cfr. anche L. Desiderio, *La liquidazione coatta amministrativa*, cit., p. 18.

[69] Cfr. Cass. SS.UU. 13 marzo 1965, n. 425, in «Banca borsa e tit. cred.», 1965, II, p. 1, con nota favorevole di C.M. Pratis; Cass. 8 aprile 1965, n. 611, in «Dir. fall.», 1965, II, p. 193; Cass. 19 luglio 1974, n. 2176, in «Giur. comm.», 1975, II, p. 19 e Cass. 11 gennaio 1979, n. 196, in «Banca borsa e tit. cred.», 1980, II, p. 52; Cass. SS.UU. 9 dicembre 1985, n. 6178, in «Giust. civ.», 1986, I, p. 1398 e Cass. SS.UU. 10 gennaio 1986, n. 62, in «Giur. comm.», 19486, II, p. 802 con nota di F. Vella, nonché in dottrina B. Libonati, *Legge bancaria e «banca di fatto»*, in «Riv. dir. comm.», 1965, II, p. 53; G. Molle, *op. cit.*, p. 30. *Contra*, invece F. Martorano, *L'impresa bancaria non autorizzata*, in «Banca borsa e tit. cred.», 1966, I, pp. 147 ss.

80 del T.U. e, in particolare, a prescindere dal fatto che l'ente bancario sia insolvente. Sembra, infatti, ragionevole rilevare che nella specie ricorre pur sempre una gravissima violazione dell'ordinamento bancario, e in particolare della disposizione che subordina l'esercizio dell'impresa bancaria all'autorizzazione delle autorità creditizie. D'altro canto, sia l'autorizzazione ad esercitare il credito sia la liquidazione coatta, sono istituti che attengono prevalentemente alla disciplina dell'attività ed è logicamente necessario far discendere da questa premessa la conseguenza che la liquidazione dell'impresa bancaria si impone indipendentemente dal fatto che il soggetto sia stato autorizzato ad esercitare il credito.

E, in definitiva, sembra coerente con il sistema espellere dal mercato creditizio un'impresa che, sfuggendo al controllo delle autorità creditizie, espone a sicuro pericolo tutti gli interessi tutelati dall'ordinamento bancario anche quando la stessa non versi in stato di insolvenza; così come sembra coerente con i principi fissati dall'art. 80 del T.U. consentire che le autorità creditizie si facciano direttamente o indirettamente carico della tutela del risparmio raccolto dall'ente di credito non autorizzato, escludendosi che a tal fine siano sufficienti gli strumenti di diritto comune; strumenti che del resto potrebbero intervenire solo in caso di conclamata insolvenza dell'ente.

Tenuti presenti gli interessi protetti attraverso la revoca dell'autorizzazione e la liquidazione coatta dell'ente creditizio, pare, dunque, del tutto giustificato l'indirizzo giurisprudenziale che sottopone a liquidazione coatta le imprese bancarie non autorizzate, precisandosi che tale liquidazione è doverosa e deve intervenire anche quando non siano riscontrabili irregolarità nell'amministrazione della stessa o non risultino perdite patrimoniali o lo stato di insolvenza dell'ente.

4.3. Il provvedimento di liquidazione e l'accertamento dello stato di insolvenza

a) Come abbiamo già constatato la revoca dell'autorizzazione e la liquidazione coatta della banca sono disposte con decreto del Ministro per il Tesoro; e il provvedimento può essere assunto, previa proposta della Banca d'Italia e ricorrendo i presupposti oggettivi già ricordati, anche su iniziativa degli organi amministrativi e dell'assemblea della banca stessa, o dei commissari straordinari, quando la banca sia in amministrazione straordinaria, o dei liquidatori, quando sia stata posta in liquidazione volontaria.

Al di fuori dell'ipotesi in cui sia intervenuto l'accertamento giudiziale dell'insolvenza il provvedimento di liquidazione è un provvedimento discrezionale e tale discrezionalità permane nei confronti sia della «istanza» di liquidazione avanzata dall'ente sia della proposta della Banca d'Italia. È opportuno, tuttavia, non porre eccessiva enfasi su tale discrezionalità, nel senso che, pur essendo rimessi al Ministro l'accertamento e la valutazione dei presupposti che giustificano la liquidazione dell'ente, il relativo provvedimento diventa doveroso quando tali presupposti siano presenti e la mancata assunzione del medesimo non può non essere fonte di responsabilità. In questa prospettiva appare meno singolare la doverosità che caratterizza il provvedimento in caso di avvenuto accertamento giudiziale dell'insolvenza. Non v'è dubbio, infatti, che in questo caso, essendo evidenti la inidoneità dell'ente ad esercitare l'attività bancaria ed il pericolo al quale risultano esposti i risparmiatori creditori dell'azienda, le autorità creditizie sarebbero obbligate a disporre la liquidazione dell'ente anche in assenza di una dichiarazione giudiziale di insolvenza.

Tutto ciò non toglie, tuttavia, che essendo il provvedimento discrezionale, lo stesso potrà essere annullato dagli organi della giustizia amministrativa solo per motivi di legittimità[70] e non anche di merito e che risulterà estremamente difficile la tutela, davanti all'autorità giudiziaria ordinaria, degli interessi patrimoniali lesi dal provvedimento medesimo o dalla mancata assunzione dello stesso[71].

b) Facendo specifica applicazione della regola generale fissata dall'art. 195 della legge fallimentare, il Ministro per il Tesoro è obbligato ad emanare il provvedimento di liquidazione quando sia intervenuta la dichiarazione giudiziale di insolvenza della banca. Il T.U. ha disciplinato in modo analitico questa ipotesi risolvendo gran parte dei problemi che solleva la norma di diritto comune[72]. In particolare ha stabilito (art. 82, 1° comma) che «se una banca non sottoposta a liquidazione coatta amministrativa si trova in stato di insolvenza, il tribunale del luogo in cui essa ha la sede legale, su richiesta di uno o più creditori, su istanza del pubblico ministero o d'ufficio, sentiti la Banca d'Italia e i rappresentanti legali della banca, dichiara lo stato di insolvenza con sentenza in camera di consiglio» precisando che «quando la banca sia sottoposta ad amministrazione straordinaria, il tribunale dichiara l'insolvenza anche su ricorso dei commissari straordinari, sentiti i commissari stessi, la Banca d'Italia e i cessati rappresentanti legali».

A norma poi del 3° comma dell'art. 195 l.f. la sentenza è comunicata entro tre giorni «all'autorità competente perché disponga la liquidazione». Di grande importanza è, evidentemente, il ruolo che può svolgere anche nell'ambito di questo procedimento la Banca d'Italia, al di là dei problemi di qualificazione dell'atto alla stessa richiesto, considerato da alcuni un parere obbligatorio ma non vincolante e da altri una mera «relazione informativa»[73].

[70] Sulla legittimazione del socio di una società bancaria ad impugnare il provvedimento di revoca dell'autorizzazione e di liquidazione della società si veda TAR Lazio, 27 settembre 1977, n. 408, in «Foro it.», 1978, III, c. 444.

[71] Sul punto L. Desiderio, *La liquidazione coatta amministrativa*, cit., p. 35 e F. Capriglione, *Discrezionalità del procedimento amministrativo di messa in liquidazione coatta di un'azienda di credito e pretesa risarcitoria del socio*, in «Banca borsa e tit. cred.», 1978, II, pp. 90 ss.

[72] Sul punto A. Bonsignori, *Liquidazione coatta*, cit., pp. 29 ss.

[73] Cfr. L. Desiderio, *La liquidazione coatta amministrativa*, cit., pp. 82 ss.

La realtà probabilmente sfugge a siffatte semplificazioni e l'organo di vigilanza potrà offrire all'autorità giudiziaria sia le informazioni delle quali sia in possesso sia le proprie valutazioni sulla situazione economica dell'impresa. Ma il punto sul quale vorremmo fermare l'attenzione è un altro: la Banca d'Italia potrà a sua volta «utilizzare» l'informazione insita nella richiesta dell'autorità giudiziaria per proporre l'immediata liquidazione dell'ente del quale è stata chiesta la dichiarazione di insolvenza. Si potrebbero in tale modo evitare gli inconvenienti che probabilmente si verificherebbero se fosse dichiarata l'insolvenza dell'impresa bancaria senza la simultanea assunzione dei provvedimenti amministrativi previsti dalla legge bancaria. E si tratta, a ben vedere, di inconvenienti e pericoli che sono stati sicuramente presenti al legislatore nel momento in cui ha sottratto le imprese bancarie insolventi alla dichiarazione di fallimento.

L'esclusione dal fallimento delle imprese bancarie non si giustifica infatti con la necessità di privare i creditori del potere di provocare la fine di un'impresa di interesse generale (il che avviene solo per le imprese bancarie pubbliche), tant'è che essi possono ottenere la dichiarazione dello stato di insolvenza che rende doverosa la liquidazione. La ragione di tale esonero sta nella necessità di garantire che il concorso dei creditori sul patrimonio dell'ente e, comunque, la liquidazione del medesimo avvengano nelle forme e sotto i controlli amministrativi previsti dalla legge bancaria.

Qualche dubbio potrebbe sorgere dall'applicazione del 3° comma dell'art. 195 che prevede, come abbiamo appena ricordato, che la sentenza di accertamento dell'insolvenza venga comunicata «all'autorità competente perché disponga la liquidazione». Di fronte alla lettera della norma si potrebbe sostenere che l'autorità giudiziaria debba comunicare la propria decisione soltanto al Ministro per il Tesoro, escludendo che il provvedimento di quest'ultimo debba essere necessariamente preceduto dalla proposta della Banca d'Italia, resa superflua dalla doverosità del decreto ministeriale. Probabilmente può rispettarsi, anche in questa ipotesi, il modello procedimentale tipico, ritenendo che il provvedimento giudiziario vada comunicato alla Banca d'Italia e che questa debba subito promuovere il provvedimento ministeriale di liquidazione. Ma non si tratta di conclusione certa.

c) A norma dell'art. 195, 8° comma l.f., esplicitamente richiamato dall'art. 82, 1° comma del T.U. non è consentita la dichiarazione di insolvenza di una banca pubblica, per la quale non sia già stata disposta la liquidazione coatta: nei confronti della stessa non può dunque verificarsi l'ipotesi di liquidazione doverosamente disposta dal Ministro in forza di una decisione dell'autorità giudiziaria. La disapplicazione, per gli enti pubblici, della regola generalmente valida per le imprese e appena illustrata, trova la propria ragion d'essere, da un lato, nel principio della separazione dei poteri, in forza del quale l'autorità giudiziaria non può disporre della esistenza di enti appartenenti alla organizzazione pubblica e, dall'altro, nella volontà di sottrarre all'iniziativa dei creditori la possibilità di provocare, attraverso l'esercizio di un'azione posta a tutela di interessi privati, lo scioglimento di un ente la cui esistenza, trattandosi di enti pubblici, coinvolge direttamente o indirettamente un interesse pubblico. L'interesse che giustifica questa «eccezione» non concerne, come è ovvio, l'attività bancaria in quanto tale ma la funzione e la struttura dell'ente; lo stesso anzi, viene considerato prevalente, sotto questo profilo, sugli interessi tipicamente garantiti dallo statuto dell'impresa bancaria e porta alla disapplicazione di questo statuto nella parte in cui consente che la dichiarazione di insolvenza costituisca presupposto sufficiente per disporre la liquidazione della banca.

Sembra, tuttavia, opportuno non attribuire a questa norma di «esonero» per le banche pubbliche soverchia importanza pratica, dal momento che, prevedendosi la possibilità di disporre la liquidazione coatta delle banche quando le stesse abbiano subito perdite di eccezionale gravità, appare di fatto inverosimile una situazione nella quale una impresa bancaria insolvente non debba essere posta, e in concreto non venga posta, in liquidazione coatta amministrativa dalle autorità creditizie. E questa disparità di trattamento fra enti creditizi pubblici ed enti creditizi privati, sotto il profilo della liquidazione coatta, si riduce ulteriormente quando si tenga presente che anche per i primi è possibile, come accerteremo fra un attimo, la dichiarazione di insolvenza successiva al provvedimento di liquidazione.

d) In conformità con quanto già previsto dall'art. 202 l.f., l'art. 82, 2° comma del T.U. stabilisce che «se una banca, anche avente natura pubblica, si trova in stato di insolvenza al momento dell'emanazione del provvedimento di liquidazione coatta amministrativa e l'insolvenza non è stata dichiarata» anteriormente a tale provvedimento (il che può accadere solo per le banche non pubbliche), «il tribunale del luogo in cui la banca ha la sede legale, su ricorso dei commissari liquidatori, su istanza del pubblico ministero o d'ufficio, sentiti la Banca d'Italia e i cessati rappresentanti legali della banca, accerta tale stato con sentenza in camera di consiglio».

La norma del T.U. ha così risolto alcuni problemi che sono sorti con riferimento alla legge fallimentare, soprattutto a proposito dell'ambito di applicazione della dichiarazione dello stato di insolvenza e al procedimento di accertamento di quest'ultima. Sotto il primo profilo si era, infatti, sostenuto che nei confronti degli enti pubblici non fosse consentita la dichiarazione di insolvenza neppure dopo il provvedimento di liquidazione coatta. La tesi non poteva, tuttavia, essere condivisa.

L'art. 202 l.f., nel disciplinare la dichiarazione di insolvenza successiva non introduce alcuna distinzione fra enti pubblici ed enti privati e, d'altro canto, vien meno, con riferimento alla dichiarazione successiva, la ragione che giustifica il divieto di quella preventiva, essendo la stessa assunta nei confronti di un ente pubblico del quale la pubblica amministrazione ha già disposto, autonomamente, la liquidazione. Senza contare poi che quella tesi finiva per collocare i creditori della banca pubblica in una posizione deteriore rispetto a quella riservata ai creditori delle banche private, alterando così, senza una plausibile giustificazione, la parità di condizioni fra imprese che operano in situazioni di sostanziale concorrenza[74].

Ma, come si è visto, il T.U. ha rimosso ogni dubbio sul punto, stabilendo esplicitamente che la dichiarazione di insolvenza successiva può essere pronunciata nei confronti di tutte le banche, anche di natura pubblica.

e) Per quanto concerne il procedimento di accertamento dell'insolvenza il T.U. ha rimosso solo in parte i dubbi di illegittimità costituzionale che solleva l'art. 202 l.f., là dove sembra limitare la legittimazione al commissario liquidatore e al pubblico ministero, negandola invece ai creditori.

Il T.U. ha previsto che la dichiarazione di insolvenza sia pronunciata anche d'ufficio, ma ha negato che la stessa possa essere richiesta dai creditori; il che potrebbe rendere la norma non conforme ai principi di uguaglianza e di tutela dei diritti fissati dagli artt. 3 e 24 della Carta costituzionale[75].

f) Il T.U. (art. 82, 3° comma) si preoccupa di precisare che la dichiarazione giudiziale dello stato di insolvenza, sia essa anteriore o successiva al provvedimento di liquidazione coatta, «produce gli effetti indicati nell'art. 203 l.f.». E si tratta, come è noto, di effetti di grande importanza.

La dichiarazione di insolvenza consente, infatti, l'applicazione delle norme dettate per la revocatoria degli atti pregiudizievoli ai creditori (artt. 64 e ss. l.f.) e di quelle che disciplinano «i reati commessi dal fallito» (artt. 216 ss. l.f.). Norme che, altrimenti, non possono essere applicate agli atti posti in essere da un ente sottoposto a liquidazione coatta e ai comportamenti tenuti dai componenti dei suoi organi amministrativi e di controllo.

4.4. Gli effetti del provvedimento di liquidazione

Nell'analizzare gli effetti del provvedimento di liquidazione coatta fermeremo l'attenzione esclusivamente sui profili peculiari alla liquidazione delle banche, tralasciando tutti i problemi connessi con l'interpretazione della disciplina comune della liquidazione coatta dettata dalla legge fallimentare e che si ripresentano anche quando quest'ultima abbia ad oggetto una banca.

E in questa prospettiva il T.U. ha introdotto una forte semplificazione ai problemi che sollevava il precedente ordinamento. La legge bancaria dettava una disciplina piuttosto sommaria degli effetti della li-

[74] In questo senso A. Bonsignori, *Liquidazione coatta*, cit., p. 173 e, in giurisprudenza, Trib. Trieste, 12 dicembre 1979, in «Banca borsa e tit. cred.», 1980, II, p. 105, con nota contraria di G. Gabrielli. *Contra* U. Belviso, *Tipologia e normativa*, cit., p. 146 e Trib. Trieste, 10 gennaio 1981, in «Banca borsa e tit. cred.», 1983, II, p. 106.

[75] In questo senso A. Bonsignori, *Liquidazione coatta*, cit., p. 174. *Contra* L. Desiderio, *La liquidazione coatta amministrativa*, cit., pp. 69 ss.

quidazione; d'altro canto, la stessa doveva essere coordinata con quella introdotta successivamente dalla legge fallimentare e quest'ultima, a sua volta, doveva fare i conti con una serie di possibili contrasti con il dettato costituzionale[76]. Il T.U. ha, da un lato, individuato con esattezza il raccordo fra disciplina speciale e disciplina comune e, soprattutto, ha introdotto norme specifiche capaci di superare i dubbi di incostituzionalità che si appuntavano su alcune norme sia della legge bancaria sia della legge fallimentare.

Nell'esaminare gli effetti del provvedimento distingueremo quelli *a*) nei confronti della banca; *b*) nei confronti dei suoi creditori; *c*) sui rapporti preesistenti e *d*) sugli atti pregiudizievoli ai creditori. Si tratta, come è noto, di una classificazione formulata e costruita sulla base della disciplina dettata per il fallimento delle imprese insolventi. Essa deve, pertanto, essere adottata con molta cautela e, comunque, senza attribuire alla stessa soverchia rilevanza sistematizzante per i procedimenti di liquidazione aperti nei confronti di banche che non versino in stato di insolvenza; la stessa mostra maggior aderenza alla realtà normativa quando al provvedimento di liquidazione si aggiunga quello dichiarativo dell'insolvenza. Ed è, ad esempio, solo in questa ipotesi che si può discorrere di effetti della liquidazione sugli atti pregiudizievoli ai creditori.

a) Nell'ambito degli effetti che il provvedimento determina nei confronti della banca sottoposta a liquidazione dobbiamo distinguere quelli relativi alla sua organizzazione e quelli attinenti al potere di disposizione.

I primi sono individuati dall'art. 80, 5° comma là dove stabilisce che «dalla data di emanazione del decreto [di liquidazione] cessano le funzioni degli organi amministrativi, di controllo e assembleari, nonché di ogni altro organo della banca», facendo per altro salve le competenze dell'assemblea in materia di concordato e di chiusura della procedura conseguente a quest'ultimo. La formulazione della norma («cessano le funzioni») è ripresa alla lettera dall'art. 200 l.f. e sembra escludere la cessazione dalla carica degli amministratori e dei componenti gli organi di controllo che era invece prevista dall'art. 67, 2° comma della legge bancaria, anche se la cessazione della funzione sembra di fatto rendere inutile la permanenza dei relativi titolari nei loro uffici. È bene tener presente, tuttavia, che questa regola, valida per tutte le banche, deve essere coordinata con le regole tipiche del modello organizzativo adottato da queste ultime: così per quanto concerne le società bancarie il provvedimento di liquidazione determina lo scioglimento della società e quindi la cessazione degli amministratori e la nomina dei liquidatori, che entreranno nell'ufficio ma vedranno sospese le loro funzioni per effetto della norma in esame.

Gli effetti del provvedimento sul potere di disposizione della banca sono individuati dall'art. 83, 1° e 2° comma del T.U.

[76] Sul punto S. Fortunato, in *Codice commentato*, cit., pp. 797 ss.

«Dalla data di emanazione del provvedimento che dispone la liquidazione coatta è sospeso il pagamento delle passività di qualsiasi genere» (art. 83, 1° comma) e dalla stessa data si applicano gli artt. 42, 44 e 45 della legge fallimentare. Da quella data, dunque, gli organi della banca non potranno più disporre, con effetti nei confronti dei creditori, dei beni della stessa (art. 42); saranno, inoltre, privi di effetti nei confronti dei medesimi i pagamenti eseguiti o ricevuti (art. 44) e le formalità necessarie per rendere opponibili gli atti ai terzi (art. 45). Ma, come appare evidente, si tratta degli stessi effetti previsti, per il fallito, dalla legge fallimentare e sugli stessi sembra inutile dilungarci in questa sede.

b) Gli effetti del provvedimento nei confronti dei creditori vengono fissati dal medesimo art. 83 del T.U., da un lato, dichiarando applicabili, dalla data di emanazione del decreto di liquidazione, le disposizioni del Titolo II, Capo III, Sezione II della legge fallimentare che disciplinano appunto gli effetti del fallimento nei confronti dei creditori e, dall'altro, precisando che dalla stessa data «contro la banca in liquidazione non può essere promossa o proseguita alcuna azione salvo [quelle di opposizione allo stato passivo, di insinuazione tardiva e di impugnazione della documentazione finale di liquidazione], né, per qualsiasi titolo, può essere parimenti promosso o proseguito alcun atto di esecuzione forzata o cautelare». Il T.U., dunque, se, da un lato, dichiara applicabile alla liquidazione coatta la disciplina generale prevista per gli effetti del fallimento nei confronti dei creditori dagli artt. 51-63 della legge fallimentare, si preoccupa, dall'altro, di porre la liquidazione al riparo anche dalle pochissime azioni che la stessa legge fallimentare, sia pure fra molti dubbi, potrebbe consentire ai creditori. In particolare si vieta ai creditori di esercitare nei confronti della liquidazione le azioni di cognizione che la disciplina comune avrebbe consentito di esercitare, sia pure senza effetti per i creditori.

c) Gli effetti del provvedimento di liquidazione sui rapporti preesistenti sono interamente rimessi alla disciplina della legge fallimentare: l'art. 83, 2° comma del T.U. richiama infatti senza introdurre alcuna norma particolare le disposizioni dettate dal Titolo II, Capo III, Sezione IV della legge fallimentare che regola appunto gli effetti del fallimento sui rapporti giuridici preesistenti (artt. 72-83)[77]. Di quella disciplina non possiamo, in questa sede, neppure far cenno, tenuto anche conto dei gravissimi problemi interpretativi che solleva. Basterà ricordare alcuni dei rapporti che la liquidazione troverà sicuramente pen-

[77] L'art. 70, ult. comma l.b. stabiliva che il provvedimento di liquidazione non sospendeva l'obbligo di esecuzione dei contratti di borsa; si trattava di norma, almeno in parte, abrogata dall'art. 76 della legge fallimentare, in forza del quale i contratti di borsa a termine, nei quali quest'ultimo scade dopo la dichiarazione di fallimento, sono risolti alla data della dichiarazione di fallimento. (Sul punto M. Condemi, in *Codice commentato*, cit., p. 855). Il T.U. non ha conservato quella disposizione; e la relazione rileva che «nemmeno la disciplina delle società di intermediazione mobiliare prevede specifiche disposizioni che, nel caso di fallimento, facciano salva l'esecuzione dei contratti di borsa».

denti, ossia non ancora integralmente eseguiti da nessuna delle due parti.

Così, a norma dell'art. 78 l.f. si scioglieranno per effetto del provvedimento di liquidazione coatta, i contratti di conto corrente bancario e i rapporti inerenti ai servizi di incasso degli effetti essendo fondati su di un rapporto di mandato, il che avviene e nell'ipotesi in cui la banca sia mandataria e in quella in cui la stessa assuma la posizione di mandante. La stessa soluzione vale per i contratti di apertura di credito e di anticipazione bancaria che si sciolgono per effetto della messa in liquidazione dell'azienda, o quanto meno deve consentirsi agli organi della procedura di recedere per giusta causa dal rapporto[78].

Naturalmente questi principi valgono anche nei rapporti con la Banca centrale: nel senso che la liquidazione coatta dell'azienda comporta lo scioglimento del conto corrente esistente con la Banca centrale e del rapporto di anticipazione su titoli che con quest'ultima è stato posto in essere.

Le soluzioni fin qui prospettate nascono dalla incompatibilità fra il procedimento di liquidazione al quale è sottoposta la banca con la continuazione del rapporto. È bene aggiungere che questa conclusione non rimane pregiudicata dal fatto che venga autorizzato l'esercizio provvisorio dell'impresa bancaria: esercizio provvisorio che potrà comportare l'accensione di nuovi rapporti bancari ma che non esclude lo scioglimento di quelli preesistenti.

d) Nell'ipotesi in cui sia stato giudizialmente accertato lo stato di insolvenza dell'impresa bancaria, e indipendentemente dal fatto che tale accertamento sia intervenuto prima o dopo il provvedimento di liquidazione coatta, trovano applicazione, a norma dell'art. 203 l.f., le disposizioni dettate dagli artt. 64 ss. l.f. per regolare gli effetti della dichiarazione di fallimento sugli atti pregiudizievoli ai creditori.

Il commissario liquidatore potrà pertanto esercitare, e senza l'autorizzazione dell'autorità amministrativa (cfr. art. 203, 2° comma l.f.), le azioni revocatorie dirette a rendere inefficaci nei confronti della massa creditoria gli atti compiuti dagli organi della banca che abbiano alterato la *par condicio* fra i creditori, nei limiti e alle condizioni previste dagli artt. 64 ss. l.f.

4.5. Gli organi della liquidazione

a) A norma dell'art. 81, 1° comma del T.U., la Banca d'Italia, a seguito del provvedimento ministeriale di liquidazione coatta, nomina, con provvedimento da pubblicarsi sulla «Gazzetta Ufficiale», *a*) uno o più commissari liquidatori; *b*) un comitato di sorveglianza composto da tre a cinque membri.

«I commissari liquidatori hanno la rappresentanza legale della ban-

[78] Sul punto L. Desiderio, *La liquidazione coatta amministrativa*, cit., pp. 151 ss.

ca, esercitano tutte le azioni a essa spettanti e procedono alle operazioni di liquidazione»; nell'esercizio delle loro funzioni sono pubblici ufficiali (art. 84, 1° comma). Il comitato di sorveglianza «assiste i commissari nell'esercizio delle loro funzioni, controlla l'operato degli stessi e fornisce pareri nei casi previsti» dalla legge o dalle disposizioni della Banca d'Italia (art. 84, 2° comma).

I commissari costituiscono, dunque, l'organo attivo della procedura, che rappresenta la banca, provvede alla tutela delle sue ragioni ed effettua le operazioni di liquidazione della stessa. Il comitato di sorveglianza ha una funzione non solo di controllo ma anche consultiva e di «assistenza» nei confronti dei commissari liquidatori.

b) Il modello organizzativo adottato è molto simile a quello previsto per l'amministrazione straordinaria e molte delle considerazioni svolte a quest'ultimo proposito possono essere qui integralmente richiamate. La legge non prevede per i commissari liquidatori alcuna qualificazione soggettiva e la scelta del loro numero è rimessa alla discrezionalità della Banca d'Italia. Né si può ritenere che tale discrezionalità trovi un limite nell'art. 198, 2° comma l.f., a norma del quale «qualora l'importanza dell'impresa lo consigli», possono essere nominati tre commissari liquidatori, escludendosi la possibilità di nominare un numero diverso di membri dell'ufficio. Una siffatta limitazione sembrerebbe in contrasto con il principio fissato dal 1° comma dell'art. 194 che fa salve le disposizioni fissate dalle leggi speciali nelle materie non disciplinate con norme esplicitamente dichiarate inderogabili dalla stessa legge fallimentare.

A norma dell'art. 84, 6° comma, del T.U. al funzionamento dell'ufficio dei commissari liquidatori si applicano le stesse norme che disciplinano il funzionamento dell'ufficio dei commissari straordinari e debbono pertanto essere tenute ferme le conclusioni raggiunte a proposito di questi ultimi: essi deliberano con metodo collegiale ed il collegio, validamente costituito con la maggioranza assoluta dei commissari in carica, delibera a maggioranza di voti dei presenti.

Anche il potere di rappresentanza è regolato dalla norma dettata per i commissari straordinari: quando i commissari siano più di uno i loro poteri di rappresentanza sono validamente esercitati con la firma congiunta di due di essi.

È disciplinata invece in modo diverso, per i commissari straordinari e per i commissari liquidatori, la facoltà di delegare ad altri il compimento di particolari atti o attività. Molto limitata per i commissari straordinari e consentita in termini più ampi ai commissari liquidatori, tenendo conto della particolare complessità che possono assumere le operazioni di liquidazione di una banca.

A norma infatti dell'art. 84, 7° comma T.U. «i commissari, previa autorizzazione della Banca d'Italia e con il parere favorevole del comitato di sorveglianza, possono farsi coadiuvare nello svolgimento delle operazioni da terzi, sotto la propria responsabilità e con oneri a carico della liquidazione» e, «in casi eccezionali» e sempre previa autorizzazione della Banca d'Italia, possono a proprie spese delegare a terzi il compimento di singoli atti.

c) Anche nell'ambito della liquidazione coatta il comitato di sorveglianza deve provvedere ad eleggere il proprio presidente; le deliberazioni sono assunte a maggioranza e in caso di parità prevale il voto del presidente (comb. disp. artt. 84, 6° comma e 72, 8° comma T.U.).

d) Nell'ambito dell'organizzazione alla quale viene affidata la liquidazione delle imprese bancarie svolge un ruolo di preminente importanza la Banca d'Italia, quale titolare della funzione di vigilanza sul sistema creditizio. Questa funzione emergerà con tutta evidenza dall'analisi delle varie fasi del procedimento di liquidazione, ma la stessa appare già delineata nei suoi momenti fondamentali dall'art. 84, 3° comma del T.U. a norma del quale «la Banca d'Italia può emanare direttive per lo svolgimento della procedura e può stabilire che talune categorie di operazioni o di atti debbano essere da essa autorizzate e che per le stesse sia preliminarmente sentito il comitato di sorveglianza».

La Banca d'Italia, dunque, non solo ha il potere di nomina e di revoca dei commissari liquidatori, ma può impartire agli stessi direttive, capaci di condizionare nel merito le scelte gestionali. E l'inosservanza delle norme così emanate, oltre che giustificare la loro revoca, rende i commissari responsabili nei confronti delle banche e dei terzi dei danni loro derivati dalla mancata osservanza delle direttive della Banca d'Italia (art. 84, 3° comma T.U.). Attraverso l'esercizio del potere di nomina, di direttiva e di revoca nei confronti dei commissari la Banca d'Italia assume una funzione di direzione effettiva della liquidazione, sia pure realizzata attraverso i commissari che operano come «fiduciari» dell'organo di vigilanza[79].

Il convincimento che la direzione effettiva della liquidazione sia attribuita alla Banca d'Italia trova poi puntuale conferma, da un lato, nella necessità che quasi tutti gli atti più significativi posti in essere dai commissari siano autorizzati dalla stessa Banca d'Italia e, dall'altro, nel potere che questa ha di stabilire che intere categorie di operazioni non possano essere compiute senza aver prima ottenuto la sua autorizzazione.

Questo particolare potere dell'autorità di vigilanza trova la propria ragione ultima nel convincimento che la eliminazione dell'impresa bancaria dal mercato e la liquidazione dei rapporti d'impresa non solo non possono essere abbandonate al diritto comune ma neppure possono essere rimesse ad organi che non operino sotto la direzione delle autorità alle quali è istituzionalmente affidata la tutela del risparmio.

e) Un ruolo importante, ma certamente meno significativo, per la definizione della struttura e della funzione della liquidazione coatta amministrativa delle imprese bancarie svolge anche l'autorità giudiziaria, soprattutto per quanto concerne l'accertamento del passivo e in generale la tutela dei diritti soggettivi coinvolti nella liquidazione. Non si tratta, tuttavia, di un ruolo «attivo», in qualche misura confrontabile con

[79] Così V. Bachelet, *L'attività di coordinamento nell'amministrazione pubblica dell'economia*, Milano, Giuffrè, 1957, p. 184. Sottolineava già che l'autorità di vigilanza era titolare di «poteri decisivi» G. Augenti, *op. cit.*, p. 355.

quello che la stessa autorità esercita nell'ambito della procedura fallimentare o più in generale nell'ambito delle altre procedure concorsuali. Il ruolo di controllo e di direzione che essa svolge nell'ambito di queste procedure è affidato, nell'ambito della liquidazione coatta, all'autorità amministrativa.

4.6. Il procedimento di liquidazione

a) A norma dell'art. 85, 1° comma, «i commissari liquidatori prendono in consegna l'azienda dai precedenti organi di amministrazione o di liquidazione ordinaria previo sommario processo verbale», alla presenza di almeno un componente del comitato di sorveglianza. Naturalmente la norma postula una collaborazione da parte degli organi cessati che può anche mancare. E in tale caso i liquidatori, come già i commissari straordinari, «provvedono d'autorità a insediarsi, ove occorra, con l'intervento della forza pubblica» (comb. disp. artt. 85 e 73, 2° comma).

Essi esercitano così il potere di autotutela della pubblica amministrazione che ha assunto i provvedimenti di liquidazione e di nomina dei commissari.

I commissari «acquisiscono una situazione dei conti e formano quindi l'inventario», separando così, anche sul piano contabile, la vecchia gestione dalla nuova. Trova applicazione anche nella liquidazione coatta la regola dettata dall'art. 73, 4° comma per l'amministrazione straordinaria, secondo la quale se il bilancio relativo all'esercizio chiuso prima del provvedimento di liquidazione non fosse stato approvato, i commissari provvedono al deposito di una relazione sulla situazione patrimoniale ed economica relativa a quell'esercizio e redatta sulla base delle informazioni disponibili.

Le fasi nelle quali si articola il procedimento di liquidazione, una volta compiuti gli adempimenti formali appena descritti, sono l'accertamento del passivo e la liquidazione e ripartizione dell'attivo dell'ente: nello stesso possono poi inserirsi vicende eventuali come l'esercizio provvisorio dell'impresa (art. 90, 3° comma) e la proposta di concordato (art. 93). Naturalmente esistono poi alcuni adempimenti finali. Alla descrizione analitica di questi momenti del procedimento, dedicheremo i paragrafi che seguono.

4.7. L'accertamento del passivo

In conformità con quanto previsto dalla disciplina generale dettata dalla legge fallimentare per tutti i procedimenti di liquidazione coatta, anche nell'ambito della liquidazione delle banche l'accertamento del passivo consta di due fasi: una, necessaria, di natura amministrativa ed una, eventuale, di natura giurisdizionale; la prima si svolge davanti agli organi della procedura, la seconda avanti l'autorità giudiziaria.

E anche nell'ambito della liquidazione coatta delle banche l'accertamento del passivo, e quindi la sua fase amministrativa, non prende avvio da un atto di impulso dei creditori, ma si affida anzitutto all'attività amministrativa dei commissari.

Questi entro un mese dalla nomina devono comunicare a ciascun creditore, mediante lettera raccomandata, le somme risultanti a credito di ciascuno secondo le scritture e i documenti della banca (art. 207, 1° comma l.f. e art. 86, 1° comma T.U.) e analoga comunicazione viene inviata a coloro che risultino titolari di diritti reali su beni in possesso della banca (art. 207, 2° comma l.f. e art. 86, 2° comma T.U.). E il T.U. ha cura di precisare che le predette comunicazioni s'intendono effettuate «con riserva di eventuali contestazioni» (art. 86, 1° comma).

Entro quindici giorni dal ricevimento della comunicazione dei commissari i creditori e i titolari di diritti reali possono presentare o inviare mediante lettera raccomandata, i loro reclami ai commissari allegando i documenti giustificativi. Il T.U., indicando in quindici giorni il termine per i reclami ai commissari, ha adeguato la relativa disciplina a quella fallimentare (cfr. art. 207, 3° comma l.f.), eliminando quella diversa, prevista dalla legge bancaria (che consentiva a tale scopo un termine di due mesi: art. 76, 4° comma) e la riduzione del termine, «è coerente con l'esigenza di speditezza che pervade tutto il procedimento». Anche se non si tratta di un termine perentorio.

Un intervento analogo è stato operato dal T.U. per quanto concernere i creditori o i terzi titolari di diritti reali su beni in possesso della banca che non abbiano ricevuto la comunicazione dei commissari: la legge bancaria (art. 76, 5° comma) consentiva loro di chiedere, entro il termine di tre mesi dalla pubblicazione del provvedimento di liquidazione, il riconoscimento dei loro diritti, con lettera raccomandata ai commissari. Il T.U. ha ovviamente tenuto ferma questa possibilità, ma ha ridotto il termine a 60 giorni, come previsto dalla legge fallimentare (art. 208) e ha imposto all'istante di presentare entro lo stesso termine «i documenti atti a provare l'esistenza, la specie e l'entità dei propri diritti» (cfr. art. 86, 5° comma T.U.). Ed è necessario tener presente che si tratta di un termine perentorio.

La fase amministrativa dell'accertamento del passivo si conclude con la formazione, da parte dei commissari, dello stato passivo della procedura.

Più esattamente i commissari, entro il termine massimo di novanta giorni dalla pubblicazione sulla «Gazzetta Ufficiale» del decreto di liquidazione devono presentare alla Banca d'Italia, sentiti i cessati amministratori della banca, l'elenco dei creditori ammessi e delle somme riconosciute a ciascuno, indicando i diritti di prelazione e l'ordine degli stessi, nonché gli elenchi dei titolari dei diritti reali su beni in possesso della banca e di coloro cui è stato negato il riconoscimento delle pretese. Alla Banca d'Italia verrà, dunque, presentato un quadro esaustivo del passivo della procedura. Entro lo stesso termine di novanta giorni i commissari depositano nella cancelleria del tribunale del luogo ove la banca ha la sede legale, a disposizione degli aventi diritto, gli elenchi dei creditori privilegiati ammessi e non ammessi e dei titolari di diritti reali ammessi e non ammessi, mentre non viene depositato l'elenco dei creditori chirografari (art. 86, 7° comma T.U.).

La norma, che trova un precedente nella legge bancaria (art. 77, 2° comma) e sulla quale torneremo fra un attimo, tende soprattutto ad escludere che vengano resi di pubblico dominio l'elenco dei depositanti e l'ammontare dei loro crediti. Dell'avvenuto deposito è dato avviso tramite pubblicazione nella «Gazzetta Ufficiale».

Inoltre, a coloro cui sia stato negato, in tutto o in parte, il riconoscimento delle pretese vantate nei confronti della procedura, i commissari debbono, successivamente al deposito ma «senza indugio», comunicare la decisione assunta nei loro riguardi.

Ma l'avviso dell'avvenuto deposito sulla «Gazzetta Ufficiale» e la comunicazione «personale» ai non ammessi, non sono momenti costitutivi dell'esecutività dello stato passivo: questo diventa esecutivo una volta intervenuti la presentazione alla Banca d'Italia e il deposito presso la cancelleria del tribunale (art. 86, 9° comma)[80]. Il provvedimento dei commissari chiude la fase amministrativa dell'accertamento del passivo; le opposizioni allo stato passivo possono aprire la fase giurisdizionale del procedimento.

Ed era appunto con riferimento a questa fase che, nel vigore della legge bancaria, erano sorti gravi problemi interpretativi, dovuti soprattutto alla difficoltà di conciliare le disposizioni della legge bancaria con quelle della legge fallimentare. Il T.U. ha risolto molti di quei problemi, lasciando per altro sussistere, almeno in parte, quello di maggior peso e legato alla mancata conoscibilità dei creditori chirografari ammessi al passivo della procedura.

Coloro che hanno visto disconosciuta la propria pretesa possono proporre opposizione, entro il termine perentorio di quindici giorni dal ricevimento della lettera che comunica loro il relativo provvedimento, avverso lo stato passivo. Ma lo stato passivo può essere oggetto anche di impugnazione da parte dei creditori ammessi, che potranno, entro quindici giorni dalla pubblicazione sulla «Gazzetta Ufficiale» dell'avvenuto deposito del medesimo, chiedere la esclusione di crediti e diritti riconosciuti ad altri[81].

L'opposizione, in entrambi i casi, si propone con ricorso al presidente del tribunale, del luogo ove la banca ha sede legale, il quale asse-

[80] Sono possibili anche insinuazioni tardive. A norma infatti dell'art. 89 T.U.: «dopo il deposito dello stato passivo e fino a che non siano esauriti tutti i riparti dell'attivo i creditori e i titolari di diritti reali sui beni in possesso della banca, che non abbiano ricevuto la comunicazione» dei commissari «e non risultino inclusi nello stato passivo possono chiedere di far valere i loro diritti» nelle forme dell'opposizione allo stato passivo. Essi per altro «sopportano le spese conseguenti al ritardo della domanda, salvo che il ritardo stesso non sia a essi imputabile».

[81] Una parte della dottrina nel vigore della legge bancaria riteneva che i creditori chirografari fossero privi in ogni caso della legittimazione ad impugnare altri crediti chirografari (così U. Belviso, *Tipologia e normativa*, cit., p. 152, e già F. Ferrara, *Le banche*, cit., p. 349), ma la tesi non trovava fondamento positivo.

gna ad un unico giudice istruttore tutte le cause relative alla stessa liquidazione; il giudice istruttore fissa con decreto l'udienza in cui i commissari e le parti devono comparire davanti a lui, disponendo la comunicazione del decreto all'opponente almeno quindici giorni prima dell'udienza; e quest'ultimo deve costituirsi in giudizio almeno cinque giorni liberi prima dell'udienza, altrimenti l'opposizione si reputa abbandonata (art. 87, 3° comma). Il giudice istruttore, completata l'istruttoria, rimette tutte le cause al collegio perché siano definite con un'unica sentenza appellabile e ricorribile in cassazione, con riduzione a metà dei termini per proporre le relative impugnazioni (art. 88, T.U.).

Con questa disciplina del processo il T.U. ha risolto la massima parte dei problemi che l'esperienza maturata sulla base della legge bancaria aveva fatto emergere. Non ha risolto il problema, tuttavia, più grave, relativo ai creditori chirografari. Come abbiamo già potuto constatare, l'elenco dei creditori chirografari non viene depositato presso la cancelleria del tribunale, né quello dei crediti ammessi né quello dei crediti non ammessi; elenchi presentati alla sola Banca d'Italia.

La legge fallimentare, invece, dispone che venga depositato anche l'elenco dei creditori chirografari, ammessi e non ammessi (art. 209, 1° comma). Il mancato deposito degli elenchi dei crediti chirografari impedisce ai creditori ammessi di essere informati sulla massa creditoria chirografaria e preclude, di fatto, la possibilità per gli stessi di reclamare contro l'ammissione di crediti altrui, come invece potrebbero fare sulla base della disciplina generale prevista per l'accertamento del passivo dell'impresa in liquidazione. In particolare, si è ritenuto che si venga così a determinare una ingiustificata lesione del diritto di difesa del quale debbono poter godere, sulla base dell'art. 24 Cost., anche i creditori delle imprese creditizie.

Prima di prendere posizione sul punto è necessario far presente che, a norma dell'art. 87, 5° comma, il giudice, nel corso del giudizio di opposizione, può richiedere ai commissari l'esibizione dell'estratto dell'elenco dei creditori chirografari presentato alla Banca d'Italia, quando lo ritenga necessario per decidere sulle contestazioni. Ma, precisa la stessa norma, «l'elenco non viene messo a disposizione». Questa norma trova il proprio precedente puntuale nell'art. 78, 5° comma della legge bancaria che imponeva ai commissari, nel corso del giudizio di opposizione contro lo stato passivo dagli stessi fornito, di esibire al tribunale l'elenco dei creditori chirografari; quest'ultimo se ne poteva avvalere nel decidere sulle opposizioni, «ma senza darne comunicazione alle parti in causa, allo scopo di tutelare il segreto bancario».

Il riferimento al segreto bancario, presente nella stesura del T.U. sottoposto al parere del Parlamento («l'elenco non viene messo a disposizione a tutela del segreto bancario»), è stato eliminato dalla stesura finale per volontà di quest'ultimo, ma la «sostanza» della disposizione è rimasta.

E la stessa pone il problema che era già sorto con riferimento alla legge bancaria[82]. È necessario stabilire se l'interesse al riserbo da parte di coloro che effettuano depositi presso una banca possa essere considerato sufficiente per giustificare una compressione dei diritti dei creditori sia sotto il profilo della possibilità per i medesimi di contestare la legittimità del concorso sul patrimonio del debitore di altri creditori chirografari (la cui ammissione rimane loro ignota proprio a causa del divieto di depositare la parte dello stato passivo relativa ai creditori chirografari) sia sotto il profilo del diritto alla prova che risulterebbe compromesso dalla impossibilità di conoscere, nel corso del giudizio, le risultanze dell'accertamento compiuto dal commissario anche in relazione al credito impugnato.

E sul punto una valutazione sicura appare difficile. A sostegno della costituzionalità della norma si può rilevare che le caratteristiche organizzative delle imprese bancarie e gli adempimenti documentali che accompagnano i relativi rapporti rendono estremamente improbabili ammissioni di crediti non giustificate e deve, per ciò stesso, considerarsi molto contenuto il pericolo che, per questa via, possa in concreto realizzarsi una lesione delle ragioni dei creditori. Si può anche aggiungere che contro questo pericolo i creditori sono protetti dal controllo che l'autorità di vigilanza e il comitato di sorveglianza devono esercitare sullo stato passivo formato dal commissario e che un interesse concreto alla «espulsione» di creditori indebitamente ammessi può aversi solo in caso di incapienza del patrimonio, il che non necessariamente si verifica per le imprese bancarie sottoposte a liquidazione coatta.

Si può anche sottolineare che il riserbo bancario è uno strumento utile per la tutela del risparmio e che una sua lesione potrebbe compromettere un bene costituzionalmente protetto. Ma tutto ciò non cancella del tutto l'eventualità che esista un interesse del creditore chirografario ad impugnare l'ammissione del credito altrui e non elimina la necessità di accertare se sia giustificato il sacrificio del relativo diritto di difesa.

4.8. Liquidazione e ripartizione dell'attivo

a) Si è soliti affermare che, a differenza di quanto accade nel fallimento, la liquidazione dell'attivo è una fase necessaria del procedimento di liquidazione coatta delle imprese, anche bancarie.

Si ritiene, infatti, che, mentre nell'ambito della procedura fallimentare, diretta a soddisfare i creditori, la liquidazione dell'attivo si renda indispensabile soltanto se, e nei limiti in cui, esistano debiti da estinguere, nella liquidazione coatta, avendo la stessa come scopo la estinzione dell'ente, la liquidazione dell'attivo dovrebbe essere effettuata, e integralmente, a prescindere dal fatto che sussistano creditori insoddisfatti.

Non v'è dubbio che nello schema logico appena ricordato la bontà

[82] Sul punto M. Porzio, *Il governo*, cit., pp. 140 ss. Ma vedi Corte Cost., 14 gennaio 1977, n. 26, in «Banca borsa e tit. cred.», 1977, II, p. 1.

della tesi secondo la quale l'attivo dovrebbe necessariamente essere monetizzato è integralmente affidata alla fondatezza del convincimento che la liquidazione coatta abbia lo scopo di estinguere l'ente.

Vedremo in seguito che un siffatto convincimento non è fondato. Per il momento possiamo solo constatare che dalle norme dettate per la realizzazione dell'attivo dalla legge fallimentare e dal T.U. non emerge la necessità che la stessa sia un momento necessario della liquidazione coatta delle banche.

b) A norma dell'art. 90, 1° comma T.U., «i commissari liquidatori hanno tutti i poteri occorrenti per realizzare l'attivo».

La norma pone in evidenza l'ampiezza dei poteri attribuiti ai commissari per la liquidazione dell'attivo; ampiezza sottolineata anche dal fatto che non è previsto, per le operazioni di liquidazione, il rispetto delle formalità tipiche delle procedure esecutive, imposte ad esempio nell'ambito del fallimento. I commissari possono liberamente delineare il contenuto delle operazioni di alienazione dei beni; operazioni che assumeranno la forma di negozi di diritto privato.

Naturalmente sui commissari incombono i vincoli derivanti dal fatto che gli stessi sono sottoposti al potere di direzione dell'organo di vigilanza e che per alcuni atti devono preliminarmente sentire il parere ed ottenere l'autorizzazione di quest'ultimo.

E, come abbiamo già ricordato, il potere di direttiva può estendersi a tutti gli atti dei commissari così come applicazione oggettivamente molto ampia può assumere il potere dell'organo di vigilanza di imporre il previo parere del comitato di sorveglianza per «talune categorie di operazioni o di atti».

Ed entrambi i vincoli sussistono con riferimento alla «vendita in blocco». I commissari infatti possono cedere le attività e le passività della banca, o l'intera azienda bancaria, o rami di questa nonché «beni e rapporti giuridici individuabili in blocco», anche prima del deposito dello stato passivo, ma sono necessari il parere favorevole del comitato di sorveglianza e, soprattutto, la «previa autorizzazione» della Banca d'Italia.

c) Una disciplina analoga è stata dettata per l'esercizio dell'azione di responsabilità nei confronti dei componenti gli organi amministrativi e di controllo sciolti. I commissari possono esercitare tutte le altre azioni a tutela del patrimonio sociale, ma l'esercizio delle azioni di cui agli artt. 2393 e 2394 Cod. civ. può avvenire soltanto «sentito il comitato di sorveglianza» e «previa autorizzazione della Banca d'Italia» (art. 84, 5° comma T.U.)[83].

d) «Nei casi di necessità e per il miglior realizzo dell'attivo», i commissari possono, altresì, continuare l'esercizio dell'azienda o di determinati rami di attività, sempreché vi sia l'autorizzazione della Banca

[83] Sull'analoga disposizione dettata dall'art. 72, 1° comma della legge bancaria v. E. Galanti, in *Codice commentato*, cit., p. 875.

d'Italia e «secondo le cautele indicate dal comitato di sorveglianza, (art. 20, 3° comma T.U.).

Come si può notare, la continuazione dell'impresa è considerata dalla legge bancaria del tutto eccezionale, potendo intervenire soltanto per consentire un miglior realizzo del patrimonio e, quindi, per evitare un danno altrimenti certo per i creditori. Esclude che altri possano essere gli obiettivi perseguiti attraverso l'esercizio provvisorio il fatto che l'autorità pubblica ha già espresso il proprio giudizio sulla inidoneità dell'azienda a svolgere le proprie funzioni istituzionali e quindi, anche a perseguire gli interessi generali che a tali funzioni si ricollegano, nel momento in cui ha revocato l'autorizzazione ad esercitare il credito. L'autorizzazione all'esercizio provvisorio non comporta una diversa valutazione dell'azienda sotto quel profilo, il che del resto è fatto palese dallo stesso T.U. quando individua con precisione lo scopo che è consentito ripromettersi attraverso l'esercizio provvisorio dell'impresa bancaria.

La «pericolosità» dell'esercizio provvisorio nasce soprattutto dal fatto che le obbligazioni contratte nella gestione vengono considerate tra i debiti da collocarsi in prededuzione sul patrimonio dell'ente (art. 111 l.f.) e può, pertanto, rivelarsi dannosa per gli stessi creditori nel cui interesse dovrebbe essere disposto. Si tratta in ogni caso di un istituto difficilmente conciliabile (e di fatto quasi inutilizzato) con le caratteristiche economiche dell'impresa bancaria e i cui scopi istituzionali vengono normalmente perseguiti attraverso gli interventi di ordine finanziario ai quali abbiamo fatto cenno discorrendo dei sistemi di composizione delle crisi bancarie [84].

e) Le esigenze di liquidità della banca possono rendere indispensabile il ricorso ad operazioni di finanziamento, indipendentemente dall'esercizio provvisorio dell'impresa. A tal fine e anche per poter procedere ad eventuali riparti i commissari «possono contrarre mutui» ed «effettuare operazioni finanziarie passive», costituendo «in garanzia attività aziendali». Anche in questo caso sarà necessaria l'autorizzazione della Banca d'Italia e dovranno essere osservate «le prescrizioni e le cautele disposte dal comitato di sorveglianza» (art. 90, 4° comma T.U.).

f) Abbiamo constatato, a proposito della liquidazione dell'attivo, essere opinione comune quella secondo la quale il patrimonio dell'ente creditizio deve essere integralmente monetizzato, a prescindere dal fatto che tale monetizzazione sia necessaria per soddisfare i creditori, dal momento che l'ente, per effetto del provvedimento di liquidazione coatta, sarebbe necessariamente destinato all'estinzione. Un convincimento analogo esiste in ordine alla ripartizione delle somme realizzate attraverso la suddetta liquidazione: esplicitamente o implicitamente si assume che anche il patrimonio (monetizzato) che residua dopo l'integrale soddisfacimento dei creditori debba essere ripartito fra gli aventi diritto e, in caso di società bancaria, fra i soci. La ragione di questa ob-

[84] L'esercizio provvisorio dell'impresa era previsto anche dall'art. 75 l.b., sul quale v. C. Clemente e I. Colonnese, in *Codice commentato*, cit., p. 915.

bligatoria distribuzione integrale del patrimonio netto starebbe nella necessità di giungere alla estinzione dell'ente. Anche sul punto, come già abbiamo fatto a proposito della necessaria liquidazione dell'attivo ci limitiamo qui a constatare che la disciplina del riparto, in quanto tale, non impone una siffatta conclusione e che la stessa viene deduttivamente ricavata dal convincimento che un ente sottoposto a liquidazione coatta debba necessariamente estinguersi.

Il T.U. (art. 91), con norme che prevalgono sulla disciplina dettata dalla legge fallimentare, ma in termini sostanzialmente non diversi, prevede, anzitutto, la possibilità di ripartizioni parziali.

A norma, infatti, dell'art. 91, 2° comma, «i commissari, sentito il comitato di sorveglianza e previa autorizzazione della Banca d'Italia, possono eseguire riparti parziali, sia a favore di tutti gli aventi diritto sia a favore di talune categorie di essi, anche prima che siano realizzate tutte le attività e accertate tutte le passività»[85]. Dubbio è se questi riparti parziali debbano essere, in ogni caso, contenuti nel limite stabilito dall'art. 113 l.f. (90% delle somme da ripartire), anche se di fatto elementari criteri di prudenza impongono il rispetto di tale vincolo.

Tali riparti parziali, nonostante la loro evidente utilità per i creditori, sono in ogni caso rimessi alla discrezionalità degli organi della liquidazione, anche se non mancano indizi dai quali si evince che gli stessi debbano essere favoriti; al punto da consentire ai commissari, previa autorizzazione della Banca d'Italia e secondo le norme o le cautele fissate dal comitato di sorveglianza, di reperire finanziamenti e costituire in garanzia attività sociali proprio al fine di eventuali distribuzioni di quote di riparto ai creditori.

I riparti parziali, tuttavia, non devono pregiudicare la possibilità della definitiva assegnazione delle quote spettanti a tutti gli aventi diritto (art. 91, 3° comma T.U.).

In occasione di qualunque riparto parziale i commissari dovranno effettuare gli accantonamenti necessari per far fronte ai crediti che per le più diverse ragioni (sospensivamente condizionati, contestati) non possano partecipare allo stesso[86], il che dovrà avvenire anche ai sensi dell'art. 113 l.f. applicabile nell'ipotesi in esame.

g) Il riparto finale fra i creditori verrà effettuato soltanto dopo l'approvazione del bilancio finale di liquidazione del rendiconto finanziario e del piano di riparto. Ma di questi profili ci occuperemo nel paragrafo successivo.

Il riparto finale fra i creditori avverrà, ovviamente, nel rispetto delle ragioni di prelazione e di prededuzione già recepite dal piano di riparto

[85] A norma dell'art. 81, 1° c. l.b. i commissari, sentito il comitato di sorveglianza e con l'autorizzazione della Banca d'Italia, potevano limitare la distribuzione di un primo riparto «ai piccoli creditori». Riteneva obbligatori tali riparti L. Desiderio, *op. cit.*, p. 367, ma *contra* A. Dalmartello, *Riparti parziali e accantonamenti nella liquidazione coatta amministrativa*, in «Giur. comm.», 1977, I, p. 220.

[86] Sul punto G. Tarzia, *La ripartizione dell'attivo nella liquidazione coatta amministrativa*, in «Riv. dir. proc.», 1963, I, p. 586.

e osservando le formalità fissate dall'art. 117 l.f. per i crediti sospensivamente condizionati e per i creditori irreperibili. Come abbiamo già ricordato, l'opinione comune ritiene, anche se gli accenni della dottrina in proposito sono estremamente scarsi, che il piano di riparto debba anche prevedere la destinazione dell'eventuale residuo patrimoniale rimasto dopo il soddisfacimento dei creditori e che sia ineluttabile la distribuzione anche di tali attività, in connessione con la necessaria estinzione dell'ente. Ed in effetti si può ammettere che il bilancio finale e il piano di riparto si preoccupino anche di prevedere la ripartizione del patrimonio netto fra i soci o comunque fra coloro, fondatori, promotori, terzi beneficiari, che possono per legge o per statuto vantare diritti su tale patrimonio, anche se la legge non prevede alcun obbligo dei commissari liquidatori in tal senso; e ciò a differenza di quanto si stabilisce ad esempio per il bilancio finale destinato a chiudere la liquidazione ordinaria delle società (art. 2453, 1° comma Cod. civ.).

Ciò che invece non emerge è che una tale disposizione del patrimonio netto dell'ente sia necessaria: conclusione che, ancora una volta, si fa discendere dal convincimento che la liquidazione coatta debba inevitabilmente chiudersi con l'estinzione dell'ente.

4.9. La chiusura della liquidazione

a) Il procedimento aperto con il provvedimento di liquidazione coatta amministrativa dell'impresa bancaria può concludersi in due modi: *a*) con l'espletamento degli adempimenti previsti dall'art. 92, T.U.; *b*) con l'esecuzione del concordato di liquidazione disciplinato dagli art. 93-94 del medesimo T.U.

Si tratta di modalità di chiusura che, almeno nella interpretazione della dottrina, hanno effetti radicalmente diversi sulla sorte dell'ente sottoposto a liquidazione; nel primo caso la liquidazione coatta porterebbe alla necessaria estinzione dell'ente, nel secondo, quest'ultimo effetto dovrebbe, come è d'altro canto ovvio, considerarsi escluso.

Questa constatazione consente di avanzare subito gravi dubbi sul convincimento, pressoché unanime, che scopo della liquidazione coatta sia l'estinzione dell'ente dal momento che il relativo procedimento può concludersi, per espresso disposto legislativo, anche senza tale estinzione. Essa, in secondo luogo, suggerisce di verificare attentamente se la chiusura del procedimento anche in assenza di concordato debba necessariamente portare all'estinzione dell'ente, dal momento che lo stesso non può considerarsi una conseguenza necessaria del provvedimento di messa in liquidazione.

Tenendo ferme queste precisazioni, che consentono quanto meno di non calare nell'interpretazione vincoli di carattere generale non adeguatamente verificati, passiamo ad analizzare la disciplina legislativa prevista per entrambe le forme di chiusura della liquidazione coatta delle imprese bancarie, per riprendere poi le considerazioni di ordine più generale appena accennate.

b) A norma dell'art. 92, 1° comma T.U., i commissari, liquidato l'attivo e prima dell'ultimo riparto ai creditori, sottopongono il bilancio finale di liquidazione, il rendiconto finanziario e il piano di riparto, accompagnati da una relazione propria e da quella del comitato di sorveglianza, alla Banca d'Italia, che ne autorizza il deposito presso la cancelleria del Tribunale.

Dell'avvenuto deposito è data notizia mediante pubblicazione nella «Gazzetta Ufficiale», ma la Banca d'Italia può stabilire forme integrative di pubblicità. Entro venti giorni dalla pubblicazione dell'avviso gli interessati possono proporre le loro contestazioni con ricorso al tribunale.

Si instaura così un procedimento contenzioso, cui si applicano le regole già previste per l'opposizione allo stato passivo e che si potrà concludere anche con una decisione che comporti modificazioni del bilancio finale o del piano di riparto.

Quando sia decorso il termine di venti giorni dalla pubblicazione dell'avviso senza che siano state proposte contestazioni o queste siano state definite con sentenza passata in giudicato, i commissari liquidatori «provvedono al riparto finale» (art. 92 T.U.).

c) Dalla lettera delle disposizioni appena riprodotte sembra che il riparto finale dell'eventuale residuo netto di liquidazione sia assolutamente inevitabile e che la liquidazione si debba necessariamente concludere con la cancellazione della società dal registro delle imprese, dal momento che lo stesso T.U. precisa che trovano applicazione gli artt. 2456 e 2457 del Codice civile (art. 92, 6° comma), riproducendo del resto la disposizione dell'art. 213 l.f. («si applicano... le norme dell'art. 117 e, se del caso, degli articoli 2456 e 2457 del Codice civile»).

E questi eventi (dispersione del patrimonio e cancellazione della società) dovrebbero verificarsi anche nell'ipotesi, improbabile ma non impossibile (soprattutto tenendo presente che le imprese bancarie possono essere poste in liquidazione a prescindere dalla loro insolvenza) in cui all'ente, dopo soddisfatti i creditori, residuasse un patrimonio e lo stesso volesse continuare ad esistere, sia pure modificando il proprio oggetto sociale (dal momento che non è più autorizzato ad esercitare l'attività bancaria).

La soppressione dell'ente sarebbe dunque inevitabile anche quando la sua sopravvivenza non metterebbe in alcun pericolo gli interessi che hanno giustificato il provvedimento di liquidazione coatta dal momento che l'ente è stato escluso dal mercato bancario ed il risparmio raccolto è stato adeguatamente tutelato, essendo stati, per ipotesi, soddisfatti tutti i creditori. D'altro canto, non si vede quale interesse in questo caso venga protetto attraverso la coattiva dispersione del patrimonio e la estinzione dell'ente né si intravede qualche valida giustificazione per l'attribuzione alle autorità creditizie di siffatta funzione estintiva, né si capisce per quale motivo non debba essere tenuto in alcun conto l'interesse dell'ente a sopravvivere.

Eppure questa possibilità di salvezza viene negata all'ente in liquidazione dalla totalità della dottrina sia sulla base di una preconcetta visione della funzione estintiva della liquidazione coatta sia argomentando dalla dichiarata applicabilità all'ente in liquidazione degli artt. 2456-2457 del Codice civile. Da quest'ultima previsione si ricava, in particolare, il convincimento che in ogni caso i commissari liquidatori devono chiedere la cancellazione della società bancaria sottoposta a liquidazione coatta dal registro delle imprese e, quindi, debbono provocare l'estinzione dell'ente. Si rintraccia così un argomento normativo preciso sia per affermare che i commissari debbono liquidare l'intero patrimonio sociale e comunque provvedere anche al riparto del patrimonio eventualmente residuato dopo il pagamento dei creditori sia per ribadire che la liquidazione coatta si conclude con la necessaria estinzione dell'ente sottoposto al relativo provvedimento.

La conclusione appena accennata, pur trovando nella norma ricordata un appiglio piuttosto solido e pur svolgendosi attraverso passaggi logici almeno apparentemente lineari, lascia insoddisfatti già a prima vista per la difficoltà di rinvenire alla stessa una giustificazione, sul piano degli interessi, del tutto appagante: sembra, e lo si ripete, irragionevole condannare alla estinzione un ente la cui sopravvivenza non pregiudica alcun interesse e che pretende di evitare la propria fine.

Questa insoddisfazione sollecita a rivedere il significato del richiamo agli artt. 2456 e 2457 Cod. civ., per appurare se, per ipotesi, non possa essere evitata una simile conclusione. E a nostro avviso questa possibilità esiste. Essa si fonda su di un'analisi degli interessi che, a sua volta, consente di attribuire alla formulazione della norma un significato meno ovvio di quello altrimenti necessario. Tra la situazione in esame e quella prevista dall'art. 2456 esiste, sul piano sostanziale, una differenza piuttosto consistente. Nel caso della liquidazione volontaria lo scioglimento, la liquidazione e l'estinzione sono la conseguenza di una vicenda del rapporto sociale, per lo più frutto della volontà dei soci o quanto meno accettata da questi ultimi, che rivela l'esaurimento della funzione del rapporto societario. Nell'ipotesi di liquidazione coatta, almeno delle banche, la ragione del procedimento deve rintracciarsi nella necessità di tutelare interessi legati all'impresa e non nell'esaurirsi del rapporto societario. Pur coinvolgendo il rapporto societario ed incidendo sul soggetto, la liquidazione coatta è pur sempre una vicenda che si radica nella disciplina dell'impresa e non del soggetto.

Il che dà ragione del fatto che, mentre non può che essere necessaria la estinzione della società nella prima ipotesi, essendosi esaurita la sua funzione, non altrettanto può dirsi nella seconda, nella quale non si può escludere che il contratto, nel giudizio dei soci, conservi una funzione dopo che si sia conclusa la vicenda relativa all'impresa.

Nel primo caso l'ente ha già deliberato o comunque accettato la propria estinzione, confermando tale volontà anche attraverso la rinuncia alla possibilità di revocare la liquidazione, ed è, pertanto, evidente la ineluttabilità dell'estinzione e il dovere di chiedere la cancellazione da parte dei liquidatori.

La situazione come si accennava è diversa nell'ipotesi in cui la società sia stata sottoposta a liquidazione coatta: questa si ricollega ad una decisione discrezionale della pubblica amministrazione e non è il frutto della volontà dell'ente, neppure quando vi sia stata una istanza da parte del medesimo.

In ogni caso, comunque, e quindi anche in quest'ultima ipotesi, non si vede perché debba essere negato il potere di revocare la liquidazione, una volta che si siano esaurite le operazioni di liquidazione dell'impresa che coinvolgono i creditori. Sotto questo profilo acquista un senso l'inciso «se del caso» con il quale si apre il richiamo dell'art. 213 l.f.: la cancellazione sarà chiesta dai commissari nell'ipotesi in cui il procedimento liquidatorio non venga «bloccato» dai soci attraverso la revoca dello stato di liquidazione della società.

Nell'interpretazione corrente invece quell'inciso è privo di un qualche significato rilevante, limitandosi a stabilire che nell'ipotesi in cui l'ente sottoposto a liquidazione coatta sia una società si applicano le disposizioni degli artt. 2456 e 2457 Cod. civ.; il che parrebbe abbastanza ovvio, dettando queste norme formalità che, da un lato, si applicano solo alle società e che, dall'altro, debbono necessariamente essere effettuate nell'ipotesi in cui la stessa sia avviata all'estinzione.

Mi pare si possa concludere sul punto dicendo che il procedimento di liquidazione coatta delle società può terminare con l'estinzione dell'ente ma che tale evento può essere evitato dai soci con la revoca dello stato di liquidazione; nel qual caso i commissari liquidatori cesseranno dalle proprie funzioni con la ripartizione delle somme dovute ai creditori e non dovranno né distribuire il residuo attivo né chiedere la cancellazione della società. Soltanto nel caso in cui tale revoca non intervenga si applicheranno dunque le norme degli artt. 2456 e 2457: i liquidatori chiederanno la cancellazione della società e provvederanno al deposito dei libri sociali presso la cancelleria del tribunale.

La tesi qui adottata, che considera l'estinzione dell'ente un esito possibile, ed anzi normale, ma non necessario del procedimento di liquidazione e che ritiene tale estinzione evitabile dalla volontà dei soci, si coordina piuttosto agevolmente con la possibilità che il procedimento di liquidazione si chiuda attraverso un concordato. Questa eventualità, espressamente prevista dalla legge, non trova adeguata collocazione nell'ambito di concezioni che vedano nell'estinzione lo sbocco necessario della liquidazione, mentre si inserisce agevolmente nel contesto di una logica, come quella qui accettata, che attribuisce alla volontà dell'ente l'ultima decisione in proposito. Con una sostanziale differenza, tuttavia: che nell'ipotesi in cui siano già stati integralmente soddisfatti i creditori sociali, la sopravvivenza dell'ente è rimessa alla sola volontà dei soci, senza che la stessa possa essere in qualche misura influenzata dalle autorità creditizie (e dall'autorità giudiziaria) mentre nel caso di concordato, essendovi ancora creditori insoddisfatti e proponendosi per di più di estinguere le passività con un pagamento parziale, la volontà dei soci non è sufficiente; sono necessari sia il parere delle autorità creditizie sia «l'approvazione» dell'autorità giudiziaria.

e) A norma dell'art. 93, 1° comma T.U. «in qualsiasi stadio della procedura di liquidazione coatta, i commissari, con il parere del comitato di sorveglianza, ovvero la banca» (previa deliberazione assembleare assunta ai sensi dell'art. 152 l.f.), con il parere degli organi della liquidazione, possono proporre un concordato al tribunale del luogo ove la banca ha la sede legale.

In entrambi i casi la proposta di concordato deve essere autorizzata dalla Banca d'Italia e deve indicare «la percentuale offerta ai creditori chirografari, il tempo del pagamento e le eventuali garanzie» (art. 93, 2° comma, T.U.). La norma trova un precedente puntuale nell'art. 83 l.b.[87].

Sia il T.U. sia la legge fallimentare si astengono dal fissare contenuti minimi per la proposta di concordato. Dall'assenza di percentuali minime da rispettare e dal potere di proposta dei commissari si è talvolta argomentato per concludere che nella specie l'unico interesse rilevante è quello generale alla funzionalità del sistema e che l'interesse dei creditori non trova alcuno spazio; in particolare si è ipotizzato che il concordato possa essere approvato anche nell'ipotesi in cui la proposta comporti per i creditori un danno che gli stessi potrebbero sicuramente evitare attraverso la liquidazione del patrimonio. La tesi non sembra accettabile. Si deve tenere ben presente che l'accoglimento della proposta di concordato e l'esecuzione di quest'ultimo non comportano la caducazione del provvedimento di revoca dell'autorizzazione ad esercitare il credito: l'ente non viene riammesso al mercato bancario, a tal fine sarà necessaria una nuova autorizzazione e quindi una nuova valutazione della opportunità di inserire l'ente nell'ambito del sistema bancario.

L'interesse che prima di altri dovrà essere tenuto presente dalle autorità creditizie è quello dei depositanti dell'impresa sottoposta a liquidazione; il che non esclude, tuttavia, che venga preso in considerazione anche l'interesse generale alla conservazione delle strutture operative dell'azienda.

In altri termini, l'interesse dei creditori non potrà essere pretermesso nella formulazione dei contenuti della proposta (anche se la legge non prevede norme inderogabili in proposito, come avviene invece nell'ambito del fallimento), neppure nell'ipotesi in cui venga in gioco l'opportunità di facilitare il subingresso di altre aziende bancarie nelle strutture dell'impresa bancaria in liquidazione. Eventualità quest'ultima ben possibile ed esplicitamente tenuta presente già dall'art. 83, 2° comma della legge bancaria, che prevedeva la possibilità che gli obblighi del concordato fossero assunti anche da soggetti «autorizzati all'esercizio del credito», e comunque consentita dall'art. 93, 3° comma del vigente T.U., a norma del quale «l'obbligo di pagare le quote di concordato può essere assunto da terzi con liberazione parziale o totale della banca concordataria», nel qual caso «l'azione dei creditori per l'esecuzione del concordato non può esperirsi che contro i terzi assuntori entro i limiti delle rispettive quote».

Entrambi gli interessi, quello dei creditori e quello della funzionali-

[87] Sulla disciplina del concordato previsto dalla legge bancaria, v. L. Desiderio e C.M. Panzeri, in *Codice commentato*, cit., pp. 1024 ss.

tà del sistema, dovranno essere tenuti presenti sia dal commissario liquidatore e dal comitato di sorveglianza sia dalla Banca d'Italia che deve autorizzare la presentazione della proposta di concordato.

L'autorizzazione della Banca d'Italia, tuttavia, non implica, come è stato invece ritenuto, un «ripensamento» sulla revoca dell'autorizzazione che ha aperto la procedura di liquidazione, effettuato sulla base di circostanze successive che la farebbero apparire inopportuna[88]. Il provvedimento di revoca rimane fermo, così come ferma rimane l'espulsione dal mercato dell'impresa bancaria. Il giudizio della Banca d'Italia concerne invece l'opportunità di proseguire nella liquidazione attraverso la ripartizione dell'attivo fra i creditori o invece di rinunciare alla prosecuzione di tale liquidazione e di consentire, sia pure sotto il controllo delle autorità creditizie, la formazione di un concordato fra l'impresa ed i suoi creditori.

Le proposte di concordato e il parere degli organi della liquidazione devono essere depositati presso la cancelleria del tribunale e possono essere sottoposti anche ad ulteriori forme di pubblicità da parte della Banca d'Italia. Entro trenta giorni dal deposito tutti gli interessati possono proporre opposizione al concordato con ricorso depositato presso la stessa cancelleria e comunicato ai commissari. Il tribunale decide in camera di consiglio sulla proposta di concordato, tenendo conto delle opposizioni e del parere della Banca d'Italia su queste ultime: con sentenza impugnabile nelle forme e nei termini previsti per le sentenze pronunciate sulle opposizioni allo stato passivo (art. 93, commi da 4 a 6).

Come si può notare, non è richiesta, per la omologazione del concordato, una conforme volontà dei creditori, sia pure espressa dalla maggioranza dei medesimi, come invece avviene nell'ambito della procedura fallimentare. La loro tutela è affidata, in definitiva, all'autorità giudiziaria che deve esprimere una valutazione sulla ragionevolezza del sacrificio loro imposto attraverso lo «sconto» concordatario; valutazione a formare la quale concorrono anche le autorità creditizie con i provvedimenti e gli atti amministrativi loro demandati.

La ragione della espulsione dei creditori dal procedimento di approvazione nel concordato è stata rintracciata per lo più nella opportunità di impedire che gli stessi possano, con le loro decisioni, impedire la realizzazione di un concordato considerato dalle autorità creditizie opportuno sia nel loro interesse sia nell'interesse generale della tutela del credito. Sicuramente una ratio di questo genere non può escludersi[89]. Non si deve, peraltro, sottovalutare una ragione di ordine pratico che può altrettanto pienamente giustificare tale compressione dei diritti dei creditori: l'estrema difficoltà di organizzare una decisione

[88] Così U. Belviso, *Tipologia e normativa*, cit., p. 73.
[89] Così M. Porzio, *Il governo*, cit., pp. 158 s.

consapevole da parte di un ceto creditorio numerosissimo e disperso come quello che normalmente si ha in queste situazioni[90].

Anche dopo l'omologazione le autorità creditizie continuano ad esercitare importanti funzioni: i commissari liquidatori, infatti, sovrintendono, «con l'assistenza del comitato di sorveglianza», all'esecuzione del concordato secondo le direttive della Banca d'Italia.

Soltanto con l'esecuzione del concordato, i commissari liquidatori e il comitato di sorveglianza cessano dalle loro funzioni. Più esattamente, a norma dell'art. 94, 2° comma T.U., «eseguito il concordato, i commissari liquidatori convocano l'assemblea dei soci della banca perché sia deliberata la modifica dell'oggetto sociale in relazione alla revoca dell'autorizzazione all'attività bancaria». E la modificazione dell'oggetto sociale varrà come revoca implicita dello stato di liquidazione: la società potrà continuare a vivere esercitando l'attività individuata dal nuovo oggetto statutario. Ma non si potrà neppure escludere che venga concessa una nuova autorizzazione ad esercitare l'attività bancaria[91].

Può tuttavia succedere che la società non modifichi il proprio oggetto né sia autorizzata ad esercitare l'attività bancaria; in tal caso non si avrà revoca della liquidazione. I soci considerano esaurita la funzione del contratto sociale e diventerà allora inevitabile la cancellazione della società e il riparto del patrimonio netto di liquidazione. Compito che in realtà spetterebbe ormai al liquidatore della società e non ai commissari liquidatori. Ma il T.U. affida tale funzione a questi ultimi, stabilendo che, in tal caso, siano essi ad effettuare «gli adempimenti previsti dagli articoli 2456 e 2457 del Codice civile».

4.10. La funzione della liquidazione coatta delle banche

L'analisi della disciplina dettata dall'ordinamento positivo consente di riprendere le considerazioni sulla «funzione» della liquidazione coatta delle banche accennate in apertura. Naturalmente senza pretendere di estendere le considerazioni raggiunte a proposito di queste ultime ad altri enti, pur soggetti a liquidazione coatta, per i quali la diversità dei presupposti per l'apertura del procedimento e la possibile diversità degli esiti di quest'ultimo potrebbero giustificare anche conclusioni diverse in ordine agli scopi perseguiti attraverso la messa in liquidazione dell'ente.

Gli autori che hanno preso posizione sul punto, per lo più facendo applicazione di tesi considerate valide per la generalità delle ipotesi in cui viene prevista la liquidazione coatta, oscillano tra due diverse e contrapposte concezioni.

[90] E questa seconda fu la ragione addotta per emarginare i creditori nei provvedimenti speciali previsti per il concordato preventivo delle imprese bancarie in crisi (sul punto L. Bolaffio, *Il concordato preventivo*, Torino, UTET, 1932, pp. 16 ss.).

[91] In questo senso Cass. SS.UU., 10 agosto 1951, in «Banca borsa e tit. cred.», 1952, II, p. 1.

Secondo alcuni la liquidazione coatta delle banche non è altro che una forma di esecuzione concorsuale sul patrimonio dell'ente, accertato o supposto incapiente, alternativa sotto il profilo strutturale, ma non anche sotto quello funzionale, al procedimento fallimentare[92].

La incapienza del patrimonio giustificherebbe il carattere concorsuale del procedimento e l'interesse pubblico darebbe ragione sia della sottrazione di tale categoria di imprenditori insolventi alla dichiarazione di fallimento sia della sottoposizione di questi ultimi, in via esclusiva, alla liquidazione coatta.

Secondo un'altra parte degli scrittori invece la liquidazione coatta, anche con riferimento alle banche, non dovrebbe essere considerata alla stregua di un'esecuzione concorsuale sul patrimonio ma un procedimento di liquidazione e di estinzione dell'ente, assimilabile al procedimento di liquidazione volontaria[93], nell'ambito del quale il principio di concorsualità avrebbe lo scopo di rendere più «spedite» la liquidazione e l'estinzione medesime[94].

Dalle pagine che precedono emergono elementi sufficienti per contraddire, almeno con riferimento alle banche, sia l'una sia l'altra tesi. Non sembra possibile pensare alla liquidazione coatta come ad una esecuzione sul loro patrimonio per il semplice ma decisivo motivo che la loro liquidazione coatta può essere disposta a prescindere dal fatto che le stesse siano o insolventi o «incapienti». E, come è noto, non vi è spazio per un processo esecutivo in assenza di una situazione di inadempimento o di insolvenza o di incapienza accertata o presunta del debitore.

Ma non sembra neppure accettabile la tesi che vede nella liquidazione coatta uno strumento istituzionalmente e necessariamente proiettato, sul piano funzionale, a liquidare ed estinguere gli enti di credito. Abbiamo, infatti, constatato che questo effetto può essere evitato, e non solo nel caso di concordato.

La liquidazione coatta è apparsa invece uno strumento utilizzato dal legislatore per estinguere i rapporti debitori accesi nella gestione dell'attività bancaria allo scopo di offrire al risparmio raccolto (e indirettamente al risparmio in quanto tale) una tutela diversa da quella di diritto comune[95]. In altre parole la liquidazione coatta mira non all'e-

[92] Così fra gli altri R. Provinciali, *Trattato di diritto fallimentare*, Milano, Giuffrè, 1974, vol. IV, p. 2534; A. Bonsignori, *Liquidazione coatta*, cit., pp. 22 ss.; P. Pajardi, *Manuale di diritto fallimentare*, Milano, Giuffrè, 1976², pp. 810 ss. e già L. Lordi, *Liquidazione coattiva e fallimento*, in «Riv. dir. comm.», 1941, I, p. 155.

[93] F. Ferrara, *Il fallimento*, Milano, Giuffrè, 1974³, p. 86; G. Ferri, *Manuale di diritto commerciale*, Torino, UTET, 1993⁹, p. 631 e già V. Andrioli, *Le liquidazioni forzate amministrative*, appendice a G. Bonelli, *Del fallimento*, III, Milano, Vallardi, 1939³, p. 708.

[94] Così specificamente U. Belviso, *Tipologia e normativa*, cit., p. 7.

[95] Il che rimane vero anche se spesso l'estinzione dei rapporti di credito non si verifica; talvolta infatti la liquidazione è preceduta dall'amministrazione straordinaria nel corso della quale si realizza il trasferimento dei rapporti d'impresa diretto a garantire la continuità dei rapporti medesimi e la conservazione della struttura aziendale: sul punto U. Belviso, *La liquidazione coatta amministrativa nel quadro di una riforma delle procedure concorsuali*, in «Giur. comm.», 1979, I, pp. 256 ss.

stinzione dell'ente ma alla liquidazione dei rapporti di impresa[96]; liquidazione che si impone, a prescindere dall'insolvenza o dalla incapacità del patrimonio di far fronte alle ragioni creditorie, in presenza di presupposti considerati dal legislatore rivelatori della non idoneità dell'ente ad esercitare l'attività bancaria e a garantire adeguatamente le suddette ragioni creditorie[97].

E in questo quadro trova agevole spiegazione anche l'adozione della regola della *par condicio*: il rispetto di tale regola, infatti, è considerato funzionale alla tutela dei risparmiatori-creditori anche in assenza di una situazione di incapienza, accertata o probabile[98], del patrimonio dell'ente debitore[99].

Né sembra difficile render conto della sottrazione delle banche alla dichiarazione di fallimento: la volontà di consentire alle autorità creditizie di dirigere la liquidazione dei suddetti rapporti è evidentemente incompatibile con il ruolo, di direzione appunto, che il procedimento fallimentare attribuisce all'autorità giudiziaria[100]. Questa «riserva» della liquidazione delle imprese bancarie, anche in caso di insolvenza, alle autorità creditizie è tuttavia temperata dal mantenimento all'autorità giudiziaria dei poteri indispensabili per garantire la necessaria tutela giurisdizionale ai diritti soggettivi coinvolti dal procedimento di liquidazione[101].

5. La crisi dei gruppi bancari

a) Come abbiamo a suo tempo sottolineato, l'intera disciplina dei gruppi bancari si fonda su di una semplice constatazione di fatto: le at-

[96] Questa conclusione consente, tra l'altro, di evitare di attribuire funzioni diverse alla liquidazione coatta a seconda che la stessa venga disposta per un'impresa individuale o per un'impresa collettiva. Così ad esempio U. Belviso, *Tipologia e normativa*, cit., pp. 126 ss., ad avviso del quale per le imprese individuali la liquidazione coatta mirerebbe alla liquidazione dell'impresa e per gli enti alla estinzione dei medesimi.

[97] In questa prospettiva si può anche ammettere che la liquidazione coatta abbia una funzione «preventiva» e cautelare delle ragioni del risparmio (sul punto U. Fragola, *Liquidazione coatta*, cit., pp. 96 s.) sempre che non si pretenda di far derivare da questa affermazione nessuno degli effetti tipici dei provvedimenti cautelari in senso tecnico.

[98] Pur ricollegando in linea di principio la regola della concorsualità alla incapienza, quanto meno probabile, di un patrimonio in liquidazione, riconosce che tale collegamento può non sussistere per la liquidazione coatta amministrativa M. Rescigno, *Contributo allo studio della par condicio creditorum*, in «Riv. dir. civ.», 1984, I, pp. 385 ss.

[99] Non sembra, pertanto, necessario giustificare l'adozione della regola della concorsualità con la sua capacità di rendere più rapida la liquidazione (U. Belviso, *Tipologia e normativa*, cit., pp. 156 ss.) se non nel senso che tale eventuale maggior rapidità è a sua volta funzionale alla tutela dei creditori.

[100] Sul punto S. Satta, *La liquidazione amministrativa nella riforma del fallimento*, in «Riv. dir. comm.», 1941, I, p. 1489.

[101] La funzione della liquidazione coatta individuata nel testo rende ragione della sua applicazione ad altri intermediari finanziari, come i consorzi bancari (art. 2 della legge 5 dicembre 1978, n. 787) e le società di gestione dei fondi comuni di investimento mobiliare (art. 8 della legge 23 marzo 1983, n. 77), con esclusione del fallimento.

tività esercitate dalle società finanziarie controllate da una banca o controllanti di quest'ultima, sono fonti di rischi che, tramite il rapporto di controllo, possono trasmettersi all'impresa bancaria, compromettendone la stabilità e, ancor prima, la sana e prudente gestione. Di qui la necessità di prevedere una vigilanza informativa ed ispettiva che coinvolga anche le componenti non bancarie del gruppo e soprattutto una vigilanza regolamentare che contenga quei rischi ed impedisca agli stessi di trasmettersi all'impresa bancaria.

Abbiamo poi constatato, in questo capitolo, che l'ordinamento bancario non abbandona al diritto comune la disciplina delle crisi dell'impresa bancaria, dettando norme che consentano alle autorità creditizie un forte potere di direzione nella gestione delle stesse. Avendo dettato una disciplina di vigilanza dei gruppi creditizi diretta a conoscere e controllare il rischio inerente alle componenti non bancarie del gruppo ed avendo previsto una disciplina diversa da quella di diritto comune per le crisi bancarie, l'ordinamento non avrebbe potuto, pena l'incoerenza, non intervenire quando quei rischi si fossero effettivamente prodotti né avrebbe potuto abbandonare al diritto comune la gestione delle relative situazioni di crisi. Diventava perciò inevitabile in questa logica una disciplina della crisi del gruppo che si preoccupasse di intervenire secondo i principi adottati per la crisi della banca, anche nelle situazioni in cui la crisi, pur colpendo componenti non bancarie del gruppo, fosse tale da incidere anche sull'impresa bancaria.

Ma, ancora, uno strumento essenziale della vigilanza sui gruppi bancari è costituito dal ruolo della capogruppo, cui è demandato il coordinamento e la direzione del gruppo: la crisi della capogruppo o anche il mancato adempimento delle funzioni che alla stessa competono è sintomatica di una situazione di malfunzionamento delle regole di vigilanza sul gruppo: con evidente pericolo per la sana e prudente gestione della sua componente non bancaria e quindi per la stabilità della banca o delle banche del gruppo.

Queste sono le premesse e, ad un tempo, le ragioni della disciplina dettata dal D.Lgt. 356/1990[102] e poi dal T.U. (artt. 98-105) per le situazioni di crisi dei gruppi bancari; una disciplina che tende ad applicare alle crisi che si producono nelle componenti non bancarie del gruppo strumenti coerenti con quelli adottati per la crisi delle banche, nel presupposto che identico è nelle due ipotesi l'interesse tutelato: il risparmio bancario. E la delimitazione così individuata delle premesse e degli scopi della disciplina della crisi dei gruppi bancari segna anche i confini

[102] Sulla crisi dei gruppi bancari v. L. Desiderio, *Disciplina delle crisi dei gruppi bancari*, in *Quaderni di ricerca giuridica*, Roma, Banca d'Italia, pp. 211 ss.; A. Castiello d'Antonio, *La crisi del gruppo creditizio*, in «Dir. banca e merc. fin.», 1992, I, pp. 3 ss.; F. Maimeri, *Prime riflessioni sulla crisi del gruppo creditizio*, in *Teoria e prassi delle ristrutturazioni bancarie*, *Quaderni di economia e credito*, 1992, p. 287; M. Porzio, *La disciplina delle crisi dei gruppi* e A. Spena, *La rilevanza dei collegamenti societari nella disciplina delle crisi dei gruppi creditizi*, entrambi in *Dall'ente pubblico creditizio alla società per azioni*, a cura di M. Rispoli Farina, Napoli, Jovene, 1993, pp. 303 ss. e 313.

confini della sua applicabilità: le società finanziarie non bancarie non vengono sottratte alle loro discipline tipiche (es.: fallimento) se non nel momento in cui la loro crisi, coinvolgendo l'intero gruppo, metta in pericolo anche la sana e prudente gestione della banca, quando non la sua stabilità.

L'unico interesse protetto rimane quello tipicamente tutelato con riferimento alle imprese bancarie. Ed essendo uno strumento diretto a gestire, secondo le regole proprie delle crisi bancarie, le crisi delle imprese non bancarie del gruppo, la disciplina della crisi dei gruppi bancari non pretende di alterare le condizioni di formazione dei rischi, ossia, in termini giuridicamente più puntuali, non modifica le regole della responsabilità patrimoniale delle singole società e, soprattutto, non cancella la separatezza patrimoniale delle varie società del gruppo: si limita ad intervenire per sottoporre alla disciplina bancaria le situazioni di crisi, senza alterare le regole sulla base delle quali queste situazioni si sono determinate.

Anche nel momento della crisi le varie società non perdono la loro autonomia patrimoniale, per dar vita ad un unico patrimonio e ad un'unica responsabilità «di gruppo» ad unica impresa[103]. Il che conferma le conclusioni alle quali eravamo giunti a proposito della vigilanza regolamentare: la capogruppo non può sacrificare l'interesse delle controllate, dal momento che non risponde delle obbligazioni di queste ultime.

b) La disciplina dettata dal T.U. per la crisi dei gruppi bancari si articola in tre distinti capitoli: 1) l'amministrazione straordinaria e la liquidazione coatta della capogruppo (artt. 98 e 99); 2) l'amministrazione straordinaria e la liquidazione coatta delle società del gruppo (artt. 100 e 102); 3) le disposizioni comuni alle procedure di amministrazione straordinaria e di liquidazione coatta della capogruppo e delle società del gruppo (artt. 103-105). Anche la nostra esposizione seguirà questo ordine.

5.1. L'amministrazione straordinaria della capogruppo

a) A norma dell'art. 98, 1° comma, alla capogruppo di un gruppo bancario si applicano le norme dettate per l'amministrazione straordinaria delle banche (artt. 70-76), salvo quanto previsto dallo stesso art. 98, nei commi successivi.

La disposizione assume rilevanza, ovviamente, per le società finanziarie che rivestano il ruolo di capogruppo di un gruppo creditizio; società che, in quanto tali, sarebbero sottratte alla disciplina prevista per le banche. Per effetto della loro condizione di capogruppo di un gruppo bancario alle stesse non si applicano più le norme di diritto comune ma quelle tipiche dello statuto delle imprese bancarie.

[103] Così invece, ma con eccessiva indifferenza per la disciplina positiva, A. Castiello d'Antonio, *op. cit.*, pp. 11 ss.

La ragione di questo «cambio di statuto» sta nella incidenza che la loro crisi si presume abbia sulle banche controllate e sulla conseguente necessità di applicare le stesse norme previste per la crisi delle imprese bancarie. In termini forse eccessivamente semplificati si potrebbe dire che il legislatore considera la crisi della capogruppo come se fosse crisi della banca controllata.

b) Nei confronti della capogruppo di un gruppo bancario, sia essa una società finanziaria o una banca, l'amministrazione straordinaria può essere disposta non soltanto in tutte le ipotesi in cui può esserlo nei confronti di una banca, ma anche quando: 1) risultino gravi inadempienze della medesima capogruppo nell'esercizio dell'attività di direzione e coordinamento che la stessa deve svolgere nei confronti delle componenti del gruppo, e 2) quando «una delle società del gruppo bancario sia stata sottoposta alla procedura del fallimento, dell'amministrazione controllata, del concordato preventivo, della liquidazione coatta amministrativa, dell'amministrazione straordinaria, dell'art. 2409 3° comma del Codice civile ovvero ad altra analoga procedura prevista da leggi speciali e possa essere alterato in modo grave l'equilibrio finanziario gestionale del gruppo» (art. 98, 2° comma T.U.).

L'ipotesi *sub* 1) non abbisogna di particolari delucidazioni: lo svolgimento dell'attività di direzione e coordinamento nei confronti delle controllate rientra fra i doveri che incombono alla capogruppo; il grave inadempimento di tali doveri costituisce grave violazione di norme legislative ed amministrative, che avrebbe consentito l'apertura della procedura di amministrazione straordinaria già ai sensi dell'art. 70, 1° comma lett. *a*) del T.U. La norma in esame non fa che esplicitare quest'ultima conclusione.

Più spiccato il carattere innovativo dell'ipotesi *sub* 2): si presuppone che una delle società controllate sia insolvente o in grave condizione di illiquidità o sia incorsa in gravi irregolarità gestionali (e questa condizione sia stata accertata attraverso l'apertura di uno dei procedimenti menzionati dalla norma) e che la condizione nella quale versa la controllata possa alterare in modo grave l'equilibrio finanziario o gestionale del gruppo. Dunque la capogruppo può essere sottoposta ad amministrazione straordinaria per vicende che non la concernono direttamente ma che attengono ad una delle controllate, sempre che ne risulti, anche potenzialmente, alterato l'equilibrio finanziario o gestionale del gruppo nel suo insieme. E sotto questo profilo si può veramente dire che la capogruppo è responsabile, almeno in termini oggettivi dell'equilibrio finanziario e gestionale del gruppo.

c) La disciplina dell'amministrazione straordinaria della capogruppo di un gruppo bancario si differenzia da quella della banca soprattutto per i poteri attribuiti ai commissari straordinari nei confronti delle società controllate e appartenenti al gruppo.

Essi, sentito il comitato di sorveglianza e previa autorizzazione della Banca d'Italia, possono «revocare o sostituire, anche in parte, gli amministratori delle società del gruppo al fine di realizzare i mutamenti degli indirizzi gestionali che si rendano necessari»; «i nuovi amministratori restano in carica al massimo sino al termine dell'amministrazione straordinaria della capogruppo», mentre «gli amministratori revocati hanno titolo esclusivamente a un indennizzo corrispondente ai compensi ordinari a essi spettanti per la durata residua del mandato ma, comunque, per un periodo non superiore a sei mesi» (art. 98, 4° comma).

Il potere così attribuito ai commissari consente alla capogruppo di esercitare quell'attività di direzione e coordinamento che normalmente viene affidata alla naturale omogeneità fra organi della capogruppo stessa e della società controllata; omogeneità che potrebbe venir meno a causa dello scioglimento degli organi di quest'ultima e della loro sostituzione con i commissari straordinari. In altri termini, si tratta di un potere che tende a realizzare una unitarietà di gestione del gruppo messa in forse dalla permanenza in carica, nelle società controllate, degli amministratori nominati dalla «precedente gestione» della capogruppo.

La sostituzione degli amministratori non comporta, ovviamente, il venir meno dell'autonomia, sotto il profilo patrimoniale e gestionale, delle società controllate; gli amministratori nominati dai commissari restano, pur sempre, amministratori della società controllata e debbono tutelare l'interesse di quest'ultima e dei suoi creditori, senza poter sacrificare questi interessi a quelli della capogruppo o del gruppo in quanto tale. La nomina è certamente giustificata, nella stessa lettera della norma, dalla necessità di mutare gli eventuali indirizzi gestionali che i precedenti amministratori intendevano attuare in conflitto con le indicazioni dei commissari straordinari, ma quella necessità di mutamento non comporta il potere, per i commissari, di imporre indirizzi che si rivelino «dannosi» per la società controllata, anche quando siano vantaggiosi per altri e più importanti componenti del gruppo.

I commissari possono poi richiedere l'accertamento giudiziale dello stato di insolvenza delle società appartenenti al gruppo, sostituendosi così agli organi delle società controllate (art. 98, 5° comma) e, al fine di agevolare il superamento di difficoltà finanziarie, possono disporre la sospensione dei pagamenti della capogruppo, nelle forme e con gli effetti previsti per la sospensione dei pagamenti da parte delle banche ma per un periodo triplicato nei confronti di quest'ultima (art. 98, 7° comma).

d) In considerazione della maggior complessità che lo svolgimento della procedura può presentare, quando riguardi la capogruppo di un gruppo bancario, l'amministrazione straordinaria dura un anno, salvo che il decreto preveda una durata più breve, o la Banca d'Italia ne autorizzi la chiusura anticipata, ma in casi eccezionali, può essere prorogata per un altro anno (art. 98, 3° comma).

5.2. La liquidazione coatta della capogruppo

a) Analogamente con quanto previsto con riferimento all'amministrazione straordinaria, il T.U. stabilisce (art. 99, 1° comma) che alla capogruppo si applica la disciplina prevista per la liquidazione coatta delle banche. E quando capogruppo sia anziché una banca, una società finanziaria, la stessa, anche in caso di insolvenza, verrà sottratta al fallimento e al concordato preventivo e potrà essere posta in liquidazione anche quando non sia insolvente ma ricorrano irregolarità nell'amministrazione o violazioni di norme legislative, amministrative o statutarie di «eccezionale gravità». E la liquidazione coatta può essere disposta anche quando la capogruppo, sia essa banca o società finanziaria, sia incorsa in «inadempienze» nell'esercizio delle proprie funzioni di vigilanza di «eccezionale gravità» (art. 99, 2° comma).

b) La disciplina della liquidazione coatta della capogruppo è identica a quella prevista per la liquidazione coatta delle banche per quanto concerne il provvedimento di liquidazione e i suoi effetti, la struttura degli organi della procedura, l'accertamento del passivo e il riparto dell'attivo e la chiusura della liquidazione. Le poche norme particolari riguardano i poteri dei commissari nei confronti delle società del gruppo.

Anzitutto sotto il profilo conoscitivo: i commissari possono richiedere alle società del gruppo i dati, le informazioni e ogni altro elemento utile per adempiere al proprio mandato e debbono depositare annualmente presso la cancelleria del tribunale «una relazione sulla valutazione contabile e sull'andamento della liquidazione, corredata da notizie sia sullo svolgimento delle procedure cui sono sottoposte altre società del gruppo sia sugli eventuali interventi a tutela dei depositanti» (art. 99, 3° comma).

Essi, in analogia con quanto previsto per l'amministrazione straordinaria, possono, ancora, richiedere l'accertamento dello stato di insolvenza delle società appartenenti al gruppo (art. 99, 4° comma).

Nell'ipotesi in cui sia stato accertato lo stato di insolvenza della società capogruppo, i commissari potranno ovviamente esercitare le azioni revocatorie previste dalla legge fallimentare sia nei confronti di ogni altro terzo avente causa dalla società capogruppo sia nei confronti degli atti intervenuti fra quest'ultima e le società controllate. E per questi ultimi il periodo sospetto viene debitamente protratto nei confronti di quello previsto dal diritto comune. L'azione revocatoria, infatti, può essere esperita per gli atti indicati ai nn. 1, 2 e 3 del 1° comma dell'art. 67, quando gli stessi siano stati posti in essere nei cinque anni anteriori al provvedimento di liquidazione (mentre il termine di diritto comune ammette la loro revocabilità solo quando siano stati compiuti entro due anni dalla dichiarazione di fallimento) mentre per quelli previsti al n. 4 del 1° comma e al 2° comma dello stesso art. 67, il periodo sospetto viene protratto da uno a tre anni.

Si tratta di una disposizione analoga a quelle già introdotte nel nostro ordinamento dalla legge 3 aprile 1979, n. 95, per l'amministrazione straordinaria delle grandi imprese in crisi, e dalla legge 1° agosto 1986, n. 430, sulle società fiduciarie. E la protrazione del termine, che decorre come si può notare non dall'accertamento dello stato di insolvenza ma dalla data del provvedimento di liquidazione, può trovare una sufficiente giustificazione nella minore importanza che nei rapporti intragruppo ha la necessità di assicurare certezza ai rapporti giuridici, e che impone un limite temporale alla revocabilità di un atto, e nella maggior facilità che la capogruppo incontra nel porre in essere atti in frode ai creditori quando gli stessi si realizzino all'interno di un gruppo.

c) Come emerge dalle norme appena illustrate, la società capogruppo, mentre può essere posta in amministrazione straordinaria quando le vicende relative ad un'altra società del gruppo possano alterare in modo grave l'equilibrio finanziario gestionale del gruppo, può essere posta in liquidazione coatta solo per vicende che la concernano direttamente. Nel senso che, in ossequio al principio della separatezza sul piano patrimoniale delle varie società del gruppo, non può essere disposta la liquidazione coatta della capogruppo a causa della liquidazione decretata per una società controllata o per l'avvenuta dichiarazione del suo fallimento. E ciò anche quando risulti compromesso l'equilibrio finanziario o gestionale del gruppo. In altri termini, i presupposti della liquidazione o dell'insolvenza andranno verificati per ogni singola società del gruppo, non esistendo, sul piano giuridico, né un'insolvenza di gruppo, né una massa attiva né una massa passiva di gruppo. A riprova del fatto che non esiste un'impresa di gruppo.

I rischi di contaminazione fra le società che appartengono al gruppo sono alla base della disciplina prevista per i gruppi creditizi. Ma si tratta, ovviamente, di affermazioni del tutto compatibili. In particolare, con riferimento alla liquidazione, la consapevolezza della contaminazione e della necessità di prevedere norme dirette a governarla si traduce nell'attribuzione ai commissari della legittimazione ad assumere iniziative anche nei confronti delle società controllate, ma senza che vi sia la confusione dei patrimoni fra le varie componenti del gruppo.

5.3. L'amministrazione straordinaria delle società del gruppo

a) Abbiamo appena constatato che l'esistenza di un rapporto di gruppo, quando quest'ultimo possa definirsi bancario, incide sulla disciplina dell'ente che occupa la posizione di capogruppo ed è chiamato a svolgere le relative funzioni di vigilanza. Ma quello stesso rapporto di gruppo incide anche sulla disciplina della crisi delle società controllate. Anche sotto questo profilo, per altro, la rilevanza del rapporto di appartenenza al gruppo bancario sussiste nella misura in cui rimangano coinvolti gli interessi bancari esistenti nel gruppo ed entro i limiti invalicabili della separatezza dei patrimoni. Neppure sotto questo profilo si può dunque dire che il gruppo è considerato come un'unica impresa.

b) A norma dell'art. 100, 1° comma, del T.U. «quando la capogruppo sia sottoposta ad amministrazione straordinaria o a liquidazione coatta amministrativa, alle società del gruppo si applicano, ove ne ricorrano i presupposti, le norme» dettate per l'amministrazione straordinaria e la sottoposizione delle stesse a quest'ultima può essere richiesta alla Banca d'Italia anche dai commissari straordinari e dai commissari liquidatori della capogruppo. La disposizione esprime la propria forza normativa soprattutto nei confronti delle società non bancarie.

Quando la capogruppo sia in amministrazione straordinaria o in liquidazione coatta e una società finanziaria controllata, e quindi appartenente al gruppo bancario, presenti gravi irregolarità nell'amministrazione o sia incorsa in gravi violazioni delle disposizioni legislative, amministrative o statutarie o si prevedano gravi perdite, questa seconda potrà essere sottoposta ad amministrazione straordinaria con disapplicazione sia dell'amministrazione controllata sia del controllo giudiziario previsto dall'art. 2409 Cod. civ.

Dunque il «cambio di statuto», per quanto concerne la crisi, è subordinato alla presenza di una situazione di crisi della capogruppo; crisi della capogruppo che, unita a quella della società in questione, lascia immaginare una condizione di crisi del gruppo nel suo insieme con gravi pericoli anche per l'impresa bancaria che ne fa parte (sempreché non sia bancaria la stessa capogruppo perché in tal caso il pericolo è *in re ipsa*). In altri termini, il rapporto di gruppo in quanto tale non altera la disciplina della crisi delle società che ne fanno parte, a riprova del fatto che tale appartenenza non muta la natura del controllo eventualmente previsto per le stesse e che la vigilanza bancaria non si sostituisce alla vigilanza tipicamente prevista per la loro attività.

Quest'ultima tende a realizzare esclusivamente le finalità tipicamente perseguite con riferimento all'impresa bancaria ed interviene nella crisi delle società controllate solo quando la stessa minacci l'impresa bancaria, ravvisando la prova di questo pericolo nella sottoposizione della capogruppo ad una procedura coattiva (amministrazione straordinaria o liquidazione coatta).

Questi principi sono riaffermati, con una norma che vale anche per la liquidazione coatta, dall'art. 102 del T.U., a mente del quale «quando la capogruppo non sia sottoposta ad amministrazione straordinaria o a liquidazione coatta amministrativa, le società del gruppo sono soggette alle procedure previste dalle norme di legge a esse applicabili». Quelle società rimangono dunque soggette ai loro propri statuti, a conferma ancora una volta della impossibilità di ravvisare nell'insieme delle imprese che appartengono ad un gruppo bancario una sola impresa, per di più bancaria. Anche in questa ipotesi, tuttavia, si pongono problemi di vigilanza informativa, ossia si rende necessario assicurare all'organo di vigilanza bancario la conoscenza delle decisioni assunte da altre autorità.

«Dei relativi provvedimenti», infatti, «viene data immediata comunicazione alla Banca d'Italia a cura dell'autorità amministrativa o giudiziaria che li ha emessi» e durante lo svolgimento delle procedure dalle stesse aperte, la Banca d'Italia deve essere informata di ogni circostanza «rilevante ai fini della vigilanza sul gruppo bancario». Norma che sottolinea ancora una volta, limiti e fini di tale vigilanza.

c) Naturalmente il legislatore doveva preoccuparsi di stabilire quale dovesse essere la sorte delle procedure di diritto comune, alle quali una società appartenente al gruppo fosse già stata sottoposta, al sopravvenire del provvedimento di amministrazione straordinaria o di liquidazione coatta della capogruppo.

E il T.U. lo ha fatto con riferimento alle due procedure di diritto comune alternative all'amministrazione straordinaria (l'amministrazione controllata e lo scioglimento degli organi amministrativi e di controllo disposto dal tribunale ai sensi dell'art. 2409), ma con una norma che dovrebbe valere anche per altre eventuali procedure analoghe.

Il legislatore ha stabilito che «le relative procedure si convertono in amministrazione straordinaria», attribuendo al tribunale competente il compito di dichiarare, anche d'ufficio, con sentenza in camera di consiglio, che la società è soggetta alla procedura di amministrazione straordinaria e di ordinare la trasmissione degli atti alla Banca d'Italia. La Banca d'Italia dovrà provocare il decreto di amministrazione straordinaria da parte del Ministro che dovrà, per altro, emanarlo senza poter accertare se nella specie sussistano i presupposti richiesti dall'art. 70 del T.U. per l'apertura del procedimento di amministrazione straordinaria.

La conversione è imposta dalla legge e il provvedimento ministeriale perde ogni funzione sul piano sostanziale, tant'è che potrebbe anche dubitarsi della sua necessarietà, se non fosse astrattamente applicabile anche a questa ipotesi la norma, dettata dallo stesso art. 100 nel suo 3° comma, secondo la quale quando le società del gruppo da sottoporre all'amministrazione straordinaria siano soggette a vigilanza il relativo provvedimento è adottato sentita l'autorità che esercita la vigilanza. Ma in realtà non si tratta di un ostacolo insormontabile: quest'ultima è una norma che postula un provvedimento discrezionale e nell'ipotesi di conversione non vi è nessuna discrezionalità.

d) Il T.U. ha poi cura di precisare che l'amministrazione straordinaria della società controllata è indipendente da quella cui è sottoposta la capogruppo, pur non mancando specifici punti di raccordo con gli organi di questa seconda. Così ad esempio con riferimento alla sospensione dei pagamenti. La sospensione può essere disposta per le società del gruppo sottoposte ad amministrazione straordinaria, anche quando non siano banche, secondo le regole previste per queste ultime, ma il relativo provvedimento deve essere assunto «d'intesa con i commissari straordinari o liquidatori della capogruppo» (art. 100, 5° comma).

5.4. La liquidazione coatta delle società del gruppo

a) Principi e tecniche legislative analoghi, ma non identici, a quelli appena illustrati con riferimento all'amministrazione straordinaria sono stati adottati per la liquidazione coatta delle società (finanziarie e strumentali) appartenenti ad un gruppo bancario.

A norma dell'art. 101, 1° comma del T.U., infatti, «quando la capogruppo sia sottoposta ad amministrazione straordinaria o a liquidazione coatta amministrativa, alle società del gruppo si applicano, quando ne sia stato accertato giudizialmente lo stato di insolvenza» le norme dettate per la liquidazione coatta delle banche.

Come si può notare anche in questo caso la società controllata può essere sottratta alla disciplina propria della crisi ed assoggettata alla liquidazione coatta solo quando la capogruppo sia sottoposta ad amministrazione straordinaria o a liquidazione coatta, ma, a differenza di quanto previsto per l'amministrazione straordinaria, non è sufficiente, allo stesso fine, la presenza di uno qualsiasi dei presupposti previsti per poter disporre la liquidazione coatta, essendo invece richiesto l'accertamento giudiziale dello stato di insolvenza della stessa società (controllata).

In altri termini, non sono sufficienti per sottoporre a liquidazione coatta una società (finanziaria o strumentale) appartenente ad un gruppo bancario, pur in costanza di una procedura di amministrazione straordinaria o di liquidazione coatta della capogruppo, irregolarità nell'amministrazione o violazioni di disposizioni legislative, amministrative e statutarie, e neppure perdite, di eccezionale gravità; è necessario a tal fine che sia stato giudizialmente accertato lo stato di insolvenza. Il che può accadere o attraverso la dichiarazione di fallimento o a seguito dell'accertamento giudiziale di tale stato, precedente o successivo ad un provvedimento di liquidazione coatta amministrativa (ad es. di una società di assicurazione appartenente ad un gruppo bancario).

Il legislatore ha avvertito la gravità della lesione che si sarebbe prodotta nella disciplina di diritto comune delle società controllate se ne fosse stata consentita la liquidazione per vicende organizzative e comunque anche per perdite ma in assenza di un accertamento giudiziale dell'insolvenza. Ha così escluso che in queste ipotesi potesse essere disposta la liquidazione coatta, limitandosi nella sostanza a prevedere la conversione della procedura propria dello statuto della società in quella prevista per le banche ma soltanto per le ipotesi in cui ricorrano i presupposti fissati da quest'ultimo statuto e non quelli previsti per le banche.

Anzi, ha ulteriormente ridotto anche quelle ipotesi, considerando necessario l'accertamento giudiziale dell'insolvenza. E sotto questo profilo vi è una certa discrasia fra la liquidazione coatta disposta prima dell'avvio di un altro procedimento e quella disposta a seguito della conversione di quest'ultimo. A norma, infatti, del 2° comma dello stesso art. 101, «quando presso società del gruppo siano in corso il fallimento, la liquidazione coatta o altre procedure concorsuali, queste si convertono nella liquidazione coatta» prevista per le banche. Ed essendo ben possibile che la liquidazione coatta di una società del gruppo (es.: una società di assicurazione) venga disposta in assenza di un previo accertamento dello stato di insolvenza, e per irregolarità «amministrative» sia pure di eccezionali gravità, la conversione determina l'applicazione della procedura di liquidazione prevista per le banche anche in assenza dell'accertamento dello stato di insolvenza. Mentre un'ipotesi analoga non può verificarsi, al di fuori delle ipotesi di conversione della procedura.

b) Anche con riferimento, dunque, alla liquidazione coatta resta confermato che il rapporto di gruppo può comportare un mutamento della disciplina della crisi per le società che allo stesso appartengono, ma questo mutamento non coinvolge i presupposti previsti dalla disciplina propria delle medesime società.

L'effetto principale del «cambio di statuto» in questo caso sembra riguardare le modalità di gestione della crisi; nel senso che la stessa non verrà affidata esclusivamente all'autorità giudiziaria, come nel fallimento, o a quest'ultima e ad altre autorità di settore (come nel caso delle società di assicurazione o delle società fiduciarie), ma all'autorità giudiziaria e soprattutto all'organo di vigilanza bancaria.

5.5. Disposizioni comuni: organi delle procedure, competenze giurisdizionali e gruppi di fatto

Come abbiamo già ricordato, il T.U. detta alcune disposizioni comuni per le crisi dei gruppi bancari, rispettivamente a proposito degli organi delle procedure (art. 103), in materia di competenze giurisdizionali (art. 104) e di «gruppi e società non iscritti all'Albo» (art. 105).

a) A norma dell'art. 103, 1° comma T.U., «le medesime persone possono essere nominate negli organi dell'amministrazione straordinaria e della liquidazione coatta amministrativa di società appartenenti allo stesso gruppo, quando ciò sia ritenuto utile per agevolare lo svolgimento delle procedure». Il fatto che gli organi delle diverse società del gruppo siano ricoperti dalle stesse persone, in forza di una previsione normativa diretta a rendere più fluida e, quindi, più efficiente la gestione della crisi, non cancella ovviamente l'autonomia delle predette società, neppure quando si trovino sottoposte ad amministrazione straordinaria o a liquidazione coatta. Del che è perfettamente consapevole lo stesso T.U. quando ipotizza che possano presentarsi conflitti di interesse fra le stesse.

In tali ipotesi, infatti, il commissario deve dare comunicazione del conflitto agli altri commissari, al comitato di sorveglianza e alla Banca d'Italia e, proprio per superare tale situazione, il comitato «può prescrivere speciali cautele e formulare indicazioni in merito all'operazione», mentre la Banca d'Italia, quando tali prescrizioni o cautele si rivelino inadeguate allo scopo, «può impartire direttive e disporre, ove del caso, la nomina di un commissario per compiere determinati atti» (art. 103, 2° comma).

b) Il legame di gruppo è rilevante anche sotto il profilo della determinazione dell'autorità giudiziaria competente, il che, ovviamente, non incide sulle norme sostanziali che dovranno essere applicate. Il criterio organizzativo utilizzato per evitare dispersioni delle competenze giudiziarie, attribuisce capacità attrattiva alla autorità giudiziaria del luogo nel quale ha la sede legale la capogruppo per quanto concerne le azioni revocatorie degli atti intervenuti fra la capogruppo stessa e le società controllate e per tutte le controversie fra le società del gruppo (art. 104, 1° comma T.U.).

Questo criterio non poteva essere utilizzato con riferimento ai ricorsi avverso i provvedimenti concernenti o comunque connessi alle procedure di amministrazione straordinaria e di liquidazione coatta della capogruppo e delle società del gruppo: per tutti questi il T.U. dichiara la competenza del Tribunale Amministrativo Regionale con sede in Roma (art. 104, 2° comma T.U.).

c) Abbiamo a suo tempo constatato che la iscrizione nell'Albo dei gruppi ha natura costitutiva del gruppo bancario, nel senso che la relativa disciplina di vigilanza non si applica in assenza della predetta iscrizione, anche se la rilevanza di questa affermazione va coniugata con il potere della Banca d'Italia di attribuire al gruppo una configurazione diversa da quella prospettata dalla capogruppo.

Discorrendo poi della banca non autorizzata abbiamo ritenuto di escludere, in linea di principio, che nei confronti della stessa trovino applicazione le norme dello statuto dell'impresa bancaria, non mancando, tuttavia, di segnalare che certe norme dirette a tutelare il risparmio dovrebbero ragionevolmente trovare applicazione anche nei confronti della banca di fatto e, in questa prospettiva, abbiamo ritenuto che quest'ultima, anche quando non versi in stato di insolvenza, debba essere sottoposta a liquidazione coatta amministrativa.

Di questi principi fa applicazione il T.U. con riferimento ai gruppi di fatto quando stabilisce che le disposizioni dettate per la crisi dei gruppi bancari e fin qui illustrate «si applicano anche nei confronti dei gruppi e delle società per i quali, pur non essendo intervenuta l'iscrizione, ricorrano le condizioni per l'inserimento nell'Albo dei gruppi» (art. 105 T.U.).

6. Il Fondo interbancario di tutela dei depositi

a) Abbiamo già ricordato che nel nostro sistema creditizio opera, dal 1987, il Fondo interbancario di tutela dei depositi, costituito, in forma di consorzio volontario fra le banche, allo scopo di assicurare ai depositanti una tutela ulteriore nei confronti di quella offerta dalla vigilanza bancaria. Abbiamo anche sottolineato che esperienze analoghe si sono realizzate in molti altri paesi e che nell'ambito della Comunità economica europea sta per essere emanata una direttiva che non solo renderà obbligatoria la costituzione di tali Fondi, ma che detterà anche le regole dell'armonizzazione minima delle relative discipline nazionali. E l'esperienza degli altri paesi mette in luce che le tecniche adottate nella costituzione di tali Fondi possono, con le necessarie semplificazioni, essere ricondotte a due modelli, tra loro meno distanti di quanto possa a prima vista apparire. Si è talvolta adottata la tecnica assicurativa, considerando il rischio dell'insolvenza alla stregua di un qualunque altro rischio assicurabile ed assicurato; talaltra, si è preferito lo strumento del fondo di garanzia che interviene sulla base di un modello mutualistico.

Maggiori sono forse le differenze che si riscontrano sull'organizzazione che opera l'intervento: in alcuni casi la struttura che effettua l'assicurazione dei depositi ha assunto funzioni di vigilanza sulle imprese assicurate, funzioni che si sono aggiunte ed integrate con quelle delle altre autorità creditizie, mentre in altre ipotesi tale funzione di vigilanza dell'ente assicuratore è meno accentuata se non inesistente. In ogni caso la copertura assicurativa o mutualistica non è mai né integrale né indiscriminata (escludendosi ad esempio i crediti nati da rapporti interbancari o dei quali siano titolari soggetti coinvolti nella gestione dell'impresa insolvente).

b) Il nostro ordinamento legislativo ha conosciuto una forma di garanzia mutualistica di questo genere nell'ambito delle Casse di risparmio e dei Monti di credito. Il T.U. del 1929 (art. 18) prevedeva la costituzione di un fondo di garanzia «federale» destinato, in via sussidiaria, al rimborso dei depositanti delle Casse federate. Tale Fondo, tuttavia, operava secondo una logica solidaristica e non mutualistico-assicurativa dal momento che imponeva alle singole Casse di contribuire alla sua formazione e al suo accrescimento non in relazione al grado di «pericolosità» della loro situazione finanziaria e patrimoniale e, quindi, alla probabilità che le stesse dovessero far ricorso al Fondo medesimo, ma in relazione alla entità degli utili realizzati.

Questo Fondo, che operava solo nei confronti di imprese liquidate e che quindi non si proponeva di effettuare interventi di risanamento, è, tuttavia, scomparso, come abbiamo già segnalato, con la trasformazione delle Casse in società per azioni, e con la conseguente eliminazione delle Federazioni regionali, e con l'abrogazione del T.U. del 1929 da parte del T.U. delle leggi in materia bancaria e creditizia del 1993.

Ancor prima (1978) della costituzione del Fondo interbancario avevano provveduto alla costituzione di un «fondo centrale di garanzia» le Casse rurali ed artigiane; fondo tuttora operante[104]. Il «fondo centrale» istituito con autonomia contabile presso l'Istituto centrale delle casse rurali e artigiane, ha, tra gli altri scopi, anche, se non soprattutto, quello di «fornire alle Casse in temporanee difficoltà di gestione i mezzi finanziari e patrimoniali atti a conseguire il ripristino della normalità» e di «intervenire sino al limite della dotazione disponibile del fondo, anche in sede di liquidazione di Casse, nell'interesse dei depositanti e a salvaguardia dell'immagine della categoria». Il Fondo, alimentato dalle banche della categoria in proporzione alla massa fiduciaria amministrata, può intervenire sia nei confronti di banche in difficoltà sia di banche in liquidazione a tutela dei depositanti e gli interventi debbono essere sottoposti alla «preventiva autorizzazione della Banca d'Italia».

Una funzione di sostegno nei confronti delle banche delle rispettive categorie hanno svolto anche i cosiddetti Istituti centrali di categoria, che non hanno, per altro, mai limitato la loro operatività a questa funzione.

Ma il nostro ordinamento non ha conosciuto, fino alla costituzione del Fondo interbancario di tutela dei depositi, un sistema generalizzato di interventi nei confronti di imprese bancarie in temporanea difficoltà e diretto a favorire sul piano finanziario il loro risanamento. E ciò a dif-

[104] Sui precedenti e sulla disciplina del fondo delle Casse rurali e artigiane si veda G. Triolo, *I fondi di garanzia delle casse rurali europee*, Roma, Ecra, 1980, pp. 11 ss.

ferenza di altri sistemi, come quello americano, nel quale istituzioni con questi scopi operano, ed efficacemente da gran tempo.

c) Il Fondo interbancario di tutela dei depositi è un consorzio volontario tra banche, costituito allo scopo di assicurare ulteriore protezione ai depositi della clientela presso le banche consorziate (art. 1, 1° comma dello Statuto). Per conseguire tale scopo il Fondo: *a*) concorre, nelle forme più opportune, e nei limiti e alle condizioni previste dallo statuto, al pagamento dei depositi, e delle altre passività a questi assimilabili, delle banche consorziate poste in liquidazione coatta amministrativa; *b*) interviene con azioni di sostegno ai sensi dello statuto nei confronti di banche consorziate assoggettate alla procedura di amministrazione straordinaria, quando sussistano prospettive di risanamento (art. 3, 1° comma dello Statuto)[105].

Sotto il profilo della sua struttura, il Fondo si presenta dunque come un consorzio, di natura privata, disciplinato dalle norme dettate dal Codice civile per i consorzi con attività esterna (artt. 2612 ss.). A dire il vero si è dubitato della riconducibilità del fondo alla funzione consortile, non essendo chiaro quale fosse «la fase delle rispettive imprese» che le banche consorziate svolgerebbero in comune attraverso il consorzio. E non v'è dubbio che si incontrino notevoli difficoltà a ricondurre il Fondo interbancario nell'ambito dello schema causale previsto dall'art. 2602 del Codice civile, quando si fermi l'attenzione al momento in cui il Fondo effettua i propri interventi e si pretenda di individuare in quel punto la fase dell'impresa gestita in comune.

Ragionando in questi termini, si può anche concludere paradossalmente che la fase gestita in comune è la crisi[106]. Ma quando si sposti l'attenzione al momento in cui la banca aderisce al Fondo e si tenga presente lo svolgimento del rapporto consortile precedente il provvedimento di amministrazione straordinaria e di liquidazione coatta, riesce abbastanza facile constatare che il momento dell'attività che viene gestito in comune attraverso il consorzio è il ricorso al credito nei confronti del Fondo stesso, non diversamente da quello che succede ad esempio nell'ambito dei consorzi di garanzia fidi. Naturalmente nei limiti e alle condizioni previste dalle tavole statutarie del Fondo, le quali, per altro, non potranno rendere così debole la tutela dell'interesse della singola

[105] Sul Fondo interbancario vedi V. Nastasi, *Crisi bancarie e tutela dei depositanti*, cit., pp. 197 ss.; J. Revell, *Rischio bancario e assicurazione dei depositi*, in «Banca imp. soc.», 1985, p. 386; S. Maccarone, *Il rapporto banca-depositante e l'assicurazione dei depositi*, in *Profili di concorrenza*, cit., pp. 31 ss.; P. Biffis, *La tutela dei depositi bancari*, in «Note econ.», 1986, 3-4, pp. 73 ss.; A. Nigro, *Il fondo interbancario di tutela dei depositi: prime riflessioni*, in «Dir. banca merc. fin.», 1987, I, pp. 394 ss.; F. Merusi, *La tutela dei depositanti: dalla riserva obbligatoria al Fondo interbancario di garanzia*, in «Note econ.», 1986, 3-4, p. 233; T. Bianchi, *Brevi considerazioni sul fondo interbancario, di tutela dei depositi*, in «Banca notizie», 1986, 2, p. 1; G. Minervini, *Il «ristoro» ex D.M. 27 settembre 1974, e il fondo interbancario di tutela dei depositi*, in «Giur. comm.», 1990, I, pp. 5 ss.; E. Filippi, *Orientamenti comunitari e disciplina interna in tema di garanzia dei depositi*, in *Le direttive*, cit., pp. 147 ss.

[106] Così M. Porzio, *La disciplina giuridica del credito*, Napoli, Liguori, 1991, p. 358.

banca, da rendere senza causa l'adesione di quest'ultima al consorzio. Ma sul punto torneremo più innanzi.

d) Ma chi pretendesse di ridurre il Fondo interbancario ad un accordo consortile intervenuto fra banche ed integralmente risolvibile in rapporti di natura privata fra le stesse, darebbe del Fondo un'immagine del tutto distorta.

In tutte le esperienze maturate in altri ordinamenti i Fondi di tutela dei depositi hanno costituito un momento importante della vigilanza bancaria e, come abbiamo a suo tempo ricordato, anche il T.U. del 1993 ha previsto che la Banca d'Italia emani «istruzioni per il coordinamento dell'operatività dei sistemi di garanzia dei depositi con le procedure di liquidazione coatta e di amministrazione straordinaria, nonché con l'attività di vigilanza in generale» (art. 96 T.U.). Il che è facilmente spiegabile quando si tenga conto del fatto che il Fondo diventa uno strumento importante per il risanamento delle aziende e per la tutela dei depositanti. Tutto ciò non significa negare la natura privata del Fondo interbancario, almeno nella forma che lo stesso ha assunto nel nostro sistema, e non significa neppure ravvisare nella sua attività l'esercizio di un servizio pubblico, ma comporta soltanto un profondo coinvolgimento dell'Autorità di vigilanza bancaria sia nella organizzazione sia nell'attività dello stesso.

Questo coinvolgimento trova ora la propria fonte normativa nell'art. 96 del T.U., norma che consente alla Banca d'Italia di intervenire su alcuni momenti della vita del Fondo allo scopo di coordinarne struttura e attività con l'esercizio della vigilanza bancaria, ma rintracciava già una base abbastanza sicura nelle scelte volontariamente adottate dalle banche consorziate e codificate nello statuto del Fondo.

Quest'ultimo prevede, infatti, che la Banca d'Italia approvi lo statuto e il regolamento del Fondo, autorizzi tutti gli interventi che lo stesso effettua nei confronti delle aziende, partecipi con un proprio delegato alle riunioni del Comitato di gestione, organo del quale può anche chiedere la convocazione. Le scelte così effettuate dallo statuto del Fondo sono state oggetto di vivaci critiche non solo sotto il profilo del merito, dal momento che si tradurrebbero in un «sostanzioso rafforzamento del grado di pubblicizzazione» del sistema bancario, ma anche sotto quello della legittimità delle relative clausole che, attribuendo una serie di poteri alla Banca d'Italia, finirebbero per disporre di potestà pubbliche e quindi dovrebbero considerarsi quanto meno inefficaci, se non nulle[107].

In realtà i dubbi di legittimità non sono fondati, perché la Banca d'Italia, nell'ambito del Fondo, opera *iure privatorum*, ossia esercitando la propria capacità di diritto privato, anche se attraverso l'esercizio della stessa persegue uno scopo di rilevanza generale. La norma del T.U. non solo conferma la congruenza con le funzioni di vigilanza bancaria di atti di autonomia posti in essere per introdurre vincoli sul Fondo, ma

[107] Cfr. A. Nigro, *Il Fondo interbancario*, cit., pp. 401 ss.

attribuisce, a tal fine, specifiche potestà pubbliche alla Banca d'Italia.

Ed anche sotto il profilo del merito non sembra corretto ritenere che il controllo pubblico sul Fondo si traduca in una pubblicizzazione ulteriore del sistema bancario e sia quindi in contraddizione con la valorizzazione dell'impresa e del mercato, dal momento che quel controllo non concerne l'impresa bancaria in quanto tale ma uno strumento di tutela del risparmio; il cui onere, comunque, non viene sopportato dalla finanza pubblica.

e) La partecipazione al Fondo è libera ed è consentita a tutte le banche (ad esclusione di quelle di credito cooperativo per le quali esiste il Fondo centrale di categoria sopra ricordato); queste, per altro, possono essere ammesse al Fondo solo se alcuni rapporti di bilancio (rischiosità, solvibilità, concentrazione dei rischi ed efficienza) non superino predeterminate soglie mettendo così in evidenza anomalie e comunque profili gestionali significativi di una condizione non compatibile con il grado di rischiosità accettato dal Fondo. E queste soglie dovranno essere rispettate anche successivamente; in mancanza, previ altri provvedimenti interlocutori, la banca potrà essere esclusa dal Fondo; con la conseguente perdita di immagine presso la clientela.

Appare così evidente la funzione di vigilanza ulteriore che il Fondo finisce per svolgere sulle aziende consorziate e la importanza per queste ultime della appartenenza al Fondo.

f) I mezzi per lo svolgimento dell'attività del Fondo sono materialmente forniti dalle banche consorziate. Ma mentre i mezzi per il funzionamento del Fondo sono trasferiti in proprietà di quest'ultimo ed integrati annualmente, quelli destinati agli interventi sono forniti, di volta in volta, dalle aziende consorziate su richiesta del comitato di gestione nella misura necessaria per effettuare questi ultimi e, comunque, entro un tetto stabilito dallo statuto; questo secondo complesso di mezzi, evidentemente di preminente importanza, è oggetto quindi di un mero impegno da parte delle banche consorziate. E l'entità dell'impegno di ciascuna banca consorziata, è determinata sulla base del rischio che la stessa «apporta» al Fondo: ossia è parametrata alle somme della massa fiduciaria e degli impieghi per cassa, al netto del patrimonio di vigilanza, con l'applicazione di un meccanismo di regressività discontinua.

Gli apporti delle banche al Fondo interbancario vengono detratti dalla raccolta sulla quale viene computato l'obbligo della riserva obbligatoria: la delibera CICR 23 dicembre 1986 infatti, dopo aver sottolineato la funzione di tutela del risparmio assolta dal Fondo, consentì questo privilegio di «vigilanza», auspicando anche un trattamento fiscale agevolato che non venne, per altro, mai riconosciuto.

g) Tutti gli interventi del Fondo «sono condizionati alla previa valutazione e deliberazione degli organi del Fondo, nonché all'autorizzazione della Banca d'Italia»; «pertanto, né le [banche] consorziate, né i depositanti potranno esercitare nei confronti del Fondo, alcuna azione per pretendere gli interventi medesimi». Così l'art. 30 dello Statuto del Fondo nega che le banche consorziate e i loro creditori abbiano un diritto a ricevere gli interventi previsti dallo statuto del Fondo.

Si è dubitato[108] della validità di una simile previsione statutaria rilevando che la stessa contraddice la causa consortile del Fondo, ma così non è. Quest'ultima continua ad essere realizzata anche se non esiste un diritto soggettivo alle prestazioni del consorzio, essendo sufficiente a tal fine che gli organi dello stesso svolgano la propria attività esclusivamente allo scopo di proteggere il relativo interesse. Così come ormai nessuno nega la natura mutualistica delle Banche di credito cooperativo per il semplice fatto che non esiste un diritto dei soci a ricevere credito. La causa consortile, come quella mutualistica, che in realtà si identifica con la prima, costituisce un canone di condotta per gli organi sociali e non implica necessariamente un diritto alla prestazione in capo ai consorziati.

b) Come abbiamo già ricordato gli interventi del Fondo, sempre sottoposti ad autorizzazione della Banca d'Italia, possono concernere sia banche in amministrazione straordinaria sia banche in liquidazione coatta. Nella prima ipotesi tali interventi, aventi funzioni di sostegno al risanamento, possono assumere la forma più diversa, anche se normalmente consisteranno, come reso palese dalle indicazioni dello statuto (art. 29), in finanziamenti o garanzie; ma potranno consistere anche in capitali di rischio, assumendo la forma della partecipazione al capitale della banca commissariata, nel quale caso «la detenzione della partecipazione da parte del Fondo dovrà essere limitata al tempo occorrente per procedere al suo smobilizzo nel rispetto del criterio di economicità».

Ma il Fondo interviene anche nei confronti di banche in liquidazione coatta allo scopo di tutelare i diritti dei depositanti. La forma di intervento in questa ipotesi può consistere nella facilitazione offerta ad operazioni di cessione di attività e passività dell'azienda in liquidazione, per favorire il proficuo svolgimento di quest'ultima e quindi la tutela dei depositanti che si vedono assegnato un nuovo debitore, solvibile, o vedono incrementato il patrimonio della banca loro debitrice. Ma il tipo di intervento considerato fisiologico in questa ipotesi, è rappresentato dal concorso del Fondo al pagamento dei depositi della clientela che non trovano soddisfazione sul patrimonio della banca liquidata; concorso che avviene nei limiti e con le esclusioni previste dallo statuto del Fondo e che comporta la surrogazione di quest'ultimo nei diritti dei depositanti rimborsati verso la banca debitrice.

I limiti e le esclusioni sono stabiliti sia con riferimento alla qualità del depositante sia alla dimensione del deposito. Con riferimento al primo criterio sono esclusi dal concorso sia i depositi interbancari (ma non i crediti delle banche derivanti da «servizi resi») sia i crediti dei soggetti che nel precedente quinquennio avessero ricoperto cariche negli organi amministrativi, di controllo e dirigenziali della banca o dei soci che nello stesso periodo avessero esercitato una influenza rilevante sulla vita della banca, nonché i depositi remunerati nei precedenti due anni con un tasso medio superiore al livello medio del tasso primario. Con riferi-

[108] Cfr. A. Nigro, *Il Fondo interbancario*, cit., pp. 403 ss.

mento alla quantità si esclude qualunque concorso per la parte dei depositi eccedenti un miliardo, mentre si prevede il concorso totale per i primi duecento milioni e un concorso del 75% per i successivi ottocento milioni.

Nell'ipotesi in cui sussistano altri Fondi di garanzia (ma non quello delle Banche di credito cooperativo dal momento che allo stato queste non possono partecipare al Fondo interbancario) gli interventi del Fondo interbancario devono precedere quelli di categoria.

Ma anche sotto questo profilo l'attuazione della direttiva comunitaria sui Fondi di tutela dei depositi e le disposizioni che la Banca d'Italia può emanare, anche ai sensi del T.U. del 1993, potranno meglio coordinare i vari strumenti di gestione delle crisi bancarie.

Indici

Indice sommario

Indice analitico

Finito di stampare nel mese di febbraio 1994
dalla Litosei, via Bellini 22/4, Sesto di Rastignano, Bologna